Ausgleichsleistungen für Kulturgüterverluste während der Zeit des Nationalsozialismus in Frankreich

Schriftenreihe der Forschungsstelle Provenienzforschung, Kunst- und Kulturgutschutzrecht

Band 4

Herausgegeben von Matthias Weller und Christoph Zuschlag

Ausgleichsleistungen für Kulturgüterverluste während der Zeit des Nationalsozialismus in Frankreich

Johannes von Lintig

DE GRUYTER

Gedruckt mit der freundlichen Unterstützung der Stiftung Zeitlehren und der Studienstiftung ius vivum.

STIFTUNG
ZEITLEHREN

ISBN 978-3-11-079123-5
e-ISBN (PDF) 978-3-11-079141-9
ISSN 2749-4004

Library of Congress Control Number: 2024930006

Bibliografische Information der Deutschen Nationalbibliothek
Die Deutsche Nationalbibliothek verzeichnet diese Publikation in der Deutschen Nationalbibliografie; detaillierte bibliografische Daten sind im Internet über http://dnb.dnb.de abrufbar.

Einbandabbildung: Maria Eichhorn, *Relocating a Structure, La Biennale di Venezia, 59th International Art Exhibition, German Pavilion 2022*
Detail: Maria Eichhorns umfangreiche Forschung hat architektonisch offengelegt, dass der heutige Pavillon aus zwei verschiedenen Gebäuden besteht: dem Bayerischen Pavillon von 1909 und dem Deutschen Pavillon von 1938. Links im Vordergrund ist die Rückwand des Gebäudes von 1909 erkennbar, die 1938 als Innenwand verputzt wurde.
Im Raum dahinter (links) wurden 1912 zwei Türen aus dem Jahr 1909 zugemauert.
Die linke dieser zwei Türen wurde 1928 wieder geöffnet, nur um 1938 abermals zugemauert zu werden. Copyright: Maria Eichhorn, VG-Bild-Kunst Bonn, 2024. Fotografie: Jens Ziehe.

Einbandgestaltung und Layout: hawemannundmosch, Berlin
Satz: SatzBild GbR, Sabine Taube, Kieve
Druck und Bindung: CPI books GmbH, Leck

www.degruyter.com

Hildegard
Sigrid
Maria

Se taire est interdit, parler est impossible. J'ai toujours eu peur de perdre la mémoire. Je sais que la mémoire est vulnérable. Elle s'émiette. Est-ce qu'il y a des choses que j'ai oubliées? Est-ce qu'il y a des visages qui ne sont plus dans mon visage, dans mon regard? Est-ce qu'il y a des gestes qui ne sont plus là, des gestes qui ne sont plus à ma portée? Alors comment faire? Comment faire pour tout dire, pour dire ce qu'il faut?

Elie Wiesel, 1995

Vorwort

Das Zitat des Shoah-Überlebenden und Schriftstellers Elie Wiesel (1928–2016) zu Beginn dieses Buches stammt aus einem Gespräch mit dem Shoah-Überlebenden und Schriftsteller Jorge Semprun (1923–2011) vom 1. März 1995 anlässlich des fünfzigjährigen Jahrestages der Befreiung der deutschen Vernichtungs- und Konzentrationslager.[1] In dem Zwiegespräch schildern beide Autoren ihre Erinnerungen an ihre Zeit im Konzentrationslager Buchenwald. Das Gespräch dreht sich auch um den ständigen Kampf gegen das Vergessen und die Notwendigkeit und Bürde, die eigenen Erinnerungen für die Nachwelt zu erhalten. Diese Krux bringt Wiesel auf den Satz »Se taire est interdit, parler est impossible« (Schweigen ist verboten, Sprechen ist unmöglich).

Die Erinnerung an vergangenes Unrecht ist wie jede Erinnerung fragil. Sie ist nicht nur durch das Vergessen und Versterben der Zeitzeug:innen selbst, sondern auch durch das kollektive Vergessen der Nachgeborenen bedroht. Dem kann eine Praxis entgegenwirken, die durch die beständige Konfrontation mit dem Vergangenen zur Verstetigung und Stabilisierung der Erinnerung an das, was war und nie wieder sein darf, beiträgt. Der Sinn einer solchen Vergangenheitsarbeit wird gerade in Phasen deutlich, in denen Geschichtsvergessenheit und -revisionismus Aufwind erfahren. Als ein Beitrag zu dieser kollektiven Praxis können auch die Verfahren und Regelungen verstanden werden, die Gegenstand dieser Monografie sind. Der Gesetzgeber in Frankreich hat über den Verlauf von sieben Jahrzehnten ein – gerade im europäischen Vergleich – umfassendes, aber nur schwer überschaubares gesetzliches Regelwerk zum Ausgleich von Vermögensverlusten während der Herrschaft des Nationalsozialismus geschaffen, das bisher nur wenig Beachtung in der Fachliteratur erfahren hat. Die Antworten der historischen Gesetzgeber auf die zu lösenden Interessenkonflikte fielen je nach Schaffensphase unterschiedlich aus, sodass auch Brüche innerhalb des Gesetzgebungswerkes zutage treten. Die vorliegende Arbeit unternimmt den Versuch einer erstmaligen Entwirrung, Systematisierung, und dogmatischen Durchdringung der umfangreichen Rechtsprechung und Verwaltungspraxis.

Die Monografie wurde im Wintersemester 2023 von der rechts- und staatswissenschaftlichen Fakultät der Rheinischen Friedrich-Wilhelms-Universität Bonn als Dissertationsschrift angenommen und befindet sich auf dem Stand von Oktober 2023. Spätere Entwicklungen

1 Das Gespräch wurde in der Sendung »Entretien« des deutsch-französischen Fernsehsenders Arte ausgestrahlt und in demselben Jahr bei Mille et une nuits Éditions publiziert, *Semprun/Wiesel*, Se taire est impossible.

konnten daher nicht mehr berücksichtigt werden. Nach der Einreichung dieser Arbeit im Juni 2023 trat mit dem Gesetz Nr. 2023-650 vom 22. Juli 2023 in Frankreich eine grundlegende Reform im Bereich der Restitution von Kulturgütern in öffentlichen und bestimmten privaten Sammlungen in Kraft, die es erforderlich machte, den Aufbau dieser Monografie zu überdenken. Um den Veränderungen angemessen Rechnung zu tragen, wurde dem Reformgesetz – nach den Abschnitten zur Verordnung Nr. 45-770 vom 21. April 1945 und zum Dekret Nr. 99-778 vom 10. September 1999 – ein eigenes Unterkapitel gewidmet (B.IV.). Das frühere Unterkapitel zur Restitution aus öffentlichen Sammlungen (vormals C.II.) wurde vollständig in diesen Abschnitt integriert und auf den aktuellen Stand der Gesetzgebung gebracht.

Meinem Erstgutachter Prof. Dr. Matthias Weller danke ich für die nachhaltige Förderung meiner wissenschaftlichen Tätigkeit, insbesondere für die Ermöglichung der zahlreichen Forschungsaufenthalte in Paris. Dank gebührt ferner meiner Zweitgutachterin Prof. Dr. Stephanie Rohlfing-Dijoux von der Universität Paris Nanterre für die vielen hilfreichen Anmerkungen und weiterführenden Hinweise. Daneben danke ich der Studienstiftung des deutschen Volkes, der Stiftung Zeitlehren und der Studienstiftung ius vivum, mit deren großzügiger Unterstützung diese Monografie verfasst und gedruckt werden konnte. Die Nutzungserlaubnis Maria Eichhorns zur Abbildung ihrer Arbeit *Relocating a Structure* erlaubte die Gestaltung des Covers dieses Buches. Danken will ich ferner meinen wunderbaren Kolleg:innen im Restatement-Projekt an der Universität Bonn (Anne Dewey, Annika Dorn, Antonetta Stephany, Charis Hahne, Hannah Lehmann, Jordan Schmeller, Leva Wenzel, Ole Nettels, Tessa Scheller) für den bereichernden fachlichen wie persönlichen Austausch, die engagierte Unterstützung bei der Korrektur und Endbearbeitung des Manuskripts und die schönen gemeinsamen Jahre.

Eine wissenschaftliche Monografie ließe sich nicht ohne die wertvolle Hilfe verschiedenster Unterstützer:innen entlang des Weges schreiben, deren Beiträge zum Gelingen dieser Arbeit an dieser Stelle hervorgehoben werden sollen. Ich danke zuvorderst den Mitgliedern und Mitarbeitenden der CIVS (insbesondere Michel Jeannoutot, Jérôme Benezech, Sylviane Rochotte, Julien Acquatella und Sophie Zagury) für ihr Vertrauen in die Integrität meiner Arbeit, die Unterstützung und den jahrelangen Austausch. Ich danke auch David Zivie von der *Mission de recherche et de restitution* beim Kulturministerium für die wertvollen Einblicke in seine Arbeit und den fachlichen Austausch. Dank gebührt darüber hinaus der Rechtsanwältin Corinne Hershkovitch für die Unterstützung bei der Zugänglichmachung zahlreicher Verfahrensakten. Danken will ich auch Alena Lagmöller, Joshua Moir und Leonie Meckes für ihre Unterstützung bei letzten Korrekturen. Gedankt sei auch Johanna Aznar-Schwarz und Maïlis Pachebat, die mir wertvolle Hilfe bei der Literaturbeschaffung in Frankreich geleistet haben. In diesem Zusammenhang muss auch der Verdienst der Mitarbeitenden der Bibliothek der *Cour de cassation* hervorgehoben werden, die mich aus der Ferne mit Nachweisen aus der Rechtsprechung unterstützt haben.

Zuletzt will ich meiner Familie für die Vorbereitung auf die großen Aufgaben des Lebens danken. Den Frauen in meiner Familie, die meinen Werdegang maßgeblich geprägt haben, – meinen Großmüttern und meiner Mutter – ist diese Arbeit gewidmet. Danken will ich auch Marius, für die letzte Durchsicht dieser Arbeit und so vieles mehr.

Köln, im Herbst 2023

Inhaltsübersicht

Inhaltsverzeichnis

A. Einleitung

I. Historischer Hintergrund und Rechtsentwicklung

Die vorliegende Arbeit befasst sich mit den französischen Regelungen über Ausgleichsleistungen (*réparations*) bei verfolgungsbedingten oder aus sonstigen Gründen widerrechtlichen Verlusten von Kulturgütern während der Zeit des Nationalsozialismus. Im Begriff des verfolgungsbedingten Verlustes klingt bereits an, dass es sich bei diesem Thema nicht um ein herkömmliches Sujet einer rechtswissenschaftlichen Untersuchung handelt. Gegenstand dieser Arbeit sind Vermögensschäden, die im historischen Kontext der Verfolgungs- und Diskriminierungspolitik des Deutschen Reichs, seiner Verbündeten und Komplizen in den (unmittelbaren und mittelbaren) deutschen Einflusssphären verwirklicht wurden. Das Thema hebt sich wegen seiner historischen Bedeutung und der moralisch-emotionalen Aufladung des Diskurses von den üblichen Themen der Rechtsdogmatik ab. Gleichwohl offeriert auch das Recht Mittel und Wege zum Umgang mit vergangenem historischen Unrecht.

In Frankreich existieren seit jeher besondere Rechtsvorschriften, die eine gesetzliche Reaktion auf die in diesem Zusammenhang aufgeworfenen (rechtlichen und moralischen) Problemstellungen beinhalten. Diese Sondervorschriften sind angesichts ihrer Vielzahl, ihrer fehlenden Vereinheitlichung und der Zerstreuung in Gesetzen aus verschiedenen historischen Epochen (teils noch aus der Nachkriegszeit) nur mit größten Schwierigkeiten zu überblicken, geschweige denn vollständig zu erfassen. Das französische System zeichnet sich gerade im europäischen Vergleich durch eine Zersplitterung der Regelungen, Verfahren und Zuständigkeiten aus, die durch die jüngsten Reformen der Jahre 2018[1] und 2023[2] nur teilweise behoben wurde. Im Rahmen dieser Forschungsarbeit sollen diese Regelungen in ihrer Auslegung und Anwendung durch die Verwaltung und Rechtsprechung im Interesse der Normklarheit und Transparenz erstmals einer umfassenden, systematischen und geordneten Darstellung zugeführt werden.

Im Fokus der Darstellung soll dabei der rechtliche Umgang mit dem historischen Komplex des »Kulturgüterraubes« des Deutschen Reichs und seiner Komplizen stehen. Der Begriff versteht sich als historischer Analysebegriff zur Beschreibung der Gesamtheit der staatlichen Politiken des Deutschen Reichs nach Januar 1933 und anderer staatlicher Entitäten (etwa des

1 Auf diese Reform wird im Folgenden, im Besonderen im Abschnitt B.III.4 erneut eingegangen werden.

2 Loi n° 2023-650 du 22 juillet 2023 relative à la restitution des biens culturels ayant fait l'objet de spoliations dans le contexte des persécutions antisémites perpétrées entre 1933 et 1945 (JORF vom 23.7.2023, Text Nr. 1). Siehe Näheres hier unter B.IV.

französischen Staates), die auf die Enteignung, Plünderung oder sonstige Aneignung der Kulturgüter im Eigentum vorrangig, aber nicht ausschließlich verfolgter Personengruppen zielten. Die Bandbreite dieser Vermögenstransfers reichte von der Enteignung durch staatlichen Hoheitsakt (etwa im Rahmen der »Arisierung jüdischen Vermögens«[3] oder durch Sequestration nach Zwangsausbürgerungen), über die Plünderung von Privateigentum durch Militärverbände im Zweiten Weltkrieg (Beutekunst), deliktische Zugriffe auf Kunstbesitz durch Privatpersonen bis zur Veräußerung durch die Eigentümer:innen in einer akuten Zwangslage unter dem Eindruck der Verfolgung oder der Besatzung. Der Zuschnitt dieses Begriffs verdeutlicht, dass der Kulturgüterraub nicht ausschließlich das Werk staatlicher Stellen war, sondern es sich dabei um einen gesamtgesellschaftlichen Prozess handelte, in den – direkt oder indirekt – sämtliche Teile der Gesellschaft eingebunden waren und der nahezu alle Bereiche des gesellschaftlichen und wirtschaftlichen Lebens zwischen 1933 und 1945 erfasste.

Es darf dabei nicht verkannt werden, dass der Kulturgüterraub nur einen Teilaspekt des historischen Gesamtkomplexes des nationalsozialistischen Vermögensraubes abbildet und auch dieser seinerseits vor dem Hintergrund des historischen Gesamtkomplexes des Holocaust gesehen werden muss. In dem Prozess der schrittweisen Entrechtung und Vernichtung, insbesondere der jüdischen Bevölkerung Europas, stellte der Vermögensraub eine notwendige Grundbedingung dar. Der physischen Vernichtung der Verfolgten ging die Vernichtung ihrer materiellen Existenz und kulturellen Identität voran. Der Kulturgüterraub nimmt in der öffentlichen Wahrnehmung und in den staatlichen Politiken bis heute aber aus gleich mehreren Gründen eine Sonderstellung ein. Dies erklärt, warum der Kulturgüterraub in der vorliegenden Arbeit zwar als Teilaspekt des Vermögensraubes, aber – gleichsam von diesem losgelöst – als ein spezifisches historisches Phänomen betrachtet wird, das den Erlass eigenständiger Regelungen rechtfertigt.

In dem Kulturgüterraub manifestierte sich nicht nur ein Zugriff auf das Vermögen der viktimisierten Gruppen oder Geschädigten, sondern zugleich ein Angriff auf deren kulturelle Identität und Existenz. Kulturgüter – verstanden als vom Menschen geschaffene und dessen Entwicklung widerspiegelnde körperliche Gegenstände, denen von einer Gesellschaft ein kultureller Wert beigemessen wird[4] – sind seit jeher nicht nur Vermögenswerte, sondern zugleich Ausdruck individueller wie kollektiver kultureller, profaner wie sakraler Praxis. Kulturgüter sind die Zeugen menschlicher Existenz und zugleich Bezugsobjekte individueller wie kollektiver Identitätsbildung.[5] In dem Zugriff auf die Kulturgüter der Verfolgten vollzog sich daher zu-

3 Zum geschichtswissenschaftlichen Begriffsverständnis ausgehend vom nationalsozialistischen Sprachusus, vgl. *Bajohr*, »Arisierung« in Hamburg, S. 9, Fn. 1; *Bajohr*, in: Dean/Goschler/Ther (Hrsg.), Robbery and Restitution: The Conflict over Jewish Property in Europe, S. 33. Der Begriff beschreibt nicht nur die Übertragung von Vermögen von einer »jüdischen« zu einer »arischen« Person, sondern in einem weiteren Sinne den graduellen Ausschluss viktimisierter Person aus dem Wirtschaftsleben, der schließlich in deren Enteignung mündete (»gradual expulsion of the Jews from economic life«, ebd.).

4 Vgl. andeutungsweise schon bei *Von Schorlemer*, Internationaler Kulturgüterschutz: Ansätze zur Prävention im Frieden sowie im bewaffneten Konflikt, S. 82 ff. Grundlegend für die hier gewählte Definition sind indes die Vorarbeiten bei *Odendahl*, Kulturgüterschutz, S. 386–389.

5 Bezüglich der gesellschaftlichen Auswirkungen des Kulturgüterraubes in militärischen Konflikten *Steinmeier*, Kulturgüter in der Welt schützen, in: Frankfurter Allgemeine Zeitung vom 15.5.2015 (»Wer die Heimstätten der Religion und der Ahnen schändet, der zerstört die Symbole und Träger eines gemeinsamen kulturellen Bewusstseins, der will Länder und Völker ihrer Identität berauben.«). Hinsichtlich der Bedeutung der Restitution von Kulturgütern aus kolonialen Kontexten für die Identitätsbildung der Herkunftsstaaten *Morin-Desailly*, Rapport fait au nom de la commission de la culture, de l'éducation et de la communication sur le projet de loi relatif à la restitution de biens culturels à la République du Bénin et à la République du

gleich eine schrittweise Zersetzung und Beseitigung ebendieser Praxis und Identitäten. Der Kulturgüterraub stellt sich vor diesem Hintergrund als »Vorbote« der physischen Vernichtung der verfolgten Personengruppen dar.[6] Zugleich sind Kulturgüter heute die sichtbarsten und greifbarsten »Zeitzeugen« des Vermögensraubes in den vom Deutschen Reich besetzten Gebieten. Ihre Individualität erlaubt bis heute ihre Identifikation und Zuordnung zu ihren früheren Eigentümer:innen oder Besitzer:innen und somit die Rekonstruktion ihrer Verlustgeschichte. Sie stellen daher neben Immobilien mit fortschreitendem Zeitablauf die praktisch einzige Kategorie an Vermögenswerten dar, deren Restitution in Natur an die Geschädigten oder deren Rechtsnachfolger:innen überhaupt noch möglich ist.[7] Sie sind darüber hinaus Grundlage der individuellen Erinnerung der Opfer und der Rekonstruktion vergessener oder verschollener Familiengeschichten. Ihre Bedeutung für die individuelle Erinnerungsarbeit und das kollektive Gedächtnis ist daher beachtlich.[8]

Schließlich manifestierte sich in dem nationalsozialistischen Kulturgüterraub in den besetzten Gebieten, zu denen ab Juni 1940 auch Frankreich zählte, auch das Bestreben der NS-Führung um kulturelle Hegemonie und Deutungshoheit. Die entzogenen Kulturgüter sollten in deutschen Museen und den Sammlungen der NS-Führungselite die Überlegenheit der »arischen« Rasse demonstrieren und den Zusammenhalt der rassisch definierten »Volksgemeinschaft« bekräftigen.[9] Eine Vielzahl von in den besetzten Gebieten erworbenen oder völkerrechtswidrig geraubten Werken war so etwa für den Aufbau der Sammlung des »Führermuseums« in Linz vorgesehen, das nach den Plänen Adolf Hitlers bedeutende Meisterwerke der europäischen Kunstgeschichte vereinen und zu dem weltweit bedeutendsten Museum aufsteigen sollte.[10] Der nationalsozialistische Kulturgüterraub ging somit auch zulasten des nationalen Kulturerbes der vom Deutschen Reich besetzten Staaten, verstärkte aber zusätzlich den Verdrängungsprozess zulasten der jüdischen Bevölkerung, die in den besetzten Gebieten

Sénégal, S. 16. Die Senatorin betonte den »caractère hautement symbolique d'un point de vue historique ou artistique [du retour d'un certain nombre de biens culturels] pour les pays d'origine et essentiels [sic!] pour la construction de l'identité culturelle de la société civile des pays concernés« (ebd.). Die Bedeutung der Restitution dieser Güter für die Rekonstruktion kollektiver Identitäten, aber auch die Verarbeitung kollektiver Traumata war davor schon von den Autor:innen Sarr/Savoy des Berichts für den französischen Staatspräsidenten über die Restitution des afrikanischen Kulturerbes aus öffentlichen Museen in Frankreich betont worden, vgl. *Sarr/Savoy*, Rapport sur la restitution du patrimoine culturel africain: Vers une nouvelle éthique relationnelle, S. 30.

6 Vgl. *Petropoulos*, Art as politics in the Third Reich, S. 123: »The plundering of western Europe proved consistent with other aspects of the ideology of the National Socialists. Most notably, their attack on European Jewry included stealing their victims' art as one part of the process of persecution, dehumanization, and eventual annihilation.« In diesem Sinne auch *Polack*, in: Furtwängler/Lammert (Hrsg.), Kunst und Profit: Museen und der französische Kunstmarkt im Zweiten Weltkrieg, S. 147, 164.

7 Vgl. *Zivie*, Patrimoines 2021, 105: »Si les biens culturels spoliés pendant la Seconde Guerre mondiale attirent tant la lumière, c'est sans doute qu'ils rappellent le projet génocidaire, et qu'ils en sont les dernières traces; ils sont, à la différence de la plupart des objets du quotidien, toujours là; ils sont visibles, ils sont exposés.«

8 Erll etwa versteht das »kollektive Gedächtnis« als einen Oberbegriff für »all jene Vorgänge biologischer, psychischer, medialer und sozialer Art, denen Bedeutung bei der wechselseitigen Beeinflussung von Vergangenheit, Gegenwart und Zukunft in kulturellen Kontexten zukommt.«, *Erll*, Kollektives Gedächtnis und Erinnerungskulturen, S. 5. Nach der Autorin sind demnach Geschichtsschreibung und individuelle Erinnerung nicht Gegensätze, sondern Komponenten dieses Prozesses (vgl. *Erll*, a. a. O., S. 6).

9 Vgl. *Gramlich*, in: Brechtken (Hrsg.), Aufarbeitung des Nationalsozialismus: Ein Kompendium, S. 584.

10 Mit dem Aufbau dieser Sammlung wurde zunächst der langjährige Direktor der Dresdner Gemäldegalerie Hans Posse (1879–1942), nach diesem Hermann Voss (1884–1969) beauftragt. Die Direktive für den sog. »Sonderauftrag Linz« vom Juni 1939 sah dabei neben dem massenhaften Ankauf von Kunst auch die Beschlagnahmung der Werke vor. Vgl. *Freitag*, Osteuropa 1–2 (2006), 23 (31).

das primäre Opfer des Kulturgüterraubes bildete. Mit der Durchführung des Raubes wurde in Frankreich allen voran der Einsatzstab Reichsleiter Rosenberg (ERR) beauftragt. Diese nach dem NS-Ideologen Alfred Rosenberg benannte Organisation war mit der Erforschung der »Feinde des Nationalsozialismus« in den besetzten Gebieten betraut. Seine Aktivitäten weiteten sich aber bald schon auf den systematischen Raub von Kulturgütern im Eigentum und Besitz von als Juden verfolgten Personen aus.[11]

1. Frankreichs historische Sonderrolle unter der deutschen Besatzung

Frankreich, das im Mai 1940 von Deutschland überfallen worden war, wurde im Unterschied zu anderen Staaten Europas (wie den Beneluxstaaten oder Polen) in der Anfangsphase nicht vollständig durch das Deutsche Reich besetzt. Die französische Regierung unter Philippe Pétain (gemeinhin als Vichy-Regime bezeichnet) hatte sich in dem Waffenstillstandsabkommen von Compiègne vom 22. Juni 1940 mit dem Reich auf eine Sonderregelung des Besatzungsstatuts verständigt: Frankreich behielt formal die volle Souveränität über sein Staatsgebiet bei. Der Norden einschließlich Paris und der Westen entlang der gesamten Atlantikküste wurden unter deutsche Besatzung gestellt, während der Süden (sog. freie Zone, *zone libre*) unter Kontrolle der französischen Regierung ohne deutsche Truppenpräsenz verblieb. Bestimmte Bereiche der Nordzone wurden an die deutsche Militärverwaltung in Belgien angegliedert. Elsass-Lothringen wurde in der Folge, entgegen den Bestimmungen des Abkommens, faktisch annektiert. Dieser Status quo änderte sich erst mit der Landung der Alliierten in Nordafrika im November 1942, welche den Einmarsch deutscher und italienischer Truppen in der Südzone nach sich zog. Nach der Kapitulation Italiens im September 1943 besetzte Deutschland Frankreich schließlich vollständig.

Im Verhältnis zum Deutschen Reich verfolgte das Vichy-Regime eine Politik der Kollaboration. Ab September/Oktober 1940 traten in der besetzten wie auch in der freien Zone schrittweise Vorschriften in Kraft, die auf den systematischen Ausschluss der als jüdisch definierten Personen aus dem Gesellschafts- und Wirtschaftsleben zielten. Die Betroffenen wurden von öffentlichen Ämtern ausgeschlossen, ihre wirtschaftliche Betätigungsfreiheit durch Berufsverbote eingeschränkt und ihr Vermögen schrittweise beschlagnahmt oder »arisiert«. 1941 markierte in diesem Prozess ein Schlüsseljahr: Im Mai wurden als jüdisch Verfolgte in der besetzten Zone von jeglicher wirtschaftlichen Betätigung ausgeschlossen und ihre Bankguthaben eingefroren.[12] Im gleichen Monat begannen in Paris die ersten Festnahmeaktionen der französischen Polizei gegen als jüdisch eingestufte Personen ohne französische Staatsangehörigkeit. Auf diese folgte ein Jahr später die sog. *Rafle du Vel d'Hiv* (Razzia des Wintervelodroms) vom 16. und 17. Juli 1942, in der erstmals auch Frauen und Kinder festgenommen und deportiert wurden. Im gleichen Zeitraum wurden außerhalb von Paris zum ersten Mal auch französische Staatsangehörige inhaftiert und deportiert. Eine großangelegte Festnahmeaktion der Polizei betraf schließlich im August 1942 die gesamte freie Zone.[13] Im Juli 1941 trat ein Gesetz der

11 Vgl. *Heuß*, Kunst- und Kulturgutraub, S. 102 ff.

12 Sog. vierte Verordnung über Maßnahmen gegen Juden vom 28.5.1941 (VOBlF. vom 10.6.1941, S. 272). Die Verordnung schloss neben dem Kapitalverkehr (§ 1) die Verfügung über Waren und Wertgegenständen nahezu vollständig aus (§ 2) und machte auf diese Weise eine legale berufliche Betätigung der Betroffenen nahezu unmöglich.

13 Vgl. zum Ganzen eingehend *Joly*, L'État contre les Juifs, S. 83–110.

französischen Regierung über »jüdische Unternehmen und jüdisches Vermögen« in Kraft, das ein einheitliches Verfahren zur »Arisierung« für das französische Staatsgebiet schuf.[14] Frankreich machte sich so zu einem bereitwilligen Helfer der Verfolgungs- und Vernichtungspolitik des Deutschen Reichs. Im Zuge der Shoah wurden etwa 76.000 als jüdisch verfolgte Personen aus Frankreich deportiert. Rund ein Viertel (etwa 80.000 Personen) der jüdischen Bevölkerung Frankreichs fand zwischen 1940 und 1945 den Tod.[15]

2. Rechtsentwicklung in der Nachkriegszeit

Die Rechtsentwicklung in der Nachkriegszeit verlief korrelativ zu den mentalitätsgeschichtlichen[16] Entwicklungsphasen der französischen Gesellschaft im Umgang mit der eigenen Vergangenheit während der nationalsozialistischen Herrschaft. Sowohl das nationale Selbstbild als auch die allgemeine Bedeutung, welche die Shoah im kollektiven Gedächtnis einnimmt, haben sich in Frankreich in den letzten sieben Jahrzehnten grundlegend gewandelt. Parallel hierzu verlief auch die Entwicklung der Rechtsmaterie, die den Ausgleich der durch die Unrechtsherrschaft verursachten Schäden zum Ziel hat. Die Verschiebungen im innerfranzösischen Diskurs über den Zweiten Weltkrieg hingen dabei eng mit der dargestellten Sonderrolle zusammen, die Frankreich als besetzte, aber kollaborationswillige Nation im Zweiten Weltkrieg einnahm. Will man die historische Entwicklung dieses Rechtsgebiets überblicksartig skizzieren, so lassen sich der Historikerin Claire Andrieu zufolge zwei historische Perioden ausmachen.[17] Auf die Phase der Restitution (1944-1951[18]) folgte die Phase der Wiedergutmachung[19] (1995-heute).

14 Loi du 22 juillet 1941 relative aux entreprises, biens et valeurs appartenant aux Juifs (JOEF vom 26.8.1941, S. 3594). Charakteristisch für die gesetzliche »Arisierung« war die Ernennung kommissarischer Verwalter:innen, die entweder zur Veräußerung einzelner Vermögenswerte oder zur Liquidation ganzer Sachgesamtheiten (etwa Unternehmen) schritten, die im rechtlichen Ergebnis zur vollständigen Verdrängung der als jüdisch klassifizierten Eigentümer:innen führten.

15 Vgl. *Andrieu*, in: Veraart/Winkel (Hrsg.), The post-war restitution of property rights in Europe: Comparative perspectives, S. 11, 212; *Semelin*, La survie des Juifs en France 1940–1944, S. 21.

16 Der Begriff der Mentalitätengeschichte geht auf die von den Historikern Lucien Febvre und Marc Bloch gegründete Zeitschrift *Annales* zurück. Nach dieser Denkschule sollte Gegenstand der Geschichtsschreibung nicht nur das Handeln und Denken sein, sondern auch das »Denkende, Fühlende, Meinende und Vorstellende in langfristigen Strukturen bzw. Beobachtungsperspektiven«, *Nübel*, in: Schneider (Hrsg.), Methodengeschichte der Germanistik, S. 447, 447. Die Mentalitätengeschichte im Sinne einer »histoire imaginaire« beschäftigt sich somit mit dem »Bild, das eine Gesellschaft von sich selbst besitzt und das ihr als gesellschaftliche Realität gilt«, *Schulze*, Geschichte in Wissenschaft und Unterricht 36 (1985), 247 (259).

17 Diese grobe Unterscheidung zwischen zwei historischen Phasen geht auf die Historikerin Claire Andrieu zurück. Vgl. *Andrieu*, in: Goschler/Ther (Hrsg.), Raub und Restitution: ›Arisierung‹ und Rückerstattung des jüdischen Eigentums in Europa, S. 108; *Andrieu*, in: Goschler/Ther/Andrieu (Hrsg.), Spoliations et restitutions des biens juifs en Europe, S. 186, 186–215; *Andrieu*, in: Veraart/Winkel (Hrsg.), The post-war restitution of property rights in Europe: Comparative perspectives, S. 11.

18 Der Verfasser wählt dieses Datum, da es den Ablauf der Klagefristen der Restitutionsverordnungen, insbesondere der Verordnung vom 21.4.1945, markiert und weicht insoweit von Andrieu ab, die in diese erste Phase auch die Entschädigungsleistungen Deutschlands miteinbezieht und daher den Zeitraum bis 1980 erstreckt.

19 Im Französischen wird der Begriff der *réparation* verwendet. Beide Begriffe verbindet, dass ihnen neben einer materiellen (auf Ausgleich von Vermögensschäden gerichteten) auch eine moralische Dimension immanent ist. Durch symbolische Akte der Anerkennung und Bemühungen bei der historischen Aufarbeitung soll ein Beitrag zur Aussöhnung zwischen Täter:innen und Opfern geleistet werden. Der Begriff wird im Rahmen dieser Arbeit aufgrund seines suggestiven Charakters, wonach eine Umkehr oder ein Ungeschehenmachen historischen Unrechts möglich sei, jedenfalls zur Beschreibung der Rechtsregime abgelehnt, die in erster Linie auf den Ausgleich von Vermögensschäden zielen (Siehe Näheres hierzu noch unter A. VI. 2). Gleichwohl soll er in diesem Abschnitt zur Beschreibung der historischen Entwicklung des Erinnerungsdiskurses herangezogen werden.

a) Die Phase der Restitution

Nach dem Krieg erkannte der Staat das den Geschädigten zugefügte Unrecht an. Die Verordnung der Übergangsregierung unter Charles de Gaulle vom 9. August 1944 erklärte sämtliche Gesetze für nichtig, die eine Diskriminierung auf Grundlage der Einordnung von Personen oder Personengruppen als jüdisch vorgenommen hatten.[20] Die Übergangsregierung schuf zudem in Umsetzung dieser Vorgabe ab Herbst 1944 eine Reihe von Gesetzen, die auf die schrittweise Wiedereinsetzung der Geschädigten in ihre früheren Vermögenspositionen gerichtet waren.

Von zentraler Bedeutung war in diesem Bereich die Verordnung Nr. 45-770 vom 21. April 1945.[21] Die Verordnung traf eine grundlegende Unterscheidung zwischen Entziehungen (*spoliations*) und Rechtsgeschäften, die mit Zustimmung der früheren Eigentümer:innen vorgenommen worden waren (*actes accomplis avec le consentement de l'intéressé*). Als Entziehungen definierte die Verordnung hoheitliche Vermögenseingriffe, die infolge sog. »Ausnahmemaßnahmen« (*mesures exorbitantes du droit commun*) des deutschen Besatzers oder der französischen Regierung[22] erfolgt waren. Entziehungen waren als von Anfang an nichtig anzusehen und die entzogenen Vermögenswerte von den Erwerber:innen an die früheren Eigentümer:innen zu restituieren (Art. 1 und 2). Bei Verlust oder Beschädigung wurde Schadensersatz geschuldet (Art. 7). Die Erwerber:innen wurden zudem als bösgläubig angesehen (Art. 4 Abs. 1), jedoch war ein gutgläubiger Erwerb zumindest bei beweglichen Sachen nach Ablauf der Präklusionsfristen möglich.[23]

Ein abweichendes Rechtsfolgenregime galt für rechtsgeschäftliche Verluste, welches die Verordnung unter Rückgriff auf das allgemeine Zivilrecht regelte. Nach Art. 11 Abs. 1 wurde widerleglich vermutet, dass diese Rechtsgeschäfte unter Zwang im Sinne des Code civil zustande gekommen sind, wenn die Eigentümer:innen vor oder nach Geschäftsabschluss durch Regelungen im Sinne des Art. 1 betroffen wurden.[24] Die Rückabwicklung des nichtigen Rechtsgeschäfts erfolgte in diesem Fall nach zivilrechtlichen Vorgaben (Art. 12 Abs. 1).

Eine weitere Verordnung vom 9. Juni 1945[25] regelte speziell die Nichtigkeit von Zwangsgeschäften zwischen französischen Staatsangehörigen und Angehörigen feindlicher Staaten über Vermögenswerte in- und außerhalb Frankreichs. Die Wiedereinsetzung der Geschädigten nach

20 »Est expressément constatée la nullité des actes suivants: [...] Tous ceux qui établissement ou appliquent une discrimination quelconque fondée sur la qualite de juif« (Art. 3 Ordonnance du 9 août 1944 relative au rétablissement de la légalité républicaine sur le territoire continental (JORF vom 10.8.1944, S. 688).

21 Ordonnance n° 45-770 du 21 avril 1945 portant deuxième application de l'ordonnance du 12 novembre 1943 sur la nullité des actes de spoliation accomplis par l'ennemi ou sous son contrôle et édictant la restitution aux victimes de ces actes de ceux de leurs biens qui ont fait l'objet d'actes de disposition (JORF vom 22.4.1945, S. 2283).

22 Die Verordnung spricht von einer faktischen Autorität, die sich Regierung des französischen Staates nannte (»autorité de fait se disant gouvernement de l'État français«). Gemeint ist das sog. Vichy-Regime unter der Regierung Pétain.

23 Auf diese bis heute umstrittene Fragestellung wird erneut im weiteren Verlauf dieser Arbeit eingegangen werden. Siehe hierzu unter B.II.2.a)bb)(3). An dieser Stelle sei jedoch darauf hingewiesen, dass die Verordnung den Anwendungsbereich der Bösgläubigkeitsvermutung bei Klagen auf Herausgabe beweglicher Sachen gemäß Art. 10 Satz 1 einschränkt.

24 Diese kryptische Formulierung wurde durch die Rspr. später dahingehend konkretisiert, dass eine Regelung in diesem Sinne jedenfalls bei Personen vorliege, die zum Kreis der aus antisemitischen Gründen verfolgten Personen zählten. Siehe hierzu noch eingehend unter B.II.2.b)aa)(2).

25 Ordonnance n° 45-1224 du 9 juin 1945 portant troisième application de l'ordonnance du 12 novembre 1943 sur la nullité des actes de spoliation et édictant la nullité des actes de spoliation accomplis par l'ennemi à son profit (JORF vom 10.6.1945, S. 3379).

diesen Verordnungen vollzog sich mit quantitativ messbarem Erfolg. Nach späteren Forschungen erzielte Frankreich im Bereich der »arisierten« Vermögen eine im europäischen Vergleich beachtliche Restitutionsquote von 70 bis 77 Prozent.[26]

Die Verordnung vom 21. April 1945 weist zwei redaktionelle Besonderheiten auf, die aus historischer Sicht insoweit bedeutsam sind, als sie gleich zwei Eigentümlichkeiten des Nachkriegsdiskurses veranschaulichen. Augenfällig ist zunächst, dass die Nichtigkeitstatbestände der Verordnung im Unterschied zu vergleichbaren Regelungen anderer europäischer Staaten nicht an ein Verfolgungsunrecht, sondern vielmehr an ein allgemeines Unwerturteil anknüpften: Entscheidend war der *Ausnahmecharakter* der staatlichen Maßnahmen, die zum Vermögensverlust geführt hatten. In den Anwendungsbereich der Verordnung fiel damit eine potenziell unbestimmt große Zahl von Geschädigten, sofern diese nur von widerrechtlichen Maßnahmen betroffen wurden. Einen Ausgleich sollten daher sämtliche Geschädigten der Unrechtsherrschaft des Deutschen Reichs und des Vichy-Regimes erhalten. Eine Anerkennung der Opfer der staatlichen Verfolgungspolitik erfolgte daher nur als eine Geschädigtengruppe unter vielen.[27] Offenbar ging es dem historischen Gesetzgeber darum, die rassistischen Kategorien der Verfolgungsgesetze nicht durch die Anerkennung bestimmter Opfer fortzuschreiben und so zu verfestigen.[28] Kehrseite dieser Entscheidung war, dass auf diesem Wege die historischen Spezifika der verschiedenen Unrechtspolitiken ausgeklammert wurden, namentlich die Einbindung der antisemitischen Verfolgung in einen gesamtgesellschaftlichen Prozess der kollektiven Entrechtung, Ausgrenzung und Vernichtung. Einen ausdrücklichen Hinweis auf die antisemitische, antiziganistische oder sonst wie diskriminierende Verfolgungspolitik sucht man in den Gesetzen der Nachkriegsdekade daher vergeblich. Vielmehr enthalten diese eine Assimilation aller Geschädigtengruppen.[29]

Weiterhin fällt auf, dass die Verordnung das Vichy-Regime – den Miturheber der Verfolgungspolitik – zu einem bloßen de facto-Regime (»autorité de fait se disant gouvernement de l'Etat français«) ohne politische Legitimation deklassiert[30], obschon die Einsetzung der Regierung unter Philippe Pétain und dessen spätere Ermächtigung zur Verfassungsänderung durch Gesetz der Nationalversammlung vom 10. Juli 1940 formal legal erfolgt war.[31] Diese Distanzierung gegenüber Vichy muss als typischer Ausdruck des vorherrschenden Diskurses der Nachkriegszeit begriffen werden: Das Vichy-Regime wurde hierin als eine historische Ausnahme

26 Vgl. *Prost u. a.*, Aryanisation économique et restitutions, S. 151 f.

27 Vgl. *Grynberg*, Yod 2018, S. 5: »Ce que l'on retient de cette première période, c'est que la politique de restitution et d'indemnisation des ›biens juifs‹ spoliés, en partie effective mais limitée, coïncide avec la mémoire nationale des années sombres, selon laquelle la population française, patriote et largement résistante, aurait été frappée dans son ensemble par les exactions commises par l'occupant nazi, endurant des souffrances comparables: prise dans sa globalité, elle doit être désormais réintégrée dans la plénitude de ses droits, de manière égalitaire.« In diesem Sinne auch *Ludi*, Reparations for Nazi Victims in Postwar Europe, S. 44 ff.; *von Lintig*, Tsafon 2 (2022), 21.

28 Vgl. *Andrieu*, in: Goschler/Ther/Andrieu (Hrsg.), Spoliations et restitutions des biens juifs en Europe, S. 186, 187; *Ludi*, Reparations for Nazi Victims in Postwar Europe, S. 44 f.; *Andrieu*, in: Veraart/Winkel (Hrsg.), The post-war restitution of property rights in Europe: Comparative perspectives, S. 11, 14; *Grynberg*, Yod 2018, Rn. 12.

29 In diesem Sinne auch *Veraart*, Law & Social Inquiry 2016, 956 (969 f.).

30 Schon die Formulierung des Titels der Verordnung ist bezeichnend für den Diskurs der Nachkriegszeit über die Rolle französischer Stellen bei der Durchführung des Vermögensraubes: Ordonnance n° 45-770 du 21 avril 1945 portant deuxième application de l'ordonnance du 12 novembre 1943 sur la nullité des actes de spoliation accomplis par l'ennemi ou sous son contrôle et édictant la restitution aux victimes de ces actes de ceux de leurs biens qui ont fait l'objet d'actes de disposition, JORF vom 22.4.1945, S. 2283.

31 Siehe hierzu Näheres *Vedel*, Manuel élémentaire de droit constitutionnel, S. 272 ff.

(*parenthèse*) oder ein Unfall in der republikanischen Geschichte gedeutet und nicht als das Resultat politischer und gesamtgesellschaftlicher Prozesse der Vorkriegsjahre. Diese verengende Darstellung der historischen Entwicklungen ging einher mit der Darstellung des Vichy-Regimes als illegitimer Usurpator der Staatsgewalt und Werkzeug in den Händen des NS-Regimes, wohingegen die Republik in Gestalt der *France libre* unter der Führung von Charles de Gaulle im Ausland und der *Résistance* im Inland fortbestanden habe.[32] Diese pauschale Abkehr von Vichy und die Wahl der *Résistance* als identitätsstiftender Anknüpfungspunkt in der Nachkriegszeit bedingten, dass die Verstrickung staatlicher Stellen und weiter Teile der französischen Gesellschaft in die Shoah und Besatzungspolitik weitgehend ausgeklammert und die Kämpfe der Widerstandsbewegung zu Kämpfen des gesamten französischen Volkes stilisiert wurden. Es war dieser Mythos von einer widerständigen französischen Gesellschaft, der schließlich eine kollektive Amnesie beförderte, die erst in den 1970er- und 1980er-Jahren schrittweise aufgebrochen wurde[33] und einen kollektiven Konfrontations- und Vergegenwärtigungsprozess in Gang setzte, der seinen vorläufigen erinnerungspolitischen Höhepunkt in der Rede des Staatspräsidenten Jacques Chirac vom 16. Juli 1995 anlässlich des Gedenktages der *Rafle du Vel d'Hiv* fand.

b) Die Phase der Wiedergutmachung (*réparation*)

Das Staatsoberhaupt erkannte in dieser Rede erstmals eine Mitverantwortung des Staates und der französischen Gesellschaft an der staatlichen Verfolgungspolitik des Vichy-Regimes an, die eine unverjährbare Pflicht (»dette imprescriptible«) der nachfolgenden Generationen begründe:

> »[L]a folie criminelle de l'occupant a été secondée par des Français, par l'Etat français. [...] [L]a France, ce jour-là, accomplissait l'irréparable. Manquant à sa parole, elle livrait ses protégés à leurs bourreaux. [...] Nous conservons à leur égard une dette imprescriptible.«[34]

Seinerzeit waren die folgenreichen (moralischen wie rechtlichen) Implikationen dieser Aussage noch nicht in Gänze absehbar. Rückblickend markierte die Rede aber eine Zeitenwende im französischen Erinnerungsdiskurs über die Shoah. Sie bildete den Ausgangspunkt der zweiten Phase der Wiedergutmachung (*réparation*). Emblematisch für diese Phase ist, dass die materiellen Aspekte, die noch in der ersten Phase der Restitution bestimmend gewesen waren,[35] nun durch Bemühungen um eine vollständige historische Aufarbeitung, eine Anerkennung der

32 Emblematisch sind die Ausführungen des Justizministers Michel Sapin im Vorwort zum Buch Les lois de Vichy von Dominique Rémy, wonach das Vichy-Regime ein »Unfall« in der französischen Geschichte infolge einer »Schwäche der Republik« verkörpere, wohingegen der republikanische Geist in Gestalt Charles de Gaulles fortbestanden habe, vgl. *Rémy*, Les lois de Vichy, Vorwort.

33 Wegweisende Bedeutung hatten in dieser Dekade die historischen Grundlagenwerke *Paxton*, Vichy France: Old Guard and New Order, 1940–1944; *Klarsfeld*, Vichy-Auschwitz, Le rôle de Vichy dans la solution finale de la question juive en France – 1942; *ders*, Vichy-Auschwitz, Le rôle de Vichy dans la solution finale de la question juive en France – 1943–1944.

34 Jacques Chirac, Rede vom 16. Juli 1995, abgedruckt in *Les fils et filles des déportés juifs de France*, Les discours du Vél' d'Hiv' 1982–2017, S. 83.

35 Es kann gleichwohl nicht geleugnet werden, dass Symbolik auch eine Rolle in den Restitutionspolitiken der unmittelbaren Nachkriegszeit gespielt hatten, was Aussagen historischer Akteur:innen der Nachkriegszeit belegen. Siehe hierzu u. a. *Veraart*,

historischen Besonderheit der Shoah und ihrer Opfer und eine breitangelegte Aufklärung der Öffentlichkeit flankiert wurden. Im politischen Diskurs wurde eine kollektive Pflicht zur Erinnerung (*devoir de mémoire*)[36] angemahnt und zugleich ihre Bedeutung für die nationale Identitätsstiftung und Aussöhnung hervorgehoben.[37]

Die politische und historische Tragweite der Rede Chiracs erhellt vor allem vor dem Hintergrund der verschiedenen staatlichen Maßnahmen, die in den Folgejahren auf den Weg gebracht worden: Anfang 1997 berief der Premierminister Lionel Jospin eine Historiker:innenmission zur Aufarbeitung des antisemitischen Vermögensraubes während der Besatzungszeit ein (sog. Mattéoli-Mission)[38], die im Januar 2000 ihren Abschlussbericht vorlegte.[39] Neben einer Bezifferung der Schäden, die infolge antisemitischer Vermögensentziehungen entstanden und nach dem Krieg nicht ausgeglichen worden waren,[40] sollte diese Mission auch konkrete Empfehlungen an die Politik zum Ausgleich ebendieser Schäden richten. Von vornherein ausgeklammert wurden hingegen Schäden im beruflichen Fortkommen oder immaterielle Schäden infolge von Gefangenschaft und Deportation.

Auf Empfehlung dieser Mission wurde im September 1999 beim Premierminister eine staatliche Kommission zum Ausgleich von Vermögensentziehungen infolge antisemitischer Gesetze während der Besatzungszeit eingerichtet, die CIVS[41], welche bis heute fortbesteht. Die CIVS sollte – und soll noch heute – in Streitigkeiten zwischen Geschädigten oder deren Rechtsnachfolger:innen und den Erwerber:innen entzogener Vermögenswerte (öffentlichen Stellen oder Privatpersonen) vermitteln und bei Bedarf eine Empfehlung zur Streitbeilegung aussprechen (Art. 2 CIVS-Dekret). Abweichend von einem formalisierten Gerichtsverfahren ist es Aufgabe dieser Kommission, vorrangig auf eine Verständigung zwischen den Streitparteien hinzuwirken. Das Verfahren ist gekennzeichnet durch das Fehlen einer verbindlichen Streitlösung, flexible Beweisstandards und eine Konzentration auf die Belange der Geschädigten. Die Kommission kann neben einer Restitution, die Zahlung einer Entschädigung oder weitere geeignete Maßnahmen zum Schadensausgleich empfehlen (Art. 1 Abs. 2). In der Praxis

in: ders./Winkel (Hrsg.), The post-war restitution of property rights in Europe: Comparative perspectives, S. 21, 27 ff. Gleichwohl stand dabei nicht die Anerkennung einer spezifischen Opfergruppe im Vordergrund.

36 Für eine umfassende Darstellung und Analyse des öffentlichen Diskurses um die Pflicht zur Erinnerung (*devoir de mémoire*), siehe *Ledoux*, Le devoir de mémoire, passim.

37 Wie der Premierminister Lionel Jospin zwei Jahre nach der Rede Chiracs hervorhob, sei die »mémoire […] une exigence républicaine : elle est l'un des fondements de notre identité nationale. Il n'y a pas de nation sans mémoire. […] [U]ne identité ne se façonne pas seulement avec des moments de victoire, de grandeur ou d'allégresse. Elle est également marquée des heures de deuil, de souffrance, de honte aussi.«, Rede des Premierministers Lionel Jospin vom 20.7.1997, abgedruckt in *Les fils et filles des déportés juifs de France*, Les discours du Vél' d'Hiv' 1982–2017, S. 78.

38 Die *Mission d'étude sur la spoliation des Juifs de France* wurde durch Arrêté des Premierministers vom 25.3.1997 (JORF vom 26.3.1997, S. 421) eingerichtet. Die Mission wird nach ihrem Präsidenten Jean Mattéoli gemeinhin auch als Mattéoli-Mission bezeichnet. Diese Bezeichnung soll auch im weiteren Verlauf verwendet werden.

39 *Mission d'étude sur la spoliation des Juifs de France*, Rapport général. Neben dem Hauptbericht wurden weitere neun Teilberichte zu ausgewählten Fragestellungen des Vermögensraubs, namentlich zu den »Arisierungen«, den Sperrungen und Entziehungen von Bank- und Wertpapierkonten, den Wohnungsplünderungen durch Stellen des Deutschen Reichs und zu den Entziehungen von Kulturgütern veröffentlicht.

40 Der durch die Mattéoli-Mission bezifferte Restschaden belief sich in der Nachkriegszeit auf schätzungsweise 922 Mio. Francs. Ausgenommen waren hiervon noch Entziehungen von Kulturgütern. Siehe *Mission d'étude sur la spoliation des Juifs de France*, a.a.O., S. 166–169.

41 Décret n° 99-778 du 10 septembre 1999 instituant une commission pour l'indemnisation des victimes de spoliations intervenues du fait des législations antisémites en vigueur pendant l'Occupation, JORF vom 11.9.1999, S. 13633 (CIVS-Dekret). Die CIVS wurde früher nach ihrem ersten Präsidenten, Pierre Drai, gemeinhin auch als Drai-Kommission bezeichnet.

bestehen die gewährten Leistungen aber heute vorrangig in Entschädigungsleistungen durch den Zentralstaat.[42] Nur äußerst selten und bislang ausschließlich bei Kulturgütern besteht die empfohlene Lösung auch in einer Restitution. Die Eröffnung eines Verfahren vor der CIVS war zunächst an einen Antrag geschädigter Personen gebunden. Seit einer Verfahrensreform aus dem Jahr 2018[43] besteht nun bei Entziehungen von Kulturgütern auch die Möglichkeit einer amtswegigen Verfahrenseröffnung. Zudem kann die CIVS durch Kulturgüter haltende Einrichtungen (etwa Museen, Bibliotheken oder Archive) angerufen werden. Zusätzlich leistete der Staat auf Empfehlung der Mattéoli-Mission als »kollektive Ausgleichsleistung« (*mesure de réparation collective*) zusammen mit Akteur:innen aus dem öffentlichen und privaten Sektor (insbesondere französischen Privatbanken) eine Geldeinlage zur Errichtung einer Stiftung zur Erinnerung an die Shoah.[44]

Die »Reue öffentlicher Stellen«[45] in der zweiten Phase der Wiedergutmachung beschränkte sich somit nicht auf symbolische Akte der Anerkennung, sondern fand Ausdruck in individuellen wie kollektiven, materiellen wie immateriellen Ausgleichsmaßnahmen. In diesem veränderten gesellschaftlichen Klima rückte zugleich die Erinnerung an die Shoah als Zentralereignis des Zweiten Weltkrieges unter Abkehr vom Nachkriegsdiskurs in den Fokus. Die Privilegierung einer Geschädigtengruppe stieß in diesem veränderten Gesellschaftsklima auf keinen erkennbaren politischen Widerstand.[46] Zunehmend wird heute jedoch – wie in anderen europäischen Staaten schon seit Längerem – die einseitige Privilegierung einer Verfolgtengruppe kritischer bewertet.[47]

c) Die Sonderrolle der Kulturgüter in beiden Phasen

Kulturgütern kam in beiden Phasen eine Sonderrolle zu. In der unmittelbaren Nachkriegszeit standen vor allem der systematische Raub und die massenhafte Verlagerung von Kulturgütern außer Landes durch das Deutsche Reich im Fokus der öffentlichen Auseinandersetzung. Der französische Staat betrachtete sich dabei in erster Linie selbst als Opfer des national-

42 In nur achtzehn von insgesamt etwa 30.000 Verfahren wurden nach den Forschungen des Verfassers eine Restitution oder äquivalente Ausgleichsleistung empfohlen.

43 Décret n° 2018-829 du 1er octobre 2018 modifiant le décret n° 99-778 du 10 septembre 1999 instituant une commission pour l'indemnisation des victimes de spoliations intervenues du fait des législations antisémites en vigueur pendant l'Occupation (JORF vom 2.10.2018, Text Nr. 1).

44 Fondation pour la mémoire de la Shoah (FMS), eingerichtet durch Satzung vom 15.11.2000. Das Stiftungskapital betrug bei Errichtung 2,578 Mrd. Francs. Die Einlage des Zentralstaates belief sich auf 474 Mio. Francs, jene des Privatbankensektors auf etwa 655 Mio. Francs.

45 Melleray spricht von einer »repentance contemporaine des pouvoirs publics« bezüglich der historischen Periode der Besatzungszeit, *Melleray*, AJDA 2002, 837.

46 In diesem Sinne *Andrieu*, in: Veraart/Winkel (Hrsg.), The post-war restitution of property rights in Europe: Comparative perspectives, S. 11, 16 f.: »Because de Shoah has come to epitomise Evil, public policy can now focus on this category of war victims without appearing to deviate from the principle of equity before the law in financial matters. Restitution is now seen as a form of moral reparation rather than a mere return of assets to legitimate owners.«

47 Die *Défenseure des droits* (DDD) kritisierte 2020 in einer Stellungnahme an den *Conseil d'État* eine »distinction manifestement disproportionnée« zwischen Opfern antisemitischer und antiziganistischer Verfolgung durch das CIVS-Dekret (DDD, 2.9.2020, Nr. 2020-159, S. 6). Der *Conseil d'État* verneinte hingegen eine relevante Ungleichbehandlung unter Verweis auf den systematischen Charakter der antisemitischen Verfolgungs- und Vernichtungspolitik (CE, 25.9.2020, Nr. 437524 – UDAF/France Liberté Voyage). Dieser schlösse einen Vergleich zwischen beiden Verfolgungsschicksalen aus. Siehe Näheres hierzu noch unter B.III.7.c)aa)(3)(iii).

sozialistischen Kulturgüterraubes, obschon diesem vornehmlich private Sammlungen (namentlich verfolgter Personen) anheimgefallen waren.

Ausgehend von den Meldungen öffentlicher und privater Eigentümer:innen an den *Office des biens et intérêts privés* (OBIP) wurde die Zahl der aus Frankreich verbrachten Kunstgegenstände seinerzeit auf knapp 100.000, jene der Bücher und sonstigen Schriftwerke auf 5 bis 10 Mio. geschätzt.[48] Nach dem Krieg bestand daher ein vorrangiges Anliegen öffentlicher Stellen in der Wiederherstellung des nationalen Kulturerbes. Die aus Frankreich verbrachten Kulturgüter mussten in einem ersten Schritten in Deutschland ermittelt, geborgen und sodann nach Frankreich restituiert werden. Die Aliierten richteten zu diesem Zweck nach 1945 zentrale Sammeldepots ein, die *Central Collecting Points* (CCP), wo die im Deutschen Reich geborgenen Kulturgüter gesammelt wurden und von den Herkunftsstaaten beansprucht werden konnten. Um einen Anspruch auf Restitution (sog. völkerrechtliche oder äußere Restitution) zu erheben, mussten die Anspruchstellerstaaten hinreichende Nachweise dafür vorlegen, dass das Kulturgut aus ihrem Gebiet stammt und während der deutschen Besatzung aus diesem Gebiet entfernt worden war.[49]

Erst nach ihrer Rückführung in das Herkunftsland konnten die Kulturgüter von den früheren Eigentümer:innen beansprucht werden. Die im November 1944 zu diesem Zweck eingerichtete *Commission de récupération artistique* (CRA)[50] restituierte zwischen 1944 und 1950 rund 45.000 der nach Frankreich rückgeführten 60.000 Kunstgegenstände und bearbeitete 1,1 Mio. Bücher[51], was heute als beachtlicher Erfolg gewürdigt wird.[52] Die bis 1950 nicht an ihre Eigentümer:innen restituierten Kulturgüter wurden in der weit überwiegenden Zahl (ca. 14.000 Kunstgegenstände, 130.000 Bücher) öffentlich versteigert.[53] Eine Auswahl von etwa 2.100 Kunstgegenständen und 13.000 Büchern verblieb hingegen wegen ihrer historischen Bedeutung oder ihres ästhetischen Wertes nach ihrer Auswahl durch zwei Fachkommissionen in Verwahrung öffentlicher Museen und Bibliotheken.[54] Nach Ablauf einer gesetzlichen Herausgabefrist sollten diese Restbestände in Staatseigentum übergehen. Diese Frist wurde nach mehreren gescheiterten Anläufen jedoch bis heute nicht umgesetzt. Auf diese Weise

48 Vgl. *Zivie*, Rapport à Madame la Ministre de la Culture, S. 15; *Groupe de travail sur les provenances d'œuvres récupérées après la seconde guerre mondiale*, Bericht für 2014, S. 2.

49 Vgl. *von Schmoller u. a.*, Handbuch des Besatzungsrechts, § 52, S. 9; *Engstler*, Die territoriale Bindung von Kulturgütern im Rahmen des Völkerrechts, S. 142–143. Zum Teil wurden die Werke aber auch direkt aus den Sammeldepots des Deutschen Reichs an die Herkunftsstaaten ohne Durchführung eines formalen Verfahrens restituiert, vgl. *Lorentz*, La France et les restitutions allemandes au lendemain de la Seconde Guerre Mondiale 1943–1954, S. 233.

50 Arrêté vom 24.11.1944.

51 Die Schriftwerke wurden nicht zwingend an ihre Eigentümer:innen restituiert, sondern teilweise auch an Personen übergeben, die diese beispielweise zur Ausübung ihrer beruflichen Tätigkeit benötigten. Die rechtliche Einordnung dieser »Übergaben« (*attributions*) ist bis heute ungeklärt. Vgl. *Poulain*, in: dies. (Hrsg.), Où sont les bibliothèques françaises spoliées par les nazis, S. 49, 54.

52 *Le Masne de Chermont/Schulmann*, Le pillage de l'art en France pendant l'Occupation et la situation des 2000 œuvres confiées aux musées nationaux, S. 38: »La CRA a certes travaillé pour un petit nombre de bénéficiaires, mais elle a contribué de façon décisive à reconstituer des collections particulières, fleurons du patrimoine français, et a soutenu les efforts déterminés des marchands pour parvenir à rétablir leur outil de travail et redonner à Paris une place importante sur le marché de l'art. En cela, elle paraît avoir accompli pleinement la mission qui lui était confiée.«

53 *Le Masne de Chermont/Schulmann*, a. a. O., S. 36 f.; *Poulain*, BBF 4 (2015), 176 (180 f.); *Zivie*, Rapport à Madame la Ministre de la Culture, S. 116 ff.

54 Die Zahlen beruhen auf *Zivie*, Rapport à Madame la Ministre de la Culture, S. 18. Bezüglich der ausgewählten Bücher divergieren die Zahlen bis heute und ein genauer Wert ist, da die Dokumentation zu diesen Werken in den Halteinstitutionen Lücken aufweist, nicht überliefert. So kam Poulain stattdessen auf 16.796 Bücher, vgl. *Poulain*, BBF 4 (2015), 176 (190).

entstand – gewissermaßen aus den Überresten der äußeren Restitution – ein besonderer Restbestand, der sich bis heute in staatlicher Obhut befindet.[55] Die Kunstgegenstände in diesen Beständen werden heute vereinfachend auch als »MNR« (für *Musées nationaux récupération*) bezeichnet.[56] An diesen Kunstwerken und Kulturgütern beansprucht der Zentralstaat bis heute kein Eigentum.[57]

Jegliches Problembewusstsein fehlte hinsichtlich der Erwerbungen staatlicher Museen während der Besatzungszeit, die nach heutigen Erkenntnissen auch Werke verfolgter Sammler:innen enthielten.[58] 1945/1946 präsentierten die Nationalmuseen der Öffentlichkeit ihre Neuerwerbungen seit 1939 im Rahmen einer großen Sonderausstellung, jedoch ohne Rücksicht oder Hinweis auf die Herkunft der Werke.[59] Die Erwerbungen wurden in der Folgezeit nicht systematisch erforscht. Für die Zeit zwischen 1950 bis 2021 sind keine Restitutionen aus öffentlichen Sammlungen belegt. Die staatlichen Restitutionsbemühungen konzentrierten sich vielmehr auf die MNR-Bestände. Aber auch in diesem Bereich kam es nach 1960 zu einem vorläufigen Stillstand.[60] In der Folgezeit konnten Geschädigte bei fehlender Kenntnis vom Verbleib der ihnen entzogenen Kulturgüter allenfalls noch seitens der Bundesrepublik Deutschland Entschädigungen nach dem Bundesrückerstattungsgesetz (BRüG) von 1957[61] erlangen. Bei Auslandsentziehungen war dabei gemäß § 5 Abs. 1 BRüG der Nachweis zu führen, dass der Vermögenswert in das Bundesgebiet gelangt war. In besonderen, nach Verhandlungen zwischen Opferverbänden und dem Bundesfinanzministerium eingerichteten Sammelverfahren griffen jedoch weitreichende Beweiserleichterungen.[62]

Ein neues Kapitel im Bereich der Kulturgüterrestitution wurde erst in den 1990er-Jahren aufgeschlagen. Wegweisend waren in dieser Phase die Publikationen der Historikerin Lynn H. Nicholas[63] und des Journalisten Hector Feliciano[64], die neben dem Kunstraub auch die

55 Nach amtlichen Angaben wurden seit 1950 insgesamt 170 Werke aus den Sonderrestbeständen restituiert (Stand April 2023), vgl. *Kulturministerium*, Œuvres de la ›récupération artistique‹ restituées depuis 1950 (au 8 avril 2023). Jedoch müssen aus dieser Statistik jene Werke herausgerechnet werden, die ursprünglich nicht Teil der Sonderrestbestände waren, sondern in diese erst nachträglich aufgenommen wurden (insgesamt drei Werke in den Fällen Gaston Lévy und Hugo Simon). Die korrigierte Zahl beträgt sodann 167 Werke.

56 Im Folgenden soll aus Gründen der Vereinfachung von den »MNR-Beständen« gesprochen werden. Gemeint sind sämtliche Kunstgegenstände – ausgenommen Bücher und Schriftwerke – in den Restbeständen der äußeren Restitution, die sich heute in staatlicher »Obhut« (*garde*) befinden. Zu den Restbeständen im weiteren Sinne zählen aber aufgrund ihrer Herkunft auch Bücher und andere Schriftwerke.

57 Grundlegend CE, Assemblée, 30.7.2014, Nr. 349789, Rec. S. 247 – Kodric und Heer.

58 Zu nennen ist etwa die Erwerbung von 12 Werken aus dem Nachlass Armand Dorville im Juni 1942. Die Werke wurden Anfang 2022 nach einer Empfehlung der CIVS vom 17.5.2021 durch den Zentralstaat restituiert. Siehe hierzu eingehend unter B.III.7.c)cc)(3)(ii) und B.III.7.e)bb).

59 Die Provenienzen dieser Werke schienen dagegen nicht weiter von Belang zu sein. Diese sind erst seit 2020 und damit 75 Jahre später erstmals Gegenstand fundierter Forschungen beim *musée du Louvre*. Eine kritische Würdigung und Einordnung dieser Ausstellung findet sich bei *Polack*, in: Furtwängler/Lammert (Hrsg.), Kunst und Profit: Museen und der französische Kunstmarkt im Zweiten Weltkrieg, S. 147, 147–164.

60 Vgl. *Bouchoux*, ›Si les tableaux pouvaient parler…‹: Le traitement politique et médiatique des retours d'œuvres d'art pillées et spoliées par les nazis, S. 255 ff. Die Historikerin spricht von einer »silence presque parfait«.

61 Bundesgesetz zur Regelung der rückerstattungsrechtlichen Geldverbindlichkeiten des Deutschen Reichs und gleichgestellter Rechtsträger vom 19.7.1957.

62 Die gewährten Entschädigungen sind heute noch in der Spruchpraxis der CIVS relevant, auf die an späterer Stelle erneut eingegangen wird. Siehe hierzu unter B.III.7.e)aa)(3).

63 *Nicholas*, The rape of Europa. Die erste Auflage erschien 1994 bei Alfred A. Knopf.

64 *Feliciano*, Le musée disparu, überarbeitete Neuauflage. Die erste Auflage in französischer Übersetzung erschien ursprünglich 1995 bei Austral.

Ankaufspolitik des Deutschen Reichs im besetzten Frankreich thematisierten. Ein Kapitel in Felicianos Buch (»Le purgatoire des MNR«) behandelte insbesondere die Apathie der öffentlichen Museen im Umgang mit den MNR-Werken. Die Tageszeitung Le Monde titelte daraufhin im Januar 1997 »Les musées détiennent 1 955 œuvres d'art volées aux juifs pendant l'Occupation«[65] (Die Museen halten 1.955 den Juden während der Besatzungszeit gestohlene Kunstwerke). In der Folge nahm sich 1998 auch die Mattéoli-Mission des Themas an: Es wurde eine eigene Arbeitsgruppe eingerichtet, deren Ergebnisse im Jahr 2000 in einem eigenen Bericht veröffentlicht wurden.[66] Die Forschenden gelangten zu der Einschätzung, dass lediglich 10 Prozent der MNR-Bestände mit Sicherheit oder annähernder Sicherheit widerrechtlich entzogen worden waren.[67] In den übrigen Fällen seien die Verlustumstände unklar oder es handele sich um Verkäufe am Markt. Gänzlich ausgeklammert wurden jedoch, wie schon in der Nachkriegszeit, die Erwerbungen staatlicher Museen während der deutschen Besatzung. Gleichwohl erzielte die Arbeitsgruppe bezogen auf die MNR-Werke greifbare Fortschritte, auf denen die Provenienzforschung heute noch aufbaut.[68]

Die Arbeiten der Mattéoli-Mission hatten hohe Erwartungen geweckt. Jedoch verfehlte Frankreich in den Folgejahren im Bereich der Kulturgüterrestitutionen abermals die selbstgesteckten Ziele. Zwar hatte sich Frankreich in der Washingtoner Erklärung vom 3. Dezember 1998[69] zu anhaltenden Bemühungen bei der Identifikation und Restitution von Raubkunst verpflichtet, jedoch fielen diese Bemühungen in den Folgejahren eher dürftig aus. Besonders enttäuschend ist die Bilanz für die Sammlungen öffentlicher Museen, in denen eine proaktive und flächendeckende Provenienzforschung die Ausnahme darstellt.[70] Der Einfluss der Washingtoner Erklärung auf die französische Praxis dürfte bis in die jüngere Zeit eher als gering bewertet werden. Zwar wurden manche Empfehlungen der Mattéoli-Mission[71] frühzeitig umgesetzt,[72] im Übrigen aber nicht zum Anlass für eine grundlegende Strukturreform

65 *Dagen/Feliciano*, Les musées détiennent 1 955 œuvres d'art volées aux juifs pendant l'Occupation, in: Le Monde vom 28.2.1997.

66 *Le Masne de Chermont/Schulmann*, Le pillage de l'art en France pendant l'Occupation et la situation des 2000 œuvres confiées aux musées nationaux.

67 Vgl. *Le Masne de Chermont/Schulmann*, a.a.O., S. 65. Unklar ist bis heute, welche Definition des Entziehungsbegriffs dieser Bewertung zugrunde lag. Erkennbar unterschied die Mattéoli-Mission zwischen unfreiwilligen Verlusten (Plünderungen, Beschlagnahmen) und freiwilligen Verlusten (Verkäufen am Markt).

68 Erstmals wurde die Geschichte jedes einzelnen Werkes in den MNR-Beständen, soweit unter Auswertung der verfügbaren Quellen möglich, beschrieben. Die Informationen sind heute in der Datenbank Rose-Valland (MNR) öffentlich einsehbar.

69 Washington Conference Principles on Nazi-Confiscated Art released in connection with The Washington Conference on Holocaust Era Assets, Washington DC, December 3, 1998, https://www.state.gov/washington-conference-principles-on-nazi-confiscated-art/ (28.2.2023). Es handelt sich um eine völkerrechtlich nicht bindende Absichtserklärung, die zum Abschluss der gleichnamigen Konferenz in Washington von 44 Staaten und 13 Nichtregierungsorganisationen unterzeichnet wurde.

70 Seit 2020 verfügt das *musée du Louvre* über eine Vollzeitstelle im Bereich der Provenienzforschung. Im Rahmen eines Kolloquiums am 10.3.2021 präsentierte das Museum erste vorläufige Ergebnisse seiner Provenienzforschung der Öffentlichkeit (vgl. *Musée du Louvre*, Les acquisitions du musée du Louvre entre 1933 et 1945, Premier bilan, Konferenz vom 10.3.2021 in Paris, Veranstaltungsankündigung und Videoaufzeichnung). Daneben hat auch das *musée d'Orsay* eine feste Stelle für Provenienzforschung geschaffen (vgl. *Musée d'Orsay*, La recherche de provenance, Eintrag auf Website).

71 Sämtliche Zwischenberichte und auch der Abschlussbericht enthielten Empfehlungen betreffend die MNR-Bestände: *Mission d'étude sur la spoliation des Juifs de France*, Rapport au Premier ministre, S. 28 f.; *Mission d'étude sur la spoliation des Juifs de France*, Rapport d'étape, S. 294 f.; *Mission d'étude sur la spoliation des Juifs de France*, Rapport général, S. 174 ff., Empfehlungen Nr. 13–17.

72 Die als Leihgaben in Ministerien oder ausländischen Botschaften befindlichen MNR-Werke wurden noch vor 2000 an die ursprünglichen Verwahrstellen zurückgegeben. Der historische Verkehrswert der 13.000 nach 1950 veräußerten Kunstgegenstände

genommen. Eine proaktive Provenienzforschung an den MNR-Beständen wurde erst 2013 durch die Kulturministerin Filippetti initiiert. In diesem Zusammenhang wurde eine interdisziplinäre Arbeitsgruppe mit der Erforschung der Provenienzen derjenigen MNR-Werke betraut, bei denen die Mattéoli-Mission 2000 eine widerrechtliche Entziehung bejaht hatte. 2014 legte die Gruppe ihren Abschlussbericht vor.[73] Das Mandat der Gruppe wurde schließlich bis 2017 verlängert.[74] Ein im Jahre 2018 im Auftrag der Kulturministerin verfasster Bericht problematisierte schließlich erstmals den Umgang mit Raubkunst in öffentlichen Sammlungen und regte eine grundlegende Verfahrensreform an,[75] die schließlich durch die bereits erwähnte Reform im Jahr 2018 umgesetzt wurde. Die CIVS, deren Tätigkeitsschwerpunkt bis dato auf der Entschädigung von Vermögensschäden infolge antisemitischer Entziehungen gelegen hatte, avancierte in der Folge zu einem maßgeblichen Akteur der Wiedergutmachungspolitik im Bereich der Kulturgüter. Bei Kulturgütern ist diese nunmehr zur amtswegigen Verfahrenseinleitung befugt (Art. 1-1 Alt. 1 CIVS-Dekret). Seit einer Reform vom Juli 2023 ist sie zudem zwingend vor jeder Restitution eines Kulturguts im Eigentum des Zentralstaates oder einer anderen Gebietskörperschaft (Art. L.115-2 Abs. 1, L.115-3 Code du patrimoine n. F.) oder im Privateigentum einer juristischen Person, die Trägerin eines *musée de France* ist (Art. L.451-10-1 Abs. 1 n. F.), anzurufen und um eine Empfehlung zu ersuchen.

3. Kollision alter und neuer Regelungsmodelle in der Gegenwart

In der heutigen Gesetzgebung begegnen wir Regelungsregimen aus unterschiedlichen historischen Epochen (Nachkriegszeit, 1999, 2018 und 2023), in denen der Vermögens- und Kulturgüterraub teils divergierende erinnerungspolitische Zuschreibungen erfahren hat. Aus der Nachkriegszeit ist die Verordnung vom 21. April 1945 überliefert, die bis heute geltendes Recht darstellt und in der Vergangenheit wiederholt die Restitution entzogener Kunstwerke und Kulturgüter aus öffentlichen wie privaten Sammlungen ermöglicht hat. Für Klagen nach dieser Verordnung gilt zwar eine gesetzliche Präklusionsfrist, die – nach mehrfacher Verlängerung – am 1. Dezember 1947 abgelaufen ist. Jedoch besteht die Möglichkeit einer Wiedereinsetzung in den vorigen Stand (*relevé de forclusion*, Art. 21 Abs. 2), die bis heute in Anspruch genommen wird. Geltendes Recht stellt, zumindest theoretisch, auch die Verordnung vom 9. Juni 1945 dar, zu welcher eine Rechtsprechung aber heute nicht mehr nachweisbar ist. Ein Relikt aus der ersten Phase der Restitutionen bilden gleichsam die Sonderrestbestände der Kulturgüter der äußeren Restitution (unter anderem die sog. MNR-Bestände), die sich bis heute weitestgehend unverändert in staatlicher »Obhut« (*garde*) befinden. Ihr Rechtsstatus ist nur teilweise geklärt und bietet daher nach wie vor Anlass für Diskussionen. Entscheidende Fragen, etwa betreffend die materiell-rechtlichen Voraussetzungen einer Restitution, sind bis heute offen.

wurde ermittelt. 2004 wurde erstmals ein Katalog der MNR-Werke veröffentlicht. 2008 wurde eine Auswahl dieser Werke im Rahmen einer Ausstellung im Israel-Museum in Jerusalem unter dem Titel »À qui appartenaient ces tableaux?« gezeigt.

73 *Groupe de travail sur les provenances d'œuvres récupérées après la seconde guerre mondiale*, Bericht für 2014. Im Zuge der Arbeiten konnten sieben Vorkriegseigentümer:innen identifiziert werden, deren Werke mit Sicherheit entzogen worden waren. Die Ermittlung der Erb:innen wurde teils erst 2021 abgeschlossen.

74 2017 wurde ein weiterer Forschungsbericht vorgelegt, der zur Restitutionen fünf weiterer MNR-Werke führte: *Groupe de travail sur les provenances d'œuvres récupérées après la seconde guerre mondiale*, Abschlussbericht für 2017.

75 *Zivie*, Rapport à Madame la Ministre de la Culture, S. 47–49, speziell zu den Reformvorschlägen bzgl. des Verfahrens vor der CIVS siehe S. 79-83.

Seit der zweiten Phase der Wiedergutmachung werden diese aus der Nachkriegszeit überlieferten Regelungen durch den Verfahrensmechanismus des CIVS-Dekrets flankiert. Das Dekret sieht die Einrichtung einer beratenden Verwaltungskommission bei dem:der Premierminister:in vor, die in einem besonderen Verfahren ohne Anerkennung rechtlicher Ansprüche Anträge zum Ausgleich von Vermögensschäden prüft, die durch Entziehungen infolge antisemitischer Gesetze entstanden sind, und nicht verbindliche Empfehlungen zur Klärung der Streitigkeit ausspricht. Soweit sich die Ansprüche – wie zumeist – gegen den Zentralstaat richten, ergeht im Anschluss auf eine Empfehlung der CIVS eine Verwaltungsentscheidung des:der Premierminister:in, die einer gerichtlichen Überprüfung durch die Verwaltungsgerichte unterliegt. Obgleich das Dekret selbst keine Rechtsansprüche gewährt, hat auch in diesem Bereich eine gewisse Verrechtlichung unter dem Eindruck der Verwaltungsrechtsprechung stattgefunden.

II. Problemstellungen und Forschungsziele

Das dargestellte Regelungsumfeld ist bislang nicht Gegenstand einer umfassenden systematischen Darstellung geworden. Die Verordnung vom 21. April 1945 wurde zuletzt in der Nachkriegszeit durch das Schrifttum und eine umfangreiche Zivilrechtsprechung rezipiert, die seither jedoch in Vergessenheit geraten sind. Die Unbestimmtheit der Vorschriften stellt die Rechtsanwendung heute vor besondere Herausforderungen, zumal sich die historischen, erinnerungspolitischen und verfassungsrechtlichen Rahmenbedingungen und sozialen Anschauungen seit 1945 grundlegend verändert haben. Im Rahmen dieser Forschungsarbeit sollen die Bestimmungen dieser Verordnung daher systematisch dargestellt und gemäß den heutigen gesellschaftlichen Anforderungen und Gerechtigkeitsvorstellungen ausgelegt werden. In diesem Zusammenhang spielt insbesondere der Faktor Zeit eine beachtliche Rolle: Die relevanten Sachverhalte liegen sieben bis acht Jahrzehnte zurück. Diese zeitliche Distanz zu den historischen Ereignissen wirkt sich dabei nicht nur auf die Beweisführung aus, sondern wirft auch die Frage nach dem Verlust oder der gerichtlichen Durchsetzbarkeit von Ansprüchen aus der Verordnung (infolge gutgläubigen Erwerbs, Ersitzung oder Verjährung) auf. Der Fokus der Darstellung soll auf denjenigen Bestimmungen der Verordnung liegen, die für die heutige Praxis noch von praktischer Bedeutung sind.

Die Praxis der CIVS hat bis heute trotz des beachtlichen Ausmaßes der gewährten Ausgleichsleistungen[76] und einer bedeutenden Zahl an Gerichtsentscheidungen[77] im juristischen Schrifttum nur wenig Aufmerksamkeit erfahren. Dies hängt ersichtlich damit zusammen, dass die Empfehlungen der Kommission unter Verweis auf die schutzwürdigen Belange der Anspruchsteller:innen – mit wenigen Ausnahmen – in der Vergangenheit nicht veröffentlicht

76 Allein im Bereich der Kulturgüterverluste empfahl die CIVS seit 1999 Entschädigungszahlungen in Höhe von rund 55 Mio. Euro, was einem Anteil von 10 Prozent bezogen auf die Gesamtsumme der Entschädigungen entspricht (insb. Unternehmenswerte, Immobilien, Wohnungsmobiliar, Guthaben auf Bankkonten, Bargeld, persönliche Wertgegenstände). Siehe *CIVS*, Tätigkeitsbericht für 2021, S. 11.

77 Der Verfasser konnte insgesamt 54 verwaltungsgerichtliche Entscheidungen im Bereich des CIVS-Dekrets nachweisen, darunter sieben Entscheidungen des *Conseil d'État* (Stand Oktober 2023).

wurden.[78] Die Spruchpraxis der CIVS, insbesondere die anwendbaren normativen Regeln und Grundsätze, konnten daher bis dato nur ansatzweise ausgehend von der Rechtsprechung der Verwaltungsgerichte nachvollzogen werden. In der Frühphase der Kommission mochten manche Aussagen von Kommissionsmitgliedern noch Zweifel an der Existenz einheitlicher Bewertungsmaßstäbe begründen. So postulierte etwa der erste Präsident der CIVS noch die Maßgeblichkeit der Billigkeit (*équité*) als flexibler und einzelfallabhängiger Gerechtigkeitsmaßstab vor starren gesetzlichen Vorgaben.[79] Die Betonung der Billigkeit als Leitprinzip der Spruchpraxis muss aber im Lichte des historischen Kontextes dieser Zeit gesehen werden. Die Einrichtung der CIVS reagierte auf Forderungen der Shoah-Überlebenden nach historischer Aufarbeitung, Anerkennung und Gerechtigkeit. Eine Überbetonung rechtlicher Maßstäbe bei der Anspruchsprüfung hätte den Erfolg der Kommission gerade in der Anfangsphase gefährdet.

In den späteren Veröffentlichungen der CIVS und der verwaltungsgerichtlichen Rechtsprechung zum CIVS-Dekret findet dieses Postulat aus der Anfangsphase indes keine Bestätigung. Vielmehr ist die Geltung allgemeiner ungeschriebener Regeln und Grundsätze in der Spruchpraxis der CIVS, die den Empfehlungen der Kommission zugrunde liegen, heute allgemein unbestritten. Bereits in ihren ersten beiden Tätigkeitsberichten stellte die CIVS die Leitlinien ihrer Praxis (sog. »principes généraux«) vor[80], die sie erkennbar aus ihrem gesetzlichen Mandat nach Art. 1 Abs. 1 CIVS-Dekret im Wege der Auslegung ableitete. In den Empfehlungen vollzieht sich daher nicht mehr und nicht weniger als eine Rechtsauslegung und -anwendung durch ein besonderes Verwaltungsorgan. Spätestens seit die Rechtsprechung die gerichtliche Überprüfbarkeit der ablehnenden Empfehlungen der Kommission anerkannt hat, dürfte kein Zweifel mehr an der Geltung eines – zumindest partiell – rechtlichen Prüfungsmaßstabs in der Praxis der CIVS bestehen. Die Gesetzesreform von 2023 hat dies für Empfehlungen zu Kulturgütern in öffentlichen Sammlungen (Art. L.115-3 Satz 2 Code du patrimoine[81]) und bestimmten privaten Sammlungen (Art. L.451-10-1 Abs. 1 Satz 1) erneut bestätigt. Gleichwohl ist die genaue Auslegung und Anwendung des Gründungsdekrets durch die Kommission, insbesondere zu bestimmten Einzelfragen der Anspruchsprüfung (Auslegung unbestimmter Rechtsbegriffe, Beweisanforderungen, Grundsätze der Schadensbemessung), bis heute weitgehend ungeklärt. Unter dem Gesichtspunkt der Rechtssicherheit, insbesondere der Vorhersehbarkeit der Empfehlungen, ist dieser Mangel an Transparenz aus Sicht der Anspruchsteller:innen zu beklagen. Hinreichende Klarheit kann daher nur durch eine umfassende, systematisierende Darstellung der Empfehlungspraxis der Kommission gewonnen werden.

Zeitgleich zur Frage, ob ein Kulturgut widerrechtlich – insbesondere verfolgungsbedingt – entzogen wurde, stellt sich im Vorfeld einer Restitution auch die Frage nach dem rechtlichen Status dieses Kulturguts. Unter diesem Aspekt ist neben der Frage der Verfügungsberechtigung

78 Seit 2021 ist die CIVS nun dazu übergegangen, zumindest ausgewählte Empfehlungen zu Kulturgüterverlusten in ihren Tätigkeitsberichten und auf ihrer Website zu veröffentlichen. Seit der Reform von 2023 ist eine Veröffentlichung zumindest bei Empfehlungen in Restitutionsverfahren betreffend Kulturgüter in öffentlichen Sammlungen vorgeschrieben (Art. L.115-3 Satz 3 Code du patrimoine n. F.).

79 Discours de M. Pierre Drai lors de l'installation de la CIVS, 15.11.1999, abgedruckt in *CIVS*, Einführungsbericht, Dokument Nr. 8, S. 2: »[V]ous procédez à l'installation d'un collège de personnalités appelées à se prononcer, sur des situations toujours douloureuses, non par la voie tranchante et brutale de l'application de la règle de droit, mais par un recours au principe d'équité qui assure la prévalence de la conciliation, de la médiation, ou de la recommandation.«

80 Siehe etwa *CIVS*, Rapport d'activité de la Commission 2001, S. 23 ff.; *CIVS*, Rapport d'activité de la Commission 2002, S. 25 ff.; *CIVS*, Rapport public d'activité 2006, S. 7 ff.

81 »Cet avis porte sur l'existence d'une spoliation et ses circonstances.«

(wer darf über das Kulturgut verfügen?) auch die Frage nach den Grenzen dieser Befugnis zu klären (darf gerade über dieses Kulturgut verfügt werden?). Da die Restitution auf die (Wieder-)Einräumung des zivilrechtlichen Eigentums an dem entzogenen Kulturgut gegenüber den Geschädigten oder deren Rechtsnachfolger:innen gerichtet ist, können öffentlich-rechtliche Verfügungsbeschränkungen einen Hinderungsgrund bei der Restitution darstellen.

Steht das Kulturgut im Eigentum des Zentralstaates oder einer sonstigen Person des öffentlichen Rechts, folgen Einschränkungen der Verfügungsbefugnis aus dem öffentlichen Vermögensrecht und Kulturgutschutzrecht. Nach Art. L.3111-1 Code général de la propriété des personnes publiques (CG3P) sind Vermögenswerte im Eigentum von öffentlichen Körperschaften unveräußerlich, wenn diese der öffentlichen Domäne (*domaine public*) angehören. Für Kulturgüter in musealen Sammlungen und alte, wertvolle und seltene Dokumente in Bibliotheken folgt die Zugehörigkeit zur öffentlichen Domäne aus Art. L.2112-1 Nr. 8 und 10 CG3P.[82] Der Domänenschutz begründet auf diese Weise ein rechtliches Restitutionshindernis, das bis zu einer Gesetzesreform vom 22. Juli 2023 (Restitutionsgesetz von 2023)[83] nur durch ein Einzelfallgesetz des Parlaments unter punktueller Abweichung vom Grundsatz der Unveräußerlichkeit überwunden werden konnte. In der Vergangenheit waren Geschädigte daher nicht selten, wenn mit den öffentlichen Eigentümer eines Kulturguts keine Einigung über die Restitution oder einen anderweitigen Ausgleich erzielt werden konnte, auf die gerichtliche Durchsetzung ihrer Ansprüche (etwa nach der Verordnung vom 21. April 1945) verwiesen. Auch wenn die Verwaltung der Restitution zustimmte, konnten zwischen der Entscheidung zur Restitution (etwa nach einer Empfehlung der CIVS) und ihrer Durchführung im Extremfall mehrere Jahre liegen. Durch das Restitutionsgesetz von 2023 hat der Gesetzgeber nunmehr die materiell-rechtlichen Rahmenbedingungen und ein besonderes Verfahren zur Restitution verfolgungsbedingt entzogener Kulturgüter in öffentlichen Sammlungen und Bibliotheken geschaffen (Art. L.115-2 bis Art. L.115-4 Code du patrimoine n. F.). Das Gesetz soll Restitutionen künftig in größerem Umfang und schnellerem Tempo ermöglichen.

Neben Kulturgütern in öffentlichen Sammlungen regelt das Gesetz auch die Restitution von Kulturgütern im Eigentum bestimmter Privatpersonen. Für Kulturgüter in sog. *musées de France*, die sich in Trägerschaft einer gemeinnützigen juristischen Person des Privatrechts befinden, sieht das Kulturgutschutzrecht – vergleichbar zu öffentlichen Sammlungen – eine Einschränkung der Dispositionsfreiheit vor, wenn das Kulturgut durch Schenkung, letztwillige Verfügung oder mit öffentlichen Mitteln erworben wurde. Eine Veräußerung ist nur in engen Grenzen zulässig, die einen dauerhaften Verbleib des Kulturguts in einem *musée de France* sicherstellen sollen (Art. L.451-10 Abs. 1 Code du patrimoine). Im Interesse des Ausgleichs verfolgungsbedingter Entziehungen sieht das Restitutionsgesetz von 2023 nun auch für solche Kulturgüter eine Ausnahmeregelung vor, die inhaltlich den Vorgaben für öffentliche Sammlungen entspricht (Art. L.451-10-1 Code du patrimoine n. F.).

Neben Kulturgütern in öffentlichen Sammlungen und Bibliotheken verfügt Frankreich zudem als einziger Staat in Europa über einen Restbestand an Kulturgütern aus der äußeren Restitution, die nach dem Krieg nicht an ihre Eigentümer:innen restituiert und auch nicht in öffentliches Eigentum überfuhrt wurden. Die Kulturgüter dieses Sonderbestandes werden

82 Für Werke in den Sammlungen der *musées de France* folgt dies speziell aus Art. L.451-1 Code du patrimoine.

83 Loi n° 2023-650 du 22 juillet 2023 relative à la restitution des biens culturels ayant fait l'objet de spoliations dans le contexte des persécutions antisémites perpétrées entre 1933 et 1945 (JORF vom 23.7.2023, Text Nr. 1).

heute vom Zentralstaat in Erwartung ihrer künftigen Restitution übergangsweise verwahrt.[84] Die Eigentümer:innen dieser Werke sind heute zumeist nicht bekannt, sodass die Werke bis zur Klärung der Eigentumsverhältnisse in staatlicher Verfügungsgewalt verbleiben. Es stellt sich die Frage, nach welchen konkreten rechtlichen Vorgaben Anspruchsbegehren betreffs dieses Sonderbestandes zu bewerten sind – insbesondere ob die Restitution stets nur an die Berechtigten im zivilrechtlichen Sinne zu erfolgen hat oder ausnahmsweise auch eine Rückgabe an Dritte aus moralischen Gründen zulässig ist.

III. Forschungsstand

Die dargestellten Problemfelder wurden in der jüngeren Forschung nur ansatzweise und überblicksartig behandelt, ohne zu dogmatisch befriedigenden Ergebnissen geführt zu haben.

Die Verordnung vom 21. April 1945 und die zu ihr ergangene Rechtsprechung wurden in der Literatur der Nachkriegsjahre umfassend rezipiert und besprochen. Erwähnenswert ist eine bis heute noch viel zitierte Dissertation von Lyon-Caen von 1945.[85] Von nachhaltigem Einfluss auf die Rechtsprechung waren die Beiträge Philonenkos[86] und die Kommentare und Analysen der Pariser Anwälte Sarraute und Tager.[87] Mit Ablauf der gesetzlichen Präklusionsfrist zum Jahresende 1951 verschwand aber die Erinnerung an die Verordnung aus dem Gedächtnis der Rechtswissenschaft.

Erst während der zweiten Phase der Wiedergutmachung nach 1995 und im Zuge der Forschungsarbeiten der Mattéoli-Mission sind Klagen auf Grundlage der Verordnung und damit auch Beiträge aus dem Schrifttum erneut nachweisbar. Das Verfahren der Erb:innen nach Frederico Gentili di Giuseppe bildete 1998 den ersten Präzedenzfall.[88] Im Jahre 2020 gab die Auslegung der Verordnung erneut Anlass für eine Entscheidung der *Cour de cassation* im Verfahren Bauer gegen Toll.[89] Im Jahre 2022 war die Verordnung erneut Gegenstand einer Vorlage eines Instanzgerichts an den Gerichtshof.[90] Die Verordnung beschäftigt somit seit einigen Jahren wieder verstärkt die Zivilrechtsprechung, ohne dass auf diese Rechtsentwicklung zugleich eine verstärkte Befassung des Schrifttums mit dieser Regelung gefolgt wäre. Die Entscheidungen werden heute nur selten kommentiert.[91] Grundlegende Fragen, insbesondere zur

84 Die Niederlande verfügen mit der NK-Sammlung über einen Bestand an Kulturgütern, die zwar ebenfalls im Zuge der äußeren Restitution in die Niederlande gelangt sind, sich aber heute nach der im Schrifttum vertretenen Auffassung in staatlichem Eigentum befinden. Ihr rechtlicher Status unterscheidet sich auch in weiteren Details von den Sonderrestbeständen in Frankreich. Vgl. *van Vliet*, Tijdschrift voor Rechtsgeschiedenis 4 (2019), 651 (663 f.).

85 *Lyon-Caen*, Les spoliations.

86 *Philonenko*, Les actes de Spoliation et le Droit, Band 1; *Philonenko*, Les actes de Spoliation et le Droit, Band 2.

87 Erstmals *Tager/Sarraute*, Gazette du Palais Doctrine 2 (1945), 23. Für weitere Nachweise zu den Beiträgen der beiden Autoren wird auf das Literaturverzeichnis verwiesen.

88 TGI Paris, 10.7.1998, Nr. 54616/98; CA Paris, 2.6.1999, Nr. 1998/19209 – Gentili di Giuseppe, m. Anm. *Passa*, Rec. Dalloz 1999, 535; *Anglade*, AAL 4 (1999), 301 (309); *Libchaber*, RTD Civ. 2000, 206; *Parisot*, IJCP 2001, 264.

89 Cass. civ. 1ère, 1.7.2020, Nr. 18-25.695, Rec. Dalloz 2020, 1460 – Toll. Eine Vorlage an den *Conseil constitutionnel* wurde hingegen abgelehnt: Cass. civ. 1ère, 11.9.2019, Nr. 18-25.695; *Dross*, RTD Civ. 2019, 908.. In der Literatur wurde letztere Entscheidung kommentiert: *Noual*, JCP G 2020, Nr. 1137; *Pollaud-Dulian*, RTD Com. 2020, 97; *de Ravel d'Esclapon*, Rec. Dalloz 2020, 1992; Ranouil, Comm. com. électr. 10 (2018), Chron. 10.

90 Cass. civ. 2e, Avis, 14.9.2022, Nr. 15011-B, JORF vom 21.9.2022, Text Nr. 56. Die Vorlage erfolgte durch den *Tribunal judiciaire* von Paris gemäß Art. L.441-1 Abs. 1 Code de l'organisation judiciaire.

91 Für einen Überblick *Noual*, Restitutions: Une histoire culturelle et politique, S. 125 ff.

Auslegung der Tatbestände der Verordnung, zur Möglichkeit eines gutgläubigen Erwerbs und zur Verjährung der Ansprüche, waren bislang ersichtlich nicht Gegenstand einer tiefergehenden Untersuchung.

Größere Aufmerksamkeit wurde in der Literatur noch den Kulturgütern aus den Sonderrestbeständen der äußeren Restitution zuteil. Die Grundsatzentscheidung des *Conseil d'État* in der Sache Kodric und Heer von 2014[92] wurde im Schrifttum relativ umfangreich besprochen.[93] Gleichwohl beschränkten sich die Kommentare zumeist auf eine Darstellung der Leitlinien dieser Entscheidung, ohne deren dogmatische Grundlagen zu beleuchten oder zu hinterfragen. Nur vereinzelt finden sich im Schrifttum noch Stellungnahmen zur Natur des öffentlichen Rechtsverhältnisses, das die Grundlage der staatlichen »Obhut« (*garde*) bildet.[94] Hingegen wurde die Sondersituation bei Büchern und sonstigen Schriftwerken bislang offenkundig übersehen, die seit 1949 eine Sonderbehandlung durch die Verwaltung erfahren haben.

In äußerst geringer Zahl finden sich daneben rechtswissenschaftliche Beiträge zur CIVS-Praxis. Zumeist stammen diese von den Mitgliedern der Kommission selbst.[95] Neben den Entscheidungen des *Conseil d'État* in den Sachen Kaplan[96] und Callou II[97] wurde in der Literatur auch die Entscheidung der *Cour administrative d'appel* von Paris in der Sache Kaplan kommentiert.[98] Die Analysen beschränkten sich stets auf die durch die Entscheidungen aufgeworfenen konkreten Rechtsfragen (z. B. den maßgeblichen Zeitpunkt der Schadensbemessung, die gerichtliche Überprüfbarkeit der Entscheidungen und Empfehlungen auf Grundlage des CIVS-Dekrets, die Ersatzfähigkeit entgangenen Gewinns). Vereinzelte Fallbesprechungen mit einer Würdigung der Gesamtpraxis finden sich noch bei Freedman.[99] Im Übrigen ist die CIVS vornehmlich im geschichtswissenschaftlichen Schrifttum in ihrer Bedeutung für die Wiedergutmachungspolitik nach 1997 gewürdigt worden.[100] Eine umfassende systematische Darstellung, Analyse und dogmatische Einordnung der Spruchpraxis der CIVS fehlt dagegen bis heute.

92 CE, Assemblée, 30.7.2014, Nr. 349789, Rec. S. 247 – Kodric und Heer.

93 *Biagini-Girard*, JCP G 2014, Nr. 995; *Tesson*, JCP A 2014, Nr. 676; *Périnet-Marquet*, JCP G 2014, Nr. 1129, Rn. 3; *Roux*, JCP A 2015, Nr. 2111; *Éveillard*, JCP G 2015, Nr. 274, Rn. 7; *Lavialle*, RFDA 2014, 1092; *Pontier*, AJDA 2014, 2145; *Pastor*, Juris art etc. 1 (2015), 8.

94 *Cagnon*, Rec. Dalloz 2015, 194.

95 *Ruzié*, in: Libertés, justice, tolérance: Mélanges en hommage au doyen Gérard Cohen-Jonathan, Band 2, S. 1351, 1351; *Dreifuss-Netter*, Rec. Dalloz 2020, 945.

96 CE, 3.10.2012, Nr. 355105, Rec. S. 345 – Kaplan; *Markus*, JCP A 2013, Nr. 2020.

97 CE, 27.3.2015, Nr. 378144, JCP A 2016, Nr. 315 – Callou II ; *Markus*, JCP A 2015, Nr. 2110.

98 CAA Paris, 20.10.2011, Nr. 10PA04106 – Kaplan, m. Anm. *Pontier*, AJDA 2011, 343. Die Entscheidung wurde in der Folgeinstanz bestätigt: CE, 3.10.2012, Nr. 355105, Rec. S. 345.

99 *Freedman*, in: The International Bureau of the Permanent Court of Arbitration (Hrsg.), Redressing Injustices Though Mass Claims Processes. Innovative Responses to Unique Challenges, S. 139; *Estryn u. a.*, in: Carpi (Hrsg.), The Concept of Equity. An Interdisciplinary Assessment, S. 21; *Freedman*, Law & Literature 1 (2017), 77.

100 *Eizenstat*, Imperfect justice: Looted assets, slave labor, and the unfinished business of World War II, S. 315–337; *Unfried*, Vergangenes Unrecht: Entschädigung und Restitution in einer globalen Perspektive, S. 465–484; *Karn*, Amending the past: Europe's Holocaust commissions and the right to history, S. 43 ff.; *Andrieu*, in: Veraart/Winkel (Hrsg.), The post-war restitution of property rights in Europe: Comparative perspectives, S. 11, 11; *Grynberg*, Yod 2018.

IV. Gang der Untersuchung

Nach der bisherigen Darstellung lassen sich vier Problemkreise in der heutigen Praxis der Ausgleichsleistungen bei Kulturgutverlusten ausmachen, an denen sich auch die inhaltliche Struktur dieser Forschungsarbeit orientieren wird. Es existieren im Wesentlichen zwei besondere Verfahrenstypen zum Ausgleich von Vermögensschäden, die infolge eines verfolgungsbedingten oder aus sonstigen Gründen widerrechtlichen Kulturgüterverlustes während der NS-Herrschaft entstanden sind. Anspruchsteller:innen können entweder vor französischen Gerichten Klage auf Restitution nach der Verordnung vom 21. April 1945 erheben oder aber die CIVS um Vermittlung in der Streitigkeit und gegebenenfalls Abgabe einer Empfehlung einer Ausgleichsleistung ersuchen. Abseits dieser beiden Verfahrenstypen besteht für Geschädigte bis heute nur die Möglichkeit, einen Ausgleich für Kulturgutverluste in direkten Verhandlungen mit den zuständigen Verwaltungsträgern zu erlangen.
Speziell bei Restitutionsbegehren gegen öffentliche Stellen wird zudem eine Unterscheidung zwischen zwei öffentlichen Kulturgutbeständen relevant: Für Kulturgüter, die sich im Eigentum öffentlicher Körperschaften befinden, wurde durch Reform von 2023 ein besonderes Verfahren unter Einbindung der CIVS geschaffen, um ihre Restitution durch Verwaltungsentscheidung zu ermöglichen (Art. L.115-2 bis L.115-4 Code du patrimoine n. F.). Lange Zeit hatte der besondere gesetzliche Schutzstatus, der diesen Vermögenswerten zuteilwird (Art. L.2112-1 und L.3111-1 CG3P), eine Restitution auf dem Verwaltungsweg verhindert. Diese war nur nach vorheriger Verabschiedung eines Einzelfallgesetzes, das einen Dispens von dem gesetzlichen Veräußerungsverbot erteilte, durch das Parlament möglich.[101] Kulturgüter aus den Sonderrestbeständen der äußeren Restitution können und konnten hingegen schon immer, da der Zentralstaat nicht Eigentümer ist, ohne Weiteres an die zivilrechtlichen Eigentümer:innen restituiert werden.

1. Die Verordnung Nr. 45-770 vom 21. April 1945

Das erste Kapitel wird der Verordnung vom 21. April 1945 gewidmet sein. Die Auslegung dieser Verordnung stellt die Rechtspraxis wegen ihres teils unbestimmten Charakters vor besondere Herausforderungen. In der Praxis auftretende Schwierigkeiten bei der Auslegung der Rechtsbegriffe der Verordnung sollen dargestellt und dogmatisch vertretbare Lösungen zur Bewältigung offener Rechtsfragen entwickelt werden. Insbesondere stellt sich die Frage, ob und in welchem Umfang die Verordnung einen gutgläubigen Erwerb an entzogenen Vermögenswerten ermöglicht und die Ansprüche nach der Verordnung überhaupt noch (wegen Präklusion oder Verjährung) gerichtlich durchsetzbar sind. Zu diesem Zweck sollen die Gesetzgebungsmaterialien (*travaux préparatoires*)[102] der Verordnung ausgewertet werden. Dabei ist zu beachten, dass die Verordnung in keinem herkömmlichen Gesetzgebungsverfahren beschlossen wurde.

101 Vgl. den historischen Abriss unter B.IV.1.

102 Diese befinden sich heute vornehmlich in den Nationalarchiven (AN C//15257, AN Fonds Cassin 382AP/73). Die Debatten der *Assemblée consultative provisoire* (ACP) im Vorfeld der Verabschiedung der Regelung sind im Amtsblatt der Republik abgedruckt. Im Besonderen die Sitzung der ACP vom 15.3.1945, in der die Beschlussfassung über den Verordnungsentwurf erfolgte, ist von historischem Interesse (Débats de l'Assemblée consultative provisoire, Compte rendu in extenso, JORF vom 16.3.1945, S. 493–509, S. 510–516).

Während der Übergangsphase zur Vierten Republik (1944-1946) bestand in Frankreich ein Verfassungsprovisorium. Alleiniger Gesetzgeber war die Übergangsregierung (*Gouvernement provisoire*) unter Charles de Gaulle. Diese wurde durch eine parlamentsähnliche Versammlung (*Assemblée consultative provisoire* - ACP) beraten, die unverbindliche Stellungnahmen zu Gesetzgebungsvorhaben der Regierung abgeben konnte. Die Vorarbeiten der Übergangsregierung sind heute nur sehr partiell überliefert. Aus den gut dokumentierten Vorarbeiten der ACP können wegen des für das Gesetzgebungsverfahren unverbindlichen Charakters ihrer Beschlüsse hingegen nur bedingt konkrete Folgerungen abgeleitet werden, etwa wenn deren Vorschläge sich erkennbar in der finalen Textfassung der Regierung niedergeschlagen haben. Zusätzlich sollen weitere Erkenntnisse aus der Rechtsprechung und Literatur der Nachkriegszeit gewonnen und auf ihre Vereinbarkeit mit heutigen verfassungsrechtlichen Vorgaben und gesellschaftlichen Anschauungen (insbesondere Gerechtigkeitsvorstellungen) überprüft werden. Die Verordnung soll auf diese Weise für eine Anwendung durch die Rechtspraxis im 21. Jahrhundert brauchbar gemacht werden.

2. Das Dekret Nr. 99-778 vom 10. September 1999 (CIVS-Dekret)

Im darauffolgenden zweiten Kapitel soll der besondere Verfahrensmechanismus nach dem CIVS-Dekret dargestellt werden. Die CIVS gibt im Falle einer Entziehung infolge antisemitischer Gesetze während der Besatzungszeit eine Empfehlung zum Ausgleich des entstandenen Vermögensschadens ab, die durch den:die Premierminister:in oder durch andere betroffene Stellen oder Personen umgesetzt wird. Zur Bewertung eines Sachverhalts greift die CIVS auf ungeschriebene Grundsätze und Regeln zurück, die sie aus den normativen Vorgaben des CIVS-Dekrets geschöpft hat. Es handelt sich demnach um einen klassischen Fall der Rechtsanwendung und -schöpfung durch ein Verwaltungsorgan. Die vorliegende Arbeit wird diese normativen Grundlagen anhand ausgewählter Fälle aus der Praxis der Kommission sichtbar machen und einer umfassenden systematischen Darstellung und Analyse zuführen.

Eine besondere Herausforderung dieser Forschungsarbeit bestand darin, dass die Empfehlungen in der Regel nicht veröffentlicht werden. Um einen Einblick in die Auslegungspraxis der CIVS zu gewinnen, war es daher erforderlich, Zugang zu den unter Verschluss gehaltenen Akten der CIVS zu erhalten. Zu diesem Zweck wurden ab Februar 2019 Verhandlungen mit Vertreter:innen der Kommission über einen Zugang zu deren Archiven geführt, die im Oktober 2019 in dem Abschluss einer Vereinbarung zwischen der CIVS und dem Verfasser über die Modalitäten der Akteneinsicht und die datenschutzrechtlichen Vorgaben bei der Auswertung der Aktenbestände mündeten.[103]

Die überwältigende Vielzahl der seit 1999 erlassenen Empfehlungen (insgesamt 35.929[104]) machten zudem eine stichprobenartige Auswahl nach bestimmten, im Voraus festgelegten Kriterien erforderlich. Maßgeblich sollte dabei die Relevanz der Fälle für die Zwecke dieser Forschungsarbeit sein. Vorrangig sollten daher zunächst Empfehlungen zu Kulturgutverlusten erhoben werden, was die Bezugsgröße bereits auf 4.443 Akten (davon 188 betreffend

103 Einsichtnahme in die Aktenbestände der CIVS erfolgte bei fünf Forschungsaufenthalten in Paris im November 2019, Januar 2020, September 2021, April 2022 und zuletzt im Februar 2023.

104 *CIVS*, Chiffres clefs, L'indemnisation depuis le 10 septembre 1999, Februar 2023, S. 2.

Kunstwerke)[105] reduzierte. Entscheidend sollte weiterhin die normative Schwierigkeit des Falles – genauer gesagt der hierin aufgeworfenen Fragestellung – sein, da zu vermuten war, dass gerade anspruchsvolle Fälle die Grundlagen der Spruchpraxis der CIVS offenbaren würden. Die einschlägigen Kriterien wurden aus der rechtsvergleichenden Erfahrung in dem Forschungsprojekt »Restatement of Restitution Rules for Nazi-Confiscated Art« gewonnen, dem der Verfasser seit Juni 2019 angehört. Im Projektverlauf wurde deutlich, dass die praktischen Schwierigkeiten in allen Jurisdiktionen ähnlicher Art sind. Diese betreffen

- die Anforderungen an den Beweis des Eigentums im Zeitpunkt des Vermögensverlustes;
- die Anforderungen an die Rechtsnachfolge bei Versterben der Primärgeschädigten (gesetzliche oder testamentarische Erbfolge oder Vermächtnis);
- die materiellen Anforderungen an einen unrechtsbehafteten und damit ausgleichsbedürftigen Vermögensverlust, insbesondere in Fällen, in denen dieser durch staatliche Stellen auf Grundlage überkommener Rechtsvorschriften aus der Zeit vor 1940, Privatpersonen (etwa durch deliktische Handlungen) oder die Geschädigten selbst (etwa durch Rechtsgeschäfte) verursacht wurde;
- die Berücksichtigung und der Ausgleich von Bereicherungen im Vermögen der Geschädigten, die etwa durch Entschädigungsleistungen nach dem Krieg entstanden sind;
- die Gestaltung einer Lösung zum Ausgleich des ermittelten Vermögensschadens.

Im Zuge der Fallsichtung wurde schnell deutlich, dass nicht sämtliche der aufgezählten Aspekte ausgehend von den Empfehlungen in Verfahren betreffend Kulturgüter beleuchtet werden können, etwa weil die Empfehlungen in diesem Bereich diese Fragen schlicht nicht oder nur am Rande thematisierten. Punktuell wurden daher auch Verfahrensakten zu anderen Vermögenswerten (etwa Immobilien oder Unternehmenswerten) herangezogen, wenn die hierin aufscheinenden Wertungen auf Kulturgüter entsprechend übertragbar waren. Zwar wies der Raub von Kulturgütern gegenüber Immobilien und Unternehmenswerten historische Spezifika auf, die keinesfalls nivelliert werden dürfen. Die Veräußerung etwa eines Grundstücks oder einer beweglichen Sache wirft aber unter rechtlichen Gesichtspunkten ähnliche normative Fragen auf (etwa Verfügungsberechtigung der veräußernden Person, Vorliegen beachtlicher Willensmängel, Höhe der Gegenleistung), sodass die in einer Empfehlung der CIVS erkennbaren Wertungen zu Immobilien auf bewegliche Sachen in bestimmten Punkten übertragbar sind. Die Fallerhebung nach diesen Kriterien erfolgte in Abstimmung mit der CIVS über den Zeitraum von September 2019 bis Februar 2023. Insgesamt wurden aus 59 Verfahrensakten 47 Fälle für die Zwecke dieser Arbeit ausgewählt und dargestellt.[106] Darunter befanden sich sämtliche Verfahrensakten, welche die Restitution von Kunstwerken und Kulturgütern zum Gegenstand hatten. Ergänzend wurden 54 Entscheidungen der Verwaltungsgerichte zum CIVS-Dekret in Fachdatenbanken ermittelt, die das Fallmaterial komplementieren.[107]

Die auf diesem Wege erhobenen Fälle wurden nach einem einheitlichen Schema (Berechtigung/Erbfolge, Verlustumstände, Verfolgungsumstände, Verlauf nach Verlust) ausgewertet. Die aus einer Verfahrensakte gewonnenen Informationen wurden sodann in anonymisierter Form in einem Datenblatt hinterlegt. Aus dem Fallmaterial wurden im Wege induktiver Folgerung

105 Siehe ebd.

106 Für einen Überblick siehe das Fallverzeichnis unter F.I.2.

107 25 Entscheidungen eines *Tribunal administratif* (TA) in erster Instanz, 19 Entscheidungen von Berufungsinstanzen (Cour administrative d'appel); 10 Entscheidungen des *Conseil d'État* in erster (4 Verfahren) oder letzter Instanz (6 Verfahren).

allgemeine Fragestellungen abgeleitet, die bei der Prüfung eines Anspruchs durch die CIVS wiederkehrend von Relevanz waren. Diese Fragestellungen wurden schließlich in eine allgemeine Struktur gebracht, die auch der Gliederung des Kapitels zur CIVS zugrunde liegt.

3. Das Gesetz Nr. 2023-650 vom 22. Juli 2023 (Restitutionsgesetz)

Das dritte Unterkapitel zu den Regelungen zum Ausgleich von Kulturgüterverlusten stellt heute das erst kürzlich verabschiedete Gesetz vom 22. Juli 2023 dar. Es regelt die Restitution ganz bestimmter Typen von Kulturgütern: zum einen solcher Kulturgüter, die sich im Eigentum einer öffentlichen Körperschaft befinden und daher von Gesetzes wegen unveräußerlich sind (Art. L.2112-1, L.3111-1 CG3P); zum anderen auch solcher, die zwar im Eigentum einer juristischen Person des Privatrechts stehen, aber wegen des öffentlichen Interesses an ihrem Verbleib in einem Museen gesetzlichen Verfügungsbeschränkungen unterliegen (Art. 451-10 Abs. 1 Code du patrimoine). Das Restitutionsgesetz ermächtigt die Eigentümer:innen solcher Kulturgüter nach Durchführung eines Verfahrens vor der CIVS, diese abweichend von den geltenden Verfügungsverboten zu restituieren, wenn das Kulturgut seinen früheren Eigentümer:innen im Kontext antisemitischer Verfolgung während der NS-Herrschaft entzogen wurde (Art. L.115-2, L.451-10-1 Code du patrimoine).

4. Restitutionen aus Sonderrestbeständen der äußeren Restitution

Die unterschiedlichen rechtlichen Regime von Kulturgütern in öffentlichen Beständen und Sammlungen sollen in einem eigenen Kapitel dargestellt werden. Bei Kunstwerken und Kulturgütern im öffentlichen Eigentum stellt sich das nachhaltige Problem, dass diese nach den Vorgaben des öffentlichen Vermögensrechts nicht veräußerlich und im Interesse der Öffentlichkeit auf einen dauerhaften Verbleib in öffentlichen Sammlungen angelegt sind. Die Arbeit stellt die bisherige Praxis in diesem Bereich dar und soll weiterhin mögliche Wege einer Gesetzesreform aufzeigen.

Bezogen auf die Sonderrestbestände der äußeren Restitution sollen die Eigentumsverhältnisse an diesen Kulturgütern nach den einschlägigen völkerrechtlichen, spezialgesetzlichen sowie allgemein zivilrechtlichen Vorgaben geklärt werden. Aus der Beantwortung dieser Vorfrage erhofft sich der Verfasser wertvolle Rückschlüsse auf die Frage, unter welchen rechtlichen Voraussetzungen heute Restitutionen aus den Sonderrestbeständen erfolgen können und inwieweit Restitutionen aus moralischen Gründen mit dem Rechtsstatus dieser Kulturgüter vereinbar sind.

V. Auslegung und juristische Argumentation als Methode

Die vorliegende Arbeit bedient sich zur Erschließung der aufgeworfenen Problemstellungen vorrangig der Rechtsauslegung (*interprétation*) anhand eines feststehenden Auslegungskanons, also der Begründung einer Norminterpretation mit wissenschaftlichen Methoden.[108] Die

108 Zum Begriff der *canones* der Auslegung *Alexy*, Theorie der juristischen Argumentation, S. 288.

Darstellung soll daneben die Rechtsprechung und die Verwaltungspraxis (Empfehlungen der CIVS, Entscheidungen staatlicher Stellen) als Produzentinnen autonomer Überzeugungssätze (Präjudizien) einbeziehen.

Die Auslegungsmethodik in Frankreich weist gewisse Besonderheiten auf, die daher vorab kurz dargestellt werden sollen. Im Unterschied zur deutschen Methodenlehre fehlt es in Frankreich an einem einheitlichen Auslegungskanon. Mitunter verwenden Autor:innen divergierende Begrifflichkeiten zur Beschreibung der verschiedenen Auslegungskriterien. Die Lehre unterscheidet im Wesentlichen zwei Arten der Auslegung: die grammatikalische Auslegung (*interprétation grammaticale*) und die logische Auslegung (*interprétation logique*).[109] Die grammatikalische Auslegung entspricht der Wortlautauslegung nach deutschem Verständnis. Hierbei leitet sich der Sinn der gesetzlichen Regelung primär aus dem gewöhnlichen Sprachgebrauch ab. Bei unbestimmten Begriffen kann auch auf den juristischen Sprachgebrauch zurückgegriffen werden.[110] Die logische Auslegung umfasst alle weiteren Auslegungskriterien, wie die Gesetzesmaterialien (*travaux préparatoires*), den Gesetzeszusammenhang und den Gesetzeszweck.[111] Letzterer wird heute nicht mehr nur ausgehend vom historischen Willen ermittelt, sondern als objektivierter, im Gesetz angelegter Zweck (*finalité*) verstanden, der vom Willen des historischen Gesetzgebers infolge eines Wandels der sozialen Anschauungen abweichen kann (*interprétation téléologique*).[112] Anerkannt ist ferner eine Auslegung nach allgemeinen Rechtsgrundsätzen, etwa der Billigkeit (*équité*).[113] Die Rechtsfortbildung durch Analogie oder teleologische Reduktion wird als ein Unterfall der logischen Auslegung behandelt.[114]

Zusätzlich stützt sich die Darstellung auf weitere normative Erkenntnisquellen als Argumentationshilfen, zu denen neben der Rechtsprechung auch die Verwaltungspraxis (etwa die Empfehlungen der CIVS und die Entscheidungen öffentlicher Rechtsträger von Museen und Bibliotheken) gezählt wird. Beide stellen nach der herkömmlichen Lehre keine Rechtsquellen im klassischen Sinne dar.[115] Als Quellen der Rechtsüberzeugung oder auch Präjudizien (*précédents*) kommt ihnen aber eine über den konkreten Einzelfall hinausweisende Bedeutung bei der argumentativen Bewältigung ähnlich gelagerter Fälle zu, soweit ihnen verallgemeinerbare Schlüsse im Sinne einer *ratio decidendi* entnommen werden können. Im Besonderen die Empfehlungen der CIVS begründen, obwohl sie nicht rechtlich bindend sind, wegen der fachlichen Autorität der Kommission eine persuasive Bindungswirkung gegenüber ihren Adressat:innen.[116] Will die entscheidende Stelle (etwa der:die Premierminister:in oder der Rechtsträger eines öffentlichem Museums) von einer Empfehlung abweichen (etwa weil diese die darin geäußerte Rechtsauffassung nicht teilt), muss sie sachliche Gründe für eine Abweichung vortragen. Sie

109 Vgl. *Henninger*, Europäisches Privatrecht und Methode, S. 127 ff.

110 Vgl. *Geny*, Méthode d'interprétation et sources en droit privé positif, Band 1, S. 31, Rn. 41; *Henninger*, Europäisches Privatrecht und Methode, S. 128.

111 Zu den Einzelheiten: *Henninger*, Europäisches Privatrecht und Methode, S. 127 ff.

112 *Terré*, Introduction générale au droit, Rn. 554: »Le droit étant une création continue de la société, on admettra que la loi n'est que l'expression provisoire de la règle adaptée au milieu social; elle se détache de la volonté du législateur et elle peut acquérir un sens nouveau par lequel elle s'adaptera aux exigences nouvelles du groupe.«

113 Vgl. *Ferid/Sonnenberger*, Das Französische Zivilrecht, Band 1/1, Rn. 1 B 74.

114 Zur Begründung einer Analogie wird jedoch nicht wie nach deutscher Methodenlehre mit einer Gesetzeslücke und der Vergleichbarkeit der Interessenlage argumentiert. Vgl. *Henninger*, Europäisches Privatrecht und Methode, S. 132 und 138.

115 *Henninger*, a. a. O., S. 125.

116 So auch der Begleitbericht zum CIVS-Dekret: »Nul ne sera tenu, en droit, de se conformer à ces recommandations, mais celles-ci auront évidemment une portée non négligeable.« (JORF vom 11.9.1999, S. 13632).

trägt in den Worten Alexys die »Argumentationslast«, wonach »eine Entscheidung nur dann geändert werden darf, wenn hinreichende Gründe hierfür vorgetragen werden können.«[117] Aber auch die Empfehlungen der CIVS stehen untereinander als Präjudizien in Wechselbeziehung. Ein Präjudiz, das in einer Empfehlung A1 zum Ausdruck kam, muss grundsätzlich auch in einer Empfehlung A2 zur Anwendung gelangen, sofern dieser ein vergleichbarer Sachverhalt zugrunde liegt, der sich nicht durch besondere Tatsachen von dem in A1 entschiedenen Fall unterscheidet. Es handelt sich hierbei weniger um ein rechtsmethodisches Verfahren, als vielmehr elementare Grundsätze einer vernunftbasierten juristischen Argumentation.

VI. Übersetzung ausgewählter Rechtsbegriffe

Die Forschungsarbeit ergründet eine bislang nur punktuell erschlossene Rechtsmaterie. Es liegt in der Natur eines solchen Vorhabens, dass die in der Rechtspraxis verwendeten Begriffe und Sprachusancen sich noch auf einem basalen Reflexionsniveau bewegen. Erschwerend kommt hinzu, dass diese Arbeit das Rechtsgebiet eines ausländischen Rechtskreises in deutscher Sprache behandelt. In vielen Fällen lassen sich, da Rechtsbegriffen unterschiedliche soziale, kulturelle und politische Grundannahmen zugrunde liegen können, nicht stets präzise Entsprechungen eines französischen Fachterminus in der deutschen Rechtssprache finden. Sofern vorhanden, greift diese Arbeit auf anerkannte Begriffsübersetzungen zurück, wie sie in deutsch-französischen Fachwörterbüchern über mehrere Jahrzehnte entwickelt wurden.[118] Zwei Begriffe bedürfen gleichwohl aufgrund ihrer Unbestimmtheit und zugleich Bedeutung in der Materie vorab einer allgemeinen Einordnung.

1. Entziehung *(spoliation)*

Im allgemeinen Sprachjargon und in den – im Rahmen dieser Forschungsarbeit betrachteten – Rechtsvorschriften hat sich der Begriff der *spoliation* zur Beschreibung unrechtsbehafteter und demnach ausgleichsbedürftiger Vermögensverluste etabliert. Dieser Begriff wird im allgemeinen und fachlichen Sprachgebrauch indes recht unterschiedlich besetzt. Im geschichtswissenschaftlichen Diskurs wird der Begriff der *spoliation* teils von dem *pillage* (Plünderung) unterschieden. Den historischen Rechtsgrundlagen ist diese Unterscheidung indes fremd. Vielmehr ist diesen ausgehend von der Londoner Erklärung vom 5. Januar 1943[119] die Unterscheidung zwischen Vermögenszugriffen gegen den Willen der Berechtigten (*spoliations*[120]) und Vermögenspreisgaben mit formaler oder scheinlegaler Zustimmung der Berechtigten

117 *Alexy*, Theorie der juristischen Argumentation, S. 336.

118 Ein Standardwerk im Bereich der juristischen Fachübersetzung bildet *Doucet/Fleck*, Dictionnaire juridique et économique, auf welches für die Zwecke dieser Arbeit zurückgegriffen wurde.

119 Inter-Allied Declaration Against Acts of Dispossession Committed in Territories Under Enemy Occupation or Control, London, January 5 1943, U.S. Dept. of State (Hrsg.), FRUS, Diplomatic Papers, 1943, General, Vol. 1, S. 443 f. Die Erklärung wurde von 16 Staaten und dem *Comité national français* (CNL), der Vertretung der französischen Widerstandsbewegung im Ausland, unter der Führung von Charles de Gaulle unterzeichnet.

120 In dieser Klarheit erstmals in der Überschrift zum ersten Titel der Verordnung vom 21.4.1945.

(*transactions d'apparence légale*[121] oder *actes accomplis avec le consentement de l'intéressé*[122]) immanent. Diese Unterscheidung war nicht nur formaler Natur, sondern hieran knüpften und knüpfen noch heute, wie bereits dargestellt, abweichende Rechtsfolgenregime.[123]

Zum Teil ist aber auch – bezogen etwa auf die nach Frankreich im Rahmen der völkerrechtlichen Restitutionen rückgeführten Vermögenswerte – undifferenziert von *biens spoliés*[124] oder *collectionneurs pillés ou spoliés*[125] die Rede. In den Regelungen jüngerer Zeit findet sich sodann ausschließlich der Begriff der *spoliation*.[126] In der Spruchpraxis der CIVS wird der Begriff weit ausgelegt und umfasst neben hoheitlichen Eingriffen in das Vermögen auch rechtsgeschäftliche Vermögensverluste.[127] Die CIVS macht sich die historische Begriffsdefinition nach der Verordnung von 1945 somit nur teilweise zu eigen. In der Spruchpraxis bedeutet *spoliation* demnach nicht mehr als Vermögensverlust, also der Abgang eines Vermögenswertes aus dem Vermögen der Geschädigten unabhängig von den konkreten Umständen des Verlustes.[128]

Die in dieser Forschungsarbeit verwendeten Begriffe orientieren sich dabei an dem Begriffsverständnis der jeweils betrachteten Regelungen. Bezogen auf die Nachkriegsgesetze wird entsprechend der gesetzlichen Terminologie zwischen Entziehungen (*spoliations*) und Verlusten mit Zustimmung der Berechtigen, rechtsgeschäftlichen Vermögensverlusten oder auch Veräußerungen unter Zwang (*actes accomplis avec le consentement de l'intéressé*) gesprochen. Bezogen auf die Spruchpraxis der CIVS wird der Begriff der Entziehung (*spoliation*) als Überbegriff für sämtliche Verlustformen verwendet, der nach der Spruchpraxis der CIVS auch rechtsgeschäftliche Vermögensverluste umfasst und insoweit von dem Entziehungsbegriff der Nachkriegszeit abweicht.

2. Schadensausgleich *(réparation)*

In der heutigen Rechtspraxis findet der Begriff der *réparation* in verschiedenen Regelungen, die dem Ausgleich verfolgungsbedingter Schäden dienen, Verwendung. Gleichwohl wird dieser Begriff dort nicht immer in einem einheitlichen Sinne verwendet. Im Alltagsgebrauch meint der Begriff die Wiederherstellung eines früheren Zustandes vor einer Schädigung, im weiteren Sinne wird mit diesem aber auch der Prozess der Erneuerung oder Heilung gemeint.[129]

Nach dem CIVS-Dekret meint der Begriff ersichtlich den Ausgleich von Vermögensschäden im Sinne eines Schadensersatzes. Gemäß Art. 1 Abs. 2 des Dekrets besteht die Aufgabe die Kommission unter anderem in der Suche nach *mesures de réparation, de restitution ou*

121 Amtliche Übersetzung der Londoner Erklärung in der Ordonnance du 12 novembre 1943 sur la nullité des actes de spoliation accomplis par l'ennemi ou sous son contrôle (JORF vom 18.11.1943, S. 277).

122 Überschrift des zweiten Titels der Verordnung vom 21.4.1945.

123 In der Verordnung vom 21. April 1945 sind diese wiederum in zwei unterschiedlichen Titeln geregelt.

124 Art. 2 des Décret n° 47-2105 du 29 octobre 1947 relatif à la restitution des biens spoliés par l'ennemi (JORF vom 31.10.1947, S. 10831). Art 3 und 4 unterscheiden sodann erneut zwischen der *dépossession par contrainte* (Wegnahme unter Zwang) und *contrats d'apparence légale* (scheinlegale Verträge) und normieren daran anknüpfend unterschiedliche Voraussetzungen für eine Rückgabe (*remise en possession*) der Vermögenswerte.

125 Art. 5 Abs. 2, Art. 6 Satz 2 Hs. 1 des Décret n° 49-1344 du 30 septembre 1949 relatif à la fin des opérations de la commission de récupération artistique (JORF vom 2.10.1949, S. 9815).

126 Art. 1 Abs. 1 und 1-1 des Dekrets vom 10.9.1999 n.F.

127 Siehe hierzu unter B.III.7.a)aa).

128 Siehe hierzu noch eingehend unter B.III.7.a)aa)(4).

129 Vgl. Rey (Hrsg.), Dictionnaire historique de la langue française, Band 3, S. 3178, Eintrag zu réparer.

d'indemnisation appropriées. Auch das Dekret vom 13. Juli 2000 über eine Entschädigungsleistung an Waisen deportierter antisemitischer Verfolgungsopfer[130] sieht die Gewährung einer *mesure de réparation* zugunsten von Personen vor, deren Eltern im Rahmen antisemitischer Verfolgung aus Frankreich deportiert und ermordet wurden. Nach Art. 2 Abs. 1 kann diese *réparation* die Form einer einmaligen Entschädigung oder einer Leibrente annehmen. In seinem Grundsatzgutachten in der Sache Hoffman-Glemane grenzte der *Conseil d'État* hingegen die *mesures de réparation* – ohne nähere Erklärung – ausdrücklich von Rentenzahlungen, Entschädigungsleistungen und Finanzhilfen ab:

> »Pour compenser les préjudices matériels et moraux subis par les victimes de la déportation et par leurs ayants droit, l'Etat a pris une série de mesures, telles que des pensions, des indemnités, des aides ou des mesures de réparation.«[131]

Als *réparation* verstand der Rat dabei ausdrücklich nicht materielle Leistungen zum Schadensersatz, sondern *symbolische* Akte der Anerkennung und Entschuldigung, die auf Ausgleich des außergewöhnlichen Leides der Geschädigten als Kollektivschaden gerichtet sind:

> »La *réparation* des souffrances exceptionnelles endurées par les personnes victimes des persécutions antisémites [...] appelait la reconnaissance solennelle du préjudice collectivement subi par ces personnes, du rôle joué par l'Etat dans leur déportation ainsi que du souvenir que doivent à jamais laisser, dans la mémoire de la nation, leurs souffrances et celles de leurs familles.«[132] (Hervorhebung d. Verf.)

Zu diesen Maßnahmen der *réparation* zählte der Rat symbolische Akte der Anerkennung des erfahrenen kollektiven Leides der Verfolgten (wie etwa die Rede des Staatspräsidenten Chirac vom 16. Juli 1995 oder die Anerkennung der Gemeinnützigkeit der *Fondation pour la Mémoire de la Shoah*), die auf das kollektive Verfolgungsunrecht – den Kollektivschaden – reagierten.[133] Im Diskurs um die Shoah weist der Begriff der *réparation* demnach neben einer materiellen auch eine immaterielle oder symbolische Dimension auf. Der Begriff dient letztlich der Beschreibung sämtlicher *staatlicher Maßnahmen kollektiver wie individueller, materieller wie symbolischer Art, die zum Ausgleich sämtlicher Folgen des historischen Unrechts aus der Besatzungszeit ergriffen wurden, zu denen nicht nur individuelle, sondern auch kollektive Schäden zu zählen sind.*

Von diesem spezifisch im Shoah-Diskurs etablierten Begriffsverständnis muss der Rechtsbegriff der *réparation* unterschieden werden. Hier meint der Begriff ausschließlich den Ausgleich eines individuellen (materiellen oder immateriellen) Schadens durch eine vermögenswerte Leistung[134], kurzum also Schadensersatz. Der Begriff der *indemnisation*, der auch im Namen der CIVS auftaucht, wird mitunter synonym verwendet. Er umfasst im weiteren Sinne

130 Décret n° 2000-657 du 13 juillet 2000 instituant une mesure de réparation pour les orphelins dont les parents ont été victimes de persécutions antisémites (JORF vom 14.7.2000, Text Nr. 10).

131 CE, Assemblée, Avis, 16.2.2009, Nr. 315499, Rec. S. 43 (45) – Hoffman-Glemane.

132 A.a.O., Rec. S. 43 (46).

133 Ebd.

134 *Cornu u. a.*, Vocabulaire juridique, S. 899: »rétablissement de l'équilibre détruit par le dommage consistant à replacer, si possible, la victime dans la situation où elle serait si le dommage ne s'était pas produit«.

nicht nur Schadensersatz in Geld (*indemnité*), sondern beschreibt allgemein den Vorgang, durch welchen die geschädigte Person schadlos (*indemne*) gestellt wird.[135] Eine *indemnisation* kann sowohl durch Naturalrestitution (*en nature*) als auch in Geld (*par équivalent*) erfolgen. In diesem Sinne wird der Begriff auch im Staatshaftungsrecht[136] und im amtlichen Namen der CIVS (*Commission pour l'indemnisation des victimes de spoliations*) verstanden.

Die Suche nach einer Entsprechung des Begriffs der *réparation* im Deutschen gestaltet sich vor diesem Hintergrund schwierig. Im deutschen Sprachgebrauch hat sich seit den 1950er-Jahren der Begriff der Wiedergutmachung speziell für die Rückerstattungs- und Entschädigungsleistungen nach den alliierten Rückerstattungsgesetzen, dem Bundesentschädigungsgesetz (BEG) von 1953 und dem BRüG von 1957 etabliert. Bisweilen wird sogar von einem »Recht der Wiedergutmachung« gesprochen.[137] Es ist nicht klar zu sagen, ob *réparation* im Deutschen treffend mit dem Begriff der Wiedergutmachung übersetzt werden kann. Die Mattéoli-Mission verortete Letzteren spezifisch im deutschen Nachkriegsdiskurs. Der Begriff lege nahe, dass die Schadensersatzleistung im Sinne einer Wiedergut*werdung* auch die immaterielle Dimension des erlittenen Unrechts beseitigen könne.[138] Der Begriff der Wiedergutmachung wird heute im innerdeutschen Erinnerungsdiskurs, da in ihm die Erwartung um Vergebung und Sühne anklinge, heute kritisch gesehen und stößt zunehmend sogar auf Ablehnung.[139] Gleichwohl lässt sich nicht leugnen, dass auch dem Begriff der *réparation* – wie dargestellt – zumindest im alltäglichen Sprachgebrauch eine symbolische Bedeutungskomponente innewohnt.[140]

Um die etymologischen und semantischen Besonderheiten der beiden Begriffe nicht zu verwischen, soll in dieser Forschungsarbeit auf den neutralen Begriff des »Schadensausgleichs« ausgewichen werden. Hierunter werden im Folgenden in einem umfassenden Sinne alle *Maßnahmen öffentlicher Stellen, aber auch seitens Privatpersonen verstanden, die auf einen historischen Vermögensschaden reagieren, um diesen vorrangig in seiner materiellen Dimension (durch Restitution oder Entschädigung) zu beseitigen*. In der Praxis der CIVS geht es dabei regelmäßig um Schadensersatz im klassischen Sinne: Der Vermögensschaden wird durch eine vermögenswerte Leistung wirtschaftlich ausgeglichen. Die *mesures de réparation* der CIVS beschränken sich indes nicht bloß auf Schadensersatz, sondern umfassen auch symbolische Akte, wie etwa die Anerkennung der Geschädigtenstellung, die in Empfehlungen der CIVS neben der Zuerkennung einer Schadensersatzleistung ausgesprochen wird und die der *Conseil d'État* im zitierten Gutachten von 2009 noch als Maßnahme zum Ausgleich immaterieller Schäden qualifizierte. Im Bereich der CIVS-Praxis reagieren aber auch diese Maßnahmen symbolischer Art letztlich auf einen Vermögensschaden. Sie zielen darauf ab, den Schaden und seine immateriellen Folgewirkungen (etwa in Gestalt der Leiderfahrung der Geschädigten

135 *Cornu u. a.*, a.a.O., S. 537: »[O]pération consistant à rendre indemne la victime d'un dommage en réparant celui-ci de la manière la plus adéquate, soit en nature […], soit en argent (indemnité).«

136 Vgl. m.w.N. *Séners/Roussel*, Préjudice réparable, in: Répertoire de la responsabilité de la puissance publique, Bearbeitungsstand Oktober 2021, Rn. 316. A.A. insoweit *Odent*, Contentieux administratif, Tome 2, Fascicules 4 à 6, S. 220.

137 Vgl. etwa *Schwarz*, Rückerstattung nach den Gesetzen der Alliierten Mächte, S. 3.

138 *Mission d'étude sur la spoliation des Juifs de France*, Rapport général, S. 152: »Au sens propre il signifie ›faire à nouveau le bien‹: il sous-entend que l'indemnisation peut réparer complètement le préjudice subi, que le ›bien‹ peut effacer le ›mal‹.«

139 Siehe zur Kritik m.w.N. *Goschler*, Schuld und Schulden: Die Politik der Wiedergutmachung für NS-Verfolgte seit 1945, S. 11–14; *Gramlich*, in: Brechtken (Hrsg.), Aufarbeitung des Nationalsozialismus: Ein Kompendium, S. 584, 589, Fn. 19.

140 Kritisch *Grynberg*, Yod 2018, S. 16, Fn. 25: »L'usage de ce mot, calqué sur l'allemand Wiedergutmachung et passé peu à peu dans le langage commun, revêt en français une connotation d'ordre moral inappropriée, alors qu'il devrait plutôt se traduire par ›compensation‹.«

infolge der Schädigung) zu erfassen und zu beseitigen. Die Folge ist, dass das materielle Anliegen des CIVS-Dekrets (Schadensausgleich) um immaterielle, um nicht zu sagen therapeutische Aspekte erweitert wird.[141] Die nachfolgende Verwendung des generischen Begriffs des Schadensausgleichs erlaubt es, beide Arten von Maßnahmen unter einen einheitlichen deskriptiven Begriff zu fassen.

VII. Allgemeine Hinweise zur Sprache

Sprache schafft soziale Wirklichkeit. Schon Wittgenstein brachte dies auf den treffenden Satz, wonach »die Grenzen meiner Sprache die Grenzen meiner Welt [bedeuten]«.[142] Der juristischen Fachsprache kommt dabei durch ihre direkte Einbindung in die Rechtsauslegung und -anwendung eine gesteigerte normierende Funktion zu. Eine Reflexion der Sprache, insbesondere der verwendeten Begriffe, ist daher gerade in einer rechtswissenschaftlichen Forschungsarbeit angezeigt.

1. Jüdisch oder als jüdisch eingeordnet?

Dies gilt umso mehr für die Beschreibung und Darstellung historischer Diskriminierungs- und Verfolgungszusammenhänge, die Gegenstand dieser Arbeit sind. Die antisemitische Verfolgungs- und Vernichtungspolitik zielte mit zunehmender Radikalität auf den Ausschluss der Jüdinnen und Juden aus dem gesellschaftlichen Leben, auf die Zerstörung ihrer materiellen Existenzgrundlage, ihrer Sprache und Kultur und in letzter Konsequenz auf ihre physische Vernichtung. Es besteht jedoch ein wesentlicher Unterschied zwischen dem, was das Deutsche Reich als »jüdisch« auffasste und in Gesetzesform niederlegte, und jenem, was jüdisches Leben in den Augen der viktimisierten Gruppen bedeutete. Das Attribut »jüdisch« kann so Ausdruck einer rassifizierenden Fremdzuschreibung (so im Falle der staatlichen Rassegesetze) oder aber Ausdruck der Selbstzuschreibung einer Person entsprechend ihrer individuellen, kulturellen Prägung, mit anderen Worten ihrer Identität sein. Die Begriffsdefinitionen der beiden sog. »Judenstatute« der französischen Regierung (Gesetze vom 3. Oktober 1940 und 2. Juni 1941) gossen in der konservativen Rechten verbreitete antijüdische und antisemitische Ressentiments in Gesetzesform. Sie hatten nichts mit einer kulturellen jüdischen Identität und Praxis gemein.[143] Ein Rückgriff auf diese überkommenen Begriffe verbietet sich daher.[144] Gleichwohl

141 Manche Autor:innen sehen dies durchaus kritisch, da auch durch eine Entschädigung und Anerkennung als Opfer nicht notwendig ein Zustand der Befriedung erreicht werden könne. Erst durch die Zuerkennung des Opferstatus würden die Betroffenen beginnen, sich als Opfer historischen Unrechts zu identifizieren und entsprechende Erwartungen an den Staat zu richten. Eine Enttäuschung dieser Erwartungen sei vorprogrammiert. Vgl. in diesem Sinne *Unfried*, Vergangenes Unrecht: Entschädigung und Restitution in einer globalen Perspektive, S. 479–480.

142 *Wittgenstein*, Tractatus logico-philosophicus, S. 86, These 5.6.

143 »Les définitions qu'ils [les rédacteurs des textes; Anm. d. Verf.] vont donner du ›Juif‹ sont en effet bien différentes de celles que les Juifs, en référence à des considérations religieuses ou culturelles, peuvent donner d'eux-mêmes. Rapidement, les textes s'embrouillent par l'usage hasardeux, voire absurde, des notions de race ou de religion«, *Marcou*, Le genre humain 1–2 (1996), 153 (154).

144 Diesen Standpunkt vertrat sinngemäß bereits die Mattéoli-Mission, vgl. *Mission d'étude sur la spoliation des Juifs de France*, Rapport au Premier ministre, S. 4: »Instituée à des fins discriminatoires par les actes de l'occupant et du régime de Vichy, cette catégorie juridique a disparu avec eux, non seulement pour l'avenir, mais rétroactivement. […] [I]l n'appartient pas à

würde eine rigorose Ausklammerung des Attributs »jüdisch« zu ebenso wenig wünschenswerten Ergebnissen führen, da auf diese Weise letztlich die Existenz einer jüdischen kulturellen Identität geleugnet oder jedenfalls unsichtbar gemacht würde. Zwischen (autonomer) Selbstzuschreibung und (antisemitischer) Fremdzuschreibung gilt es daher zu unterscheiden. Soweit die Einordnung im Folgenden daher erkennbar auf einer Fremdzuschreibung beruht, soll diese durch den Zusatz »als jüdisch eingeordnet«, »als jüdisch klassifiziert« oder durch die Setzung des Begriffs in Anführungszeichen kenntlich gemacht werden.[145] Sofern es hingegen um die Beschreibung jüdischen Lebens in Frankreich und eine jüdische Identität kraft Selbstzuschreibung geht, wird der Begriff jüdisch oder Jüdinnen und Juden ohne Anführungszeichen verwendet. Es sei jedoch vorausgeschickt, dass die Sachverhaltsdarstellungen in der Regel von einer Fremdzuschreibung ausgehen, da die kulturelle Identität der Betroffenen in den jeweiligen Verfahren zumeist im Dunkeln bleibt.

2. Kennzeichnung von Begriffen der NS-Ideologie

Eine entsprechende Kennzeichnung erfolgt ferner bei Begriffen, die als Ausdruck der politischen Ideologie oder der kulturpolitischen Ordnungsvorstellungen des Nationalsozialismus bzw. der Nationalsozialistischen Deutschen Arbeiterpartei (NSDAP) anzusehen sind und deren unreflektierte Fortschreibung in einer heutigen wissenschaftlichen Publikation daher Bedenken begegnet. Zum Teil sind die Begriffe heute (wie z. B. die »Arisierung jüdischen Vermögens«[146] oder Erzeugnisse »entarteter Kunst«) als geschichtswissenschaftliche Analysebegriffe geläufig, um bestimmte Politiken des deutschen Staates während der NS-Herrschaft zu beschreiben. Der spezifische etymologische Ursprung dieser Begriffe aus der NS-Sprache und ihre rassistische Dimension dürfen aber nicht verkannt werden und sie sollen daher stets durch ihre Setzung in Anführungszeichen deutlich gemacht werden.

3. Gendersensible Sprache

Eine Realität, die es in einer rechtswissenschaftlichen Arbeit anzuerkennen gilt, ist die Existenz von mehr als zwei geschlechtlichen Identitäten (*genders*). Die Verwendung des generischen Maskulinums zur Beschreibung sämtlicher Identitäten erscheint wenig geeignet, da es die Vielfalt dieser sozialen Realität nur unvollständig abbildet und verkürzt, auch wenn Gegenteiliges beteuert wird. Frauen und andere nichtmännliche Personen sollen in dieser Arbeit nicht nur mitgemeint, sondern originär angesprochen werden. Der Verfasser orientiert sich zu diesem Zweck an den Empfehlungen zur Umsetzung einer geschlechtergerechten Sprache der Rheinischen Friedrich-Wilhelms-Universität Bonn.[147] Soweit möglich wird auf geschlechtsneutrale

l'administration de dire qui est ›juif‹. Une telle appréciation relève de la vie privée des personnes concernées et reste sans incidence sur leurs droits et obligations.«

145 So schon mit überzeugender Begründung *Bajohr*, »Arisierung« in Hamburg, S. 9, Fn. 2.

146 Die Verwendung dieses Begriffes ist in der Geschichtswissenschaft aus diesem Grund seit jeher umstritten. Siehe m. w. N. *Gramlich*, in: Brechtken (Hrsg.), Aufarbeitung des Nationalsozialismus: Ein Kompendium, S. 584, 591, Fn. 25.

147 *Gleichstellungbüro der Universität Bonn*, Empfehlung zur Umsetzung einer geschlechtergerechten Sprache, undatiert. Nach Rektoratsbeschluss vom 30.5.2017 ist im Bereich der Universität bei internen Publikationen der Hochschulleitung sowie aller Einrichtungen und Gremien eine geschlechtergerechte Sprache im Sinne des § 4 Landesgleichstellungsgesetz NRW anzuwenden.

Formulierungen zurückgegriffen. Im Übrigen wird anstelle des Asterisk (*) zur Markierung nonbinärer Geschlechteridentitäten ein Doppelpunkt vor die weibliche Endung gesetzt (z. B. Eigentümer:innen). In Fällen, in denen eine Verbindung beider Artikelformen wegen der Flexionsform nicht gelingt, werden beide Artikel miteinander verbunden (z. B. der:die, einem:einer Eigentümer:in).

B. Regelungen zum Ausgleich von Kulturgutverlusten während der NS-Herrschaft

I. Einführung

Das erste Kapitel dieser Forschungsarbeit ist den beiden, bis heute maßgeblichen Regelungen zum Ausgleich von Vermögensschäden bei Kulturgutverlusten während der NS-Herrschaft gewidmet. Es handelt sich dabei um die Verordnung Nr. 45-770 vom 21. April 1945 (II.) und das Dekret Nr. 99-778 vom 10. September 1999, das die CIVS eingerichtet hat (III.). Am 24. Juli 2023 trat zuletzt ein Gesetz (Restitutionsgesetz von 2023)[148] in Kraft, das speziell der Restitution verfolgungsbedingt entzogener Kulturgüter aus öffentlichen und bestimmten privaten Sammlungen dient (IV.). Andere öffentliche Kulturgutbestände – die Sonderrestbestände der äußeren Restitution – blieben von dieser Reform unberührt. Ihre Restitution folgt eigenen rechtlichen Vorgaben. Sie werden daher gesondert in einem Folgekapitel dieser Arbeit behandelt.[149]

Zwischen diesen Regelungen bestehen gewichtige Unterschiede ausgehend vom sachlich, räumlichen und zeitlichen Anwendungsbereich. Das CIVS-Dekret und das Restitutionsgesetz von 2023 dienen speziell dem Ausgleich von Vermögensschäden, die im Zuge antisemitischer Verfolgung während der Besatzungszeit in Frankreich entstanden sind. Andere Verfolgtengruppen sind von einer Anspruchsverfolgung grundsätzlich ausgeschlossen. Dagegen zielt die Verordnung von 1945 auf eine Restitution unrechtmäßig entzogener Vermögenswerte in einem umfassenden Sinne ab: Sie erfasst neben verfolgungsbedingten auch aus anderen Gründen widerrechtliche Vermögensverluste (etwa völkerrechtswidrige Beutenahmen). Der zeitlich-räumliche Anwendungsbereich der Verordnung ist ebenso wie das CIVS-Dekret auf Vermögensverluste während der deutschen Besatzungszeit in Frankreich beschränkt. Den in zeitlich-räumlicher Hinsicht umfassendsten Geltungsbereich weist das Restitutionsgesetz von 2023 auf: Dieses erfasst Verluste inner- wie außerhalb Frankreichs im gesamten Einflussbereich des Deutschen Reichs.

148 Loi n° 2023-650 du 22 juillet 2023 relative à la restitution des biens culturels ayant fait l'objet de spoliations dans le contexte des persécutions antisémites perpétrées entre 1933 et 1945 (JORF vom 23.7.2023, Text Nr. 2).

149 Siehe hierzu Näheres im Kapitel C.

II. Die Verordnung Nr. 45-770 vom 21. April 1945

Die Verordnung trat am 23. April 1945 am Tag nach ihrer Veröffentlichung im Amtsblatt in Kraft.[150] Im Verbund der Regelungen zur Restitution widerrechtlich entzogener oder unter Zwang veräußerter Vermögenswerte[151] bildet diese den zweiten von insgesamt drei Rechtstexten[152], die nach der Befreiung Frankreichs in Umsetzung der Londoner Erklärung vom 5. Januar 1943[153] erlassen wurden.[154] In der Erklärung hatten sich die siebzehn Signatarstaaten und der *Comité national français* (CNF) unter der Führung von Charles de Gaulle vorbehalten, Vermögenstransfers in den vom Deutschen Reich besetzten oder kontrollierten Gebieten (darunter Frankreich) zu annullieren, sofern diese als Ausdruck der Enteignungsmethoden (»methods of dispossession«) des Deutschen Reichs oder seiner Verbündeten anzusehen sind. Die Verordnung stellt aufgrund ihrer Rigidität einen bemerkenswerten, wenn auch nicht einzigartigen Vorgang in der französischen Rechtshistorie dar. Einen vergleichbaren Präzedenzfall bildete schon der Arrêté vom 20. November 1918 (sog. *arrêté Clémenceau*), der nach dem Ersten Weltkrieg die Restitution entzogener oder unter Zwang veräußerter Vermögenswerte während der deutschen Herrschaft in Elsass-Lothringen regelte.[155]

Die Verordnung stellt trotz Ausschlussfristen (Art. 10 Satz 2 und 21 Abs. 1) im Unterschied zu vergleichbaren Nachkriegsgesetzen anderer europäischer Staaten noch heute geltendes Recht dar. Auch die Verordnungen vom 14. November 1944 und 9. Juni 1945 sind heute noch anwendbar, weisen allerdings keine signifikante Rechtspraxis mehr auf.[156] Die nachfolgende

150 Ordonnance n° 45-770 du 21 avril 1945 portant deuxième application de l'ordonnance du 12 novembre 1943 sur la nullité des actes de spoliation accomplis par l'ennemi ou sous son contrôle édictant la restitution aux victimes de ces actes de ceux de leurs biens qui ont fait l'objet d'actes de spoliation (JORF vom 22.4.1945, S. 2283).

151 Zu diesem Verbund zählt eine Vielzahl an Bestimmungen, von denen beispielhaft genannt seien: Verordnung vom 16.10.1944 über die Restitution von sequestriertem Vermögen im Besitz der Domänenverwaltung (JORF vom 17.10.1944, S. 964), Verordnung vom 14.11.1944 über die Wiedereinsetzung bestimmter Mieter:innen (JORF vom 15.11.1944, S. 1309), Verordnung vom 11.4.1945 über den Eigentumsübergang an beweglichen Sachen, die nach ihrer Plünderung durch den Besatzer vom Staat zurückerlangt wurden (JORF vom 12.4.1945, S. 2010). Weitere Spezialregelungen galten für Restitutionen von Vermögenswerten, die im Zuge des Krieges oder der Besatzung aus Frankreich in das Ausland verbracht worden waren, insb. das Dekret Nr. 47-2105 vom 29.10.1947 über die Restitution von durch den Feind entzogenem Vermögen (JORF vom 31.10.1947, S. 10831).

152 Verordnung vom 14.11.1944 (JORF vom 15.11.1944, S. 1310), Verordnung Nr. 45-1224 vom 9.6.1945 (JORF vom 10.6.1945, S. 3379).

153 Amtliche Übersetzung der Erklärung abgedruckt in ABlKR. 1945, Erg.-Blatt Nr. 1, S. 3, zitiert in *von Schmoller u. a.*, Handbuch des Besatzungsrechts, § 52, S. 5 f. Die Erklärung wurden ein Jahr später in der Abschlussresolution der Konferenz von Bretton Woods vom Juli 1944 bestätigt, siehe Department of State, Proceedings and documents of the United Nations Monetary and Financial Conference. Bretton Woods, New Hampshire, July 1-22, 1944, S. 939 f.

154 Genauer erging die Verordnung in Umsetzung der Verordnungen vom 12. November 1943 (JORF vom 18.11.1943) und vom 9. August 1944 (JORF vom 10.8.1944, S. 688). Die erstzitierte Verordnung von 1943, die durch den *Comité français de Libération nationale* (CFLN) unter Charles de Gaulle und Henri Giraud beschlossen wurde, sah die Umsetzung der Londoner Erklärung von 1943 in nationales Recht vor und kündigte weitere Umsetzungsbestimmungen an. Die Londoner Erklärung war zuvor durch die ausländische Widerstandsbewegung (France libre) vertreten durch, den *Comité national français* (CNF) unter Charles de Gaulle, unterzeichnet worden und im Amtsblatt geworden (JOFC vom 20.1.1943, S. 4). Die Verordnung vom 9.8.1944 erklärte schließlich nach der Befreiung Frankreichs die Verordnung vom 12.11.1943 formal für anwendbar (Anhang III zu dieser Verordnung, JORF vom 10.10.1944, S. 692).

155 Arrêté du Président du conseil vom 30.11.1918 (JORF vom 7.12.1918, S. 10514). Die Regelung sah die Nichtigkeit bestimmter Entziehungen zugunsten des Feindes sowie von Rechtsgeschäften zwischen feindlichen und französischen Staatsangehörigen sowie Einwohner:innen Elsass-Lothringens vor. Vgl. hierzu *Lyon-Caen*, Lois annotées 1946, 137 (138).

156 Der Verfasser konnte lediglich eine Entscheidung aus jüngerer Zeit nachweisen, in denen die Verordnung vom 9.6.1945 zur Anwendung gelangt war: TGI Paris, 14.6.2002, Nr. 01/04315 – Grandidier.

Darstellung beschränkt sich daher im Wesentlichen auf die relevanten Bestimmungen der Verordnung vom 21. April 1945, die heute als gesetzesvertretende Verordnung (*ordonnance*) im Rang eines Parlamentsgesetzes (*loi*) steht.[157]

Die Verordnung vom 21. April 1945 wurde nach längeren Vorarbeiten und mehreren Anläufen[158] noch vor Ende des bewaffneten Konfliktes auf dem europäischen Kontinent verabschiedet und bildet die bis heute umfangreichste und umfassendste Regelung zur Restitution widerrechtlich entzogener oder unter Zwang veräußerter Vermögenswerte in Frankreich. Seinerzeit rief das Regelwerk noch ambivalente Reaktionen unter den Kommentator:innen hervor. Vereinzelt wurde der Text als »œuvre touffue, mais très soigneusement rédigée« (dichtes, aber sehr sorgfältig verfasstes Werk)[159] gelobt. Die Mehrheit der Autor:innen kritisierte hingegen den unbestimmten und teils lückenhaften Charakter der Regelung.[160] Die Kontroversen um die Auslegung der Verordnung offenbaren die praktischen Schwierigkeiten und komplexen Interessenkonflikte, die nach dem Krieg nach einer raschen Klärung durch die Übergangsregierung verlangten. In der heutigen Zeit hat sich die Debatte zwar tendenziell auf verfassungsrechtliche Grundsatzfragen verlagert[161], ohne dass sämtliche Auslegungsfragen vollständig geklärt sind. In einer Grundsatzentscheidung von 2020 in der Sache Bauer gegen Toll bewertete die erste Zivilkammer der *Cour de cassation* die Verordnung als mit verfassungs- und konventionsrechtlichen Vorgaben vereinbar und bestätigte ihre Geltung in der heutigen Zeit.[162] Trotz ihrer Anwendbarkeit in zeitlicher Hinsicht sind für den Zeitraum zwischen 1998 und 2023 lediglich neun gerichtliche Verfahren (in den Sachen Gentili di Giuseppe[163], Karaim[164], Bausset-Roquefort[165], Rosenberg[166], Bauer[167], Gimpel[168], Meyer[169], Dorville[170] und Hauser[171]) auf der Grundlage der Verordnung nachweisbar. Die Darstellung und die Kommentierung der Norm sollen

157 Vgl. *Vedel*, Manuel élémentaire de droit constitutionnel, S. 288.

158 Für einen Überblick zu den verschiedenen, teils konkurrierenden Gesetzesvorhaben siehe etwa *Lyon-Caen*, Les spoliations, S. 12; *Tager/Sarraute*, Gazette du Palais Doctrine 2 (1945), 23 (26).

159 *Esmein*, Gazette du Palais Doctrine 2 (1945), 1.

160 So etwa Tager und Sarraute: »Au point de vue de la technique juridique, l'ordonnance, avec ses lacunes, ses omissions, ses erreurs de rédaction et les notions nouvelles de droit qu'elle introduit, n'est pas une œuvre impeccable.«, *Sarraute/Tager*, Gazette du Palais Doctrine 2 (1946), 51. Moderater fiel das Urteil bei Weil-Curiel und Castro aus: »Malgré des lacunes dans le détail, il faut admettre que dans l'ensemble les deux Ordonnances du 14 novembre 1944 et du 21 avril 1945 sont de nature à donner satisfaction aux spoliés, à condition toutefois que, dans leur interprétation, la jurisprudence s'attache à respecter l'esprit de la loi.«, *Weil-Curiel/Castro*, Spoliations et Restitutions. Commentaire théorique et pratique de la législation relative aux spoliations, S. 9.

161 In dem veränderten Verfassungsrahmen, in dem sich die Verordnung von 1945 bewegt, stellt sich unweigerlich die Frage nach der Konformität der Verordnung mit höherrangigen nationalen und internationalen Vorgaben, insbesondere grundrechtlichen Bestimmungen. Siehe zur Problemstellung *von Lintig*, KUR 2020, 108.

162 Cass. civ. 1ère, 1.7.2020, Nr. 18-25.695, Rec. Dalloz 2020, 1460 – Toll; *de Ravel d'Esclapon*, Rec. Dalloz 2020, 1992; *Noual*, JCP G 2020, Nr. 1137.

163 TGI Paris, 10.7.1998, Nr. 1998/54616; CA Paris 2.6.1999, Nr. 1998/19209, Rec. Dalloz 1999, 535.

164 TGI Paris, 6.1.2000, Nr. 1999/63069; CA Paris 13.3.2001, Nr. 2000/11467.

165 TGI Paris, 8.10.2008, Nr. 06/52847.

166 TGI Paris, 14.6.2010, Nr. 08/12005.

167 TGI Paris, 7.11.2017, Nr. 17/58735; CA Paris, 2.10.2018 , Nr. 17/20580, LPA 227 (2018), 8, m. Anm. *Noual*; Cass. civ. 1ère, 1.7.2020, Nr. 18-25.695, Rec. Dalloz 2020, 1460 – Toll; Vorlage an *Conseil constitutionnel* zuvor abgelehnt durch Cass. civ. 1ère, 11.9.2019, Nr. 810 FS-P+B+I.

168 TGI Paris, 1.7.2019, Nr. 19/53387; CA Paris, 30.9.2020, Nr. 19/18087.

169 TGI Paris, 10.5.2021, Nr. 21/51804.

170 TJ Paris, 10.1.2023, Nr. 21/56082.

171 TJ Paris, 27.1.2023, Nr. 22/54723.

sich daher neben Gerichtsentscheidungen aus jüngerer Zeit auch auf Rechtsprechung und Literatur der Nachkriegszeit stützen, sofern sich hierin Antworten auf heute noch relevante Rechtsfragen finden lassen.

Die Verordnung bezweckt die Annullierung bestimmter Vermögensverluste, die nach dem 16. Juni 1940 in Frankreich eingetreten sind, und die Wiedereinsetzung geschädigter Eigentümer:innen (*propriétaires dépossédés*) in ihre vormaligen Rechtspositionen.[172] Der Text unterscheidet dabei prinzipiell zwischen Entziehungen und Zwangsverkäufen (*spoliations et ventes forcées*), das heißt Verfügungen infolge von Ausnahmemaßnahmen (*actes de disposition accomplis en conséquence de mesures exorbitantes du droit commun*, Art. 1 Abs. 1), und Rechtsgeschäften der früheren Berechtigten (*actes accomplis avec le consentement de l'intéressé*, Art. 11). Die Verordnung unterscheidet somit den Begriff des Zwangsverkaufs von jenem des Rechtsgeschäfts unter Zwang. Während Ersteren vorrangig hoheitlich verfügte Zwangsverkäufe unterfallen, werden Letzteren Verfügungen durch die früheren Eigentümer:innen selbst zugeordnet. Vereinfachend ließe sich zwischen unfreiwilligen und freiwilligen Verlusten differenzieren. Die Abgrenzung zwischen beiden Tatbeständen kann in Einzelfällen jedoch größere Schwierigkeiten bereiten.[173]

Entziehungen im ersteren Sinne erklärt die Verordnung für nichtig (Art. 1 Abs. 2), für etwaige Erwerber:innen der entzogenen Vermögenswerte gilt zudem eine unwiderlegliche Vermutung der Bösgläubigkeit im Verhältnis zu den entsetzten Eigentümer:innen (Art. 4 Abs. 1). Die Rechtsfolgen der Nichtigkeit dieser Rechtsakte werden nahezu abschließend durch die Verordnung selbst geregelt. Für die Regelung der Nichtigkeit von Rechtsgeschäften nach Art. 11 verweist die Verordnung dagegen vorrangig auf die Regeln des allgemeinen Zivilrechts (Art. 12 Abs. 1). Es gilt die widerlegliche Vermutung vor, dass Rechtsgeschäfte nach dem 16. Juni 1940 unter Drohung oder durch Zwang (*violence*) im Sinne von Art. 1112 Abs. 1 Code civil a. F.[174] (Art. 1140 n. F.) zustande gekommen sind, wenn die früheren Eigentümer:innen zu einer verfolgten Personengruppe zählten.[175] Unter bestimmten Voraussetzungen wird demnach das Vorliegen eines Willensmangels im Sinne des Code civil vermutet, die Darlegungs- und Beweislast trifft also die Beklagten. Die Zwangsvermutung kann dem Wortlaut nach nur durch den Gegenbeweis widerlegt werden, dass die Veräußerung zum gerechten Preis (*juste prix*) erfolgt ist (Art. 11 Abs. 2). Die Verordnung regelt demnach zwei Rechtsfolgenregime für Verluste durch Fremdzugriff und solche durch Rechtsgeschäft der früheren Eigentümer:innen, die aber beide im Ergebnis vorrangig auf Nichtigkeit der erfassten Rechtsakte hinauslaufen.

Die Wiedereinsetzung der früheren Eigentümer:innen in ihre Rechte soll im Rahmen einer »procédure aussi rapide et peu coûteuse que possible« erfolgen.[176] Obwohl die Verordnung

172 »La nouvelle ordonnance, qui s'inscrit dans le cadre de la déclaration de Londres du janvier 1943, permet par une procédure aussi rapide et peu coûteuse que possible, aux propriétaires dépossédés de rentrer légalement en possession de leurs biens, droits ou intérêts, par application du principe de la nullité des actes de transfert.«, Exposé des motifs, JORF vom 22.4.1945, S. 2283.

173 Siehe hierzu eingehend unter B.II.2.c).

174 Il y a violence lorsqu'elle est de nature à faire impression sur une personne raisonnable, et qu'elle peut lui inspirer la crainte d'exposer sa personne ou sa fortune à un mal considérable et présent.

175 Die Verordnung verwendet nicht den Begriff der staatlichen Verfolgung. Wörtlich gilt die Vermutung zugunsten natürlicher oder juristischer Personen, deren Zustand vor oder nach dem Geschäftsabschluss durch Maßnahmen im Sinne des Art. 1 oder Bestimmungen des deutschen Besatzers (»ennemi«) betroffen wurde. Die Rechtsprechung legte die Bestimmung im Ergebnis aber dahingehend aus, dass verfolgte Personen, allen voran als jüdisch klassifizierte Personen, durch Maßnahmen in diesem Sinne betroffen wurden. Siehe hierzu unter B.II.2.b)aa)(2).

176 Exposé des motifs, JORF vom 22.4.1945, S. 2283.

Betroffenen eine effektive Rechtsverfolgung ermöglichen sollte, stellte diese die Rechtspflege vor erhebliche Herausforderungen. Die teils unbestimmten Regelungen mussten erst durch Rechtsprechung und Literatur in einem langwierigen Prozess erschlossen werden – ein Prozess, der einen verhältnismäßig langen Zeitraum in Anspruch nahm, wenn man bedenkt, dass die Verfahren nach der Verordnung ursprünglich schon Ende 1946 abgeschlossen werden sollten. Die Kommentatoren Tager und Sarraute merkten so 1948 an:

> »L'application de l'ordonnance du 21 avril 1945 a imposé aux juges une tâche ardue – et dont ils se sont parfaitement acquittés – celle de régler des conflits d'intérêts nés à l'occasion de circonstances exceptionnelles, en ayant fréquemment à faire appel aux solutions classiques du droit commun.«[177]

Um die Restitution eines Vermögenswertes nach der Verordnung zu erlangen, müssen Kläger:innen nachweisen, dass sie Inhaber:innen des herausverlangten Vermögenswertes waren, dieser nach dem 16. Juni 1940 infolge einer Entziehung im Sinne des Art. 1 oder durch ein Rechtsgeschäft im Sinne des Art. 11 verloren ging und die Restitution nicht ausnahmsweise ausgeschlossen ist.

1. Anspruchsberechtigung

Nach der Verordnung sind bei Entziehungen nach Art. 1 Abs. 1 sowie bei Veräußerungen nach Art. 11 Abs. 1 die früheren Inhaber:innen der Vermögenswerte, deren Restitution begehrt wird, anspruchsberechtigt. In beiden Fällen knüpft die Berechtigtenstellung demnach an eine rechtliche Vermögensposition an, über die eine Verfügung getroffen wurde, bei Kunstwerken und beweglichen Kulturgütern das Eigentum an beweglichen Sachen (*meubles corporels*). In gleicher Weise sind die Rechtsnachfolger:innen (*ayants droit*) der Geschädigten nach Maßgabe des ehelichen Güterstands- und Erbrechts anspruchsberechtigt.

a) Beweis des Eigentums im Verlustzeitpunkt

Erforderlich ist die Existenz einer geschützten Rechtsposition im Sinne des Art. 1 Abs. 1 oder Art. 11 Abs. 1 im Vermögen der Kläger:innen oder deren Rechtsvorgänger:innen. Im Rahmen dieser Arbeit wird dabei nur das Sacheigentum als relevante Rechtsposition in den Blick genommen, wenngleich der Kreis der geschützten Vermögenswerte nach der Verordnung deutlich weiter gefasst ist.[178]

Der Beweis des Eigentums an der Sache im Verlustzeitpunkt muss nach Maßgabe des allgemeinen Beweisrechts geführt werden. Diese Anforderung ist heute – aufgrund des Zeitablaufs – erfahrungsgemäß mit nicht unerheblichen Schwierigkeiten verbunden. Gleichwohl

177 *Sarraute/Tager*, JCP 1948, Nr. 735, Einleitung.

178 In Art. 1 Abs. 1 ist die Rede von von »biens, droits ou intérêts«. Ausgehend vom Wortlaut legte die Rspr. den Kreis der geschützten Vermögenswerte weit aus. Erfasst wurden sämtliche verkehrsfähige Vermögenswerte, Rechte und Interessen (CA Paris, 18.6.1946, zitiert bei *Sarraute/Tager*, Gazette du Palais Doctrine 2 (1946), 51 [55], Fn. 7). Rechte in diesem Sinne stellten etwa obligatorische Rechte an einer Sache, namentlich aus einem Mietvertrag, dar (vgl. m.w.N. *Sarraute/Tager*, a.a.O., 51 [55 f.]). Art. 11 Abs. 1 erfasste ursprünglich nur eine begrenzte Zahl enumerativ aufgelisteter Vermögenswerte, wurde aber durch eine Gesetzesreform von 1947 auf sämtliche Vermögenswerte erweitert. Siehe Näheres unter B.II.2.b)aa)(1).

zeichnet sich das französische Recht durch eine gewisse systemimmanente Flexibilität aus. Dem Eigentumsbeweis sind keine bestimmten Beweisarten (*modes de preuve*) vorbehalten. Dieser kann vielmehr durch jedes Beweismittel (*par tous moyens*)[179] durch direkten oder indirekten Beweis aufgrund eines Indizienbündels[180] geführt werden, das hinreichend gefestigt ist (*faisceau d'indices graves, précis et concordants*).[181] Die Überzeugung des Gerichts muss dann aus einer wertenden Gesamtschau sämtlicher Indizien folgen, die der freien richterlichen Beweiswürdigung (*pouvoir souverain d'appréciation*) unterliegen. Hierbei muss insbesondere der Nachweis gelingen, dass das herausverlangte und das entzogene bzw. veräußerte Werk übereinstimmen (Werkidentität).

Ein Beispiel aus der neueren Rechtsprechung, das die Beweisführung durch Indizienbündel veranschaulicht, bildet die Klage der Erb:innen des Kunsthändlers René Gimpel (1881–1945), mit der diese die Restitution von drei Gemälden des Künstlers André Derain aus den Sammlungen des Zentralstaates und der Stadt Marseille beanspruchten.[182] Die Werke *La Chapelle-sous-Crécy* und *Paysage à Cassis/Vue de Cassis*[183] erwarb der französische Staat 1976 durch Schenkung des Ehepaars Pierre und Denise Lévy. Das Gemälde *Pinède, Cassis*[184] gelangte 1987 durch Kaufvertrag mit Augustin Terrin für einen Kaufpreis von etwa 2,9 Mio. Francs in das Eigentum der Stadt Marseille. Wie die Werke in den Besitz der Lévys und Terrins gelangt waren, war bis zu dem Gerichtsverfahren ungeklärt. Die Kläger:innen behaupteten, die Werke seien Gimpel während der deutschen Besatzung entzogen worden oder dieser habe sie jedenfalls unter Zwang veräußert. Die Beklagten bestritten, dass Gimpel in diesem Zeitpunkt noch Eigentümer der Werke war.

Der klägerische Eigentumsbeweis an den Werken stützte sich auf verschiedene Inventarlisten aus den Privatarchiven der Familie Gimpel. Das bedeutendste Beweisstück bildete dabei eine Inventarliste (*livre d'inventaire*), die Gimpel 1935 anlässlich des Versands einiger Werke an seine New Yorker Filiale angefertigt hatte und die in der Folgezeit durch den Mitarbeiter Raoul Salomon (bis 1938), Gimpel selbst (1943 nach Freilassung aus dem Konzentrationslager Saint-Sulpice) und nach dem Krieg durch dessen Sohn Pierre kommentiert worden war.[185] In der ersten Instanz vermochten diese Nachweise nicht, die Überzeugung des *Tribunal de grande instance* von Paris vom Eigentum im Verlustzeitpunkt zu begründen. Zwischen den Parteien war unstreitig, dass Gimpel sechs Gemälde des Künstlers André Derain bei der Kahnweiler-Auktion im November 1921 erworben hatte.[186] Fotografien der Innenräume der Privatwohnung

179 Cass. civ. 1ère, 11.1.2000, Nr. 97-15.406; Cass. civ. 1ère, 6.6.2018, Nr. 17-16.091; CA Dijon, 24.1.2023, Nr. 20/00237; CA Metz, 26.7.2022, Nr. 20/02225; *Terré/Simler*, Droit civil. Les biens, S. 430.

180 Der Code civil spricht von einem *preuve par présomption judiciaire* (Art. 1582 Code civil).

181 Siehe nur Cass. civ. 1ère, 14.12.1965, Bull. civ. I, Nr. 707; 18.11.2015, Nr. 14-24.531; Cass. com., 26.1.2022, Nr. 20-14.000, Rn. 9. Seit der Schuldrechtsreform von 2018 wurde diese Rechtsprechungslinie in Art. 1382 Code civil kodifiziert.

182 TGI Paris, 29.8.2019, Nr. 19/53387; CA Paris, 30.9.2020, Nr. 19/18087 – Gimpel.

183 Inv.-Nr. MNLP 100 und MNLP 88. Die Werke befanden sich im Zeitpunkt der Klageerhebung in Verwahrung durch das *Musée d'Art Moderne* von Troyes für den Zentralstaat.

184 Inv.-Nr. C.87.50. Das Werk war Teil der Sammlung des städtischen *Musée Cantini*.

185 Die Inventarliste führte Gimpel auf seiner Flucht über Cannes nach Monte-Carlo mit sich. Das Lagerverzeichnis der Galerie (*livre de stock*) gilt heute hingegen als verschollen. Die Berufungsinstanz erwähnt neben dieser Inventarliste von 1935 noch ein »inventaire sur feuilles volantes«, das Gimpel offenbar kurz vor seiner Flucht aus Paris angefertigt hatte und das vor Kriegsende erneut durch seinen Sohn Pierre mit Bleistift annotiert worden war. Diese provisorische Inventarliste enthält zusätzlich Negative der Werke. Auch dieses Verzeichnis erwähnt die sechs bei Kahnweiler erworbenen Werke.

186 Im Katalog der Kahnweiler-Auktion von 1921 wurden die von Gimpel erworbenen Werke noch wie folgt bezeichnet: *Le Moulin*, auf Vorderseite signiert (Lot-Nr. 51), *Le Vallon à Cassis*, nicht signiert (Lot-Nr. 58), *Vue de Cassis* (Lot-Nr. 55), *Arbres*

in der Rue Doucet belegten zudem, dass sich jedenfalls ähnliche Werke bis 1933 im Besitz der Familie befunden hatten. Über diesen Zeitraum hinaus fehlte es aber nach Ansicht des Gerichts an einem Eigentumsnachweis:

> »Il résulte de l'ensemble de ces éléments qu'il n'est pas possible de considérer, avec la certitude exigée par l'article 1er de l'ordonnance de 1945, que les tableaux mentionnés comme ›Paysage‹ dans le répertoire de René Gimpel et numérotés 219, 222, 522 sur son livre de stock correspondant aux tableaux litigieux.«

Die Inventarlisten waren aus Sicht des Gerichts zu ungenau oder enthielten zum Teil widersprüchliche Angaben. So würden die Gemälde in der Inventarliste Gimpels von 1935 nur generisch als *Paysage* bezeichnet. Die Maße des Gemäldes *La Chapelle-sous-Crécy* würden zudem nicht mit denjenigen in Gimpels Aufzeichnungen übereinstimmen. Der Inventarliste seien weiterhin Hinweise zu entnehmen, dass sich neben den bei Kahnweiler erworbenen Gemälden weitere Werke des Künstlers in Gimpels Besitz befunden hätten. Schließlich hätten sich die Beschreibungen der Werke über den Lauf von zwanzig Jahren bei jedem Besitzwechsel verändert, sodass ein zweifelsfreier Abgleich zwischen Gimpels Werken und den beanspruchten Werken nach dem Stand der Beweiserhebung nicht möglich sei. Um die verbleibenden Zweifel zu zerstreuen, legten die Kläger:innen in der Berufung ein kunsthistorisches Privatgutachten zur Provenienz der Werke vor, das schließlich die Überzeugung der Berufungsinstanz vom Eigentum Gimpels begründete. Das Gericht ging dabei in seinen Feststellungen auf die Provenienz jedes einzelnen Werkes ein, die es ausgehend von den Parteivorträgen rekonstruierte. Dabei waren vornehmlich die zu Lebzeiten Gimpels angefertigten Inventarlisten in Kombination mit kunsthistorischen Erkenntnissen von entscheidender Bedeutung. In der Inventarliste fanden sich standardisierte Kürzel, die mittels einer Legende Aufschlüsse über die Zugehörigkeit einzelner Werke zum Handelsbestand (»se trouve à Paris«) oder über einen Verkauf (»vendu« oder »rendu à son propriétaire«) lieferten. Gegen das Eigentum Gimpels sprechende Indizien konnten so im Ergebnis unter Rückgriff auf diese Belege entkräftet werden.

Im Hinblick auf das Gemälde *La Chapelle-sous-Crécy* hielt es das Gericht für erwiesen, dass sich dieses noch 1942 im Besitz Gimpels befunden habe. In diese Richtung deute ein handschriftlicher Hinweis auf der Rückseite eines Negativs aus den Privatarchiven der Familie Gimpel (»Derain – se trouve à Paris mai 1942«). Dem Lagerverzeichnis aus der Nachkriegszeit sei zudem entnehmen, dass das Werk erst nach 1942 verkauft worden sei (»vendu France 1942«). Beide Anhaltspunkte untermauerten die These, wonach das Werk schon in der Besatzungszeit vom Ehepaar Lévy erworben worden sei.[187] Die Abweichung der Werkmaße (von zwei Zentimetern), die aus Sicht der Vorinstanz noch gegen eine Werkidenität gesprochen hatte, wurde durch die *Cour d'appel* nunmehr als geringfügig bewertet und durch eine abweichende Maßmethode erklärt.

à Martigues, nicht signiert (Lot-Nr. 68), *Les deux Sœurs*, auf Rückseite signiert (Lot-Nr. 73), *Cassis*, auf Rückseite signiert (Lot-Nr. 60).

187 Der französische Staat hatte sich noch auf eine abweichende Provenienzangabe in der Datenbank der zentralstaatlichen Museen *Joconde* berufen, derzufolge das beanspruchte Werk bei einer Auktion vom 26.11.1951 im Hôtel Drouot durch das Ehepaar Lévy erworben worden sei, vgl. *Kulturministerium*, Eintrag zu La Chapelle-sous-Crécy, André Derain, MNLP 100, in: Datenbank Joconde. Das Gutachten der Provenienzforscherinnen widerlegte die Richtigkeit dieser Provenienzangabe.

In Bezug auf das Gemälde *Paysage à Cassis/Vue de Cassis* sei zwar anzuerkennen, dass dieses auf der Rückseite – anders als das bei der Kahnweiler-Auktion 1921 erworbene Gemälde – signiert sei. Dieser Umstand könne aber plausibel dadurch erklärt werden, dass der Künstler das Gemälde erst nach dem Kauf durch dessen engen Freund Pierre Lévy signiert habe. Einen positiven Beleg für diese These lieferte das Gericht gleichwohl nicht. Eine Fotografie der Innenräume der Wohnung Gimpels in der Rue Doucet aus der Zeit vor 1934 würde zudem belegen, dass sich dort ein ähnliches Werk befunden habe. Ausgehend von den historischen Erkenntnissen zum Gesamtwerk Derains könne zugleich ausgeschlossen werden, dass dieser Werke ähnlichen oder identischen Sujets in mehrfacher Ausführung gemalt habe.

In Hinblick auf das Gemälde *Pinède à Cassis* sei erwiesen, dass der Kunstkritiker und Widerstandskämpfer Jacques Guenne (1896–1945) dieses vor seiner Flucht in die Schweiz 1943 bei Gimpel erworben habe. Ein Erwerb durch Guenne war schon vor dem Gerichtsverfahren belegt, konnte bislang aber nicht näher datiert werden. Die Herkunft aus der Sammlung Gimpel sei durch eine weitere Inventarliste aus dem Jahr 1940 belegt, der eine Fotografie des Werkes beigefügt sei. Zudem belege ein Nachtrag Gimpels aus dem Jahr 1943 zur Inventarliste (»rendu à son propriétaire«), wenn auch ohne Nennung der Erwerber:innen, dass das Werk *Pinède* vor 1943 an Guenne verkauft worden sei, da dieser bereits im Mai 1942 in die Schweiz geflohen war.[188]

Den Berufungsbeklagten gelang es somit nicht, den Indizienvortrag der Berufungskläger:innen zu entkräften. Der Vortrag der Stadt Marseille beschränkte sich im Wesentlichen darauf, die Plausibilität des klägerischen Indizienvortrages in Zweifel zu ziehen. Mit vergleichbaren Argumentationsmustern stehen Halteinstitutionen aber heute regelmäßig auf verlorenem Posten, wenn der Indizienvortrag der Kläger:innen nicht von vornherein konstruiert erscheint. Die Besonderheit des Indizienbeweises besteht gerade darin, den Direktnachweis einer Tatsache durch ein indizienbasiertes Wahrscheinlichkeitsurteil zu substituieren. Insoweit kann auch ein in Teilen hypothesenbasierter Vortrag genügen, wenn dieser nur auf hinreichend konkrete Indizien gestützt wird. Der Fall belegt auf diese Weise zugleich den konkreten Nutzen einer institutionalisierten Provenienzforschung für museale Einrichtungen. Erst ein fundiertes Wissen über die Provenienz der Objekte in einer musealen Sammlung versetzt Halteinstitutionen im Streitfall in die Lage, Restitutionsbegehren durch einen substantiierten Tatsachenvortrag zu begegnen. Umgekehrt begründet jede Forschungslücke in einer öffentlichen Sammlung ein latentes Prozessrisiko. Eine proaktive Provenienzforschung ist daher gerade im Interesse der Halteinstitutionen.

Es darf gleichwohl nicht verkannt werden, dass der Fall Gimpel im Vergleich zu anderen Verfahren einen Sonderfall darstellt. Nur selten verfügen die Erb:innen der Geschädigten überhaupt über schriftliche Dokumente, die den Kunstbesitz ihrer Vorfahr:innen belegen. Gerichte verlangen heute aber in der Regel schriftliche Beweise (etwa Inventarlisten oder Versicherungspolicen); Aussagen von Zeit-zeug:innen wird dagegen nur eine relativ geringe Indizwirkung zugesprochen. Dies veranschaulicht der Fall David Karaim.[189] Nach den gerichtlichen Feststellungen war Karaim in der Besatzungszeit als Flohmarkthändler auf dem Markt von Saint-Ouen bei Paris tätig. Nach dem Vortrag der Kläger:innen wurde Karaim Opfer

188 Zu demselben Ergebnis gelangte auch ein Privatgutachten des Kunsthistorikers Xavier Rey im Auftrag der Berufungsbeklagten. Das Werk sei hiernach an Augustin Terrin veräußert worden, der dieses 1987 an die Stadt Marseille verkaufte.

189 TGI Paris, 6.1.2000, Nr. 1999/63069.

antisemitischer Verfolgungsmaßnahmen. Insbesondere seien sein Warenlager in Saint-Ouen und seine Privatwohnung in Paris von deutschen Stellen geplündert worden. Unter den entzogenen Werken hätten sich mehrere Werke befunden, die heute Teil der MNR-Bestände seien.[190] Zum Nachweis des Eigentums an den Werken legten die Kläger:innen die Erklärung eines Zeitzeugen, eines Herrn Erlischstein, aus dem Jahr 1997 vor, der behauptete, die Gemälde im Zeitraum 1942/1943 an Karaims Flohmarktstand gesehen zu haben. Dieser Beweisvortrag genügte dem *Tribunal de grande instance* von Paris nicht und die Klage wurde abgewiesen. Aus Sicht des Gerichts sei die behauptete Eigentümerstellung Karaims nach dem klägerischen Vortrag nicht als erwiesen anzusehen. Es sei insbesondere unklar, in welcher Eigenschaft Karaim die Werke in seinem Besitz gehalten habe (zur Kommission oder zum Eigentum) und ob dieser überhaupt im maßgeblichen Zeitraum als Kunsthändler tätig gewesen sei. Die Entscheidung wurde in der Berufungsinstanz bestätigt.[191]

b) Ausschluss der Berechtigung bei Angehörigen feindlicher Staaten (*sujets ennemis*)

Die Verordnung stellt ihrem Wortlaut nach keine weiteren Anforderungen an die Berechtigtenstellung. Die historische, höchstrichterliche Rechtsprechung nahm dessen ungeachtet eine zusätzliche, vielfach kritisierte Restriktion ihres Anwendungsbereichs unter Berufung auf das Telos der Verordnung vor. Als nicht anspruchsberechtigt wurden Personen angesehen, die im Zeitpunkt der gerichtlichen Entscheidung Angehörige eines feindlichen Staates (*sujets ennemis*) waren.[192] Zur Begründung verwies die *Cour de cassation* auf die Londoner Erklärung von 1943, deren Umsetzung die Verordnung vom 21. April 1945 diene:

> »Que les ressortissants ennemis n'était pas du nombre des personnes protégées par la déclaration du 5 janvier 1943 et se trouvent, dès lors, par voie de conséquence, exclus du bénéfice de l'ordonnance du 21 avril 1945«.[193]

Gerade mit Blick auf Personen, die vor Verfolgung aus dem Deutschen Reich geflohen waren, erscheint eine derartige Restriktion kritikwürdig. Diese Rechtsprechungslinie ist auch dogmatisch nicht tragfähig. Die Londoner Erklärung, auf die sich diese Rechtsprechung beruft, stellte Entziehungen unter einen allgemeinen Nichtigkeitsvorbehalt, wenn diese sich als Folge der feindlichen »Enteignungsmethoden« erwiesen:

190 *Tête de vieillard*, Paul Cezanne, MNR 650; *Étude de nu*, Auguste Rodin (attr.), REC 135; *Réunion dans un jardin*, Pierre-Auguste Renoir, MNR 199; *Joueurs de cartes*, Eugène Fichel, MNR 748.

191 CA Paris, 13.3.2001, Nr. 2000/11467. Das Gericht stützte sich in dieser Entscheidung abweichend auf die Verordnung vom 11.4.1945. Für den Eigentumsnachweis nach dieser Verordnung stellt der Zeugenbeweis nach Art. 5 Abs. 3 kein zulässiges Beweismittel dar. Die Zeugenaussage war somit nach Ansicht des Gerichts schon nicht als Beweismittel verwertbar. CA Paris, 13.3.2001, Nr. 2000/11467, Gazette du Palais 149 (2001), 46.

192 St. Rspr.: Cass. Ass. plén., 1.3.1950, JCP 1950 Jurisprudence, Nr. 5458 – Mallah c. Autuori et Lingot; Cass civ. 1ère, 15.7.1953, Nr. 4.390, Bull. civ. I, Nr. 249 – Dame Coindat c. Veuve Voet et autres. Hinsichtlich der Verordnung vom 14.11.1944 über die Wiedereinsetzung bestimmter Mieter:innen (JORF vom 15.11.1944, S. 1309) hatte zuvor schon die Sozialkammer der *Cour de cassation* mit ähnlicher Begründung entschieden: Cass. soc., 28.11.1946, Gazette du Palais Jurisprudence 1 (1947), 36; Cass. soc., 7.2.1947, Gazette du Palais Jurisprudence 1 (1947), 131. Kritisch *Tager/Sarraute*, Gazette du Palais Doctrine 2 (1947), 23 (28); *Chauveau*, JCP 1946, Nr. 550, Rn. 46.

193 Zu Art. 11 der Verordnung siehe Cass civ. 1ère, 15.7.1953, Nr. 4.390, Bull. civ. I, Nr. 249 – Dame Coindat c. Veuve Voet et autres.

»Infolgedessen behalten sich die diese Erklärung abgebenden Regierungen und der Französische Nationalausschuß das Recht vor, jede Übertragung und Veräußerung von Eigentum, Guthaben, Rechten und Anrechten, welcher Natur sie auch seien, für nichtig zu erklären, die sich in den von den Regierungen, mit denen sie in Feindseligkeiten begriffen sind, besetzten oder [...] kontrollierten Gebieten befinden oder befunden haben oder die im Besitz von den in den betreffenden Gebieten wohnhaften Personen [...] sind oder gewesen sind.«[194]

Die Erklärung sieht keine Einschränkung des Anwendungsbereichs zulasten Angehöriger von Staaten vor, mit denen sich die Signatarstaaten im Krieg befanden. Vielmehr adressiert die Erklärung unterschiedslos sämtliche Erwerber:innen von Vermögenswerten, die sich in den vom Deutschen Reich besetzten oder kontrollierten Gebieten befinden, befunden haben oder im Besitz von Personen sind oder waren, die in diesen Gebieten wohnhaft waren. Ohne Belang ist demnach die Staatsangehörigkeit dieser Personen, vielmehr sind die Umstände des Vermögensverlustes entscheidend. Zugleich stellt die Erklärung eine nicht bindende Absichtserklärung dar, deren konkretisierende Umsetzung allein den Signatarstaaten oblag[195], sodass sie allenfalls in Zweifelsfällen als Auslegungshilfe herangezogen werden könnte.[196] Der Wortlaut der Verordnung ist indes hinreichend eindeutig und lässt keinen Zweifel hinsichtlich der Berechtigtenstellung zu. Der Ansatz der Rechtsprechung ist somit methodisch nicht zu rechtfertigen und beruht vielmehr auf einer Umdeutung des Wortlauts der Londoner Erklärung. Eine Einschränkung des persönlichen Anwendungsbereichs der Verordnung läuft ferner dem Ziel der Erklärung zuwider, die rechtsstaatliche Ordnung in Europa durch Annullierung widerrechtlicher Vermögenstransfers wiederherzustellen. Eine derartige Politik büßt jede Wirksamkeit ein, wenn insbesondere Opfer der staatlichen Unrechtsregime von einer Rechtsverfolgung ausgeschlossen würden. In diesem Sinne äußerten schon die Autoren Tager und Sarraute Kritik:

»Les nations alliées ayant combattu, ainsi qu'elle le déclarent, pour le triomphe des idées démocratiques et l'anéantissement de la dictature hitlérienne, n'ont certainement pas pensé à exclure du bénéfice de leur protection les adversaires de toute nature de cette dictature, et notamment les réfugiés, à la suite des persécutions politiques ou raciales, dans les territoires occupés par la suite, qu'ils aient ou non conservé une nationalité ennemie.«[197]

Aber auch die zitierten Autoren hielten grundsätzlich an dem Ausschluss der Angehörigen feindlicher Staaten von einer Anspruchsverfolgung fest. Eine Ausnahme sollte nur für Perso-

194 Amtliche Übersetzung des Büros des Alliierten Kontrollrates in Deutschland, abgedruckt in *von Schmoller u. a.*, Handbuch des Besatzungsrechts, § 52, S. 5 f.

195 Vgl. *Fiedler*, in: Basedow/Meier/Schnyder/Einhorn/Girsberger (Hrsg.), Private Law in the International Arena: From National Conflict Rules Towards Harmonization and Unification - Liber Amicorum Kurt Siehr, S. 197, 216: »Aus heutiger Sichtweise und im Hinblick insbesondere auf die mit den ehemals mit dem Deutschen Reich im Krieg verbündeten Staaten geschlossenen Friedensverträge, erscheint die Erklärung mehr ein Memorandum darüber, was die Alliierten im Falle des Sieges zu tun beabsichtigten, als ein völkerrechtlich wirksames Rechtsdokument zu sein.«

196 Vgl. *Tager*, JCP 1949, Nr. 4876, Abschnitt C.

197 *Tager/Sarraute*, Gazette du Palais Doctrine 2 (1947), 23 (28).

nen gelten, die im Deutschen Reich antisemitischer oder politischer Verfolgung ausgesetzt und daher nach Frankreich geflohen waren. Dieses Ergebnis wurde unter Verweis auf verbindliche völkerrechtliche Vorgaben, etwa die Genfer Flüchtlingskonvention vom 10. Februar 1938, begründet. Art. 8 Abs. 2 Satz 1 dieses völkerrechtlichen Vertrages, der in Frankreich durch Dekret der Übergangsregierung vom 14. April 1945 für verbindlich erklärt worden war, sah ein Gleichbehandlungsgebot zugunsten von Flüchtlingen im Sinne der Konvention vor.[198] Wenngleich manche Gerichtsentscheidungen in eine ähnliche Richtung deuteten,[199] setzte sich in der Rechtsprechung im Ergebnis der strengere Restriktionsansatz durch.

Dieser hatte zur Konsequenz, dass sich Gerichte auch zur Frage positionieren mussten, ob aus antisemitischen Gründen Verfolgte ihre Staatsangehörigkeit aufgrund der NS-Gesetzgebung wirksam verloren und gegebenenfalls auf Grundlage der alliierten Nachkriegsgesetzgebung wiedererlangt hatten.[200] Bekanntlich verloren als jüdisch verfolgte deutsche Staatsangehörige infolge der elften Verordnung zum Reichsbürgergesetz vom 25. November 1941 (sog. Verfallsverordnung)[201] die deutsche Staatsangehörigkeit, sofern sie bei ihrem Inkrafttreten bereits ihren regelmäßigen Aufenthalt im Ausland hatten oder später dorthin verlegten (§ 2). Mehrere hunderttausend Menschen, die vor antisemitischer Verfolgung aus Deutschland geflohen waren, wurden so von einem auf den nächsten Tag staatenlos. Die Verordnung wurde nach dem Krieg durch das Kontrollratsgesetz Nr. 1 vom 20 September 1945 zusammen mit dem Reichsbürgergesetz aufgehoben (Art. I. 1. lit. l).[202] Später erklärte das Bundesverfassungsgericht diese zudem im Ausbürgerung-I-Beschluss für nichtig.[203] Somit stellte sich die Frage, ob Personen, die durch die Verfallsverordnung staatenlos geworden waren, infolge der Aufhebung bzw. Nichtigkeit des NS-Gesetzes *de iure* wieder zu deutschen Staatsangehörigen geworden waren – mit der praktischen Folge, dass ihnen eine Rechtsverfolgung nach der Verordnung von 1945 verwehrt bliebe. Für eine rückwirkende Wiedererlangung der deutschen Staatsangehörigkeit sprach sich erstmalig die Sozialkammer der *Cour de cassation* in einer Entscheidung von 1946 aus.[204]

Diesen Restriktionsansatz der Nachkriegsrechtsprechung wird man heute indes als Rechtspolitik im Gewande der Rechtsdogmatik[205] und als schlichten Anachronismus bewerten müssen, der in einer modernen Zivilrechtsprechung des 21. Jahrhunderts keinen Platz mehr hat. Neben der Genfer Flüchtlingskonvention sprechen heute vorrangig verfassungsrechtliche Erwägungen, insbesondere der Gleichheitssatz, gegen eine Einschränkung des Geltungsbereichs ohne textliche Grundlage.

198 Dans les pays où ils [les réfugiés; Anm. d. Verf.] ont leur domicile ou leur résidence régulière, ils jouiront, sous ce rapport, sauf les exceptions formellement établies par la loi, des mêmes droits et privilèges que les nationaux.

199 CA Paris, 23.1.1946, Recueil Dalloz 1946, 226 – Duché c. Goldstrom et Soc. La Foncia.

200 Nach höchstrichterlicher Rspr. waren die Zivilgerichte für die Bewertung dieser Vorfrage im Rahmen der Verordnung zuständig (Cass. civ., 21.1.1952, Bull. civ. I, Nr. 29 – Feibelmann c. Page).

201 RGBl. 1941 I, S. 722.

202 ABlKR. 1945, S. 6.

203 BVerfGE 23, 98.

204 Cass. soc., 28.11.1946, Gazette du Palais Jurisprudence 1 (1947), 36.

205 Siehe schon die Kritik bei *Sarraute* und *Tager*: »Cette doctrine n'est pas une doctrine juridique, mais morale et politique. Aucun argument critique de droit ne saurait donc l'atteindre«, *Sarraute/Tager*, JCP 1950, Nr. 881, Rn. 13.

c) Das Problem zeitlich aufeinander folgender Entziehungen und Zwangsgeschäfte

Vor allem bei Gegenständen, die während der Besatzungszeit mehrfach die Halter:innen gewechselt haben, kann sich das Problem stellen, dass ein und dasselbe Kulturgut durch mehrere aufeinander folgende Entziehungen nach Art. 1 oder Veräußerungen nach Art. 11 der Verordnung betroffen war.[206] Dass ein solcher Fall keine historische Seltenheit darstellte, wird dadurch verdeutlicht, dass Verfolgte während der Besatzungszeit mitunter auch Kulturgüter anderer Verfolgter erwarben.[207] An welche Person wäre in einem solchen Fall heute zu restituieren, die Erst- oder Zweitgeschädigte?

Die Beantwortung dieser Frage hängt eng mit der Rechtsnatur der Ansprüche nach der Verordnung zusammen. Diese stellen Folgeansprüche aus Nichtigkeit dar. Das Problem einer Anspruchskonkurrenz zwischen Folgeerwerber:innen stellt sich somit schon denklogisch nicht. Ihre Ansprüche bestehen vielmehr nebeneinander. Die Nichtigkeit des ersten Entziehungsaktes führt – vorbehaltlich eines gutgläubigen Erwerbs durch Folgeerwerber:innen nach Art. 2276 Abs. 1 Code civil (Art. 2279 a. F.)[208] – zum rückwirkenden Entfall des Eigentumstitels bei sämtlichen Folgeerwerber:innen, die rückwirkend als Nichtberechtigte anzusehen sind. Im Ergebnis hat die Restitution daher grundsätzlich an diejenige Person zu erfolgen, die in der Erwerbskette als Erste durch eine Entziehung nach Art. 1 oder durch ein Zwangsgeschäft nach Art. 11 betroffen war. In diesem Sinne urteilte schon die Nachkriegsrechtsprechung.[209] Zur Veranschaulichung soll folgender konstruierter Beispielsfall dienen:

> A und B leben in Frankreich und sind beide antisemitischer Verfolgung ausgesetzt. Für das Vermögen des A wird im August 1941 ein kommissarischer Verwalter bestellt, der das Gemälde G im Eigentum des A daraufhin versteigern lässt. B erwirbt das Gemälde und verkauft es wenig später an D, weil auch er die Ernennung eines Zwangsverwalters befürchtet. Nach dem Krieg klagt B mit Erfolg auf Feststellung der Nichtigkeit des Verkaufs an D. Wenig später wird B selbst von A auf Restitution in Anspruch genommen, der sich darauf beruft, das Werk selbst durch eine Entziehung nach Art. 1 Abs. 1 verloren zu haben.

Sowohl A als auch B haben einen Anspruch auf Restitution aus der Verordnung. Im Ergebnis führt das Rechtsfolgenregime der Verordnung aber zur Restitution an A, da der Erwerbstitel des B rückwirkend – infolge der Nichtigkeit seines Erwerbsakts gemäß Art. 1 Abs. 1 – beseitigt wird. Anders lägen die Dinge nach allgemeinem Zivilrecht im Falle der Gutgläubigkeit des B,

206 Diese Problematik wird bislang vor allem mit Blick auf die deutsche Restitutionspraxis diskutiert. Nach der deutschen Praxis gilt das Prioritätsprinzip. Der Restitutionsanspruch gilt von vornherein nur zugunsten der Erstgeschädigten, nicht hingegen der Zweitgeschädigten. Dieses Ergebnis wird aus § 3 Abs. 2 des Gesetzes zur Regelung offener Vermögensfragen (VermG) gefolgert. Vgl. *Beauftragte der Bundesregierung für Kultur und Medien*, Handreichung, überarbeitete Fassung von 2019, S. 39.

207 Siehe zur Darstellung eines historischen Beispielsfalls *Polack*, Le paradigme du marché de l'art à Paris sous l'Occupation, S. 233.

208 Im Fall des Art. 1 Abs. 1 folgt aus Art. 4 Abs. 1, der eine widerlegliche Vermutung der Bösgläubigkeit vorsieht, eine Einschränkung des gutgläubigen Erwerbs. Für bewegliche Sachen gilt eine Spezialregelung in Art. 10. Siehe Näheres hierzu unter B.II.2.a)bb)(3).

209 Cass. civ. 1ère, 19.2.1968, Bull civ. I, Nr. 70 – Soc. coopérative L'union des coopérateurs c. Soc. coopérative La Concorde: »Quelles que puissent être les circonstances de la cause, le détenteur d'un bien spolie est considéré comme un possesseur de mauvaise foi, sauf s'il se trouve dans un des cas limitativement énumérés par l'article 4 de l'ordonnance du 21 avril 1945«.

der jedoch als direkter Erwerber einer entzogenen Sache nach Art. 4 Abs. 1 unwiderleglich als bösgläubig anzusehen ist.[210] B kann somit nur Ersatz des gezahlten Kaufpreises von A (Art. 6 Abs. 1), gegebenenfalls noch Ersatz notwendiger und nützlicher Aufwendungen verlangen (Art. 8).[211] Im faktischen Ergebnis führt dies zur Geltung eines Prioritätsprinzips, wonach der Besserberechtigte stets der Erstgeschädigte im Sinne der Verordnung ist.

2. Verlusttatbestände und Rechtsfolgen

Anders als etwa der deutsche Nachkriegsgesetzgeber[212] sah der französische Normgeber von der Schaffung eines einheitlichen Entziehungstatbestands ab. Die Verordnung unterscheidet grundlegend zwischen zwei Verlustformen, für die abweichende Rechtsfolgenregime gelten.

Während der erste Titel der Verordnung sogenannte Entziehungen und Zwangsverkäufe (*spoliations* und *ventes forcées*) regelt,[213] unterliegen dem zweiten Titel Verträge und sonstige Rechtsgeschäfte, die mit Zustimmung der berechtigten Person, aber gleichfalls unter Zwang vorgenommen wurden (*actes accomplis avec le consentement de l'intéressé*).[214] Eine klare Abgrenzung zwischen beiden Tatbestände ist ausgehend vom kryptischen Wortlaut der Art. 1 und 11 nur schwerlich möglich. Schon bei Betrachtung der Titelüberschriften stellt sich die Frage, worin konkret der wertungsmäßige Unterschied zwischen einem Zwangsverkauf nach dem ersten Titel und sonstigen Rechtsgeschäften nach dem zweiten Titel bestehen mag. Dieser Frage soll vertieft in einem Folgekapitel nachgegangen werden.[215] Für die Unterscheidung kam es – so viel sei schon an dieser Stelle in Vorgriff auf die späteren Ausführungen gesagt – nach der Rechtsprechung und Literatur der Nachkriegszeit maßgebend auf den Grad der Intensität der Willensbeeinträchtigung bei den früheren Vermögensinhaber:innen an.

Gemein ist beiden Regelungen, dass hierin eine Bezugnahme oder auch nur der Verweis auf die Verfolgung bestimmter Personengruppen fehlt. Der Unrechtsgehalt des Vermögensverlustes folgt dem Wortlaut nach vielmehr aus dem »Ausnahmecharakter« (*caractère exorbitant*) der Gesetze oder staatlichen Maßnahme, die dem Vermögensverlust kausal zugrunde liegen. Der gesetzliche Unrechtstatbestand wird so in persönlicher wie sachlicher Hinsicht gegenüber den Rückerstattungsgesetzen der Alliierten in Deutschland geöffnet. Neben der staatlichen

210 Siehe zur Bösgläubigkeitsvermutung des Art. 4 Abs. 1 noch Näheres unter B.II.2.a)bb)(3).

211 Zu den Sekundäransprüchen der beklagten Prozesspartei unter B.II.2.a)bb)(5).

212 Die Gesetze der Alliierten in der amerikanischen und britischen Besatzungszone sowie Groß-Berlin sahen einen Tatbestand der ungerechtfertigten Entziehung (*acts of confiscation*) für sämtliche Vermögensabgänge zwischen dem 30.1.1933 und 8.5.1945 vor. Siehe nur Art. 2 des Gesetz Nr. 59 der US-amerikanischen Militärregierung vom 10.11.1947, ABl. G, S. 1 (US-REG); Art. 2 des Gesetz Nr. 59 der britischen Militärregierung vom 12.5.1949, ABl. Nr. 26 vom 28.5.1949, S. 152 (BR-REG); Art. 2 der Anordnung BK/O (49) 180 der Alliierten Kommandantur vom 26.7.1949, VOBl. für Groß-Berlin I vom 3.8.1949, S. 221 (REAO). Eine ähnliche Regelungstechnik wie in Frankreich sah hingegen der für die französische Besatzungszone maßgebliche Text vor. Siehe Art. 2 und 3 der Verordnung Nr. 120 vom 10.11.1947, ABl. des französischen Oberkommandos in Deutschland Nr. 119 vom 14.11.1947, S. 1219 (Verordnung Nr. 120).

213 Siehe hierzu unter B.II.2.a).

214 Siehe hierzu unter B.II.2.b).

215 Siehe hierzu unter B.II.2.c).

Verfolgungspolitik des NS-Regimes und des Vichy-Regimes werden auch Verluste erfasst, die nach herkömmlicher Definition[216] als Besatzungs- oder Kriegsschäden anzusehen wären.[217]

Relevante Unterschiede zwischen beiden Tatbeständen bestehen hinsichtlich der Rechtsfolgen. Während der erste Titel die Rechtsfolgen der Nichtigkeit weitgehend abschließend regelt und eine gegenüber dem Zivilrecht verschärfte Haftung der Erwerber:innen entzogener Vermögenswerte vorsieht,[218] verweist Art. 12 Abs. 1 bei Rechtsgeschäften auf die Regeln des Zivilrechts bei Willensmängeln (Art. 1209 ff. Code civil a. F.). Bei bestimmten Personen, deren Situation vor oder nach Abschluss des Rechtsgeschäfts durch Ausnahmegesetze geregelt wurde, wird zudem widerleglich vermutet, dass der Abschluss unter Zwang im Sinne des Code civil (Art. 1112 Code civil a. F.) erfolgt ist. Eine verschärfte Haftung nach Maßgabe des ersten Titels greift wiederum ausnahmsweise, wenn die Erwerber:innen zum Zeitpunkt des Erwerbs Kenntnis von den Umständen hatten, die zur Nichtigkeit des Vertrages nach Art. 11 Abs. 1 führen, und der gezahlte Kaufpreis zudem unangemessen war (Art. 12 Abs. 2). In diesem Fall kommen also die Rechtsfolgen des allgemeinen Zivilrechts nicht zum Zuge.

a) Entziehungen und Zwangsverkäufe (Art. 1)

aa) Legaldefinition des Tatbestandes

Die Begriffe *spoliation* (Entziehung) und *vente forcée* (Zwangsverkauf) werden in Art. 1 Abs. 1 der Verordnung synonym verwendet und definiert als

> »actes de disposition accomplis en conséquence de mesures de séquestre, d'administration provisoire, de gestion, de liquidation, de confiscation ou de toutes autres mesures exorbitantes du droit commun en vigueur au 16 juin 1940 et accomplis, soit en vertu des prétendus lois, décrets et arrêtés, règlements ou décisions de l'autorité de fait se disant gouvernement de l'Etat français, soit par l'ennemi, sur son ordre ou sous son inspiration.«

Der etwas sperrigen Definition sind im Wesentlichen vier positive Voraussetzungen zu entnehmen: Erforderlich ist (1) eine Verfügung (*acte de disposition*) über ein Vermögensgut, Recht oder sonstiges Interesse (*bien, droit ou intérêt*) infolge von (2) Maßnahmen, die vom allgemeinen Recht abweichen und am 16. Juni 1940 in Kraft waren (*mesures exorbitantes du droit commun*, Ausnahmemaßnahmen). (3) Zwischen der Ausnahmemaßnahme und der Verfügung muss zudem ein Zusammenhang bestehen (*accomplis en conséquence*). (4) Wörtlich muss

216 Nach der Definition des Juristen Lyon-Caens in dessen Dissertation unterfallen den Kriegsschäden im Unterschied zu Entziehungen lediglich faktische Schäden, die nicht auf eine staatliche Gesetzgebung zurückgehen und die Geschädigten zufällig und unterschiedslos trafen, d.h. ohne Ansehung ihrer Zugehörigkeit zu einer bestimmten sozialen oder religiösen Gruppe. Vgl. *Lyon-Caen*, Les spoliations, S. 8.

217 Gemeint sind Eingriffe in Vermögenspositionen, die sich als Verstoß gegen Kriegsvölkerrecht, insbesondere die Haager Landkriegsordnung von 1907 (HLKO), darstellen und ausschließlich Maßnahmen des deutschen Besatzers im besetzten Frankreich betrafen. Derartige Maßnahmen konnten sowohl verfolgte wie auch nicht verfolgte Personen gleichermaßen betreffen. Siehe zum Begriff der »kulturellen Beutenahme« eingehend *Anton*, Illegaler Kulturgüterverkehr, Band 1, Part 1, S. 323 ff.

218 Unwiderlegliche Vermutung der Bösgläubigkeit der Erwerber:innen entzogener Vermögenswerte (Art. 4 Abs. 1), Ausschluss des Zurückbehaltungsrechts (Art. 4 Abs. 2), verschuldensunabhängige Haftung auf Schadensersatz (Art. 7 Abs. 1).

diese Verfügung zusätzlich auf einem Gesetz oder sonstigen Rechtsakt des Vichy-Regimes (sog. »autorité de fait se disant gouvernement de l'Etat français«) beruhen oder durch den Feind vorgenommen, angeordnet oder beeinflusst worden sein.

Die verwendeten Begriffe sind in höchstem Maße unbestimmt und bedürfen daher einer konkretisierenden Auslegung. Daneben wirft aber auch die Syntax der Definition nicht wenige Zweifelsfragen auf. Da die Definition wörtlich voraussetzt, dass die Verfügungen infolge von Maßnahmen des deutschen Besatzers oder aufgrund von Gesetzen des Vichy-Regimes eingetreten sind, wären Vermögensverluste, die in Anwendung tradierter Rechtsnormen (etwa des Zivil- oder des Insolvenzrechts) aus der Zeit vor 1940 hervorgerufen wurden, an sich nicht erfasst. Anlass für Verwirrung stiftet auch der Stichtag des 16. Juni 1940. Es handelt sich dabei um den Tag der Ernennung Henri Philippe Pétains zum Regierungschef (*Président du Conseil*). Ersichtlich soll auf diese Weise ein Gleichklang mit der Verordnung vom 9. August 1944 geschaffen werden, die auf denselben Stichtag abstellte.[219] Das Ende der Dritten Republik und der Beginn des Vichy-Regimes werden heute aber vornehmlich in der Verabschiedung des Verfassungsgesetzes vom 10. Juli 1940 verortet,[220] sodass eine Lücke von mehreren Tagen zwischen beiden Daten entstünde. Somit erscheint es zweifelhaft, ob Gesetze aus dieser Zwischenperiode noch als Gesetze der Französischen Republik oder schon als Gesetze des Vichy-Regimes anzusehen wären. Gleiches gilt für Maßnahmen des deutschen Besatzers. Das Besatzungsregime begann bei formaler Betrachtung erst nach Inkrafttreten des Waffenstillstandsabkommens am 25. Juni 1940.[221] Gleichwohl übte das Deutsche Reich *de facto* schon vor diesem Datum Hoheitsrechte auf dem französischen Staatsgebiet aus. Diese Vorüberlegungen deuten ersichtlich auf ein redaktionelles Versehen hin, dem in Rechtsprechung und Literatur durch eine korrigierende Auslegung begegnet wurde. Das zweite »und« (»et accomplis«) in Art. 1 Abs. 1 wurde zu diesem Zweck als »oder« gelesen.[222] Die beiden Satzteile wurden demnach alternativ verstanden: Ausreichend war es, wenn die Verfügung entweder infolge von Ausnahmemaßnahmen nach dem 16. Juni 1940 oder auf Grund von Gesetzen oder Maßnahmen des Besatzers oder des Vichy-Regimes erfolgt ist. Erfasst werden demnach hoheitliche Handlungen des Vichy-Regimes, des deutschen Besatzers und (unabhängig vom handelnden Rechtssubjekt) hoheitliche Maßnahmen jedweder Art, wenn diese einen Ausnahmecharakter aufweisen.[223]

(1) Verfügung über Vermögenswerte, Rechte oder Interessen (acte de disposition)

Der Begriff des *acte de disposition* ist dem allgemeinen Zivilrecht entlehnt. Dieser wird traditionell von Verwaltungsgeschäften (*actes d'administration*) und Sicherungsgeschäften (*actes*

219 Art. 2 dieser Verordnung erklärte grundsätzlich alle Gesetze und sonstigen Rechtsakte und Maßnahmen, die nach dem 16.6.1940 erlassen wurden, für nichtig.

220 Vgl. *Vedel*, Manuel élémentaire de droit constitutionnel, S. 258 f.

221 Nach Art. 23 Satz 1 trat das Abkommen mit Inkrafttreten des Waffenstillstandsabkommens zwischen Frankreich und Italien in Kraft. Das mit Italien geschlossene Waffenstillstandsabkommen datiert auf den 24.6.1940.

222 In diesem Sinne etwa *Sarraute/Tager*, Rec. Dalloz Jurisprudence 1946, 67 (84 f.). Siehe hierzu die Darstellung der Rechtsprechung zu Entziehungen infolge tradierter zivilrechtlicher Normen unter B.II.2.a)aa)(2)(ii)(b).

223 Gesetze, Dekrete und Verfügungen des Vichy-Regimes waren nicht *per se* nichtig. Die Verordnung vom 9. August 1944 verfuhr vielmehr nach dem Grundsatz der prinzipiellen Aufrechterhaltung der Gesetze des Vichy-Regimes unter gleichzeitiger Annullierung ausgewählter Rechtsakte. Siehe Näheres unter B.II.2.a)aa)(2)(i)(a).

conservatoires) unterschieden, die bei wirtschaftlicher Betrachtung keinen Eingriff in die Substanz des Vermögens bewirken, sondern vielmehr dessen Bewahrung und Erhaltung dienen.[224] Auch die Verordnung hält – dieser gesetzlichen Unterscheidung folgend – *actes d'administration* für wirksam (Art. 3).[225] Ein *acte de disposition* führt dagegen zur Übertragung eines Rechts auf Dritte oder zu dessen Erlöschen.[226] Die Prototypen eines *acte de disposition* bilden somit der Kauf, der Tausch und die Schenkung als *contrats translatifs de propriété* (Art. 1196 Abs. 1 Code civil). Daneben unterfallen dem Begriff aber auch einseitige Rechtsgeschäfte wie Kündigung, Forderungsverzicht oder Dereliktion.[227]

Die historische Rechtsprechung legte den Begriff – übereinstimmend mit dem zivilrechtlichen Begriffsverständnis – extensiv aus. Neben der Übertragung einer Rechtsposition durch Vertrag wurde auch die Aufhebung eines Rechts durch einseitiges Rechtsgeschäft (z. B. durch Dereliktion, Verzicht oder Kündigung) als tatbestandlich angesehen.[228] Nach der Definition der Sozialkammer der *Cour de cassation* ist als Verfügung jeder Rechtsakt zu verstehen, durch den ein Recht übertragen oder auf ein solches verzichtet wird.[229] In der heutigen Praxis sind vor allem Eingriffe in das Sacheigentum an Kunstwerken und Kulturgütern relevant.

In dieser weiten Auslegung weist der Begriff eine gewisse Ähnlichkeit zum Begriff des Verfügungsgeschäfts in der deutschen Rechtssprache auf. In Abweichung vom deutschen Begriffsverständnis erfasst der Begriff hingegen nicht die dingliche Belastung einer Sache oder eines Rechts. In den folgenden Abschnitten soll daher aus Gründen der Vereinfachung der Begriff der Verfügung bzw. des Verfügungsgeschäfts gewählt werden, um diese Parallele hervorzuheben, ohne dabei aber begriffliche Unterschiede zu verschleiern.[230]

(2) Verfügung infolge von Ausnahmemaßnahmen

Die Verfügung muss infolge von Maßnahmen der Sequestration, der kommissarischen Verwaltung, der Vermögensverwaltung, der Beschlagnahme oder infolge sonstiger Ausnahmemaßnahmen (*mesures exorbitantes du droit commun*) eingetreten sein, die am 16. Juni 1940 in Kraft

224 Vgl. *Tager/Sarraute*, Gazette du Palais 2 (1945), 23 (26).

225 Siehe Näheres sogleich unter B.II.2.a)bb)(2).

226 Ein anderes, stärker auf die wirtschaftlichen Folgen des Rechtsgeschäfts abstellendes Begriffsverständnis findet sich dagegen bei *Cornu u. a.*, Vocabulaire juridique, S. 358, Eintrag zu disposition (acte de): »opération grave qui entame ou engage un patrimoine, pour le présent ou l'avenir, dans ses capitaux ou sa substance«. Diese Definition geht ersichtlich auf die Legaldefinition in Art. 2 des Dekrets Nr. 2008-1484 vom 22.12.2008 (JORF vom 31.12.2008, Text Nr. 94) zurück. Das Dekret definiert den Begriff gleichwohl speziell bezogen auf *curatelle* (Rechtspflegschaft) und *tutelle* (Vormundschaft) und kann daher nur bedingt auf den hier relevanten Kontext übertragen werden.

227 Siehe m. w. N. aus der Rspr. *Brenner/Lequette*, Acte juridique, in: Répertoire de droit civil, Neubearbeitung Februar 2019, Rn. 371.

228 Für die Zwecke dieser Arbeit nicht relevant, aber gleichwohl erwähnenswert sind Kündigungen von Gewerbemietverträgen (*bail commercial*). Durch die Kündigung wird das obligatorische Mietrecht (*droit au bail*) beseitigt, das nach französischem Rechtsverständnis einen selbstständigen Vermögensbestandteil eines Handelsunternehmens (*fonds de commerce*) darstellt. Grundlegend Cass. soc., 9.1.1947, Gazette du Palais Jurisprudence 1 (1947), 58 – *Lefrançois*; in diesem Sinne auch CA Paris, 15.5.1945, Gazette du Palais Jurisprudence 1 (1945), 184; CA Paris, 18.10.1945, Gazette du Palais Jurisprudence 2 (1945), 167; CA Paris, 29.10.1945, Gazette du Palais Jurisprudence 1 (1946), 7; Trib. civ. Toulouse, 22.5.1945, Gazette du Palais Jurisprudence 1 (1945), 194; Trib. civ. Seine, 30.11.1945, Gazette du Palais Jurisprudence 1 (1946), 219.

229 Cass. soc., 9.1.1947, Gazette du Palais Jurisprudence 1 (1947), 58 : »Tout acte entrainant le transfert d'un droit ou la renonciation à celui-ci«.

230 Die Übersetzung als Verfügungsgeschäft ist auch in Fachwörterbüchern anerkannt. So etwa bei *Doucet/Fleck*, Dictionnaire juridique et économique, S. 305.

waren. Die Formulierung, wonach die Verfügung infolge jeder anderen Ausnahmemaßnahme (»ou de toutes autres mesures exorbitantes du droit commun«) eingetreten sein kann, lässt erkennen, dass es sich um eine nicht abschließende Aufzählung hoheitlicher Maßnahmen mit Vermögensbezug handelt und der Begriff der Ausnahmemaßnahme insoweit als Oberbegriff zu verstehen ist.

Auffällig ist gerade im Vergleich zu Regelungen anderer europäischer Staaten aus der Nachkriegszeit, dass der französische Gesetzgeber bei der Definition des Entziehungsbegriffs auf das Erfordernis einer Verortung des Verlustes in einem Verfolgungszusammenhang verzichtete. Insoweit unterscheidet sich die Regelung von den alliierten Rückerstattungsgesetzen in Deutschland, die stets einen Kausalzusammenhang zu Verfolgungsmaßnahmen forderten.[231] Konstitutiv für das Unrecht ist dem Wortlaut zufolge nicht die Verfolgung einer Person aufgrund ihrer Zuordnung zu einer »Rasse« im Sinne der NS-Ideologie, Religion, Weltanschauung oder aufgrund einer politischen Auffassung oder Gegnerschaft gegenüber dem NS-Regime, sondern allein der Ausnahmecharakter der verlustursächlichen Maßnahme, wodurch eine Öffnung gegenüber weiteren Unrechtssachverhalten und -kontexten (etwa Besatzungsunrecht oder auch deliktischen Vermögenszugriffen) ermöglicht wird.

(i) Auslegung des Begriffs der »mesure exorbitante du droit commun«

Der Begriff der *mesure exorbitante du droit commun* ist wegen seiner sprachlichen Unschärfe nur schwer zu erfassen. Sein Bedeutungsgehalt soll daher zunächst durch Auslegung näher erschlossen werden. Da den Gesetzgebungsmaterialien (*travaux préparatoires*)[232] keine Anhaltspunkte für eine konkretisierende Auslegung zu entnehmen sind, sind für die Auslegung der allgemeine Sprachgebrauch, die Systematik und der historische Kontext der Verabschiedung der Verordnung maßgebend.

(a) Grammatikalische Auslegung

Wörtlich fordert die Norm eine Abweichung von Regeln des *droit commun*.[233] Der Begriff des *droit commun* beschreibt in der französischen Rechtssprache Bestimmungen, die im Grundsatz

231 Siehe nur Art. 2 Abs. 1 US-REG (»sofern die unter (a) bis (c) fallenden Tatbestände durch Verfolgungsmaßnahmen aus den Gründen des Artikels 1 verursacht waren oder solche Verfolgungsmaßnahmen darstellten«). Übereinstimmend, wenn auch mit anderer Formulierung für die französische Besatzungszone Art. 1 Abs. 1 Verordnung Nr. 120 vom 10.11.1947 (»Verfügungen über Güter, Rechte oder Interessen sind nichtig, sofern sie im Verfolg von Maßnahmen ergingen, die auf Staats- oder Volksangehörigkeit, Rasse, Religion sowie dem nationalsozialistischen Regime feindliche politische Anschauungen oder Tätigkeiten gestützte Unterscheidungen eingeführt haben«).

232 Als solche werden im Rahmen dieser Arbeit sämtliche Dokumente betrachtet, die der Verabschiedung der finalen Textfassung vorausgingen. Alleiniger Gesetzgeber war in der Übergangsphase zur Vierten Republik (1944–1946) die Übergangsregierung (*Gouvernement provisoire*). Diese wurde durch den *Comité juridique* (bis Juli 1945) und die *Assemblée consultative provisoire* (ACP), eine Art Ersatzparlament, bei der Verabschiedung von Verordnungen beraten. Beide Organe waren vor der Verabschiedung einer Verordnung anzuhören und konnten Änderungsvorschläge zu den von der Regierung eingebrachten Vorlagen einbringen. Siehe *Vedel*, Manuel élémentaire de droit constitutionnel, S. 286 ff.

233 Der Begriff *exorbitant* stammt vom lateinischen Verb *exorbitare*, das wörtlich »aus dem Gleis springen« oder auch »abweichen« bedeutet, vgl. *Georges/Baier*, Der Neue Georges, S. 1979 f. Im rechtlichen Sinne beschreibt der Begriff der »mesure exorbitante« Maßnahmen, die von einem allgemeinen Grundsatz abweichen, vgl. *Cornu u. a.*, Vocabulaire juridique, S. 437, Eintrag zu »exorbitant, ante«, Ziff. 1.

auf jede Person und jeden Sachverhalt Anwendung finden.[234] Dem Begriff entspricht in der deutschen Übersetzung daher der Begriff des allgemeinen Gesetzes. Den Gegenbegriff hierzu bilden Sonder- oder Ausnahmegesetze (*lois d'exception*) oder auch Einzelfallgesetze (*lois d'espèce*). Maßnahmen, die vom allgemeinen Recht abweichen, sind hiernach Rechtsakte, die von vornherein nur für bestimmte Personen gelten und/oder von allgemeinen Regelungen abweichende Sonderregelungen treffen.

Es erscheint zweifelhaft, ob der Begriff im Rahmen der Verordnung sinnvollerweise in diesem Sinne verstanden werden kann. Dass das Gesetz bestimmte Personen oder Sachverhalte einer besonderen Regelung (etwa im Interesse des Gemeinwohls oder zur Vermeidung besonderer Härten) unterwirft, stellt unter rechtsstaatlichen Gesichtspunkten keinen außergewöhnlichen Vorgang dar. In Frankreich wird dem Verwaltungsrecht schlechthin ein Ausnahmecharakter bescheinigt, da es im Unterschied zum Privatrecht ein Über- und Unterordnungsverhältnis impliziert.[235] In diesem tradierten Sinne kann der Begriff der *mesure exorbitante du droit commun* somit nicht verstanden werden. Der Ausnahmecharakter der Maßnahme im Sinne der Verordnung muss vielmehr in einem *aliud* gegenüber herkömmlichen staatlichen Hoheitsakten bestehen, sofern man jedenfalls anerkennt, dass ein rechtmäßiges Staatshandeln auch im Kontext einer Unrechtsherrschaft möglich war.[236] Der Begriff der Ausnahmemaßnahme kann somit nicht in einem tradierten Sinne verstanden werden. Vielmehr handelt es sich um einen autonomen Begriff der Verordnung, dessen Bedeutung aus der Verordnung selbst und der Gesamtsystematik des Regelungsverbundes der Nachkriegszeit zu ermitteln ist.

(b) Logische Auslegung

Art. 1 Abs. 1 enthält selbst eine beispielhafte, nicht abschließende Auflistung möglicher Ausnahmemaßnahmen (Maßnahmen der Sequestration, der kommissarischen Verwaltung, der Vermögensverwaltung, der Liquidation, der Beschlagnahme). Gemein ist diesen Maßnahmen, dass diese ohne oder gegen den Willen der verfügungsberechtigten Person einen Eingriff in deren Eigentum oder sonstiges Vermögen bewirken. Erstes Begriffsmerkmal der Ausnahmemaßnahme bildet somit deren einseitiger, hoheitlicher Charakter (Unfreiwilligkeit).

Weitere Anhaltspunkte für die Auslegung können dem normativen Umfeld der Verordnung von 1945 entnommen werden. Art. 1 Abs. 1 der Verordnung verweist auf zwei grundlegende Normen der Nachkriegszeit: Nach dem Gesetzeswortlaut kann die Nichtigkeit vom Tatbestand erfasster Verfügungen sowohl auf Grundlage der Verordnung vom 12. November 1943[237] als

234 Vgl. zur Begriffsdefinition *Cornu u. a.*, Vocabulaire juridique, S. 206, Eintrag zu »commun, une«, Ziff. 6: »Qui s'applique en principe (sauf exception) à toutes les personnes et toutes les affaires«.

235 Vgl. in diesem Sinne *Drago*, Responsabilité: principes généraux, in: Répertoire de la responsabilité de la puissance publique, Bearbeitungsstand Mai 2004, Rn. 17: »Le caractère ›exorbitant du droit commun‹ du droit administratif se traduit naturellement par l'exercice des prérogatives de puissance publique et par son corollaire qui est le contentieux de l'annulation.« Der Ausnahmecharakter eines Vertrages oder einzelnen Klausel ist ferner Abgrenzungskriterium für öffentlich-rechtliche Verträge (*contrats administratifs*) gegenüber privatrechtlichen Verträgen. Siehe hierzu CE, Section, 19.1.1973, Nr. 82338.

236 Die Alternative würde darin bestehen, sämtliche hoheitlichen Rechtshandlungen in der Zeit zwischen 1940 und 1944 ausnahmslos für null und nichtig zu erklären und sämtliche Vermögensverschiebungen, die sich als Folge dieses staatlichen Handelns darstellen, rückabzuwickeln. Ein solcher Neubeginn im Sinne einer *tabula rasa* schwebte dem Nachkriegsgesetzgeber nicht vor, wie die Verordnung vom 9.8.1944 belegt. Diese erklärte nur ausgewählte Regelungen für nichtig unter zeitgleicher, wenn auch nur vorläufiger Aufrechterhaltung aller übrigen Rechtsakte.

237 Ordonnance du 12 novembre 1943 relative à la nullité des actes de spoliation accomplis par l'ennemi ou sous son contrôle (JORF vom 18.11.1943, S. 277).

auch der Verordnung vom 9. August 1944[238] verfolgt werden. Dem Anschein nach handelt es sich um Rechtsfolgenverweisungen. Gleichwohl ist der normative Aussagegehalt dieser Regelungen gering. Die Verordnung vom 12. November 1943 verweist zu ihrer Umsetzung auf spätere Durchführungsbestimmungen[239], zu denen namentlich die Verordnung vom 21. April 1945 selbst zählt.[240] Die Verordnung vom 9. August 1944 wiederum erschöpft sich in einer Nichtigkeitsanordnung, ohne die konkreten Folgen dieser Nichtigkeit im konkreten Einzelfall näher zu regeln.[241] Ihrer Umsetzung dient gleichfalls die Verordnung vom 21. April 1945. Die zitierten Normen komplementieren somit nicht die Verordnung vom 21. April 1945, sondern werden durch diese erst zur Geltung gebracht.

Die beiden Verordnungen können vor diesem Hintergrund als deklaratorische Programmnormen angesehen werden, die konkrete Maßnahmen lediglich ankündigen und ihre Umsetzung späteren Umsetzungsakten überlassen, namentlich der Verordnung vom 21. April 1945. Unbestimmte Rechtsbegriffe dieser Umsetzungsakte können daher im Lichte dieser Grundnormen ausgelegt werden. Die Verordnung vom 12. November 1943 kündigt die Umsetzung der Londoner Erklärung vom 5. Januar 1943 an. Diese stellte Vermögenstransfers, die in Umsetzung der »Enteignungsmethoden« des Deutschen Reichs in den von diesem besetzten oder kontrollierten Gebieten erfolgt waren,[242] unter den Vorbehalt einer nachträglichen Annullierung. Die Verordnung vom 9. August 1944 erklärt wiederum bestimmte, abstrakt-generell definierte oder enumerativ gelistete Gesetze des Vichy-Regimes für nichtig. Dies gilt nach Art. 3 insbesondere für Rechtsakte, die eine Ungleichbehandlung aufgrund der Einordnung einer Person als jüdisch begründeten.[243] Beide Verordnungen geben somit zwei für die Auslegung der Verordnung von 1945 relevante historische Unrechtskontexte vor: die Entziehungspolitik des Deutschen Reichs in den besetzten Gebieten (Besatzungsunrecht) und staatliche Maßnahmen der gruppenbezogenen Diskriminierung und Verfolgung (Diskriminierungs- und Verfolgungsunrecht).[244]

238 Ordonnance du 9 août 1944 relative au rétablissement de la légalité républicaine sur le territoire continental (JORF vom 10.8.1944, S. 688).

239 Art. 2: »Des ordonnances et décrets […] détermineront les modalités d'application de la présente ordonnance.«

240 Dies geht schon aus dem amtlichen Titel der Verordnung hervor: »Ordonnance […] portant deuxième application de l'ordonnance du 12 novembre 1943«.

241 Die Verordnung erklärte bestimmte Gesetze für nichtig (Art. 2, 3 und 4 i. V. m. Tabelle 1 und 2). Sofern aber eine ausdrückliche Bestimmung der Nichtigkeit fehlte, blieben Gesetze und sonstige hoheitliche Rechtsakte vorläufig in Kraft (Art. 7). Verwaltungsakte aus der Zeit nach dem 16. Juni 1940 blieben vorläufig in Kraft (Art. 9). Die erste Durchführungsverordnung vom 14.11.1944 (JORF vom 15.11.1944, S. 1310) bestätigte schließlich, dass eine Annullierung individueller Eingriffe in das Vermögen späteren Regelungen vorbehalten bleiben sollte (Art. 1 Abs. 4). Die historische Rechtsprechung sah bereits davor von der Annullierung individueller Maßnahmen ab, die auf Grundlage annullierter Gesetze erfolgt waren. Vgl. m. w. N. *Lafarge/Pascal*, La nullité des actes de spoliation, S. 12 f.

242 Dem stellte die französische Exilregierung in einer Presseerklärung Maßnahmen des Vichy-Regimes gleich. Siehe JOFC vom 20.1.1943, S. 4: »La déclaration s'applique à l'ensemble de la France, aussi bien à la zone qui a été occupée dès l'Armistice qu'à l'ancienne zone non-occupée. Elle vise aussi bien les actes de dépossession dont les Allemands se sont rendus coupables que ceux opérés par le Gouvernement de Vichy.«

243 »Est expressément constatée la nullité des actes suivants; […] Tous ceux qui établissent ou appliquent une discrimination quelconque fondée sur la qualité de juif.«

244 In diesem Sinne ausdrücklich Cass. civ., 15.7.1953, Bull. civ. I, Nr. 250: »[A]ttendu que cette loi [du 16 août 1940; Anm. d. Verf.] avait édicté, contre les médecins et chirurgiens-dentistes de nationalité étrangère, des dispositions contraires aux principes du droit commun en vigueur au 16 juin 1940 et que sa nullité a été constatée […] par l'ordonnance du 11 octobre 1944 sur le rétablissement de la légalité républicaine ; […] D'où il suit que le texte de la loi du 16 août 1940 figure au nombre de ceux visés à l'article 1er de l'ordonnance du 21 avril 1945«.

(ii) Analyse der Rechtsprechung

Die Rechtsprechung der Nachkriegszeit wie auch die zeitgenössische Rechtsprechung orientieren sich bei der Auslegung des Begriffs der Ausnahmemaßnahme erkennbar an diesen beiden historischen Unrechtskontexten. Die Entscheidungen verdeutlichen dabei eine dynamische Begriffsauslegung. Erkennbar wird eine Unterscheidung zwischen offenkundig rechtswidrigen Maßnahmen (a) und solchen, die zwar, da sie auf Grundlage tradierter Rechtsnormen des allgemeinen Rechts erfolgten, den Anschein der Rechtmäßigkeit erwecken, aber angesichts des historischen Kontextes als Ausdruck unrechtmäßiger Staatspolitiken zu bewerten sind (b).

(a) Offenkundig unrechtmäßige Maßnahmen

Als Ausnahmemaßnahmen werden zunächst Handlungen des deutschen Besatzers angesehen, die unter Verletzung völkerrechtlicher Regeln, insbesondere der Haager Landkriegsordnung von 1907 (HLKO)[245] erfolgt sind.[246] Unrechtmäßig sind hiernach Entziehungen von Privateigentum (Art. 46, 47), sofern diese nicht durch Bedürfnisse der militärischen Besatzung (sog. Requisitionen, Art. 52 Abs. 1 HLKO) oder einen sonstigen Erlaubnissatz des Völkerrechts gedeckt sind. Entziehungen von Kunstwerken und Kulturgütern waren hingegen ausnahmslos untersagt (Art. 56 HLKO).[247]

Dem Bereich des Diskriminierungs- und Verfolgungsunrechts ordnet die Rechtsprechung der Nachkriegszeit hoheitliche Maßnahmen zu, die eine bestimmte Personengruppe aufgrund ihrer Zuordnung zu einer »Rasse«[248], Staatsangehörigkeit[249] oder aus sonstigen Gründen in unzulässiger Weise benachteiligen. Entscheidend ist demnach der diskriminierende Charakter der Maßnahme. Zu Ausnahmemaßnahmen in diesem Sinne zählt etwa die Bestellung kommissarischer Verwalter:innen für »jüdisches Vermögen« nach dem Gesetz der französischen Regierung vom 22. Juli 1941[250] oder ähnlichen Regelungen des deutschen Besatzers[251], die auf die vollständige »Arisierung« der französischen Wirtschaft gerichtet waren. Diese Maßnahmen bilden das historische Leitbild der Ausnahmemaßnahmen nach der Verordnung.[252] In der

245 Abkommen betreffend die Gesetze und Gebräuche des Landkriegs (sog. Haager Landkriegsordnung – HLKO) vom 18.10.1907, RGBl 1910, S. 107-151. Das Abkommen trat mit Wirkung für Deutschland nach Art. 7 Satz 2 am 26.1.1910, für Frankreich am 6.12.1910 in Kraft. Unabhängig vom Datum des Inkrafttretens des Abkommens sind die Bestimmungen der HLKO als Völkergewohnheitsrecht seit der ersten Hälfte des 20. Jahrhunderts anerkannt, vgl. *Fiedler*, in: Basedow/Meier/Schnyder/Einhorn/Girsberger (Hrsg.), Private Law in the International Arena: From National Conflict Rules Towards Harmonization and Unification - Liber Amicorum Kurt Siehr, S. 197, 207.

246 Grundlegend Cass. civ., 6.7.1948, Gazette du Palais vom 16.10.1948; siehe auch Kommentierung der Entscheidung bei *Sarraute/Tager*, JCP 1948, Nr. 735, Rn. 8.

247 *Lauterpacht*, International Law. A treatise, Disputes, war and neutrality, Band 2, S. 313, § 142: »works of art and science, and historical monuments, may not under any circumstances or conditions be appropriated or made use of for military operations.«

248 Cass. civ., 5.4.1949, Rec. Dalloz 1949, 302.

249 Cass. civ., 15.7.1953, Bull. civ. I, Nr. 250 – Schaester c. Biguet et autres. Als Ausnahmemaßnahme wurde hier das Gesetz vom 16.8.1940 (Loi concernant l'exercice de la médecine, JORF vom 19.8.1940, S. 4736) eingeordnet, das die Ausübung bestimmter medizinischer Berufe an das Erfordernis der französischen Staatsangehörigkeit kraft Abstammung knüpfte und im Übrigen nur unter bestimmten engen Ausnahmen zuließ. Dieses Gesetz wurde in der Nachkriegszeit zunächst durch eine Verordnung vom 16.10.1944 annulliert, jedoch ein Jahr später wieder durch Verordnung vom 27.9.1945 eingeführt.

250 Loi du 22 juillet 1941 relative aux entreprises, biens et valeurs appartenant aux juifs (JOEF vom 26.8.1941, S. 3594).

251 § 5 der zweiten Verordnung über Maßnahmen gegen Juden vom 18.10.1940 (VOBlF. vom 20.10.1940, S. 112).

252 Vgl. Cass. civ. 15.3.1949, Rec. Dalloz 1949, 302; Cass. civ., 5.4.1949, Rec. Dalloz 1949, 302; Cass. soc., 9.1.1947, Gazette du Palais Jurisprudence 1 (1947), 58.

Rechtsprechung der Nachkriegszeit standen somit faktisch Verfolgungsmaßnahmen im Vordergrund, obwohl der Normwortlaut als solcher neutral ausgestaltet ist.

(b) Ausnahmecharakter tradierter zivilrechtlicher Normen

Fraglich erscheint, ob auch Maßnahmen auf Grundlage tradierter Rechtsnormen aus der Zeit vor 1940 als Ausnahmemaßnahmen in diesem Sinne verstanden werden können. Nach der Londoner Erklärung von 1943 sollten auch »scheinbar gesetzmäßige« Vermögenstransfers (*mesures d'apparence légale*[253]) erfasst werden.[254] Zu dieser Kategorie können neben Rechtsgeschäften auch staatliche Maßnahmen auf Grundlage tradierter Rechtsnormen (etwa des Zivil-, Zivilprozess- oder Insolvenzrechts) gezählt werden. Charakteristisch für diese Normen ist, dass sie nicht eine bestimmte Personengruppe adressieren, sondern für Jedermann gelten und somit ausgehend von ihrem Inhalt nicht diskriminierend sind. Gleichwohl können auch allgemeine Gesetze im Einzelfall diskriminierend ausgelegt werden oder faktisch diskriminierend wirken. Hierzu kann und konnte es insbesondere kommen, wenn ihre Anwendung in einem Kontext erfolgte, in dem bestimmte Personengruppen systematisch und strukturell ausgegrenzt und benachteiligt wurden. Eine solch flächendeckende, alle Bereiche des Lebens umfassende Diskriminierung ist kennzeichnend für die antisemitische Verfolgungspolitik des NS-Regimes in Deutschland und den besetzten Gebieten. Auch tradierte Normen aus der Zeit vor Beginn der NS-Herrschaft konnten so, eingebunden in einen Kontext struktureller Benachteiligung, den in ihnen verbürgten Gleichheitsanspruch nicht einlösen.[255] Dies veranschaulicht der Fall Gentili di Giuseppe, der das nachweislich erste Gerichtsverfahren der jüngeren Vergangenheit auf Grundlage der Verordnung vom 21. April 1945 darstellt.[256]

> Die Erb:innen des Unternehmers und Kunstsammlers Frederico Gentili di Giuseppe verlangten die Restitution von fünf Gemälden aus den MNR-Beständen, die durch das *musée du Louvre* verwahrt wurden.[257] Di Giuseppe war im April 1940 verstorben. Nach dem deutschen Einmarsch im Juni 1940 sahen sich seine Kinder und Erb:innen (Marcello und Adriana) gezwungen, aus der Stadt ohne Aussicht auf Rückkehr zu fliehen.[258] In

253 So die amtliche Übersetzung in der Verordnung vom 12.11.1943 (JORF vom 18.11.1943, S. 277); in der Mitteilung des *Comité national français*, der faktischen Exilregierung Frankreichs in London, vom 20.1.1943 ist ferner von »transactions en apparence volontaire auxquelles ne manque aucune des formes légales« die Rede (JOFC vom 20.1.1943, S. 4).

254 »Die gegenwärtige Warnung gilt auch, wenn solche Übertragungen oder Veräußerungen unter der Form eines offensichtlichen Raubes oder scheinbar gesetzmäßiger Geschäfte vorgenommen worden sind, und selbst, falls es angeben wird, daß die besagten Übertragungen oder Veräußerungen ohne jeden Zwang getätigt worden sind.«, Amtliche deutsche Übersetzung der Erklärung, abgedruckt im Amtsblatt des Alliierten Kontrollrates für Deutschland, ABlKR. 1945, Erg.-Blatt Nr. 1, S. 3, zitiert nach *von Schmoller u. a.*, Handbuch des Besatzungsrechts, § 52, S. 5 f.

255 Für eine umfassende Darstellung und Analyse der zivilgerichtlichen Rechtsprechung im OLG-Bezirk Frankfurt a. M. in der NS-Zeit siehe *Falk u. a.*, Willige Vollstrecker oder standhafte Richter? Die Rechtsprechung des OLG Frankfurt in Zivilsachen 1933 bis 1945. Eine vergleichbare Studie der französischen Rechtsprechung fehlt bislang. Eine allgemeine kritische Würdigung des juristischen Schrifttums in der Besatzungszeit enthält noch *Lochak*, Les usages sociaux du droit 1989, 252.

256 CA Paris, 2.6.1999, Nr. 1998/19209; TGI Paris, Nr. 1998/54616, 10.7.1998 (beide nicht veröffentlicht). Der Verfasser dankt der Rechtsanwältin Corinne Hershkovitch für die Übermittlung der beiden Entscheidungen.

257 *La Visitation*, Moretto Da Bescia, MNR 277; *La sainte famille*, Bernardo Strozzi, MNR 290; *Alexandre et Campaspe chez le peintre Apelle*, Giambattista Tiepolo, MNR 305; *Joueurs de cartes devant une cheminée*, Alessandro Magnasco, MNR 798; *Portrait de femme*, Rosalba Giovanna Carriera, REC 73.

258 Adriana Salem (geb. Gentili di Giuseppe) floh mit ihren Kindern zu ihrem Ehegatten, Raphael Salem, nach London. Von hier aus erfolgte später die Emigration über Kanada in die USA. Ihr Bruder, Marcello Gentili di Giuseppe, fand Zuflucht in der Sternwarte des *Pic du Midi* in den Pyrenäen.

der Wohnung Di Giuseppes verblieb insbesondere dessen umfangreiche Sammlung alter italienischer Meister. Kurz nach ihrer Flucht erhob ein Gläubiger – ein Herr Giraud – eine Zahlungsforderung in Höhe von 90.000 Francs gegen die Erb:innengemeinschaft. Am 28. Oktober 1940 erwirkte dieser wegen Untätigkeit der Erb:innen vor dem *Tribunal civil de la Seine* die Bestellung eines gerichtlichen Nachlassverwalters (*administrateur judiciaire*) mit dem Ziel, den beweglichen Nachlass zur Befriedigung seiner eigenen sowie weiterer Forderungen versteigern zu lassen. Der Beschluss wurde an die Pariser Anschrift der Kinder Di Giuseppes zugestellt, die von der Verfahrenseröffnung wegen ihrer Ortsabwesenheit erst deutlich später erfuhren. Das Gericht begründete die gerichtliche Nachlassverwaltung mit dem Ausfall der Erb:innengemeinschaft. Im März/April 1941 kam es zur Versteigerung der gesamten Kunstsammlung im Auktionshaus *Hôtel Drouot*.[259] Die verfahrensgegenständlichen Werke gelangten, teils über Zwischenhändler, in die Sammlung Hermann Görings und wurden nach dem Krieg an Frankreich restituiert.

Die Werke wurden nach ihrer Rückführung nach Frankreich jedoch nicht den Erb:innen Gentili di Giuseppes zugeordnet, sondern in staatliche Obhut genommen.[260] Zwei der Werke hingen daraufhin in der Dauerausstellung des *musée du Louvre* und wurden dort durch Zufall 1950 von der Tochter Di Giuseppes entdeckt. Ein Restitutionsantrag wurde 1951 jedoch abgelehnt, da der Verlust durch eine gerichtlich autorisierte Versteigerung nach allgemeinem Recht noch als unproblematisch bewertet wurde. Die Familie sah daraufhin von einer Klage ab. Erst die Folgegeneration nahm in den 1990er-Jahren erneut Verhandlungen über die Restitution auf. Nachdem Bemühungen um eine außergerichtliche Einigung gescheitert waren, erhoben die Erb:innen schließlich Klage vor dem *Tribunal de grande instance* von Paris.

Das Gericht lehnte in erster Instanz die Einordnung als Entziehung im Sinne des Art. 1 Abs. 1 der Verordnung von 1945 in einer Entscheidung vom 10. Juli 1998 zunächst ab.[261] In der Berufungsinstanz vor der *Cour d'appel* von Paris obsiegten die Kläger:innen schließlich.[262] Die Schwierigkeit des Falles bestand darin, dass die Bestellung des Nachlassverwalters nicht auf ein antisemitisches oder aus sonstigen Gründen diskriminierendes Gesetz des deutschen Besatzers oder des Vichy-Regimes zurückging, sondern durch ein staatliches Gericht nach zivilrechtlichen Normen angeordnet worden war. Nach Ansicht des *Tribunal de grande instance* von Paris diente der Verkauf vorrangig dazu, hinreichende Geldmittel zu beschaffen, um die beträchtlichen Nachlassverbindlichkeiten zu bedienen.[263] Wenngleich die Erb:innen nicht in Person vor Ort intervenieren konnten, seien diese durch eine bevollmächtigte Vertrauensperson vertreten worden. Zudem habe der Notar der Familie in engem Kontakt mit dem Nachlassverwalter gestanden. Die Versteigerung sei daher nicht lediglich durch deutsche Interessen

259 Die streitgegenständlichen fünf Werke wurden am 23. und 24.4.1941 als Teil der »Succession de M. Gentili di Giuseppe (Première Vente) – Tableaux Anciens« versteigert.

260 Zu den Sonderrestbeständen der äußeren Restitution siehe eingehend unter C.

261 TGI Paris, 10.7.1998, Nr. 1998/54616 – Gentili di Giuseppe et autres.

262 CA Paris, 2.6.1999, Nr. 1998/19209 – Gentili di Giuseppe et autres; m. Anm. *Passa*, Rec. Dalloz 1999, 535; *Anglade*, AAL 4 (1999), 301.

263 TGI Paris, a.a.O., S. 9: »Qu'il ressort des pièces produites en défense que le règlement de la succession [...] n'impliquait pas seulement le désintéressement du nommé GIRAUD, mais nécessitait en outre, eu égard en particulier à l'existence d'un passif important, l'adoption de mesures ne pouvant guère souffrir de retard«.

bestimmt worden, sondern vielmehr im Interesse der Erb:innen erfolgt.[264] Das Kriterium der feindlichen Beeinflussung führt jedoch zu einer Einschränkung des Tatbestands *contra legem* und wurde daher bereits im historischen Schrifttum abgelehnt.[265] Maßgebend ist somit allein der Zusammenhang zwischen einer Ausnahmemaßnahme und dem eingetretenen Vermögensverlust.

Auf den spezifischen Zusammenhang zwischen der Bestellung eines Nachlassverwalters und der Veräußerung auf der einen und der Verfolgung der früheren Eigentümer:innen auf der anderen Seite stellte dagegen die *Cour d'appel* von Paris in ihrer Entscheidung von 1999 ab. Zwar sei die Bestellung des Nachlassverwalters als solche nicht als Ausnahmemaßnahme zu bewerten, sie beruhe jedoch mittelbar kausal auf ebensolchen Ausnahmemaßnahmen.[266] Hauptursächlich für die Ernennung des Verwalters sei nicht etwa die Existenz beträchtlicher Nachlassverbindlichkeiten gewesen, sondern der Zahlungsausfall der Erb:innen infolge der erzwungenen Abwesenheit vom Ort der Nachlasseröffnung. Eine Rückkehr nach Paris sei diesen schon aus rechtlichen Gründen verwehrt gewesen, sodass auch eine Erfüllung oder einvernehmliche Regelung der Nachlassverbindlichkeiten ausgeschlossen gewesen sei.[267] Namentlich eine Verordnung des deutschen Besatzers vom 27. September 1940 untersagte »jüdischen« Personen, die aus der besetzten Zone geflohen waren, eine Rückkehr in dieselbe.[268] Diese Kausalität zwischen dem antisemitischen Einreiseverbot und den Verkäufen rechtfertige die Einordnung als Verlust infolge einer Ausnahmemaßnahme:

> »Considérant que dès lors que la vente des tableaux litigieux a été prescrite en considération exclusive de la prétendue défaillance ainsi imputée à Adriana et à Marcello Gentili di Giuseppe, il existe une relation de cause à effet entre lesdites mesures exorbitantes du droit commun et cette vente«.[269]

Maßgebend war für das Gericht ein Vergleich zwischen dem tatsächlichen und dem hypothetischen Geschehensverlauf unter Ausklammerung der Ausnahmemaßnahme (hier des Einreiseverbots). Im Ergebnis beschränkte sich demnach die Prüfung auf einen Kausalitätstest im Sinne der Äquivalenztheorie. Das Berufungsgericht unterstellte dabei, dass sich die Dinge mit hinreichender Wahrscheinlichkeit anders dargestellt hätten, wenn den Erb:innen eine Rückkehr

264 A.a.O., S. 10: »Qu'il apparaît que loin d'avoir été effectuée dans des conditions dictées par des intérêts étrangers hostiles, la vente […] a été réalisée selon des modalités qui ont été assurément guidées par les personnes choisies par les membres de la famille pour assurer la défense de leurs droits«.

265 In diesem Sinne schon *Lyon-Caen*, Les spoliations, S. 22: »Selon la doctrine qui l'inspire, la spoliation ne peut provenir que de l'ennemi: le gouvernement de fait qui était au pouvoir n'est considéré par elle que comme un gouvernement contrôle par l'ennemi […]. Cette doctrine est erronée. Il peut y avoir spoliation de la part d'un gouvernement non contrôlé par l'ennemi. […] C'est donc l'idée de légitimité plutôt que celle de contrôle par l'ennemi qui doit server de définition à la spoliation.«

266 CA Paris, 2.6.1999, a.a.O., S. 8: »Considérant que si cette nomination et cette autorisation ne constituent pas, en elles-mêmes, des mesures exorbitantes du droit commun qui était en vigueur au 16 juin 1940, elles revêtent un tel caractère à raison des conditions, tant factuelles que juridiques, qui ont présidé à leur prescription«.

267 A.a.O., S. 9: »Adriana et Marcello Gentili di Giuseppe se sont […] trouvés, par l'effet de mesures exorbitantes du droit commun qui était en vigueur au 16 juin 1940, dans l'impossibilité absolue, d'une part de revenir à Paris […] à l'effet d'y accomplir les actes qu'appelaient l'appréhension et la libre gestion des biens composant cette succession […], d'autre part de comparaître devant le juge afin de s'en expliquer«.

268 § 2 der sog. Verordnung über Maßnahmen gegen Juden vom 27.9.1940 (VOBlF. vom 30.9.1940, S. 92): »Juden, die aus dem besetzten Gebiet geflohen sind, ist die Rückkehr in dieses verboten.«

269 CA Paris, a.a.O., S. 9.

nach Paris möglich gewesen wäre. Gesichert erscheint aber nur, dass die Erb:innen infolge des Einreiseverbotes deutlich später Kenntnis von der Einleitung des Gerichtsverfahrens erhielten und ihre Möglichkeiten, auf das Verfahren Einfluss zu nehmen, dadurch erheblich verringert wurden. Zur Bejahung eines Kausalzusammenhangs wäre aber die Feststellung notwendig gewesen, dass die Erb:innen die Nachlassforderungen bei Hinwegdenken der Verfolgungsmaßnahmen nicht durch Versteigerung der streitgegenständlichen Werke, sondern auf andere Weise befriedigt hätten, ohne die vollständige Sammlung zu veräußern (etwa durch Befriedigung aus dem Barvermögen des Erblassers). Offenbar unterstellte das Gericht aber schlicht diesen alternativen Geschehensverlauf in der Entscheidung.

Bei der Beurteilung des Falles erlangte demnach der historische Verfolgungskontext eine zentrale Bedeutung. Die Verfolgungsgesetzgebung war zwar nicht direkt zur Anwendung gelangt, hatte sich aber mittelbar auf die Gerichtsentscheidung ausgewirkt. Verallgemeinerungsfähig erscheint die Überlegung, dass bei der Bewertung des Entziehungscharakters eines Verlustes, auch wenn dieser auf tradierten Rechtsgrundlagen beruht, stets sämtliche Umstände im Vorfeld der Maßnahme zu berücksichtigen sind, sofern diese sich – auch nur mittelbar – auf den Verlusteintritt ausgewirkt haben. Dieser Ansatz, der stärker auf die realen historischen Wirkbeziehungen und weniger auf Inhalt und Art der verlustbegründenden Maßnahme abstellt, reiht sich in eine klassische Rechtsprechungslinie der Nachkriegszeit ein. Auch ein nach damaligen Maßstäben noch legales Handeln staatlicher Stellen, das auf tradierten Rechtsnormen beruhte, konnte sich in der Rückschau als eine illegitime, unrechtsbehaftete und daher nichtige Verfügung erweisen.[270] Zur Veranschaulichung soll die Entscheidung der *Cour d'appel* von Colmar vom 4. Dezember 1946 in der Sache Steinmertz dienen.[271]

> Das Ehepaar Steinmertz war nach dem deutschen Einmarsch vom Elsass in die Dordogne geflohen. Auf Antrag des Finanzamtes Straßburg-Land bestellte das Landgericht Straßburg durch Beschluss vom 15. Mai 1942 gemäß § 1911 BGB[272] einen Abwesenheitspfleger (*curateur à l'absence*) für das Handelsunternehmen (*fonds de commerce*) und die anliegende Privatwohnung des Ehepaars. Die Eheleute Steinmertz zählten nicht zum Kreis der aus antisemitischen oder politischen Gründen Verfolgten.[273] Der Abwesenheitspfleger kündigte das Mietverhältnis für das Gewerbe und die Wohnung und vermietete die Räumlichkeiten 1944 an die beklagte Gesellschaft Hoffmann et Boos. Das Mobiliar der Wohnung wurde veräußert, die Einrichtung des Handelsunternehmens blieb dagegen intakt.

In dem Gerichtsverfahren stellte sich die Frage, ob auch die Kündigung im Rahmen einer gesetzlichen Abwesenheitspflegschaft als Entziehung gemäß Art. 1 Abs. 1 der Verordnung anzusehen ist, wenn die Rechtsgrundlage der gerichtlichen Entscheidung eine Norm aus der Zeit

270 So auch *Passa*, Rec. Dalloz 1999, 535.

271 CA Colmar, 4.12.1946, Gazette du Palais Jurisprudence (1) 1947, 48 – Steinmertz c. Soc. Hoffmann et Boos.

272 Auch nach der Eingliederung von Elsass-Lothringen in das französische Staatsgebiet im Zuge des Versailler Friedensvertrages von 1919 waren Teile des deutschen BGB, darunter die genannte Norm, in Kraft geblieben. Siehe Art. 28 der Loi du 1er juin 1924 mettant en vigueur la législation civile française dans les départements du Bas-Rhin, du Haut-Rhin et de la Moselle (JORF vom 3.6.1924, S. 5026).

273 Darauf weist die Entscheidung zu Beginn ausdrücklich hin: »Attendu qu'il est constant, que Steinmertz, réfugié en Dordogne, n'a pas été inscrit par les Allemands sur la liste des ennemis du Reich, que ses biens n'ont pas été mis sous séquestre«.

vor 1940 bildete (§ 1911 BGB). Das Gericht führte zunächst aus, dass die Maßnahme zwar auf Grundlage eines Gesetzes aus der Zeit vor dem 16. Juni 1940 getroffen worden war und somit (zumindest formal) auf einer Norm des allgemeinen Rechts (*droit commun*) beruhte.[274] Gleichwohl sei die Bestellung ausgehend von der konkreten erkennbaren Zielsetzung der Pflegschaft als Ausnahmemaßnahme zu bewerten. Diese habe in Wahrheit der Verwirklichung der politischen Ziele des deutschen Besatzers gedient (konkret der Beschaffung von Wohnraum für einen deutschen Beamten).[275] Auf diese Weise sei die konkrete Anwendung der Norm ihrem eigentlichen Zweck, den Interessen der abwesenden Person zu dienen, fundamental zuwidergelaufen:

> »Que la curatelle à l'absence doit, dans l'esprit de l'art. 1911 être instituée dans l'intérêt de l'absent pour sauvegarder son patrimoine; [...] que toutefois le Vorsteher des Finanzamtes n'était en rien habilité à demander l'institution d'une curatelle; que s'il le fit pourtant ce n'était pas pour sauvegarder les intérêts de l'absent, mais pour réaliser un but politique, à savoir assurer [...] un logement à un fonctionnaire appelé contre tout droit des gens à exercer ses fonctions dans un territoire occupé«.[276]

Der Umstand allein, dass ein staatliches Gericht eine Entscheidung innerhalb seiner Zuständigkeit erlassen hat, sei hingegen für die Bewertung des Ausnahmecharakters nicht ausschlaggebend.[277] Die Beendigung des Mietverhältnisses durch den Abwesenheitspfleger sei daher als Entziehung im Sinne des Art. 1 Abs. 1 und somit als nichtig anzusehen.[278] Der Ausnahmecharakter der Maßnahme der Abwesenheitspflegschaft wurde demnach aus der Zweckentfremdung dieses Rechtsinstituts gefolgert, die in den Dienst einer illegalen Staatspolitik gestellt worden sei.[279]

In eine ähnliche Richtung deutet die Entscheidung des *Tribunal civil de la Seine* vom 20. Juni 1947 in der Sache Filatis.[280]

274 CA Colmar, 4.12.1946, a.a.O., 48: »Que cette curatelle se présente formellement comme une mesure de droit commun, étant instituée en vertu d'une disposition du droit en vigueur en Alsace-Lorraine au 16 juin 1940«.

275 Das Gericht führte näher aus, dass § 1911 BGB in den vom Deutschen Reich annektierten Gebieten gezielt zur Aneignung der Vermögenswerte geflüchteter ausländischer Personen eingesetzt worden sei. Darauf deute indiziell hin, dass das Deutsche Reich – was zutrifft – die Vorschriften zur Ergänzungspflegschaft durch eine Verordnung vom 11.10.1939 (RGBl. I 1939, S. 2026) bei Angehörigen eines feindlichen Staates erweitert hatte. Obschon diese Verordnung im Fall nicht zur Anwendung gelangt sei, lege diese die Ziele des Besatzers in Hinblick auf das Privatvermögen in den besetzten Gebieten offen.

276 CA Colmar, 4.12.1946, a.a.O., 48.

277 Ebd.: »[L]'ordonnance du Tribunal cantonal, prise par une autorité judiciaire dans le cadre de sa compétence, n'a pu dépouiller la mesure qui était demandée, de son caractère spoliateur«.

278 Ebd.: »[L]'abandon [du bail; Anm. d. Verf.] fait par un curateur, institué lui-même dans une intention spoliatrice, doit donc être annulé et dès lors le droit au bail restitué aux anciens bénéficiaires, les époux Steinmertz«.

279 Die Unrechtmäßigkeit wurde dabei aus einem Verstoß gegen das *ius gentium* (»droit des gens«) gefolgert.

280 Trib. civ. de la Seine, 20.6.1947, Gazette du Palais Jurisprudence 2 (1947), 58 – Soc. Filatis c. Frixon et autres.

In dem Verfahren ging es um die Liquidation eines Handelsunternehmens im Rahmen einer Insolvenzverwaltung. Das durch die Gesellschaft Filatis betriebene Unternehmen wurde 1942 unter kommissarische Verwaltung gestellt. Abweichend von dem üblichen Verfahren (Inventarisierung gefolgt von der Veräußerung einzelner oder Liquidation sämtlicher Unternehmensbestandteile) reichte der Verwalter 1943 beim zuständigen Gericht eine Unternehmensbilanz ein, die Passiva in beträchtlicher Höhe auswies, woraufhin das Gericht durch Entscheidung vom 14. Oktober 1943 die Insolvenz des Unternehmens feststellte und einen Insolvenzverwalter bestellte. Das Unternehmen wurde hiernach schrittweise liquidiert: Der gerichtlich bestellte Verwalter kündigte zunächst den Gewerbemietvertrag und veräußerte sodann schrittweise bis Mai 1944 alle Vermögenswerte des Unternehmens.

In der Nachkriegszeit klagten die früheren Anteilseigner:innen der Gesellschaft Filatis auf Restitution der veräußerten Vermögenswerte. Das Gericht bejahte den Ausnahmecharakter der Insolvenzverwaltung unter Verweis auf die besonderen historischen Umstände, unter denen diese gerichtlich angeordnet worden war, und erklärte die Unternehmensliquidation für nichtig. Der kommissarische Verwalter habe in der Bilanz Zahlungsforderungen künstlich konstruiert und bewusst bestimmte Aktiva des Unternehmens ausgeklammert, um dessen Liquidation zu erreichen. In Wahrheit habe sich das Unternehmen nicht in einer wirtschaftlichen oder finanziellen Schieflage befunden. Die Initiierung eines Insolvenzverfahrens durch Vorlage einer fehlerhaften Bilanz sei somit lediglich ein Mittel zur Erreichung des Fernzieles der vollständigen »Arisierung« des Unternehmens gewesen. Nach Ansicht des Gerichts sei die Einleitung des Insolvenzverfahrens somit einer Ausnahmemaßnahme im Sinne des Art. 1 Abs. 1 der Verordnung gleichzustellen:

> »Attendu qu'il convient, dans ces conditions, d'assimiler à une mesure exorbitante du droit commun [...], la procédure de faillite dont s'agit, qui apparaît comme ayant été provoquée, engagée et poursuivie de mauvaise foi par les administrateurs provisoires, dans le but évident de faire disparaître une entreprise juive dont la situation économique et financière était normale avant son dessaisissement«.[281]

Zum maßgeblichen Wertungsgerichtspunkt erklärte das Gericht somit die Absicht des Verwalters bei Vorlage der Unternehmensbilanz, ein wirtschaftlich tragfähiges Unternehmen mit »jüdischen« Anteilseigner:innen auszulöschen. Das Gericht leitete somit – wie zuvor die *Cour d'appel* von Colmar in der Sache Steinmertz – über das Kriterium der Zweckentfremdung einen Zusammenhang zwischen dem Unrechtskontext der antisemitischen Verfolgungspolitik und der konkreten Maßnahme her, forderte aber zusätzlich einen Entziehungsvorsatz. Ebenso entschied zuvor die *Cour de cassation* in dem ähnlich gelagerten Fall Monderer, jedoch ohne einen entsprechenden Schädigungsvorsatz zu verlangen.[282] Der historische Gesetzgeber kodi-

281 Trib. civ. de la Seine, 20.6.1947, a.a.O., 58 (59).

282 Cass. civ., 4.6.1947, Rec. Dalloz 1947, 313 – D[lle] Demigneux et Van Boxel c. Monderer: Bezüglich eines gerichtlichen Insolvenzverfahrens wegen Zahlungsausfalls eines kommissarisch verwalteten Unternehmens. Der Verwalter hatte die Erfüllung bestimmter Zahlungsverbindlichkeiten versäumt und so den Insolvenzantrag ausgelöst. Im Zuge des Insolvenzverfahrens wurde das Handelsunternehmen liquidiert. Die Vorinstanz hatte den Verkauf nach Art. 1 Abs. 1 der Verordnung für nichtig

fizierte diese Rechtsprechung schließlich durch das Gesetz vom 19. Juni 1947[283] in Art. 25 und 25bis der Verordnung. Hiernach werden Maßnahmen im Rahmen einer gerichtlichen Insolvenzverwaltung Maßnahmen im Sinne des Art. 1 Abs. 1 gleichstellt, wenn diese mit Schädigungsabsicht gegenüber Gewerbetreibenden (*commerçants*) verfolgt wurden, deren Situation vor oder nach diesen Maßnahmen durch Ausnahmebestimmungen im Sinne des Art. 1 Abs. 1 geregelt wurde.[284] In bestimmten Fällen wird eine Schädigungsabsicht vermutet.[285]

Das maßgebliche Kriterium für die Einordnung einer staatlichen Maßnahme als Ausnahmemaßnahme ist somit weniger die Frage, ob es sich um ein Gesetz der Republik aus der Zeit vor 1940 handelt, sondern vielmehr die Verortung der Maßnahme in einem konkreten Unrechtszusammenhang. Ein Ausnahmecharakter kommt einer hoheitlichen Maßnahme immer dann zu, wenn sie vorrangig durch unrechtmäßige oder illegitime Ziele des deutschen Besatzers oder des Vichy-Regimes motiviert war (wie in den Fällen Steinmertz und Filatis) oder objektiv in einer Ursachenkette zur Verfolgungspolitik steht (wie im Fall Gentili di Giuseppe). Das Herausstellen der eigentlichen, womöglich verborgenen Motive oder objektiven Gründe der staatlichen Maßnahme erlaubt es erst, diese in ihrem wirklichen historischen Wirkungszusammenhang zu verorten. Die Grenze zum willentlichen Rechtsbruch muss dabei noch nicht zwingend überschritten sein, vielmehr kann sich die Gerichtsentscheidung noch in den Bahnen einer vertretbaren Rechtsanwendung bewegen, wie die Ausführungen der Gerichte in den Entscheidungen Steinmertz und Filatis verdeutlichen.[286] Die vermeintliche Dichotomie zwischen Maßnahmen des allgemeinen Rechts (*mesures du droit commun*) und Ausnahmemaßnahmen (*mesures exorbitantes du droit commun*) wird auf diese Weise nivelliert. Zugleich wäre es voreilig, bereits von einer tatbestandlichen Gleichsetzung (*assimilation*) beider Begriffe zu sprechen. Ein Ausnahmecharakter kann Maßnahmen des allgemeinen Rechts nur im begründeten Ausnahmefall bei eindeutigen Anhaltspunkten zugeschrieben werden.

(iii) Fazit zur Auslegung des Begriffs der Ausnahmemaßnahme

Der Ausnahmecharakter einer Maßnahme ist in Zweifelsfällen – vor allem bei Maßnahmen auf Grundlage tradierter Rechtsnormen – nicht immer eindeutig zu bestimmen. Die Offenheit der

erklärt. Die *Cour de cassation* bestätigte diese Entscheidung. In diesem Sinne schon CA Paris, 20.11.1945, Rec. Dalloz 1946, 67 (76) – Fétu c. Weill. Im Gegensatz zu den übrigen Entscheidungen folgerte das Gericht auf einen Zusammenhang zu Ausnahmemaßnahmen schon allein aufgrund der Beteiligung eines kommissarischen Verwalters am Insolvenzverfahren.

283 Loi n° 47-1091 du 19 juin 1947 modifiant et complétant l'ordonnance du 21 avril 1945 portant deuxième application de l'ordonnance du 12 novembre 1943 sur la nullité des actes de spoliation accomplis par l'ennemi ou sous son contrôle et édictant la restitution aux victimes de ces actes de ceux de leurs biens qui ont fait l'objet d'actes de disposition et prolongeant le délai prévu par l'article 21 de l'ordonnance du 21 avril 1945 (JORF vom 20.6.1947, S. 5711).

284 Der Begriff der »personnes dont la situation a été réglée« findet sich auch in Art. 11 Abs. 1 der Verordnung. Siehe hierzu unter B.II.2.b)aa)(2)(i).

285 So verhält es sich, wenn der Insolvenzgrund unmittelbar oder mittelbar der deutschen Besatzung zuzurechnen ist. Dies ist etwa der Fall, wenn diese (wie etwa im Fall Filatis) durch kommissarische Verwalter:innen vorgelegt wurde. Die Rechtsfolge besteht in der Rückgängigmachung der gerichtlichen Feststellung der Insolvenz bei zeitgleicher Einräumung einer Frist zur Befriedigung der Gläuber:innen (Art. 25bis).

286 Die Feststellungen der Gerichte deuten vielmehr auf eine Zwangslage der Gerichte (so im Fall Steinmertz) oder eine Täuschung des Spruchkörpers durch Vorlage inhaltlich falscher Urkunden (so im Fall Filatis) hin. Die Gerichte wurden in diesen Verfahren also bewusst exkulpiert und zu bloßen Instrumenten bei der Verwirklichung der Politik der »Arisierung« stilisiert. Ob eine Entschuldigung der Gerichte in dieser Pauschalität zutreffend ist, erscheint zweifelhaft, kann jedoch heute nicht mehr ausgehend von den Entscheidungen nachvollzogen werden.

Definition der Entziehung in Art. 1 Abs. 1 ermöglichte der Rechtsprechung eine dynamische Auslegung, die notwendig und geboten war, um der historischen Wirklichkeit in ihrer Komplexität Rechnung zu tragen. Zum einen war das NS-Regime bestrebt, bestehende gesetzliche Spielräume zu seinen Gunsten zu nutzen, um die eigenen politischen Ziele zu erreichen, ohne zugleich das Rechtsvertrauen der Bevölkerung zu erschüttern. Das galt sowohl im Deutschen Reich als auch in den besetzten Gebieten. In Deutschland steht hierfür exemplarisch das Bemühen um eine Durchdringung der Zivilrechtsdogmatik im Sinne der nationalsozialistischen Ideologie durch Umdeutung bestimmter Grundbegriffe der Zivilrechtsordnung. Die Anfälligkeit der Zivilrechtsprechung für derartige politische und gesellschaftliche Umwälzungen wurde bereits umfassend dargelegt.[287]

Neben diesen veränderten Parametern der Auslegung sind auch die infolge der Einbindung von Verwaltung und Rechtsprechung in ein System der strukturellen Benachteiligung und Verfolgung veränderten Rahmenbedingungen der Rechtsanwendung zu berücksichtigen. Die materiellen Voraussetzungen für die Gewährleistung eines Mindestmaßes an Gleichheit, die das Gesetz aufgrund seines allgemeinen Charakters unterstellt, waren in Frankreich spätestens mit Inkrafttreten der antisemitischen Ausnahmegesetze ab dem Herbst 1940 nicht mehr gewährleistet. Schon eine auf den ersten Blick unverfängliche Maßnahme der Zwangsvollstreckung oder Insolvenzverwaltung konnte die betroffenen Personengruppen ihren Wirkungen nach diskriminieren. Auch auf diese veränderten Rahmenbedingungen muss eine historisch informierte Rechtsauslegung reagieren, die auf die Beseitigung der Folgen historischen Unrechts abzielt. Die historische Rechtsprechung hat zur Lösung dieser Schwierigkeit Präzedenzfälle geschaffen, auf die sich auch heute noch berufen werden könnte.

(3) Kausalität zwischen Ausnahmemaßnahme und Verfügung

Ferner muss zwischen Ausnahmemaßnahme (*mesure exorbitante du droit commun*) und Verfügung (*acte de disposition*) ein Kausalzusammenhang bestehen.[288] Dies folgt bereits aus dem Wortlaut des Art. 1 Abs. 1 (»accomplis en conséquence de […] mesures exorbitantes du droit commun«). Diese Kausalbeziehung muss nicht zwingend unmittelbarer Art sein. Auch mittelbare Kausalität genügt im Zweifel, wenn der Ausnahmeakt jedenfalls als notwendige Bedingung der Verfügung im Sinne der Äquivalenztheorie anzusehen ist.[289] Verfügung, Ausnahmemaßnahme und Kausalität konstituieren somit gemeinsam den gesetzlichen Unrechtstatbestand des Art. 1 Abs. 1. Kausalität in diesem Sinne wäre etwa zu verneinen, wenn der konkrete Verlust auf einen früheren Entschluss zur Veräußerung der früheren Eigentümer:innen zurückzuführen wäre.[290]

287 Siehe für eine kritische Analyse der Zivilrechtsdogmatik grundlegend *Rüthers*, Die unbegrenzte Auslegung, S. 322–430. Vergleichbare Studien fehlen für die Rechtspraxis in Frankreich.

288 Cass. soc., 26.3.1947, Rec. Sirey 1947, 191 – D[lle] Morel c. Benforado: »[L]'arrêt critiqué a décidé, à bon droit, trouver entre ces mesures inspirées par l'ennemi et la vente qui en fut la conséquence le lien causal exigé par le texte«.

289 Vgl. *Sarraute/Tager*, Rec. Dalloz Jurisprudence 1946, 67 (85): »Faisons observer également que le texte de l'art. 1er n'exige pas que l'acte de disposition soit la conséquence directe des circonstances exorbitantes du droit commun, de la réglementation vichyssoise ou du fait de l'ennemi. Il suffit qu'une de ces circonstances ait été la condition nécessaire de l'acte de disposition accompli au détriment du spolié.«

290 In diesem Sinne *Sarraute/Tager*, Gazette du Palais Doctrine 2 (1946), 51 (53 f.); *Nuville*, Gazette du Palais Doctrine 1 (1946), 52 (53); *Jack-Mayer*, JCP 1947, Nr. 3715, Abschnitt VIII.: »Il ne faut pas oublier […] que l'acte de disposition doit avoir été passé en conséquence d'une mesure exorbitante du droit commun. Si donc il est établi que ce lien de causalité entre la nomination de l'administrateur et la vente fait défaut, par exemple parce que le propriétaire avait auparavant l'intention de vendre,

Diese Problemstellung soll anhand des nachfolgenden abstrakten Beispielfalls veranschaulicht werden:

> Die Eigentümerin E entschied sich im Januar 1941 zum Verkauf des Kunstwerkes A, um ihren Lebensunterhalt zu sichern. Nachdem sie sich bereits für einen Verkauf an ihren Bekannten K entschieden hatte, wurde für ihr bewegliches Vermögen wegen ihrer Einordnung als Jüdin im Sinne der Rassegesetze der V als kommissarischer Verwalter nach dem Gesetz der französischen Regierung vom 22. Juli 1941 bestellt. E gelang es aber, das Kunstwerk A an dem Verwalter V vorbei und ihrem ursprünglichen Plan entsprechend an K zu veräußern.

Der Fall mag auf den ersten Blick konstruiert erscheinen. Er konnte sich aber so oder in ähnlicher Form durchaus unter den historischen Bedingungen zutragen.[291] Die Ernennung des Verwalters V bewirkte nach Art. 3 des Gesetzes vom 22. Juli 1941[292] den Vermögensbeschlag zulasten der E. Diese Maßnahme stellt, wie bereits dargelegt, eine Ausnahmemaßnahme im Sinne des Art. 1 Abs. 1 der Verordnung dar. Gleichwohl beruhte der Verkauf nicht direkt auf dem Handeln des Verwalters V, sondern auf dem früheren Entschluss der E zum Verkauf an K. Eine andere Bewertung wäre denkbar, wenn V von der geplanten Veräußerung Kenntnis erlangt und den Verkauf unter wesentlich anderen Bedingungen und mit einer anderen Vertragspartei zustande gebracht hätte. Gewiss stand auch der Entschluss der E unter dem Eindruck ihrer Verfolgung. Die Wirksamkeit des Verkaufs würde sich dann aber nach dem für Rechtsgeschäfte geltenden Art. 11 der Verordnung richten.[293] Nach der Gegenmeinung wäre Art. 11 hingegen gesperrt, da der Vermögenswert bereits Gegenstand einer Ausnahmemaßnahme war und Art. 11 nur auf Vermögenswerte anwendbar sei, die noch nicht durch Ausnahmemaßnahmen betroffen wurden. Der Fall sei daher nach allgemeinem Zivilrecht zu bewerten (Art. 1109, 1112 Code civil a. F.).[294] Die klagende Prozesspartei würde damit nicht von der Zwangsvermutung des Art. 11 Abs. 1 profitieren. Es will aber nicht recht einleuchten, warum die Berechtigten in einem solchen Fall, wo doch schon gegen sie eine Ausnahmemaßnahme ergriffen wurde, schlechter stehen sollen als für den Fall, dass noch keine individuelle Zwangsmaßnahme gegen sie ergriffen wurde. Vielmehr muss Art. 11 hier erst recht Anwendung finden (*argumentum a maiore ad minus*).[295]

Die aufgezeigte Kausalitätsproblematik stellte sich ebenfalls im Fall Armand Dorville.[296]

qu'il a réalisé cette vente exactement dans les conditions où il l'aurait effectuée dans des circonstances normales, alors la nullité ne sera pas encourue«.

291 Siehe beispielhaft sogleich den Fall Armand Dorville.

292 »La nomination de l'administrateur provisoire entraîne le dessaisissement des personnes auxquelles les biens appartiennent, ou qui les dirigent.«

293 In diesem Sinne CA Paris, 10.10.1945, JCP II 1946, Nr. 3169 – Arnulf. Siehe hierzu sogleich unter B.II.2.b).

294 *Mazeaud*, Rec. Sirey 2 (1946), 13 (15). Dieser Position schloss sich zuletzt auch die *Cour de cassation* an. Vgl. Cass. civ., 2.11.1948, Bull. civ., Nr. 282 – Bolton; 15.2.1949, Bull. civ., Nr. 58 – Bidjarano; 26.7.1949, Bull. civ., Nr. 269 – Danon.

295 So etwa *Sarraute/Tager*, Gazette du Palais Doctrine 2 (1946), 51 (55); *Nuville*, Gazette du Palais Doctrine 1 (1946), 52 (53). Ob der Vermögenswert bereits durch Ausnahmemaßnahmen im Sinne des Art. 1 betroffen wurde, könne in diesem Fall nicht entscheidend sein, »puisque l'art. 11 précise qu'il est indifférent pour sa propre application que les mesures exorbitantes réglant la situation du propriétaire soient intervenues avant ou après l'accomplissement de l'acte attaqué.« (*Nuville*, ebd.). Maßgebend sei der Wortlaut der Norm selbst und nicht die Überschrift des Titels.

296 TJ Paris, 10.1.2023, Nr. 21/56082 – Kahn et autres.

Der Rechtsanwalt und Kunstsammler Armand Dorville (1875-1941) war im Juli 1941 auf seinem Landsitz in Cubjac in der besetzten Zone verstorben. Nach seinem Tod veranlasste der in seinem Testament bestimmte Testamentsvollstrecker (Jacques Pfeiffer) die Liquidation des gesamten Nachlasses, darunter auch der mehrere hundert Werke umfassenden Kunstsammlung. Die Werke wurden in einer mehrtägigen Auktion in Nizza vom 24. bis 27. Juni 1942 versteigert. Im Laufe dieser Auktion zogen die Erb:innen insgesamt 46 Gemälde mit einem Schätzwert von 726.000 Francs vom Verkauf zurück. Am ersten Tag der Auktion wurde auf Grundlage des Gesetzes vom 22. Juli 1941 für den beweglichen Nachlass ein kommissarischer Verwalter (Amédée Croze) bestellt. Dessen Ernennungsurkunde wurde erst am 27. Juni ausgestellt,[297] aber auf den ersten Tag der Auktion datiert. Auf den konkreten Verlauf der Versteigerung nahm Croze hingegen keinen Einfluss, insbesondere erhob er keinen Einspruch gegen die Rücknahme der 46 Gemälde durch die Erb:innen. Im Nachgang zur Auktion ließ Croze den Auktionserlös an sich auszahlen. Abweichend vom gesetzlichen Verfahren legte er die Geldbeträge jedoch mit Genehmigung des *Commissariat Général aux Questions Juives* (CGQJ) unter Verweis auf die Militärtitel der Familie 1943/1944 in Staatsanleihen mit sechsmonatiger Laufzeit an. Die Beträge wurden daher nicht, wie sonst üblich, auf ein Sperrkonto eingezahlt. Gleichwohl erhielten die Erb:innen auf diese erst nach dem Krieg Zugriff.

Die Erb:innen hatten vor ihrer Klage einen Restitutionsantrag bei der CIVS eingereicht. In einer Empfehlung vom 17. Mai 2021 lehnte die CIVS eine Einordnung als Entziehung infolge antisemitischer Gesetze ab, empfahl aber die Rückgabe in Hinblick auf die zwölf durch den Zentralstaat erworbenen Werke aus Gründen der Billigkeit.[298] Die Erb:innen erhoben daraufhin im Juli 2021 Klage auf Restitution sämtlicher Werke (21 Einzelobjekte) im Eigentum des Zentralstaates und weiterer Kommunen[299] vor dem *Tribunal judiciaire* von Paris. Die Klage auf Grundlage der Verordnung von 1945 wurde durch Entscheidung vom 10. Januar 2023 als verfristet abgewiesen (Art. 21 Abs. 1), nachdem das Gericht dem Antrag auf Wiedereinsetzung in den vorigen Stand (Art. 21 Abs. 2) nicht stattgegeben hatte.[300] Zur materiell-rechtlichen Einordnung der Verkäufe äußerte sich das Gericht im Rahmen eines *obiter dictum*. Es sei nicht erwiesen, dass die Verkäufe kausal auf Ausnahmemaßnahmen beruhten.[301] Nach Ansicht des Gerichts ist entscheidend, dass die Erb:innen auf Antrag des kommissarischen Verwalters eine Befreiung vom Gesetz vom 21. Juli 1941 erlangt hatten. Nach dem Krieg hätten die Erb:innen zudem keine

297 Es handelt sich ersichtlich um einen Tatsachenfehler. Nach den Feststellungen im Verfahren vor der CIVS wurde die Urkunde auf den 24.6.1942 zurückdatiert, aber schon am 25.6.1942 zugestellt. Siehe *Zagury*, Bericht vom 26.11.2020, S. 24; *Augustin*, Bericht vom 1.12.2020, S. 14 (beide nicht veröffentlicht). Das Datum der Bekanntmachung der Bestellungsurkunde im Amtsblatt der französischen Regierung ist hingegen nicht überliefert.

298 CIVS, 17.5.2021, Nr. 24582 BCM, Fall Armand Dorville, abgedruckt in *CIVS*, Tätigkeitsbericht für 2021, S. 64–70. Zum Verfahren vor der CIVS, siehe eingehend unter B.III.7.c)cc)(3)(ii) und B.III.7.e)bb).

299 Beklagte waren neben dem Zentralstaat die Städte Nizza, Grenoble und Dijon. Das Gemälde *Femme allongée, poitrine nue, souriant* von Jean-Louis Forain aus der Sammlung des *musée du Louvre* (Inv.-Nr. RF 30052, Recto) war zuvor nicht Gegenstand des Antrags vor der CIVS gewesen.

300 TJ Paris, 10.1.2023, Nr. 21/56082 – Kahn et autres. Zur Präklusionsfrist und zur Wiedereinsetzung (*relevé de forclusion*) siehe Näheres noch unter B.II.4.

301 A. a. O., S. 13: »[L]es demandeurs ne démontrent pas que la vente de juin 1942 a été la conséquence d'une mesure exorbitante de droit commun au sens de l'article 1er de l'ordonnance du 21 avril 1945«.

Restitutionsansprüche verfolgt,[302] den Erlös der Versteigerung aber nachträglich ausgezahlt erhalten. Gegen die Kausalität spricht aus unserer Sicht darüber hinaus, dass die Verkäufe auf einen Entschluss des – mit vollen Befugnissen ausgestatteten – Testamentsvollstreckers zurückgingen und diese trotz der späteren Ernennung des kommissarischen Verwalters gemäß den ursprünglichen Planungen durchgeführt werden konnten. In diesem Fall wäre somit je nach vertretenem Standpunkt nur ein Rückgriff auf die Zwangsvermutung des Art. 11 Abs. 1 oder die Art. 1109, 1112 Code civil a. F. denkbar, um die Nichtigkeit der Verkäufe zu begründen.

Der Nachweis, dass das Vermögen einer Person durch eine Ausnahmemaßnahme (*mesure exorbitante du droit commun*) betroffen wurde, erbringt für sich genommen noch nicht den Nachweis, dass ein zeitlich nachfolgender Vermögensverlust notwendig als Entziehung im Sinne des Art. 1 Abs. 1 einzuordnen ist. Erforderlich ist der Nachweis, dass sich dieser Vermögensverlust als kausale und zurechenbare Folge dieser Maßnahme darstellt. Im Einzelfall können Handlungen der früheren Eigentümer:innen selbst (wie im Fall Dorville) oder auch Dritter diesen Zusammenhang unterbrechen, was jedoch stets eine Frage des Einzelfalls ist.

bb) Primäre Rechtsfolgen und wechselseitige Ansprüche

Neben der Nichtigkeit der verlustbegründenden Verfügung (Art. 1 Abs. 1 und Abs. 2) regelt die Verordnung in den Folgebestimmungen nahezu abschließend die Folgeansprüche aus der Nichtigkeit im Verhältnis zwischen früheren Eigentümer:innen (*propriétaires dépossédés*) und den Ersterwerber:innen[303] sowie etwaigen Folgeerwerber:innen[304] der entzogenen Vermögenswerte. Die Vorgaben der Verordnung weichen hierbei in Teilen zulasten der Erwerber:innen entzogener Vermögenswerte von den Vorgaben des Code civil ab. Es gilt der Grundsatz, dass – sofern eine Rückgabe in Natur (*restitution en nature*) ausgeschlossen ist – die Schuldner:innen auf Schadensersatz (*restitution par équivalent*, Art. 7 Abs. 1) haften. Als Ausgleich räumt die Verordnung den Erwerber:innen und Folgeerwerber:innen gewisse Gegenansprüche ein.

(1) Nichtigkeit des Verfügungsgeschäfts und Herstellung des hypothetischen Zustands

Art. 1 Abs. 1 sieht zunächst vor, dass die früheren Eigentümer:innen des entzogenen Vermögenswertes die Nichtigkeit des Verfügungsgeschäfts gerichtlich feststellen lassen können.[305] Art. 1 Abs. 1 regelt rechtstechnisch einen besonderen Nichtigkeitstatbestand. Nach Art. 1 Abs. 2 tritt diese Nichtigkeit von Rechts wegen ein (*nullité de droit*). Der Ausspruch der Nichtigkeit

302 Ansprüche wegen einer Plünderung im Zeitraum nach der Versteigerung erhob lediglich Roger Gradwohl, der Ehegatte einer Universalvermächtnisnehmerin Armand Dorvilles.

303 Gemeint sind im Nachfolgenden Personen, die unmittelbar auf Grundlage der Entziehung das Eigentum und/oder den Besitz an dem beanspruchten Vermögenswert begründet haben. In der Verordnung findet der Begriff des *acquéreur* oder *détenteur* Verwendung.

304 Gemeint sind im Nachfolgenden Personen, die das Eigentum und/oder den Besitz an dem Vermögenswert nicht direkt durch die Entziehung, sondern erst aufgrund späterer Folgerechtsgeschäfte erworben haben. Die Verordnung spricht insoweit von *acquéreurs successifs*.

305 »Les personnes physiques ou morales ou leurs ayants cause dont les biens, droit ou intérêts ont été l'objet […] d'actes de disposition […] pourront, sur le fondement, tant de l'ordonnance du 12 novembre 1943 relative à la nullité des actes de spoliation accomplis par l'ennemi ou sous son contrôle, que de l'ordonnance du 9 août 1944 relative au rétablissement de la légalité républicaine sur le territoire continental, en faire constater la nullité.«

ist für das angerufene Gericht somit zwingend (sog. *nullité obligatoire*)[306] und eine Bestätigung (*confirmation*) des Rechtsaktes durch die früheren Eigentümer:innen ausgeschlossen.

Anders verhält es sich dem Wortlaut nach bei Rechtsgeschäften nach Art. 11, die im Unterschied zu Entziehungen nach Art. 1 laut Gesetz nicht nichtig (*nul*), sondern annullierbar (*annulable*) sind.[307] In Wahrheit besteht aber kein wesensmäßiger Unterschied zwischen beiden Nichtigkeitsformen: Zum einen ist nach einhelliger Auffassung auch der Ausspruch der Nichtigkeit bei Willensmängeln für das Gericht zwingend,[308] zum anderen besteht die Rechtsfolge in beiden Fällen in der Nichtigkeit des verlustbegründenden Rechtsaktes, deren Ausspruch zwingend durch ein Zivilgericht erfolgen muss.[309] Die in der Verordnung angelegte Unterscheidung zwischen Nichtigkeit (Art. 1 Abs. 2) und Annullier- bzw. Anfechtbarkeit (Art. 11, 12 Abs. 1) ist daher nur für die Frage der Heilbarkeit des Rechtsmangels durch Bestätigung relevant.[310]

An die Nichtigkeit der Entziehung knüpft als Nebenfolge – zumindest im Verhältnis zu den Ersterwerber:innen – die Restitution des entzogenen Vermögenswertes (Art. 17 Abs. 3 der Verordnung). Ziel dieser Restitution ist es, die früheren Eigentümer:innen in den hypothetischen Rechtszustand zu versetzen, der ohne die Entziehung bestünde.[311] Im Verhältnis zwischen Geschädigten und Ersterwerber:innen löst die rückwirkende Beseitigung des rechtlichen Erwerbsgrundes wechselseitige Rückgewähransprüche (sog. *restitutions*) aus, die vorrangig in Natur zu erfüllen sind (*restitution en nature*). Art. 2 Abs. 2 führt hierzu klarstellend aus, dass die früheren Eigentümer:innen den entzogenen Vermögenswert frei von dinglichen Belastungen zurückerhalten.[312] Aber auch im Verhältnis zu Dritten zeitigt die gerichtliche Annullierung des Entziehungsaktes Folgewirkungen. Da infolge der Nichtigkeit des Entziehungsaktes der Eigentumstitel der Ersterwerber:innen mit rückwirkender Wirkung entfällt, stellen sich zeitlich nachgelagerte Veräußerungen als Verfügungen eines:einer Nichtberechtigten dar. Vorbehaltlich eines gutgläubigen Erwerbs nach Art. 2279 Abs. 1 Code civil a. F. (Art. 2276 Abs. 1 n. F.) können die früheren Eigentümer:innen daher auch bei Folgeerwerber:innen vindizieren. Die Position früherer Eigentümer:innen wird zusätzlich durch eine Bösgläubigkeitsvermutung in Art. 4 Abs. 1 verstärkt, die jedoch bei der Vindikation beweglicher Sachen gemäß Art. 10 Satz 1 nicht anwendbar ist.[313]

Davon unberührt bleibt die Wirksamkeit von Rechtsgeschäften, die zwischen Ersterwerber:innen und Folgeerwerber:innen oder Folgeerwerber:innen untereinander

306 Vgl. *Picod*, Nullité, in: Répertoire de droit civil, Bearbeitungsstand Juli 2019, Rn. 62. Speziell zur Verordnung vom 21.4.1945 siehe etwa *Esmein*, Gazette du Palais Doctrine 2 (1945), 1 (2).

307 Art. 12 Abs. 1 und Art. 17 Abs. 3 sprechen von einer »annulation«, Art. 21 Abs. 1 schließlich von einer »demande en annulation«.

308 »En règle générale, les nullités, qu'elles soient relatives ou absolues, doivent être considérées comme des nullités de droit, c'est-à-dire obligatoires pour le juge.«, *Sana-Chaillé de Néré*, Art. 1178-1185, Fasc. 10, Contrat, Nullité du contrat, Généralités, in: Jurisclasseur Civil Code, Bearbeitungsstand 1.8.2018, Rn. 72. Gegen die praktische Relevanz der Unterscheidung *Picod*, Nullité, in: Répertoire de droit civil, Bearbeitungsstand Juli 2019, Rn. 62.

309 Vgl. *Picod*, Nullité, in: Répertoire de droit civil, Bearbeitungsstand Juli 2019, Rn. 58. Leicht abweichend nun in Art. 1178 Abs. 1 Satz 2 Code civil n. F.: »La nullité doit être prononcée par le juge, à moins que les parties ne la constatent d'un commun accord.«

310 So auch *Lyon-Caen*, Lois annotées 1946, 137 (142).

311 Cass. civ., 4.12.1950, Bull. civ. I, Nr. 246 – Soc. Lacour c. Soc. de Marly.

312 »Lorsque la nullité est constatée, le propriétaire dépossédé reprend ses biens, droits ou intérêts exempts de toutes charges et hypothèques dont l'acquéreur ou les acquéreurs successifs les auraient grevés.«

313 So zumindest die hier vertretene Auffassung. Zur Vermutung des Art. 4 Abs. 1 der Verordnung und seinen Ausnahmen, vor allem bei beweglichen Sachen (Art. 10 Satz 1), siehe Näheres unter B.II.2.a)bb)(3).

geschlossen wurden.[314] Art. 1599 Code civil, wonach der Kaufvertrag über eine fremde Sache nichtig ist, enthält nur eine scheinbare Ausnahme von diesem Grundsatz. Denn auf diese Bestimmung können sich, da es sich um einen Fall relativer Nichtigkeit handelt, nur die Käufer:innen einer fremden Sache berufen. Bis zum Urteilsspruch ist das Rechtsgeschäft zwischen den Parteien als wirksam anzusehen.[315]

Neben dem entzogenen Vermögenswert sind zusätzlich der Zuwachs (*augment*) und das Zubehör (*accessoire*) herauszugeben (Art. 2 Abs. 2). Für Zubehör folgt diese Rechtsfolge bereits aus Art. 546 Code civil über den Eigentumserwerb durch Verbindung, Vermischung oder Fruchtziehung (*accession*). Zuwachs meint hingegen quantitative Erweiterungen des Vermögenswertes, die diesen in seinem Wesen unberührt lassen.[316] Bei einem Handelsunternehmen (*fonds de commerce*) sind dies etwa die Warenankäufe.[317]

(2) Wirksamkeit nützlicher Verwaltungsgeschäfte (Art. 3)

Nach Art. 3 Satz 1 bleiben Verwaltungsgeschäfte (*actes d'administration*) abweichend von Art. 1 Abs. 1 wirksam, wenn sie der verkehrsüblichen Sorgfalt entsprachen und im objektiven Interesse der Eigentümer:innen erfolgten.[318] Die Bestimmung bezweckt den Schutz des Rechtsverkehrs in Bezug auf Rechtsakte, die als Ausdruck einer geregelten Geschäftsführung (*gestion normale*) anzusehen sind.

Der Begriff des Verwaltungsgeschäfts wird in der Verordnung selbst nicht legaldefiniert, sodass ein Rückgriff auf das im Zivilrecht etablierte Begriffsverständnis möglich ist.[319] Als Verwaltungsgeschäfte werden gemeinhin Rechtsakte verstanden, die keinen nachhaltigen Eingriff in das Vermögen einer Person bewirken, sondern sich in den Bahnen einer typischen oder gewöhnlichen Vermögensverwaltung bewegen.[320] Dadurch unterscheiden sie sich von Verfügungsgeschäften (*actes de disposition*), die einen nachhaltigen Eingriff in das Vermögen bewirken.[321] Gleichwohl entzieht sich der Begriff des Vermögensgeschäfts angesichts seiner mannigfaltigen Anwendungsbereiche einer allgemeinen Definition.[322] Er muss daher im Lichte des konkreten Einzelfalls erschlossen werden. In der Rechtsprechung findet Art. 3 Satz 1 vorrangig bei Warenverkäufen aus dem Bestand von Handelsunternehmen (*fonds de commerce*) Anwendung. Als Geschäfte in diesem Sinne wurden etwa Verkäufe eingeordnet, die sich noch im Rahmen einer üblichen Unternehmensführung bewegten und nach Art und Ausmaß nicht

314 Vgl. m.w.N. *Picod*, Nullité, in: Répertoire de droit civil, Bearbeitungsstand Juli 2019, Rn. 166 ff.; *Sana-Chaillé de Néré*, Art. 1178-1185, Fasc. 40, Contrat, Nullité du contrat, Effets de la nullité, in: Jurisclasseur Civil Code, Bearbeitungsstand 28.9.2020, Rn. 65 ff.

315 Cass. civ. 3ᵉ, 9.3.2005, Nr. 03-14.916, Rec. Dalloz 2005, 919; *Ferid/Sonnenberger*, Das Französische Zivilrecht, Band 2, Rn. 2 G 416, 2 G 421.

316 Vgl. *Tager/Sarraute*, Gazette du Palais Doctrine 2 (1945), 23 (28); *Chauveau*, JCP 1946, Nr. 550, Rn. 59.

317 Vgl. *Esmein*, Gazette du Palais Doctrine 2 (1945), 1 (2).

318 »Les actes d'administration conformes aux dispositions de l'article 1374 du code civil demeurent valables. Toutefois le propriétaire dépossédé peut demander la résiliation des actes d'administration qui lui portent préjudice au jour de la demande.«

319 Der Begriff findet in unterschiedlichen Abschnitten des Code civil Verwendung. So etwa in Art. 382-1 Abs. 1 (*administration légale du patrimoine d'un mineur*); Art. 810-1 (*pouvoirs du curateur*); Art. 815-3 (*actes accomplis sur un bien indivis*); Art. 1421 (*régime matrimonial de la communauté*).

320 Vgl. in diesem Sinne *Cornu u. a.*, Vocabulaire juridique, S. 35, Eintrag zu Administration, Ziff. II.2.

321 Cass. soc., 9.1.1947, Gazette du Palais Jurisprudence 1 (1947), 58 – Lefrançois c. Pasternak: »[T]out acte entraînant le transfert d'un droit ou la renonciation à celui-ci«.

322 *Brenner/Lequette*, Acte juridique, in: Répertoire de droit civil, Neubearbeitung Februar 2019, Rn. 330.

schon die Schwelle zu einer Unternehmensliquidation überschritten. Letzteres war zu bejahen, wenn in einem auf Warenabsatz spezialisierten Unternehmen die veräußerten Waren nicht zeitnah durch gleichwertige Waren ersetzt wurden.[323] Daneben sind auch die wirtschaftlichen Folgen des Verkaufs für das Unternehmen ausgehend von dessen Größe zu berücksichtigen.[324] Verwaltungsgeschäfte sind ferner nur wirksam, wenn sie mit Art. 1374 Code civil a. F. vereinbar sind.[325] Das Geschäft muss der im Rechtsverkehr üblichen Sorgfalt eines *bon père de famille* entsprechen. Anders formuliert sind nur solche Maßnahmen wirksam, die mit den Grundsätzen einer ordnungsgemäßen Geschäftsführung vereinbar sind.

Ausgehend vom Befassungsgegenstand dieser Arbeit wäre Art. 3 Satz 1 etwa bei Verkäufen aus den Handelsbeständen einer Galerie oder eines Antiquariats einschlägig. Im Falle einer kommissarischen Verwaltung eines solchen Unternehmens wäre daher im Einzelfall zu prüfen, ob sich der konkrete Verkauf noch im Rahmen einer üblichen Geschäftsführung bewegte oder vielmehr schon eine Liquidation des Unternehmens in die Wege leitete. Verkäufe einzelner Kulturgüter aus dem Warenbestand wären demnach wirksam, wenn das Unternehmen in seinem wesentlichen Bestand erhalten blieb. Erschwert wird diese Anwendung des Art. 3 Satz 1 dadurch, dass sich die Schwelle zum Liquidationsverkauf im Einzelfall schleichend vollziehen kann. Derartige Fälle sind von Fällen einer »Arisierung« zu unterscheiden, in denen das Unternehmen als Ganzes veräußert wird oder seine Einzelbestandteile liquidiert werden. In einem solchen Fall bleibt für die Anwendung des Art. 3 Satz 1 kein Raum.

Eine Rückausnahme gilt für Verwaltungsgeschäfte, die sich schädlich auf das Vermögen der Eigentümer:innen ausgewirkt haben (Art. 3 S. 2). Entscheidend ist dabei, ob die Geschäftsbesorgung im objektiven Interesse der Eigentümer:innen lag und eine vernünftige außenstehende Person in gleicher Weise verfahren wäre.[326] Wann dies der Fall ist, ist erneut eine Frage richterlicher Würdigung des Einzelfalls. Dies dürfte jedenfalls zu bejahen sein, wenn der erlangte Kaufpreis unter dem objektiven Marktwert der veräußerten Vermögenswerte lag.

(3) Bösgläubigkeitsvermutung (Art. 4 Abs. 1)

Gemäß Art. 4 Abs. 1 der Verordnung werden sowohl die Ersterwerber:innen als auch die Folgeerwerber:innen entzogener Vermögenswerte im Verhältnis zu den früheren Eigentümer:innen (*propriétaires dépossédées*) als bösgläubig angesehen.[327] Die Vorschrift begründet nach einhelliger Auffassung eine relative unwiderlegliche Vermutung der Bösgläubigkeit.[328] Der Verkehrsschutz wird bei Klagen aus der Verordnung somit erheblich eingeschränkt,

323 Vgl. m.w.N. aus der historischen Rspr. *Tager/Sarraute*, Gazette du Palais Doctrine 2 (1947), 23 (24).

324 Vgl. *Sarraute/Tager*, Rec. Dalloz Jurisprudence 1946, 67 (86).

325 Die zitierte Norm stammt aus dem Recht der Geschäftsführung ohne Auftrag (*gestion d'affaires*) und regelt den allgemeinen Sorgfaltsmaßstab der geschäftsführenden Person (*gérant*). Die Bestimmung wurde im Zuge der Reform des Schuldrechts von 2016 gestrichen (Art. 4 der Ordonnance n° 2016-131 du 10 février 2016 portant réforme du droit des contrats, du régime général et de la preuve des obligations, JORF vom 11.2.2016, Text Nr. 26). Eine ähnliche Bestimmung findet sich heute in Art. 1301-1 Abs. 1 Code civil n. F. Für Vermögensverluste zwischen 1940 und 1944 ist aber die frühere Gesetzesfassung maßgeblich.

326 Vgl. *Tager/Sarraute*, Gazette du Palais Doctrine 2 (1947), 23 (24).

327 L'acquéreur ou les acquéreurs successifs sont considérés comme possesseur de mauvaise foi au regard du propriétaire dépossédé.

328 Die Verordnung spricht von einer *qualification de mauvaise foi* (Art. 4 Abs. 6 und 7). Heute besteht aber Einigkeit darüber, dass die Regelung als unwiderlegliche gesetzliche Vermutung (*présomption irréfragable*) einzuordnen ist, wenngleich diese sich ihren rechtlichen Wirkungen einer gesetzlichen Fiktion annähert. So etwa Cass. civ. 1ère, 1.7.2020, Nr. 18-25.695, Rec. Dalloz 2020,

zugleich begründet die Bösgläubigkeitsvermutung eine verschärfte Haftung der Erwerber:innen auf Schadensersatz.[329]

Die Vorschrift zählt trotz ihrer Bedeutung zu einer der aus dogmatischer Sicht bislang am wenigsten erschlossenen Bestimmungen der Verordnung. Im Folgenden soll daher zunächst ihr sachlicher, persönlicher und zeitlicher Anwendungsbereich geklärt werden (i). Es soll ferner aufgezeigt werden, dass die Vermutung im besonderen Fall einer Vindikation beweglicher Sachen keine Anwendung findet. Art. 10 Satz 1 sieht in diesen Fällen, insbesondere bei Kunstwerken und Kulturgütern, eine abschließende Regelung durch das allgemeine Zivilrecht vor (ii). Ersichtlich findet diese Ausnahme aber in der aktuellen Rechtsprechung bislang keine Beachtung, wie die Fälle Simon Bauer und René Gimpel belegen. Die Auslegung und Anwendung des Art. 4 Abs. 1 der Verordnung in der heutigen Rechtsprechung muss vor diesem Hintergrund einer kritischen Würdigung unterzogen werden (iii).

(i) Inhalt und Anwendungsbereich der Vermutung

Art. 4 Abs. 1 sieht wörtlich vor, dass die Erwerber:innen (*acquéreurs*) und Folgeerwerber:innen (*acquéreurs successifs*) eines entzogenen Vermögenswertes im Sinne des Art. 1 Abs. 1 gegenüber dem:der früheren Eigentümer:in (*propriétaire dépossédé*) als bösgläubig anzusehen sind. Die Regelung stellt eine unwiderlegliche Vermutung der Bösgläubigkeit auf,[330] ohne jedoch näher zu definieren, was Bösgläubigkeit im Sinne der Vorschrift meint.

Ausgehend von den Gesetzgebungsmotiven[331] und der Zielsetzung der Verordnung, die Wiedereinsetzung der früheren Eigentümer:innen zu ermöglichen, besteht die Funktion der Vermutung darin, den Vindikationsanspruch der geschädigten Eigentümer:innen abzusichern und einen gutgläubigen Erwerb des Eigentums durch Dritte nach der Grundregel »en fait de meubles...« gemäß Art. 2279 Abs. 1 Code civil a. F. (Art. 2276 Abs. 1 n. F.) zu verhindern.[332] Die späteren Erwerber:innen können sich demnach gegenüber den geschädigten Eigentümer:innen nicht auf ihre Gutgläubigkeit berufen, sofern diese aus der Verordnung gegen sie gerichtlich vorgehen. Bösgläubigkeit im Sinne der Vermutung meint somit die Kenntnis von der Herkunft

1460 – Époux Toll; Vorinstanz CA Paris, 2.10.2018, Nr. 17/20580, LPA, Nr. 227, Ausgabe vom 13.11.2018, S. 8; *Lyon-Caen*, Lois annotées 1946, 137 (140).

329 Siehe zu den Sekundäransprüchen der klagenden Prozesspartei unter B.II.2.a)bb)(4).

330 Cass. civ. 1ère, 1.7.2020, Nr. 18-25.695, Rn. 7.

331 Im Gesetzgebungsverfahren wurde einhellig die fehlende Schutzwürdigkeit der Erwerber:innen entzogener Vermögenswerte betont: Die Widerstandsbewegung im Ausland, die *France libre*, habe in Radiobotschaften schon ab 1941 unmissverständlich zum Ausdruck gebracht, dass unfreiwillige Vermögenszugriffe durch den Besatzer oder das Vichy-Regime sowie Zwangsgeschäfte als nichtig anzusehen seien, was Erwerber:innen während der Besatzungszeit zu größerer Sorgfalt hätte anhalten müssen. In diesem Sinne etwa *Godart*, Rapport fait au nom de la Commission de la Réforme de l'État et de Législation, Dokument Nr. 342, Annexe au procès-verbal de la séance du 28 février 1945, S. 2 f., AN C//15257, Dossier 398; davor schon der Abgeordnete Pierre Degon in einem Wortbeitrag in einer Sitzung der ACP von Ende 1944, abgedruckt in Débats de l'Assemblée consultative provisoire, compte rendu in extenso des séances de l'Assemblée consultative provisoire, Questions écrites et réponses des ministres à ces questions, Session exceptionnelle de 1944, Séance du 28 décembre 1944, JORF vom 29.12.1944, S. 637.

332 Vgl. *Pollaud-Dulian*, RTD Com. 2020, 97 (100): »La présomption irréfragable de mauvaise foi n'est pas tant une règle de preuve, que l'expression de l'intransmissibilité du bien spolié. Dès lors que la spoliation a été établie définitivement, la propriété du bien ne saurait être transmise valablement.« So auch *Dross*, RTD Civ. 2019, 908 (909); *de Ravel d'Esclapon*, Rec. Dalloz 2020, 1992 (1995).

des Vermögenswertes aus einer nichtigen Entziehung im Sinne des Art. 1 Abs. 1, kurzum die positive Kenntnis vom Mangel des Eigentums des:der Vorbesitzer:in.

Die Vermutung gilt, was bereits eine deutliche Einschränkung ihres Geltungsbereichs bedeutet, nur im Verhältnis zwischen den Erwerber:innen eines entzogenen Vermögenswertes und den durch die Entziehung geschädigten Eigentümer:innen (*propriétaires dépossédés*). Die Vermutung wirkt demnach nur relativ, nicht hingegen absolut. Im Verhältnis zu Dritten findet die Vermutung daher keine Anwendung, was für die Haftungsfrage von Bedeutung ist.[333] Zudem ist der sachliche Anwendungsbereich der Vermutung in mehrfacher Hinsicht eingeschränkt. Die Vermutung gilt gemäß Art. 3 von vornherein nicht bei nützlichen Vermögensgeschäften (*actes d'administration*), die abweichend von Art. 1 Abs. 1 wirksam bleiben.[334] Die Vermutung findet ferner keine Anwendung auf Personen, die den Vermögenswert auf ausdrückliche staatliche Aufforderung erworben haben, um einen Verlust bedeutender Güter für die Wirtschaft oder das künstlerische Erbe der Nation an das Deutsche Reich zu verhindern oder um Vermögensinteressen der Geschädigten mit deren Zustimmung zu schützen (Art. 4 Abs. 6[335]). Gleiches gilt zugunsten öffentlicher Einrichtungen, die Vermögenswerte infolge von Rechtsakten oder auf hoheitliche Anweisung erworben haben, insbesondere um diese für die Geschädigten zu verwahren (Art. 4 Abs. 7[336]). Eine bedeutende Einschränkung gilt weiterhin bei der Vindikation beweglicher Sachen bei Dritten (Art. 10), auf die sogleich eingegangen werden soll.

Der zeitliche Geltungsbereich der Vermutung ist dem Wortlaut nach nicht beschränkt.[337] Gleichwohl folgt eine implizite Einschränkung daraus, dass diese von vornherein nur bei Klagen auf Grundlage der Verordnung Anwendung findet. Art. 21 Abs. 1 der Verordnung regelt insoweit eine Präklusionsfrist bis zum 1. Dezember 1947, nach deren Ablauf Klagen unzulässig werden.[338] Ausnahmsweise können Berechtigte bei Unmöglichkeit der Rechtsverfolgung eine Wiedereinsetzung nach Art. 21 Abs. 2 erwirken. Wird eine Wiedereinsetzung aber versagt, gelangt die Verordnung und somit auch die Vermutung des Art. 4 Abs. 1 nicht zur Anwendung.

(ii) Ausnahme bei Vindikation beweglicher Sachen (Art. 10 Satz 1)

Ist der entzogene Vermögenswert hingegen eine bewegliche Sache (*meuble corporel*), führt Art. 10 im Ergebnis zur Nichtanwendung der Vermutung nach Art. 4 Abs. 1.

Art. 10 Satz 1 sieht vor, dass im Falle beweglicher Sachen mit Ausnahme der Regelungen des Art. 2280 Code civil a. F. (Art. 2277 n. F.) der zweite Absatz des Art. 2279 Code civil a. F.

333 Nach Art. 5 Abs. 1 der Verordnung erfordert der Regressanspruch des:der Folgeerwerber:in den Nachweis seiner:ihrer Gutgläubigkeit.

334 Siehe hierzu schon unter B.II.2.a)bb)(2).

335 La qualification de mauvaise foi ne sera pas retenue contre les personnes physiques ou morales qui pourront établir qu'elles ne se sont portées acquéreurs que sur demande de l'autorité de fait se disant gouvernement de l'Etat français et qu'en vue d'éviter le transfert à l'occupant d'actifs meubles ou immobiliers intéressant l'économie nationale ou le patrimoine artistique de la nation, ou de sauvegarder les droits des propriétaires dépossédés en accord avec ces derniers.

336 La qualification de mauvaise foi ne s'appliquera en aucun cas aux établissements publics qui, en vertu d'actes ou d'instructions de l'autorité de fait, auront dû se porter acquéreurs des biens visés par l'ordonnance, notamment pour en assurer la conservation.

337 Die Vermutung gilt auch zulasten von Erwerber:innen im Ausland, vgl. Cass. civ. 1ère, 1.7.2020, Nr. 18-25.695, Rec. Dalloz 2020, 1460 – Toll.

338 Siehe hierzu noch unter B.II.4.

(Art. 2276 n. F.) betreffend verlorene oder gestohlene Sachen Anwendung findet.[339] Art. 2279 Abs. 2 Code civil regelt die Herausgabe gestohlener oder verlorener Sachen von gutgläubigen Dritten.[340] Abweichend vom Grundsatz des Direkterwerbs nach Art. 2279 Abs. 1 gemäß der Grundregel »en fait de meubles ...«, wird der Erwerb des Eigentums nicht gänzlich ausgeschlossen, sondern nur zeitlich hinausgezögert.[341] Der Eigentumserwerb zugunsten gutgläubiger Dritter tritt hier erst nach Ablauf von drei Jahren ab Verlust ein. Art. 10 Satz 1 der Verordnung sieht nun vor, dass dem Fall eines Diebstahls oder Verlustes nach Art. 2279 Abs. 1 Code civil der Fall einer Entziehung gemäß Art. 1 Abs. 1 tatbestandlich gleichgestellt wird. Art. 10 Satz 2 der Verordnung wandelt die Frist des Art. 2279 Abs. 2 zudem dahingehend ab, dass diese ein Jahr ab dem gesetzlichen Datum der Beendigung der kriegerischen Handlungen[342] beträgt.[343] Diese Frist lief ursprünglich am 1. Juni 1947 ab, wurde nachträglich aber auf den 1. Dezember 1947[344] verlängert. Da es sich bei der Ausschlussfrist des Art. 2279 Abs. 2 Code civil um keine Ersitzungs- oder Verjährungsfrist handelt, unterliegt diese auch keiner Hemmung oder Unterbrechung.[345] Es handelt sich vielmehr um eine Notfrist (*délai préfix*), von der das angerufene Gericht keinen Dispens erteilen kann. Der Ablauf dieser Frist würde also bei isolierter Betrachtung des Art. 10, sofern die Erwerber:innen gutgläubig sind, einen Eigentumserwerb an einer entzogenen Sache durch die späteren Erwerber:innen bewirken und korrelativ einen Eigentumsverlust bei den früheren Eigentümer:innen. Art. 10 scheint demnach bei beweglichen Sachen ausnahmsweise einen gutgläubigen Erwerb zu ermöglichen.

Es stellt sich die Frage, wie dieses Ergebnis mit der Bösgläubigkeitsvermutung aus Art. 4 Abs. 1 in Einklang zu bringen ist. Denkbar erschiene es nun, Art. 4 Abs. 1 auch bei beweglichen Sachen anzuwenden, Art. 10 hingegen nur in den seltenen, gesetzlich definierten Fällen, in denen Art. 4 Abs. 1 nicht anwendbar ist. Für diese Lösung spricht der Normwortlaut. Art. 2279 Abs. 1 Code civil erfordert Gutgläubigkeit, die Art. 4 Abs. 1 ausdrücklich ausschließt. Hätte der Gesetzgeber einen gutgläubigen Erwerb bei beweglichen Sachen nach Ablauf der Frist des Art. 10 Satz 2 zulassen wollen, hätte er dies ausdrücklich in Art. 10 Satz 1 regeln müssen, was er

339 Dans le cas de meubles corporels, il sera fait, à l'exclusion des dispositions de l'article 2290 du code civil, application du deuxième alinéa de l'article 2279 du même code relatif aux meubles perdus ou volés.

340 Art. 2279 Abs. 2 Code civil a. F. findet nur unter den Voraussetzungen des Art. 2279 Abs. 1 Anwendung. Seine Anwendung erfordert demnach Gutgläubigkeit der erwerbenden Person. Vgl. *Djoudi*, Revendication, in: Répertoire de droit civil, Bearbeitungsstand Dezember 2021, Rn. 129.

341 Der gutgläubige Eigentumserwerb an gestohlenen oder verlorenen Sachen wird auf diese Weise nicht vollständig ausgeschlossen. So stellt sich die Lösung hingegen nach § 935 Abs. 1 BGB dar, wonach an gestohlenen oder abhandengekommenen Sachen grundsätzlich kein gutgläubiger Eigentumserwerb möglich ist. Eine Ausnahme gilt bei Erwerbungen bei öffentlichen Versteigerungen (§ 935 Abs. 2 S. 1 BGB). Art. 2277 Abs. 1 Code civil sieht in diesem Fall davon abweichend einen Lösungsanspruch der gutgläubigen Erwerber:innen gegen die vindizieren Eigentümer:innen (Erstattung des gezahlten Kaufpreises) vor.

342 Der Stichtag wurde auf den 1.6.1946 festgelegt (Art. 1 Abs. 1 der Loi n° 46-991 du 10 mai 1946 portant fixation de la date légale de cessation des hostilités, JORF vom 12.5.1946, S. 4090.)

343 Toutefois, le délai de revendication sera d'une année à compter de la date légale de la cessation des hostilités.

344 Art. 28 Abs. 2 des Gesetzes Nr. 47-1497 vom 13.8.1947 (JORF vom 14.8.1947, S. 8006).

345 Grundlegend Cass. crim., 30.10.1969, Nr. 69-90.372: »[Q]u'en effet [...] le délai de trois années prévu par l'alinéa 2 de l'article 2279 [Art. 2276 n. F.; Anm. d. Verf.] susvisé présente le caractère d'un délai préfix qui [...] à ce titre, ne saurait être interrompu ou suspendu par une des causes prévues par les articles 2242 à 2259 du Code civil«. So auch *Dross*, Art. 2276 et 2277, Prescription et possession, Prescription des choses mobilières, in: Jurisclasseur Civil Code, Bearbeitungsstand 15.11.2018, Rn. 49; *Taisne*, Art. 2233 à 2239, Fasc. unique, Prescription, Suspension de la prescription, in: Répertoire de droit civil, Bearbeitungsstand 25.11.2021, Rn. 57.

jedoch unterlassen hat.[346] Ebenso könnte Art. 10 Satz 1 aber auch als *lex specialis* im Verhältnis zu Art. 4 Abs. 1 eingeordnet werden. Art. 4 Abs. 1 wäre hiernach bei Vindikation beweglicher Sachen schlicht nicht anwendbar und würde durch Art. 10 verdrängt.[347]

Die besseren Argumente sprechen für die letztgenannte Lösung. Griffe die Vermutung aus Art. 4 Abs. 1 auch im Falle des Art. 10 Satz 1, würde sein Anwendungsbereich *de facto* leerlaufen oder jedenfalls nur in den seltenen, praktisch nicht relevanten Ausnahmefällen des Art. 4 Abs. 6 und 7 Anwendung finden. Dies kann gesetzgeberisch nicht intendiert gewesen sein. Bestätigt wird dies zusätzlich durch die Entstehungsgeschichte der Art. 4 Abs. 1 und 10 Satz 1 der Verordnung: Die Bösgläubigkeitsvermutung wurde in die Entwurfsvorlage der Regierung an die ACP vom 15. Februar 1945[348] erst auf Anregung des *Comité juridique* aufgenommen.[349] Eine Art. 10 entsprechende Regelung wurde hingegen schon seit Sommer 1944 diskutiert. Sie fand sich erstmals im Verordnungsentwurf des *Commissaire à la production et au ravitaillement* der Übergangsregierung vom 26. Juli 1944[350] wieder und wurde in sämtliche Folgeentwürfe übernommen.[351] Der *Comité juridique* sprach sich schließlich sogar – anstelle einer bloßen Verweisung auf Art. 2279 Abs. 1 Code civil a. F. (Art. 2276 Abs. 1 n. F.) – für eine ausdrückliche Sonderregelung der Vindikation beweglicher Sachen im Rahmen der Verordnung aus, die so wenig wie möglich vom allgemeinen Recht abweichen sollte (»en dérogeant le moins possible au droit commun«[352]). Ersichtlich wollte man auf diesem Wege möglichen Unsicherheiten bei der Auslegung der Bestimmung, wie sie heute bestehen, vorbeugen. Es blieb in den weiteren Beratungen jedoch bei einer schlichten Verweisung auf Art. 2279 Abs. 2 Code civil a. F.

346 In diesem Sinne offenbar aber *Philonenko*, Les actes de Spoliation et le Droit, Band 1, S. 29 f. Nach Ansicht des Autors diene die Bestimmung des Art. 10 Satz 1 nur dazu, das Lösungsrecht der gutgläubigen Erwerber:innen nach Art. 2280 Abs. 1 Code civil a. F. (Art. 2277 Abs. 1 n. F.) auszuschließen. Dies erklärt aber nicht, warum der Gesetzgeber zugleich auch die Ausschlussfrist des Art. 2279 Abs. 2 Code civil a. F. (Art. 2276 Abs. 2 n. F.) modifiziert hat, die gleichfalls nur bei Gutgläubigkeit Anwendung findet.

347 So ausdrücklich *Chauveau*, JCP 1946, Nr. 550, Rn. 71: »Les règles qui viennent d'être exposées sont écartées en ce qui concerne les meubles corporels.«; *Esmein*, Gazette du Palais Doctrine 2 (1945), 1 (2).

348 Der Art. 8 des Entwurfs sah neben Art. 2279 Code civil (2276 n. F.) noch die Geltung des Art. 2280 Code civil (2277 n. F.) vor.

349 Comité Juridique, avis, 5.2.1945, Dossier Nr. 785, Abschnitt III, AN 382AP/73, Fonds René Cassin, Notes comités juridiques. Die Stellungnahme enthielt einen eigenen Regelungsentwurf, der in Art. 3 eine Vermutung der Bösgläubigkeit vorsah. Der Ausgangstext der Übergangsregierung vom 27.11.1944 ist heute nicht überliefert. Die Ausführungen des *Comité juridique* belegen aber, dass dieser noch keine entsprechende Regelung enthielt (»Il est nécessaire, en cette matière, tout au moins dans les cas où il n'y a pas eu consentement, de dire que l'acquéreur était de mauvaise foi et d'en tirer toutes conséquences de droit.«, a. a. O., Abschnitt I, Ziff. 5).

350 Art. 41 des Projet d'ordonnance relative à l'annulation des actes accomplis depuis le 16 juin 1940 dans la crainte ou en application d'une législation ou de mesures d'inspiration ennemie, Fassung vom 27.7.1944, AN C//15269, Dossier 691: »La revendication des biens mobiliers corporels par le propriétaire dépossédé selon l'un des modes prévus à l'article 5, s'exercera conformément aux dispositions prévues par l'article 2279 alinéa 2, et par l'article 2280 alinéa 1 du Code Civil.«

351 Eine gleichlautende Regelung fand sich in mehreren Vorentwürfen zur Verordnung wieder: In der Vorlage der sozialistischen Abgeordneten der ACP vom 13.2.1945 (ACP, Dokument-Nr. 299, AN C//15257, Dossier 398), im Entwurf der Übergangsregierung vom 20.2.1945 (ACP, Dokument-Nr. 314, AN C//15257, Dossier 399), im Entwurf der *Commission de la réforme de l'État et de la législation* der ACP vom 28.2.1945 (ACP, Dokument-Nr. 342, AN C//15257, Dossier 398) und schließlich in der Empfehlung der ACP an die Übergangsregierung vom 15.3.1945 (Avis sur le projet d'ordonnance portant application de l'ordonnance du 12 novembre 1943 sur la nullité des actes de spoliation, AN C//15257, Dossier 399).

352 Comité Juridique, a. a. O., Abschnitt I, Ziff. 2: »Le projet proposé se borne, en ce qui concerne les meubles corporels, à réserver l'application des articles 2279 et 2280 du Code civil, sans tenir compte des circonstances qui […] ont permis aux acquéreurs de connaître l'origine des meubles mis en vente par les autorités occupantes. Le Comité Juridique estime qu'il est souhaitable d'insérer une disposition expresse pour régler le régime des meubles corporels, en dérogeant le moins possible au droit commun«.

Auffällig ist weiterhin, dass die Frage der Vindikation beweglicher Sachen (im Unterschied etwa zu Art. 13 Satz 2 betreffend die Restitution von an der Börse gehandelten Wertpapieren[353]) keine größeren Differenzen zwischen der ACP und der Regierung hervorrief.[354] In der Sitzung der ACP vom 15. März 1945 wurde Art. 10 ohne Änderungen und ohne vorherige Aussprache beschlossen. Offenbar wurde die Regelung also in den Beratungen zu keinem Zeitpunkt von einer Fraktion innerhalb der ACP als ungewöhnlich oder problematisch bewertet. In diesem Sinne wurde Art. 10 später auch im Schrifttum gewürdigt. Nahezu sämtliche Autor:innen legten die Vorschrift in dem dargestellten Sinne aus, ohne auch nur auf einen möglichen Konflikt mit der Bösgläubigkeitsvermutung nach Art. 4 Abs. 1 einzugehen.[355] Es bestehen somit eindeutige Hinweise dafür, dass der historische Gesetzgeber für die Vindikation beweglicher Sachen eine Sonderregelung abweichend von den Art. 1 bis 9 der Verordnung schaffen wollte, was die Verortung der Vorschrift am Ende des ersten Titels verdeutlicht. Art. 10 schließt somit bei Vindikationsklagen aus dem Eigentum eine Berufung auf die Vermutung des Art. 4 Abs. 1 aus. Ein gutgläubiger Erwerb ist folglich nach Ablauf des 1. Dezember 1947 möglich.

Eine Folge dieses Auslegungsansatzes ist gleichwohl, dass, sofern die Voraussetzungen für einen gutgläubigen Erwerb vorliegen, die früheren Eigentümer:innen nach Ablauf der Frist des Art. 10 Satz 1 sämtliche durch die Verordnung eingeräumten Folgeansprüche gegen gutgläubige Folgeerwerber:innen der Sache verlieren. In diesem Fall verbleibt nur die Möglichkeit einer Inanspruchnahme der Ersterwerber:innen auf Schadensersatz (Art. 7 Abs. 1 der Verordnung).[356]

Vor Ablauf der Klagefrist nach Art. 10 Satz 1 war hingegen eine Vindikation auch bei Dritten ohne Einschränkungen möglich. Die Bestimmung schloss in diesem Zeitraum auch den Lösungsanspruch der gutgläubigen Erwerber:innen nach Art. 2280 Code civil a. F. (Art. 2277 n. F.) aus, wenn diese die Sache auf einem Markt, bei einer Messe, in einer öffentlichen Versteigerung oder bei spezialisierten Händler:innen (*marchands vendant des choses pareilles*) erworben haben. Nach Ablauf der Frist rechnete der historische Gesetzgeber somit erkennbar nicht mehr mit Klagen gegen Folgeerwerber:innen.

353 Die Verordnung war gemäß Art. 13 Satz 1 nicht auf Wertpapiere (*titres et valeurs mobilières*) anwendbar, die an der Börse von zugelassenen Maklern, Bänkern oder Bankinstituten ohne Angabe der Gegenleistung gehandelt wurden, es sei denn, die Erwerber:innen hatten positive Kenntnis von der Herkunft der Wertpapiere. Im Ergebnis wird hierdurch ein gutgläubiger Erwerb an Wertpapieren ermöglicht.

354 Die Debatten innerhalb der ACP sind nachzulesen in Débats de l'Assemblée consultative provisoire, Compte rendu in extenso des séances, 1ère séance du Jeudi 15 mars 1945, JORF vom 16.3.1945, S. 493 ff.

355 Dies ausdrücklich bejahend *Voirin*, Les lois nouvelles 1945 1 (1945), 27 (34): »Le spolié pourrait revendiquer pendant trente ans contre l'acquéreur initial assimilé à un voleur, et pendant trois, à compter de la spoliation, contre un sous-acquéreur de bonne foi.« In diesem Sinne, wenn auch ohne nähere Begründung, ebenso *Weil-Curiel/Castro*, Spoliations et Restitutions. Commentaire théorique et pratique de la législation relative aux spoliations, S. 100; *Esmein*, Gazette du Palais Doctrine 2 (1945), 1 (6); *Chauveau*, JCP 1946, Nr. 550, Rn. 71. A. A. ersichtlich nur *Philonenko*, Les actes de Spoliation et le Droit, Band 1, S. 29 f. Nach Ansicht dieses Autors strebt Art. 10 erkennbar eine Besserstellung der früheren Eigentümer:innen gegenüber dem allgemeinen Zivilrecht (insb. bezogen auf Art. 2280 a. F.) an. Dem kann i. E. nicht gefolgt werden: Der Gesetzgeber wollte die Ausschlussfrist nach Art. 2279 Abs. 2 a. F. zur Anwendung bringen (Art. 10 Satz 2). Diese begünstigt die früheren Eigentümer:innen aber nur während des Fristlaufs.

356 Vgl. *Djoudi*, Revendication, in: Répertoire de droit civil, Bearbeitungsstand Dezember 2021, Rn. 147. Siehe hierzu Näheres unter B.II.2.a)bb)(4).

(iii) Die Anwendung des Art. 4 Abs. 1 in der Rechtsprechung

Die Rechtsprechung haben diese Vorüberlegungen bislang nicht zu einer Einschränkung des Anwendungsbereich des Art. 4 Abs. 1 bei Vindikation von Kunstwerken oder Kulturgütern, bei denen Art. 10 Satz 1 an sich einschlägig wäre, veranlasst. Vielmehr gelangen die Gerichte ausgehend vom Normwortlaut des Art. 4 Abs. 1 im Ergebnis zu einer grenzenlosen Ausdehnung des Geltungsbereichs der Vermutung. So verhielt es sich etwa im Verfahren Simon Bauer.[357]

> Simon Bauer (1862-1947) verfügte über eine umfangreiche Kunstsammlung. 1943 wurde der Kunsthändler François Lefranc als kommissarischer Verwalter für diese Sammlung bestellt, der die Werke schrittweise am Kunstmarkt absetzte. Unter den entzogenen Werken befand sich auch das Gemälde *Cueillette des pois* von Camille Pissarro. Lefranc verkaufte das Gemälde an Jane Eudeline. Simon Bauer, der im Sommer 1944 in Gefangenschaft im Konzentrationslager Drancy geriet, überlebte die Shoah in Frankreich. Auf Grundlage der Verordnung vom 21. April 1945 erhob er im August 1945 Klage gegen die Erwerberin vor dem Zivilgericht der Seine. Das Gericht gab der Klage im November 1945 statt. Die Entscheidung wurde schließlich 1951 durch die *Cour d'appel* von Paris bestätigt und erwuchs in Rechtskraft. Gleichwohl kam es in der Folge nicht zur Restitution des Werkes, da die Beklagte wahrheitswidrig behauptete, sich nicht mehr im Besitz des Gemäldes zu befinden. Deren Ehegatte, Herr Carrère, verkaufte das Gemälde schließlich 1965 an den Kunsthändler Peter Findlay. Der Verkauf blieb nicht unbemerkt: Nach einer Anzeige der Bauer-Erb:innen wurde ein strafrechtliches Ermittlungsverfahren gegen Findlay wegen Hehlerei eingeleitet, aber kurze Zeit später wieder eingestellt. Für die Ausfuhr des Werkes in das Vereinigte Königreich wurde in der Folge eine Ausfuhrgenehmigung erteilt, wo es wenig später bei Sotheby's versteigert wurde. Hiernach verlor sich die Spur des Gemäldes für weitere drei Jahrzehnte. Erst im Mai 1995 tauchte es auf einer Auktion, nunmehr bei Christie's in New York, auf, wo es die späteren Beklagten, das Ehepaar Toll, erwarben. Der Auktionskatalog enthielt offenbar keinen Hinweis auf eine Herkunft aus der Sammlung Bauer.

Als sich das Gemälde als Leihgabe für eine Pissarro-Retrospektive im Museum Marmottant-Monet 2017 erneut in Paris befand, ließen die Bauer-Erb:innen das Werk durch gerichtlichen Eilbeschluss sequestrieren. In der Hauptsache obsiegten die Kläger:innen schließlich in sämtlichen Instanzen auf Grundlage der Verordnung von 1945.[358] Nach Ansicht sämtlicher Instanzen ist der Verkauf des Gemäldes durch Lefranc als von Anfang an nichtig anzusehen (Art. 1). Diese Feststellung sei bereits nach dem Krieg innerhalb der Frist des Art. 21 Abs. 1 sowie der Spezialfrist des Art. 10 Satz 2 erfolgt. Das Gemälde sei daher an die Erb:innen nach Simon Bauer zu

357 TGI Paris, 7.11.2017, Nr. 17/58735; CA Paris, 2.10.2018, Nr. 17/20580, LPA 227 (2018), 8, m. Anm. *Noual*; Cass. civ. 1ère, 1.7.2020, Nr. 18-25.695, Rec. Dalloz 2020, 1460 – Toll; *de Ravel d'Esclapon*, Rec. Dalloz 2020, 1992; *Pollaud-Dulian*, RTD Com. 2020, 639.

358 Kollisionsrechtliche Fragestellungen wurden in dem Verfahren nicht näher beleuchtet, obwohl die Beklagten ihren Wohnsitz im Bundestaat Kalifornien hatten und der Erwerb des Gemäldes im Bundesstaat New York erfolgt war. Vor der *Cour d'appel* von Paris beriefen sich die Tolls auf eine Anwendung des Rechts des Vereinigten Königreichs. Das Gericht lehnte dies ab, da der Erwerb durch die Tolls gerade nicht im Vereinigten Königreich erfolgt war. Siehe CA Paris, 2.10.2018, Nr. 17/20580, m. Anm. *Noual*, LPA 227 (2018), 8.

restituieren. Zudem könnten sich die Beklagten wegen Art. 4 Abs. 1 nicht auf ihre Gutgläubigkeit berufen. Fragen des Kollisionsrechts wurden in den Gerichtsentscheidungen, obgleich der Erwerb durch die Tolls im Bundesstaat New York erfolgt war, ausgeklammert.[359] In den folgenden Ausführungen wird daher gleichfalls die Anwendbarkeit französischen Rechts unterstellt.

Von Interesse sind speziell die Feststellungen der Gerichte zu Art. 10 der Verordnung bzw. Art. 2279 Abs. 1 Code civil a.F. Die *Cour d'appel* von Paris hielt Art. 10 zwar im Unterschied zum *Tribunal de grande instance* für anwendbar, sah die Ausschlussfrist aber durch die Klage Bauers nach dem Krieg als gewahrt an.[360] Entscheidend ist jedoch, dass es auf die Klage Bauers hin nicht zur Restitution des Gemäldes kam, sondern dieses noch bis 1965 bei der Erwerberin verblieb. Die Ausschlussfrist des Art. 10 Satz 2 für die Vindikationsklage der Erb:innen aus Art. 2279 Abs. 2 Code civil war zu diesem Zeitpunkt bereits seit beinahe zwei Jahrzehnten abgelaufen. Wie bereits dargestellt, unterliegt diese Frist keiner Hemmung (*suspension*) wegen Unmöglichkeit der Rechtsverfolgung (Art. 2234 Code civil).[361] Sie beginnt somit für alle Berechtigten einheitlich ab dem in Art. 10 Satz 2 definierten Zeitpunkt und zwar unabhängig davon, ob diese faktisch an einer Rechtsverfolgung gehindert waren. Die Klageerhebung führt nach Art. 2246 Code civil a.F. (Art. 2241 n.F.), der nach der Rechtsprechung auf sämtliche Fristen Anwendung findet,[362] nur zur Unterbrechung (*interruption*) der Ausschlussfrist bis zum Abschluss des gerichtlichen Verfahrens (Art. 384 Abs. 1 Hs. 1 Code de procédure civile). Mit der rechtskräftigen Entscheidung der *Cour d'appel* von Paris begann die Frist des Art. 10 Satz 2 der Verordnung somit von Neuem zu laufen.

Zulasten Bauers und zugunsten des Ehepaars Toll wäre somit ein Eigentumsverlust nach Art. 2279 Abs. 2 Code civil zu bejahen, wenn diese oder jedenfalls ihre Vorgänger:innen im Besitz bei Besitzerwerb gutgläubig waren. Nach der abweichenden Lösung der Instanzgerichte verblieb dagegen nur die Möglichkeit eines Eigentumserwerbs durch Ersitzung nach Ablauf der dreißigjährigen Ersitzungsfrist gemäß Art. 2272 Abs. 1 Code civil analog, der gleichfalls abgelehnt wurde.[363]

Die Feststellungen der *Cour d'appel* zu Art. 10 waren daraufhin nicht mehr Gegenstand der Kassationsbeschwerde der Berufungskläger:innen. Vor der *Cour de cassation* ging es nur noch um eine mögliche Verletzung der Grundrechte des Ehepaars Toll durch die Anwendung von Art. 4 Abs. 1 der Verordnung. Das Ehepaar berief sich auf eine Verletzung ihres Eigentumsgrundrechts aus Art. 2 und 17 der DDHC[364] und Art. 1 des ersten Zusatzprotokolls der EMRK[365]

359 Die *Cour de cassation* verneinte lediglich die Anwendbarkeit englischen Rechts, auf die sich die Beklagten berufen hatten, da der Erwerb durch die Tolls in den Vereinigten Staaten erfolgt war (Cass. civ. 1ère, 1.7.2020, Nr. 18-25.695, Rec. Dalloz 2020, 1460, Rn. 9 – Toll: »Enfin, la cour d'appel n'avait pas à déterminer si la loi anglaise était applicable, dès lors que le litige ne portait pas sur la vente aux enchères intervenue à Londres en 1966.«)

360 CA Paris, 2.10.2018, Nr. 17/20580, LPA 227 (2018), 8: »Simon Bauer ayant bien agi dans le délai imparti de 6 mois à compter du 31 décembre 1949 et eux-mêmes [les consorts Bauer; Anm. d. Verf.] ne pouvaient pas agir plus tôt contre les époux Toll, d'autant qu'en aucun cas ils n'auraient pu agir contre les époux Toll dans ce délai, puisqu'ils n'étaient pas encore entrés en possession du tableau en cause«.

361 Vgl. m.w.N. *Ferid/Sonnenberger*, Das Französische Zivilrecht, Band 2, S. 565, Rn. 3 B 33.

362 Cass. mixte, 24.11.2006, Nr. 04-18.610 (»les dispositions générales de ce texte sont applicables à tous les délais pour agir«).

363 Die *Cour d'appel* lehnte dies unter Verweis auf die nicht ausreichende Besitzdauer der Tolls ab. Der Besitz früherer Erwerber:innen sei diesen nur anzurechnen, wenn dieser gemäß Art. 2261 Abs. 1 Code civil öffentlich gewesen sei (*possession publique*), was das Gericht jedoch verneinte.

364 Déclaration des Droits de l'Homme et du Citoyen von 1789.

365 Europäische Konvention zum Schutz der Menschenrechte und Grundfreiheiten vom 4.11.1950.

sowie eine Verletzung ihres Rechts auf ein faires Verfahren aus Art. 16 DDHC sowie Art. 6 Abs. 1 EMRK. Die Frage wurde, was überraschen mag, nicht dem *Conseil constitutionnel* im Rahmen einer Vorfrage der Verfassungsmäßigkeit (*Question prioritaire de constitutionnalité*) vorgelegt, da der Gerichtshof eine relevante Grundrechtsverletzung schon im Ansatz nicht zu erkennen vermochte.[366] Da Art. 4 Abs. 1 ausnahmslos alle Erwerber:innen eines entzogenen Vermögenswertes als bösgläubig qualifiziere, sei ein Eigentumserwerb durch das Ehepaar Toll und in der Folge auch eine Verletzung ihres Eigentumsgrundrechts (Art. 2 und 17 DDHC und Art. 1 des ersten Zusatzprotokolls zur EMRK) ausgeschlossen.[367] Für die Anwendung des Art. 4 Abs. 1 sei allein entscheidend, dass die Nichtigkeit der Entziehung nach Art. 1 durch ein Gericht rechtskräftig festgestellt wurde. Diese Schlussfolgerung ist, sofern man Art. 4 Abs. 1 tatsächlich für anwendbar hält, folgerichtig: Nach französischem Verfassungsrecht werden nur abgeschlossene Erwerbstatbestände als Eigentum im verfassungsrechtlichen Sinne geschützt.[368] Auch eine Verletzung des Rechts auf ein faires Verfahren (Art. 16 DDHC und Art. 6 EMRK) war nach Ansicht der *Cour de cassation* abzulehnen, da dem Ehepaar Toll durch die Vermutungsregel kein Rechtsbehelf und auch keine Prozesshandlung – konkret der Gegenbeweis der Gutgläubigkeit – abgeschnitten worden sei.[369] Eine Rechtsverfolgung gegen ihren Verkäufer, das Auktionshaus Christie's, bleibe ihnen vielmehr unbenommen.[370] Die *Cour de cassation* bestätigte somit die Entscheidungen der Vorinstanzen, die das Ehepaar Toll zur Restitution des Gemäldes an die Bauer-Erb:innen verurteilt hatten.

In gleicher Weise verfuhr der *Tribunal de grande instance* von Paris in der Sache René Gimpel.[371] Die Beklagten – der Zentralstaat und die Stadt Marseille – beriefen sich in dem Verfahren schon gar nicht auf Art. 10 Satz 1. In dem Fall hatten die Beklagten die Werke nicht auf Grundlage einer Entziehung im Sinne des Art. 1 Abs. 1, sondern vielmehr mehrere Jahrzehnte nach der Entziehung der Werke durch Schenkung oder Verkauf erworben.[372] Art. 10 Satz 1 i. V. m. Art. 2279 Abs. 2 a. F. wäre demnach anwendbar gewesen.

Die Zurückhaltung der Gerichte in den Verfahren Bauer und Gimpel bezüglich Art. 10 dürfte sich vor allem durch seine unklare Fassung erklären. Der konkrete Geltungsbereich kann aber, wie dargelegt, unter Rückgriff auf die historischen Gesetzesmotive erhellt werden, die das Bestreben des historischen Gesetzgebers belegen, den Konflikt zwischen früheren Eigentümer:innen und gutgläubigen Dritten bei Vindikation beweglicher Sachen – jedenfalls nach Ablauf der Klagefrist in Art. 10 Satz 2 – nach Maßgabe des allgemeinen Zivilrechts zu lösen.

366 Cass. civ. 1ère, 11.9.2019, Nr. 18-25.695.

367 Cass. civ. 1ère, 1.7.2020, Nr. 18-25.695 (Nr. 395 F-D), Rn. 6, Rec. Dalloz 2020, 1460 – Toll: »L'ordonnance n° 45-770 du 21 avril 1945 assure la protection du droit de propriété des personnes victimes de spoliation, de sorte que, dans le cas où une spoliation est intervenue et où la nullité de la confiscation a été irrévocablement constatée et la restitution d'un bien confisqué ordonnée, les acquéreurs ultérieurs de ce bien, même de bonne foi, ne peuvent prétendre en être devenus légalement propriétaires.«

368 CC, 8.4.2011, Nr. 2011118 QPC, Cons. 4 – M. Lucien M. (Biens des sections de commune); CC, 24.5.2013, Nr. 2013 316 QPC, Cons. 6 – SCI Pascal et autre (Limite du domaine public maritime naturel).

369 Art. 4 Abs. 1 stellt keine Beweisregel dar, sondern eine Regel des materiellen Rechts, vgl. in diesem Sinne *Dross*, RTD Civ. 2019, 908 (910); *Pollaud-Dulian*, RTD Com. 2020, 97 (100); *de Ravel d'Esclapon*, Rec. Dalloz 2020, 1992 (1995).

370 Cass. civ. 1ère, 1.7.2020, a. a. O., Rn. 6 – Toll: »Ils disposent de recours contre leur auteur, de sorte que les dispositions de l'ordonnance précitée, instaurées pour protéger le droit de propriété des propriétaires légitimes, ne portent pas atteinte au droit des sous-acquéreurs à une procédure juste et équitable.«

371 TGI Paris, 29.8.2019, Nr. 19/53387; CA Paris, 30.9.2020, Nr. 19/18087 – Gimpel. Siehe zu diesem Fall schon unter B.II.1.a).

372 Der Zentralstaat erwarb zwei Derain-Gemälde durch Schenkung des Sammlerehepaars Pierre und Denise Lévy im Jahr 1976, die Stadt Marseille erwarb ihr Derain-Gemälde durch Verkauf von Augustin Terrin im Jahre 1987.

Die Berufung auf einen gutgläubigen Erwerb dürfte in heutigen Gerichtsverfahren aber tendenziell ein gewisses Unbehagen auslösen. Mochte der Schutz redlicher Dritter dem historischen Gesetzgeber noch einleuchten, so erscheint dies heute nur noch wenig überzeugend. Der Vergleich mit anderen Jurisdiktionen verdeutlicht, dass die Gutgläubigkeit der Erwerber:innen heute nicht mehr als ein prüfungsrelevanter Belang bewertet wird.[373] In Frankreich dürfte vor diesem Hintergrund aber die CIVS das geeignetere Forum zur Verfolgung von Restitutionsansprüchen wegen verfolgungsbedingter Vermögensentziehungen darstellen.[374] Nach der Praxis dieser Verwaltungskommission ist die Gutgläubigkeit der Erwerber:innen entzogener Vermögenswerte für die Anspruchsbewertung gänzlich unbeachtlich.[375] Die moralischen Einwände gegen eine Anwendung des Art. 10 können in einem Gerichtsverfahren nur eingeschränkt bei der Auslegung der Verordnung von 1945 berücksichtigt werden. Soweit deren normativer Gehalt klar ist, verbleibt kein Spielraum für eine Rechtsfortbildung unter moralischen Gesichtspunkten.

Entscheidende Bedeutung erwächst damit der Frage, unter welchen Voraussetzungen Gutgläubigkeit zu bejahen oder vielmehr abzulehnen ist. Gutgläubigkeit in diesem Sinne erfordert Unkenntnis der Erwerber:innen vom fehlenden Eigentum der Veräußerer:innen an der entzogenen Sache. Als bösgläubig sind die Erwerber:innen schon anzusehen, wenn sie im Zeitpunkt des Besitzerwerbs Kenntnis oder fahrlässige Unkenntnis von der widerrechtlichen Entziehung des entzogenen Kunstwerkes oder Kulturguts hatten. Da der gute Glaube nach Art. 2268 Code civil vermutet wird, trifft die Kläger:innen insoweit die Widerlegungslast. Der gute Glaube ist bereits dann widerlegt, wenn für die Erwerber:innen erkennbare Verdachtsmomente bestanden, die Zweifel an dem Eigentum der Veräußerer:innen begründen mussten.[376] Entscheidend ist folglich, über welche konkreten Erkenntnismöglichkeiten Erwerber:innen in der Nachkriegszeit und in der Folgezeit bezüglich einer möglichen Entziehung des von ihnen erworbenen Kulturguts verfügten. Ein entscheidendes Indiz stellt dabei die Eintragung des Werkes im *Répertoire des biens spoliés en France durant la guerre 1939-1945* (RBS) dar, das zwischen 1947 und 1949 durch das Außenministerium (*Bureau central des restitutions*) auf Grundlage der Verlustmeldungen früherer Eigentümer:innen in verschiedenen Sprachen und Ländern publiziert wurde.[377] Das Verzeichnis sollte potenzielle Erwerber:innen widerrechtlich entzogener Vermögenswerte warnen und den Handel mit diesen Gütern erschweren. Wie heutige Gerichtsverfahren gleichwohl belegen, wurde dieses Verzeichnis in der Vergangenheit nicht systematisch vor Ankäufen am Kunstmarkt konsultiert (ebenso nicht

373 Siehe hierzu eingehend zur Rechtslage in Deutschland *Hahne*, Wege zur Gerechtigkeit bei NS-Raubkunst: Die heutige Restitutionspraxis im Lichte des alliierten Rückerstattungsrechts, im Erscheinen; für Österreich *Dewey*, Gerecht und fair? Die Empfehlungspraxis des österreichischen Kunstrückgabebeirats im Lichte der Washingtoner Prinzipien, S. 268 f. (der Kunstrückgabebeirat modifiziert den Bezugspunkt und maßgeblichen Zeitpunkt des guten Glaubens jedoch merklich gegenüber dem allgemeinen Zivilrecht); für die Niederlande *Scheller*, Die niederländische Restitutionskommission, im Erscheinen.

374 Auch nach der Praxis dieser Kommission stellt die Gutgläubigkeit der Erwerber:innen keinen prüfungsrelevanten Belang dar. Siehe hierzu noch eingehend unter B.III.7.e)bb).

375 Siehe Näheres hierzu unter B.III.7.e)bb).

376 Grundlegend Cass. civ. 1ère, 23.3.1965, Nr. 63-11.238, Bull. civ. I, Nr. 92 (»le doute sur ce point [sur la propriété des biens que sont auteur lui a transmis; Anm. d. Verf.] est exclusif de la bonne foi«); 16.6.1971, Nr. 69-12.843, Rec. Dalloz Jurisprudence 1971, 566; *Djoudi*, Revendication, in: Répertoire de droit civil, Bearbeitungsstand Dezember 2021, Rn. 114; *Ferid/Sonnenberger*, Das Französische Zivilrecht, Band 2, S. 563, Rn. 3 B 21.

377 Siehe zu diesem Verzeichnis, seiner Entstehungsgeschichte und seiner Zielsetzung *Kulturministerium*, Répertoire des biens spoliés (RBS), Website-Eintrag.

im Verfahren Simon Bauer) und längst nicht alle entzogenen Kulturgüter waren in diesem Verzeichnis gelistet (Einträge fehlten etwa für die Werke der Sammlung René Gimpel).

(4) Sekundäransprüche der klagenden Prozesspartei

Neben dem Anspruch auf Naturalrestitution gewährt die Verordnung als Folge der Nichtigkeit des Entziehungsaktes Sekundäransprüche (insbesondere auf Schadensersatz und Nutzungsherausgabe), die wie dieser auf Wiederherstellung der früheren Vermögenslage gerichtet sind. Die Verordnung regelt diese Ansprüche bei Entziehungen nach Art. 1 nahezu abschließend in den Art. 2 bis 9. Wenn und soweit die Verordnung selbst keine Regelung enthält, bleibt subsidiär ein Rückgriff auf das Zivilrecht möglich.[378] Zum Teil regelt die Verordnung auch die Ansprüche im Verhältnis zu Folgeerwerber:innen (*acquéreurs successifs* oder *sous-acquéreurs*). Ansprüche gegen gutgläubige Folgeerwerber:innen einer beweglichen Sache sind hingegen, wie dargestellt, nach Ablauf des 1. Dezember 1947 gemäß Art. 4 S. 2 i. V. m. Art. 2276 Abs. 2 Code civil ausgeschlossen.

(i) Herausgabe der Früchte (Art. 4 Abs. 3)

Vorbehaltlich dieser Maßgabe steht der klagenden Prozesspartei nach Art. 4 Abs. 3 ein Anspruch auf Herausgabe der Sachfrüchte (*fruits naturels et industriels*) und Rechtsfrüchte (*fruits civils*) ab dem Zeitpunkt der Nichtigkeit gegen sämtliche Erwerber:innen zu[379], wovon die Kosten der Erwirtschaftung in Abzug zu bringen sind (Art. 548 Code civil). Geschuldet sind auch die Früchte, die bei ordnungsgemäßer Bewirtschaftung hätten gezogen werden können, deren Erwirtschaftung die beklagte Prozesspartei aber pflichtwidrig unterließ.[380]

(ii) Schadensersatz in Geld (Art. 7)

Bei Verlust oder Verschlechterung des Vermögenswertes haftet der »acquéreur« nach Art. 7 Abs. 1 auf Schadensersatz.[381] Über den Wortlaut der Bestimmung hinaus haften neben den Ersterwerber:innen (*acquéreurs*) auch die Folgeerwerber:innen und sogar Fremdbesitzer:innen (*détenteurs précaires*).[382]

Eine Haftung besteht sowohl für Schäden, die durch ein Handeln (*fait*) als auch durch Verschulden (*faute*) der beklagten Prozesspartei entstanden sind (»tous les dommages causés

378 In diesem Sinne erstmals CA Paris, 1.4.1946, Gazette du Palais Jurisprudence 1 (1946), 242 – BNCI c. Ellissen. So auch schon *Tager/Sarraute*, Gazette du Palais Doctrine 2 (1945), 23 (30 f.).

379 »Ils [l'acquéreur ou les acquéreurs successifs] doivent restituer les fruits naturels, industriels et civils à partir de la date à laquelle remonte la nullité [...].« Art. 583 Abs. 1 Code civil definiert die *fruits naturels* als »ceux qui sont le produit spontané de la terre. Le produit et le croît des animaux sont aussi des fruits naturels.« Die *fruits civils* werden durch Art. 584 Abs. 1 Code civil definiert als »loyers des maisons, les intérêts des sommes exigibles, les arrérages des rentes«. Nach der Literatur zählen zu den Früchten im Falle einer Unternehmensentziehung auch die üblicherweise zu erwartbaren Gewinne des Unternehmens im Zeitraum nach dessen Entziehung, vgl. *Esmein*, Gazette du Palais Doctrine 2 (1945), 1 (2).

380 Vgl. *Esmein*, a. a. O., 1 (2); *Tager/Sarraute*, Gazette du Palais Doctrine 2 (1945), 23 (28).

381 »L'acquéreur est tenu de rembourser tous les dommages causés par son fait ou par sa faute.«

382 Vgl. *Weil-Curiel/Castro*, Spoliations et Restitutions. Commentaire théorique et pratique de la législation relative aux spoliations, S. 89; *Esmein*, Gazette du Palais Doctrine 2 (1945), 1 (3).

par son fait ou par sa faute«). Diese Formulierung bedarf der Klarstellung.[383] Die Erwähnung des Begriffs der Handlung neben dem Verschulden deutet daraufhin, dass eine Haftung auch unabhängig von einem Verschuldensnachweis besteht. Eine solche Regelung würde aber eine deutliche Abweichung vom allgemeinen Zivilrecht (Art. 1382 Code civil a. F.[384], Art. 1240 n. F.) darstellen, wonach eine deliktische Haftung grundsätzlich nur bei Verschuldensnachweis besteht. Begründet also Art. 7 Abs. 1 eine Haftung für vermutetes Verschulden[385] oder gar eine verschuldensunabhängige Haftung? Ein Blick auf das Normumfeld, namentlich die Vermutung der Bösgläubigkeit aus Art. 4 Abs. 1, verschafft Klarheit. Zulasten etwaiger Erwerber:innen wird im Verhältnis zu den Geschädigten vermutet, dass diese Kenntnis von der Entziehung und ihrer fehlenden Eigentumsposition hatten. Hat die beklagte Prozesspartei den Vermögensgegenstand veräußert und so eine Restitution in Natur verunmöglicht, so haftet diese für Vorsatz.[386] Die Vermutung des Art. 4 Abs. 1 wirkt auf diese Weise haftungsbegründend.

Die früheren Eigentümer:innen können außerdem die Ansprüche der beklagten Erwerber:innen geltend machen, die diesen wegen der Verschlechterung (*détérioration*) oder des teilweisen Untergangs (*perte partielle*) des Vermögensgegenstandes gegen Dritte zustehen. Art. 7 Abs. 4 sieht in diesen Fällen eine Legalzession etwaiger Ansprüche vor.[387] Keine Legalzession tritt hingegen bei vollständigem Untergang (*perte totale*) ein.

Umstritten war in der Nachkriegszeit, ob eine Haftung auch für Zufallsschäden (sog. *cas fortuit*) besteht, wenn also ein schadensursächliches Verhalten der beklagten Prozesspartei nicht nachweisbar ist. In diesem Fall würde eine Haftung nach Art. 7 Abs. 1, der zumindest einen kausalen Verursachungsbeitrag fordert, ausscheiden. Dieses Ergebnis wäre mit dem Grundsatz *res perit domino* vereinbar, wonach die Eigentümer:innen das Risiko eines zufälligen Untergangs der Sache tragen. Eine Haftung ließe sich hier aber nach den Grundsätzen über die Rückgewähr einer nicht geschuldeten Leistung (*répétition de l'indu*, Art. 1376 bis 1380 Code civil a. F.) begründen. Nach Art. 1379 Hs. 2 Code civil a. F. haften Erwerber:innen beweglicher Sachen bei Kenntnis vom Fehlen des Rechtsgrundes, die gemäß Art. 4 Abs. 1 der Verordnung unwiderleglich vermutet wird, auch für Zufallsschäden.[388] Die Anwendung des Art. 1379 Code civil würde indes voraussetzen, dass die Rechtsfrage nicht schon abschließend durch die Verordnung selbst geregelt wurde. Letzteres vertrat die *Cour de cassation* in ihrer historischen Rechtsprechung: Der Gesetzgeber habe den Fall der Unmöglichkeit einer Restitution in Natur erkannt und abschließend in Art. 7 Abs. 1 geregelt, ohne dass es eines Rückgriffs auf die

383 Kritisch schon *Esmein*, Gazette du Palais Doctrine 2 (1945), 1 (3).

384 »Tout fait quelconque de l'homme, qui cause à autrui un dommage, oblige celui par la faute duquel il est arrivé à le réparer.«

385 In diesem Sinne nur *Esmein*, Gazette du Palais Doctrine 2 (1945), 1 (3).

386 »La présomption de mauvaise foi qui pèse sur eux par rapport aux spoliés, en vertu de l'article 4, les constitue ipso facto en état de faute à leur égard, cette faute consistant […] en ce qu'ils sont censés avoir connu dans tous les cas le vice dont était infectée leur possession.«, *Weil-Curiel/Castro*, Spoliations et Restitutions. Commentaire théorique et pratique de la législation relative aux spoliations, S. 99. Eine andere Ansicht scheint hingegen Chauveau zu vertreten, der in Art. 7 Abs. 1 eine Nachbildung der Haftungsgrundnorm des Art. 1382 Code civil a. F. sieht, sodass ein Verschuldensnachweis erforderlich ist. Vgl. *Chauveau*, JCP 1946, Nr. 550, Rn. 64.

387 »En cas de détérioration ou de perte partielle des biens, droits ou intérêts, le propriétaire dépossédé sera subrogé de plein droit aux droits et actions des détenteurs contre l'assureur ou le tiers responsable de la perte.«

388 Grundlegend CA Paris, 1.4.1946, Gazette du Palais Jurisprudence 1 (1946), 242 – BNCI c. Ellissen; zustimmend *Sarraute/Tager*, Gazette du Palais Doctrine 2 (1946), 51 (56); *Sarraute/Tager*, Gazette du Palais Doctrine 2 (1949), 37 (39). Im Ergebnis wohl auch *Lyon-Caen*, Lois annotées 1946, 137 (140). A.A. *Esmein*, Gazette du Palais Doctrine 2 (1945), 1 (3).

Art. 1376 bis 1380 Code civil bedürfe.[389] Gleichwohl erscheint es wenig einleuchtend, warum frühere Eigentümer:innen hiernach schlechtergestellt werden sollen als nach allgemeinem Zivilrecht, wo die Verordnung doch tendenziell eine Besserstellung der Geschädigten gegenüber dem Zivilrecht anstrebt. Vorzugswürdig erscheint daher ein Rückgriff auf die Grundsätze der *répétition de l'indu*.

Nicht näher definiert Art. 7 Abs. 1 den genauen Umfang der Schadensersatzpflicht. Dem Wortlaut nach ist Ersatz für »tous les dommages« zu leisten, die durch das Handeln der Erwerber:innen verursacht wurden. Nach dem Grundsatz der Totalreparation wären an sich alle Schäden im Vermögen der Geschädigten auszugleichen (darunter auch Nutzungsausfall und entgangener Gewinn).[390] Nach der Entscheidung der *Cour de cassation* in der Sache Époux de Sèze von 1955 ist der Tatbestand des Art. 7 Abs. 1 in einem entsprechenden Sinne auszulegen.[391] Bezogen auf eine Tapisserie bejahte der Gerichtshof so die Ersatzfähigkeit des Nutzungsausfalls (*privation de jouissance*) unter Verweis auf den Normwortlaut, obgleich es sich bei dem streitgegenständlichen Gegenstand nicht um eine fruchttragende Sache handelte.[392] Neben dem entgangenen Nutzungsvorteil ist als Nutzungsausfallschaden auch der entgangene Gewinn anerkannt.[393]

Für die Berechnung des Schadensersatzes ist der hypothetische Wiederbeschaffungswert (*valeur de remplacement*) des entzogenen Vermögenswerts im Zeitpunkt der gerichtlichen Entscheidung maßgebend.[394] Das Haftungsregime ist auf diese Weise günstiger ausgestaltet als jenes nach dem Dekret vom 10. September 1999, das noch in einem Folgekapitel darzustellen sein wird.[395]

Bei Zahlungsunfähigkeit oder Nichtauffindbarkeit der Erwerber:innen bestand nach Art. 7 Abs. 2 eine Garantiehaftung des Staates im Umfang eines Entschädigungsanspruchs nach dem Kriegsschädenrecht.[396] Die Inanspruchnahme des Staates setzte voraus, dass die Anspruchsteller:innen zuvor eine rechtskräftige gerichtliche Verurteilung der Primärschuldner:innen zum Schadensersatz nach Art. 7 Abs. 1 der Verordnung erwirkt und vergeblich alle Mittel bemüht hatten, um die Entscheidung zu vollstrecken (Art. 1 Abs. 5 des Gesetzes vom 23. April 1949). Weiterhin greift die Garantiehaftung des Staates unabhängig

389 Der Gerichtshof entschied dies in einem Fall, in dem eine Bank Aktien weiterveräußerte, die zuvor Gegenstand einer Entziehung gemäß Art. 1 Abs. 1 gewesen waren. Es lag kein Fall der Zufallshaftung vor, jedoch kassierte das Gericht die Entscheidung eines Instanzgerichts, das die Art. 1376 bis 1380 Code civil für anwendbar erklärt hatte: Cass. civ., 19.7.1949, Gazette du Palais Jurisprudence 2 (1949), 294 – BNCI c. Benisti, Stern et Administration de l'Enregistrement. So auch *Voirin*, Les lois nouvelles 1945 1 (1945), 27 (32).

390 Vgl. *Brun*, Responsabilité du fait personnel, in: Répertoire de droit civil, Bearbeitungsstand Mai 2015, Rn. 158.

391 Cass. civ., 7.2.1955, Bull. civ. I, Nr. 60 – Trésor public c. Époux de Sèze et autres. Siehe Besprechung bei *Muracciole*, AFDI 1957, 723 (769).

392 »Attendu […] que le caractère non frugifère des tapisseries ne mettait pas obstacle à l'allocation d'une indemnité pour privation de jouissance dans le cadre des dispositions générales de l'article 7« (a.a.O., S. 58). Die Entscheidung ging sogar noch weiter und erkannte auch die Ersatzfähigkeit immaterieller Schäden an.

393 Vgl. *Bertolaso*, Responsabilité civile, Fasc. 110: Droit à réparation, in: Jurisclasseur Notarial Répertoire, Bearbeitungsstand 23.11.2020, Rn. 39 und Rn. 45-48; *Brun*, Responsabilité du fait personnel, in: Répertoire de droit civil, Bearbeitungsstand Mai 2015, Rn. 162.

394 Cass. civ., 4.12.1950, Bull. civ. I, Nr. 246 – Soc. Lacour c. Soc. de Marly.

395 Siehe Näheres hierzu unter B.III.8.b)bb)(2).

396 Art. 7 Abs. 2 sah die Umsetzung durch eine Regelung vor, die schließlich durch Gesetz Nr. 49-573 vom 23.4.1949 (JORF vom 24.4.1949, S. 4108) eingeführt wurde. Schadensersatz konnte hiernach nur in den sachlichen Grenzen des Kriegsschädenrechts verlangt werden (Art. 1 Abs. 3). Die Anmeldefrist für Ansprüche nach diesem Gesetz lief ursprünglich bis zum 31.12.1949 (Art. 1 Abs. 4), wurde aber durch Gesetzes Nr. 51-650 vom 24. Mai 1951 bis zum 31.12.1951 verlängert.

von einer früheren rechtskräftigen Entscheidung, wenn die aktuellen Besitzer:innen nicht auffindbar sind (Art. 1 Abs. 7 des Gesetzes). Diese Ansprüche können heute wegen Ablaufs der Klagefristen nicht mehr geltend gemacht werden.[397]

(5) Gegenansprüche der beklagten gegen die klagende Prozesspartei

Die Verordnung räumt der beklagten Prozesspartei eine Reihe von Gegenansprüchen ein, die sich gleichfalls aus der Nichtigkeit ergeben und sich an den Rückgewähransprüchen des allgemeinen Zivilrechts orientieren. Zugleich werden bestimmte Regeln des Zivilrechts zugunsten der früheren Eigentümer:innen im Interesse einer effektiven Rechtsdurchsetzung abgewandelt. So ist etwa die Ausübung eines Zurückbehaltungsrechts durch die beklagte Prozesspartei ausgeschlossen (Art. 4 Abs. 2). Vielmehr hat das Gericht nach Feststellung der Nichtigkeit gemäß Art. 17 Abs. 3 und vor Regelung der wechselseitigen Ansprüche zwischen den Parteien die Restitution an die klagende Prozesspartei anzuordnen.[398] Ihre Gegenansprüche, die im Wesentlichen auf Kaufpreisrückzahlung und Verwendungsersatz gerichtet sind, muss die beklagte Prozesspartei im Rahmen einer Widerklage (*demande reconventionnelle*, Art. 64 Code de procédure civile) verfolgen.

(i) Kaufpreisrückzahlung (Art. 6 Abs. 1 Satz 1)

Nach Art. 6 Abs. 1 Satz 1 steht der beklagten Prozesspartei bei entgeltlichen Verträgen infolge der Nichtigkeit ein Anspruch auf Rückzahlung des gezahlten Kaufpreises zuzüglich Zinsen zu.[399] Es handelt sich seinem Wesen nach um einen spezialgesetzlichen Fall der *restitution de l'indu* nach Art. 1376 Code civil a. F. (Art. 1302 n. F.),[400] der jedoch in der Verordnung missverständlich als *remboursement* (Rückzahlung) bezeichnet wird.[401] Bei wirtschaftlicher Betrachtung bietet der Anspruch auf Kaufpreisrückzahlung regelmäßig keinen vollwertigen Ausgleich. Angesichts einer Inflationsrate von mehr als 25 Prozent im Durchschnitt der Jahre 1943 bis 1946 ist er faktisch wertlos.[402]

Abweichend vom allgemeinen Zivilrecht (Art. 1376, 1377 Abs. 1 Code civil a. F., Art. 1302, 1302-1 n. F.) besteht dieser Anspruch jedoch nur in Höhe einer verbleibenden Bereicherung bei der klagenden Prozesspartei. Diese Einschränkung hat folgenden historischen Hintergrund:

397 Die Anmeldefrist nach dem Kriegsschädengesetz vom 28.10.1946 (JORF vom 29.10.1946, S. 9191) lief am 5.7.1952 ab, vgl. *Mission d'étude sur la spoliation des Juifs de France*, Rapport général, S. 187.

398 »Le président qui constatera la nullité ou prononcera l'annulation des actes, ordonnera la restitution immédiate des biens, droits et intérêts avant toute mesure d'instruction qui pourrait être nécessaire pour régler les droits des parties […].«

399 Le propriétaire dépossédé remboursera à l'acquéreur le prix versé par celui-ci ainsi que les intérêts y afférents servis par le dépositaire, le tout dans la mesure où il en aura profité.

400 Zwischen Rechtsprechung und Schrifttum herrschte vor der Gesetzesreform von 2018 Unstimmigkeit darüber, ob es sich bei den Restitutionsansprüchen um einen Unterfall der *restitution de l'indu* nach Art. 1376 Code civil a. F. oder vielmehr um Folgeansprüche aus Nichtigkeit handelt. Die Rechtsprechung qualifizierte Folgeansprüche der Nichtigkeit als spezielle Ansprüche, die eigenen Regeln folgen. Siehe hierzu Cass. civ. 1ère, 24.9.2002, Nr. 00-21.278; *Sana-Chaillé de Néré*, Art. 1304-1314, Fasc. 50, Contrats et obligations, Nullité ou rescision des conventions, Effets de la nullité, in: Jurisclasseur Civil Code, Bearbeitungsstand 1.3.2016, Rn. 6.

401 Siehe etwa Art. 1302 Abs. 1 Code civil n. F. (Tout paiement suppose une dette; ce qui a été reçu sans être dû est sujet à restitution). In diesem Sinne auch *Lyon-Caen*, Lois annotées 1946, 137 (141).

402 Vgl. *Prost u. a.*, Aryanisation économique et restitutions, S. 169.

Bei einer kommissarischen Verwaltung nach dem Gesetz vom 22. Juli 1941 erhielten die Eigentümer:innen den erzielten Kaufpreis in der Regel nicht zur freien Verfügung ausgezahlt, sondern dieser wurde auf Sperrkonten bei der *Caisse des dépôts et consignations* (CDC) hinterlegt. Zugunsten des *Commissariat Général aux Questions Juives* (CGQJ) wurde zudem eine Verwaltungsgebühr erhoben.

Der Anspruch auf Kaufpreiserstattung steht zudem nur den Ersterwerber:innen, nicht hingegen etwaigen Folgeerwerber:innen des herausverlangten Vermögenswertes zu.[403] Dies folgt bereits aus dem Wortlaut des Art. 6 Abs. 1 Satz 1, wonach Rückzahlung des Kaufpreises nur geschuldet ist, soweit dieser den früheren Eigentümer:innen auch zugeflossen ist. Davon abweichend argumentierte die Stadt Lyon in den Verhandlungen um die Restitution des Gemäldes *Portrait d'un jeune sculpteur* von Ghislandi.[404]

> Das Werk stammte aus der Sammlung Frederico Gentili di Giuseppes und war im April 1941 durch einen gerichtlich bestellten Nachlassverwalter versteigert worden. In einer Entscheidung aus dem Jahre 1999 hatte die *Cour d'appel* von Paris den Verkauf von fünf Werken aus derselben Auktion für nichtig erklärt und den Staat zur Herausgabe verurteilt.[405] Gestützt auf diese Entscheidung wandten sich die Erb:innen 2000 an die Stadt Lyon und verlangten Restitution auch des Ghislandi-Gemäldes. Die Stadt hatte das Werk 1958 (offenbar gutgläubig) bei der Galerie François Heim in Paris für 2,7 Mio. Francs erworben. Offen blieb, wie das Werk zuvor in den Besitz der Galerie gelangt war. Nach Verhandlungen mit den Erb:innen erklärte sich die Stadt zur Rückgabe des Gemäldes bereit, verlangte aber im Gegenzug Erstattung des 1941 erzielten Verkaufserlöses sowie der Erhaltungs- und Restaurationskosten.[406]

Nach dem Vorgesagten war der Anspruch auf Herausgabe des erhaltenen Kaufpreises rechtlich nicht begründet. Ob die Erb:innen dieser Forderung der Stadt entsprachen, ist unklar.

(ii) Verwendungsersatz (Art. 8)

Der beklagten Prozesspartei steht nach Art. 8 ein Anspruch auf Verwendungsersatz zu.[407] Notwendige Verwendungen (*impenses nécessaires*) sind in vollem Umfang, nützliche Verwendungen (*impenses utiles*) nur im Umfang einer objektiven Wertsteigerung zu erstatten.

403 So auch CA Paris, 2.10.2018, Nr. 17/20580, LPA 227 (2018), 8, m. Anm. *Noual.* A.A. ohne nähere Begründung *Parisot*, IJCP 2001, 264 (271).

404 *Portrait d'un jeune sculpteur*, Vittorio Ghislandi, Öl auf Leinwand, 17. Jhd. Italien, Inv.-Nr. 1958 54.

405 Der Fall wurde bereits unter B.II.2.a)aa)(2)(ii)(b) besprochen.

406 Conseil municipal de la ville de Lyon, Beschluss vom 23.10.2000, Nr. 2000/5830, http://www.static.lyon.fr/pdf/200010/delib/20005830.htm (6.11.2020). Der Link ist heute nicht mehr abrufbar.

407 Zur alten Rechtslage vor 2018 siehe *Sana-Chaillé de Néré*, Art. 1304 -1314, Fasc. 50, Contrats et obligations, Nullité ou rescision des conventions, Effets de la nullité, in: Jurisclasseur Civil Code, Bearbeitungsstand 1.3.2016, Rn. 11 und 19. Die Grundsätze wurden nunmehr in Art. 1352-5 Code civil n. F. kodifiziert.

(6) *Ansprüche der beklagten Prozesspartei*

Wurde auf den Kaufpreis eine staatliche Zwangsgebühr (*prélèvement*) erhoben, gehen diesbezügliche Erstattungsansprüche von Gesetzes wegen auf die beklagte Prozesspartei über (Art. 6 Abs. 1 Satz 2). Art. 16 der Verordnung verweist zur Ausgestaltung dieser Ansprüche auf eine spätere Spezialregelung, die erst 1949 in Kraft trat.[408] Ferner kann die beklagte Prozesspartei, wenn diese zur ersatzlosen Restitution verurteilt wurde, aus Garantiehaftung nach den Art. 1626 ff. Code civil (sog. *garantie d'éviction*) gegen ihre eigene Kaufvertragspartei vorgehen. Sie kann die Nichtigkeit des Kaufvertrages und bei Verschulden Schadensersatzansprüche geltend machen (Art. 1599 Code civil).

Die Verordnung gewährt dem:der direkten Erwerber:in des Vermögenswertes weitere Ansprüche, denen heute aber keine Relevanz mehr zukommt. Nach Art. 6 Abs. 5 kann die zur Restitution verurteilte Prozesspartei Erstattung der Provisionen und Honorare verlangen, die an etwaige Geschäftsvermittler:innen oder sonstige Hilfspersonen (z. B. Gutachter:innen) geleistet wurden, sofern diese in Ansehung der Entziehung bösgläubig waren. Die betreffenden Personen werden heute nur schwerlich ausfindig zu machen sein.

Nach Art. 5 der Verordnung können gutgläubige Folgeerwerber:innen bei jeder Person, die an der Anbahnung oder dem Abschluss des Vertrages beteiligt war oder diesen vermittelt hat, Regress nehmen, wenn diese die Herkunft des Vermögenswertes aus einer Entziehung wissentlich verschleiert hat.[409] Erforderlich ist demnach positive Kenntnis des:der Geschäftsvermittler:in von der Herkunft des Vermögenswertes aus einer Entziehung. Unklar ist jedoch, ob dieser Anspruch lediglich auf Ersatz von Provisionen oder auch auf Schadensersatz in Höhe des vollen Integritätsinteresses (inklusive des Verkaufspreises) gerichtet ist. Im Umkehrschluss aus Art. 6 Abs. 5, der schon die Erstattung von Provisionen durch bösgläubige Makler:innen regelt, wird man eine Haftung auf vollen Schadensersatz bejahen müssen. Die Verordnung regelt somit einen Schadensersatzanspruch zulasten bösgläubiger Dritter, die den Geschäftsabschluss befördert haben.[410] Angesichts seiner tatbestandlichen Weite (»intermédiaires quelconques«) erfasst er mitunter sogar Geschäftsvermittler:innen in der heutigen Zeit (etwa Auktionshäuser). Der Anspruch ist insbesondere von Bedeutung, wenn in diesem Verhältnis eine vertragliche Haftung wirksam abbedungen wurde.

(7) *Haftungsrisiken für heutige Halter:innen*

Zusammenfassend ist festzuhalten, dass die früheren Eigentümer:innen als Folge der Annullierung des Entziehungsaktes so zu stellen sind, wie sie heute ohne den Entziehungsakt stünden. Im Falle der Verschlechterung oder Wertminderung haben diese zudem einen Anspruch auf Schadensersatz in Höhe der Wertminderung oder bei vollständigem Verlust in Höhe des

408 Die Umsetzung erfolgte erst vier Jahre später durch Art. 2 der Loi n° 49-573 du 23 avril 1949 portant application des articles 7 et 16 de l'ordonnance n° 45-770 du 21 avril 1945 sur la nullité des actes de spoliation accomplis par l'ennemi ou sous son contrôle, et de l'article 6 de la loi n° 46-2389 du 28 octobre 1946 sur les dommages de guerre, JORF vom 24.4.1949, S. 4108.

409 »Le sous-acquéreur de bonne foi évincé en vertu des dispositions de l'article 2 bénéficie d'un droit de recours à l'encontre de tous agents d'affaires, rédacteurs d'actes, intermédiaires quelconques qui se sont sciemment abstenus de révéler l'origine du bien cédé.«

410 Die Vorschrift entspricht somit Art. 10 der Verordnung Nr. 120 vom 10.1.1947, die in der französischen Besatzungszone in Deutschland galt.

heutigen Verkehrswertes, sofern Zerstörung oder Verschlechterung auf ein Verhalten der beklagten Prozesspartei zurückzuführen sind.

Im Gegenzug stehen der beklagten Prozesspartei Ausgleichsansprüche zu, die den Verlust des Vermögensgegenstandes bei wirtschaftlicher Betrachtung aber nur teilweise aufwiegen. Zur Herausgabe verpflichtete Personen sind daher, um sich wirtschaftlich schadlos zu halten, auf einen Regress gegen die eigenen Vertragspartner:innen angewiesen. In diesem Sinne stellte schon Esmein fest, dass »l'ordonnance est inspirée par l'idée que le détenteur, même de bonne foi, [...] doit supporter la perte si, sur les sommes qu'il a versées pour l'acquisition, tout ne peut pas être récupéré.«[411]

So dürften sich die Gegenrechte der beklagten Prozesspartei heute vor allem in einem Aufwendungsersatzanspruch erschöpfen. Museen und sonstige Halteinstitutionen können also Ersatz für die in der Vergangenheit entstandenen Restaurierungs- und Erhaltungskosten verlangen (Art. 8). Die wirtschaftliche Bedeutung dieses Anspruchs ist vor allem bei Werken, die sich seit mehreren Jahrzehnten im Besitz der beklagten Prozesspartei befinden, nicht zu unterschätzen. Mitunter können diese Kosten deutlich über dem aktuellen Verkehrswert des entzogenen Kulturguts liegen. Der durch die Erwerber:innen gezahlte Kaufpreis kann nur durch die Ersterwerber:innen (*acquéreurs directs*) von der klagenden Prozesspartei herausverlangt werden. Im Übrigen müssen die Schuldner:innen ihre eigenen Vertragspartner:innen in Regress nehmen.

Heutigen Halter:innen von Kulturgütern, die sich einem Restitutionsbegehren nach der Verordnung ausgesetzt sehen, mag diese Regelung der wechselseitigen Ansprüche nachteilig erscheinen. Sie ist letztlich Ausdruck der Wertentscheidung des historischen Gesetzgebers, die früheren Eigentümer:innen von Ansprüchen weitgehend freizuhalten. Erwerber:innen entzogener Kulturgüter sind darauf verwiesen, Ansprüche gegenüber ihren eigenen Vertragspartner:innen oder Dritten zu verfolgen, deren Insolvenzrisiko sie tragen.

b) Rechtsgeschäfte (Art. 11)

Art. 11 der Verordnung regelt Vermögensverluste, die durch Vertrag oder ein sonstiges Rechtsgeschäft mit Willenserklärung der früheren Eigentümer:innen eingetreten sind (*actes accomplis avec le consentement de l'intéressé*).[412] Art. 11 Abs. 1 regelt nicht etwa selbst die Nichtigkeit dieser Rechtsgeschäfte, sondern begründet dem Wortlaut nach eine gesetzliche Vermutung, dass die erfassten Rechtsgeschäfte unter Zwang im Sinne des Code civil zustande gekommen sind:

411 *Esmein*, Gazette du Palais Doctrine 2 (1945), 1 (2).

412 Die Übertragung des Eigentumsrechts vollzieht sich nach französischem Zivilrecht bei Verträgen, die auf die Verschaffung des Eigentums gerichtet sind, anders als nach dem Sachenrecht des BGB (§§ 929 ff. BGB) bereits durch den Abschluss des obligatorischen Vertrages, Art. 1196 Abs. 1 Code civil n. F. (sog. Konsensprinzip). Die vertragliche Einigung bewirkt somit, etwa bei einem Kauf (Art. 1583 Code civil) oder einer Schenkung (Art. 938 Code civil), im Regelfall bereits den Übergang des Eigentums von den Veräußerer:innen auf die Erwerber:innen. Vgl. m.w.N. *Ferid*, Das Französische Zivilrecht, Band 2, Rn. 3 B 66-3 B 73.

»Seront présumés avoir été passés sous l'empire de la violence les contrats et actes juridiques [...] passés postérieurement au 16 juin 1940, par des personnes physiques ou morales dont la situation a été réglée avant ou après la date de ces actes, par les textes visés à l'article 1er de la présente ordonnance ou par des dispositions prises à leur encontre par l'ennemi.«

Abweichend von der allgemeinen Beweislastverteilung trifft somit die beklagte Prozesspartei die Beweislast, dass das Rechtsgeschäft frei von Zwang erfolgt und somit wirksam ist. Im Unterschied zu Art. 1 enthält Art. 11 somit keinen besonderen Nichtigkeitsgrund, sondern stellt lediglich eine Beweisregel auf. Im Übrigen verweist die Bestimmung auf die Regeln des Rechts der Willensmängel nach dem Code civil. Die Nichtigkeit folgt somit unmittelbar aus Art. 1109 Code civil a. F. (Art. 1131 n. F.). Die Regelungstechnik unterscheidet sich dadurch von vergleichbaren Modellen anderer europäischer Staaten, in denen unfreiwillige und rechtsgeschäftliche Verluste gleichgesetzt und einheitlich geregelt wurden.[413]

Die Bestimmung geht in ihrer heutigen Fassung auf einen Vorschlag der ACP vom 15. März 1945 zurück.[414] Der ursprüngliche Regierungsentwurf des Justizministers Menthon vom 20. Februar 1945 hatte noch eine Beweislastverteilung zulasten der klagenden Prozesspartei vorgesehen und wäre demnach auf die schlichte Anwendung des allgemeinen Zivilrechts (insbesondere Art. 1109 ff. Code civil a. F.) hinausgelaufen.[415] Der Regierungsentwurf war aus diesem Grund von Opferverbänden vehement kritisiert worden.[416]

413 Nach den Rückerstattungsgesetzen in der US-amerikanischen und britischen Besatzungszone in Deutschland sowie nach dem Rückstellungsrecht in Österreich war eine tatbestandliche Gleichsetzung von Vermögensverlusten durch Fremdzugriff und solchen mit Zustimmung der Eigentümer:innen gegeben. Vgl. für Deutschland *Hahne*, Wege zur Gerechtigkeit bei NS-Raubkunst: Die heutige Restitutionspraxis im Lichte des alliierten Rückerstattungsrechts, im Erscheinen; für Österreich *Dewey*, Gerecht und fair? Die Empfehlungspraxis des österreichischen Kunstrückgabebeirats im Lichte der Washingtoner Prinzipien, S. 114 f. (das Nichtigkeitsgesetz vom 15.5.1946 spricht in § 1 von »Rechtsgeschäfte[n] und sonstige[n] Rechtshandlung[en]«). Die in der französischen Besatzungszone geltende Verordnung Nr. 120 vom 10.11.1947 enthielt zwei Nichtigkeitstatbestände in Art 1 (ohne Zustimmung der Eigentümer:innen vorgenommene Verfügungen) und Art. 3 (mit deren Zustimmung vorgenommene Verfügungen).

414 Assemblée consultative provisoire, Avis sur le projet d'ordonnance portant application de l'ordonnance du 12 novembre 1943 sur la nullité des actes de spoliation accomplis par l'ennemi ou sous son contrôle et édictant la restitution aux victimes de ces actes de ceux de leurs biens qui ont fait l'objet d'actes de disposition, 1ère session extraordinaire de 1945, Art. 11 (ancien art. 10), AN C//15257, Dossier 399. Der Vorschlag geht auf den Entwurf der federführenden Kommission zurück (*Godart*, Rapport fait au nom de la Commission de la Réforme de l'État et de Législation, Dokument Nr. 342, Annexe au procès-verbal de la séance du 28 février 1945, S. 2 f., AN C//15257, Dossier 398).

415 Demande d'avis sur le projet d'ordonnance portant application de l'ordonnance du 12 novembre 1943 sur la nullité des actes de spoliation accomplis par l'ennemi ou sous son contrôle et édictant la restitution aux victimes de ces actes de ceux de leurs biens qui ont fait l'objet d'actes de disposition présenté au nom du Gouvernement provisoire de la République française par M. François de Menthon, Nr. 314, 20.2.1945, S. 7 f., AN C//15257, Dossier 399. Art. 9 des Entwurfs sah vor: »Indépendamment de l'application des articles 1111 et suivants du Code civil, les personnes physiques ou morales qui, postérieurement au 16 juin 1940, auraient donné leur consentement à des actes de disposition concernent leurs biens, droit ou intérêts [...] pourront poursuivre l'annulation de ces actes dans la forme prévue à l'article 15 [procédure sommaire conformément à l'article 404 du Code de procédure civile ancien; Anm. d. Verf.] à charge pour elles de prouver qu'elles n'ont agi que sous l'empire de la crainte des mesures exorbitantes du droit commun [...] même si ces mesures n'avaient pas encore été mises en vigueur à l'époque à laquelle elles ont donné leur consentement.«

416 Deutliche Kritik formulierte etwa der *Conseil représentatif des Juifs de France* (CRIF) in einer undatierten Stellungnahme zum Regierungsentwurf (vermutlich vom Februar 1945): »Peut-on, en présence de pareilles mesures, demander aux Israélites d'apporter la preuve qu'ils ont vendu leurs biens sous l'empire de la contrainte? Cette crainte de mesures de spoliation ne résulterait-elle pas de toute la législation allemande et vichyssoise? [...] C'est pourquoi il serait souhaitable que, pour éviter des hésitations des juges sur la nature de la preuve à fournir et des délais interminables que provoquerait une jurisprudence en

aa) Voraussetzungen der Vermutung (Art. 11 Abs. 1)

Die Zwangsvermutung nach Art. 11 Abs. 1 gilt für Verträge und sonstige Rechtsgeschäfte, die nach dem 16. Juni 1940 durch bestimmte Personen in Bezug auf bestimmte Vermögenswerte vorgenommen wurden. Die Vermutung erfasst neben Verträgen auch einseitige Rechtsgeschäfte (z. B. Kündigungen, Verzichtserklärungen oder Beschlüsse einer Gesellschafter:innenversammlung).[417]

(1) Sachlicher Anwendungsbereich

In ihrer ursprünglichen Fassung unterfielen der Vermutung nur Rechtsgeschäfte über die in Art. 11 Abs. 1 abschließend genannten Vermögenswerte.[418] Nicht erfasst wurden zunächst bewegliche Sachen (*meubles corporels*). Durch Gesetz vom 19. Juni 1947[419] wurde der Anwendungsbereich der Vermutung schließlich auf sämtliche Vermögenswerte, namentlich Sachen mit Ausnahme von Verbrauchsgütern, erweitert.[420]

(2) Persönlicher Anwendungsbereich

In persönlicher Hinsicht gilt die Zwangsvermutung des Art. 11 Abs. 1 für Personen, deren »Situation«[421] vor oder nach Vornahme des Rechtsgeschäfts entweder durch Rechtstexte im Sinne des Art. 1 der Verordnung (Alt. 1) oder durch Maßnahmen des deutschen Besatzers geregelt wurde (Alt. 2).[422]

(i) Auslegung des Begriffs der »personnes dont la situation a été réglée ...«

Für eine »Regelung der Situation« ist nicht die Vornahme konkret-individueller Maßnahmen (etwa Beschlagnahmen im Sinne des Art. 1 Abs. 1) gegenüber der verfügenden Person erforderlich. Vielmehr lässt es Art. 11 Abs. 1 bereits genügen, wenn eine Regelung durch »Rechtstexte

formation, le législateur établisse une présomption légale.«, CRIF, Note sur le projet d'ordonnance n° 314 présentée, au nom du Gouvernement, par le Ministre de la Justice, undatiert, S. 5, AN Fonds René Cassin, 382AP/73.

417 Vgl. *Tager/Sarraute*, Gazette du Palais Doctrine 2 (1945), 23 (32). Bzgl. eines Auflösungsbeschlusses einer Gesellschaft mit als jüdisch klassifizierten Aktionär:innen siehe CA Paris, 18.7.1946 – Soc. Gladiator-Film c. Génie civil, zitiert bei *Sarraute/Tager*, Gazette du Palais Doctrine 2 (1946), 51 (60), Fn. 32.

418 Immeubles, droits immobiliers, fonds de commerce, droits de propriété industrielle, littéraire ou artistique, parts d'intérêts dans les sociétés de commerce, valeurs mobilières (transfert de titres nominatifs, cession par contrat concernant des titres au porteur).

419 Loi n° 47-1090 du 19 juin 1947 (JORF vom 20.6.1947, S. 5710). Art. 11 wurde wie folgt modifiziert: »Seront présumés avoir été passés sous l'empire de la violence les contrats et actes juridiques portant sur des immeubles, des meubles, à l'exception des meubles consomptibles, des droits immobiliers et mobiliers et notamment des fonds de commerce, le droit d'exercer une profession […].«

420 Vgl. *Esmein*, Gazette du Palais Doctrine 2 (1947), 6 (7); *Tager/Sarraute*, Gazette du Palais Doctrine 2 (1947), 23 (31).

421 Der Begriff der »situation« ließe sich im vorliegenden Kontext auch mit den Begriffen »Zustand«, »Status« oder »Lage« übersetzen. Im Folgenden wird aber aus Gründen der Kontinuität der Begriff der »Situation« gewählt (Art. 3 Abs. 2). Diese Übersetzung findet sich bereits in der amtlichen Übersetzung der Verordnung Nr. 120 von 1947 wieder, welche die Rückerstattung geraubter Vermögenswerte in der französischen Besatzungszone in Deutschland regelte. Es handelt sich um das funktionale Äquivalent zur Verordnung von 1945.

422 »[P]ersonnes physiques ou morales dont la situation a été réglée avant ou après la date de ces actes, par les textes visés à l'article 1er […] ou par des dispositions prises à leur encontre par l'ennemi.«

im Sinne des Art. 1 Abs. 1« (»textes visés à l'article 1er«) vorlag.[423] Dies sind wörtlich alle Gesetze, Dekrete, und Erlasse, Anordnungen und Entscheidungen des Vichy-Regimes (»prétendus lois, décrets et arrêtés, règlements ou décisions de l'autorité de fait se disant gouvernement de l'Etat français«). Ersichtlich kann aber nicht schon die Regelung durch ein beliebiges Gesetz des Vichy-Regimes gemeint sein, zumal der Nachkriegsgesetzgeber nicht sämtliche Gesetze aus dieser Zeit als gesetzliches Unrecht anerkannte und dementsprechend annullierte.[424] Gemeint sind vielmehr nur solche Rechtstexte, auf deren Grundlage eine Ausnahmemaßnahme im Sinne des Art. 1 Abs. 1 ergehen konnte.[425] Ähnlich verhält es sich nach dem Wortlaut der zweiten Alternative des Art. 11 Abs. 1 für Maßnahmen des deutschen Besatzers (»dispositions prises à leur encontre par l'ennemi«). Diese Handlungen müssen aus systematischen Gründen zwar einen ähnlichen Unwert aufweisen. Der Wortlaut erlaubt es aber, diese auch auf Maßnahmen allgemeiner Art und sogar konkret-individuelle oder rein faktische Handlungen des deutschen Besatzers anzuwenden.

In der Rechtsprechung der Nachkriegszeit zeigt sich eine Unterscheidung zwischen verfolgten Personen, bei denen der persönliche Anwendungsbereich schlechthin bejaht wurde (a), und nicht verfolgten Personen, die sich nur in Ausnahmefällen auf die Vermutung berufen konnten (b).

(a) Verfolgte Personen

Die Rechtsprechung der Nachkriegszeit stufte als Rechtstexte im Sinne des Art. 11 Abs. 1 ausschließlich Normen antisemitischen Charakters ein.[426] Die Vermutungsregel des Art. 11 Abs. 1 kam so Personen zugute, die während der deutschen Besatzung in Frankreich als Jüdinnen und Juden verfolgt wurden. Auf diesem Wege gelangte die Rechtsprechung zu ähnlichen Ergebnissen wie vergleichbare Regelungen in anderen europäischen Staaten, die eine Vermutung zugunsten Individual- und Kollektivverfolgter (so in Deutschland)[427] oder politisch Verfolgter (so in Österreich)[428] vorsahen.

Daran schließt sich unmittelbar die Frage an, wann konkret eine »Regelung« durch einen Ausnahmetext in diesem Sinne vorliegt. Denkbar wäre es zunächst bei der Bewertung, ob die Situation einer Person durch antisemitische Verfolgungsgesetze »geregelt« wurde, darauf

423 In diesem Sinne auch Cass. civ., 16.12.1947, JCP 2 (1948), Nr. 4102 – Martin c. Bloch, m. Anm. *Mayer*, ungenau daher *Lafarge/Pascal*, La nullité des actes de spoliation, S. 25; *Esmein*, Gazette du Palais Doctrine 2 (1945), 1 (2); *Weil-Curiel/Castro*, Spoliations et Restitutions. Commentaire théorique et pratique de la législation relative aux spoliations, S. 104.

424 Nach der Verordnung vom 9.8.1944 über die Wiederherstellung der republikanischen Legalität waren nur die explizit genannten Rechtstexte des Vichy-Regimes als nichtig anzusehen.

425 Vgl. *Tager/Sarraute*, Gazette du Palais Doctrine 2 (1945), 23 (32).

426 Siehe etwa Cass. civ., 21.1.1952, Bull. civ., Nr. 28 – Herschmann c. Pescheteau. Bei Opfern antisemitischer Verfolgung sei eine Regelung durch Rechtstexte im Sinne des Art. 1 stets zu bejahen (»Qu'en s'abstenant de rechercher, ainsi qu'il en avait l'obligation, les circonstances qui auraient exclu l'application dudit article dont Herschmann pouvait invoquer le bénéfice du seul fait qu'il est israélite, l'arrêt attaqué n'a pas légalement justifié sa décision«).

427 Z.B. Art. 3 Abs. 1 lit. (a) und (b) US-REG, vgl. dazu *Hahne*, Wege zur Gerechtigkeit bei NS-Raubkunst: Die heutige Restitutionspraxis im Lichte des alliierten Rückerstattungsrechts, im Erscheinen.

428 § 2 Abs. 1 3. Rückstellungsgesetz vom 6.2.1947 (BGBl. Nr. 54/1947). Der Begriff wurde übereinstimmend mit dem Begriff der Kollektivverfolgten aus dem alliierten Rückerstattungsrecht in Deutschland definiert. Vgl. *Dewey*, Gerecht und fair? Die Empfehlungspraxis des österreichischen Kunstrückgabebeirats im Lichte der Washingtoner Prinzipien, S. 165: »In Anlehnung an die Regelungen in Deutschland nahm die österreichische Rückstellungsrechtsprechung aber eine Auslegung des Begriffs der Verfolgung durch eine Aufteilung in zwei Kategorien vor, die funktional den Kategorien der Individual- und Kollektivverfolgung entsprachen.«

abzustellen, ob diese gemäß den Vorgaben dieser Gesetze als »jüdisch«[429] galt (formeller Verfolgungsbegriff).[430] Alternativ könnte auch auf die erkennbare Motivlage der handelnden Stellen ausgehend von den Indizien des Einzelfalls abgestellt werden (faktischer Verfolgungsbegriff).[431] Die Rechtsprechung positionierte sich in dieser Frage nicht eindeutig, sondern stellte die »jüdische« Eigenschaft der Kläger:innen in der Regel, zumeist ohne nähere Begründung, schlicht fest.

Die besseren Gründe sprechen aus heutiger Sicht für einen faktischen Auslegungsansatz. Die praktischen Probleme, die sich schon während der Besatzungszeit bei der Anwendung der Kriterien der Verfolgungsgesetze ergaben, verdeutlichen den unpraktikablen Charakter eines formellen Ansatzes.[432] Es darf schließlich nicht verkannt werden, dass die Definitionen dieser Gesetze auf einer radikal vereinfachenden und pauschalen Wahrnehmung der Lebenswirklichkeit der Opfergruppen fußten. Wer »jüdisch« sei und wer nicht, vermochten daher bereits die staatlichen Behörden der Besatzungsjahre nicht zweifelsfrei zu bestimmen, geschweige denn plausibel zu begründen. Überdies bestehen erhebliche Bedenken gegen eine Fortschreibung rassistisch aufgeladener Begrifflichkeiten aus der NS-Sprache als solcher in der heutigen Rechtspraxis. Darüber hinaus würde es geradezu zynisch anmuten, von den ehemaligen Verfolgten heute den Nachweis zu verlangen, dass sie - oder ihre Rechtsvorgänger:innen - die Kriterien der Gesetze erfüllten, die ihrer Verfolgung und schließlich Vernichtung - oder jener ihrer Rechtsvorgänger:innen - dienten. Entscheidend dürfte ausgehend von Normzweck vielmehr sein, ob die betroffenen Personen nach den Indizien des Einzelfalls begründeten Anlass zur Sorge vor Ausnahmemaßnahmen im Sinne des Art. 1 haben durften.[433] Dabei kann die Zugehörigkeit zu einer Verfolgtenkategorie im Sinne der damaligen Gesetze nur eines von mehreren möglichen Indizien darstellen. Weitere Indizien können etwa der Name der Person,

429 Die Verordnungen des deutschen Besatzers vom 27.9.1940 und 26.4.1941 definierten den Begriff für natürliche Personen unter Anknüpfung an die Konfession der Betroffenen oder deren Großeltern. Die Verordnung vom 18.10.1940 enthielt zusätzlich eine Definition des Begriffs des »jüdischen Unternehmens«. Auf französischer Seite enthielt das Gesetz vom 3.10.1940 (sog. erstes Judenstatut) erstmals eine Legaldefinition (Art. 1), die auf die Zugehörigkeit zu einer »jüdischen Rasse« abstellte. Erst das Gesetz vom 2.6.1941 (sog. zweites Judenstatut) näherte sich dem deutschen Definitionsansatz unter Anknüpfung an die Religionszugehörigkeit an. Das Gesetz vom 22.7.1941 definierte schließlich »jüdische« Vermögenswerte und Unternehmen.

430 So etwa CA Caen, 27.5.1946 – Zentler c. Cavrois: »[C]elui qui invoque sa qualité d'israélite doit justifier qu'il pouvait être considéré comme une personne juive au sens de la législation de Vichy sur le statut des juifs et des ordonnances allemandes.«; CA Paris, 17.5.1946 – Chavard c. Payot: »Une personne dont la religion est juive est établie appartenait à une catégorie de personnes dont la situation avait été réglée avant ou après la date de l'acte par des dispositions prises à leur encontre par l'ennemi, notamment l'ordonnance allemande du 27 septembre 1940.«; beide Entscheidungen zitiert bei *Sarraute/Tager*, Gazette du Palais Doctrine 2 (1946), 51 (58), Fn. 21 und 22.

431 So etwa *Sarraute/Tager*, a.a.O., 51 (59). Die Autoren verwiesen zur Begründung auf den teils willkürlichen Charakter der antisemitischen Zuschreibungen durch die Verfolgungsgesetze, sodass es für die Einordnung allein darauf ankomme müsse, ob gegenüber den Betroffenen antisemitische Maßnahmen ergriffen wurden. Anders verhalte es sich, wenn die Betroffenen, soweit erkennbar, von keinen Verfolgungsmaßnahmen betroffen waren. In diesem Fall müsste der Nachweis über die Einordnung als jüdisch nach den Verfolgungsgesetzen erbracht werden.

432 Schon bei der Frage, welche Religionsgemeinschaften als »jüdisch« galten, bestand kein Einvernehmen. Dies galt etwa für den Fall der *Djougoutes* und *Caraïtes*. In beiden Fällen wurde letztlich eine Freistellung von der antisemitischen Gesetzgebung befürwortet. Ausschlaggebend waren dabei mitunter politische Erwägungen, vordergründig aber stets die betonte Assimilation der betroffenen Gruppen. Zum Fall der *Caraïtes* im Deutschen Reich und Frankreich siehe etwa *Trevisan Semmi*, Revue de l'histoire des religions 4 (1989), 377. Siehe zum Ganzen *Kaspi*, Les Juifs pendant l'Occupation, S. 71 f.

433 Vgl. die Ausführungen zum Normzweck bei Sarraute und Tager: »C'est en règle générale la situation du bien, la crainte raisonnable qu'on pouvait avoir pour un certain patrimoine qui justifie l'application de l'art. 11.«, *Sarraute/Tager*, Gazette du Palais Doctrine 2 (1946), 51 (59).

eine Registrierung oder Meldung als »jüdisch«, das Leben in einem Versteck oder auch eine Festnahme bilden.

Der offen gehaltene Wortlaut des Art. 11 Abs. 1 erlaubt es zudem, neben als jüdisch verfolgten Personen weitere Verfolgtengruppen in den Tatbestand der Vermutung einzubeziehen, etwa Freimaurer:innen (*francs-maçons*).[434] Nicht erfasst wird dagegen die seit 1939 verbotene kommunistische Partei, da Rechtstexte im Sinne des Art. 1 Abs. 1 nur Regelungen meint, die am Stichtag des 16. Juni 1940 in Kraft waren (»en vigueur au 16 juin 1940«).[435] Die kommunistische Partei wurde bereits durch Dekret vom 26. September 1939 aufgelöst und die Restitution ihres Vermögens daher durch Spezialgesetze geregelt.[436] Davon unberührt bleibt aber die Verfolgung einzelner Personen aus politischen Gründen, bei denen nach dem hier vertretenen Ansatz durchaus die Anwendung der Vermutung in Betracht kommt, wenngleich entsprechende Präzedenzfälle in der Rechtsprechung nicht nachgewiesen werden konnten.

Eine Regelung der Situation von Personen kommt gemäß Art. 11 Abs. 1 Alt. 2 ferner bei einer diesen Personen gegenüber erfolgenden Anordnung des deutschen Besatzers in Betracht (»dispositions prises à leur encontre par l'ennemi«). Auffällig ist dabei die von der ersten Alternative des Art. 11 Abs. 1 abweichende Formulierung (Anordnung statt Rechtstexte). Nach einer im Schrifttum vertretenen Ansicht sollen dem Begriff der Anordnungen (»dispositions«) neben rechtsförmigen Maßnahmen allgemeiner Art auch konkret-individuelle Maßnahmen und sogar rein faktische Handlungen (wie etwa Befehle oder Plünderungen) unterfallen.[437] Der Anwendungsbereich der Vermutung würde hiernach also bei Handlungen des deutschen Besatzers deutlich weiter ausfallen als bei Maßnahmen des französischen Staates. Nicht ausreichend dürften hingegen schon Drohungen durch deutsche Staatsangehörige sein, die nicht in hoheitlicher Eigenschaft handelten.[438] Zu praktisch abweichenden Ergebnissen dürfte dieser extensive Auslegungsansatz jedenfalls bei als jüdisch verfolgten Personen aber nicht führen.

(b) Nicht verfolgte Personen

Nach dem Wortlaut unklar ist, ob die Vermutung auch für Personen gilt, die nachweislich nicht zum Kreis der Verfolgten zählten, die aber die rechtlichen wie faktischen Auswirkungen der Verfolgungsgesetze in vergleichbarer Weise zu spüren bekamen. Diese Konstellation verdeutlicht folgendes Beispiel: Nach dem Gesetz vom 22. Juli 1941 konnten kommissarische Verwalter:innen auch für Unternehmen bestellt werden, in denen neben »jüdischen« auch »nichtjüdische« Anteilseigner:innen vertreten waren, sofern nur ein:e Anteilseigner:in oder ein:e Geschäftsführer:in als jüdisch im Sinne der Verfolgungsgesetze galt.[439] Die Ernennung

434 CA Bourges, 24.3.1947, Gazette du Palais Jurisprudence 1 (1947), 245 – Pierre Boullay c. Lucien Votat.

435 Trib. civ. Marseille, 31.7.1945, Gazette du Palais Jurisprudence 2 (1945), 145 – Soc. Le Foyer Populaire c. Gensanne.

436 Ordonnance du 6 mai 1944 portant restitution des biens séquestrés des organisations communistes (JORF vom 13.5.1944, S. 381). Art. 4 der Verordnung verwies für die gerichtliche Durchsetzung der in der Verordnung verbrieften Ansprüche auf spätere Umsetzungsbestimmungen.

437 Vgl. *Tager/Sarraute*, Gazette du Palais Doctrine 2 (1945), 23 (32): »Quant aux dispositions prises par les autorités d'occupation, elles doivent s'entendre aussi bien des dispositions reglementaires sous forme d'ordonnances, avis, etc. que des simples voies de fait (ordres individuels, actes de pillage commis en dehors de toute réglementation).«

438 In diesem Sinne CA Paris, 11.3.1946 – Domaines c. Avakian, zitiert bei *Sarraute/Tager*, Gazette du Palais Doctrine 2 (1946), 51 (59), Fn. 25.

439 Art. 1 Abs. 1 des Gesetzes vom 22.7.1941: »En vue d'éliminer toute influence juive dans l'économie nationale, le commissaire général aux questions juives peut nommer un administrateur provisoire à: 1° Toute entreprise industrielle, commerciale, immobilière ou artisanale […], lorsque ceux à qui ils appartiennent, ou qui les dirigent, ou certains d'entre eux sont juifs.«

konnte in derartigen Fällen für das gesamte Unternehmen erfolgen und somit auch in die Rechte nicht verfolgter Personen eingreifen.[440]

Der Regelungszweck des Art. 11 Abs. 1 spricht dafür, auch solche Fälle der Vermutung zu unterstellen: Die Regelung dispensiert Personen vom Beweis einer Zwangslage, bei denen ein begründeter Anlass zur Sorge vor staatlichen Maßnahmen gegen ihr Vermögen bestand, sodass sie sich zur Veräußerung veranlasst sehen durften.[441] Die Vermutung knüpft demnach an die bei bestimmten (insbesondere als jüdisch verfolgten) Personengruppen erfahrungsgemäß verbreitete Furcht vor staatlichen Vermögenszugriffen an. Einschlägig dürften daher unter Zugrundelegung dieser Wertung auch Fälle sein, in denen Nichtverfolgte tatsächlich durch Maßnahmen aufgrund antisemitischer Gesetze bedroht wurden. In diesem Sinne argumentierte etwa die *Cour d'appel* von Montpellier in der Sache Guyonneau von 1947.[442] In dem Fall wurde die *Société des Comptoirs de France* als »jüdisches Unternehmen« unter Verwaltung eines kommissarischen Verwalters gestellt. 84 Aktien, die verfolgten Aktionär:innen gehörten, wurden in der Folge zwangsweise veräußert. Der spätere Kläger, obgleich er selbst nicht verfolgt war, sah sich daher veranlasst, auch seine Anteile zu verkaufen. Nach dem Krieg klagte er auf Restitution und berief sich dabei auf die Vermutung des Art. 11 Abs. 1. Die Instanzgerichte gaben der Klage statt. Entscheidend sei, dass auch nach Abtretung der Aktien »jüdischer« Anteilseigner:innen das Risiko einer Zwangsliquidation des gesamten Unternehmens fortbestanden habe. Das Gericht begründete die Anwendung der Vermutung folglich mit einer konkreten Bedrohung für die Vermögensinteressen des nicht verfolgten Gesellschafters.

Eine Regelung der Situation nach Art. 11 Abs. 1 kann demnach im Einzelfall auch bei nicht verfolgten Personen bejaht werden, wenn infolge antisemitischer Normen oder sonstiger Ausnahmegesetze eine latente Bedrohungslage für das Vermögen der Betroffenen bestand. Hierzu genügt es schon, dass die an sich nicht verfolgte Person den Folgen der Verfolgungspolitik in ähnlicher Weise wie eine verfolgte Person ausgesetzt war. Dies ist zu bejahen, wenn die betroffene Person mit einem Verfolgungsopfer eine wirtschaftliche Schicksalsgemeinschaft bildete. So wandte etwa die *Cour d'appel* von Dijon Art. 11 Abs. 1 in einer Entscheidung aus dem Jahr 1946 auch auf »nichtjüdische« Ehepartner:innen von Personen an, die als »jüdisch« galten, wenn diese im Güterstand der Gütergemeinschaft lebten.[443]

(ii) Sperrwirkung der Verordnung vom 9. Juni 1944?

Ein Konkurrenzproblem stellt sich bei Rechtsgeschäften zwischen französischen Staatsangehörigen und Angehörigen eines feindlichen Staates (namentlich Deutschland), deren Nichtigkeit

440 Art. 3 Abs. 3 des Gesetzes vom 22.7.1941: »Ses pouvoirs s'étendent à la totalité ou à une partie seulement de l'entreprise.«

441 In diesem Sinne CA Bordeaux, 31.7.1945, JCP 1946, Nr. 2949: »[L]'article 11 suppose que le propriétaire a bien voulu vendre, mais que son consentement a été vicié par la contrainte, en ce sens qu'il n'eût pas désiré vendre si les événements et la contrainte de tout perdre ne l'avaient poussé à consentir à un sacrifice jugé par lui nécessaire et à rechercher dans une vente hâtive le moyen de sauver au moins une partie de son patrimoine«. So auch *Weil-Curiel/Castro*, Spoliations et Restitutions. Commentaire théorique et pratique de la législation relative aux spoliations, S. 104.

442 CA Montpellier, 30.1.1947, JCP 1947, Nr. 3971 – Chefdebien c. Guyonneau.

443 CA Dijon, 1.3.1946, zitiert bei *Sarraute/Tager*, Gazette du Palais Doctrine 2 (1946), 51 (59), Rn. 24.

speziell durch die Verordnung Nr. 45-1224 vom 9. Juni 1945[444] geregelt wird.[445] Da diese selbst keine Beweislastumkehr vorsieht[446], stellt sich die Frage, ob in ihrem Anwendungsbereich der Rückgriff auf die Vermutungsregel nach Art. 11 Abs. 1 der Verordnung vom 21. April 1945 gesperrt wird. Im historischen Schrifttum wurde dies unter Verweis auf die Gesetzesbegründung[447] bejaht.[448]

Dies würde bedeuten, dass aus antisemitischen oder anderen Gründen verfolgte Personen französischer Staatsangehörigkeit bei einem Verkauf an Deutsche (etwa NS-Funktionäre oder Personen mit Verbindungen zum NS-Regime) schlechtergestellt würden als bei einem Verkauf an eine nichtdeutsche Person.

Diese Unterscheidung erscheint auf den ersten Blick nur wenig einleuchtend. Bei genauerem Hinsehen wird jedoch deutlich, dass der Gesetzgeber in den von der Verordnung erfassten Fällen regelmäßig eine Zwangslage erkannte. Nichtig sind hiernach Rechtsgeschäfte, die als Ausdruck der »Enteignungsmethoden« (*methods of dispossession*) im Sinne der Londoner Erklärung von 1943 anzusehen sind. Hierzu zählten namentlich Verkäufe und andere Rechtsgeschäfte, die unter besatzungsbedingtem Zwang zustande gekommen waren.[449] Aus der Gesetzesbegründung geht hervor, dass der historische Gesetzgeber annahm, dass sich die gesamte Bevölkerung in Frankreich während der Besatzung in einer Art Kollektivzwang befunden habe, der dazu geeignet war, diese zu Veräußerungen ihrer Vermögenswerte zu veranlassen.[450] Von entscheidender Bedeutung muss bei der Auslegung der Verordnung vom 9. Juni 1945 daher sein, ob sich dieser Kollektivzwang auch in dem konkreten Geschäftsabschluss niedergeschlagen hat oder dieser sich vielmehr durch andere Gründe (beispielsweise wirtschaftliche Schwierigkeiten aus der Zeit vor 1940) erklärt. Speziell bei Vertragsschlüssen mit deutschen Stellen oder Privatpersonen bestand aber nach der erkennbaren Bewertung dieser Geschäfte durch den Gesetzgeber eine gewisse Wahrscheinlichkeit dafür, dass sich dieser Kollektivzwang auch im konkreten Fall niedergeschlagen hat. Die Zwangslage folgt im Bereich der Verordnung vom 9. Juni 1945 somit aus einem Anscheinsbeweis (*présomption de fait*).

444 Ordonnance n° 45-1224 du 9 juin 1945 portant troisième application de l'ordonnance du 12 novembre 1943 sur la nullité des actes de spoliation et édictant la nullité des actes de spoliation accomplis par l'ennemi à son profit (JORF vom 10.6.1945, S. 3379).

445 Art. 1 Abs. 1 dieser Verordnung sieht vor: »Sont nuls de droit tous actes, transferts et transactions d'apparence légale accomplis avec le consentement des victimes dans les conditions prévues par la déclaration des Nations unies du 5 janvier 1943, au moyen desquels l'ennemi a acquis, directement ou par personne interposée, des biens, droits et intérêts appartenant à des personnes physiques ou morales françaises.«

446 In diesem Sinne wurde die Bestimmung auch in Rechtsprechung und Literatur ausgelegt: Cass. civ., 27.7.1949, Nr. 39.809, Bull. civ. I, Nr. 271 – Veuve Funck c. directeur de l'Enregistrement, des Domaines et du Timbre; *Sarraute/Tager*, Gazette du Palais Doctrine 1 (1946), 53 (54): »[L]'Ordonnance du 9 juin 1945 laisse aux intéressés le soin d'apporter la preuve que l'acte discuté a été accomplis dans les conditions prévues par la Déclaration des Nations Unies.«

447 Exposé de motifs, JORF 10.6.1945, S. 3379: »La présente ordonnance a pour objet de fixer, dans ses articles 1er à 3, la réglementation particulière applicable, à l'exclusion notamment des articles 11 et 12 de l'ordonnance du 21 avril 1945.«

448 Vgl. *Sarraute/Tager*, Gazette du Palais Doctrine 1 (1946), 53 (54).

449 Sarraute und Tager definierten die *methods of dispossession* als »notion de fait englobant tous les procédés d'exaction, d'extorsion, de contrainte, de violence, de dol et de ruse auxquels se livrait habituellement ›l'ennemi‹, afin d'aboutir, à la faveur de l'occupation ou du contrôle qu'il exerçait, à priver les personnes résidant dans les pays occupés ou contrôlés, de leurs droits de propriété ou de jouissance«, *Sarraute/Tager*, a. a. O., 53 (54).

450 Vgl. Exposé des motifs, a. a. O.: »Son emprise économique [de l'ennemi ; Anm. d. Verf.] n'a pu se manifester que grâce à la sujétion qu'il faisait peser sur le pays tout entier et sous l'empire de la contrainte. Les actes par lesquels elle s'est réalisée ou les situations juridiques qui en découlent tombent sous le coup de la déclaration solennelle signée à Londres le 5 janvier 1943«.

Diese Auslegung ist auch mit den Zielen der Verordnung vereinbar. Diese bezweckt neben der Wiedereinsetzung früherer Eigentümer:innen den Schutz öffentlicher Interessen: Sofern die Gegenleistung mit Mitteln finanziert wurde, die direkt oder indirekt aus dem Staatshaushalt geschöpft wurden, sieht die Verordnung ein Zugriffsrecht des Staates (*droit de préemption*) an den veräußerten Vermögenswerten vor (Art 3).[451] Die Verordnung intendiert mithin auch den Ausgleich von Schäden, die dem Fiskus infolge der Besatzungspolitik entstanden sind. Durch diese zusätzliche öffentlich-rechtliche Zielsetzung unterscheidet sich der Text von der Verordnung vom 21. April 1945.

bb) Widerlegung der Vermutung (Art. 11 Abs. 2)

(1) Widerleglichkeit der Vermutung

Bei einer gesetzlichen Vermutungsregel stellt sich notwendigerweise immer auch die Frage nach ihrer Widerleglichkeit; nicht anders verhält es sich bei Art. 11 Abs. 1 der Verordnung. Insoweit sind zwei Arten von Vermutungen zu unterscheiden: Entweder eröffnet das Gesetz die Möglichkeit einer Widerlegung der gesetzlichen Vermutung durch Gegenbeweis (widerlegliche Vermutung, *présomption simple*) oder das Gesetz eröffnet diese nicht (unwiderlegliche Vermutung, *présomption irréfragable*).[452] Im Unterschied zur Fiktion liegt der gesetzlichen Vermutung ein typischer Geschehensverlauf zugrunde, der vom Gesetzgeber als Regelfall angesehen wird.[453]

Bei Art. 11 Abs. 2 besteht die Besonderheit, dass dieser ausdrücklich nur eine Möglichkeit des Gegenbeweises vorsieht: Die beklagte Prozesspartei muss darlegen und beweisen, dass der Verkauf zu einem »gerechten Preis« (*prix juste*) erfolgt ist.[454] Die gesetzlich definierte Widerlegungsmöglichkeit gilt folglich nur für entgeltliche Geschäfte (*contrat à titre onéreux*). Im historischen Schrifttum war vor diesem Hintergrund umstritten, ob die Vermutung nach Art. 11 Abs. 1 ausschließlich durch den Nachweis eines gerechten Kaufpreises (sog. *présomption mixte*, Art. 1354 Abs. 2 Code civil n. F.) oder auch mit anderen Mitteln zu Fall gebracht werden kann.[455] Folge der Einordnung als beschränkt widerlegliche Vermutung wäre, dass bei unentgeltlichen Geschäften oder auch bei Tauschgeschäften eine Widerlegung der Vermutung

451 »Lorsque le propriétaire ou titulaire des biens, droits ou intérêts en cause a accepté de l'ennemi ou pour son compte un prix payé au moyen de fonds exigés directement ou indirectement du Trésor français à la faveur de l'occupation, ou une contrepartie en nature, la restitution desdits biens, droit ou intérêts, ordonnée en conséquence de la constatation de la nullité […] ne devient définitive qu'après l'expiration d'un délai de six mois à compter de la signification de l'ordonnance de référé au ministre des finances […]. Pendant ce délai, les biens, droit ou intérêts peuvent être transférés à l'État, à moins que celui-ci n'y ait pas renoncé.«

452 Art. 1354 Abs. 2 Code civil n. F.

453 Vgl. *Lardeux*, Preuve: règles de preuve, in: Répertoire de droit civil, Bearbeitungsstand Oktober 2018, Rn. 102. Art. 1354 Abs. 1 Code civil definiert die gesetzliche Vermutung (*présomption légale*) als »présomption que la loi attache à certains actes ou à certains faits en les tenant pour certains«.

454 »Cependant, si l'acquéreur ou détenteur rapporte la preuve que son acquisition a été faite au juste prix, la preuve de la violence incombera au propriétaire dépossédé.«

455 Für den unwiderleglichen Charakter der Vermutung *Esmein*, Gazette du Palais Doctrine 2 (1945), 1 (4); *Chauveau*, JCP 1946, Nr. 550, Rn. 31; *Lafarge/Pascal*, La nullité des actes de spoliation, S. 25; *Weil-Curiel/Castro*, Spoliations et Restitutions. Commentaire théorique et pratique de la législation relative aux spoliations, S. 105 ff. Siehe aus der Rechtsprechung CA Paris, 23.11.1945, Rec. Dalloz Jurisprudence 1946, S. 77, Esp. 19 – Soc. Technique mobilière c. Marx (»[Q]ue la gratuité de l'acte exclut l'exception, permise par la loi à l'acquéreur […] de juste prix«). Diese Ansicht war in der Anfangsphase im Schrifttum

ausgeschlossen wäre. In der Rechtsprechung nach 1946 setzte sich die These von dem vollumfänglich widerleglichen Charakter der Vermutung durch.[456]

Für die vollumfängliche Widerleglichkeit sprechen ferner logische Erwägungen: Die Vermutung des Art. 11 Abs. 1 trägt dem Umstand Rechnung, dass bestimmte (vorrangig verfolgte) Personengruppen im Laufe der Besatzungszeit einer Dauerbedrohung durch staatliche Maßnahmen ausgeliefert waren (*contrainte diffuse*[457]), die jederzeit in konkrete Eingriffe in das Vermögen umschlagen konnten. Daraus folgt indes nicht logisch zwingend, dass diese Bedrohung stets den alleinigen oder entscheidenden Grund (*cause déterminante*) für den Abschluss des Rechtsgeschäfts bildete. Dieser konnte auch auf anderen Motiven beruhen (z.B. Vertrauensbeziehung zwischen den Vertragsparteien, altruistische Motivation, Alter und Gesundheitszustand).[458] Somit erscheint es überzeugend, für den Widerlegungsbeweis auch den Vortrag anderer Umstände als die Höhe des gezahlten Kaufpreises zuzulassen.

Bei der Beweiswürdigung muss dabei der gesetzlichen Grundwertung Rechnung getragen werden, wonach die Veräußerung unter Zwang den Regelfall bildet. An den Gegenbeweis sind daher entsprechend hohe Anforderungen zu stellen. So dürfte die Vermutung etwa bei frühen Verkäufen zwischen dem 16. Juni und 27. September 1940 nicht schon durch den Beweisvortrag als widerlegt anzusehen sein, dass zu diesem Zeitpunkt noch keine konkreten Verfolgungsmaßnahmen abzusehen waren.[459]

(2) Widerlegung durch Nachweis eines gerechten Kaufpreises

Nach dem Vorgesagten stellt der Nachweis, dass für den Vermögenswert ein gerechter Kaufpreis (*juste prix*) gezahlt wurde, einen möglichen gesetzlich definierten Gegenbeweis dar. Als gerecht im Sinne des Art. 11 Abs. 2 ist ein Preis anzusehen, der für das konkrete Objekt (bei Einzelstücken) oder einen Vermögenswert gleicher Art und Güte (bei vertretbaren Sachen) im maßgeblichen Zeitraum am Markt gezahlt worden wäre.[460] Maßgebend ist somit der objektive Verkehrswert bei Vertragsschluss. Der Begriff des gerechten Preises ist folglich funktional äquivalent mit dem Begriff des angemessenen Kaufpreises in den deutschen Rückerstattungsgesetzen und nach der heutigen Praxis.[461]

zunächst noch vorherrschend. A.A. aber schon frühzeitig *Sarraute/Tager*, Gazette du Palais Doctrine 2 (1946), 51 (60 f.); *Sarraute/Tager*, Rec. Dalloz Jurisprudence 1946, 67 (87 f.).

456 Cass. civ., 6.12.1949, JCP 1950, Nr. 5314 – Crémades c. consorts Obadia: »[D]ans [les conditions] de l'article 11 simplement dispensé de rapporter la preuve de la violence qu'il a subie, il [le demandeur en restitution ; Anm. d. Verf.] peut se voir opposer la preuve contraire, par le défendeur, sans qu'il soit nécessaire, pour ce dernier, de soulever l'exception de juste prix, ou alors même que celle-ci viendrait à être rejetée«; so schon Trib. civ. Seine, 16.1.1946, Rec. Dalloz Jurisprudence 1946, 82, Esp. 31 – Soc. Sica c. Boivin; CA Nancy, 13.6.1946, Gazette du Palais Jurisprudence 2 (1946), 138.

457 Der Begriff wurde maßgeblich geprägt durch *Philonenko*, Les actes de Spoliation et le Droit, Band 2, S. 69 ff.

458 Weitere Beispiele mit Verweisen auf die Rechtsprechung finden sich bei *Sarraute/Tager*, Gazette du Palais Doctrine 2 (1946), 51 (61).

459 A.A. CA Nancy, 13.6.1946, Gazette du Palais Jurisprudence 2 (1946), 138.

460 In diesem Sinne auch CA Aix, 15.4.1947, zitiert bei *Tager/Sarraute*, Gazette du Palais Doctrine 2 (1947), 23 (26). Siehe hierzu schon *Tager/Sarraute*, Gazette du Palais Doctrine 2 (1945), 23 (33). Auf die fehlende Präzision des Begriffs verwiesen *Weil-Curiel/Castro*, Spoliations et Restitutions. Commentaire théorique et pratique de la législation relative aux spoliations, S. 106 f.; *Lafarge/Pascal*, La nullité des actes de spoliation, S. 26 ff.

461 Art. 3 Abs. 2 US-REG; Art. 3 Abs. 2 S. 1 BR-REG; Art. 3 Abs. 2 Hs. 2 REAO; Art. 3 Abs. 3 der Verordnung Nr. 120 vom 10.11.1947.

Die Beweisvortrag nach Art. 11 Abs. 2 unterliegt zeitlichen Einschränkungen. Er muss bereits zu Prozessbeginn (*in limine litis*), spätestens aber innerhalb eines Monats nach Klageerhebung (*assignation*) erfolgen. Andernfalls ist die beklagte Prozesspartei mit dem Vorbringen präkludiert und der Beweisvortrag ist von Amts wegen zurückzuweisen (Art. 11 Abs. 3). Die Widerlegung der Vermutung ist dann nur noch durch Vortrag anderer Umstände möglich.

Unbeachtlich ist nach dem Wortlaut, ob der Kaufpreis der klagenden Prozesspartei tatsächlich zugeflossen ist oder zur freien Verfügung stand. Wurde der Kaufpreis auf Grundlage einer antisemitischen Norm auf ein Sperrkonto gezahlt, so stellt dieser Verlust für sich genommen eine nichtige Entziehung nach Art. 1 Abs. 1 der Verordnung dar.[462] Die Verordnung weicht in diesem Punkt von Teilen der Rückerstattungsgesetzgebung im besetzten Deutschland ab, die zur Widerlegung der Entziehungsvermutung bei rechtsgeschäftlichen Verlusten zusätzlich zur Angemessenheit des Kaufpreises den Nachweis forderte, dass dieser den früheren Eigentümer:innen zugeflossen ist und zur freien Verfügung stand.[463]

cc) Nachweis einer Zwangslage im Falle der Widerlegung (*violence*)

Gelingt der beklagten Partei der Nachweis, dass ein gerechter Kaufpreis gezahlt wurde, so obliegt der klagenden Prozesspartei der Beweis, dass diese oder ihre Rechtsvorgänger:innen bei Abgabe der Willenserklärung unter Zwang (*violence*) im Sinne des Code civil gehandelt haben. Nach der bis 2016 geltenden und für Veräußerungen zwischen 1940 und 1944 maßgeblichen Gesetzesfassung wurde dieser Begriff wie folgt definiert:

> »Il y a violence lorsqu'elle est de nature à faire impression sur une personne raisonnable, et qu'elle peut lui inspirer la crainte d'exposer sa personne ou sa fortune à un mal considérable et présent.« (Art. 1112 Abs. 1 Code civil a. F.).[464]

Zwang erfordert hiernach eine Zwangslage, die auf der Furcht vor einem erheblichen und gegenwärtigen Übel (*mal considérable et présent*) für die eigene Person oder das eigene Vermögen oder auf der Furcht vor einem Übel für bestimmte nahestehende Personen (Art. 1113 Code civil a. F.[465]) beruht. Gemeinhin wurde die Definition dahingehend korrigierend ausgelegt, dass die Furcht (*crainte*) gegenwärtig sein muss, nicht hingegen das in der Zukunft liegende Übel.[466]

462 A.A. soweit ersichtlich nur *Tager/Sarraute*, Gazette du Palais Doctrine 2 (1947), 23 (26).

463 Art. 3 Abs. 2 US-REG; Art. 3 Abs. 2 Hs. 2 BR-REG; Art. 3 Abs. 2 Hs. 1 REAO. Insoweit abweichend der Widerlegungsbeweis nach Art. 3 Abs. 3 der Verordnung Nr. 120, der keine freie Verfügbarkeit der erlangten Gegenleistung verlangt. Die Vermutung nach US-REG, BR-REG und REAO findet noch heute in der deutschen Restitutionspraxis bei rechtsgeschäftlichen Vermögensverlusten Anwendung. Siehe hierzu *Beauftragte der Bundesregierung für Kultur und Medien*, Handreichung, überarbeitete Fassung von 2019, S. 38 f.

464 Die Legaldefinition in Art. 1140 Code civil n. F. verzichtet seit der Reform von 2016 auf das Erfordernis eines gegenwärtigen Übels. Für die Bewertung der Verträge vor dem Inkrafttreten der Reform ist die alte Gesetzeslage maßgeblich, Art. 9 Abs. 2 der Ordonnance n° 2016-131 du 10 février 2016 portant réforme du droit des contrats, du régime général et de la preuve des obligations (JORF vom 11.2.2016, Text Nr. 26).

465 La violence est une cause de nullité du contrat, non seulement lorsqu'elle a été exercée sur la partie contractante, mais encore lorsqu'elle l'a été sur son époux ou sur son épouse, sur ses descendants ou ses ascendants.

466 Vgl. *Chauvel*, Violence, in: Répertoire de droit civil, Bearbeitungsstand Oktober 2022, Rn. 13: »La formulation était maladroite : le mal dont est menacée la victime sera nécessairement futur et c'est la crainte qui devait être présente, contemporaine de l'acte (metus praesens).« So auch die Interpretation des Berichterstatters der *Commission pour la réforme de l'État et de la législation* der ACP: »[O]n s'accorde à considérer que c'est la crainte et non le mal qui doit être présent, ce qui permet de

Dem Code civil ist hingegen nicht zu entnehmen, worin konkret die Ursache der Zwangslage bestehen muss, genauer gesagt, ob Auslöser der Furcht stets das Handeln einer Person (der anderen Vertragspartei oder eines Dritten) sein muss oder diese auch auf äußeren Umstände beruhen kann. Vor diesem Hintergrund ist bis heute umstritten, ob auch eine allgemeine Notlage (*état de nécessité*) infolge von Naturereignissen eine relevante Zwangslage begründen kann.[467] Der Normwortlaut lässt dies offen. Die Frage stellt sich mit besonderer Nachdrücklichkeit bei Rechtsgeschäften mit verfolgten Personen im besetzten Frankreich. Charakteristisch für die Bedrohungslage dieser Personen war, dass die Zwangslage nicht notwendigerweise auf einer individuellen Drohung beruhte, sondern vielmehr auf einer dauerhaften Furcht vor künftigen, in ihrem konkreten Ausmaß noch nicht absehbaren Zwangsmaßnahmen (sog. *contrainte diffuse*[468]). Diese Bedrohungslage knüpfte an die Einordnung der Betroffenen als »jüdisch« im Sinne der Verfolgungsgesetze des Deutschen Reichs an. Die nach Juni 1940 einsetzende antisemitische Verfolgungspolitik barg in sich das Potenzial, jederzeit in konkret-individuelle Zwangs- und Gewaltmaßnahmen gegen Einzelpersonen umzuschlagen. Dieser Zustand der Dauerbedrohung verschärfte sich mit fortschreitender Zeit und dem Inkrafttreten stets neuer Verfolgungsmaßnahmen.

Diese Bedrohungslage beruhte aber, im Unterschied zu Naturereignissen, auf Handlungen staatlicher Organe und damit letztlich menschlichen Handlungen, sodass sich die dargelegte Problematik unter einem leicht veränderten Blickwinkel darstellt: Es geht letztlich nicht um die Frage, ob eine solche Bedrohungslage – was unstrittig zu bejahen wäre – rechtliche Relevanz aufweist, sondern vielmehr darum, ob zwischen der verfolgungsbedingten Bedrohungslage und der Abgabe der Willenserklärung ein hinreichend enger Zusammenhang besteht.

(1) Position 1: Erfordernis einer Bedrohung durch individuelle Handlungen

Die Rechtsprechung der Instanzgerichte und Teile des Schrifttums standen dieser Position anfangs noch ablehnend gegenüber. Unter Berufung auf den Wortlaut des Art. 1112 Code civil a.F. erkannten die Gerichte eine relevante Zwangslage nur bei individueller Bedrohung der Eigentümer:innen mit einem erheblichen Übel an.[469] In einer Entscheidung vom 5. Juni 1947 verneinte der *Tribunal civil* von Saumur das Vorliegen einer Zwangslage, wenn diese lediglich auf einer allgemeinen Bedrohungslage beruhte. Erforderlich sei, dass die Verkaufsentscheidung auf einer gegenwärtigen, individuellen Bedrohung gegen die Eigentümer:innen des veräußerten Vermögenswerts beruhte.[470] Im konkreten Fall erkannte das Gericht ausgehend von den zeitlichen und örtlichen Umständen des Verkaufs (Anfang Oktober 1940 in der freien

décider que le consentement est nul s'il est donné sous l'empire d'un danger purement éventuel.«, *Godart*, Rapport fait au nom de la Commission de la Réforme de l'État et de Législation, Dokument Nr. 342, Annexe au procès-verbal de la séance du 28 février 1945, S. 5, AN C//15257, Dossier 398.

467 Siehe m.w.N. *Terré u. a.*, Droit civil. Les obligations, S. 271 f., Rn. 247.

468 Vgl. *Philonenko*, Les actes de Spoliation et le Droit, Band 2, S. 69 ff.

469 Trib. civ. Seine, 10.10.1945, JCP 1946, Nr. 3014; Trib. civ. Strasbourg, 19.2.1946, Gazette du Palais Jurisprudence 1 (1946), 164; Trib. civ. Metz, 4.7.1946, Gazette du Palais Jurisprudence 1 (1947), 34.

470 Trib. civ. Saumur, 5.6.1947, Gazette du Palais Jurisprudence 2 (1947), 59. Die Klage wurde unmittelbar auf die Art. 1109, 1111, 1112 und 1113 Code civil a.F. gestützt. Das Gericht führte aus, »que si un caractère de nécessité a pu intervenir dans la décision de la dame Strauss, en l'espèce, la nécessité ne saurait être confondue avec la violence prévue aux art. 1109 et s. C. civ.; qu'ainsi le contrat litigieux souscrit en partie […] sous l'empire d'un état de nécessité, n'apparaît pas comme le résultat de violences actuelles, mais bien plutôt comme le moyen efficace, ainsi qu'advenu, d'échapper à des violences éventuelles«.

Zone) noch keinen hinreichenden Anlass zur Besorgnis. Von indizieller Bedeutung sei, ob im Zeitpunkt des Vertragsschlusses bereits Gesetze antisemitischen Charakters in Kraft getreten waren.[471] Entsprechende Regelungen traten in der besetzten Zone erst ab September 1940[472] und in der nicht besetzten Zone ab Oktober 1940[473] in Kraft.

Manche Gerichte ließen aber auch die Geltung derartiger Gesetze wegen ihres allgemeinen Charakters noch nicht für die Annahme einer gegenwärtigen Bedrohung genügen. Nach Einschätzung der *Cour d'appel* von Paris in einer Entscheidung vom 21. Oktober 1946[474] stellt die bloße Geltung allgemeiner Gesetze in der besetzten Zone, die als jüdisch eingeordnete Personen zur Kennzeichnung ihrer Geschäfte als »entreprise juive« (Verordnung vom 27. September 1940) verpflichteten und die Ernennung kommissarischer Verwalter:innen für diese Unternehmen vorsahen (Verordnung vom 18. Oktober 1940), für sich genommen noch keine hinreichende Bedrohung dar. Zur Begründung führte das Gericht aus, dass solche Maßnahmen nicht zwingend einen hoheitlichen Vermögensentzug erwarten ließen und zudem nicht Einzelnen, sondern vielmehr einer unbestimmten Personenzahl gegolten hätten.[475] Im Umkehrschluss forderte das Gericht damit die Androhung konkreter Einzelmaßnahmen.

(2) Position 2: Bedrohung durch Rechtsakte allgemeiner Art ausreichend

Diese Rechtsprechung konnte sich gleichwohl nicht durchsetzen und wurde in gleich zwei Leitentscheidungen der *Cour de cassation* vom 16. Dezember 1947 abgelehnt. In der Sache Arnulf gegen Chamanski[476] bestätigte der Gerichtshof die Entscheidung eines Instanzgerichts, das schon in der Geltung der Verordnung des deutschen Besatzers vom 18. Oktober 1940 eine hinreichende Bedrohung für die betroffenen Personen erkannt hatte, da andere Gründe für die Veräußerung nicht ersichtlich seien.[477] In der Sache de Roock gegen Poutchits[478] lehnte der Gerichtshof die Kassationsbeschwerde gegen eine Entscheidung ab, die als alleinige Verkaufsursache die Geltung eines antisemitischen Berufsverbots angesehen und hierin eine hinreichende Bedrohung erkannt hatte.[479] Beide Verfahren betrafen zwar nicht Kulturgüterverluste, in einer ähnlichen Situation befanden sich aber auch Inhaber:innen von Kunst- und

471 »Attendu qu'il y a lieu de remarquer qu'à l'époque de la vente, début d'octobre 1940, si la menace de mesures anti-israélites existait, aucune disposition n'était encore intervenue lors de sa conclusion«.

472 Verordnung über Maßnahmen gegen Juden vom 27.9.1940, VOBlF. vom 30.9.1940, S. 92.

473 Loi portant statut des juifs vom 3.10.1940, JORF vom 18.10.1940, S. 5323.

474 CA Paris, 21.10.1946, Gazette du Palais Jurisprudence 2 (1946), 237 – Société Thildès c. Bloch.

475 Ebd.: »[Q]ue les ordonnances allemandes des 27 septembre et 18 octobre 1940 […], astreignant les juifs à la déclaration de leur commerce ainsi qu'à l'apposition d'affiches et portant possibilité de la désignation d'un commissaire administrateur, ne renferment pas des menaces assez précises en ce qui concerne une dépossession, ni en tout cas assez spéciales quant aux personnes qu'elles visent pour pouvoir être retenues à titre de violence au sens de l'al. 2 de l'art. 11«.

476 Cass. civ., 16.12.1947, Gazette du Palais Jurisprudence 1 (1948), 19 – Arnulf c. Chamanski.

477 Ebd.: »Attendu qu'en faisant état des circonstances particulières de la cause et en établissant un rapport de causalité entre la publication de ces mesures [l'ordonnance allemande du 18 octobre 1940; Anm. d. Verf.] et la cession du fonds litigieux, alors qu'aucun autre motif ayant pu déterminer cette aliénation n'était invoqué, la Cour d'appel a pu admettre que la preuve de la violence […] était d'ores et déjà rapportée«.

478 Cass. civ., 16.12.1947, Gazette du Palais Jurisprudence 1 (1948), 19 – de Roock c. Poutchits.

479 »[Q]ue ces textes constituaient des mesures de contrainte exceptionnelles qui menaçaient directement l'intéressé en lui imposant le choix entre la liquidation volontaire de son patrimoine et une expropriation forcée; qu'en établissant, dans ces circonstances, un rapport de causalité entre la publication de ces textes et la vente du fonds litigieux, alors qu'aucun autre motif ayant pu déterminer cette aliénation n'était invoqué, la Cour d'appel a pu admettre que la preuve de la violence […] était d'ores et déjà rapportée«.

Antiquitätenhandlungen spätestens seit Ende 1941.[480] In beiden Entscheidungen hob der Gerichtshof maßgeblich auf den Kausalzusammenhang zwischen dem äußeren Anlass und dem letztendlichen Verkaufsentschluss ab. Für die Bewertung ausschlaggebend war, dass neben dem drohenden Verlust eines Vermögenswertes (infolge eines Berufsverbotes oder der Ernennung eines kommissarischen Verwalters) bei einem Zuwiderhandeln konkrete Sanktionen drohten.[481] Kausalität ist hiernach also zu bejahen, wenn ein dringender Anlass zur Veräußerung in Gestalt der Verfolgungsgesetze bestand, der allein für den Verkaufsentschluss ausschlaggebend geworden ist, ohne dass weitere Gründe ersichtlich waren. In diesem Sinne hatten zuvor schon Instanzgerichte geurteilt.[482]

(3) Diskussion

Beide Rechtsprechungslinien beriefen sich auf den Wortlaut des Art. 1112 Code civil a. F., gelangten dabei aber zu unterschiedlichen Ergebnissen. Während die erstgenannte Linie noch allein auf den Anlass der Verfügung abhob, war nach der letztgenannten Linie vielmehr die erwartbare Wirkung bei einem objektiven, vernunftbegabten Dritten in der Situation der Verfügenden ausschlaggebend. Entscheidend war hiernach, ob die staatlicherseits ergriffenen Maßnahmen geeignet waren, diesen zu einer Veräußerung seiner Vermögenswerte zu bewegen oder nicht. Bei einem allgemeinen Gesetz war dies etwa zu bejahen, wenn dieses bereits selbst eine konkrete Maßnahme anordnete (etwa ein Berufsverbot oder eine Verfügungsbeschränkung).

Die erstgenannte Position lag insoweit noch ganz auf der Linie der Rechtsprechung zum Zwangsbegriff vor 1940, die eine Verursachung der Zwangslage durch Handlungen einer bestimmten Person forderte.[483] Dieser Ansatz klammerte aber die veränderten sozialen Bedingungen unter der deutschen Besatzung aus, die sich nachteilig auf die Willensautonomie verfolgter Personengruppen auswirken konnten. Hingegen stellte die *Cour de cassation* stärker auf die Motivlage der Betroffenen ab. Entscheidend war hiernach, welches Motiv den Ausschlag für den Veräußerungsentschluss gegeben hat. Die Testfrage lautet daher, ob sich die Entscheidung auch durch andere Gründe als die Geltung der Verfolgungsgesetze erklären ließe. Dieser stärker die besondere Situation verfolgter Personen fokussierende Ansatz findet eine gewisse Stütze in Art. 1112 Abs. 2 Code civil a. F., wonach bei der Bewertung auch in der

480 Durch Art. 5 des Gesetzes vom 17.11.1941 (JOEF vom 2.12.1941) wurde als jüdisch eingeordneten Personen der Handel mit Gemälden und Antiquitäten in ganz Frankreich untersagt.

481 In der Sache Arnulf c. Chamanski war das Zuwiderhandeln gegen das Berufsverbot strafbewehrt. In der Sache de Roock c. Poutchits drohte nach einer Vermögensanmeldung die Ernennung eines:einer kommissarischen Verwalter:in mit weitreichenden Folgen für die vermögensrechtliche Situation der verfolgten Person (insb. Vermögensbeschlag und Verlust der Verfügungsbefugnis). Ein Unterlassen der Anmeldung strafbewehrt.

482 CA Paris, 17.12.1945, Gazette du Palais Doctrine 2 (1946), 62, Fn. 33 – Bouleau c. Baer (Berufsverbot für Betreiber:innen von Kinosälen in ganz Frankreich); CA Paris, 2.7.1946, Gazette du Palais Doctrine 2 (1946), 62, Fn. 34 – Royal-Cinéma c. Benhaim (Möglichkeit der Ernennung kommissarischer Verwalter:innen nach Verordnung vom 27.9.1940 in der besetzten Zone); CA Paris, 23.7.1945, Gazette du Palais Doctrine 2 (1946), 62, Fn. 35 – Ballaud c. Sica (Verbot der unternehmerischen Betätigung bei Unternehmen ohne kommissarische Verwalter:innen in der besetzten Zone).

483 Diese Einschränkung wurde aus der Formulierung des Art. 1109 Code civil abgeleitet, wonach die Willenserklärung der betroffenen Personen unter Drohungen abgepresst (»extorqué par violence«) worden sein muss. Vgl. *Philonenko*, Les actes de Spoliation et le Droit, Band 1, S. 12.

erklärenden Person liegende Umstände und Merkmale zu berücksichtigen sind[484], zu denen auch der Status als Verfolgungsopfer gezählt werden kann.

Zugleich lehnte es aber auch die *Cour de cassation* ab, den Kreis der relevanten Ursachen einer Bedrohungslage auf allgemeine Notlagen auszudehnen. Auch nach diesem Ansatz genügte daher nicht schon die Berufung auf eine verfolgungsbedingte Bedrohungslage. Vielmehr forderten die Gerichte den Nachweis, dass in dieser Verfolgungssituation »besondere Gründe« vorlagen, die begründeten Anlass zur Furcht um die eigene Person und das eigene Vermögen gaben (*raisons particulières de craindre pour sa personne ou ses biens*).[485] Diese Umstände mussten zudem die alleinige oder jedenfalls ausschlaggebende Ursache für den Verkaufsentschluss bilden.[486] Nicht ausreichend war es, wenn diese nur eines von mehreren Motiven eines Motivbündels darstellten. Bei bloßer Mitursächlichkeit verfolgungsspezifischer Faktoren wurde die Kausalität daher verneint.

Der Gang der Prüfung bestand somit darin, (1) ausgehend vom Ort und Zeitpunkt der Veräußerung die konkrete Verfolgungssituation der Betroffenen anhand der geltenden Verfolgungsgesetzgebung näher zu charakterisieren und (2) sodann zu prüfen, ob die Veräußerung sich nicht ausnahmsweise durch andere Motive erklären ließe.[487] Diese Tatsachenbewertung oblag dabei den Instanzgerichten im Rahmen einer freien richterlichen Beweiswürdigung.[488] Im Ergebnis musste die Einordnung der klagenden Prozesspartei in eine Kategorie verfolgter Personen nach den Kriterien der Rassegesetze der Besatzungszeit feststehen und es durften keine Zweifel an der vorrangigen Ursächlichkeit dieser Gesetze bestehen. Auch diese Rechtsprechungslinie ist daher auf Kritik aus dem Schrifttum gestoßen.[489]

Bezogen auf die Ausgangsfrage ist somit festzuhalten, dass nach der vorherrschenden Auffassung in der Nachkriegszeit die bloße Zugehörigkeit zur Kategorie der Verfolgten für den Nachweis einer Zwangslage im Sinne der Art. 1109, 1112 Code civil a. F. nur genügte, wenn die Verfolgung für die betroffene Person nach den verfügbaren Indizien das vordergründige Motiv des Rechtsgeschäfts bildete. Eine wirtschaftliche Notlage war somit nur beachtlich, wenn sie vorrangig auf der Verfolgung beruhte.

484 »On a égard, en cette matière […] à la condition des personnes.«

485 So bestätigte die *Cour de cassation* Entscheidungen von Instanzgerichten, die eine hinreichende Zwangslage unter alleiniger Berufung auf die Verfolgteneigenschaft der Kläger:innen verneint hatten. Siehe etwa Cass. civ., 8.3.1949, Bull civ., Nr. 85 – Alvo; Cass. civ., 17.5.1949, Bull civ., Nr. 174 – Herber. Diese »raisons particulières« konnten nach der Rechtsprechung gänzlich unterschiedlich ausfallen und etwa in der hoheitlichen Anordnung eines Verkaufs oder Berufsverboten (Cass. civ., 12.7.1949, Bull. civ., Nr. 254 – Tarcali) oder aber in Beschlagnahmen anderer Vermögenswerte der betroffenen Person (Cass. civ., 8.2.1949, Bull. civ., Nr. 49 – Citroën) bestehen.

486 Die *Cour de cassation* positionierte sich zu dieser Frage nicht eindeutig. Die Frage konnte daher je nach Kammer unterschiedlich ausfallen. Vgl. m. w. N. *Sarraute/Tager*, JCP 1950, Nr. 881, § 10, Rn. 28.

487 Als »motifs autres que la crainte« werden im Schrifttum unter Verweis auf die Rechtsprechung etwa finanzielle Schwierigkeiten aus der Zeit vor 1940, eine Verkaufsentscheidung vor 1940, familiäre Gründe oder der Gesundheitszustand der veräußernden Person genannt, siehe m. w. N. bei *Sarraute/Tager*, JCP 1948, Nr. 735, § 5 A.

488 Die zumeist ablehnenden Entscheidungen (*arrêts de rejet*) verweisen wiederkehrend auf die *pouvoir souverain d'appréciation* der Instanzgerichte. So etwa Cass. civ., 8.3.1949, Nr. 38.525, 38.526, Bull. civ. 1949, Nr. 85: »Attendu qu'en déduisant de ces constatations que ces derniers n'avaient pas rapporté la preuve qui leur incombait, la Cour d'Appel a fait régulièrement usage de son pouvoir souverain d'appréciation«.

489 Vgl. *Sarraute/Tager*, Gazette du Palais Doctrine 2 (1946), 51 (61 f.).

dd) Rechtsfolgen eines Zwangsgeschäfts (Art. 12)

Für die Rechtsfolgen der Nichtigkeit verweist Art. 12 Abs. 1 im Grundsatz auf die Bestimmungen des allgemeinen Zivilrechts über die Nichtigkeit bei Willensmängeln.[490] Das Rechtsgeschäft ist nichtig und die vertraglichen Leistungen sind rückabzuwickeln. Bei Kenntnis der Erwerber:innen vom Nichtigkeitsgrund gilt eine verschärfte Haftung, die Rechtsfolgen richten sich in diesem Fall nach dem ersten Titel der Verordnung (Art. 12 Abs. 2). Anders als die Rückerstattungsgesetze in den amerikanischen und britischen Besatzungszonen (einschließlich Groß-Berlin) in Deutschland, die hoheitliche und rechtsgeschäftliche Vermögensverluste tatbestandlich gleichsetzten und die Rechtsfolgen für beide Verlustformen einheitlich regelten,[491] entschied sich der französische Gesetzgeber bei rechtsgeschäftlichen Verlusten demnach für eine Lösung über das Zivilrecht.

(1) Rechtsfolgen im Regelfall (Art. 12 Abs. 1 und 3)

Bejaht das Gericht das Vorliegen einer Zwangslage (*violence*), so stellt es die Nichtigkeit des Vertrages oder Rechtsaktes fest (Art. 17 Abs. 3). Das Rechtsgeschäft ist als von Anfang an nichtig anzusehen und der frühere Rechtszustand zwischen den Parteien wiederherzustellen (*remise en état*, Art. 1178 Abs. 2 Code civil n. F.). Anders als bei der zwingenden Nichtigkeit nach Art. 1 Abs. 1 kann die zur Annullierung berechtigte Person das Rechtsgeschäft bestätigen (*confirmation*) und den Makel auf diese Weise heilen.[492] In der Folge ist das Vertragsverhältnis nach allgemeinem Zivilrecht mit dem Ziel der Wiederherstellung des ursprünglichen Rechtszustandes rückabzuwickeln (*restitutions*).[493] Die empfangenen Leistungen sind nach Möglichkeit in Natur zurückzugewähren (*restitution en nature*). Ist eine Restitution in Natur (etwa wegen Zerstörung oder Veräußerung der Sache) ausgeschlossen, wird Wertersatz (*restitution par équivalent*) geschuldet.

Bei der Bemessung des Wertersatzes wurden vor der Gesetzesreform von 2016 unterschiedliche Ansätze vertreten: Nach der Rechtsprechung war grundsätzlich der Wert der Sachleistung bei Vertragsschluss maßgebend[494], teils wurde davon abweichend auf den Zeitpunkt der gerichtlichen Entscheidung abgestellt.[495] Nach heutiger Rechtslage kommt es auf die Gut- oder Bösgläubigkeit der zur Herausgabe der Sachleistung verpflichteten Vertragspartei

490 »Les conséquences de l'annulation prononcée seront celles attachées par le droit commun à la nullité pour vice de consentement.«

491 Art. 1 Abs. 1 US-REG, Art. 2 Abs. 1 BR-REG, Art. 2 Abs. 1 REAO.

492 Vgl. *Sarraute/Tager*, Gazette du Palais Doctrine 2 (1946), 51 (63); *Ferid/Sonnenberger*, Das Französische Zivilrecht, Band 1/1, S. 602, Rn. 1 F 927.

493 Nach der Rechtsprechung richte sich die Nichtigkeit bei Annullierung nicht nach den Grundsätzen der *répétition de l'indu*, sondern nach eigenen Regeln, welche die Rspr. aus gesetzlichen Grundwertungen herleitete (Cass. civ. 1ère, 24.9.2002, Nr. 00-21.278, Bull. civ. I, Nr. 218). Durch die Schuldrechtsreform von 2016 wurde diese Rspr. kodifiziert (Art. 1178 Abs. 3 i. V. m. Art. 1352 bis 1352-9 Code civil).

494 Cass. civ. 1ère, 16.3.1999, Nr. 97-12.930, Bull. civ. I, Nr. 95: »[D]ans le cas où un contrat nul a cependant été exécuté, les parties doivent être remises dans l'état dans lequel elles se trouvaient avant cette exécution; que, lorsque cette remise en état se révèle impossible, la partie qui a bénéficié d'une prestation qu'elle ne peut restituer doit s'acquitter du prix correspondant à cette prestation«; Cass. com., 14.6.2005, Nr. 03-12.339, Bull. com. IV, Nr. 130 betreffend den Verkauf von Aktien und deren Restitution bei Nichtigkeit des Kaufvertrages: »[L]'annulation de la cession litigieuse confère au vendeur, dans la mesure où la remise des actions en nature n'est plus possible, le droit d'en obtenir la remise en valeur au jour de l'acte annulé«.

495 Vgl. *Ferid/Sonnenberger*, Das Französische Zivilrecht, Band 1/1, S. 606 f., Rn. 1 F 941.

an (Art. 1352-2 Abs. 1 Code civil n. F.).[496] Beruht die Zerstörung auf dem Verhalten eines Dritten oder auf Zufall (*cas fortuit*), besteht nach dem Grundsatz *res perit domino* kein Ersatzanspruch der früheren Eigentümer:innen.[497] Ein Anspruch auf Herausgabe gezogener Früchte besteht grundsätzlich erst ab Zustellung der Klage (Art. 549 Code civil a. F.).[498]

Die Verkäufer:innen schulden gemäß Art. 12 Abs. 3 nur Rückzahlung des erhaltenen Kaufpreises sowie Ersatz der Vertragskosten (*frais et loyaux coûts de l'acte*), notwendiger Verwendungen (*impenses nécessaires*) und in Höhe einer eventuellen Wertsteigerung auch nützlicher Verwendungen.

Die Wirkungen der Nichtigkeit beschränken sich grundsätzlich auf das Verhältnis zwischen den Parteien des nichtigen Rechtsgeschäfts. Davon bleiben die Rechtsbeziehungen zu Folgeerwerber:innen grundsätzlich unberührt.[499] Diese werden aber gleichsam durch die dinglichen Wirkungen der Nichtigkeit betroffen. Bei Verträgen, welche die Übertragung eines Eigentumstitels zum Gegenstand haben (*actes translatifs de propriété*), führt die Nichtigkeit zum rückwirkenden Entfall des Rechtstitels. Es liegt mithin ein Erwerb von Nichtberechtigten (*acquisition a non domino*) vor. Bei beweglichen Sachen besteht die Möglichkeit eines originären Eigentumserwerbs nach der Regel »en fait de meubles ...« gemäß Art. 2276 Abs. 1 Code civil n. F. (Art. 2279 Abs. 1 a. F.). Eine Vindikation ist in diesem Fall ausgeschlossen.[500] Den früheren Eigentümer:innen verbleibt nur die Möglichkeit eines Vorgehens gegen die eigene Vertragspartei.

(2) *Rechtsfolgen bei verschärfter Haftung (Art. 12 Abs. 2)*

Eine verschärfte Haftung greift bei Bösgläubigkeit der beklagten Prozesspartei, wenn der erhaltene Kaufpreis ferner nicht angemessen (*juste prix*) im Sinne des Art. 11 Abs. 2 war. Die Rechtsfolgen richten sich in diesem Fall nach dem ersten Titel der Verordnung (Art. 12 Abs. 2).[501]

Bösgläubigkeit in diesem Sinne erfordert, dass die beklagte Prozesspartei Kenntnis von den Umständen hatte, die zur Nichtigkeit des Rechtsgeschäfts nach Art. 11 führen. Diese muss demnach bei Vertragsschluss gewusst haben, dass die früheren Eigentümer:innen unter Zwang im Sinne des Art. 1112 Code civil a. F. gehandelt haben.[502] Bösgläubigkeit im Sinne dieser Vorschrift ist demnach nicht mit Bösgläubigkeit im Sinne des Art. 2276 Abs. 1 Code civil gleichzusetzen, der auch fahrlässige Unkenntnis genügen lässt. Weiterhin ist erforderlich, dass der vereinbarte Kaufpreis nicht gerecht im Sinne von Art. 11 Abs. 2 war. Im Umkehrschluss findet Art. 12 Abs. 2 keine Anwendung auf unentgeltliche Geschäfte.

496 Bei Gutgläubigkeit bzgl. des Mangels wird bei Weiterveräußerung der erlangte Kaufpreis geschuldet. Bei Bösgläubigkeit wird Wertersatz in Höhe des objektiven Verkehrswertes der Sache geschuldet, wenn dieser über dem erhaltenen Kaufpreis liegt (Art. 1352-2 Code civil n.F.).

497 Cass. civ. 1ère, 6.12.1967, Bull. civ. I, Nr. 358; *Sana-Chaillé de Néré*, Art. 1304 -1314, Fasc. 50, Contrats et obligations, Nullité ou rescision des conventions, Effets de la nullité, in: Jurisclasseur Civil Code, Bearbeitungsstand 1.3.2016, Rn. 18.

498 Vgl. *Lyon-Caen*, Lois annotées 1946, 137 (142).

499 Dies folgt bereits aus der Relativität vertraglicher Schuldverhältnisse. Siehe hierzu grundlegend Cass. civ. 3e, 21.3.2019, Nr. 18-11.707, Rec. Dalloz 2019, 596; *Picod*, Nullité, in: Répertoire de droit civil, Bearbeitungsstand Juli 2019, Rn. 166.

500 Vgl. *Tager/Sarraute*, Gazette du Palais Doctrine 2 (1947), 23 (31).

501 Siehe hierzu schon unter B.II.2.a)bb).

502 Vgl. *Chauveau*, JCP 1946, Nr. 550, IV. Des effets de la nullité.

c) Abgrenzung zwischen Art. 1 und Art. 11 der Verordnung

Von besonderer Schwierigkeit ist die Abgrenzung zwischen den Tatbeständen der Art. 1 und 11 der Verordnung. Die Frage beschäftigte bereits die Literatur und Rechtsprechung der Nachkriegszeit und wurde für eine der zentralen Streitfragen gehalten.[503] Grund für die Kontroverse war der unklare Wortlaut der beiden Bestimmungen. Art. 1 Abs. 1 erfasst wörtlich auch Vermögensverluste, die durch einen »materiellen Beitrag« der früheren Eigentümer:innen eingetreten sind (*même avec leur concours matériel*). Rechtsgeschäfte mit Zustimmung der früheren Eigentümer:innen werden aber zugleich durch Art. 11 Abs. 1 geregelt. In der Literatur und Rechtsprechung haben sich im Wesentlichen zwei Grundpositionen herausgebildet.

aa) Position 1: Vorliegen oder Fehlen einer Willenserklärung

Nach einer frühen, in Literatur und Rechtsprechung gleichermaßen vertretenen Ansicht ist für die Abgrenzung zwischen beiden Tatbeständen maßgeblich, ob der Vermögensverlust auf einer, wenn auch unter Zwang abgegebenen Willenserklärung (*consentement*) beruht oder vielmehr gegen oder ohne den Willen der Geschädigten erfolgt ist.[504] Für diese Position sprechen Wortlaut und Systematik der Verordnung: Wenn Art. 11 ausdrücklich eine Willenserklärung der früheren Eigentümer:innen verlangt, folgt hieraus im Umkehrschluss, dass ein *concours matériel* nach Art. 1 Abs. 1 sinnvoll nur Handlungen unterhalb der Schwelle einer Willenserklärung erfassen könne. Andernfalls unterfielen sämtliche Fälle, in denen die Berechtigten in irgendeiner Weise an dem Verlusteintritt partizipiert haben, stets Art. 1, wohingegen Art. 11 faktisch leerliefe. Nach dieser Auslegung bleiben Art. 1 somit Fälle vorbehalten, in denen eine Willenserklärung gänzlich fehlt, Art. 11 hingegen Fälle, in denen eine Willenserklärung (*consentement*) vorliegt, die aber mit dem Willensmangel der *violence* nach Art. 1109, 1112 Code civil a. F. behaftet ist. Vereinzelt wurde innerhalb dieses Meinungsspektrums noch zusätzlich danach unterschieden, ob die Eigentümer:innen auf den Gang der Vertragsverhandlungen aktiv Einfluss genommen (*apport intellectuel*) oder den Geschäftsabschluss lediglich passiv erduldet haben (*apport matériel*).[505]

bb) Position 2: Vorliegen oder Fehlen einer individuellen Ausnahmemaßnahme

Eine andere Position gelangte ausgehend vom Wortlaut zu einem gegenteiligen Ergebnis. Nach der Überschrift des zweiten Titels der Verordnung, in dem auch Art. 11 steht, gilt dieser für

503 *Sarraute/Tager*, Gazette du Palais Doctrine 2 (1946), 51 (53): »Cette question, une des plus importantes au point de vue de l'application de l'ordonnance du 21 avril 1945, continue à diviser la jurisprudence et la doctrine«.

504 CA Bordeaux, 31.7.1945, Gazette du Palais Jurisprudence 2 (1945), 110; CA Paris, 17.7.1945, Gazette du Palais Jurisprudence 2 (1945), 74 – Tichotsky ; CA Paris, 15.2.1946 – Martin c. Salomon, zitiert nach *Sarraute/Tager*, Gazette du Palais Doctrine 2 (1946), 51 (54); CA Orléans, 2.12.1947, JCP 1948, Nr. 4183; Trib. com. Moulin, 8.5.1945, Gazette du Palais Jurisprudence 2 (1945), 15. Aus dem historischen Schrifttum *Esmein*, Gazette du Palais Doctrine 2 (1945), 1.

505 Trib. civ. Seine, 9.6.1945, Gazette du Palais vom 18.7.1945; Trib. civ. Seine, 27.6.1945, Gazette du Palais vom 4.9.1945 ; Trib. civ. Compiègne, 10.7.1945, Gazette du Palais Jurisprudence 2(1945), 79. Weitere Entscheidungen werden zitiert bei *Tager/Sarraute*, Gazette du Palais 2 (1945), 23 (40). In einer vielfach kritisierten Entscheidung gelangte etwa die *Cour d'appel* von Riom zu der Einschätzung, dass ein Vertrag, dessen Bedingungen allein durch einen kommissarischen Verwalter ausgehandelt worden waren und der hiernach dem Eigentümer zur Unterschrift vorgelegt wurde, frei von Willensmängeln zustande gekommen sei. Siehe CA Riom, 24.6.1946 – Benforado; kritisch *Sarraute/Tager*, Gazette du Palais Doctrine 2 (1946), 51 (54).

Rechtsgeschäfte über Vermögenswerte, Rechte oder Interessen, die nicht Gegenstand von Ausnahmemaßnahmen im Sinne des Art. 1 geworden sind.[506] Eine solche Ausnahmemaßnahme bildete etwa die Ernennung kommissarischer Verwalter:innen nach der Verordnung des deutschen Besatzers vom 18. Oktober 1940[507] und dem Gesetz vom 22. Juli 1941[508], die den Vermögensbeschlag (*dessaisissement*) zulasten der Eigentümer:innen bewirkte.[509]

Der Überschrift ließe sich die Folgerung entnehmen, dass Titel 2 von vornherein nicht auf Vermögenswerte anwendbar ist, die im Zeitpunkt der Veräußerung bereits unter kommissarischer Verwaltung standen oder durch andere Ausnahmemaßnahmen betroffen wurden. Willenserklärungen der Berechtigten, die nach diesem Zeitpunkt abgegeben wurden, wären nach dieser Ansicht rechtlich wirkungslos und somit als bloßer »concours matériel« nach Art. 1 Abs. 1 zu bewerten.[510] Diese Position ist in der Literatur vorherrschend geworden und wurde vereinzelt auch in der Rechtsprechung vertreten.[511]

Eine weitere Mindermeinung verneinte bei Rechtsgeschäften über Vermögenswerte, die durch Ausnahmemaßnahmen betroffen wurden, den Anwendungsbereich der Verordnung in Gänze und plädierte für eine Lösung nach dem Zivilrecht.[512]

cc) Die Silberstein-Rechtsprechung

Kernpunkt des Streits zwischen beiden Meinungslagern bildete somit die Frage, welche rechtliche Relevanz der Vornahme einer Ausnahmemaßnahme in Bezug auf das Vermögen der früheren Eigentümer:innen (insbesondere die Ernennung kommissarischer Verwalter:innen) bei der Auslegung der Verordnung zukommt. Die Streitfrage wurde höchstrichterlich in der Entscheidung der Zivilkammer der *Cour de cassation* in der Sache Silberstein vom 4. Juni 1947 entschieden.[513]

Im zugrundeliegenden Fall hatten die Kläger ihr Unternehmen nach Ernennung eines kommissarischen Verwalters in eigener Initiative und unter Umgehung des Verwalters an den späteren Beklagten veräußert, zu dem sie persönliche Kontakte unterhielten. Die *Cour d'appel* von Orléans verneinte den Anwendungsbereich von Art. 1 und bewertete die Wirksamkeit des Verkaufs allein nach Art. 11. Die *Cour de cassation* kassierte die Entscheidung: Aus Sicht des Gerichtshofs ist die Einwilligung der Eigentümer:innen nach Ernennung eines kommissarischen

506 »Actes relatifs à des biens, droits ou intérêts n'ayant pas fait préalablement l'objet de mesures exorbitantes du droit commun.«

507 Sog. zweite Verordnung über Maßnahmen gegen Juden vom 18.10.1940 (VOBlF. vom 20.10.1940, S. 112).

508 Loi du 22 juillet 1941 relative aux entreprises, biens et valeurs appartenant aux juifs (JOEF vom 26.8.1941, S. 3594).

509 Art. 3: »La nomination de l'administateur provisoire entraîne le dessaisissement des personnes auxquelles les biens appartiennent, ou qui les dirigent.«

510 So *Tager/Sarraute*, Gazette du Palais Doctrine 2 (1945), 23 (40): »[L]orsque l'intéressé est dessaisi de l'administration de ses biens, son concours est toujours dépourvu de toute portée juridique. Qu'il n'intervienne pas, rien n'est changé; la source de la validité de l'acte réside dans l'acte, et non pas dans celle de l'intéressé; son concours ne sera jamais qu'un concours matériel«.

511 In diesem Sinne CA Paris, 5.11.1945, Recueil Sirey 2 (1946), 13 – Dame Desjardins c. époux Topor; anders zuvor noch CA Paris, 2.8.1945, Gazette du Palais Jurisprudence 2 (1945), 94; *Lyon-Caen*, Les spoliations, S. 45; *Lyon-Caen*, Lois annotées 1946, 137 (139); *Tager/Sarraute*, Gazette du Palais Doctrine 2 (1945), 23 (40).

512 So nur *Mazeaud*, Rec. Sirey 2 (1946), 13 (15). Für diese Lösung wurde auf den Wortlaut der Norm verwiesen. Art. 1 sei in derartigen Fällen gerade nicht anwendbar, da er ein Handeln gegen oder ohne den Willen der Eigentümer:innen voraussetze. Art. 11 setzte wiederum eine Willenserklärung voraus, noch bevor eine Ausnahmemaßnahme ergriffen wird. Verfügungen der Eigentümer:innen nach Beginn einer kommissarischen Verwaltung (Mischakte) würden daher weder durch Art. 1 noch durch Art. 11 geregelt werden.

513 Cass. civ., 4.6.1947, Rec. Dalloz Jurisprudence 1947, 313 – Silberstein c. Garnier.

Verwalters wegen des damit verbundenen Vermögensbeschlags als bloßer *concours matériel* zu bewerten und daher Art. 1 zu unterstellen:

»[C]ette mesure, qui avait dessaisi les propriétaires de l'administration de leurs biens, ainsi que la contrainte morale que ceux-ci subissaient, rendent inapplicables les dispositions de l'art. 11 conformément au libellé contraire de l'intitulé du titre 2, qui en délimite les conditions d'application, et frappent de nullité suivant l'art. 1er, en conséquence de la constitution du commissaire-gérant, la vente litigieuse, même réalisée avec le consentement des propriétaires, lequel constituait dans ces circonstances un concours matériel au sens dudit art. 1er«.

Dieser Position folgte wenig später auch die Sozialkammer des Gerichtshofs in der Entscheidung Gaultier vom 12. Juni 1947.[514] Für eine Anwendung des Art. 11 verbleibt bei einer kommissarischen Verwaltung nach der Einschätzung der Kammer nur Raum, wenn das Rechtsgeschäft schon vor Beginn der Zwangsverwaltung abgeschlossen worden war. Die Lösung der Rechtsprechung verdient Zuspruch. Sie erscheint sogar ausgehend vom Wortlaut und dem im Gesetzgebungsverfahren zum Ausdruck gekommenen Willen des Gesetzgebers zwingend.

dd) Auslegung des Begriffs des »concours matériel« nach Historie und Normzweck

Für ein verbessertes Verständnis der beiden Normbereiche des Art. 1 und Art. 11 kann auf die Entstehungsgeschichte der Norm zurückgegriffen werden, die ferner Aufschluss darüber liefert, welche Zielsetzungen der historische Normgeber mit der Verordnung verband. Der finalen Fassung der Verordnung waren insgesamt vier konkurrierende Entwürfe vorausgegangen, die im Zeitraum zwischen Februar und April 1945 zwischen der Übergangsregierung und der *Assemblée consultative provisoire* (ACP) beraten wurden.[515] Am 20. Februar 1945 legte der Justizminister nach vorheriger Anhörung des *Comité juridique* der ACP einen Entwurf zur Stellungnahme vor. Art. 1 in dieser Fassung lautete noch wie folgt:

»Les personnes [...] dont les biens, droits ou intérêts ont été l'objet, *sans leur consentement*, d'actes de disposition accomplis en conséquence de [...] mesures exorbitantes du droit commun [...] devront faire constater la nullité de ces actes dans la forme prévue à l'article 14 ci-après.« (Hervorhebung d. Verf.)[516]

514 Cass. soc., 12.6.1947, Gazette du Palais Jurisprudence 2 (1947), 55 – Gaultier: »Mais attendu que la nomination d'un commissaire gérant avait pour effet immédiat de déposséder le propriétaire de ses biens; que dès lors, tout acte de disposition consenti par celui-ci, en présence d'un administrateur de cet ordre, doit être considéré comme ne présentant pas la manifestation d'une volonté libre.«

515 Zu nennen sind der Entwurf des Justizministers vom 20.2.1945 (AN C//15257, Dossier 399), der Entwurf mehrerer sozialistischer Abgeordneten der ACP vom 13.2.1945 (AN C//15257, Dossier 398), der Entwurf der Commission de la Réforme de l'État et de Législation der ACP vom 28.2.1945 (AN C//15257, Dossier 398) und der durch die ACP beschlossene Entwurf vom 15.3.1945 (AN C//15257, Dossier 399).

516 Demande d'avis sur le projet d'ordonnance portant application de l'ordonnance du 12 novembre 1943 sur la nullité des actes de spoliation accomplis par l'ennemi ou sous son contrôle et édictant la restitution aux victimes de ces actes de ceux de leurs biens qui ont fait l'objet d'actes de disposition présenté au nom du Gouvernement provisoire de la République française par M. François de Menthon, Nr. 314, 20.2.1945, S. 5, AN C//15257, Dossier 399.

Der Wortlaut der Entwurfsvorlage stimmte bereits weitgehend mit der heute geltenden Fassung überein, mit dem entscheidenden Unterschied, dass der Tatbestand anstelle einer positiven Einschränkung (»même avec leur concours matériel«) eine negative Voraussetzung vorsah (»sans leur consentement«). Maßgeblich für die Abgrenzung beider Tatbestände war demnach - ganz im Sinne der zuerst dargestellten Position - das Vorliegen oder Fehlen einer Willenserklärung. Diese Fassung wurde im weiteren Verlauf der Beratungen indes verworfen.

Die heutige Fassung des Art. 1 Abs. 1 geht auf einen Entwurf der *Commission de la Réforme de l'État et de Législation* der ACP vom 28. Februar 1945 zurück, die erstmals den Begriff des *concours matériel* in den Tatbestand des Art. 1 einführte.[517] Durch diese Anpassung sollte klargestellt werden, dass Eigentümer:innen, für deren Vermögen kommissarische Verwalter:innen bestellt worden waren, in der Regel unter Zwang über ihre Vermögenswerte verfügten.[518] Haben sich die Eigentümer:innen eines Unternehmens nach Beginn der kommissarischen Verwaltung weiterhin in die geschäftlichen Belange eingebracht, etwa um größere Schäden zu vermeiden, sollten diese nicht schlechtergestellt werden als Personen, die auf eine Mitwirkung gänzlich verzichteten. Beide Fälle seien wertungsmäßig vergleichbar: In beiden Fällen fehle es in Wirklichkeit an einer Willenserklärung.[519] Durch den Zusatz »même avec leur concours matériel« in Art. 1 Abs. 1 (anstelle der Formulierung »sans le consentement«) wollte der historische Gesetzgeber somit klarstellen, dass der Tatbestand des Art. 1 der Verordnung auch dann eröffnet ist, wenn in dem Verlusteintritt ein Verhalten der Geschädigten (etwa durch Zustimmung zur Veräußerung) mitgewirkt hat.

Ausgehend von dem Vorgesagten wird aber immer noch nicht klar, was nun den konkreten wertungsmäßigen Unterschied zwischen einem *concours matériel* nach Art. 1 und einem *consentement vicié* nach Art. 11 ausmacht. In beiden Fällen bildet, wie die *Cour de cassation* in der Sache Silberstein ausführte, eine verfolgungsbedingte Zwangslage den normativen Grund der Nichtigkeit.[520] Es existiert also eine Willenserklärung nur dem äußeren Schein nach, da sie mit einem Willensmangel behaftet ist. Bei genauerer Betrachtung besteht zwischen beiden Zwangslagen aber ein wertungsmäßiger Unterschied, der ihre unterschiedliche Behandlung rechtfertigt. Dieser liegt in der Intensität der Zwangslage begründet: Während diese im Falle des Art. 1 auf einer konkreten, gegen das Vermögen der Betroffenen gerichteten Zwangsmaßnahme (Beschlagnahme, kommissarische Verwaltung) fußt, beruht sie im Falle des Art. 11

517 *Godart*, Rapport au nom de la Commission de la Réforme de l'État et de Législation, Nr. 342, Annexe au procès verbal de la séance du 28 février 1945, AN C//15257, Dossier 398.

518 A. a. O., S. 6: »Il a paru à la Commission que du moment que ces actes [passés avec le consentement des intéressés; Anm. d. Verf.] résultaient ‹de mesures de séquestre, d'administration provisoire, de gestion, de liquidation, de confiscation et toutes autres mesures exorbitantes du droit commun›, cette énumération exprimait assez fortement les conditions du non consentement.«

519 A. a. O., S. 6 f.: »Elle [la Commission de la Réforme de l'État et de Législation ; Anm. d. Verf.] a envisagé les cas nombreux où le spolié est resté dans son affaire avec l'administrateur, pour maintenir sa clientèle et réduire les risques graves de l'intervention de l'administrateur [...]. Cette présence ne saurait être tenue en aucun cas pour un consentement.«

520 Cass. civ., 4.6.1947, Rec. Sirey 1947, 189 – Silberstein: Ausschlaggebend für die Anwendung des Art. 1 sei neben dem Vermögenes beschlag (*dessaisissement*) durch Gesetz vom 22.7.1941 die »contrainte morale que ceux-ci [les propriétaires dessaisis; Anm. d. Verf.] subissaient«.. In diesem Sinne auch Cass. soc., 26.3.1947, Rec. Sirey 1947, 191 – Morel: »[L]e concours forcé apporté par Benforado [...] à l'origine duquel sa volonté était absente, se révélant à l'évidence comme seulement matériel au sens du texte«. Andere Gerichte bewerteten die Ernennung kommissarischer Verwalter:innen hingegen vielmehr als Auslöser einer Zwangslage im Sinne des Art. 11 (CA Paris, 15.2.1946, zitiert bei *Sarraute/Tager*, Gazette du Palais Doctrine 2 (1946), 51 (54), Fn. 4: »S'il est établi cependant que le consentement du vendeur n'a été donné que sous l'empire des causes qui lui enlèvent la pleine liberté [la nomination d'un administrateur provisoire; Anm. d. Verf.], la présomption de la violence établie par l'art. 11 se trouve confirmée. En conséquence, l'exception du juste pris ne saurait être utilement soulevée.«)

Abs. 1 auf der Zugehörigkeit der betroffenen Person zum Kreise der Verfolgten oder gleichgestellten Personen. Sie ist im ersten Fall demnach direkter, im zweiten Fall indirekter Art. Die Trennlinie zwischen Art. 1 und 11 verläuft dabei fließend, was gerade in Fällen Schwierigkeiten bereitet, in denen die Ausgestaltung der Zwangsmaßnahmen den Betroffenen noch einen gewissen Handlungsspielraum eröffnete (etwa wenn im Falle einer kommissarischen Verwaltung die Berechtigten auf den Gang des Verfahrens einen gewissen Einfluss ausüben konnten).

Zur Verdeutlichung soll erneut auf das historische Leitbild der kommissarischen Verwaltung nach dem Gesetz vom 22. Juli 1941 zurückgegriffen werden, auf welche die Norm, wie dargestellt, reagierte: Da die vollständige »Arisierung« der verwalteten Vermögenswerte das vorrangige Ziel jeder kommissarischen Verwaltung bildete[521], markierte die Ernennung der Verwalter:innen eine rechtlich relevante Zäsur: Infolge der Ernennung verloren die Eigentümer:innen bereits die Verfügungsgewalt über das verwaltete Vermögen (Art. 3 und 4 des Gesetzes). Den notwendigen Folgeschritt des Vermögensbeschlags bildete sodann die Veräußerung der Vermögenswerte (Art. 14) gefolgt von der Einzahlung des Erlöses auf ein Sperrkonto (Art. 21). Diesem schrittweisen Entzug ihres Vermögens konnten sich die betroffenen Eigentümer:innen in der Regel nicht entziehen. Aus diesem Grund erkannte der Autor Lyon-Caen bereits in der Bestellung eines:einer Verwalter:in eine vollständige Entziehung des Eigentums im Sinne des Art. 1 Abs. 1.[522] Für die Auslegung des *concours matériel* ist somit entscheidend, ob der Vermögensverlust angesichts der Verdichtung der Verfolgungssituation auch ohne Mitwirkung des:der Eigentümer:in eingetreten wäre, dessen Mitwirkung sich also als bloße Makulatur erwies.[523] Für die Abgrenzung zwischen Art. 1 und Art. 11 ist mit anderen Worten maßgebend, ob den früheren Eigentümer:innen angesichts der gegen sie ergriffenen Ausnahmemaßnahmen noch ein beachtlicher Spielraum autonomer Entscheidungsfindung verblieb oder sich der Verlust des Vermögenswertes vielmehr als unausweichlich darstellte.

Der Begriff des *concours matériel* ließe sich damit wertungsmäßig auf Fälle übertragen, in denen die Entschließungsfreiheit der verfolgten Person infolge staatlicher Ausnahmemaßnahmen *de facto* auf null reduziert war. Ist ein Verhalten der Geschädigten in dem Vermögensverlust demnach mitursächlich geworden, kommt eine Subsumption unter Art. 1 nur in Betracht, wenn der Handlungsspielraum der Geschädigten in diesem Zeitpunkt schon faktisch auf null reduziert war. Die Grenze zwischen Art. 1 und Art. 11 verläuft somit dynamisch und ist einzelfallabhängig. Zugleich wird deutlich, dass die Abgrenzung nicht nach rein objektiven Kriterien zu bemessen ist, sondern es sich vielmehr um eine normative Wertungsfrage handelt. Im Kern geht es darum zu ermitteln, in wessen Verantwortungsbereich der Verlust bei wertender Betrachtung aller Indizien des Einzelfalls fällt: in jenen der staatlichen Verfolgungsstellen oder jenen der früheren Eigentümer:innen. Der Prüfung liegt damit erkennbar ein Zurechnungsgedanke zugrunde.

521 Art. 1 des Gesetzes vom 22.7.1941 (»En vue d'éliminer toute influence juive dans l'économie nationale«).

522 Vgl. *Lyon-Caen*, Rec. Sirey 1 (1947), 189 (190).

523 So auch *Sarraute/Tager*, Gazette du Palais Doctrine 2 (1946), 51 (54): »Cette doctrine [...] [est] basée sur deux idées principales: le dessaisissement du spolié et son impuissance à changer le cours des événements en ce qui le concerne, a l'avantage d'être souple.«

Zusätzlich muss die Verfügung noch – auch bei einem bloßen *concours matériel* – kausal auf der Ausnahmemaßnahme beruhen. Dieser Kausalzusammenhang ist nicht *per se* zu bejahen, sondern muss im Einzelfall begründet werden.[524]

ee) Auslegung in der heutigen Rechtsprechung

An dieser Abgrenzung zwischen den Verlusttatbeständen ausgehend von den Begriffspaaren *consentement* (Willenserklärung) und *concours matériel* (bloße faktische Beteiligung) orientiert sich auch die heutige Rechtsprechung. Mitunter wird der Begriff des *concours matériel* dabei extensiv ausgelegt, um dem Verfolgungsschicksal der Eigentümer:innen Rechnung zu tragen. Die äußeren Grenzen einer Extension des Tatbestandes des Art. 1 Abs. 1 gegenüber Art. 11 verdeutlicht dabei die Entscheidung der *Cour d'appel* von Paris in der Sache René Gimpel.[525]

> René Gimpel (1881–1945) war in den 1920er-Jahren ein führender Pariser Kunsthändler. Neben einer Galerie in Paris verfügte er über Niederlassungen in London in New York.[526] Nach dem deutschen Einmarsch verließ Gimpel mit seiner Familie am 12. Juli 1940 Paris und floh zunächst nach Vichy und später nach Cannes, ehe er sich schließlich in Monaco niederließ. Gimpel war in der Folgezeit wiederholt antisemitischen und politischen Verfolgungsmaßnahmen ausgesetzt. So konnte er ab Ende 1941 seine Tätigkeit als Kunsthändler offiziell nicht mehr fortsetzen.[527] Am 28. Januar 1941 wurde die Privatwohnung am Place du Palais Bourbon durch die Deutsche Botschaft requiriert. Das Inventar der Wohnung wurde später bei dem Transportunternehmen Robinot-Frères et Compagnie entzogen. Wegen seines Engagements im politischen Widerstand geriet Gimpel mehrfach in Gefangenschaft. Im September 1942 wurde er im Lager Saint-Sulpice-la-Pointe inhaftiert. Nach seiner Freilassung am 5. Januar 1943 kehrte Gimpel nach Monaco zurück und setzte dort seine Handelstätigkeit im kleineren Rahmen fort. 1944 wurde Gimpel erneut von deutschen Soldaten im *Département* Saône-et-Loire festgenommen und schließlich in das Lager Compiègne-Royallieu überstellt. Von dort erfolgte am 5. Juli 1944 die Deportation in das Konzentrationslager Neuengamme bei Hamburg, wo René Gimpel am 3. Januar 1945 verstarb.

Nach den gerichtlichen Feststellungen veräußerte Gimpel zu nicht näher bekannten Zeitpunkten zwischen 1940 und 1944 drei Werke des Künstlers Derain, die den herausverlangten Gemälden im Museum Cantini der Stadt Marseille und im *Musée d'Art Moderne* von Troyes entsprachen.[528] Nach Ansicht des Gerichts seien sämtliche Verkäufe Gimpels in der

524 Siehe hierzu bereits unter B.II.2.a)aa)(3).

525 CA Paris, 30.9.2020, Nr. 19/18087 – Gimpel.

526 Nathan Wildenstein und Ernest Gimpel eröffneten 1903 eine gemeinsame Filiale in New York, die auf französischen Gemälden des 18. Jahrhunderts spezialisiert war. Neben Gimpel / Wildenstein verfügten auch die Galerien Paul Rosenberg und Seligmann über Niederlassungen im Ausland.

527 Durch Art. 5 des Gesetzes Nr. 41-4865 vom 17.11.1941 (JOEF vom 2.12.1941) wurde als jüdisch eingeordneten Personen der Handel mit Gemälden und Antiquitäten untersagt.

528 Auf Fragen des Eigentumsbeweises wurde bereits in einem früheren Kapitel eingegangen. Siehe hierzu unter B.II.1.a). Das erstinstanzliche Gericht hatte die Klage noch aus Beweisgründen abgelehnt (TGI Paris, 29.8.2019, Nr. 19/53387).

Besatzungszeit als Zwangsverkäufe infolge staatlicher Ausnahmemaßnahmen anzusehen und daher nach Art. 1 der Verordnung nichtig.[529]

Der Begriff des *concours matériel* verlangt indes, wie bereits dargestellt, in Abgrenzung zu Art. 11 der Verordnung eine qualifizierte Zwangslage. Um die Verkäufe demnach unter Art. 1 Abs. 1 zu subsumieren, musste die *Cour d'appel* von Paris die Bedrohungslage, in der sich Gimpel nach 1940 befand, als so nachhaltig und schwerwiegend bewerten, dass für eine autonome Willensentschließung kein Raum mehr verblieb. Angesichts des besonderen Verfolgungsdrucks und des Ausmaßes der Repressionen, denen Gimpel während der Besatzungszeit ausgesetzt war, erkannte das Gericht mit vertretbarer Begründung eine für die Annahme eines *concours matériel* nach Art. 1 erforderliche Reduktion des Handlungsspielraums auf null. In den Worten des Gerichts haben diese Maßnahmen Gimpel »privé de toute existence juridique, de toute possibilité légale de gagner sa vie et en définitive de la vie«[530].

Zu beachten ist jedoch, dass jede Ausdehnung von Art. 1 unweigerlich zulasten von Art. 11 der Verordnung geht und auf diese Weise das Gleichgewicht zwischen beiden Bestimmungen empfindlich verschoben wird. Es stellt sich die berechtigte Frage, welche Verlustkonstellationen nach diesem Auslegungsansatz des Gerichts überhaupt noch von Art. 11 erfasst würden. In einer Verfolgungssituation wie derjenigen Gimpels, die durch ein Berufsverbot und wiederkehrende Festnahmen und Lageraufenthalte gekennzeichnet war, ist nach Auffassung des Gerichts jeder Verkauf gemäß Art. 1 Abs. 1 als von vornherein nichtig anzusehen. Gestaltete sich aber nicht der Alltag zahlreicher Verfolgter in ganz ähnlicher Weise, sodass auch in nahezu sämtlichen Fällen Art. 1 einschlägig wäre? Dieser Schluss lässt sich aus der Entscheidung vernünftigerweise nicht ziehen. Letztlich rechtfertigt sich die Entscheidung daher nur, wenn man die Verfolgung Gimpels im Vergleich zu anderen Verfolgten als einen singulären Ausnahmefall bewertet. Vor diesem Hintergrund sind die Ausführungen des Gerichts also nur bedingt verallgemeinerungsfähig.

3. Zeitlicher und räumlicher Anwendungsbereich der Verordnung

Die Verordnung sieht als Stichtag zur Bestimmung des zeitlichen Anwendungsbereichs sowohl in Art. 1 Abs. 1 als auch in Art. 11 Abs. 1 den 16. Juni 1940 vor. Es handelt sich um den Tag der Ernennung Henri Philippe Pétains (1856–1951) zum Präsidenten des Regierungsrates (*président du Conseil*) durch den Präsidenten der Republik Albert Lebrun. Ersichtlich ging der historische Gesetzgeber davon aus, dass schon der Beginn der Regierung Pétains eine historische Zäsur markierte, die schließlich in die Unterzeichnung des Waffenstillstandsabkommens mit dem Deutschen Reich am 22. Juni 1940 und die Verabschiedung des Ermächtigungsgesetzes durch die Nationalversammlung am 10. Juli 1940 (sog. *vote des pleins pouvoirs*) mündete.

Nicht ausdrücklich geregelt wird die äußere zeitliche Grenze des Geltungsbereichs der Verordnung. Beide Tatbestände setzen indes Maßnahmen des Vichy-Regimes oder des deutschen

529 CA Paris, 30.9.2020, Nr. 19/18087, S. 8: »Considérant qu'il est impossible d'imposer à quelqu'un des mesures plus exorbitantes du droit commun, puisque René Gimpel a été privé de toute existence juridique, de toute possibilité légale de gagner sa vie et en définitive de la vie; […] Considérant qu'eu égard à ces conditions dans lesquelles René Gimpel a été contraint de se séparer des œuvres revendiquées, toutes les ventes auxquelles il a procédé pendant l'occupation doivent être analysées comme des ventes forcées au regard des dispositions de l'article 1er de l'ordonnance du 21 avril 1945«.

530 CA Paris, ebd.

Besatzers voraus. Diese Maßnahmen wurden, soweit sie mit republikanischen Grundwerten unvereinbar waren, durch die Verordnung der Übergangsregierung vom 9. August 1944[531] nachträglich für nichtig erklärt. Für nichtig erklärt wurden insbesondere Rechtsakte, die eine Diskriminierung aufgrund der Einordnung als »jüdisch« enthielten. Die Verordnung vom 21. April 1945 diente schließlich der Umsetzung dieser Nichtigkeitsanordnung. Die äußere zeitliche Grenze des Anwendungsbereichs der Verordnung vom 21. April 1945 richtet sich demnach nach jenem der Verordnung vom 9. August 1944. Art. 11 S. 2 dieser Verordnung sieht vor, dass diese mit fortschreitender Befreiung des kontinentalen Staatsgebietes Frankreichs Anwendung findet.[532] Mit der progressiven Befreiung Frankreichs durch die Alliierten traten die Ausnahmemaßnahmen (*mesures exorbitantes du droit commun*), deren Geltung die Verordnung von 1945 tatbestandlich voraussetzt, sukzessive außer Kraft. Als grober Stichtag kann insoweit der Tag der Befreiung von Paris am 25. August 1944 betrachtet werden, während die Befreiung der vom Deutschen Reich annektierten Gebiete erst deutlich später folgte (Elsass-Lothringen etwa im Frühjahr 1945). Der zeitliche Anwendungsbereich verhält sich somit abhängig von Ort und Zeitpunkt des Vermögensverlustes dynamisch.

Aus dem Wortlaut der Verordnung folgt zudem eine Einschränkung auf Vermögensverluste innerhalb Frankreichs. Erfasst werden gemäß Art. 1 Abs. 1 nur Verfügungen, die infolge von Ausnahmemaßnahmen auf Grund von Gesetzen oder Maßnahmen des Vichy-Regimes oder des Feindes eingetreten sind. Es muss sich demnach um Vermögensverluste im räumlichen Einflussbereich des Vichy-Regimes oder des Deutschen Reichs handeln, in dem entsprechende Maßnahmen ergriffen wurden. Zu diesem Einflussbereich wurden auch die unter faktischer französischer Kontrolle stehenden Übersehgebiete gerechnet.[533] Gleiches gilt für die Zwangsvermutung des Art. 11 Abs. 1, deren Geltung davon abhängt, ob im Zeitpunkt der Vornahme des Rechtsgeschäfts Regelungen im Sinne des Art. 1 Abs. 1 galten.[534] Da die Verordnung nur verlangt, dass die verlustursächlichen Regelungen oder Maßnahmen durch das Vichy-Regime oder den Feind (*ennemi*) ergriffen wurden, ist es unbeachtlich, ob der Verlust auf einer ausländischen Ausnahmemaßnahme beruhte, sofern nur der Entzug des Vermögenswertes innerhalb Frankreichs erfolgt ist.[535]

Besondere Übergangsregelungen galten schon vor Inkrafttreten der Verordnung im vom Deutschen Reich annektierten Elsass-Lothringen, wo sich der Vermögensraub als besonders nachhaltig und schwerwiegend erwiesen hatte. Auch diese Gebiete wurden vorbehaltlich abweichender Sonderregelungen in den Geltungsbereich der Verordnung einbezogen (Art. 32

531 Ordonnance du 9 août 1944 relative au rétablissement de la légalité républicaine sur le territoire continental (JORF vom 10.8.1944, S. 688).

532 »Elle sera appliquée au territoire continental au fur et à mesure de sa libération.«

533 So ausdrücklich für das Kolonialgebiet Algerien: Cass. civ., 22.1.1952, Bull. civ. I, Nr. 32 – Veuve Borloz c. Soc. du Rio Cinéma d'Oran. Mit dem Erfolg der Operation Torch im November 1942 ging der Einfluss der Regierung in Vichy auf diese Gebiete jedoch verloren.

534 So etwa *Tager/Sarraute*, Gazette du Palais Doctrine 2 (1947), 23 (28).

535 So etwa für eine kommissarische Verwaltung, die auf Grundlage einer Verordnung des Reichsprotektorats Böhmen und Mähren angeordnet worden war: CA Paris, 29.10.1949, Rec. Dalloz Jurisprudence 1950, 2 – Hollart c. Moravia: »Pour l'application de l'ordonnance du 21 avr. 1945 il n'est pas nécessaire que l'acte de spoliation ait été la conséquence de mesures prises en France par les autorités d'occupation allemandes ou sous leur inspiration, pas plus qu'il n'est nécessaire que ces mesures, postérieures aux hostilités, aient été prises après le 16 juin 1940; il convient seulement que l'acte de spoliation se situe en France et se rattache à un acte émanant de l'ennemi ou pris sous son inspiration«.

der Verordnung). Art. 1 Abs. 6 des Gesetzes Nr. 49-573 vom 23. April 1949[536] sah schließlich eine Staatshaftung für Vermögensverluste vor, die Personen infolge der Annexion oder Unterwerfung französischer Gebiete entstanden waren, sofern diese Vermögenswerte durch deutsche Stellen oder Staatsangehörige erworben worden waren.

4. Klagefrist (Art. 21)

Die Verordnung regelt in Art. 21 eine allgemeine Präklusionsfrist für Klagen nach der Verordnung. Die Nichteinhaltung dieser Frist führt nach Art. 21 zur Unzulässigkeit der Klage (aa). Trotz Ablaufs dieser Frist können Kläger:innen noch heute eine Wiedereinsetzung in den vorigen Stand (*relevé de forclusion*) beantragen (bb). Davon bleibt die Möglichkeit einer Klage nach Maßgabe des allgemeinen Zivilrechts unberührt (cc).

a) Grundsatz des Art. 21 Abs. 1

Art. 21 Abs. 1 lautete in der Ursprungsfassung wie folgt:

> »La demande en nullité ou en annulation ne sera plus recevable après l'expiration d'un délai de six mois à compter de la date légale de la cessation des hostilités.«

Hiernach sollten Klagen auf Grundlage der Verordnung nach Ablauf von sechs Monaten ab dem gesetzlichen Datum der Beendigung der Feindseligkeiten unzulässig werden. Im Zeitpunkt der Verabschiedung der Verordnung herrschte in Europa noch Krieg und ein zeitnahes Ende der kriegerischen Handlungen war noch nicht absehbar. Dies mag erklären, warum der Beginn der Klagefrist schließlich auf ein Datum über ein Jahr nach dem Ende des Zweiten Weltkrieges in Europa gelegt wurde. Durch Gesetz vom 11. Mai 1946[537] wurde als gesetzlicher Stichtag der 1. Juni 1946 festgelegt (Art. 1 Abs. 1)[538]. Ablaufdatum der Klagefrist war hiernach der 1. Dezember 1946 (*dies ad quem*).[539]

Die ursprüngliche Frist wurde in der Folge mehrfach verlängert: zunächst durch das Gesetz Nr. 46-2920 vom 23.12.1946 bis zum 1. Juni 1947[540] und zuletzt durch das Gesetz Nr. 47-1091 vom 19. Juni 1947 bis zum 1. Dezember 1947[541]. Zulässig blieben bis zum 31. Dezember 1949 hingegen noch Klagen gegen den Zentralstaat aus Art. 7 Abs. 2 der Verordnung, der eine staatliche

536 JORF vom 24.4.1949, S. 4108.

537 Loi n° 46-991 du 10 mai 1946 portant fixation de la date légale de cessation des hostilités, JORF vom 12.5.1946, S. 4090.

538 »La date légale de cessation des hostilités est fixée au 1er juin 1946 pour l'exécution des lois, décrets, règlements et contrats dont l'application a été subordonnée à l'état de guerre, sauf disposition spéciale antérieure à la promulgation de la présente loi ou intention contraire des parties résultant des contrats.«

539 Die Berechnungsregel wurde durch Dekret Nr. 75-1123 vom 5.12.1975 (JORF vom 9.12.1975, S. 12521) in Art. 641 Abs. 2 Code de procédure civile kodifiziert: »Lorsqu'un délai est exprimé en mois ou en années, ce délai expire le jour du dernier mois ou de la dernière année qui porte le même quantième que le jour de l'acte, de l'événement, de la décision ou de la notification qui fait courir le délai. A défaut d'un quantième identique, le délai expire le dernier jour du mois.«

540 JORF vom 25.12.1946, S. 10906. Art. unique: »L'alinéa 1er de l'article 21 de l'ordonnance n° 45-770 du 21 avril 1945 est modifié ainsi qu'il suit: ›La demande en nullité ou en annulation sera recevable jusqu'à l'expiration d'un délai d'un an à compter de la date légale de la cessation des hostilités‹.«

541 JORF vom 20.6.1947, S. 5711. Art. 3: »L'alinéa 1er de l'article 21 de l'ordonnance du 21 avril 1945 est modifié ainsi qu'il suit: ›La demande en nullité ou en annulation ne sera plus recevable après le 1er décembre 1947‹.«

Garantiehaftung bei Ausfall der Schuldner:innen des Restitutionsanspruchs vorsah.[542] Zwei Jahre später wurde die Frist des Art. 21 erneut durch Gesetz Nr. 49-1642 vom 31. Dezember 1949[543] modifiziert. Art. 25 dieses Gesetzes sah vor, dass »[s]ont reconduites les dispositions ci-après: [...] Article 21 de l'ordonnance n° 45-1770 du 21 avril 1945 (délai pour la recevabilité des demandes en nullité ou en annulation des actes de spoliation): 31 janvier 1950«. Die Regelung sorgte für einige Verwirrung, da die Ausschlussfrist (ausgenommen Klagen nach Art. 7 Abs. 2) zu diesem Zeitpunkt bereits abgelaufen war. Unklar war, ob durch die Regelung nun ein neuer Fristlauf für den gesamten Normtext begründet werden sollte. Art. 20 Abs. 2 des Gesetzes Nr. 50-631 vom 2. Juni 1950[544] schaffte schließlich Klarheit: Der besagte Art. 25 des Gesetzes vom 31. Dezember 1949 sei dahingehend auszulegen, dass die Fristverlängerung nur für die Fälle des Art. 7 Abs. 2 der Verordnung gelte.[545] Für heutige Klagen wirkt sich dieses gesetzgeberische Missgeschick jedoch nicht weiter aus. Die Präklusionsfrist für Klagen nach Art. 1 und 11 lief zweifelsfrei am 1. Dezember 1947 um 24 Uhr ab. Die Klagefrist für Anträge nach Art. 7 Abs. 2 der Verordnung wurde zuletzt durch Art. 27 des Gesetzes Nr. 51-650 vom 24. Mai 1951 bis zum 31. Dezember 1951 verlängert.[546]

Eine Ausnahmeregelung greift, wenn eine Anspruchsverfolgung wegen des Todes der Anspruchsinhaber:innen erschwert ist und eine amtliche Sterbeurkunde nicht innerhalb der Frist des Art. 21 Abs. 1 beigebracht werden kann. Der durch Gesetz Nr. 50-1568 vom 26. Dezember 1950[547] eingeführte Art. 22 Abs. 3 sieht insoweit vor, dass ab Ausstellung einer gerichtlichen Sterbeurkunde gemäß Art. 90 Code civil die Klagefrist sechs Monate beträgt.[548] Die Bestimmung war und ist für Personen von praktischem Interesse, die Angehörige im Krieg oder in der Shoah verloren hatten und deren Anspruchsverfolgung daher unter erschwerten Vorzeichen stand.

b) Wiedereinsetzung in den vorigen Stand (*relevé de forclusion*)

Art. 21 Abs. 2 regelt eine relevante Ausnahme von der Präklusionsfrist, die vor allem in heutigen Gerichtsverfahren von praktischem Interesse ist. Kläger:innen können eine Wiedereinsetzung in den vorigen Stand (*relevé de forclusion*) beantragen (Art. 21 Abs. 2). Dies erfordert, dass ihnen die Klageerhebung innerhalb der Frist materiell unmöglich war.[549] Eine Kenntniserlangung nach Fristablauf ist für die Prüfung des Wiedereinsetzungsantrages daher unbeachtlich.

542 Siehe zu Art. 7 Abs. 2 schon unter B.II.2.a)bb)(4).

543 JORF vom 1.1.1949, S. 4.

544 JORF vom 4.6.1950, S. 6010.

545 »Les dispositions du présent article sont interprétatives des dispositions de l'article 25 précité [de la loi n° 49-1641 du 31 décembre 1949; Anm. d. Verf.], qui n'a reconduit le délai prévu à l'article 21 de l'ordonnance n° 45-1770 du 21 avril 1945 que pour les cas de spoliation visés par la loi n° 49-573 du 23 avril 1949 [betreffend die staatliche Ausfallhaftung nach Art. 7 Abs. 2; Anm. d. Verf.].«

546 JORF vom 30.5.1951, S. 5675. Insoweit ist die Textfassung zu Art. 21 bei *Légifrance* unzutreffend: La demande en nullité ou en annulation ne sera plus recevable après le 31 décembre 1951.

547 JORF vom 27.12.1950, S. 13193.

548 »En cas de décès prononcé judiciairement par application de l'article 90 du code civil, modifié par la loi n° 46-855 du 30 avril 1946, la demande en nullité ou en annulation sera recevable pendant un délai de six mois à dater de l'acte constatant le décès et ce, indépendamment des dispositions prévues au premier alinéa de l'article 21.«

549 »Cependant, dans le cas où le propriétaire dépossédé fera la preuve qu'il s'est trouvé, même sans force majeure, dans l'impossibilité matérielle d'agir dans ce délai, le juge pourra le relever de la forclusion.«

Die Wiedereinsetzung nach Art. 21 Abs. 2 bedingt keine Fristhemmung, sondern führt zu einer Befreiung von der Fristbindung. Anders als etwa im Falle einer Verjährungshemmung setzt die Wiedereinsetzung die Frist schlichtweg außer Kraft.[550]

Die Regelung unterscheidet sich in diesem Punkt von vergleichbaren Fristregelungen in den Nachkriegsgesetzen anderer europäischer Staaten (insbesondere Deutschland, Österreich, Niederlande und die Schweiz), die keine Wiedereinsetzungsmöglichkeit vorsahen.[551] Die Existenz dieser Regelung erklärt auch, warum Klagen noch heute auf Grundlage der Sonderbestimmungen der Verordnung erhoben werden können.

Es stellt sich demnach die Frage, worin konkret ein Hindernis im Sinne einer *impossibilité matérielle d'agir* im Sinne der Norm bestehen kann. Art. 21 Abs. 2 führt aus, dass dieses Hindernis nicht den Grad höherer Gewalt erreichen muss (»même sans force majeure«). Die Anforderungen fallen somit niedriger aus als nach vergleichbaren Bestimmungen des Zivilprozessrechts, die zumeist den Nachweis höherer Gewalt im Sinne eines »événement imprévisible, irrésistible et insurmontable« verlangen (etwa Art. 910-3 Code de procédure civile[552] für die Frist zur Berufungsbegründung). Das bedeutet, dass die Unmöglichkeit auch in Umständen in der Person des:der früheren Eigentümer:in oder deren Rechtsnachfolger:innen begründet liegen kann.[553] Im Schrifttum der Nachkriegszeit wurde etwa ein kriegsbedingter Aufenthalt im Ausland (etwa infolge von Deportation oder Kriegsgefangenschaft), eine schwere Erkrankung[554] oder die Minderjährigkeit der Berechtigten angeführt.[555]

Nach der Rechtsprechung kommt es bei der Bewertung des Hindernisses darauf an, ob die Berechtigten Kenntnis vom Belegenheitsort des Objektes nach dessen Verlust hatten oder jedenfalls in zumutbarer Weise erlangen konnten. Entscheidend sind hierbei die konkreten Erkenntnismöglichkeiten, über welche die früheren Eigentümer:innen angesichts ihrer Verfolgung und der Kriegswirren verfügten, um den verlorenen Vermögenswert nach dem Krieg und noch innerhalb der Präklusionsfrist ausfindig zu machen. Bei der Prüfung sind demnach die historischen Umstände des Vermögensverlustes sowie die Umstände der Verfolgung und Vertreibung der Eigentümer:innen (etwa Flucht und Emigration, Zerstreuung der Familienangehörigen, Deportation, sonstige Gefangenschaft) zu würdigen. Die relevanten Entscheidungen in den Verfahren Gentili di Giuseppe (1999), Gimpel (2019), Dorville (2023) und Hauser (2023) sollen im Folgenden vor diesem Hintergrund dargestellt werden.

550 So etwa TGI Paris, 29.8.2019, Nr. 19/53387 – Gimpel: »[D]ès lorsque l'impossibilité matérielle d'agir dans le délai de six mois est retenue, l'introduction de l'action en revendication intentée postérieurement n'est soumise à aucun délai.« In diesem Sinne zuletzt TJ Paris, 10.1.2023, Nr. 21/56082 – Kahn et autres. Insoweit abweichend Art. 540 Abs. 5 Code de procédure civile, wonach die Wiedereinsetzung den Lauf einer neuen Klagefrist ab Zustellung der Entscheidung in Gang setzt.

551 Siehe für die Rückerstattungsgesetze der Alliierten im besetzten Deutschland *Hahne*, Wege zur Gerechtigkeit bei NS-Raubkunst: Die heutige Restitutionspraxis im Lichte des alliierten Rückerstattungsrechts, im Erscheinen; für die österreichischen Rückstellungsgesetze *Dewey*, Gerecht und fair? Die Empfehlungspraxis des österreichischen Kunstrückgabebeirats im Lichte der Washingtoner Prinzipien, S. 35 f.; für die niederländische Restitutionsgesetzgebung *Scheller*, Die niederländische Restitutionskommission, im Erscheinen und für den Raubgutbeschluss in der Schweiz *Lehmann*, Die schweizerische Restitutionspraxis im Lichte der Washingtoner Prinzipien, im Erscheinen.

552 »En cas de force majeure, le président de la chambre ou le conseiller de la mise en état peut écarter l'application des sanctions prévues aux articles 905-2 et 908 à 911.«

553 Insoweit ähnlich Art. 540 Abs. 1, 541 Code de procédure civile.

554 Vgl. *Esmein*, Gazette du Palais Doctrine 2 (1945), 1 (6).

555 Vgl. *Weil-Curiel/Castro*, Spoliations et Restitutions. Commentaire théorique et pratique de la législation relative aux spoliations, S. 139.

aa) Fall Gentili di Giuseppe

Die Werke aus der Sammlung des vor dem deutschen Einmarsch verstorbenen Unternehmers Frederico Gentili di Giuseppe waren nach dessen Tod im Auktionshaus Drouot 1941 in Abwesenheit der Erb:innen zwangsversteigert worden. Die Erb:innen waren vor dem Einmarsch aus Paris geflohen. Nur der Sohn Gentili di Giuseppes war nach dem Krieg nach Paris zurückgekehrt, seine Schwester hingegen in die Vereinigten Staaten ausgewandert. Die fünf klagegegenständlichen Gemälde waren während der Besatzungszeit durch den deutschen Kunsthändler Karl Haberstock im Auftrag Hermann Görings erworben worden und in der Folge in das Deutsche Reich gelangt. Dort wurden sie nach dem Krieg sichergestellt, an Frankreich restituiert und verblieben hiernach in staatlicher Verwahrung. Den Berechtigten blieb der Belegenheitsort der auktionierten Werke infolge der Verbringung in das Deutsche Reich lange Zeit unbekannt. Erst 1950, nach Ablauf der gesetzlichen Frist, wurden die Werke von der Erb:innengemeinschaft bei einer Ausstellung im Louvre identifiziert. Bemühungen der Erb:innen, die Werke zurückzuerhalten, wurden vonseiten des zuständigen Außenministeriums wiederholt zurückgewiesen. Erst am 19. März 1998 erhoben die Erb.innen Klage vor dem *Tribunal de grande instance* von Paris auf Grundlage der Verordnung.

Das Gericht gab dem Antrag auf Wiedereinsetzung statt, wobei es maßgeblich darauf abstellte, dass die Erb:innen bis 1950 infolge der Zerstreuung der Werke im Zuge der Versteigerung keine Möglichkeit gehabt hätten, direkt nach dem Krieg vom Verbleib der Werke Kenntnis zu erlangen.[556] Für das Gericht war demnach das Fehlen objektiver Anhaltspunkte zum Verbleib der Werke entscheidend. Für unschädlich befand das Gericht, dass die Erb:innen bereits 1950 vom Belegenheitsort Kenntnis erlangt, aber kein gerichtliches Verfahren angestrebt hatten. Aber schon der Normwortlaut verdeutlicht, dass es auf die Möglichkeit der Rechtsverfolgung innerhalb der Frist des Art. 21 Abs. 1 (von April 1945 bis zum 1. Dezember 1947) ankommt. Eine nachträgliche Kenntniserlangung ist demnach unbeachtlich.

bb) Fall René Gimpel

Einem Wiedereinsetzungsantrag nach Art. 21 Abs. 2 gab der *Tribunal de grande instance* von Paris weiterhin im Verfahren Gimpel statt. Geklagt hatten die Enkel:innen und Erb:innen des Pariser Kunsthändlers René Gimpel. Dieser war während der Besatzungszeit aufgrund seiner Einordnung als »jüdisch« und seines Engagements im Widerstand wiederholt Ziel staatlicher Verfolgungsmaßnahmen. Nach dem deutschen Einmarsch in Paris floh Gimpel im Juli 1940 über Cannes nach Monaco. Im September 1942 wurde Gimpel erstmalig von der französischen Polizei verhaftet, im Lager Saint-Sulpice-de-la-Pointe inhaftiert und im Januar 1943 wieder freigelassen. Nach einer Anzeige durch den Kunsthändler Jean-François wurde Gimpel erneut im Mai 1944 durch deutsche Stellen festgenommen. Nach einem Aufenthalt im Konzentrationslager Royallieu bei Compiègne wurde er im Juli 1944 zunächst nach Dachau deportiert und

556 TGI Paris, 10.7.1998, Nr. 54616/98, S. 8 – Gentili di Giuseppe: »Attendu que les héritiers de Frédéric Gentili di Giuseppe, à l'époque contraints pour des raisons évidentes de sécurité à un éloignement commandé par les menaces pesant sur eux du fait de la barbarie nazie, n'ont à la suite de la vente aux enchères publiques en 1941 des œuvres d'art dont la restitution est aujourd'hui réclamée, pas été à même de connaître exactement le sort de ces biens, lesquels ont de surcroît été dispersé dans des conditions excluant pratiquement la faculté de les localiser«.

verstarb nach einer Überführung im Januar 1945 im Konzentrationslager Neuengamme bei Hamburg. Nach mehreren Restitutionen nach dem Krieg konnten erst 2012 drei weitere Gemälde des Künstlers André Derain aus der Sammlung Gimpel in mehreren öffentlichen Sammlungen aufgespürt werden. Nach erfolglosen Verhandlungen erhoben die Erb:innen schließlich am 28. Februar und 1. März 2019 Klage vor dem *Tribunal de grande instance* von Paris auf Grundlage der Verordnung vom 21. April 1945.

Das Gericht gab dem Antrag auf Wiedereinsetzung nach Art. 21 Abs. 2 statt, lehnte den Anspruch aber wegen Beweislücken ab. Es argumentierte hierbei – wie zuvor schon im Fall Gentili di Giuseppe – mit dem Fehlen konkreter Erkenntnismöglichkeiten zum Verbleib der Werke nach ihrer Entziehung. Die Umstände der Verfolgung, der René Gimpel ausgesetzt war (die Vielzahl der Beschlagnahmen, seine wiederholte Gefangenschaft, die Deportation in das Konzentrationslager Neuengamme, die in seinen Tod mündeten) und die Zerstreuung der Familienmitglieder durch Krieg und Verfolgung[557] hätten verhindert, dass die Erb:innen trotz redlicher Bemühungen[558] rechtzeitig Kenntnis vom Verbleib der Werke erlangen konnten.[559]

Beachtlich ist in diesem Zusammenhang die Formulierung, wonach den Erb:innen angesichts der Verlust- und Verfolgungsumstände nicht vorzuwerfen sei (»il ne saurait être grief [...] aux héritiers«), dass sie die verlorenen Werke nicht innerhalb der Frist ausfindig machen konnten. Die Entscheidung lässt erkennen, dass für die Bewertung materieller Unmöglichkeit im Sinne des Art. 21 Abs. 2 nicht allein positive Kenntnis vom Verbleib der Werke schädlich ist, sondern schon vorwerfbare bzw. fahrlässige Unkenntnis genügen kann, um eine Unmöglichkeit im Sinne des Art. 21 Abs. 2 zu verneinen. Unschädlich ist nach Ansicht des Gerichts hingegen, dass die Erb:innen schon 2012 auf die Spur der Werke gestoßen seien, zunächst aber von einer Klage abgesehen hätten, um eine einvernehmliche Lösung mit den Haltern zu ermöglichen.

cc) Fall Armand Dorville

Abgelehnt wurde der Antrag auf Wiedereinsetzung hingegen im Fall Armand Dorville.[560] Das Gericht erkannte hier erstmals konkrete Erkenntnismöglichkeiten hinsichtlich des Verbleibs der Werke nach dem Krieg. In dem Verfahren hatten die Erb:innen des im Juli 1941 verstorbenen Pariser Anwalts und Sammlers auf Restitution von insgesamt 21 Werken aus Sammlungen des Zentralstaates sowie der Städte Nizza, Grenoble und Dijon geklagt. An dem Eigentum Dorvilles bestand kein Zweifel; die Werke waren bei einer Nachlassauktion im Auftrag des Nachlassverwalters im Hotel Savoy in Nizza zwischen dem 24. und 27. Juni 1942 versteigert

557 Alle drei Söhne Gimpels waren während des Krieges im Widerstand aktiv. Pierre Gimpel ließ sich nach dem Krieg zusammen mit seiner Mutter, Florence Duveen, in London nieder. Ernest-Charles wurde in die Konzentrationslager Flossenbürg, Buchenwald und Auschwitz deportiert und wanderte nach dem Krieg nach London aus. Nur der jüngste Bruder Jean kehrte nach Paris zurück.

558 Nachdem sich eigene Recherchen ohne Erfolg geblieben waren, beauftragten die Söhne Serge Lemonnier, einen Neffen und ehemaligen Mitarbeiter Gimpels, mit der Suche nach den entzogenen und verschollenen Werken. Auch dessen Bemühungen führten aber nicht zu einer signifikanten Zahl von Restitutionen.

559 TGI Paris, 29.8.2019, Nr. 19/53387, S. 7 – Gimpel: »Dès lors, il ne saurait être fait grief aujourd'hui aux héritiers de René Gimpel, au regard de la dispersion de la famille dans un contexte de guerre et des mesures de confiscation intervenues, de ne pas avoir été en mesure de connaître exactement le sort de l'ensemble des biens ayant fait l'objet de mesures de spoliation, dans le délai de six mois imparti par l'ordonnance de 1945, quand bien même les recherches aient été effectuées par un collaborateur de René Gimpel, Serge Lemonnier.«

560 TJ Paris, 10.1.2023, Nr. 21/56082 – Kahn et autres.

worden, der Presseberichten zufolge auch einzelne Erb:innen Dorvilles beiwohnt hatten. Den Auktionserlös erhielten die Erb:innen erst nach dem Krieg ausgezahlt. Ansprüche auf Restitution der versteigerten Werke erhoben diese hingegen nicht. Erst 2019 beantragten die Erb:innen bei der CIVS die Restitution von insgesamt 20 Werken in staatlichem Besitz. Die CIVS gab dem Antrag nur hinsichtlich zwölf Werken statt. Die Erb:innen klagten daraufhin auf Restitution sämtlicher Werke. In seiner Entscheidung vom 10. Januar 2023 lehnte der *Tribunal judiciaire* von Paris den Antrag auf Wiedereinsetzung nach Art. 21 Abs. 2 ab. Aus Sicht des Gerichts ist es erwiesen, dass die Erb:innen infolge ihrer Anwesenheit bei der Auktion die Erwerber:innen der Werke erkennen und somit den späteren Verbleib der Werke nachvollziehen konnten. Unbeachtlich sei daher, dass das Auktionsprotokoll (*procès-verbal*) möglicherweise falsche Identitäten und Adressen der Erwerber:innen enthalten habe, da die anwesenden Erb:innen oder deren Vertreter:innen die wahren Erwerber:innen hätten ohne Weiteres vor Ort erkennen können.[561] Im Zeitpunkt der Veräußerung im Juni 1942 habe sich die Familie noch weitgehend ungehindert in der freien Zone bewegen können. Vertreibung und Flucht der Familienmitglieder hat dagegen nach Ansicht des Gerichtes erst ab September 1942 eingesetzt. Nach dem Krieg hätten sich die Erb:innen schließlich bewusst gegen eine Klage auf Restitution entschieden, obwohl sie hierauf durch ihren Notar hingewiesen worden seien.[562]

Der Argumentation des Gerichts kann ausgehend von den historischen Fakten nur bedingt gefolgt werden. In der Tat stand die Identität der Erwerber:innen in der überwiegenden Zahl der Fälle fest. In jedenfalls vier Fällen aber erlaubte das Auktionsprotokoll keine eindeutige Zuordnung der Namen der Käufer:innen zu realen Personen.[563] Zur Identifizierung der Erwerber:innen dieser Werke konnte die schlichte Ortsanwesenheit der ortsfremden Erb:innen nach Armand Dorville bei lebensnaher Betrachtung noch nicht genügen. Die Identitäten mancher Erwerber:innen konnten sogar bis heute nicht abschließend geklärt werden. Die Motive für die Entscheidung der Erb:innen, von einer Klage auf Restitution gegen die Erwerber:innen der Werke abzusehen, können so vielfältiger Art gewesen sein. Nicht gänzlich auszuschließen ist, dass die Klage schon aus praktischen Gründen (etwa wegen der Größe der Erb:innengemeinschaft und der Höhe der Nachlassverbindlichkeiten) unterblieb.

dd) Fall Lionel Hauser

Das Gemälde *The Penitent Magdalene* von Adriaen van der Werff aus der Sammlung Lionel Hausers wurde am 23. Oktober 1942 beim Lagerunternehmen Raoult-Grospiron in Paris von deutschen Stellen entzogen. Die Spur des Werkes verlor sich in der Folge. Nach dem Krieg meldete Hauser den Verlust dem *Office des biens et intérêts privés* (OBIP), der mit der Rück-

561 A.a.O., S.12: »Il s'ensuit que si les autorités en place ont pu user de manœuvres afin de dissimuler l'identité véritable d'acheteurs lors des ventes de biens spoliés, la présence lors de la vente des 24–27 juin 1942 de l'exécuteur testamentaire et de certains héritiers d'Armand Dorville, dont l'identité n'est certes pas connue, mais dont faisait partie le mari d'une des nièces légataires, est suffisamment établie, ce qui laisse supposer que ces derniers ont eu connaissance du sort des œuvres vendues lors de cette opération ainsi que de l'identité des acheteurs.«

562 A.a.O., S.13.

563 In siebzehn Fällen erwarben neben dem Zentralstaat Personen der Kunstwelt, beispielsweise die Sammler Lévy und Messiah, Werke aus der Sammlung. Anders verhielt es sich hinsichtlich der Gemälde *Lionne accroupie* von Eugène Delacroix (REC 148), *Fleurs en pot* von Édouard Vuillard, *Dessin du 5 avril 1871* von Adolphe Hervier und *Portrait d'Octave Mirabeau* von Félix Vallotton. Im Fall des Gemäldes REC 148 erhielt der Auktionator Bellier selbst den Zuschlag, dieser agierte aber vermutlich für Rechnung eines unbekannten Dritten.

führung aus Frankreich verbrachter Vermögenswerte betraut war. Der Verbleib des Werkes blieb jedoch auch in der Folge ungeklärt. Auf Grundlage der Verlustmeldung wurde das Werk schließlich in den *Répertoire des Biens Spoliés* (RBS) aufgenommen.[564] Erst 2005 tauchte das Werk wieder bei einer Auktion des Kunsthauses Christie's in London auf, wo es für 60.000 britische Pfund versteigert wurde.[565] Der Auktionskatalog enthielt seinerzeit noch keine Hinweise zur Herkunft aus der Sammlung Hauser; die Provenienz des Werkes war im Vorfeld des Verkaufs nicht untersucht worden. Die Erb:innen wurden erst im Juli 2018 anlässlich eines erneuten Verkaufs durch dasselbe Auktionshaus kontaktiert, nachdem ein Abgleich mit dem RBS durch das Auktionshaus einen Hinweis auf die Provenienz Hauser geliefert hatte. Nachdem eine Einigung mit dem:der Einlieferer:in des Gemäldes gescheitert war, verklagten die Erb:innen Hausers das Auktionshaus im Oktober 2020 vor dem *Tribunal judiciaire* von Paris auf Herausgabe des Werkes und Preisgabe der Identität des:der Einlieferer:in. Zugleich beantragten sie Wiedereinsetzung nach Art. 21 Abs. 2 der Verordnung.

Der *Tribunal judiciaire* gab dem Wiedereinsetzungsantrag und schließlich auch der Klage durch Entscheidung vom 27. Januar 2023 statt.[566] Nach Ansicht des Gerichts haben die Erb:innen erst 2018 im Zuge der Kontaktaufnahme durch das Auktionshaus vom Verbleib des Werkes Kenntnis erlangt. Schon nach dem Krieg habe Lionel Hauser erfolglos alle denkbaren Bemühungen zur Wiedererlangung des Gemäldes unternommen. Eine Pflicht der Berechtigten zur aktiven Klärung des Verbleibs des Werkes lehnte das Gericht ab, zumal das Auktionshaus selbst erst 2017 mit Forschungen zur Provenienz begonnen habe. Unmöglichkeit im Sinne des Art. 21 Abs. 2 sei daher zu bejahen.[567]

c) Sperrwirkung der Verordnung gegenüber allgemeinem Zivilrecht?

Art. 21 Abs. 1 spricht davon, dass nach Ablauf der Präklusionsfrist »die Klage auf Feststellung der Nichtigkeit nicht mehr zulässig ist«.[568] Die Vorschrift präzisiert hingegen nicht, ob dies nur für Klagen nach der Verordnung oder auch für Klagen nach allgemeinem Zivilrecht gilt. Sowohl in der Rechtsprechung als auch in der Literatur der Nachkriegszeit wurde schon frühzeitig die Möglichkeit eines subsidiären Rückgriffs auf die allgemeinen Regeln des Zivilrechts bei Nichtanwendbarkeit der Verordnung oder nach Fristablauf bejaht.[569] Die Verordnung vom 21. April 1945 weicht von den Bestimmungen des Code civil nur partiell ab, etwa durch Schaffung eines besonderen Nichtigkeitstatbestandes (Art. 1) oder durch Umkehr der Beweislast (Art. 11 Abs. 1). Es handelt sich demnach nicht um einen Fremdkörper im System des allgemeinen Zivilrechts, die Verordnung ist vielmehr in die allgemeine Zivilrechtsordnung

564 Zur Bedeutung der Eintragung eines Werkes in den RBS für die Frage der Gutgläubigkeit der Erwerber:innen siehe schon unter B.II.2.a)bb)(3)(ii).

565 *Christie's*, Old Master Pictures, Live Auction 7036, 22.5.2005, Lot-Nr. 55.

566 TJ Paris, 27.1.2023, Nr. 22/54723.

567 A.a.O., S. 11-13.

568 La demande en nullité ou en annulation ne sera plus recevable […].

569 CA Bordeaux, 25.7.1945, Gazette du Palais Jurisprudence 2 (1945), 78; speziell für den Verkauf beweglicher Sachen siehe Trib. civ. Seine, 10.7.1945, Gazette du Palais Jurisprudence 2 (1945), 67; CA Paris, 11.3.1946, zitiert bei *Sarraute/Tager*, Gazette du Palais Doctrine 2 (1946), 51 (59), Fn. 25. Siehe für Stimmen aus der Literatur *Sarraute/Tager*, a.a.O., 51 (66 f.); *Sarraute/Tager*, JCP 1948, Nr. 735, § 5 C.

eingebettet.[570] Der Rückgriff auf Normen des Code civil ist daher auch im Rahmen einer Klage auf Grundlage der Verordnung möglich, wenn und soweit deren Bestimmungen keine abschließende Regelung zu einer bestimmten Sachfrage enthalten. Wann dies konkret der Fall ist, muss in jedem Einzelfall ausgehend vom Wortlaut sowie Sinn und Zweck der Verordnung ermittelt werden.

5. Verjährung der Ansprüche

Die aus der Verordnung folgenden Ansprüche stellen Folgeansprüche aus Nichtigkeit dar, die als solche grundsätzlich einer Verjährung nach Maßgabe des allgemeinen Zivilrechts unterliegen.

a) Die Verjährbarkeit der Nichtigkeitsklage (*action en nullité*)

Nach französischem Recht richtet sich das anwendbare Verjährungsregime nach der Natur des materiell-rechtlichen Anspruchs und der seiner Durchsetzung dienenden Klageart. Charakteristisch ist dabei die Unterscheidung zwischen Vindikationsklage (*action en revendication*) und Nichtigkeitsklage (*action en nullité*). Während es sich bei Erstgenannter um eine dingliche Klage (*action réelle*) handelt, stellt Letztere eine persönliche Klage (*action personelle*) dar. Im Unterschied zur Vindikation bei beweglichen Sachen (Art. 2227 Satz 1 Code civil[571]) unterliegt die Nichtigkeitsklage zudem der Regelverjährung.[572] Auch die Klagen nach Art. 1 und 11 der Verordnung unterfallen dieser Kategorie.

Dies gilt auch für den Fall, dass infolge der Nichtigkeit der Entziehung oder des Rechtsgeschäfts eine Vindikation bei Dritten möglich wird: Hängt von der Nichtigkeit eines Rechtsgeschäfts der Bestand eines dinglichen Rechts bei einem:einer Erwerber:in und somit der Erfolg der Vindikationsklage ab, so muss die klagende Prozesspartei vorrangig auf Nichtigkeit der Entziehung oder des Rechtsgeschäfts klagen und kann erst in einem Folgeschritt bei dem:der aktuellen Besitzer:in vindizieren. Mit einer reinen Vindikationsklage kann hingegen nur die Vindikation von Sachen verfolgt werden, die nicht infolge eines nichtigen Rechtsgeschäfts bei den ursprünglichen Eigentümer:innen verloren gegangen sind.[573] Die Feststellung der Nichtigkeit und die Vindikation können zwar im Rahmen einer einheitlichen Klage (sog. Mischklage, *action mixte*) geltend gemacht werden, in diesem Fall findet aber das für Nichtigkeitsklagen geltende Verjährungsregime Anwendung.[574] Umso verwunderlicher erscheint es daher, dass sich Gerichte zu dieser Frage im Anwendungsbereich der Verordnung bis heute nur äußerst selten positioniert haben.[575]

570 *Sarraute/Tager*, JCP 1948, Nr. 735, § 5 C: »Elle [l'ordonnance; Anm. d. Verf.] n'a fait que rétablir, sur le terrain du droit privé, les principes fondamentaux en vigueur au 16 juin 1940. Pour rendre plus efficace l'action du spolié, elle a établi des nullités de droit, des présomptions de violence ou de mauvaise foi, des règles relatives à la restitution des biens, une procédure simplifiée.«

571 »Le droit de propriété est imprescriptible.«

572 Cass. civ. 1ère, 1.7.2015, Nr. 14-20.369.

573 Vgl. m.w.N. *Djoudi*, Revendication, in: Répertoire de droit civil, Bearbeitungsstand Dezember 2021, Rn. 122.

574 So etwa bei einer Klage auf Herausgabe einer Immobilie infolge der gerichtlichen Aufhebung (*résolution*) eines Kaufvertrages (Cass. civ. 3e, 2.3.2022, Nr. 20-23.602). Siehe auch m.w.N. *Hontebeyrie*, Prescription extinctive, in: Répertoire de droit immobilier, Bearbeitungsstand Februar 2016, Rn. 93-105.

575 Diese Frage wurde ersichtlich nur im Verfahren betreffend die Sammlung Simon Bauers thematisiert, siehe TGI Paris, 7.11.2017, Nr. 17/58735; CA Paris, 2.10.2018, Nr. 17/20580 – Toll; m. Anm. *Noual*, LPA 227 (2018), 8. Näheres hierzu sogleich.

b) Keine Sperrwirkung des Art. 21 Abs. 1

Denkbar wäre es, die Fristregelung in Art. 21 Abs. 1 als abschließende Regelung der zeitlichen Durchsetzbarkeit sämtlicher Ansprüche nach der Verordnung zu begreifen.[576] Schon der Wortlaut der Regelung zeigt aber, dass es sich hierbei nicht um eine Verjährungs-, sondern eine Präklusionsfrist handelt. Die Institute der Präklusion und der Verjährung werden im Zivilrecht kategorisch unterschieden.[577] Nach Art. 2220 Code civil finden die Regeln über die Verjährung keine Anwendung auf die Präklusion.[578] Daraus folgt, dass eine Präklusionsfrist, vorbehaltlich abweichender gesetzlicher Regelungen, nicht unterbrochen (*interruption*) oder gehemmt (*suspension*) werden kann.[579] Ersichtlich wollte der historische Gesetzgeber folglich in Art. 21 Abs. 1 angesichts der eindeutigen Wortwahl keine besondere Verjährungsfrist regeln. Für die Bestimmung des Art. 11 folgt dies schon daraus, dass diese eine Verweisung auf den Nichtigkeitsgrund der *violence* nach Art. 1109, 1112 Code civil a. F. enthält. Die Nichtigkeit folgt hier originär aus Zivilrecht.

c) Bestimmung der Verjährungsfrist

Nach früherer Rechtslage richtete sich die Verjährungsfrist nach der Art der Nichtigkeit. Sie betrug bei absoluter Nichtigkeit (*nullité absolute*) dreißig Jahre (Art. 2262 Code civil a. F.[580]), bei relativer Nichtigkeit (*nullité relative*) zehn Jahre (Art. 1304 Abs. 1 Code civil a. F.[581]).[582] Im Zuge der Reform des Verjährungsrechts von 2008 gab der Gesetzgeber diese Unterscheidung zugunsten einer fünfjährigen Verjährung mit einheitlichem Beginn der Verjährungsfrist auf (Art. 2224 Code civil).[583]

Im Bereich der Verordnung bleibt grundsätzlich die historische Rechtslage maßgeblich. Die Übergangsregelung des Art. 2222 Abs. 1 Code civil sieht vor, dass eine nachträgliche Verlängerung der Verjährungsfrist einen nach alter Rechtslage erfolgten Verjährungseintritt unberührt lässt. Für den hier relevanten Fall einer Verkürzung der Verjährungsfrist sieht Art. 2222 Abs. 2 Code civil den Neubeginn der Verjährungsfrist vor, wenn zu diesem Zeitpunkt nicht schon nach alter Rechtslage Verjährung eingetreten war. Für Art. 1 der Verordnung vom 21. April 1945, der mehrheitlich als Fall absoluter Nichtigkeit angesehen wird[584], folgt, dass Restitutionsansprüche

576 Andeutungsweise *Weil-Curiel/Castro*, Spoliations et Restitutions. Commentaire théorique et pratique de la législation relative aux spoliations, S. 140. Dies ausdrücklich, jedoch ohne nähere Begründung bejahend nur *Voirin*, Les lois nouvelles 1945 1 (1945), 27 (40).

577 Vgl. etwa Art. 2244 Code civil: »Le délai de prescription ou le délai de forclusion est également interrompu par une mesure conservatoire prise en application du code des procédures civiles d'exécution ou un acte d'exécution forcée.«

578 »Les délais de forclusion ne sont pas, sauf dispositions contraires prévues par la loi, régis par le présent titre.«

579 So auch bezogen auf Art. 21 Abs. 1 der Verordnung *Chauveau*, JCP 1946, Nr. 550, Rn. 74.

580 »Toutes les actions, tant réelles que personnelles, sont prescrites par trente ans, sans que celui qui allègue cette prescription soit obligé d'en rapporter un titre ou qu'on puisse lui opposer l'exception déduite de la mauvaise foi.«

581 »Dans tous les cas où l'action en nullité ou en rescision d'une convention n'est pas limitée à un moindre temps par une loi particulière, cette action dure dix ans [seit Gesetz Nr. 68-5 vom 3.1.1968 fünf Jahre; Anm. d. Verf.].«

582 Bei relativer Nichtigkeit können sich nur Personen auf die Nichtigkeit berufen, deren Schutz die Nichtigkeitsbestimmung beabsichtigt, bei absoluter Nichtigkeit ist hingegen eine Berufung durch Jedermann möglich.

583 »Les actions personnelles ou mobilières se prescrivent par cinq ans à compter du jour où le titulaire d'un droit a connu ou aurait dû connaître les faits lui permettant de l'exercer.«

584 Cass. civ., 6.12.1949, JCP 1950, Nr. 5314 – Crémades c. consorts Obadia; Teile des historischen Schrifttums ordneten die Nichtigkeit nach Art. 1 und 11 als relative Nichtigkeit ein, vgl. in diesem Sinne etwa *Esmein*, Gazette du Palais Doctrine 2 (1945), 1 (2).

in dreißig Jahren verjähren. Für den Beginn des Fristlaufs ist der Zeitpunkt maßgeblich, in dem der Nichtigkeitsgrund eingetreten ist,[585] mithin der Zeitpunkt der Entziehung. Für rechtsgeschäftliche Verluste nach Art. 11 gilt dagegen eine zehnjährige Verjährungsfrist ab dem Wegfall der Zwangslage (Art. 1304 Abs. 2 Hs. 1 Code civil a. F.), in der Regel also ab dem Zeitpunkt der Befreiung Frankreichs von der NS-Herrschaft. Hiernach wäre eine Verjährung bei Entziehungen nach Art. 1 Verordnung zwischen 1970 und 1974, bei Verlusten nach Art. 11 nach der bis 1968 geltenden zehnjährigen Verjährungsfrist gegen 1954 eingetreten.

d) Hemmung der Verjährung wegen Unmöglichkeit der Rechtsverfolgung

Zu prüfen ist daher, ob der Lauf der Verjährung möglicherweise im Einzelfall gehemmt oder unterbrochen wurde. Im Unterschied zu Art. 21 Abs. 2 der Verordnung (*impossibilité matérielle*) muss die Unmöglichkeit für eine Verjährungshemmung gemäß Art. 2234 Code civil den Grad höherer Gewalt (*force majeure*) erreichen.[586] In der heutigen Rechtsprechung ist jedoch eine gewisse Annäherung bei der Auslegung beider Begriffe zu beobachten, die mit ähnlichen Gesichtspunkten begründet werden. Nicht selten wird so etwa eine Fristhemmung nach Art. 2234 Code civil mit dem Fehlen konkreter Erkenntnismöglichkeiten begründet.

So verhielt es sich im Fall Simon Bauer. Bauer hatte nur wenige Monate nach der Befreiung Frankreichs im August 1945 vor dem *Tribunal civil* der Seine auf Restitution geklagt. Das Gericht gab der Klage am 8. November 1945 statt. Die Vollstreckung scheiterte an der fälschlichen Behauptung der Beklagten, das Werk befinde sich nicht mehr in ihrem Besitz. 1965 veräußerte deren Ehegatte das Werk 1965 an den britischen Kunsthändler Peter Findlay. Nach der Einstellung eines Ermittlungsverfahrens gegen Findlay wurde das Gemälde mit Genehmigung französischer Stellen in das Vereinigte Königreich ausgeführt. In der Folge wurde das Gemälde 1966 bei Sotheby's in London und schließlich 1995 bei Christie's in New York versteigert, wo es die späteren Beklagten erwarben. Der *Tribunal de grande instance* von Paris bejahte eine Hemmung der Verjährung nach Art. 2234 Code civil wegen rechtlicher Unmöglichkeit. Möglich sei eine Rechtsverfolgung nur in den Zeiträumen gewesen, in denen sich das Werk nachweislich in Frankreich befunden habe und die Erb:innen Kenntnis vom Belegenheitsort gehabt hätten. Beide Voraussetzungen seien nur in den Zeiträumen 1965/1966 bis zur Ausfuhr des Gemäldes nach England sowie erneut 2017 erfüllt gewesen. Das Gericht stellte also maßgeblich auf die rechtlichen Erfolgsaussichten einer Klage auf Grundlage der Verordnung ab, die im Ausland deutlich niedriger ausfielen.

Diese Bewertung erscheint angreifbar. Folge dieser Argumentation wäre, dass eine Verjährungshemmung bei Restitutionsansprüchen schon mit der Ausfuhr ins Ausland einträte. Diese bedingt zweifellos eine Erhöhung des Prozessrisikos. Die Zumutbarkeit der erforderlichen Anstrengungen zur Restitution des entzogenen Vermögenswertes ist im Rahmen der Verjährungsaussetzung indes nicht entscheidend. Maßgebend sind allein die tatsächlichen Handlungsoptionen. Dies folgt schon daraus, dass dem rechtlichen Hindernis nach Art. 2234

585 Der Fristlauf begann nach st. Rspr. mit dem Wegfall des Ereignisses, das die Nichtigkeit bedingt. So etwa Cass. civ. 1ère, 29.9.2004, Nr. 03-10.766. Vgl. m.w.N. *Mignot*, Art. 2228 à 2232, Fasc. unique: Prescription extinctive, Mode de calcul, in: Jurisclasseur Civil Code, Bearbeitungsstand 30.8.2021, Rn. 8.

586 »La prescription ne court pas ou est suspendue contre celui qui est dans l'impossibilité d'agir par suite d'un empêchement résultant de la loi, de la convention ou de la force majeure.«

der Fall höherer Gewalt gleichgestellt wird. Nach der Rechtsprechung vor der Gesetzesreform von 2008 wurde dementsprechend ein *absolutes* rechtliches Hindernis gefordert (*impossibilité absolue d'agir*).[587] Überzeugender wäre es daher, den Grund für das Unterbleiben einer Rechtsverfolgung in dem Fehlen konkreter Erkenntnismöglichkeiten zum Verbleib des Gemäldes und somit in einem faktischen Hindernis zu sehen.

Ein entscheidender Unterschied zwischen der Verjährungshemmung und der Wiedereinsetzung nach Art. 21 Abs. 2 besteht in der Rechtsfolge. Nach Art. 21 Abs. 2 besteht diese in einer Fristbefreiung, wohingegen der Fristlauf bei Hemmung nach Art. 2234 Code civil bloß suspendiert wird (Art. 2230 Code civil[588]). Gerichte müssten an sich demnach Feststellungen insbesondere zur konkreten Dauer des Rechtsverfolgungshindernisses treffen. Noch stärker sollten dabei – wie schon im Rahmen des Art. 21 Abs. 2 der Verordnung – die konkreten Erkenntnismöglichkeiten der Berechtigten berücksichtigt werden. An sich wären dabei an den Vortrag nach Art. 2234 Code civil höhere Anforderungen als nach Art. 21 Abs. 2 zu stellen. Gleichwohl wird diese Frage in den gesichteten Gerichtsentscheidungen in der Regel ausgeklammert.

6. Gerichtliches Verfahren und Zuständigkeit

a) Gerichtliches Verfahren

Die Ausgestaltung des gerichtlichen Verfahrens im vierten Titel der Verordnung trägt der gesetzlichen Zielvorgabe einer schnellen und kostengünstigen Streitbeilegung im Interesse der früheren Eigentümer:innen Rechnung.[589] Die Verordnung sieht zu diesem Zweck ein hybrides Gerichtsverfahren vor, das Elemente eines Eilverfahrens (*procédure des référés*, Art. 871 ff. Code de procédure civile) mit Elementen eines Hauptsacheverfahrens verbindet.

Nach Art. 17 Abs. 2 Satz 1[590] ergehen Entscheidungen auf Grundlage der Verordnung in einer *procédure en la forme des référés* (Verfahren nach der Form eines Eilverfahrens). Entscheidungen nach diesem Verfahren stellen in Wahrheit Endurteile (*décisions au fond*) dar, die in einem beschleunigten Verfahren ergehen. Im Unterschied zu einem klassischen Eilverfahren hat das angerufene Gericht sämtliche aufgeworfenen Rechtsfragen abschließend zu klären. Die Entscheidungen sind der Rechtskraft fähig und gemäß Art. 18 Abs. 1 vorläufig vollstreckbar (*exécutoires nonobstant appel*).

Das Verfahren der *procédure en la forme des référés* wurde indes im Zuge der Justizreform von 2019 abgeschafft. An ihre Stelle trat ein beschleunigtes Hauptsacheverfahren (*procédure accélérée au fond*), das mit Wirkung zum 1. Januar 2020 eingeführt und in den Art. 481-1

587 Bejaht etwa bei einer dauerhaften neurologischen Störung der Geistestätigkeit: Cass. civ. 1ère, 14.11.2012, Nr. 11-22.853; hingegen verneint bei bloßer Unkenntnis von der materiell-rechtlichen Existenz eines Anspruchs: Cass. civ. 2e, 14.2.2013, Nr. 12-13.339, Bull. civ. II, Nr. 28.

588 »La suspension de la prescription en arrête temporairement le cours sans effacer le délai déjà couru.«

589 Siehe Exposé des motifs, JORF vom 22.4.1945, S. 2283: »La nouvelle ordonnance […] permet, par une procédure aussi rapide et peu coûteuse que possible, aux propriétaires dépossédés de rentrer légalement en possession de leurs biens, droits ou intérêts, par application du principe de la nullité des actes de transfert.«

590 »Ceux-ci [le président du tribunal civil ou du tribunal de commerce ; Anm. d. Verf.] statuant en la forme des référés, décident au fond sur toutes les questions soulevées par l'application de la présente ordonnance, quelles que soient les personnes mises en cause.«

und 839 Code de procédure civile verankert wurde.[591] Gemäß Art. 839 Abs. 1 Code de procédure civile muss die Anwendung dieses Verfahrens gleichwohl ausdrücklich durch Gesetz vorgesehen sein. In der Folge wurde eine Reihe gesetzlicher Bestimmungen entsprechend angepasst[592], zu denen aber nicht die Verordnung von 1945 zählte. Bei strenger Gesetzesauslegung wäre daher mangels ausdrücklicher Regelung ein gewöhnliches Hauptsacheverfahren durchzuführen. Dessen ungeachtet hat sich die *Cour de cassation* in einem Gutachten vom 14. September 2022 in der Sache Orloff für die Anwendung der *procédure accélérée au fond* ausgesprochen, da die Anwendung dieses Verfahrens am ehesten dem Zweck der Verordnung von 1945 entspreche, die früheren Eigentümer:innen entzogener Vermögenswerte schnellstmöglich in ihre früheren Rechtspositionen wiedereinzusetzen.[593]

Nach diesem Verfahren ergeht die Entscheidung grundsätzlich durch Einzelrichter:in nach vorheriger mündlicher Verhandlung (arg. e. Art. 481-1 Abs. 1 Nr. 4 Code de procédure civile). Die Berufungsfrist beträgt abweichend von Art. 538 Hs. 1 Code de procédure civile 15 Tage (Art. 481-1 Abs. 2 Code de procédure civile). Der Nutzen dieser Verfahrensform besteht in ihrer gesteigerten Schnelligkeit: Entscheidungen ergehen in erster Instanz im Idealfall wenige Monate nach Klageerhebung.[594]

b) Sachliche und örtliche Zuständigkeit

Die Verordnung sieht eine ausschließliche Zuständigkeit der Zivilgerichte für alle im Zusammenhang mit der Anwendung der Verordnung aufgeworfenen Fragen vor (Art. 17 Abs. 1).

Sachlich zuständig ist der *Tribunal judiciaire* (ehemals *Tribunal de grande instance*). In Handelssachen besteht für Kläger:innen zudem eine Wahlmöglichkeit zwischen Zivil- und Handelsgerichten. Diese Option wurde ursprünglich gewährt, um die Zivilgerichte von der erwarteten Klagewelle zu entlasten. Die Regelung geht auf einen Vorschlag der *Assemblée consultative provisoire* (ACP) vom 28. Februar 1945 zurück.[595] Heute gelangt dieses Wahlrecht ersichtlich nicht mehr zur Anwendung, sämtliche seit 1999 erhobenen Klagen erfolgten vor Zivilgerichten.

Örtlich zuständig ist gemäß Art. 42, 43 Code civil grundsätzlich das Gericht des Wohnsitzes (*domicile*) oder bei juristischen Personen des Niederlassungsortes (*lieu d'établissement*) der beklagten Prozesspartei. Ein besonderer dinglicher Gerichtsstand für bewegliche Sachen existiert nach französischem Recht nicht.[596] Obwohl Art. 17 Abs. 1 ausdrücklich nur die sachliche

591 Décret n° 2019-1419 du 20 décembre 2019 relatif à la procédure accélérée au fond devant les juridictions judiciaires (JORF vom 22.12.2019, Text Nr. 2).

592 Ordonnance n° 2019-738 du 17 juillet 2019 prise en application de l'article 28 de la loi n° 2019-222 du 23 mars 2019 de programmation 2018–2022 et de réforme pour la justice (JORF vom 18.7.2019, Text Nr. 3).

593 Cass. civ. 2ᵉ, Avis, 14.9.2022, Nr. 15011-B, JORF vom 21.9.2022, Text Nr. 56, Rn. 11 und 12.

594 Im Verfahren Bauer lagen zwischen Klageerhebung und Verkündung der Entscheidung in der ersten Instanz vier Monate (TGI Paris, 7.11.2017, Nr. 17/58735 – Bauer et autres), ebenso im Verfahren Gimpel (TGI Paris, 29.8.2019, Nr. 19/53387 – Gimpel).

595 *Godart*, Rapport fait au nom de la Commission de la Réforme de l'État et de Législation, ACP, Dokument-Nr. 342, S. 6, AN C//15257, Dossier 398. Nach der Entwurfsfassung der Kommission galt die Wahlmöglichkeit nur für rechtsgeschäftliche Vermögensverluste (Art. 10 Abs. 4), im Übrigen bestand eine Zuständigkeit der Zivilgerichte. Der Vorschlag wurde nicht in den Entwurf der ACP vom 15.3.1945 übernommen (Art. 16, Avis sur le projet d'ordonnance portant application de l'ordonnance du 12 novembre 1943 sur la nullité des actes de spoliation, AN C//15257, Dossier 399), fand sich aber schließlich in der finalen Textfassung der Übergangsregierung wieder.

596 Anders nur bei Immobilien (Art. 44 Code civil) und bei Leistungen aus Versicherungen wegen Sachschäden (Art. R.114-1 Code des assurances).

Zuständigkeit regelt,[597] leiten die Pariser Gerichte aus der Formulierung »au choix du demandeur« in ständiger Rechtsprechung einen Wahlgerichtsstand ab.[598] Die Wahl des Gerichtsstandes obliege mithin der klagenden Prozesspartei. Begründet wird diese extensive Auslegung mit dem Anliegen der Verordnung, eine schnelle und kostengünstige Klärung der Rechtsstreitigkeit herbeizuführen.[599] Gleichwohl ist diese Auslegung nur schwerlich mit dem Wortlaut des Art. 17 Abs. 1 vereinbar.

Nicht selten weisen Verfahren nach der Verordnung zudem wegen des Wohn- oder Niederlassungsortes der Beklagten einen Auslandsbezug auf. Die internationale Zuständigkeit französischer Gerichte kann in solchen Fällen nach Art. 14 Code civil (sog. *privilège de juridiction*) gestützt werden, wenn die klagende Prozesspartei französischer Staatsangehörigkeit ist. Im Verfahren Simon Bauer richtete sich die Klage etwa gegen ein Ehepaar mit Wohnsitz in den USA. Das beanspruchte Werk hatte sich für die Dauer einer Ausstellung als Leihgabe im *Musée Marmottan Monet* Paris befunden und war durch gerichtliche Anordnung für die Dauer der Hauptsache sequestriert worden. Im Verfahren Lionel Hauser befand sich das Werk im Zeitpunkt der gerichtlichen Entscheidung hingegen in Verwahrung durch das Kunstauktionshaus Christie's in London. In beiden Verfahren bejahte das erstinstanzliche Gericht seine Zuständigkeit gestützt auf Art. 17 Abs. 1 der Verordnung. Im Verfahren Bauer schien das Gericht eine internationale Zuständigkeit aus Art. 17 Abs. 1 der Verordnung abzuleiten.[600] Im Verfahren Hauser folgerte das Gericht seine internationale Zuständigkeit hingegen aus einem Indizienbündel (französische Staatsangehörigkeit und Wohnort der Kläger:innen, Ort der Nachlasseröffnung und Entziehung).[601]

7. Fazit

Die vorangehenden Darstellungen verdeutlichen die Relevanz der Verordnung vom 21. April 1945 bei der Beilegung heutiger Rechtsstreitigkeiten betreffend NS-Raubkunst. Frankreich stellt nachweislich die einzige Jurisdiktion in Europa im früheren Einflussbereich des NS-Regimes dar, in der Gesetze aus der Nachkriegszeit, die speziell der Regelung dieser Frage galten, heute noch zur Anwendung gelangen.

Der Nachkriegsgesetzgeber strebte die Wiedereinsetzung früherer Eigentümer:innen in ihre früheren Rechtspositionen an, wenn der Vermögensverlust durch Entziehung (Art. 1) oder durch Rechtsgeschäft (Art. 11) erfolgt war. Dabei wird erkennbar, dass der Gesetzgeber – wenn

597 »Dans les cas prévus par la présente ordonnance, la demande est portée devant le président du tribunal civil ou en matière commerciale devant le président du tribunal civil ou du tribunal de commerce au choix du demandeur.«

598 TGI Paris, 7.11.2017, Nr. 17/58735 – Bauer et autres; TJ Paris, 27.1.2023, Nr. 22/54723, S. 8 – Kahn et autres; im Ergebnis auch TGI Paris, 29.8.2019, Nr. 19/53387 – Gimpel.

599 So ausdrücklich TJ Paris, 27.1.2023, Nr. 22/54723, S. 8 – Kahn et autres: »L'ordonnance du 21 avril 1945 et la procédure prévue par l'article 17 susvisé, ont pour but de permettre aux propriétaires dépossédés, par une procédure spéciale, aussi rapide et peu coûteuse que possible, de pouvoir rentrer légalement en possession de leurs biens, droits ou intérêts, par application du principe de la nullité des actes de transfert. Ces dispositions constituent des règles dérogatoires au droit commun, rendant ces dernières inapplicables en l'espèce.«

600 TGI Paris, 7.11.2017, a. a. O., S. 8 – Bauer et autres: »Il apparaît donc que c'est conformément à ces dispositions [de l'article 17 de l'ordonnance; Anm. d. Verf] que les consorts Bauer ont choisi de saisir valablement la présente juridiction, en l'espèce celle du lieu où demeure le tableau revendiqué; sans qu'il y ait lieu d'aborder la question du privilège de juridiction qu'ils revendiquent.«

601 TJ Paris, 27.1.2023, a. a. O., S. 8 – Kahn et autres.

auch unausgesprochen – auf Grundlage eines Modells der Zurechnung (*imputabilité*) operierte. Nichtig sind vorrangig Verfügungen, die unmittelbar durch Ausnahmemaßnahmen (*mesures exorbitantes du droit commun*) verursacht wurden. Haben die früheren Eigentümer:innen hingegen dem Verlust formal zugestimmt oder diesen in sonstiger Weise befördert, ist das verlustbegründende Rechtsgeschäft nur nichtig, wenn es zurechenbar auf Ausnahmemaßnahmen im Sinne des Art. 1 Abs. 1 beruhte. Das heißt, wenn diese den maßgeblichen Grund für den Verlust bildeten, etwa weil das Handeln der Geschädigten selbst als bloßer *concours matériel* im Sinne des Art. 1 Abs. 1 zu bewerten ist oder die Verfügung unter beachtlichem, in der Regel verfolgungsbedingtem Zwang vorgenommen wurde. Eine beachtliche Zwangslage wird bei Rechtsgeschäften unter Beteiligung verfolgter Personen vermutet (Art. 11 Abs. 1).

Im Falle von Entziehungen und bei Bösgläubigkeit auch bei rechtsgeschäftlichen Verlusten regelte der Gesetzgeber die Rückabwicklung nichtiger Verfügungen einseitig zugunsten der früheren Eigentümer:innen. Diese Privilegierung erfährt jedoch, wie herausgearbeitet werden konnte, eine deutliche Einschränkung bei Vindikation beweglicher Sache (insbesondere Kunstwerken und Kulturgütern) bei Folgeerwerber:innen. Bei Entziehungen nach Art. 1 Abs. 1 sollte Verfolgungsrecht der Geschädigten nur bis zum 1. Dezember 1947 gewährleistet werden (Art. 10 Satz 1 der Verordnung, Art. 2279 Abs. 2 Code civil a. F.). Bei rechtsgeschäftlichen Verlusten folgte die Einschränkung der Vindikation schon aus der ohne Weiteres anwendbaren Grundregel »en fait de meubles ...« (Art. 2279 Abs. 1 Code civil a. F.). Der Wille des Gesetzgebers, gutgläubige Dritte zu schützen, ist in den Beratungen im Vorfeld der Verabschiedung der Verordnung von 1945 deutlich zum Ausdruck gekommen. In heutigen Verfahren werden Belange des Verkehrsschutzes indes *contra legem* vollständig ausgeklammert.

Auch der Aspekt des Zeitablaufs müsste in Verfahren nach der Verordnung größeren Raum einnehmen. Der historische Gesetzgeber strebte eine zeitnahe Regelung der Eigentumskonflikte durch die Verordnung an, was die kurze Klagefrist bis zum 1. Dezember 1947 verdeutlicht. Neben der Möglichkeit einer Wiedereinsetzung (Art. 21 Abs. 2) müssten Gerichte heute stärker der Frage der Verjährung der Ansprüche nach der Verordnung nachgehen. Dies geschieht bislang nur selten. Dem Verfolgungsschicksal der früheren Eigentümer:innen könnte auf Ebene der Prüfung einer Verjährungshemmung wegen Unmöglichkeit der Rechtsverfolgung angemessen Rechnung getragen werden.

III. Das Dekret Nr. 99-778 vom 10. September 1999 (CIVS-Dekret)

Durch Dekret Nr. 99-778 vom 10. September 1999 wurde die *Commission pour l'indemnisation des victimes de spoliations intervenues du fait des législations antisémites en vigueur pendant l'Occupation* (CIVS) eingerichtet. Die Aufgabe dieser Kommission besteht wörtlich in der Prüfung individueller Anträge auf Ausgleich von Vermögensschäden, die durch Entziehungen von Vermögenswerten infolge antisemitischer Gesetze aus der Besatzungszeit entstanden sind (Art. 1 Abs. 1 CIVS-Dekret). Durch Reform von 2018[602] wurde der Aufgabenbereich der CIVS um eine ausdrückliche Zuständigkeit für Kulturgüter erweitert (Art. 1-1 CIVS-Dekret).

602 Dekret Nr. 2018-829 vom 1.10.2018 (JORF vom 2.10.2018, Text Nr. 1). Zu den Auswirkungen auf Ebene des Verfahrens siehe sogleich unter B.III.4.b).

Im Unterschied zu staatlichen Gerichten soll die CIVS einen Schadensausgleich nicht einseitig durch Urteilsspruch herbeiführen, sondern vorrangig eine »Schlichtung« (*conciliation*) zwischen den Streitparteien befördern und nur bei Scheitern einer einvernehmlichen Lösung eine Empfehlung aussprechen (Art. 2). Die CIVS setzt sich so deutlich von früheren Verfahrensmodellen zum Ausgleich widerrechtlicher Vermögensentziehungen, insbesondere der Verordnung vom 21. April 1945, ab, die noch auf eine Rechtsverfolgung im Wege eines klassischen Gerichtsverfahrens ausgerichtet waren.[603] Die Einbindung von Methoden der alternativen Streitbeilegung (sog. ADR) folgt dabei einer in den späten 1990er-Jahren verbreiteten Tendenz in den europäischen Rechtsordnungen im Fortgang zur Washingtoner Erklärung vom 3. Dezember 1998.[604] Prinzip Nr. 10 dieser Erklärung sieht ausdrücklich die Einführung alternativer Methoden zur Lösung von Streitigkeiten in Zusammenhang mit NS-Raubkunst vor.[605]

Mit der Schaffung der CIVS war der Gesetzgeber bestrebt, ein gleich doppeltes Gerechtigkeitsversprechen gegenüber den Opfern der antisemitischen Verfolgungspolitik in Frankreich einzulösen. Diese sollte zunächst dazu beitragen, die materiellen Ausgleichsleistungen der Nachkriegszeit, die in ihrer Gesamtheit als unzureichend bewertet wurden, zu vervollständigen: Wurde ein Vermögenswert während der Besatzungszeit verfolgungsbedingt entzogen und nach dem Krieg nicht restituiert oder sein Verlust entschädigt, sollte die CIVS einen Ausgleich dieses Schadens ermöglichen. Das bereits in der Nachkriegszeit gesetzte Ziel des vollständigen Schadensausgleichs sollte auf diese Weise erreicht werden (»compléter la tâche entreprise à la Libération.«[606]). Zugleich sollte die CIVS durch ihre Praxis einen Beitrag zur historischen Aufarbeitung der NS-Zeit in Frankreich und zur Aufklärung der Geschädigten und ihrer Angehörigen leisten. In den Worten des Premierministers Jospin geht es darum, für Frankreich »de tirer les leçons de sa propre histoire et de réparer ce qui doit l'être«.[607] Das Verfahrensziel des materiellen Schadensausgleichs wurde so von Beginn an mit einem historischen Wahrheitsanspruch verbunden.

In den folgenden neun Abschnitten dieses Kapitels sollen auf sämtliche für ein Verständnis der Verfahrens- und Spruchpraxis der CIVS relevanten Aspekte eingegangen werden: Zunächst wird der Entstehungskontext des Dekrets und seine Genese in den Beratungen auf Regierungsebene dargestellt (1). Im Anschluss sollen die Rechtsnatur der CIVS, insbesondere ihre staatsorganisations- und verwaltungsrechtliche Verortung näher erläutert werden (2). In einem Folgeschritt wird auf die formelle Zuständigkeit der Kommission eingegangen werden (3). Nach einer Darstellung des Verfahrens vor der CIVS, der Grundsätze und seines chronologischen Ablaufs (4) soll auch der Frage der Justiziabilität der Empfehlungen der CIVS und der auf diesen beruhenden Entscheidungen nachgegangen werden (5). Schließlich soll ein Schwerpunkt auf der Darstellung der materiellen Spruchpraxis (6 bis 8) einschließlich der insoweit geltenden besonderen Beweisanforderungen (9) liegen.

603 Die Historikerin Andrieu spricht von einem Verfahren »hors la loi«, vgl. *Andrieu*, in: Goschler/Ther/Andrieu (Hrsg.), Spoliations et restitutions des biens juifs en Europe, S. 186, 200.

604 Vgl. *Marck/Muller*, in: Campfens (Hrsg.), Fair and just solutions? Alternatives to litigation in Nazi-looted art disputes: status quo and new developments, S. 41; *Chechi*, Australian Alternative Dispute Resolution Law Bulletin 2016, 107.

605 »Nations are encouraged to develop national processes […], particularly as they relate to alternative dispute resolution mechanisms for resolving ownership issues.«

606 *CIVS*, Tätigkeitsbericht für 2009, S. 5.

607 Zitiert im Begleitbericht zum CIVS-Dekret (Rapport au Premier ministre, JORF vom 11.9.1999, S. 13632).

1. Historischer Entstehungskontext und Genese

a) Der historische Kontext der späten 1990er-Jahre

Die Schaffung der CIVS ist im öffentlichen und politischen Diskurs der ausgehenden 1990er-Jahre zu verorten, der geprägt war durch wiederkehrende Enthüllungen zu geraubten Kunstwerken in öffentlichen Sammlungen,[608] Gold verfolgter Personen in den Depots schweizerischer Banken oder nachrichtenlosen Bankguthaben bei französischen Banken. In Frankreich paarten sich diese fortlaufenden Enthüllungen mit einem Diskurs über die historische Verantwortung des französischen Staates für die Verfolgung, Enteignung und Deportation der in Frankreich lebenden 200.000 Juden während der deutschen Besatzung. Die Präsidenten der Republik hatten sich nach dem Krieg beharrlich geweigert, eine Kontinuität zwischen dem Vichy-Regime, der Regierung unter Philippe Pétain, und der späteren Französischen Republik anzuerkennen. Nach der gaullistischen Geschichtsdeutung war das Vichy-Regime lediglich illegaler und illegitimer Usurpator der Staatsgewalt, jedoch keine Emanation der Republik. Eine wie auch immer geartete (politische, moralische oder rechtliche) Verantwortung der Republik für Handlungen des französischen Staates unter Philippe Pétain wurde daher pauschal abgelehnt. Dieses Paradigma wurde auf höchster staatlicher Ebene erst durch die Rede des neugewählten Staatspräsidenten Jacques Chirac vom 16. Juli 1995 zum 53. Jahrestag der Razzia des Wintervelodroms (*Rafle du Vel d'Hiv*) grundlegend in Frage gestellt.[609]

Zeitgleich zu dieser Rede veröffentlichte die Tageszeitung Libération am 15. Juli 1995 Auszüge aus dem Bericht des früheren Kassenwarts des Konzentrationslagers Drancy, Maurice Kiffer. Der Bericht legte offen, dass die Vermögenswerte der Gefangenen nach dem Krieg dem Fiskus zugefallen waren.[610] Das Bargeldvermögen floss an die *Caisse des dépôts et consignations* (CDC), Schmuck und andere Wertsachen wurden zunächst in einem Tresor der *Banque de France* verwahrt und nach dem Krieg durch den Staat verwertet. Neben dem Vermögen der Häftlinge des Konzentrationslagers Drancy verwahrte die CDC auch die Erlöse aus der »Arisierung« jüdischen Vermögens nach dem Gesetz vom 22. Juli 1941 und die Beiträge der jüdischen Bevölkerung zur Erfüllung der Milliardenbuße (*amende d'un milliard*) gemäß Verordnung des deutschen Besatzers vom 14. Dezember 1941.[611]

In diesem spezifischen Gesellschaftsklima und nach Forderungen aus der jüdischen Gemeinschaft berief der Premierminister Alain Juppé am 25. März 1997 eine Forschungsmission – die *Mission d'étude sur la spoliation des Juifs de France* – ein, die nach ihrem Präsidenten Jean Mattéoli gemeinhin auch als Mattéoli-Mission bezeichnet wird. Die Mission sollte die Vermögensentziehungen zulasten als jüdisch eingeordneter Personen während der deutschen Besatzungszeit näher erforschen und in Erfahrung bringen.[612] Weiterhin sollte die Mission ihren

608 Vgl. *Nicholas*, The rape of Europa; *Feliciano*, Le musée disparu.

609 Siehe hierzu schon in der Einleitung unter A.I.2.b).

610 *Lévy-Willard*, Le vol oublié des biens des juifs déportés. Les bijoux et valeurs confisqués à leur arrestation ont été versés au Trésor public après-guerre, in: Libération vom 15.7.1995.

611 Die Rolle der CDC in der Entziehungspolitik während der Besatzungszeit wurde ab 1997 durch eine interne Forschungsmission aufgearbeitet und war Gegenstand eines im November 2001 vorgelegten Berichts. Siehe *Caisse des dépôts et consignations*, La spoliation antisémite sous l'Occupation: consignations et restitutions: Rapport définitif.

612 Arrêté du 25 mars 1997 relatif à la mission d'étude sur la spoliation durant l'Occupation des biens appartenant aux juifs résidant en France (JORF vom 26.3.1997, S. 4721).

Verbleib nach dem Krieg und ihren heutigen rechtlichen Status klären.[613] Unerwähnt blieb in dieser Mandatsbeschreibung die Tatsache, dass bereits in der Nachkriegszeit Restitutionen und Entschädigungszahlungen in nicht unerheblichem Ausmaß[614] an Geschädigte erbracht worden waren. Offenbar waren diese Bemühungen der Nachkriegszeit in den Folgejahrzehnten in Vergessenheit geraten.[615] Schließlich sollte die Mattéoli-Mission ausgehend von den Ergebnisse ihrer Untersuchungen Empfehlungen zum Umgang mit entzogenen Vermögenswerten aussprechen, die sich nunmehr im Besitz öffentlicher Stellen befanden.[616]

b) Vorschlag der Mattéoli-Mission

Die Veröffentlichung des ersten Zwischenberichts der Mattéoli-Mission im Dezember 1997, die von einem breiten Medienecho begleitet wurde, veranlasste eine größere Zahl Shoah-Überlebender, die nach dem Krieg keinen Schadensausgleich erhalten hatten, Forderungen nach Schadensersatz an die Mission zu richten. Zwischen 1997 und Anfang 1999 erreichten die Mission so etwa 300 Schreiben.[617] Die Mattéoli-Mission, die sich außer Stande sah, auf diese Forderungen substanziell einzugehen, wandte sich in einem Schreiben vom 17. November 1998 an die Regierung Jospin und sprach sich für die Einrichtung einer zentralstaatlichen Stelle zur Prüfung individueller Anträge von Opfern der antisemitischen Gesetze aus der Besatzungszeit (»victimes de la législation antisémite«) oder deren Erb:innen aus.[618] Den Betroffenen sollte die Möglichkeit gewährt werden, erneut Ansprüche vor dieser Prüfstelle geltend zu machen, wenn die zwischen 1940 und 1944 erlittenen Schäden in der Nachkriegszeit nicht ausgeglichen worden waren.[619] Mit der Erarbeitung näherer Vorschläge sollte eine Arbeitsgruppe betraut werden.

Der Premierminister stimmte dieser Empfehlung kurz darauf zu. Im Januar 1999 legte die Mission erste grundlegende Vorschläge vor.[620] Hiernach sollte die Prüfstelle aus neun Mitgliedern, vornehmlich Vertreter:innen der jüdischen Gemeinschaft in Frankreich, bestehen. Als ihr Präsident wurde Pierre Drai, ehemaliger erster Präsident der *Cour de cassation*, vorgeschlagen.[621] Die weiteren rechtlichen Einzelheiten (etwa Rechtsform, Zuständigkeit, Befugnisse,

613 Art. 1 des Arrêté: »M. Mattéoli (Jean) est chargé d'une mission d'étude sur les conditions dans lesquelles des biens, immobiliers et mobiliers, appartenant aux juifs résidant en France ont été confisqués ou, d'une manière générale, acquis par fraude, violence ou dol, tant par l'occupant que par les autorités de Vichy entre 1940 et 1944. Dans le cadre de cette mission, il recherchera la destination que ces biens ont reçue depuis la fin de la guerre et déterminera, dans la mesure du possible, leur localisation et leur situation juridique actuelles. Il établira en outre un inventaire des biens accaparés sur le territoire français qui sont encore détenus par des autorités publiques.«

614 Nach dem zweiten Zwischenbericht der Mattéoli-Mission seien mindestens zwei Drittel der im Sinne der Verordnung vom 21.4.1945 widerrechtlich entzogenen Vermögenswerte nach dem Krieg von den Geschädigten beansprucht worden. Vgl. *Mission d'étude sur la spoliation des Juifs de France*, Rapport d'étape, S. 290.

615 Vgl. *Wieviorka*, La Revue des droits de l'homme (online) 2 (2012).

616 Angesichts dieses Auftrages bezeichnete die Mattéoli-Mission sich selbst als eine »mission personelle d'étude et de proposition«, *Mission d'étude sur la spoliation des Juifs de France*, Rapport au Premier ministre, S. 4.

617 Vgl. *Mission d'étude sur la spoliation des Juifs de France*, Rapport d'étape, S. 296.

618 Das Schreiben ist abgedruckt in *Mission d'étude sur la spoliation des Juifs de France*, a. a. O., S. 298 f. Eine Kopie des Originalschreibens findet sich heute unter AN 20090351/69, Jahrgang 1998.

619 *Mission d'étude sur la spoliation des Juifs de France*, a. a. O., S. 295.

620 Instance d'examen des demandes individuelles, Fax von André Larquié (Directeur de la mission Mattéoli) an David Kessler (Conseiller pour la culture et la communication du Premier ministre) vom 13.1.1999, AN 20090351/69, Jahrgang 1999.

621 David Kessler, Robert Gelli, Note à l'attention de Monsieur le Premier ministre, Objet: Remise du deuxième rapport d'étape de la mission Mattéoli, Mardiu 2 février 1999, le 30 janvier 1999, S. 4, AN 20090351/69, Jahrgang 1999.

Verfahren, Antragsberechtigung) blieben dagegen offen. Die Prüfstelle sollte »geeignete Antworten« (»réponses appropriées«) auf die ihr vorgelegten Anträge finden, die insbesondere in der Gewährung von Schadensersatz bestehen sollten. Zu diesem Zweck sollte die Prüfstelle mit vollumfänglichen Untersuchungsbefugnissen ausgestattet werden (»tout pouvoir d'investigation et de recommandation«).

c) Die verschiedenen Regelungsentwürfe

Das Justizministerium wurde daraufhin mit der Erarbeitung eines Gutachtens beauftragt, das die rechtlichen Umsetzungsmöglichkeiten der Vorschläge der Mission ausleuchten sollte.[622] Der am 9. Februar 1999 vorgelegte Bericht stellte verschiedenste mögliche Verfahrensansätze dar: Diese reichten von der Einrichtung besonderer Spruchkörper bei Zivilgerichten, der Schaffung eines Schiedsgerichts, eines gesetzlichen Entschädigungsfonds oder einer *Autorité administrative indépendante* (AAI) bis hin zur Schaffung einer Verwaltungskommission als Schlichtungsstelle.[623] Ein weiterer Bericht des *Secrétariat général du Gouvernement* (SGG) vom selben Tag tendierte zur Einrichtung einer einfachen Verwaltungskommission durch Dekret.[624] Zwei Tage später, am 11. Februar 1999, wurden diese Vorschläge bei einem Minister:innentreffen erörtert, führten aber noch nicht zu einer endgültigen Entscheidung.

Die konkrete Ausgestaltung des normativen Rahmens war in der Folge Gegenstand weiterer Beratungen zwischen dem Berater:innenstab des Premierministers Jospin, Vertreter:innen des Justizministeriums und Pierre Drai, der eingewilligt hatte, der künftigen Prüfstelle vorzustehen.[625] Das vorläufige Ergebnis dieser Beratungen vom April 1999 sah die Einrichtung einer gerichtsähnlichen Verwaltungskommission durch Dekret des Premierministers vor, die vorwiegend mit Richter:innen besetzt sein sollte. Die Untersuchung der Sachverhalte sollte wegen ihrer Expertise in der Handhabung von Entschädigungsanträgen durch die *Agence nationale pour l'indemnisation des Français d'outre-mer* (ANIFOM)[626] erfolgen. Das vorrangige Verfahrensziel bildete die Schlichtung (*conciliation*) zwischen den Streitparteien. Nur bei Scheitern einer einvernehmlichen Einigung sollte der Spruchkörper eine unverbindliche Empfehlung aussprechen. Anträge sollten zudem nach Billigkeit (*équité*) und nicht nach rechtlichen Grundsätzen bewertet werden.[627]

622 Siehe Hinweis bei David Kessler, Robert Gelli, Note à l'attention de Monsieur le Premier ministre, Objet: Remise du deuxième rapport d'étape de la mission Mattéoli, Mardiu 2 février 1999, le 30 janvier 1999, S. 4, AN 20090351/69, Jahrgang 1999.

623 Christian Vigouroux, Étude sur les problèmes juridiques posés par la création d'une instance d'examen des demandes individuelles de réparation, 9 février 1999, AN 20090351/69, Jahrgang 1999.

624 Rémi Sermier, Note à l'attention de Monsieur le Secrétaire général du Gouvernement, le 9 février 1999, Objet : Recommandations formulées par la mission d'étude sur la spoliation des personnes considérées comme juives par les autorités de Vichy. Création d'une instance d'examen des demandes individuelles, S. 5, AN 20090351/69, Jahrgang 1999.

625 Siehe Marc Borel, Robert Gelli, David Kessler, Serge Telle, Note à l'attention de Monsieur le Premier ministre, le 6 avril 1999, Objet: Suites à donner au deuxième rapport d'étape de la mission Mattéoli, AN 20090351/69, Jahrgang 1999.

626 Die Agentur wurde durch Gesetz Nr. 70-632 vom 15.7.1970 (JORF vom 17.7.1970, S. 6651) eingerichtet und hatte die Aufgabe, Entschädigungen an Personen mit französischer Staatsangehörigkeit zu leisten, die im Zuge politischer Ereignisse vor dem 1.6.1970 durch rechtliche Maßnahmen oder infolge faktischer Umstände Vermögen in Gebieten verloren haben, die vormals unter französischer Souveränität standen oder Protektorate oder Treuhandgebiete der Französischen Republik waren.

627 »Elle [l'instance; Anm. d. Verf.] se réunirait ensuite, dans une forme quasi-juridictionnelle [...]. Elle aurait donc un pouvoir de conciliation entre les parties et, en cas d'échec de la conciliation, de recommandation, étant entendu qu'elle examinerait les demandes qui lui seront soumises non en droit mais en équité.«, Marc Borel, Robert Gelli, David Kessler, Serge Telle, Note à

Diese Konzeption fand sich auch in drei späteren Entwürfen des Justizministeriums vom April und Mai 1999 wieder, die nunmehr die Einrichtung einer Verwaltungskommission (*commission administrative*) bei dem:der Premierminister:in vorsahen.[628] Der erste der drei Entwürfe vom 26. April 1940 statuierte noch einen gegenüber späteren Fassungen weiten zeitlich-räumlichen Zuständigkeitsbereich der Kommission.[629] Hiernach sollten sämtliche Schäden erfasst werden, die von »Opfern antisemitischer Gesetze« (»victimes des législations antisémites«) erlitten worden waren, die zwischen dem 10. Mai 1940 und dem 8. Mai 1945 galten.[630] Darunter fielen somit auch Schäden außerhalb Frankreichs im sonstigen NS-Herrschaftsbereich.

Zwei spätere, im Wesentlichen gleichlautende Entwürfe vom Mai 1999 enthielten schließlich die auch heute noch relevante Einschränkung auf Entziehungen infolge antisemitischer Gesetze aus der Besatzungszeit.[631] Als anspruchsberechtigt wurden zudem nur Personen definiert, die im Verlustzeitpunkt in Frankreich ihren Wohnsitz hatten (»résidant alors an France«). Bei einem Minister:innentreffen vom 21. Mai 1999 wurde ein entsprechender Entwurf beschlossen und mit der zusätzlichen Einschränkung versehen, dass nur Entziehungen von Vermögenswerten (»spoliations de biens«) ausgleichspflichtig seien.[632] Der Entwurf lieferte zudem entscheidende Strukturelemente für das Verfahren, die sich später in der finalen Dekretfassung wiederfanden: Neu war etwa die Zweiteilung des Verfahrens in eine Phase der Untersuchung und der Beratung. Die Untersuchung sollte durch hauptamtliche, an die Kommission abgeordnete Richter:innen (sog. Berichterstatter:innen, *rapporteurs*) erfolgen, welche die Ergebnisse der Beweiserhebung in einem schriftlichen Bericht darlegen und einer vorläufigen Bewertung zuführen sollten. Die Sitzungen der Kommission sollten unter Ausschluss der Öffentlichkeit stattfinden.[633]

Bei einem Minister:innentreffen vom 30. Juli 1999 wurde schließlich die finale Entwurfsfassung des Dekrets abgestimmt. Auf Anregung Pierre Drais wurde auf das Erfordernis eines Wohnsitzes der Geschädigten in Frankreich im Zeitpunkt der Entziehung verzichtet.[634] Das CIVS-Dekret wurde am 10. September 1999 durch den Premierminister als einfaches Dekret

l'attention de Monsieur le Premier ministre, le 6 avril 1999, Objet: Suites à donner au deuxième rapport d'étape de la mission Mattéoli, AN 20090351/69, Jahrgang 1999.

628 Anhang zum Schreiben des Secrétaire Général du Gouvernement (SGG) vom 19.5.1999, Objet: Commission d'indemnisation des victimes des législations antisémites, AN 20100239/66, Mission Mattéoli, Suivi des travaux et fonctionnement.

629 Schreiben von Robert Gelli an Marc Borel, 26.4.1999, AN 20090351/69, Jahrgang 1999.

630 Art. 1 des Entwurfs: »Il est institué auprès du Premier ministre une commission chargée d'examiner les demandes individuelles en réparation [des préjudices matériels] [des spoliations subies] présentées par les victimes des législations antisémites en vigueur du 10 mai 1940 au 8 mai 1945, ou par leurs ayants-droits.« Nach der Begründung sollte so sichergestellt werden, dass auch Schäden in Elsass-Lothringen erfasst würden, das vom Deutschen Reich faktisch annektiert worden war.

631 Im ersten Entwurf ist die Rede von »spoliations commises du fait des législations antisémites en vigueur entre le 16 juin 1940 et le 8 mai 1945« (Art. 1), im zweiten Entwurf hingegen von »spoliations commises du fait des législations antisémites en vigueur pendant l'occupation« (Art. 1).

632 SGG, Compte rendu de la réunion interministérielle tenue le 21 mai 1999 sous la présidence de M. David Kessler et M. Robert Gelli, AN 201000239/66, Mission Mattéoli, Suivi des travaux et fonctionnement.

633 Die Einschränkung folgte offenbar einer Anregung Pierre Drais, siehe Schreiben von Robert Gelli an Pierre Drai vom 1.6.1999, AN 20100239/66, Mission Mattéoli, Suivi des travaux et fonctionnement.

634 SGG, Compte rendu de la réunion interministérielle tenue le 26 juillet 1999 sous la présidence de M. Olivier Schrameck, S. 3, AN 20100239/66, Mission Mattéoli, Suivi des travaux et fonctionnement: »Le cabinet du Premier ministre signale […] que M. Drai […] souhaite qu'à l'article 1er du projet de décret, les mots: ›*résidant alors en France*‹ [Hervorhebung im Original] soient disjoints. M. Drai estime en effet que cette précision risque de poser problème dans certains cas (par exemple, si la victime de spoliations résidait à l'étranger au moment où les actes de confiscation sont intervenus).«

(*décret simple*) ohne vorherige Anrufung des *Conseil d'État* verabschiedet und am 11. September 1999 im Amtsblatt der Republik veröffentlicht.[635] Als Datum der formalen Einsetzung der Kommission wurde der 15. November 1999 gewählt.[636] Aus heutiger Sicht mag die Intransparenz des Redaktionsprozesses, der unter vollständigem Ausschluss der Öffentlichkeit erfolgte, angesichts der Bedeutung des Mandats der CIVS erstaunen.[637] Offenbar stieß dieses Vorgehen aber seinerzeit auf keinen Widerstand. In einem Verfassungssystem wie jenem der fünften Republik mit einer Teilung der Rechtssetzungskompetenzen zwischen Parlament und Regierung (Art. 34 und 37 der Verfassung vom 4. Oktober 1958) ist ein solches Vorgehen gleichwohl nicht unüblich.

d) Die Reformen des Dekrets bis heute

Das CIVS-Dekret wurde seit 1999 wiederkehrend reformiert, um dieses den sich verändernden Anforderungen an das Verfahren vor der CIVS anzupassen. Die Regierung reagierte in erster Linie mit verfahrenstechnischen Reformen, die auf eine Verfahrensbeschleunigung zielten. Die Zuständigkeit der CIVS für Schäden durch Entziehungen infolge antisemitischer Gesetze aus der Besatzungszeit blieb hingegen bis heute unverändert.

Drei Reformdekrete sind insoweit von Bedeutung: Das Dekret Nr. 2000-932 vom 25. September 2000[638] ermöglichte eine Beschlussfassung durch ein Beratungsgremium in kleinerer Besetzung bei Fällen mit geringer Komplexität. Zudem wurde das Beratungsgremium um eine weitere qualifizierte Person (*personne qualifiée*) auf insgesamt zehn Mitglieder erweitert. Das Dekret Nr. 2001-530 vom 20. Juni 2001[639] führte ein Eilverfahren (Art. 5 Abs. 2)[640] und ein Verfahren zur nachträglichen Überprüfung von Empfehlungen der CIVS (Art. 8-1-1) ein.[641] Das Dekret Nr. 2018-829 vom 1. Oktober 2018[642] schuf schließlich für den Bereich der Kulturgüterentziehungen ein besonderes Untersuchungs- und Beratungsverfahren.[643]

2. Zuständigkeit der CIVS

Die CIVS ist zuständig für die Prüfung individueller Schadensersatzbegehren (Art. 1 Abs. 1) CIVS-Dekret), die auf der verfolgungsbedingten Entziehungen von Vermögenswerten in der Besatzungszeit beruhen. Zum Ausgleich dieser Schäden soll die Kommission vornehmlich auf eine Schlichtung zwischen den Streitparteien hinwirken (Art. 2 Abs. 1). Scheitert eine Schlichtung, kann die CIVS eine Empfehlung aussprechen (Art. 2 Abs. 2). Die CIVS verfügt somit neben einer Antragsprüfungskompetenz über eine Schlichtungs- und Beratungskompetenz.

635 JORF vom 11.9.1999, S. 13633. Der Entwurf des Justizministeriums vom April 1999 hatte noch eine formale Konsultation des *Conseil d'État* vorgesehen.
636 Vgl. *CIVS*, Einführungsbericht, Dokument-Nr. 7 und 8; *Sirinelli*, AJDA 2011, 1491.
637 Vgl. *CIVS*, Tätigkeitsbericht für 2020, S. 35.
638 JORF vom 26.9.2000, Text Nr. 1.
639 JORF vom 21.6.2001, Text Nr. 2.
640 Siehe hierzu unter B.III.4.b)ff).
641 Siehe hierzu unter B.III.5.a).
642 JORF vom 2.10.2018, Text Nr. 1.
643 Siehe Näheres im Kapitel zum Verfahren vor der CIVS unter B.III.4.

Durch das Restitutionsgesetz von 2023 wurde die Beratungskompetenz der CIVS in Verfahren zur Restitution verfolgungsbedingt entzogener Kulturgütern aus öffentlichen Sammlungen und in bestimmten Fällen auch privater Museen erweitert und zudem in einem formellen Parlamentsgesetz verankert (Art. L.115-3, L. 451-10-1 Code du patrimoine n. F.).

a) Prüfung individueller Schadensersatzbegehren (Art. 1 und Art. 1-1)

Als ersatzfähig definiert das Dekret Vermögensschäden, die durch Entziehungen von Vermögenswerten infolge antisemitischer Gesetze aus der Besatzungszeit eingetreten sind (Art. 1 Abs. 1[644]). Erfasst werden damit ausschließlich inländische Vermögensverluste, die in diesem Zeitraum zu verorten sind.[645] Der im Jahre 2018 eingeführte Art. 1-1[646] enthält eine übereinstimmende Spezialregelung bei Entziehungen von Kulturgütern. Eine Sonderzuständigkeit besteht ferner für die Prüfung von Schäden wegen des Verlustes nachrichtenloser Bankkonten in Frankreich infolge antisemitischer Verfolgungsmaßnahmen.[647] Dieser Aspekt ist jedoch nicht Gegenstand dieser Forschungsarbeit.

Vor dem Hintergrund der bereits nach dem Krieg erbrachten Restitutionen und Entschädigungsleistungen soll das Verfahren dem Ausgleich von Vermögensschäden dienen, für die nach dem Krieg kein oder kein vollständiger Ausgleich geleistet wurde. Die Leistungen nach dem CIVS-Dekret erfüllen demnach eine komplementäre Funktion.[648] Das CIVS-Dekret wird zugleich als Fortführung der bisherigen Restitutions- und Entschädigungsregime verstanden.[649] Ein Ausgleich soll gleichwohl nicht sämtlichen Geschädigten des Zweiten Weltkrieges, sondern nur aus antisemitischen Gründen Verfolgten zuteilwerden. Auch andere Verfolgtengruppen sind von einer Antragstellung ausgeschlossen.[650] Anders als nach den Regelungen der Nachkriegszeit steht die historische Anerkennung und Aufarbeitung des Unrechtskontextes der Shoah somit im Vordergrund. Eine Nebenfolge dieses opfergruppenorientierten Ansatzes[651]

644 Il est institué auprès du Premier ministre une commission chargée d'examiner les demandes individuelles présentées par les victimes ou par leurs ayants droit pour la réparation des préjudices consécutifs aux spoliations de biens intervenues du fait des législations antisémites prises, pendant l'Occupation, tant par l'occupant que par les autorités de Vichy.

645 Zu den Implikationen dieser tatbestandlichen Einschränkung siehe Näheres unter B.III.7.c)aa)(1).

646 Eingeführt durch Dekret Nr. 2018-829 vom 1.10.2018, JORF vom 2.10.2018, Text Nr. 1.

647 Die Regelung dieser Ersatzansprüche wird durch Dekret Nr. 2001-243 vom 21.3.2001 (JORF vom 23.3.2001, Text Nr. 30), das der Umsetzung des Abkommens zwischen den Vereinigten Staaten von Amerika und Frankreich vom 18.1.2001 (sog. Washingtoner Abkommen) dient. Das Abkommen zielte auf die Beilegung mehrerer Sammelklagen vor dem District Court for the Eastern Dictrict of New York gegen französische Banken und der Konzentration dieser Rechtsstreitigkeiten in Frankreich.

648 *Mission d'étude sur la spoliation des Juifs de France*, Rapport général, S. 5: »[L]e gouvernement a installé la Commission chargée de l'indemnisation des victimes des lois antisémites, dont la tâche consiste à combler les lacunes des restitutions d'après-guerre.«

649 Dieser Fortführungs- oder Kontinuitätsgedanke klingt in verschiedenen Texten und Reden aus dem Jahr 1999 an. So etwa im Begleitbericht zum CIVS-Dekret (Rapport au Premier ministre, JORF vom 11.9.1999, S. 13632: »En rétablissant la légalité républicaine en 1944, le Gouvernement provisoire […] a […] annulé les actes de spoliation […] et cherché à procéder aux réparations et restitutions nécessaires. Toutefois, à cette volonté d'anéantir une législation indigne […] succède aujourd'hui le besoin de faire toute la lumière sur cette tragique période de notre histoire.«) oder in der Rede Pierre Drais anlässlich der Einsetzung der CIVS (*CIVS*, Einführungsbericht, Dokument-Nr. 8: »[D]es travaux menés […] par la Mission […], il est clairement apparu que le devoir de vérité et de justice imposait que soit poursuivi et mené à son terme l'effort de la nation ou de ses composantes, en direction de ceux qui […] n'ont pu, par discrétion, par ignorance ou par négligence, faire valoir des droits ou formuler plaintes ou réclamations«).

650 Zu dieser Besonderheit in der CIVS-Praxis und den damit verbundenen verfassungsrechtlichen Problemstellungen, siehe Näheres unter B.III.7.c)aa)(3)(iii).

651 Oost spricht unter Berufung auf Neumann und Thompson von einem »victim group-oriented paradigm«, vgl. *Oost*, IJCP 2018, 139 (140 und 173).

besteht in der Beschränkung der Zuständigkeit der CIVS auf Vermögensschäden, die in diesem spezifischen historischen Unrechtskontext zu verorten sind.

Die Kommission ist in den Grenzen der ihrer Prüfung unterliegenden Schäden befugt, geeignete Maßnahmen zum Schadensausgleich (*mesures de réparation appropriées*) vorzuschlagen, die insbesondere in einer Restitution des entzogenen Vermögenswertes oder einer Entschädigung in Geld bestehen können (Art. 1 Abs. 2 CIVS-Dekret). Der im Jahr 2018 neugeschaffene Art. 1-1 sieht im Falle der Entziehung eines Kulturguts – insoweit enger – vor, dass eine »notwendige« Maßnahme der Restitution (»mesure nécessaire de restitution«), im Übrigen eine Entschädigung zu gewähren ist. Die Restitution soll demnach bei Kulturgütern die vorrangige Ausgleichsleistung darstellen. *De facto* hat sich die Praxis der Kommission aber in einem gegenteiligen Sinne entwickelt: Entschädigungszahlungen bildeten die Regel, Restitutionen hingegen die absolute Ausnahme.[652] Seit der Gesetzesreform wurden in diesem Bereich zwar gewisse Fortschritte erzielt,[653] an der grundlegenden Ausrichtung der Praxis hat diese Reform aber bislang nichts verändert: Die CIVS gewährt vorrangig (teils nach Pauschalsätzen bemessene) Entschädigungen für Vermögenswerte (darunter auch Kulturgüter), deren Verbleib nach dem Krieg unklar ist.

Die Art. 1 Abs. 1 und Art. 1-1 regeln ihrem Wortlaut nach nur eine Aufgabenkompetenz der CIVS, ohne einen Rechtsanspruch auf Erhalt einer Schadensersatzleistung zu begründen.[654] Die Prüfung der Kommission erschöpft sich somit streng genommen darin, ob der geltend gemachte Schadensposten in ihren Zuständigkeitsbereich fällt oder nicht. Die Stattgabe oder Ablehnung eines Antrages erfolgt sodann mit Blick auf die bejahte oder abgelehnte Zuständigkeit. Gleichwohl wird im weiteren Verlauf aus Darstellungsgründen im untechnischen Sinne von einem »Anspruch« und von »Anspruchsteller:innen« gesprochen.

b) Schlichtung und Empfehlung (Art. 2)

Der CIVS verfügt zur Erzielung eines Schadensausgleichs gemäß Art. 2 CIVS-Dekret über die Mittel der Vermittlung oder Schlichtung (Art. 2 Abs. 1, *conciliation*[655]) und der Empfehlung (Art. 2 Abs. 2, *recommandation*). Nach der Vorstellung des Gesetzgebers sollte die CIVS vorrangig eine gütliche Einigung zwischen den Streitparteien anstreben. Bei Scheitern einer gütlichen Einigung sollte diese einen unverbindlichen, zweckdienlichen Vorschlag zur Streitbeilegung in Form einer Empfehlung erarbeiten.[656] Die *conciliation* im weiteren Sinne beschreibt die Lösung eines Rechtsstreits nicht durch einseitigen Urteilsspruch, sondern durch gütliche Einigung zwischen den Parteien (gütliche Streitbeilegung).[657] Dem Versuch einer gütlichen Einigung kann etwa im Zivilprozess ein eigener Verfahrensabschnitt gewidmet sein (Art. 127, 750-1

652 Die Restitution von Kulturgütern wurde nach den hier unternommenen Forschungen bis 2023 (Stand Oktober 2023) allerdings erst in 18 Einzelverfahren empfohlen. Bezogen auf die Gesamtzahl der Verfahren, in denen Schadensersatz für den Verlust eines oder mehrerer Kulturgüter begehrt wurde (von September 1999 bis März 2022 4439 Verfahren), ist diese Zahl verschwindend gering.

653 Seit Inkrafttreten der Verfahrensreform wurde den Forschungen des Verfassers zufolge eine Restitution in insgesamt 9 Verfahren empfohlen (Stand Oktober 2023).

654 Siehe Näheres zu diesem Aspekt noch unter B.III.3.c).

655 La commission s'efforce de parvenir à une conciliation entre les personnes intéressées.

656 Siehe hierzu schon unter B.III.1.c).

657 Vgl. *Cornu u. a.*, Vocabulaire juridique, S. 223, Eintrag zu conciliation, Ziff. 1: »la solution du différend résultant non d'une décision de justice […] mais de l'accord des parties elles-mêmes.«

Code de procédure civile). Die *conciliation* im engeren Sinne beschreibt dagegen ein Verfahren der alternativen Streitbeilegung, bei der ein neutraler Dritter nicht nur den Einigungsprozess zwischen den Parteien begleitet, sondern auch einen unverbindlichen Lösungsvorschlag erarbeitet, den die Parteien annehmen oder ablehnen können (Schlichtung).[658]

Das Verfahren vor der CIVS weist eine gewisse Nähe zur Schlichtung auf: Die Kommission erarbeitet, sofern eine gütliche Einigung zwischen den Parteien ausgeschlossen erscheint, einen eigenen Lösungsvorschlag in Form einer unverbindlichen Empfehlung. Von der Interessenlage einer Schlichtung unterscheidet sich das CIVS-Verfahren aber bei genauerer Betrachtung in gleich zweifacher Hinsicht aufgrund der Verankerung der CIVS als Verwaltungsorgan des Zentralstaates. Die CIVS stellt ihrer Rechtsnatur nach eine beratende Verwaltungskommission der Regierung dar.[659] Tritt der Zentralstaat (wie zumeist) in einem Verfahren als Streitpartei in Erscheinung, ist die CIVS daher streng genommen kein unabhängiger Dritter. Die Empfehlung der CIVS dient zudem, sofern sie sich an den:die Premierminister:in richtet,[660] der Vorbereitung einer verbindlichen Verwaltungsentscheidung.[661] In einem solchen Fall nimmt die Kommission daher vorrangig eine Beratungsfunktion und weniger eine Schlichtungsfunktion im klassischen Sinne wahr.[662]

Nur in Fällen, in denen sich die Empfehlung an andere Personen oder Stellen richtet – etwa öffentliche Stellen im Inland und Ausland[663] oder auch Privatpersonen[664] – weist das Verfahren stärkere Bezüge zu einer Schlichtung im herkömmlichen Sinne auf. In der heutigen Praxis stellt der Ausspruch einer Empfehlung an den:die Premierminister:in den Regelfall, eine Schlichtung im klassischen Sinne hingegen den Ausnahmefall dar.[665]

658 Vgl. zum Begriff der Schlichtung *Proksch*, Mediation, S. 37; *Röthemeyer*, Mediation: Grundlagen, Recht, Markt, S. 46, Rn. 172: »Anders als der Mediator führt der Schlichter die Parteien nicht nur durch deren Einigungsprozess, sondern er unterbreitet selbst einen Lösungsvorschlag. Gemeint ist nicht die Beteiligung am kreativen Prozess zur Entwicklung von Optionen, wie sie der Mediator leistet. Vielmehr erarbeitet der Schlichter einen eigenen Lösungsvorschlag.«

659 Zum Rechtsstatus der CIVS siehe Näheres noch unter B.III.3.a).

660 So etwa wenn eine Entschädigung durch den Zentralstaat nach Art. 8-2 CIVS-Dekret gewährt werden soll.

661 Ausdrücklich geregelt ist dies nur für den Fall, dass die CIVS die Zahlung einer Entschädigung durch den Zentralstaat empfiehlt (Art. 8-2 CIVS-Dekret).

662 Nach eigenem Bekunden strebt die CIVS das Einvernehmen der Anspruchsteller:innen zum Inhalt des vorbereitenden Gutachtens der Berichterstatter:innen und somit letztlich auch der Empfehlung der Kommission an. Zu diesem Zweck sind die Anspruchsteller:innen im Verlauf der Untersuchung und schließlich in der Sitzung des Beschlussgremiums anzuhören. Vgl. *CIVS*, Tätigkeitsbericht für 2001, S. 17: »L'évaluation terminée, le rapporteur en informe le requérant et provoque ses observations. Dans la majorité des cas, ce dernier est d'ailleurs d'accord avec le montant proposé […]. La recherche de l'accord du requérant s'inscrit dans l'esprit du décret du 10 septembre 1999 qui réserve l'intervention de la Commission à l'examen des requêtes n'ayant pu aboutir à une ›conciliation‹.«

663 So etwa in den Verfahren Anna Jaffé (Empfehlung vom 17.2.2017) und Georges Mandel (Empfehlung vom 4.1.2021). Die Empfehlungen richteten sich im erstgenannten Fall an die Gemeinde La Chaux-de-Fonds in der Schweiz, im letzteren Fall an die Stiftung Preußischer Kulturbesitz und den Freistaat Sachsen.

664 So etwa im Fall Georges-Michel (Verfahrensabschluss im Juni 2020). Siehe zu diesem Fall unter B.III.4.c).

665 Für den Bereich der Kunstwerke und Kulturgüter sind nur zwei Verfahren nachweisbar, in denen die CIVS den Abschluss eines außergerichtlichen Vergleichs vermittelt hat: Zum einen im Fall des Gemäldes *L'homme à la guitare* von Georges Braque aus der Sammlung Alphonse Kann, zum anderen im Fall des Gemäldes *Vallée de la Stour* von John Constable aus der Sammlung Anna Jaffé. Zum letztgenannten Fall siehe Näheres unter B.III.8.c)cc).

c) Empfehlung in Restitutionsverfahren (Restitutionsgesetz von 2023)

In ausschließlich beratender Funktion wird die CIVS schließlich seit der Gesetzesreform vom Juli 2023 in Verfahren zur Restitution verfolgungsbedingt entzogener Kulturgüter in öffentlichen Sammlungen und in bestimmten Fällen auch bei Restitutionen aus Sammlungen der *musées de France* in privater Trägerschaft tätig.[666] Das Verfahren vor der CIVS, gerichtet auf den Beschluss einer Empfehlung, ist in diesen Fällen der Entscheidung über eine Restitution des Kulturguts durch die heutigen – öffentlichen oder privaten – Eigentümer:innen vorgeschaltet, eine Entscheidung kann formal erst nach einer Empfehlung der Kommission ergehen, wenngleich eine rechtliche Bindung an diese nicht besteht. Die CIVS hat dabei die verlustursächlichen Umstände festzustellen und zu bewerten, ob das Kulturgut »im Kontext der antisemitischen Verfolgungen« im Zeitraum der NS-Herrschaft entzogen wurde (Art. L.115-3 Satz 1 und 2, Art. L.451-10-1 Abs. 1 Satz 1 Code du patrimoine).[667] Die Zuständigkeit der CIVS wird in diesem Bereich abweichend von ihrem ursprünglichen Mandat (Art. 1 Abs. 1, Art. 1-1 CIVS-Dekret) auf Kulturgüterverluste im gesamten Herrschaftsbereich des Deutschen Reichs und der französischen Regierung (in der Zeit zwischen 1940 und 1944) ausgeweitet.

3. Rechtliche Einordnung der CIVS

Für eine präzise Verortung der CIVS im französischen Gesamtsystem bedarf es vorab einer Darstellung des rechtlichen Status der CIVS, der Rechtsnatur der von ihr ausgesprochenen Empfehlungen sowie der Rechtsnatur der auf dieser Grundlage gewährten Leistungen, insbesondere wenn diese in einer Entschädigungszahlung durch den Zentralstaat nach Art. 8-2 CIVS-Dekret bestehen.

a) Rechtlicher Status

Der rechtliche Status der CIVS zeichnet sich durch eine gewisse Ambivalenz aus: Zum einen stellt diese ein Organ der zentralstaatlichen Verwaltung dar, womit notwendigerweise eine gewisse Staatsnähe und Abhängigkeit von der Exekutive verbunden ist. Zum anderen würde aber der besondere Auftrag der CIVS, Anträge auf Schadensersatz insbesondere gegen den Zentralstaat zu prüfen, eine größere institutionelle Unabhängigkeit vom Staat erfordern.

Die Kommission ist institutionell wie personell in die Verwaltung des:der Premierminister:in (sog. *services du Premier ministre*) eingegliedert.[668] Aus staatsorganisationsrechtlicher Sicht handelt es sich demnach um ein Verwaltungsorgan des Zentralstaates, das formal als Verwaltungskommission mit beratender Funktion (*Commission administrative à caractère consultatif*) im Sinne der Art. R.133-1 bis R.133-15 Code des relations entre le public et l'administration (CRPA) eingerichtet ist.[669] Ausgehend von ihrem Rechtsstatus wird

666 Der durch das Restitutionsgesetz von 2023 eingeführte Begriff zur Beschreibung des unrechtsbehafteten Vermögensabgangs lautet »spoliation […] dans le contexte des persécutions antisémites perpétrées par l'Allemagne nazie, par les autorités des territoires que celle-ci a occupés, contrôlés ou influencés et par l'Etat français entre le 10 juillet 1940 et le 24 août 1944«.

667 Die Darstellung dieser Bestimmungen erfolgt in einem eigenen Unterkapitel dieser Arbeit, siehe unter B.IV.

668 Siehe Art. 1 Abs. 1 und Art. 9 CIVS-Dekret.

669 Art. 133-1 CRPA Abs. 2 definiert als beratende Verwaltungskommissionen »toutes les commissions ayant vocation à rendre des avis sur des projets de texte ou de décision même si elles disposent d'autres attributions.«

die Kommission demnach vorrangig in beratender Funktion gegenüber der Regierung des Zentralstaates tätig.

Dieser Status ist mit dem Schlichtungsanliegen des Verfahrens (Art. 2 Abs. 1) nicht *per se* unvereinbar. Gleichwohl begründet er gewisse Zweifel an der institutionellen Unabhängigkeit der Kommission als Kernkomponente einer Schlichtung. Obschon diese Unabhängigkeit wiederkehrend von der Kommission selbst beteuert wird,[670] ist sie in rechtlicher Hinsicht keineswegs gewährleistet. Vielmehr zeichnen sich gerade Verwaltungskommissionen durch eine rechtliche Unselbstständigkeit aus. Ihre Mitglieder können ohne Einschränkung durch *actus contrarius* abberufen werden, weiterhin kann die Kommission selbst durch Dekret aufgehoben werden (Art. R.133-15 CRPA). Hierdurch unterscheiden sich Verwaltungskommissionen von sog. *Autorités administratives indépendantes* (AAI) nach dem Gesetz vom 20. Januar 2017[671]. Die AAI stellen kollegial verfasste, in der Regel durch Parlamentsgesetz eingerichtete Organe des Zentralstaates mit eigener Rechtspersönlichkeit dar (Art. 2 des Gesetzes). Die Amtszeit ihrer Mitglieder ist zeitlich begrenzt und in diesem Zeitraum grundsätzlich unwiderruflich (Art. 6 Abs. 1 des Gesetzes). Nach den Gesetzgebungsmaterialien zum CIVS-Dekret wurde die Einrichtung der CIVS als AAI zwar erwogen, aber im Ergebnis abgelehnt.[672] Der Fortbestand der CIVS hängt somit allein vom Willen der Regierung ab. Ihre institutionelle Unabhängigkeit scheint die CIVS damit vornehmlich aus der personellen Integrität und Expertise ihrer Mitglieder zu ziehen, die zumeist hochrangige Beamt:innen, anerkannte Expert:innen oder Vertreter:innen der jüdischen Gemeinschaft sind.[673] Durch das Restitutionsgesetz von 2023 wurde die Existenz der CIVS nun in Verfahren zur Restitution verfolgungsbedingt entzogener Kulturgüter in öffentlichen und privaten Sammlungen durch ein Parlamentsgesetz abgesichert, das die Anrufung einer Verwaltungskommission bei dem:der Premierminister:in vorsieht (Art. L.115-3 Satz 1, L.451-10-1 Abs. 1 Satz 1 Code du patrimoine). Aus den Gesetzgebungsmaterialien geht hervor, dass es sich bei dieser Kommission um die CIVS handeln soll.[674]

Daneben unterscheidet sich der Rechtsstatus der CIVS in wesentlichen Zügen von staatlichen Gerichten. Ihre Empfehlungen weisen keinen Entscheidungscharakter auf und sind nicht der Rechtskraft fähig. Dementsprechend verneinte der *Conseil d'État* in seiner Entscheidung vom 6. Juni 2001 in der Sache Bidalou eine Einordnung als Gericht im Sinne des Art. 6 Abs. 1 der EMRK.[675] Nach der Rechtsprechung des *Conseil d'État* findet das Recht auf ein faires Verfahren aus Art. 6 Abs. 1 EMRK zwar nicht nur auf Gerichte im engeren Sinne, sondern auch auf staatliche Verwaltungsstellen Anwendung, soweit diese ihrer Natur, Besetzung und ihren

670 Vgl. *CIVS*, Tätigkeitsbericht für 2009, S. 6: »La Commission a donc œuvré dans une totale indépendance, dans l'observance d'un texte lui laissant une grande liberté d'action que justifient aussi bien l'absence de véritable précédent«.

671 Loi n° 2017-55 du 20 janvier 2017 portant statut général des autorités administratives indépendantes et des autorités publiques indépendantes (JORF vom 21.1.2017, Text Nr. 2).

672 Siehe Christian Vigouroux, Étude sur les problèmes juridiques posés par la création d'une instance d'examen des demandes individuelles de réparation, 9 février 1999, S. 10, AN 20090351/69.

673 Siehe Näheres zur Besetzung der CIVS unter B.III.4.b)ee)(2)(i) und in Verfahren betreffend Kulturgüter unter B.III.4.b)ee)(2)(ii).

674 Vgl. *Regierung der Französischen Republik*, Étude d'impact vom 18.04.2023 zum Projet de loi relatif à la restitution des biens culturels ayant fait l'objet de spoliations dans le contexte des persécutions antisémites perpétrées entre 1933 et 1945, Nr. 539, S. 44; *Colboc*, Rapport fait au nom de la Commission des affaires culturelles et de l'éducation sur le projet de loi relatif à la restitution des biens culturels ayant fait l'objet de spoliations dans le context des persécutions antisémites perpétrées entre 1933 et 1945, Seizième législature, Nr. 1435, S. 35.

675 CE, 6.6.2001, Nr. 214205 – Bidalou; in diesem Sinne auch TA Paris, 8.6.2007, Nr. 0507913/7.

Befugnissen nach gerichtsähnlichen Charakter aufweisen. So wurde Art. 6 Abs. 1 EMRK in Übereinstimmung mit der Rechtsprechung des EGMR[676] auch auf Verwaltungsorgane für anwendbar erklärt, deren Entscheidungen Sanktionscharakter aufweisen.[677] Auch dies ist jedoch mit Blick auf die CIVS zu verneinen, sodass sich für die Ausgestaltung des Verfahrens keine zwingenden grundrechtlichen Vorgaben ableiten lassen.

Dessen ungeachtet ist das Verfahren vor der CIVS in hohem Maße formalisiert und das Dekret definiert selbst Verfahrensgarantien zugunsten der Anspruchsteller:innen und weiterer Verfahrensbeteiligter. Die Kommission orientiert sich bei der Ausgestaltung des Verfahrens damit *de facto* an grundrechtlichen Vorgaben (vornehmlich dem Recht auf ein faires Verfahren aus Art. 6 Abs. 1 EMRK).[678] Das Verfahren weist, obschon es sich nicht um ein Gerichtsverfahren im technischen Sinne handelt, jedenfalls gerichtsförmige Züge auf.[679] Zum Teil wird vor diesem Hintergrund auch von einer »méta-juridiction«[680] gesprochen, also einer Zwischenform zwischen gerichtlichem Spruchkörper und Verwaltungsstelle.

Es lässt sich somit ausgehend vom Rechtsstatus der CIVS eine deutliche Diskrepanz zwischen dem im Gründungsdekret formuliertem Anspruch und der rechtlichen Wirklichkeit feststellen. Die CIVS soll in Sachverhalten von hoher historischer und symbolischer Tragweite als neutrale Schlichterin auftreten. In ihrem Verfahren sollen die berechtigten Interessen der Geschädigten zudem in angemessenem Maße Gehör und Beachtung finden. Mit diesen Zielvorstellungen kontrastiert aber der verwaltungsrechtliche Status der CIVS als bloßes Organ der Regierungsverwaltung.

b) Die Rechtsnatur der Empfehlungen der CIVS

Verfahren vor der CIVS enden in der Regel durch den Ausspruch einer Empfehlung an die betroffenen Personen (»personnes intéressées«, Art. 2 Abs. 1). Die Empfehlungen der CIVS stellen unverbindliche Lösungsvorschläge dar, die auf einer Bewertung der Rechtslage durch die CIVS (ausgehend von deren Gründungsdekret) beruhen. Empfehlungen stellen keine Verwaltungsentscheidungen mit Außenwirkung dar, sondern bereiten eine solche lediglich vor.[681] Als unverbindliche Stellungnahmen sind sie daher grundsätzlich nicht gerichtlich angreifbar, es sei denn, sie entfalten eine rechtliche Bindungswirkung und damit eine rechtliche Beschwer gegenüber Dritten im Verhältnis zur Verwaltung.[682] Der Rückgriff auf Empfehlungen zur Vorbereitung von Verwaltungsentscheidungen oder auch zur Klärung rechtlicher Streitigkeiten zwischen Bürger:innen und dem Zentralstaat stellt im französischen Recht keine Seltenheit dar. Beispielhaft können die Empfehlungen des *Défenseur des droits de l'Homme* (vormals

676 Grundlegend EGMR, 10.2.1983, Nr. 7299/75, 7496/76, Rn. 29 – Albert et Le Compte c. Belgique.

677 Bejaht wurde dies für den vormaligen *Conseil des marchés financiers*, nunmehr *Autorité des marchés financiers* (CE, 22.11.2000, Nr. 207697 – Soc. Credit agricole Indosuez Cheuvreux) oder die *Commission bancaire*, die nunmehr in der *Autorité de contrôle prudentiel et de résolution* aufgegangen ist (CE, 20.10.2000, Nr. 180122 – Soc. Habib Bank Limited).

678 Siehe im Besonderen zum Anspruch auf rechtliches Gehör (*principe de la contradiction*) unter B.III.4.a)aa).

679 *CIVS*, Tätigkeitsbericht für 2001, S. 33 f.: »Certes, la Commission [...] n'est pas une juridiction, mais il lui a été donné d'adopter le ›style d'une juridiction‹, dans sa démarche pour découvrir [...] la vérité[...]. Il doit être reconnu que la ›démarche judiciaire‹ constitue une garantie de sérieux dans la recherche d'une vérité approximative et la protection des droits de chacun«.

680 Vgl. *Laménie*, Rapport d'information fait au nom de la commission des finances du Sénat, S. 110.

681 Vgl. *Perrin*, Fasc. 1140: Conditions d'exercice du recours pour excès de pouvoir. Conditions particulières relatives à la nature de l'acte contesté, in: Jurisclasseur Administratif, Bearbeitungsstand 28.11.2011, Rn. 48-52.

682 Vgl. CE, 27.9.1989, Nr. 74548, Rec. S. 432 – SA Chopin et Compagnie.

Médiateur de la République) genannt werden.[683] Das französische Recht kennt ferner Beratungsorgane, deren Empfehlungen insofern eine faktische Bindungswirkung entfalten, als ihr Vorliegen positive Voraussetzung für den Erlass eines Rechtsaktes ist (sog. *avis conformes*).[684] Im Falle der CIVS kommt den Empfehlungen der Kommission nur eine persuasive bzw. moralische Bindungswirkung zu.[685] Ihre Überzeugungskraft beruht vorrangig auf der moralischen und fachlichen Autorität ihrer Mitglieder.[686] Trotz der fehlenden Rechtsverbindlichkeit der Empfehlungen haben die Verwaltungsgerichte nunmehr eine gerichtliche Anfechtbarkeit ablehnender Empfehlungen der CIVS anerkannt, wenn diese Voraussetzung einer Entschädigungsentscheidung des:der Premierminister:in nach Art. 8-2 CIVS-Dekret sind.[687]

c) Rechtliche Grundlage und Rechtsnatur der gewährten Ausgleichsleistungen

Die rechtliche Grundlage der Ausgleichsleistungen, die durch die CIVS zugesprochen werden, und ihre Rechtsnatur sind bis heute nur teilweise geklärt. Der Rechtsprechung des *Conseil d'État* lassen sich insoweit gewisse Anhaltspunkte entnehmen, jedoch fehlt es bis heute an einer abschließenden dogmatischen Einordnung dieser Leistungen.

aa) Keine Anspruchsbegründung durch CIVS-Dekret

Aus dem Wortlaut des Dekrets selbst folgt kein rechtlicher Anspruch auf Schadensersatz. Es beschränkt sich vielmehr auf die Regelung der sachlichen Zuständigkeit der Kommission für die Prüfung individueller Schadensersatzanträge. Die Regelung erschöpft sich somit in einer reinen Aufgabenzuweisung. Diese eigentümliche Regelungstechnik erklärt sich durch das Fehlen einer Rechtssetzungskompetenz der Regierung zur Einräumung eines Rechtsanspruchs auf Schadensersatz. Nach Art. 34 der Verfassung von 1958 obliegt die Regelung der Grundsätze der zivilrechtlichen Haftung und im erweiterten Sinne auch der Staatshaftung ausschließlich dem Parlament.[688] Der exekutive Gesetzgeber ist in diesem Bereich nicht zur Rechtssetzung befugt.

Das CIVS-Dekret gewährt im Umkehrschluss nur eine zusätzliche Chance, in den Genuss einer Schadensersatzleistung zu gelangen (»chance supplémentaire de parvenir à une

683 Art. 25 der Loi organique n° 2011-333 du 29 mars 2011 relative au Défenseur des droits (JORF vom 30.3.2011, Text Nr. 1).

684 So etwa nach alter Rechtslage nach Art. L.451-2 Abs. 2 Code du patrimoine a.F. bei Empfehlungen der *Commission scientifique nationale des collections* (CSNC), nach neuer Rechtslage nach Art. L.451-5 Abs. 2 n.F. des *Haut Conseil des musées de France* in Verfahren zur Aussonderung eines Kulturguts aus der Sammlung eines *musée de France*. Eine positive Empfehlung dieses Organs ist positive Voraussetzung für eine Aussonderung aus den staatlichen Sammlungsbeständen.

685 Siede schon im Begleitbericht zum CIVS-Dekret: »Nul ne sera tenu, en droit, de se conformer à ces recommandations, mais celles-ci auront évidemment une portée non négligeable.« (JORF vom 11.9.1999, S. 13632).

686 »Présidée par un haut magistrat de l'œuvre judiciaire et composée de personnalités qualifiées, cette instance devrait disposer d'une autorité incontestable.«, Schreiben von Jean Mattéoli an Premierminister Lionel Jospin vom 17.11.1998, abgedruckt in *Mission d'étude sur la spoliation des Juifs de France*, Rapport d'étape, S. 298 f. In diesem Sinne später wiederholt im Begleitbericht zum CIVS-Dekret: »La commission sera composée de six membres issus des principales juridictions de notre pays, auxquels seront adjoints deux universitaires et une personnalité qualifiée. [...] Une telle composition conférera à cette instance une incontestable autorité morale.«, Rapport au Premier ministre, JORF vom 11.9.1999, S. 13632.

687 Siehe hierzu unter B.III.5.b).

688 Nach der Rspr. des *Conseil constitutionnel* fällt hierunter auch die Einrichtung spezieller Haftungsregime, die von den Regeln des allgemeinen Delikts- und Staatshaftungsrechts abweichen (CC, 22.10.1982, Nr. 82-144 DC – Loi relative au développement des institutions représentatives du personnel).

indemnisation«[689]), ohne zugleich einen rechtlichen Anspruch auf Erhalt dieser Leistung zu begründen. Dies gilt etwa für Entschädigungsleistungen des Zentralstaates auf Grundlage einer Empfehlung der CIVS gemäß Art. 8-2 Abs. 2 CIVS-Dekret, die aus Haushaltsmitteln des Zentralstaates finanziert werden. Diese Leistungen sind in dogmatischer Hinsicht als freiwillige finanzielle Leistungen (*prestations financières*) zum Ausgleich eines Vermögensschadens einzuordnen, die die Regeln des Staatshaftungsrechts unberührt lassen.[690] Nur in diesem spezifischen Bereich der freiwilligen Finanzleistungen besteht eine Rechtssetzungskompetenz des:der Premierminister:in gemäß Art. 21 Abs. 1 S. 4 und 37 der Verfassung von 1958.[691] Unter dieser Maßgabe hat der *Conseil d'État* die Verfassungsmäßigkeit des CIVS-Dekrets in der Sache Bidalou ausdrücklich anerkannt.[692] Eine andere Deutung des Dekrets, wonach dieses eine rechtliche Haftung des Staates durch Normierung besonderer Anspruchsvoraussetzungen begründet, würde hingegen einen Eingriff in die Gesetzgebungskompetenz des Parlaments bedeuten. Nur unter der dargestellten Maßgabe ist das CIVS-Dekret daher mit staatsorganisationsrechtlichen Vorgaben vereinbar.

bb) Kein deklaratorischer Charakter des CIVS-Dekrets

Daneben erscheint es denkbar, dass dem CIVS-Dekret lediglich eine deklaratorische Bedeutung zukommt und dieses vielmehr die Existenz bereits bestehender Rechtsansprüche voraussetzt. In diesem Lichte betrachtet würde das CIVS-Verfahren vorrangig der verfahrensmäßigen Durchsetzung bereits bestehender Ansprüche dienen. Der Begleitbericht zum CIVS-Dekret (*rapport au Premier ministre*) ging noch von einer mangelnden Durchsetzbarkeit rechtlicher Ansprüche im Bereich des CIVS-Dekrets wegen Verjährung aus, ließ aber die Existenz derartiger Ansprüche offen.[693] Im Folgenden soll daher in der gebotenen Kürze der Frage nachgegangen werden, ob gegebenenfalls im Bereich des CIVS-Dekrets rechtliche Ansprüche auf Schadensausgleich bestehen. Die Offenheit und Weite des CIVS-Dekrets ermöglicht es, potenziell eine

689 *de Silva*, Conclusions zu CE, 6.6.2001, Nr. 214205, S. 2 f.: »Même si la création de la commission ne crée aucun droit positif, sa seule existence est de nature à permettre aux intéressés de bénéficier d'une chance supplémentaire de parvenir à une indemnisation«. So später auch *Roussel*, Conclusions zu CE 25.9.2020, Nr. 437524, S. 3.

690 So schon bzgl. Entschädigungsleistungen in Anerkennung des Leides der Waisen von Deportationsopfern nach dem Dekret Nr. 2000-657 vom 13.7.2000 (CE, Assemblée, 6.4.2001, Rec. S. 173, Cons. 2 – Pelletier: »[A]ucune autre disposition de l'article 34 de la Constitution ne réservait au législateur la mise à la charge de l'Etat d'une telle prestation financière et la fixation des conditions de non attribution«) oder bzgl. Entschädigungsleistungen an Heimkehrer:innen (*rapatriés*) aus ehemaligen Überseegebieten Frankreichs nach dem Gesetz Nr. 70-632 vom 15.7.1970 (CE, 5.7.2000, Nr. 210121, Cons. 1: »[I]l ne ressort d'aucune des dispositions de l'article 34 de la Constitution que la création d'une aide financière destinée aux rapatriés et la fixation des conditions exigées pour son attribution ressortissent à la compétence du législateur«). Insoweit kritisch *Lenica*, RFDA 2009, 316 (319); *Markus*, JCP A 2013, Nr. 2020, Abschnitt 1.B.

691 Siehe schon bzgl. des Dekrets Nr. 2000-657 vom 13.7.2000 *Guyomar/Collin*, AJDA 2001, 444 f.: »[L]e législateur n'a qu'une compétence d'attribution. En l'absence de principe constitutionnel selon lequel une prestation financière à la charge de l'État ne pourrait être instituée que par la loi, la compétence de droit commun appartient au pouvoir réglementaire«. Die Autoren führen weiter aus, dass »la création d'une prestation financière qui ne traduit pas l'institution ou la modification d'un régime de responsabilité de la puissance publique [...] ne relève pas des ›obligations civiles‹ au sens de l'article 34« (ebd.).

692 CE, 6.6.2001, Nr. 214205, Cons. 1 – Bidalou: »[E]u égard à la mission qui lui est ainsi dévolue, la commission [...] attaqué présente le caractère d'un organisme administratif, dont les règles d'organisation et de fonctionnement ne constituent pas des principes fondamentaux ›du régime de la propriété, des droits réels et des obligations civiles et commerciales‹«.

693 Rapport au Premier ministre, JORF vom 11.9.1999, S. 13632 »En effet, l'application pure et simple des règles du droit des biens et de la responsabilité civile ne permettrait pas, dans bien des cas, de satisfaire les demandes d'indemnisation dans la mesure où, sauf exception, les actions judiciaires sont aujourd'hui prescrites.«

Vielzahl von Fallkonstellationen (unfreiwillige und freiwillige Vermögensverluste, Ansprüche gegen öffentliche Körperschaften und Privatpersonen) als ersatzfähige Vermögensschäden zu erfassen. Die Frage, ob ein präexistenter Rechtsanspruch besteht, muss für jede Anspruchskonstellation ausgehend von der angestrebten Rechtsfolge (Vindikation, Restitution oder Entschädigung) und der in Anspruch genommenen Person (Privatperson, Zentralstaat oder andere Gebietskörperschaft) gesondert beantwortet werden. Denkbar sind sowohl zivilrechtliche als auch staatshaftungsrechtliche Ansprüche.

(1) Privatrechtliche Ansprüche

Wegen der Entziehung eines Vermögenswertes im Sinne des Art. 1 Abs. 1 CIVS-Dekret können Ansprüche auf Vindikation infolge der Nichtigkeit der verlustbegründenden Entziehungsakte (etwa nach Art. 1 Abs. 1 der Verordnung vom 21. April 1945) und auf Schadensersatz wegen unerlaubter Handlung (Art. 1382 Code civil a. F.) begründet sein. Angesichts des erheblichen Zeitablaufs seit den historischen Ereignissen werden diese Ansprüche aber in der Regel nicht mehr bestehen oder jedenfalls nicht mehr rechtlich durchsetzbar sein.

Für Nichtigkeitsklagen galt bis 2008 bei absoluter Nichtigkeit eine dreißigjährige (Art. 2262 Code civil a. F.), bei relativer Nichtigkeit hingegen eine zehnjährige Verjährungsfrist (Art. 1304 Abs. 1 Code civil a. F.)[694] Dieses Verjährungsregime gilt auch für Ansprüche nach der Verordnung vom 21. April 1945. Wenngleich demgegenüber Ansprüche auf Vindikation beweglicher Sachen keiner Verjährung unterliegen (Art. 2227 Satz 1 Code civil), können gutgläubige Erwerber:innen gemäß Art. 2279 Abs. 1 Code civil a. F. unmittelbar und bei gestohlenen oder sonst wie unfreiwillig verlorenen Sachen gemäß Art. 2279 Abs. 2 nach Ablauf von drei Jahren Eigentum erwerben. Dies gilt gemäß Art. 10 Satz 1 auch bei Klagen nach der Verordnung vom 21. April 1945 bei Besitzverlust infolge einer Entziehung gemäß Art. 1 Abs. 1 (Art. 10 Satz 1).[695] Weiterhin besteht bei beweglichen Sachen auch im Falle der Bösgläubigkeit die Möglichkeit einer Ersitzung (Art. 2272 Abs. 1 Code civil n. F. analog).[696] Für Ansprüche auf Schadensersatz wegen unerlaubter Handlungen galt die dreißigjährige Regelverjährungsfrist ab Entstehung des Anspruchs (Art. 2262 Code civil a. F.). Seit der Reform des Verjährungsrechts von 2008 beträgt die Regelverjährung nunmehr fünf Jahre (Art. 2224 Code civil). Die Rechtsprechung nahm aber schon nach der bis 2008 geltenden Rechtslage eine Verjährung von Ansprüchen aus unerlaubter Handlung wegen der Beteiligung Privater an Verfolgungsmaßnahmen an.[697]

(2) Ansprüche aus Staatshaftung

Entziehungen infolge antisemitischer Gesetze können, sofern diese unmittelbar auf Handlungen öffentlicher Stellen beruhen, ferner Ansprüche aus Staatshaftung begründen. Nachdem die Rechtsprechung eine Haftung des französischen Staates für Schäden, die durch

694 Siehe zur historischen Rechtslage schon unter B.II.5.c).

695 Siehe hierzu schon unter unter B.II.2.a)bb)(3)(ii).

696 Vgl. *Dross*, Art. 2276 et 2277, Prescription et possession, Prescription des choses mobilières, in: Jurisclasseur Civil Code, Bearbeitungsstand 15.11.2018, Rn. 50; *Terré/Simler*, Droit civil. Les biens, S. 348 f.

697 Eine Verjährung der Ansprüche deportierter Personen gegen die SNCF bejahte die *Cour d'appel* von Paris in der Sache Schaechter (CA Paris, 8.6.2004, Nr. 2001/07912).

Handlungen der Stellen des Vichy-Regimes entstanden waren, über mehrere Jahrzehnte generell abgelehnt hatte[698], erkannte der *Conseil d'État* schließlich in dem Gutachten in der Sache Hoffman-Glemane vom 16. Februar 2009 eine Staatshaftung wegen Verschuldens (*faute*) jedenfalls für Schäden an, die Personen infolge ihrer Verfolgung durch das Vichy-Regime – speziell im Falle einer Deportation – entstanden waren.[699] Gleichwohl seien diese Ansprüche gegen den Zentralstaat durch die Einführung besonderer Verfahren zum Ausgleich der entstandenen materiellen wie immateriellen Schäden, zu denen auch das CIVS-Dekret zähle, bereits vollständig erfüllt worden und somit erloschen.[700] An sich würde eine Erfüllung (*paiement*) aber die Erbringung einer persönlichen Leistung an die richtigen Schuldner:innen voraussetzen (Art. 1342, 1342-2 Abs. 1 Code civil). Eine Erfüllung tritt nicht schon durch die Schaffung der gesetzlichen oder verfahrensmäßigen Voraussetzungen für die Gewährung einer Ausgleichsleistung ein.[701] Diese – unter dogmatischen Gesichtspunkten kritikwürdige Lösung des Rates – stellt daher im Ergebnis eine unter rechtlichen Gesichtspunkten nicht zu rechtfertigende Erfüllungsfiktion auf. Nach Ansicht des Rates kann ein Ausgleich verfolgungsbedingter Schäden in konsequenter Fortführung dieses Gedankens nur noch im Rahmen der durch den Gesetzgeber geschaffenen Ausgleichsregime beansprucht werden. Diese Position wurde 2009 schließlich durch den EGMR bestätigt.[702]

Ansprüche gegen den französischen Staat wegen Handlungen deutscher Stellen in Frankreich während der deutschen Besatzung sind hingegen unstreitig nicht begründet, wenngleich das CIVS-Dekret auch ihren Ausgleich vorsieht, da die Rechtsprechung eine Staatshaftung für Handlungen von Drittstaaten generell ablehnt.[703]

Zudem gilt für Ansprüche aus Staatshaftung eine kurze vierjährige Ausschlussfrist (*déchéance quadriennale*) gemäß Gesetz Nr. 68-1250 vom 31. Dezember 1968.[704] Eine Übertragung

698 CE, 4.1.1952, Rec. S. 14 – Époux Giraud (betreffend eine auf Grund des Gesetzes Nr. 4153 vom 15.10.1941 verhängte Residenzpflicht); CE, 25.7.1952, Rec. S. 401 – Dlle Remise (betreffend Handlungen der *Milice française*): »[L]'ordonnance du 9 août 1944 [...] a constaté la nullité de tous les actes qui ont constitué des service de police d'exception ; [...] que dès lors, la responsabilité de l'État ne peut se trouver engagée du fait des agissements de ce groupement, à moins qu'une législation spéciale n'ait ouvert aux victimes desdits agissements un droit particulier à réparation«).

699 CE, Assemblée, Avis, 16.2.2009, Nr. 315499, Rec. S. 43 (45) – Hoffman-Glemane: »Il en résulte que cette responsabilité [pour faute; Anm. d. Verf.] est engagée en raison des dommages causés par les agissements qui, ne résultant pas d'une contrainte directe de l'occupant, ont permis ou facilité la déportation à partir de la France des personnes victimes de persécutions antisémites.« Siehe die Besprechungen bei *Delaunay*, RFDA 2009, 525; *Roche*, RFDA 2009, 536; *Wiegandt/Naumann*, EuGRZ 2010, 156.

700 CE, a. a. O., Rec. S. 43 (46): »Prises dans leur ensemble et bien qu'elles aient procédé d'une démarche très graduelle et reposé sur des bases largement forfaitaires, ces mesures, [...] doivent être regardées comme ayant permis, autant qu'il a été possible, l'indemnisation [...] des préjudices de toute nature causés par les actions de l'État qui ont concouru à la déportation.«

701 Zu Recht kritisch, aber stärker ausgehend vom Grundsatz der Totalreparation *Delaunay*, RFDA 2009, 525 (531–532); *Roche*, RFDA 2009, 536 (542).

702 EGMR, 15.11.2011, Nr. 63628/09 – Gecel c. France: »Dès lors, tout en étant consciente de l'immensité du préjudice subi par le requérant, la Cour constate, à l'instar des juridictions internes, que l'ensemble des mesures mises en place par la France inclut le préjudice moral qu'il a subi.«

703 Für den Bereich der verschuldensunabhängigen Haftung, siehe CE, 28.7.1999, Nr. 178498 – Grillo: »[L]e préjudice subi par les requérants, qui trouve son origine directe dans le fait d'un Etat étranger, ne saurait engager la responsabilité de l'Etat français sur le fondement du principe de l'égalité devant les charges publiques«). Gleiches gilt für die Haftung für Schäden, die infolge der Durchführung eines völkerrechtlichen Vertrages entstanden sind. Auch in diesem Fall verlangt die Rechtsprechung zumindest den Nachweis eines schadensursächlichen Verhaltens französischer Stellen. Eine Haftung ist ausgeschlossen, wenn der Schaden unmittelbar auf Handlungen eines ausländischen Staates beruht. Siehe CE, 4.10.1968, Nr. 71894 – Lévy; CE, 20.12.2013, Nr. 335235, JCP A 2014, Nr. 40, m. Anm. *Tesson*).

704 Zuvor geregelt in Art. 9 des Gesetzes vom 29.1.1831 (modifiziert durch Art. 1 des Dekrets vom 30.10.1935), sodann in Art. 148 des Gesetzes Nr. 45-0195 vom 31.12.1945 (JORF vom 1.1.1946, S. 1).

des für das Delikt des Verbrechens gegen Menschlichkeit (Art. 211-1, 212-1 Code pénal) geltenden Verjährungsausschlusses[705] auf zivilrechtliche oder staatshaftungsrechtliche Haftungsansprüche wegen verfolgungsbedingter Schäden wird heute mehrheitlich abgelehnt.[706] Für Ansprüche antisemitisch Verfolgter aus Staatshaftung wurde zum Teil noch eine Hemmung der Verjährung unter Verweis auf Hindernisse bei der Rechtsverfolgung in der Besatzungs- und Nachkriegszeit angeregt.[707] Aber auch bei Annahme einer zeitweisen Verjährungshemmung dürfte die Verjährungsfrist inzwischen, da das in Rede stehende Hindernis spätestens mit der Einführung des CIVS-Dekrets beseitigt wurde, abgelaufen sein. Ansprüche aus Staatshaftung sind somit im Bereich des CIVS-Dekrets jedenfalls verjährt.

cc) Rationalisierung durch Selbstbindung

Die Existenz, jedenfalls aber die Durchsetzbarkeit rechtlicher Ansprüche im Anwendungsbereich des CIVS-Dekrets erscheint somit zweifelhaft. Nur in selten Ausnahmefällen dürften solche heute noch im Bereich des CIVS-Dekrets bestehen. Dies gilt etwa für Ansprüche nach der Verordnung vom 21. April 1945 in den bereits aufgezeigten zeitlichen Grenzen.[708] Ausgleichsleistungen nach dem CIVS Dekret erfolgen somit grundsätzlich auf freiwilliger Grundlage ohne rechtliche Verpflichtung der in Anspruch genommenen Personen oder Stellen. Die durch den Zentralstaat gewährten Entschädigungsleistungen nach Art. 8-2 CIVS-Dekret sind vor diesem Hintergrund als freiwillige Ermessensentscheidungen (sog. *mesures gracieuses*) einzuordnen.[709]

Der:die Premierminister:in ist bei der Bescheidung von Anträgen nach dem CIVS-Dekret gleichwohl durch die positiv-rechtlichen Vorgaben des Dekrets formal gebunden. Diese Form der selbstauferlegten Einschränkung des Verwaltungsermessens durch Gesetz wird in anderen Jurisdiktionen mit dem Begriff der Selbstbindung der Verwaltung beschrieben, der im Französischen annäherungsweise mit dem Begriff der *autolimitation* übersetzt werden könnte.[710] Diese Begrifflichkeit erscheint auch bezogen auf den französischen Kontext geeignet, den Vorgang

705 Loi n° 64-1326 du 26 décembre 1964 tendant à constater l'imprescriptibilité des crimes contre l'humanité.

706 Bzgl. der im Kontext der antisemitischen Verfolgungspolitik während der deutschen Besatzungszeit begangenen Verbrechen gegen die Menschlichkeit schon *Lenica*, RFDA 2009, 316 (323); *Delaunay*, RFDA 2009, 525 (534). Höchstrichterlich wurde die Frage nunmehr durch Entscheidung der *Cour de cassation* geklärt (Cass. civ. 1ère, 17.4.2019, Nr. 18-13.894).

707 Für eine Hemmung der Verjährungsfrist nach dem Grundsatz *contra non valentem* gemäß Art. 3 des Gesetzes Nr. 68-1250 vom 31.12.1968 sprach sich im Verfahren Hoffman-Glemane der Regierungskommissar in seiner Stellungnahme aus, vgl. *Lenica*, RFDA 2009, 316 (326 f.).

708 Siehe hierzu bereits unter B.II.2.a)bb)(3)(ii), B.II.4 und B.II.5.

709 A.A. *Markus*, JCP A 2013, Nr. 2020, Abschnitt 1.A. Nach Ansicht des Autors bestehe im Falle einer stattgebenden Empfehlung der CIVS ein Anspruch auf Schadensausgleich (»ce décret crée un droit – sous condition de saisine de la CIVS, des résultats de l'instruction par cette commission et de l'avis consultatif qu'elle rend – à une indemnisation accordée par le Premier ministre«). Diese Auffassung gerät aber nicht nur mit dem eindeutigen Wortlaut von Art. 1 Abs. 1 CIVS-Dekret, sondern auch mit der bereits dargestellten Rechtsprechung des *Conseil d'État* in Widerspruch (siehe CE, Assemblée, Avis, 16.2.2009, Nr. 315499, Rec. S. 43 [45] – Hoffman-Glemane).

710 Im französischen Recht ist das Phänomen der Selbstbindung der Verwaltung durch Gesetz nur selten Gegenstand rechtswissenschaftlicher Arbeiten gewesen. Die nachweisbaren Schriften behandeln vor allem das Innenrecht der Verwaltung. Siehe speziell zum Begriff der *directive* als verwaltungsinterne Maßnahme der Ermessenskonkretisierung *Combeau*, L'activité juridique interne de l'administration, S. 406–407. In anderen Jurisdiktionen, etwa in Österreich, das mit dem Kunstrückgabegesetz von 1998 (KRG) ein Selbstbindungsgesetz geschaffen hat, besteht ein gesetzlicher Präzedenzfall. Entscheidungen nach dem KRG über die Restitution eines Kulturgutgutes im Bundeseigentum ergehen nach vorherigem Beschluss eines beratenden Gremiums, des Kunstrückgabebeirats (§ 2 Abs. 2 KRG). Siehe eingehend *Dewey*, Gerecht und fair? Die Empfehlungspraxis

der Ermessensbeschränkung durch reglementären Gesetzgebungsakt zu beschreiben, wie er durch das CIVS-Dekret erfolgt: Das Ob und das Wie der Entscheidung über ein Antrag auf Schadensausgleich sind in Fällen, die dem CIVS-Dekret unterliegen, nicht in das freie Ermessen der Regierung gestellt, sondern werden durch die normativen Vorgaben des Dekrets näher konkretisiert und dadurch eingeschränkt. An diese Vorgaben ist der:die Premierminister:in bei der Bescheidung von Anträgen bis zur vollständigen Aufhebung des CIVS-Dekrets durch *actus contrarius* oder durch Erlass eines Nachfolgedekrets, das dieses im gleichen Zuge aufhebt, formalrechtlich gebunden. Das CIVS-Dekret bedingt auf diese Weise eine Rationalisierung des Prozesses der Ermessensbetätigung durch Regelung eines formalisierten Verwaltungsverfahrens und Normierung objektiver Voraussetzungen für die Gewährung einer Ausgleichsleistung. Die Entscheidungen unterscheiden sich auf diese Weise von reinen Ermessensentscheidungen (sog. *mesures purement gracieuses*), die keiner gerichtlichen Kontrolle unterliegen.[711] Der durch das Dekret gesetzte Rechtsrahmen wird dabei durch ein unabhängiges, mit gesteigertem Sachverstand ausgestattetes Organ der Verwaltung - die CIVS - ausgeschöpft und näher konkretisiert. Entscheidungen des:der Premierminister:in im Geltungsbereich des CIVS-Dekrets können somit nicht völlig losgelöst von einer Empfehlung der Kommission ergehen, wenngleich eine förmliche Bindung an deren Inhalt nicht besteht. Für Entschädigungsleistungen durch den Zentralstaat ist dies ausdrücklich vorgesehen (Art. 8-2 Abs. 2 CIVS-Dekret), wonach Entscheidungen über Entschädigungen »auf der Grundlage der Empfehlungen der Kommission« (»sur la base des recommandations de la commission«) ergehen sollen. Anders verhält es sich gleichwohl bei Empfehlungen der CIVS, die sich an andere öffentliche Stellen (zum Beispiel Gebietskörperschaften wie Regionen, *Départements* oder Gemeinden) richten, die durch das CIVS-Dekret nicht formal gebunden sind. In derartigen Fällen liegt kein Fall der Selbstbindung vor, vielmehr fungiert die CIVS in solchen Fällen als Schlichtungsstelle zwischen Anspruchsteller:innen und -gegner:innen.[712]

dd) Begründung eines Anspruchs durch Verwaltungsentscheidung

Einen rechtlich durchsetzbaren Leistungsanspruch begründen hingegen die Entscheidungen des:der Premierminister:in über die Gewährung einer Entschädigung gemäß Art. 8-2 Abs. 1 CIVS-Dekret, die auf einer Empfehlung der CIVS beruhen. Diese stellen, da sie eine vermögenswerte Leistung verbindlich festschreiben, rechtsbegründende Verwaltungsentscheidungen (*décisions créatrices de droits*) dar.[713] Die Versagung einer Leistung durch eine ablehnende

des österreichischen Kunstrückgabebeirats im Lichte der Washingtoner Prinzipien, S. 50–52; *Fitz*, Das Kunstrückgabegesetz: Historische Verantwortung durch Selbstbindung, S. 12–13.

711 Dem Begriff werden nach der Rspr. üblicherweise staatliche Leistungen (etwa finanzielle Beihilfen, Genehmigungen oder Zulassungen) zugeordnet, für deren Gewährung eine Rechtsgrundlage gänzlich fehlt (vgl. etwa CE, 17.7.2009, Nr. 303874); siehe zu diesem Begriff und seinen Auswirkungen auf die gerichtliche Prüfung m.w.N. *Gonod*, RDP 1993, 1351 (1353); *de Silva*, AJDA 2009, 2361 (2363); *Woehrling*, Droit administratif 11 (2007), 16 (17); *Foubert*, in: Jacquinot (Hrsg.), Le don en droit public, S. 51.

712 Siehe zur Schlichtungskompetenz der CIVS bereits unter B.III.2.b).

713 CE, Section, 6.11.2002, Nr. 223041 – Soulier (»une décision administrative accordant un avantage financier crée des droits au profit de son bénéficiaire alors même que l'administration avait l'obligation de refuser cet avantage«). Dies gilt nach der Rspr. gerade auch bei Entscheidungen, auf deren Erlass kein Rechtsanspruch besteht (CE, Assemblée, 3.3.1967, Nr. 66406, 66449 – Société Behr Manning & Société des abrasifs appliqués Norton).

Entscheidung stellt demnach die Versagung eines rechtserheblichen Vorteils dar, die gerichtlich anfechtbar ist.[714]

Die Rücknahme einer solchen Entscheidung durch die Verwaltung ist gemäß Art. L.242-1 CRPA grundsätzlich nur innerhalb von vier Monaten ab dem Ausspruch der Entscheidung zulässig, sofern die Entscheidung rechtswidrig ist. Daraus folgt, dass fehlerhafte Leistungen nach dem CIVS-Dekret vom Zentralstaat nicht zurückgefordert werden können, wenn die Entscheidung bereits in Bestandskraft erwachsen ist. Anders verhält es sich hingegen bei Entscheidungen, die eine Entschädigung nach Art. 8-2 CIVS-Dekret gewähren, wenn der entzogene Vermögenswert nach Bekanntgabe der Entscheidung durch Restitution wieder in das Vermögen der Betroffenen gelangt ist. In diesem Fall läge nämlich der nachträgliche Wegfall einer gesetzlichen Voraussetzung für die Gewährung einer Entschädigung nach Art. 8-2 Abs. 2 i. V. m. Art. 1 Abs. 1 CIVS-Dekret (Vermögensschaden[715]) vor. Nach Art. L.242-2 Nr. 1 CRPA ist hier die Rücknahme auch einer bestandskräftigen Verwaltungsentscheidung ausnahmsweise zulässig.[716]

4. Das Verfahren vor der CIVS

Das Verfahren vor der CIVS ist in den Regelungen des Gründungsdekrets umfassend niedergelegt.[717] Der Verfahrensteil ist im Zuge der verschiedenen Reformen seit 1999 von einem »Regelungsnukleus« mit ursprünglich nur sechs Artikeln zu einem komplexen Regelwerk mit über fünfzehn Einzelbestimmungen angewachsen. Die Reformen reagierten dabei stets auf gewandelte Anforderungen und internationale Vorgaben, darunter die Unterzeichnung des Washingtoner Abkommens von 2001[718] zur Entschädigung nachrichtenloser Bankguthaben. Die genaue Auslegung dieser Bestimmungen ergibt sich jedoch erst aus der gelebten Verfahrenspraxis der CIVS, die im Rahmen dieser Forschungsarbeit untersucht wurde.[719]

Seit einer Reform aus dem Jahr 2018[720] greift bei Kulturgüterentziehungen ein besonderes Untersuchungs- und Beratungsverfahren vor der CIVS, in dem sich die zunehmend proaktive Ausrichtung der Restitutionspraxis in Frankreich äußert. Entsprechende Forderungen

714 Siehe hierzu im Weiteren noch unter B.III.5.b).

715 Zu den Klagemöglichkeiten gegen Empfehlungen der CIVS und Entscheidungen des:der Premierminister:in siehe noch unter B.III.7.d).

716 »Par dérogation à l'article L. 242-1, l'administration peut, sans condition de délai: 1° Abroger une décision créatrice de droits dont le maintien est subordonné à une condition qui n'est plus remplie […].«

717 Die Regelungsdichte ist gerade im Vergleich zu vergleichbaren Organen in anderen europäischen Staaten auffällig, die deutlich weniger oder nahezu keine verfahrensrechtlichen Bestimmungen enthalten. Siehe etwa zur Beratenden Kommission im Zusammenhang mit der Rückgabe NS-verfolgungsbedingt entzogenen Kulturguts, insbesondere aus jüdischem Besitz (Beratende Kommission) in Deutschland (Verfahrensordnung der Beratenden Kommission vom 2.11.2016, abrufbar auf der Website der Kommission), dem Kunstrückgabebereit in Österreich (§ 3 des geänderten Kunstrückgabegesetzes von 1998, BGBl. I vom 4.12.1998, S. 2045), der *Restitutiecommissie* in den Niederlanden (Reglement werkwijze Restitutiecommissie vom 12.4.2021, abrufbar auf der Website der Kommission) und des *Spoliation Advisory Panel* im Vereinigten Königreich (Rules of Procedure von 2016, abrufbar auf der Website des Panels).

718 Dekret Nr. 2001-243 vom 21.3.2001 (JORF vom 23.3.2001, Text Nr. 30).

719 Dem Verfasser war es möglich, zwischen Juli 2019 und April 2022 als Beobachter an insgesamt drei Sitzungen des Beratungsgremiums teilzunehmen. Die nachfolgenden Ausführungen beruhen daher zum Teil auf seinen persönlichen Beobachtungen.

720 Dekret Nr. 2018-829 vom 1.10.2018 (JORF vom 1.10.2018, Text Nr. 1).

wurden bereits seit mehreren Jahren formuliert.[721] Die bisherigen Reformversuche hatten sich aber stets auf punktuelle Korrekturen des bestehenden Systems beschränkt, ohne den institutionellen Rahmen grundlegend zu verändern.[722] Im Zuge der Reform von 2018 wurde das CIVS-Dekret um vier neue Bestimmungen[723] erweitert, die das Verfahren in entscheidenden Punkten reformiert haben: Der Kreis der zur Verfahrenseinleitung berechtigten Personen und Stellen wurde deutlich erweitert (Art. 1-1), namentlich kann ein Verfahren nun auch durch die CIVS von Amts wegen oder durch eine »betroffene Person (»personne concernée«) eröffnet werden (Art. 1-1 Alt. 1). Es findet ferner ein besonderes Untersuchungsverfahren unter Einbindung einer beim Kulturministerium angesiedelten Forschungsmission, der *Mission de recherche et de restitution des biens culturels spoliés entre 1933 et 1945* (*Mission de recherche et de restitution*), Anwendung (Art. 1-2). Das Beratungsgremium der CIVS, das regulär aus zehn Mitgliedern besteht (Art. 3 Abs. 1 CIVS-Dekret), wird um vier weitere Mitglieder mit ausgewiesener Expertise erweitert (Art. 3-1 Abs. 1). Diese besonderen Verfahrensbestimmungen dürften in Zukunft auch in Verfahren nach dem Restitutionsgesetz von 2023 Anwendung finden, in denen die CIVS vor einer Restitution durch die öffentlichen oder privaten Eigentümer der Kulturgüter anzurufen ist (Art. L.115-3 Satz 1, L.451-10-1 Abs. 1 Satz 1 Code du patrimoine). Ein für November 2023 angekündigtes Reformdekret ist bislang nicht verabschiedet worden. Es ist jedoch zu erwarten, dass die Regelungen auch dieses Dekrets im Wesentlichen den bisherigen Bestimmungen entsprechen werden.

Im Folgenden soll in einem ersten Schritt auf die in der Praxis der Kommission anerkannten allgemeinen Verfahrensgrundsätze eingegangen werden, ehe sodann das Verfahren in seiner Chronologie unter Hervorhebung der Rolle der einzelnen Verfahrensbeteiligten und unter Berücksichtigung der tatsächlichen Verfahrenspraxis der CIVS dargestellt wird.

a) Allgemeine Verfahrensgrundsätze

Schon früh leitete die CIVS in ihrer Verfahrenspraxis aus Wortlaut und Telos ihres Gründungsdekrets allgemeine Verfahrensgrundsätze ab, die entscheidend dazu beigetragen haben, das Verfahren einem gerichtsförmigen Verfahren anzunähern. Offenbar erschien es der CIVS schon früh zweckdienlich, bestimmte Grundelemente eines Gerichtsverfahrens in ihre Verfahrenspraxis zu inkorporieren, ohne zugleich die strengen formalen Anforderungen der Prozessordnungen zur Anwendung zu bringen. Begründet wurde diese Ausrichtung mit dem Ziel der

721 So forderten mehrere Abgeordnete der Nationalversammlung schon 2014 in einem Untersuchungsbericht eine proaktive, systematische Untersuchung sämtlicher Provenienzen in öffentlichen Sammlungen des Zentralstaates gemäß den Prinzipien der Washingtoner Erklärung von 1998, vgl. *Attard u. a.*, Rapport d'information déposé en application de l'article 145 du Règlement par la Commission des affaires culturelles et de l'éducation sur la gestion des réserves et des dépôts des musées, Quatorzième Législature, Nr. 2474, S. 100–102.

722 Auf derartige Forderungen reagierte schon die Kulturministerin Filippetti Anfang 2013 durch Einsetzung einer Arbeitsgruppe zur Erforschung der Provenienzen ausgewählter Werke aus den MNR-Beständen. Vgl. *Filippetti*, Rede der Kulturministerin vom 19.3.2013. Die proaktive Erforschung der MNR-Bestände sollte nach der Vorstellung der späteren Kulturministerin Pellerin »parallèlement à l'instruction des requêtes introduites par les ayants droit« erfolgen (Kulturministerium, Instruction relative à la gestion des œuvres issues de la récupération artistique confiées à la garde des musées nationaux relevant du ministère de la Culture et de la Communication et pouvant avoir fait l'objet de dépôts, 16.10.2015, Nr. TR/1649/BBR). Nach der Vorlage eines ersten Berichts der Arbeitsgruppe im Jahre 2014 wurde diese durch die Kulturministerin Pellerin erneut verlängert und legte 2017 ihren zweiten und letzten Bericht vor.

723 Nunmehr geregelt in Art. 1-1, 1-2, 1-3 und 3-1 CIVS-Dekret.

historischen Wahrheitsfindung, die eine gewisse Formalisierung des Verfahrens (insbesondere der Beweiserhebung) erforderlich mache.[724] Nicht stets finden aber diese Verfahrensgrundsätze – wie etwa der Anspruch auf rechtliches Gehör – eine ausdrückliche normative Grundlage im CIVS-Dekret selbst, was ihre rechtliche Durchsetzbarkeit im Streitfall mindert und ihre faktische Geltung letztlich vom guten Willen der Kommission abhängig macht.

Als Verfahrensgrundsätze mit Bedeutung für die gesamte Verfahrenspraxis der CIVS lassen sich der Anspruch auf rechtliches Gehör (aa), der Untersuchungsgrundsatz (bb) und der Grundsatz der Menschlichkeit (cc) ausmachen.

aa) Anspruch auf rechtliches Gehör (*principe du contradictoire*)

Einen seit jeher anerkannten Verfahrensgrundsatz in der Praxis der CIVS bildet der Anspruch auf rechtliches Gehörs (*principe du contradictoire*).[725] Der Grundsatz findet keine textliche Grundlage im Dekret selbst, seine Geltung im Verfahren wird vielmehr aus einer Passage des Begleitberichts zum Dekret (*rapport au Premier ministre*) abgeleitet. Hiernach hat die Untersuchung vor der CIVS kontradiktorisch unter Beteiligung aller betroffenen Personen zu erfolgen.[726] Die CIVS hat die Geltung dieses Grundsatzes für sämtliche Verfahrensstadien (Verfahrenseinleitung, Untersuchung, Sitzung vor dem Beratungsgremium) anerkannt, ohne diesem aber einen konkreten Inhalt zu geben.[727] Ausgehend von der Praxis der Kommission lässt sich aus dem Prinzip ein Anspruch auf Information, Anhörung und Waffengleichheit zwischen den Verfahrensbeteiligten ableiten.

Schließlich sind die Anspruchsteller:innen berechtigt, sich in der Sitzung vor dem Beratungsgremium zu dem Bericht sowie zu den Sachvorträgen der übrigen Verfahrensbeteiligten zu äußern.[728] Die Anspruchsteller:innen sollen auf diese Weise in die Lage versetzt werden, zu sämtlichen Aspekten des Verfahrens und der materiellen Anspruchsprüfung Stellung zu nehmen sowie persönliche Erfahrungen, Erinnerungen und Eindrücke mitzuteilen. Das Beratungsgremium hat diese Einlassungen zur Kenntnis zu nehmen und bei der Beschlussfassung angemessen zu berücksichtigen, wobei den Aussagen der Überlebenden eine gesteigerte Bedeutung, nach dem Grundsatz der Glaubwürdigkeit (*principe de bonne foi*) sogar ein eigenständiger Beweiswert zukommt.[729]

Der Begriff der *contradiction* orientiert sich somit erkennbar an dem Verständnis des Zivilprozessrechts.[730] Gleichwohl wird die Einhaltung dieses Grundsatzes in Verfahren vor der CIVS

724 Vgl. *CIVS*, Tätigkeitsbericht für 2001, S. 34: »Il doit être reconnu que la ›démarche judiciaire‹ constitue une garantie de sérieux dans la recherche d'une vérité approximative et la protection des droits de chacun«.

725 Vgl. *CIVS*, a. a. O., S. 24; *CIVS*, Tätigkeitsbericht für 2002, S. 14.

726 Rapport au Premier ministre, JORF vom 11.9.1999, S. 13632: »L'instruction des demandes se fera de manière contradictoire. Les personnes concernées pourront formuler des observations et demander à être entendues par la commission.«

727 Vgl. *CIVS*, Tätigkeitsbericht für 2001, S. 24: »Bien que la Commission ne soit pas une juridiction, elle s'efforce de respecter le principe du contradictoire, tant au niveau de l'instruction qu'en séance et durant son délibéré«. Wortgleich in *CIVS*, Tätigkeitsbericht für 2006, S. 8; *CIVS*, Tätigkeitsbericht für 2009, S. 42.

728 Vgl. *Dreifuss-Netter*, Rec. Dalloz 2020, 945 (948): »Une convocation lui étant envoyée, le requérant, ou son mandataire, peut assister et participer à celle-ci [la séance devant le collège délibérant; Anm. d. Verf.]. Il entend le rapport oral et les observations éventuelles du commissaire du gouvernement, et peut y répondre librement, la parole lui étant laissée en dernier.«

729 Siehe Näheres hierzu im Abschnitt zu den Beweisgrundsätzen in Verfahren vor der CIVS unter B.III.9.

730 Es handelt sich um einen allgemeinen Grundsatz des Zivilprozesses, der in den Art. 14 ff. Code de procédure civile geregelt ist. Den Parteien soll in jeder Phase des Verfahrens die Möglichkeit gegeben werden, von den relevanten Beweisstücken so

nur bedingt durch die Gerichte überprüft und der Kommission bei der Umsetzung ein gewisser Spielraum zugesprochen. So befand etwa der *Tribunal administratif* von Paris, dass die Wahrung des Anspruchs auf rechtliches Gehör nicht zwingend die Übermittlung - von Amts wegen oder auf Antrag - sämtlicher Beweisstücke im Besitz der CIVS verlange.[731] In ständiger Praxis gewährt die CIVS aber jedenfalls einen physischen Zugriff auf die gesamte Verfahrensakte samt Beweisstücken an ihrem Amtssitz nach vorheriger Terminvereinbarung.[732] Vorzugswürdig wäre es aber schon aus Gründen der Barrierefreiheit, sämtlichen Verfahrensbeteiligten neben den Berichten der Berichterstatter:innen stets auch die vollständige Verfahrensakte (etwa als Digitalisat) zur Verfügung zu stellen.

Der Grundsatz der Waffengleichheit als Teilaspekt des Anspruchs auf rechtliches Gehör[733] steht in Verfahren vor der CIVS in einem ständigen Spannungsverhältnis zum rechtlichen Status der CIVS als beratende Verwaltungskommission der Regierung. In Verfahren gegen den Zentralstaat besteht so eine rechtliche Identität zwischen der entscheidenden Stelle (CIVS) und dem Anspruchsgegner (Zentralstaat). In dieser spezifischen Interessenlage fehlen organisationale Garantien, die die Unabhängigkeit der Kommission gegenüber der Exekutive gewährleisten würden.

bb) Untersuchungsgrundsatz (*instruction d'office*)

Die Untersuchung des schadensursächlichen Sachverhalts sowie die Ermittlung sämtlicher Anspruchsberechtigter wird durch die CIVS von Amts wegen betrieben und beschränkt sich demnach nicht auf das Vorbringen im Antrag.[734] Der Antrag bildet - zumindest im Regelverfahren nach Art. 1 CIVS-Dekret - vielmehr die Grundlage für die weitere Untersuchung der CIVS. Zu dieser Untersuchung können die Anspruchsteller:innen selbstredend durch Vorlage eigener Beweismittel beitragen, müssen dies aber nicht. Eine eigene Abteilung der Kommission (*Service de coordination des recherches*) koordiniert die Beweiserhebung in ausgewählten Archiven im In- und Ausland und trägt die erhobenen Beweismittel zusammen.[735] Die Überprüfung und Bewertung dieser Beweise obliegt hiernach den Berichterstatter:innen (*rapporteurs*),

zeitnah Kenntnis zu erlangen, dass sie in angemessener Frist Stellung beziehen können. Der Grundsatz verpflichtet sowohl die Streitparteien zur Einhaltung eines Mindestmaßes an Fairness und Rücksichtnahme als auch den Spruchkörper zur Gewährleistung dieser Maßgabe über alle Verfahrensstadien hinweg. Siehe Art. 16 Abs. 1 Code de procédure civile: »Le juge doit, en toutes circonstances, faire observer et observer lui-même le principe de la contradiction.« Siehe m.w.N. *Danet*, Principes directeurs du procès, in: Répertoire de procédure civile, Bearbeitungsstand Dezember 2020, Rn. 278; *Strickler*, Fasc. 500-40: Principe de la contradiction, in: Jurisclasseur Procédure civile, Bearbeitungsstand 26.11.2020, Rn. 31 ff.

731 Die Kommission ist hiernach nicht verpflichtet, sämtliche Beweisstücke der Verfahrensakte an die Anspruchsteller:innen zu übermitteln, vgl. TA Paris, 8.6.2007, Nr. 0507913/7 – Fraenkel: »[L]e respect du principe du contradictoire n'impose pas à ladite commission de communiquer au demandeur l'ensemble des pièces et documents rassemblés dans le cadre de l'instruction«.

732 *CIVS*, Questions et réponses, La procédure d'indemnisation: Après passage en séance, les requérants reçoivent-ils le détail du dossier ou les attendus qui ont conduit à la décision de la Commission?, Websitebeitrag: »Les requérants peuvent consulter leur dossier à tout moment. La possibilité leur est donnée de faire les photocopies des pièces qui les intéressent et cela sur rendez-vous auprès de l'agent chargé de leur accueil«. Der Beitrag wurde inzwischen von der Website der CIVS entfernt.

733 Zur *rupture d'égalité des armes* im französischen Zivilprozessrecht siehe Cass. civ. 2e, 14.9.2006, Nr. 04-20.524.

734 Insoweit auch abweichend vom Zivilprozess (Art. 4 und 5 Code de procédure civile).

735 Für eine Übersicht der von der CIVS kontaktierten Stellen speziell im Rahmen der proaktiven Erb:innensuche, siehe *CIVS*, Tätigkeitsbericht für 2017, S. 50–53. Von besonderer Bedeutung ist etwa der *Fichier central des dispositions des dernières volontés* (FCDDV) bei der *Association pour le Développement du Service Notarial* (ADSN), bei dem es sich um eine Datenbank mit Einträgen zu letztwilligen Verfügungen handelt.

die bei Bedarf zusätzlich Stellungnahmen weiterer Stellen oder Personen einholen können (Art. 4 Abs. 2 S. 2 CIVS-Dekret), zu denen zuvorderst die Anspruchsteller:innen selbst zählen.[736]

Die CIVS ist gleichwohl nicht verpflichtet, Beweise in grenzenlosem Umfang zu erheben, geschweige denn alle nur denkbaren Beweisquellen auszuschöpfen. Die amtswegige Beweisermittlung steht vielmehr unter dem Vorbehalt der Zweckdienlichkeit (*utilité*).[737] Erscheint eine Beweiserhebung zu einer bestimmten Tatsachenfrage von vornherein aussichtslos oder nur wenig erfolgversprechend, ist die Kommission nicht verpflichtet, dieser weiter nachzugehen. Sie kann sich vielmehr darauf beschränken, die erfahrungsgemäß erfolgversprechenden Beweisquellen (insbesondere Archive) auszuleuchten.[738]

Ausgehend von den verfügbaren Nachweisen erstatten die Berichterstatter:innen einen Bericht mit einer vorläufigen Bewertung der Erfolgsaussichten des Antrags ausgehend von den amtswegig erhobenen und vorgelegten Beweisen.[739] Diese Vorschläge können daher im Einzelfall über das Antragsbegehren hinausgehen.[740] Seit der erwähnten Verfahrensreform von 2018 besteht im Falle von Kulturgüterentziehungen die Möglichkeit zu einer amtswegigen Verfahrenseinleitung durch die Kommission (Art. 1-1 Alt. 1 CIVS-Dekret). Die Bindung an einen Antrag entfällt in diesen Fällen. Das Verfahren kann vielmehr unabhängig von einer Beteiligung anspruchsberechtigter Personen betrieben werden. In die amtswegige Untersuchung ist für diesen Fall neben der CIVS die *Mission de recherche et de restitution* beim Kulturministerium eingebunden (Art. 1-2 Abs. 2 CIVS-Dekret).[741]

Die praktische Bedeutung des Untersuchungsgrundsatzes ist beachtlich. Er bietet Anspruchsteller:innen einen Ausgleich dafür, dass in der Praxis der Kommission keine allgemeinen Vermutungsregeln greifen und die Beweislast zu sämtlichen anspruchsbegründenden Umständen demnach die Anspruchsteller:innen trifft.[742] Vorbehaltlich des Falls offenkundiger Unzuständigkeit der Kommission führt der amtswegige Charakter des Verfahrens gepaart mit den gelockerten Beweisanforderungen dazu, dass die CIVS im Regelfall einen Schadensposten ermitteln kann, für den ein Ausgleich gewährt werden kann.

cc) Der Grundsatz der Menschlichkeit (*principe d'humanité*)

Ein weiteres Leitprinzip der Spruchpraxis bildet der Grundsatz der Menschlichkeit. Diese Maßgabe betrifft vorrangig den Umgang der Kommission mit den Anspruchsteller:innen über sämtliche Verfahrensstadien hinweg. Die Anspruchsteller:innen sollen nicht zu bloßen Objekten in einem staatlichen Verwaltungsverfahren herabgewürdigt, sondern vielmehr in ihrer Einzigartigkeit und Individualität gesehen werden. Es gehe darum, die »menschliche Dimension« (»dimension humaine«) der Anträge im Blick zu behalten, die keine herkömmlichen Anträge

736 Vgl. *CIVS*, Tätigkeitsbericht für 2001, S. 16 f.

737 Diese Einschränkung klingt in Art. 4 Abs. 2 S. 2, Art. 6 Abs. 1 und Abs. 2 CIVS-Dekret an.

738 In diesem Sinne etwa TA Paris, 17.6.2014, Nr. 1206036/6-2, Rn. 8. Als nicht erfolgsversprechend wurde die von der Anspruchstellerin geforderte Konsultation von Auktionskatalogen bewertet, da die vorgelegten Beweise zur Identität der entzogenen Kulturgütern zu ungenau seien, um ihre Identifikation in historischen Auktionskatalogen zu erlauben.

739 Vgl. *CIVS*, Tätigkeitsbericht für 2001, S. 16 ff.

740 Vgl. *CIVS*, a. a. O., S. 13: »[L]a consultation des centres d'archives peut conduire à la découverte d'autres spoliations, ignorées ou oubliées des requérants, et non mentionnées dans les questionnaires.«

741 Eingerichtet durch Arrêté du 16 avril 2019 portant création de la mission de recherche et de restitution des biens culturels spoliés entre 1933 et 1945, JORF vom 17.4.2019, Text Nr. 41.

742 Siehe hierzu noch in dem Abschnitt zu den in Verfahren vor der CIVS geltenden Beweisgrundsätzen B.III.9.

gegenüber der Verwaltung darstellen würden, sondern denen besondere individuelle Verfolgungsschicksale zugrunde lägen. Der Würde der Anspruchsteller:innen sei daher in besonderem Maße durch eine sensible und einfühlsame Bearbeitung und Prüfung der Anträge Rechnung zu tragen.[743] Die Anspruchsteller:innen sind zu diesem Zweck zu ihren Erinnerungen und Erfahrungen im Rahmen der Untersuchung mit der gebotenen Aufmerksamkeit und Sensibilität zu befragen. Neben der Einräumung einer materiellen Leistung, die auf Ausgleich des verfolgungsbedingt erlittenen Vermögensschadens gerichtet ist, soll zugleich ihre Eigenschaft als Geschädigte und Opfer staatlicher Verfolgungsmaßnahmen in der Empfehlung Anerkennung finden.[744]

b) Verfahrensablauf

Im Nachfolgenden soll der Ablauf eines Verfahrens vor der CIVS von der Verfahrenseinleitung bis zum Ausspruch einer Empfehlung durch die Kommission in seiner chronologischen Abfolge dargestellt werden. Das Verfahren gliedert sich grob in die Verfahrensabschnitte der Verfahrenseinleitung, Untersuchung (*instruction*), Sitzung vor dem Beratungsgremium (*séance*) und Beratung (*délibération*), in der das Beratungsgremium eine Empfehlung beschließt. Zum Verfahren im weiteren Sinne kann schließlich auch der Vollzug der Empfehlung durch die adressierte Stelle oder Person gezählt werden.[745]

aa) Verfahrenseinleitung

Lange Zeit war die Einleitung eines Verfahrens vor der CIVS zwingend an den Antrag einer geschädigten Personen (*victime*) oder deren Rechtsnachfolger:innen (*ayants droit*) gebunden (Art. 1 Abs. 1 CIVS-Dekret). Im Zuge der Reform vom 1. Oktober 2018 wurde der Kreis der zur Einleitung eines Verfahrens vor der CIVS berechtigten Personen nun deutlich erweitert, wenn den Verfahrensgegenstand die Entziehung eines Kulturguts bildet. Neben den Geschädigten kann in diesen Fällen ein Verfahren durch die CIVS selbst (Art. 1-1 Alt. 1) oder durch jede betroffene Person (»toute personne concernée«[746], Art. 1-1 Alt. 2) eingeleitet werden.

743 *CIVS*, Premières orientations de la Commission, abgedruckt in *CIVS*, Einführungsbericht, Dokument Nr. 33: »Un examen purement administratif de ce qui serait considéré exclusivement comme des ›dossiers‹ ignorerait cette dimension humaine. L'incongruité le disputerait alors à l'indifférence.«

744 *CIVS*, ebd.: »C'est [...] dans cet esprit que la Commission tient à reconnaître aux requérants, dans ses recommandations, la qualite de victimes de spoliations intervenues du fait des législations antisémites.« Die symbolische Anerkennung der Geschädigtenstellung erfolgt in jeder Empfehlung der CIVS vorrangig vor der Bestimmung einer Ausgleichsleistung, siehe hierzu unter B.III.7.c)cc)(3)(ii).

745 Wird die Zahlung einer Entschädigung durch den Zentralstaat empfohlen, ist das anwendbare Verfahren speziell in Art. 8-2 CIVS-Dekret geregelt. Im Übrigen liegt das Verfahren bei der jeweiligen, durch die Empfehlung adressierten Stelle oder Person. Siehe hierzu unter B.III.4.c).

746 Der Begriff ist nicht zu verwechseln mit jenem der »personnes intéressées« (Art. 2 Abs. 1), mit dem die Streitparteien, oder »personnes impliquées« (Art. 7 Abs. 1), mit dem die Anspruchsgegner:innen angesprochen sind. Zur Auslegung des Begriffs der »personne concernée« siehe sogleich unter B.III.4.b)aa)(2)(iii).

(1) Verfahrenseinleitung durch geschädigte Person

Im Regelfall kann eine Verfahrenseinleitung nur durch Antrag einer geschädigten Person (*victime*) erfolgen. Nach Art. 1 Abs. 1 CIVS-Dekret sind dies Personen, denen ein Vermögenswert infolge antisemitischer Gesetze aus der Besatzungszeit entzogen wurde. Die Antragsberechtigung beruht demnach auf der Behauptung einer qualifizierten Verletzung des Eigentumsrechts oder eines gleichgestellten Rechts.[747] Betroffene Personen müssen demnach im Antragsschreiben eine entsprechende Schädigung behaupten und darlegen.[748] Die Anforderungen an diesen Eingangsvortrag werden jedoch nicht allzu hoch gesetzt. Nach Art. 4 Abs. 1 CIVS-Dekret sind Nachweise nur dann und insoweit erforderlich, als sie für die Anspruchsprüfung zweckdienlich sind (»demande [...] accompagnée de tous les documents utiles«). Diese Formulierung muss vor dem Hintergrund der Ausgestaltung des Verfahrens als amtswegiges Untersuchungsverfahren verstanden werden. Die Angaben müssen demnach so konkret und detailliert sein, dass die CIVS in den Stand versetzt wird, ihre eigene Zuständigkeit zu prüfen und eine amtswegige Untersuchung des Sachverhalts durchzuführen. Es genügt demnach ein formloser Minimalvortrag zu sämtlichen anspruchsbegründenden Umständen. Dem ist in der Regel schon durch die postalische oder elektronische Übersendung des auf der Website der CIVS bereitgestellten Fragebogens (*questionnaire*) mit Mindestangaben zu den Personalien der Anspruchsteller:innen, der Berechtigtenstellung, den entzogenen Vermögenswerten, den Verlustumständen und möglichen, nach dem Krieg erlangten Ausgleichsleistungen entsprochen.[749]

(2) Erweiterung der Antragsberechtigung bei Kulturgütern

Bildet hingegen ein Kulturgut den Verfahrensgegenstand, sind die Möglichkeiten einer Verfahrenseinleitung erweitert. Neben einem Individualantrag durch Geschädigte kann ein Verfahren nunmehr durch die CIVS von Amts wegen (»de sa propre initiative«) eingeleitet werden (Art. 1-1 Hs. 1 Alt. 1), daneben ist jede betroffene Person (»toute personne concernée«) antragsberechtigt (Art. 1-1 Hs. 1 Alt. 2).

Mit der Erweiterung der Anrufungsmöglichkeiten der CIVS reagierte die Regierung auf Forderungen nach einer Reform des CIVS-Verfahrens sowie der französischen Restitutionspraxis insgesamt. Auslöser waren dabei vor allem die im europäischen Vergleich geringen Restitutionszahlen aus öffentlichen musealen Sammlungen. Zugleich trägt die Reform auch einer sich wandelnden kollektiven Erinnerungspraxis Rechnung, die sich seltener auf Erinnerungen und Erfahrungsberichte der ersten Generation der Überlebenden stützen kann. Insoweit formulierte der Berichterstatter des Senats Laménie in seinem Bericht über die CIVS von 2018 treffend:

747 Zu den geschützten Vermögenswerten (*biens*) siehe Näheres unter B.III.7.a).

748 Art. 4 Abs. 1 CIVS-Dekret regelt die formellen Anforderungen an den Antrag: »Les victimes ou leurs ayants droit saisissent la commission par une demande écrite accompagnée de tous les documents utiles.«

749 Französische Fassung abrufbar unter https://www.civs.gouv.fr/images/pdf/questionnaire_indemnisation_notice_05-2018.pdf (23.9.2023).

»Si la réparation individuelle a été au cœur des problématiques de réparation et mérite une place primordiale, la perception du problème a changé dans le sens de la consécration d'un devoir plus général de réparation, qui ne peut admettre la persistance de situations troubles«.[750]

Durch Versterben der ersten Generation der Shoah-Überlebenden verlagert sich die Verantwortung für den historischen Aufarbeitungsprozess bezüglich der Shoah und damit auch die Bemühungen um Schadensausgleich stärker auf Staat und Zivilgesellschaft. Diese müsse aus Eigeninitiative und im Zweifel auch unabhängig von einem individuellen Ausgleichsbegehren tätig werden. Diesen veränderten Anforderungen kann durch die proaktive Befassung mit der Shoah und im Besonderen des Kulturgüterraubes im Rahmen von Verfahren vor der CIVS sinnvoll begegnet werden.

*(i) Der Begriff des Kulturguts (*bien culturel*)*

Die genannten Bestimmungen finden ausschließlich bei Kulturgütern (*biens culturels*) Anwendung. Diesen Begriff definiert das Reformdekret nicht näher. Auch ein Rückgriff auf die bisherige Praxis der CIVS in diesem Bereich erscheint ausgeschlossen, da der Begriff hier keine hinreichende Konturierung erfahren hat.[751] Die Kommission und die *Mission de recherche et de restitution* verständigten sich daher in einem gemeinsamen Auslegungshinweis vom 13. Dezember 2019[752] auf eine positive Begriffsbestimmung. Hiernach liegt ein Kulturgut vor, »dès lors qu'il présente un intérêt archéologique, artistique, esthétique, historique, scientifique ou technique« (Lit. a).[753] Maßgebend für die Einordnung als Kulturgut im Sinne des Dekrets ist demnach das Vorliegen eines ideellen öffentlichen Interesses. Ist das öffentliche Interesse hingegen nicht evident, kann insbesondere auf das Alter des Gegenstandes als eines von mehreren Indizien abgestellt werden (Lit. c).[754] Dies ermöglicht es, weitere Aspekte – wie etwa den Verkehrswert – bei der Bewertung zu berücksichtigen. Bei Zweifeln bezüglich der Einordnung wird zugunsten der Berechtigten von einem Kulturgut ausgegangen, die abschließende Einordnung obliegt in diesem Fall dem Beratungsgremium der CIVS nach Abschluss des

750 *Laménie*, Rapport d'information fait au nom de la commission des finances du Sénat, S. 163.

751 Die Kategorie des *bien culturel mobilier* (BCM) orientierte sich zuvor an der Praxis der deutschen Wiedergutmachungsstellen nach dem BRüG. In den Verfahren wurde zwischen einfachem Hausrat und Gegenständen von musealem Wert (hochwertige Kunstwerke, Stilmöbel, Briefmarken- und Münzsammlungen, hochwertige Bibliotheken) unterschieden. Daran anknüpfend unterschied die CIVS zwischen *biens culturels mobiliers* und schlichten *meubles meublants*. Von musealem Wert war ein Objekt, wenn es 50 Prozent des Gesamtwertes des Wohnungsinventars überschritt. Vgl. *Karlsberg*, in: Bundesminister der Finanzen/Schwarz (Hrsg.), Das Bundesrückerstattungsgesetz, S. 531, 541–544.

752 Der Auslegungshinweis kann erst nach Januar 2020 auf der Website der CIVS veröffentlicht worden sein, da die Begriffsdefinition noch am 31.1.2020 Gegenstand einer internen Arbeitssitzung der Mitglieder der CIVS war, der der Verfasser beiwohnte. Die Definition ist das Ergebnis der Vorarbeiten einer internen Arbeitsgruppe der CIVS unter der Leitung von Jean-Pierre Bady, die im Rahmen besagter Arbeitssitzung vorgestellt und zum Gegenstand einer offenen Aussprache zwischen den Kommissionsmitgliedern gemacht wurden. Die finale Fassung der Definition wurde in Abstimmung zwischen dem Außenministerium, Kulturministerium und Generalsekretariat des Premierministers festgelegt.

753 *CIVS*, Tätigkeitsbericht für 2019, Actes du colloque du 15 novembre 2019, S. 154 f.

754 »Si l'intérêt archéologique, artistique, esthétique, historique, scientifique ou technique est difficile à établir, l'ancienneté du bien peut être considérée, sans pour autant constituer un critère exclusif de qualification de bien culturel.«

Untersuchungsverfahrens (Lit. d).[755] Dieses Günstigkeitsprinzip erscheint gerade deswegen zweckdienlich, da von der Bejahung der Kulturguteigenschaft auch das vor der CIVS anwendbare Verfahren und somit die formelle Rechtmäßigkeit der späteren Entscheidung des:der Premierminister:in abhängt. Die Frage, ob ein Kulturgut vorliegt, ist in vollem Umfang gerichtlich überprüfbar.[756]

Der Auslegungshinweis verweist zur Begründung der Definition auf die Haager Konvention zum Schutz von Kulturgut bei bewaffneten Konflikten vom 14. Mai 1954, das UNESCO-Übereinkommen über Maßnahmen zum Verbot und zur Verhütung der unzulässigen Einfuhr, Ausfuhr und Übereignung von Kulturgut vom 14. November 1970 sowie das französische Gesetz über die Freiheit der künstlerischen Schaffung, die Architektur und das Kulturerbe vom 7. Juli 2016.[757] An sich verfolgen diese völkerrechtlichen und nationalen Regelungen unterschiedliche Regelungsziele.[758] Sie eint lediglich die übereinstimmende Definition des Kulturgutbegriffs.

Fraglich erscheint dabei, welcher Stellenwert bei der Bewertung des Interesses dem Verkehrswert zukommt. Lit. e) des Auslegungshinweises enthält unter Verweis auf verschiedene nationale unionsrechtliche Normen eine nicht abschließende Auflistung von Objektkategorien, die typischerweise Kulturgüter darstellen. Die zitierten Normen regeln an sich die Erlaubnispflichtigkeit der Ausfuhr von Kulturgut aus der EU und Frankreich in Abhängigkeit vom Verkehrswert.[759] Bei konsequenter Anwendung der Voraussetzungen dieser Normen müsste die CIVS demnach auch diese Schwellenwerte zur Anwendung bringen.[760] Die fragwürdige Konsequenz bestünde darin, dass etwa ein historisches Schriftwerk oder Manuskript nur dann als Kulturgut einzuordnen wäre, wenn sein Verkehrswert bei mindestens 50.000 Euro läge. Vor allem historisch weniger bedeutende Bücher und Manuskripte werden diese Voraussetzung aber regelmäßig nicht erfüllen. Mit dem Ziel der Reform von 2018 erscheint dieses Auslegungsergebnis nicht vereinbar. Dieses besteht in der Schaffung eines Verfahrens zur proaktiven Klärung unklarer Provenienzen (vor allem in öffentlichen Sammlungen) und zur Identifizierung der Eigentümer:innen verfolgungsbedingt entzogener Kulturgüter. Gewiss liegt dabei erfahrungsgemäß ein größerer Fokus auf Kunstwerken im engeren Sinne. Hochwertige Kunstwerke und Antiquitäten bilden indes neben Büchern und sonstigen persönlichen

755 »Dans l'intérêt des familles des victimes, un doute sur la qualification de bien culturel conduira la Commission à confier le cas de spoliation à la Mission […]. La qualification de bien culturel demeure, à la fin, de la compétence du Collège délibérant de la CIVS.«

756 Vgl. *CIVS*, Tätigkeitsbericht für 2019, Actes du colloque du 15 novembre 2019, S. 28: »Préciser la notion de bien culturel n'était pas indispensable aussi longtemps que cette qualification était sans conséquence juridique ou opérationnelle pour les travaux de la Commission. Dès lors que la spoliation de cette catégorie de biens fait l'objet de dispositions réglementaires spécifiques […] elle doit être précisément définie pour ne pas entacher d'irrégularité la procédure ni les recommandations adressées au Premier ministre.«

757 Loi n° 2016-925 du 7 juillet 2016 relative à la liberté de la création, à l'architecture et au patrimoine (JORF vom 8.7.2017, Text Nr. 1).

758 Die Haager-Konvention von 1954 dient der Prävention von Kulturgütervernichtungen im Zuge militärischer Konflikte. Hingegen das UNESCO-Übereinkommen von 1970 und die Bestimmungen des Art. 56 des Gesetzes Nr. 2016-925 vom 7.7.2016 Einfuhr- und Ausfuhrbeschränkungen für Kulturgüter aus anderen Staaten. Die Bestimmungen eint lediglich, dass sie Kulturgüter zum Gegenstand haben, die sie unter unterschiedlichen Gesichtspunkten betreffen.

759 Anhang 1 der Verordnung (EG) Nr. 116/2009 des Rates über die Ausfuhr von Kulturgütern vom 18.12.2008, ABl. EU L39/1 vom 10.2.2009 sowie Anhang 1 zu Art. R.111-1 Code du patrimoine.

760 Der Wortlaut des Auslegungshinweises legt dies ebenfalls nahe: »[S]e fondant sur le Règlement n° 116/2009 du Conseil de l'UE concernant l'exportation de biens culturels et sur l'Annexe 1 aux articles R.111-1 du Code du Patrimoine, la Commission peut reconnaître notamment aux objets mentionnés ci-après la qualité de bien culturel.«

Alltagsgegenständen (wie Briefen, Tagebucheinträgen oder sonstigen Manuskripten) nur einen Bruchteil der im Zuge des nationalsozialistischen Kulturgüterraubes entzogenen Objekte, die zumeist alltäglicher Natur und von geringem wirtschaftlichen Wert waren. In heutigen Restitutionsverfahren sollen aber auch immaterielle Interessen der Geschädigten zum Tragen kommen.[761]

Eine Einordnung als Kulturgut kann bei wirtschaftlich geringwertigen Objekten vielmehr sowohl aus der Bedeutung dieser Objekte für die Geschädigten als auch aus ihrer Bedeutung für den historischen Erkenntnisprozess im Allgemeinen folgen, da sich gerade in vermeintlichen Alltagsobjekten (z. B. Tagebüchern, Briefen, Kultobjekten) die Biografie und Identität eines Menschen widerspiegelt. Gerade die Entziehung solch alltäglicher Objekte steht zudem emblematisch für das Bestreben des NS-Regimes um eine Vernichtung und Auslöschung der kulturellen Identität und Praxis der verfolgten Personengruppen.[762] Dies rechtfertigt es, auch diese (nur scheinbar) alltäglichen Gegenstände stärker in den Fokus künftiger Restitutionsbemühungen zu stellen.[763] Zudem wurden Bücher und sonstige Schriftwerke – insbesondere solche, die nach dem Krieg an Frankreich restituiert wurden und sich seither in staatlicher Obhut (»garde«) befinden – bislang deutlich schlechter erforscht als Kunstwerke, sodass zusätzlich ein historisches Erkenntnisinteresse der Allgemeinheit an der Verlustgeschichte dieser Objekte besteht.[764] Diese Vorüberlegungen sind auch bei der Auslegung des CIVS-Dekrets zu berücksichtigen. Als Kulturgüter sind hiernach sämtliche Gegenstände im Besitz einer Person anzusehen, sofern sie als Ausdruck (individueller wie kollektiver) kultureller Praxis anzusehen sind. Als Kulturgut wären daher unabhängig vom materiellen Wert neben sakralen und religiösen Objekten (etwa Judaika) auch Bücher und private Schriftstücke (etwa Tagebuchaufzeichnungen und Korrespondenzen) anzusehen, wenn ihnen ein immaterieller Wert als Zeugnisse der Vergangenheit und Träger der Erinnerung (»vehicles of memory«) zukommt.

Der Forderung nach einer Einbeziehung auch solcher Alltagsobjekte kommt auch die CIVS in ihrer Praxis nach.[765] So stellt etwa der Verkehrswert des entzogenen Objektes bei

761 Das Verfahren vor der CIVS strebt auch abseits des in Kulturgütersachen anwendbaren Verfahrens eine Anerkennung und historische Aufklärung der Geschädigten und deren Rechtsnachfolger:innen an. Siehe zu den Zielsetzungen des Verfahrens noch eingehend unter B.III.4.d) und betreffend die formale Anerkennung der Geschädigtenstellung unter B.III.8.c)bb).

762 Siehe etwa *Petropoulos*, Art as politics in the Third Reich, S. 123: »The plundering of western Europe proved consistent with other aspects of the ideology of the National Socialists. Most notably, their attack on European Jewry included stealing their victims' art as one part of the process of persecution, dehumanization, and eventual annihilation.« Vgl. auch *Polack*, in: Furtwängler/Lammert (Hrsg.), Kunst und Profit: Museen und der französische Kunstmarkt im Zweiten Weltkrieg, S. 147, 164.

763 In diesem Sinne auch *Zivie*, Rapport à Madame la Ministre de la Culture, S. 58: »Certes, la majorité des ouvrages volés n'a pas de grande valeur vénale. Mais ce pillage illustre précisément, plus encore peut-être que celui des œuvres d'art, le caractère total du crime nazi et la volonté d'annihilation non seulement des hommes et des femmes, mais aussi de leur pensée, de leurs traces, et de la culture.«

764 Im Jahr der Verfahrensreform 2018 gab es für ganz Frankreich erst eine einzige Forschungsarbeit, die sich dezidiert mit den Entziehungen von Büchern, Schriftwerken und Manuskripten befasste. Vgl. *Poulain*, Livres pillés, lectures surveillées. Les biliothèques françaises sous l'Occupation.

765 Vgl. in diesem Sinne *CIVS*, Tätigkeitsbericht für 2020, S. 43: »La dimension affective attachée aux objets de moindre valeur marchande ou artistique est régulièrement rappelée dans les colloques. En décidant d'examiner ces cas et d'engager des moyens de recherche comparables pour ces biens, la Commission répond à l'appel des chercheurs et historiens à considérer également ces cas de spoliations.« Gerade in den Publikationen der CIVS aus jüngerer Zeit mehren sich Hinweise auf Plünderungen von Büchern bei Privatpersonen, aber auch öffentlichen Einrichtungen. Siehe nur *Beratende Kommission*, Newsletter of the Network of European Restitution Committees on Nazi-Looted Art, Nr. 13, S. 35: »As part of its reinforced missions in favour of the research and restitution of cultural property, the CIVS pays particular attention to looted books. Even if they generally have only a modest market value, books are extraordinary vehicles of memory.«

der Bewertung des historischen Interesses nur ein mögliches Indiz unter mehreren dar. Dies verdeutlicht das Verfahren Georges Mandel (1885–1944), in dem sich die Frage stellte, ob neben Kulturgütern im engeren Sinne (z. B. Kunstwerke, Möbel von musealem Wert, Bestände einer umfangreichen Bibliothek) auch sonstige Hausratsgegenstände (z. B. einfache Möbel) als Kulturgüter in das Verfahren nach dem Dekret vom 1. Oktober 2018 einzubeziehen sind. Die CIVS bejahte dies in einer Empfehlung vom 12. Februar 2021[766] in Ansehung der besonderen »Natur und Qualität« der Objekte:

> »Il convient de préciser que la nature et la qualité des biens spoliés interdisent toute distinction entre biens culturels et ceux dits matériels, de sorte que la Commission se trouve dans l'obligation de statuer par un seul et même avis.«[767]

Wenngleich die Einstufung als Kulturgut im konkreten Fall ersichtlich mit der Wertigkeit der Objekte zusammenhing, lässt der Hinweis, wonach die Einordnung neben der Qualität auch in Ansehung der besonderen Natur der entzogenen Objekte erfolgen könne, eine Öffnung gegenüber einer größeren Zahl von Gegenständen erkennen. Im Fall Georges Mandel könnte sich so bei der Einordnung als Kulturgüter zusätzlich der Umstand ausgewirkt haben, dass die Objekte aus dem Eigentum eines verfolgten prominenten Politikers der Dritten Republik stammten. Diese Überlegung ließe sich auch auf Gegenstände übertragen, die zwar geringwertig sind, an denen aber wegen ihrer besonderen Natur ein gesteigertes affektives wie auch historisches Interesse besteht (z. B. Portraits der Familienmitglieder, Musikpartituren aus Familienbesitz). Gleichwohl wird man auch in solchen Fällen neben einem rein affektiven Interesse einschränkend auch ein objektives historisches Interesse verlangen dürfen. Das bedeutet, dass die Objekte in ihrer Bedeutung für Identität und kulturelle Praxis der betreffenden Personenkreise, aber auch in ihrer Relevanz für ein Verständnis heutiger Generationen von der Verfolgungsgeschichte zu würdigen sind.[768] Dabei kann zugunsten der Anspruchsteller:innen im Zweifel vom Vorliegen eines Kulturguts im Sinne des CIVS-Dekrets ausgegangen werden.[769]

(ii) Verfahrenseinleitung von Amts wegen (autosaisine)

Bei Kulturgütern im dargestellten Sinne kann das Verfahren seit der Reform von 2018 insbesondere durch die CIVS selbst (*de sa propre initiative*) eingeleitet werden (Art. 1-1 Alt. 1 CIVS-Dekret). Die Bestimmung ermöglicht eine amtswegige Verfahrenseröffnung und weitet den Kreis der Antragsberechtigten deutlich aus. Unberührt bleibt eine Antragstellung durch eine geschädigte Personen nach Art. 1 Abs. 1. Von der Möglichkeit einer Verfahrenseinleitung von

766 CIVS, Empfehlung vom 12.2.2021, Georges Mandel, abgedruckt in *CIVS*, Tätigkeitsbericht für 2021, S. 60–63. Verfahrensgegenstand waren neben einer Kunstsammlung eine Briefmarkensammlung, eine mehrere tausend Bände umfassende Bibliothek, historische Stilmöbel, ein Pleyel-Flügel, Schmuck, Silberwaren, verschiedene Archivalien und Goldbarren.

767 *CIVS*, a. a. O., S. 61. So auch CIVS, Empfehlung vom 15.3.2022, Nr. 24496 M - 24496 BCM, Ruben Sobol.

768 Nicht erfasst wären hiernach Fälle, in denen ein historisches oder kulturelles Interesse offenkundig fehlt, etwa bei austauschbaren Gebrauchsgegenständen (z. B. Haushaltsutensilien, eine Brille oder ein Gehstock). Anders mag es sich im Einzelfall bei Gebrauchsgegenständen verhalten, die gerade einer beruflichen Tätigkeit dienten, die Geschädigten gesetzlich untersagt war (z. B. die Schreibmaschine eines:einer Journalist:in).

769 Dies erkennt auch die CIVS ausdrücklich in Lit. d) des Auslegungshinweises an (»un doute sur la qualification de bien culturel conduira la Commission à confier le cas de spoliation à la Mission de recherche et de restitution«).

Amts wegen hat die CIVS nach eigenen Angaben im Zeitraum 2020/2021 insgesamt fünfmal Gebrauch gemacht.[770]

Ein Recht zur amtswegigen Verfahrenseinleitung wird hingegen nicht ausdrücklich dem Kulturministerium und der beim Kulturministerium angesiedelten *Mission de recherche et de restitution* zugesprochen. Das Kulturministerium ist nach Art. 1-2 Abs. 1 CIVS-Dekret nur befugt, in den Fällen des Art. 1-1 auf eigene Initiative oder bei einer Verfahrenseinleitung durch die CIVS oder eine betroffene Person die notwendigen Untersuchungen anzustellen.[771] Die Bestimmung regelt somit, was die übrigen Absätze verdeutlichen,[772] in Wahrheit keine Antragsberechtigung, sondern eine Untersuchungskompetenz. Eine Antragsberechtigung des Kulturministeriums könnte daher allenfalls als betroffene Person nach Art. 1-1 Alt. 2 begründet werden.[773] Das Kulturministerium verfügt als Aufsichtsbehörde der *musées nationaux* und der *musées de France* über ein legitimes Interesse an der Klärung zweifelhafter Provenienzen und wäre zudem durch eine Empfehlung der CIVS, die eine Restitution von Werken im Eigentum des Zentralstaates empföhle, unmittelbar betroffen. In der Spruchpraxis wird dessen ungeachtet eine Befugnis des Kulturministeriums zur amtswegigen Verfahrenseinleitung ähnlich der CIVS vertreten. So folgt aus der »Convention de service entre la CIVS et la Mission de recherche et de restitution des biens culturels spoliés entre 1933 et 1945« vom 1. Juli 2019 über die Ausgestaltung des gemeinsamen Verfahrens in Kulturgütersachen (gemeinsame Vereinbarung)[774], dass auch die *Mission de recherche et de restitution* zur Verfahrenseinleitung im Wege der »autosaisine« berechtigt sei.[775] Auch nach den Empfehlungen der CIVS wird die Antragsberechtigung des Kulturministeriums sowie der *Mission de recherche et de restitution* ausdrücklich auf Art. 1-2 CIVS-Dekret gestützt.[776]

(iii) Verfahrenseinleitung durch eine betroffene Person

Eine weitere Neuerung durch das Reformdekret von 2018 besteht in der Einräumung einer Antragberechtigung zugunsten »jeder betroffenen Person« (»toute personne concernée«) gemäß Art. 1-1 Alt. 2 CIVS-Dekret. Fraglich erscheint, unter welchen Voraussetzungen von einer Betroffenheit in diesem Sinne ausgegangen werden kann. Einen gewissen Anhaltspunkt liefert hierbei der im Amtsblatt abgedruckte Auslegungshinweis zum Reformdekret (*notice*). Ziel der Reform sei die Einführung einer »procédure spécifique [...] en vue de la restitution, ou à défaut de l'indemnisation, des biens culturels ayant été spoliés pendant l'Occupation, conservés

770 *CIVS*, Tätigkeitsbericht für 2020, S. 41.

771 »Sur demande de toute personne concernée, de la commission ou de sa propre initiative, le ministre chargé de la culture instruit les cas de spoliations de biens culturels mentionnés à l'article 1-1 [...].«

772 Absatz 2 betrifft die Einrichtung der *Mission de recherche et de restitution*, Absatz 3 regelt die Einbindung der Berichterstatter:innen in das Untersuchungsverfahren in Verfahren betreffend Kulturgüter.

773 Siehe hierzu sogleich im Folgeabschnitt.

774 Die Vereinbarung dient der Konkretisierung des Verfahrensbestimmungen nach dem Reformdekret von 2018 im Verhältnis zwischen der CIVS und der *Mission de recherche et de restitution*.

775 Convention de service vom 1.7.2019, Anhang 1: Nouvelle procédure d'examen des dossiers de restitution ou d'indemnisation des biens culturels spoliés soumis à la CIVS (nicht veröffentlicht).

776 So etwa in CIVS, Empfehlung 6.9.2021, Nr. 24606 BCM-REST, Bénard Le Pontois, MNR 32, OAR 64, abgedruckt in *CIVS*, Tätigkeitsbericht für 2020, S. 76–78: »Dans le cadre des dispositions de l'article 1-2 du décret n° 99-778 du 10 septembre 1999 modifié, le chef de la mission de recherche et de restitution des biens culturels spoliés entre 1933 et 1945 a saisi le 3 juin 2020 la CIVS d'un dossier de restitution relatif à deux œuvres [...] classées MNR«.

notamment par les institutions publiques.«[777] Eine mögliche Restitution würde das Bestandsinteresse, eine mögliche Entschädigung das Vermögensinteresse öffentlicher Stellen berühren, die verfolgungsbedingt entzogenes Kulturgut in ihren Beständen halten, sodass ein berechtigtes Interesse gerade der Halter:innen an der Klärung etwaiger Verdachtsfälle besteht. Dies können neben Museen in öffentlicher Trägerschaft auch Sammlungen von Privatpersonen (etwa Stiftungen, Vereinen oder natürlichen Personen) sein.[778] Gerade in Zweifelsfällen besteht ein berechtigtes Interesse der Halter:innen, die endgültige Bewertung der Restitutionswürdigkeit eines Kulturguts an eine unabhängige Instanz wie die CIVS auszulagern.[779] Es überrascht daher nicht, dass in der gemeinsamen Vereinbarung vorrangig Museen und Bibliotheken als Antragsberechtigte genannt werden.[780] Neben Museen und Bibliotheken besteht somit eine Anrufungsmöglichkeit für sämtliche Kulturgut haltende Einrichtungen unabhängig von ihrer Rechtsform.

Es stellt sich die Frage, ob darüber hinaus auch eine Antragsberechtigung zugunsten von Organisationen (Vereinen oder Stiftungen) oder auch Einzelpersonen bejaht werden könnte, bei denen ein Klarstellungsinteresse nicht unter konservatorischen, sondern unter historischen oder erinnerungspolitischen Gesichtspunkten besteht. Denkbar wäre dies etwa bei Organisationen oder Vereinen der Zivilgesellschaft, die das Andenken an die Opfer der antisemitischen Verfolgungs- und Vernichtungspolitik pflegen[781], sich für eine Aufklärung bestimmter Aspekte des Vermögensraubes einsetzen[782] oder Interessen der jüdischen Gemeinschaft in Frankreich vertreten[783]. Eine Betroffenheit könnte in diesen Fällen aus dem kollektiven Aufklärungsinteresse oder dem Interesse der Gemeinschaft der Shoah-Überlebenden an einem angemessenen Schadensausgleich folgen.

Die aufgezählten möglichen Anwendungsfelder des Begriffs verdeutlichen seine Unbestimmtheit, aber auch seine Dehnbarkeit. Stellt man auf eine Beeinträchtigung staatlicher Vermögensinteressen durch eine Ausgleichsleistung ab, so tritt das öffentliche Bestands- und Aufklärungsinteresse in den Vordergrund. Ließe man für eine Betroffenheit hingegen schon ein kollektives Aufklärungsinteresse genügen, so verlagert sich der Blick auf jüdische Interessenverbände und sonstige Vereinigungen, die eine historische Aufklärung anstreben. Gleichwohl birgt ein derart extensiver Auslegungsansatz auch das Risiko, den Kreis antragsberechtigter Personen ausufern zu lassen und so die Ressourcen der CIVS und anderer verfahrensbeteiligter Stellen (insbesondere der *Mission de recherche et de restitution*) zu überlasten. Vor diesem Hintergrund könnte ein vermittelnder Ansatz darin bestehen, für eine Betroffenheit im Sinne

777 Notice, JORF vom 2.10.2018, Text Nr. 1.

778 Nach dem Auslegungshinweis regelt das Reformdekret »insbesondere« die Restitution und Entschädigung von Kulturgütern, die durch öffentliche Einrichtungen verwahrt werden (»biens culturels ayant été spoliés pendant l'Occupation, conservés notamment par les institutions publiques«).

779 In der Vergangenheit wurde in dieser Weise bereits bei Restitutionsanträgen betreffend die Sonderrestbestände der äußeren Restitution verfahren. Normativ besonders anspruchsvolle Fälle wurden schon vor 2018 der CIVS zur Prüfung vorgelegt. Siehe hierzu schon CIVS, Empfehlung vom 20.4.2001, Fall F (Zweifel an der Eigentümerstellung der verfolgten Person); Empfehlung vom 5.12.2012, Fall E (Provenienzlücken).

780 Anhang der gemeinsamen Vereinbarung.

781 Etwa die *Fondation pour la Mémoire de la Shoah* (FMS).

782 Zum Beispiel der Verein »musique et spoliations« mit Schwerpunkt in der Provenienzforschung zu Musikinstrumenten oder Musikalien oder der Verein ASTRES (*Association pour le Soutien aux Travaux de Recherche Engagés sur les Spoliations*), dessen Ziel in der Förderung einer methodischen Provenienzforschung zu verfolgungsbedingt entzogenen Kulturgütern besteht.

783 *Conseil Représentatif des Institutions Juives de France* (CRIF), *Fonds Social Juif Unifié* (FSJU).

des Art. 1-1 Alt. 2 CIVS-Dekret ein dauerhaftes und ernsthaftes Aufklärungsinteresse zu fordern, das sich bei öffentlichen Einrichtungen aus dem Halteinteresse, bei Vereinen aus einer satzungsmäßigen Zielsetzung (z. B. Erinnerungskultur oder Provenienzforschung) und schließlich bei Privatpersonen aus einer ständigen beruflichen Tätigkeit im Bereich der Provenienzforschung ergeben könnte.[784] In der Praxis ist bislang aber kein Antrag entsprechender Stellen oder Personen bekannt.

bb) Vorabprüfung der Zulässigkeit des Antrags

Bei Individualanträgen (Art. 1 Abs. 1 CIVS-Dekret) und nun wohl auch bei Anträgen durch betroffene Personen (Art. 1-1 Alt. 2) erfolgt nach Eingang des Antrags bei der CIVS eine kursorische Vorabprüfung bestimmter Fragen der Zulässigkeit durch den *Service de coordination des recherches* (SCR)[785] unter der Aufsicht des:der Generalberichterstatter:in (*rapporteur général*).[786] Die Prüfung bezieht sich darauf,

- ob die Anspruchsteller:innen ausgehend vom Vortrag nach überschlägiger Prüfung als anspruchsberechtigt anzusehen sind (Geschädigtenstellung, Erb:innenstellung oder Betroffenheit nach Art. 1-1 Alt. 2 CIVS-Dekret) und
- ob die geltend gemachten Schäden in den Zuständigkeitsbereich der CIVS fallen (Verfolgungsbedingtheit, Entziehung in Frankreich im Zeitraum der Besatzung).[787]

Diese Vorabprüfung erstreckt sich somit auch auf Aspekte, die später noch in der Prüfung durch das Beratungsgremium Bedeutung erlangen, ist im Gegensatz zur Prüfung des Anspruchs dem Grunde nach aber evidenzbasiert. Eine Antragsablehnung in diesem Verfahrensstadium ist nur möglich, wenn nach dem Eingangsvortrag keinerlei Anhaltspunkte für eine Anspruchsberechtigung bestehen – mit anderen Worten, wenn ein Anspruch von vornherein unter jedem relevanten Gesichtspunkt ausgeschlossen ist. Die Ablehnung erfolgt in diesem Fall durch formlose Verfahrenseinstellung durch den:die Generalberichterstatter:in (sog. *classement*).[788] Bei Zweifeln obliegt die endgültige Entscheidung dem Beratungsgremium. Bis Februar 2023

784 Ein weiteres Indiz könnte die Mitgliedschaft in einer beruflichen Vereinigung sein, die selbst an die Erfüllung bestimmter Voraussetzungen geknüpft ist. So z. B. der Arbeitskreis Provenienzforschung e. V., dessen Mitgliedschaft an eine Mitarbeit in einer staatlichen oder staatlich geförderten Einrichtung, die Provenienzforschung betreibt, oder eine hauptberufliche Tätigkeit im Bereich der Provenienzforschung gebunden ist. Siehe § 4 der Vereinssatzung in der Fassung vom 17.11.2017.

785 Vgl. *CIVS*, Tätigkeitsbericht für 2002, S. 7. Diese Abteilung ist 2012 aus einer Fusion der *cellule administrative* (vormals zuständig für die Eingangsprüfung von Anträgen) und dem *réseau de contrôle et d'investigation* (vormals zuständig für die Koordinierung der Suchanfragen bei den verschiedenen Archiven) entstanden. Vgl. hierzu *CIVS*, Tätigkeitsbericht für 2013, S. 23.

786 Die Generalberichterstatter:innen werden wie die übrigen Berichterstatter:innen für eine Amtszeit von fünf Jahren bestellt (Art. 3 Abs. 5 CIVS-Dekret). In das Amt können nur Richter:innen der ordentlichen Gerichtsbarkeit oder Verwaltungsgerichtsbarkeit berufen werden. Die Generalberichterstatter:innen koordinieren und übersehen die Tätigkeit der einfachen Berichterstatter:innen, insbesondere die Zuteilung der Akten, und entscheiden im Einvernehmen mit dem:der Präsident:in über den weiteren Verfahrensgang nach Vorlage des Berichts (insb. Art. 8-1 Abs. 2 Satz 1). Aufgrund dieses weitreichenden Aufgabenbereichs werden die Generalberichterstatter:innen allgemein zur Führungsebene der CIVS gezählt und an strategischen Entscheidungen beteiligt. Vgl. zu einem Überblick *CIVS*, Tätigkeitsbericht für 2021, S. 47 f.

787 E-Mail von Sylviane Rochotte, Leiterin des *Secrétariat des Séances*, vom 14.4.2023.

788 Vgl. *CIVS*, Tätigkeitsbericht für 2021, S. 49: »Très en amont de la phase d'instruction, le Rapporteur général, consulté par le service de coordination des recherches (SCR), peut être amené à se prononcer sur la recevabilité d'une saisine au vu des critères de compétence énoncés par le décret du 10 septembre 1999.« Zum Begriff des *classement* im Vorfeld einer Empfehlung siehe *CIVS*, Tätigkeitsbericht für 2008, S. 17: »Il convient d'ajouter […] les dossiers ›classés‹, c'est à dire ceux qui n'ont pas fait l'objet d'une recommandation, suite à un désistement, un classement définitif ou un classement pour incompétence de la Commission.«

wurden auf diesem Wege 275 Anträge wegen Unzuständigkeit abgewiesen, was einer Quote von 0,9 Prozent entspricht.[789]

cc) Untersuchungsverfahren (*procédure d'instruction*)

Das Untersuchungsverfahren bildet den zeitlich aufwändigsten Verfahrensabschnitt. Es dient der Ermittlung und Zusammenstellung des Tatsachenstoffes und somit der Vorbereitung der Empfehlung des Beratungskollegiums. Es unterteilt sich in eine Beweiserhebung durch Fachstellen der CIVS und eine anschließende Untersuchung durch einen:eine Berichterstatter:in (*rapporteur*). Bei Kulturgütern greift dagegen ein besonderes Untersuchungsverfahren, das stärker auf die Spezifika dieser Entziehungsformen zugeschnitten ist: Neben den Abteilungen der CIVS wird zusätzlich die beim Kulturministerium angesiedelte *Mission de recherche et de restitution* tätig.

Wegen der Ausgestaltung des Verfahrens als amtswegiges Verfahren[790] erhebt die CIVS auf der Grundlage des Eingangsvortrags selbstständig Beweis. Eine Substantiierung des Antrags vonseiten der Anspruchsteller:innen durch Vorlage weiterer Beweise – abgesehen von Nachweisen, die die Einordnung als Rechtsnachfolger:innen (*ayants droit*) der Geschädigten belegen[791] – ist somit grundsätzlich nicht erforderlich. Die Vorlage weiterer Beweismittel kann sich aber im Einzelfall als dem Antrag zuträglich erweisen, insbesondere wenn sich die Quellenlage in öffentlichen Archiven als lückenhaft darstellt. Werden die Behauptungen im Verlauf der Untersuchung nicht näher substantiiert, kann eine Ausgleichsleistung für den Verlust konkreter Vermögenswerte (z. B. Kunstwerke, Instrumente, Stilmöbel, sonstige Kunstobjekte) nur in Ausnahmefällen gewährt werden. Bei Glaubhaftmachung eines Vermögensverlustes bleibt hingegen die Gewährung einer nach Pauschalsätzen bemessenen Entschädigung vorbehalten.[792]

(1) *Ablauf des Untersuchungsverfahrens im Regelverfahren*

Das Untersuchungsverfahren beginnt im Regelfall mit der Eröffnung einer Verfahrensakte durch den *Service de coordination des recherches* (SCR) ausgehend von den im Fragebogen (*questionnaire*) gemachten Angaben.[793] Auf Basis dieses Sachvortrags werden systematisch Rechercheanfragen an verschiedene Archive in- und außerhalb Frankreichs übermittelt, bei denen Zweigstellen der Kommission existieren. Hierzu zählen die Nationalarchive in Pierrefitte-sur-Seine (für Auskünfte zu Verfahren der »Arisierung« nach dem Gesetz vom 22. Juli 1941) und das Landesarchiv Berlin (für Auskünfte zu Verfahren nach dem Bundesrückerstattungs-

789 Unveröffentlichtes Dokument der *Cellule de supervision* der CIVS vom 1.2.2023. Der Verfasser nahm in dieses Dokument anlässlich eines Forschungsaufenthaltes bei der CIVS im Februar 2023 Einsicht.

790 Siehe hierzu schon unter B.III.4.a)bb).

791 Es gelten die allgemeinen Vorgaben nach den Art. 730 ff. Code civil. Relevant sind notarielle Offenkundigkeitsurkunden (*actes de notoriété*), Familienstammbücher (*livrets de famille*), gerichtliche Besitzeinweisungsbeschlüsse (*ordonnances d'envoi en possession*) und Testamente.

792 Zu den Methoden der konkreten und pauschalen Schadensbemessung, siehe Näheres unter B.III.8.b)bb)(3).

793 In der Anfangsphase wurde diese Aufgabe durch eine gesonderte Abteilung (*cellule administrative*) wahrgenommen. Inzwischen ist diese Abteilung in dem SCR aufgegangen. Vgl. *CIVS*, Tätigkeitsbericht für 2002, S. 7.

gesetz von 1957[794]). Je nach Fall schließen sich Untersuchungen in weiteren spezialisierten oder regionalen Archiven an.[795] Die erhobenen Beweismittel in diesem Abschnitt der Untersuchung sind somit vorwiegend schriftlicher Natur.

In der Frühphase der CIVS wurde die Beweiserhebung noch allein von den Berichterstatter:innen (*rapporteurs*) wahrgenommen. Frühzeitig wurde diese Aufgabe aber aus Gründen der Effektivität spezialisierten Abteilungen der Kommission übertragen.[796] Die Aufgabe der Berichterstatter:innen beschränkt sich nun auf die Auswertung, Überprüfung und Vervollständigung der erhobenen Beweise (Art. 4 Abs. 2 CIVS-Dekret) und deren rechtliche Bewertung (Art. 5 Abs. 1). Ein Spezifikum des Untersuchungsverfahrens besteht somit in der Einteilung in eine Beweiserhebung durch spezialisierte Mitarbeiter:innen der CIVS (zumeist ausgebildete Historiker:innen) und die sich anschließende Begutachtung durch Berichterstatter:innen (stets Jurist:innen). Dies hängt ersichtlich damit zusammen, dass die schriftlichen Nachweise historische Quellen darstellen, deren Auswertung besondere Fachkenntnisse erfordert.

(2) Ablauf des Untersuchungsverfahrens bei Kulturgütern

In Kulturgütersachen erfolgt die Beweiserhebung durch die beim Kulturminister angesiedelte *Mission de recherche et de restitution* (Art. 1-2 Abs. 2 CIVS-Dekret).[797] Aufgabe der Mission ist neben der Provenienzrecherche und Erb:innensuche in Verfahren betreffend Kulturgüter vor der CIVS[798] auch die Koordinierung der öffentlichen Politik im Bereich der Provenienzforschung und Restitution von Kulturgütern, die während der NS-Herrschaft entzogen wurden.[799] Weiterhin obliegt ihr die Sensibilisierung der Öffentlichkeit und der Berufsträger:innen, im weiteren Sinne also die Öffentlichkeitsarbeit des Kulturministeriums im Bereich der Restitutionspolitik.[800]

Mit der Einrichtung der *Mission de recherche et restitution* reagierte der Reformgesetzgeber auf Forderungen nach einer Institutionalisierung der Provenienzforschung auf zentralstaatlicher Ebene. Im Vorfeld der Reform von 2018 hatte eine unabhängige Expert:innengruppe

794 Auch für Verluste in den besetzten Gebieten konnte unter bestimmten Voraussetzungen eine Entschädigung erlangt werden. Die CIVS prüft, ob entsprechende Leistungen erlangt wurden, unter dem Gesichtspunkt einer ungerechtfertigten Bereicherung. Siehe Näheres hierzu B.III.7.e)aa).

795 Abhängig vom Schadenstyp werden unter Umständen weitere Stellen/Archive angefragt: Bei Entziehungen im Zuge einer »Arisierung«, bei Bankkontenentziehungen und Beschlagnahmen im Konzentrationslager Drancy wird etwa die *Caisse des dépôts et consignations* (CDC) konsultiert; bei Internierungen im Lager Drancy ferner die Polizeipräfektur von Paris und das *Centre de Documentation Juive Contemporaine* (CDJC). Vgl. Guide de l'instruction des requêtes vom 25.10.2000, abgedruckt in *CIVS*, Einführungsbericht, S. 31.

796 Vgl. *CIVS*, Tätigkeitsbericht für 2001, S. 7.

797 Eingerichtet durch Arrêté du 16 avril 2019 portant création de la mission de recherche et de restitution des biens culturels spoliés entre 1933 et 1945 (JORF vom 17.4.2019, Text Nr. 41).

798 Art. 11 Abs. 3 des Arrêté vom 17.4.2019.

799 Art. 11 Abs. 1 des Arrêté vom 17.4.2019. Die Zuständigkeit der Mission ist somit deutlich weiter gefasst als jene der CIVS. Sie kann insb. auch in Fällen tätig werden, in denen der Verlust außerhalb Frankreichs und außerhalb des Zeitraums der deutschen Besatzung liegt. Auch für diesen Fall sieht die gemeinsame Vereinbarung aber eine enge Zusammenarbeit zwischen CIVS und Mission vor. Nach Art. 8 der Vereinbarung kann die Mission die CIVS in diesem Fall mit Forschungen in Archiven beauftragen.

800 Art. 11 Abs. 4 des Arrêté: »Elle [la mission; Anm. d. Verf.] veille à la sensibilisation des publics et des professionnels aux enjeux soulevés par les spoliations de biens culturels intervenues entre 1933 et 1945 et par la présence de biens spoliés dans les institutions publiques.«

um die Kunsthistorikerin Bénédicte Savoy und Marcel Wormser die Einrichtung einer interministeriellen Ad-hoc-Taskforce angeregt, die unabhängig von der CIVS speziell für Fragen der Provenienzforschung und der Restitution bei Kulturgütern zuständig sein sollte. Der Gutachter der Kulturministerin David Zivie wies diesen Vorschlag als wenig realistisch (»peu réaliste«) zurück und plädierte demgegenüber für die Einrichtung einer Abteilung für Provenienzforschung innerhalb der CIVS.[801] Die Lösung des Reformdekrets stellt insoweit eine vermittelnde Lösung zwischen beiden Vorschlägen dar.

Die *Mission de recherche et de restitution* wird entweder nach Anrufung durch die CIVS (Art. 1 der gemeinsamen Vereinbarung)[802] oder von Amts wegen tätig (Art. 2 der Vereinbarung).[803] Im letzteren Fall wird das Verfahren bei der CIVS durch die Mission nach Art. 1-2 CIVS-Dekret eingeleitet.[804] Das Dekret legt in Verfahren betreffend Kulturgüter eine strikte institutionelle Trennung der Aufgabenbereiche der Mission (Untersuchung) und der CIVS (Beratung und Entscheidung) nahe. Die gelebte Verfahrenspraxis ist hingegen eher durch ein Verhältnis der Kooperation geprägt: Nach Art. 4 Satz 1 der gemeinsamen Vereinbarung soll ein ständiger Austausch über die Ergebnisse der Untersuchung erfolgen und die Untersuchungen beider Stellen sollen einander vervollständigen (Art. 4 Satz 2). Art. 5 erstreckt diese Kooperationspflicht schließlich auf sämtliche für die Untersuchung und Einordnung eines Falls relevanten Informationen.[805] In seiner Ausgestaltung in der Verfahrenspraxis beider Stellen ist das Untersuchungsverfahren demnach eher als ein gemeinsames Verfahren ausgestaltet, in das neben der Mission auch die Stellen der CIVS eingebunden sind.

Die Mission verfügte nach ursprünglicher Budgetplanung über sieben Vollzeitstellen und ein zusätzliches Jahresbudget von 200.000 Euro, um bei Bedarf externe Mitarbeitende beschäftigen und den Aktionsradius auf Gebiete außerhalb der Hauptstadtregion ausweiten zu können.[806] Aus dem Kulturministerium wurden drei bereits existente Stellen sowie zwei weitere Stellen aus der CIVS transferiert. Es besteht demnach eine partielle personelle Kontinuität zur Personalstruktur vor der Verfahrensreform.

Die *Mission de recherche et de restitution* verfasst ausgehend von ihren Untersuchungen einen eigenen Forschungsbericht (sog. *note de synthèse*), teils mit eigener rechtlicher Bewertung zu den Erfolgsaussichten des Antrags. Der Bericht soll nach Möglichkeit sechs Monate nach Anrufung durch die CIVS[807] an diese übergeben werden. Die Übergabe erfolgt im Rahmen einer gemeinsamen Sitzung zwischen Vertreter:innen der Mission und der CIVS.[808]

801 *Zivie*, Rapport à Madame la Ministre de la Culture, S. 79 f.

802 »Dans le cadre de ses attributions réglementaires renouvelées par le décret du 1er octobre 2018 susvisé, la CIVS confie à la Mission l'instruction d'un cas de spoliation par une saisine écrite à laquelle sont joints tous éléments utiles en sa possession. La saisine et la communication de ces éléments autorisent et déclenchent l'instruction par la Mission.«

803 »La Mission saisit la CIVS d'un cas de spoliation par une demande écrite à laquelle sont joints tous éléments utiles en sa possession. La saisine et la communication de ces éléments autorisent et déclenchent les recherches assurées par la CIVS.«

804 So jedenfalls die ständige Verwaltungspraxis, vorzugswürdig ist aus den genannten Gründen die Begründung einer Antragsbefugnis als betroffene Person nach Art. 1-1 Alt. 2 CIVS-Dekret. Siehe zu diesem Aspekt schon unter B.III.4.b)aa)(2)(iii).

805 Dies gilt insbesondere für die Akten der deutschen Wiedergutmachungsämter zu Verfahren nach dem Bundesrückerstattungsgesetz (BRüG), die in der Spruchpraxis eine gehobene Rolle spielen.

806 Vgl. *CIVS*, Tätigkeitsbericht für 2018, S. 63. Die Kostenplanung für 2019 ergibt sich aus dem Bericht des Kulturministeriums zum Jahreshaushalt des Ministeriums, vgl. *Kulturministerium*, Présentation du projet de loi 2019 des finances du ministère de la culture, Un budget de choix, S. 32.

807 Art. 6 Satz 1 der gemeinsamen Vereinbarung: »Au terme de son instruction et, si possible, dans les six mois suivant la saisine mentionnée à l'article 1er, la Mission présente et remet au Rapporteur général de la CIVS le résultat de ses travaux.«

808 Vgl. *CIVS*, Tätigkeitsbericht für 2019, Actes du colloque du 15 novembre 2019, S. 53.

*(3) Untersuchung durch Berichterstatter:innen (*rapporteurs*)*

Nach Abschluss der Beweiserhebung wird die Verfahrensakte (in Kulturgütersachen zusammen mit dem Forschungsbericht der Mission) an eine:n Berichterstatter:in (*rapporteur*)[809] übergeben.[810] Die Auswahl der Berichterstatter:innen wird in Verfahren betreffend Kulturgüter im Vorfeld zwischen der CIVS und der Mission abgestimmt.[811] Im Übrigen erfolgt diese durch den:die Generalberichterstatter:in.[812]

Bei den Berichterstatter:innen handelt es sich um Richter:innen der ordentlichen Gerichtsbarkeit oder der Verwaltungsgerichtsbarkeit, die durch das Justizministerium an die CIVS abgeordnet und für die Dauer von fünf Jahren ernannt werden (Art. 3 Abs. 5 CIVS-Dekret).[813] Der Tätigkeitsumfang bei der CIVS umfasst heute einen Wochenarbeitstag[814] und wird mit einer geringfügigen Aufwandsentschädigung abgegolten.[815] Die ausschließliche Befähigung von Personen im Richteramt rechtfertigt sich dadurch, dass die Arbeit eine gewisse Routine und Erfahrung im Umgang mit umfangreichen Verfahrensakten erfordert. Die Zahl der Berichterstatter:innen hat sich im Laufe der Geschichte der CIVS korrelativ zur Zahl der bei der CIVS anhängigen Verfahren entwickelt.[816] Betrug diese bei Einsetzung der Kommission noch acht,[817] stieg sie zum Juli 2001 zeitweise sogar auf achtundzwanzig an[818] und liegt heute etwa wieder auf dem ursprünglichen Niveau.[819]

Die Einbindung der Berichterstatter:innen verfolgt in den Verfahren vor der CIVS eine doppelte Zielsetzung: Sie sollen zunächst die erhobenen Beweise prüfen und, soweit erforderlich, durch eine ergänzende Beweiserhebung vervollständigen (Art. 4 Abs. 2 Satz 1). Dies gilt auch in Verfahren betreffend Kulturgüter (Art. 1-2 Abs. 3[820]). Auf Grundlage der Ergebnisse der Beweiserhebung sollen die Berichterstatter:innen zudem zu einer vorläufigen Einschätzung der Erfolgsaussichten des Antrages gelangen und einen Vorschlag über eine mögliche Ausgleichsleistung formulieren (Art. 5). Diese begründeten Vorschläge (*propositions motivées*)

809 Grundsätzlich wird in jedem Verfahren ein:eine Berichterstatter:in berufen, in besonders komplexen Fällen werden auch zwei Berichterstatter:innen. Dieses Vorgehen wurde erstmals im Verfahren Armand Dorville (Empfehlung vom 17.5.2021, Nr. 24582 BCM) erprobt und soll auch künftig fortgeführt werden, vgl. *CIVS*, Tätigkeitsbericht für 2021, S. 48.

810 Art. 4 Abs. 2 und Art. 5 CIVS-Dekret; für Kulturgüter speziell aus Art. 1-2 Abs. 2 Satz 2 und Abs. 3.

811 Dies folgt aus dem Verfahrensschema im Anhang der gemeinsamen Vereinbarung. Dieses Vorgehensweise rechtfertigt sich ferner dadurch, dass die Untersuchung nach dem Wortlaut des Art. 1-2 Abs. 2 in erster Linie der *Mission de recherche et de restitution* obliegt und die Berichterstatter:innen nur nachrangig und ergänzend Beweis erheben sollen (Art. 1-2 Abs. 3 CIVS-Dekret).

812 Vgl. *CIVS*, Tätigkeitsbericht für 2021, S. 47 ff.

813 Modifiziert durch Dekret Nr. 2022-588 vom 20.4.2022 (JORF vom 21.4.2022, Text Nr. 1). Ursprünglich sah das Dekret – im Unterschied zu den Mitgliedern der CIVS – keine zeitliche Befristung der Amtsdauer der Berichterstatter:innen vor, was dazu führte, dass zwischen 2005 und 2022 keine neuen Abordnungen erfolgten. Dies änderte sich erst im Mai 2022, vgl. *CIVS*, Tätigkeitsbericht für 2022, S. 42. Die Stellen sind heute vorwiegend mit pensionierten Richter:innen besetzt.

814 E-Mail von Sylviane Rochotte, Leiterin des Sitzungssekretariat der CIVS, vom 29.3.2023.

815 Die Tätigkeit wird mit einer Aufwandsentschädigung i.H.v. 829 Euro abgegolten (Art. 3 des Arrêté vom 22.3.2006, JORF vom 30.3.2006, Text Nr. 1).

816 Im Jahre 2000 beschloss die CIVS 1382 Empfehlungen, 2001 sogar 2957 Empfehlungen, vgl. *CIVS*, Tätigkeitsbericht für 2002, S. 31. Im Jahr 2019 waren es noch 207, im Jahr 2020 nur noch 146 Empfehlungen, vgl. *CIVS*, Tätigkeitsbericht für 2020, S. 13.

817 *CIVS*, Tätigkeitsbericht für 2001, S. 7.

818 *CIVS*, Tätigkeitsbericht für 2001, Anhang 1; *CIVS*, Tätigkeitsbericht für 2002, S. 30.

819 *CIVS*, Tätigkeitsbericht für 2021, S. 57. Die Zahl beträgt seit März 2023 neun. Die letzten Abordnungen erfolgten zum Juni 2022 (Arrêté vom 4.5.2022, Text Nr. 31) und März 2023 (Arrêté vom 26.1.2023, Text Nr. 30).

820 »Le rapporteur procède aux vérifications nécessaires et rend compte de ses travaux au rapporteur général près la commission.«

sind in einem erläuternden Bericht niederzulegen, auf dessen Grundlage die Kommission eine Empfehlung beschließt. Die Berichterstatter:innen müssen in ihrem Bericht somit bereits zu einer vorläufigen Bewertung aller prüfungsrelevanten Fragen gelangen.[821] Aus dieser Vorgabe folgt weiterhin, dass die ermittelten oder vorgelegten Beweismittel in diesem Verfahrensstadium so vollständig sein müssen, dass eine Überzeugungsbildung zu sämtlichen relevanten Tatsachenfragen ermöglicht wird. Der Sachverhalt, wie er aus der Verfahrensakte hervorgeht, muss kurzum spruchreif sein. Dies ist zu verneinen, wenn offenkundige Sachverhaltslücken oder Unstimmigkeiten bestehen, die durch eine ergänzende Beweiserhebung beseitigt werden könnten. Ist die Sache nicht spruchreif, kann die CIVS eine ergänzende Untersuchung anordnen (Art. 6 Abs. 1).

Zur Beweiserhebung stehen den Berichterstatter:innen dieselben Beweismittel wie in der Ausgangsuntersuchung zur Verfügung. Sie können zusätzlich Zeug:innen, Sachverständige oder in sonstiger Weise qualifizierte Dritte anhören (Art. 4 Abs. 2 S. 2). Ein Rückgriff auf externe Sachverständige unterbleibt heute in der Regel.[822] Eine gesteigerte Bedeutung kommt in diesem Verfahrensabschnitt den Aussagen der Anspruchsteller:innen zu. Wegen der zumeist lückenhaften Beweislage lässt sich der Sachverhalt regelmäßig nicht allein unter Ausforschung schriftlicher Quellen (insbesondere aus Archiven) erschließen. Die CIVS sucht daher den direkten Austausch mit den Anspruchsteller:innen. Die vorläufigen Ergebnisse der Beweiserhebung werden mit diesen in einem persönlichen Gespräch (*entretien*) erörtert.[823] Die CIVS verbindet mit diesem Gespräch eine dreifache Zielsetzung: Den Anspruchsteller:innen soll rechtliches Gehör gewährt (*écouter*), Aufklärung zu den historischen Verfolgungsumständen geleistet (*éclairer*) und ein Austausch zu Fragen der Beweiserhebung ermöglicht werden (*échanger*).[824] Neben der Vervollständigung des Tatsachenstoffes dient das Gespräch auch immateriellen Zielen: Den Anspruchsteller:innen soll ein Raum geboten werden, in dem sie ihre nicht selten schmerzhaften und emotional aufgeladenen Erinnerungen und Erfahrungen mitteilen können. Die Aussagen müssen dabei nicht notwendigerweise beweiserheblich sein.[825] Die CIVS hält bis heute an dieser Verfahrenspraxis fest. Jedoch nimmt die Bedeutung dieser Gespräche für die Erforschung der historischen Wahrheit mit zunehmendem Versterben der Shoah-Überlebenden der ersten und zweiten Generation ab.[826]

Nach dem Vorgesagten ließe sich die Funktion der Berichterstatter:innen im Untersuchungsverfahren als eine Art Kontrollinstanz beschreiben. Ihre Kernaufgabe besteht in der Vervollständigung und Vorstrukturierung des Tatsachenstoffes in Vorbereitung auf die Sitzung

821 Dies folgt für Verfahren betreffend Kulturgüter ausdrücklich aus Art. 3-1 Abs. 3 CIVS-Dekret, wonach »[à] l'issue de l'instruction, la commission statue […] sur les propositions motivées formulées par le rapporteur«.

822 Vor allem in der Anfangsphase der CIVS bestand angesichts der hohen Antragszahlen ein gesteigertes Bedürfnis nach einer schnellen Bearbeitung der Verfahrensakten. Vgl. hierzu *CIVS*, Tätigkeitsbericht für 2001, S. 17. In Kulturgütersachen sind heute vornehmlich die Stellungnahmen der Mission de recherche et de restitution von Bedeutung, die in diesem Bereich eine gesteigerte Expertise aufweist.

823 Vgl. hierzu *CIVS*, a. a. O., S. 16–18.

824 Siehe spezifisch hierzu *CIVS*, a. a. O., S. 16 f.

825 Vgl. Erfahrungsbericht eines:einer anonymen Berichterstatter:in, abgedruckt in *CIVS*, a. a. O., S. 20: »Pour beaucoup de requérants, cet entretien est l'occasion de ›témoigner‹, de raconter leur histoire personnelle pendant la guerre et d'expliquer les conséquences que les épreuves qu'ils ont endurées ont eues jusqu'à aujourd'hui pour eux ainsi que pour leurs enfants et souvent même petits-enfants. Il leur faut ainsi se remémorer des moments douloureux, se replonger dans une période traumatisante et revivre des épisodes dramatiques de leur existence.«

826 Vgl. *Klarsfeld*, in: CIVS (Hrsg.), Rapport public d'activité de la CIVS 2019: Actes du colloque du 15 novembre 2019, S. 73, 77.

des Beratungsgremiums. In den Worten des Kommissionsmitglieds Xavier Perrot bildet diese Vorermittlung »le socle de la discussion [du collège délibérant], sans toutefois que les membres du collège ne soient liés par lui.«[827] Die Bedeutung der Berichterstatter:innen weist indes noch darüber hinaus: Durch die Einbindung der Geschädigten im Vorfeld der Sitzung des Beratungsgremiums erfährt das Zeugnis der Überlebenden eine gesteigerte Bedeutung bei der historischen Wahrheitsfindung. Auf diese Weise wird schon auf Ebene der Beweiserhebung den Belangen der Geschädigten angemessen Rechnung getragen. Der auf Einvernehmen zielende Austausch zwischen Berichterstatter:innen und Anspruchsteller:innen entspricht ferner dem besonderen Aussöhnungsanliegen des CIVS-Verfahrens. Durch Vermittlung der Berichterstatter:innen im Vorfeld der Anhörung vor dem Beratungsgremium soll der Boden für eine einvernehmliche Lösung bereitet werden.[828]

Nach Abschluss der Beweiserhebung, die in der Regel mehrere Monate in Anspruch nimmt,[829] legen die Berichterstatter:innen ihre Vorschläge in einem Abschlussbericht nieder, der an den:die Generalberichterstatter:in übergeben wird.[830]

dd) Verfahrensgang nach Übergabe des Berichts

Nach dem Abschluss des Untersuchungsverfahrens richtet sich der weitere Verfahrensgang nach dem Verfahrensgegenstand (Kulturgut oder anderer Vermögenswert) sowie der Schwere und Dringlichkeit der Sache. Eine Empfehlung kann im weiteren Verfahrensverlauf durch ein Kollegialgremium oder durch den:die Präsident:in im Eilverfahren (sog. *procédure du Président statuant seul*, Art. 5 Abs. 2 Satz 1 CIVS-Dekret)[831] beschlossen werden. In Verfahren betreffend Kulturgüter ist eine Beratung durch ein erweitertes Kollegialgremium hingegen zwingend (arg. e. Art. 3-1 Abs. 1). In der Regel gibt der:die Generalberichterstatter:in eine Empfehlung über den weiteren Gang des Verfahrens ab. Die abschließende Entscheidung liegt dann bei dem:der Präsident:in der Kommission.[832]

Der Bericht des:der Berichterstatter:in ist neben den Mitgliedern des Beratungsgremiums den Anspruchsteller:innen und gegebenenfalls deren Vertreter:innen zu übermitteln, denen Gelegenheit zur schriftlichen Stellungnahme innerhalb einer Monatsfrist gegeben wird.[833] Als Vertreter:in des öffentlichen Interesses tritt in dem Verfahren der:die Regierungskommissar:in (*Commissaire du Gouvernement*)[834] in Erscheinung. Diesem:dieser ist der Bericht stets und

827 *CIVS*, Tätigkeitsbericht für 2020, S. 60.

828 Vgl. *CIVS*, Tätigkeitsbericht für 2001, S. 17: »La recherche de l'accord du requérant s'inscrit dans l'esprit du décret du 10 septembre 1999 qui réserve l'intervention de la Commission à l'examen des requêtes n'ayant pu aboutir à une ›conciliation‹.«

829 2002 wurde die durchschnittliche Dauer mit acht bis zwölf Monaten von der Antragstellung bis zur Abfassung des Berichts bemessen, vgl. *CIVS*, Tätigkeitsbericht für 2002, S. 12. Neuere Zahlen oder Statistiken existieren aktuell nicht. In einzelnen Verfahren, wie im Fall Armand Dorville, betrug die Verfahrensdauer von der Antragstellung bis zum Erlass einer Empfehlung 19 Monate, vgl. CIVS, Empfehlung vom 17.5.2021, Nr. 24582, abgedruckt in *CIVS*, Tätigkeitsbericht für 2021, S. 64–71.

830 Siehe *CIVS*, Questions pratiques sur la procédure : Comment se déroule l'examen des dossiers par le rapporteur?, Websitebeitrag.

831 Siehe Näheres zu dieser Verfahrensform im Folgenden unter B.III.4.b)ff).

832 Vgl. *CIVS*, Tätigkeitsbericht für 2001, S. 18; *CIVS*, Tätigkeitsbericht für 2002, S. 12.

833 Die Frist folgt nicht aus dem Dekret selbst, sondern entspricht der ständigen Verfahrenspraxis, vgl. *CIVS*, Questions/Réponses, Questions pratiques sur la procédure, Comment se déroule l'examen des dossiers par le rapporteur ?

834 Ursprünglich in Art. 3-1 CIVS-Dekret geregelt. Das Amt der *Commissaires du Gouvernement* wurde durch Dekret Nr. 2000-932 vom 25.9.2000 (JORF vom 26.9.2000, Text Nr. 1) eingeführt. Es handelt sich um hohe Regierungsbeamt:innen (in der Regel Mitglieder des *Conseil d'État*), die in Verfahren vor der CIVS die Interessen der Regierung des Zentralstaates vertreten (Art. 3-2 Abs. 1). Das Amt wird heute von einer Person ausgeübt, der ein oder zwei Vertreter:innen beigeordnet werden

zwar unabhängig von einem nachweisbaren schutzwürdigen Interesse zur schriftlichen oder mündlichen Stellungnahme zuzuleiten (Art. 3-2 Abs. 2 Satz 1). In Kulturgütersachen wird der Bericht in ständiger Praxis zudem an die *Mission de recherche et de restitution*[835] übermittelt, deren Vertreter:in berechtigt ist, in der Sitzung vor der CIVS mündlich Stellung zu beziehen.

Weiteren Personen oder Stellen ist der Bericht nach dem Wortlaut des CIVS-Dekrets an sich nicht zuzuleiten, was unter dem Gesichtspunkt der Verfahrensgerechtigkeit, insbesondere der Waffengleichheit, problematisch erscheint. Diese Frage stellt sich etwa mit Blick auf die Anspruchsgegner:innen des Anspruchs, deren schutzwürdige Belange durch ein Restitutionsverfahren aber zweifelsohne berührt werden. Ein Replikrecht, wie es die CIVS den Anspruchsteller:innen zubilligt, könnte hier allenfalls aus Art. 5 Abs. 3 CIVS-Dekret abgeleitet werden, das sich wörtlich aber in einem Anwesenheits- und Anhörungsrecht in der Sitzung vor dem Beratungsgremium erschöpft.[836] Im Interesse der Waffengleichheit sollte diese Verfahrensposition aber – spiegelbildlich zu den Anspruchsteller:innen – extensiv als Recht zur mündlichen und schriftlichen Stellungnahme *vor und während* der Sitzung ausgelegt werden, das ein Recht zur Kenntniserlangung vom Inhalt des Berichts als Diskussionsgrundlage der Beratungssitzung mitumfassen würde. Für diese Lösung spricht zudem, dass die Einräumung eines Replikrechts auch einer einvernehmlichen Einigung zwischen den Streitparteien zuträglich wäre, die nach Art. 2 Abs. 1 CIVS-Dekret erklärtes Verfahrensziel ist. Diese Frage dürfte nach Inkrafttreten des Restitutionsgesetzes von 2023 sich mit noch größerem Nachdruck stellen, das zulasten der öffentlichen Eigentümer verfolgungsbedingt entzogener Kulturgüter gesetzliche Handlungspflichten normiert.[837]

ee) Sitzung vor einem Beratungsgremium

Grundsätzlich wird der Verfahrensgegenstand durch ein Kollegialgremium der CIVS beraten. Im Regelverfahren kann das Beratungsgremium sowohl in vollständiger Besetzung (*formation plénière*) bestehend aus zehn Personen als auch in eingeschränkter Besetzung (*formation restreinte*) zusammentreten (Art. 8 Abs. 1 CIVS-Dekret). Nach der aktuellen Verfahrenspraxis erfolgen jedoch keine Sitzungen mehr in eingeschränkter Besetzung.[838] In Verfahren betreffend Kulturgüter ist die Beratung durch ein erweitertes Kollegialgremium in vollständiger Besetzung hingegen zwingend (Art. 1-3, 3-1 Abs. 1).

Der Sitzungstermin wird durch das Sitzungssekretariat (*Secrétariat des séances*) anberaumt und ist sämtlichen teilnahmeberechtigten Personen und Stellen mit ausreichendem

können. Die Funktion der *Commissaires du Gouvernement* ist ambivalent: Neben der Vertretung des Zentralstaates sollen sie auf eine Einheitlichkeit der Spruchpraxis der CIVS hinarbeiten. Vgl. *Unfried*, Vergangenes Unrecht: Entschädigung und Restitution in einer globalen Perspektive, S. 467 f. Nach den Beobachtungen des Verfassers erfüllen die *Commissaires* zudem eine wichtige Vermittlungsfunktion zwischen Regierung und CIVS.

835 Die Beteiligung der Mission an den Sitzungen des Beratungsgremiums ist nach den Beobachtungen des Verfassers ständige Praxis seit Juli 2019. Dies folgt etwa aus Art. 7 der gemeinsamen Vereinbarung: »La CIVS informe le Chef de la Mission de toute séance du Collège délibérant examinant les cas de spoliation dont l'instruction est confiée à la Mission. Il est destinataire des mêmes éléments d'information que ceux adressés aux membres du collège.«

836 »[L]e demandeur et la personne dont la conciliation est recherchée sont avisés de la date de la séance. Ceux-ci peuvent demander à être entendus.«

837 Siehe hierzu noch unter B.IV.2.d).

838 Aussage Sylviane Rochottes (Leiterin des Sitzungssekretariats der CIVS) in einem Gespräch mit dem Verfasser vom 21.2.2023.

Vorlauf mitzuteilen. Die Sitzungen erfolgen ausnahmslos unter Ausschluss der Öffentlichkeit (Art. 8 Abs. 4). Anspruchsteller:innen und andere Verfahrensbeteiligte[839] können sich zusätzlich von einer Person ihrer Wahl begleiten oder vertreten lassen (Art. 7).[840]

(1) Ablauf der Sitzung

Der Ablauf einer Sitzung richtet sich dabei nach dem Verfahrenstyp. Die folgende Darstellung orientiert sich an dem üblichen Ablauf einer Sitzung bei Verfahren betreffend Kulturgüter (Art. 1-1 und 3-1 CIVS-Dekret).[841] Teilnahmeberechtigt sind hier die Anspruchsteller:innen, der:die Regierungskommissar:in (Art. 3-2 Abs. 2 S. 2) und gegebenenfalls weitere Stellen oder Personen mit schutzwürdigem Interesse (»personnes dont la conciliation est recherchée«, Art. 5 Abs. 3 Satz 1). Dies können etwa in Restitutionsverfahren Personen sein, die ein Kulturgut, auf den die Anspruchsteller:innen Anspruch erheben, in Besitz halten. Es handelt sich dabei, wenngleich das CIVS-Dekret diesen Begriff nicht verwendet, um die Anspruchsgegner:innen, die nach Abschluss des Verfahrens bei Bejahung eines Anspruchs durch eine Empfehlung der CIVS verpflichtet werden könnten.[842] In Kulturgütersachen ist zudem ein:e Vertreter:in des Kulturministeriums und des Außenministeriums zu beteiligen (Art. 3-1 Abs. 2). Mitunter nehmen daher an den Sitzungen der CIVS bis zu zwanzig Personen teil.[843]

Die Sitzung wird formal durch Aufruf der Sache eröffnet. Den Sitzungsvorsitz hat grundsätzlich der:die Präsident:in der Kommission inne, der:die von dem:der Vizepräsident:in der CIVS vertreten werden kann (Art. 3 Abs. 2 Satz 2 CIVS-Dekret). Sofern das Verfahren durch die *Mission de recherche et restitution* eingeleitet wurde, erfolgt vorab eine kurze Aussprache der Mission zu den Gründen der Anrufung der Kommission.[844] Im Anschluss trägt der:die Berichterstatter:in zu den Ergebnissen der Beweiserhebung vor und gibt eine Stellungnahme zur Bewertung des Verfahrensgegenstandes ab.[845] Im Anschluss an den Vortrag geben die Vertreter:innen des Kultur- und des Außenministeriums (Art. 3-1 Abs. 2)[846], die Mission (Art. 7

839 Art 7 Abs. 1 CIVS-Dekret spricht von »toute personne impliquée«. Gemeint sind Personen im Sinne des Art. 1-1 CIVS-Dekret (»personne concernée«), aber auch jene im Sinne der Art. 2 Abs. 1, 5 Abs. 3, deren Schlichtung ersucht wird, mit anderen Worten also die Anspruchsgegner:innen bzw. Adressat:innen einer Empfehlung.

840 »Pour les besoins de la procédure, le demandeur et les personnes impliquées peuvent se faire assister par la personne de leur choix. Ils peuvent également se faire représenter par toute personne pourvue d'un mandat régulier.«

841 Für eine grafische Übersicht siehe *CIVS*, Tätigkeitsbericht für 2020, S. 62.

842 Dies können neben staatlichen Stellen auch Privatpersonen sein. In Verfahren betreffend die Restitution eines Kulturguts kann es sich etwa um Personen oder Stellen handeln, in deren Eigentum/Besitz sich das beanspruchte Kulturgut befindet. Siehe zum Kreis der Personen und Stellen, die durch eine Empfehlung der CIVS adressiert bzw. verpflichtet werden können unter B.III.4.c).

843 Vgl. *CIVS*, Tätigkeitsbericht für 2020, S. 61.

844 Vgl. ebd.

845 Die Funktion der Berichterstatter:innen weist insoweit eine gewisse Ähnlichkeit zur Funktion der Berichterstatter:innen (*rapporteurs*) in Gerichtsverfahren auf. Zu unterscheiden sind *juges rapporteurs* gemäß Art. 862 bis 869 Code de procédure civile von den *rapporteurs publics* (vormals *Commissaires du gouvernement*) gemäß Art. R.732-1 Code de justice administrative. Die erstgenannten sind selbst Mitglieder des entscheidenden Spruchkörpers. Sie leiten die Untersuchung und fassen ihre rechtliche Bewertung in Form eines Berichts zusammen. Der *rapporteur public* im verwaltungsgerichtlichen Verfahren gehört dem Gericht an, ist aber nicht Mitglied des entscheidenden Spruchkörpers. Er tritt vielmehr in beratender Funktion als *amicus curiae* in Erscheinung und gibt eine Stellungnahme zum Fall ab.

846 In der Sitzung beschränkt sich das Äußerungsrecht dieser Stellen entgegen dem Wortlaut von Art. 3-1 Abs. 2 Satz 1 CIVS-Dekret, wonach diese über eine bloße »voix consultative« verfügen und überdies zu jedem Zeitpunkt anzuhören sind (Art. 3-1 Abs. 2 Satz 2), auf eine kurze mündliche Stellungnahme.

der gemeinsamen Vereinbarung)[847] und der:die Regierungskommissar:in (Art. 3-2 Abs. 2 S. 4) eine Stellungnahme ab. Zusätzlich kann die CIVS nach freiem Ermessen weitere Personen oder Stellen anhören, deren Aussage zweckdienlich erscheint (Art. 6 Abs. 2).[848]

Zuletzt ist den Anspruchsteller:innen Gelegenheit zur Äußerung zu geben. Ihrer Anhörung wird eine gesteigerte Bedeutung beigemessen. Ersichtlich dient diese Einbindung nicht nur der Gewährung rechtlichen Gehörs, sondern auch der Verwirklichung der übergeordneten Verfahrensziele der Wahrheitsfindung und der Anerkennung der Geschädigten. Die Anhörung soll zu diesem Zweck in Form eines befriedeten und nicht konfrontativen Austauschs (»échange apaisé«[849]) in zugewandter Atmosphäre erfolgen.[850] Diese spezifische Ausrichtung erfordert seitens der Mitglieder des Beratungsgremiums ein hohes Maß an kommunikativer Kompetenz und Einfühlungsvermögen. Das Verfahren soll idealerweise nicht zu einer Retraumatisierung der Antragsteller:innen beitragen, sondern diesen einen geschützten Raum bieten, in dem sie Aufklärung, Anerkennung und Empathie erfahren.

In diesem Verfahrensabschnitt kann das Beratungsgremium zudem, was heute aber eher eine Seltenheit darstellt, gemäß Art. 2 Abs. 1 CIVS-Dekret auf eine einvernehmliche Einigung zwischen den Streitparteien hinwirken. Vielmehr wird in der Verfahrenspraxis dem Ausspruch einer Empfehlung durch die CIVS der Vorzug gegeben.

(2) Beratung und Beschlussfassung

Im Anschluss an die Anhörung erfolgt, sofern das Verfahren nicht durch gütliche Einigung zwischen den Streitparteien beendet wurde, eine Beratung und anschließende Beschlussfassung durch das Beratungsgremium. Nach ständiger Verfahrenspraxis nehmen an der Beratung, wenn auch ohne Stimmrecht, zudem der:die Berichterstatter:in, der:die Regierungskommissar:in, der:die Verwaltungschef:in der CIVS (*directeur*) und die Vertreter:innen des Sitzungssekretariats (*Secrétariat des séances*)[851] unter Ausschluss aller übrigen Verfahrensbeteiligten teil. Die Beteiligung der Regierungskommissar:innen als Vertreter:innen des Zentralstaates erscheint mit Blick auf den Grundsatz der Waffengleichheit auffällig,[852] ist aber in der verwaltungsgerichtlichen Rechtsprechung bislang nicht auf Widerstand gestoßen.[853] Folge der besonderen

847 Die Mission findet lediglich in Art. 1-2 Abs. 2 CIVS-Dekret Erwähnung. Nach dem Wortlaut steht dieser aber kein Anhörungsrecht in Sitzungen vor der CIVS zu. Vielmehr ist allein der:die Vertreter:in des Kulturministeriums anhörungsberechtigt (Art. 3-1 Abs. 2 CIVS-Dekret). Die Anhörung könnte allenfalls auf Art. 6 Abs. 2 CIVS-Dekret gestützt werden, wonach die CIVS jede Person anhören kann, wenn dies zweckdienlich erscheint.

848 »Elle peut entendre toute personne dont l'audition paraît utile et solliciter de tout tiers qualifié un avis ou une consultation.«

849 Vgl. *CIVS*, Tätigkeitsbericht für 2020, S. 61: »[L]a CIVS s'attache […] à lui expliquer le déroulement de la séance, le rôle de chacun et la fin de la procédure, et à le mettre dans les conditions d'un échange apaisé. Il ne s'agit pas pour lui d'être auditionné comme dans le cadre d'une procédure judiciaire, mais d'entendre l'analyse du magistrat chargé de l'instruction sur la base des informations recueillies […], de prendre connaissance des observations qu'elle suscite, et de faire connaître son propre point de vue.«

850 Ebd.

851 Die Teilnahme der Vertreter:in des Sitzungssekretariats an der Beratung ist schon aus praktischen geboten, da diese im Anschluss an die Beratung den Beschluss samt Begründung verschriftlichen. In Verfahren nach Art. 1-1 und 3-1 CIVS-Dekret nehmen in dieser Funktion in der Regel die Leiterin des Sitzungssekretariats, Sylviane Rochotte, und die jeweils federführende Sekretär:in teil.

852 Siehe hierzu schon unter B.III.4.a)aa).

853 Einen Verstoß gegen den Grundsatz der Unparteilichkeit (*principe d'impartialité*) als Ausfluss des Rechts auf ein faires Verfahren ablehnend TA Paris, 20.10.2022, Nr. 2014516, Rn. 5. Das Gericht argumentierte, dass weder ein Verfahrensgrundsatz

Rechtsnatur der CIVS ist, dass der Anspruch auf ein faires Verfahren aus Art. 6 Abs. 1 EMRK die CIVS selbst und den Normgeber des Dekrets bei der Ausgestaltung des Verfahrens aus den genannten Gründen formalrechtlich nicht bindet. Verfahrensgerechtigkeit ist somit nur innerhalb der durch das CIVS-Dekret selbst gesetzten Grenzen zu gewährleisten.

Die Zusammensetzung des Beratungsgremiums in dieser Phase des Verfahrens richtet sich danach, ob Verfahrensgegenstand ein Kulturgut oder sonstiger Vermögenswert ist. Das Ziel der Beratung ist der Beschluss einer Empfehlung durch Abstimmung. Das erforderliche Quorum und die Abstimmungsmehrheit richten sich nach der Besetzung (*formation*) des Beratungsgremiums.

(i) Zusammensetzung des Beratungsgremiums im Regelfall

Grundsätzlich erfolgt die Beratung und anschließende Beschlussfassung durch ein mit den zehn ständigen Mitgliedern der Kommission besetztes Beratungsgremium (Art. 3 Abs. 1[854]). Dieses setzt sich aus zwei Richter:innen der *Cour de cassation* (*magistrats du siège hors hiérarchie*), zwei Mitgliedern des *Conseil d'État*, zwei Mitgliedern der *Cour des comptes*, zwei Universitätsprofessor:innen[855] und weiteren zwei qualifizierten Persönlichkeiten (*personnalités qualifiées*) zusammen. Die Kommission ist demnach mehrheitlich mit Personen mit juristischem Hintergrund besetzt, die aufgrund ihrer Einbindung in den Staatsdienst als Richter:innen oder Beamt:innen eine gewisse Staatsnähe aufweisen.[856] Gerade diese Staatsnähe bildet einen ständigen Kritikpunkt.[857] Grundlegende Zweifel an der persönlichen Unabhängigkeit und Integrität der Mitglieder der Kommission vermag dieser Umstand für sich genommen aber nicht zu begründen. Ganz im Gegenteil ist die Einordnung in ein Näheverhältnis zum Staat auch Garant für die wirtschaftliche Unabhängigkeit der Mitglieder, solange eine formale Bindung an Weisungen nicht besteht. Die Ernennung der Mitglieder durch Dekret des:der Premierminister:in gewährleistet diese Unabhängigkeit, auch wenn die Ernennung in gleicher Form ohne Begründung widerrufen werden kann.

noch eine gesetzliche Bestimmung der Beteiligung des:der Regierungskommissar:in an der Beschlussfassung der CIVS – zumal diese kein Gericht im formalen Sinne darstelle – entgegenstehe.

854 Durch Art. 1 des Dekrets Nr. 2000-932 vom 25.9.2000 (JORF vom 26.9.2000, Text Nr. 1) wurde das Gremium durch eine weitere qualifizierte Person erweitert.

855 Die erforderlichen Qualifikationen dieser Personen werden durch das Dekret nicht näher präzisiert. Aktuell handelt es sich um eine Historikerin mit Schwerpunkt im Bereich der Holocaustforschung (Anne Grynberg) und einen emeritierten Rechtsprofessor (David Ruzié), siehe Dekret vom 2.9.2020, JORF vom 4.9.2020, Text Nr. 32.

856 Der Rechtsstatus der Richter:innen der ordentlichen Gerichtsbarkeit wird geregelt durch die Ordonnance n° 58-1270 du 22 décembre 1958 portant loi organique relative au statut de la magistrature (JORF vom 23.12.1958, S. 11551). Davon unterscheidet sich der Rechtsstatus der Mitglieder des *Conseil d'État* (Art. L.131-1 Code de justice administrative) und der *Cour des comptes* (Art. L.120-1 ff. Code de justice financière), die nicht als Richter:innen im Rechtssinne (*magistrats*) einzuordnen sind. Formal gesehen sind diese Beamt:innen (*fonctionnaires*), wenngleich sich ihr Rechtsstatus wegen ihrer besonderen Funktion von herkömmlichen Beamt:innen unterscheidet. Für diese gelten besondere, im Wesentlichen den Vorgaben für Richter:innen entsprechende Regeln zur Gewährleistung ihrer persönlichen Unabhängigkeit.

857 In diese Richtung weist etwa die Aussage der ehemaligen Mitarbeiterin der CIVS, Muriel de Bastier (»On représente l'administration, et, pour certaines familles, il y a une forme de réticence à nous solliciter.«, zitiert in *Sasportas*, Le destin chaotique d'une toile de Vlaminck, Le Figaro vom 12.2.2015).

Seit 2017 ist die Kommission geschlechterparitätisch besetzt.[858] Sämtliche Mitglieder werden für eine Dauer von drei Jahren ernannt (Art. 3 Abs. 3). Regelmäßig wird das Mandat der Mitglieder jedoch über diesen Zeitraum hinaus verlängert.[859] Als qualifizierte Persönlichkeiten nach Art. 3 Abs. 1 Nr. 5 CIVS-Dekret wurden zeitweise Vertreter:innen der jüdischen Gemeinschaft bestellt.[860] Inzwischen wurde von dieser Praxis aber erkennbar abgerückt.[861] Als qualifizierte Persönlichkeiten sind aktuell Laurence Sigal (Historikerin) und Janine Drai (Richterin) berufen.[862]

(ii) Zusammensetzung des Beratungsgremiums in Kulturgütersachen

In Verfahren betreffend Kulturgüter erfolgt die Beratung und Beschlussfassung durch ein erweitertes Beratungsgremium (sog. *collège élargi*, Art. 3-1 Abs. 1 CIVS-Dekret). In diesen Fällen wird das Gremium um vier zusätzliche, in bestimmten Fachgebieten qualifizierte Personen (*personnes qualifiées*) erweitert, die wie die ständigen Mitglieder der Kommission für eine Amtszeit von drei Jahren berufen werden.[863] Zu den einschlägigen Fachgebieten zählen die Kunstgeschichte, der Kunstmarkt, die Geschichte des Zweiten Weltkriegs und das Vermögensrecht. Durch Dekret vom 6. Mai 2019[864] wurden in dieser Funktion Ines Rotermund-Reynard (Kunsthistorikerin), Dominique Ribeyre (Auktionator), Claire Andrieu (Historikerin und ehemaliges Mitglied der Mattéoli-Mission) und Xavier Perrot (Rechtsprofessor) in die Kommission berufen.[865]

Mit der Einrichtung eines erweiterten Beratungsgremiums, das externe Fachexpertise einbindet, reagierte die Regierung auf entsprechende Forderungen aus Politik und Gesellschaft. Im Vorfeld der Reform von 2018 hatten sich insgesamt drei Akteure zu institutionellen Reformansätzen geäußert: die Finanzkommission des Senats, der Gutachter der Kulturministerin David Zivie und eine unabhängige Expert:innengruppe um die Kunsthistorikerin Bénédicte Savoy und Marcel Wormser. Während Letztere die Einrichtung einer interministeriellen Adhoc-Taskforce befürwortete[866], sollte nach dem Vorschlag Zivies anstelle der CIVS ein interdisziplinär besetztes Expert:innengremium (*conseil d'experts*) bestehend aus Vertreter:innen

858 Dekret vom 15.9.2017, JORF vom 16.9.2017, Text Nr. 37. Durch das Dekret wurden drei ausscheidende männliche Mitglieder der Kommission durch drei weibliche Mitglieder abgelöst (Frédérique Dreifuss-Netter, Catherine Périn und Laurence Sigal). Vgl. *CIVS*, Tätigkeitsbericht für 2017, S. 12.

859 So sind einige Personen seit Einrichtung der Kommission im Jahre 1999 ständige Mitglieder des Beratungsgremiums (Henri Toutée, Jean-Pierre Bady, Anne Grynberg, François Bernard, David Ruzié).

860 Vgl. Hinweis in *Grynberg*, in: Jungblut (Hrsg.), Ausgeraubt! Aktuelle Fragen zum nationalsozialistischen Kulturgutraub in Europa, S. 117, 118. In der Frühphase der CIVS waren dies Pierre Kauffmann (Generalsekretär des *Mémorial de la Shoah* in Paris) und Gérard Israël (Mitglied des Leitungsgremiums des CRIF), vgl. *CIVS*, Tätigkeitsbericht für 2013, S. 21.

861 Verdeutlicht wird dies durch die Ernennung von zwei Personen in den Jahren 2014 (Dominique Schnapper) und 2017 (Laurence Sigal), die zwar jüdischen Institutionen angehörten oder angehören (*musée d'art et d'histoire du Judaïsme* in Paris), aber im Schwerpunkt ein wissenschaftliches Profil aufweisen.

862 Dekret vom 2.9.2020 (JORF vom 4.9.2020, Text Nr. 32).

863 »Lorsqu'elle statue en application des articles 1-1 à 1-3, la commission comprend, en outre quatre personnalités qualifiées respectivement en matière d'histoire de l'art, de marché de l'art, d'histoire de la Seconde Guerre mondiale, et de droit du patrimoine, nommées par décret du Premier ministre pour une durée de trois ans.«

864 JORF vom 7.5.2019, Text Nr. 22.

865 Das Mandat der genannten Personen wurde zwischenzeitlich durch Dekret vom 8.4.2022 (JORF vom 10.4.2022, Text Nr. 50) um eine weitere Amtszeit von drei Jahren bis zum 6.5.2025 verlängert.

866 Erwähnt bei *Zivie*, Rapport à Madame la Ministre de la Culture, S. 79 f.

öffentlicher Stellen, des Kunstmarktes und der Opferverbände Empfehlungen an die Regierung richten.[867] Die Zuständigkeit der CIVS sollte sich dagegen auf die Beweiserhebung und den Ausspruch von Empfehlungen in Entschädigungsverfahren beschränken. Der Senator Laménie plädierte in seinem Bericht für die Finanzkommission des Senats von 2018 hingegen für die Einsetzung eines Weisenrates (*conseil des sages*) innerhalb der Kommission, der in kulturgüterbezogenen Fragen in beratender Funktion tätig werden sollte.[868] Die Reform vom Oktober 2018 inkorporierte Aspekte sämtlicher Reformvorschläge unter weitgehender Wahrung des bisherigen Regelungsrahmens durch personelle Diversifizierung des Beratungsgremiums. Die Autorität und Legitimität der CIVS als Entscheidungsorgan in Restitutionsverfahren wurde hingegen bestätigt.

(iii) Beschluss einer Empfehlung oder Vertagung

Erfolgt der Beschluss der Empfehlung durch ein Kollegialgremium (*formation collégiale*), muss dieses beschlussfähig sein und eine Beschlussvorschlage mit ausreichender Stimmzahl beschließen. Beschlussvorlagen können aus der Mitte der Mitglieder des Gremiums eingebracht werden und müssen dabei nicht zwingend auf den Vorschlägen der Berichterstatter:innen beruhen (Art. 5 Abs. 1 CIVS-Dekret). Den Mitgliedern des Gremiums bleibt es vielmehr unbenommen, eigene Vorschläge zur Abstimmung einzubringen, was nach den Beobachtungen des Verfassers keine Seltenheit darstellt.

Gelangt das Gremium zu der Einschätzung, dass die Sache spruchreif ist, spricht es eine Empfehlung aus, die eine abschließende Regelung des zu gewährenden Schadensausgleichs enthält. Bei fehlender Spruchreife kann das Gremium eine ergänzende Untersuchung anordnen (Art. 6 Abs. 1 CIVS-Dekret) oder eine vorläufige Empfehlung (*recommandation provisionnelle*) aussprechen. Letzteres ist beispielsweise möglich, wenn der Anspruch nach den Ergebnissen der Untersuchung zu bejahen ist, die Bestimmung einer konkreten Ausgleichsleistung - etwa die abschließende Bezifferung des Schadens - aber die Erhebung weiterer Beweise erforderlich macht. So verhielt es sich etwa in der Sache T. Die CIVS sprach den Anspruchsteller:innen in einer vorläufigen Empfehlung vom 6. Februar 2009 zunächst eine vorläufige Entschädigung ausgehend von einem schätzungsweisen Mindestschaden zu,[869] die später durch Empfehlung vom 1. September 2011 komplementiert wurde.

(iv) Quorum und Abstimmungsmehrheit

Die erforderliche Zahl der anwesenden Mitglieder richtet sich nach der jeweiligen Besetzung (*formation*) des Beratungsgremiums. Entscheidend ist, ob dieses in vollständiger Besetzung (*formation plénière*) oder in eingeschränkter Besetzung (*formation restreinte*) zusammentritt

867 Vgl. *Zivie*, a.a.O., S. 80 f.

868 *Laménie*, Rapport d'information fait au nom de la commission des finances du Sénat, S. 163: »L'instauration en son sein d'un collège regroupant des personnes qualifiées par leurs fonctions et par leur autorité morale auprès du Président de la commission et de son rapporteur général permettrait de conforter la commission dans l'exercice d'une mission élargie.«

869 CIVS, Empfehlung vom 6.2.2009, Fall T, S. 4: »Attendu que compte tenu de l'importance du montant des indemnités dont il s'agit, la Commission estime indispensable de compléter son information, pour les tableaux et autres œuvres d'art figurant dans la première vente, par une mesure d'instruction confiée à la Direction des musées de France; Attendu, toutefois, qu'en l'état actuel du dossier [...] il apparaît équitable d'allouer aux requérants et aux autres ayants droit de T, une indemnité provisionnelle«.

(Art. 8 Abs. 1). Im Regelfall erfordert die Beschlussfähigkeit bei vollständiger Besetzung die Anwesenheit von mindestens vier Mitgliedern (Art. 8 Abs. 3 Alt. 2). In Verfahren betreffend Kulturgüter ist Beschlussfähigkeit bei Anwesenheit von mindestens sechs Personen gegeben (Art. 8 Abs. 3 Alt. 1).[870] Für den heute nicht mehr relevanten Fall einer Beschlussfassung durch ein Gremium in eingeschränkter Besetzung (*formation restreinte*) fehlen Vorgaben zum Quorum, da Art. 8 Abs. 2 Satz 1 nur die Mindestgröße regelt. Im Umkehrschluss wäre dieses Gremium also bei Anwesenheit mindestens einer Person beschlussfähig.

Die erforderliche Stimmzahl für den Beschluss einer Empfehlung folgt aus Art. 8-1. Sowohl in vollständiger Besetzung (Art. 8-1 Abs. 2 Satz 3) wie auch in eingeschränkter Besetzung (Art. 8-1 Abs. 1 Satz 1) bedarf es einer einfachen Mehrheit der Stimmen der anwesenden Mitglieder. Bei Stimmgleichgewicht gibt die Stimme der Sitzungsleitung den Ausschlag (jeweils Art. 8 Abs. 1 Satz 2 und Abs. 2 Satz 4). Bei vollständiger Besetzung ist dies grundsätzlich der:die Präsident:in der CIVS (Art. 3 Abs. 2 Satz 2).

ff) Eilverfahren nach Art. 5 Abs. 2 (*procédure du Président statuant seul*)

Durch Dekret vom 20. Juni 2001[871] wurde in Art. 5 Abs. 2 CIVS-Dekret ein besonderes Verfahren eingeführt, das den Beschluss einer Empfehlung durch den:die Präsident:in der Kommission ohne Beteiligung eines Kollegialgremiums ermöglicht. Die Bestimmung wurde ursprünglich mit dem Ziel der Verfahrensbeschleunigung eingeführt. Eine grundsätzliche Beschleunigung des Verfahrens war angesichts der rasant gestiegenen Fallzahlen in der Frühphase der CIVS[872] und nach Unterzeichnung des Washingtoner Abkommens vom 18. Januar 2001 erforderlich geworden, das eine Priorisierung Shoah-Überlebender oder sozial bedürftiger Personen vorsieht (Anhang B Lit. I[873]). Gleichwohl ist auch in diesem Eilverfahren die vorherige Durchführung eines Untersuchungsverfahrens unabdingbar.[874] Die Zeitersparnis besteht somit in der Zeitspanne zwischen dem Abschluss des Untersuchungsverfahrens und der Beratung durch ein Kollegialgremium.

Voraussetzung ist, dass die persönliche Situation des:der Anspruchsteller:in (etwa das Alter oder die wirtschaftliche Lage) eine prioritäre Behandlung des Falles erfordert (Art. 5 Abs. 2 Satz 1 Alt. 1) oder die Angelegenheit nicht von besonderer Schwierigkeit ist (Art. 5 Abs. 2 Satz 1 Alt. 2). Eine besondere Dringlichkeit wird man heute wegen des Versterbens der ersten Generation der Shoah-Überlebenden hingegen nur noch in seltenen Fällen annehmen können.[875] Es bleibt somit nur die Möglichkeit einer Durchführung eines Eilverfahrens wegen geringer Schwierigkeit. In Verfahren betreffend Kulturgüter hat die Sitzung zwingend vor einem

870 Den Fall einer eingeschränkten Besetzung des erweiterten Gremiums in Kulturgütersachen (Art. 3-1 CIVS-Dekret) regelt das Dekret hingegen nicht. Aufgrund der herausragenden Bedeutung dieser Verfahrensform, der die Erweiterung des Gremiums Rechnung trägt, kann hierin ein beredtes Schweigen des Normgebers gedeutet werden. Im Umkehrschluss ist in diesen Fällen eine Beschlussfassung in eingeschränkter Besetzung nach Art. 8 Abs. 2 CIVS-Dekret ausgeschlossen.

871 Dekret vom Nr. 2001-530 (JORF vom 21.6.2001, Text Nr. 2).

872 Von November 1999 bis Oktober 2001 wurden allein 7.725 Anträge bei der CIVS eingereicht, vgl. *CIVS*, Tätigkeitsbericht für 2001, Anhang 3: Fiche statistique récapitulative. Innerhalb der zwei Folgejahre verdoppelte sich die Zahl auf 15.696 Anträge, vgl. *CIVS*, Tätigkeitsbericht für 2003, S. 25.

873 »La Commision accordera un traitement prioritaire, et une attention toute particulière, aux demandes de survivants ou à celles des demandeurs qui se trouveraient en grande difficulté personnelle.«

874 Siehe Art. 5 Abs. 2 S. 1 Hs. 2 (»après l'instruction de la demande«).

875 Vgl. *CIVS*, Tätigkeitsbericht für 2017, S. 44.

erweiterten Beratungsgremium zu erfolgen, sodass ein Rückgriff auf Art. 5 Abs. 2 ausgeschlossen ist. Anders verhält es sich nur, wenn dem Anspruch zuvor durch Empfehlung des erweiterten Beratungsgremiums nach Art. 3-1 Abs. 1 stattgegeben wurde und der Antrag sich nun auf die Auszahlung eines Anteils dieser Ausgleichsleistung an einen Teil der Anspruchsberechtigten beschränkt (etwa bei Anspruchsberechtigten, die zuvor nicht am Verfahren beteiligt waren).[876]

Bei Beschluss einer Empfehlung im Eilverfahren können Anspruchsteller:innen und -gegner:innen innerhalb einer Frist von einem Monat ab Erhalt der Empfehlung ohne Nennung von Gründen die Durchführung einer Sitzung vor einem Kollegialgremium beantragen (Art. 5 Abs. 2 Satz 2).

gg) Die Empfehlung der CIVS

Der Beschluss einer Empfehlung markiert den formalen Abschluss des Verfahrens vor der CIVS. Es handelt sich um eine begründete Stellungnahme[877], in welcher der verfahrensgegenständliche Sachverhalt festgestellt und einer rechtlichen Bewertung zugeführt wird. Der Vollzug der Empfehlung obliegt sodann den in der Empfehlung adressierten Stellen oder Personen (siehe hierzu sogleich).

Die Niederschrift der Empfehlung erfolgt in der Regel durch das Sitzungssekretariat auf Grundlage des Sitzungsprotokolls.[878] In Grundsatzentscheidungen erfolgt im Anschluss zumeist eine Abstimmung über den Text der Empfehlung mit sämtlichen Mitgliedern des Beratungsgremiums.[879] Der Inhalt einer Empfehlung folgt dabei aus den normativen Vorgaben des CIVS-Dekrets. Die Zuständigkeit der CIVS besteht in dem Vorschlag geeigneter Maßnahmen zum Schadensausgleich, die insbesondere in einer Restitution des entzogenen Vermögenswertes oder einer Entschädigung bestehen können. Daneben kann die Empfehlung weitere unbenannte Maßnahmen vorschlagen.[880]

Sprache und Struktur der Empfehlungen der Kommission haben sich im Laufe der Jahrzehnte deutlich gewandelt. In den ersten beiden Jahrzehnten (1999–2020) waren die Empfehlungen noch durch den für die französische Verwaltung üblichen Sprachstil geprägt und beschränkten sich zumeist auf kurze, apodiktische Feststellungen, die den juristischen Syllogismus in der Regel nicht zu erkennen gaben (sog. *imperiatoria brevitas*). Die Absätze einer Empfehlung wurden in Analogie zum Stil der Entscheidungen der *Cour de cassation* durch *Attendus* eingeleitet. Die Schlussfolgerung gegen Ende einer Empfehlung (*dispositif*) begann und beginnt noch heute mit der einleitenden Formel »Est d'avis que …« gefolgt von dem

876 In Fällen, in denen ein Anspruch bejaht wurde, aber nicht sämtliche Anspruchsberechtigten am Verfahren beteiligt waren oder ermittelt werden konnten, bildet die CIVS im Falle von Entschädigungen Rücklagen (sog. *parts réservées*) zugunsten der Berechtigten, die auf Antrag nach Durchführung eines Verfahrens nach Art. 5 Abs. 2 ausgezahlt werden. Siehe Näheres hierzu unter B.III.8.d).

877 Siehe zur Rechtsnatur der Empfehlungen schon unter B.III.3.b).

878 Vgl. *CIVS*, Tätigkeitsbericht für 2003, S. 21; *CIVS*, Tätigkeitsbericht für 2018, S. 42. Im Eilverfahren (Art. 5 Abs. 2) wird in gleicher Weise verfahren. Der Empfehlungstext beruht hier auf einer Eingabe des:der Präsident:in.

879 So etwa bei CIVS, Empfehlung vom 17.5.2021, Nr. 24582 BCM, Armand Dorville, abgedruckt in *CIVS*, Tätigkeitsbericht für 2021, S. 64–71. Der Verfasser konnte Einsicht in die Verfahrensakte und damit auch den Redaktionsprozess der Empfehlung nehmen.

880 Siehe Näheres hierzu noch unter B.III.8.c).

Vorschlag einer Ausgleichsleistung.[881] Während dieser Stil der Empfehlungen in den ersten beiden Jahrzehnten unverändert blieb, kam es nach 2020 im Interesse einer verbesserten Lesbarkeit und Klarheit der Empfehlungen zu einer schrittweisen Veränderung. Eine erste Kehrtwende markierte die Empfehlung in der Sache Hugo Simon vom 10. Juli 2020.[882] Die Kommission verzichtete darin erstmalig auf die charakteristischen *Attendus* und die Ausführungen der Empfehlungen (insbesondere zu den historischen Verlustumständen und dem Verfolgungsschicksal) wurden detaillierter. Ein weiterer Entwicklungsschritt vollzog sich in der Empfehlung in der Sache Armand Dorville vom 17. Mai 2021.[883] Die Kommission versah die Empfehlung in diesem Verfahren erstmalig mit Unterüberschriften.[884]

Die Empfehlungen der CIVS wurden lange Zeit, im Unterschied zu Empfehlungen vergleichbarer Gremien in anderen europäischen Staaten, nicht systematisch veröffentlicht.[885] In einer erstmaligen Kehrtwende veröffentlichte die CIVS im Tätigkeitsbericht für 2020 die Empfehlung in der Sache Hugo Simon vom 10. Juli 2020.[886] In den Tätigkeitsberichten für die Jahre 2021 und 2022 wurden sodann insgesamt fünfzehn weitere Empfehlungen in Kulturgütersachen publiziert[887] und zugleich auf dem Internetauftritt der CIVS zugänglich gemacht. Die CIVS nähert sich auf diese Weise – wenn auch in noch überschaubarem Umfang – dem Standard vergleichbarer Kommissionen in anderen europäischen Staaten an.[888]

Dieser Trend dürfte im Zuge der Verabschiedung des Reformgesetzes vom 22. Juli 2023 noch zunehmen: In Verfahren zur Restitution von Kulturgütern in öffentlichen Sammlungen nach Art. L.115-2 Code du patrimoine und Kulturgütern aus *musées de France* in privater Trägerschaft gemäß Art. L.451-10-1 Code du patrimoine ist nunmehr vorgesehen, dass die Empfehlungen zu veröffentlichen sind (Art. L.115-3 Satz 3 Code du patrimoine).

c) Vollzug der Empfehlung durch verpflichtete Personen oder Stellen

Der Vollzug der Empfehlung obliegt jenen Stellen oder Personen, die in der Empfehlung adressiert und durch diese zu einem bestimmten Handeln aufgefordert werden. Im Folgenden sollen diese als »Verpflichtete« bezeichnet werden. »Verpflichtung« soll dabei in einem übertragenen und nicht in einem rechtlichen Sinne verstanden werden, da im Geltungsbereich des CIVS-Dekrets grundsätzlich keine rechtlichen Ansprüche bestehen oder diese jedenfalls nicht gerichtlich durchsetzbar sind.[889]

Die Adressat:innen einer Empfehlung stehen dabei nicht schon zwingend bei Verfahrenseinleitung fest. Da ein Verfahren vor der CIVS einseitig durch die Geschädigten einer Entziehung

881 Siehe Beispielempfehlungen im Anhang zu *CIVS*, Tätigkeitsbericht für 2001.

882 CIVS, Empfehlung vom 10.7.2020, Nr. 24384 BCM-REST, abgedruckt in *CIVS*, Tätigkeitsbericht für 2020, S. 78–80.

883 CIVS, Empfehlung vom 17.5.2021, Nr. 24582 BCM, abgedruckt in *CIVS*, Tätigkeitsbericht für 2021, S. 64–71.

884 Die Empfehlungen untergliedern sich in folgende Abschnitte: I. der Sachverhalt (*les faits*), II. Das Verfahren (*la procédure*), III. die Untersuchung (*l'instruction du dossier*), IV. die Empfehlung der Kommission (*l'avis de la Commission*), ggf. V. Zuteilung der Entschädigung (*la répartition de l'indemnité*).

885 Eine Auswahl anonymisierter Empfehlungen finden sich im Anhang zum ersten Tätigkeitsbericht der CIVS von 2001, *CIVS*, Tätigkeitsbericht für 2001.

886 Vgl. *CIVS*, Tätigkeitsbericht für 2020, S. 78–80.

887 *CIVS*, Tätigkeitsbericht für 2021, S. 59 ff.; *CIVS*, Tätigkeitsbericht für 2022, S. 59 ff.

888 Die Kommissionen in Deutschland, Österreich, den Niederlanden und dem Vereinigten Königreich veröffentlichen ihre Empfehlungen/Berichte/Beschlüsse in ihren Internetauftritten.

889 Siehe hierzu schon unter B.III.3.c)bb).

(Art. 1 Abs. 1, 4 Abs. 1 CIVS-Dekret) und in Kulturgütersachen von Amts wegen oder durch sonstige betroffene Personen eingeleitet werden kann (Art. 1-1, 1-2), müssen die Parteien des Streitverhältnisses nicht selten erst im Zuge des Untersuchungsverfahrens ermittelt werden. Anders verhält es sich, wenn Verfahrensgegenstand ein Kulturgut in einer bestimmten öffentlichen Sammlung ist und die Parteien – die Geschädigten auf der einen und der Rechtsträger des Museums auf der anderen Seite – daher von vornherein feststehen.

Die Frage, wer in diesem Sinne als verpflichtet anzusehen ist, regelt das CIVS-Dekret nur lückenhaft. Art. 8-2 Abs. 1 CIVS-Dekret sieht etwa vor, dass die CIVS die Zahlung einer Entschädigung durch den Zentralstaat empfehlen kann, ohne zugleich näher auszuführen, unter welchen Voraussetzungen dies der Fall ist (aa). In allen übrigen Fällen lässt das Dekret diese Frage hingegen offen, sodass sich die Frage stellt, unter welchen Gesichtspunkten die CIVS eine Verpflichtung prüft (bb). Sind dies in Restitutionsverfahren stets nur die heutigen Eigentümer:innen oder können auch die Besitzer:innen der Werke in die Pflicht genommen werden? Kann in Entschädigungsverfahren eine andere Person als der Zentralstaat als verpflichtet angesehen werden?

aa) Vollzug der Empfehlung nach Art. 8-2 CIVS-Dekret (Staatshaftung)

Nach Art. 8-2 Abs. 1 CIVS-Dekret wird die Empfehlung, wenn hierin die Gewährung einer Entschädigung durch den Zentralstaat vorgesehen ist, an das Generalsekretariat der Regierung (*Secrétaire général du Gouvernement*) übermittelt.[890] Der:die Premierminister:in, vertreten durch das Generalsekretariat, trifft auf dieser Grundlage eine verbindliche Entscheidung, die neben den Anspruchsberechtigten dem *Office national des anciens combattants et victimes de guerre* (ONAC-VG) bekanntzugeben ist (Art. 8-2 Abs. 2), dem die Auszahlung der Entschädigung obliegt.

(1) Voraussetzungen einer »Verpflichtung« des Zentralstaates

Nach der Spruchpraxis der CIVS besteht eine Verpflichtung des Zentralstaates zum Ausgleich des Schadens in Geld, wenn eine Restitution des entzogenen Vermögenswertes in Natur ausgeschlossen ist, weil dieser untergegangen ist oder sein Verbleib nicht geklärt werden kann.[891] Es handelt sich demnach um eine subsidiäre Ausfallhaftung des Zentralstaates.

Diese Form der kompensatorischen Ersatzhaftung erinnert dabei nicht zufällig an die staatliche Garantiehaftung gemäß Art. 7 Abs. 2 der Verordnung vom 21. April 1945, auf die bereits in einem früheren Kapitel eingegangen wurde.[892] Die Haftungsnorm des Art. 8-2 CIVS-Dekret ist dieser Norm strukturell nachgebildet, gleichwohl ist der Rechtsgrund für die Haftung des Zentralstaates im Falle des Art. 8-2 CIVS-Dekret ein anderer: Während den rechtsethischen Grund der Garantiehaftung nach Art. 7 Abs. 2 der Verordnung von 1945 der Gedanke der

890 »Lorsque la commission propose que l'Etat prenne à sa charge une mesure d'indemnisation, elle transmet sa recommandation au Premier ministre (secrétariat général du Gouvernement).«

891 Zu den Voraussetzungen für die Gewährung einer Entschädigung, siehe Näheres unter B.III.8.b).

892 Siehe hierzu schon unter B.II.2.a)bb)(4)(ii).

Gleichheit und der Solidarität bildete[893], besteht dieser im Falle des Art. 8-2 CIVS-Dekret in der Beteiligung des französischen Staates an der antisemitischen Verfolgungspolitik während der deutschen Besatzung, anders formuliert in einem Kollektivverschulden. Die Norm weist damit einen staatshaftungsrechtlichen Anstrich auf: Die Ausgleichsleistung erfolgt gerade nicht in Ansehung eines zufälligen Sonderopfers (etwa infolge einer kriegsbedingten Zerstörung oder einer Plünderung durch Militärverbände), sondern vielmehr wegen der Schädigung bestimmter Personen durch eine staatliche Unrechtspolitik. Die Leistungserbringung durch den Staat auf Grundlage einer Empfehlung der CIVS bewirkt zudem, abweichend von Art. 7 Abs. 2 der Verordnung von 1945, keine Legalzession der Ansprüche der Geschädigten gegen potentielle Erwerber:innen der Vermögenswerte auf den Staat.[894]

Auch im Falle einer Restitution durch einen anderen Rechtsträger als den Zentralstaat (etwa durch eine Region, ein *Département* oder eine Kommune) ergeht nach der Spruchpraxis der CIVS zusätzlich eine Empfehlung an den:die Premierminister:in, selbst wenn sich der Anspruch in der Folge an eine andere Person oder Stelle richtet.[895] Dies ließe sich damit erklären, dass der Zentralstaat stets als mitverpflichtet angesehen wird und er deren Vollzug demnach auch bei Empfehlung einer Restitution durch einen anderen Verwaltungsträger sicherstellen muss.

(2) Rechtsnatur der Entscheidung

Die Entscheidungen nach Art. 8-2 Abs. 2 CIVS-Dekret stellen gerichtlich angreifbare Verwaltungsakte (*acte individuel unilatéral*) dar,[896] die eine Leistungspflicht anerkennen und auf diese Weise eine rechtlich durchsetzbare Pflicht zulasten des Zentralstaates begründen (sog. *décision créatrice de droits*).[897]

Ablehnende Entscheidungen werden im Unterschied zu stattgebenden Entscheidungen nach ständiger Verwaltungspraxis (wohl wegen des verbundenen Verwaltungsaufwands) nicht beschieden. Dies scheint mit dem Wortlaut des Dekrets nach Art. 8-2 Abs. 2 vereinbar zu sein, wonach nur eine stattgebende Entscheidung den Betroffenen bekanntzugeben ist.[898]

893 Art. 7 Abs. 2 sah eine Staatshaftung »en application des dispositions à prendre pour la réparation des dommages de guerre« vor. Der Ausgleich von Kriegsschäden wurde durch Gesetz Nr. 46-2389 vom 28.10.1946 (JORF vom 29.10.1946, S. 9191) geregelt und durch weitere Folgebestimmungen konkretisiert. Art. 1 dieses Gesetzes proklamierte »l'égalité et la solidarité de tous les Français devant les charges de la guerre.« Vgl. auch *Debecker*, La réparation des dommages de guerre en France et en Belgique, S. 20: »Ainsi de la conjonction des idées d'égalité devant les charges publique et de solidarité, l'existence du droit à réparation […] découle naturellement.«

894 So ausdrücklich Cass. civ. 1ère, 1.7.2020, Nr. 18-25.695, Rec. Dalloz 2020, 1460, Rn. 5 – Toll (»[L]'indemnisation des consorts Bauer par la Commission […] n'avait pas pour effet de transférer la légitime propriété du bien en cause à ses possesseurs, M. et Mme Toll, ni à l'Etat, payeur de l'indemnité, aucun mécanisme de subrogation ou de transfert de propriété n'étant prévu par le décret n° 99-778 du 10 décembre 1999 créant la CIVS«). Anders im Falle des Art. 7 Abs. 2 der Verordnung von 1945, der durch Gesetz Nr. 49-573 vom 23.4.1949 (JORF vom 24.4.1949, S. 4108) konkretisiert wurde, dessen Art. 1 Abs. 7 S. 2 einen Forderungsübergang auf den Staat vorsah.

895 So etwa in CIVS, Empfehlung vom 16.2.2018, Fall O, *Carrefour à Sannois*, Maurice Utrillo. Das Gemälde befand sich im Eigentum der Stadt Sannois. Gleichwohl ergriff der Premierminister eine Entscheidung auf Grundlage des CIVS-Dekrets, die der Stadt zugestellt wurde, ohne jedoch in diesem Verhältnis (zwischen Zentralstaat und Gebietskörperschaft) eine rechtliche Bindungswirkung zu entfalten.

896 Siehe hierzu sogleich unter B.III.5.b).

897 Siehe hierzu schon unter B.III.3.c)dd).

898 »Les décisions d'indemnisation prises par le Premier ministre […] sur la base des recommandations de la commission sont notifiées aux intéressés […].«

Die Entscheidungen müssen zudem nicht zwingend eine Rechtsschutzbelehrung enthalten. Gleichwohl hat das Fehlen einer solchen zur Folge, dass sich der Staat gegenüber möglichen Kläger:innen nicht auf den Ablauf der zweimonatigen Klagefrist berufen kann (sog. *inopposabilité*).[899]

bb) »Verpflichtung« der Bereicherten

Abseits der Haftung des Zentralstaates nach Art. 8-2 enthält das CIVS-Dekret keine expliziten Vorgaben zur Bestimmung der Anspruchsgegner:innen oder durch den »Anspruch« Verpflichteten. Gleichwohl unterstellt das CIVS-Dekret, wie aus Art. 2 hervorgeht, die Existenz eines Streitverhältnisses, an dem neben den Geschädigten weitere Personen oder Stellen beteiligt sind. Gemäß Art. 2 Abs. 1 hat die CIVS eine Schlichtung zwischen allen »betroffenen Personen« (»personnes intéressées«) anzustreben und im Zweifel eine Empfehlung zur Streitbeilegung auszusprechen (Art. 2 Abs. 2).[900] Ähnliche Formulierungen finden sich in anderen Bestimmungen.[901] Wer neben den Geschädigten an diesem Streitverhältnis beteiligt ist, bleibt aber offen. Als potenzielle Anspruchsgegner:innen kommt somit eine Vielzahl von Personen und Stellen in Betracht, beispielsweise inländische wie auch ausländische Personen des öffentlichen Rechts oder auch Privatpersonen, die entzogene Vermögenswerte halten oder aber von dem Erlös aus einem Verkauf dieser Vermögenswerte profitieren. Schon in den redaktionellen Vorarbeiten zum CIVS-Dekret wurde eine Beteiligung öffentlicher wie privater Stellen an Verfahren vor der CIVS für möglich gehalten.[902]

In Übereinstimmung mit dieser Vorgabe legt die CIVS den Kreis der Anspruchsgegner:innen extensiv aus. Als verpflichtet gilt, wer durch die Entziehung den entzogenen Vermögenswert oder jedenfalls dessen Gegenwert als vermögenswerten Vorteil erlangt hat. Dies gilt zunächst für die durch Empfehlungen der CIVS adressierten öffentlichen Stellen, die nicht notwendigerweise in Frankreich angesiedelt sein müssen. Im Fall des Gemäldes *Vallée de la Stour* von John Constable aus der Sammlung Jaffé wurde etwa die Stadt La Chaux-de-Fonds in der Schweiz als verpflichtet angesehen.[903] Ähnlich verhielt es sich im Fall der Restitution von drei Büchern an die Erb:innen nach Georges Mandel, die sich in den Beständen der Staatsbibliothek zu Berlin (Stiftung Preußischer Kulturbesitz) und der Sächsischen Landesbibliothek –

899 Art. R.421-5 Code de justice administrative.

900 »La commission s'efforce de parvenir à une conciliation entre les personnes intéressées.«

901 Etwa »personne destinataire« (Art. 5 Abs. 2 Satz 2), »personne dont la conciliation est recherchée« (Art. 5 Abs. 3) oder »personnes impliquées« (Art. 7 Abs. 1). Der Begleitbericht zum Dekret spricht untechnisch von »institutions concernées« (Rapport au Premier ministre, JORF vom 11.9.1999, S. 13632).

902 Bei einem Minister:innentreffen vom 21.5.1999 im Vorfeld der Verabschiedung des CIVS-Dekrets konsentierten die beteiligten Ministerien, dass es Aufgabe der CIVS sein würde, »de rechercher des solutions négociées pour les litiges individuels opposant des particuliers à des institutions, publiques ou privées« (Compte rendu de la réunion interministérielle tenue le 21 mai 1999 sous la présidence de M. David Kessler, 25.2.1999, AN 20100239/66, Mission Mattéoli, Suivi des travaux et fonctionnement).

903 CIVS, Empfehlungen vom 6.2.2009, 1.9.2011, 17.2.2017. Da das Kunstwerk in Frankreich entzogen worden war, sich aber im Zeitpunkt der Empfehlung im Ausland befand, begründete die CIVS eine Pflicht der staatlichen Stellen in Frankreich, alle erforderlichen (ggf. diplomatischen) Anstrengungen zu unternehmen, um die Restitution des Werkes zu ermöglichen (»Que la Commission […] estime nécessaire, que dans le respect de l'esprit de ces engagements internationaux [principes de la Conférence de Washington et de la Déclaration de Terezín; Anm. d. Verf.] soit diligentées des actions diplomatiques permettant un règlement rapide de la situation et la restitution de l'œuvre«).

Staats- und Universitätsbibliothek Dresden (Freistaat Sachen) befanden.[904] Diese öffentlichen Stellen müssen zudem nicht zwingend Eigentümer:innen der Kulturgüter sein. Die Eigentümer:innenstellung der Anspruchsgegner:innen ist für die Prüfung durch die CIVS vielmehr unbeachtlich.[905] Vielmehr genügt schon die faktische Verfügungsgewalt über den beanspruchten Gegenstand. So verhält es sich etwa in Verfahren, die auf Restitution eines Kulturguts aus den Sonderrestbeständen der äußeren Restitution gerichtet sind. An diesen Beständen, auf die noch in späterem Kapitel ausführlich eingegangen wird, hält der Zentralstaat kein Eigentum. Vielmehr verwahrt er diese auf Grundlage eines besonderen öffentlich-rechtlichen Rechtsverhältnis in Erwartung ihrer Restitution an die zivilrechtlichen Eigentümer:innen.[906]

Dass auch Privatpersonen als verpflichtet angesehen werden können, ist für den Bereich der nachrichtenlosen Bankkonten, deren Verlust speziell durch Leistungen nach dem Dekret Nr. 2001-243 vom 21. März 2001[907] kompensiert wird, ausdrücklich anerkannt. Verpflichtete sind im Geltungsbereich dieses Dekrets die am Washingtoner Abkommen vom 18. Januar 2001 beteiligten Privatbanken[908], die sich hierin zur Alimentierung zweier Entschädigungsfonds verpflichtet haben (Art. 1 Abs. 1 des Abkommens). Die Prüfung von Ansprüchen auf Leistungen aus diesen Fonds obliegt der CIVS. Den rechtsethischen Grund für die Inpflichtnahme dieser Privatpersonen bildet zum einen die Verstrickung der Banken in die Entziehungspolitik des Deutschen Reichs und das Vichy-Regime während der Besatzung. Das Spezifikum der Entziehungen bei Bank- oder Wertpapierkonten bestand darin, dass die Umsetzung der Kontosperrungen[909] und Guthabeneinziehungen zur Erfüllung der »Milliardenbuße«[910] den Banken und Kreditinstituten selbst oblag. In vielen Fällen verblieben die Vermögenswerte auch nach dem Krieg auf den gesperrten Konten, ohne von den Berechtigten oder deren Rechtsnachfolger:innen beansprucht zu werden, sodass Rechtsansprüche an ihnen nach Ablauf von dreißig Jahren verjährten (Art. 2262 Code civil a. F.). Der Rechtsgrund der Haftung besteht somit zusätzlich in der Erlangung einer ungerechtfertigten Bereicherung infolge der Entziehungen.[911] Die Banken werden somit gleichsam als Akteure und Profiteure der Entziehungen in die Pflicht genommen.

Aber auch abseits des Dekrets vom 21. März 2001 können Privatpersonen nach der Spruchpraxis der CIVS als »verpflichtet« angesehen werden, ohne dass aber gleichwohl eine Rechtspflicht zum Schadensausgleich begründet wird. Einen Präzedenzfall im Bereich

904 CIVS, Empfehlung vom 12.2.2021, Nr. 5446 BCM, Georges Mandel, abgedruckt in *CIVS*, Tätigkeitsbericht für 2021, S. 60–63.

905 Ausdrücklich bestätigt durch Aussage des Präsidenten der CIVS in einem Telefonat vom 17.5.2023.

906 Siehe hierzu eingehend unter C.II.

907 Dekret Nr. 2001-243, JORF vom 23.3.2001, Text Nr. 30.

908 Etwa BNP Paribas, Crédit Lyonnais, Société Générale, Crédit Agricole, Crédit Commercial.

909 Die Sperrung der Bankguthaben als jüdisch eingeordneter Personen bei Bankinstituten in der besetzten Zone erfolgte auf Grundlage der sog. Vierten Verordnung über Maßnahmen gegen Juden vom 28.5.1941, VOBlF. vom 10.6.1941, S. 272. Bei Wertpapierkonten beruhte die Sperrung auf Art. 4 der Verordnung des deutschen Besatzers vom 26.4.1941 (VOBlF. vom 5.5.1941, S. 255) und dem Gesetz der französischen Regierung vom 22.7.1941 (JOEF vom 26.8.1941, S. 3594). Siehe zum Ganzen *Mission d'étude sur la spoliation des Juifs de France*, Rapport général, S. 61 ff.; *Andrieu*, La spoliation financière, Band 1, S. 127 ff.

910 Sog. *amende d'un milliard* in Umsetzung der sog. Verordnung über eine Geldbuße der Juden vom 17.12.1941, VOBlF. vom 20.12.1941, S. 325. Die Zahlung sollte durch die UGIF (*Union générale des israélites de France*) aus den gesperrten Bank- und Wertpapierkonten von als jüdisch eingeordneten Personen erbracht werden.

911 Das Washingtoner Abkommen führt in diesem Sinne aus, dass die Leistungen der Beseitigung jeglicher Bereicherung bei den Banken (»toute forme d'enrichissement injuste provenant de biens abandonnés à ces institutions et jamais restitués à leurs anciens propriétaires«) dient.

der Kulturgüterverluste bildet das Verfahren Georges-Michel. Die Bibliothek des Malers und Schriftstellers Michel Georges-Michels (1883–1985) war am 11. März 1941 durch den ERR entzogen und danach in das Deutsche Reich abtransportiert worden. Nach dem Krieg wurden die Werke in Deutschland von russischen Truppen beschlagnahmt und nach Moskau verbracht. Erst im Jahre 2000 erfolgte die Restitution an den französischen Staat, der diese schließlich im April 2000 der *Société des gens de lettres* (SGDL), einem privatrechtlichen Verein, übergab. Nach Vermittlung durch die CIVS erfolgte im Juni 2020 schließlich die Restitution von 29 Kartons mit verschiedenen Büchern an die Erb:innen nach Georges-Michel.[912] Weitere Fälle aus der Spruchpraxis der CIVS belegen diesen Ansatz.[913]

Entscheidend für die Einordnung als »verpflichtete« Person ist demnach die Verantwortung für oder die Bereicherung durch eine Entziehung infolge antisemitischer Gesetze. Im Falle einer Restitution von Kulturgütern sind dies stets die aktuellen Halter:innen, ohne dass es auf die formale Rechtsstellung als Eigentümer:in des beanspruchten Gegenstandes ankäme. Bei einer Entschädigung ist zwischen Verlusten von Bankguthaben und sonstigen Vermögenswerten zu unterscheiden. Im ersten Fall sind nach dem Dekret vom 21. März 2001 die am Washingtoner Abkommen von 2001 beteiligten Banken als Pflichtige anzusehen. Im Übrigen ist bei Nichtermittelbarkeit der aktuellen Halter:innen gemäß Art. 8-2 CIVS-Dekret der Zentralstaat als verpflichtet anzusehen. Die kompensatorische Ausfallhaftung des Staates bildet dabei, wie bereits dargestellt wurde, in der Spruchpraxis der CIVS den Regelfall.

d) Fazit

Die vorangehenden Ausführungen haben aufgezeigt, dass das Verfahren vor der CIVS so, wie es in den vergangenen zwei Jahrzehnten aus der Praxis hervorgegangen ist, multiplen Zielvorstellungen gerecht werden soll. Zunächst dient das Verfahren, insbesondere die Untersuchung (*instruction*), der Ermittlung des historischen Sachverhalts als Grundlage der Empfehlung der Kommission. Vorrangiges Ziel des Verfahrens bildet somit die Erforschung der historischen Wahrheit, wobei schriftlichen Nachweisen aus Archiven und den Aussagen von Zeitzeug:innen, insbesondere der Geschädigten selbst, besonderes Gewicht zukommt. Funktion und Bedeutung des Verfahrens weisen aber über die reine Ermittlung des für die Anspruchsbewertung relevanten Sachverhalts deutlich hinaus.

Dieses dient ferner dazu, die Verfolgungsgeschichte der Geschädigten während der Besatzungszeit nachzuzeichnen und die Familienangehörigen der Geschädigten, die typischer-

912 SGDL, Presserklärung, https://sgdl.org/sgdl-accueil/presse/communiques/3922-restitutions-de-f (26.3.2023). Weitere Werke wurden in diesem Zuge auch an die Erb:innen des Schriftstellers Florent Ferdinand Fels übergeben (1891–1977).

913 So verhielt es sich etwa im Fall R (Empfehlung vom 4.4.2006). Die Kommission nahm hier Kontakt mit dem Auktionshaus Christie's in Paris auf, um den Namen des:der Einlieferer:in mehrerer Objekte zu ermitteln, die 2004 versteigert worden waren und bei denen eine Herkunft aus der Sammlung der Geschädigten vermutet wurde. Im Zuge der Untersuchung konnte der Entziehungsverdacht schließlich vollständig entkräftet werden, sodass die CIVS keine Empfehlung an die privaten Halter:innen der Werke richtete. Ein weiteres Beispiel stellt der Fall L (CIVS, Empfehlung vom 8.7.2016) dar. Die für den Schaden verantwortliche Bank wurde aufgefordert, den Zahlungsforderungen der Antragsteller zu entsprechen, bei Verweigerung sollte subsidiär der Zentralstaat eine Entschädigung nach Art. 8-2 CIVS-Dekret leisten. Der Premierminister verweigerte aber die Umsetzung der Empfehlung.

weise in Verfahren vor der CIVS als Anspruchsteller:innen auftreten, aufzuklären.[914] In den Worten des CIVS-Mitglieds Dreyfuss-Netter soll den künftigen Generationen ein Teil ihrer Geschichte und Vergangenheit zurückzugeben (»restituer«) werden.[915] Die CIVS leistet auf diese Weise einen Beitrag zur Rekonstruktion von Familiengeschichten[916] und erfüllt so den Anspruch auf Geschichte (*right to history*) der Überlebenden als Teil eines restorativen Gesamtprozesses.[917] Die CIVS vervollständigt durch ihre Untersuchungen zu einem individuellen Verfolgungsschicksal im gleichen Zuge die Vorarbeiten der Mattéoli-Mission, die sich auf die Vermögensentziehungen auf Makroebene bezogen, und trägt hierdurch zu einer Geschichtsschreibung im Kleinen bei. In diesem Prozess der Wahrheitssuche und -findung sind die Überlebenden nicht nur stumme Empfänger:innen einer objektiven Wahrheit, die ihnen vonseiten öffentlicher Stellen vorgegeben wird. Sie sind vielmehr aktiv in den historischen Aufarbeitungsprozess eingebunden. Funde in historischen Archiven werden so stets mit den Erinnerungen der Geschädigten abgeglichen. In diesem dialektischen Prozess im Wechselspiel zwischen CIVS und Anspruchsteller:innen entsteht ein vielschichtiges Bild der historischen Wirklichkeit, das verschiedenste Perspektiven in sich vereint.

Das Verfahren bietet durch seine Ausrichtung auf die Belange der Geschädigten und Überlebenden zudem ein Forum, in dem diese ihre Erinnerungen, Eindrücke und Erfahrungen einer öffentlichen Stelle mitteilen können und Gehör finden.[918] Die Anspruchsteller:innen werden demnach nicht nur in ihrer Dimension als Träger:innen eines Anspruchsbegehrens oder gar als »Bittsteller« wahrgenommen, sondern als Träger:innen eines besonderen Erfahrungswissens mit Bedeutung für den historischen Erkenntnisprozess. Die aktive Einbindung der Anspruchsteller:innen auf sämtlichen Ebenen des Verfahrens, die formale Zuerkennung der Geschädigtenstellung[919] und die Gewährung einer Ausgleichsleistung beinhalten gleichsam eine Anerkennung des erfahrenen historischen Unrechts[920] und dadurch eine Bestätigung der Würde der Geschädigten oder ihrer Nachfahr:innen.[921] Das Verfahrensziel erschöpft sich folglich nicht in einem materiellen Anliegen (Ausgleich verbleibender Vermögensschäden), sondern beinhaltet auch eine Reaktion auf den Prozess der Dehumanisierung und Entwürdigung der Geschädigten als integraler Bestandteil der erfahrenen Schädigung.

914 Rapport au Premier ministre, JORF vom 11.9.1999, S. 13632: »Prenant appui sur les travaux de la mission d'étude de M. Matteoli, l'instance dont la création est proposée pourra éclairer les familles des victimes sur le sort des biens dont elles ont été dépossédées et tentera d'apporter une réponse adaptée à leurs demandes.«

915 *Dreifuss-Netter*, in: CIVS (Hrsg.), Tätigkeitsbericht für 2019, Actes du colloque du 15 novembre 2019, S. 141, 144.

916 Auch O'Donnell hebt die Bedeutung von Restitutionen für die Rekonstruktion von Familiengeschichten hervor, vgl. *O'Donnell*, EJIL 1 (2011), 49 (55 f.). Eine Aufarbeitung der Familiengeschichte erscheint aber auch in Entschädigungsverfahren möglich, wie die CIVS-Praxis eindrucksvoll belegt.

917 Zu diesem Aspekt bezogen auf die CIVS vgl. *Karn*, Amending the past: Europe's Holocaust commissions and the right to history, S. 40 ff.

918 »Les séances sont, en effet, pour eux [les requérants; Anm. d. Verf.] une occasion privilégiée de donner corps à leur histoire personnelle encore douloureuse, ou à celle de leurs ascendants, d'exprimer leur émotion«, *Dreifuss-Netter*, Rec. Dalloz 2020, 945 (948).

919 Zur formalen Anerkennung der Geschädigtenstellung (*qualité de victime*) als Maßnahme des Schadensausgleichs, siehe Näheres unter B.III.8.c)bb).

920 Siehe im Besonderen zum Aspekt der Anerkennung historischen Unrechts durch die Gewährung einer Entschädigung in Geld *Garapon*, Peut-on réparer l'histoire? Colonisation, esclavage, Shoah, S. 169.

921 Siehe zum Begriff der *dignity restoration* noch näher unter B.III.8.c)bb).

5. Rechtsschutz nach Abschluss des Verfahrens

Gegen Empfehlungen der CIVS und Entscheidungen des:der Premierminister:in können sich Berechtigte auf zwei Weisen zur Wehr setzen: (a) im Wege eines Nachprüfungsantrages (*demande de nouvel examen*) vor der CIVS oder (b) im Wege einer Klage gegen eine ablehnende Empfehlung der CIVS oder Entscheidung des:der Premierminister:in vor den französischen Verwaltungsgerichten.

a) Nachprüfungsverfahren (Art. 8-1-1)

Einen vorgelagerten verwaltungsinternen Rechtsbehelf gegen eine Empfehlung der CIVS bildet der Nachprüfungsantrag (*demande de nouvel examen*). Dieses interne Überprüfungsverfahren wurde durch das Dekret Nr. 2001-530 vom 20. Juni 2001[922] geschaffen und ist losgelöst von einer gerichtlichen Klage (*recours contentieux*). Das Verfahren diente ursprünglich der Umsetzung des Washingtoner Abkommens vom 18. Januar 2001, gilt aber für sämtliche Vermögensentziehungen.

Die beiden Absätze des Art. 8-1-1 CIVS-Dekret enthalten zwei Aufhebungsgründe. Absatz 1 betrifft den heute nicht mehr relevanten Fall, dass die Empfehlung durch ein Gremium in eingeschränkter Besetzung (*formation restreinte*) beschlossen wurde, Absatz 2 hingegen den Fall einer Beschlussfassung in vollständiger Besetzung (*formation plénière*). In beiden Fällen sind die materiellen Anforderungen an die Begründetheit des Nachprüfungsantrags aber analog ausgestaltet: Die Antragsteller:innen müssen darlegen und beweisen, dass neue Tatsachen bekannt geworden sind (*faits nouveaux*), die der Ausgangsempfehlung nicht zugrunde lagen, oder dass die Empfehlung materiell fehlerhaft (*entachée d'une erreur matérielle*) ist.

Antragsberechtigt nach Art. 8-1-1 CIVS-Dekret sind nur die Anspruchsteller:innen (*demandeurs*), nicht hingegen die in der Empfehlung verpflichteten öffentlichen Stellen oder Privatpersonen. Diese gesetzliche Einschränkung der Verfahrensposition der Anspruchsgegner:innen erscheint mit Blick auf den Grundsatz der Waffengleichheit, aber auch mit Blick auf das Verfahrensziel der historischen Wahrheitssuche misslich: Tauchen etwa nach Abschluss des Verfahrens neue Erkenntnisse auf (z. B. durch das Zugänglichwerden bislang nicht erschlossener Archive), liegt es allein in der Hand der Anspruchsteller:innen, diese zum Anlass eines Nachprüfungsantrages zu nehmen. Gerade bei Kunstwerken oder sonstigen Kulturgütern kann dies mit Blick auf die Prüfung besonders fehleranfälliger Anspruchsvoraussetzungen – wie etwa zur Frage des Eigentums[923] – ein grundlegendes Problem darstellen. Einschätzungen zur Provenienz eines Kulturguts weisen zumeist nur vorläufigen Charakter auf. So kann eine Provenienzzuschreibung ausgehend von den vorliegenden Erkenntnissen zu einem bestimmten Zeitpunkt richtig sein, sich aber nach Auftauchen neuer Erkenntnisse als unzutreffend erweisen.

Gleichwohl würde eine Nachprüfung auf Antrag einer Kulturgut haltenden Einrichtung Anspruchsteller:innen einem erheblichen Haftungsrisiko aussetzen, wenn diese nach der Aufhebung der für sie günstigen Empfehlung mit der Rücknahme der Restitutionsentscheidung

922 JORF vom 21.6.2001, Text Nr. 2.

923 Siehe Näheres hierzu unter B.III.7.b)aa)(2).

rechnen müssten.[924] In der Entscheidung gegen die Einräumung einer Antragsbefugnis im Nachprüfungsverfahren gegenüber den Anspruchsgegner:innen kommt daher die bewusste Wertungsentscheidung zum Ausdruck, die Begünstigten vom Risiko einer nachträglichen Infragestellung der Empfehlung freizustellen.

Über die Zulässigkeit des Antrages entscheidet der:die Präsident:in der Kommission im Rahmen einer kursorischen Vorprüfung. Eine ablehnende Entscheidung kann mit dem Rechtsbehelf der Anfechtungsklage (*recours pour excès de pouvoir*) angegriffen werden.[925] Bei Zulassung des Antrages berät das Beratungsgremium in vollständiger Besetzung (*formation plénière*) über die Begründetheit des Antrags nach erneuter Vorlage eines Berichts des:der Berichterstatter:in und Anhörung der Anspruchsteller:innen.[926] Eine neue Empfehlung ist zu beschließen und die frühere aufzuheben, wenn sich die Behauptung der Anspruchsteller:innen nach der Überzeugung der Kommission als zutreffend erweist, die Empfehlung also materiell fehlerhaft ist oder neue Tatsachen vorliegen.

b) Gerichtliche Rechtsbehelfe gegen Entscheidungen nach dem CIVS-Dekret

aa) Einschlägige Klageart

Ein durch Verpflichtungsklage (*recours de pleine juridiction*) vor Verwaltungsgerichten klagbarer Leistungsanspruch besteht, wie bereits dargestellt wurde, im Geltungsbereich des CIVS-Dekrets nicht. Tauglicher Gegenstand einer verwaltungsgerichtlichen Anfechtungsklage (*recours pour excès de pouvoir*) stellen hingegen die Entscheidungen des:der Premierminister:in dar.[927]

Dieser Klageart, die auf Aufhebung eines Rechtsaktes der Verwaltung (*acte administratif*) gerichtet ist, unterliegen sämtliche Rechtsakte, sofern diese zulasten der Adressat:innen eine rechtlich relevante Beschwer begründen (*actes faisant grief*). Dies setzt voraus, dass der Rechtsakt eine rechtlich relevante Wirkung im Verhältnis zu diesen entfaltet. Die Entscheidungen des:der Premierminister:in stellen Verwaltungsakte (*acte individuel unilatéral*) dar, die eine verbindliche Regelung über Art und Höhe der Ausgleichsleistung treffen. Sofern diese von der beantragten Leistung ganz oder teilweise abweichen, beinhalten diese die Versagung eines rechtserheblichen Vorteils und begründen auf diese Weise eine rechtliche Beschwer.

Die Empfehlungen der CIVS unterliegen dagegen grundsätzlich keiner gerichtlichen Kontrolle, da sie rechtlich nicht bindende Stellungnahmen darstellen, die zumeist nur eine Verwaltungsentscheidung vorbereiten und daher keine rechtliche Beschwer aufweisen.[928]

924 Auf die Möglichkeit einer Rücknahme eines rechtswidrig gewordenen Verwaltungsaktes nach Abschluss eines Verfahrens vor der CIVS wurde bereits an anderer Stelle eingegangen B.III.3.c)dd).

925 TA Paris, 11.6.2009, Nr. 0603050 – Elkan: »[L]es décisions de la commission refusant de procéder au réexamen d'une recommandation, en ce qu'elles font obstacle à ce que le Premier ministre prenne une nouvelle décision, sont au nombre des décisions faisant grief susceptibles de faire l'objet d'un recours pour excès de pouvoir«.

926 Vgl. *CIVS*, Tätigkeitsbericht für 2001, S. 20: »La demande est soumise au rapporteur qui a précédemment connu de l'affaire. Celui-ci apprécie et consigne dans un rapport écrit, éventuellement après avoir procédé à des investigations complémentaires et entendu à nouveau le requérant, s'il est justifié de faits nouveaux, de nouvelles preuves ou d'une erreur matérielle«.

927 Erstmals bestätigt in CE, 23.7.2012, Nr. 348105, Rec. S. 291, Cons. 3 – Callou I: »[L]es décisions prises par le Premier ministre sont susceptibles de faire l'objet d'un recours pour excès de pouvoir«.

928 Nach st. Rspr. stellen Empfehlungen staatlicher Steller, die in beratender Funktion eine Empfehlung zu einer bestimmten Sachfrage abgeben, ohne eine verbindliche Regelung zu treffen, keine anfechtbaren Rechtsakte dar. Bzgl. der Empfehlungen der *Commission de la sécurité des consommateurs* (CSC) siehe CE, 27.5.1987, Nr. 83292 ; bzgl. der Empfehlungen der *Haute*

Eine gerichtliche Angreifbarkeit bejaht die Rechtsprechung nunmehr aber für ablehnende Empfehlungen der CIVS.[929] In der Regel ergeht in diesen Fällen keine Entscheidung des:der Premierminister:in, sodass Anspruchsteller:innen streng genommen eine Bestätigung der ablehnenden Empfehlung durch Verwaltungsakt des:der Premierminister:in gesondert beantragen und in der Folge gegen diesen prozessieren müssten. Aus prozessökonomischen Gründen erscheint die Lösung des *Tribunal administratif* aber vorzugswürdig, da im Falle einer vollständigen Ablehnung durch die CIVS zumeist auch der Inhalt der Entscheidung des:der Premierminister:in erwartbar erscheint.

bb) Klagefristen

Die Frist zur Erhebung einer Anfechtungsklage beträgt bei ablehnender Entscheidung zwei Monate ab Bekanntgabe des maßgeblichen Rechtsaktes (Art. R.421-1 Abs. 1 Code de justice administrative). In Verfahren vor der CIVS ist danach zu unterscheiden, ob die Empfehlung der CIVS den Antrag vollständig oder nur teilweise abgelehnt hat. Nur bei teilweiser Ablehnung durch die CIVS ergeht nach der Verfahrenspraxis eine stattgebende Entscheidung des:der Premierminister:in. Gegen diese Teilablehnung kann Widerspruch (*recours gracieux*, Art. L.411-2 Code de justice administrative) eingelegt werden[930] oder direkt vor den Verwaltungsgerichten geklagt werden.[931] Hilft die Erlassbehörde dem Widerspruch nicht ab und bestätigt die frühere Entscheidung, können die Anspruchsteller:innen gegen diese Entscheidung klagen. Bewahrt die Verwaltung hingegen auf einen Widerspruch hin Stillschweigen, wird nach Ablauf von zwei Monaten ab Antragstellung die Entstehung einer impliziten Widerspruchsablehnung fingiert (*refus implicite*, Art. R.421-2 Satz 1 Code de justice administrative), die innerhalb einer Frist von zwei Monaten angegriffen werden kann (Art. R.421-2 Satz 1 Code de justice administrative).[932] Bei einer ablehnenden Empfehlung oder bei Ablehnung eines Nachprüfungsantrages nach Art. 8-1-1 Abs. 1 Satz 2 CIVS-Dekret beginnt die Klagefrist hingegen mit Bekanntgabe der Empfehlung/Entscheidung.

cc) Gerichtlicher Prüfungsmaßstab

Daran schließt sich die Frage an, in welchem Umfang ablehnende Empfehlungen der CIVS oder Entscheidungen gerichtlich überprüfbar sind.

(1) Beschränkung auf rügefähige Rechts- und Tatsachenfehler

Bei einer Anfechtungsklage (*recours pour excès de pouvoir*) ist die gerichtliche Kontrolle nicht vollumfänglich, sondern beschränkt sich auf einen *numerus clausus* rügefähiger Rechts- und Tatsachenfehler. Diese erstreckt sich auf materiell-rechtlicher Ebene (*légalité interne*) neben

autorité de santé (HAS) siehe CE, 4.11.1987, Nr. 80501. Siehe für eine Übersicht mit in der Rspr. anerkannten Ausnahmen *Auby/Drago*, Traité des recours en matière administrative, S. 200 f.

929 TA Paris, 10.7.2020, Nr. 1902810/6-1; CAA Paris, 11.6.2021, Nr. 20PA02630.

930 Vgl. TA Paris, 20.6.2019, Nr. 1718109/6-3 – Fraenkel III.

931 Vgl. TA Paris, 10.7.2020, Nr. 1823213/6-1 – Michel.

932 So erstmals TA Paris, 8.6.2007, Nr. 0507913/7 – Fraenkel I.

Rechtsfehlern auch auf Fehler der Tatsachenermittlung und -bewertung.[933] Auf formell-rechtlicher Ebene (*légalité externe*) sind Verletzungen von Zuständigkeits- und Verfahrensregeln rügefähig.

Bei der Auslegung von Begriffen des CIVS-Dekrets ist die gerichtliche Prüfung vollumfänglich. Gleiches gilt für die Beweiswürdigung und Tatsachenfeststellung (*erreur de fait*).[934] Die rechtliche Würdigung dieser Tatsachen unterliegt im Bereich des CIVS-Dekrets hingegen nur einer eingeschränkten Kontrolle auf offenkundige Bewertungsfehler (*erreur manifeste d'appréciation*). Das Gericht prüft in diesem Fall nur, ob die rechtliche Bewertung einer Tatsache völlig abwegig und unvernünftig erscheint (sog. *contrôle restreint*).[935]

(2) Einschränkung des Prüfungsmaßstabes unter Billigkeitsgesichtspunkten

In bestimmten Fragen gestehen die Gerichte der CIVS ferner einen nur bedingt überprüfbaren Ermessensspielraum zu. Dies gilt insbesondere mit Blick auf die Grundsätze der Schadensbemessung. Nach Art. 1 Abs. 2 CIVS-Dekret obliegt es der Kommission, »geeignete Maßnahmen des Schadensausgleichs« (*mesures de réparation appropriées*) vorzuschlagen. Die Rechtsprechung folgert aus dieser Formulierung eine Beschränkung des gerichtlichen Prüfungsmaßstabes.

Im Verfahren Fraenkel von 2007 ließ das Gericht in einem *obiter dictum* anklingen, dass die Grundsätze der Schadensbemessung im Ermessen der Kommission stünden.[936] In einer späteren Entscheidung führte dieselbe Kammer aus, dass das CIVS-Dekret mangels entsprechender dezidierter Vorgabe keinen vollständigen (*réparation intégrale*), sondern lediglich einen geeigneten und billigen Schadensausgleich (»réparation appropriée et équitable«) anstrebe.[937] Diese Argumentation erscheint angreifbar, da es auch nach allgemeinem Schadensersatzrecht (Art. 1240 Code civil) und erst recht im richterrechtlichen Staatshaftungsrecht an einer entsprechenden Bestimmung fehlt. Gleichwohl wird auch hier die Geltung des Grundsatzes der Totalreparation konsentiert.[938] Wenngleich Art. 1 Abs. 2 CIVS-Dekret einen gewissen Beurteilungsspielraum erkennen lässt, läuft dieser Ansatz außerdem dem übergeordneten Verfahrensziel, einen vollständigen Schadensausgleich zu leisten, zuwider.

Bestätigt wurde diese Rechtsprechungslinie zuletzt durch die *Cour administrative d'appel* von Paris in der Sache Michel aus dem Jahr 2021. Bei der Prüfung, ob die durch die CIVS gewährte Ausgleichsleistung geeignet und billig sei, beschränkt sich die gerichtliche Prüfung nach Einschätzung des Gerichts auf offenkundige Bewertungsfehler (*erreur manifeste*

933 Vgl. hierzu *Melleray*, Recours pour excès de pouvoir: moyens d'annulation, in: Répertoire du contentieux administratif, Bearbeitungsstand Januar 2019, Rn. 12-42.

934 Die Tatsachengrundlage einer Entscheidung ist hingegen auch bei Ermessungsentscheidungen vollumfänglich überprüfbar, vgl. *Frier*, Motifs: contrôle, in: Répertoire du droit contentieux administratif, Bearbeitungsstand September 2005, Rn. 35.

935 *Frier*, a.a.O. Rn. 49: »[D]ans le cas du contrôle restreint, le degré d'exigence quant à la mise en corrélation des faits avec le droit est moins exigeante, le contrôle ne portant que sur le caractère déraisonnable de la qualification.«

936 TA, 8.6.2007, Nr. 0507913/7, Cons. 2 – Fraenkel. »[L]es conditions de l'évaluation du droit à réparation relèvent du pouvoir d'appréciation de l'administration«.

937 TA Paris, 17.11.2006, Nr. 0116487/7, Cons. 4: »[I]l ne résulte pas des dispositions précitées du décret du 10 septembre 1999 […] que la commission […] soit tenue de proposer au Premier ministre le versement d'une indemnité qui aurait pour objet de réparer, à l'euro près, l'intégralité des préjudices subis; […] que, dans les circonstances de l'espèce […] il n'est pas établi que l'administration n'aurait pas procédé à une réparation équitable et appropriée du préjudice subi par la famille de l'intéressé«.

938 Vgl. *Grossholz*, Évaluation du préjudice, in: Répertoire de la responsabilité de la puissance publique, Rn. 1 ff.

d'appréciation).[939] In dem Fall war das Inventar der Pariser Wohnung des Verfolgungsopfers, samt Kunstwerken, durch deutsche Stellen entzogen worden. Die Geschädigten erlangten nach dem Krieg eine Entschädigung in Höhe von 80 Prozent des historischen Wiederbeschaffungswertes nach dem Bundesrückerstattungsgesetz (BRüG). Obschon der Schaden somit rechnerisch nicht vollständig ausgeglichen worden war, lehnte die CIVS eine ergänzende Entschädigungsleistung in Höhe der übrigen 20 Prozent ab. Nachdem die erste Instanz die Entscheidung des Premierministers zunächst aus diesem Grund aufgehoben hatte, bestätigte die *Cour administrative d'appel* von Paris schließlich die Empfehlung der Kommission. Da der Schadensersatz nach dem CIVS-Dekret von vornherein nicht auf vollständigen, sondern nur billigen Ausgleich (*réparation équitable*) ziele, sei der Prüfungsmaßstab der Verwaltungsgerichte eingeschränkt.[940] Im konkreten Fall liegen nach Ansicht des Gerichts indes keine Anhaltspunkte für eine offenkundig fehlerhafte Schadensbemessung vor. In der Folge kann daher allenfalls eine grob unzureichende Entschädigung einen Beurteilungsfehler darstellen. Die Entscheidung wurde in der Folgeinstanz durch den *Conseil d'État* implizit bestätigt.[941]

Umfassend dürfte der gerichtliche Prüfungsmaßstab hingegen bei Fragen der Rechtsauslegung sein, etwa bei der Frage, welche Rechtspositionen als Vermögenswerte (*biens*) einzuordnen sind und welche Anforderungen an den Nachweis einer Entziehung infolge antisemitischer Gesetze (*spoliations du fait des législations antisémites*) zu stellen sind. Der gerichtliche Prüfungsmaßstab richtet sich folglich danach, ob ein Bereich der Spruchpraxis berührt ist, in dem die Kommission nach billigem Ermessen entscheiden kann, oder aber die gerichtliche Prüfung Bereiche betrifft, in denen dem Gründungsdekret abschließende und hinreichend klare Vorgaben zu entnehmen sind.

dd) Aufhebungsentscheidung und weitergehende Anordnungen

Gibt das Gericht der Klage statt, hebt es die angegriffene Entscheidung mit rückwirkender Wirkung auf und verweist die Sache grundsätzlich zur erneuten Entscheidung an die Erlassbehörde, im Falle des Art. 8-2 CIVS-Dekret demnach an den:die Premierminister:in. Im Regelfall ist daher erneut ein Verfahren vor der CIVS durchzuführen.

Anordnungen (*injonctions*) nach Art. L.911-1 Code de justice administrative kann das Gericht wegen der Natur der Entscheidungen der Verwaltung, auf deren Erlass kein Rechtsanspruch besteht, grundsätzlich nicht treffen.[942] Die Verwaltung kann so etwa nicht zum Erlass einer Entscheidung bestimmten Inhalts verurteilt werden, es sei denn, diese stellt die einzig rechtmäßige Maßnahme dar oder die richtige Rechtsanwendung drängt sich ausgehend von den vorgelegten Beweismitteln auf. Der *Conseil d'État* hat diesen Fall in der Sache Callou I

939 CAA Paris, 11.6.2021, Nr. 20PA02632, 20PA02638 – Michel.

940 A. a. O., S. 6: »[I]l n'appartient pas à la juridiction administrative française de se prononcer sur l'application par les autorités de la loi allemande mais uniquement d'apprécier si, compte tenu des sommes déjà versées par la République fédérale d'Allemagne aux victimes des spoliations, l'indemnisation complémentaire versée par l'État sur le fondement du décret du 10 septembre 1999 assure ou non une réparation équitable, à défaut d'être intégrale.«

941 Die Kassationsbeschwerde wurde nach Art. L.822-1 Satz 2 Code de justice administrative mangels hinreichender Begründung nicht zugelassen (CE, 24.2.2022, Nr. 455448).

942 Eine Klage auf Erlass einer bestimmten Entscheidung ohne vorherige Durchführung eines Verfahrens vor der CIVS ist daher abzuweisen. So explizit in TA Paris, 11.6.2009, Nr. 0618073, 0618075, 0618077 – Callou I: »Considérant que l'annulation partielle prononcée par le présent jugement impliquant nécessairement un réexamen par la CIVS du dossier des requérants au regard des motifs mentionnés ci-dessus, il y a lieu de renvoyer les intéressés devant l'administration afin qu'il y soit procédé«.

zwar prinzipiell offengehalten[943], in der Vergangenheit war ein solcher Fall der Ermessensreduktion aber bislang nur äußerst selten nachweisbar. In einer singulären Entscheidung setzte die *Cour administrative d'appel* (CAA) von Paris für den erlittenen Schaden (entgangener Gewinn) eine konkrete Entschädigungssumme fest[944]. Die Entscheidung wurde in der Folgeinstanz aber durch den *Conseil d'État* aufgehoben[945] und weist auch im Vergleich zur übrigen Rechtsprechung Ausnahmecharakter auf.[946]

6. Leitprinzipien der Empfehlungspraxis

Die gesamte materielle Praxis der CIVS wird durch bestimmte übergeordnete Leitprinzipien strukturiert und beeinflusst, die sich die Kommission teilweise selbst gegeben hat. Diese materiellen Grundsätze schlagen sich auf sämtlichen Ebenen der Anspruchsprüfung nieder und sollen daher vorweg dargestellt werden, um darauf aufbauend ein besseres Verständnis der Spruchpraxis zu ermöglichen. Da ihre Bedeutung nur anhand konkreter Einzelfälle demonstriert werden kann, soll auf ihre konkrete Anwendung erneut in dem Folgeabschnitt zu den Voraussetzungen für die Gewährung einer Ausgleichsleistung eingegangen werden.[947] Zu den Grundprinzipien zählen:

- der Grundsatz der Billigkeit (*principe d'équité*),
- der Grundsatz der Glaubwürdigkeit (*principe de bonne foi*) als Ausfluss der Billigkeit,
- der Grundsatz der Gleichheit (*principe d'égalité*).

Die Grundsätze stehen miteinander in einem Spannungsverhältnis. Das verdeutlicht vor allem die Gegenüberstellung des Grundsatzes der Gleichheit, der eine Entscheidung nach einheitlichen Regeln mit sich bringt, mit dem Grundsatz der Billigkeit, der stärker auf die Erreichung einer einzelfallgerechten Lösung zielt.

a) Der Grundsatz der Billigkeit (*principe d'équité*)

In den Empfehlungen der Kommission[948] sowie in den Jahresberichten[949] finden sich wiederkehrend Bezugnahmen auf den Grundsatz der Billigkeit (*équité*). Die Geltung dieses Grundsatzes geht dabei ersichtlich auf den Einfluss des ersten Präsidenten der CIVS, Pierre Drai,

943 CE, 23.7.2012, Nr. 348105 – Callou I: »[L]e juge administratif peut enjoindre à l'administration de prendre les mesures qu'impose nécessairement sa décision, notamment de procéder au réexamen des points encore en litige et de prendre, le cas échéant, une décision accordant en tout ou partie l'indemnisation demandée«.

944 CAA Paris, 17.2.2014, Nr. 12PA03276, Cons. 10, 11 – Callou II.

945 CE, 27.3.2015, Nr. 378144 – Callou II.

946 Es sind drei weitere Entscheidungen nachweisbar, in denen die Gerichte den Zentralstaat zu einer bestimmten Geldsumme verurteilten, in denen es um die Ersatzfähigkeit des Nutzungsausfallschadens infolge der Ernennung eines kommissarischen Verwalters ging, vgl. CAA, 24.11.2014, Nr. 13PA02714 – Lévi; CAA 24.11.2014, Nr. 13PA02044 – Licht, m. Anm. *Sorin*, AJDA 2015, 406. Beide Entscheidungen wurden durch den *Conseil d'État* kassiert (CE, 1.2.2016, Nr. 387310 – Lévi; CE, 1.2.2016, Nr. 387309). Eine weitere Entscheidung, die gleichfalls eine Anordnung enthielt, wurde hingegen nicht aufgehoben: CAA Paris, 24.3.2017, Nr. 15PA01401, 15PA01479 – Alcaud.

947 Siehe unter B.III.7.

948 Die standardmäßige Passage in einer Empfehlung lautet bei Entschädigungsleistungen: »En conséquence, en l'état des investigations des rapporteurs, investigations détaillées dans leurs rapports et dévelopées au cours de la séance, il apparaît équitable d'allouer aux réquérants une indemnité«.

949 Siehe nur *CIVS*, Tätigkeitsbericht für 2001, S. 26; *CIVS*, Tätigkeitsbericht für 2002, S. 25; *CIVS*, Tätigkeitsbericht für 2003, S. 21.

zurück, der diesen erstmals in seiner Rede anlässlich der Einsetzung der Kommission im November 1999 erwähnte.[950] Seine Bedeutung für die Praxis der Kommission ist unverkennbar, gleichwohl hat es die CIVS bis heute vermieden, ihm einen allgemeinen, abschließenden Inhalt zu geben. Im Vorliegenden soll die Bedeutung des Begriffs daher zunächst etymologisch hergeleitet und sodann seine Anwendung in der heutigen Rechtspraxis in Frankreich sowie in der Praxis der CIVS dargestellt werden.

aa) Etymologischer und rechtsphilosophischer Ursprung

Der Begriff der *équité* wird im Deutschen gemeinhin mit Billigkeit übersetzt.[951] Es handelt sich um ein moralphilosophisches Prinzip, das auf den Begriff der *epieikeia* nach Aristoteles zurückgeht, der diesem Konzept in der Nikomachischen Ethik einen eigenen Abschnitt im fünften Buch über die Gerechtigkeit widmete.[952] Aristoteles definiert die Billigkeit als Prinzip, das eine Abweichung von geschriebenen Rechtssätzen der *polis* ermögliche, um eine größtmögliche Gerechtigkeit im Einzelfall zu erzielen:

> »Das Gerechte und das Billige sind […] identisch, und sofern beide gut sind, ist doch das Billige das Bessere. Die Schwierigkeit kommt daher, daß das Billige zwar Recht ist, aber nicht dem Gesetze nach, sondern als eine Korrektur des gesetzlich Gerechten. Die Ursache ist, daß jedes Gesetz allgemein ist, in einigen Dingen aber in allgemeiner Weise nicht korrekt gesprochen werden kann […]. Dies ist also die Natur des Billigen, eine Korrektur des Gesetzes, soweit es auf Grund seiner Allgemeinheit mangelhaft ist.«[953]

Das gesetzte Recht – die gesetzmäßige Gerechtigkeit – unterscheidet Aristoteles demnach von der Billigkeit als natürliche Gerechtigkeit. Im Kern verfolgen aber beide Prinzipien dasselbe Ziel: Sie sollen gerechte Lösungen zutage fördern. Die Billigkeit wirke dabei mäßigend und korrigierend auf das positive Recht ein, wo dieses wegen seiner Allgemeinheit den Besonderheiten eines Einzelfalls nicht gerecht werden könne und zu ungerechten Ergebnissen führen würde. Das gesetzte Recht enthält somit in der erste Linie Richtlinien guten Urteilens, die im Lichte des konkreten Einzelfalls nach Maßgabe der Billigkeit fortzuentwickeln sind. Aristoteles' Lehre ist dabei bezogen auf den Inhalt der Billigkeit die allgemeine Handlungsleitlinie zu entnehmen, beim Urteilen Duldsamkeit walten zu lassen.[954] Obgleich Gesetz und Billigkeit also

950 Discours de M. Pierre Drai lors de l'installation de la CIVS, 15.11.1999, abgedruckt in *CIVS*, Einführungsbericht Dokument Nr. 8 (nicht veröffentlicht).

951 *Quemner/Neumann*, Dictionnaire juridique, S. 92; *Piccard u. a.*, Dictionnaire juridique, Band 1, S. 221 f.

952 *Aristoteles*, Nikomachische Ethik, Buch V, 14. Kapitel. Der Begriff wird in der modernen Philosophie gleichfalls mit dem Begriff der Billigkeit übersetzt, vgl. hierzu m. w. N. *Nussbaum*, in: Simmons/Cohen/Cohen/Beitz (Hrsg.), Punishment, S. 145, 147, Fn. 3.

953 *Aristoteles*, Nikomachische Ethik, 1137b, Übersetzung nach *Gigon*, Aristoteles: Die Nikomachische Ethik, S. 231.

954 »Daraus ergibt sich auch, wer der Billige ist. Denn wer sich für solches entschließt und danach handelt, und wer es nicht zum Schaden anderer mit dem Recht übermäßig genau nimmt, sondern zur Duldsamkeit bereit ist, auch wenn er das Gesetz auf seiner Seite hat, der ist billig. Das entsprechende Verhalten ist die Billigkeit, eine Art von Gerechtigkeit also, und als Verhalten von ihr nicht verschieden.«, *Aristoteles*, Nikomachische Ethik, 1137a und 1137b, übersetzt nach *Gigon*, a. a. O., S. 231–233. Aristoteles stellt hierin eine Beziehung zur Mäßigung und Nachsicht her. Laut Nussbaum ist dies nicht zwingend. Sie weist daraufhin, dass diese Art der Rezeption des Begriffes der *epieikeia* sich erst nachträglich im allgemeinen Sprachgebrauch

eine identische Zielsetzung verfolgen, misst Aristoteles der Billigkeit die größere Bedeutung zu: Zur Einlösung des Gerechtigkeitsversprechens stelle das Billige das »bessere«[955] Mittel dar. Dieses tradierte Begriffsverständnis ist bis heute verbreitet.[956] Im Rechtswörterbuch nach Cornu wird die *équité* dementsprechend definiert als

> »Atténuation, modification apportées au Droit, à la loi, en considération de circonstances particulières; modération raisonnable dans l'application du Droit.«[957]

Gleichwohl unterlag die Korrektur- und Mäßigungsfunktion der Billigkeit auch nach Aristoteles' Lehre inhärenten Grenzen: Auch sie vermochte das gesetzte Recht nicht gänzlich aus den Angeln zu heben. Sie sollte ausschließlich der Ausgrenzung tatbestandlich atypischer Fälle dienen. Weitergehende Korrekturen – etwa eine Abmilderung der Strafe bei der Anwendung von Strafgesetzen – waren auch nach Aristoteles nicht vorgesehen. Auch die allgemeinen Lebensumstände des:der Täter:in waren unter Billigkeitsgesichtspunkten unbeachtlich.[958]

bb) Der Grundsatz der Billigkeit in der heutigen Rechtspraxis

Auch in späteren Epochen hat der Grundsatz einen entscheidenden Einfluss auf die Rechtsentwicklung ausgeübt, so etwa auf die Herausbildung einer eigenen Jurisprudenz im angelsächsischen Rechtssystem. Neben den Gerichten des *common law* etablierte sich eine Rechtsprechung des *Court of Chancery*, der im Namen der Krone über individuelle Gesuche Rechtssuchender entschied, nicht selten gegen Entscheidungen der ordentlichen Gerichte. Die zunehmende Spruchpraxis führte zur Herausbildung allgemeiner Präjudizien und auf diese Weise letztlich zur Entstehung eines autonomen Normensystems. Das *common law* und das *law of equity* wurden hier jedoch nicht als Teil eines einheitlichen Vorgangs der Rechtsanwendung verstanden, in der Gesetz und Billigkeit zusammenwirken, sondern als eigenständige Normensysteme mit eigenen Rechtswegzuweisungen.[959]

durchgesetzt habe. Der etymologische Ursprung des Begriffs liegt bei *eikos* (plausibel, angemessen), wird in späteren Arbeiten (etwa bei Gorgia) aber stärker aus dem Begriff *eikô* (aufgeben, nachgeben) abgeleitet. Erst durch diese veränderte Begriffsrezeption sei die Vorstellung von einer Billigkeit als Prinzip der Nachsicht entstanden. Vgl. *Nussbaum*, in: Simmons/Cohen/Cohen/Beitz (Hrsg.), Punishment, S. 145, 148.

955 Vor diesem Hintergrund erhellt die Formulierung im obigen Zitat: »Das Gerechte und das Billige sind […] identisch, und sofern beide gut sind, ist doch das Billige das Bessere.«

956 Vgl. zur Rezeption des Begriffs durch spätere Philosophen (Hume, Wolff und Kant) etwa *Dahlstrom*, Jahrbuch für Recht und Ethik, 55, 67 ff.

957 *Cornu u. a.*, Vocabulaire juridique, S. 413.

958 Beachtlich sollte etwa sein, dass der:die Täter:in in Unkenntnis des gesetzlichen Unrechts (also unvorsätzlich) gehandelt habe oder weil die Tatmotive nicht mit der notwendigen Verwerflichkeit behaftet waren. Umgekehrt blieben außerhalb der Tat liegende Umstände in der Person des:der Täter:in (etwa erschwerende allgemeine Lebensumstände) für die Bewertung der Tat und die Strafbemessung unbeachtlich, siehe eingehend *Nussbaum*, in: Simmons/Cohen/Cohen/Beitz (Hrsg.), Punishment, S. 145, 159.

959 Zum Ganzen m.w.N. *Schindler*, Rechtsgeschäftliche Entscheidungsfreiheit und Drohung, S. 46 f. Erst durch die Judicature Acts von 1873 bis 1875 fanden Regeln des *equity law* auch vor *common law*-Gerichten Anwendung. Vgl. auch *Woodhead*, NILQ 2022, 650, 661-663, die eine Parallele zwischen der Equity-Rechtsprechung und der Praxis des englischen *Spoliation Advisory Panel* (SAP), dem funktionalen Äquivalent der CIVS, herstellt: »Whilst the early Court of Chancery mitigated the harshness of the common law, the Panel mitigates the harshness of both the common law and Equity. […] The Panel's work therefore reflects the way in which Equity was conceived of as ›a moral virtue‹ which ›qualifies, moderates and reforms the rigour, hardness, and edge of the law‹ where ›such as have undoubted right are made remediless‹.« (a. a. O., 662 f.).

In Frankreich fand sich der Begriff der Billigkeit (*équité*) schon im Code civil von 1804 wieder.[960] Die gesetzgeberischen Bezugnahmen auf die Billigkeit blieben jedoch gemäß der seinerzeit vorherrschenden positivistischen Tradition die Ausnahme. Erst in der Nachkriegszeit nahmen gesetzliche Rekurse auf die Billigkeit tendenziell zu.[961] Diesem Trend folgend lassen sich im französischen Zivilrecht Normen identifizieren, die das angerufene Gericht zu einer Entscheidung nach billigem Ermessen oder einer Abweichung von gesetzlichen Vorgaben aus Gründen der Billigkeit ermächtigen.[962] Zu beobachten ist daneben, dass Tatsachengerichte auch ohne ausdrückliche gesetzliche Ermächtigung bei der Entscheidungsfindung zunehmend auf diesen Grundsatz rekurrieren, um ihre Lösung in einem konkreten Fall zu legitimieren.[963] Auf reine Billigkeitserwägungen können sich ferner die Empfehlungen des *Défenseur des droits de l'Homme* (zuvor *Médiateur de la République*), der Ombudsstelle der Französischen Republik, stützen.[964] Die Bezugnahme auf die Billigkeit im Gesetz bezweckt demnach eine Ausweitung des Bewertungsmaßstabes auf außergesetzliche, moralisch-ethische Wertungen, deren Anwendung im Ermessen des Spruchkörpers steht und die den Besonderheiten des Einzelfalls Rechnung tragen sollen. Das Erfordernis einer gesetzlichen Ermächtigung zur Entscheidung nach Billigkeit verdeutlicht aber zugleich den Ausnahmecharakter dieses Grundsatzes.

cc) Der Grundsatz der Billigkeit in der Praxis der CIVS

Die CIVS lässt eine gewisse Nähe zur aristotelischen Billigkeitslehre erkennen, verfolgt im Kern aber einen autonomen Ansatz. In der Vorstellung der Kommission wird das positive Recht (»droit strict«) dem besonderen Gerechtigkeitsanliegen des CIVS-Verfahrens nicht stets in vollem Umfang gerecht. Aus diesem Grund behält sich die Kommission vor, in Einzelfällen aus Gründen der Billigkeit von allgemeinen Rechtsregeln (»règles juridiques«) abzuweichen, wenn deren Anwendung zu »ungerechten Lösungen« führen würde.[965] Klärungsbedürftig ist, was bezogen auf die Spruchpraxis der CIVS »Recht« in Abgrenzung zur »Billigkeit« meint, welche rechtliche Grundlage die Geltung des Grundsatzes in der Praxis hat und schließlich, welches Verständnis der Billigkeit durch die CIVS unterstellt wird.

Denkbar wäre es, als »règles juridiques« nur die Regeln des allgemeinen Zivilrechts (etwa des Code civil) oder des Staatshaftungsrechts einzuordnen. Im Geltungsbereich des Dekrets bestehen rechtliche Ansprüche aber, wie bereits dargestellt, in der Regel nicht oder diese sind wegen Verjährung nicht gerichtlich durchsetzbar. Eine Anspruchsprüfung nach zivil- oder staatshaftungsrechtlichen Grundsätzen wäre daher von vornherein fehlgeleitet. Als Recht in

960 So etwa in Art. 565 Code civil oder Art. 1194 Code civil (Art. 1135 a.F.).

961 Diesem Gedanken trägt z.B. die Bestimmung des Art. 700 Abs. 2 Satz 2 Code de procédure civile Rechnung. Hiernach kann das Gericht abweichend von Art. 700 Abs. 1 (Kostentragung durch die unterliegende Partei) von einer Verurteilung zur Übernahme der Prozesskosten gänzlich absehen, wenn dies aus Billigkeitsgründen oder unter Berücksichtigung der wirtschaftlichen Lage der zu verurteilenden Person gerechtfertigt erscheint.

962 Art. 270 Abs. 3 Code civil sieht etwa die Möglichkeit vor, einen Anspruch auf Scheidungsunterhalt (*prestation compensatoire*) zu versagen, wenn dies aus Billigkeitsgründen geboten erscheint; Art. 815-13 Code civil ermöglicht die Gewährung von Aufwendungsersatz zugunsten eines *coïndivisaire* einer *indivision* aus Billigkeitsgründen.

963 Albiges spricht pointiert von einem »jugement d'équité qui n'ose pas dire son nom«, siehe hierzu *Albiges*, Équité, in: Répertoire de droit civil, Bearbeitungsstand Oktober 2017, Rn. 27-29.

964 Art. 25 Abs. 1 und 2 des Gesetzes Nr. 2011-333 vom 29.3.2011 (JORF vom 30.3.2011, Text Nr. 1).

965 *CIVS*, Tätigkeitsbericht für 2009, S. 6: »[L]e principe d'équité lui a permis d'émettre des avis sans tenir compte de règles juridiques dont l'application aurait conduit à des solutions injustes.«

diesem Sinne könnten daneben die Bestimmungen des CIVS-Dekrets in seiner Auslegung durch die Kommission angesehen werden. Die CIVS legt in ihrer Spruchpraxis nach eigenem Bekunden das Gründungsdekret unter Berücksichtigung des Wortlauts und der Gesetzesmotive aus.[966] Auch das Dekret selbst enthält verbindliche Rechtsregeln, die potenziell in Konflikt mit einem als billig empfundenen Ergebnis geraten könnten. Möglich wäre es schließlich, auch die normativen Bewertungsmaßstäbe der CIVS als Ausfluss der Billigkeit – gewissermaßen als Billigkeitsrecht – anzusehen.[967] In diese Richtung deutet noch eine frühe Aussage des ersten Präsidenten der Kommission, Pierre Drai, in seiner Rede anlässlich der Einsetzung der Kommission. Nach Ansicht Drais hat die CIVS die ihr vorliegenden Fälle nicht durch das »schneidende und brutale« Mittel der Rechtsanwendung, sondern durch Rückgriff auf den Grundsatz der Billigkeit zu lösen (»non par la voie tranchante et brutale d'une application de la règle de droit, mais par un recours au principe d'équité qui assure la prévalence de la conciliation, de la médiation, ou de la recommandation«[968]). Drai zufolge zielt das Verfahren darauf ab, durch Schlichtung, Mediation oder den Ausspruch einer Empfehlung eine einvernehmliche, interessengerechte Lösung zwischen den Streitparteien zu erzielen. Dadurch unterscheide sich die Kommission von einem Gericht, das sich auf die schlichte Anwendung geltenden Rechts beschränke. Ist diese Aussage gleichwohl dahingehend zu verstehen, dass nicht nur die Empfehlungen der Kommission, sondern auch die geltenden normativen Bewertungsparameter in jedem Verfahren neu zu bestimmen und auszuhandeln sind?

Einen derart weitreichenden Schluss lässt das Zitat gleichwohl nicht zu, vor allem, wenn man dieses mit Aussagen der CIVS in anderen Publikationen aus demselben Zeitraum kontrastiert. Aus diesen geht vielmehr hervor, dass in der Praxis der CIVS im Interesse der Gleichbehandlung einheitliche Bewertungsgrundsätze gelten.[969] In diese Richtung deutet auch eine Aussage des Kommissionsmitglieds Dreifuss-Netter, wonach die Kommission an gewisse Grundregeln (»règles de base«) gebunden sei, die Spezifika des Einzelfalls aber eine Abweichung von diesen Leitlinien rechtfertigen könnten.[970] Auch die Mattéoli-Mission regte in ihrem Abschlussbericht aus Gründen der Gleichbehandlung eine Ausrichtung der Praxis der CIVS an den Vorgaben der Nachkriegsgesetze zum Ausgleich verfolgungsbedingter Schäden an.[971] Als »règles juridiques« sind demnach alle Rechtsregeln einschließlich der von der CIVS

966 »La Commission entend suivre la lettre du décret du 10 septembre 1999, éclairée par le rapport au Premier Ministre.« (*CIVS*, Tätigkeitsbericht für 2001, S. 23).

967 Sämtliche Empfehlungen der CIVS in Entschädigungsfällen ergehen nach ihrem Wortlaut »gemäß Billigkeit« (»conforme à l'équité«).

968 Rede von Pierre Drai anlässlich der Einsetzung der Kommission am 15.11.1999, abgedruckt in *CIVS*, Einführungsbericht, Dokument Nr. 8, S. 2.

969 Diese werden in den Jahresberichten als »principes généraux« bezeichnet. So heißt es im ersten Tätigkeitsbericht von 2002, dass »[s]'attachant à une approche pragmatique des dossiers, conformément à la règle exprimée dans le rapport au Premier ministre relatif au décret l'instituant, la Commission continue d'œuvrer selon les principes généraux qu'elle a précédemment dégagés.« (*CIVS*, Tätigkeitsbericht für 2002, S. 25). Sinngemäß so auch in *CIVS*, Tätigkeitsbericht für 2001, S. 23–25; *CIVS*, Tätigkeitsbericht für 2006, S. 7–9.

970 »La CIVS, afin d'assurer la prévisibilité de ses recommandations et l'égalité entre les requérants, a dégagé des règles d'indemnisation […]. […] Il n'en reste pas moins que la prise en compte des circonstances de fait est toujours susceptible d'entraîner des variations par rapport à ces règles de base«, *Dreifuss-Netter*, Rec. Dalloz 2020, 945 (948). In diese Richtung deutet auch ein Hinweis des früheren Direktors der CIVS Lucien Kalfon in einem Interview mit der Zeitschrift Osteuropa: »Allerdings schlägt das beratende Gremium manchmal auf der Grundlage der in die Akten aufgenommenen Dokumente vor, eine sogenannte ›gerechten‹ [sic!] Entschädigung zu zahlen.«, *Kalfon*, Osteuropa 1–2 (2006), 433 (439).

971 Siehe *Mission d'étude sur la spoliation des Juifs de France*, Rapport général, S. 174, Empfehlung Nr. 10.

entwickelten Bewertungsgrundsätze anzusehen. Der Grundsatz der Billigkeit fungiert hierbei als ein Korrektiv, um im Einzelfall moralisch vertretbare Ergebnisse zu gewährleisten.

Obgleich der Grundsatz der Billigkeit in der Praxis der CIVS seit jeher anerkannt ist, findet er in keiner Bestimmung des Gründungsdekrets ausdrückliche Erwähnung. Seine Geltung leitet die Kommission vielmehr aus einer Passage im Begleitbericht zum Gründungsdekret her, wonach die Kommission bei der Anspruchsprüfung einen »approche pragmatique« (pragmatischen Ansatz) zu verfolgen habe, der sich nicht in einer formaljuristischen Prüfung der Ansprüche erschöpfen dürfe.[972] Der Grundsatz ließe sich überzeugender noch mit dem Gerechtigkeitsanliegen des CIVS-Dekrets begründen: Geschädigten, die nach dem Krieg keinen oder keinen vollständigen Ausgleich erlangt haben, soll die Verfolgung ihrer Ansprüche vor der CIVS erneut ermöglicht werden. Diese sollen einen »geeigneten Ausgleich« (*réparation appropriée*, Art. 1 Abs. 2 CIVS-Dekret) für die erlittenen Schäden erhalten.[973] Das Primat einer gerechten Lösung, die den Umständen des Einzelfalls Rechnung trägt, lässt sich zusätzlich aus der Washingtoner Erklärung vom 3. Dezember 1998 ableiten. Diese völkerrechtliche *soft law*-Norm zielt in Streitigkeiten betreffend Nazi-confiscated art auf die die Erreichung einer »just and fair solution« (gerechten und fairen Lösung) im Einzelfall ab (Prinzipien Nr. 8 und 9).[974] Die Vorgaben der Erklärung gelten auch in der Praxis der CIVS, die als alternativer Verfahrensmechanismus zu einem Gerichtsverfahren als Umsetzung der Prinzipien Nr. 10 und 11 der Erklärung angesehen werden kann.

Billigkeitserwägungen sind der Anspruchsprüfung durch die CIVS somit immanent. Die Kommission stellt bei der Anspruchsprüfung stets die Vereinbarkeit des Ergebnisses der Normprüfung – genauer der in ihrer Praxis anerkannten Normsätze – mit der Billigkeit sicher. Eine Korrektur aus Billigkeitsgründen kann damit potenziell auf sämtlichen Ebenen der Anspruchsprüfung erfolgen. Eine abschließende Konzeption der Billigkeit kann aus der Praxis der CIVS hingegen nicht abgeleitet werden, da deren Anwendung in der Regel nicht begründet wird. Die Frage, in welchen Fällen eine Ergebniskorrektur erfolgen kann, liegt daher, soweit ersichtlich, im freien Ermessen des Beratungsgremiums. Die Prüfung ist dadurch stark subjektiv eingefärbt und läuft letztlich Gefahr, willkürliche Entscheidungen hervorzurufen. Die Spruchpraxis der CIVS lässt aber jedenfalls erkennen, dass sich die Anwendung dieses Grundsatzes auf bestimmte Bereiche beschränkt, in denen die Anspruchsprüfung infolge des Zeitablaufes besonders erschwert ist. Dies betrifft vornehmlich die geltenden Beweisanforderungen. So genügt zur Erlangung einer Entschädigung regelmäßig schon die bloße Glaubhaftmachung eines Vermögensverlustes.[975] Aus dem Grundsatz der Billigkeit folgert die CIVS ferner eine Vermutung der sachlichen Richtigkeit der Behauptungen der Geschädigten, soweit diese sich mit allgemeinen historischen Erkenntnissen decken (*principe de bonne foi*, Grundsatz der Glaubwürdigkeit).[976] Auf die Billigkeit rekurriert die CIVS zudem zur Begründung von

972 Rapport au Premier ministre, JORF vom 11.9.1999, S. 13632 (»La commission devra adopter une approche pragmatique des dossiers qui lui seront soumis.«).

973 So schon *Mission d'étude sur la spoliation des Juifs de France*, Rapport général, S. 5.

974 Prinzip Nr. 8 schreibt vor, dass »[i]f the pre-War owners of art that is found to have been confiscated by the Nazis and not subsequently restituted, or their heirs, can be identified, steps should be taken expeditiously to achieve a just and fair solution, recognizing this may vary according to the facts and circumstances surrounding a specific case.«

975 Zum Beweismaß in Verfahren vor der CIVS siehe Näheres unter B.III.9.a).

976 Der Grundsatz hat allgemeine beweisrechtliche Bedeutung und soll daher gesondert in dem Abschnitt zu den Beweisstandards vor der CIVS behandelt werden. Siehe hierzu unter B.III.9.

Vermutungen in Einzelfällen, in denen im Übrigen ein Beweisausfall drohen würde.[977] Kann der erlittene Vermögensschaden angesichts der lückenhaften Beweislage nicht konkret bemessen werden, greift die CIVS außerdem aus Gründen der Billigkeit auf Pauschalsätze zurück, um einen zumindest partiellen Schadensausgleich zu ermöglichen.[978] Der Grundsatz wirkt sich dabei in der Praxis nicht zwingend zugunsten der Geschädigten aus. So beschränkt die CIVS die zu gewährende Entschädigung in der Regel auf einen »billigen Ausgleich« (*réparation équitable*), der sich auf den Verkehrswert des entzogenen Vermögenswertes zum Zeitpunkt der Entziehung beschränkt, der in der Regel unterhalb des heutigen Marktwertes liegt.[979] Originär anspruchsbegründend wirkte der Grundsatz der Billigkeit hingegen bislang nur im Fall Armand Dorville. In einer Empfehlung vom 17. Mai 2021 empfahl die CIVS, unter Abweichung von den Vorgaben ihres eigenen Gründungsdekrets, eine Rückgabe (»retour«) von insgesamt zwölf Werken in Sammlungen des Zentralstaates aus Gründen der Billigkeit. Die Werke waren nach Einschätzung der Kommission zwar nicht verfolgungsbedingt entzogen worden, gleichwohl sei eine Rückgabe an die Erb:innen der früheren Eigentümer:innen angesichts der zwielichtigen Umstände, unter denen der Staat die Werke seinerzeit erworben hatte, geboten.[980]

b) Der Grundsatz der Gleichheit (*principe d'égalité*)

Der Grundsatz der Billigkeit, der stärker die Spezifika des Einzelfalls in den Blick nimmt, gerät auf diese Weise potenziell in Konflikt mit dem gleichfalls in der Spruchpraxis der CIVS anerkannten Grundsatz der Gleichheit. Der Grundsatz der Gleichheit verlangt nach der aristotelischen Lehre, dass gleiche Sachverhalte gleich und ungleiche Sachverhalte ungleich behandelt werden.[981] Der Grundsatz fordert anders formuliert eine Gleichbehandlung von wesentlich Gleichem und eine Ungleichbehandlung von wesentlich Ungleichem.[982]

Der Grundsatz weist in der Praxis der CIVS eine gleich doppelte Ausprägung auf: Eine Gleichbehandlung ist zunächst im Verhältnis zwischen heutigen Anspruchsteller:innen vor der CIVS und Personen zu gewährleisten, die schon in der Nachkriegszeit Ansprüche verfolgt haben. Diese Maßgabe wurde bereits im Abschlussbericht der Mattéoli-Mission von 2000 formuliert und in der Folge durch die CIVS anerkannt.[983] Für die Spruchpraxis der CIVS folgt daraus,

977 So etwa in CIVS, Empfehlung vom 25.3.2010, Fall G. Siehe hierzu noch Näheres unter B.III.7.c)aa)(2)(ii)(c).

978 Zur pauschalen Berechnungsmethode siehe Näheres unter B.III.8.b)bb)(3).

979 Zum maßgeblichen Zeitpunkt der Wertbemessung siehe Näheres unter B.III.8.b)bb)(2).

980 Siehe hierzu unter B.III.7.c)cc)(3)(ii) und B.III.7.e)bb).

981 *Aristoteles*, Nikomachische Ethik, V 1131b, in der Übersetzung durch *Gigon*, Aristoteles: Die Nikomachische Ethik, S. 198 ff.

982 Nach der bis heute vorherrschenden Meinung in der französischen Rspr. folgt aus dem Gleichheitssatz aber nicht auch eine Pflicht zur gesetzlichen Differenzierung (*droit au particularisme*): Anders formuliert wird ein Anspruch auf ungleiche Behandlung ungleicher Sachverhalte gemeinhin abgelehnt. Siehe in diesem Sinne CC, 29.12.2003, Nr. 2003-489, Cons. 37 – Loi de finances pour 2004 (»[S]i, en règle générale, le principe d'égalité impose de traiter de la même façon des personnes qui se trouvent dans la même situation, il n'en résulte pas pour autant qu'il oblige à traiter différemment des personnes se trouvant dans des situations différentes«); in diesem Sinne auch CE, 28.3.1997, Nr. 179040, 179050, 179054, Rec. S. 114 – Soc. Baxter. So auch *Genevois/Guyomar*, Principes généraux du droit, principes de philosophie politique, in: Répertoire du contentieux administratif, Bearbeitungsstand Oktober 2018, Rn. 20; *Dubout*, Fasc. 500: Principe d'égalité et droit de la non-discrimination, in: Jurisclasseur Libertés, Bearbeitungsstand 30.4.2009, Rn. 8.

983 *Mission d'étude sur la spoliation des Juifs de France*, Rapport général, S. 174: »Afin d'éviter que des préjudices identiques ne donnent lieu à des réparations inégales, quand un bien pillé ou spolié n'a pas été restitué ou indemnisé dans les conditions rappelées ci-dessus, l'indemnisation doit respecter les mêmes principes que les indemnisations précédentes.« In Umsetzung dieser Vorgabe erkennt die CIVS den grundsätzlich abschließenden Charakter der Restitutionen und Entschädigungen der

dass Ansprüche heute - vorbehaltlich atypischer Ausnahmefälle - nach denselben Grundsätzen und Regeln wie in der Nachkriegszeit zu bewerten sind. Ferner ist es der CIVS unter Gleichheitsgesichtspunkten untersagt, für Schäden, für die schon ein Ausgleich erlangt wurde, erneut Ausgleich zu gewähren. Daraus folgert die CIVS ein Verbot der Doppelkompensation.

Eine Gleichbehandlung ist schließlich auch im Verhältnis zwischen heutigen Anspruchsteller:innen über die Geltung einheitlicher materieller Bewertungsregeln und Beweisgrundsätze in der Spruchpraxis zu gewährleisten, die ihren Ursprung neben dem CIVS-Dekret auch in allgemeinen Rechtsgrundsätzen haben können.[984] Damit folgt aus dem Gleichheitsgrundsatz zugleich ein Gebot der Einheitlichkeit, Stabilität und Kohärenz der gesamten Praxis der CIVS. Die Geltung einheitlicher, starrer Regeln kann dabei im Einzelfall in Konflikt mit dem Billigkeitsgrundsatz geraten, so etwa bei Anwendung einer in der Praxis anerkannten Regel in einem atypisch gelagerten Sonderfall. In derartigen Fällen behält sich die Kommission, wie dargestellt, vor, die betreffende Regel gestützt auf den Grundsatz der Billigkeit abzuwandeln oder gänzlich unberücksichtigt zu lassen.[985]

7. Voraussetzungen für den Erhalt einer Ausgleichsleistung

Das Dekret vom 10. September 1999 regelt seinem Wortlaut nach nicht die Voraussetzungen eines Anspruchs auf Schadensausgleich, sondern definiert eine Aufgabenkompetenz der CIVS. Diese ist beauftragt, individuelle Anträge auf Schadensersatz wegen Vermögensverlusten zu prüfen, die infolge antisemitischer Gesetze eingetreten sind, die während der Besetzung Frankreichs galten.[986] Die Eigentümlichkeit dieser Regelungstechnik hängt, wie bereits dargestellt wurde, mit der Verteilung der Gesetzgebungskompetenzen zwischen Parlament und Regierung zusammen (Art. 34, 37 Abs. 1 der Verfassung von 1958), die eine Regelung originärer Schadensersatzansprüche durch Rechtsakt der Exekutive nicht zulässt.[987] Das CIVS-Dekret beschränkt sich demnach auf die Regelung der Voraussetzungen, unter denen die CIVS befugt ist, die Gewährung einer Ausgleichsleistung zu empfehlen. Der Vollzug dieser Empfehlung obliegt sodann anderen Stellen, die in den Grenzen der für sie geltenden haushaltsrechtlichen oder vermögensrechtlichen Bestimmungen dem Begehren entsprechen oder dieses ablehnen können.[988]

Diese Ausgestaltung des CIVS-Dekrets erklärt auch, warum die CIVS das Vorliegen eines ersatzfähigen Schadens unter dem Gesichtspunkt ihrer Zuständigkeit prüft: Liegt der verhandelte Schadensposten außerhalb des Tatbestandes des CIVS-Dekrets, erfolgt die Ablehnung

Nachkriegszeit an, die nur bei offenkundigen Bewertungsfehlen in Frage gestellt werden können, vgl. *CIVS*, Tätigkeitsbericht für 2001, S. 24; *CIVS*, Tätigkeitsbericht für 2006, S. 8.

984 *CIVS*, Premières orientations de la Commission, Paris 2000, abgedruckt in *CIVS*, Einführungsbericht, Text Nr. 33 (nicht veröffentlicht). So sinngemäß auch in *CIVS*, Tätigkeitsbericht für 2009, S. 6.

985 Als Beispielsfall aus der jüngeren Praxis kann der bereits erwähnte Fall Armand Dorville herangezogen werden, in dem sich die Kommission veranlasst sah, von den Vorgaben des CIVS-Dekrets im Interesse der Einzelfallgerechtigkeit abzuweichen. Siehe Näheres hierzu noch unter B.III.7.c)cc)(3)(ii).

986 Art. 1 Abs. 1 CIVS-Dekret: »Il est institué […] une commission chargée d'examiner les demandes individuelles présentées par les victimes […] pour la réparation des préjudices consécutifs aux spoliations de biens intervenues du fait des législations antisémites prises, pendant l'Occupation, tant par l'occupant que par les autorités de Vichy.«

987 Siehe speziell hierzu bereits unter B.III.3.c)aa).

988 Siehe zur Frage des Vollzugs der Empfehlungen der CIVS unter B.III.4.c).

des Antrags als unzulässig wegen Unzuständigkeit.[989] Dessen ungeachtet vollzieht sich die Prüfung der Anträge durch die CIVS nach der Logik einer materiellen Anspruchsprüfung. Der Wortlaut des Art. 1 Abs. 1 CIVS-Dekret legt eine solche Prüfung nahe: Die Zuständigkeit der CIVS für den Ausspruch einer Ausgleichsleistung setzt eine spezifische Rechtsverletzung (*spoliation d'un bien*) und darauf aufbauend den Eintritt eines Vermögensschadens voraus, der durch die Ausgleichsleistung beseitigt werden soll. Es bildet die regulatorische Grundannahme dieses besonderen Regelungsregimes, dass Schadensersatzansprüche im Geltungsbereich des CIVS-Dekrets einst bestanden, heute aber wegen Zeitablaufs nicht mehr gerichtlich durchsetzbar sind, sodass eine Anspruchsverfolgung nur noch vor der CIVS möglich ist.[990]

Das Dekret eröffnet demnach nur eine zusätzliche Chance auf den Erhalt einer Ausgleichsleistung[991] durch den Staat oder andere Stellen bzw. Personen. Die nachfolgende Darstellung soll sich aber – in Übereinstimmung mit der Praxis der CIVS – an der Logik einer materiellen Anspruchsprüfung orientieren, obschon diese Prüfung streng genommen im Abschnitt zur Zuständigkeit zu verorten wäre. Die Kommission hat aus der Zuständigkeitsbeschreibung in Art. 1 Abs. 1 des Gründungsdekrets fünf Voraussetzungen abgeleitet, bei deren Vorliegen die Empfehlung einer Ausgleichsleistung möglich ist:

(1) Es muss einer Person ein Vermögenswert entzogen worden sein (»spoliation d'un bien«),
(2) diese Entziehung muss infolge antisemitischer Gesetze (»législations antisémites«) erfolgt sein,
(3) die durch den deutschen Besatzer oder die französische Regierung (»autorités de Vichy«) im Zeitraum der Besatzung Frankreichs verabschiedet worden waren und in diesem Gebiet in Kraft waren,
(4) infolge der Entziehung muss ein Vermögensschaden (»préjudice«) entstanden sein und
(5) dieser Schaden darf nicht schon durch eine frühere Restitution, Entschädigung oder sonstige materielle Leistung ausgeglichen worden sein.

Die einzelnen Voraussetzungen für die Gewährung einer Ausgleichsleistung sollen in den folgenden Abschnitten erläutert, ausgelegt und im Spiegel der Spruchpraxis der CIVS veranschaulicht werden.

989 So etwa bei einem Vermögensverlust vor Inkrafttreten der ersten antisemitischen Gesetze im September/Oktober 1940 (»n'entrent pas dans le champ d'application du texte«, CIVS, Empfehlung vom 1.3.2002, Fall L) oder bei Fehlen der Verfolgteneigenschaft (»ainsi la Commission est incompétente pour connaître de la requête«, CIVS, Empfehlung vom 30.5.2003, Fall OO), teilweise aber auch Ablehnungen ohne nähere Einordnung (»la requête ne peut être accueillie«, CIVS, Empfehlung vom 18.10.2005, Fall K). Die Rechtsprechung spricht tendenziell von einer Ablehnung wegen Unzuständigkeit (so etwa CAA Paris, 11.6.2021, Nr. 20PA02630, Rn. 10: »en estimant que la demande d'indemnisation […] ne relevait pas de sa compétence, la CIVS n'a pas commis d'erreur de droit«).

990 Darauf deutet bereits der Passus im Begleitbericht zum CIVS-Dekret hin (Rapport au Premier ministre, JORF vom 11.9.1999, S. 13632: »[S]auf exception, les actions judiciaires sont aujourd'hui prescrites«); in diese Richtung deuten auch die Ausführungen des Justizministeriums aus einer internen Vorstudie im Vorfeld der Schaffung der CIVS (»il est à craindre que les demandes formulées ne se heurtent à trois types d'obstacle [prescription extinctive de l'action en réparation, prescription acquisitive en fait de meubles, prescription acquisitive en matière d'immeubles; Anm. d. Verf.]«, Christian Vigouroux, Étude sur les problèmes juridiques posés par la création d'une instance d'examen des demandes individuelles de réparation, S. 2, AN 20090351/69, Dossier 1999).

991 Die Berichterstatterinnen in den Verfahren Bidalou und UDAF/France Liberté voyage vor dem *Conseil d'État* sprachen von einer »chance supplémentaire de parvenir à une indemnisation«, *de Silva*, Conclusions zu CE, 6.6.2001, Nr. 214205, S. 2 f. Übereinstimmend *Roussel*, Conclusions zu CE 25.9.2020, Nr. 437524, S. 3.

a) Entziehung eines Vermögenswertes (*spoliation d'un bien*)

Zunächst erfordert der Tatbestand des Dekrets sowohl nach Art. 1 Abs. 1 wie auch nach dem speziellen Art. 1-1 CIVS-Dekret die Entziehung eines Vermögenswerts (*spoliation d'un bien*).

aa) Der Begriff der Entziehung (*spoliation*)

Der Begriff der *spoliation* zeichnet sich durch eine erhebliche terminologische Unbestimmtheit aus, die eine Erfassung seines Bedeutungsgehalts erschwert. In Ermangelung einer Legaldefinition im Dekret selbst soll dieser daher zunächst durch Auslegung ermittelt werden. Ausgangspunkt der Auslegung bildet der Gesetzeswortlaut unter Berücksichtigung des gewöhnlichen Sprachgebrauchs.[992]

(1) Gewöhnlicher Sprachgebrauch

Der Begriff der *spoliation* leitet sich vom lateinischen *spoliare* ab, das im allgemeinen Sprachgebrauch die Entkleidung einer Person gegen ihren Willen bezeichnete. Im weiteren Sinne ließe sich der Begriff auch als plündern oder rauben übersetzen.[993] Das korrespondierende Substantiv *spolium* bezeichnete die Beute als Gegenstand der Wegnahme.[994] Der Begriff wurde nachweislich erstmalig im 15. Jahrhundert in das Mittelfranzösische übernommen und wies hier eine ähnliche Bedeutung wie der lateinische Ursprungsbegriff auf. Unter *spoliation* wird heute gemeinhin die Wegnahme durch Gewalt oder Täuschung verstanden.[995] Die CIVS definiert den Begriff in Anlehnung an den gewöhnlichen Sprachgebrauch als »acte de dépouillement par violence ou fraude de biens matériels appartenant à autrui« (Wegnahme der Vermögenswerte einer anderen Person durch Gewalt oder arglistige Täuschung).[996] Im Deutschen ließe er sich daher je nach Kontext mit den Begriffen Raub, Erpressung oder Betrug übersetzen. Zweifelhaft erscheint ausgehend von dieser Definition, ob hiervon neben Wegnahmen auch Weggaben (z. B. die Veräußerung aufgrund eines Vertrages oder die Dereliktion) durch die Berechtigten selbst erfasst wären. Unklar erscheint ferner, ob neben Vermögenszugriffen im Rahmen des staatlich organisierten Vermögensraubes auch bloße deliktische Handlungen privater Dritter als tatbestandlich beachtlich anzusehen

992 Siehe zu den Auslegungsmethoden nach französischer Rechtsdogmatik im Methodikteil unter A.V. Vgl. *Gény*, Méthode d'interprétation et sources en droit privé positif, S. 276 f.: »Avant tout, c'est à la formule qu'il faut demander la révélation de la volonté législative. Et, du moment que celle-ci se dégagera du texte, sans être contredit par aucun élément extérieur, elle dictera, supprimant toute hésitation, la décision de l'interprète.«

993 *Lewis/Short*, A Latin dictionary, Eintrag zu spolio: Das Verb wird übersetzt mit »to strip, to deprive of covering, rob of clothing« und in einem weiteren Sinne auch mit »to rob, plunder, pillage, spoil; to deprive, despoil«.

994 Vgl. a. a. O., Eintrag zu spolium, II.: »the arms or armor stripped from a defeated enemy; hence, in gen., any thing taken from the enemy, booty, prey, spoil«.

995 Rey (Hrsg.), Dictionnaire historique de la langue française, Band 3, S. 3625, Eintrag zu spolier: »dépouiller (qqn) par la fraude ou par l'abus de pouvoir«. Das Verb *dépouiller* bedeutet Wegnahme oder Aneignung gegen den Willen einer anderen Person (»enlever à (qqn) ce qu'il a pour se l'approprier«, Rey (Hrsg.), Dictionnaire historique de la langue française, Band 1, S. 1044 f.

996 *CIVS*, Tätigkeitsbericht für 2001, S. 24. Unter *fraude* (f.) wird die vorsätzliche Schädigung oder arglistige Täuschung einer anderen Person verstanden, vgl. *Cornu u. a.*, Vocabulaire juridique, S. 482, Eintrag zu fraude, Ziff. 1b; *Doucet/Fleck*, Dictionnaire juridique et économique, S. 434. Im letzteren Sinne ist die *fraude* synonym mit dem Willensmangel des *dol* (Art. 1137 Abs. 1 Code civil).

wären. Der Wortlaut des Dekrets, wonach die Entziehung »du fait des législations antisémites« (infolge oder aufgrund antisemitischer Gesetze) eingetreten sein muss, spricht indiziell dagegen.

(2) Spoliation als Rechtsbegriff

Der allgemeine Sprachgebrauch suggeriert somit eine Eingrenzung auf unfreiwillige Vermögensverluste im weiteren Sinne, lässt aber entscheidende Wertungsgesichtspunkte – insbesondere die Frage des Handlungssubjekts der Entziehung – offen. Die Auslegung des Wortlautes soll daher zusätzlich unter Berücksichtigung des juristischen Sprachgebrauchs erhellt werden. Entscheidend ist hierfür, in welchem Sinne der Begriff im Rechtsdiskurs und gegebenenfalls auch in früheren Rechtsnormen verstanden wurde.

Eine rechtliche Dimension erlangte der Begriff erstmals in Gestalt der *opima spolia* der römischen Rechtslehre. Der Begriff beschrieb das Anrecht des siegreichen Feldherrn, sich die Waffen des besiegten Feldherren anzueignen und öffentlich darzubieten.[997] Der Begriff fungierte in diesem antiken Kontext somit noch als ein Erlaubnissatz für Besitznahmen. Als Verbotssatz begegnen wir der *spolia* hingegen erst im kanonischen Recht nach dem *Decretum Gratiani*[998] im 12. Jahrhundert. Die *spoliation* wurde hier als eine Entziehung des Besitzes verstanden, die ein subjektives Klagerecht der früheren Besitzer:innen begründete (*actio spolii*). Gegen die Klage waren petitorische Einwendungen unzulässig. Das Rechtsinstitut gilt somit heute als Vorreiter des Besitzschutzes im deutschen Zivilrecht.[999] In Frankreich wurde das kirchenrechtliche Institut des *remedium spolii* erstmals im 13. Jahrhundert in eine allgemeine Zivilrechtskodifikation, die *Ordonnances de Saint-Louis* von 1240, überführt.[1000]

Das Rechtsinstitut wurde hingegen nicht in den Code civil des 19. Jahrhunderts übernommen. Der Begriff der *spoliation* fand sich so erst in der Restitutionsgesetzgebung der Nachkriegszeit wieder. Eine positive Begriffsdefinition enthielt erstmals Art. 1 Abs. 1 der noch heute geltenden und bereits in einem früheren Kapitel dargestellten[1001] Verordnung vom 21. April 1945:

> [A]ctes de disposition accomplis en conséquence [...] de toutes [...] mesures exorbitantes du droit commun en vigueur au 16 juin 1940 et accomplis, soit en vertu des prétendus lois, décrets et arrêtés, règlements ou décisions de l'autorité de fait se disant gouvernement de l'Etat français, soit par l'ennemi, sur son ordre ou sous son inspiration [...].

997 Vgl. *Maffi*, in: Mélanges de droit romain et d'histoire ancienne: Hommage à la mémoire de André Magdelain, S. 285, 286 f.; *Perrot*, De la restitution internationale des biens culturels aux XIXe et XXe siècles, S. 12. Die Überlieferung dieses Rechtsverständnisses stammt vom römischen Geschichtsschreiber Livius (IV. Buch): »quae dux duci detraxit, nec ducem novimus nisi cuius auspicio bellum geritur«.

998 Kanonische Rechtskodifikation aus dem 12. Jhd., die später in den *Corpus Iuris Canonici*, die zentrale Kirchenrechtskodifikation des Mittelalters, aufgenommen wurde.

999 Vgl. *Feldmann*, Der possessorische Besitzschutz und sein Verhältnis zum petitorischen Recht, S. 16 f.

1000 Vgl. *Crémieu*, Théorie des actions possessoires ou des moyens juridiques de faire valoir la possession en droit romain et en droit français, S. 202 f.

1001 Siehe hierzu unter B.II.2.a).

Eine *spoliation* setzt demnach eine Verfügung infolge sog. Ausnahmemaßnahmen des Vichy-Regimes oder des deutschen Besatzers voraus.[1002] Von der *spoliation* gemäß Art. 1 Abs. 1, welcher der Zwangsverkauf (*vente forcée*) gleichgestellt wird, sind Rechtsgeschäfte der früheren Eigentümer:innen (*actes accomplis avec le consentement de l'intéressé*) nach Art. 11 zu unterscheiden, durch welche diese selbst über Vermögenwerte verfügt haben. Für beide Verlustformen sah die Verordnung abweichende Rechtsfolgenregime vor: Entziehungen und Zwangsverkäufe waren von Rechts wegen nichtig und die entzogenen Vermögenswerte in Natur zu restituieren (Art. 1 Abs. 2, 17 Abs. 3). Für Rechtsgeschäfte stellte Art. 11 Abs. 1 hingegen die widerlegliche Vermutung auf, dass das Rechtsgeschäft unter Zwang (*violence*) zustande gekommen und demnach nichtig war (Art. 1109 Code civil a. F.). Eine Herausgabe der unter Zwang veräußerten Vermögenswerte konnte in diesem Fall nach Maßgabe des allgemeinen Zivilrechts beansprucht werden (Art. 12 Abs. 1). Dem Nachkriegsrecht war somit eine Unterscheidung zwischen unfreiwilligen Verlusten (Entziehungen und Zwangsverkäufen) und dem äußeren Anschein nach freiwilligen Vermögensverlusten (Rechtsgeschäften) immanent.

Für eine Übertragung dieser Legaldefinitionen aus der Verordnung von 1945 auf das CIVS-Dekret lassen sich gewichtige Gründe anführen: Dafür spricht zunächst aus normhierarchischer Sicht, dass die Verordnung von 1945 als gesetzesvertretende Verordnung höherrangiges Recht gegenüber dem CIVS-Dekret darstellt, das die Verwaltung bei seiner Auslegung bindet. Dieser Vorrang müsste konsequenterweise auch für die in der Verordnung enthaltenen Begriffsdefinitionen gelten, soweit diese grundlegende normative Wertungen und verallgemeinerbare Gerechtigkeitsanschauungen zum Ausdruck bringen. Für eine Orientierung an den Vorgaben der Verordnung von 1945 spricht zudem, dass das CIVS-Dekret selbst ausdrücklich auf das Nachkriegsrecht Bezug nimmt: So findet sich in der Einleitungsformel (sog. *visa*) zum Dekret ein ausdrücklicher Verweis auf die Verordnung vom 9. August 1944. Diese Verordnung hatte die Annullierung bestimmter Rechtsvorschriften des Vichy-Regimes – namentlich solcher, die eine antisemitische Diskriminierung begründeten (Art. 3) – zum Gegenstand. Ihrer Umsetzung diente schließlich die Verordnung vom 21. April 1945, die daran anknüpfend bestimmte Verfügungsgeschäfte aus der Besatzungszeit für nichtig erklärte. Das CIVS-Dekret steht, da es den Ausgleich verfolgungsbedingt entstandener Vermögensschäden bezweckt, in historischer Kontinuität zu dieser Nachkriegsgesetzgebung.[1003]

Sofern man aber den Begriff der Entziehung im Sinne des CIVS-Dekrets allein nach Maßgabe von Art. 1 Abs. 1 der Verordnung von 1945 auslegen würde, wären jedenfalls Rechtsgeschäfte unter Zwang nicht vom Tatbestand des CIVS-Dekrets erfasst, da diese von der Verordnung nicht als Entziehungen definiert werden, sondern einer gesonderten Regelung (Art. 11) vorbehalten sind. Eine beachtliche Zahl von Verlustkonstellationen würde auf diese Weise von

1002 Der Begriff der sogenannten Ausnahmeakte findet sich bereits in Art. 1 der Verordnung vom 14. November 1944 wieder, deren sachlicher Anwendungsbereich sich jedoch auf Vermögensgegenstände beschränkte, die noch nicht Gegenstand eines *acte de disposition* (verlustbegründende Verfügung über ein Recht) waren. Erfasst sind hiernach Eingriffe in das Eigentum, die noch nicht zu einem endgültigen Verlust der Rechtsposition geführt haben.

1003 Auch dem Begleitbericht zum CIVS-Dekret ist dieser Kontinuitätsgedanke zu entnehmen: »En rétablissant la légalité républicaine en 1944, le Gouvernement provisoire de la République française a effacé toutes les traces de la législation antisémite, annulé les actes de spoliation commis sur le fondement de celle-ci et cherché à procéder aux réparations et restitutions nécessaires. [...] [À] cette volonté d'anéantir une législation indigne, compréhensible à l'époque de la Libération, succède aujourd'hui le besoin de faire toute la lumière sur cette tragique période de notre histoire.«, Rapport au Premier ministre, JORF vom 11.9.1999, S. 13632.

vornherein ausgeklammert. Gegen eine solche Verkürzung des Tatbestands des Art. 1 Abs. 1 und Art. 1-1 CIVS-Dekret lassen sich gewichtige teleologische Bedenken formulieren. Der Entstehungskontext beider Regelungen unterscheidet sich grundlegend: Während in der Periode der Restitutionen (1944–1951) die Lösung von Eigentumskonflikten und damit materielle Aspekte im Vordergrund standen,[1004] ist das CIVS-Dekret Zeugnis der Bemühungen Frankreichs um eine Aufarbeitung der Vergangenheit unter der NS-Herrschaft und Ausdruck eines veränderten Geschichtsbewusstseins nach 1997. Neben einer lückenlosen historischen Aufklärung besteht ein Grundanliegen des Dekrets in der Anerkennung der Opfer der Shoah.[1005] Vor diesem Hintergrund weist die Anerkennung einer Entziehung durch die CIVS eine gänzlich andere moralische Implikation als noch nach der Verordnung von 1945 auf: Sie beinhaltet immer auch die Anerkennung eines individuellen Verfolgungsschicksals. Daraus folgt auf normativer Ebene das Gebot einer historisch informierten Auslegung des Entziehungsbegriffs unter Einbeziehung aller historisch relevanten Verlustkonstellationen, zu denen auch Zwangsgeschäfte zählen.

(3) Logische Auslegung unter Rückgriff auf Gesetzesmaterialien

Die grammatikalische Auslegung führt somit nicht zu einem eindeutigen Ergebnis. In einem weiteren Schritt soll daher der gesetzgeberische Wille unter Berücksichtigung der Vorarbeiten zum Dekret (*travaux préparatoires*) ermittelt werden. Das CIVS-Dekret wurde durch den Berater:innenstab des Premierministers Lionel Jospin (*cabinet du Premier ministre*) in Abstimmung mit den übrigen Ministerien zwischen Januar und Juli 1999 erarbeitet. Der Begriff der *spoliation* fand sich von Beginn an in sämtlichen Vorentwürfen wieder, ohne aber näher definiert zu werden.[1006] Offenkundig unterstellten die Redakteur:innen des Dekrets ein vorgefertigtes Begriffsverständnis. Naheliegend erscheint, dass der Begriff schlicht aus der Beschreibung des Forschungsauftrages der Mattéoli-Mission übernommen wurde,[1007] auf deren Empfehlung die Einrichtung der CIVS schließlich zurückging. Man ging demnach davon aus, dass die Frage, welche Vermögensverluste als ausgleichsfähig anzusehen seien, vorrangig durch die Mattéoli-Mission zu klären sei. In diese Richtung deutet eine Passage im Begleitbericht zum CIVS-Dekret, wonach die Praxis der CIVS auf den Vorarbeiten der Mattéoli-Mission aufbauen sollte.[1008] Auf den ersten Blick erscheint dies verwunderlich, da die Arbeiten der Mission auf einen historischen Erkenntnisgewinn zielten. Die Berichte der Mattéoli-Mission stellten so die verschiedenen Etappen und Bereiche des antisemitischen Vermögensraubes zwischen 1940 und 1944 dar und beleuchteten zudem, in welchen Ausmaß Schäden nach dem Krieg ausgeglichen worden waren. Über die Darstellung der historischen Fakten hinaus sollte

1004 *Andrieu*, in: Goschler/Ther/Andrieu (Hrsg.), Spoliations et restitutions des biens juifs en Europe, S. 186, 187 f. Siehe schon zum historischen Kontext in der Einleitung unter A.I.

1005 Zu den immateriellen Zielen des Verfahrens vor der CIVS siehe schon unter B.III.4.d).

1006 Siehe zu den Vorentwürfen zum Dekret schon unter B.III.1.c).

1007 Die amtliche Bezeichnung lautete »mission d'étude sur la spoliation durant l'Occupation des biens appartenant aux juifs résidant en France«. Nach Art. 1 des Arrêté vom 25. März 1997 (JORF vom 26.3.1997, S. 4721) bestand der Auftrag der Mission darin, »les conditions dans lesquelles des biens, immobiliers et mobiliers, appartenant aux juifs résidant en France ont été confisqués ou, d'une manière générale, acquis par fraude, violence ou dol, tant par l'occupant que par les autorités de Vichy entre 1940 et 1944« zu erforschen.

1008 Rapport au Premier ministre relatif au décret n° 99-778 du 10 septembre 1999 instituant une commission pour l'indemnisation des victimes de spoliations intervenues du fait des législations antisémites en vigueur pendant l'Occupation, JORF vom 11. September 1999, S. 13632.

die Mission aber auch, aufbauend auf den gewonnen historischen Erkenntnissen, Empfehlungen zum künftigen Umgang mit entzogenen Vermögenswerten formulieren.[1009] Der Abschlussbericht der Mission von 2000 enthielt daher auch Vorgaben, nach welcher Maßgabe und in welcher Höhe verbleibende Schäden in Verfahren vor der CIVS künftig ausgeglichen werden sollten (»Recommandations relatives aux restitutions individuelles«).[1010] Empfehlung Nr. 10 sieht vor, dass – sofern ein Vermögenswert nach dem Krieg nicht restituiert oder sein Verlust anderweitig kompensiert wurde – Schadensersatz nach denselben gesetzlichen Grundsätzen wie in der Nachkriegszeit zu gewähren ist, um Ungleichbehandlungen zu vermeiden:

> »Afin d'éviter que des préjudices identiques ne donnent lieu à des réparations inégales, quand un bien pillé ou spolié n'a pas été restitué ou indemnisé dans les conditions rappelés ci-dessus [selon les principes qui ont été établis par la loi française ou allemande ; Anm. d. Verf.], l'indemnisation doit respecter les mêmes principes que les indemnisations précédentes.«[1011]

Sofern hingegen ein Ausgleich nach dem Krieg nach diesen Grundsätzen geleistet wurde, sind diese Leistungen als abschließend zu bewerten (Empfehlung Nr. 9).[1012] Fraglich ist, ob mit »principes établis par la loi« nur die allgemeinen Grundsätze dieser Gesetze oder auch spezifische Regelungen, etwa konkrete Begriffsdefinitionen, gemeint sind. Ersichtlich kann nur Letzteres gemeint sein. Nach dem Wortlaut der Empfehlung sollte vermieden werden, dass Schäden heute eine andere rechtliche Bewertung erfahren als nach dem Krieg. Dieser Vorgabe kann in vollem Umfang nur entsprochen werden, wenn auf allen Ebenen der Anspruchsprüfung gleiche Anforderungen wie nach den Vorgaben der Nachkriegsgesetze gelten. Vor diesem Hintergrund muss der Begriff der *spoliation* im CIVS-Dekret als Überbegriff für sämtliche nach dem Nachkriegsrecht ausgleichsfähigen Vermögensverluste verstanden werden. Den normativen Referenzrahmen für die Bewertung von Ansprüchen nach dem CIVS-Dekret würden nach dieser Lesart neben der Verordnung vom 21. April 1945 auch das Kriegsschädengesetz von 1946 und das Bundesrückerstattungsgesetz von 1957 (BRüG) bilden, sofern dieses auf Entziehungen in Frankreich anwendbar war (§ 5 Abs. 1).

Die CIVS selbst positionierte sich lange Zeit nicht dezidiert zu dieser Frage, obschon sie die Geltung des Grundsatzes der Gleichbehandlung formal anerkannt[1013] und dabei insbesondere die Notwendigkeit, Ansprüche nach einheitlichen Kriterien zu bewerten, betont hatte.[1014]

1009 Lettre de mission du Premier ministre, 5.2.1997, abgedruckt in *Mission d'étude sur la spoliation des Juifs de France*, Rapport général, S. 9 f.: »Vous pourrez, le cas échéant, formuler des propositions en ce qui concerne le devenir des biens qui seraient actuellement détenus par des personnes publiques de droit français.«

1010 *Mission d'étude sur la spoliation des Juifs de France*, a. a. O., S. 173 f.

1011 *Mission d'étude sur la spoliation des Juifs de France*, a. a. O., S. 174.

1012 A. a. O., S. 173: »Quand un bien spolié ou pillé a été restitué ou indemnisé selon des principes qui ont été établis par la loi (française ou allemande) ou par des accords internationaux, et après vérification des différents fonds d'archives, aucune nouvelle indemnisation ne doit être envisagée.«

1013 Vgl. etwa *CIVS*, Tätigkeitsbericht für 2006: »Comme l'a souligné la mission MATTÉOLI dans ses recommandations adressées au gouvernement français, le respect de deux principes était préconisé: l'absence de toute indemnisation antérieure d'un préjudice et l'égalité de traitement des requérants.«

1014 Die CIVS folgerte aus dem Grundsatz der Gleichbehandlung nur, dass die Bewertung der Anträge grundsätzlich nach einheitlichen, vorhersehbaren Regeln zu erfolgen habe, die sich die CIVS offenbar selbst gab. Offen ließ die Kommission hingegen, ob diese Regeln sich an den Vorgaben des Nachkriegsrechts zu orientieren hätten. Siehe etwa *CIVS*, Tätigkeitsbericht für

Aus dem Grundsatz der Gleichbehandlung folgerte die Kommission so etwa ein Verbot ungerechtfertigter Bereicherungen oder die Maßgeblichkeit des Entziehungszeitpunktes bei der Schadensbemessung.[1015] Eine ähnlich konsequente Haltung ließ die CIVS hingegen bei der Auslegung des Entziehungsbegriffs lange Zeit vermissen. In dieser Frage positionierte sich die CIVS explizit erstmals in ihrer Empfehlung vom 17. Mai 2021 im Verfahren Armand Dorville.[1016] Hierin legte die Kommission den Tatbestand des Dekrets erstmals ausdrücklich im Lichte der Verordnung vom 21. April 1945 aus,[1017] verneinte aber zu Recht eine direkte Anwendung der Verordnung von 1945.[1018] Im Ergebnis gelangte die CIVS zu dem Schluss, dass eine Entziehung im Sinne von Art. 1 Abs. 1 der Verordnung nicht gegeben sei, da die Veräußerungen nicht direkt auf hoheitlichen Ausnahmemaßnahmen (*mesures exorbitantes du droit commun*) beruhten:

> »[L]es ventes [...] de la collection d'Armand Dorville étant sans doute un moyen de dégager une trésorerie suffisante pour régler les droits de succession [...] et délivrer les legs, ces ventes ne peuvent être considérées comme procédant d'une mesure exorbitante du droit commun.«[1019]

In einem Folgeschritt prüfte die CIVS sodann, ob die Veräußerung gleichwohl als Verkauf unter Zwang und damit als Entziehung zu bewerten sei. Im Rahmen dieser Prüfung brauchte die CIVS sodann erkennbar die Kriterien des Art. 11 Abs. 1 und 2 der Verordnung von 1945 zur Anwendung: Die Kommission prüfte dabei, ob der erzielte Kaufpreis als ungerecht oder der Verkauf im Übrigen unter Zwang zustande gekommen war, was sie im Ergebnis beides verneinte.[1020] Obwohl die CIVS in einem Folgeschritt eine Ergebniskorrektur aus Gründen der Billigkeit vollzog und dem Antrag teilweise stattgab,[1021] belegt die Empfehlung eine prinzipielle Ausrichtung an den Vorgaben der Verordnung von 1945. Auch die übrige Spruchpraxis trägt diese Analyse.[1022]

2009, S. 6: »C'est sous l'autorité de Monsieur Pierre DRAI [...] que les membres délibérants de la Commission ont élaboré des règles qui ont pour but d'allouer aux victimes ou à leurs ayants droit, une juste indemnisation adaptée à chaque cas, tout en assurant l'égalité de traitement entre victimes souhaitée par la Mission Mattéoli.« In diesem Sinne auch *Dreifuss-Netter*, Rec. Dalloz 2020, 945 (948): »[A]fin d'assurer la prévisibilité de ses recommandations et l'égalité entre les requérants [la CIVS] a dégagé des règles d'indemnisation«. Die Autorin spricht von sogenannten Grundregeln (»règles de base«).

1015 Zu diesen Aspekten noch eingehend unter B.III.7.e)aa) und B.III.8.b)bb)(2).

1016 Die Empfehlung ist abgedruckt unter *CIVS*, Tätigkeitsbericht für 2021, S. 64–71.

1017 Für eine Anwendung der Kriterien der Verordnung von 1945 hatten sich zuvor schon die beiden, im Verfahren berufenen Berichterstatter:innen ausgesprochen. Siehe *Augustin*, Bericht vom 1.12.2020, S. 32 (nicht veröffentlicht): »[J]e propose à la Commission d'analyser les ventes litigieuses à la lumière des dispositions précitées des articles 1er et 11 de l'ordonnance du 21 avril 1945 afin de déterminer si elles ont eu un caractère spoliateur et, dans l'affirmative, de proposer une indemnisation du préjudice subi.«; in diesem Sinne auch *Zagury*, Bericht vom 26.11.2020, S. 7 (nicht veröffentlicht).

1018 Die Anwendung der Verordnung einschließlich der Feststellung der Nichtigkeit sei ausschließlich den Zivilgerichten vorbehalten (CIVS, Empfehlung vom 17.5.2023, Nr. 24582 BCM, S. 5: »Il convient de rappeler que seul le juge judiciaire a reçu compétence pour statuer sur l'application de l'ordonnance du 21 avril 1945. Dès lors, la demande d'annulation des ventes aux enchères en cause, fondée sur l'application de ce texte, échappe à l'appréciation de la CIVS et ne peut être accueillie.«).

1019 Ebd.

1020 Ebd.: »Par ailleurs, le produit de ces ventes a été largement supérieur aux estimations. De sorte que les ventes aux enchères ont été organisées et réalisées sans contrainte ni violence.«

1021 Die CIVS gab dem Antrag für 12 der insgesamt 20 beanspruchten Werke aus Gründen der Billigkeit statt. Siehe hierzu Näheres unter B.III.7.c)cc)(3)(ii) und B.III.7.e)bb).

1022 Dies wird besonders bei der Bewertung von rechtsgeschäftlichen Verlusten deutlich: Die CIVS prüft bei entgeltlichen Geschäften, ob ein gerechter Kaufpreis erzielt wurde und ob die Veräußerung im Übrigen entscheidend durch die antisemitischen Gesetze beeinflusst wurde, siehe eingehend hierzu unter B.III.7.c)cc)(3)(iv). Nunmehr hat auch der Präsident der CIVS die

Für diese Auslegung spricht bereits die Ähnlichkeit der Struktur der Verlusttatbestände in beiden Regelungen. Die Tatbestände der Verordnung und des CIVS-Dekrets fordern so übereinstimmend einen Zusammenhang zwischen bestimmten hoheitlichen Maßnahmen (»mesures exorbitantes du droit commun« und »législations antisémites«) und dem Vermögensverlust (»acte de disposition« bzw. »contrats et actes juridiques« und »spoliation«). Der Vergleich zeigt aber zugleich auch eine begriffliche Tautologie in Art. 1 CIVS-Dekret auf. Art. 1 Abs. 1 der Verordnung von 1945 definiert die *spoliation* als einen Vermögensverlust durch Zugriff auf das Vermögen des Geschädigten infolge diskriminierender oder aus anderen Gründen unrechtmäßiger Maßnahmen. Das CIVS-Dekret erlangt dagegen – insoweit enger – eine Entziehung infolge antisemitischer Gesetze (»spoliation intervenue du fait des législations antisémites«), mit anderen Worten aufgrund spezifischer diskriminierender Maßnahmen. Die Diskriminierung ist aber – wie dargestellt – dem Begriff der *spoliation* als solchem nach historischem Begriffsverständnis bereits immanent, sodass die Bezugnahme auf eine bestimmte Form der staatlichen Diskriminierung an sich keinen Mehrwert in sich birgt.[1023] Insoweit wäre der Begriff der »spoliation à caractère antisémite« (Entziehung antisemitischen Charakters) treffender.

Im Übrigen ist die Definition der *spoliation* nach dem CIVS-Dekret im Vergleich zur Definition der *spoliation* nach Art. 1 der Verordnung von 1945 zugleich enger und weiter ausgestaltet: Bezogen auf den relevanten historischen Unrechtskontext fällt der Begriff der *spoliation* nach dem CIVS-Dekret enger aus, da er eine Verursachung des Verlustes durch antisemitische Gesetze fordert und nicht auch eine Verursachung durch Ausnahmemaßnahmen (*mesures exorbitantes du droit commun*) genügen lässt, unter denen auch völkerrechtswidrige Maßnahmen des deutschen Besatzers verstanden wurden.[1024] Das Dekret trägt so der Aufwertung der Shoah im französischen Erinnerungsdiskurs der späten 1990er-Jahren Rechnung. Zugleich werden dem Begriff der Entziehung nach dem CIVS-Dekret, der in diesem Punkt weiter als nach der Verordnung von 1945 ausfällt, aber auch Veräußerungen zugeordnet, die nach der Verordnung von 1945 einem gesonderten Verlusttatbestand unterfallen (Art. 11). Das verbindende Element zwischen den Verlusttatbeständen nach Art. 1 und Art. 11 der Verordnung von 1945 und dem Entziehungsbegriff nach dem CIVS-Dekret bildet aber das Kriterium der *Unfreiwilligkeit*: Der Verlust muss entweder unter unmittelbarem Zwang aufgrund hoheitlicher Maßnahmen oder in einer – jedenfalls mittelbar auf hoheitlichen Maßnahmen beruhenden – Zwangslage, in der sich die geschädigte Person im Zeitpunkt der Veräußerung befand, erfolgt sein.

(4) Entziehung als vollständiger, dauerhafter und unfreiwilliger Vermögensverlust

Die Entziehung (*spoliation*) im Sinne des CIVS-Dekrets kann somit zusammenfassend definiert werden als dauerhafter, vollständiger Verlust einer geschützten Vermögensposition, der unabhängig von der Art der Herbeiführung (durch Wegnahme oder Weggabe) unter Einwirkung

Bindung an die Vorgaben der Verordnung vom 21. April 1945 anerkannt: »Mais dans ce domaine [des spoliations culturelles], la Commission […] développe aussi sa propre doctrine sur la notion de vente forcée, en tenant compte des textes en vigueur – en premier lieu de l'ordonnance du 21 avril 1945«, *CIVS*, Tätigkeitsbericht für 2020, S. 8.

1023 Siehe zum Begriff der Ausnahmemaßnahme bereits grundlegend B.II.2.a)aa)(2)(i). Instruktiv zum Beriff der *spoliation* nach der Verordnung von 1945 *Lyon-Caen*, Les spoliations, S. 7: »Sa caractéristique essentielle, c'est d'être à la fois illégitime et inégale: la spoliation a pout but de frapper certaines catégories de citoyens à l'exclusion des autres. […] La spoliation frappe certaines personnes choisies, généralement pour des raisons politiques.«

1024 Siehe hierzu bereits unter B.II.2.a)aa)(2)(ii).

von Zwang hervorgerufen wurde.[1025] Eingriffe in das Vermögen sind in der Folge nur ausgleichsfähig, wenn sie zu einem vollständigen Verlust der betreffenden Vermögensposition aus dem Vermögen der Geschädigten geführt haben. Unbeachtlich ist daher übereinstimmend mit der Verordnung von 1945[1026] die nur zeitweise Einschränkung oder Untersagung der Nutzung eines Vermögenswertes (sog. *trouble de jouissance*), etwa infolge eines hoheitlichen Verfügungs- oder Berufsverbots.[1027]

Als Entziehung wird nach der Praxis der CIVS ebenso wenig eine bloße Verschlechterung oder Wertminderung des entzogenen Vermögenswerts angesehen, wenn dieser nach dem Krieg - wenn auch in veränderter Form - wieder in das Vermögen der Geschädigten gelangt ist[1028], da nur der dauerhafte und vollständige Verlust des Vermögenswerts im Sinne einer Substanzeinbuße als ersatzfähig eingestuft wird. In diesem Punkt weicht die CIVS erkennbar von den Vorgaben der Verordnung vom 21. April 1945 ab, die eine Haftung auf Schadensersatz auch bei Verschlechterung vorsah (Art. 7 Abs. 1 der Verordnung). Gleichwohl ist diese Einschränkung mit den Empfehlungen der Mattéoli-Mission vereinbar: Hiernach sollte eine erneute Ausgleichsleistung ausscheiden, wenn nach dem Krieg bereits eine Restitution des Vermögenswerts erfolgt war.[1029] Die CIVS legt diese Vorgabe ersichtlich dahingehend aus, dass eine Restitution nach dem Krieg eine weitere Ausgleichsleistung schlechthin ausschließt, selbst wenn der Vermögenswert in einem verschlechterten Zustand zurückgewährt wurde.

Eine Besonderheit gilt davon abweichend bei unverkörperten Bestandteilen eines Unternehmens (*biens incorporels*), wie der Kundschaft (*clientèle* oder *achalandage*). War den Geschädigten nach dem Krieg eine Wiederaufnahme ihrer beruflichen Tätigkeit, wenn auch mit geringerer Kundschaft, möglich, so ist die dadurch bedingte Wertminderung des Unternehmens ausnahmsweise ersatzfähig, wenn diese endgültiger Natur ist (sog. *perte partielle définitive*). Dies ist zu bejahen, wenn der Kund:innenstamm auch in der Folgezeit nicht wieder aufgebaut werden konnte. Die Rechtsprechung ist diesem Auslegungsansatz - nach anfänglichem Zögern[1030] - nunmehr gefolgt.[1031] Scheitert das Unternehmen nach dem Krieg, ist danach zu differenzieren, ob das Scheitern durch die Unternehmensführung in der Nachkriegszeit oder aber Nachwirkungen der Verfolgung bedingt war. Nur von vorübergehender Natur und damit unbeachtlich ist die Wertminderung hingegen, wenn es dem Verfolgungsopfer allmählich

1025 Ähnlich auch *Dreifuss-Netter*, Rec. Dalloz 2020, 945 (949): »C'est ainsi que le terme de spoliation a été interprété dans son sens le plus strict comme privation d'un élément du patrimoine.«

1026 Zum Begriff der Verfügung (»acte de disposition«) siehe schon unter B.II.2.a)aa)(1).

1027 Bestätigt durch CE, 27.3.2015, Nr. 378144, Cons. 3 – Callou II (»[S]'agissant d'une entreprise ou d'un commerce, l'indemnisation doit permettre de réparer sa perte définitive en prenant en compte l'ensemble des éléments corporels et incorporels«); wortgleich CE, 1.2.2016, Nr. 387309, Cons. 3 – Licht.

1028 In diesem Sinne etwa CAA Paris, 19.1.2021, Nr. 19PA02582, Rn. 6 – Fraenkel: »[L]a perte éventuelle de la valeur de biens incorporels ne peut en principe être regardée comme constituant une spoliation au sens du décret précité du 10 septembre 1999. Il en va toutefois différemment si la perte de tout ou partie des éléments incorporels présente un caractère définitif.«

1029 *Mission d'étude sur la spoliation des Juifs de France*, Rapport général, S. 173, Empfehlung Nr. 9.

1030 TA Paris, 16.5.2013, Nr. 1110397/6-3 – Bresler: »[L]e Premier ministre, qui s'est approprié les motifs de la recommandation de la CIVS, a commis une erreur manifeste d'appréciation en estimant que la perte de clientèle subie par M. et Mme Urbach du fait de la spoliation de leur fonds de commerce ne constituait pas un ›préjudice certain et définitif‹ dès lors qu'ils avaient repris leur activité à la Libération« (Cons. 4).

1031 CAA Paris, 19.1.2021, Nr. 19PA02582 – Fraenkel. Mit identischer Formulierung in CAA, 24.11.2014, Nr. 13PA02044 – Licht; CAA Paris, 4.6.2019, Nr. 18PA00131 – Jacquot; CAA Paris, 4.6.2019, Nr. 18PA00133 – Schwarz; CAA Paris, 4.6.2019, Nr. 18PA00130 – Caïn.

gelang, eine dem Nachkriegsniveau vergleichbare Kundschaft aufzubauen.[1032] Der Verlust ist weiterhin nicht als endgültig anzusehen, wenn der Unternehmensbetrieb nach dem Krieg in demselben Gebäude, wenn auch in kleinerem Umfang fortgesetzt werden konnte.[1033] Eine beachtliche Wertminderung bejahte die CIVS dagegen, wenn der Unternehmensbetrieb wegen des Todes eines Gesellschafters nur in gegenüber dem Vorkriegsniveau eingeschränkter Form fortgesetzt wurde.[1034]

Für die allgemeine Praxis - auch bezogen auf Kulturgüter - kann zusammenfassend festgehalten werden, dass die bloße Wertminderung gegenüber dem objektiven Verkehrswert im Zeitpunkt der Entziehung grundsätzlich keine Ersatzpflicht begründet.

bb) Der Begriff des Vermögenswerts (*bien*)

Gemäß Art. 1 Abs. 1 CIVS-Dekret ist nur die Entziehung eines *bien* ersatzfähig. Der Begriff ist dem französischen Zivilrecht entlehnt und wird allgemein als Gut[1035], Vermögenswert oder speziell bei *biens corporels* (körperlichen Vermögenswerten) auch als Sache[1036] übersetzt.

(1) Umfassender Vermögensschutz nach dem Wortlaut

Der Code civil unterscheidet in den Art. 516 bis 543 Code civil traditionell zwischen »meubles« und »immeubles«.[1037] Das CIVS-Dekret beschränkt sich demnach nicht, wie in anderen Signatarstaaten der Washingtoner Erklärung von 1998, auf Verluste von Kunstwerken und sonstigen Kulturgütern,[1038] sondern leistet dem Wortlaut nach Ausgleich für Vermögensschäden in einem umfassenden Sinne. Der Rechtsbegriff des *bien* wird nicht gesetzlich definiert. Nach einer in der Literatur anerkannten Definition umfasst der Begriff jedenfalls alle beweglichen und unbeweglichen Bestandteile des Vermögens einer Person,[1039] zu denen neben dem Sacheigentum

1032 CAA Paris, 19.1.2021, Nr. 19PA02582, Rn. 7 – Fraenkel: »Il ressort des pièces du dossier [...] que si M. X a pu réintégrer ses locaux professionnels dès sa libération du camp de Drancy, sa reprise d'activité a été ralentie par la dévastation du cabinet et la disparition définitive d'une partie de sa patientèle. En revanche, il ne ressort pas des pièces du dossier que malgré l'interruption des activités du cabinet dentaire entre 1940 et 1945, la perte de la patientèle qui est progressivement revenue chez son praticien aurait été totale et définitive.«

1033 CAA Paris, 4.6.2019, Nr. 18PA00133 – Schwarz: »Ainsi que l'ont relevé les premiers juges, la circonstance que l'exploitation du fonds de commerce a été interrompue en 1941 et qu'à la Libération, M. Schwarz n'a pu reprendre son activité de fabrication et vente de tricots que dans un local situé dans le même immeuble, mais beaucoup plus exigu, ne suffit pas à faire regarder la perte définitive de clientèle du fonds de commerce subie comme étant totale.« (Rn. 7).

1034 CAA Paris, 4.6.2019, Nr. 18PA00130 – Caïn: In dem Fall musste der Viehverkauf (*vente de bétail*) ohne einen Schlachter fortgesetzt werden. Die Kommission gewährte eine Entschädigung für den Teilverlust der Kundschaft.

1035 Vgl. *Quemner/Neumann*, Dictionnaire juridique, S. 38.

1036 Vgl. *Doucet/Fleck*, Dictionnaire juridique et économique. Tome I. Français-Allemand, S. 86. Letztere Übersetzung ist jedoch ungenau, da der *bien* undifferenziert sowohl das Bezugsobjekt (Gegenstand) als auch das Recht an diesem (Eigentum, sonstiges dingliches oder persönliches Recht) beschreibt.

1037 Die Begriffe sind nicht identisch mit dem Sachbegriff des BGB (vgl. §§ 90, 929 ff., 873 BGB). Dem Begriff des »meuble« unterfallen sowohl körperliche als auch unkörperliche Gegenstände, insbesondere obligatorische Rechte. Die Sache setzt nach § 90 BGB hingegen eine Verkörperung des Gegenstandes voraus.

1038 Vgl. für einen Überblick *Marck/Muller*, in: Campfens (Hrsg.), Fair and just solutions? Alternatives to litigation in Nazi-looted art disputes: status quo and new developments, S. 41, 41 ff. Zur Rechtslage in Deutschland speziell *Von Trott zu Solz/Gielen*, ZOV 1999, 256.

1039 *Cornu u. a.*, Vocabulaire juridique, S. 127, Eintrag zu »bien«, Ziff. 2: »[T]ous les éléments mobiliers ou immobiliers qui composent son patrimoine, à savoir les choses matérielles (biens corporels) qui lui appartiennent et les droits (autres que la propriété) dont elle est titulaire (biens incorporels).« .

(*biens corporels*) auch sonstige Rechte als unverkörperte Vermögenswerte (*biens incorporels*) zählen. Das französische Zivilrecht trennt schlicht nicht zwischen dem (dinglichen oder obligatorischen) Recht und dem Bezugsobjekt dieses Rechts (körperlicher oder unkörperlicher Gegenstand).[1040] Einen Vermögenswert im Rechtssinne stellen somit neben dem Eigentum auch der Nießbrauch (Art. 526 Code civil) oder bloße Forderungen (*droits personnels*)[1041] dar. Bedeutet dies gleichwohl, dass auch der Verlust solcher Vermögenswerte nach Maßgabe des CIVS-Dekrets ersatzfähig wäre?

(2) Einschränkung auf Eingriffe in das Eigentum oder gleichgestellte Rechte

Die CIVS nimmt in ihrer Praxis eine Einschränkung auf das Eigentum und diesem gleichgestellte Rechte vor. Die CIVS unterscheidet im Wesentlichen fünf Kategorien von Vermögenswerten, für deren Entziehung ein Ausgleich erlangt werden kann: Immobilien (*immeubles*)[1042], der selbstständigen oder gewerblichen Tätigkeit dienende Vermögenswerte (*biens professionnels*)[1043], Bankguthaben[1044], bewegliches Wohnungsmobiliar (*meubles meublants*)[1045] und schließlich Kunstwerke und sonstige Kulturgüter (*biens culturels mobiliers*)[1046]. Die aufgezählten Güterkategorien bilden dabei keinen abschließenden *numerus clausus* ersatzfähiger Vermögenswerte. Die Kommission behält sich vielmehr vor, auch Eingriffe in weitere Rechtspositionen als rechtserheblich anzuerkennen, die nicht eindeutig einer der genannten Kategorien zugeordnet werden können. Dies gilt etwa für Anwartschaften aus Lebensversicherungen,[1047] bestimmte obligatorische Rechte (z. B. das gewerbliche Mietrecht[1048]), Ansprüche aus Rentenversicherungen[1049] sowie Immaterialgüterrechte (z.B. das Urheberrecht)[1050]. Nicht geschützt sind hingegen sonstige schuldrechtliche Forderungen oder dingliche Sicherungsrechte.

1040 *Ferid*, Das Französische Zivilrecht, Band 2, S. 887 f.

1041 Vgl. *Libchaber*, Biens, in: Répertoire de droit civil, Bearbeitungsstand Dezember 2019, Rn. 68.

1042 Bei Immobilien, die unter kommissarischer Verwaltung standen, kann zudem Ersatz für vorenthaltene Mieteinnahmen verlangt werden. In diesem Sinne CIVS, Empfehlung vom 25.9.2020, Fall I. Nicht ersatzfähig sind hingegen Mietausfälle, die im Zuge einer Requirierung eingetreten sind, es sei denn, diese stehen in Zusammenhang mit antisemitischen Gesetzen.

1043 Hierzu zählen auch die einzelnen Bestandteile eines Handelsunternehmens (*fonds de commerce*), siehe CE, 27.3.2015, Nr. 378144, Cons. 3 – Callou II) bestehend aus Warenbestand , Kundschaft und gewerblichem Mietrecht (*droit au bail*), vgl. *CIVS*, Einführungsbericht, S. 26 f.; *CIVS*, Tätigkeitsbericht für 2007, S. 26.

1044 Verluste von Guthaben bei Banken sind Gegenstand des Washingtoner Abkommens vom 18.1.2001 zwischen Frankreich und den Vereinigten Staaten von Amerika. Das Abkommen wurde durch Dekret Nr. 2001-243 vom 21.3.2001 (JORF vom 23.3.2001, Text Nr. 11) umgesetzt. Die Auszahlung der Entschädigungssumme erfolgt nach Empfehlung durch die CIVS über zwei Fonds (Fonds A und B). Beide Fonds wurden durch Privatbanken mit Geschäftstätigkeit in Frankreich während der Besatzungszeit alimentiert (ausgenommen Barclays Bank und J.P. Morgan). Die Ausschlussfrist für Anträge auf Entschädigung aus dem Fonds B ist am 2.2.2005 abgelaufen.

1045 Vgl. *CIVS*, Tätigkeitsbericht für 2001, S. 25 f.

1046 Vgl. *CIVS*, Tätigkeitsbericht für 2002, S. 25–28.

1047 Vgl. *CIVS*, a. a. O., S. 27.

1048 Für Kündigungen des Mietvertrages durch kommissarische Verwalter:innen galt indes die zusätzliche Einschränkung, dass es in der Folge zu einer vollständigen Abwicklung des Unternehmens gekommen sein musste, vgl. *CIVS*, Tätigkeitsbericht für 2001, S. 26.

1049 Vgl. *CIVS*, Tätigkeitsbericht für 2004, S. 5 f. Im Ergebnis verneinte die CIVS einen hinreichend direkten Zusammenhang zu antisemitischen Gesetzen und somit die Ersatzfähigkeit derartiger Schäden.

1050 Vgl. *CIVS*, Tätigkeitsbericht für 2001, S. 25, Fn. 2.

(3) Ersatzfähigkeit der Entziehung von Kommissionsware?

Bei Kunsthändler:innen besteht die Besonderheit, dass diese im Rahmen ihrer Geschäftstätigkeit nicht selten auch Kunstwerke in Kommission nehmen, um diese im Auftrag der Kommittent:innen zu veräußern. Die Kommissionsware zählt nicht zum Eigentum des Kommissionärs. Dieser verfügt nach französischem Recht bei Zahlungsausfall des:der Kommittent:in lediglich über ein Recht auf vorzugsweise Befriedigung aus der Ware (*privilège*, Art. L.132-2 Code du commerce). Die Kommissionsware stellt daher keinen ersatzfähigen Vermögenswert im Sinne des CIVS-Dekrets dar. Gleichwohl ist die Größe des Warenbestandes und der Kundschaft einer Galerie mittelbar für die Bestimmung des Verkehrswertes eines Unternehmens und somit auch für die Berechnung des Gesamtschadens bei Unternehmensentziehungen relevant.[1051] Soweit aber die Restitution eines bestimmten Vermögenswertes begehrt wird, bleibt die Unterscheidung zwischen Kommissionsware und Handelsbestand bzw. Privatvermögen des:der Kunsthändler:in beachtlich.

(4) Schutz des Vermögensbestands im Verlustzeitpunkt

Das CIVS-Dekret gewährt Ausgleichsleistungen nur für Entziehungen von Vermögenswerten, die im Zeitpunkt der Entziehung bereits im Vermögen einer Person vorhanden waren. Geschützt wird demnach nur der gegenwärtige Vermögensbestand.[1052] Nicht ersatzfähig ist damit abweichend vom allgemeinen Schadensersatzrecht der entgangene Gewinn (*gain manqué*) und der Chancenverlust (*perte d'une chance*).[1053] Aus dieser Maßgabe folgt demnach ein Ausschluss der Ersatzfähigkeit von Folgeschäden im Vermögen der Geschädigten.[1054]

b) Geschädigte einer Entziehung oder Rechtsnachfolger:innen (Anspruchsberechtigung)

Gemäß Art. 1 Abs. 1 CIVS-Dekret ist die Kommission zuständig für die Prüfung von Anträgen der Geschädigten (»victimes«) oder deren Rechtsnachfolger:innen (»ayants droit«), die auf

1051 Ersatzfähig ist der vollständige und dauerhafte Verlust eines Handelsunternehmens (*fonds de commerce*) als faktische Vermögensgesamtheit (*universalité de fait*). Die Berechnung erfolgt für die einzelnen Unternehmensbestandteile (z.B. Warenbestand, Kundschaft, gewerbliches Mietrecht). Die Bemessung dieser Schadensposten richtet sich im Zweifel nach Pauschalsätzen, die sich an den Umsätzen des Unternehmens vor Ende der geschäftlichen Tätigkeit orientieren. Bei Aufgabe einer Galerie schon vor Beginn der Besatzung gewährte die CIVS in einem Ausnahmefall aus Gründen der Billigkeit eine Entschädigung für den Verlust der Kundschaft, auch wenn die geschädigte Person nach der Schließung der Galerie weiterhin unter der Hand verkaufte. Siehe CIVS, Empfehlung vom 1.7.2019, Fall A: »[Q]ue Monsieur A était non imposable pour les années 1937, 1938, 1939 et que cette activité n'était pas inscrite au registre de commerce; que cette activité ayant disparue l'indemnité allouée couvre la perte de clientèle, le stock étant indemnisé par ailleurs«.

1052 Vgl. *CIVS*, Einführungsbericht, S. 27; *CIVS*, Tätigkeitsbericht für 2006, S. 8. Höchstrichterlich bestätigt durch CE, 27.3.2015, Nr. 378144, Cons. 3 – Callou II (»le manque à gagner lié à l'impossibilité de l'exploiter ne saurait être assimilé à une spoliation de biens indemnisable«).

1053 Die CIVS ist von diesem Grundsatz gleichwohl in bisher zwei singulären Empfehlungen abgewichen. Der erste Fall (Empfehlung vom 8.7.2016, Fall L) betraf die entgangene Chance, die vor 1940 zu Unrecht erfolgte Abbuchung von einem Bankkonto zurückzuerlangen. Der Premierminister lehnte die Umsetzung dieser Empfehlung ab. Der zweite Fall (CIVS, Empfehlung vom 17.5.2021, Nr. 24582 BCM, Armand Dorville) betraf die entgangene Chance, den entzogenen Vermögenswert (Nettoerlöse aus einer Auktion) gewinnbringend anzulegen, um den Wertverfall durch Inflation zu vermeiden (Inflationsschaden). In diesem Fall entsprach der Premierminister der Empfehlung der CIVS und leistete eine Entschädigung.

1054 Siehe Näheres zu diesem Aspekt unter B.III.7.d)bb).

Ersatz von Schäden infolge antisemitischer Vermögensentziehungen gerichtet sind (»demandes individuelles [...] pour la réparation des préjudices«). Ihrem Wortlaut nach regelt die Bestimmung somit nur die Berechtigung einer Person, im Verfahren vor der CIVS als Verfahrenspartei aufzutreten (Antragsberechtigung), sowie die Kompetenz der CIVS zur Prüfung dieser Anträge. Die ausdrückliche Bezugnahme auf individuelle Vermögensschäden, deren Ausgleich verlangt wird, verdeutlicht aber, dass die CIVS neben der Entziehung eines Vermögenswertes auch die subjektive Zuweisung dieser Position zum Vermögen einer bestimmten Person prüfen muss. Es bedarf der Feststellung, dass das durch die Entziehung beeinträchtigte Recht einer Person zustand, die entweder selbst als Anspruchstellerin im Verfahren vor der CIVS auftritt oder deren Rechtsnachfolger:innen (*ayants droit*) den Ausgleich dieses Schadens beantragen. Geschädigte im Sinne des Art. 1 Abs. 1 CIVS-Dekret sind somit Personen, denen ein Vermögenswert entzogen wurde. Bei Versterben dieser Geschädigten sieht Art. 1 Abs. 1 eine Berechtigung der Rechtsnachfolger:innen (*ayants droit*) vor.

Art. 1-1 des Dekrets, der im Falle von Kulturgütern eine Verfahrenseinleitung von Amts wegen oder durch Personen mit berechtigtem Interesse regelt, lässt diese Frage seinem Wortlaut nach offen. Gleichwohl ist auch diese Vorschrift im Lichte des Art. 1 Abs. 1 auszulegen. Auch in diesem Fall ist das Verfahren vor der CIVS in letzter Konsequenz auf die Gewährung einer Ausgleichsleistung an die Geschädigten oder deren Rechtsnachfolger:innen gerichtet, die bei einer Verfahrenseröffnung nach Art. 1-1 von Amts wegen zu ermitteln sind.

aa) Geschädigte einer Entziehung (*victimes de spoliations*)

Geschädigte einer Entziehung sind diejenigen Personen, in deren Vermögen sich der entzogene Vermögenswert im Zeitpunkt seiner Entziehung befand. Bei Entziehungen von Kunstwerken oder Kulturgütern, die im Vordergrund dieser Forschungsarbeit stehen und bei denen es sich um bewegliche Sachen (*biens meubles corporels*) handelt, ist somit Sacheigentum im zivilrechtlichen Sinne erforderlich (Art. 544 Code civil). Bloße obligatorische Rechte oder sonstige dingliche Rechte an Kulturgütern sind hingegen, wie dargestellt, nach der Spruchpraxis nicht geschützt. Im Verfahren vor der CIVS ist somit zu prüfen, ob das verfahrensgegenständliche Kulturgut zum Zeitpunkt seiner Entziehung im Eigentum der anspruchstellenden Person oder ihres:ihrer Rechtsvorgänger:in stand.

(1) Die alleinige Geschädigtenstellung natürlicher Personen

Als Geschädigte in diesem Sinne kämen bei rechtlicher Betrachtung neben natürlichen Personen (*personnes physiques*) auch juristische Personen (*personnes morales*) in Betracht, die gleichermaßen Zuordnungssubjekte einer Eigentumsposition sein können. Nach der Spruchpraxis der CIVS sind als Geschädigte hingegen nur natürliche Personen anzusehen.[1055] Diese Ausrichtung führt nicht etwa zu einer Antragsablehnung bei Vermögensschäden, die juristischen Personen entstanden sind. Vielmehr erfolgt in diesen Fällen ein Durchgriff auf die Anteilseigner:innen der juristischen Person als wirtschaftliche Eigentümer:innen des

1055 So ausdrücklich in *CIVS*, Tätigkeitsbericht für 2009, S. 42: »Chargée d'examiner les ›demandes individuelles‹, la Commission n'est compétente que pour connaître des réclamations présentées par des personnes physiques, et non par des personnes morales.«

Unternehmens, die bei Verlusten von Unternehmenswerten als Geschädigte eingeordnet werden. Die CIVS unterscheidet demnach nicht streng zwischen Privat- und Unternehmensvermögen.

Nicht selten kommt es vor, dass sich das Problem der rechtlichen Unterscheidung zwischen dem Privatvermögen der Inhaber:innen eines Unternehmens und dem Unternehmensvermögen einer juristischen Person schon gar nicht stellt. So konnten in der Praxis der CIVS in der Vergangenheit bei Galerien und Antiquariaten zumeist natürliche Personen als alleinige Eigentümer:innen der Unternehmenswerte ermittelt werden.[1056] Vereinzelt sind dagegen aber auch Fälle nachweisbar, in denen das Kulturgut nachweislich im Eigentum einer juristischen Person stand. Bei Gesellschaftsvermögen mit zumeist überschaubarer Gesellschafterzahl (etwa *Société en nom collectif*, *Société à responsabilité limitée*) wird das Gesellschaftsvermögen in diesem Fall gemäß der Beteiligung der betroffenen Anteilseigner:innen am Kapital der juristischen Person als deren Geschäftsvermögen angesehen[1057] und zwar selbst dann, wenn die Gesellschaft nicht liquidiert wurde und somit auch nach dem Krieg noch fortbestand.[1058] Die CIVS erkennt demnach eine anteilige Geschädigtenstellung an. In einem Fall wurden die Anteile an der gewährten Entschädigung für den Verlust des Vermögens einer Gesellschaft gemäß den Quoten einer früheren Erbauseinandersetzung zwischen den Anteilseigner:innen geregelt.[1059]

Das Vorgehen der CIVS leuchtet unmittelbar ein: Eine Verfolgung juristischer Personen ist schon begrifflich nicht möglich. Da die »Verfolgung« eines Unternehmens (etwa durch Liquidation des Vermögens einer juristischen Person durch kommissarische Verwalter:innen) im Kern stets an die Verfolgung der Anteilseigner:innen oder Geschäftsführer:innen des Unternehmens anknüpfte[1060], erscheint es vertretbar, im praktischen Ergebnis nur diese entsprechend ihrer Beteiligung am Vermögen der juristischen Person als Geschädigte einer Entziehung anzusehen. Es lässt sich somit festhalten, dass in der Spruchpraxis der CIVS bei Entziehungen von Vermögenswerten im Eigentum juristischer Personen ausschließlich deren Gesellschafter:innen als wirtschaftliche Eigentümer:innen und somit als Geschädigte angesehen werden. Die Spruchpraxis unterscheidet sich in diesem Punkt namentlich von der deutschen Praxis nach den Washingtoner Prinzipien.[1061]

1056 So etwa in CIVS, Empfehlung vom 1.7.2019, Fall A, *Pastorale* von François Boucher; Empfehlung vom 16.2.2018, Fall O, *Carrefour à Sannois* von Maurice Utrillo.

1057 So etwa in CIVS, Empfehlung vom 5.5.2017, Fall S, Vermögen der SA Omnium central des fours électriques. Die Höhe der Entschädigung richtete sich hier nach den Anteilen des Geschädigten am Gesellschaftsvermögen.

1058 So etwa im Fall QQ, Bericht vom 9.8.2018. Die Berichterstatterin schlug eine Aufteilung der Entschädigung nach den jeweiligen Gesellschaftsanteilen vor. Der Fall gelangte indes nicht zu einem Abschluss durch Empfehlung der CIVS.

1059 Siehe CIVS, Empfehlung vom 4.4.2006, Fall R; Aufschluss über die genauen Gründe der Aufteilung der Ausgleichsleistung lieferte der Bericht des Berichterstatters (»Conformément à ce qui résulte de précédents partages réalisés par les membres de cette famille«, *Marcus*, Bericht vom 21.3.2006, S. 13, nicht veröffentlicht).

1060 Für Einordnung eines Unternehmens als »jüdisch« im Sinne der sog. zweiten Verordnung über Maßnahmen gegen Juden vom 18.10.1940 (VOBlF. vom 20.10.1940, S. 112) war die Einstufung der Gesellschafter:innen, bei SARL der Geschäftsführer:innen und bei Aktiengesellschaften der Mitglieder des Verwaltungsrates als »jüdisch«, kurzum der »jüdische Einfluss« auf das Unternehmen entscheidend (§ 1). Ganz ähnlich stellte sich die Rechtslage nach den Gesetzen der französischen Regierung dar (Art. 1 Abs. 1 Hs. 2 der Loi du 22 juillet 1941 relative aux entreprises, biens et valeurs appartenant aux juifs, JOEF vom 26.8.1941, S. 3594).

1061 Nach den Vorgaben der deutschen Handreichung hat bei Unternehmensvermögen im Falle einer Gesamthandgemeinschaft eine Rechtsnachfolge der ehemaligen Anteilseigner:innen und bei Gesellschaften mit eigener Rechtspersönlichkeit eine Nachtragsliquidation zu erfolgen. Als geschädigte Person wird in diesem Fall das Unternehmen in Liquidation angesehen, vgl.

(2) Der Eigentumsbeweis

Die heutige Praxis steht vor dem Problem einer zunehmenden Fragmentierung der verfügbaren Beweise, die es ermöglichen würden, Entziehungsvorgänge nachzuvollziehen und die Provenienz unrechtsbehafteter Kulturgüter zu klären. Vor diesem Hintergrund wäre eine Praxis zum Scheitern verurteilt, die an den Nachweis der Eigentumsposition allzu hohe Anforderungen stellen würde. Vor diesem Hintergrund fordert die Washingtoner Erklärung von 1998 in Prinzip Nr. 4 daher, dass dem Zeitablauf seit den historischen Ereignissen und den spezifischen Auswirkungen des Holocaust bei der Anspruchsprüfung bei Beweisunsicherheiten gebührend Rechnung getragen wird.[1062] Offen bleibt gleichwohl, welche konkreten Folgerungen dieser allgemeinen und eher unscharfen Richtlinie zu entnehmen sind, deren Umsetzung im Ermessen der Signatarstaaten steht.

(i) Beweisanforderungen (Beweismittel, Beweismaß)

Vor der CIVS gelten eigenen Angaben zufolge »flexible Beweisstandards«.[1063] Das bedeutet, dass sich die Beweisanforderungen nicht an einem allgemein-abstrakten Standard, sondern vielmehr an den Besonderheiten des konkreten Einzelfalls orientieren. Maßgebend sind die Natur des entzogenen Vermögenswertes (Alltagsgegenstand oder Luxusgut) und die Art der angestrebten Ausgleichsleistung (Restitution oder Entschädigung). Allgemein lässt sich die Grundregel formulieren, dass je atypischer sich der Schadensposten und je spezifischer sich der angestrebte Ausgleich (Restitution eines bestimmten Kulturguts oder Entschädigung für Wohnungsmobiliar) darstellt, desto höher die Beweisanforderungen (Vollbeweis oder Glaubhaftmachung) ausfallen. Das Eigentum kann entweder direkt oder indirekt mittels Indizien und Vermutungen begründet werden.

Für den Beweis des Eigentums an einem Kulturgut gelten tendenziell höhere Anforderungen. Der Erwerb des Eigentums kann mittels schriftlicher Nachweise belegt werden (z.B. Verträge oder Auktionsprotokolle).[1064] Ein gewichtiges Indiz für das Eigentum bildet dabei der Besitz zu einem bestimmten Zeitpunkt in der Vergangenheit. In den allermeisten nachweisbaren Fällen kapriziert sich die Beweisführung auf dieses Indiz.[1065] Der Besitz kann etwa durch schriftliche Nachweise (z.B. Inventarlisten, persönliche Notizbucheinträge oder auch lose

Beauftragte der Bundesregierung für Kultur und Medien, Handreichung, überarbeitete Fassung von 2019, S. 34. Siehe hierzu eingehend *Hahne*, Wege zur Gerechtigkeit bei NS-Raubkunst: Die heutige Restitutionspraxis im Lichte des alliierten Rückerstattungsrechts, im Erscheinen.

1062 In establishing that a work of art had been confiscated by the Nazis and not subsequently restituted, consideration should be given to unavoidable gaps or ambiguities in the provenance in light of the passage of time and the circumstances of the Holocaust era.

1063 Zu den Beweisstandards allgemein siehe Näheres unter B.III.9.

1064 CIVS, Empfehlung vom 4.10.2021, Nr. 24613 BCM-REST, Lévi de Benzion, REC 95, 99, 115, 117: Die Zuordnung zur Sammlung erfolgte durch Abgleich der Protokolle der Nachlassversteigerung Beurdeley vom 6. und 7.5.1920 und vom 30.11. bis 2.12.1920 mit den Beschlagnahmelisten der deutschen Stellen, wenngleich diese keine Hinweise zu den Werkmaßen und -titeln enthielten. Den entscheidenden Hinweis auf einen Verkauf im Rahmen dieser Auktion lieferte eine Markierung an einem der Werke (REC 95).

1065 Als ausreichend wird so die Zugehörigkeit zu einer Sammlung bewertet. So etwa in CIVS, Empfehlung vom 5.12.2012, Fall E, MNR 315, 89, 945, 368, 677, 796; CIVS, Empfehlung vom 16.2.2018, Fall O, *Carrefour à Sannois* von Maurice Utrillo.

Notizen[1066]) belegt werden. Beachtlich sind ferner Fotografien mit Abbildungen der Werke in der Privatwohnung/Galerie der präsumtiv Geschädigten. Schließlich können auch die Beschlagnahmelisten deutscher Stellen (z. B. der Deutschen Botschaft oder des ERR) Aufschluss über die früheren Besitzer:innen der Werke liefern.[1067] Als Indiz für den Fortbestand des Eigentums während der Besatzungszeit würdigt die Kommission ferner, wenn die Geschädigten nach dem Krieg Ansprüche vor staatlichen Stellen wie etwa der *Commission de Récupération Artistique* oder in Verfahren nach dem deutschen BRüG verfolgt haben.[1068] Umgekehrt kann das Fehlen entsprechender Anträge, zumindest wenn das Eigentum nicht durch andere Indizien substantiiert wird, gegen eine Eigentumsposition an einem bestimmten Vermögenswert sprechen.[1069]

Auf das Eigentum an einer Kunstsammlung oder wertvollen Bibliothek folgert die CIVS hingegen nicht allein auf Grundlage der Behauptungen präsumtiv Geschädigter. Zwar kommt den Erinnerungen der Geschädigten, deren Richtigkeit nach dem Grundsatz der Glaubwürdigkeit (*principe de bonne foi*) vermutet wird, ein eigener Beweiswert zu.[1070] Diese Vermutung gilt nach der Praxis der CIVS allerdings nur für gewöhnliche und typische[1071], nicht aber für außergewöhnliche Schadensereignisse, zu denen auch der Verlust von Kunstgegenständen, wertvollen Instrumenten oder sonstigen hochwertigen Kulturgütern gezählt wird.[1072] In diesen Fällen müssen die Behauptungen durch weitere Indizien näher substantiiert werden. So genügt nicht schon der Hinweis auf einen luxuriösen oder bürgerlichen Lebenswandel, um die Existenz

1066 CIVS, Empfehlung vom 20.4.2001, Fall F, MNR 821 und 809: Das Verfolgungsopfer hatte die Bestände seiner Privatsammlung auf mehreren, handsignierten Visitenkarten notiert, die von seiner Ehegattin über seinen Tod hinaus aufbewahrt wurden. Die Kommission bejahte eine Übereinstimmung auf Grundlage der nur unvollständigen und generischen Angaben auf den Visitenkarten.

1067 CIVS, Empfehlung vom 15.11.2021, Nr. 24620 BCM-Rest, Fall Javal, MNR 708 und 709, abgedruckt in *CIVS*, Tätigkeitsbericht für 2021, S. 87–91. Die Gemälde waren den Beschlagnahmelisten des ERR zufolge bei einem »Juralides« (JUR) in der »5 rue Maubourg« entzogen worden. Weder der Familienname noch die Pariser Adresse konnten in historischen Telefonbüchern oder Adressverzeichnissen ermittelt werden. Nach den Feststellungen der CIVS handelte es sich um einen Schreibfehler. Mit dem Namen »Juralides« sei ersichtlich das Pariser Viertel Invalides gemeint, in dem sich ein Boulevard de la Tour-Maubourg befinde. Das Gebäude mit der Hausnummer 5 gehörte dem Ehepaar Émile und Maria Javal. Nach dessen Tod lebte dort bis zum Verkauf im Dezember 1948 deren Tochter Mathilde Javal.

1068 CIVS, Empfehlung vom 1.10.2018, Fall C, *Jeune fille aux pigeons*, François Boucher: C veräußerte das Werk nachweislich 1925 bei einer Nachlassauktion. Das Werk wechselte hiernach mehrfach die Hand. Ein Wiedererwerb durch C vor 1940 ergab sich aus keinen schriftlichen Unterlagen. Gleichwohl meldete die C nach dem Krieg Ansprüche vor der CRA und später auch nach dem BRüG an. Hierzu legte die C eine vor einem Notar abgegebene Erklärung vor, wonach diese Eigentümerin des Gemäldes im Verlustzeitpunkt gewesen sei. Die deutschen Wiedergutmachungsstellen gaben diesem Anspruch statt. Die CIVS schloss sich dieser Bewertung an.

1069 CIVS, Empfehlung vom 10.7.2020, Nr. 24384 BCM, Hugo Simon, antike Glassammlung: Der präsumtiv Geschädigte meldete 1945 den Verlust einer antiken Glassammlung gegenüber der Domänenverwaltung. Eine Anspruchsverfolgung vor der CRA oder nach dem BRüG unterblieb In Ermangelung weiterer Nachweise verneinte die CIVS das Eigentum (»L'absence de toute forme de réclamation [...] postérieurement à cette lettre du 1er juin 1945, ne permet pas de considérer, même par présomption, qu'il y ait eu spoliation«, Empfehlung, S. 3).

1070 Zum Grundsatz der Glaubwürdigkeit als Beweisregel, siehe Näheres unter B.III.9.

1071 »[E]u égard à l'ancienneté des causes de préjudice, la Commission tient compte de la difficulté de fournir des preuves et présume la bonne foi des requérants pour les préjudices courants et vraisemblables.«, *CIVS*, Tätigkeitsbericht für 2001, S. 24.

1072 »Pour autant, les déclarations des personnes dont les souvenirs concernant leur patrimoine se sont estompés, ou ont été brouillés par le regard de l'enfance, ne peuvent toujours être prises en compte lorsqu'il s'agit d'admettre des *faits sortant de l'ordinaire ou l'existence de préjudices inhabituels*. Dans de tels cas, la présomption de bonne foi se révèle insuffisante et la Commission exigera davantage.« (Hervorhebung d. Verf.), *CIVS*, Tätigkeitsbericht für 2002, S. 25.

einer Kunstsammlung glaubhaft zu machen.[1073] Nur in Ausnahmefällen scheint die CIVS bei bestimmten Sammlerpersonen oder Berufsgruppen den Besitz von Kulturgütern auf Grundlage eines entsprechenden Vortrages zu bejahen. So vermutete die CIVS etwa bei einem prominenten Komponisten den Besitz einer hochwertigen, historischen Violine und gewährte eine nach Pauschalsätzen bemessene Entschädigung für deren Verlust.[1074] In ähnlicher Weise unterstellte die CIVS bei einer bürgerlichen Familie den Besitz eines Flügels, da dieser seinerzeit noch zur üblichen Einrichtung eines entsprechenden Haushalts gehörte.[1075] Aber auch hier gilt, dass die Kommission in Ermangelung konkreter Hinweise zur Wertigkeit des Instruments nur eine Entschädigung nach Pauschalsätzen gewährt.[1076]

(ii) Beweis des Eigentums an einem Kulturgut im Verlustzeitpunkt

Das Eigentum an einem Kulturgut muss im Zeitpunkt der Entziehung (fort-)bestanden haben. Wegen des erheblichen Zeitablaufs und der beschriebenen Beweismittelverknappung ist dieser Beweis zumeist nur mittels indirekter Beweisführung durch Indizien zu erbringen.

(a) Verwertung zeitlich zurückliegender Erwerbsnachweise

Die CIVS lässt für den Eigentumsnachweis teils auch zeitlich weit zurückliegende Erwerbstitel genügen. Gelingt etwa der Beweis des Eigentums für einen bestimmten Zeitpunkt in der Vergangenheit (auch in der Vorkriegszeit), so vermutet die CIVS, dass das Eigentum auch über diesen Zeitpunkt hinaus fortbestanden hat, es sei denn, die verfügbaren Indizien belegen eine Veräußerung vor 1940 oder nach 1944.[1077] Dies erlaubt es, verbleibende Lücken in der Provenienz eines Werkes durch eine wohlwollende Beweiswürdigung zu schließen.

Im Fall Hugo Simon betraf etwa die Beweisunsicherheit den Verbleib des Gemäldes *Nus dans un paysage* von Pechstein nach der Ausstellung *Twentieth Century German Art* im Juli 1938 in London, wo dieses Werk zusammen mit weiteren Werken zum Verkauf angeboten worden war. Da konkrete Hinweise für eine Veräußerung bei der Ausstellung fehlten, schloss die CIVS auf einen Rücktransport des Gemäldes nach Paris nach deren Abschluss noch vor Beginn der deutschen Besatzung und einen Verbleib im Eigentum Simons.[1078] Nach dem Krieg tauchte das Gemälde erst 1966 wieder in einem Lager des Pariser *Musée national d'art moderne* (MNAM) auf. Angesichts dieser Zeitumstände hielt die CIVS eine Entziehung in der Pariser Wohnung Simons nach dessen Flucht aus Paris für wahrscheinlich und bejahte eine Entziehung infolge antisemitischer Gesetze.

1073 CIVS, Empfehlung vom 30.11.2018, Fall W. Dieser Umstand sowie der Bekanntheitsgrad der Sammlung können allenfalls als ein werterhöhendes Indiz bei der Schadensbemessung berücksichtigt werden. In diesem Sinne CIVS, Empfehlung vom 6.2.2009, Fall T.

1074 CIVS, Empfehlung vom 5.11.2020, Fall I. In dem Verfahren wurde der Besitz einer Violine aus der Werkstatt des Guarnerius oder Stradivarius angenommen und ihr Verkehrswert im Verlustzeitpunkt mit umgerechnet 5.000 Euro bemessen.

1075 Siehe Hinweis auf entsprechenden Fall bei *Dreifuss-Netter*, Rec. Dalloz 2020, 945.

1076 Der Pauschalsatz beträgt bei Klavieren 2.482 Euro, bei Flügeln 4.965 Euro (Stand 2021).

1077 CIVS, Empfehlung vom 10.7.2020, Fall Hugo Simon, *Nus dans un paysage*, Max Pechstein, abgedruckt in *CIVS*, Tätigkeitsbericht für 2020, S. 78–80.

1078 CIVS, a. a. O., S. 79: »Le parcours de l'œuvre entre l'exposition de Londres en 1938 et sa redécouverte au Palais de Tokyo en 1966 demeure inconnu pas plus qu'il ne révèle un quelconque acte de disposition de ce tableau par son propriétaire, Monsieur Hugo Simon.«

Ein ähnliches Problem stellte sich im Fall des Gemäldes *Tête de femme* von Pablo Picasso aus der Sammlung Alphonse Kann. Nachgewiesen war lediglich ein käuflicher Erwerb des Werkes, seinerzeit noch als *Buste de femme* bezeichnet, 1923 durch Kann bei der Galerie Simon in Paris. In der Folge war das Werk erneut auf Fotografien der Innenräume des Anwesens Kanns aus den Jahren 1937/1938 zu erkennen. Weitere Indizien, die auf einen Verbleib in der Sammlung auch nach Kanns Emigration nach London im Jahr 1938 hindeuteten, fehlten. Schon die *Commission de Récupération Artistique* (CRA) hatte offenbar keine Herkunft aus der Sammlung Kanns erwogen, obwohl die Sammlung in Fachkreisen weithin bekannt war. Diese Indizienlage begründete aus Sicht der staatlichen Museumsverwaltung die Vermutung, dass das Werk schon vor dem Krieg durch Kann veräußert worden war.[1079] Die CIVS folgte dem nicht, sondern ließ als Eigentumsnachweis den Erwerbstitel aus dem Jahr 1923 genügen. Entscheidend sei, dass Indizien gegen das Eigentum Kanns im Verlustzeitpunkt fehlen würden, sodass im Umkehrschluss von dessen Fortbestand auch nach 1940 ausgegangen werden könne. Zudem sei das Werk seit Kriegsende von keiner anderen Person beansprucht worden.[1080] Im Einzelfall kann also auch ein zeitlich lang zurückliegender Rechtstitel eine hinreichende Indizwirkung entfalten.

Nach Abschluss der Beweisaufnahme fortbestehende Provenienzlücken gehen folglich dann nicht zulasten präsumtiv Geschädigter, wenn diese ihren Anspruch auf einen eindeutigen, in der Regel schriftlichen Erwerbsnachweis stützen können, auch wenn dieser nur einen Erwerb weit im Vorfeld der deutschen Besatzung belegt. Verbleibende Provenienzlücken gehen im Umkehrschluss zulasten der Anspruchsgegner:innen. Hierin ließe sich ansatzweise eine Umsetzung des Leitgedankens aus Prinzip Nr. 4 der Washingtoner Erklärung von 1998 sehen, wonach staatliche Stellen einen angemessenen Umgang mit Lücken und Ambivalenzen finden sollen, wenn sich diese durch den Zeitablauf seit den historischen Ereignissen erklären. Zu dieser Art von Beweislücken zählen gerade Provenienzlücken.

(b) Entkräftung früherer Erwerbsnachweise

Der Beweiswert zeitlich weit zurückliegender Erwerbsnachweise darf indes nicht überbewertet werden. Deren Indizwirkung kann, wie die CIVS in den Fällen Alphonse Kann und Hugo Simon bereits andeutete, durch Vortrag gegenteiliger Indizien entkräftet werden. Eine erhöhte Beweiskraft erfährt das Indiz somit vor allem bei Provenienzlücken, die sich auch nicht im Wege indirekter Beweisführung schließen lassen. Eine Widerlegung der Vermutung des Fortbestandes des Eigentums kann etwa gelingen, wenn gesicherte kunsthistorische Erkenntnisse vorliegen, die eine andere Verlustgeschichte nahelegen.

Bestehen etwa Hinweise, dass sich das Werk zwar zu einem bestimmten Zeitpunkt im Eigentum der präsumtiv Geschädigten befand, dieses aber noch vor 1940 durch Dritte erworben wurde, so ist die Vermutung ersichtlich widerlegt. So verhielt es sich im Fall O bezüglich des

1079 Siehe Hinweise bei *Le Masne de Chermont/Sigal-Klagsbald*, À qui appartenaient ces tableaux? La politique francaise de recherche de provenance, de garde et de restitution des œuvres d'art pillées durant la Seconde Guerre mondiale, S. 55.

1080 »La Commission estime que Alphonse Kann est devenu propriétaire du tableau en 1923, qu'aucune preuve n'est apportée de la vente, de l'échange ou de la donation par Alphonse Kann avant octobre 1940. La Commission estime également qu'en dépit de la publicité très large faite en France qu'à l'étranger depuis plusieurs années, aucun autre collectionneur ou ayant droit n'en a revendiqué la propriété.«, *De Bastier*, Les collections Alphonse Kahn et Waldemar George. Des chemins chaotiques, Vortrag im Rahmen des Kolloquiums Le pillage des œuvres d'art: connaître et réparer, 14. bis 15.9.2008 im musée d'art et d'histoire du Judaïsme Paris.

Gemäldes *Claude Renoir écrivant* von Pierre-Auguste Renoir.[1081] Für O konnte das Eigentum nur im Zeitraum Februar/März 1927 eindeutig belegt werden, als das Werk in der Pariser Galerie Bernheim Jeune mit Hinweis auf die Sammlung O ausgestellt wurde. Die staatliche Museumsverwaltung konnte indes nachweisen, dass das Werk in der Folgezeit von Dritten erworben wurde. Die CIVS schloss in ihrer Empfehlung aufgrund dieser Beweislage auf einen Verlust des Eigentums vor Juni 1940. Jedenfalls sei gesichert, dass sich das Werk nicht mehr im Eigentum des O befand, als dessen Wohnung durch den ERR geplündert wurde:

> »Attendu qu'il ressort de l'instruction, que l'historique de ce tableau, tel qu'il a été reconstitué, fait apparaître que s'il a bien été exposé en février mars 1927 à la Galerie Bernheim Jeune, et appartenait donc bien à cette époque à Monsieur O, cette propriété est passée à d'autres par la suite; [...] que la Commission considère que Monsieur O n'était plus propriétaire de ce tableau au moment de cette spoliation«.[1082]

Anders liegen die Dinge, wenn konkrete Anhaltspunkte für einen späteren Rückerwerb des Gemäldes durch die präsumtiv Geschädigten bestehen, wofür die Anspruchsteller:innen die Beweislast tragen.

(c) Entkräftung der Indizwirkung des Besitzes bei Kommissionsware

Die Indizwirkung des Besitzes besteht nur bei Eigenbesitz (*possession*)[1083], nicht hingegen bei bloßem Fremdbesitz (sog. *détention précaire*). Dies ist etwa der Fall, wenn die präsumtiv Geschädigten den Vermögensgegenstand aufgrund einer Verwahrung (Art. 1915 Code civil) oder einer Kommission (Art. L.132-1 Code de commerce) hielten.

So verhielt es sich etwa im Fall des Galeristen Jean André Seligmann. Die Erb:innen des im Juni 1940 aus Paris geflohenen Galeristen beantragten 2003 vor der CIVS die Restitution der Tapisserien *Une Soumission* (OAR 45) und *Diogène et Alexandre* (OAR 474) aus den MNR-Beständen. Die beiden Werke wurden im Juli 1940 in den Räumlichkeiten der Galerie am Place Vendôme durch Vertreter der deutschen Besatzungsmacht entzogen und nach Deutschland verbracht.[1084] Nach dem Krieg wurden die Werke an Frankreich restituiert und in der Folgezeit durch den Staat in Obhut gehalten. Die Tatsache, dass sich die Tapisserien bei Beschlagnahme in den Räumlichkeiten der Galerie Seligmanns befanden, legte dem ersten Anschein nach nahe, dass diese sich auch im Eigentum Seligmanns befanden. Die weiteren Untersuchungen der CIVS ergaben jedoch, dass die beiden Werke auf Grund einer Verwahrung (*dépôt volontaire*) in Seligmanns Besitz gelangt waren, dieser also bloßer Fremdbesitzer (*détenteur précaire*) war und die Werke in Wahrheit im Eigentum eines niederländischen Emigranten (J) standen, der diese dort vor dem deutschen Einmarsch und seiner Ausreise nach

1081 CIVS, Empfehlung vom 13.2.2020, Fall O, MNR 1004. Das Werk wurde erst 1994 durch die Bundesrepublik Deutschland restituiert und befindet sich seither im *Musée Renoir* in Cagnes-sur-Mer.

1082 CIVS, a.a.O., S.2.

1083 Nach der Legaldefinition des Art. 2255 Code civil erfordert Besitz nach französischem Recht den Willen zum Eigenbesitz (*animus domini*). Insoweit unterscheidet sich der Besitzbegriff von § 854 Abs. 1 BGB.

1084 Das OAR 45 wurde von Göring oder dessen Sekretär Gonnert, das OAR 474 vom Reichspostminister Ohnesorge erworben. Die Bestände jüdischer Galerien am *Place Vendôme* (Graupe, Duveen Frères, Seligmann), deren Inhaber Paris noch vor dem deutschen Einmarsch verlassen hatten, wurden bereits in der Frühphase der Besatzung im Juni/Juli 1940 beschlagnahmt. Vgl. *Polack*, Le paradigme du marché de l'art à Paris sous l'Occupation, S.116ff.

England in Kommission gegeben hatte. Infolgedessen einigten sich die staatlichen Museen und die Erb:innen auf einen Verbleib der Werke im Louvre, die fortan mit einem Provenienzhinweis versehen werden sollten. Der Vergleichsschluss wurde durch Empfehlung der CIVS vom 13. September 2005 bestätigt. Erst 2015 konnte im Zuge weiterer Untersuchungen der wahre Eigentümer der Tapisserien ermittelt werden.[1085]

(d) Entkräftung der Indizwirkung des Besitzes bei ungesicherter Tatsachenlage

Damit auf Grundlage des Besitzes als Indiz auf das Eigentum geschlossen werden kann, muss jedoch zuvor der Vollbeweis über die Besitzstellung geführt sein. Es muss somit zur Überzeugung der Kommission nachgewiesen sein, dass sich das Werk, für dessen Verlust ein Ausgleich begehrt wird, im Eigenbesitz der präsumtiv geschädigten Person befunden hat. In dem erst jüngst entschiedenen Fall Podwinetz sah die CIVS diesen Beweis nicht als erbracht an.

In dem Verfahren beanspruchten die Rechtsnachfolger:innen des aus Österreich emigrierten Franz Podwinetz (1891–unbekannt) die Restitution des Werkes *Stable interior with peasant family* von Adriaen van Ostade aus der NK-Sammlung (NK 1808) des niederländischen Staates. Die Anspruchsteller:innen behaupteten, Podwinetz habe das Werk im März 1941, als er sich in Paris aufhielt, an den deutschen Kunsthändler Karl Haberstrock verkauft. Als Nachweis legten sie ein Schriftstück aus den Bundesarchiven in Koblenz vor, das den Hinweis auf einen »Podwinetz«, das Jahr 1941, die Stadt Paris und den Kunsthändler Karl Haberstock als letzten Besitzer enthielt. Nach Ansicht der Anspruchsteller:innen konnte es sich bei dem erwähnten Podwinetz angesichts der Seltenheit des Namens nur um ihren Vorfahren, Franz Podwinetz, handeln. Die Indizienlage spräche daher für sein Eigentum.

In einem früheren Verfahren hatte bereits die niederländische *Restitutiecommissie* den Antrag basierend auf diesem Vortrag in einer Empfehlung vom 2. Juni 2008 abgewiesen: Es sei nicht erwiesen, dass sich Franz Podwinetz 1941 tatsächlich in Paris aufgehalten habe. Es könne daher nicht mit hinreichender Gewissheit auf ein Eigentum dieses Namensträgers an dem Werk geschlossen werden.[1086] Die CIVS schloss sich dieser Bewertung in ihrer Empfehlung vom 7. März 2023 im Ergebnis an.[1087] Zwar stehe ausgehend von den Ergebnissen der Beweiserhebung fest, dass Franz Podwinetz im Zeitpunkt des Verkaufs in Paris gelebt und in diesem Zeitraum drei Gemälde – darunter auch das Gemälde NK 1808 – an den Kunsthändler Haberstock verkauft habe.[1088] Jedoch belege der Verkauf für sich genommen noch nicht, dass Podwinetz auch Eigentümer dieser Werke gewesen sei:

1085 CIVS, Empfehlung vom 5.7.2019, Fall J.

1086 Restitutiecommissie, Empfehlung vom 2.6.2008, RC 1.73, Rn. 5: »the Committee deems it possible but not highly likely that NK 1808 was owned by F.H. von Podwinetz. The applicant has been unable to provide details of ownership of the painting […], other than in her statements. Ownership is only implied because the surname mentioned in the Federal Archive in Koblenz corresponds with that of her great-uncle. This provides insufficient grounds for the Committee to determine with any certainty that this painting was the property of the applicant's great-uncle«.

1087 CIVS, Empfehlung vom 7.3.2023, Nr. 22453 BCM, Empfehlung abgedruckt in *CIVS*, Tätigkeitsbericht für 2022, S. 83–85.

1088 Die CIVS konnte nachweisen, dass Podwinetz an gleich zwei Anlässen in Paris festgenommen und inhaftiert worden war: zunächst im Juli 1938 wegen illegalen Handels mit gefälschten Passdokumenten, weswegen er zu einer Haftstrafe von 18 Monaten verurteilt wurde. Nach seiner Entlassung im August 1939 wurde er nach dem Kriegseintritt gegen das Deutsche Reich erneut als feindlicher Staatsangehöriger im Lager Meslay-du-Maine interniert und im Januar 1940 freigelassen. Im Zeitpunkt des deutschen Einmarsches lebte er in Paris (vgl. a. a. O., S. 83).

»Si ces œuvres ont bien été vendues à Karl HABERSTOCK par Franz PODWINETZ en mars 1941, la qualité de vendeur est néanmoins insuffisante pour démontrer que ce dernier en était le propriétaire.«[1089]

Ließe sich hieraus nun folgern, dass die Stellung als Verkäufer:in allgemein keine Indizwirkung in Hinblick auf das Eigentum an der Kaufsache entfaltet? Dieser Schluss erscheint nicht gerechtfertigt. Ausgehend von den im Verfahren vorgelegten Beweismitteln müssen diese Feststellungen dahingehend präzisiert werden, dass die Verkäufer:innenstellung als Indiz dann nicht hinreichend ist, wenn über diesen Umstand hinaus kein näherer Vortrag dazu erfolgt ist oder kein Beweis zu der Frage erhoben werden konnte, unter welchen Umständen, insbesondere zu welchem Zeitpunkt und auf welcher Grundlage, das beanspruchte Werk in den Besitz der geschädigten Person gelangt ist.

(3) Beweis des Eigentums an dem beanspruchten Kulturgut (sog. Werkidentität)

Über den Nachweis hinaus, dass sich ein bestimmtes Kulturgut mit gewisser Wahrscheinlichkeit im Eigentum der Anspruchsteller:innen befand, muss, sofern die Restitution eines Werkes begehrt wird, nach dem Ergebnis der Untersuchung erwiesen sein, dass sich gerade dieses Objekt (und nicht ein anderes) im Eigentum der präsumtiv Geschädigten befand, da die Restitution darauf gerichtet ist, den Rechtszustand vor der Entziehung wiederherzustellen. Aus diesem Grund müssen beanspruchtes und entzogenes Kulturgut identisch sein. In der deutschen Provenienzforschung hat sich insoweit der Begriff der Werkidenität herausgebildet, der diese Beweisanforderung besonders treffend umschreibt.

Die Identität eines Werkes definiert sich durch dessen physische Eigenschaften (z. B. Technik, Maße, Thema, Erhaltungszustand, visuelle Auffälligkeiten am Werkkörper) sowie Beziehungen zur Außenwelt (sog. Umweltbeziehungen, z. B. Verkehrswert, Urheber:innenschaft). Die Provenienz eines Kulturguts, also die Geschichte seiner Herkunft und seiner Besitzverhältnisse[1090], ist den Umweltbeziehungen zuzuordnen, da diese sich nicht direkt aus dem Objekt selbst ablesen lassen, sondern aus dessen zeitlich-räumlicher Beziehung zu einer oder mehreren Personen folgen. Gleichwohl kann auf die Provenienz auch über die physischen Alleinstellungsmerkmale eines Werkes geschlossen werden. Bei Gemälden, Skulpturen, aber auch Büchern können die distinktiven Merkmale des Werkes (z. B. Signaturen, Stempel, aber auch Beschädigungen) mittelbar auch Aufschluss über dessen Herkunft geben. Derartige Merkmale sind aber nicht immer vorzufinden. Bei modernen Druckwerken stellt sich ferner die Besonderheit, dass diese in der Regel in großer Zahl seriell gefertigt wurden. Nur in Ausnahmefällen ist daher eine Identifikation der früheren Eigentümer:innen aufgrund der physischen Merkmale möglich, etwa über das Exlibris oder Stempel in einem Buch oder persönliche Widmungen.[1091]

1089 A. a. O., S. 85.

1090 Vgl. *Noual*, Restitutions: Une histoire culturelle et politique: »Elle [la provenance; Anm. d. Verf.] constitue donc ›l'ensemble des informations qui portent sur l'origine de l'œuvre et qui permettent de l'identifier‹, ces informations pouvant être d'ordre historique, scientifique ou juridique, et susceptibles de porter tant sur le contexte de création de l'œuvre (date, lieu de fabrication, auteur et sujet), ses différents propriétaires […] ou sur la place de l'œuvre dans l'histoire de l'art et dans l'Histoire.«

1091 Siehe etwa CIVS, Empfehlung vom 12.2.2021, Fall Georges Mandel, drei Bücher im Besitz der Staatsbibliothek zu Berlin und der SLUB Dresden, abgedruckt in *CIVS*, Tätigkeitsbericht für 2021, S. 60–63. Die Bücher enthielten persönliche Widmungen der Autoren an Georges Mandel, sodass die Provenienz relativ leicht ermittelt werden konnte.

Bezogen auf den Nachweis der Werkidenität ist in der Gesamtpraxis der CIVS ein Wandel zu verzeichnen, der exemplarisch anhand sechs ausgewählter Fälle verdeutlicht werden soll. Der Trend geht heute tendenziell zu einer Verschärfung der Beweisanforderungen: Zwar kann der Beweis der Werkidenität (wie auf allen Ebenen der Anspruchsprüfung) auf ein Indizienbündel (*indices graves, précis et concordants*) gestützt werden, jedoch fordert die CIVS ein hohes Maß an Gewissheit, dass sich das beanspruchte Kulturgut im Eigentum der präsumtiv Geschädigten befunden hat. In der nachfolgenden Darstellung sollen überblicksartig die Indizien dargestellt, die in Verfahren bei der Bewertung der Werkidenität für relevant erachtet wurden. Diese Indizien orientieren sich stets an den Spezifika des konkreten Falles. Hinzu kommt, dass sich die Beweiswürdigung in der Regel auf eine Vielzahl von Indizien stützt, deren jeweilige Bedeutung in der Gesamtbetrachtung nur bedingt nachvollzogen werden kann. Die Tatsache, dass ein bestimmtes Indiz in einem Fall die CIVS zu einem bestimmten Schluss geführt hat, lässt nicht den Schluss zu, dass es sich so auch in anderen Verfahren verhalten würde. Die Aussagekraft der im Nachfolgenden dargestellten Einzelindizien darf daher nicht überbewertet werden und kann allenfalls grobe Orientierungswerte liefern.

(i) Fall F

Im Fall F aus der frühen Praxis der CIVS, in dem die Restitution zweier Gemälde aus den MNR-Beständen[1092] beantragt wurde, bejahte die Kommission die Werkidenität gestützt auf ein breites Indizienbündel, darunter die Aussage einer Zeitzeugin. F (geboren 1874, verstorben zu einem unbekannten Datum im Vernichtungslager Auschwitz), ein Pariser Arzt, hatte vor seiner Deportation eine Liste seiner Kunstwerke auf der Rückseite mehrerer Visitenkarten handschriftlich notiert. Auf zwei dieser Visitenkarten fanden sich die Beschreibungen »Cavaliers turcs, École française, attribué à Courtois« und »Paysage, marine, Joseph Vernet«, die eine gewisse Ähnlichkeit zu den beiden beanspruchten Werken nahelegten. Hinweise zu den Werkmaßen fehlten hingegen. Die Werke waren 1942, vermutlich im Rahmen der M-Aktion, aus der Wohnung des F entwendet und nach Deutschland verbracht worden. Nach dem Krieg übertrug die Witwe des F die Aufzeichnungen ihres Ehegatten in eine Inventarliste. Auf dieser Grundlage konnten in der Nachkriegszeit insgesamt fünfzig historische Bücher restituiert werden. Eine Restitution der beiden Werke von Vernet und Courtois unterblieb dagegen.

Das Außenministerium lehnte 1998 zunächst den Restitutionsantrag des Erben nach F ab, da die vorgelegten Nachweise keine eindeutige Zuordnung der Werke zur Sammlung F ermöglichen würden. Das Werk beider Künstler weise eine Vielzahl von Arbeiten ähnlichen Sujets auf, was eine eindeutige Identifikation erschwere. Die Angaben des F enthielten zudem keine genaueren Angaben zu den Werkmaßen.[1093] Nach 1999 wandte sich der Erbe schließlich an die CIVS. Um seinen Anspruch auf die beiden Werke näher zu substantiieren, legte der Anspruchsteller zusätzlich eine schriftliche Erklärung einer ehemaligen Patientin des F vor, aus der hervorging, dass diese (Jahrgang 1905) die beanspruchten Werke im Zeitraum vor 1940 in der Wohnung des F gesehen habe. Auf Grundlage dieser Indizien sah die CIVS in einer Empfehlung vom 20. April 2001 das Eigentum des F an den beiden MNR-Werken als

1092 *Un port de mer, la nuit, clair de lune*, Joseph Vernet, MNR 821; *Bataille contre les turcs*, nach Jacques Courtois, MNR 809.

1093 Schreiben des Directeur des Archives et de la Documentation beim Ministère des Affaires étrangères vom 10.7.1998 (nicht veröffentlicht, Akteneinsicht durch Verf.).

erwiesen an und empfahl eine Restitution. Eine Verwechslung mit anderen Werken der Künstler sei ausgeschlossen, da das beanspruchte Werk von Courtois das einzige diesem Künstler zugeschriebene Werk in den MNR-Beständen sei; die übrigen fünf Vernet zugeschriebenen Meeresansichten seien von dem beanspruchten Werk klar zu unterscheiden. Für eine Werkidentität spreche ferner, dass das Werk seit seiner Aufnahme in die MNR-Bestände durch keine andere Person beansprucht worden sei. Obwohl die CIVS in ihrer Begründung auf ein Indizienbündel abstellte, kam der Aussage der Zeitzeugin ersichtlich die entscheidende Bedeutung zu, da die übrigen Indizien für sich genommen noch keine eindeutige Zuordnung ermöglichten. Die Beschreibung in den Notizen des F legte allenfalls den Besitz vergleichbarer Werke oder von Kopien dieser Werke nahe.

(ii) Fall G

Strengere Anforderungen stellte die CIVS dagegen im Fall G.[1094] Das Verfahren ging auf einen Antrag der Alleinerbin des Kunsthändlers G zurück, dessen Kunstsammlung im Juni und Dezember 1940 durch deutsche Stellen entwendet wurde. Begehrt wurde unter anderem die Restitution der Zeichnung *Cavalier esquisse* von Théodore Géricault aus den MNR-Beständen (REC 64) sowie des Gemäldes *Louis François Bertin dit Bertin l'aîné* von Jean Auguste Dominique Ingrès aus den staatlichen Sammlungen. Als Nachweis legte die Anspruchstellerin eine Inventarliste aus dem Jahr 1945 vor, die G nach dem Krieg angefertigt hatte und 81 Werke mit generischer Beschreibung der Sujets aufführte, die nur teilweise Angaben zur Technik, nicht hingegen zu den Werkmaßen enthielt. Im Verfahren gelang es der staatlichen Museumsverwaltung, den Beweiswert dieser Inventarliste zu entkräften: Die Zeichnung von Géricault weise die Besonderheit auf, dass sich auf der Rückseite des Werkkörpers eine weitere Zeichnung befinde. In der Inventarliste fehle hingegen ein entsprechender Hinweis. Angesichts der ausgewiesenen Expertise des G sei zu vermuten, dass dieser einen solchen Umstand nicht unerwähnt gelassen hätte. Für das Gemälde von Ingrès konnte ein Erwerb durch den Staat schon für das Jahr 1897 belegt werden. Angesichts dieser Indizienlage verneinte die CIVS ein Eigentum des G in ihrer Empfehlung vom 25. März 2010. Der Fall veranschaulicht, dass an den Präzisionsgrad von Inventarlisten hohe Anforderungen gestellt werden. Eine bloß vage oder generische Beschreibung der Werke ohne Nennung der Maße mindert den Beweiswert erkennbar. In einem solchen Fall müssen vielmehr weitere Indizien hinzutreten, die eine Zuordnung zur Sammlung der präsumtiv Geschädigten ermöglichen.

(iii) Fall E

Die Kommission scheint gleichwohl nicht allzu hohe Anforderungen an die Konsistenz und Dichte dieses Indizienbündels zu stellen. Nicht selten genügt schon ein einzelnes weiteres Indiz, um das Begehren zu substantiieren. Dies verdeutlicht der Fall E, in dem die Anspruchsteller:innen, die Nachfahr:innen eines österreichischen Kunstsammlers, das Eigentum an sieben Werken

1094 Die Darstellung beruht auf den Feststellungen in TA Paris, 17.6.2014, Nr. 1206036/6-2; CAA Paris, 4.4.2016, Nr. 14PA03071 & 14PA03775.

aus den MNR-Beständen beanspruchten.[1095] Nach dem Vortrag der Anspruchsteller:innen ist E gezwungen gewesen, die Werke zur Bestreitung seines Lebensunterhalts und zur Finanzierung der Ausreise aus Frankreich, zu verkaufen. Als Eigentumsnachweis legten die Anspruchsteller:innen mehrere Inventarlisten vor, die vor der Flucht der Familie aus Österreich 1938 angefertigt worden waren, neben einer Beschreibung der Werke und der Zuschreibung zu bestimmten Künstler:innen jedoch keine Angaben zu den Werkmaßen enthielten. Die CIVS bejahte das Eigentum des E in einer Empfehlung vom 5. Dezember 2012 für sechs der insgesamt sieben Werke. Für das Gemälde *Bacchanale* von Johann Georg Platzer (MNR 946) wurde ein Eigentum des E wegen der offenkundigen Abweichungen zwischen den Angaben in den Inventarlisten und den Werkdaten abgelehnt. Den Listen zufolge besaß E zwar ein Werk vergleichbaren Sujets, das aber eine Skizze für ein Deckengemälde und kein vollendetes Gemälde darstellte. Hinsichtlich der Werke MNR 315 und MNR 89 hielt die CIVS hingegen eine Zuordnung zur Sammlung aufgrund der Beschreibungen in den Inventarlisten in Kombination mit weiteren Indizien für erwiesen.[1096]

Zweifel ergaben sich hingegen für vier Werke (MNR 945, 368, 677, 796), bei denen die Unterlagen des *Central Collecting Point* (CCP) München Hinweise auf eine Provenienz aus der Sammlung einer »Lili Frölich« oder »Fröllich-Bun« enthielten. Möglich erschien daher ein Eigentum der Wiener Kunsthändlerin Lili Frohlich-Bume (auch Fröhlich-Bum, 1886–1981), die aber zu keinem bekannten Zeitpunkt in Paris gelebt hatte und schon 1939 nach London geflohen war. In ihrer Empfehlung bejahte die CIVS aber auch für diese Werke ein Eigentum des E. Im Falle des Werkes MNR 796 (*Miracle de Saint Eloi* von Gaetano Gandolfi) konnte die Provenienz durch Unterlagen aus den Archiven der Galerie Sanct Lucas in Wien bewiesen werden, die belegten, dass E das Werk 1939 bei der Galerie durch Tausch erworben hatte. Für die drei übrigen Gemälde fehlte es hingegen an einem entsprechenden direkten Provenienznachweis. Gleichwohl bejahte die CIVS auch hier gestützt auf ein Indizienbündel die Herkunft aus der Sammlung E. Beim Gemälde *Saint François de Paule, représenté dans une niche* von Salvator Franceso Fontebasso (MNR 945) liefere ein Etikett am Werkkörper einen Hinweis auf E. Bei den Werken *Allégorie de Venise* von Gaspare Diziani (MNR 368) und *Apothéose de Saint Jean Népomucène* von François-Xavier-Charles Palko (MNR 677) fehlte zwar eine entsprechende Kennzeichnung, die CIVS schloss hier aufgrund der ähnlichen Erwerbsgeschichte aber auf ein Eigentum des E: Alle drei Gemälde seien in Paris von Hugo Engel erworben und schließlich an den »Sonderauftrag Linz« verkauft worden. Die Werke entsprächen zudem den Beschreibungen in den Inventarlisten. Entscheidende Bedeutung erlangte also der Umstand, dass die Werke durch ein- und denselben Händler erworben wurden.

Nach dieser Indizienlage erschien eine Provenienz Lili Fröhlich-Bums aber nicht völlig ausgeschlossen, wenngleich weniger wahrscheinlich. Um verbleibende Restzweifel zu zerstreuen und ein Maß annähernder Sicherheit zu erreichen, hätte die CIVS die abweichenden Provenienzangaben aus dem CCP München kontextualisieren oder entkräften müssen. Offen blieb

1095 *Abraham et les trois anges*, Sebastiano Ricci, MNR 315; *Portrait de Bartolomeo Ferracina*, Alessandro Longhi, MNR 89; *Saint François de Paule, représenté dans une niche*, Salvator Francesco Fontebasso, MNR 945; *Allégorie de Venise*, Gaspare Diziani, MNR 368; *Apothéose de saint Jean Népomucène*, François-Xavier-Charles Palko, MNR 677; *Miracle de Saint Eloi*, Gaetano Gandolfi, MNR 796; *Bacchanale*, Johann Georg Platzer, MNR 946.

1096 Das Werk MNR 315 war 1937 in einer Ausstellung der Wiener Galerie Sanct Lucas zu sehen. E wurde im Ausstellungskatalog als einer der Verleiher genannt. Im Fall des MNR 89 wurde die Herkunft durch eine Aussage des Käufers, Gustav Rochlitz, vor dem internationalen Militärgerichtshof vom 8.1.1946 ausdrücklich bestätigt.

etwa, wie es überhaupt zur Zuschreibung an Fröhlich-Bum kam und ob diese vor oder nach 1940 geschäftliche Kontakte nach Frankreich unterhielt. Das Ergebnis der Beweiswürdigung ließe sich daher allenfalls durch eine punktuelle Absenkung der Beweisanforderungen erklären. Es erscheint zweifelhaft, ob dieser Empfehlung daher eine Bedeutung über den Einzelfall hinaus zugemessen werden kann. Zur Erinnerung ließ die CIVS im Fall G (2010) nicht schon die vage Übereinstimmung des Werkes mit den Beschreibungen einer Inventarliste genügen, sondern forderte einen konzisen Beweisvortrag. Ähnlich verhielt es sich im Fall F (2001). Hier beruhte die Tatsachenfeststellung auf einem dichten Indizienbündel, insbesondere der Aussage einer überlebenden Zeitzeugin.

(iv) Fall S

Die CIVS verneint dagegen die Werkidenität, wenn die Abweichungen zwischen den Werkdaten des entzogenen und des beanspruchten Werkes derart weit auseinanderliegen, dass eine Übereinstimmung eher unwahrscheinlich, um nicht zu sagen nahezu unmöglich erscheint. Ein wichtiges Ausschlussindiz bilden bei Gemälden die Werkmaße, die zumeist aus Inventarlisten oder Versicherungspolicen ermittelt werden können. Paradoxerweise ermöglichen nicht selten gerade die Beschlagnahmelisten deutscher Stellen (etwa der Deutschen Botschaft oder des ERR) diesen Abgleich.

Im Fall des österreichischen Geschäftsmanns und Diplomaten S wurde die Ablehnung mit einer beachtlichen Abweichung der Werkmaße begründet. Beansprucht wurde ein Luther-Gemälde von Lucas Cranach (MNR 818). Das gesamte Wohnungsinventar des S wurde 1942 durch deutsche Stellen entzogen. Im Besitz des S hatte sich auch ein Luther-Portrait mit Zuschreibung zu Cranach befunden, wie aus einer in der Nachkriegszeit angefertigten Inventarliste hervorging, die zusätzlich eine Wertbemessung des Sachverständigen Maurice Rheims enthielt. Nach Einschätzung der staatlichen Museen[1097] war eine Übereinstimmung mit dem MNR 818 mit großer Wahrscheinlichkeit angesichts der erheblichen Abweichung der Bildmaße (37 cm in der Höhe) auszuschließen, die auch nicht durch einen Fehler oder eine abweichende Maßmethode erklärt werden könne. Die Kommission schloss sich dieser Einschätzung in einer Empfehlung vom 5. Mai 2017 vorbehaltslos an und lehnte den Restitutionsantrag ab.[1098]

Bedeutung kann daher im Einzelfall die Frage erlangen, ob eine festgestellte Abweichung zwischen den Werkmaßen als erheblich oder eher unbeachtlich zu bewerten ist, sodass noch von einer groben Übereinstimmung ausgegangen werden kann. Dieser Wertungsgesichtspunkt ließe sich entsprechend auf nahezu alle Werkdaten übertragen, so etwa auf Werktitel oder auch die Werkbeschreibung. Mit Blick auf die Beschreibung eines Bildsujets erscheint es sogar notwendig, da diese im Laufe der Jahrzehnte stark variieren kann. Allgemeingültige Richtlinien zur Betitelung existieren nicht, vielmehr richtete sich die Betitelung häufig nach den persönlichen Vorlieben der Sammler:innen. Die Frage, ob die Beschreibung des Werkes mit dem

1097 Schreiben von Vincent Lefèvre, Sous-directeur des collections, Service des Musées de France an den Präsidenten der CIVS vom 19.4.2017 (nicht veröffentlicht).

1098 »Attendu que par courrier en date du 19 avril 2017, le Service des Musées de France, indique que le tableau de l'ancienne collection S ne peut pas correspondre au MNR 818; que ce dernier mesurant 87x65 cm, la différence est trop importante pour considérer qu'il s'agisse d'une erreur; que l'on ne peut pas davantage envisager l'éventuelle inclusion du cadre dans le format indiqué pour le tableau de la collection S puisqu'il serait encore plus éloigné, dans les deux sens du format du MNR; que dès lors la requête ne peut accueillie [sic!] de ce chef«.

beanspruchten Werk übereinstimmt, kann sich daher im Streitfall als besonders anspruchsvoll und nicht immer eindeutig darstellen.

(v) Fall Bargeboer

So verhielt es sich beispielsweise im Fall des Ehepaars Bargeboer betreffend das Gemälde *Bateaux sur une mer agitée près d'une côte rocheuse* (MNR 645). Das Ehepaar Bargeboer hatte bis zu seiner Festnahme und Deportation Anfang 1944 in Nizza gelebt.[1099] In ihrer Abwesenheit wurde ihre Wohnung im Rahmen der Nizza-Aktion, einer besonderen Plünderungsaktion der Dienststelle Westen an der Côte d'Azur, vollständig entwendet. Eine bei dieser Gelegenheit angefertigte Beschlagnahmeliste (sog. Nizza-Liste) belegte den Entzug von drei Werken, darunter das Bild »Strand mit Schiff, 80 x 64 cm«. Die an dem Verfahren beteiligte *Mission de recherche et de restitution* hielt eine Übereinstimmung des entzogenen Gemäldes mit dem MNR 645 wegen der grob übereinstimmenden Werkbeschreibung und der identischen Werkmaße für erwiesen.[1100] Zweifel an der Richtigkeit dieser Einschätzung meldete in dem Verfahren hingegen der Berichterstatter der CIVS an, der auf eine Diskrepanz zwischen den Angaben in der Nizza-Liste (»Strand mit Schiff«), den Unterlagen des CCP München (»stormy sea«) und dem Motiv des MNR 645 selbst hinwies, das vielmehr einen Schiffbruch an einer stürmischen Küste als eine Strandansicht zeige.[1101] Die CIVS schloss sich dieser Einschätzung in ihrer Empfehlung vom 4. November 2021 nicht an und folgte ohne Vorbehalte der Bewertung durch die *Mission de recherche et de restitution*.[1102] Entscheidend seien die nahezu zentimetergenaue Übereinstimmung beider Werke und die Ähnlichkeit der Werkbeschreibungen der Nizza-Liste.[1103]

(vi) Fall Liebmann-Mayer

Noch eindeutiger fiel die Indizienlage im Verfahren August Liebmann-Mayer (1885–1944) aus. Der prominente Kunstexperte war Ende 1935 aus Deutschland nach Frankreich geflohen. Nach dem Kriegseintritt gegen Deutschland wurde Liebmann-Mayer als Angehöriger eines Feindesstaates in Libourne interniert. Nach Beginn der deutschen Besatzung ließ Liebmann-Mayer sich in Nizza nieder und floh nach dem Rückzug der italienischen Truppen aus Nizza im Jahr

1099 Herr Bargeboer wurde Anfang 1944 festgenommen und nahm sich noch in der Haft im Januar 1944 das Leben. Seine Frau Minna (geb. Kirchheimer) wurde nach ihrer Festnahme in das Konzentrationslager Drancy verschleppt und später nach Auschwitz deportiert, wo sie am 31. Juli 1944 verstarb. Insgesamt wurden 27 Mitglieder der Familie Bargeboer/Kirchheimer in den deutschen Konzentrationslagern Auschwitz und Sobibor ermordet. Die überlebenden Erb:innen des Ehepaars stellten nach dem Krieg keine Restitutions- oder Entschädigungsanträge.

1100 Zu diesem Ergebnis war zuvor schon die Arbeitsgruppe des Kulturministeriums zu den MNR-Beständen in ihrem ersten Forschungsbericht gelangt. Vgl. *Groupe de travail sur les provenances d'œuvres récupérées après la seconde guerre mondiale*, Bericht für 2014, S. 14.

1101 *Marcus*, Bericht vom 12.4.2021, S. 12 (nicht veröffentlicht): »En effet, l'examen de ce M.N.R. […] montre que, indépendamment de la différence, en soi non nécessairement significative, de dimensions entre les deux tableaux […], les sujets représentés paraissent tout autres. Ainsi, loin de montrer un bateau sur une grève, le ›M.N.R. 645‹, qui a reçu l'appellation : ›bateau sur une mer agitée‹, présente, à distance ce qui pourrait correspondre à une plage, trois navires, pris dans une tempête, dont un, réduit à l'état d'épave, coincé entre deux écueils, et les autres en situation manifestement périlleuse.«

1102 CIVS, Empfehlung vom 4.11.2021, Nr. 24603 BCM-REST, abgedruckt in *CIVS*, Tätigkeitsbericht für 2021, S. 83–86.

1103 »Mais tout permet d'affirmer qu'il s'agit du même tableau […]. Les dimensions sont les mêmes, à un centimètre près (80 × 64 cm et 80 × 65 cm), et les titres renvoient à une iconographie proche.«, Schreiben von David Zivie an den Generalberichterstatter der CIVS vom 12.5.2021.

1943 nach Monaco.[1104] In seiner Abwesenheit plünderte der ERR im Mai 1942 die in seiner Pariser Wohnung verbliebenen Kunstwerke, darunter ein »Bildnis eines barhaeuptigen, baertigen Mannes, mit erdbeerrotem Rock, weißem spitzenbesetzen Kragen, schwarzem Mantel, Kniestück, nach links gewendet, rechts ein Tisch« (ERR-Nummer A.L.M. 2). Das Werk wurde nach Deutschland verbracht und nach dem Krieg an Frankreich restituiert. Nach dem Krieg lehnte die CRA ein Restitutionsgesuch der Tochter des Verfolgungsopfers ab, da diese nicht in der Lage war, eine detaillierte Inventarliste der Werke in der Sammlung vorzulegen. Aus Sicht der CIVS war das Eigentum an dem Gemälde hingegen erwiesen. Neben dem Hinweis in den Unterlagen des ERR enthielt der Rahmen des Gemäldes auf der Rückseite eindeutige Hinweise auf das Verfolgungsopfer.[1105] In ihrer Empfehlung vom 12. Februar 2014 empfahl die CIVS daher die Restitution des Gemäldes. Derart eindeutige Fälle sind in der Spruchpraxis der Kommission hingegen äußerst selten.

(vii) Fall C

Die Werkidenität kann zudem über kunsthistorische Erkenntnisse erhellt werden. So kann ein vollständiger Nachweis der Provenienz, das heißt eine lückenlose Dokumentation sämtlicher Erwerber:innen eines Werkes, den Eigentumsbeweis erbringen. Ein derartiger Beweis gelingt indes nur äußerst selten. Weniger bekannte oder gänzlich unbekannte Werke finden regelmäßig nicht Einzug in Werkverzeichnisse. Anhaltspunkte zu den Werkdaten können etwa die Protokolle einer Auktion (*procès-verbaux*) liefern.[1106] Dies belegt der Fall der Sammlung der Familie C in Paris, die von deutschen Stellen vermutlich um 1943 entwendet wurde. Unter den Werken befand sich auch ein Gemälde mit dem Titel *Le carré de mouton* und einer Zuschreibung an Jean Siméon Chardin.[1107] Die Provenienzforscher:innen stießen auf ein ähnliches Chardin zugeschriebenes Werk im *musée national Picasso* in Paris (*Table de cuisine et ustensiles avec un carré de mouton*, Inv.-Nr. RF 1973-62), das aus der Privatsammlung Pablo Picassos stammte. Aufkleber am Werkkörper lieferten einen entscheidenden Hinweis auf eine Auktion vom 4. Februar 1887 im Hôtel Drouot. Die Katalogangaben bestätigten, dass das Gemälde in dieser Auktion zum Verkauf angeboten worden war, jedoch mit einer Zuschreibung an François Bonvin, dessen Werk als stark durch Chardin beeinflusst gilt. Die Familie C hatte ihr Chardin-Gemälde dagegen schon 1867 bei einer Auktion erworben. 1925 boten sie das Werk bei der Galerie Georges Petit erneut zum Verkauf, zogen es aber noch im Laufe der Auktion zurück. Diese Abweichung in der Erwerbsgeschichte beider Werke belege, so die CIVS, dass es sich bei den beiden Werken in Wahrheit um verschiedene Werke mit Zuschreibung an Chardin handeln müsse. Die Berichterstatterin in dem Verfahren führte aus:

1104 Liebmann-Mayer bezog dort ein Versteck. Nach einer Anzeige durch den Kunsthändler Louis Decleve gegenüber der Gestapo wurde er in das Konzentrationslager Drancy verschleppt. Am 7. März erfolgte die Deportation nach Auschwitz, wo Liebmann-Mayer vermutlich am 12. März 1944 ermordet wurde.

1105 Der Rahmen enthielt auf der Rückseite den handschriftlichen Hinweis »Aug.L; Meyer [sic!]. / Rue [durchgestrichen] 12. Mont Thabor«.

1106 Die Sitzungsprotokolle der Auktionen beim Hôtel Drouot in Paris befinden sich heute in den Archiven der Stadt Paris (für den Besatzungszeitraum unter den Signaturen D6E3 bis D150E3). Siehe hierzu *Polack*, Le paradigme du marché de l'art à Paris sous l'Occupation, S. 53. Die Protokolle enthalten in der Regel die Lot-Nummer, den Namen des:der Erwerber:in sowie den Kaufpreis.

1107 Die Angabe beruht auf dem Eintrag in einer Inventarliste, die nach dem Krieg durch die Familie den Nachkriegsbehörden (CRA) zur Verfolgung von Restitutionsansprüchen vorgelegt worden war.

»On peut donc conclure, compte tenu de l'historique des ventes, qu'il existe – ou a existé – deux tableaux distincts, l'un ayant fait l'objet d'une vente en 1867 [...] – le Chardin de la collection C –, l'autre ayant fait l'objet d'une vente en 1887 [...] – la copie de Chardin faite par F. Bonvin, et acquise ensuite par Picasso.«[1108]

Dieser Fall verdeutlicht auch die Bedeutung der am Verfahren beteiligten Provenienzforscher:innen als Sachverständige. Bis zur Verfahrensreform von 2018 wurden in Kulturgütersachen regelmäßig die Provenienzforscher des *Service des Musées de France* beim Kulturministerium sowie der *Service des biens culturels mobiliers* bei der CIVS an den Untersuchungen beteiligt. Seit 2019 wurde diese Form des fachlichen Austauschs zwischen CIVS und Kulturministerium durch die Schaffung der *Mission de recherche et de restitution* institutionalisiert. In nahezu allen im Rahmen dieser Forschungsarbeit gesichteten Verfahren folgte die CIVS den kunsthistorischen Einschätzungen dieser Expert:innen. Ausnahmen bilden insoweit nur die dargestellten Fälle F (2001) und E (2012).

(viii) Entschädigung statt Restitution bei Ablehnung der Werkidenität

Verneinte die CIVS ein Eigentum an dem beanspruchten Werk, gewährte diese in den vom Verfasser gesichteten Fällen hingegen eine Entschädigung in Höhe des historischen Marktwertes. In diesen Fällen wird die Entschädigung als Minus gegenüber dem Restitutionsbegehren in den Antrag »hineingelesen«. Auf diese Weise wird eine vollständige Ablehnung des Antrags vermieden.

Nach der Praxis der CIVS setzt dies voraus, dass nach den verfügbaren Indizien das Eigentum an dem konkreten Werk nicht erwiesen ist, diese aber mit hinreichender Gewissheit auf das Eigentum an einem anderen ähnlichen Kulturgut schließen lassen. Ausreichend ist in diesen Fällen eine überwiegende Wahrscheinlichkeit für das Zutreffen der Behauptung. Hierzu genügt in der Regel die Vorlage schriftlicher Dokumente, die den Besitz *eines Kulturguts* glaubhaft machen (z. B. Inventarlisten oder Versicherungspolicen). So wurde in den Fällen G (2001)[1109], E (2012)[1110] und S (2017)[1111] eine Entschädigung auf Grundlage der vorgelegten Inventarlisten gewährt, im Fall G stammte diese Liste sogar aus der Nachkriegszeit. Die Wertbemessung erfolgt in diesen Fällen, sofern vorhanden, auf Grundlage sachverständiger Wertbemessungen aus der Nachkriegszeit (etwa aus einem früheren Restitutions- oder Entschädigungsverfahren), im Übrigen ausgehend von Preisvergleichsstudien (*études comparatives de prix*).[1112]

Im bereits dargestellten Fall G wurde etwa eine Übereinstimmung mit einem Werk von Ingrès in den staatlichen Sammlungen verneint. Der Eintrag in der Inventarliste des G (*Portrait de M. Bertin* von Ingrès) belegte aus Sicht der CIVS, dass sich ein vergleichbares Werk oder

1108 *Descours-Gatin*, Bericht vom 12.1.2018, S. 13 (nicht veröffentlicht).

1109 Siehe oben unter B.III.7.b)aa)(3)(ii).

1110 Siehe oben unter B.III.7.b)aa)(3)(iii).

1111 Siehe oben unter B.III.7.b)aa)(3)(iv).

1112 Tauchen im weiteren Verlauf Tatsachen auf, die darauf schließen lassen, dass es sich bei dem beanspruchten tatsächlich um das entzogene Kulturgut handelte, könnte die CIVS entweder auf Antrag der Anspruchsteller:innen nach Art. 8-1-1 Abs. 1 (Nachprüfung) oder nach Art. 1 Alt. 1 CIVS-Dekret von Amts wegen die Restitution des Kulturguts gegen Erstattung der zuvor gewährten Entschädigung empfehlen. Die Entscheidung betreffs der Entschädigung nach Art. 8-2 Abs. 2 wäre dann zurückzunehmen, siehe hierzu noch unter B.III.7.e)aa).

eine Kopie im Eigentum des G befunden habe. Substantiiert wurde diese These durch eine Stellungnahme des *musée du Louvre*, wonach in der kunsthistorischen Literatur die Existenz drei hochwertiger Kopien des Originals überliefert sei, unter denen sich das Bild des G befunden haben könnte. Auf dieser Grundlage gewährte die CIVS eine Entschädigung.[1113] In ähnlicher Weise verfuhr die CIVS im Fall E hinsichtlich der *Allégorie* (Werkstudie für ein Deckengemälde) von Johann Georg Platzer, wobei die CIVS hier mangels sachverständiger Wertbemessung auf eine interne Preisvergleichsstudie zurückgriff. Als Vergleichswert wurde der Durchschnittswert der Verkaufspreise vier vergleichbarer Werke von Platzer aus der Periode zwischen 1935 und 1955 herangezogen.

(4) Zusammenfassung

Die dargestellten Fälle belegen, dass die CIVS bei der Prüfung des Eigentums flexible Beweisanforderungen anwendet. Diese richten sich insbesondere danach, ob eine Restitution oder Entschädigung in Rede steht. Die Restitution eines bestimmten Kulturguts empfiehlt die CIVS nur, wenn mit hoher Wahrscheinlichkeit feststeht, dass die präsumtiv geschädigte Person Eigentum an dem Kulturgut im Zeitpunkt des Verlustes hatte.

Auffallend ist vor diesem Hintergrund, dass in den vom Verfasser gesichteten Akten der CIVS keine Fälle eines non liquet (Beweisausfalls) auftraten. Es war der CIVS stets möglich, unter Ausschöpfung der verfügbaren Indizien (Inventarlisten, Versicherungspolicen, sonstige Urkunden) zu einer Überzeugung in der Eigentumsfrage zu gelangen. Speziell bei Inventarlisten hängt der Beweiswert indes eng mit ihrer Aussagekraft zusammen. Inventarlisten mit nur generischen oder ungenauen Beschreibungen, fehlenden Zuschreibungen zu bestimmten Künstler:innen oder Werkmaßen können allenfalls im Zusammenspiel mit weiteren Indizien (etwa Hinweisen am Werkkörper oder Informationen aus dem kunsthistorischen Schrifttum) den Eigentumsbeweis führen.

Auch der Grundsatz der Glaubwürdigkeit (*principe de bonne foi*) erlaubt es regelmäßig nicht, Beweislücken unter Rückgriff auf die Erinnerungen der Verfolgungsopfer zu schließen. Ein eigenständiger Beweiswert im Sinne einer tatsächlichen Vermutung kommt den Erinnerungen der Geschädigten nur zu, wenn diese allgemeinen historischen Erkenntnissen entsprechen, sodass eine gewisse, durch die allgemeine Lebenserfahrung begründete Wahrscheinlichkeit für ihre Richtigkeit besteht. Die Behauptung eines:einer Anspruchsteller:in etwa, im Familienbesitz habe sich ein bedeutendes Kunstwerk befunden, wird durch kein allgemeines Erfahrungswissen bestätigt. Es bedarf in einem solchen Fall weitergehender Substantiierung.

Das von der Kommission beim Eigentumsbeweis geforderte Beweismaß kann eine Beweisführung im Einzelfall erschweren. Gelingt der Nachweis nicht mit hinreichender Gewissheit, weil schriftliche Belege fehlen, deren Verlust oder Vernichtung in direktem Zusammenhang mit der Verfolgung der Geschädigten steht, wäre der Anspruch an sich abzulehnen. Ein derartiges Vorgehen erschiene mit dem Regelungsziel des CIVS-Dekrets und internationalen Vorgaben (insbesondere Prinzip Nr. 4 der Washingtoner Erklärung), aber nur schwer vereinbar.

1113 CIVS, Empfehlung vom 25.3.2010, Fall G, S. 3: »Attendu […] qu'il est également évident que ›le portrait de Monsieur Bertin‹ acquis par le Musée du Louvre en 1897, ne faisait pas partie des œuvres détenues par M. G, lequel pouvait, en revanche, ainsi que l'indiquent les représentants du Musée du Louvre, posséder une toile ›non repérée‹ en relation avec cette œuvre.«

Die Ausgestaltung des CIVS-Dekrets ermöglicht es in einer derartigen Situation, anstelle einer Restitution zumindest eine Entschädigung zu gewähren.

bb) Anspruchsberechtigung der Rechtsnachfolger:innen (*ayants droit*)

(1) Der Begriff der Rechtsnachfolge

Für den Fall des Versterbens der Primärgeschädigten (in der Praxis als *victimes directes* bezeichnet) sieht das CIVS-Dekret eine Berechtigung der *ayants droit* (Rechtsnachfolger:innen) der Geschädigten vor. Dem Begleitbericht zum Dekret ist zu entnehmen, dass für die Bestimmung der Rechtsnachfolge die Regeln des Code civil maßgeblich sind.[1114] Die CIVS prüft die Rechtsnachfolge in ihrer heutigen Praxis nunmehr konsequent nach ausschließlich rechtlichen Maßstäben.

Nach der Spruchpraxis der CIVS entsteht der »Ausgleichsanspruch« (*droit à indemnisation*)[1115] bereits mit der Entziehung des Vermögenswertes. Der Anspruch fällt daher bei Versterben der Geschädigten als eigenständiger Vermögensbestandteil in den Nachlass und unterliegt – vorbehaltlich abweichender Bestimmungen der Erblasser:innen (etwa durch Testament) – der Universalsukzession.[1116] Zur Bestimmung der Rechtsnachfolge sind daher die geltenden Regeln des Erbrechts und des ehelichen Vermögensrechts (*droit matrimonial*) im Zeitpunkt des Erbfalls maßgebend. Eine Anspruchsberechtigung kann somit aus der Stellung als gesetzliche:r Erb:in (Art. 731 ff. Code civil), daneben aus einem durch Testament errichteten Universalvermächtnis (*legs universel*, Art. 1003 Code civil), einem Erbteilvermächtnis (*legs à titre universel*, Art. 1010 Abs. 1 Code civil) oder einem Einzelvermächtnis an einem oder mehreren Vermögenswerten (*legs à titre particulier*, Art. 1010 Abs. 2 Code civil) folgen.[1117] Die Anspruchsberechtigung testamentarischer Vermächtnisnehmer:innen wurde in der Praxis der CIVS lange Zeit an das Erfordernis einer Nähebeziehung zu den Geschädigten geknüpft,[1118] inzwischen ist die CIVS aber von dieser Praxis abgerückt.[1119]

Sofern die geschädigte Person bei Entziehung oder auch in der Folgezeit verheiratet war, sind ferner die Regeln des ehelichen Vermögensrechts zu beachten. Die CIVS unterstellt im Zweifel die Geltung des allgemeinen gesetzlichen Güterstandes (*communauté légale*). Bis zum 1. Februar 1966 war dies die *communauté de meubles et d'acquêts* (Fahrnis- und

1114 Rapport au Premier ministre, JORF vom 11.9.1999, S. 13632: »Les ayants droit devront [...] justifier de leur qualité à agir, conformément au droit commun.«

1115 Es handelt sich, da auf die Gewährung der Leistungen nach dem CIVS-Dekret kein Rechtsanspruch besteht, nicht um einen Anspruch im technischen Sinne, gleichwohl ist diese Terminologie in der Spruchpraxis der CIVS geläufig. Siehe hierzu schon unter B.III.3.c).

1116 CIVS, Empfehlung vom 17.5.2021, Nr. 24582 BCM, Fall Armand Dorville, S. 7, abgedruckt in *CIVS*, Tätigkeitsbericht für 2021, S. 69: »Le droit à indemnisation est, pour la Commission, réputé acquis au jour de la spoliation et que par voie de conséquence les indemnités allouées sont réparties en tenant compte des droits de chacun des bénéficiaires précités.«; *Laménie*, Rapport d'information fait au nom de la commission des finances du Sénat, S. 117.

1117 Letztwillige Verfügungen begründen nach französischem Recht keine vollständige Erbeinsetzung, sondern nur eine vermögensmäßige Zuwendung (sog. Legat). Vgl. *Ferid*, Das Französische Zivilrecht, Band 2, S. 1421.

1118 Zu dieser inzwischen aufgegebenen Praxis siehe sogleich unter B.III.7.b)bb)(3)(i).

1119 Gleichwohl kommt es noch heute vereinzelt zu Konflikten zwischen den Familienangehörigen geschädigter Personen und testamentarischen Vermächtnisnehmer:innen, welche die CIVS vereinzelt durch Schlichtung zu lösen versucht. Siehe hierzu sogleich unter B.III.7.b)bb)(4).

Errungenschaftsgemeinschaft, Art. 1400-1496 ff. Code civil a. F.).[1120] Je nach Fall ist der Ausgleichsanspruch als Gesamtgut der Gemeinschaft (*bien de la communauté*) oder Eigengut eines:einer Ehepartner:in (*bien propre*) einzuordnen. Nach alter Rechtslage stellten Mobilien, die sich bei Eheschließung im Eigentum der Eheleute befanden, Gesamtgut dar (Art. 1401 Nr. 1 Code civil a. F.). Gleiches galt für den Zuerwerb von Mobilien durch Erbschaft oder Schenkung. Der Ausgleichsanspruch wegen der Entziehung einer beweglichen Sache stand bei Eheschließung vor 1966 den Eheleuten daher in der Regel als Gesamtgut, das heißt gemeinschaftlich zu gleichen Teilen zu. Bei Beendigung der Gütergemeinschaft, spätestens mit dem Tod eines Teils (Art. 1441 Nr. 1 und 2 Code civil), fiel die Hälfte des Gesamtguts somit dem überlebenden Teil zu. Angewandt auf die Praxis der CIVS bedeutet dies, dass der Ersatzanspruch je nach Fall zur Hälfte dem überlebenden Teil und im Übrigen den Erb:innen zusteht.[1121] Dies hat zur Folge, dass auch nicht verfolgte Ehepartner:innen einer verfolgten Person nach der bis 1966 geltenden Rechtslage zumindest anteilig als Geschädigte anzusehen sind, selbst wenn diese selbst keiner Verfolgung ausgesetzt waren. Entscheidend ist im Übrigen, dass die Entziehung als kausale und zurechenbare Folge antisemitischer Gesetze aus der Besatzungszeit, nicht hingegen, dass der Verlust wegen der Einordnung der Geschädigten als »jüdisch« im Sinne der Verfolgungsgesetze eingetreten ist.[1122]

Bei Vermögen juristischer Personen besteht, wie bereits dargestellt, die Besonderheit, dass die CIVS die rechtliche Trennung zwischen dem körperschaftlichen Vermögen und dem Vermögen der Anteilseigner:innen nicht vollzieht, sondern ausschließlich Letztere als wirtschaftliche Eigentümer:innen des Unternehmens als Geschädigte im Sinne des CIVS-Dekret ansieht.[1123] Der Anspruch nach dem CIVS-Dekret entsteht somit in Höhe der Beteiligung am Kapital der jeweiligen juristischen Person originär in der Person des:der Anteilseigner:in und fällt in deren Nachlass. Als Rechtsnachfolger:innen kommen sodann aber durchaus auch juristische Personen in Betracht, wenn diese etwa durch Testament als Vermächtnisnehmer:innen bestimmt wurden.

Seit der Reform von 2018 ist die CIVS nunmehr befugt, die Suche der Rechtsnachfolger:innen von Amts wegen zu betreiben.[1124] Eine proaktive Suche unternahm die CIVS dessen ungeachtet schon vor dieser Reform.[1125] Aufgrund der Beschränkung der eigenen personellen Mittel ist die CIVS dabei auf externen Sachverstand angewiesen. Die Erb:innensuche erfolgt zum Teil in Zusammenarbeit mit dem Dachverband der *Généalogistes de France* gemäß einer zwischen

1120 Diese Übersetzung findet sich bei *Ferid*, Das Französische Zivilrecht, Band 2, S. 1206. Das zum Teil veraltete Ehevermögensrecht wurde im Zuge einer umfassenden Güterrechtsreform von 1965 mit Wirkung zum 1.2.1966 grundlegend verändert. Seither ist die *communauté d'acquêts* (Errungenschaftsgemeinschaft) der gesetzliche Güterstand. Hiernach bildet nur die unentgeltliche Errungenschaft während der Ehe das Gesamtgut.

1121 Vgl. *CIVS*, Tätigkeitsbericht für 2001, S. 25; *CIVS*, Tätigkeitsbericht für 2006, S. 9.

1122 Zum Erfordernis eines Zusammenhangs zwischen Verfolgungspolitik und Entziehung, siehe sogleich unter B.III.7.c) sowie speziell zur Frage der Anspruchsberechtigung von Personen, die nicht als »jüdisch« im Sinne der Verfolgungsgesetzgebung galten, siehe sogleich unter B.III.7.c)aa)(3)(i).

1123 Siehe hierzu bereits unter B.III.7.b)aa)(1).

1124 Ziel dieser Reform war gerade die Schaffung eines Verfahrens zur proaktiven Erb:innensuche (vgl. Notice, JORF vom 2.10.2018, Text Nr. 1: »le décret met en place une procédure spécifique de recherche des propriétaires, ou de leurs héritiers, en vue de la restitution, ou à défaut de l'indemnisation«).

1125 Siehe schon Hinweise in einem frühen Tätigkeitsbericht *CIVS*, Tätigkeitsbericht für 2003, S. 18.

der Organisation und dem Staat geschlossenen Vereinbarung vom 24. Juni 2015.[1126] Im Übrigen hat die CIVS 2016 eine Kooperationsvereinbarung mit dem *Cercle de Généalogie Juive* (CGJ) zum Abschluss gebracht.[1127] Die proaktive Erb:innensuche bildet heute nach eigenen Aussagen eine der zentralen Herausforderungen ihrer Tätigkeit.[1128]

Wegen des erheblichen Zeitablaufs und des zunehmenden Vorversterbens der Geschädigten treten als Anspruchsteller:innen in Verfahren heute vornehmlich deren Nachfahr:innen in Erscheinung, in der Regel die zweite oder dritte Generation der Überlebenden. Nach der eigenen Statistik der CIVS machte die Zahl der Primärgeschädigten (in der Praxis als *victimes directes* bezeichnet) mit abnehmender Tendenz gerade noch acht Prozent aus. Der Anteil der Abkömmlinge (zweite Generation) betrug 2018 noch 71 Prozent.[1129]

(2) Beweisfragen

Die Beweislast tragen nach der allgemeinen Beweislastregel die Anspruchsteller:innen. Die Unerweislichkeit (non liquet) der Berechtigung gemäß den materiellen Anforderungen der CIVS geht somit zu ihren Lasten. Der Beweis muss zur vollen Überzeugung der Kommission erfolgen. Grundsätzlich kann der Nachweis der Stellung als Rechtsnachfolger:in durch jedes Beweismittel (»tous moyens«) erbracht werden (Art. 730 Code civil). Gleichwohl verlangt die CIVS heute in der Regel die Vorlage schriftlicher Nachweise, etwa Familienstammbücher (*livret de famille*) oder notarieller Offenkundigkeitsurkunden (*actes de notoriété*).[1130] Der Beweis der Rechtsnachfolge kann ferner durch die Testamentsurkunde erbracht werden.[1131] Ausländische Rechtsakte oder amtliche und notarielle Urkunden (z. B. von deutschen Stellen ausgestellte Erbscheine) werden kurzerhand inländischen Urkunden gleichgestellt.[1132]

(3) Verselbstständigungstendenzen gegenüber dem allgemeinen Recht

Die Prüfung der Rechtsnachfolge erfolgt heute nach ausschließlich rechtlichen Maßstäben. Gleichwohl wurde die Anwendung rechtlicher Kriterien in der Vergangenheit nicht immer kon-

1126 Auf Grundlage dieser als »mécénat de compétence« bezeichneten Vereinbarung verpflichtete sich die Organisation zur unentgeltlichen Durchführung der Ahnenforschung in sechs Verfahren, die offenbar noch andauert, vgl. *Groupe de travail sur les provenances d'œuvres récupérées après la seconde guerre mondiale*, Abschlussbericht für 2017, S. 5; *Zivie*, Rapport à Madame la Ministre de la Culture, S. 49 f. Auf diese Weise sollten auch die voraussichtlichen Kosten künftiger Recherchen für die öffentliche Hand bemessen werden, die schon 2018 auf mehrere Zehntausend Euro pro Fall geschätzt wurden. Vgl. *Zivie*, a. a. O., S. 50.

1127 Vgl. *CIVS*, Tätigkeitsbericht für 2021, S. 15. Eine Zusammenarbeit mit dieser Organisation erfolgt offenbar vor allem bei der Erb:innensuche bei Rücklagen (sog. *parts réservées*). Siehe hierzu unter B.III.8.d).

1128 Vgl. ebd.; *CIVS*, Tätigkeitsbericht für 2020, S. 21: »[L]'identification des ayants droit des victimes de spoliations demeure un travail complexe, et parfois de longue haleine.«

1129 Elf Prozent waren Enkel:innen der Geschädigten, sechs Prozent deren Nichten und Neffen, vgl. *Laménie*, Rapport d'information fait au nom de la commission des finances du Sénat, S. 118.

1130 Vgl. *CIVS*, Tätigkeitsbericht für 2017, S. 53.

1131 So etwa CIVS, Empfehlung vom 16.2.2018, Fall O, *Carrefour à Sannois* von Maurice Utrillo, S. 3 f.: »[Q]u'enfin le testament olographe susvisé de Mme E fait à Paris le 5 août 2001, institue M. D légataire universel; […] que, dès lors, M. D est l'unique héritier de M. O«.

1132 So etwa CIVS, Empfehlung vom 10.7.2020, Nr. 24384 BCM-Rest, Hugo Simon, *Nus dans un paysage* von Max Pechstein, abgedruckt in *CIVS*, Tätigkeitsbericht für 2020, S. 78–80. Die Art der Beweisführung geht aus dem vorbereitenden Gutachten des Berichterstatters hervor: *Augustin*, Bericht vom 27.5.2019, S. 2 (nicht veröffentlicht): »Le requérant a produit un ›certificat d'héritage‹ établi par les autorités allemandes le 3 septembre 1996«.

sequent eingehalten. So belegen Empfehlungen aus den frühen 2000er-Jahren, dass die CIVS zuweilen von gesetzlichen Vorgaben abwich. Zumeist wurden diese Modifikationen mit Billigkeitserwägungen oder unter Verweis auf die immateriellen Zielsetzungen des CIVS-Dekrets (z. B. mit dem Ziel der Aufklärung der Familienangehörigen) gerechtfertigt. Die zurückliegende Spruchpraxis offenbart so eine gewisse Tendenz zur Verselbstständigung gegenüber dem allgemeinen Zivilrecht. Diese Modifikationen fielen nicht immer zugunsten des Anspruchsbegehrens aus. Im Nachfolgenden soll die Entwicklung der Spruchpraxis der CIVS zu dieser spezifischen Fragstellung dargestellt und kritisch gewürdigt werden. Im Überblick lässt sich festhalten, dass der Begriff des *ayant droit* in der Frühphase der Empfehlungspraxis gegenüber rechtlichen Vorgaben eingeschränkt wurde und dieser mitunter sogar vollständig autonom unter Ausklammerung rechtlicher Vorfragen ermittelt wurde.

(i) Das Erfordernis einer Nähebeziehung zum Verfolgungsopfer

Nach erbrechtlichen Grundsätzen sind auch durch Testament eingesetzte Vermächtnisnehmer:innen als Rechtsnachfolger:innen anzusehen (Art. 893 Abs. 1 Code civil). Die Einsetzung als Legatar bewirkt je nach im Wege der Auslegung zu ermittelnden Inhalts des Testaments entweder eine Universal-, Bruchteils- oder Einzelrechtsnachfolge in die Vermögenswerte der geschädigten Person (Art. 1002 Abs. 1 Code civil). Die CIVS hat diese einfachgesetzlichen Grundsätze frühzeitig anerkannt, jedoch ausdrücklich nur für den Fall, dass die Vermächtnisnehmer:innen zugleich auch direkte Nachfahr:innen (*parents en ligne directe*) oder Seitenverwandte (*parents en ligne collatérale*) der Geschädigten sind.[1133]

Eine gewisse Zurückhaltung ließ die CIVS hingegen gegenüber Vermächtnisnehmer:innen erkennen, die in keiner familiären Verwandtschafts- oder sonstigen Nähebeziehung zur geschädigten Person standen. Eine lediglich rechtliche Beziehung zur geschädigten Person könne, so die CIVS, ausgehend vom Wortlaut und Zweck des CIVS-Dekrets für sich genommen nicht genügen, um die Zuerkennung einer Schadensersatzleistung zu rechtfertigen:

> »[L]a Commission estime qu'elle ne peut envisager d'accorder une indemnisation, au titre du décret du 10 septembre 1999, du fait de la seule existence d'un lien simplement juridique, sauf à se soumettre alors aux principes juridiques applicables seulement devant une juridiction étatique, tenue par la règle de droit (ce qui eut conduit à l'irrecevabilité des demandes du fait de la prescription trentenaire).«[1134]

Ayant droit im Sinne des CIVS-Dekrets könne demnach nur sein, wer zusätzlich zur gesetzlichen Erbberechtigung in einer familiären Nähebeziehung zur primärgeschädigten Person im Zeitraum der Verfolgung stand. Eine solche Nähebeziehung könne aus der biologischen Verwandtschaft zum Verfolgungsopfer (»lien du sang«) oder aus dem Zusammenleben in einer

1133 *CIVS*, Tätigkeitsbericht für 2001, S. 25: »La mise en œuvre des règles du droit commun, [...] conduit à suivre les règles du droit successoral [...] et à prendre en compte les implications de la qualité de légataire universel, désigné par voie testamentaire. Toutefois, dans cette dernière hypothèse, la Commission estime qu'elle ne peut envisager d'accorder une indemnisation [...] du fait de la seule existence d'un lien simplement juridique, sauf à se soumettre alors aux principes juridiques applicables seulement devant une juridiction étatique, tenue par la règle de droit«.

1134 Ebd.; wortgleich bei *Ruzié*, in: Libertés, justice, tolérance: Mélanges en hommage au doyen Gérard Cohen-Jonathan, Band 2, S. 1351, 1363.

Hausgemeinschaft (»vie en commun«) gefolgert werden.[1135] Zur Begründung dieses Ansatzes führte die Kommission im Wesentlichen zwei Argumente an: (1) die besondere Rechtsnatur der Kommission, die gerade kein Gericht darstelle und (2) der höchstpersönliche Charakter des Anspruchs auf Schadensersatz nach dem Dekret.

Wenden wir uns zunächst dem ersten Argument zu: Eine autonome Auslegung des Begriffs der Rechtsnachfolge gegenüber dem Zivilrecht sei möglich und angezeigt, da die CIVS kein Gericht im Rechtssinne darstelle, das an herkömmliche Rechtssätze gebunden ist. Demzufolge dürfe sich die Kommission nicht auf die Anwendung einfachgesetzlicher Normen beschränken, da deren konsequente Anwendung in der weitüberwiegenden Zahl der Fälle zum Scheitern der Anträge (infolge von Verfristung, Verjährung oder Präklusion) führen würde. Diese Überlegung verfängt nicht: Zwar stellt die CIVS unstreitig kein Gericht dar, vielmehr handelt es sich um ein Organ der zentralstaatlichen Verwaltung, das aber in gleicher Weise wie Gerichte an geltendes Recht gebunden ist. Neben den Bestimmungen des Dekrets selbst sind für die CIVS alle höherrangigen Normen, insbesondere solche des Code civil, maßgeblich. Etwas anderes ließe sich nur vertreten, wenn dem CIVS-Dekret selbst erkennbar ein autonomer Begriff des *ayant droit* zugrunde läge, wofür aber keine Anhaltspunkte bestehen.[1136] Die Möglichkeiten einer autonomen Auslegung durch die CIVS sind daher schon unter verfassungsrechtlichen Gesichtspunkten beschränkt.

Gehaltvoller ist hingegen die Argumentation bezüglich der Rechtsnatur und dogmatischen Grundlage der Ansprüche nach dem CIVS-Dekret. Wie bereits dargestellt kann der Begriff des Anspruchs hier nur in einem untechnischen Sinne verstanden werden. Das Dekret vermittelt eine zusätzliche Chance auf Schadensersatz, nicht hingegen einen klagbaren Rechtsanspruch. Diese Gewinnchance ist nach Ansicht der CIVS höchstpersönlicher Natur und somit nur eingeschränkt im Wege der Rechtsnachfolge übertragbar, da sie an eine persönliche Leiderfahrung der Geschädigten anknüpfe:

> »La Commission a considéré que la lettre et l'esprit du décret du 10 septembre 1999 impliquent que reçoivent une indemnisation ceux des requérants qui [...] tirent de la misère subie personnellement ou du chef de leur auteur, un droit nécessairement inhérent à leur personne.«[1137]

Den rechtsethischen Grund für die Zuerkennung einer Ausgleichleistung bilde nicht allein der Verlust einer Vermögensposition (»spoliation d'un bien«), sondern das persönliche Leid (»misère subie personnellement«) der Geschädigten und/oder deren Verwandten und Angehörigen. Diese Position sei jedenfalls, so die implizite Annahme der CIVS, nicht auf Dritte übertragbar. Die gewährten »Ansprüche« wiesen insoweit eine immaterielle Grundlage auf,

1135 *CIVS*, ebd.: »La Commission a considéré que la lettre et l'esprit du décret du 10 septembre 1999 impliquent que reçoivent une indemnisation ceux des requérants qui, appartenant à la ›famille‹ par les liens du sang et/ou de la vie en commun«.

1136 Selbst wenn das Dekret eine solche Ermächtigung enthielte, wäre diese aus verfassungsrechtlicher Sicht problematisch. Es handelt sich bei dem Dekret um einen Rechtsakt der Exekutive. Dieser ist in Einklang mit höherrangigem Recht (darunter dem Code civil) auszulegen. Zum Verhältnis von Rechtsakten der Exekutive und der Legislative nach der Verfassung der V. Republik von 1958 *Marsch*, in: Marsch/Vilain/Wendel (Hrsg.), Französisches und Deutsches Verfassungsrecht: Ein Rechtsvergleich, S. 215, 219–221.

1137 *CIVS*, Rapport d'activité de la Commission 2001, S. 25. So erneut wortgleich bei *Ruzié*, in: Libertés, justice, tolérance: Mélanges en hommage au doyen Gérard Cohen-Jonathan, Band 2, S. 1351, 1363.

als Anliegen des Dekrets neben dem Schadensausgleich auch die historische Aufklärung der Verfolgungsopfer, ihrer Angehörigen und Verwandten sei. Im Umkehrschluss folge hieraus ein Ausschluss lediglich oder vorrangig wirtschaftlich motivierter Anträge ohne erkennbares persönliches oder historisches Erkenntnisinteresse der Anspruchsteller:innen.[1138]

Dieser Deutung der dogmatischen Grundlagen des CIVS-Dekrets muss indes aus systematischen Gründen widersprochen werden. Nach dem Wortlaut des Dekrets (erhellt durch den Begleitbericht) bezwecken die Leistungen den Ausgleich eines verbleibenden materiellen Globalschadens (*dette de réparation rémanente*), der nach dem Krieg nicht vollständig ausgeglichen wurde. Der Ausgleich immaterieller Schäden bleibt gesonderten Spezialregelungen vorbehalten. Zu diesen zählt etwa das Dekret Nr. 2000-657 vom 13. Juli 2000, das Waisen von aus antisemitischen Gründen deportierten Personen eine finanzielle Hilfe gewährt. Der *Conseil d'État* bestätigte in seiner Entscheidung Pelletier von 2001, dass dieses Dekret der Anerkennung des persönlichen Leids der Betroffenen und damit dem Ausgleich eines immateriellen Schadens (*préjudice moral*) diene.[1139] Dieses Regime wurde durch Dekret Nr. 2004-751 vom 27. Juli 2004 zusätzlich auf Waisen politisch verfolgter Personen ausgedehnt.[1140] Diese Regelungen haben, soweit es um die Anerkennung immaterieller Schäden geht, als Sonderregelungen abschließenden Charakter. Die Leistungen nach dem CIVS-Dekret dienen somit ausschließlich dem Ausgleich von Vermögensschäden.

Davon zu trennen ist die Frage, ob das CIVS-Verfahren darüber hinaus auch immaterielle Zielsetzungen verfolgt. Dies kann mit Blick auf eine vielzitierte Passage des Begleitberichts zum CIVS-Dekret bejaht werden. Das Verfahren solle hiernach auch dazu dienen, die Familien der Geschädigten über den Verbleib der Vermögenswerte nach der Entziehung aufzuklären.[1141] Die CIVS kann vor diesem Hintergrund als eine Fortsetzung der Mattéoli-Mission verstanden werden: Während die Forschungen der Mattéoli-Mission neben den Geschädigten auch die politische Öffentlichkeit adressierten, orientiert sich das CIVS-Verfahren ausschließlich an den Belangen der Verfolgungsopfer und Angehörigen. Die materielle Zielsetzung des Dekrets wird demnach um eine immaterielle Komponente, nämlich die historische Aufklärung der Primärgeschädigten und ihrer Familien, erweitert.[1142]

1138 Diese Position scheint innerhalb der CIVS auch heute noch vorherrschend zu sein. In diese Richtung deuten etwa die Einlassungen einer Berichterstatterin der CIVS im Tätigkeitsbericht der CIVS für 2021: »[L]a réparation ne se résume pas à des chiffres; il y a une valeur ajoutée présente en arrière-pensée de chaque demande; c'est le fondement du paiement qui est plus important que son montant, le signe monétaire doit être précédé par une parole qui lui donne un sens.«, *CIVS*, Tätigkeitsbericht für 2021, S. 16.

1139 CE, Assemblée, 6.4.2001, Rec. S. 173 – Pelletier: »[L]e décret attaqué a […] entendu reconnaître les souffrances endurées par les orphelins de certaines victimes de la déportation«. Der Rat folgte in diesem Punkt der Position des Regierungskommissars Austry in seiner Stellungnahme: »Enfin, on chercherai en vain dans le décret la moindre trace d'une condition relative à la situation psychologique et davantage encore matérielle des orphelins de déportés juifs aujourd'hui. Ce qui justifie le versement de l'allocation, ce n'est pas la situation actuelle des bénéficiaires, mais le dommage qu'ils ont subi parce que leurs parents sont morts en déportation et parce qu'ils ont été des enfants juifs en France entre 1940 et 1944. C'est bien ce préjudice moral que le décret cherche à réparer.«, *Austry*, RFDA 2001, 712 (719).

1140 Décret n° 2004-751 du 27 juillet 2004 instituant une aide financière en reconnaissance des souffrances endurées par les orphelins dont les parents ont été victimes d'actes de barbarie durant la Deuxième Guerre mondiale (JORF vom 29.7.2004, Text Nr. 39).

1141 Rapport au Premier ministre, JORF vom 11.9.1999, S. 13632: »Prenant appui sur les travaux de la mission d'étude de M. Matteoli, l'instance dont la création est proposée pourra éclairer les familles des victimes sur le sort des biens dont elles ont été dépossédées et tentera d'apporter une réponse adaptée à leurs demandes.«

1142 Auf die verschiedenen, auch immateriellen Zielsetzungen des Verfahrens wurde unter B.III.4.d) eingegangen.

Diese Ausrichtung kommt auch im Dekret selbst zum Ausdruck: Die materiellen Leistungen sollten primär den Überlebenden zugutekommen. Zu diesem Zweck wurde durch Dekret vom 29. Juni 2001 ein beschleunigtes Verfahren eingeführt (Art. 5 Abs. 2 Satz 1), das eine prioritäre Bescheidung der Anträge von Anspruchsteller:innen der ersten Generation der Shoah-Überlebenden, die sich bereits in einem hohen Alter befanden, ermöglichen sollte.[1143] Mehr als zwei Jahrzehnte später hat sich der historische Kontext aber mit dem Versterben der ersten Generation der Überlebenden grundlegend gewandelt. Notwendigerweise rückt damit die materielle Zielsetzung des Dekrets stärker in den Fokus.

Dessen ungeachtet ist die Aufklärung der Angehörigen nicht an die Gewährung einer materiellen Ausgleichsleistung gebunden und kann vielmehr auch durch eine angepasste Gestaltung des Verfahrens gewährleistet werden. Einfallstore für eine aktive Beteiligung der Angehörigen bestehen sowohl auf Ebene der Untersuchung (Art. 4 Abs. 2 Satz 2[1144]) als auch der Anhörung vor dem Beratungsgremium (Art. 5 Abs. 3[1145]). Eine Beteiligung der Angehörigen am Verfahren ist aber auch unabhängig von der Stellung als Anspruchsberechtigte möglich: Nach Art. 6 Abs. 2 des CIVS-Dekrets[1146] kann die Kommission auch Dritte[1147], sofern zweckdienlich, als Zeug:innen anhören. Ohnehin positioniert sich die CIVS zur Frage der Anspruchsberechtigung abschließend erst in ihrer Empfehlung, sodass das Verfahren bis zur Beschlussfassung von den Verwandten und Angehörigen der Geschädigten betrieben werden kann, sofern nur deren gesetzliche Erb:innenstellung glaubhaft gemacht wird.[1148]

Bei genauerem Hinsehen offenbart der Begleitbericht selbst eine gewisse Paradoxie. Denn einerseits gibt dieser vor, dass sich die Anspruchsberechtigung nach dem Zivilrecht richtet, andererseits spricht er von den »familles des victimes«, zu deren Aufklärung das Verfahren beitragen soll. Dieser Widerspruch erklärt sich wohl durch die Annahme des Gesetzgebers, dass Rechtsnachfolger:innen im rechtlichen Sinne, was zutrifft, typischerweise auch mit den Erblasser:innen verwandt sind oder diesen jedenfalls nahestehen. Gleichwohl muss diese Vorstellung acht Jahrzehnte nach den historischen Ereignissen und mit dem Versterben der ersten und zweiten Generation der Überlebenden als obsolet bewertet werden.

In letzter Konsequenz würde eine Restriktion des Erb:innenbegriffs perspektivisch auf eine Unzulässigkeit der Anträge vor der CIVS hinauslaufen. Denn unweigerlich nimmt die emotionale Distanz zu den Verfolgten mit zunehmendem Zeitablauf zu. Schon bei Nachfahr:innen der dritten Generation würde dieser Nachweis an seine Grenzen stoßen, insbesondere wenn diese nicht in direkter Linie mit dem Verfolgungsopfer verwandt sind. Die Forderung einer

1143 Die Reform steht in Zusammenhang mit der Unterzeichnung des Washingtoner Abkommens vom 18. Januar 2001 über Entschädigungsleistungen für entzogene Bankguthaben. Dessen Umsetzung oblag gleichfalls der CIVS. Das Abkommen sah eine Priorisierung zugunsten Überlebender oder sozial bedürftiger Personen vor (Anhang B Lit. I): »La Commision accordera un traitement prioritaire, et une attention toute particulière, aux demandes de survivants ou à celles des demandeurs qui se trouveraient en grande difficulté personnelle.«

1144 »Le rapporteur peut convoquer toute personne dont l'audition lui paraît utile […].«

1145 »Lorsqu'un dossier est examiné par une formation collégiale, le demandeur et la personne dont la conciliation est recherchée sont avisés de la date de la séance. Ceux-ci peuvent demander à être entendus.«

1146 »Elle peut entendre toute personne dont l'audition paraît utile et solliciter de tout tiers qualifié un avis ou une consultation.«

1147 Das heißt Personen, die weder Primärgeschädigte oder Erb:innen im Sinne von Art. 1 Abs. 1 des Dekrets sind.

1148 So verhielt es sich in den Fällen O (Empfehlung vom 16.2.2018) und W (Empfehlung vom 5.7.2019). Die Familienangehörigen waren durch Testament und durch eine einfache Adoption von der Anspruchsberechtigung ausgeschlossen. Die Kommission behandelte die Betroffenen aber über die gesamte Dauer des Verfahrens, da diese ihre Erb:innenstellung glaubhaft gemacht hatten, verfahrensrechtlich als Beteiligte.

Nähebeziehung geriete daher in direkten Widerspruch zum Grundsatz, wonach Anträge vor der CIVS nicht fristgebunden sind.[1149] De facto käme es über das Kriterium der Nähebeziehung also zu einer zeitlichen Befristung der Verfahren, ohne dass zugleich die verbleibende Restschuld getilgt würde.[1150] Die Bewertung, wann dies der Fall ist, obliegt allein dem demokratisch legitimierten Gesetzgebungsorgan (Regierung), nicht einem beratenden Verwaltungsgremium (CIVS).

Ohnehin besteht ein historisches Erkenntnisinteresse heute nicht nur aufseiten der Verwandten oder Angehörigen. Die Position, wonach eine historische Aufklärung nur durch die Angehörigen möglich ist, erscheint im Jahr 2023 überholt. Dieser Ansatz mag noch in der Frühphase der CIVS eine gewisse Berechtigung gefunden haben, als die historischen Zeitzeug:innen noch lebten. Mit zunehmendem Versterben der ersten Generation kommt es aber auch zu einer Veränderung des Historisierungs- und Erinnerungsprozesses, der sich deutlich seltener auf die Erfahrungsberichte der Zeitzeug:innen stützen kann. Ein Paradigmenwechsel deutete sich ansatzweise schon in der Reform von 2018 an. Seither ist eine Verfahrenseinleitung durch die CIVS oder das Kulturministerium von Amts wegen oder bei bloßer objektiver Betroffenheit (»toute personne concernée«) möglich (Art. 1-1 CIVS-Dekret). Das Verfahrensziel der Aufklärung dient demnach neben dem Interesse der Überlebenden und Angehörigen in zunehmendem Maße einem kollektiven Erkenntnisinteresse.

Schließlich überzeugt der Restriktionsansatz schon wegen seiner Unbestimmtheit nicht. Es lässt sich nicht mit hinreichender Klarheit sagen, in welchen Fällen mangels biologischer Verwandtschaft überhaupt eine hinreichende Nähebeziehung vorläge. Genügt schon das Zusammenleben oder bedarf es einer langjährigen Beziehung, die einer familiären Bindung gleichkommt? In der Praxis der CIVS hat sich dieser Auslegungsansatz bisher nur in einem einzigen Fall nachteilig ausgewirkt.

> Herr M bewohnte mit seiner Ehegattin ein Anwesen nördlich von Paris sowie eine Wohnung in Paris. Beide Wohnsitze waren mit hochwertigem Mobiliar und Kunstwerken ausgestattet, die in der Besatzungszeit durch deutsche Stellen entzogen wurden. M wurde im Konzentrationslager Drancy inhaftiert, überlebte aber die deutsche Besatzung. In einem Testament setzte dieser seine Ehegattin als Universalvermächtnisnehmerin (*légataire universel*) ein, die nach 1961 vor deutschen Stellen Ansprüche nach BRüG sowohl für Vermögen ihres verstorbenen Ehegattens als auch eigene Vermögenswerte geltend machte. Mit den deutschen Stellen wurde ein Vergleich über eine Pauschalentschädigung für die verfolgungsbedingten Verluste geschlossen, der den Vermögensschaden indes nur partiell abdeckte. Frau M vermachte 1968, wenige Monate vor ihrem Tod, der C ihr gesamtes Vermögen. Diese stellte im Jahr 2000 einen Antrag auf Entschädigung vor der CIVS für die noch offenen Schadensposten. C war mit M nicht verwandt, sondern hatte diese erst im Zuge des BRüG-Verfahrens kennengelernt und bei der

1149 Vgl. *CIVS*, Tätigkeitsbericht für 2004, S. 7: »La Commission a pris acte de l'absence de fixation d'une date de forclusion pour le dépôt des demandes d'indemnisation, et ce à la différence d'autres pays (Belgique, par exemple).«

1150 In diesem Sinne andeutungsweise auch *Laménie*, Rapport d'information fait au nom de la commission des finances du Sénat, S. 119: »Votre rapporteur spécial ne partage pas cette façon de voir. D'une part, les préjudices causés par les spoliations n'ont pas de raison de cesser sous le seul effet du temps qui passe. D'autre part, dans leur rapport au temps, ils présentent la très forte particularité d'avoir accompagné des crimes imprescriptibles.«

Verfolgung ihrer Ansprüche vor den deutschen Behörden als Mitarbeiterin des *Fonds social juif unifié* (FSJU) unterstützt. Nach dem Vortrag der C habe sich in dieser Zeit eine enge Freundschaft zwischen beiden Frauen entwickelt, die bis zum Tode der M angehalten habe.

Die CIVS lehnte in einer ersten Empfehlung vom 22. April 2005 den Anspruch zunächst unter Verweis auf eine bereits erfolgte Entschädigung nach dem BRüG ab. Auf einen Nachprüfungsantrag der C hin erkannte die CIVS in einer Empfehlung vom 19. Januar 2007 schließlich die Unvollständigkeit dieser Entschädigungsleistungen an, lehnte den Antrag aber nunmehr ab, da eine hinreichend enge Nähebeziehung zum Verfolgungsopfer nicht gegeben sei. Der CIVS zufolge genügt es nicht, dass sich die Geschädigte und die Anspruchstellerin erst nach dem Krieg kennengelernt hatten. Implizit unterstellt die CIVS hierdurch, dass eine Weitergabe der Leiderfahrung einige Jahrzehnte nach dem Krieg nicht mehr möglich sei. Diese Differenzierung vermag nicht zu überzeugen. Lässt sich Leid, um das Argument der CIVS aufzugreifen, demnach nur durch eine historische Zeitzeug:innenschaft erfahren und vermitteln? Die Anforderungen an den Nachweis einer Nähebeziehung fielen demnach für Vertrauenspersonen ohne Verwandtschaftsbeziehung zu den Primärgeschädigten ungleich höher aus.

Die CIVS ist zwischenzeitlich von diesem Restriktionsansatz abgerückt.[1151] Gleichwohl lehnte die Kommission im dargestellten Fall M einen Nachprüfungsantrag der Erb:innen der C vom April 2020 erneut durch Empfehlung vom 13. Februar 2023 ab. Die Antragsteller:innen hatten sich hierin auf die Empfehlung in der Sache Q berufen (siehe hierzu sogleich). Die CIVS erkannte in diesem Fall jedoch keinen geeigneten Präzedenzfall, der eine Infragestellung der ursprünglichen Empfehlung ermöglichen würde. In der Tat sind beide Fälle nicht vergleichbar, gleichwohl hätte die CIVS die Änderung ihrer Spruchpraxis von Amts wegen berücksichtigen und dem Anspruch stattgeben müssen.[1152]

(ii) Ausweitung des Begriffs der Rechtsnachfolger:innen aus Billigkeitsgründen

Im Einzelfall kann der Rückgriff auf Billigkeitserwägungen dabei auch zu einer Ausweitung des Kreises der Anspruchsberechtigen führen. In einem weiteren Verfahren aus demselben Zeitraum wie die ablehnende Empfehlung im Fall M wurde die Antragsberechtigung einer nicht näher bestimmbaren Personenmehrheit ohne nachgewiesene Nähebeziehung zur verfolgten Person bejaht. Im Fall Q wurde die Anspruchsberechtigung vielmehr autonom und losgelöst von rechtlichen Vorgaben ermittelt.

Q (1887–1943) war Inhaber einer Kunstsammlung, die weit über hundert Einzelwerke umfasste. In einem ersten Testament von 1939, das zahlreiche Einzelvermächtnisse enthielt, wurde der Rabbiner R mit der Regelung der Nachlassverbindlichkeiten betraut.

1151 Siehe hierzu sogleich im übernächsten Abschnitt unter B.III.7.b)bb)(4).

1152 Die Begründung der Antragsablehnung durch die CIVS erscheint daher formalistisch. Angesichts der beträchtlichen Höhe der in Rede stehenden Summen (etwa 1,9 Mio. Euro Entschädigung) scheint es nicht gänzlich ausgeschlossen, dass die Ablehnung in Wahrheit auf fiskalischen Erwägungen beruhte und vielmehr Ausdruck einer grundlegenden Skepsis gegenüber Anträgen von Personen ist, die in keinem Verwandtschaftsverhältnis zu den Primärgeschädigten standen, sodass der Verdacht naheliegend erscheint, dass diese allein wirtschaftliche Motive verfolgen.

Ihm wurde zudem ein Gemälde des Malers Bonnard vermacht. Nach Begleichung aller Verbindlichkeiten sollte der Nettoerlös aus der Liquidation der Erbmasse bedürftigen jüdischen Familien zugutekommen. Im Herbst 1943 wurde Q in das Konzentrationslager Drancy verschleppt.[1153] Seine Kunstsammlung wurde nach seiner Inhaftierung beschlagnahmt. In Drancy setzte Q in Kenntnis dieser Umstände ein neues, handschriftliches Testament auf: Seine Kunstsammlung sollte liquidiert und der Erlös durch R an kriegsleidende jüdische Familien verteilt werden. Das Einzelvermächtnis betreffend das Bonnard-Gemälde fand in diesem Testament keine Erwähnung mehr. Die Auslegung beider Testamente und deren Verhältnis zueinander warf nach dem Krieg rechtliche Fragen auf. Zur Klärung der Rechtslage gaben die gesetzlichen Erb:innen des Q 1947 vor einem Notar eine Erklärung ab, derzufolge allein das spätere Testament als maßgeblich anzusehen sei. Dieses habe das erste Testament implizit widerrufen und R als Universalvermächtnisnehmer eingesetzt. Durch Gerichtsbeschluss aus demselben Jahr wurde R in seiner Erbenstellung formal bestätigt und in den Erbbesitz eingewiesen (sog. *envoi en possession*). 1948 wurden einige der entzogenen Kunstwerke an die Angehörigen des Q restituiert. Der R und die Erb:innen des Q einigten sich darauf, dass das Eigentum an den Werken (mit Ausnahme eines Gemäldes) Letzteren zustehe. In einer notariellen Erklärung von 1961 wurde die Rechtsstellung des R im Verfahren vor deutschen Stellen nach dem BRüG erneut bestätigt. 1963 erlangte R daraufhin eine partielle Entschädigung. Die übrigen Werke blieben bis heute verschollen.

Im Jahr 2000 beantragten die Erb:innen nach R eine Entschädigung für den Verlust der Kunstsammlung des Q. Zur Begründung trugen diese vor, R sei durch das zweite Testament von 1943 zum Universalvermächtnisnehmer (*légataire universel*) des Q bestimmt worden. Das Vermächtnis sei mit der Auflage einer Liquidation und Verteilung des Nachlasses an bedürftige jüdische Personen verbunden gewesen. Die Rechtsstellung des R sei ferner durch rechtskräftigen Gerichtsbeschluss bestätigt worden. Eine Erbschaftsklage (*action en pétition d'hérédité*) der Erb:innen nach Q sei wegen Verjährung ausgeschlossen. Die Erb:innen des R seien somit allein nach dem Dekret anspruchsberechtigt.

In ihrer Empfehlung vom 10. Dezember 2004 legte sich die CIVS in dieser Rechtsfrage nicht abschließend fest. Vielmehr wurden die Bestimmungen der beiden Testamente autonom nach dem erkennbaren Willen des Testators unter vollständiger Ausklammerung rechtlicher Wertungen ausgelegt. Entscheidend sei, dass Q dem R einen »Auftrag« erteilt habe, den dieser angenommen, aber durch seinen frühzeitigen Tod nicht in vollem Umfang habe umsetzen können. Es obliege nunmehr dem Staat, den letzten Willen des Q umzusetzen und die Entschädigung an die in beiden Testamenten begünstigen Personen auszuzahlen. Die CIVS empfahl vor diesem Hintergrund die Auszahlung der Entschädigung an gemeinnützige Organisationen der jüdischen Gemeinschaft in Frankreich, die über die Verwendung der Mittel eigenständig befinden sollten:

1153 Q wurde wenige Monate später in das Vernichtungslager Auschwitz deportiert, wo er ermordet wurde.

»Attendu que R étant décédé après avoir accepté et commencé d'exécuter la mission qui lui avait été confiée, il incombe à l'Etat, débiteur de l'indemnité susceptible de réparer la spoliation intervenue [...] de s'acquitter de cette dette au bénéfice des personnes visées dans les dernières volontés de Q et, à cette fin, de désigner, pour procéder à la répartition de cette indemnité, une ou plusieurs grandes organisations de la communauté juive de France«.

Aufgrund der besonderen Rolle, die Q dem Rabbiner R bei der Verwertung und Verteilung seines Nachlasses zugesprochen hatte, sollten seine Erb:innen aber nach der Empfehlung der CIVS in den Prozess der Auswahl der begünstigten Organisationen und der Verteilung der Mittel eingebunden werden.[1154]

In der Empfehlung entfernte sich die CIVS damit erkennbar von einem legalistischen Ansatz bei der Bestimmung der Berechtigtenstellung. Aus rechtlicher Sicht wäre die Vorfrage betreffend die rechtliche Einordnung des »Auftrages« (Einsetzung als Testamentsvollstrecker oder Vermächtnisnehmer unter Auflagen) zur Klärung der Anspruchsberechtigung zwingend gewesen. Stattdessen nahm die CIVS eine Anspruchsberechtigung einer unbestimmten Zahl nichtverfahrensbeteiligter Personen an. Der Antrag der Erb:innen nach R sei demnach nur insoweit zulässig und begründet, als eine Begünstigung der im Testament bezeichneten Personengruppen angestrebt werde.[1155]

Diese Lösung erklärt sich ersichtlich durch pragmatische Erwägungen: Angesichts einer unklaren Rechtslage gab die CIVS einer autonomen Auslegung des Testaments von 1943 den Vorrang, die es erlaubte, dem im Testament geäußerten Willen des Testators weitestgehend zu entsprechen, ohne sich in rechtlichen Einzelfragen zu verlieren. Ersichtlich sollte durch die großzügige »Umschiffung« dieser Auslegungsfrage vermieden werden, dass Gerichte in den streitigen Rechtsfragen zu einer abweichenden Einschätzung gelangen könnten. In diese Richtung deuten auch die Einlassungen des Berichterstatters in dem Verfahren, der in Abrede stellte, dass die CIVS überhaupt zu einer umfassenden rechtlichen Prüfung in Zweifelsfällen befugt sei:

»[L]a question se pose de savoir si le décret du 10 septembre 1999 donne compétence à la Commission pour se prononcer sur la qualité d'ayant droit, lorsque se présente une difficulté juridique sérieuse et qu'au surplus les intérêts de tiers sont susceptibles d'être concernés.«[1156]

Gleichwohl überschritt die CIVS auf diese Weise ihre gesetzliche Kompetenz: Ein Verfahren konnte nach der bis 2018 geltenden Rechtslage nicht losgelöst von einem Antrag einer geschädigten Person eingeleitet werden (Art. 1 Abs. 1 CIVS-Dekret). Eine Anspruchsberechtigung der Antragsteller:innen hatte die CIVS aber ausdrücklich abgelehnt, sodass es an einem:einer

1154 »Attendu qu'en considération du rôle que Q entendait réserver à R pour la dévolution de ses biens, il apparaît souhaitable que les requérants demeurent présents dans la procédure et que les institutions qui seront chargées de la mission ci-dessus rappelée procèdent à leur consultation, lors de son exécution«.

1155 Der Berichterstatter in dem Verfahren führte aus, dass jedenfalls der Antrag gerichtet auf Entschädigung notleitender jüdischer Familien (»tendant à ce que ›les familles israélites françaises éprouvées par la guerre‹ obtiennent le bénéfice de l'indemnité qui pourrait être ultérieurement proposée«) zulässig sei.

1156 *Géronimi*, Bericht vom 2.11.2004, S. 16 (nicht veröffentlicht).

tauglichen Anspruchsteller:in fehlte. Der Berichterstatter rechtfertigte dieses Vorgehen erneut mit Billigkeitserwägungen. Rechtliche Vorfragen betreffend die Berechtigtenstellung dürften nicht dazu führen, dass das vorrangige Ziel des Verfahrens, die durch Q erlittenen Schäden auszugleichen, vereitelt wird:

> »Il paraît difficilement concevable que cette question [des personnes habilitées à saisir la Commission; Anm. d. Verf.] fasse obstacle, pour la Commission qui doit privilégier l'équité, à la réparation intégrale de la spoliation dont Q a été victime et à l'exécution de ses dernières volontés exprimées dans l'antichambre de la mort.«[1157]

Der Fall verdeutlicht ferner, dass der frühe Restriktionsansatz der CIVS, wonach nur biologisch Verwandte und sonstige nahestehende Personen der Geschädigten anspruchsberechtigt seien, schon nach der früheren Praxis nicht konsequent durchgehalten wurde. Bei konsequenter Anwendung dieser Doktrin wäre ein Anspruch abzulehnen gewesen, da jedenfalls eine Nähebeziehung zwischen Q und den in der Empfehlung ansatzweise umschriebenen Organisationen nicht gegeben war.

(4) Maßgeblichkeit des Erbrechts zur Bestimmung der Rechtsnachfolge

Die jüngere Praxis der Kommission tendiert zu einer strengen und wortlautgetreuen Anwendung des Erbrechts. Die Antragsberechtigung richtet sich nunmehr ausschließlich nach den gesetzlichen Bestimmungen, die im Zeitpunkt des Erbfalls galten. Dennoch führt dieses Postulat – zumindest aus Sicht der Kommission – nicht immer zu befriedigenden Ergebnissen. Die CIVS geht daher tendenziell dazu über, einen billigen Ausgleich nicht durch Abwandlung der Regeln des Zivilrechts zu erzielen, sondern vielmehr auf Vergleichsbasis. Dies verdeutlicht der nachfolgende Fall O.

> O war ein prominenter Kunsthändler mit eigener Galerie in Paris. Seine private Kunstsammlung wurde am 11. Dezember 1940 durch den ERR in dessen Pariser Wohnung entzogen. O verstarb 1946 eines natürlichen Todes und hinterließ als Erb:innen neben seiner Ehegattin seinen Sohn S. Seine Witwe verstarb Mitte der 1950er-Jahre gefolgt von dem gemeinsamen Sohn S im Jahr 1961. Als Erbinnen hinterließ dieser seine Ehegattin aus zweiter Ehe E sowie die gemeinsame Tochter T. Diese verstarb ohne Nachkommenschaft, wodurch ihr Erbteil auf ihre Mutter E überging, die somit Alleinerbin nach O wurde. Durch Testament bestimmte E 2001 den D zu ihrem Universalvermächtnisnehmer (*légataire universel*). In dem Verfahren vor der CIVS kollidierten nun zwei konkurrierende Anspruchsbegehren: zum einen ein Antrag der Abkömmlinge der 1955 verstorbenen Schwester des O, zum anderen ein Antrag des D als Alleinerbe der E, der Schwiegertochter des O. Die Nachfahren der Schwester des O standen, was Berichte von Zeitzeug:innen belegten, in einer engen Beziehung zu O und betrachteten sich als dessen wahre Familie.

1157 A. a. O., S. 17.

In ihrer Empfehlung vom 16. Februar 2018 bestätigte die CIVS die ausschließliche Anspruchsberechtigung des D. Dessen Stellung als Rechtsnachfolger des O wurde wie folgt unter Verweis auf die erbrechtliche Lage hergeleitet: S war der letztüberlebende Sohn und Alleinerbe des O. Dieser wurde nach seinem Tod durch seine Tochter T (Art. 745 Abs. 1 Code civil a. F.[1158]) und seine Ehegattin E (Art. 767 Code civil a. F.[1159]) beerbt. Die Tochter verstarb bereits in den 1990er-Jahren, wodurch ihr Erbteil mangels überlebender Geschwister auf ihre Mutter E überging (Art. 751 Code civil a. F.[1160]). Durch eigenhändiges Testament vom 5. August 2001 bestimmte E schließlich D zu ihrem Universalvermächtnisnehmer. Ein gesetzlicher Vorbehaltsteil (*réserve héréditaire*) bestand nicht, da E selbst keine Abkömmlinge als Noterb:innen hinterlassen hatte (Art. 916 Code civil a. F.[1161]). Ferner war D durch gerichtlichen Beschluss des *Tribunal de grande instance* von Paris vom 10. Januar 2002 in den Erbschaftsbesitz eingewiesen worden (*envoi en possession*, Art. 1008 Code civil a. F.[1162]). Seine Stellung als Rechtsnachfolger war mithin urkundlich belegt. Das fehlende Verwandtschaftsverhältnis zum Primärgeschädigten O wurde weder in dem vorbereitenden Gutachten der Berichterstatterin noch in der späteren Empfehlung der CIVS thematisiert. Vielmehr beschränkte sich die CIVS in ihrer Empfehlung auf die schlichte Feststellung, dass der rechtlichen Beziehung der Vorrang vor einer rein affektiven Beziehung zum Primärgeschädigten gebühre:

> »[Q]ue, dès lors, D est l'unique héritier de O; que la Commission se voit ainsi dans l'obligation de constater que le droit successoral prime en l'espèce les rapports affectifs tissant les liens familiaux des héritiers de O«.[1163]

Die Empfehlung verdeutlicht eine endgültige Abkehr der Kommission von einem autonomen hin zu einem gesetzlichen Begriff der Rechtsnachfolge. Gleichwohl wurde dem obsiegenden Anspruchsteller seitens der CIVS – wohl in partieller Fortwirkung des früheren Restriktionsansatzes – nahelegt, die ihm gewährten Leistungen mit den Verwandten des B zu teilen. Augenscheinlich wurde hier erneut der Wunsch artikuliert, vorrangig den Familienangehörigen der Primärgeschädigten eine Ausgleichsleistung zukommen zu lassen. Einer solchen Lösung, obschon diese nunmehr auf ein Einvernehmen der Berechtigten baut, begegnen aber dieselben Vorbehalte wie schon zuvor.

Vereinzelt wird der fehlenden Erbberechtigung der nächsten Verwandten des geschädigten Verfolgungsopfers noch durch Abschluss eines Vergleichs abgeholfen. In einem Fall vermittelte die CIVS einen Vergleichsschluss zwischen den nach erbrechtlichen Maßstäben Berechtigten (entfernte Verwandte der Geschädigten) und den Seitenverwandten der Geschädigten, die

1158 »Les enfants ou leurs descendants succèdent à leurs père et mère, aïeuls, aïeules, ou autres ascendants, sans distinction de sexe ni de primogéniture, et encore qu'ils soient issus de différents mariages.«

1159 Der:die überlebende Ehegatt:in war nach Rechtslage im Jahr 1961 nicht neben den gemeinsamen Abkömmlingen erbberechtigt.

1160 »Si les père et mère de la personne morte sans postérité lui ont survécu, ses frères, sœurs ou leurs représentants ne sont appelés qu'à la moitié de la succession. Si le père ou la mère seulement a survécu, ils sont appelés à recueillir les trois quarts.«

1161 »À défaut d'ascendants et de descendants, les libéralités par actes entre vifs ou testamentaires pourront épuiser la totalité des biens.«

1162 »Dans le cas de l'article 1006, si le testament est olographe ou mystique, le légataire universel sera tenu de se faire envoyer en possession, par une ordonnance du président, mise au bas d'une requête, à laquelle sera joint l'acte de dépôt.«

1163 CIVS, Empfehlung vom 16.2.2018, Fall O, *Carrefour à Sannois*, Maurice Utrillo, S. 4.

durch eine Adoption von der Erbfolge ausgeschlossen worden waren.[1164] Noch vor Beschluss der Empfehlung kam es unter Vermittlung der CIVS zu einer einvernehmlichen Einigung. In ähnlicher Weise verfuhr die CIVS im Fall Löwenstein. Nachdem sie die Berechtigtenstellung eines Seitenverwandten des Künstlers (A)[1165] nach französischem Erbrecht verneint hatte,[1166] empfahl die CIVS eine Mediation zwischen den Verfahrensbeteiligten.[1167] Diese Mediation sollte dem Ziel dienen, eine Teilhabe des A an der Ausgleichsleistung zu gewährleisten, um seinen Beitrag zur Identifizierung der Familie Löwensteins zu honorieren.[1168]

Die Vorgehensweise in den beiden Fällen verdeutlicht, dass die CIVS heute in Ausnahmefällen, in denen die Anwendung positivrechtlicher Bestimmungen zu als unbillig empfundenen Härten führen würde, eine einvernehmliche Einigung unter Abweichung vom allgemeinen Erbrecht anstrebt. Dieser Ansatz, der unter moralischen Gesichtspunkten nachvollziehbar erscheint, begegnet im Kern denselben Bedenken wie zuvor schon die restriktive Auslegung des Begriffs des *ayant droit*.[1169]

(5) Ausklammerung bestimmter erbrechtlicher Vorfragen

Wie schon der Fall Q[1170] belegt, neigt die CIVS bei scheinbar anspruchsvollen rechtlichen Fragestellungen dazu, pragmatischen Einzelfalllösungen den Vorrang vor einer umfassenden rechtlichen Prüfung zu geben. Nach dem Selbstverständnis der Kommission besteht ihr Mandat nicht in der Bewältigung komplexer Rechtsfragen, sondern in der Empfehlung »geeigneter Maßnahmen zum Schadensausgleich« (Art. 1 Abs. 2 CIVS-Dekret). Als besonders anspruchsvoll gestaltet sich regelmäßig die Prüfung der Rechtsnachfolge bei Fällen mit Auslandsberührung, in denen sich die Frage des nach Kollisionsrecht anwendbaren nationalen Rechts stellt. Die CIVS klammert diese Prüfung weitgehend aus. So verhielt es sich beispielsweise in dem bereits dargestellten Fall Bargeboer.[1171]

1164 CIVS, Empfehlung vom 5.7.2019, Fall W, S. 8. Die Geschädigte W wurde von einem Sohn überlebt, der ohne Nachkommen blieb. In der Nachkriegszeit adoptierte dieser einen Abkömmling einer Seitenlinie der Familie. Die Adoption (*adoption simple*) wurde durch gerichtlichen Beschluss formalisiert. Als einzige überlebende kollaterale Verwandte der W waren in dem Verfahren die Nachkommen der Schwester und des Bruders der W vertreten. Nach Erbrecht wäre allein der Adoptivsohn des Sohnes der W und damit dessen Erb:innen unter Ausschluss der Nachfahren der Geschwister der W berechtigt gewesen.

1165 Es handelte sich um den Sohn des Cousins des Geschädigten mütterlicherseits.

1166 Der Geschädigte war kinderlos verstorben. Er hatte zwei Geschwister, die jeweils durch Testament eigene Universalvermäch tnisnehmer:innen bestimmten. Deren Rechtsnachfolger:innen – teils kraft gesetzlicher teils kraft gewillkürter Erbfolge – traten im Verfahren als Anspruchsteller:innen in Erscheinung.

1167 CIVS, Empfehlung vom 12.5.2022, Nr. 24005 BCM – 24005 M, Fall Fedor Löwenstein, abgedruckt in *CIVS*, Tätigkeitsbericht für 2022, S. 69–73.

1168 CIVS, Empfehlung vom 12.5.2022, a. a. O., S. 72: »[P]our permettre de dégager une solution, tenant compte à la fois des droits légitimes des ayants droit de Fédor LÖWENSTEIN et de la reconnaissance due au rôle clé joué par Monsieur A., il convient d'organiser une médiation préalable entre les parties [...] afin de procéder à la confrontation des points de vue respectifs et, au besoin, à la négociation d'un protocole d'accord en proposant les termes d'une solution convenue et amiable«.

1169 Siehe zur Kritik an dieser Empfehlung noch unter B.III.8.c)cc).

1170 CIVS, Empfehlung vom 10.12.2004, Fall Q.

1171 CIVS, Empfehlung vom 4.11.2021, Nr. 24603, Fall Bargeboer, abgedruckt in CIVS, Tätigkeitsbericht für 2021, S. 83-86. Siehe hierzu unter B.III.7.b)aa)(3)(v).

Die Eheleute Bargeboer besaßen die niederländische Staatsangehörigkeit, lebten aber schon seit geraumer Zeit in Nizza. Die kinderlos gebliebenen Eheleute hatten in einem Ehegattentestament (*testament conjonctif*) vom 16. Dezember 1943 ihre Nichte Ruth Kirchheimer als gemeinsame Universalvermächtnisnehmerin bestimmt. Sie hatten die Verfügung jedoch unter die Bedingung gestellt, dass diese im Erbfall noch jüdisch ist und dies auch bleibt (»qu'elle soit encore juive et le reste«). Ruth Kirchheimer überlebte die Besatzungszeit, erhob aber in der Folgezeit keine Ansprüche auf die Erbschaft.

In dem Verfahren stellte sich die Frage, ob das Testament von 1943 wirksam ist oder vielmehr die gesetzliche Erbfolge greift. Obgleich sich die Frage des anwendbaren nationalen Erbrechts angesichts der Staatsangehörigkeit des Ehepaars aufdrängte, ließ die CIVS in ihrer Empfehlung vom 4. November 2021 diese Frage offen. Stattdessen stellte sie im Wege einer Alternativbegründung fest, dass ein Ehegattentestament sowohl nach französischem (Art. 1008 Code civil) als auch nach niederländischem Recht unwirksam sei, sodass die Frage dahinstehen könne.[1172] Zudem habe Ruth Kirchheimer nach dem Tod der Bargeboers keine Anstrengungen unternommen, die Erbschaft zu beanspruchen. Ohne nähere Begründung bestimmte die CIVS sodann die gesetzliche Erbfolge allein nach französischem Erbrecht.[1173] Erneut wurde in diesem Fall einer schnellen und pragmatischen Lösung der Vorrang vor einer präzisen Rechtsanwendung gegeben.

Ganz ähnlich verhielt es sich im Fall des Unternehmers Moïse Lévi de Benzion.

Moïse Lévi de Benzion (1873–1943) war ägyptischer Staatsbürger und Unternehmer. Er war namentlich Inhaber des »Grand Magasin Benzion« in Kairo und einer umfangreichen Sammlung von Kunstwerken und ägyptischen Antiquitäten. Er lebte in Ägypten und Frankreich, wo er über mehrere Immobilien verfügte, darunter ein Anwesen in Draveil (Schloss *La Folie*). Seine Kunstsammlung wurde 1940 durch den ERR entzogen.[1174]

In dem CIVS-Verfahren stellte sich vorrangig die Frage der Rechtsnachfolge. Lévi de Benzion hatte zwei Kinder aus erster Ehe und seine Witwe Paule (geb. Rebrasser) aus zweiter Ehe als mögliche Prätendent:innen auf die Erbschaft hinterlassen. Unter den gesichteten Archivalien fand sich ein Hinweis auf eine Entscheidung des Hasby-Gerichts in Kairo aus dem Jahr 1950, das sich offenbar in der Frage der Erbauseinandersetzung geäußert hatte, im CIVS-Verfahren

1172 A. a. O., S. 85: »S'agissant des ayants droit d'Abraham Bargeboer et son épouse Minna Kirchheimer, il est rappelé qu'un testament conjonctif n'est pas valide en droit français ou néerlandais. La Commission considère cependant que si le testament n'a pas été contesté à l'époque, le legs n'a pas été délivré non plus et qu'il eut été loisible à Ruth Kirchheimer d'en disposer.«

1173 Nach der Rechtsprechung der *Cour de cassation* in der Sache Labedan (Cass. civ., 19.6.1939, JCP 1940, Nr. 1518) richtete sich das anwendbare Erbrecht bei Mobilien bei einer Person ohne französische Staatsangehörigkeit nach dem letzten Wohnsitz (*domicile*). Nach Dekret vom 12. November 1938 konnte nur ein regulärer Aufenthalt einen Wohnsitz im rechtlichen Sinne begründen. Personen, die sich demnach ohne regulären Aufenthaltstitel in Frankreich aufhielten, galten in Frankreich als wohnsitzlos. Siehe CA Paris, 26.6.1940, JCP 1941, Nr. 1658.

1174 CIVS, Empfehlung vom 4.10.2021, Nr. 24613 BCM-REST, abgedruckt in *CIVS*, Tätigkeitsbericht für 2021, S. 79–82. Gegenstand des Verfahrens waren die Gemälde *Paysage* von Georges Michel, REC 95, *Portait de femme* von Paul Delaroche, REC 99, *Portait de femme* von Auguste Hesse, REC 115, *Marée basse à Grandcamp* von Jules-Jacques Veyrassat, REC 117.

aber letztlich nicht beigebracht werden konnte.[1175] Überliefert war so nur ein Testament vom 25. April 1941, das unter anderem Verfügungen betreffend das Vermögen Lévi de Benzions in Frankreich und Ägypten enthielt. Der Erblasser führte aus, dass seine Sammlung in Draveil vollständig geplündert worden sei. Für den Fall, dass diese noch zu seinen Lebzeiten wiederaufgefunden werden sollte, schenke er diese seiner Ehegattin (»[J]'en fais donation parfaite pour produire son effet dès aujourd'hui quant à la nue-propriété et une heure avant mon décès quant à l'usufruit à ma femme Paule née Rebrasser«[1176]). Der Erblasser verband diese Schenkung von Todes wegen mit dem Wunsch, seine Ehegattin möge die Werke ausgewählten Museen (*musée du Louvre* und *musée du Luxembourg*) vermachen. Zugleich verfügte er, dass seiner Tochter nur der »gesetzliche Mindestanteil« zukommen solle.[1177] Seinem Sohn vermachte er eine bescheidene Geldsumme. Dessen ungeachtet erhielt die Tochter nach dem Krieg ein Werk aus der Sammlung des schweizerischen Sammlers Bührle restituiert. Zudem wurde eine Entschädigung nach dem BRüG an die Witwe und die beiden Kinder geleistet. In ihrer Empfehlung vom 4. Oktober 2021 erklärte die Kommission französisches Erbrecht für anwendbar, sah aber von einer genauen Bestimmung der Erbanteile ab und überließ die Verteilung der Kunstwerke einer gütlichen Einigung zwischen den Personen, die nach Maßgabe des Erbrechts als Rechtsnachfolger:innen ermittelt werden konnten.[1178]

Die Empfehlung verdeutlicht einmal mehr, dass die Kommission abschließende Feststellungen zu kollisionsrechtlichen Fragen meidet und im Zweifel eine Lösung nach französischem Recht anstrebt. Die Praxis belegt damit eine Tendenz der CIVS, Fälle mit Auslandsberührung vorzugsweise nach Maßgabe des Heimatrechts zu entscheiden (sog. Heimwärtsstreben).[1179] In dem Verfahren zeigte sich zudem erneut das Bemühen der CIVS, eine dem Willen des Erblassers gemäße Lösung bei der Erbverteilung zu finden und die Erbauseinandersetzung den Rechtsnachfolger:innen zu überlassen. Ähnlich verfuhr die CIVS im Fall Hugo Simon.[1180]

c) Zusammenhang zwischen antisemitischen Gesetzen und Entziehung

Wurde der Verlust eines ersatzfähigen Vermögenswerts (*spoliation d'un bien*) in einem ersten Schritt bejaht, so hat die CIVS nach dem Wortlaut des Dekrets in einem Folgeschritt zu prüfen,

1175 Siehe Hinweis bei *Zivie*, Ouverture d'un dossier en vue de la restitution de quatre œuvres MNR aux ayants droit de Moïse Lévi de Benzion (REC 95, 99, 115 et 117), Schreiben vom 17.7.2020, S. 6 f. (nicht veröffentlicht): »Le tribunal Hasby semble plutôt désigner une sorte de ›Conseil de famille‹ (ou *Madjlis Hasbi*), destiné à traiter depuis les années 1870 les questions relatives à la protection des biens des incapables, à la tutelle et à la curatelle.«

1176 A. a. O., S. 79.

1177 Der Erblasser hatte in seinem Testament selbst Zweifel bezüglich des anwendbaren Rechts (französisches, ägyptisches oder hebräisches Recht) geäußert (»Étant égyptien et israélite, j'ignore si c'est la loi hébraïque ou bien la loi égyptienne qui doit être appliquée ici. Me trouvant en voyage, je ne puis donner aucune précision à ce sujet«).

1178 A. a. O., S. 81: »À l'issue de séance, les requérants présents ont verbalement informé le Collège de leur intention de se réserver la possibilité de trouver ultérieurement un accord amiable pour la restitution des quatre œuvres [...], ce dont il convient de leur donner acte.« Die CIVS vermied es auf diese Weise, konkrete Feststellungen zu den Erbanteilen zu treffen. Vielmehr erkannte sie die Erb:innenstellung sämtlicher Anspruchsteller:innen an.

1179 Zum Begriff des »Heimwärtsstreben« siehe *Kropholler*, Internationales Privatrecht, S. 42.

1180 CIVS, Empfehlung vom 10.7.2020, Nr. 24384 BCM-REST, abgedruckt in *CIVS*, Tätigkeitsbericht für 2020, S. 78–80. Die Anspruchsteller:innen waren die Witwe des Enkels Hugo Simons und deren Söhne, die zugleich testamentarische Erben der zweiten Tochter Hugo Simons waren. In ihrer Empfehlung erkannte die CIVS die gemeinsame Berechtigung aller Erb:innen an, ohne die Erbteile näher zu bestimmen (»En conséquence, il y a lieu de restituer aux ayants droit de Monsieur Hugo Simon, les consorts Cordoso Denis, la peinture de Max Pechstein intitulée Nus dans un paysage«, a. a. O., S. 79).

ob dieser Verlust infolge antisemitischer Gesetze des deutschen Besatzers oder der französischen Regierung eingetreten ist. Gemäß Art. 1 Abs. 1 CIVS werden als ersatzfähige Verluste nur »spoliations de biens intervenues du fait des législations antisémites prises [...] tant par l'occupant que par les autorités de Vichy« angesehen. Dieselben Anforderungen gelten bei Kulturgüterentziehungen, die seit der Reform von 2018 speziell in Art. 1-1 geregelt sind.[1181]

Herausgearbeitet wurde bereits, dass unter einer Entziehung im Sinne des CIVS-Dekrets jeder Verlust eines Vermögenswertes unter Zwang zu verstehen ist und zwar unabhängig von der Art der Herbeiführung (durch staatliche Stellen, Dritte oder Eigentümer:in selbst). Nach dem Wortlaut des Art. 1 Abs. 1 muss dieser Verlust zusätzlich, wie die Präposition »infolge« (*du fait*) verdeutlicht, in einem Zusammenhang zu antisemitischen Gesetzen aus der Besatzungszeit stehen. Es genügt folglich nicht jeder Vermögensverlust unter Gewalt oder Zwang, sondern die Unfreiwilligkeit muss ihrerseits auf besonderen Ursachen – antisemitischen Gesetzen aus der Besatzungszeit – beruhen. Das Dekret verlangt demnach eine Verortung des Verlustes in einem spezifischen historischen Unrechtszusammenhang. Nicht näher definiert das Dekret hingegen, was konkret unter einem antisemitischen Gesetz zu verstehen ist und von welcher Qualität der geforderte Zusammenhang zwischen solchen Gesetzen und dem konkreten Vermögensverlust sein muss: Genügt schon bloße Kausalität im Rechtssinne oder ist vielmehr eine weitergehende normative Einschränkung des relevanten Ursachenzusammenhangs zu fordern? Diesen Fragen soll im Folgenden unter systematischer Auswertung und Analyse der Spruchpraxis der CIVS nachgegangen werden.

Deutlich weiter ist der Unrechtstatbestand ausgestaltet, wenn sich die gesetzlichen Voraussetzungen für die Gewährung einer Ausgleichsleistung ausnahmsweise nach dem Restitutionsgesetz von 2023 richten. Dies ist der Fall, wenn Gegenstand des Antrags vor der CIVS die Restitution eines Kulturguts im Eigentum einer öffentlichen Körperschaft (Art. L.115-2 Code du patrimoine n. F.) oder einer Privatperson als Trägerin eines Museums Frankreichs in den gesetzlich definierten Fällen (Art. L.451-10-1 Code du patrimoine n. F.) gerichtet ist. Nach der novellierten Rechtslage können diese nur rechtlich wirksam über das Kulturgut verfügen, wenn zuvor ein Verfahren vor der CIVS durchgeführt wurde. Der Restitution unterliegen hiernach Kulturgüter, die im Kontext der antisemitischen Verfolgungen durch das Deutsche Reich (»Allemagne nazie«) oder hoheitliche Stellen in Gebieten, die von diesem besetzt, kontrolliert oder beeinflusst wurden, oder aber durch Stellen des französischen Staates während der deutschen Besatzung entzogen worden sind.[1182] Dieser Verlusttatbestand ist insoweit weiter ausgestaltet, als anstelle eines Zusammenhangs zu antisemitischen Gesetzen in Frankreich eine bloße Verortung der Entziehung »im Kontext« staatlicher Verfolgung im NS-Herrschaftsbereich genügt. Obschon die CIVS das Vorliegen der materiellen Voraussetzungen dieses Tatbestandes in den gesetzlich definierten Fällen auf Antrag der Geschädigten oder anderer betroffener Personen hin zu prüfen hat (Art. L.115-2, 451-10-1 Satz 1 Code du patrimoine), soll die Darstellung dieses besonderen Verlusttatbestandes angesichts seiner Besonderheiten einem Folgekapitel vor-

1181 Art. 1-1 CIVS-Dekret: »La commission est également compétente pour proposer au Premier ministre [...] toute mesure nécessaire de restitution ou, à défaut, d'indemnisation, en cas de spoliations de biens culturels intervenues du fait de législations antisémites en vigueur pendant l'Occupation [...].«

1182 Art. L.115-2 Abs. 1 und Art. L.451-10-1 Abs. 1 Satz 1 Code du patrimoine n.F. lauten insoweit gleich: »[S]poliation entre le 30 janvier 1933 et le 8 mai 1945, dans le contexte des persécutions antisémites perpétrées par l'Allemagne nazie, par les autorités des territoires que celle-ci a occupés, contrôlés ou influencés et par l'Etat français entre le 10 juillet 1940 et le 24 août 1944«.

behalten bleiben.[1183] Die nachfolgende Darstellung beschränkt sich daher auf die Darstellung des Verlusttatbestandes nach Art. 1 Abs. 1 und 1-1 CIVS-Dekret von 1999 in der noch geltenden Fassung im Oktober 2023.[1184]

In einem ersten Schritt soll daher mit Blick auf den Tatbestand des CIVS-Dekrets von 1999 geklärt werden, wie die Kommission den Begriff der antisemitischen Gesetze auslegt (aa) und in welchem Zusammenhang der entstandene Verlust zur Geltung oder Anwendung dieser Gesetze stehen muss. Die Praxis der Kommission belegt dabei, dass für die Annahme einer tatbestandlichen Entziehung nicht schon die Verursachung des Verlustes durch ein antisemitisches Gesetz im Sinne bloßer naturwissenschaftlicher Kausalität genügt (bb). Vielmehr muss sich der Verlust bei wertender Betrachtung als direkte und damit zurechenbare Folge darstellen (cc).

aa) Antisemitische Gesetze aus der Besatzungszeit in Frankreich

Wie bereits erwähnt, werden von Art. 1 sowie Art. 1-1 nur Entziehungen infolge antisemitischer Gesetze des deutschen Besatzers oder der französischen Regierung aus der Besatzungszeit erfasst. Die CIVS leitet aus dieser Vorgabe eine doppelte Einschränkung des Geltungsbereichs des CIVS-Dekrets in räumlich-zeitlicher sowie sachlicher Hinsicht ab: Die Entziehung muss zunächst in Frankreich während der Besatzungszeit eingetreten sein[1185] und sie muss auf antisemitischen Gesetzen aus dieser Periode beruhen.

Diese zeitlich-örtliche Restriktion gilt seit einer Reform vom Juli 2023 nicht mehr in Verfahren, die auf Restitution von Kulturgütern aus öffentlichem Eigentum (Art. L.115-2 Code du patrimoine n. F.) und in bestimmten Fällen auch aus Privateigentum (Art. L.451-10-1 Code du patrimoine n. F.) gerichtet sind.[1186]

(1) Einschränkung auf Verluste in Frankreich während der Besatzungszeit (1940–1944)

(i) Entziehungen in Frankreich

Eine Entziehung in Frankreich ist zu bejahen, wenn sich der Belegenheitsort des Vermögenswertes im Zeitpunkt seiner Entziehung in Frankreich oder in unter französischer Kontrolle stehenden Gebieten (*territoires assimilés*) befand. Unbeachtlich ist hingegen der Aufenthaltsort der präsumtiv Geschädigten.[1187] Verluste im sonstigen NS-Herrschaftsbereich (z. B. Deutschland, Beneluxstaaten, Polen) werden von vornherein nicht erfasst.

1183 Siehe hierzu noch eingehend unter B.IV.

1184 Die durch das Restitutionsgesetz von 2023 geschaffenen Art. L.115-4 und L. 451-10-1 Abs. 3 Code du patrimoine kündigen die Verabschiedung eines Reformdekrets als Grundlage der Tätigkeit der CIVS an, dessen genauer Inhalt zum Zeitpunkt der Drucklegung aber noch unbekannt ist.

1185 Vgl. *CIVS*, Tätigkeitsbericht für 2001, S. 24: »le préjudice doit être imputable aux autorités françaises ou occupantes sur le territoire français ou assimilé (Tunisie par exemple), y compris en Alsace-Lorraine, annexée durant la guerre. Par contre, se trouvent exclues les spoliations intervenues en Pologne, Allemagne, Autriche, Roumanie, par exemple.«

1186 Siehe Näheres zum Restitutionsgesetz von 2023 unter B.IV.

1187 Siehe etwa CIVS, Empfehlung vom 28.11.2017, Fall PP: In dem Fall befand sich der Eigentümer der Kunstwerke im Zeitpunkt des Verlustes im Ausland (Portugal). Die Werke der Sammlung wurden in seinem Auftrag durch zwei von ihm bevollmächtigte Personen veräußert. Die CIVS erkannte ihre Zuständigkeit für die Bewertung der Verkäufe an, verneinte aber einen Verkauf unter Zwang angesichts der Verkaufsumstände. Diese Lösung entspricht auch der Rechtslage nach der Verordnung vom 21.4.1945. Siehe hierzu schon unter B.II.3.

Ein Anhaltspunkt für diese Auslegung lässt sich dem Wortlaut des Dekrets nur bedingt entnehmen. Das Dekret sieht lediglich vor, dass der Vermögensverlust infolge antisemitischer Gesetze des »Besatzers« oder der französischen Regierung eingetreten sein muss. Vom Deutschen Reich besetzt waren zwischen 1939 und 1945 neben Frankreich indes noch weitere Gebiete, sodass die Bezugnahme auf einen »Besatzer« für sich genommen eine Einschränkung auf Verluste innerhalb Frankreichs noch nicht zwingend erscheinen lässt. Für eine Restriktion des Anwendungsbereichs spricht aber der in den Beratungen zum CIVS-Dekret erkennbar gewordene Wille der beteiligten Ministerien. Ein früherer Entwurf des Justizministeriums vom April 1999 hatte den Anwendungsbereich noch deutlich weiter gefasst.[1188] Die späteren Entwürfe der Ministerien vom Mai und Juli 1999 schränkten diesen sodann im Sinne der heutigen Regelung ein.[1189] Ein Entwurf vom 21. Mai 1999 sah noch eine Einschränkung auf Geschädigte vor, die im Zeitpunkt der Entziehung in Frankreich lebten (»victimes résidant alors en France«).[1190] Diese Einschränkung wurde zwar durch die finale Entwurfsfassung vom 26. Juli 1999 verworfen,[1191] jedoch wurde zugleich die Einschränkung auf Entziehungen durch Gesetze des Besatzers oder des Vichy-Regimes beibehalten. Ferner stimmt diese räumlich-zeitliche Einschränkung mit dem Forschungsauftrag der Mattéoli-Mission überein, an deren Arbeit die Praxis der CIVS anknüpft.

Dem Staatsgebiet Frankreichs wird das Gebiet Elsass-Lothringens (damals *Départements* Moselle, Bas-Rhin, Haut-Rhin) zugerechnet, das nach Unterzeichnung des Waffenstillstandsabkommens vom 22. Juni 1940 durch das Deutsche Reich faktisch annektiert wurde. Dem französischen Staatsgebiet werden ferner Gebiete gleichgestellt, die faktisch unter französischer oder deutscher Herrschaft standen (sog. *territoires assimilés*).[1192] Dazu zählen neben Algerien, das bis 1958 eine französische Kolonie war, auch die ehemaligen Protektorate Marokko und Tunesien.[1193] Zu beachten ist aber, dass antisemitische Gesetze in diesen Gebieten später als in der Metropolregion in Kraft traten.[1194] Die CIVS trägt dem zum Beispiel durch angepasste Pauschalquoten für Wohnungs- und Unternehmensplünderungen in Tunesien Rechnung.[1195]

1188 Berechtigt waren hiernach alle »victimes des législations antisémites en vigueur du 10 mai 1940 au 8 mai 1945« unabhängig vom Ort der Entziehung (Ministère de la Justice, Avant-projet de décret, Anhang zu einer Notiz von Robert Gelli an Marc Borel vom 26.4.1999, AN 20090351/69, 1999).

1189 Ministère de la Justice, Avants-projets de décret instant une coimmission d'indemnisation des victimes des législations antisémites en vigueur pendant l'occupation, Anhang zur Einladung des *Secrétaire général du Gouvernement* zu einem Ministertreffen am 21.5.1999, 19.5.1999, AN 20100239/66, Mission Mattéoli, Suivi des travaux et fonctionnement.

1190 Die Streichung erfolgte auf Anregung Pierre Drais. Dieser befürchtete, dass Personen, die nach 1940 aus Frankreich geflohen waren, aber über Vermögen in Frankreich verfügten, durch diese Einschränkung vom Anwendungsbereich ausgeschlossen würden. Siehe Compte rendu de la réunion interministérielle tenue le 26 juillet 1999, Objet: Suivi de la mission Mattéoli, diffusé le 4 août 1999, S. 3, AN 20100239/66, Mission Mattéoli, Suivi des travaux et fonctionnement.

1191 Die finale Fassung findet sich bei Note de David Kessler et Robert Gelli à l'attention de Olivier Schrameck, Directeur du cabinet, AN 20090351/69, 1999.

1192 *CIVS*, Tätigkeitsbericht für 2001, S. 24; *CIVS*, Tätigkeitsbericht für 2006, S. 8.

1193 Die übrigen Übersehgebiete Frankreichs hatten frühzeitig ihre Sezession von Vichy-Frankreich erklärt und unterstanden der Kontrolle des widerständigen *France libre*.

1194 So wurde die antisemitische Gesetzgebung des Vichy-Regimes in Tunesien erst durch ein Dekret vom 30. November 1940 in Kraft gesetzt, in der Folge aber nicht systematisch umgesetzt. Dies änderte sich erst mit dem Beginn der deutschen Besatzung Tunesiens im November 1942 nach dem Vorstoß der Alliierten in Marokko und Algerien, die bis Mai 1943 andauerte. In dieser Zeitspanne erfolgten Wohnungsplünderungen erstmalig in flächendeckendem, wenngleich in deutlich geringerem Umfang als in Frankreich. Eine dem ERR oder der M-Aktion vergleichbare, groß angelegte Beschlagnahmeaktion kam nicht zustande.

1195 Die Wahrscheinlichkeit einer Entziehung wird bei Fehlen konkreter Nachweise zum Verlustgeschehen mit pauschal 50 Prozent bewertet. Siehe CIVS, Empfehlung vom 24.10.2008, Fall MM: »Attendu qu'en l'absence de preuve, la commission estime néanmoins plausible, compte tenu des déclarations des intéressés et de tous les éléments d'information résultant des travaux

Die Schadensbemessung richtet sich in diesen Fällen nach den Pauschalsätzen des französischen Kriegsschädenrechts. Marokko und Algerien wurden zudem bereits am 8. November 1942 durch die Alliierten befreit, sodass Verluste nach diesem Zeitpunkt nicht ersatzfähig sind. Angesichts der umfangreichen Bemühungen der örtlichen Stellen um Schadensausgleich[1196] vermutet die CIVS zudem, dass Entziehungen nach November 1942 bereits vollständig ausgeglichen wurden.[1197]

(ii) Entziehungen während der deutschen Besatzungszeit

Der Vermögensverlust muss im Zeitraum der deutschen Besatzung in Frankreich eingetreten sein. Die deutsche Besatzung begann formal mit Inkrafttreten des deutsch-französischen Waffenstillstandsabkommens von Compiègne vom 22. Juni 1940 am 25. Juni 1940 und endete mit der schrittweisen Befreiung Frankreichs im Sommer und Herbst 1944. Als grobe zeitliche Richtwerte zur Eingrenzung des Besatzungszeitraums kämen damit der 25. Juni 1940 und der 25. August 1944, der Tag der Befreiung von Paris, in Betracht. Vereinzelt wird daneben auch der Zeitraum zwischen dem 6. Juni 1940 und Oktober 1944 vorgeschlagen.[1198] Frühere Regelungen aus der Nachkriegszeit (etwa die Verordnung vom 21. April 1945) stellten dagegen auf den 16. Juni 1940, den Tag der Ernennung Philippe Pétains zum *Président du Conseil*, ab. Im Interesse der Geschädigten sollten nicht allzu hohe Anforderungen an die Eröffnung des zeitlichen Anwendungsbereichs gestellt werden. In der Praxis der CIVS selbst gelten, wie die weiteren Ausführungen belegen werden, keine starren zeitlichen Grenzen. Der zeitliche Anwendungsbereich des CIVS-Dekrets verhält sich vielmehr dynamisch in Abhängigkeit zu den faktischen Einflusssphären des Deutschen Reichs und des französischen Vichy-Regimes.

Aus dieser zeitlichen Einschränkung folgt ferner, dass Vermögensverluste vor 1940 unberücksichtigt bleiben. Insbesondere Verkäufe aus dem Deutschen Reich geflohener Verfolgter vor 1940 oder Auslandsverkäufe in sog. neutralen Staaten (etwa in der Schweiz oder Schweden) unterliegen daher nicht der Zuständigkeit der CIVS. In diesen Verfahren stellt sich somit von vornherein nicht die Problematik des Umgangs mit sog. Fluchtgutfällen. Dieser historische Analysebegriff, der speziell für den schweizerischen Kontext entwickelt wurde, bezeichnet Kunstwerke oder sonstige Kulturgüter, die »geflüchtete, verfolgte Juden in die Schweiz brachten, dort verkauften, um sich mit dem Erlös ihren Lebensunterhalt, ihre Weiterreise und ihr

historiques dont elle a connaissance, la réalité du pillage du mobilier et de matériels agricoles, ainsi que stock du commerce; Attendu que, […] la commission croit équitable de proposer d'allouer aux consorts MM, une indemnité de X euros, toutes causes de préjudice confondues (mobilier, pillage de l'exploitation agricole à hauteur de 50 %)«.

1196 Eine Anordnung des Generalgouverneurs von Algerien vom 8.4.1943 ordnete die Wiedereinsetzung antisemitisch Verfolgter in ihre vormaligen Rechte an.

1197 Diese Information folgt aus einem internen, nicht veröffentlichten Memorandum der CIVS, das der Verfasser im Rahmen seiner Forschung einsehen durfte.

1198 Der Autor Freedman betrachtet als Zeitraum der Besatzung die Zeitspanne zwischen dem 6. Juni 1940 und Oktober 1944, siehe *Freedman*, in: The International Bureau of the Permanent Court of Arbitration (Hrsg.), Redressing Injustices Though Mass Claims Processes. Innovative Responses to Unique Challenges, S. 139, 142, Fn. 18. Das Datum des 6. Juni 1940 markiert die Niederlage in der Schlacht an der Aisne, infolge derer die französische Frontlinie entlang der Flüsse Aisne und Somme (sog. Weygand-Linie) zusammenbrach, wodurch der deutsche Vormarsch besiegelt wurde. Der Monat Oktober 1944 als Ende der Besatzung scheint hingegen eher willkürlich gewählt.

Exil zu finanzieren.«[1199] Der Begriff wird jedoch in der heutigen internationalen Praxis deutlich weiter verstanden und erfasst sämtliche Verkäufe durch Personen, die im Deutschen Reich verfolgt wurden, außerhalb des NS-Herrschaftsbereich nach ihrer erzwungenen Emigration in sichere Drittstaaten (darunter auch die Niederlande, Belgien und Frankreich bis zur deutschen Invasion im Mai 1940).[1200] Bei solchen Verlusten besteht aber die Möglichkeit, ein Restitutionsgesuch direkt an die Halter:innen entsprechender Kulturgüter ohne Einbeziehung der CIVS zu richten.[1201] Bislang nicht geklärt ist, ob das Restitutionsgesetz von 2023, dessen Verlusttatbestand deutlich weiter gefasst ist als das CIVS-Dekret von 1999, auch solche Veräußerungen außerhalb des NS-Herrschaftsbereich erfasst.[1202]

(2) Antisemitische Gesetze als Grundursache der Entziehung

Der Vermögensverlust muss durch antisemitische Gesetze verursacht worden sein. Die Auslegung dieses Begriffs erschließt sich nicht ohne Weiteres. Bis heute ist eine allgemeine Definition in der Spruchpraxis der CIVS nicht anerkannt. Es stellt sich somit die Frage, was das Wesen eines antisemitischen Gesetzes ausmacht. Denkbar wäre es zunächst, als antisemitisch im Sinne der Regelung nur Gesetze einzuordnen, die explizit eine Fremdzuschreibung als »jüdisch« vornahmen und an diese Einordnung konkrete Rechtsfolgen knüpften. Eine erste Regelung in diesem Sinne trat in Frankreich nachweislich erst im September 1940 in der besetzten Zone in Kraft.[1203] Maßnahmen vor diesem Datum wären nach diesem Ansatz hingegen pauschal unbeachtlich. Fraglich erscheint aber, ob es für den antisemitischen Charakter auf eine diskriminierende Zielsetzung des Gesetzgebers ankommen kann oder vielmehr die diskriminierende Wirkung entscheidend ist. Zudem fragt sich, ob als »Gesetzgebung« (*législation*) nur rechtsförmige Maßnahmen gemeint sind oder auch faktisches hoheitliches Handeln erfasst wird. Zur Klärung dieser Zweifelsfragen soll der Bedeutungsgehalt zunächst ausgehend von dem Wortlaut und der Entstehungsgeschichte des Dekrets erschlossen werden. In einem weiteren Schritt soll darauf aufbauend dargestellt werden, welche konkrete Ausformung der Begriff in der Fallpraxis der CIVS erfahren hat.

1199 *Buomberger*, KUR 2020, 2. Der Begriff geht auf die Publikation der Unabhängigen Expertenkommission Schweiz (sog. Bergier-Kommission) zurück und erfasste ursprünglich nur Verkäufe von in die Schweiz geflohenen Verfolgten vor Ort, vgl. *Francini u. a.*, Fluchtgut - Raubgut: Der Transfer von Kulturgütern in und über die Schweiz 1933 - 1945 und die Frage der Restitution.

1200 Vgl. *Aronowitz-Mercer*, in: Mosimann/Schönenberger (Hrsg.), Fluchtgut - Geschichte, Recht und Moral: Referate zur gleichnamigen Veranstaltung des Museums Oskar Reinhart in Winterthur vom 28. August 2014, Schriftenreihe Kultur und Recht, S. 129, 130. Zur Praxis der europäischen Kommissionen im Vergleich, siehe *Weller/Dewey*, KUR 2019, 170; *Weller/Dewey*, Bulletin Kunst und Recht 2/1 (2019), 46.

1201 Für die Sonderrestbestände der äußeren Restitution bildet der Fall Bromberg einen Präzedenzfall, siehe Näheres hierzu unter C.IV.2.a); für die Praxis zu öffentlichen Sammlungen ist der Fall Friedrich Unger überliefert, siehe hierzu unter B.IV.2.b)bb)(4)(ii).

1202 Siehe zu diesem Aspekt Näheres unter B.IV.2.b)bb)(4)(ii).

1203 Es handelt sich um die sog. Verordnung über Maßnahmen gegen Juden vom 27.9.1940 (VOBlF. vom 30.9.1940, S. 92). Der Text enthielt in seinem Art. 1 erstmals eine Definition des Begriffs »Jude«, die an die jüdische Religionszugehörigkeit anknüpfte. Die Regelung verpflichtete Betroffene zur Eintragung in ein »Judenregister« (§ 3), Geschäfte »jüdischer« Geschäftsinhaber:innen mussten als »Judengeschäfte« gekennzeichnet werden (§ 4). Wenige Tage später folgte auf französischer Seite die sog. Loi portant statut des juifs du 3 octobre 1940 (JORF vom 18.10.1940, S. 5232), die in Art. 1 eine eigene Definition des Begriffs »Jude« enthielt und Berufsverbote für öffentliche Ämter, Berufe in bestimmten öffentlichkeitswirksamen Branchen (Presse, Filmindustrie) und freie Berufe (*professions libérales*) enthielt.

(i) Auslegung nach Wortlaut und Historie

Ein möglicher Auslegungsansatz könnte nun wie erwähnt darin bestehen, auf Form und Inhalt der konkreten verlustbegründenden Rechtsvorschrift abzustellen und dem Begriff lediglich Rechtsvorschriften zuzuordnen, die eine diskriminierende Sonderregelung für »jüdische« Personen im Gesetzessinne aufstellten. Diese Position wird vereinzelt in der Rechtsprechung vertreten.[1204] Für diesen restriktiven Auslegungsansatz lassen sich durchaus Argumente anführen: So zitiert die Einleitungsformel zum CIVS-Dekret ausschließlich die Verordnung vom 9. August 1944 über die Wiederherstellung der republikanischen Legalität.[1205] Diese Regelung erklärte ausgewählte *Rechtsnormen* des Vichy-Regimes für nichtig,[1206] darunter namentlich Rechtsakte, die eine Diskriminierung aufgrund der Einordnung einer Person als »jüdisch« begründeten (Art. 3).[1207] Zu den annullierten Normen des Vichy-Regimes zählten wegen ihres evident antisemitischen Gehalts die beiden »Judenstatute« (Gesetze vom 3. Oktober 1940 und 2. Juni 1941[1208]) und das Gesetz betreffend »Unternehmen und Vermögenswerte der Juden« (Gesetz vom 22. Juli 1941[1209]), das die »Arisierung« jüdischer Vermögenswerte regelte. Aus der Verweisung auf die Verordnung vom 9. August 1944 könnte mithin gefolgert werden, dass nur die durch diese Verordnung für nichtig erklärten Gesetze auch antisemitische Gesetze im Sinne des CIVS-Dekrets darstellen.

Ein derart formalistischer Auslegungsansatz würde indes eine bedeutende Zahl historisch relevanter Vermögenszugriffe von vornherein ausklammern. In manchen Fällen erschließt sich nämlich der antisemitische oder diskriminierende Charakter einer Norm nicht schon auf den ersten Blick aus ihrem reinen Wortlaut, sondern erst aus dem konkreten Anwendungskontext, wie manche Gesetze des Vichy-Regimes aus der frühen Besatzungszeit belegen. Als erste Regelung antisemitischen Charakters wird heute gemeinhin das Gesetz vom 22. Juli 1940 angesehen, das den Entzug der Staatsangehörigkeit bei Personen regelte, die nach 1927 eingebürgert worden waren.[1210] Das Gesetz knüpfte zwar nicht ausdrücklich an die Einordnung als jüdisch an, betraf in der Praxis aber vorrangig Personen, die nach 1933 vor Verfolgung aus dem Deutschen Reich geflohen waren. Faktisch wirkte sich das Gesetz also diskriminierend zulasten als jüdisch verfolgter Personen aus.[1211]

1204 In diesem Sinne CAA Paris, 17.2.2014, Nr. 12PA03276, Cons. 8 – Callou. Das Gericht stellte auf das Inkrafttreten antisemitischer Gesetze der französischen Regierung im Oktober 1940 ab. Antisemitische Gesetze seien nur solche, die spezifisch jüdische Personen adressierten (»concernaient spécialement les Juifs«).

1205 Ordonnance du 9 août 1944 relative au rétablissement de la légalité républicaine sur le territoire continental (JORF vom 10.8.1944, S. 688).

1206 Eine Annullierung der Gesetzgebung des deutschen Besatzers wurde von der französischen Übergangsregierung nicht für erforderlich gehalten. Nach völkerrechtlichen Grundsätzen wäre gleichwohl eine Außerkraftsetzung durch nationalen Rechtsakt erforderlich gewesen, vgl. *Lauterpacht*, International Law. A treatise, Disputes, war and neutrality, Band 2, S. 482, § 280.

1207 »Est expressément constatée la nullité des actes suivants; […] Tous ceux qui établissent ou appliquent une discrimination quelconque fondée sur la qualité de juif.«

1208 Loi portant statut des Juifs du 3 octobre 1940 (JORF vom 18.10.1940, S. 5323); Loi n° 41-2332 remplaçant la loi du 3 octobre 1940 portant statut des Juifs (JORF vom 14.6.1940, S. 2475).

1209 Loi du 22 juillet 1941 relative aux entreprises, biens et valeurs appartenant aux Juifs (JOEF vom 26.8.1941, S. 3594).

1210 Loi du 22 juillet 1940 relative à la revision des naturalisations (JORF vom 23.7.1940, S. 4567).

1211 Im Schrifttum wird das Gesetz daher heute als eines der ersten antisemitischen Gesetze des Vichy-Regimes gedeutet, vgl. *Marcou*, Le genre humain 1–2 (1996), 153 (155 f.); *Bruttmann*, Au bureau des Affaires juives, S. 17–19.

Die antisemitische Staatspolitik begann zudem nicht erst mit dem Inkrafttreten entsprechender Gesetze, sondern setzte insbesondere aufseiten des deutschen Besatzers deutlich früher ein. So wurden schon zu Beginn der Besatzung explizit antisemitische/rassistische Maßnahmen ergriffen, wenngleich diese keine Gesetzesform annahmen.[1212] In letzter Konsequenz würde ein formalistischer Ansatz darauf hinauslaufen, Vermögensverluste nur dann zu erfassen, wenn diese ausdrücklich durch die staatlichen Verfolgungsregime normiert wurden. Eine derartige Verengung des sachlichen Anwendungsbereichs des CIVS-Dekrets erscheint mit dessen Ziel nicht vereinbar, neben dem Ausgleich von Vermögensschäden eine möglichst umfassende historische Aufklärung zu leisten.[1213] Aufklärung kann das CIVS-Verfahren indes nur bewirken, wenn in der Empfehlungspraxis sämtliche Erscheinungsformen des antisemitischen Vermögensraubes abgebildet werden. Gerade Wohnungsplünderungen oder als Requisitionen camouflierte Beschlagnahmen, die nicht auf einer gesetzlichen Norm fußten, standen ab Juni 1940 auf der Tagesordnung. Zu nennen sind etwa die Plünderungen als jüdisch klassifizierter Sammlungen und Kunsthandlungen in Paris durch die Deutsche Botschaft unter Otto Abetz[1214] oder die Wohnungsplünderungen durch die Dienststelle Westen des Reichsministeriums für die besetzten Ostgebiete im Rahmen der M-Aktion.[1215] Die Forschungsberichte der Mattéoli-Mission zeichneten ein entsprechend komplexes Bild des antisemitischen Vermögensraubes in Frankreich.[1216] Vor allem im Bereich des Kulturgüterraubes fußten die Maßnahmen nicht unmittelbar auf Gesetzen im engeren Sinne, wie die Mission in ihrem ersten Zwischenbericht von 1997 ausführte:

> »[L]es saisies [...] et le pillage par les Allemands des meubles et objets d'art n'ont pas été pratiqués en application directe de la législation antisémite [...].

1212 So etwa ein Rundschreiben von Ende Juli 1940 des französischen Innenministeriums an die Präfekten in der freien Zone, das diesen nahegelegte, eine Überschreitung der Demarkationslinie zwischen besetzter und nicht besetzter Zone durch »juifs«, »nègres« und »sang-mêlés« zu unterbinden, vgl *Bruttmann*, Au bureau des Affaires juives, S. 20. Die französische Bahngesellschaft stellte in der Folge die Beförderung betroffener Personen über die Demarkationslinie zwischen besetzter und freier Zone ein (vgl. a. a. O., S. 21). Die Einreise als jüdisch geltender Personen in die besetzte Zone wurde somit schon vor dem formalen Inkrafttreten des Einreiseverbotes durch die Verordnung des deutschen Besatzers vom 27.9.1940 (VOBlF vom 30.9.1940, S. 92) faktisch erschwert.

1213 Rapport au Premier ministre relatif au décret n° 99-778 du 10 septembre 1999 (JORF vom 11.9.1999, S. 13632): »Toutefois, à cette volonté d'anéantir une législation indigne [antisémite; Anm. d. Verf.] [...] succède aujourd'hui le besoin de faire toute la lumière sur cette tragique période de notre histoire.«

1214 Die Plünderungsaktion geht auf einen Befehl Adolf Hitlers vom 30. Juni 1940 zurück, der an keine spezifische Stelle adressiert war und zudem nur mündlich überliefert wurde. Vgl. *Cassou*, Le pillage par les Allemands des œuvres d'art et des bibliothèques appartenant à des Juifs en France. Recueil des documents, S. 77.

1215 Vgl. *Buomberger*, Raubkunst - Kunstraub die Schweiz und der Handel mit gestohlenen Kulturgütern zur Zeit des Zweiten Weltkriegs, S. 37. Die Aktion ging auf einen Vorschlag Rosenbergs vom Dezember 1941 zurück, vgl. Angaben in Wilers-Bericht, zitiert in *Bouchoux*, ›Si les tableaux pouvaient parler...‹: Le traitement politique et médiatique des retours d'œuvres d'art pillées et spoliées par les nazis, S. 208 f. Ungefähr 38.000 Wohnungen waren allein in Paris von dieser Aktion betroffen, vgl. *Wieviorka*, Les biens des internés des camps de Drancy, Pithiviers et Beaune-La-Rolande, S. 68.

1216 Zu den Plünderungen von Kulturgütern durch ERR und M-Aktion in dem Teilbericht der Museumsverwaltung *Le Masne de Chermont/Schulmann*, Le pillage de l'art en France pendant l'Occupation et la situation des 2000 œuvres confiées aux musées nationaux, S. 17 ff. Vgl. weiterhin zu Diebstählen von Vermögenswerten der Insassen bestimmter Konzentrationslager *Wieviorka*, Les biens des internés des camps de Drancy, Pithiviers et Beaune-la-Rolande, S. 49 ff.

Cette législation a toutefois contribué à ces spoliations, dès lors que les Juifs ont constitué une cible privilégiée des pillages entrepris par les Allemands, et que sa mise en œuvre avait rendu plus précaire et marginale leur situation dans le pays, aggravée par la politique d'arrestations et d'internement, prélude à l'extermination planifiée par les Nazis.«[1217]

Ein Wille des Gesetzgebers, den sachlichen Anwendungsbereich des CIVS-Dekrets gegenüber dem Forschungsauftrag der Mattéoli-Mission einzuschränken, ist demgegenüber nicht erkennbar geworden. Vielmehr betonte der Premierminister Lionel Jospin anlässlich einer Rede vom 8. Oktober 1997 die Notwendigkeit, aus der eigenen Vergangenheit die gebotenen Lehren zu ziehen und Schäden im gebotenen Rahmen auszugleichen (»de tirer les leçons de sa propre histoire et de réparer ce qui doit l'être«[1218]). Diese Vergangenheitsaufarbeitung sollte gerade auf den historischen Erkenntnissen der Arbeiten der Mattéoli-Mission und späterer Folgearbeiten fußen.

Letztlich ist ein weiterer Aspekt entscheidend, der stärker die historische Analyse der Shoah als gesamtgesellschaftlichen Prozess der Ausgrenzung und Vernichtung der jüdischen Bevölkerung Europas in den Fokus stellt. Dieser Prozess lässt sich nicht allein anhand einzelner Gesetzesnormen oder isolierter staatlicher Maßnahmen erfassen. Die Shoah zeichnete sich durch einen Prozess der schrittweisen Entrechtung, Ausgrenzung und Dehumanisierung der Opfer aus, an dem alle Ebenen des Staates, aber auch der Gesellschaft beteiligt waren.[1219] Die Verfolgungspolitik als historisches Phänomen hat damit keinen vollständigen Ausdruck in einzelnen Rechtsnormen gefunden. Das konkrete Ausmaß der Verfolgung kann vielmehr erst durch Würdigung sämtlicher verfügbarer Quellen in Verbindung mit den Erzählungen der Opfer sichtbar und begreifbar gemacht werden.[1220] Die gebotene ganzheitliche Betrachtung dieses historischen Prozesses in der Praxis der CIVS verbietet es daher, schon auf normativer Ebene eine Verkürzung des relevanten Unrechtsgeschehens auf bestimmte Formen staatlichen Handelns vorzunehmen.

Beide Überlegungen legen den Schluss nahe, dass an die Auslegung des Begriffs der antisemitischen Gesetze keine allzu hohen formellen Anforderungen zu stellen sind, um dem Ziel des Gründungsdekrets nach möglichst umfassender historischer Aufklärung und vollständigem Schadensausgleich gerecht zu werden. Vielmehr sprechen gewichtige Gründe sogar für eine extensive Auslegung und die Einbindung von Maßnahmen ohne eine klar zu benennende Rechtsgrundlage.

1217 *Mission d'étude sur la spoliation des Juifs de France*, Rapport au Premier ministre, S. 18.

1218 Zitiert nach *CIVS*, Tätigkeitsbericht für 2001, S. 5.

1219 Diese Analyse des Holocaust als ein Prozess aufeinander folgender Schritte, der von einer scheinlegalen schrittweise zu einer illegalen Verfahrensweise überging, geht auf eine prominente Analyse Hilbergs zurück. Vgl. *Hilberg*, Die Vernichtung der europäischen Juden, Band 1, S. 56 ff.

1220 Dies stellt etwa die Rechtstheoretikerin Rundle dar, die den Eindrücken und Erfahrungen der betroffenen Gruppen ein maßgebliches Gewicht bei der Bewertung der historischen Ereignisse während der NS-Zeit einräumt. Diese individuellen Erfahrungen seien auch für ein verbessertes Verständnis und eine Bewertung der Rolle des Rechts im Verfolgungsprozess entscheidend. Nur auf diese Weise könnten die wirklichen Lebensverhältnisse der Verfolgungsopfer nach 1933 in Deutschland und nach 1940 in Frankreich nachvollzogen werden, die in bestimmten Grenzen, Zeitabschnitten und Regionen (wenn auch vereinzelt) Stabilität, individuelle Freiheit und autonome Willensentscheidungen zuließen. Vgl. *Rundle*, University of Toronto Law Journal 1 (2009), 65 (89 ff.).

(ii) Auslegung in der Spruchpraxis der CIVS

In der Empfehlungspraxis der CIVS wird der Begriff des antisemitischen Gesetzes dementsprechend weit ausgelegt. Allgemein genügt schon der Nachweis, dass eine Person entweder durch bestimmte antisemitische Gesetze faktisch betroffen oder aus antisemitischen Gründen staatlicher Verfolgung ausgesetzt war, ohne dass zwingend eine Einordnung als »jüdisch« im Sinne der Verfolgungsgesetze nachgewiesen werden muss. Entscheidend ist vielmehr der faktische Zusammenhang zwischen antisemitischer Verfolgungspolitik und der konkreten Entziehung.

Keine größeren Schwierigkeiten weisen vor diesem Hintergrund Fälle auf, in denen die Entziehung unmittelbar auf der Geltung oder Anwendung einer konkreten Rechtsvorschrift antisemitischen Charakters beruhte (a). Sofern eine bestimmte Norm nicht als Ursache des Verlustes ausgemacht werden kann, wird eine Verursachung durch antisemitische Gesetze schon in Ansehung der handelnden hoheitlichen Stelle bejaht. So werden Wegnahmen durch bestimmte, in den systematischen Kulturgüterraub eingebundene Stellen *per se* als verfolgungsbedingt eingestuft (b). Hiervon zu unterscheiden sind Entziehungen durch staatliche Stellen, bei denen ein Verfolgungszusammenhang nicht offenkundig erscheint, aber gleichwohl wegen der Zugehörigkeit der Geschädigten zur Gruppe der vom NS-Regime aus antisemitischen Gründen Verfolgten vermutet werden kann (c). Schließlich sind in der Spruchpraxis Fälle nachweisbar, in denen die konkreten Verlustumstände unklar geblieben sind oder in denen die Entziehung Personen betraf, die nachweislich nicht als »jüdisch« im Sinne der Verfolgungsgesetze galten, aber gleichwohl durch Maßnahmen antisemitischen Charakters betroffen wurden. In derartigen Grenzfällen lässt die CIVS einen faktischen Zusammenhang zur antisemitischen Verfolgungspolitik genügen (d).

(a) Entziehung auf Grundlage einer bestimmten antisemitischen Norm

Eindeutig fällt die Bewertung von Fällen aus, in denen die Entziehung auf eine bestimmte Norm antisemitischen Charakters zurückgeht. Dies ist etwa der Fall bei Verkäufen durch kommissarische Verwalter:innen im Rahmen von Verfahren der »Arisierung« nach dem Gesetz vom 22. Juli 1941, die auf die Verdrängung »jüdischer« Personen aus dem Wirtschaftsleben zielten.[1221] Gleiches gilt bei Veräußerungen von Vermögenswerten, die auf gesetzliche Berufsverbote antisemitischen Charakters reagierten. Entsprechende Berufsverbote für bestimmte privatwirtschaftliche Tätigkeiten traten mit dem Gesetz vom 3. Oktober 1940 (sog. erstes Judenstatut) in Kraft.[1222]

(b) Schlechthin verfolgungsbedingte Entziehungen

Bei Entziehungen durch staatliche Stellen orientiert sich die Kommission an einer Typologie von Verlustformen, die ohne Prüfung der konkreten Verlustumstände schlechthin als Entziehungen infolge antisemitischer Gesetze gelten, da der Zusammenhang zur Verfolgungspolitik evident erscheint. Diese Fälle betreffen Entziehungen im Rahmen konzertierter Plünderungs-

1221 So etwa CIVS, Empfehlungen vom 6.2.2009, 1.9.2011, 17.2.2017, Fall T (Veräußerung einer Kunstsammlung); CIVS, Empfehlung vom 30.11.2018, Fall W (Veräußerung eines Grundstücks).

1222 So etwa CIVS, Empfehlung vom 30.9.2015, Fall GG (für die Abtretung der Anteile an einer Gesellschaft, die Kinosäle betrieb). Art. 5 des Gesetzes vom 3.10.1940 enthielt ein entsprechendes Berufsverbot für als jüdisch eingeordnete Personen.

aktionen des Deutschen Reichs in Frankreich, die ab Juni 1940 systematisch Zugriff auf den Kunstbesitz als jüdisch klassifizierter Personen nahmen. In diesem Sinne werden Beschlagnahmen, Plünderungen oder Wegnahmen von Kulturgütern durch die Deutsche Botschaft in Paris, den Einsatzstab Reichsleiter Rosenberg (ERR), durch die Dienststelle Westen des Reichsministeriums für die besetzten Ostgebiete im Rahmen der M-Aktion oder das Devisenschutzkommando eingeordnet.[1223] Die Plünderungen durch die Deutsche Botschaft in Paris und den ERR begannen schon im Juni 1940 vor Inkrafttreten der ersten Gesetze antisemitischen Charakters ohne formale Rechtsgrundlage.[1224]

(c) Vermutete Verfolgungsbedingtheit bei hoheitlichen Zugriffen

Größere Schwierigkeiten bestehen bei der Prüfung des Verfolgungszusammenhangs bei Plünderungen oder Beschlagnahmen durch deutsche Stellen, die sich nicht einer konzertierten, gegen als jüdisch eingeordnete Personen gerichteten Plünderungsaktion des Deutschen Reichs zuordnen lassen. So verhält es sich etwa, wenn die Vermögenszugriffe laut Aussagen von Zeitzeug:innen durch »deutsche Soldaten« oder »deutsche Stellen« erfolgt sind. In derartigen Fällen liegt ein Zusammenhang zu Verfolgungsmaßnahmen nicht von vornherein auf der Hand. Vielmehr können sich derartige Vermögenszugriffe als Verwirklichung des allgemeinen Kriegs- oder Besatzungsrisikos darstellen, mit der Folge, dass es an einem Zusammenhang zu Verfolgungsmaßnahmen fehlen würde. Diese Abgrenzungsfrage stellte sich im Fall des Kunsthändlers G.[1225]

> G betrieb bis 1939 eine Kunsthandlung in Paris. Er war zudem Eigentümer eines Anwesens in der Gemeinde Y (später deutsche Besatzungszone). Bei Kriegsausbruch verlagerte G dorthin seine private Sammlung und die Bestände seiner Kunsthandlung in Paris. Mit seiner Familie bezog er später eine Wohnung in Nizza, wo diese sich bis Kriegsende versteckt hielt. In seiner Abwesenheit wurde sein Anwesen in der Gemeinde Y an zwei Anlässen von deutschen Truppen heimgesucht. Diese verschafften sich am 19., 20. und 21. Juni 1940 sowie am 4. und 5. Dezember 1940 Zutritt zum Anwesen des

1223 Für Plünderungen durch die Deutsche Botschaft: Empfehlung vom 12.2.2021, Nr. 5446 BCM, Georges Mandel; Empfehlung vom 5.10.2021, Nr. 24946 BCM-REST, Štefan Osuský. Für Plünderungen durch ERR: Empfehlung vom 15.11.2021, Nr. 24620 BCM-REST, Fall Javal; Empfehlung vom 4.11.2021, Nr. 24603 BCM-REST, Fall Bargeboer; Empfehlung vom 5.8.2019, Nr. 24277, Fall D; Empfehlung vom 16.2.2018, Nr. 23924, Fall O; Empfehlung vom 12.2.2014, August Liebmann-Mayer; Vergleich vom 25.11.2005, Alphonse Kann, *L'homme à la guitare*, Georges Braque; Empfehlung vom 5.11.2020, Fall I. Für Plünderungen durch M-Aktion: Empfehlung vom 20.4.2001, Fall F. Für Plünderungen durch das Devisenschutzkommando: Empfehlung vom 8.12.2016, Fall Y.

1224 Die Plünderungen auf Anweisung des Botschafters Otto Abetz stützten sich auf einen Führerbefehl zur einstweiligen Verwahrung und Sicherstellung »in privaten, vornehmlich jüdischen Besitz befindliche[r] Kunst- und Altertumswerte vor Verschleppungen bzw. gegen Verbergungen« vom 30. Juni 1940, vgl. *Nicholas*, The rape of Europa, S. 120; *Feliciano*, Le musée disparu, S. 39. Für die übrigen Stellen ist die Befehlskette weniger eindeutig belegt. So schritt der ERR schon im Juni 1940 ohne Ermächtigung zur Plünderung leerstehender Wohnungen geflohener Verfolgter. Die Befugnisse Rosenbergs zur Plünderung »herrenlosen jüdischen Kunstbesitzes« wurden erst nachträglich im März 1942 durch Führerbefehl bestätigt, vgl. *Heuß*, Kunst- und Kulturgutraub, S. 110 ff. Die Einrichtung der M-Aktion der Dienststelle Westen ging auf eine Verständigung zwischen Rosenberg (inzwischen Reichsminister für die besetzten Ostgebiete) und Hitler vom Dezember 1941 zurück, vgl. *Bouchoux*, ›Si les tableaux pouvaient parler…‹: Le traitement politique et médiatique des retours d'œuvres d'art pillées et spoliées par les nazis, S. 259.

1225 Die Falldarstellung beruht vollständig auf den Feststellungen in TA Paris, 17.6.2014, Nr. 1206036/6-2; CAA Paris, 4.4.2016, Nr. 14PA03071, 14PA03775 (alle nicht veröffentlicht).

G und entwendeten sämtliche der dort befindlichen Kunst- und Einrichtungsgegenstände. Nach dem Krieg erlangte G eine partielle Entschädigung für den Verlust nach dem Kriegsschädengesetz von 1946. Einem weiteren Antrag nach dem BRüG wurde hingegen nicht stattgegeben, da die deutschen Stellen eine NS-verfolgungsbedingte Entziehung nicht für erwiesen hielten.[1226]

Da die Plünderungen durch deutsche Truppen ohne erkennbares Motiv erfolgt waren, wäre es möglich gewesen, diese als kriegsbedingte Beutenahmen einzuordnen, die nach der Spruchpraxis der CIVS nicht ersatzfähig sind.[1227] Der Grund für diesen Ausschluss besteht in dem Fehlen eines Verfolgungs- oder Diskriminierungszusammenhangs in derartigen Fällen: Kriegsschäden betrafen im Unterschied zu verfolgungsbedingten Entziehungen unterschiedslos die gesamte Bevölkerung. Als Ausdruck des besonderen Kriegs- und Besatzungsrisikos waren derartige Schäden als Gemeinschaftslasten durch den Staat zu tragen und nach dem Kriegsschädengesetz vom 28. Oktober 1946 auszugleichen.[1228] Soweit der Schaden demnach als Ausfluss des allgemeinen Kriegs- oder Besatzungsrisikos[1229] und nicht als Folge besonderer, gegen bestimmte Personen gerichteter Verfolgungsmaßnahmen anzusehen ist, fehlt es an dem für die Anwendung des CIVS-Dekrets erforderlichen Diskriminierungs- bzw. Verfolgungszusammenhang.[1230]

Im Fall G erkannte die CIVS in einer ersten Empfehlung vom 15. März 2002 einen Zusammenhang zu antisemitischen Gesetzen nur hinsichtlich der Plünderungen vom Dezember 1940 an, da erst zu diesem Zeitpunkt antisemitische Gesetze in Kraft getreten seien.[1231] Verneint wurde ein entsprechender Zusammenhang hingegen für die Plünderungen vom Juni 1940. Als Schlüsseldatum für den Beginn konzertierter Plünderungsaktionen gegen Opfer antisemitischer Verfolgung des deutschen Besatzers wertete der Berichterstatter[1232] den Befehl Adolf Hitlers zur Sicherstellung staatlichen und privaten, vornehmlich jüdischen Kunstbesitzes vom 30. Juni 1940 (Sicherstellungsbefehl).[1233] Plünderungen vor diesem Datum seien nicht Teil der

1226 Die Ablehnung wurde durch ein Urteil des LG Berlin vom 20.3.1961 bestätigt.

1227 Vgl. *CIVS*, Tätigkeitsbericht für 2001, S. 23; *CIVS*, Tätigkeitsbericht für 2006, S. 8.

1228 Loi n° 46-2389 du 28 octobre 1946 sur les dommages de guerre, JORF vom 29.10.1946, S. 9191. Zum Grundsatz der nationalen Solidarität und Gleichheit als Grundlage einer verschuldensunabhängigen Staatshaftung für Kriegsschäden, vgl. *Le Tarnec*, Les règles nouvelles de réparation des dommages de guerre, S. 13 ff.; *Herrmann*, Das französische Staatshaftungsrecht zwischen Tradition und Moderne, S. 235 ff.

1229 Nach dem allgemeinen Kriegschädenrecht wurden besatzungsbedingte Schäden den Kriegsschäden im engeren Sinne, die Folge einer Kriegshandlung (*fait de guerre*) im Gesetzessinne waren, gleichgestellt (Art. 6 Abs. 1 Nr. 1 des Kriegsschädengesetzes: Sont également considérés comme dommages causés aux biens par les faits de guerre et couverts par la présente loi: 1° Les dommages résultant de l'occupation ennemie, [...] tels que: [...] dépossessions, prises de guerre, réquisitions en propriété [...] opérés soit par l'ennemi ou les organisations qui lui ont prêté leur concours, soit sur leur ordre [...].). Eine materielle Gleichsetzung von Kriegs- und Besatzungsschäden war schon in den Übergangsbestimmungen der Verordnung Nr. 45-2060 vom 8.9.1945 (JORF vom 11.9.1945, S. 5652) erfolgt. Überschneidungen der Anwendungsbereiche des Restitutionsrechts und des Kriegsschädenrechts waren somit möglich, vgl. hierzu allgemein *Le Tarnec*, Les règles nouvelles de réparation des dommages de guerre, S. 24.

1230 Anders noch nach der Rechtslage gemäß der Verordnung vom 21. April 1945. Art. 1 Abs. 1 dieser Vorschrift forderte einen Zusammenhang zu Ausnahmemaßnahmen. Siehe hierzu schon unter B.II.2.a)aa)(2).

1231 CIVS, Empfehlung vom 15.3.2002, Fall G, S. 2. Der Berichterstatter nannte als solche die Verordnung des deutschen Besatzers vom 27.9.1940 und das Gesetz des Vichy-Regimes vom 3.10.1940.

1232 *Bourgeois*, Bericht vom 2.7.2001, S. 6 (nicht veröffentlicht).

1233 Dieser Befehl Hitlers an den Militärbefehlshaber in Frankreich bildete den Ausgangspunkt des systematischen Zugriffs auf Kulturgüter und Kunstgegenstände im Eigentum als jüdisch geltender Privatpersonen. Hierin ordnete dieser an, »neben den späteren Plünderungsaktionen gegen »jüdische Personen« gewesen. Sie seien in der Folge als Kriegsschäden einzuordnen und somit nicht ersatzfähig. Die CIVS gewährte daher nur eine Entschädigung für den Verlust der Kulturgüter, die anlässlich der zweiten Plünderung im Dezember 1940 entzogen worden waren. Dabei vermutete sie, dass sich auch zu diesem Zeitpunkt noch Kulturgüter im Anwesen des G befunden hatten.

In einer späteren Empfehlung vom 25. März 2010 revidierte die CIVS ihren früheren Standpunkt und gewährte nun auch eine Entschädigung für die Plünderungen vom Juni 1940: Es sei nicht auszuschließen, dass der Kunsthandel des G deutschen Stellen gemeldet worden sei, die daraufhin die Entziehungen angeordnet hätten. Die Billigkeit gebiete es, im Zweifel anzunehmen, dass die Entziehung in Zusammenhang mit antisemitischen Vorschriften des deutschen Besatzers stand.[1234] Gestützt auf diesen allgemeinen Grundsatz ihrer Empfehlungspraxis[1235] begründete die CIVS somit eine faktische Vermutung[1236] der Verfolgungsbedingtheit bei Entziehungen von Kulturgütern durch staatliche Stellen, selbst wenn diese nicht erkennbar in den organisierten antisemitischen Kulturgüterraub des Deutschen Reichs in Frankreich eingebunden waren. Die Kommission begründete dieses Vorgehen nicht näher. Möglich wäre es, diese Beweisregel auf einen allgemeinen historischen Erfahrungssatz zu stützen, der im Ergebnis wie folgt lauten könnte: Bei Entziehungen durch staatliche Stellen bei Personen, die antisemitischen Verfolgungsmaßnahmen ausgesetzt waren, besteht nach allgemeiner historischer Erfahrung eine hinreichende Wahrscheinlichkeit dafür, dass diese wegen der Einordnung der Geschädigten als jüdisch erfolgt waren.

In ähnlicher Weise verfuhr die CIVS – erneut ohne Begründung – im Fall C, in dem ebenfalls eine Einordnung der Entziehung als nicht ausgleichsfähiger Kriegsschaden möglich gewesen wäre. Im Unterschied zum Fall G hatten die deutschen Behörden in diesem Fall aber nach dem Krieg eine Entschädigung nach dem BRüG gewährt, was indiziell für die Verfolgungsbedingtheit sprach.[1237]

> Frau C (1894–1984) bewohnte während der Besatzungszeit ein Privathaus in der Rue Marbeau in Paris. In der Wohnung befanden sich auch mehrere Gemälde aus ihrer Privatsammlung. Das Gebäude wurde zu Beginn der Besatzung durch deutsche Stellen bis zum 9. Juni 1942 requiriert. Teile des Mobiliars wurden in diesem Zeitraum entwendet, wie aus einem Bericht des für das Vermögen der C bestellten kommissarischen Verwalters vom 18. November 1941 hervorgeht. In der Folgezeit kam es in Abwesen-

im französischen Staatsbesitz befindlichen Kunstschätzen auch die in privaten, vornehmlich jüdischen Besitz befindlichen Kunst- und Altertumswerte vor Verschleppungen bzw. gegen Verbergungen einstweilen in Verwahrung der Besatzungsmacht sicherzustellen.« Vgl. *Cassou*, Le pillage par les Allemands des œuvres d'art et des bibliothèques appartenant à des Juifs en France. Recueil des documents, S. 77; *Röhling*, Restitution jüdischer Kulturgüter nach dem Zweiten Weltkrieg, S. 36.

1234 CIVS, Empfehlung vom 25.3.2010, Fall G, S. 3: »Attendu qu'il n'est pas impossible que le commerce exploité par D […] ait été signalé aux autorités allemandes; que dans la [sic!] doute, il paraît conforme à l'équité, au vu des éléments dont la Commission a maintenant connaissance, de considérer que les spoliations du fonds de commerce […] et du mobilier du château commises en juin 1940 sont au moins en relation avec les dispositions antisémites prises par l'occupant«.

1235 Siehe zum Grundsatz der Billigkeit als Leitprinzip der CIVS-Praxis schon unter B.III.6.a).

1236 Sog. *présomption judiciaire* im Sinne des Art. 1382 Code civil.

1237 Die Sachverhaltsdarstellung beruht teils auf TA Paris, 10.7.2020, Nr. 1823213/6-1; CAA Paris, 11.6.2021, Nr. 20PA02632-20PA02638; Kassationsbeschwerde abgelehnt durch CE, 24.02.2022, Nr. 455448. Zusätzlich hat der Verf. mit Zustimmung der Anspruchsteller:innen Einblick in die Akten bei der CIVS nehmen dürfen.

heit der Eigentümerin erneut zu Plünderungen, die nun auch den Kunstbesitz der C betrafen. In beiden Fällen wurde eine Entziehung durch deutsche Stellen unter nicht bekannten Umständen für wahrscheinlich gehalten.

In ihrer Empfehlung vom 1. Oktober 2018 qualifizierte die CIVS sämtliche Entziehungen als verfolgungsbedingt, ohne ausdrücklich einen Zusammenhang zu bestimmten antisemitischen Vorschriften herzustellen. Wie schon im Fall G wäre es ebenso möglich gewesen, die Verluste als völkerrechtswidrige Beutenahmen und somit als Kriegsschäden zu qualifizieren und den Antrag abzulehnen. Die CIVS bejahte gleichwohl die Verfolgungsbedingtheit. Ersichtlich genügte der CIVS in Ermangelung einer konkreten Norm antisemitischen Inhalts somit schon die Verortung der Entziehungen in einem staatlichen Verfolgungszusammenhang.

(d) Verortung der Entziehung in einem allgemeinen Verfolgungszusammenhang

Daneben sind Fälle nachweisbar, in denen auch nach Abschluss der Beweiserhebung keine Gewissheit darüber erlangt werden konnte, in welchem genauen Zeitpunkt und unter welchen konkreten Umständen die Entziehung erfolgt war, die äußeren zeitlich-räumlichen Rahmendaten aber einen Verlust während der Besatzungszeit bei einem Verfolgungsopfer belegen. Im Fall Hugo Simon genügte der CIVS so bereits die Verortung des Verlustes in einem allgemeinen Verfolgungszusammenhang.[1238]

Hugo Simon (1880–1950), Bankier und ehemaliger Finanzminister in Preußen, war im März 1933 von Deutschland nach Frankreich geflohen. Auf der Flucht gelang es ihm, einen Teil seiner bedeutenden Kunstsammlung aus Deutschland auszuführen. Nach dem deutschen Einmarsch flohen die Simons nach Spanien und reisten von dort schließlich nach Brasilien aus. Die Kunstsammlung Simons – darunter auch ein Gemälde von Max Pechstein – blieb in der Pariser Wohnung zurück. Ende 1940 sowie Anfang 1941 wurde die Wohnung durch den ERR geplündert. Die Beschlagnahmeliste nannte jedoch kein entsprechendes Gemälde.[1239] Nach den Feststellungen der CIVS sei anzunehmen, dass sich das Werk über den gesamten Zeitraum der Besatzung in der Wohnung Simons befunden habe. Erst 1966 tauchte dieses wieder in den Lagern des *Palais de Tokyo* auf und wurde in der Folge als käufliche Erwerbung beim Kunsthaus Lempertz im Jahr 1963 in die Sammlungen des Zentralstaates aufgenommen. Wie es genau an den Ort seiner Entdeckung gelangt war, konnte bis heute nicht rekonstruiert werden. In dem Verfahren konnte nicht geklärt werden, ob das Werk als Pfand der Vermieterin, der *Banque de l'Algérie*, nach der Besatzungszeit verwertet[1240] oder von

1238 CIVS, Empfehlung vom 10.7.2020, Nr. 24384 BCM-REST, abgedruckt in *CIVS*, Tätigkeitsbericht für 2021, S. 78–80.

1239 Die ERR-Liste von 1942 nennt insgesamt drei Werke von Pechstein. Lediglich der Eintrag »M. Pechstein Badende. Öl auf Lwd. – 101 x 76 cm gerahmt« deutet auf ein vergleichbares Werk hin. Dessen Maße wichen aber deutlich von dem Werk ab (um ca. 30 cm), sodass eine Übereinstimmung ausgeschlossen werden konnte.

1240 Die Bank stand seit 1946 im Eigentum des französischen Staates und wurde 1963 nach Ende der Kolonialherrschaft in Algerien liquidiert. In diesem Zusammenhang wurde auch das Inventar in den Immobilien der Bank verwertet. Darunter könnte sich, wofür aber heute konkrete Nachweise fehlen, auch das in der Wohnung nach Simons Flucht verbliebene Inventar befunden haben. Die Auswertung der heute nur schlecht erschlossenen Archive der Bank ergaben keine Anhaltspunkte.

Dritten unterschlagen worden war. Vielmehr klaffte eine Provenienzlücke zwischen der letzten nachweislichen Ausstellung des Werkes 1938 in London und seiner Entdeckung nach dem Krieg im Jahre 1966.

Der CIVS war es ausgehend von den vorliegenden Beweisen nicht möglich, Feststellungen zu den konkreten Verlustumständen zu treffen. Als erwiesen sah diese lediglich an, dass Simon das Gemälde nicht schon vor Juni 1940 veräußert hatte und dieses über den gesamten Zeitraum der Besatzung in dessen Pariser Wohnung verblieben war.[1241] Dessen ungeachtet ordnete sie die Verluste in ihrer Empfehlung vom 10. Juli 2020 als Entziehungen infolge antisemitischer Gesetze ein, ohne eine konkrete Maßnahme als Verlustursache benennen zu können. Der CIVS genügte e *contrario* mithin schon die Verortung des Verlustes in einem Zusammenhang zur Verfolgung Simons, die schließlich auch zu seiner Flucht aus Paris geführt hatte. Verlustursächlich war mithin nicht eine bestimmte Gesetzesnorm oder Maßnahme, sondern vielmehr die Verfolgungspolitik *als solche*. Die Lösung belegt damit einmal mehr die Tendenz der CIVS zur Extension des Begriffs des antisemitischen Gesetzes.

Noch deutlicher wird dieser Ansatz in Fällen, in denen die Entziehung nicht in dem Verlust eines Gegenstandes im gegenwärtigen Vermögen der Person bestand, sondern in der *perte d'une chance* (Verlust einer Chance). Grundsätzlich sind derartige Schäden nach der ständigen Praxis der Kommission, wie bereits dargestellt wurde,[1242] nicht ersatzfähig. In einem singulären Ausnahmefall bejahte die CIVS hingegen deren Ersatzfähigkeit. In diesem Fall konnte erneut keine konkrete Maßnahme als direkte oder indirekte Verlustursache ausgemacht werden.

> L (1890–1938) aus Metz hatte vor dem Zweiten Weltkrieg Darlehen deutscher Unternehmen durch Bürgschaften gegenüber der Deutschen Bank, der *Société Générale Alsacienne de Banque* und der *Crédit Lyonnais* besichert. Die Kredite wurden bis 1935/1936 vollständig getilgt.[1243] Im Dezember 1937 wurde L dessen ungeachtet durch die *Banque nationale pour le commerce et de l'industrie* (BNCI), deren Rechtnachfolgerin die BNP-Paribas ist, im Auftrag der Deutschen Bank als Bürge in Anspruch genommen. Sein Geschäftskonto wurde in Höhe von 33.000 RM belastet und der Abbuchungsbetrag der *Société Générale Alsacienne de Banque* gutgeschrieben. L verstarb 1938, ohne zuvor Ansprüche auf Rückzahlung geltend gemacht zu haben. Im Herbst 1942 kam dessen Sohn abermals in Unkenntnis der Tilgung der besicherten Forderungen einer Zahlungsaufforderung der Bank *Crédit Lyonnais* nach. Die Witwe Frau L (1895–1942) floh nach dem deutschen Einmarsch nach Chinon (später besetzte Zone), wurde am 16. Juli 1942 festgenommen und am 20. Juli 1942 über das Konzentrationslager Drancy nach Auschwitz deportiert, wo sie verstarb. Die Erb:innen der L verlangten vor der CIVS Ausgleich für den zu Unrecht eingezogenen Betrag.

Im Ausgangsverfahren lehnte die CIVS den Antrag durch Empfehlung vom 1. März 2002 unter Verweis darauf ab, dass »les faits invoqués, antérieurs à l'instauration de législations anti-

1241 Vgl. *CIVS*, Tätigkeitsbericht für 2020, S. 79.

1242 Siehe hierzu unter B.III.7.a)bb)(4) und im weiteren Verlauf noch zum Schadensbegriff unter B.III.7.d)bb).

1243 Diese Sachverhaltsangabe beruht auf den korrigierten Feststellungen der zweiten Empfehlung von 2016. Im Ausgangsverfahren war die CIVS noch davon ausgegangen, dass die besicherte Forderung nicht erfüllt wurde und infolgedessen erloschen ist.

sémites pendant l'Occupation, n'entrent pas dans le champ d'application du texte susvisé«.[1244] Die verlorene Gewinnchance, die darin bestünde, dass Frau L sich wegen ihrer Verfolgung und schließlich ihrer Deportation außerstande sah, ihre Ansprüche klageweise geltend zu machen, erkannte die CIVS nicht als ersatzfähigen Schaden an. In einem späteren Nachprüfungsverfahren rückte die CIVS hingegen von dieser Position ab. In einer Empfehlung vom 8. Juli 2016 stellte die Kommission fest, dass L angesichts ihrer Verfolgung gehindert gewesen sei, den unrechtmäßig eingezogenen Betrag von den französischen Banken zurückzufordern. Aufgrund der kausalen Verbindung zur Verfolgungspolitik sei der Verlust der Gewinnchance daher ersatzfähig. Der Premierminister lehnte die Durchführung der Empfehlung ab. Die ablehnende Haltung beschränkte sich indes auf die Einordnung einer Gewinnchance als Vermögenswert (*bien*).[1245] Gleichwohl markiert diese Empfehlung die weitest denkbare Auslegung des Begriffes der *législations antisémites*. Hierunter wird die Gesamtheit der staatlichen Maßnahmen gegen als jüdisch eingeordnete Personen verstanden.

Das Tatbestandsmerkmal der *législations antisémites* wird in der Spruchpraxis der CIVS demnach nicht in einem wörtlichen Sinne verstanden, sondern vielmehr unter Berücksichtigung der historischen Erkenntnisse zum Vermögens- und Kulturgüterraub in Frankreich dynamisch ausgelegt. Die Verlustursache bildet die antisemitische Verfolgungspolitik des Deutschen Reichs und des französischen Staates in ihren vielfältigen Ausformungen, die zwar ihren sichtbarsten Ausdruck in legalen Maßnahmen gefunden hat, sich aber gleichwohl nicht auf diese beschränkte. Der Prüfungsweg der CIVS ließe sich nach dem Dargestellten wie folgt schematisieren: (1) In einem ersten Schritt versucht die Kommission, eine konkrete antisemitische Rechtsvorschrift zu bestimmen, die verlustursächlich geworden ist. Ist eine entsprechende Norm als Verlustursache auszumachen, stellt sich in einem Folgeschritt die Frage, ob der Verlust kausal und zurechenbar auf der Anwendung dieser Norm beruht (siehe hierzu in den Folgekapiteln[1246]). (2) Kann im Einzelfall keine konkrete Norm als Ursache der Entziehung ermittelt werden, kann gleichwohl eine Verursachung durch Normen oder Maßnahmen antisemitischen Charakters vermutet werden, wenn der Verlust durch Handlungen staatlicher Stellen bei einer aus antisemitischen Gründen verfolgten Person eingetreten ist. (3) Kann im Übrigen ein konkreter Entziehungsakt schlechterdings nicht ermittelt werden, so genügt im Zweifel bereits die Einbettung des Vermögensverlustes in einen allgemeinen Verfolgungszusammenhang. Nach diesem Auslegungsansatz ist somit weniger entscheidend, ob das Gesetz oder die Maßnahme, die den Vermögensverlust bewirkt hat, antisemitischen Charakters ist. Maßgebend ist vielmehr, ob sich in dem Vermögensverlust der Status der geschädigten Person als Opfer antisemitischer Verfolgung niedergeschlagen hat. Dies wirft die Folgefrage auf, unter welchen Voraussetzungen eine geschädigte Person als Verfolgungsopfer in diesem Sinne anzusehen ist.

1244 CIVS, Empfehlung vom 1.3.2002, Fall L, S. 2.

1245 Commissaire du Gouvernement, Note à l'attention de Monsieur le Secrétaire général du Gouvernement, 8.3.2017, S. 2 (nicht veröffentlicht): »Je ne peux, pour ma part, qu'être assez réservé devant l'idée selon laquelle la perte de le chance qu'aurait eue Mme L de récupérer sa créance, en raison d'abord de l'intervention des législations antisémites, puis de sa déportation, constituerait une spoliation au sens du décret de 1999.«

1246 Siehe hierzu unter B.III.7.c)bb) und B.III.7.c)cc).

(3) Aus antisemitischen Gründen verfolgte Personen

In diesem Abschnitt soll daher zunächst der Verfolgtenbegriff in der Praxis der CIVS untersucht werden (i). Dabei sollen insbesondere die Indizien dargestellt werden, welche bei der Bewertung der Verfolgteneigenschaft in einem konkreten Fall als ausschlaggebend angesehen werden (ii). Die Fassung des CIVS-Dekrets erlaubt es indes nicht, den Verfolgtenbegriff grenzenlos auszudehnen. Aus der Einschränkung der Anspruchsberechtigung auf Personen, die aus antisemitischen Gründen verfolgt wurden, resultiert, dass andere Verfolgtengruppen (politisch Verfolgte, andere aus rassistischen, religiösen oder weltanschaulichen Gründen diskriminierte Personen) von vornherein nicht erfasst werden (iii).

(i) Der Verfolgtenbegriff in der Praxis der CIVS

Bei der Bestimmung des Verfolgtenstatus sind abstrakt zwei Auslegungsansätze denkbar. Möglich wäre es zunächst, nur solche Personen als aus antisemitischen Gründen Verfolgte anzusehen, die als »jüdisch« im Sinne der Rassegesetzgebung galten (formaler Verfolgtenbegriff). Es wäre somit zu untersuchen, ob die geschädigte Person die Voraussetzungen der Definition des Begriffs »Jude« im Sinne der damals geltenden Gesetze erfüllte und aus diesem spezifischen Grund diskriminierenden Maßnahmen ausgesetzt war. Für dieses Vorgehen scheint auf den ersten Blick der Mehrgewinn an Rechtssicherheit zu sprechen, den der Rückgriff auf eine gesetzliche Definition erfahrungsgemäß bietet.

Gleichwohl sind diese Gesetzesdefinitionen das Produkt einer antisemitischen und rassistischen Ideologie. Im Gewande der Normauslegung würden so rassistische Kategorien in einen zeitgenössischen Anwendungskontext überführt und durch staatliche Stellen zur Anwendung gebracht. Dieser Ansatz könnte gewiss auf Beweisebene dadurch entschärft werden, dass man für den Nachweis einen bloß plausiblen Vortrag genügen ließe. Der Rückgriff auf überkommene rassistische Kategorien wäre aber auch in diesem Fall unausweichlich. Gewiss knüpften die Kriterien der Verfolgungsgesetze mitunter an die Religionszugehörigkeit der Betroffenen und damit an eine scheinbar objektive Tatsache an.[1247] Das Kriterium der Religionszugehörigkeit erwies sich aber in zahlreichen Fällen angesichts der Vielzahl mosaischer Glaubensbekenntnisse als wenig eindeutig.[1248] Zugleich birgt die Anwendung dieser Kriterien aus den Verfolgungsgesetzen das Risiko, überkommene Vorstellungen vom »Judendasein« zu perpetuieren.[1249]

Vorzugswürdig erscheint daher eine Auslegung, die darauf abstellt, ob die geschädigte Person faktisch durch antisemitische Verfolgungsmaßnahmen betroffen wurde (faktischer Verfolgtenbegriff). Entscheidend wäre nicht die Geltung bzw. Anwendbarkeit der Verfolgungsgesetze, sondern der äußerlich erkennbare Grund der Maßnahme. Bei Bewertung eines konkreten

1247 So etwa das zweite Judenstatut der französischen Regierung von 1941. Art. 1 Ziff. 1 Satz 2 des Gesetzes vom 2.6.1941, JORF vom 14.6.1940, S. 2475: »Est regardé comme étant de race juive le grand-parent ayant appartenu à la religion juive.« Vorgängerregelungen, wie die deutsche Verordnung vom 27.9.1940 und das erste sog. Judenstatut vom 3.10.1940 stellten dagegen noch auf die Zugehörigkeit zu einer »jüdischen Rasse« (*race juive*) ab.

1248 Dies galt etwa für den Fall der *Djougoutes* und *Caraïtes*. Zum Fall der *Caraïtes* im Dritten Reich und Frankreich siehe etwa *Trevisan Semmi*, Revue de l'histoire des religions 4 (1989), 377. Zum Ganzen auch *Kaspi*, Les Juifs pendant l'Occupation, S. 71 f.

1249 Gegen eine Anwendung der Kategorien der Verfolgungsgesetze auch *Mission d'étude sur la spoliation des Juifs de France*, Rapport au Premier ministre, S. 4.

Falles wäre daher zu prüfen, ob die Maßnahme aus antisemitischen Gründen erfolgte, weil die handelnde Stelle die geschädigte Person als »jüdisch« eingeordnet oder aus anderen Gründen der Geltung der antisemitischen Gesetzgebung unterworfen hat.

Für die Spruchpraxis der CIVS lässt sich eine Entwicklung von einem formalen hin zu einem faktischen Begriffsverständnis feststellen. Empfehlungen, in denen hingegen ein formales Verständnis des Verfolgtenbegriffs zum Tragen kam, sind jedenfalls noch bis in das Jahr 2005 nachweisbar. Für die Zeit nach 2010 finden sich hingegen Empfehlungen, die zunehmend die Einordnung der Geschädigten vor dem Hintergrund der Verfolgungsgesetze ausklammern und auf die konkreten Entziehungsumstände (insbesondere die Motive der handelnden Stellen) abstellen. Ein genauer Wendepunkt in der Spruchpraxis lässt sich dabei nicht ausmachen. Die dargestellten Fälle stellen vielmehr Stichproben aus der Praxis dar, belegen aber eine allgemeine Tendenz in der Entwicklung der Spruchpraxis.

Im Fall OO lehnte die CIVS in einer Empfehlung vom 30. Mai 2003 einen Antrag unter Verweis auf die fehlende Zugehörigkeit der Geschädigten zum Kreis der antisemitisch Verfolgten ab. Herr OO wurde den Untersuchungen der CIVS zufolge nach dem deutschen Einmarsch zum Volks- und Reichsfeind erklärt und sein Vermögen auf dieser Grundlage beschlagnahmt. Die Schäden waren nach Einschätzung der Kommission aber gleichwohl nicht ersatzfähig, da die Entziehung nicht auf der Anwendung antisemitischer Gesetze beruht habe, sondern mit seiner Verfolgung als politischer Widerstandskämpfer zusammenhänge.[1250] Der Anspruchsteller reichte daraufhin eine Beschwerde bei der *Haute Autorité de lutte contre les discriminations et pour l'égalité* (HALDE) ein, die dieser stattgab und die CIVS aufforderte, ihre Empfehlung zu revidieren. Nach Einschätzung der HALDE entstammt der Begriff der Volks- und Reichsfeinde der HALDE der antisemitischen Gesetzgebung des Deutschen Reichs.[1251] Zudem sei generell eine Auslegung abzulehnen, die den Nachweis der Einordnung der Geschädigten als »Juden« im Sinne der Rassegesetzgebung fordere.[1252] Die CIVS gab dem Antrag im Nachprüfungsverfahren schließlich statt, stützte sich dabei aber nicht auf die Verfolgung des Herrn OO, sondern seiner Ehegattin, deren Vermögenswerte als »jüdisches Vermögen« eingestuft worden waren. Es sei zu vermuten, dass die Entziehung des übrigen Familienvermögens mit dieser Einordnung in Zusammenhang stand.[1253]

Einen Wendepunkt in der Spruchpraxis der Kommission markiert schließlich der Fall K. In diesem Fall rekurrierte die CIVS im Ausgangsverfahren zunächst auf ein formales Verständnis des Verfolgtenbegriffs, vollzog dann aber in dem sich anschließenden Nachprüfungsverfahren eine Kehrtwende.

1250 CIVS, Empfehlung vom 30.5.2003, Fall OO, S. 1: »Attendu que la requête présentée […] n'entre pas dans le champ d'application du dit décret, les faits invoqués n'étant manifestement pas liés aux législations antisémites en vigueur pendant l'occupation mais à la qualité de patriotes et de résistants des membres de la famille OO«.

1251 HALDE, Délibération, 3.4.2006, Nr. 2006-59, S. 2. Zutreffend ist, dass unter dem Begriff der Reichsfeinde nach 1933 neben politischen Gegner:innen auch als jüdisch eingeordnete Personen sowie Sinti:zze und Roma:nja verfolgt wurden, vgl. zum Ganzen *Ulbricht*, Das Vermögen der »Reichsfeinde«; so zuvor auch schon *Mission d'étude sur la spoliation des Juifs de France*, Rapport général, S. 161.

1252 HALDE, a. a. O.: »Il paraît impossible de soutenir que l'intention du pouvoir réglementaire a été de restreindre cette compétence aux seules personnes ›*justifiant*‹ de la qualité de personne ›*juive*‹. Une telle lecture, contraire à la lettre même du texte, ferait directement écho aux lois iniques de Vichy et aux mesures prises par l'occupant nazi.« (Hervorhebung im Original).

1253 CIVS, Empfehlung vom 5.5.2006, Fall OO, Nachprüfung, S. 2: »Attendu qu'il ressort des éléments nouveaux produits […], que les biens mobiliers de Madame OO ont pu être classés; ›Biens juifs‹, ce qui permet de présumer que la spoliation dont la famille OO a été victime est en relation avec les législations antisémites en vigueur pendant l'occupation«.

Die Familie K war Ende der 1920er-Jahre von Polen nach Frankreich emigriert. Die Familie bewohnte eine Wohnung in Decazeville (Dépt. Aveyron), wo Herr K als Minenarbeiter tätig war. Ende 1942 wurde die Familie auf Anordnung des Präfekten von Aveyron als »ausländische Juden« (»israélites étrangers«) verhaftet und im Lager Gurs interniert. Nach den Feststellungen der CIVS waren die Familienmitglieder irrtümlich als jüdisch eingeordnet worden. Sämtliche Dokumente aus der Zeit nach ihrer Internierung bezeichneten die Familie hingegen als katholisch. Der älteste Sohn konnte sich der Verhaftung entziehen. Zwei Söhne, darunter der spätere Anspruchsteller, entkamen später aus dem Lager und schlossen sich dem Widerstand an. Der ältere Bruder des Antragstellers (1926–1944) fiel im Krieg. Herr K konnte das Lager im Januar 1943 für einen Arbeitseinsatz in Deutschland ohne seine Familie verlassen. K besuchte seine Familie dort zuletzt im August 1943. Sein Versuch, mit dieser zusammen das Lager zu verlassen, scheiterte aber. Die Familienmitglieder wurden nach der Auflösung des Lagers Gurs im November 1943 auf die Lager Sereillac und Villemur verteilt. Keines der Familienmitglieder überlebte die Gefangenschaft. Zur Vermögenslage der Familie ist einzig bekannt, dass sie bei ihrer Verhaftung über eine möblierte Wohnung verfügte.

In einer ersten Empfehlung vom 18. Oktober 2005 lehnte die CIVS eine Entschädigung wegen der fehlenden »jüdischen Konfession und Herkunft« der Familienangehörigen ab.[1254] Die Empfehlung zog ein Verfahren vor dem Ombudsmann der Republik (*Médiateur de la République*, heute *Défenseur des Droits*) nach sich. In einem Schreiben vom 15. Juli 2009 kritisierte dieser die Empfehlung mit eindringlichen Worten (»[c]e refus ne fait qu'ajouter une injustice supplémentaire à la tragédie qui a frappé la famille«). Dem Antrag müsse aus Gründen der Billigkeit entsprochen werden, da die Familie vonseiten der verantwortlichen Stellen über die gesamte Dauer ihrer Gefangenschaft als jüdisch angesehen worden sei.[1255] Die CIVS reagierte auf diese Kritik in einem Schreiben vom 21. Juli 2009, das bereits eine Lockerung der Spruchpraxis andeutete. Der Präsident der CIVS führte darin aus, dass die Kommission »exige seulement que le préjudice [...] soit en liaison avec les législations antisémites et qu'elle a donc déjà indemnisé des personnes non juives.«

Im Nachprüfungsverfahren wurde dem Antrag schließlich in einer Empfehlung vom 28. Januar 2010 stattgegeben. Zwar seien die Familienangehörigen nachweislich nicht jüdischer Konfession oder Herkunft gewesen, die staatliche Verwaltung habe sie aber irrtümlich in diesem Sinne eingeordnet und aus diesem Grund verhaftet. Der Irrtum sei der Verwaltung zwar zeitnah nach der Verhaftung aufgefallen, es könne aber vermutet werden, dass auch das Vermögen der Familie noch infolge dieser Fehleinschätzung entzogen wurde.[1256] Es wurde eine nach

1254 CIVS, Empfehlung vom 18.10.2005, Fall K, S. 1: »Attendu [...] qu'il résulte des éléments du dossier que la famille K n'était pas de confession ni d'origine juives; que dès lors, les préjudices allégués ne sont pas consécutifs aux législations antisémites en vigueur; [...] qu'en l'état des investigations du rapporteur [...] la requête ne peut être accueillie«. Der zuständige Berichterstatter hatte noch eine Entschädigung für die im Zuge der Verhaftung entstandenen Schäden (Wohnungsinventar und persönliche Wertgegenstände) gefordert. Das Beratungsgremium folgte diesem Vorschlag nicht.

1255 Schreiben von Jean-Paul Delevoye an den Vorsitzenden der CIVS, 15.7.2009 (nicht veröffentlicht): »Je suis contraint de constater que cette famille a été, lors de son arrestation, puis tout au long de son internement et jusqu'à sa disparition, considérée comme étant de confession ou d'origine juive. Elle a ainsi été victime d'une législation antisémite en vigueur à l'époque, alors même que sa confession et son origine l'en excluaient.«

1256 CIVS, Empfehlung vom 28.1.2010, Fall K, S. 2: »Attendu que M. K, son épouse et ses enfants, tous de confession catholique, ont néanmoins été arrêtés, sur ordre du préfet de l'Aveyron, et dirigés en tant qu'›israélites étrangers‹ vers les camps de Rivesaltes

Pauschalsätzen bemessene Entschädigung gewährt. Entscheidend sei der Kommission zufolge, dass der Schaden seinen Ursprung in antisemitischen Gesetzen habe (»trouve [...] sa source dans l'application des législations antisémites«). Es genügt demnach, dass der Verlust faktisch durch die Verfolgungspolitik verursacht wurde. Für den Nachweis dieser Kausalbeziehung sind die konkreten Entziehungsumstände, insbesondere die Motive der handelnden staatlichen Stellen, maßgebend.

Diese Neuausrichtung der Spruchpraxis wurde zuletzt im Fall Osuský bestätigt. In einer Empfehlung vom 5. Oktober 2021 erkannte die CIVS hier, obwohl der Geschädigte nicht »Jude« im Sinne der Verfolgungsgesetze, geschweige denn Verfolgungsmaßnahmen ausgesetzt war, angesichts der Entziehungsumstände einen Zusammenhang zu antisemitischen Gesetzen.[1257]

> Štefan Osuský (1899–1973) war ab 1921 bis zum deutschen Einmarsch Botschafter der Tschechoslowakischen Republik in Frankreich. Osuský, ein Gegner des Münchener Abkommens von 1938, hatte sich geweigert, die Pariser Botschaft nach der Besetzung der Tschechoslowakei durch Deutschland 1939 zu schließen. 1940 war er angesichts des deutschen Vormarsches gezwungen, nach London zu fliehen. Schon 1939 hatte er sechs Werke des Künstlers Maurice Utrillo aus seiner Privatsammlung bei James Armand de Rothschild in der Rue Leroux (16. Arr.) unterstellen lassen. Die Werke wurden zusammen mit der Sammlung James de Rothschilds am 29. August 1940 durch die Geheime Feldpolizei im Auftrag der Deutschen Botschaft unter Otto Abetz entzogen und gelangten in der Folge zum Sitz des Auswärtigen Amtes in Berlin.

Die CIVS sah es als erwiesen an, dass die an der Entziehung beteiligten Organe die Werke der Sammlung Osuský irrtümlich für Eigentum James Rothschilds gehalten hatten. Dieser Irrtum habe sich zwar schon wenig später aufgeklärt,[1258] der Verlust sei aber gleichwohl als verfolgungsbedingt einzustufen, da die Verfolgung Rothschilds den äußeren Anlass für die Beschlagnahme gebildet habe:

> »Il est certain que le dernier propriétaire légitime de cette œuvre était Stefan OSUSKY [...] et qu'il a été spolié au même titre que ce dernier [James de Rothschild ; Anm d. Verf.] dans le cadre des législations antisémites en vigueur en France pendant l'Occupation.«[1259]

Von praktischem Interesse sind weiterhin Fälle, in denen die Entziehung schon nicht an die Einordnung der Eigentümer:innen als jüdisch durch staatliche Stellen anknüpfte, aber gleichwohl

et de Gurs; Qu'il y a, dès lors, lieu à indemnisation des biens et valeurs confisquées à cette occasion, même si l'administration du camp [...] à [sic!] rapidement reconnu son erreur sur la confession de la famille K; Attendu qu'il peut être présumé que cette erreur a été la cause de la spoliation des meubles garnissant le logement de la famille [...], qui trouve donc aussi sa source dans l'application des législations antisémites et doit, dès lors, être également indemnisée«.

1257 CIVS, Empfehlung vom 5.10.2021, abgedruckt in *CIVS*, Tätigkeitsbericht für 2021, S. 92–94.

1258 Auf der im Nachgang zu dieser Beschlagnahmeaktion angefertigten Inventarliste (sog. Baldass-Liste) wurde für das Bild Dorfansicht mit Kirche von Maurice Utrillo eine Provenienz Osuský erwogen. »Beschlagnahmte Bilder aus dem Besitz James Armand Rothschild vorgefunden im Depot des Botschaft, 80, rue de Lille. (Vermutlicher Eigentümer Osusky, ehem. Tschechoslawakischer [sic!] Diplomat)«).

1259 CIVS, Empfehlung vom 5.10.2021, Nr. 24649 BCM-Rest, abgedruckt in *CIVS*, Tätigkeitsbericht für 2021, S. 94.

faktisch auf antisemitischen Gesetzen beruhte. Auch als »arisch« oder jedenfalls »nicht jüdisch« eingeordnete Personen waren mitunter Adressat:innen antisemitischer Normen, wenn diese Handlungspflichten auch zulasten Dritter (etwa Meldepflichten für »jüdisches Vermögen«[1260]) begründeten. Diente die Beschlagnahme oder Sicherstellung der Durchsetzung dieser Gesetze oder der Sanktion eines Verstoßes gegen diese Vorschriften, so kann hierin ebenfalls der unmittelbare Vollzug einer antisemitischen Norm gesehen werden. Bewertungsrelevant ist auch in diesem Fall der erkennbare Anlass der Maßnahme. Diese Sonderkonstellation zeigte sich – bisher einmalig in der Praxis der Kommission – im Fall V.[1261]

> V (1893–1994) war Angestellter einer als »jüdisch« eingeordneten Bank und lebte in einer Gemeinde westlich von Paris. Nach den Feststellungen der CIVS war er weder jüdischer Konfession noch Herkunft. In der Besatzungszeit verwahrte er für einen jüdischen Kollegen mehrere Goldwerte. Am 6. Januar 1944 drangen zunächst vier bewaffnete Personen in das Haus des V ein, die sich als Vertreter der Besatzungsmacht ausgaben und die Herausgabe des »Judengoldes« verlangten. Die Eindringlinge entwendeten Schmuck und Bargeld. Sie wurden nach dem Krieg wegen dieser und anderer Taten strafrechtlich verurteilt. Nach einer Anzeige bei der deutschen Besatzungsmacht wurde das Wohnhaus des V erneut am 12. Januar 1944 von der Gestapo im Auftrag des Devisenschutzkommandos durchsucht und das gesamte im Haus gelagerte Gold beschlagnahmt, darunter auch Gold im Eigentum des V, um dessen Verstoß gegen die gesetzliche Meldepflicht zu sanktionieren. V wurde festgenommen und bis Kriegsende im Pariser Gefängnis Cherche-Midi inhaftiert, wo er bis zu seiner Entlassung systematischen Misshandlungen ausgesetzt war.

Die CIVS gewährte in ihrer Empfehlung vom 16. Februar 2001 eine Entschädigung für das durch die Gestapo entzogene Gold, obwohl diese den V zweifelsohne nicht als »Jude« angesehen hatte. Entscheidend sei vielmehr, dass die handelnden Stellen V als »Judenfreund« eingestuft und schließlich in Vollzug antisemitischer Gesetze staatlicher Repression ausgesetzt hatten, die sich gegen seine Person und sein Vermögen gerichtet hatte. Die Kommission führte hierzu wie folgt aus:

> »Attendu qu'en effet, il ressort des éléments du dossier que c'est bien la perspective d'appréhender des ›biens juifs‹ non déclarés qui a motivé l'opération menée contre M. V […];

1260 Eine allgemeine Meldepflicht bestand für »jüdische wirtschaftliche Unternehmen« nach § 2 der Verordnung des deutschen Besatzers vom 18.10.1940 (VOBlF. vom 20.10.1940, S. 112). Das Vermögen »deutscher Juden« oder ehemals »deutscher Juden« verfiel auf Grund der Verordnung des deutschen Besatzers vom 2.12.1942 (VOBlF. vom 9.12.1942, S. 451) dem Deutschen Reich und war zu diesem Zweck bestimmten Verwahrstellen abzuliefern. Die Ablieferungspflicht wurde durch Entscheidung des Devisenschutzkommandos in Paris vom 29.6.1944 zusätzlich auf Juden unabhängig von der Staatsangehörigkeit mit Wohnsitz in feindlichen Territorien ausgeweitet. Die Werte waren bei der Reichskreditkasse abzuliefern. Vgl. zum Ganzen bei *Andrieu*, La spoliation financière, Band 1, S. 153 ff.

1261 Die Darstellungen beruhen auf den Tatsachenfeststellungen in TA Paris, 17.11.2006, Nr. 0116487/7. Der Fall findet ferner Erwähnung in *CIVS*, Tätigkeitsbericht für 2007, S. 25.

Attendu que M. V a fait l'objet [...] d'une perquisition en sa qualité d'ami d'un juif et de détenteur de ›biens juifs‹, non déclarés, qu'il était soupçonné de cacher dans sa maison [...];
Attendu qu'il convient donc de considérer que la spoliation dont M. V a été victime résulte du fait qu'il était regardé comme complice d'une violation directe des législations antisémites, en vigueur à l'époque«.[1262]

Obwohl hoheitliche Ablieferungspflichten für Vermögen aus Frankreich geflohener oder im Ausland lebender »Juden« formal erst Mitte 1944 in Kraft traten, stünden die Maßnahmen nach Einschätzung der Berichterstatterin der CIVS in direktem Zusammenhang mit dem Vermögensraub des Deutschen Reichs.[1263] Der Fall verdeutlicht, dass neben als jüdisch eingeordneten Personen auch andere, an sich nicht verfolgte Personen in vergleichbarer Weise wie die eigentlichen Opfer der Verfolgungspolitik in den antisemitischen Vermögensraub einbezogen werden konnten. Die Verfolgung dieser Personen knüpfte dabei – wie der Fall V eindrücklich belegt – an die formale Verfolgtenstellung einer anderen Person an, die den äußeren Anlass für den Vermögenszugriff bildete. Schematisierend ließe sich in derartigen Fällen von einer »vermittelten Verfolgung« oder einer Primär- und Sekundärverfolgung sprechen. In dieser Konstellation begründet die Verfolgung einer als jüdisch eingeordneten Person (Primärverfolgte) die Verfolgung weiterer Personen (Sekundärverfolgte), etwa weil diese den Verfolgten Hilfe geleistet haben. Deren Verfolgung ist in dem Sinne »sekundär«, als sie ohne die Verfolgung der Erstgenannten nicht denkbar wäre. In beiden Fällen ist die erkennbare Zielrichtung der Maßnahmen aber letztlich auf die Umsetzung antisemitischer Verfolgungspolitik gerichtet, sodass eine Gleichbehandlung beider Fälle unter rechtlichen wie moralischen Gesichtspunkten geboten erscheint: Auch sie zielen in letzter Konsequenz auf die Vernichtung der materiellen Existenz der viktimisierten Personen ab. Der Begriff der Sekundärverfolgung ließe sich dabei ohne Weiteres auch auf ähnlich gelagerte Konstellationen einer wirtschaftlichen oder persönlichen Nähebeziehung übertragen (z. B. Fälle einer Teilhabe verfolgter und nicht verfolgter Personen an einem gemeinsamen Unternehmen), die in der Spruchpraxis der CIVS bislang noch nicht in Erscheinung getreten sind.

In ähnlicher Weise argumentierte im Übrigen auch schon die Rechtsprechung in der Nachkriegszeit bezogen auf die Zwangsvermutung nach Art. 11 Abs. 1 der Verordnung vom 21. April 1945, die an sich nur für Rechtsgeschäfte mit Verfolgten galt. Die Rechtsprechung wandte diese Vermutung in extensiver Auslegung auch auf nicht verfolgte Personen an, wenn diese in einer wirtschaftlichen oder rechtlichen Nähebeziehung (z. B. Teilhabe an demselben Unternehmen oder Eheschließung nach dem Regime der Gütergemeinschaft) zu einer verfolgten Person standen.[1264]

1262 CIVS, Empfehlung vom 16.2.2001, Fall V, S. 2 f.

1263 *Zagury*, Rapport complémentaire, 29.1.2001, S. 4 (nicht veröffentlicht): »La spoliation en cause, si elle est intervenue alors que seule était en vigueur officiellement une obligation à déclaration, suivie d'un blocage, et quelques mois avant l'officialisation de cette obligation à remise effective, s'inscrit dans le droit fil de ces diverses atteintes aux droits des personnes juives et assimilées en qualité de détentrices d'›or juif‹.«

1264 Siehe hierzu unter B.II.2.b)aa)(2)(i)(b).

(ii) Anforderungen an den Nachweis des Verfolgtenstatus

Ausgehend von den dargestellten Fällen kann festgehalten werden, dass für die Einordnung eines Verlustes als »du fait des législations antisémites« nach der Praxis der CIVS nicht entscheidend ist, ob der Verlust auf rechtlicher Basis erfolgte oder die Geschädigten als jüdisch im Sinne der Rassegesetze galten. Vielmehr stellt die CIVS darauf ab, ob die Entziehung als faktische Folge der antisemitischen Verfolgungspolitik anzusehen ist. Zwar indiziert die Einordnung als »Jude« im Gesetzessinne die Verfolgungsbedingtheit des Verlustes in der Regel, der umgekehrte Schluss ist aber nicht zwingend. Bei Personen, die bei formalrechtlicher Betrachtung nicht zur Gruppe der aus antisemitischen Gründen Verfolgten zählten, genügt es vielmehr, dass diese faktisch durch antisemitische Gesetze oder Maßnahmen betroffen wurden, etwa weil die handelnden Stellen irrtümlich eine entsprechende Zuordnung vornahmen (ausländische Arbeiter:innen wie im Fall K), die Geschädigten in einer besonderen Nähebeziehung zu Verfolgten standen (Verwahrung bei einer verfolgten Person wie im Fall Osuský) oder sich aktiv der Durchführung der Verfolgungspolitik widersetzten (durch Unterlassen der Meldung »jüdischen Vermögens« wie im Fall V). Nicht selten, wenn auch nicht zwingend, beruht der Vermögenszugriff in solchen Fällen auf einem Irrtum der in die Verfolgungspolitik eingebundenen Stellen. Entscheidend ist bei hoheitlichen Zugriffen stets der erkennbare Anlass der Maßnahme, mit anderen Worten, ob diese antisemitisch motiviert war.

Aus den dargestellten Fällen, die Vermögenszugriffe durch staatliche Stellen betrafen, können auch gewisse Rückschlüsse für die Handhabung von Fällen gezogen werden, in denen der Verlust durch Dritte oder die Geschädigten selbst (durch Veräußerung) herbeigeführt wurde. Auch in diesen Fällen müsste es in Fortführung des Rechtsgedankens der dargestellten Empfehlungen auf den erkennbaren Anlass des Vermögensverlustes ankommen: Der Grund und das Motiv des Vermögensverlustes müssen in der antisemitischen Verfolgungspolitik bestehen. Insoweit käme es daher bei Zugriffen Dritter erneut auf die Fremdzuschreibung, hingegen bei Veräußerungen auf die Selbstzuschreibung durch die Geschädigten an. In beiden Fällen müssten demnach Feststellungen zu den Verfolgungsumständen getroffen werden. Mangels direkter Nachweise (etwa aus Aussagen der Geschädigten oder Zeitzeug:innenberichten) müssten Anhaltspunkte dafür vorliegen, dass die Geschädigten durch Dritte als Juden angesehen wurden oder sich selbst als »jüdisch« im Sinne der geltenden Gesetzgebung einordneten. Ein entsprechendes Indiz stellt die Meldung bei öffentlichen Stellen dar.[1265]

Die CIVS vermeidet in ihren Empfehlungen – wohl übereinstimmend mit der laizistischen Ausrichtung der Französischen Republik – demgegenüber explizite Feststellungen zur Religion, Konfession, kulturellen Identität oder Herkunft der Geschädigten. Es ist daher nur bedingt nachvollziehbar, auf welcher Grundlage die Einordnung der Geschädigten als Opfer antisemitischer Verfolgung fußt. Nähere Ausführungen zu den Umständen der Verfolgung sind ansatzweise nur den vorbereitenden Gutachten der Berichterstatter:innen zu entnehmen. Die Einordnung beruht hier erkennbar auf Einzelfallindizien. In manchen Fällen wurde etwa auf

1265 Nach der sog. ersten Verordnung über Maßnahmen gegen Juden vom 27.9.1940 (VOBlF. vom 30.9.1940, S. 92) hatten sich als jüdisch eingeordnete Personen im Sinne der Verordnung bis zu einem bestimmten Datum bei den zuständigen Stellen (Unterpräfekten des Wohnortes) als »Juden« zu melden. Eine weitere Verordnung des deutschen Besatzers ordnete die Meldung »jüdischer wirtschaftlicher Unternehmen« an (sog. zweite Verordnung über Maßnahmen gegen Juden vom 18.10.1940, VOBlF. vom 20.10.1940, S. 112).

eine Verfolgung wegen einer Flucht der Betroffenen aus dem Deutschen Reich geschlossen.[1266] Ebenso verhält es sich, wenn die Geschädigten vor oder nach dem Vermögensverlust nachweislich durch hoheitliche Verfolgungsmaßnahmen betroffen waren (etwa bei gesetzlichen Berufsverboten[1267], Bestellung kommissarischer Verwalter:innen, Plünderungen der Wohnung durch deutsche Stellen,[1268] oder im Falle der Internierung in einem Konzentrationslager und anschließender Deportation[1269]). Daneben können weitere Indizien (Flucht nach Südfrankreich und Aufenthalt in einem Versteck[1270], Anzeige als »jüdisch« durch Dritte gegenüber Behörden[1271]) Aufschluss über eine Selbst- oder Fremdzuschreibung liefern. In nachweislich einem Fall wurde der Verfolgtenstatus neben weiteren Indizien erkennbar aus der Herkunft der Geschädigten aus einer Familie jüdischer Konfession gefolgert.[1272]

(iii) Ausschluss sonstiger Verfolgtengruppen

Das CIVS-Dekret erfasst nur Entziehungen, die infolge antisemitischer Gesetze eingetreten sind. Von vornherein bleiben somit Vermögensverluste bei Personen unberücksichtigt, die aus anderen (rassistischen, weltanschaulichen, politischen) Gründen zwischen 1940 und 1944 in Frankreich verfolgt wurden. In der Folge hat die CIVS daher Anträge anderer Verfolgtengruppen stets abgelehnt.[1273] Dieser im Wortlaut des CIVS-Dekrets angelegte Pauschalausschluss ist in der Vergangenheit wiederholt auf Kritik gestoßen. Der *Conseil d'État* wurde in diesem Zusammenhang zweimalig im Rahmen von gegen das Gründungsdekret gerichteten Anfechtungsklagen (*recours pour excès de pouvoir*) angerufen. In beiden Verfahren beriefen sich die Kläger:innen (selbst verfolgte Personen oder Abkömmlinge verfolgter Personen) im Wesentlichen auf eine Verletzung des Gleichheitssatzes. In beiden Fällen lehnte der Rat den Antrag mit ähnlich lautender Begründung ab.

(a) Das Verfahren Bidalou (2001)

Der Kläger in dem ersten Verfahren war nach eigener Behauptung Sohn eines Widerstandskämpfers.[1274] Die Einschränkung des Anwendungsbereichs auf Entziehungen antisemitischen

1266 So etwa in den Fällen Hugo Simon (Empfehlung vom 10.7.2020, Nr. 24384 BCM-Rest) und E (Empfehlung vom 5.12.2012).

1267 CIVS, Empfehlung vom 20.9.2015, Fall GG: Der Geschädigte folgte mit der Veräußerung seiner Aktienanteile einem gesetzlichen Gebot zur Einstellung des Betriebes seines Unternehmens nach dem sog. ersten Judenstatut vom 3.10.1940.

1268 CIVS, Empfehlung vom 6.9.2021, Nr. 24606 BCM-Rest, Bénard Le Pontois: Die Wohnung der Betroffenen wurde im August 1942 mehrere Monate nach ihrem natürlichen Tod im Dezember 1941 im Rahmen der M-Aktion geplündert. Eine amtliche Einordnung als »jüdisch« erfolgte offenbar erst nach dem Tod der Geschädigten im Zuge der Regelung der Erbschaft (Mission de recherche et de restitution, Schreiben vom 3.6.2020 betreffend Verfahrenseröffnung, S. 4, nicht veröffentlicht).

1269 CIVS, Empfehlung vom 17.5.2021, Nr. 24582 BCM, Armand Dorville: Manche der Erb:innen und Familienangehörigen Dorvilles wurden im Zuge ihrer Verfolgung in Vernichtungslager deportiert und ermordet.

1270 CIVS, Empfehlung vom 15.3.2002, 25.3.2010, 12.10.2011, Fall G.

1271 CIVS, Empfehlung vom 17.5.2021, a.a.O., Armand Dorville: Der Hauswart Dorvilles meldete diesen nach dessen Tod als »jüdisch« gegenüber den zuständigen Behörden. Offenbar war die jüdische Konfession Dorvilles den Behörden bis dahin verborgen geblieben und diese leiteten erst infolge dieser Information ein Verfahren zur »Arisierung« des Nachlasses ein.

1272 CIVS, Empfehlung vom 6.9.2021, Nr. 24606 BCM-Rest, Bénard Le Pontois: Der Vater der Geschädigten, Franz Philippson, war Vorsitzender der jüdischen Gemeinde von Brüssel und Mitglied des *Consistoire central israélite de Belgique*.

1273 Bezogen auf Sinti:zze und Roma:nja CAA Bordeaux, 14.6.2007, Nr. 07BX00995 – Bauer. Das Gericht bestätigte eine ablehnende Empfehlung der CIVS, in der diese sich bezüglich der Prüfung des Antrages des Nachfahren eines deportierten Sinti für unzuständig erklärt hatte.

1274 CE, 6.6.2001, Nr. 214205 – Jacques Bidalou.

Charakters stelle eine unzulässige Ungleichbehandlung dar, da weder er noch sein Vater bislang einen angemessenen Ausgleich für die während der Besatzungszeit erlittenen Vermögensschäden erhalten hätten. In seiner Entscheidung erkannte der Rat zwar eine Verfolgung auch anderer Personengruppen als historische Realität an, verneinte aber eine rechtlich relevante Ungleichbehandlung. Opfer antisemitischer Verfolgung seien im Unterschied zu anderen Verfolgten einer systematischen Vernichtungspolitik (*politique d'extermination systématique*) ausgesetzt gewesen:

> »[S]i, pendant l'Occupation de la France, plusieurs catégories de personnes ont été spoliées en application de différentes législations prises tant par l'occupant que par les autorités de Vichy, les personnes victimes de ces mesures dans le cadre de persécutions antisémites ont fait l'objet d'une *politique d'extermination systématique*« (Hervorhebung d. Verf.)[1275]

Differenzierter hatte zuvor noch die Regierungskommissarin argumentiert: Der antisemitische Vermögensraub habe sich im Unterschied zu Verfolgungsmaßnahmen gegen andere Gruppen dadurch ausgezeichnet, dass er in eine systematische Politik eingebunden gewesen sei, die neben Entziehungen auch weitere diskriminierende Maßnahmen umfasste und in letzter Konsequenz auf die Vernichtung der Opfer zielte.[1276] Die Shoah wird mithin in Anlehnung an Raul Hilberg als ein mehrgliedriger Vernichtungsprozess verstanden.[1277] Diese Besonderheit der antisemitischen Verfolgung rechtfertige auch eine abweichende Behandlung in rechtlicher Hinsicht.

Klärungsbedürftig erscheint, was gerade eine systematische Verfolgungspolitik von einer sonstigen Verfolgung unterscheidet. Die Ausführungen des *Conseil d'État* wie auch der Regierungskommissarin sind in diesem Punkt unklar. Der systematische Charakter könnte etwa in dem flächendeckenden, alle Bereiche des privaten und öffentlichen Lebens umfassenden Charakters der Verfolgungspolitik gesehen werden. Als systematisch ließe sich ferner eine Politik einstufen, die einem inneren System folgt und somit ein planerisches Element aufweist. Die antisemitischen Verfolgungsgesetze definierten die Opfer und belegten diese mit bestimmten Maßnahmen. Dieses Argument mag mit Blick auf Personen noch überzeugen, die aus politischen oder weltanschaulichen Gründen verfolgt wurden. Anders verhält es sich jedoch mit Blick auf Opfergruppen, deren Verfolgung gleichsam auf einer Klassifizierung nach rasseideologischen Kriterien oder rassistischen Ressentiments beruhte – die also unabhängig von dem konkreten Verhalten oder den Überzeugungen der Opfer war.

1275 A.a.O., Cons. 5.

1276 *de Silva*, Conclusions zu CE, 6.6.2001, Nr. 214205, S. 7: »[V]ous pourriez vous fonder pour conforter la solution sur l'idée selon laquelle la spoliation des biens s'insérait, s'agissant des personnes considérées comme juives par Vichy et l'Occupant, dans le cadre d'une politique systématique visant, à terme, leur extermination, et comprenant d'autres mesures de discrimination (port de l'étoile jaune, exclusion des emplois publics, déportation massive vers les camps de la mort).« Der Vertreter des Justizministeriums sah das Spezifikum der antisemitischen Verfolgung dagegen in einer »politique systématique de spoliation, fondée sur des actes juridiques« (zitiert nach *de Silva*, a.a.O., S. 6).

1277 *Hilberg*, Die Vernichtung der europäischen Juden, Band 1, S. 56: »Dem Vernichtungsprozeß liegt demnach eine durchgehende Struktur zugrunde: eine Gesetzmäßigkeit, ein Entscheidungsmechanismus und eine mit der täglichen Verwaltungsarbeit befasste Organisation. […] Die Abfolge der einzelnen Schritte des Vernichtungsprozesses sah folgendermaßen aus: Zuerst definiert man den Begriff ›Jude‹; dann traten Enteignungsmaßnahmen in Kraft; es folgte die Konzentration der Juden in Ghettos; schließlich fiel die Entscheidung, das europäische Judentum auszulöschen.«

(b) *Verfahren UDAF/France Liberté Voyage (2020)*

Ungeachtet der zunehmenden Befassung der historischen Holocaust- und Genozidforschung mit anderen Opfergruppen fand sich das Argument in unveränderter Form knapp zwei Jahrzehnte später in der Entscheidung Union Défense active des forains (UDAF)/France Liberté Voyage wieder.[1278] Geklagt hatten zwei Organisationen, die Interessen von Schausteller:innen (*forains*) und sog. *gens du voyage*[1279] vertreten. Die Organisationen hatten beim Premierminister eine Änderung des CIVS-Dekrets dahingehend beantragt, dass neben Opfern antisemitischer Verfolgung auch weitere Verfolgtengruppen erfasst werden sollten. Gegen die implizite Ablehnung dieses Antrags richtete sich die Klage vor dem *Conseil d'État*.[1280] Wie im Bidalou-Verfahren argumentierten die Kläger mit einer Verletzung des Gleichheitssatzes: Während der Besatzungszeit seien auch Sinti:zze und Roma:nja interniert und enteignet worden, zum Teil mit tödlichen Folgen. Der Rat wies die Klage indes mit gleichlautender Begründung wie schon 2002 ab. Geradezu apodiktisch stellte er fest, dass das Spezifikum der antisemitischen Verfolgung – dessen Einbindung in eine systematische Vernichtungspolitik – einen Vergleich mit anderen Opfergruppen ausschließe.[1281] Eine relevante Ungleichbehandlung sei daher auch in diesem Fall zu verneinen.

(c) *Das Argument des systematischen Charakters der antisemitischen Verfolgung*

Die Ausführungen des Rates laden zu einer rechtlichen Analyse des Arguments vom systematischen Charakter der antisemitischen Verfolgungs- und Vernichtungspolitik ein. Diese Begründungsfigur geht auf eine Leitentscheidung des *Conseil d'État* in der Sache Pelletier von 2001 zurück.[1282] Gegenstand der Klage bildete das Dekret vom 13. Juli 2000[1283], das die Gewährung einer staatlichen Entschädigungsleistung an Personen vorsieht, deren Eltern infolge einer Deportation aus antisemitischen Gründen verstorben sind, sofern die Anspruchsteller:innen im Zeitpunkt der Deportation das 21. Lebensjahr noch nicht vollendet hatten. Das Dekret gewährt somit einen Ausgleich für einen immateriellen Schaden der Überlebenden. Gegen das Dekret klagten acht Abkömmlinge von Personen, die aus anderen Gründen deportiert und ermordet worden waren und nunmehr Anspruch auf eine vergleichbare Entschädigung erhoben. Die Kläger:innen machten wie später in den Verfahren Bidalou und UDAF/France liberté Voyage eine Verletzung des Gleichheitssatzes geltend. In seiner Stellungnahme zum Klageantrag verneinte der Regierungskommissar Austry eine Ungleichbehandlung und begründete diese

1278 CE, 25.9.2020, Nr. 437524 – UDAF/France Liberté Voyage.

1279 Es handelt sich um eine rechtliche Sammelbezeichnung für Personen, deren traditionelle Siedlungsweise aus fahrbaren Heimen (z.B. Wohnwagen) besteht, vgl. *Cornu u. a.*, Vocabulaire juridique, S. 492. Im allgemeinen Sprachgebrauch bezeichnet der Begriff auch »Roms (ou Tsiganes) de France (y compris les Manouches et les Gitans), bien qu'ils ne soient itinérants que pour environ 15% d'entre eux« (*Vie publique*, La politique d'accueil des Gens du voyage depuis la loi Besson: Chronologie, Websitebeitrag).

1280 Der Klage traten später durch Nebenintervention die *Ligue internationale contre le racisme et l'antisémitisme* (LICRA) und ein Verfolgungsopfer, Henriette Théodore, bei. Die Ombudsfrau der Republik gab eine Stellungnahme zugunsten der Klage ab (vgl. Défenseure des droits, 2.9.2020, Nr. 2020-159).

1281 CE, 25.9.2020, a. a. O., Rn. 7: »[S]i, comme le font valoir les associations requérantes, pendant l'Occupation de la France, plusieurs catégories de personnes ont été spoliées en application de différentes législations […] ou à la suite de leur internement dans des camps en France, les personnes victimes de ces mesures dans le cadre de persécutions antisémites ont fait l'objet d'une politique d'extermination systématique.«

1282 CE, Assemblée, 6.4.2001, Nr. 224945, Rec. S. 173 – Pelletier.

1283 Décret n° 2000-657 du 13 juillet 2000 instituant une mesure de réparation pour les orphelins dont les parents ont été victimes de persécutions antisémites (JORF vom 14.7.2000, Text Nr. 10).

Unterscheidung zwischen aus antisemitischen und anderen Gründen verfolgten Personen erstmals mit dem systematischen Charakter der Verfolgung, der als jüdisch eingeordnete Kinder ausgesetzt waren:

> »[I]l est à nos yeux une différence entre les enfants de déportés juifs et les autres, c'est le caractère systématique de la persécution dont les enfants juifs ont fait l'objet en France pendant l'Occupation. Les enfants juifs n'étaient pas seulement pourchassés en tant qu'enfants de personnes poursuivies et parfois déportées, ils l'étaient en tant qu'enfants parce que juifs.«[1284]

Das Spezifikum der antisemitischen Verfolgung bestehe darin, dass diese nicht an eine bestimmte Meinung, sondern an die schlichte Einordnung der Opfer als jüdisch angeknüpfte. Zudem seien als jüdisch eingeordnete Personen im Unterschied zu anderen Verfolgtengruppen im Alltag durch eine breite Vielzahl von Maßnahmen betroffen gewesen, die auf ihre Identifikation, Gefangennahme und Deportation abzielten. Gleichwohl könne, so Austry, auch der systematische Charakter der antisemitischen Verfolgung für sich genommen nicht den dauerhaften Ausschluss anderer Verfolgtengruppen von staatlichen Leistungen legitimieren, sondern nur eine Priorisierung, mit anderen Worten eine zeitweise Ungleichbehandlung.[1285] In Übereinstimmung mit der Position des Regierungskommissars verneinte der *Conseil d'État* in seiner Entscheidung vom 6. April 2001 eine Verletzung des Gleichheitssatzes. Die Besonderheit der antisemitischen Verfolgungspolitik bestünde in einer »politique d'extermination systématique qui s'étendait même aux enfants«.

In der Sache UDAF/France Liberté Voyage musste dieses Argument daher notwendig an seine Grenzen gelangen, da das Vergleichspaar nunmehr nicht politische Verfolgte, sondern *Gens du voyage* bildeten, deren Verfolgung nach 1940 gleichfalls auf einer hoheitlichen, rassifizierenden Fremdzuschreibung beruhte. Den historischen Ausgangspunkt dieser Verfolgung bildete das Dekret vom 6. April 1940, das zulasten sog. *nomades*[1286] ein allgemeines Fahr- und Reiseverbot sowie eine Residenzpflicht unter polizeilicher Aufsicht vorschrieb.[1287] Wie der Staatspräsident Hollande in seiner Rede vom 29. Oktober 2016 bemerkte, wurde diese Maßnahme zwar vordergründig mit allgemeinen Sicherheitserwägungen begründet, aber »[e]n réalité, ce texte ne faisait que transcrire dans la loi une méfiance venant du fond des âges, un fantasme nourri de peurs ancestrales, une somme de préjugés, d'ignorance.«[1288] Grundlage der Maßnahme bildeten mithin rassistische und xenophobe Ressentiments. Im Verlauf der Besatzungszeit wurden die Betroffenen auf Anordnung des deutschen Besatzers, aber auch

1284 *Austry*, RFDA 2001, 712 (722 f.).

1285 A.a.O., S. 723: »Cette différence est indéniable. Pour autant, elle ne serait pas à nos yeux suffisante pour justifier des modalités de la réparation du préjudice moral différentes de celles des autres orphelins de déportés, mais elle explique le choix du Gouvernement d'apporter en priorité une réponse à la situation des orphelins de déportés juifs.« Ein entsprechendes Entschädigungsregime für Kinder von Opfern der Barbarei (*acte de barbarie*) wurde schließlich durch Dekret Nr. 2004-751 vom 27.7.2004 (JORF vom 29.7.2004, Text Nr. 39) eingeführt.

1286 Der Begriff wurde durch Gesetz vom 16.7.1912 legaldefiniert. Als Nomaden galten alle Personen unabhängig von ihrer Nationalität, die in Frankreich umherreisten und weder einen festen Aufenthaltsort noch Wohnsitz aufwiesen, ohne zugleich Schausteller zu sein oder ein fahrendes Gewerbe zu betreiben.

1287 Décret du 6 avril 1940 relatifs à l'interdiction de la circulation des nomades sur la totalité du territoire métropolitain (JORF vom 8. und 9.4.1940, S. 4).

1288 *Hollande*, Rede des Staatspräsidenten vom 29.10.2016.

der französischen Regierung in Konzentrationslagern interniert. Im Zuge der Festnahmen büßten die Betroffenen nicht selten auch ihre Vermögenswerte ein. Die lebenswidrigen Bedingungen in den Lagern führten in zahlreichen Fällen zum Tod der Inhaftierten. In seiner Ansprache hob Hollande zudem hervor, dass die Verfolgung und Vernichtung dieser Opfergruppen in alleiniger Ansehung ihrer Person erfolgt sei (»des gens du voyage ont été arrêtés par les nazis, déportés à Auschwitz et qu'ils ont trouvé la mort parce qu'ils étaient des Tsiganes«). Unweigerlich erinnert diese Passage an die Ausführungen des Regierungskommissars im Pelletier-Verfahren. Die antisemitische Verfolgung erscheint daher jedenfalls ausgehend von ihrer rassifizierenden Logik mit den antiziganistischen Verfolgungsmaßnahmen vergleichbar.

Die Berichterstatterin Roussel in dem Verfahren UDAF/France liberté voyage hob gleichwohl auf ein anderes Kriterium ab: Eine Verletzung des Gleichheitssatzes sei angesichts der »zweifellosen Singularität« (»irréductible singularité«) der Shoah zu verneinen.[1289] Eine historische *Singularität* der Shoah hatte der Rat in den Entscheidungen Pelletier und Bidalou gleichwohl nie behauptet. Vielmehr bestand der Ansatz des Rates darin, die historischen *Spezifika* der antisemitischen Verfolgungspolitik (deren systematischen Charakter und deren genozidale Zielsetzung) hervorzuheben. Die historische Besonderheit der Shoah lässt es gerechtfertigt erscheinen, Schäden, die infolge antisemitischer Verfolgungsmaßnahmen entstanden sind, in einem speziellen Verfahren, das auf die historischen Spezifika dieser Schäden ausgerichtet ist, zu prüfen und auszugleichen. Unter rechtlichen Gesichtspunkten vermag dieses Argument aber nicht den dauerhaften Ausschluss anderer Verfolgtengruppen von staatlichen Leistungen zu rechtfertigen. Schon der Regierungskommissar Austry mahnte in der Sache Pelletier mit Blick auf Leistungen zum Ausgleich immaterieller Schäden an, dass es keine »hiérarchie dans la douleur« (Hierarchie im Schmerz)[1290] geben könne. Dies muss erst recht für Vermögensschäden gelten, bei denen die Leiderfahrung der Geschädigten anders als bei immateriellen Schäden für die Frage der Schadensbemessung gerade unbeachtlich ist. Die Ausgrenzung anderer Verfolgtengruppen erscheint zum jetzigen Stand unter rechtlichen Gesichtspunkten nur noch mit Bezug auf aus politischen Gründen Verfolgte vertretbar.

bb) Kausalität (*causalité*)

Aus dem Wortlaut von Art. 1 Abs. 1 und Art. 1-1 CIVS-Dekret folgt weiterhin, dass die Entziehung (*spoliation*) Folge antisemitischer Gesetze oder Maßnahmen (*intervenue du fait des législation antisémites*), mit anderen Worten in einem zeitlich-chronologischen Zusammenhang zu diesen stehen muss. Im Kern stellt die Formulierung des Dekrets somit ein Kausalitätserfordernis auf. Kausalität beschreibt die Verbindung zwischen dem Verhalten einer Person (*fait dommageable*) und der eingetretenen Schädigung oder Verletzungshandlung (*dommage*). Sie ist zu bejahen, wenn die Schädigung als Folge dieses Verhaltens anzusehen ist.[1291] Unter welchen

1289 *Roussel*, Conclusions zu CE 25.9.2020, Nr. 437524, S. 4: »Le motif qui vous a conduit à écarter un tel moyen en 2001 repose sur l'irréductible singularité des persécutions antisémites et donc sur la différence de situation entre les victimes juives et les autres victimes de persécutions pendant cette période.«

1290 Vgl. *Austry*, RFDA 2001, 712 (722): »Il est évidemment impossible d'établir une hiérarchie dans la douleur que ressentent des enfants lorsque leur père ou leur mère, parfois l'un et l'autre, leur est enlevé.«

1291 »[A] conduct or a source of danger causes a legally relevant damage if the damage is to be regarded as a consequence of that conduct or source of danger.«, *von Bar/Clive*, Principles, Definitions and Model Rules of European Private Law: Draft Common Frame of Reference (DCFR), S. 3570.

Voraussetzungen einer solcher Zusammenhang zu bejahen ist, bemisst sich danach, welcher Ansatz bei der Eingrenzung der als rechtlich relevant bewerteten Ursachen oder Bedingungen vertreten wird. In Frankreich gelangen in der Zivil- wie auch in der Verwaltungsrechtsprechung vorwiegend die Theorien der äquivalenten und adäquaten Kausalität zur Anwendung.[1292] Kausal im Sinne der Äquivalenztheorie ist jede Ursache, die – wenn sie hinweggedacht würde – den Schaden entfallen ließe.[1293] Kausal nach der Adäquanztheorie ist dagegen jede Ursache, die den Schaden nach dem gewöhnlichen Lauf der Dinge mit einer gewissen Wahrscheinlichkeit hervorgerufen hat.[1294]

Die CIVS hat sich in ihrer Spruchpraxis bislang zu keinem dieser Kausalitätsbegriffe bekannt. Vielmehr orientiert sich die Kausalitätsprüfung an Fallgruppen, bei denen ein Zusammenhang zur antisemitischen Verfolgungspolitik ausgehend von den Besonderheiten der Verlustumstände typischerweise bejaht oder abgelehnt werden kann. Kausalität wird grundsätzlich bei Schäden verneint, in denen sich das allgemeine Kriegs- und Besatzungsrisiko, nicht aber Verfolgungsmaßnahmen ausgewirkt haben (Kriegs- und Besatzungsschäden).[1295] Gemeint sind Schäden, die infolge kriegerischer Handlungen (etwa Bombardements) oder infolge von Eingriffen in das Privateigentum zur Erfüllung der Bedürfnisse der Besatzungsmacht eingetreten sind (Requisitionen).[1296] Diesen Handlungen oder Maßnahmen ist gemein, dass sie grundsätzlich nicht diskriminierend wirken, sondern zufällig oder jedenfalls ohne Ansehung der betroffenen Person erfolgt sind.

In der Praxis der CIVS wirkt sich das Kausalitätserfordernis aber in der Tendenz nicht anspruchshindernd aus. Bei unfreiwilligen Eingriffen in das Vermögen wird schon, wie die Fälle G und C belegen,[1297] eine kausale Verursachung durch antisemitische Verfolgungsmaßnahmen als typischer Geschehensverlauf vermutet, sofern nicht konkrete Anhaltspunkte dafür vorliegen, dass der Vermögensverlust in Wahrheit auf anderen Ursachen beruhte. Gleiches dürfte für rechtsgeschäftliche Vermögensverluste gelten: Da aus antisemitischen Gründen Verfolgte im Zeitraum der Besatzung in nahezu sämtlichen Lebensbereichen staatlicher Repression (Berufsverboten, Verfügungsbeschränkungen über das eigene Vermögen, Festnahmen, Razzien und schließlich Deportationen) ausgesetzt waren, ist es nach dem regelmäßigen Lauf der Dinge naheliegend, dass ihre Verfolgung auch bei der Entscheidung für eine Veräußerung zumindest mitursächlich geworden ist.

Die Prüfung der Kommission beschränkt sich aber nicht auf die Prüfung der Kausalität im Sinne äquivalenter und adäquater Verursachungsbeiträge. Die Entziehung muss vielmehr, wie die Auswertung der Fallpraxis der Kommission belegt, bei wertender Betrachtung als zurechenbare Folge der antisemitischen Verfolgungspolitik erscheinen.

1292 Siehe zur Zivilrechtsprechung: *Le Tourneau*, Responsabilité: généralités, in: Répertoire de droit civil, Bearbeitungsstand Juni 2022, Rn. 52. Siehe zur Verwaltungsrechtsprechung im Bereich der Staatshaftung *Marsch*, in: Dörr (Hrsg.), Staatshaftung in Europa: Nationales und Unionsrecht, S. 195, 212 f.; *Séners/Roussel*, Préjudice réparable, in: Répertoire de la responsabilité de la puissance publique, Bearbeitungsstand Oktober 2021, Rn. 4.

1293 In diesem Sinne Cass. civ. 2e, 27.3.2003, Nr. 01-00.85, Bull. civ. II, Nr. 76.

1294 *Deguergue*, Fasc. 830: Causalité et imputabilité, in: Jurisclasseur Administratif, Bearbeitungsstand 15.5.2013, Rn. 19.

1295 *CIVS*, Tätigkeitsbericht für 2001, S. 23: »[L]e préjudice doit être en liaison avec des législations antisémites, d'où l'exclusion des dommages de guerre (ex: bombardements), des mesures de réquisition«.

1296 Vgl. *Lauterpacht*, International Law. A treatise, Disputes, war and neutrality, Band 2, S. 317–318, § 147.

1297 Siehe hierzu bereits unter B.III.7.c)aa)(2)(ii)(c).

cc) Zurechenbarkeit (*imputabilité*)

Nach der Praxis der CIVS muss der Vermögensverlust nicht nur kausal auf Handlungen staatlicher Stellen in Frankreich beruhen, sondern diesen auch zurechenbar (*imputable*) sein, um einen Anspruch nach dem Dekret zu begründen.[1298] Fraglich ist, in welchem Sinne der Begriff der Zurechnung in ihrer Praxis verstanden wird und welche konkrete Ausgestaltung er dort gefunden hat.

In der juristischen Literatur sind neben dem Begriff der Kausalität die Begriffe Zurechnung (*imputation*) und Zurechenbarkeit (*imputabilité*) verbreitet, um die zeitlich-räumliche Beziehung zwischen einer bestimmten Handlung und einem Schaden zu charakterisieren. Während die Kausalität der Bestimmung der Handlung dient, die einen Schaden verursacht hat, geht es bei der Frage der Zurechnung (*imputation*) um die Ermittlung der Person, die für diesen Schaden rechtlich haftbar zu machen ist. Anders formuliert dient die *imputation* der Ermittlung des Haftungssubjektes (*débiteur*). Die Zurechenbarkeit (*imputabilité*) bezweckt hingegen die Zurechnung eines schadensträchtigen Ereignisses (*fait dommageable*) zu einer bestimmten Person als dessen Verursacherin.[1299] Im Deliktsrecht (*responsabilité civile*) beschreibt der Begriff die Verursachung eines Schadens durch das Verhalten einer bestimmten Person (*imputabilité matérielle*), der dieses Verhalten aufgrund ihrer Einsichtsfähigkeit vorwerfbar ist (*imputabilité morale*).[1300] In diesem Sinne wird der Begriff auch im Strafrecht, jedoch bezogen auf die strafrechtliche Haftung verstanden.[1301] Im Rahmen des CIVS-Dekrets geht es dagegen, da nur Maßnahmen staatlicher Hoheitsträger haftungsbegründend wirken, ersichtlich um die *imputabilité materielle*. Der Begriffsgehalt scheint nach der dargestellten Definition vollständig im Begriff der Kausalität aufzugehen.[1302] Seine eigentliche Funktion tritt hingegen erst in Fällen zutage, in denen sich im Schaden zeitgleich mehrere Handlungsbeiträge verwirklicht haben.

1298 »[L]e préjudice doit être imputable aux autorités françaises ou occupantes sur le territoire français ou assimilé«, so wortgleich in *CIVS*, Tätigkeitsbericht für 2001, S. 24; *CIVS*, Tätigkeitsbericht für 2006, S. 8; *CIVS*, Tätigkeitsbericht für 2009, S. 42. So auch in Beiträgen der Mitglieder der Kommission, wie namentlich bei *Ruzié*, in: Libertés, justice, tolérance: Mélanges en hommage au doyen Gérard Cohen-Jonathan, Band 2, S. 1351, 1361. Hingegen ist die Rede von »spoliations imputables aux législations antisémites« bei *Grynberg*, Yod 2018 Rn. 59. Ein wesentlicher Unterschied zwischen diesen Aussagen ist nicht erkennbar. Die übrige Literatur zur CIVS geht auf diesen Aspekt nicht ein, obgleich dieser für ein Verständnis der Spruchpraxis der Kommission unabdingbar ist.

1299 Vgl. *Oki*, L'imputation, mécanisme fondamentale de la responsabilité des personnes publiques, S. 17 (»la notion d'imputabilité nous semble uniquement apte à saisir l'attribution à un débiteur d'un fait générateur de dommage dont il sera considéré comme auteur«); *Fischer*, in: Beignier/Kenfack/Mazeaud/Revet (Hrsg.), Libre droit: Mélanges en l'honneur de Philippe Le Tourneau, S. 383, 385 f. (»L'imputabilité relie le fait générateur à son responsable«).

1300 *Brun*, Responsabilité du fait personnel, in: Répertoire de droit civil, Bearbeitungsstand Mai 2015, Rn. 15: »L'imputabilité [...] est une imputabilité matérielle, dont la problématique se rattache à celle de la causalité. Mais l'exigence d'imputabilité revêt aussi un tout autre sens : lorsqu'il s'agit de s'assurer que l'auteur de la faute était à même de mesurer la portée de l'acte qu'il a commis, en d'autres termes que la faute peut lui être moralement imputée.«.

1301 *Beaussonie*, Infraction, in: Répertoire de droit pénal et de procédure pénale, Bearbeitungsstand Juli 2021, Rn. 160: »[P]our lui être ›imputable‹, c'est-à-dire reprochable au titre de la responsabilité pénale, son action doit d'abord avoir été consciente. [...] [P]our lui être imputable, l'action doit ensuite avoir été libre.«

1302 *Couzinet*, RDP 1993, 1385 (1386): »La causalité est un rapport entre faits: l'un ayant provoqué l'autre. L'imputabilité s'analyse comme une relation de fait à personne: il s'agit de déterminer quelle est la personne qui doit être considérée juridiquement comme la source ou plus exactement l'auteur d'un fait donné, cause du fait dommageable.«

Die Zurechenbarkeit erfüllt in diesem Fall die Funktion, unter mehreren (äquivalent oder adäquat) kausalen Schadensbeiträgen den haftungsbegründenden Kausalfaktor zu ermitteln.[1303]

Dieses Begriffsverständnis liegt ausgehend von den im Rahmen dieser Forschungsarbeit gesichteten Fällen auch der Spruchpraxis der CIVS zugrunde. Das CIVS-Dekret fordert bereits seinem Wortlaut nach, dass der Vermögensschaden auf einer Entziehung infolge antisemitischer Gesetze beruhen muss. Von vornherein ist dem Dekret somit eine gesetzliche Einschränkung auf verfolgungsbedingte Vermögensverluste immanent. Diese Restriktion bedingt eine Einschränkung der Haftung gegenüber dem allgemeinen Schadensersatzrecht. Während im Rahmen des Art. 1240 Code civil[1304] und im Staatshaftungsrecht grundsätzlich eine Quotelung der Haftung zwischen mehreren Verursacher:innen eines Schadens ausgehend von deren Verursachungsbeiträgen möglich ist, ist dies nach dem CIVS-Dekret ausgeschlossen. Als relevante Schadensursache kommt ausschließlich die antisemitische Verfolgungspolitik des deutschen Besatzers oder des Vichy-Regimes in Betracht. Antisemitische Gesetze oder Maßnahmen müssen demnach bei wertender Betrachtung die alleinige, *maßgebliche* Schadensursache darstellen. Diese Einschränkung des Haftungstatbestandes rechtfertigt sich aus der Zielsetzung des Dekrets, Ausgleich für historisches Unrecht staatlicher Stellen zu gewähren, wenn dieses zu einer Schädigung geführt hat. Das Dekret begründet auf diese Weise eine besondere Form der Unrechtshaftung für verfolgungsbedingte Entziehungen.

Unproblematisch ist die Zurechnung zur antisemitischen Verfolgungspolitik, wenn der Vermögensverlust unmittelbar auf eine staatliche Maßnahme antisemitischen Charakters zurückzuführen ist. Zweifelhaft erscheint diese Zurechnung dagegen, wenn sich neben der Verfolgungspolitik weitere Kausalfaktoren im Vermögensschaden niedergeschlagen haben, etwa Handlungen Dritter (z. B. ein Diebstahl oder Raub) oder ein Verhalten der Geschädigten (z. B. eine Veräußerung). Eine ähnliche Problematik stellt sich aber auch bei staatlichen Maßnahmen, die nicht offenkundig Ausdruck der antisemitischen Verfolgungspolitik sind (etwa Hoheitsakte aufgrund tradierter zivilrechtlicher Rechtsnormen). Zur Veranschaulichung soll folgendes abstraktes Beispiel dienen:

> Kann als letzte Bedingung in einer Ursachenkette Faktor A als maßgebliches Schadensereignis ermittelt werden, so wäre unter dem Gesichtspunkt der *imputabilité* (Zurechenbarkeit) in einem Folgeschritt zu prüfen, ob Faktor A (1.) staatlichen Stellen in Frankreich zurechenbar ist und (2.) Ausdruck einer antisemitischen Verfolgungspolitik ist. Besteht Kausalfaktor A etwa in einem Raub durch Täter T zulasten des Opfers O, wäre zu prüfen, ob diese Tathandlung die Voraussetzungen nach (1.) und (2.) erfüllt. Gleiches gilt, wenn Kausalfaktor A in einer Veräußerung durch O besteht. Auch dann wäre zu prüfen, ob Faktor A in diesem doppelten Sinne zurechenbar ist.

An diese Vorüberlegung schließt sich die Folgefrage an, nach welchen konkreten Kriterien sich die Prüfung der Zurechenbarkeit in einem konkreten Fall vollzieht. Nach dem französi-

1303 *Deguergue*, Fasc. 830: Causalité et imputabilité, in: Jurisclasseur Administratif, Bearbeitungsstand 15.5.2013, Rn. 81: »[À] partir du moment où […] le juge a admis la causalité partielle de deux faits également générateurs du dommage, l'imputabilité a assuré une fonction de répartition des responsabilités et donc de détermination des personnes et des patrimoines responsables.«

1304 Tout fait quelconque de l'homme, qui cause à autrui un dommage, oblige celui par la faute duquel il est arrivé à le réparer.

schen Schadensersatzrecht wird derjenige Verursachungsbeitrag als haftungsbegründend angesehen, der den Schaden direkt und mit hinreichender Wahrscheinlichkeit herbeigeführt hat (sog. *lien de causalité direct et certain*). Der eingetretene Schaden muss sich bei wertender Betrachtung als unvermeidbare Folge (*conséquence inévitable*) gerade dieses Kausalfaktors darstellen.[1305] Ein für den Schadenseintritt mitursächliches Verhalten der Geschädigten oder Dritter unterbricht die Zurechnung nur, wenn dieses von größerer oder jedenfalls vergleichbarer Schwere als bzw. wie das Verhalten der Person ist, gegen die sich der Anspruch richtet.[1306] Übertragen auf das CIVS-Dekret bedeutet dies, dass der Vermögensverlust wertungsmäßig in einem direkten Kausalzusammenhang zur antisemitischen Verfolgungspolitik stehen muss. Das bedeutet nicht, dass als direkter Verursachungsbeitrag nur die zeitlich letzte Ursache in einer mehrgliedrigen Kausalkette in Betracht kommt. Vielmehr muss das Handeln staatlicher Stellen unter Wertungsgesichtspunkten die *maßgebliche* Ursache für den Verlusteintritt darstellen. Die Bewertung der Zurechnung erfolgt dabei nicht entlang einer vorgefertigten, abstrakten Gleichung. Vielmehr hat sich die Prüfung an den Umständen des konkreten Einzelfalls auszurichten.

Im Nachfolgenden soll die Prüfung der *imputabilité aux législations antisémites* entlang dreier für die Spruchpraxis relevanter Verlustkonstellationen veranschaulicht werden:

- Entziehungen durch staatlichen Zugriff,
- Entziehungen durch private Dritte und
- Verluste, die auf einem willentlichen Verhalten der Geschädigten beruhen (insbesondere Veräußerungen).

Eine Zurechnung wäre nach zivilrechtlichen Grundsätzen zu bejahen, wenn die Verfolgungspolitik bei wertender Betrachtung als die maßgebliche Ursache anzusehen und das Dritt- oder Geschädigtenverhalten bei der Schadensverwirklichung nur von vergleichsweise geringer Bedeutung war.

1305 Grundlegend Cass. civ. 2e, 14.6.1995, Nr. 93-20.103, Bull. civ. II, Nr. 187. Der Sachverhalt weist gewisse Parallelen zu den in der CIVS-Praxis relevanten Fällen auf. Die Klägerin war Erbin ihres Ehegatten, der in einem Verkehrsunfall verstorben war. Zu Lebzeiten hatte dieser ein Unternehmen betrieben. Nach mehrmonatigen, offenbar erfolglosen Versuchen, das Unternehmen fortzuführen, entschloss sich die Erb:innengemeinschaft zur Aufgabe der Geschäftstätigkeit und zum Verkauf des Unternehmens. Von dem Unfallverursacher verlangte die Witwe Schadensersatz für den wirtschaftlichen Schaden, der ihr infolge der Liquidation des Unternehmens als ihrer einzigen Einkommensquelle entstanden war. Die Instanzgerichte verneinten in diesem Fall einen Zurechnungszusammenhang und wiesen die Klage ab. Die *Cour de cassation* wies die hiergegen gerichtete Kassationsbeschwerde ab. Der Verkaufsentschluss sei nicht unvermeidbare Folge des Unfallgeschehens gewesen. Ähnlich, aber mit anderem Ergebnis: Cass. civ. 2e, 19.6.2003, Nr. 00-22.302 (Verkauf eines Unternehmens zu einem Minimalpreis nach unfallbedingter teilweiser Arbeitsunfähigkeit des Inhabers; Zurechnung bejaht); Cass. civ. 2e, 22.1.2009, Nr. 07-20.878 08-10.392 (Unterwertverkauf von Unternehmensanteilen nach vollständiger Arbeitsunfähigkeit nach einem körperlichen Übergriff; Zurechnung bejaht).

1306 »Toutefois, la rupture totale du lien de causalité, et la décharge corrélative de l'auteur de la première faute chronologique, n'ont lieu que si le fait de la victime ou du tiers apparaît d'un degré de gravité égal ou supérieur. Lorsque la gravité du novus actus est moindre que celle de la première faute, un partage de responsabilité intervient.«, *Le Tourneau*, Responsabilité: généralités, in: Répertoire de droit civil, Bearbeitungsstand Juni 2022, Rn. 56. Für eine Übersicht mit weiteren Beispielen aus der Rechtsprechung zu Fällen einer Zurechnungsunterbrechung aufgrund Geschädigten- oder Drittverhalten siehe *Julien*, in: Le Tourneau (Hrsg.), Dalloz action Droit de la responsabilité et des contrats, S. 671, 710.

(1) Entziehungen durch staatliche Stellen

Zurechenbar im dargestellten Sinne sind Entziehungen durch staatliche Stellen des Deutschen Reichs oder des französischen Staates in Umsetzung der antisemitischen Verfolgungspolitik. Hierzu zählen etwa Wegnahmen von Kulturgütern im Rahmen konzertierter Beschlagnahmeaktionen des Deutschen Reichs.[1307] Gleiches gilt für Verluste auf Grundlage der Gesetze zur »Arisierung jüdischen Vermögens« (Verordnung des deutschen Besatzers vom 18. Oktober 1940 und Gesetz vom 22. Juli 1941).[1308]

Nicht entscheidend für die Zurechnung ist die formale Einbindung der handelnden Stellen in den staatlichen Organisationsapparat, sondern vielmehr, ob diese in Wahrnehmung hoheitlicher Befugnisse (etwa kraft Beleihung) oder jedenfalls mit Billigung staatlicher Stellen agierten. Hierdurch wird der Bereich der zurechenbaren Handlungen auf Raubtaten von Personen erweitert, die mit Stellen des Deutschen Reichs in den besetzten Gebieten kollaborierten. Hierzu zählen etwa paramilitärische Verbände wie die *Milice française*, die in die antisemitische Verfolgungspolitik eingebunden war.[1309] Ein weiteres Beispiel stellt die sog. Bonny-Lafont-Bande (sog. *Carlingue* oder *Gestapo française*) dar, eine Gruppe von Kollaborateur:innen, die eng mit der deutschen Gestapo zusammenarbeitete und Entführungen und sonstige Hilfstätigkeiten für diese übernahm. Zum Tätigkeitsbereich dieser Gruppe zählten auch Wohnungsplünderungen, wie der Fall R verdeutlicht.

> Die Brüder Yvon R (1890–1941) und Jacques R (1891–1980) waren Inhaber eines international tätigen Kunst- und Antiquitätenhauses. Angesichts des deutschen Einmarsches ließen die Brüder die Bestände des Unternehmens, Silberwaren sowie weitere Gemälde, Tapisserien und Schmuck in 22 Kisten verpacken und gaben diese bei einer Pariser Bank in Verwahrung. Die Kisten sollten durch einen ehemaligen US-amerikanischen Konsul K über den Atlantik ausgeführt werden. Zu diesem Zwecke beauftragte K den Dienstleister D, der diese in einer zu diesem Zweck angemieteten Wohnung einlagern ließ. 1942 wurde D von der Bande Bonny-Lafont entführt und in der Rue Lauriston, dem Sitz der Bande, verhört. In der Zwischenzeit wurde seine Wohnung (darunter auch die Kisten mit den Vermögenswerten der Brüder R) von Mitgliedern der Bande vollständig geplündert. Die Kisten wurden vermutlich an die deutsche Besatzungsmacht übergeben, teilweise verkauft oder als Geschenke weitergegeben. Der Verbleib der Kulturgüter nach dem Krieg ist bis heute ungeklärt.

In ihrer Empfehlung vom 4. April 2006 stellte die Kommission die Plünderung durch die Bande einer Entziehung durch deutsche Stellen (»par les Allemands«) gleich und bejahte eine Zurechnung zu staatlichen Verfolgungsmaßnahmen.

Einer näheren Begründung bedürfen Fälle, in denen die Geschädigten selbst an der Herbeiführung des Vermögenszugriffs durch eine staatliche Stelle, etwa im Rahmen einer »Arisierung«

1307 Auf diese Plünderungsaktionen wurde bereits weiter oben eingegangen, siehe unter B.III.7.c)aa)(2)(ii)(b).

1308 CIVS, Empfehlungen vom 6.2.2009, 1.9.2011, 17.2.2017, Fall T.

1309 Die französische Miliz wurde durch Gesetz Nr. 63 vom 30.1.1943 (JOEF vom 31.1.1943, S. 290) eingerichtet. Die Miliz entwickelte sich im Laufe der Besatzung zunehmend zu einer Art staatlicher Ersatzpolizei und führte Massenfestnahmen und -erschießungen politischer Gegner:innen und Verfolgter durch.

nach dem Gesetz vom 22. Juli 1941, durch Beteiligung an den Verkaufsverhandlungen oder durch Unterschrift der Vertragsurkunde mitgewirkt haben. Die Bewertung solcher Fälle war schon in der Nachkriegszeit umstritten.[1310] Die CIVS bewertet derartige Fälle nach denselben Maßstäben wie Veräußerungen durch die Geschädigten, obgleich die Ernennung kommissarischer Verwalter:innen den Vermögensbeschlag (*dessaisissement*) bewirkte. Der Vermögensbeschlag wird somit nicht als das entscheidende, sondern nur als eines von mehreren Kriterien bei der Bewertung der Zurechnung angesehen.[1311]

(2) Entziehungen durch Dritte

Eine Zurechnungsproblematik stellt sich weiterhin, wenn der Vermögensverlust auf dem Handeln einer (natürlichen oder juristischen) Privatperson beruht. Historisch dokumentiert sind Diebstähle, Plünderungen und Wohnungseinbrüche durch Private, die sich die Notlage oder die durch Festnahme oder Deportation bedingte Abwesenheit verfolgter Personen zunutze machten, um sich widerrechtlich Vermögenswerte anzueignen. Es stellt sich die Frage, ob diese Vermögenszugriffe lediglich strafwürdiges Unrecht darstellen oder auch eine Haftung nach dem CIVS-Dekret auslösen können. Charakteristisch für diese Fälle ist, dass der Zugriff auf das Vermögen der Verfolgten durch deren systemische Schwächung deutlich erleichtert wurde, sodass zumindest ein Ursachenzusammenhang zur antisemitischen Verfolgungspolitik besteht.[1312] Gerade zu Beginn des deutschen Einmarsches sahen sich indes nicht nur potenzielle Verfolgungsopfer gezwungen, ihr Hab und Gut zurückzulassen. Aus Furcht vor Krieg und Zerstörung verließen tausende Menschen ihre Wohnungen und flohen im Zuge des sog. *exode* (Exodus) Richtung Süden. In dieser Frühphase der Besatzung stellten daher Plünderungen ein geläufiges Phänomen dar, das die gesamte Bevölkerung Frankreichs betraf. Im Einzelfall können sich in diesem Bereich daher Abgrenzungsschwierigkeiten zu nicht ersatzfähigen Kriegsschäden ergeben.[1313]

Dem gesichteten Fallmaterial sind verhältnismäßig wenige Fälle dieser Art zu entnehmen. Einer dieser Fälle ist der bereits dargestellte Fall V.[1314] Am 6. Januar 1944 drangen vier bewaffnete Männer, die sich unter Vorlage gefälschter Dokumente als Vertreter der Gestapo ausgaben, in das Wohnhaus des V ein und forderten die Herausgabe des »Judengoldes«, das dieser für einen verfolgten Bekannten verwahrte. Als V sich weigerte, verschafften sich die Täter mit Gewalt Zugang zur Wohnung und entwendeten eine Schmuckdose sowie Bargeld. Nach dem Krieg wurden die Täter strafrechtlich verurteilt. V hatte in dem strafrechtlichen Verfahren von einem Adhäsionsantrag abgesehen, sodass eine Verurteilung zu Schadensersatz an V ausblieb.

1310 Zu dieser Problematik, insbesondere zur Auslegung des Begriffs des »concours matériel« im Rahmen von Art. 1 Abs. 1 der Verordnung vom 21.4.1945 siehe Näheres unter B.II.2.c).

1311 Siehe etwa CIVS, Empfehlung vom 30.11.2018, Fall W. Siehe hierzu Näheres unter B.III.7.c)cc)(3)(ii).

1312 *Mission d'étude sur la spoliation des Juifs de France*, Rapport au Premier ministre, S. 19 f.: »Il faut noter que cette forme de spoliation, [...], n'a pas frappé exclusivement des personnes considérées comme juives [...]. Mais les Juifs y ont été particulièrement exposés en raison, d'une part, du pillage plus systématique qu'ont subi les objets de valeur leur appartenant et d'autre part, de la précarité de leur situation personnelle [...] liée aux persécutions qu'ils subissaient par ailleurs.«

1313 Im Unterschied zu verfolgungsbedingten Verlusten fehlt es bei diesen an einem Zusammenhang zu einer staatlichen Verfolgungspolitik. Siehe *Mission d'étude sur la spoliation des Juifs de France*, a.a.O., S. 13: »De plus, toutes les spoliations ne sont pas discriminatoires, ainsi des vols et pillages commis à l'occasion dans des maisons inoccupées, notamment en 1940 et 1944.«

1314 Siehe hierzu unter B.III.7.c)aa)(3)(i). Die Darstellungen beruhen sämtlich auf den Tatsachenfeststellungen in TA Paris, 17.11.2006, Nr. 0116487/7. Siehe hierzu *CIVS*, Tätigkeitsbericht für 2007, S. 25.

Die CIVS lehnte in ihrer Empfehlung vom 16. Februar 2001 schließlich einen Ausgleich für den entstandenen Schaden ab:

»Attendu que le préjudice subi [...] ne peut être rattaché à une spoliation intervenue du fait des législations antisémites, en dépit d'une référence faite à une recherche de l'›or juif‹, qui apparaît comme [...] purement opportuniste dans le cadre d'une délinquance de droit commun«.[1315]

Nach Ansicht der CIVS handelte es sich nicht um einen Verlust infolge antisemitischer Gesetze, sondern lediglich um eine strafrechtlich relevante Handlung, deren Ausgleich das CIVS-Dekret nicht bezweckt.[1316] Ganz gleich, ob man sich dieser Bewertung anschließen will, waren aus Sicht der CIVS für die Bewertung die Beweggründe der Täter (persönliche Bereicherung) und das zur Erreichung ihrer deliktischen Ziele eingesetzte Mittel (Gewalt) entscheidend. Beides ließ aus Sicht der CIVS keinen hinreichenden Zusammenhang zur staatlichen Verfolgung des Bekannten von V erkennen, obschon die Täter versucht hatten, sich als Vertreter der Besatzungsmacht auszugeben und den V zusätzlich durch Verweis auf das »Judengold« zu beeindrucken. Dieser Hinweis sei jedoch lediglich Mittel zum Zweck einer Straftat gewesen.

Offen bleibt, ob die CIVS in dem vorliegenden Fall zu einem anderen Ergebnis gelangt wäre, wenn V den Drohungen der Täter im Ergebnis Folge geleistet hätte, etwa weil er diese irrtümlich, wie behauptet, für Vertreter der deutschen Besatzungsmacht gehalten hatte. In einem solchen Fall würde sich die grundlegende Frage stellen, wie sich der Irrtum des Geschädigten über das Vorliegen einer verfolgungsbedingten Notlage auswirkt. Vermag ein solcher Irrtum die Zurechnung zum Verhalten der Dritten zu unterbrechen und eine Zurechnung zur antisemitischen Verfolgungspolitik zu begründen? Für eine Beachtlichkeit in diesem Sinne spräche, dass in dieser Fallabwandlung der Hinweis auf das »Judengold« nicht nur Mittel zum Zweck der Tatbegehung, sondern die Verfolgungspolitik sogar sinnstiftend für die Täuschungshandlung geworden ist. Anders formuliert wäre die Aussage der Täter ohne den historischen Hintergrund der antisemitischen Verfolgungspolitik nicht erfolgstauglich gewesen.

Ähnlich wie in der zuvor dargestellten Konstellationen lagen die Dinge im Fall FF. Hier setzten die Täter zunächst Drohungen zur Erreichung ihrer Ziele ein und wandten schließlich, als diese nicht zum gewünschten Erfolg führten, rohe Gewalt an.[1317]

Die Familie FF lebte in der Besatzungszeit in Crétail. Das Wohnhaus der Familie wurde an drei Anlässen im September 1943 durch Unbekannte heimgesucht, die sich als französische Polizisten ausgaben und behaupteten, gegen Frau FF läge eine Anzeige wegen Verstoßes gegen die gesetzliche Meldepflicht für »Juden« vor. Zur Einstellung des Verfahrens verlangten diese die Zahlung einer Geldsumme an sich. Das Ehepaar weigerte sich, diesen Forderungen nachzukommen. Bei einem erneuten Besuch verschafften die

1315 CIVS, Empfehlung vom 16.2.2001, Fall V, S. 2.

1316 Anders entschied die CIVS zur Erinnerung hinsichtlich der Beschlagnahme des Goldes durch die Gestapo wenige Tage nach dem Überfall. Hier wurde eine der antisemitischen Verfolgungspolitik des Deutschen Reichs zurechenbare Entziehung im Ergebnis bejaht und eine Entschädigung gewährt.

1317 Die Darstellungen beruhen auf den Tatsachenfeststellungen in TA Paris, 10.7.2020, Nr. 1902810/6-1; CAA Paris, 11.6.2021, Nr. 20PA02630.

Täter sich sodann mit Gewalt Zutritt zur Wohnung und entwendeten den Inhalt eines Tresors (Schmuck, Gold und Schuldtitel). Die Täter konnten später nicht ermittelt werden, ein Strafverfahren gegen die Hehler der Schuldtitel führte in den 1950er-Jahren zu strafgerichtlichen Verurteilungen. Die Angeklagten wurden zudem zu Schadensersatz verurteilt.

In ihrer Empfehlung vom 12. Februar 2018 lehnte die CIVS eine Einordnung des Raubes als Entziehung im Sinne des CIVS-Dekrets unter Berufung auf den privaten Charakter der Tat ab, die in keinem erkennbaren Zusammenhang zu antisemitischen Maßnahmen gestanden habe. Die Empfehlung wurde später gerichtlich bestätigt. Ganz auf der Linie der Empfehlung in der Sache V von 2001 folgerte die *Cour administrative d'appel* von Paris, dass der bloße Hinweis auf die jüdische Herkunft der Geschädigten nur als Mittel der Erpressung gedient habe. Der Umstand allein, dass die Täter versuchten, sich die behauptete jüdische Herkunft der FF zunutze zu machen, genüge hingegen nicht für die Einordnung der Raubtat als Entziehung infolge antisemitischer Gesetze, obschon Verfolgungsopfer während der Besatzungszeit in größerem Ausmaß der Gefahr, Opfer einer Straftat zu werden, ausgesetzt waren.[1318] Nach den Feststellungen des *Tribunal administratif* von Paris in der Vorinstanz handelten die Täter zudem nicht auf Befehl oder Weisung der deutschen Besatzungsmacht (etwa der Gestapo). Implizit deutet das Gericht jedoch an, dass eine Einstufung als tatbestandliche Entziehung jedenfalls dann in Betracht käme, wenn das Verhalten der Privaten staatlichen Stellen zugerechnet werden könnte, während die konkreten Kriterien für eine Zurechnung nur angedeutet werden (Fremdbereicherungsabsicht, Aufforderung oder Billigung des Vorgehens durch staatliche Stellen).[1319]

Die beiden Fälle belegen, dass bei Vermögenszugriffen durch Dritte gesteigerte Anforderungen an den Nachweis einer Zurechnung zur Verfolgungspolitik gelten. Der Schluss aber, dass derartige Zugriffe von vornherein unbeachtlich sind und nicht die Zuerkennung einer Ausgleichsleitung rechtfertigen, wäre voreilig. In dem 2022 entschiedenen Fall Sobol/Léonard, in welchem der Verlust unmittelbar auf Handlungen Dritter – der Nachmieter:innen des Verfolgungsopfers – beruhte, bejahte die CIVS die Zurechnung und gewährte eine Entschädigung.

Ruben Sobol (1889–1944), ein prominenter und preisgekrönter Porträtfotograf der 20er- und 30er-Jahre, bewohnte mit seiner Lebensgefährtin Odette Léonard seit Mai 1938 eine Wohnung in der Rue Monceau in Paris, in der sich auch sein künstlerisches Atelier befand. Zu Beginn der deutschen Besatzung verließ das Paar die Stadt, um Zuflucht in Cannes in der unbesetzten Zone zu finden, wo Sobol seine Tätigkeit als Fotograf

1318 CAA Paris, a. a. O., Rn. 4: »S'il est vrai que, dans le contexte de l'époque, les victimes juives de délits de droit commun étaient placées dans une situation de vulnérabilité et plus exposées que d'autres à des menées criminelles, aucun élément au dossier ne permet de regarder l'acte […] comme une spoliation intervenue du fait des législations antisémites, la seule circonstance que des délinquants aient tiré parti de l'origine juive de Mme FF pour intimider leurs victimes et leur extorquer leurs bijoux et leurs valeurs ne suffisant pas à conférer ce caractère à ce vol.«

1319 TA Paris, 10.7.2020, Nr. 1902810/6-1, Rn. 4: »[C]es éléments ne permettent pas de savoir si les auteurs du vol avaient un lien avec les autorités d'occupation et s'ils ont agi sur leur ordre. Il ressort au contraire des jugements pénaux […] que le produit du recel des titres bancaires était destiné exclusivement au bénéfice de leurs auteurs, dont il n'est pas établi que tous ou même la plupart avaient la qualité de membres de la Gestapo ou avaient des liens particuliers avec les autorités d'occupation. Il résulte de l'ensemble de ce qui précède que les requérants ne sont pas fondés à soutenir que la CIVS aurait commis une erreur manifeste d'appréciation en estimant que les conséquences dommageables des faits survenus le 10 septembre 1943 n'entrent pas dans le champ d'application du décret du 10 septembre 1999«.

zunächst fortsetzte. Nach ihrer Abreise aus Paris wurde die gemeinsame Wohnung zu einem nicht näher bekannten Zeitpunkt teilweise geplündert. Später wurde die Wohnung, nachdem das gesamte Gebäude unter kommissarische Verwaltung gestellt worden war, an Dritte weitervermietet, die den restlichen Inhalt der Wohnung – darunter auch Fotoplatten und/oder Abzüge Sobols – im Müll entsorgten. Im April 1943 kehrte das Paar nach Paris zurück, konnte jedoch nicht die alte Wohnung beziehen und kam daher bei der Schwester von Frau Léonard unter. In der Nähe dieser Unterkunft wurde Sobol am 17. März 1944 festgenommen und am 27. März 1944 vom Konzentrationslager Drancy aus in das Vernichtungslager Auschwitz deportiert, wo er ermordet wurde. Odette Léonard unternahm nach dem Krieg Bemühungen, die gemeinsame Wohnung des Paars wieder zu beziehen und die verlorenen Vermögenswerte wiederzuerlangen – mit offenem Ausgang.

Die CIVS gewährte in ihrer Empfehlung vom 15. März 2022, ohne dieses Vorgehen näher zu begründen, eine Entschädigung zum Ausgleich des Vermögensschadens, der durch die Entsorgung des künstlerischen Arbeitsmaterials von Rubel Sobol entstanden war.[1320] Eine ausdrückliche Begründung für diese Bewertung lieferte die CIVS hingegen nicht.[1321] Für diese Lösung könnte sprechen, dass der Verlust des Ateliers in der Tat zwar nur mittelbar auf der antisemitischen Verfolgungspolitik beruhte, aber durch diese in maßgeblicher Weise beeinflusst worden war: Ruben Sobol und seine Lebensgefährten waren angesichts ihrer Verfolgung gezwungen gewesen, aus Paris zu fliehen und Wohnung wie Hausstand ungeschützt zurückzulassen. Der Bezug zur Verfolgungspolitik wird zusätzlich dadurch verstärkt, dass für das Gebäude, in dem sich die Wohnung befand, nach der Abreise des Paars ein kommissarischer Verwalter bestellt wurde, der die Wohnung samt Inhalt weitervermietete und so beides erst dem Zugriff durch die Nachmieter:innen preisgab. In dieser Gesamtgemengelage stechen die unmittelbar mit der Verfolgung der Geschädigten stehenden Handlungsbeträge klar hervor und lassen daher eine Zurechnung gerechtfertigt erscheinen.

Die drei dargestellten Fälle verdeutlichen, dass Zugriffe durch Private in der Spruchpraxis der CIVS nicht *per se* als der Verfolgungspolitik zurechenbare Entziehungen bewertet werden. Der Umstand allein, dass ein Verfolgungsopfer während der deutschen Besatzungszeit in größerem Maße dem Risiko deliktischer Zugriffe auf sein Vermögen ausgesetzt war, genügt, wie die Fälle V und FF belegen, nicht für die Begründung der Zurechnung. Anders verhält es sich, wie der Fall Sobol/Léonard verdeutlicht, wenn der Verlust in direktem Zusammenhang zu der infolge der Verfolgung veränderten Lebenssituation der Geschädigten steht. Zu diesen Lebensumständen kann nach der CIVS jedoch nicht schon das erhöhte Risiko gezählt werden, Opfer einer Straftat zu werden (wie in den Fällen V und FF). Vielmehr muss die Verfolgung das ausschlaggebende Motiv darstellen oder jedenfalls den Verlusteintritt bei wertender Betrachtung aller Umstände maßgeblich beeinflusst haben. Im Fall Sobol/Léonard waren die Geschädigten gezwungen, zu fliehen und ihr Hab und Gut ungeschützt vor dem Zugriff Dritter zurückzulassen. Der Zugriff wurde hier erst durch die verfolgungsbedingte Notlage der

1320 Empfehlung abgedruckt in *CIVS*, Tätigkeitsbericht für 2022, S. 58-61.

1321 Die CIVS beschränkte sich auf die Feststellung, »qu'il y a lieu de reconnaître la démarche artistique et le parcours singulier de Ruben SOBOL et l'intérêt présenté par ses œuvres, en allouant une indemnité au titre de la disparition des plaques photographiques en tant que biens culturels mobiliers.« (a. a. O., S. 60).

Berechtigten, welche diese zur Flucht zwang, ermöglicht. Der wertungsmäßige Unterschied zu den Fällen V und FF besteht darin, dass sich die Dritten hier letztlich nicht die Notlage der Verfolgten zunutze machen konnten, sondern zur Erreichung ihrer Ziele auf andere Mittel zurückgreifen mussten.

Dieser Ansatz ist – zumindest rechtsgedanklich – auch mit den Wertungen der Nachkriegsgesetzgebung, insbesondere der Verordnung von 1945, zu vereinbaren. Der Art. 1 Abs. 1 dieser Verordnung erfasste in seiner Auslegung durch die Rechtsprechung jede Verfügung unabhängig von der Identität oder Rechtsstellung der verfügenden Person, sofern diese rechtlich wirksam und unmittelbare Folge (»conséquence«) von Ausnahmemaßnahmen war.[1322] Die CIVS hat sich, wie dargestellt, von diesem engen Verständnis der Entziehung (»spoliation«) als rechtswirksame Verfügung gelöst und den Begriff auf rein faktische Vermögenszugriffe ausgedehnt. Der Grundgedanke bleibt jedoch derselbe: Ausgleichfähig ist der Verlust, wenn sich in diesem konkret und unmittelbar der relevante historische Unrechtskontext niedergeschlagen hat.

(3) Verluste durch Handlungen der Geschädigten (Veräußerungen)

Eine historisch noch unzureichend erforschte Entziehungsform bilden Veräußerungen (Verkäufe, Schenkungen, Tauschgeschäfte) durch verfolgte Personen in der Besatzungszeit. Gleichwohl dürften diese angesichts des beispiellosen Aufschwungs des Pariser Kunsthandels in dieser Zeitspanne einen nicht unerheblichen Teil der relevanten Vermögenstransfers ausmachen. Dieser Aufschwung wurde bedingt durch den Zustrom zahlungskräftiger Käufer:innen aus Deutschland und Österreich, zu denen neben NS-Führungsgrößen auch öffentliche Museen sowie private Händler:innen und Sammler:innen zählten.[1323] Umso überraschender erscheint es daher, dass rechtsgeschäftliche Verluste eine nur untergeordnete Rolle in der bisherigen Praxis der CIVS zu Kulturgüterverlusten spielen. Dies belegt ansatzweise die relativ geringe Anzahl von Einträgen in der TED-Falldatenbank der CIVS[1324] zu Verkäufen in der Besatzungszeit.[1325] Im Rahmen dieser Forschungsarbeit konnten nur sechs entsprechende Verfahren nachgewiesen werden, die Veräußerungen von Kulturgütern betrafen. Diese Diskrepanz zwischen historischer Realität und CIVS-Spruchpraxis ließe sich auf unterschiedliche Weise erklären. Ein möglicher Faktor könnte das Fehlen historischer Forschungsarbeiten zum Pariser Kunstmarkt unter

1322 Vgl. auch *Sarraute/Tager*, Gazette du Palais 2 (1946), 51 (55) hinsichtlich der Kündigung des Mietverhältnis nach der Flucht der Mieter:innen wegen Verzugs hinsichtlich der Mietzahlung. Die Rechtsprechung wandte Art. 1 der Verordnung von 1945 nach den Beobachtungen der beiden Autoren in diesen Fällen nur an, wenn die Beendigung des Mietvertrags in direktem Zusammenhang mit Ausnahmemaßnahmen stand (z.B. Kündigung eines Mietverhältnis wegen Mietverzug nach Plünderung des Inventars der Wohnung im Eigentum des:der Mieter:in, sodass eine Befriedigung aus dem Wohnungsinventar nicht mehr möglich war).

1323 Vgl. *Bertrand-Dorléac*, L'art de la défaite 1940–1944, S. 145 ff.; *Nicholas*, The rape of Europa, S. 153 ff.; *Feliciano*, Le musée disparu, S. 197. Siehe auch den Sammelband zu Erwerbungen deutscher Museen in Paris während der Besatzungszeit Furtwängler/Lammert (Hrsg.), Kunst und Profit: Museen und der französische Kunstmarkt im Zweiten Weltkrieg.

1324 Base TED-CIVS, http://www.civs.gouv.fr/fr/spoliations-culturelles/base-ted (15.11.2022). Die Datenbank enthält Informationen zu Kulturgütern, die namentlich in Verfahrensakten erwähnt wurden. Sie wird jedes Trimester in Zusammenarbeit mit der *Mission de recherche et de restitution* aktualisiert. Nicht aufgeführt werden hingegen Skulpturen und Radierungen.

1325 Suchanfragen mit den Stichworten »vendu«, »acheté« und »cession« ergaben nach Auswertung durch den Verfasser lediglich sieben Fälle, in denen ein Kulturgut veräußert worden war und später Gegenstand eines Verfahrens vor der CIVS war (Gentili di Giuseppe, Grumbach/Chauvin, Podwinetz, Wolfson, Neumann, Armand Dorville, Bénard Le Pontois).

der deutschen Besatzung, dessen Akteur:innen und Funktionsweisen sein.[1326] Als eine weitere mögliche Erklärung ließe sich die einseitige Fokussierung auf Plünderungen durch Stellen des Deutschen Reichs, vor allem im Bereich der MNR-Bestände, anführen,[1327] während käufliche Erwerbungen am Markt, insbesondere durch öffentliche Museen, tendenziell aus dem Fokus der öffentlichen Berichterstattung und der Forschung gerieten.[1328] Ein Problembewusstsein und Ansatz zum Umgang mit Veräußerungen von Kulturgütern konnte sich in der Praxis der CIVS vor diesem Hintergrund erst spät entwickeln. So finden Zwangsverkäufe von Kulturgütern als relevante Entziehungsform überhaupt erst in einem Tätigkeitsbericht der CIVS von 2014 Erwähnung.[1329]

Die Anforderungen bei der Prüfung eines ersatzfähigen Vermögensverlustes fallen bei Veräußerungen durch Geschädigte analog zu den bereits dargestellten Verlustformen aus. Einheitlich für alle Verlustformen verlangen Art. 1 Abs. 1 und Art. 1-1 den Nachweis einer Entziehung infolge antisemitischer Gesetze aus der Besatzungszeit. Da Veräußerungen tatbestandlich Entziehungen (»spoliations«) gleichgestellt werden, liegt der Schwerpunkt der Prüfung auf dem Zusammenhang zur antisemitischen Verfolgungspolitik. Wie schon bei Vermögenszugriffen durch staatliche Stellen oder Dritte muss der Vermögensverlust in einem kausalen sowie direkten und sicheren Zusammenhang (*lien direct et certain*) zu staatlichen Verfolgungsmaßnahmen stehen.

Speziell bei Veräußerungen begründet die Anwendung dieses Erfordernisses auf den ersten Blick eine gewisse Schwierigkeit, da der Vermögensverlust in diesen Fällen nicht – anders als bei Plünderungen, Beschlagnahmen oder Wegnahmen – unmittelbar durch einen von außen kommenden Vermögenszugriff bewirkt wurde. Charakteristisch für Veräußerungen ist vielmehr, dass sich der Verlust hier unter Mitwirkung der präsumtiv Geschädigten vollzieht. Unmittelbar kausal ist somit das Verhalten der früheren Eigentümer:innen selbst, was auf den ersten Blick gegen eine Zurechnung zu sprechen scheint. Eine Fokussierung allein auf diesen Kausalfaktor bei der Zurechnungsprüfung würde aber die komplexen historischen Wirkzusammenhänge, die sich im Einzelfall in der Entscheidung für eine Veräußerung niedergeschlagen haben können, von vornherein ausklammern. Auch bei rechtsgeschäftlichen Verlusten muss vielmehr der Einfluss der Verfolgungspolitik auf das Verhalten der verfügenden Person am konkreten Einzelfall nachvollzogen und gewichtet werden. Die Notwendigkeit einer solchen Einzelfallprüfung folgt

1326 Die nur unzureichende Erforschung solcher Verlustformen kritisierte auch *Laménie*, Rapport d'information fait au nom de la commission des finances du Sénat, S. 12.

1327 Schon die Mattéoli-Mission ermittelte unter den ca. 2.100 Objekten in den MNR-Beständen einen Anteil von 65 Prozent (1.300 Objekte), bei denen ein Verkauf oder Tausch in der Besatzungszeit erfolgt war. Dem stand ein Anteil von lediglich 10 Prozent (196 Objekte) gegenüber, bei denen eine verfolgungsbedingte Entziehung als sicher oder annähernd sicher bewertet wurde, vgl. *Le Masne de Chermont/Schulmann*, Le pillage de l'art en France pendant l'Occupation et la situation des 2000 œuvres confiées aux musées nationaux, S. 65 ff. Es handelte sich um Plünderungen des ERR und der Dienststelle Westen im Rahmen der M-Aktion. In den Folgejahren kaprizierte sich die Restitutionspraxis erkennbar auf diese Verlustformen.

1328 Forschungsarbeiten aus jüngerer Zeit, die explizit den Pariser Kunstmarkt, dessen Akteur:innen und Netzwerke in den Blick nehmen, deuten auf ein verändertes Problembewusstsein und zugleich ein gesteigertes Interesse der Öffentlichkeit hin. Vgl. namentlich *Polack*, Le paradigme du marché de l'art à Paris sous l'Occupation; *Polack*, in: Furtwängler/Lammert (Hrsg.), Kunst und Profit: Museen und der französische Kunstmarkt im Zweiten Weltkrieg, S. 147.

1329 Vgl. *CIVS*, Tätigkeitsbericht für 2014, S. 13.

aus der Prämisse, dass rechtlich wie moralisch nicht zu beanstandende Veräußerungen auch bei Verfolgungsopfern möglich waren.[1330]

Zur Durchführung dieser Prüfung kann auf die weiter oben entwickelten allgemeinen Leitsätze zurückgegriffen werden: Die antisemitische Verfolgungspolitik muss den wertungsmäßig ausschlaggebenden Kausalfaktor bei der Herbeiführung des Vermögensverlustes darstellen. Zur Kausalität im Sinne der Äquivalenz- und Adäquanztheorie müssen spezifische Umstände hinzutreten, welche die Veräußerung als unmittelbar verfolgungsbedingt oder bildlich gesprochen als »Ausdruck der NS-Herrschaft«[1331] erscheinen lassen.

Nach der Praxis der CIVS ist dies der Fall, wenn sich die Eigentümer:innen aufgrund ihrer Verfolgung in einer ihre freie Willensbildung ausschließenden Zwangslage (*contrainte*) befunden haben. Die Zurechnung zur antisemitischen Verfolgungspolitik wird im Umkehrschluss somit nur durch ein Verhalten des Verfolgungsopfers unterbrochen, das frei von Willensmängeln ist und somit als ungetrübter und unvermittelter Ausdruck seines Willens verstanden werden kann. Der antisemitischen Verfolgungspolitik zurechenbar ist umgekehrt ein Verhalten unter verfolgungsbedingtem Zwang. Bei der Ausgestaltung der konkreten Anforderungen an den Nachweis einer verfolgungsbedingten Zwangslage orientiert sich die CIVS an dem Begriff des Zwangs (*violence*) nach dem Code civil. Nach Art. 1112 Code civil in seiner 1940 geltenden Fassung erfordert Zwang eine gegenwärtige Bedrohung für Leben, Gesundheit oder das Vermögen der betroffenen Person oder einer bestimmten ihr nahestehenden Person (Art. 1113 Code civil a. F.) vor.[1332]

Die Frage, ob das Verfolgungsopfer in einer relevanten Zwangslage gehandelt hat, lässt sich in der Regel nicht durch direkte Beweisführung erhellen. Auf den Willen des Verfolgungsopfers kann zumeist nur indirekt ausgehend von Indizien oder allgemein anerkannten Erfahrungssätzen geschlossen werden. In der Regel ist dabei nicht ein einzelnes Indiz ausschlaggebend, sondern der Beweis der Motivlage wird auf ein breites Indizienbündel gestützt (*faisceau d'indices*). Das Gewicht der Indizien, die für eine Beeinflussung der Willensentschließung durch die Verfolgung sprechen, muss dabei in der Gesamtbetrachtung überwiegen. Obschon diese Indizien einzelfallabhängig sind, tauchen in der Praxis der CIVS bestimmte Indizientypen wiederkehrend auf und erscheinen daher verallgemeinerungsfähig. So werden bei Kaufverträgen etwa die Vertragsbedingungen (z. B. der Kaufpreis) sowie die konkreten Umstände des Vertragsschlusses (z. B. die wirtschaftliche Situation des Verfolgungsopfers, eine mögliche Fluchtgeschichte, die Identität der anderen Vertragspartei) in den Blick genommen. Lange Zeit schien bei Verlusten auf Grundlage eines Kaufvertrages die Angemessenheit des vereinbarten

1330 Diese Sichtweise kollidiert mit der Analyse mancher Historiker:innen. Vgl. etwa *Hilberg*, Die Vernichtung der europäischen Juden, Band 1, S. 98: »Die Arisierungen verliefen in zwei Phasen: 1. die sogenannten freiwilligen Arisierungen (Januar 1933 bis November 1938), die in Veräußerungen aufgrund ›freiwilliger‹ Verträge zwischen jüdischen Verkäufern und deutschen Käufern bestand, und 2. die ›Zwangsarisierungen‹ (nach November 1938), d.h. Veräußerungen aufgrund staatlicher Verordnungen, mit denen die jüdischen Inhaber zum Verkauf ihres Eigentums gezwungen wurden. Das Wort ›freiwillig‹ gehört in Anführungszeichen, weil unter dem Naziregime nicht ein einziger Verkauf jüdischen Eigentums freiwillig im Sinne eines in einer freien Gesellschaft ausgehandelten Vertrages erfolgte.« Diese These hat jedoch letztlich keinen Widerhall in den normativen Grundlagen der späteren Nachkriegsgesetze und heutigen Regelungen gefunden.

1331 Vgl. *Weller*, in: Kubis/Peifer/Raue/Stieper (Hrsg.), Ius Vivum: Kunst – Internationales – Persönlichkeit. Festschrift für Heimo Schack zum 70. Geburtstag, S. 85, 86.

1332 Siehe zur Auslegung des Begriffs in der Nachkriegsrechtsprechung bei Veräußerungen verfolgter Personen unter B.II.2.b)cc).

Kaufpreises das ausschlaggebende Indiz darzustellen (so in den Fällen NN, G und W).[1333] Jüngere Empfehlungen belegen demgegenüber einen differenzierten, ganzheitlichen Ansatz, wonach sämtliche Indizien des Einzelfalls gleichrangig in die Bewertung einzustellen sind (so in den Fällen E, PP, Dorville und Bénard Le Pontois).[1334] Keine Beachtung finden demgegenüber bislang allgemeine historische Rahmendaten (etwa das Datum des Inkrafttretens bestimmter antisemitischer Maßnahmen), die aber gerade bei Fehlen konkreter Anzeichen gewisse Rückschlüsse auf die persönliche Lebenssituation und Motivlage der Betroffenen ermöglichen könnten.

Die in der Spruchpraxis anerkannten Wertungsparameter und Indizien sollen im Folgenden sichtbar gemacht und typologisch nach Fallgruppen aufgeschlüsselt werden. Da die bisherigen Empfehlungen zu Kulturgüterverlusten wegen ihrer geringen Zahl nur bedingt Aufschluss über die Gesamtpraxis geben, wurden ergänzend Empfehlungen zu Entziehungen anderer Vermögenswerte in die Darstellung einbezogen, sofern die hieran zum Ausdruck kommenden Wertungen verallgemeinerbar und somit auf Kulturgüter übertragbar sind.

(i) Wirtschaftliche Notlage

Einen möglichen Anhaltspunkt bei der Bewertung einer verfolgungsbedingten Zwangslage bildet die wirtschaftliche Situation des Verfolgungsopfers im Verlustzeitpunkt. Die Verfolgungsgesetze des deutschen Besatzers und der französischen Regierung zielten darauf ab, als jüdisch klassifizierte Personen vollständig aus dem wirtschaftlichen und öffentlichen Leben zu verdrängen. Diese Maßnahmen, zu denen namentlich gesetzliche Berufsverbote, Maßnahmen der kommissarischen Verwaltung, gesetzliche Verfügungsbeschränkungen und -verbote (in Bezug auf Vermögen und Bankkonten) zu zählen sind, wirkten sich drastisch und nachhaltig auf die wirtschaftliche Situation der viktimisierten Gruppen aus. Unter diesen historischen Ausgangsbedingungen waren Notverkäufe an der Tagesordnung, die in Ermangelung anderer Erwerbsmöglichkeiten der Erhaltung der wirtschaftlichen Existenzgrundlage der Betroffenen dienten. Verkäufe, die unter derartigen historischen Bedingungen zustande kamen, sind regelmäßig als Verkäufe unter Zwang zu bewerten und somit der Verfolgungspolitik zurechenbar.

Gleichwohl muss dieser Zusammenhang im Einzelfall nachgewiesen werden. Die bloße Existenz einer wirtschaftlichen Notlage als Motiv einer Veräußerung lässt für sich genommen nicht den zwingenden Schluss auf einen verfolgungsbedingten Zwang zu, da diese im Einzelfall auf von der Verfolgung unabhängigen Gründen beruhen kann (allgemeine Eintrübung der Konjunktur, wirtschaftliche Schwierigkeiten aus der Zeit vor 1940, Fehler der Geschäftsführung etc.). Entsprechend führt die CIVS aus, dass »[l]'état de nécessité n'est pas assimilable à une dépossession forcée au sens du décret du 10 septembre 1999.«[1335] In der Spruchpraxis der CIVS lässt sich eine Unterscheidung zwischen Verkäufen aus dem Privatvermögen und Verkäufen aus dem Unternehmensvermögen ausmachen. Während bei Ersteren noch eine

1333 CIVS, Empfehlung vom 11.12.2013, Fall NN, Grundstück *Domaine de l'Écluse*; CIVS, Empfehlung vom 25.3.2010, Fall G, Grundstück in der Gemeinde Y; CIVS, Empfehlung vom 5.7.2019, Fall W, Grundstück in einem Vorort von Paris.

1334 CIVS, Empfehlung vom 5.12.2012, Fall E, Restitution von 6 Werken aus den MNR-Beständen; Empfehlung vom 17.5.2021, Nr. 24582 BCM, Armand Dorville, 19 Kunstwerke aus staatlichen Sammlungen und ein Werk aus MNR-Beständen; Empfehlung vom 6.9.2021, Nr. 24606 BCM-Rest, Bénard Le Pontois, MNR 32, OAR 64. Die Empfehlungen in den Fällen Dorville und Bénard Le Pontois sind abgedruckt in *CIVS*, Tätigkeitsbericht für 2021, S. 64–70 und 76–78.

1335 Wortgleich in zwei Berichten: *CIVS*, Tätigkeitsbericht für 2001, S. 24; *CIVS*, Tätigkeitsbericht für 2006, S. 8.

tatsächliche Vermutung zugunsten eines verfolgungsbedingten Verlustes besteht, muss der Verfolgungszusammenhang bei Unternehmensverkäufen unter Verweis auf die wirtschaftliche Entwicklung des Unternehmens im Kontext der Besatzungszeit konkret belegt werden. So verhielt es sich etwa im Fall H.[1336]

> H (1877–1944) war Hauptgesellschafter in der im Wertpapierhandel tätigen SNC H Patot & Cié. Infolge seiner Einordnung als jüdisch war er während der Besatzungszeit Verfolgungsmaßnahmen ausgesetzt. Durch Gesellschafterbeschluss vom 30. Dezember 1940 wurde die Auflösung und Liquidation der Gesellschaft beschlossen, die in den Folgemonaten von einem Liquidator durchgeführt wurde. Der Liquidationserlös sollte an die Gesellschafter gemäß ihrer Beteiligung am Stammkapital ausgezahlt werden. Im Januar 1942 wurde auf Grundlage der Verordnung über eine Geldbuße gegen Juden vom 17. Dezember 1941[1337] ein Teil des Liquidationserlöses vom Privatkonto des H abgebucht und auf einem Sperrkonto bei der *Caisse des dépôts et consignations* (CDC) hinterlegt. Nach September 1942 wurden nacheinander zwei kommissarische Verwalter für das Vermögen des H bestellt, die den verbleibenden Teil des Liquidationserlöses ebenfalls auf ein Sperrkonto bei der CDC einzahlten. H wurde noch vor Kriegsende deportiert und am 21. September 1944 im Durchgangslager der Gestapo in Großbeeren (sog. Arbeitserziehungslager) ermordet. Vor der CIVS verlangten die Erb:innen des H Entschädigung für den Verlust des Gesellschaftsvermögens infolge der Liquidation sowie der Erlöse aus dieser Liquidation, da auch diese ihnen im Ergebnis vorenthalten worden seien.

Die CIVS bejahte in ihrer Empfehlung vom 11. Dezember 2013 eine Zurechnung hinsichtlich der Vermögensverluste im Zeitraum nach Dezember 1941. Die Einordnung beruhte darauf, dass diese unmittelbar auf Grundlage antisemitischer Gesetze erfolgt waren. In einem abweichenden Sinne bewertete die CIVS dagegen die Auflösung und Liquidation der SNC durch Gesellschafterbeschluss vom Dezember 1940. Ein Zusammenhang zu antisemitischen Normen sei insoweit nicht festzustellen, da eine gesetzliche Verpflichtung zur Aufgabe des Geschäftsbetriebs zu diesem Zeitpunkt noch nicht bestanden habe. Die wirtschaftlichen Schwierigkeiten des Unternehmens, die den eigentlichen Grund für die Auflösung gebildet hätten, seien hingegen auf kriegsbedingte Maßnahmen (Verbot des Goldhandels) und eine damit einhergehende Eintrübung der Wirtschaftslage zurückzuführen.[1338] Diese Maßnahmen seien aber unabhängig von der später einsetzenden Verfolgung des H zu sehen. Die erst nach September 1942

1336 Die Falldarstellung beruht auf den gerichtlichen Feststellungen in TA Paris, 10.7.2015, Nr. 1408782/6-1; CAA Paris, 8. Kammer, 15.2.2018, Nr. 15PA03625 (beide nicht veröffentlicht). Dem Gerichtsverfahren lag eine Entscheidung des Premierministers vom 19.3.2014 zugrunde. Daneben konnte der Verf. nach Zustimmung der Anspruchsteller:innen die Originalakten bei der CIVS einsehen.

1337 VOBlF. vom 20.12.1941, S. 325.

1338 Diese Feststellung beruhte offenbar nicht auf schriftlichen Quellen oder Aussagen von Zeitzeug:innen, sondern auf einer Aussage eines Anspruchstellers in einem persönlichen Gespräch mit dem Berichterstatter im Untersuchungsverfahren. Vgl. *Chandelon*, Réponses aux questions posées par la Commission sur le dossier, 13.2.2013, S. 1 (nicht veröffentlicht): »La guerre a rendu impossible les ventes de titres ›ennemis‹ […] mais c'est [Name eines Anspruchstellers] qui m'a précisé que la coulisse a décidé de fermer en raison de l'interdiction du commerce de l'or qui était sa principale activité, ce que j'ignorais.«

bestellten kommissarischen Verwalter hätten vor diesem Hintergrund keinen Einfluss mehr auf den Gang der Liquidation nehmen können.[1339]

Der Empfehlung lassen sich bereits erste Folgerungen mit Relevanz für die Gesamtpraxis der CIVS entnehmen: Besteht der Anlass für den Verkauf in wirtschaftlichen Schwierigkeiten eines Unternehmens, differenziert die Kommission danach, ob diese kausal und zurechenbar auf der Verfolgungspolitik beruhten – mit anderen Worten verfolgungsbedingt waren – oder sich vielmehr durch andere Ursachen erklären. Rechtlich unbeachtlich sind vor diesem Hintergrund Verkäufe in Reaktion auf wirtschaftliche Schwierigkeiten, die sich als Folge allgemeiner politischer Entwicklungen darstellten und antisemitisch Verfolgte im Ergebnis nicht stärker belasteten als andere Personen. Nicht erfasst sind daher die Folgen allgemeiner wirtschaftlicher Lasten, die durch den Eintritt Frankreichs in den Krieg bedingt wurden und daher Ausdruck des allgemeinen Lebensrisikos sind.

Zu einer abweichenden Bewertung gelangte die Kommission dagegen im Fall E, der Werkverkäufe einer Privatperson in der Frühphase der deutschen Besatzung betraf.

> Dem Ehepaar E war es nach der Annexion Österreichs im März 1938 gelungen, nach Frankreich auszureisen und hierher auch Teile ihrer umfangreichen Kunstsammlung auszuführen. Nach dem Beginn der deutschen Besatzung Ende Juni 1940 verschlechterte sich die politische und wirtschaftliche Situation der Familie zusehends. In diesem Zeitraum lebte die Familie offenbar bereits vom Verkauf ihrer Werke zur Bestreitung des Lebensunterhalts. 1941 entschied sich E schließlich zur Flucht. Um schnellstmöglich an ausreichende finanzielle Mittel für ihre Flucht zu gelangen, veräußerte das Ehepaar mehrere Werke aus ihrer Sammlung.

Die Kommission bejahte in einer Empfehlung vom 5. Dezember 2012 eine relevante Zwangslage in Ansehung der wirtschaftlichen Situation der Familie, deren einzige Erwerbsquelle im Verkaufszeitpunkt (Ende 1940/Anfang 1941) der Verkauf ihrer nach Frankreich ausgeführten Gemälde gebildet habe.[1340] Auffällig ist, dass die CIVS in dem Verfahren von vornherein keine ausdrücklichen Feststellungen zu den Ursachen der wirtschaftlichen Notlage der Familie E traf, sondern einen Verkauf zur Finanzierung der Lebenshaltung lediglich feststellte. Offenbar war der zeitliche Zusammenhang zur Flucht des Ehepaars aus Österreich und später aus Frankreich derart augenscheinlich, dass eine Verursachung durch andere Faktoren von vornherein ausschied.

Dies wirft die Frage auf, ob die CIVS in vergleichbarer Weise auch bei Verkäufen durch aus Frankreich stammende Verfolgte argumentieren würde oder ob diese vielmehr nähere Feststellungen zu den konkreten Verfolgungsumständen treffen würde. Letzteres erschiene plausibel und naheliegend, da sich die Situation aus dem Deutschen Reich geflohener Verfolgter auf der einen und in Frankreich ansässiger Verfolgter auf der anderen Seite unterschiedlich

1339 CIVS, Empfehlung vom 11.12.2013, Fall H, S. 2: »[E]n l'état des éléments soumis à la Commission, il résulte que la société ›H, Patot et Cie‹, en raison des circonstances économique à l'entrée de la guerre et notamment de l'interdiction du commerce de l'or, a décidé sa liquidation, qualifiée ›d'amiable‹, entre décembre 1940 et janvier 1941, et qu'un liquidateur a été désigné à cet effet; que deux administrateurs provisoires ont succédé au liquidateur et qu'ils ont respectivement constaté la liquidation de la société et consigné à la Caisse des dépôts et consignations la somme due à M. H suite à cette liquidation«.

1340 »Attendu qu'en 1941, les époux E, n'ayant comme seul moyen de subsistance que la vente des pièces de leur collection, ont décidé de quitter la France afin d'échapper aux persécutions antisémites«.

darstellte. Dies zeigte sich im bereits dargestellten Fall des Kunsthändlers G.[1341] Dieser verkaufte im Jahr 1943 ein in der Gemeinde Y (deutsche Besatzungszone) belegene Immobilie. G war bereits im September 1939 von Paris nach Südfrankreich abgewandert, wo er bis zum Ende der deutschen Besatzung lebte. Die CIVS verneinte den Zurechnungszusammenhang unter Verweis auf die Angemessenheit des erhaltenen Kaufpreises und die Tatsache, dass G den Vertrag in Eigeninitative und ohne Beteiligung eines:einer kommissarischen Verwalter:in abgeschlossen habe:

> »Attendu s'agissant de la vente du château d'Y par G et son épouse; qu'il résulte des recherches complémentaires effectuées, que le château a été vendu le 1er octobre 1943 au prix de 30 000 francs; [...] la vente de 1943 ne peut être considérée comme une vente à vil prix; que par ailleurs, il ressort de l'acte de vente du 1er octobre 1943, que la vente a été conclue par le couple lui-même, hors la présence d'un administrateur provisoire; que dès lors, il n'apparaît pas que la vente ait été effectuée sous la contrainte«.[1342]

Feststellungen zur wirtschaftlichen Lage des G enthielt die Empfehlung hingegen nicht. Insbesondere klammerte die Empfehlung aus, dass bereits Ende 1941 und damit einige Monate vor dem Verkauf des Grundstücks antisemitische Berufsverbote in Kraft getreten waren, die G eine Fortsetzung seiner beruflichen Tätigkeit als Kunsthändler rechtlich untersagten. Zudem hatte G zuvor schon durch Plünderungen deutscher Stellen im Juni und Dezember 1940 seinen gesamten Galeriebestand und damit einen wesentlichen Bestandteil seines Vermögens verloren. Schon die historischen Rahmenbedingungen legten nahe, dass G sich aus Verfolgungsgründen[1343] in einer wirtschaftlich prekären Lage befand, die ihn bei realistischer Betrachtung zum Verkauf des Grundstücks veranlasst haben könnte. Andererseits ergaben die Nachforschungen der CIVS, dass G auch nach 1940 noch als Kunsthändler tätig war und an seinem späteren Wohnsitz sogar eine neue Galerie eröffnete, die er erst nach dem Krieg aufgab.[1344] Im Ergebnis muss der Empfehlung aus anderen Gründen zugestimmt werden: Der Entschädigungsantrag wäre wegen der Zahlung eines angemessenen Kaufpreises für das Grundstück mangels kompensationsfähigen Restschadens abzulehnen gewesen.

(ii) Gesetzliche Berufsverbote und Verfügungsbeschränkungen

Ein weiteres in der Praxis der CIVS anerkanntes Indiz zur Bewertung der Motivlage bildet die Geltung gesetzlicher Berufsverbote und Verfügungsbeschränkungen zulasten der präsumtiv Geschädigten. Die wirtschaftliche Handlungsfreiheit verfolgter Personen wurde nach dem deutschen Einmarsch und der Unterzeichnung des Waffenstillstandsabkommens vom 22. Juni 1940 in der vom Deutschen Reich besetzten Zone sowie in der unter französischer Kontrolle

1341 Siehe hierzu unter B.III.7.c)aa)(2)(ii)(c).

1342 CIVS, Empfehlung vom 12.10.2011, Fall G, S. 3.

1343 Die CIVS ordnete die Plünderungen in ihren Empfehlungen vom 15.3.2002 und 12.3.2010 als der Verfolgungspolitik zurechenbare Entziehungen ein.

1344 *Chandelon*, Bericht vom 18.2.2010, S. 5 (nicht veröffentlicht). G erwarb später auch Werke aus einer öffentlichen Versteigerung in Nizza, die später Gegenstand des Verfahrens Erb:innen nach Armand Dorville wurde (CIVS, Empfehlung vom 17.5.2021).

stehenden Südzone schrittweise durch bereichsspezifische Berufsverbote[1345], Meldepflichten für »jüdisches Vermögen«[1346], Verfügungsbeschränkungen[1347] und diskriminierende Vermögensabgaben[1348] erheblich eingeschränkt. Ein allgemeines Berufsverbot zulasten Kunst- und Antiquitätenhändler:innen trat in ganz Frankeich mit Einführung des sog zweiten Judenstatuts vom 2. Juni 1941[1349] zum 2. Dezember 1941 in Kraft.[1350] Die verbotenen Tätigkeiten waren innerhalb einer gesetzlichen Frist aufzugeben.[1351] Über Vermögenswerte, die der Ausübung einer verbotenen Tätigkeit dienten, durften Betroffene bereits seit dem Dekret vom 28. Juli 1941 nicht mehr frei verfügen.[1352] Vergleichbare Verbote existierten auch auf deutscher Seite, wenngleich nicht speziell für den Bereich des Kunst- und Antiquitätenhandels.[1353]

Bei der Bewertung, ob eine Veräußerung unter Zwang erfolgt ist, sind gesetzliche Berufsverbote und Verfügungsbeschränkungen indiziell relevant. Galten im Zeitpunkt des Verkaufs Gesetze, die der betroffenen Person eine Fortführung ihrer beruflichen Tätigkeit untersagten und daher zur Liquidation ihres Unternehmens zwangen, liegt ein Handeln unter Zwang auf der Hand. Gleiches gilt für Veräußerungen, die im Vorfeld einer kommissarischen Verwaltung oder nach Bestellung der Verwalter:innen anzusiedeln sind. Auch die Erwartung der Betroffenen, in naher Zukunft individuellen Eingriffen in ihr Vermögen ausgesetzt zu sein, konnte eine relevante Zwangslage begründen. Schon die Rechtsprechung der Nachkriegszeit qualifizierte Verkäufe im Rahmen einer Unternehmensabwicklung nach Inkrafttreten eines Berufsverbots als Zwangsgeschäfte im Sinne des Code civil und erklärte diese für nichtig, da das Verbot die Betroffenen nur vor die Wahl zwischen einer »freiwilligen« Abwicklung oder einer zwangsweisen

1345 Berufsverbote für öffentliche Ämter und bestimmte öffentlich wirksame Tätigkeitsbereiche (Publikationswesen, Filmproduktion und -vertrieb, Rundfunk) traten mit dem Gesetz vom 3. Oktober 1940 (JORF vom 18.10.1940, S. 5323, sog. erstes Judenstatut) in Kraft. Der Katalog verbotener Berufe wurde durch Gesetze vom 2. Juni 1941 (JOEF vom 14.6.1940, S. 2475, sog. zweites Judenstatut) und vom 17. November 1941 (JOEF vom 2.12.1941, S. 5179) erweitert.

1346 Zweite Verordnung über Massnahmen gegen Juden vom 18. Oktober 1940 (VOBlF. vom 20.10.1940, S. 112). Die Vermögensanmeldung betraf »jüdische wirtschaftliche Unternehmen«, »Juden« und deren Ehegatten sowie alle juristischen Personen, die nicht »jüdische wirtschaftliche Unternehmen« sind, aber mehr als ein Drittel »Juden« unter den Mitgliedern oder in der Leitung haben. Die Anmeldung hatte bis zum 31.10.1940 bei der lokalen Polizeipräfektur zu erfolgen.

1347 Zunächst sind die Regelungen über die Ernennung kommissarischer Verwalter:innen zu nennen, deren Bestellung ein gesetzliches Verfügungsverbot bezüglich der verwalteten Vermögensgegenstände bewirkte. Auf deutscher Seite ist die sog. Geschäftsführungs-Verordnung vom 20. Mai 1940 (VOBlF. vom 4.7.1940, S. 31) relevant, die in Frankreich durch § 5 der sog. zweiten Verordnung über Maßnahmen gegen Juden vom 18. Oktober 1940 (VOBlF. vom 20.10.1940, S. 112) in Kraft gesetzt wurde. Auf französischer Seite traten zunächst das Gesetz vom 10. September 1940 (JORF vom 26.10.1940, S. 5430) und das Gesetz vom 2. Februar 1941 (JOEF vom 9.2.1941, S. 650) in Kraft, die nicht explizit an die Einordnung als jüdisch anknüpften, in der Praxis aber vorrangig als jüdisch geltende Personen betrafen. Explizit gegen »Juden« gerichtet war das Gesetz vom 22. Juli 1941 (JOEF vom 26.8.1941, S. 3594). Zu flächendeckenden Sperrungen von Banken- und Wertpapierkonten in der besetzten Zone führte die sog. vierte Verordnung über Maßnahmen gegen Juden vom 28.5.1941 (VOBlF. vom 10.6.1941, S. 272). Eine entsprechende Regelung trat dagegen nicht in der freien Zone in Kraft.

1348 Verordnung vom 17. Dezember 1941 über eine Geldbuße der Juden (VOBlF. vom 11.2.1942, S. 325).

1349 Loi du 2 juin 1941 remplaçant la loi du 3 octobre 1940 portant statut des Juifs (JOEF vom 14.6.1941, S. 2475), modifiziert durch Gesetz vom 17.11.1941 (JOEF vom 2.12.1941).

1350 Der durch Gesetz vom 17. November 1941 (JOEF vom 2.12.1941, S. 5179) reformierte Art. 5 sah ein Berufsverbot für den Handel mit Gemälden und Antiquitäten vor (»le commerce de tableaux; le commerce d'antiquités«).

1351 Art. 3 Abs. 1 des Dekrets vom 28.7.1941 (JOEF vom 1.8.1941) i. V. m. Dekret vom 14.8.1941.

1352 Art. 4 des Dekrets vom 28.7.1941 (JOEF vom 1.8.1941).

1353 § 3 der sog. dritten Verordnung über Maßnahmen gegen Juden vom 26.4.1941 (VOBlF. vom 5.5.1941).

Liquidation gestellt habe.[1354] Die CIVS verfolgt heute einen ähnlichen Ansatz, wie der nachfolgende Fall GG belegt.

> GG (1884–1952) war Inhaber einer Kinogruppe. In der vom Deutschen Reich besetzten Zone war der Kinobetrieb zunächst verboten und konnte nur mit Zustimmung der Besatzungsmacht wieder aufgenommen werden. Das erste Judenstatut vom 3. Oktober 1940 verbot schließlich als jüdisch eingeordneten Personen Herstellung, Vertrieb und Vorführung von Filmen sowie den Betrieb von Kinosälen (Art. 5). Ein Gesetz der französischen Regierung vom 26. Oktober 1940 machte den Betrieb von Film- und Kinogesellschaften von einer staatlichen Genehmigung abhängig. Auch die von GG betriebenen Kinosäle wurden auf behördliche Anordnung geschlossen. Vor diesem Hintergrund entschloss sich GG zum Verkauf seiner Aktienanteile an den Betreibergesellschaften der Kinosäle. Da ein Verkauf an den französischen Staat scheiterte, veräußerte GG schließlich durch Vertrag vom 20. November 1940 an einen französischen Staatsbürger, der sich als Vertreter eines französischen Unternehmenskonsortiums ausgab. Später stellte sich heraus, dass dieser als Strohmann für die deutsche Kinogruppe Continental Film Gesellschaft gehandelt hatte.[1355] Nach dem Krieg wurde die Kinogruppe zunächst unter staatliche Verwaltung gestellt und später verstaatlicht.[1356] Versuche des GG, seine Aktienanteile nach dem Krieg zurückzuerlangen, scheiterten. 1951 wurde mit dem späteren Erwerber ein Vergleich geschlossen.[1357]

In ihrer Empfehlung vom 30. September 2015 bewertete die CIVS die Veräußerung angesichts der Zwangslage, in der sich GG spätestens seit Inkrafttreten des sog. ersten Judenstatuts vom 3. Oktober 1940 befunden habe, als Entziehung infolge antisemitischer Gesetze. Gleichwohl lehnte sie eine weitere Entschädigung in Ansehung der bereits erlangten Ausgleichsleistungen ab.[1358] Dagegen gewährte die CIVS eine Entschädigung für die nach dem Krieg entstandenen Gerichtskosten. Dieser Rechtsgedanke finde sich schon in der Empfehlung vom 11. Dezember 2013

1354 Grundlegend Cass. civ., 16.12.1947, JCP II 1948, Nr. 4102 – Époux de Roock c. Poutchits: »Mais attendu que l'arrêt constate [...] que l'ordonnance allemande (du 9 septembre 1940) spéciale aux entreprises cinématographiques et la loi du 13 novembre 1940 (lire 3 octobre 1940) [...] interdisaient à Poutchits l'exercice de sa profession; que ces textes constituaient des mesures de contrainte exceptionnelles qui menaçaient directement l'intéressé en lui imposant le choix entre la liquidation volontaire de son patrimoine et une expropriation forcée«; – Qu'en établissant, dans ces circonstances, un rapport de causalité entre la publication de ces textes et la vente du fonds litigieux alors qu'aucun autre motif ayant pu déterminer cette aliénation n'était invoqué, la Cour d'appel a pu admettre que la preuve de la violence [...] était d'ores et déjà rapportée«.

1355 Diese Kinogesellschaft wurde vom Deutschen Reich mit dem Ziel der Kontrolle und Gleichschaltung der Kinoindustrie gegründet und mit einem Gesellschaftskapital von 200 Mio. Francs ausgestattet. Sie stand unter der Führung des deutschen Filmproduzenten Alfred Greven.

1356 Die Kinogruppe ging im September 1946 in der vom Finanzminister geschaffenen *Union Générale Cinématographique* (UGC) auf, die 1971 privatisiert wurde und noch bis heute unter diesem Namen firmiert.

1357 GG erhob im Sommer 1945 Klage auf Annullierung des Kaufvertrages und Restitution der Aktienanteile nach Art. 11 der Verordnung vom 21.4.1945. Zeitgleich wurde gegen GG ein Verfahren wegen illegaler Gewinne (*profits illicites*) und Handel mit dem Feind (*commerce avec l'ennemi*) eingeleitet. Im Zuge dieses Strafverfahrens wurde GG rechtskräftig verurteilt. Die Verurteilung wegen Handels mit dem Feind wurde erst durch Gesetz vom 9.8.1953 amnestiert. Die auferlegte Geldbuße wegen illegaler Gewinne wurde dagegen erst im November 1953 nach dem Tod des GG aufgehoben. Unter dem Eindruck dieser Strafverfahren hatte GG sich 1951 mit dem Erwerber der Kinogruppe verglichen.

1358 CIVS, Empfehlung vom 30.9.2015, Fall GG, S. 3: »[Q]u'il résulte de ce qui précède, que les circonstances dans lesquelles M. GG a été contraint de vendre son entreprise en novembre 1940, soit après l'entrée en vigueur de la législation antisémite du 3 octobre 1940, entrent bien dans le champ d'application de décret n° 99-778 du 10 septembre; que, toutefois, l'accord im bereits dargestellten Fall H[1359] wieder, wo die CIVS eine verfolgungsbedingte Zwangslage unter Verweis auf das Fehlen eines antisemitischen Berufsverbots verneinte.[1360] Diese Erwägungen sind ohne Weiteres auf Veräußerungen aus den Beständen von Galerien oder Antiquitätenhandlungen übertragbar, entsprechende Fälle sind aber für die Spruchpraxis der CIVS bislang nicht nachweisbar.

Einen besonders nachhaltigen Eingriff in die Dispositionsfreiheit bewirkte die Ernennung kommissarischer Verwalter:innen für das Vermögen eines Verfolgungsopfers, etwa aufgrund der Verordnung des deutschen Besatzers vom 18. Oktober 1940 und des Gesetzes der französischen Regierung vom 22. Juli 1941. Infolge des mit der Ernennung verbundenen Vermögensbeschlags (*dessaisissement*) verloren die Betroffenen die Verfügungsbefugnis über das unter Verwaltung gestellte Vermögen, die fortan durch kommissarische Verwalter:innen mit dem alleinigen Ziel wahrgenommen wurde, die erfasste Vermögenswerte an »arische« Erwerber:innen zu veräußern. Der Vermögensbeschlag kam auf diese Weise in seinen faktischen Wirkungen einer Enteignung gleich.[1361] Nach der sog. vierten Verordnung über Maßnahmen gegen Juden vom 28. Mai 1941 durften als jüdisch eingeordnete Personen nicht mehr über Vermögen frei verfügen, für das keine Verwalter:innen bestellt worden war. Schon nach der Rechtsprechung der Nachkriegsjahre begründeten derartige Verfügungsbeschränkungen eine relevante Zwangslage im Sinne des Code civil.[1362] Die CIVS wertet derartige Verfügungsbeschränkungen hingegen nur als ein Indiz unter mehreren für eine Zwangslage, wie der Fall W belegt.

W (1874–1944) war Eigentümerin eines Stadthauses in einem Vorort von Paris, das sie selbst bis zum deutschen Einmarsch bewohnt hatte. Nach ihrer Flucht aus Paris verbrachte W die Besatzungszeit fern der Hauptstadtregion versteckt in einer kleinen Gemeinde in der Loire-Region, musste sich aber, vermutlich auf eine Anzeige hin, Ende Oktober 1940 bei den örtlichen Behörden als »Jüdin« registrieren lassen. Trotz ihrer Konvertierung zum Katholizismus galt W als jüdisch. Spätestens ab dem Sommer 1941 bemühte sich W um den Verkauf ihres Grundstücks. Unter Vermittlung eines Immobilienmaklers wurde am 5. September 1941 ein Vorvertrag über den Verkauf geschlossen. Schon ein Jahr zuvor, am 6. Oktober 1940, war ein kommissarischer Verwalter für das Grundstück bestellt worden, der aber bald darauf zurücktrat und

intervenu entre le spolié et la société ayant acquis le circuit de distribution […] le 16 août 1951 et les sommes versées à l'occasion de celui-ci conduisent à considérer qu'aucune indemnisation complémentaire ne peut en l'état être octroyée«.

1359 Siehe unter B.III.7.c)cc)(3)(i).

1360 CIVS, Empfehlung vom 11.12.2013, unbekannte Seitenzahl: »[P]ar ailleurs, le premier status des Juifs le 3 octobre 1940 n'a pas interdit les professions de banquier ou de courtier en bourse, interdiction qui est intervenue le 2 juin 1941; que, dès lors, la liquidation de la société ›H, Patot et Cie‹ n'est pas considérée comme liée aux législations antisémites en vigueur durant l'Occupation et que la dissolution anticipée ayant été décidée en accord par les associés, l'octroi d'une indemnité au titre des biens professionnels […] n'apparaît pas justifiée«. Die Empfehlung ist in der Verfahrensakte der CIVS nicht mehr auffindbar, wird aber zitiert bei *Luben*, Bericht vom 20.12.2019, S. III (nicht veröffentlicht).

1361 Vgl. in diesem Sinne *Blocaille-Boutelet*, Le genre humain 1–2 (1996), 243 (253 ff.).

1362 Grundlegend Cass. civ., 16.12.1947, JCP II 1948, Nr. 4102, m. Anm. *Jack-Mayer* – Arnulf c. Chamanski (*rejet du pourvoi*): »Attendu, en effet, que l'ordonnance allemande du 18 octobre 1940 avait envisagé la nomination éventuelle de commissaires administrateurs aux entreprises juives […]; Attendu qu‹[…] en établissant un rapport de causalité entre la publication de ces mesures et la cession du fonds litigieux, alors qu'aucun autre motif ayant pu déterminer cette aliénation n'était invoqué, la Cour d'appel a pu admettre que la preuve de la violence exigée par l'article 11 précité [de l'ordonnance du 21 avril 1945; Anm. d. Verf.] était d'ores et déjà rapportée, puisque les mesures édictées étaient de nature à inspirer au cédant la crainte d'exposer cette partie de son patrimoine à un mal considérable et présent«.

erst mit Wirkung zum 5. Februar 1942 durch einen Nachfolger ersetzt wurde. Als sich die Abwicklung des Grundstückskaufs in der Folgezeit in die Länge zog, erhob W Einwände gegen den Vertragsschluss und trat schließlich vom Vertrag zurück. Der neue kommissarische Verwalter hielt gleichwohl an dem Verkauf fest: Am 20. Mai 1942 wurde auf seine Initiative ein notariell beurkundeter Kaufvertrag geschlossen, der auch von W unterzeichnet wurde. Der Kaufpreis wurde auf einem Sperrkonto bei der *Caisse des dépôts et consignations* (CDC) hinterlegt. Im Januar 1944 wurde W durch den Sicherheitsdienst SD im Zuge einer Razzia festgenommen, im Konzentrationslager Drancy inhaftiert und schließlich nach Auschwitz deportiert, wo sie ermordet wurde.

In ihrer Empfehlung vom 5. Juli 2019 stufte die CIVS den Grundstücksverkauf als der Verfolgungspolitik zurechenbare Entziehung ein, da W »a été contrainte, à la suite des législations antisémites, de régulariser un compromis de vente le 5 septembre 1941«.[1363] Nach den Untersuchungen des Berichterstatters handelte W unter Zeitdruck, um einem hoheitlichen Vermögenszugriff zuvorzukommen, was die nur überschlägigen Angaben im Vorvertrag vom September 1941 zur Beschaffenheit des Grundstücks sowie der für W nachteilige Verkaufspreis indiziell belegten.[1364] Als Indiz für eine Zwangslage wertete die CIVS zudem den nachträglich erklärten Vorbehalt der W, wenngleich dieser nicht mit dem Vertragsinhalt, sondern mit der übermäßigen Dauer der Transaktion zusammenhing. Als nicht allein ausschlaggebendes Indiz wurde hingegen die Ernennung eines Verwalters vor dem Vertragsschluss gewürdigt, der den Verkauf schließlich zustande brachte.

Die Rechtsprechung der Nachkriegszeit ordnete derartige Fälle hingegen seit der Entscheidung der *Cour de cassation* in der Sache Silberstein von 1947 dem Tatbestand der Entziehung (*spoliation*) nach Art. 1 der Verordnung zu.[1365] Verkäufe nach Ernennung kommissarischer Verwalter:innen waren somit grundsätzlich nichtig, es sei denn, der Verkauf wäre auch ohne die Beteiligung der Verwalter:innen zustande gekommen. Während also nach der historischen Rechtsprechung der Vermögensbeschlag für sich genommen bereits die Einordnung späterer Geschäfte als Entziehungen gestattete, wertet die CIVS diesen Umstand offenbar als eines unter mehreren Indizien in einem Indizienbündel. Zu unterschiedlichen Ergebnissen führen beide Ansätze nur, wenn die übrigen Indizien (etwa die Höhe des vereinbarten Verkaufspreises) gegen verfolgungsbedingten Zwang sprechen.

Fraglich ist vor diesem Hintergrund, wie Fälle zu bewerten sind, in denen die Ernennung des:der kommissarischen Verwalter:in – wie im Fall der Erben nach Armand Dorville – erst nach dem finalen Entschluss zum Verkauf erfolgte.

1363 CIVS, Empfehlung vom 5.7.2019, Fall W, S. 6.

1364 *Augustin*, Bericht vom 30.11.2018, S. 14 f. (nicht veröffentlicht): »Il se déduit [...] des circonstances dans lesquelles la victime a régularisé le compromis de vente le 5 septembre 1941 puis, sous le contrôle de l'AP Simon, l'acte authentique de vente en 1942, qu'elle a agi dans la précipitation et pour tenter d'échapper aux mesures confiscatoires dont les juifs étaient alors victimes. La rédaction très approximative du compromis de vente tend à conforter cette analyse.«

1365 Cass. civ., 4.6.1947, Recueil Sirey 1 (1947), 189, m. Anm. *Lyon-Caen* – Silberstein c. Garnier. Nach der entscheidenden Passage sind die »actes de disposition accomplis même avec le consentement de l'intéressé et relatifs à des biens, droit ou intérêts, ayant préalablement l'objet de mesures exorbitantes du droit commun, visées par l'art. 1er de l'ordonnance précitée et en conséquence de ces mesures« von vornherein nichtig.

Armand Dorville (1875-1941) hatte zu Lebzeiten eine bedeutende, mehrere hundert Werke umfassende Kunstsammlung aufgebaut. Nach seinem Tod veranlasste der im Testament bestimmte Testamentsvollstrecker den Verkauf des beweglichen und unbeweglichen Nachlasses, darunter auch der Kunstsammlung. Die Werke wurden in Nizza vom 24. bis 27. Juni 1942 öffentlich versteigert. Im Laufe dieser Auktion zogen die Erb:innen insgesamt 46 Gemälde mit einem Schätzwert von 726.000 Francs vom Verkauf zurück.[1366] Am ersten Tag der Auktion wurde auf Grundlage des Gesetzes vom 22. Juli 1941 ein kommissarischer Verwalter (Amédée Croze) bestellt, der sich noch am selben Tag vor Ort einfand und seine Anwesenheit den Organisator:innen der Auktion anzeigte.[1367] Gleichwohl wurde die Bestellungsurkunde durch den *Commissariat Général aux Questions Juives* (CGQJ) erst am Folgetag ausgestellt, sodass dieser erst ab diesem Zeitpunkt, wie er selbst bekundete, mit der »vollen Autorität seines Amtes« auftreten konnte.[1368] Auf den Gang der Auktion nahm Croze keinen erkennbaren Einfluss. Bei der Auktion erwarb der französische Staat, vertreten durch den Mitarbeiter des Louvre, René Huyghe, insgesamt zwölf Werke. Im Nachgang zur Versteigerung ließ Croze die Auktionserlöse an sich auszahlen. Croze legte die Geldbeträge mit Genehmigung des CGQJ unter Verweis auf die Militärtitel der Familie Ende 1943 bzw. Anfang 1944 in Staatsanleihen mit sechsmonatiger Laufzeit an und zahlte diese nicht - wie sonst vorgeschrieben - auf ein Sperrkonto ein. Gleichwohl erhielten die Erb:innen, da die Teilung der Erbschaft erst nach dem Krieg abgeschlossen werden konnte, erst deutlich später Zugriff auf die Geldbeträge samt Zinsen.

In dem ersten Teil ihrer Empfehlung vom 17. Mai 2021 verneinte die CIVS zunächst eine Zurechnung der Verkäufe zur antisemitischen Verfolgungspolitik.[1369] Nach Ansicht der Kommission sprachen die verfügbaren Anhaltspunkte in der Gesamtbetrachtung gegen verfolgungsbedingten Zwang. Vielmehr sei der Verkaufsentschluss im Vorfeld der Ernennung des kommissarischen Verwalters und damit frei von Zwang auf Initiative des Nachlassverwalters getroffen worden. Eigentlicher Grund für die Verkäufe sei die Belastung des Nachlasses mit Verbindlichkeiten in beträchtlicher Höhe gewesen,[1370] »de sorte que les ventes ne peuvent être considérées comme procédant d'une mesure exorbitante du droit commun«[1371]. Die Erlöse der Einzelverkäufe hätten die Schätzungen im Vorfeld der Auktion zudem weit übertroffen. Ferner sei es den Erb:innen gelungen, eine größere Zahl Gemälde nachträglich von der Auktion zurückzuziehen. Die CIVS folgerte aus der Gesamtschau dieser Indizien, dass die Verkäufe frei von Zwang organisiert und durchgeführt worden seien (»les ventes aux enchères ont été

1366 Zwölf dieser Werke wurden später in eine Auktion vom 12.4.1943 eingebracht, die unter der Kontrolle des später ernannten kommissarischen Verwalters durchgeführt wurde.

1367 In einem Schreiben vom 25. Juni 1942 forderte Croze den Nachlassverwalter formal zur Mitteilung über die konkrete Zusammensetzung der Güter der Erbschaft auf, die der Zwangsverwaltung unterliegen.

1368 Bericht Nr. 3 des kommissarischen Verwalters vom 28.7.1942, zitiert in *Zagury*, Rapport en date du 26 novembre 2020, S. 24 (nicht veröffentlicht): »Nous rappelons que cette vente avait débuté le jour-même de notre nomination et que nous n'avons reçu notre arrêté que le lendemain 25 Juin. Le premier jour nous n'avons pas pu intervenir avec l'autorité que la possession matérielle de l'ampliation de l'arrêté nous aurait permise. C'est pourquoi les héritiers ont usé de leur droit de retrait de 46 tableaux«.

1369 CIVS, Empfehlung vom 17.5.2021, Nr. 24582 BCM, Armand Dorville, abgedruckt in *CIVS*, Tätigkeitsbericht für 2021, S. 64–70.

1370 Darunter eine Erbschaftsteuerschuld in Höhe von 45 Prozent des Nettonachlasses und 26 Einzelvermächtnisse.

1371 A. a. O., S. 67.

organisées et réalisées sans contrainte ni violence«[1372]). Als Entziehung infolge antisemitischer Gesetze bewertete die CIVS hingegen die Einziehung der Auktionserlöse durch den kommissarischen Verwalter, da diese Maßnahme unmittelbar auf Grundlage des Gesetzes vom 22. Juli 1941 erfolgt sei.

In diesem ersten Teil ihrer Empfehlung argumentierte die CIVS demnach mit Kausalitäts- und Zurechnungsgesichtspunkten. Als maßgebliche Ursache des Vermögensverlustes bewertete sie die Feilbietung der Werke im Rahmen einer Auktion, wobei erkennbares Motiv des Verkaufs rein wirtschaftliche und nicht vorrangig verfolgungsspezifische Gründe gewesen seien. Die Ablehnung der Zurechnung bezüglich der Einzelwerkverkäufe beruhte dabei ersichtlich auf zwei Prämissen der CIVS, die es näher zu untersuchen gilt: (a) Die Ernennung des kommissarischen Verwalters am ersten Tag der Auktion, die aber erst zum zweiten Tag hin wirksam geworden war, habe keinen Einfluss auf den formalen Gang der Auktion gehabt und sei somit für die rechtliche Qualifikation des Verkaufs unbeachtlich. (b) Das vordergründige Motiv des Verkaufs habe nicht die antisemitische Verfolgung der Familienangehörigen Armand Dorvilles gebildet. Beide Prämissen erscheinen nicht unumstößlich.

Zunächst könnte argumentiert werden, dass die Ernennung des kommissarischen Verwalters eine eigenständige Kausalbedingung gesetzt habe, die schließlich den Ursachenzusammenhang zum ursprünglichen Verkaufsentschluss des Testamentsvollstreckers durchbrochen habe. In diesem Sinne argumentierte die Anspruchsteller:innenseite unter Verweis auf die Verordnung vom 21. April 1945:

> »[S]i des héritiers d'Armand DORVILLE ont participé à l'organisation des ventes, une telle participation ne pourrait être interprétée que comme ›un concours matériel‹ au regard des dispositions de l'article 1er de l'ordonnance du 21 avril 1945, [...].
> En effet, c'est en conséquence des dispositions antisémites édictées par l'Occupant et le régime de Vichy que les biens mobiliers ayant appartenus à Armand Isaac DORVILLE ont été vendus sous la tutelle de Monsieur Amédée CROZE administrateur provisoire qui en a saisi le produit.«[1373]

Die Ernennung des Zwangsverwalters habe rückwirkend die gesamte Auktion und sämtliche Einzelverkäufe dem Gesetz vom 22. Juli 1941 unterstellt, sodass diese nicht länger auf einer freien Willensentschließung der Erb:innen beruht habe, sondern vielmehr auf der Entscheidung des kommissarischen Verwalters Croze. Das Verhalten der Erb:innen sei vor diesem Hintergrund als eine bloße Mitwirkung (*concours matériel*) am Verlusteintritt zu bewerten, die den Zurechnungszusammenhang nicht unterbreche. Dieses Argument verweist implizit auf die Auslegung der Verordnung vom 21. April 1945 durch die Nachkriegsrechtsprechung. Es wurde bereits dargestellt, dass in Verfahren vor der CIVS die in der Verordnung zum Ausdruck kommenden Wertungen als Leitlinien bei der Auslegung des CIVS-Dekrets zu berücksichtigen sind.[1374]

1372 Ebd.

1373 Antragsbegründung vom 13.11.2019, S. 31. Der Verfasser dankt der Vertreterin der Anspruchsteller:innen, Corinne Hershkovitch, für die Übermittlung der 525 Seiten starken Antragsschrift.

1374 Siehe zu diesem Aspekt schon eingehend unter B.III.7.a)aa)(3).

Dies betonten auch die Berichterstatter:innen in ihren vorbereitenden Gutachten.[1375] Zudem können die Argumente und Erwägungen der Nachkriegsrechtsprechung auch direkt als rechtliche Argumente in die Überzeugungsbildung der CIVS einfließen, sofern die Entscheidungen allgemeingültige Aussagen zu Kausalitäts- und Zurechnungsfragen enthalten, die auch für die Auslegung und Anwendung des CIVS-Dekrets relevant sind.[1376]

Die Rechtslage nach der Verordnung von 1945 stellt sich dabei wie folgt dar: Seit der Silberstein-Entscheidung von 1947[1377] ist für die Abgrenzung zwischen Art. 1 und Art. 11 der Verordnung vom 21. April 1945 der Zeitpunkt des Vermögensbeschlages (*dessaisissement*) entscheidend.[1378] Unabhängig von der Beteiligung der Eigentümer:innen am Geschäftsabschluss stufte die Rechtsprechung Verkäufe nach Ernennung eines:einer kommissarischen Verwalter:in als Verfügungen infolge von Ausnahmemaßnahmen gemäß Art. 1 Abs. 1 der Verordnung ein, es sei denn, der Verkauf wäre in seiner konkreten Form auch ohne kommissarische Verwaltung zustande gekommen. Demnach entband auch diese Rechtsprechung die Kläger:innen nicht vom Kausalitätsnachweis.[1379] Gerade die Kausalität der Ernennung des Verwalters für den Verkaufsabschluss verneinte die CIVS im konkreten Fall aber in Übereinstimmung mit den Vorgaben der Verordnung von 1945. Der kommissarische Verwalter habe keinen entscheidenden Einfluss auf den Gang der Auktion »comme réglée par l'exécuteur testamentaire«[1380] genommen. Losgelöst davon sei die Einziehung des Versteigerungserlöses zu bewerten, die unzweifelhaft eine Entziehung infolge antisemitischer Gesetze darstelle.

Ferner gilt es die zweite Prämisse der CIVS zu überprüfen, wonach der Verkauf auf eine freiwillige Initiative der Erb:innengemeinschaft zurückging und nicht durch deren Verfolgung bedingt war. Unstreitig ist, dass die Entscheidung für den Verkauf durch den Testamentsvollstrecker erfolgte, der dabei in den Grenzen seiner rechtlichen Befugnisse handelte. Unstreitig ist weiterhin, dass sich die Erb:innen beträchtlichen Nachlassverbindlichkeiten (Erbschaftsteuerlast, Einzelvermächtnisse) ausgesetzt sahen. Die große Zahl der Vermächtnisnehmer:innen allein aus den Reihen der Familie (acht Personen), die über ganz Frankreich verstreut lebten, begründete eine besondere praktische Hürde bei der Erbauseinandersetzung, die erst nach dem Krieg abgeschlossen werden konnte. Es erscheint

1375 *Zagury*, Bericht vom 26.11.2020, S. 7 (nicht veröffentlicht): »[I]l ne lui [à la CIVS ; Anm. d. Verf.] appartient donc pas de statuer sur ce point, mais il [le texte de l'ordonnance; Anm. d. Verf.] conditionne néanmoins son intervention: C'est en effet l'existence même de la spoliation, son évidence dans le cadre de l'ordonnance du 21 avril 1945, qui justifie sa compétence propre.« Noch deutlicher *Augustin*, Bericht vom 1.12.2020, S. 32 (nicht veröffentlicht): »[J]e propose à la Commission d'analyser les ventes litigieuses à la lumière des dispositions précitées des articles 1er et 11 de l'ordonnance du 21 avril 1945 afin de déterminer si elles ont eu un caractère spoliateur et, dans l'affirmative, de proposer une indemnisation du préjudice subi.«

1376 So etwa für die Frage, wie sich die Verfolgungssituation für Betroffene ausgehend von den jeweils geltenden Gesetzen und Maßnahmen und im Licht der Regelungen über Willensmängel des Code civil darstellte. Es handelt sich hierbei gleichwohl um gerichtliche Feststellungen zu Tatsachenfragen, die Ausdruck der freien richterlichen Beweiswürdigung sind.

1377 Cass. civ., 4.6.1947, Recueil Sirey 1 (1947), 189 – Silberstein c. Garnier.

1378 Siehe eingehend hierzu unter B.II.2.c).

1379 Kausalität wäre zu verneinen, wenn die Ernennung des:der Verwalter:in den Geschehensverlauf nicht nennenswert beeinflusst hat, etwa weil der Verkauf den Vorstellungen der Eigentümer:innen entsprach. In diesem Sinne etwa CA Paris, 10.10.1945, JCP 1946, Nr. 3169 – Arnulf c. Chimanski et Rigollet; zustimmend *Sarraute/Tager*, Gazette du Palais Doctrine 2 (1946), 51 (54 f.); *Nuville*, Gazette du Palais Doctrine 1 (1946), 52 (53); *Jack-Mayer*, JCP 1947, Nr. 3715, Abschnitt VIII. Die Autorin *Jack-Mayer* (ebd.) nennt beispielhaft den Fall, dass die Verkäufer:innen schon vor Beginn der kommissarischen Verwaltung einen entsprechenden Verkauf abgestrebt hatten und dieser schließlich zu Bedingungen erfolgte, die auch unter normalen Bedingungen erwartbar gewesen wären. Mit ähnlicher Begründung, wenn auch unter Anwendung von Art. 3: CA Aix-en-Provence, 21.11.1945, JCP II 1946, Nr. 3168 – Brondello c. Soc. Les grandes Bières de France.

1380 *CIVS*, Tätigkeitsbericht für 2021, S. 67.

daher plausibel, dass vorrangig diese Sachzwänge den Verkauf erklärten und die Ernennung des kommissarischen Verwalters demgegenüber, wenn überhaupt, nur von untergeordneter Bedeutung war. Dafür, dass sich in dem Verkaufsentschluss vorrangig verfolgungsbezogene Gründe niedergeschlagen haben, bestanden aus Sicht der Kommission keine Anhaltspunkte. Insbesondere individuellen Gewalt- und Zwangsmaßnahmen (Festnahmen, Deportationen und Plünderungen) waren die Familienmitglieder erst nach dem Verkauf ausgeliefert.[1381]

Erstaunlich ist hingegen der zweite Teil der Empfehlung. Bis zu diesem Punkt entsprach die Prüfung der ständigen Spruchpraxis der CIVS. In diesem Abschnitt vollzog die CIVS nun, nachdem sie zuvor eine ersatzfähige Entziehung verneint hatte, eine teilweise Ergebniskorrektur unter Billigkeitsgesichtspunkten. Die CIVS führte aus, dass der Zentralstaat – vertreten durch das Staatssekretariat für nationale Bildung und Jugend – bei der Auktion vom Juni 1942 in Kenntnis der Ernennung des kommissarischen Verwalters insgesamt zwölf Werke erworben habe. Angesichts der Bösgläubigkeit des Staates und des zwielichtigen Kontextes (»contexte trouble«), in dem der Erwerb erfolgte,[1382] habe aus Gründen der Billigkeit eine Rückgabe (»retour«) dieser Werke aus den staatlichen Sammlungen zu erfolgen.[1383]

Diese Bewertung erscheint aus gleich mehreren Gründen kritikwürdig. Diese Lösung gerät erkennbar in Konflikt mit dem Wortlaut des CIVS-Dekrets, das ein Tätigwerden der CIVS nur im Falle einer Entziehung infolge antisemitischer Gesetze vorsieht. Als normative Grundlage der Empfehlung könnte daher nur der Grundsatz der Billigkeit herhalten, der aber bis zu dieser Empfehlung nicht zur Begründung eines Anspruchs eingesetzt wurde. Die zentralen Argumente der CIVS für diese Lösung nach Billigkeitsgrundsätzen bilden zum einen die positive Kenntnis des Zentralstaates von der Ernennung des kommissarischen Verwalters und zum anderen der zwielichtige Erwerbskontext. Beide Begründungsansätze überzeugen aber im Ergebnis nicht. Ausgehend von dem im Verfahren gesichteten Quellenmaterial bestehen keine konkreten Anhaltspunkte dafür, dass die staatlichen Museen schon vor Beginn der Auktion über die bevorstehende Ernennung eines kommissarischen Verwalters unterrichtet waren. Auch die Anspruchsteller:innen trugen keine entsprechenden Umstände vor. Nach deren Vortrag waren die öffentlichen Stellen über die Auktion als solche informiert, nicht hingegen über die Ernennung eines kommissarischen Verwalters. Diese fand erst in einem Schreiben des Museumsmitarbeiters Huyghe vom 28. Juni 1942 – also mehrere Tage nach der Auktion – Erwähnung. Wenig überraschend erscheint es dagegen, dass die staatlichen Museen schon im Vorfeld der Auktion über mögliche Ankäufe berieten. Der Staat verfügte über ein gesetzliches Vorkaufsrecht[1384] an den feilgebotenen Werken und die Sammlung Dorvilles wurde seinerzeit als bedeutend einge-

1381 Die Pariser Wohnung des Erblassers wurde im Dezember 1943 von deutschen Stellen geplündert. Fünf Familienmitgliedern wurden im März 1944 festgenommen, im Konzentrationslager Drancy interniert und daraufhin in das Vernichtungslager Auschwitz deportiert.

1382 Gemeint ist die spätere Flucht, Festnahme, Deportation und Ermordung einzelner Mitglieder der Familie weit über ein Jahr nach der Auktion.

1383 CIVS, Tätigkeitsbericht für 2021, S. 67 f.: »C'est dans ce contexte trouble que le Secrétariat d'État à l'Éducation nationale et à la Jeunesse […] a acquis, en toute connaissance de cause, durant ces ventes les douze œuvres d'art suivante: […] L'Administration savait que ces ventes étaient soumises à la loi du 22 juillet 1941, allant même jusqu'à intervenir directement auprès de l'administrateur provisoire afin d'obtenir la délivrance des legs au profit des musées. La Commission considère, dès lors, sur le fondement de l'équité, que ces douze œuvres d'art, acquises dans les conditions qui ont été rappelées, ne devraient pas être conservées dans les collections publiques.«

1384 Gesetz vom 31.12.1921. Siehe hierzu auch *Polack*, in: Furtwängler/Lammert (Hrsg.), Kunst und Profit: Museen und der französische Kunstmarkt im Zweiten Weltkrieg, S. 147, 155, Fn. 31.

stuft. Auch der Kontakt zwischen Huyghe und dem Verwalter Croze nach der Auktion erscheint bei genauerer Betrachtung weniger zwielichtig, als die CIVS in ihrer Empfehlung nahelegt. Vielmehr scheint es so, als habe sich Huyghe vorrangig deswegen mit Croze in Kontakt gesetzt, um die Erfüllung mehrerer Vermächtnisse zugunsten des Staates zu gewährleisten.[1385] Nicht eindeutig geklärt werden konnte dagegen die Frage, ob Huyghe, dessen Kenntnis dem Zentralstaat zuzurechnen wäre, schon vor Ort Kenntnis von der Bestellung eines Zwangsverwalters erlangt hatte. Dies unterstellte die CIVS in ihrer Empfehlung vom Mai 2021 schlicht ohne nähere Begründung.[1386] Die Tatsache, dass Huyghe schon zwei Tage nach dem Abschluss der Auktion in telefonischem Kontakt mit dem Verwalter trat, deutet andeutungsweise in die Richtung. Gleichwohl fehlen konkrete Feststellungen der Kommission zu dieser Beweisfrage. Die Darstellung der am Verkauf beteiligten staatlichen Stellen als bösgläubige Profiteure des Verfolgungsschicksals der Erb:innen nach Dorville steht damit auf unsicherer Beweisgrundlage.

Kritikwürdig erscheint im Rahmen dieser Billigkeitsprüfung weiterhin die Bezugnahme auf einen vermeintlich »zwielichtigen Kontext« (»contexte trouble«), in dem der Erwerb der zwölf Werke durch den Staat zu verorten sei. Die besonderen Zeitumstände, welche die CIVS erkennbar zu ihrer Ergebniskorrektur bewogen – die Deportation von fünf Familienmitgliedern im März 1944 –, lagen mehrere Monate nach den Verkäufen in Nizza und standen mit diesen in keinem erkennbaren Zusammenhang. Es kann rückblickend schlichtweg nicht nachvollzogen werden, ob sich das Schicksal der fünf deportierten Angehörigen wirklich anders dargestellt hätte, wenn diese nach dem Verkauf ungehinderten Zugriff auf den Auktionserlös gehabt hätten. Es steht sogar zu befürchten, dass die Festnahmen und Deportationen auch in diesem Fall erfolgt wären. Letztlich scheinen aber die historischen Wirkzusammenhänge für diese Lösung nach Billigkeit weniger ausschlaggebend gewesen zu sein als vielmehr der Impuls der CIVS, das ethische Richtige zu tun. Die unreflektierte Einbeziehung ethischer Gesichtspunkte abseits des Wortlaut des CIVS-Dekrets markiert so einen bedenklichen Präzedenzfall in der Spruchpraxis, der Tür und Tor für unvorhersehbare Einzelfalllösungen ohne gesetzliche Grundlage öffnet.

Der Fall Dorville verdeutlicht, dass die Anwendung der in der Spruchpraxis der CIVS geltenden Regeln stets unter dem Vorbehalt einer Ergebniskorrektur aus Gründen der Billigkeit steht. Die Bewertung, wann konkret ein singulärer Ausnahmefall vorliegt, der eine moralische Fallbewertung ermöglicht, liegt im alleinigen Ermessen der CIVS. Der Wunsch nach Einzelfallgerechtigkeit gerät auf diese Weise in ein Spannungsverhältnis mit dem Grundsatz der Gleichbehandlung.

1385 Schreiben von Huyghe an den *Secrétaire général des beaux-arts* vom 28.6.1940, zitiert in Antragsbegründung vom 13.11.2019, S. 28 (nicht veröffentlicht): »J'ai, en effet pu joindre l'administrateur désigné pour la succession DORVILLE, qui m'a déclaré être d'accord pour que le Louvre prenne possession dès maintenant de ce legs. Il m'a donné l'adresse du notaire dont cela dépend et d'ici peu je pourrai vous fixer sur cette question.«

1386 Beide Berichterstatter:innen haben diese These übereinstimmend vertreten. Siehe *Zagury*, Bericht vom 26.11.2020, S. 39: »[F]orce est néanmoins de constater que la présence de l'AP [administrateur provisoire; Anm. d. Verf.], si elle est semble-t-il passée inaperçue aux yeux de la majeur partie du public, […] a […] été connue par le représentant des musées nationaux.« So auch *Augustin*, Bericht vom 1.12.2020, S. 48: »Ces éléments font clairement apparaître que ces acquisitions ont été faites en toute connaissance de ce que la succession d'Armand Dorville avait fait l'objet d'une mesure d'administration provisoire et qu'en cours de vente un AP avait été nommé. En effet figurent au dossier des informations selon lesquelles René Huyghe a été en relation avec Jacques Pfeiffer au cours de la vente.«

(iii) Fluchtzusammenhang

Als Indiz bei der Bewertung eines Rechtsgeschäfts kann auch dessen zeitliche Verortung in einem Fluchtzusammenhang entscheidend sein. Der Begriff soll im Folgenden Fälle erfassen, in denen die präsumtiv Geschädigten im Nachgang zu einer Flucht aus Deutschland in wirtschaftliche Nöte gerieten, die sie zu Veräußerungen zwangen (Nachwirkung einer Flucht). Ferner werden dieser Fallgruppe Sachverhalte zugeordnet, in denen der Verkauf in Zusammenhang mit einer späteren Flucht aus Frankreich steht (Vorwirkung einer Flucht). Diese Fälle verbindet, dass entweder die Ursache oder das maßgebliche Motiv der Veräußerung die frühere oder spätere Flucht der früheren Eigentümer:innen bildet. In beiden Fällen begründet diese wirtschaftliche Zwänge.

Das gesellschaftliche Klima im Frankreich der späten 1930er-Jahre war durch ausgeprägte Vorbehalte gegenüber Migrant:innen, um nicht zu sagen eine Ausländerfeindlichkeit geprägt, die sich auch in der Ausländergesetzgebung schon vor 1940 niederschlug. Das geltende Recht erlaubte eine wirtschaftliche Betätigung nur in engen Grenzen. Eine abhängige Beschäftigung durfte von Ausländer:innen seit 1927 nur noch mit vorheriger Genehmigung ausgeübt werden.[1387] Für gewerbsmäßige Tätigkeiten galt dies seit dem 13. November 1938.[1388] Sofern Betroffene nicht über ausreichende Auslandsdevisen verfügten, bildete der Verkauf mitgeführter Wertgegenstände oftmals das einzige Mittel zur Sicherung des persönlichen Lebensunterhalts. Die Lebensverhältnisse geflüchteter Personen konnten sich demnach als äußerst prekär erweisen. Diese Ausgangslage wurde mit dem Beginn der deutschen Besatzung ab Juni 1940 zusätzlich verschärft. Entschieden sich Betroffene schließlich für eine Flucht aus Frankreich, so waren sie auf die Hilfe von Schleuser:innen angewiesen, deren Dienste entlohnt werden mussten. Die Handhabung derartiger Sachverhalte wird durch den bereits dargestellten Fall E[1389] veranschaulicht.

> Die Familie E war im März 1938 von Österreich nach Frankreich geflohen. Nach dem deutschen Einmarsch im Juni 1940 verschlechterte sich die Situation der Familie. In diesem Zeitraum lebte die Familie vom Verkauf ihrer nach Frankreich ausgeführten Werke. Das Ehepaar entschied sich schließlich zur Flucht aus Frankreich. Um finanzielle Mittel für ihre Flucht zu erlangen (insbesondere zur Bezahlung eines Schleusers), veräußerte das Ehepaar insgesamt sechs Werke aus ihrer Sammlung an den deutschen Kunsthändler Karl Haberstock bzw. dessen Agenten Hugo Engel. Dem Ehepaar gelang schließlich nach einer Festnahme durch die französische Polizei bei ihrer Durchreise durch die Südzone und einem anschließenden Gerichtsverfahren die Flucht nach Spanien und später die Ausreise nach Kuba.

1387 Eingeführt durch Gesetz vom 11.8.1926.

1388 Décret relatif à la carte d'identité de commerçant pour les étrangers du 12 novembre 1938 (JORF vom 13.11.1938, S. 12923). Art. 1 dieses Dekrets sieht vor, dass »à dater de la promulgation du présent décret, il est interdit à tout étranger d'exercer sur le territoire français une profession commerciale ou industrielle sans justifier de la possession d'une carte d'identité spéciale portant la mention ›commerçant‹«.

1389 Siehe hierzu unter B.III.7.c)cc)(3)(i).

Die Kommission bejahte in ihrer Empfehlung vom 5. Dezember 2012 den Entziehungscharakter der Verkäufe auf Grundlage eines Indizienbündels, in das neben den wirtschaftlichen Schwierigkeiten des Ehepaars in Frankreich auch der nahe zeitliche Zusammenhang zur Flucht aus Frankreich eingestellt wurden. Die Verkäufe dienten nach den Feststellungen der CIVS konkret der Bezahlung eines Schleusers, ohne den die Ausreise nicht möglich gewesen wäre.[1390]

In der Gesamtbetrachtung gab daher gerade das Zusammenspiel aus wirtschaftlicher Notlage und geplanter Flucht den Ausschlag. In diesem Punkt lässt sich die Empfehlung mit dem Fall H kontrastieren (Liquidation eines Unternehmens durch Gesellschafterbeschluss).[1391] Als Ursache der wirtschaftlichen Notlage hatte die CIVS in diesem Fall das bereits 1939 eingeführte Verbot des Goldhandels, nicht hingegen eine Verfolgung des H bewertet. Demgegenüber war die wirtschaftliche Notlage im Fall E eng mit der Migrations- und Fluchtgeschichte der Familie verbunden. Aus der Gegenüberstellung beider Fälle wird ferner ersichtlich, dass der antisemitischen Verfolgungspolitik auch Veräußerungen zurechenbar sind, die weniger Folge einer bestimmten hoheitlichen Maßnahme (z. B. eines Berufsverbots oder einer Verfügungsbeschränkung) als vielmehr einer allgemeinen Verschlechterung der wirtschaftlichen Lebenssituation als Begleiterscheinung der Verfolgung sind.

Neben dem Fluchtzusammenhang und der wirtschaftlichen Notlage stützte die CIVS ihre Bewertung im Fall E ferner auf ein weiteres Indiz. Für eine Verfolgungsbedingtheit des Verkaufs spreche zusätzlich auch der Umstand, dass der erhaltene Kaufpreis unterhalb des Marktwertes gelegen habe (»les époux ont [...] vendu certains objets d'art à des prix inférieurs à ceux du marché«).

(iv) Aufenthaltsort der Geschädigten im Verlustzeitpunkt

Indiziell gegen eine verfolgungsbedingte Zwangslage spricht es grundsätzlich, wenn der Verkauf des in Frankreich belegenen Vermögenswerts auf Veranlassung und mit Wirkung für eine Person erfolgt ist, die sich zu diesem Zeitpunkt bereits im Ausland befand, wo sie keiner Verfolgung ausgesetzt war. Im Regelfall kann in einer solchen Konstellation – vorbehaltlich abweichender Hinweise – davon ausgegangen werden kann, dass die geschädigte Person frei von Zwang gehandelt hat, sodass auch der Zurechnungszusammenhang zur Verfolgungspolitik zu verneinen ist. Dies veranschaulicht der im Jahr 2017 entschiedene Fall PP.

> Der Unternehmer PP (1879–1971) floh mit seiner Familie und der Familie seines Bruders Ende 1939 von Paris zunächst nach Cahors, dann nach Biarritz, eher er nach Portugal ausreiste. Von Portugal aus reiste PP schließlich mit seiner Familie nach New York aus, wo sie bis zum Kriegsende verblieben. In einem Brief vom 17. Januar 1941 bevollmächtigte PP den Bruder der Ehegattin seines Bruders, Herrn Grumbach, zur Begleichung ausstehender Miet- und Steuerverbindlichkeiten einige Werke seiner Sammlung zu verkaufen. In einem Schreiben vom 28. April 1941 bestätigte Grumbach den Verkauf

1390 »Attendu qu'en 1941, les époux E, n'ayant comme seul moyen de subsistance que la vente des pièces de leur collection, ont décidé de quitter la France afin d'échapper aux persécutions antisémites; [...] Qu'en vue de financer leur fuite et notamment la rémunération d'un passeur, les époux ont préalablement vendu certains objets d'art à des prix inférieurs à ceux du marché; que lors de leur passage en zone libre, ils ont été arrêtés, jugés puis autorisés à quitter la France pour Cuba via Espagne«.

1391 Siehe hierzu unter B.III.7.c)cc)(3)(i).

von fünf Gemälden von Utrillo, Marquet, Dunoyer, Guillaumin, Vlaminck sowie eines unsignierten Werkes an einen Herrn Vuccina zum Preis von 63.500 Francs. Ferner erklärte Grumbach, von dem Erlös die Steuer- und Mietschulden des PP beglichen zu haben. Am 8. Mai, 17. Juni und 22. Juli 1942 ließ Grumbach weitere Werke von Piette, Derain, Renoir und Makowski durch den Auktionator Etienne Ader (1903–1993) für insgesamt 113.720 Francs versteigern. Nach dem Krieg bewertete PP die erzielten Kaufpreise als »lächerlich« und verlangte – jedoch ohne Erfolg – die Rückgabe von acht der veräußerten Werke. Dabei stützte er sich auf ein Gutachten des Kunsthändlers André Schoeller, wonach die Verkäufe deutlich unter Verkehrswert erfolgt seien.

In ihrer Empfehlung vom 28. November 2017 lehnte die CIVS eine Zurechnung zur Verfolgungspolitik ab. Die Verkäufe seien durch einen bevollmächtigten Vertreter des PP in Frankreich getätigt worden, ohne dass PP sich erkennbar in einer Zwangslage befunden habe.[1392] Die Kommission benannte hierbei nicht ausdrücklich den Aufenthaltsort des Eigentümers als bewertungserhebliches Indiz, insoweit erhellen jedoch die weiteren Ausführungen der Berichterstatterin in ihrem vorbereitenden Gutachten. Der Verkauf habe nicht der Finanzierung einer Flucht gedient, da diese bereits erfolgt sei. Vielmehr habe sich der Eigentümer im Zeitpunkt des Verkaufs bereits in Sicherheit befunden. Zudem habe der Verkauf, wie aus den Schreiben an Grumbach hervorgehe, der Begleichung rechtlicher Verbindlichkeiten – unklar jedoch, aus welchem Zeitraum – gedient. Ein Zusammenhang zur Verfolgung sei folglich nicht erkennbar.[1393] Für die Fallbewertung war somit nicht der Aufenthaltsort als solcher entscheidend. In der Gesamtschau mit den erkennbaren Motiven des Verkaufs war er jedoch ein gewichtiges Indiz gegen eine Zwangslage, sodass er an dieser Stelle als eigenständiger Bewertungsgesichtspunkt herausgehoben werden kann. Nicht auszuschließen ist aber, dass die CIVS in einem nur leicht anders gelagerten Fall abweichend entscheiden würde: etwa wenn der Verkauf nach Bestellung eines:einer kommissarischen Verwalter:in erfolgt oder der Verkauf angesichts der prekären Vermögensverhältnisse zur Sicherung des Lebensunterhalts des PP im Ausland erforderlich gewesen wäre. Derartige Umstände wurden im Verfahren jedoch nicht vorgetragen.

Auf den ersten Blick weist der Fall eine gewisse Ähnlichkeit zu sog. Fluchtgutfälle auf, also Verkäufen aus dem Deutschen Reich geflohener Verfolgungsopfer außerhalb des NS-Herrschaftsbereich.[1394] Der Fall unterscheidet sich von dieser Fallgruppe aber wiederum insoweit, als das betreffende Kulturgut in Frankreich belegen war und vor Ort veräußert wurde, mit der Folge, dass der örtliche Anwendungsbereich des CIVS-Dekrets eröffnet war. Für Fluchtgutfälle im eigentlichen Sinne ist die CIVS nach noch geltender Rechtslage wegen der Beschränkung des Art. 1 Abs. 1 und des Art. 1-1 auf inländische Vermögensverluste nicht zuständig.[1395] Dies

1392 CIVS, Empfehlung vom 28.11.2017, S. 3: »Attendu qu'il ressort de l'instruction que Monsieur PP a donné les pleins pouvoirs à Monsieur GRUMBACH et que les toiles […] ont été vendues sans qu'il y ait eu vente forcée; qu'il s'ensuit que el [sic!] préjudice pouvant en avoir résulté n'est pas consécutif aux législations antisémites et n'entre pas dans le cadre du décret n° 99-778 du 10 septembre 1999 susvisé«.

1393 *Leguelte*l, Bericht vom 27.6.2017, S. 5 (nicht veröffentlicht): »Il n'y a pas non plus vente forcée, la vente ayant eu lieu pour apurer un passif et non pour financer un départ déjà effectué puisque c'est du Portugal, alors qu'il était en sécurité, que PP a donné mandat au frère de sa belle sœur de s'occuper de ses affaires.«

1394 Siehe zu diesem ursprünglich im schweizerischen Kontext entwickelten und geprägten Begriff m. w. N. *Lehmann*, Die schweizerische Restitutionspraxis im Lichte der Washingtoner Prinzipien. Siehe Näheres noch unter B.IV.2.b)bb)(4)(ii).

1395 Siehe hierzu schon unter B.III.7.c)aa)(1)(i).

wird sich aber im Zuge des Restitutionsgesetz von 2023 für den Bereich der Restitutionen aus öffentlichen Sammlungen und bestimmten musealen Privatsammlungen ändern. Die CIVS ist gemäß Art. L.115-3 Satz 1 und L.451-10-1 Satz 1 Code du patrimoine n. F. in diesen Verfahren berufen, zu prüfen, ob eine Entziehung im Kontext der antisemitischen Verfolgungen im NS-Herrschaftsbereich – insbesondere auch außerhalb Frankreichs – erfolgt ist. Die Kompetenz der Kommission beschränkt sich in diesem Bereich somit nicht mehr auf inländische Verluste. Der Fall PP liefert aber Anhaltspunkte, wie Fluchtgutfälle künftig nach dem Restitutionsgesetz von 2023 unter Berücksichtigung der bisherigen Spruchpraxis der CIVS bewertet werden könnten. Hiernach schließt der Aufenthalt der geschädigten Person im sicheren Ausland nicht *per se* die Zurechnung zur antisemitischen Verfolgungspolitik aus, stellt aber ein gewichtiges Indiz für die Annahme dar, dass der Verlust vorrangig auf verfolgungsunabhängigen Gründen beruhte. Vor diesem Hintergrund bedarf es eines näheren Vortrags und einer Beweiserhebung zur Motivlage der geschädigten Person (etwa zu wirtschaftlichen Schwierigkeiten). Dies dürfte erst recht gelten, wenn sich nicht nur die geschädigte Person, sondern auch – wie in Fluchtgutfällen – der verlorene Vermögenswert im sicheren Ausland befand.[1396]

(v) Angemessenheit des Kaufpreises

Das Kriterium des Verkaufspreises findet sich in den allermeisten der untersuchten Empfehlungen zu Veräußerungen von Kulturgütern wieder, jedenfalls als eines von mehreren Indizien. In den internen Dokumenten der CIVS, namentlich den vorbereitenden Gutachten der Berichterstatter:innen, werden in Anlehnung an die zivilrechtliche Terminologie uneinheitlich und changierend auch die Begriffe »vil prix« (Spottpreis) oder »prix lésionnaire« (Läsionspreis) verwendet. Sämtliche Begriffe beschreiben im Kern dasselbe: eine Abweichung des vereinbarten Kaufpreises vom objektiven Marktwert. Das Kriterium der Marktangemessenheit des Kaufpreises geht dabei ersichtlich auf die Nachkriegsgesetze zurück, Art. 11 Abs. 2 der Verordnung vom 21. April 1945, und wurde dort noch als »juste prix« (gerechter Preis) bezeichnet.[1397] In der Verordnung diente dieser als Widerlegungsbeweis der Zwangsvermutung nach Art. 11 Abs. 1.[1398]

Die normative Relevanz dieses Kriteriums in der Spruchpraxis der CIVS kann unterschiedlich begründet werden. Zunächst ausgehend vom Wortlaut des CIVS-Dekrets: Das Dekret fordert für alle Fälle einheitlich den Nachweis eines Vermögensschadens (*préjudice*). Ein solcher Schaden entfiele rein rechnerisch bereits, wenn das Verfolgungsopfer im Gegenzug für den Sachverlust eine gleichwertige Leistung erhalten hat. Bei einem Verfahren gerichtet auf Restitution kann diese demnach nur gegen vorherige Erstattung des Kaufpreises erfolgen.[1399] Weiterhin kommt dem Kriterium aber auch eine indizielle Bedeutung bei der Bewertung einer Zwangslage zu. Indiziell deutet ein Vertragsschluss zu für eine Vertragspartei wirtschaftlich nachteiligen Vertragsbedingungen auf einen Willensmangel (Irrtum, Zwang) hin, wenn man

1396 Siehe Näheres zu dieser Fragestellung unter B.IV.2.b)bb)(4)(ii).

1397 »Cependant, si l'acquéreur ou détenteur rapporte la preuve que son acquisition a été faite au juste prix, la preuve de la violence incombera au propriétaire dépossédé.«

1398 Siehe zu der Problematik im Lichte der durch das Restitutionsgesetz von 2023 eingeführten Bestimmungen unter B.II.2.b).

1399 Eine entsprechende Auflage enthielt die Empfehlung in der Sache Dorville, Empfehlung vom 17.5.2021, Nr. 24582 BCM: »[L]a Commission recommanderait le remboursement du prix de vente perçu par les héritiers de N pour ces douze œuvres, d'un montant total de [Angabe des Nettoversteigerungserlös], s'il y a lieu, par compensation avec l'indemnisation proposée.«, *CIVS*, Tätigkeitsbericht für 2021, S. 68.

unterstellt, dass diese Vertragspartei unter normalen Bedingungen einen Verkauf zum Marktwert anstreben würde.[1400] Die Schwäche der Aussagekraft dieses Indizes wird jedoch deutlich, wenn man sich vor Augen führt, dass sich ein Preisnachlass auch durch eine altruistische Motivation oder schlichtweg geschäftliche Unerfahrenheit erklären lässt, ohne dass sich zwingend ein Willensmangel ausgewirkt hat.

Neben der Indizwirkung in Hinblick auf einen Willensmangel gibt das Kaufpreiskriterium aber auch Aufschluss darüber, ob das Verfolgungsopfer – unabhängig von seiner Motivlage – durch den Vertragsinhalt objektiv benachteiligt wurde. Bei einem Verkauf zu marktunangemessenen Bedingungen besteht diese Benachteiligung in einem Missverhältnis zwischen den vertraglichen Leistungspflichten zulasten des Verfolgungsopfers. Systemische Diskriminierung und Verfolgung vermochten die Verhandlungsposition verfolgter Personen nachhaltig zu schwächen, da diese – stärker als Nichtverfolgte – unter einem gewissen Absatzdruck standen und daher eher geneigt waren, bei der Verwertung des Vermögensgegenstandes nachteilige Vertragsbedingungen zu akzeptieren. Zusätzlich wurde die Suche nach Abnehmer:innen durch Verfügungsverbote für »jüdisches Vermögen« erschwert, sodass verfolgte Personen gezwungen waren, ihre Verfolgteneigenschaft entweder zu verbergen oder im Gegenzug einen Preisnachlass zu dulden. Aus dieser Notlage konnte die andere Vertragspartei einen wirtschaftlichen Vorteil schlagen. Das Marktpreiskriterium erlaubt unter diesem Blickwinkel auch eine Bewertung der Sittlichkeit des Kaufvertrages. Zugleich ist es aber auch Indiz der Kausalität zwischen Verfolgung und Entziehung: Denn stellen sich die Vertragsbedingungen nach damaligen Standards als wirtschaftlich angemessen oder sogar vorteilhaft dar, lässt sich vermuten, dass sich das latente wirtschaftliche Ungleichgewicht zwischen den Parteien nicht konkret im Vertragsschluss ausgewirkt hat.

Die eigentliche Schwierigkeit und dadurch Schwäche des Kriteriums besteht darin, dass seiner Anwendung im Einzelfall die komplexe beweiserhebliche Tatsachenfrage vorgelagert ist, welchen objektiven Marktwert ein Kulturgut zu einem bestimmten Zeitpunkt aufwies. Die CIVS hat zur Prüfung dieser Frage bislang keinen abschließenden methodischen Ansatz entwickelt. An sich würde eine Bestimmung des historischen Marktwertes den Rückgriff auf externe Sachverständige erforderlich machen, was jedoch bislang ersichtlich in keinem bekannt gewordenen Verfahren erfolgt ist. Die CIVS bewertet die Angemessenheit vielmehr eigenständig ohne Rückgriff auf Dritte unter Evidenzgesichtspunkten. Maßgebend ist, ob sich der Kaufpreis für den konkreten Gegenstand unter Berücksichtigung seines Alters, Erhaltungszustandes und seiner Wertigkeit als offenkundig unangemessen darstellt.

(a) Ermittlung eines Referenzwertes zur Bestimmung der Angemessenheit

Als Vergleichswert dient der CIVS bei Grundstücksverkäufen mitunter der Kaufpreis, der vor oder nach dem Krieg für denselben Vermögenswert gezahlt worden ist. Die Kommission prüft, inwieweit sich der Marktwert dieses Grundstücks ausgehend von Indizien des Einzelfalls vor

1400 In diesem Sinne schon die Analyse bei Jack-Mayer zum Kaufpreiskriterium in der Verordnung vom 21. April 1945: »Il est vrai que cette position discutable en logique et en équité […] peut se justifier par des considérations pratiques: l'insuffisance du prix payé est, en fait caractéristique de la spoliation parce que, dans la plupart des hypothèses, la violence exercée ou subie a pour résultat d'entrainer les vendeurs à se dessaisir de leurs biens à des conditions particulièrement désavantageuses. Le prix anormalement bas est alors révélateur du défaut de liberté et, s'il ne constitue pas, comme la lésion en général, un vice de consentement, il en est le résultat et la manifestation concrète«, *Jack-Mayer*, JCP 1948, Nr. 4102, Abschnitt IV.

oder nach dem maßgeblichen Verkauf verändert hat. In dem bereits dargestellten Fall G veräußerte G das in der Gemeinde Y belegene Grundstück 1943 für 30.000 Francs. Nach der Beschreibung in der Vertragsurkunde befanden sich die Bebauungen auf dem Grundstück in einem eher schlechten Zustand. 1947 wurde das Grundstück erneut für 75.000 Francs veräußert. Nach dem Vortrag der Anspruchstellerin deutet die erhebliche Wertdifferenz zwischen beiden Kaufpreisen auf einen Unterwertverkauf im Jahr 1943 hin. Dem folgte die CIVS in ihrer Empfehlung vom 12. Oktober 2011 nicht. Vielmehr belege der im Vertragstext beschriebene schlechte Zustand des Grundstücks, dass der Kaufpreis seinerzeit marktangemessen gewesen sei. Die erhebliche Diskrepanz zwischen beiden Verkaufspreisen lasse sich überdies durch die Kursschwankungen des Franc in der Besatzungs- und unmittelbaren Nachkriegszeit erklären. Der 1947 erzielte Verkaufserlös sei daher als Indiz für die Bestimmung des Marktwertes im Jahre 1943 nicht geeignet.[1401] Diese Einschätzung wurde in der Folge durch alle Gerichtsinstanzen hindurch bestätigt.[1402]

Auch im Fall NN betreffend ein landwirtschaftlich genutztes Grundstück bildete der Erwerbspreis vor 1940 den maßgeblichen Referenzwert. Die Immobilie lag in der deutschen Besatzungszone und war 1936 für 875.000 Francs erworben worden. Der Kaufpreis wurde später in eine Leibrente an den Verkäufer in Höhe von jährlich 90.000 Francs umgewandelt. 1938 veräußerte Herr NN eine weitere Parzelle desselben Grundstücks für 100.000 Francs. Durch Vertrag vom 8. Dezember 1941 wurde schließlich auch der verbleibende Grundstücksteil für 1,2 Mio. Francs von seiner Witwe veräußert. Zusätzlich übernahm der Käufer die Zahlung der Leibrente. Die Berichterstatterin der CIVS ermittelte den Verkehrswert ausgehend vom Erwerbspreis im Jahr 1936 unter Abzug des Verkaufspreises für die 1938 veräußerte Parzelle. Der Geldentwertung zwischen 1936 und 1941 wurde durch Anwendung eines Umrechnungskoeffizienten Rechnung getragen.[1403] Zugleich schlug die Berichterstatterin hierauf die schätzungsweise durch die Übernahme der Leibrente ersparten Aufwendungen auf. Unter Berücksichtigung der niedrigen Pachteinnahmen, die das Grundstück generierte, ergäbe sich für NN im Ergebnis ein Gewinn. In ihrer Empfehlung vom 11. Dezember 2013 bewertete die CIVS den Verkaufspreis vor diesem Hintergrund als angemessen.

Im bereits dargestellten Fall W ermittelte die CIVS den Vergleichswert in ähnlicher Weise ausgehend vom Erwerbspreis der Immobilie im Jahr 1929. Der Verkaufspreis im Jahr 1942 unterschritt den Erwerbspreis um ganze 180.000 Francs, obwohl W nachweislich bauliche Erweiterungen (drei zusätzliche Gebäude) vorgenommen hatte, die nach Ansicht der Kommission zu einer Wertsteigerung geführt hatten. Der Berichterstatter der CIVS hob zudem hervor, dass der Immobilienmarkt in der Zeitspanne zwischen 1929 und 1942 starke Preiszuwächse verzeichnet habe. Eingedenk dieser Umstände sei der Verkaufspreis daher als grob unangemessen zu bewerten.[1404]

1401 Nach Angaben des INSEE entsprächen 30.000 alter Franc 1943 einer Kaufkraft von 7.200 Euro im Jahr 2021; 75.000 alter Franc 1947 entsprächen einer Kaufkraft von 4.400 Euro im Jahr 2021. Es scheint damit nicht ausgeschlossen, dass der erzielte Kaufpreis sogar deutlich über dem in der Nachkriegszeit erzielten Preis lag.

1402 TA Paris, 17.6.2014, Nr. 1206036/6-2; CAA Paris, 4.4.2016, Nr. 14PA03071, 14PA03775.

1403 Vgl. *Chandelon*, Réponses aux questions posées par la Commission sur le dossier, 13.2.2013, S. 2 (nicht veröffentlicht).

1404 »[R]ien ne permet, à l'exception de ces circonstances contraignantes, de comprendre pourquoi la victime qui avait acheté l'immeuble en 1929 pour le prix de 600 000 francs […] puis l'avait amélioré en y faisant réaliser divers travaux notamment d'extension, l'a revendu 420 000 francs dans un marché immobilier en pleine croissance ce dont rend compte l'expert Bérard dans son rapport précité.«, *Augustin*, Rapport sur la requête enregistrée le 25 mars 2016, S. 14 f.

Die Ermittlung eines tauglichen Referenzwerts erweist sich hingegen als schwieriger, wenn Vergleichswerte für den konkreten Vermögenswert (wie ein früherer oder späterer Kaufpreis) fehlen. Bei Einzelstücken (wie regelmäßig bei Kunstwerken) kann der marktübliche Vergleichswert nur schätzungsweise durch Abgleich mit Verkäufen vergleichbarer Objekte bestimmt werden. Wegen der erheblichen Kursschwankungen des Francs zwischen 1940 und 1944, die sich bis zur Währungsreform im Jahr 1960 fortsetzten, eignen sich zudem nur Verkäufe aus demselben Zeitraum als Referenzwerte. Gerade bei Kunstwerken besteht eine zusätzliche Schwierigkeit darin, dass die Preisentwicklung am Kunstmarkt (selbst für Werke eines:einer einzigen Künstler:in) starken Schwankungen unterlag, sodass Preisvergleiche nur überschlägige Annäherungswerte liefern können.[1405] Zweifelhaft ist weiterhin der Zuschnitt der Vergleichsgruppe. Billigerweise könnten nur solche Preise als Vergleichsgrößen dienen, die seitens nicht verfolgter Personen erzielt wurden. Aber auch in diesem Fall würden die Ergebnisse letztlich dadurch verfälscht, dass die allgemeine Preisentwicklung in Gänze unter dem Einfluss eines plötzlichen Überangebots an Kunstgegenständen aus Sammlungen oder Galerien verfolgter Personen stand.[1406] Ein »entzerrter« Kaufpreis ließe sich vor diesem Hintergrund kaum ermitteln, zumal wissenschaftliche Studien zur ökonomischen Entwicklung des Kunstmarktes in Europa während des Zweiten Weltkrieges bislang fehlen.

(b) Rekurs auf Hilfsindizien bei Fehlen tauglicher Referenzwerte

Diese praktischen Hürden mögen erklären, warum bislang in keinem einzigen Verfahren betreffend den Verlust eines Kulturguts der Verkehrswert über Preisvergleichsstudien ermittelt wurde. Vielmehr rekurrierte die Kommission in zwei Verfahren auf andere Anhaltspunkte. In dem bereits dargestellten Fall E[1407] beschränkte sich die Kommission auf die Feststellung, dass »les époux ont […] vendu certains objets d'art à des prix inférieurs à ceux du marché«. Aus dem Gutachten der Berichterstatterin vom 19. September 2012 ging hervor, dass diese Bewertung sich auf einen Hinweis in einer Notiz des E aus der Zeit nach seiner Flucht aus Europa stützte. Hierin hatte E selbst den Unterwertverkauf der Werke seiner Werke moniert.[1408] Als Nachweis eines Unterwertverkaufs genügte der CIVS somit bereits die Selbsteinschätzung des Geschädigten.

In ihrer Empfehlung vom 17. Mai 2021 im Fall Dorville schloss die CIVS auf ein marktangemessenes Ergebnis ausgehend von den durchweg positiven Reaktionen, insbesondere aus der Presse[1409], und dem Umstand, dass die durch einen Kunstsachverständigen ermittelten Schätzwerte sämtlich überschritten wurden (»le produit de ces ventes a été largement supérieur

1405 Dass der Pariser Kunstmarkt in der Besatzungszeit eine Phase der Hochkonjunktur erlebte, ist heute allgemein anerkannt. Zur allgemeinen Entwicklung des Kunstmarktes in Frankreich in der Besatzungszeit siehe etwa nur *Nicholas*, The rape of Europa, S. 153 ff.

1406 Siehe etwa *Nicholas*, a. a. O., S. 153 ff.; *Feliciano*, Le musée disparu, S. 197 ff.; *Furtwängler/Lammert*, in: dies. (Hrsg.), Kunst und Profit: Museen und der französische Kunstmarkt im Zweiten Weltkrieg, S. 13, 13 f.

1407 CIVS, Empfehlung vom 5.12.2012, Fall E. Siehe hierzu unter B.III.7.c)cc)(3)(i).

1408 *Legueltel*, Bericht vom 19.9.2012 (nicht veröffentlicht).

1409 Der Bericht der *Mission de recherche et de restitution* vom September 2020 folgerte, dass »la vente d'œuvre [sic!] d'art de juin 1942 est un succès et attire nombre d'acheteurs de tous ordres. Les prix de vente sont, de l'avis général, d'un niveau très honorable, voire très élevés.«, *Zivie*, Note de synthèse de la Mission de recherche et de restitution des biens culturels spoliés entre 1933 et 1945, en date du 29 septembre 2020, S. 41 (nicht veröffentlicht).

aux estimations. De sorte que les ventes aux enchères ont été organisées et réalisées sans contrainte ni violence«[1410]).

Das Kaufpreiskriterium ist demnach bis in die Gegenwart von praktischer Relevanz bei der Bewertung von Verkäufen von Kunstwerken und sonstigen Kulturgütern geblieben. In der Regel beschränkt sich die Prüfung der Kommission auf die Feststellung, dass der erhaltene Preis offenkundig unter dem Marktwert des Vermögenswertes liegt oder hingegen marktkonform ist. Diese Prüfung vollzieht sich bei Kunstwerken soweit ersichtlich nicht durch Abgleich mit Verkäufen vergleichbarer Werke im maßgeblichen Zeitraum, sondern ausgehend von anderen Indizien (Einschätzungen der Geschädigten, Reaktionen in der zeitgenössischen Presse).

(vi) Person der anderen Vertragspartei und weitere Hilfsindizien

Nicht immer lässt die lückenhafte Beweislage (auch nur indizienbasierte) Rückschlüsse zu den Umständen des Vertragsschlusses zu. In derartigen Fällen greift die CIVS auf Indizien zurück, die nur eingeschränkt Rückschluss auf die Motivlage der früheren Eigentümer:innen ermöglichen, so etwa die Person der Vertragspartei. Erfolgte der Verkauf an Vertreter:innen der Besatzungsmacht (z. B. Mitglieder der NS-Führung), so liege die Vermutung nahe, dass dabei die Stellung der Erwerber:innen bei der Entstehung des Verkaufsentschlusses eine Rolle gespielt haben dürfte. Nach dem Krieg wurden Veräußerungen französischer Staatsangehöriger an feindliche (insbesondere deutsche) Staatsangehörige einer besonderen Regelung unterworfen.[1411] In Nachkriegsverfahren wurden frühere Eigentümer:innen mitunter mit dem Vortrag gehört, dass sie von der ausländischen Vertragspartei unter Druck gesetzt worden seien.[1412] In der Spruchpraxis der CIVS hat dieses Kriterium hingegen bislang keine größere Bedeutung erlangt. Einen bislang singulären Ausnahmefall bildet vor diesem Hintergrund der Fall Bénard Le Pontois aus der jüngeren Praxis betreffend zwei Werke aus den MNR-Beständen.[1413]

> Die in Brüssel geborene Gabrielle Bérard Le Pontois (geb. Philippson, 1880-1941) lebte während der deutschen Besatzungszeit in Paris. Ihre Kinder waren nach dem Einmarsch der Wehrmacht geflohen. Sie starb im Dezember 1941 nach kurzer Erkrankung in Abwesenheit ihrer Familie, ohne zuvor erkennbar Verfolgungsmaßnahmen ausgesetzt gewesen zu sein. Erst nach ihrem Tod wurde die Wohnung im August 1942 im Rahmen der Möbel-Aktion geplündert. Wenige Monate vor ihrem Tod verkaufte Bénard Le Pontois im August und September 1941 eine Tapisserie und ein Gemälde an den deutschen Kunsthändler und Inhaber der Münchener Galerie für Alte Kunst (ehemals A. S. Drey) Walter Bornheim. Bornheim erwarb das Gemälde zur Kommission für Hermann Göring. Nach den Angaben der alliierten Nachkriegsbehörden zahlte Bornheim für die Tapisserie 650.000 Francs und das Gemälde 100.000 Francs. Offen

1410 *CIVS*, Tätigkeitsbericht für 2021, S. 67.

1411 Verordnung Nr. 45-1224 vom 9.6.1945 (JORF vom 10.6.1945, S. 3379). Siehe hierzu unter B.II.2.b)aa)(2)(ii).

1412 Dies belegt etwa der Fall Nicolas. Für eine Falldarstellung siehe *Pitteloud*, in: Furtwängler/Lammert (Hrsg.), Kunst und Profit: Museen und der französische Kunstmarkt im Zweiten Weltkrieg, S. 239, 250 ff.

1413 *Tenture des mois de Lucas: le mois d'avril ou le signe du taureau*, nach Bernard van Orley, Gobelinmanufaktur Audran, OAR 64; *Portrait de femme*, MNR 32.

blieb aber, ob Göring seinen Zahlungsverpflichtungen jemals nachkam. Beide Kulturgüter wurden nach dem Krieg in Berchtesgaden geborgen, 1946 an Frankreich restituiert und schließlich 1949 in die MNR-Bestände aufgenommen.

In ihrer Empfehlung vom 6. September 2021[1414] bejahte die CIVS den Zwangscharakter des Geschäfts in alleiniger Ansehung der Person des Erwerbers, eines hohen Würdenträgers des NS-Regimes:

> »Si les conditions de leur vente [des œuvres MNR 32 et OAR 64; Anm. d. Verf.] sont inconnues, la Commission considère qu'au vu de leur destination et la qualité de l'acquéreur, la liberté de disposition des biens de Gabrielle Bénard Le Pontois a été entravée du fait des législations antisémites et que cette vente a donc été réalisée sous contrainte.«[1415]

Die Empfehlung kann aus mehreren Gründen als besonders anspruchsteller:innenfreundlich bewertet werden. In dem konkreten Fall war ein Rückgriff auf die in der Praxis anerkannten Indizien nicht möglich, da die konkreten Verkaufsumstände im Dunkeln lagen. Berechtigterweise warf daher die Berichterstatterin in ihrem Gutachten die Frage auf, welches Interesse die Verfolgte überhaupt an dem Verkauf angesichts ihres Wohlstandes gehabt haben könnte.[1416] Eine rationale Erklärung für den Verkauf konnte schlichtweg nicht ausgemacht werden, sodass sich der Verkauf aus Sicht der Kommission letztlich nur mit der Person des Erwerbers (Hermann Göring) erklären ließ. Die Berichterstatterin hob noch zusätzlich darauf ab, dass die Eigentümerin angesichts ihres fortgeschrittenen Alters und schlechten Gesundheitszustandes besonders vulnerabel war und ihre Wohnung zudem nur wenige Monate nach ihrem Versterben durch deutsche Stellen vollständig geplündert wurde.[1417] Diese Indizien waren aber für die Bewertung durch die CIVS – zu Recht – nicht ausschlaggebend.

Auffällig ist ferner, dass dem Kaufpreis in dieser Empfehlung weitaus weniger Relevanz als noch in früheren Empfehlungen zugeschrieben wurde. Dieser war nicht unbeachtlich und konnte sogar als marktangemessen bewertet werden. Nach den Feststellungen der Kommission konnte aber ein Beleg über die effektive Zahlung des Kaufpreises nicht gefunden werden (»Aucune trace d'un paiement effectif par le commanditaire d'Hermann GOERING n'a été retrouvé.«[1418]). Offen ließ die CIVS hingegen, welche konkrete Folgerung aus dem Umstand der Nichtzahlung zu ziehen sei. Muss diese Feststellung dahingehend verstanden werden, dass der Kaufpreis mangels tatsächlicher Leistungsbewirkung unbeachtlich ist? In Deutschland wird diese Frage im Rahmen der Bewertung des Entziehungscharakters der Veräußerung

1414 CIVS, Empfehlung vom 6.9.2021, Nr. 24606 BCM-Rest, Bénard Le Pontois, abgedruckt in *CIVS*, Tätigkeitsbericht für 2021, S. 76–78.

1415 A.a.O., S. 77.

1416 *Descours-Gatin*, Bericht vom 21.5.2021, S. 6 (nicht veröffentlicht): »On peut s'interroger sur l'intérêt financier qu'aurait eu Mme Bénard Le Pontois, qui disposait d'une grande fortune, de vendre ces deux œuvres, ainsi que sur la démarche qu'elle aurait pu faire spontanément pour les vendre auprès de Walter Bornheim, qui agissait pour le compte de Goering. Si elle avait besoin d'argent, pourquoi ne s'est-elle pas adressée à un marchand d'art français?«

1417 Ebd.: »Il semble qu'elle était particulièrement vulnérable. Enfin, son appartement sera entièrement vidé de son contenu quelques mois après son décès.«

1418 *CIVS*, Tätigkeitsbericht für 2021, S. 77.

relevant.[1419] Nach dem CIVS-Dekret ist die Frage der effektiven Leistungsbewirkung hingegen bei der Prüfung des Vermögensschadens (speziell bei der Prüfung einer Schadenskompensation) zu prüfen: Wurde dem Verfolgungsopfer ein angemessener Kaufpreis gewährt, so fehlt es bei wirtschaftlicher Betrachtung an einem Vermögensschaden.[1420] Scheiterte die Leistungserbringung hingegen infolge der Vorenthaltung des Verkaufserlöses (etwa wegen der Einzahlung auf ein Sperrkonto nach dem Gesetz vom 22. Juli 1941), so stellt diese Vorenthaltung für sich genommen eine ausgleichsfähige Entziehung dar.[1421] Vor diesem Hintergrund erhellen die Ausführungen in der Sache Bénard Le Pontois: Da die Geschädigte keinen Ausgleich für den Verlust des Kunstwerks erhielt, besteht ein durch Restitution auszugleichender Vermögensschaden.

(vii) Ort und Zeitpunkt des Verlustes

Neben den bereits dargestellten Indizien könnten auch der Ort und Zeitpunkt der Veräußerung als äußere Rahmenbedingungen des Vermögensverlustes indirekt Aufschluss über die Verfolgungssituation einer Person liefern. Gerade im besetzten Frankreich, das sich durch ein spezielles Waffenstillstandsregime auszeichnete (Teilung Frankreichs in zwei Zonen, faktische Annexion Elsass-Lothringens) konnten sich die Lebensbedingungen für Verfolgte abhängig vom Zeitpunkt und Ort des Vertragsschlusses unterschiedlich darstellen. In den vom Deutschen Reich annektierten Gebieten wurde jüdisches Leben *de facto* unmöglich gemacht. Schon im Juli 1940 kam es durch Entscheidung des Gauleiters vom 13. Juli 1940 zu Massenausweisungen als jüdisch geltender Personen. Im Vergleich dazu gestaltete sich die Rechtslage für verfolgte Personen in der unbesetzten Zone, jedenfalls zu Beginn der deutschen Besatzung bis zur Verabschiedung der Gesetze des Vichy-Regimes vom 2. Juni[1422] und 22. Juli 1941[1423], als vergleichsweise milde.

Gänzlich anders als im Rest von Frankreich entwickelte sich die Verfolgungssituation in der italienischen Besatzungszone. Die nach November 1942 auf die Gebiete östlich der Rhône angewachsene italienische Besatzungszone wurde zu einem beliebten Zufluchtsort verfolgter

1419 Nach den in der Handreichung der Beauftragten der Bundesregierung für Kultur und Medien (BKM) aufgestellten Grundsätzen gilt für Rechtsgeschäfte nach dem 30. Januar 1933 eine Vermutung der Verfolgungsbedingtheit zugunsten sog. Kollektivverfolgter, es sei denn, es kann nachgewiesen werden, dass der:die Verkäufer:in für den Verkauf einen angemessenen Kaufpreis erhalten hat, über den er:sie frei verfügen konnte. Der tatsächliche Zufluss des Kaufpreises ist somit Voraussetzung für die Widerlegung der Vermutung. Vgl. hierzu *Beauftragte der Bundesregierung für Kultur und Medien*, Handreichung, überarbeitete Fassung von 2019, S. 38.

1420 So auch schon im bereits dargestellten Fall Dorville (CIVS, Empfehlung vom 17.5.2021). Zum Verbot der ungerechtfertigten Bereicherung siehe die Ausführungen unter B.III.7.e)aa).

1421 So etwa in CIVS, Empfehlung vom 30.11.2018, Fall W; Empfehlung vom 17.5.2021, Fall N. In diesem Fall gewährte die CIVS eine Entschädigung für den Inflationsschaden, der durch die über mehrere Jahre fortdauernde Vorenthaltung des Versteigerungserlöses entstanden war.

1422 Loi du 2 juin 1941 remplaçant la loi du 3 octobre 1940 portant statut des Juifs (sog. zweites Judenstatut). Das Gesetz erweiterte den Katalog der den »Juden« verbotenen Berufe. Diese durften fortan keiner freien oder gewerblichen Tätigkeit nachgehen (Art. 4). Ein Gesetz vom selben Tag (Loi n° 41-2333 du 2 juin 1941 prescrivant le recensement des Juifs, JOEF vom 14.6.1941, S. 2476) schrieb die Registrierung der »Juden« (sog. *recensement des Juifs*) vor. Einer Anmeldung unterlagen ferner Vermögensstand und Beruf. Die Anmeldungen bildeten die Grundlage späterer Festnahmen und Deportationen.

1423 Loi du 22 juillet 1941 relative aux entreprises, biens et valeurs appartenant aux juifs. Das schon mehrfach erwähnte Gesetz ermöglichte die Ernennung kommissarischer Verwalter:innen für Vermögenswerte im Eigentum von »Juden« durch das im März 1941 geschaffene Generalkommissariat für Judenfragen (CGQJ).

Personen. Die italienischen Behörden unterbanden - wenn auch aus strategischen Motiven - Repressionen und Festnahmen durch die französische Polizei und verzichteten auf die Kennzeichnung »jüdisch« in amtlichen Ausweisdokumenten.[1424] Zeitzeug:innen bewerteten die Lebensbedingungen für Verfolgte in dieser Besatzungszone als weitaus günstiger als in anderen Teilen Frankreichs.[1425] Die Situation veränderte sich erst nach dem deutschen Einmarsch in die italienische Besatzungszone am 8. September 1943.

Die Verfolgungssituation gestaltete sich somit in bestimmten Gebieten Frankreichs zwischen 1940 und 1944 milder als in den vom Deutschen Reich unmittelbar kontrollierten Gebieten, sodass der Verfolgungsdruck hier erfahrungsgemäß (vorbehaltlich atypischer Fälle) geringer ausgefallen sein durfte. Bei Fehlen konkreter Hinweise und Indizien könnte für Veräußerungen im Zeitraum nach Juni 1940 daher unterschieden werden zwischen Veräußerungen in

- den vom Deutschen Reich faktisch annektierten Gebieten (Elsass-Lothringen),
- der vom Deutschen Reich besetzten Zone (1940 bis 1944),
- der sog. freien Zone (bis November 1942),
- der italienischen Besatzungszone (November 1942 bis September 1943).

Der Ort des Verlustes könnte insoweit als Indiz für die Motivlage der Opfer dienen. In der Spruchpraxis der CIVS wird diese zeitlich-örtliche Komponente bis heute nur selten in die Beweiswürdigung einbezogen.[1426] Gerade in Fällen betreffend rechtsgeschäftliche Verluste, in denen konkrete Anhaltspunkte zur Motivlage eines Verfolgungsopfers fehlen und daher ein Beweisausfall droht, könnte der Indizienbeweis in Übereinstimmung mit internationalen Vorgaben, insbesondere Prinzip Nr. 4 der Washingtoner Erklärung von 1998, einen möglichen Ausweg darstellen.

(viii) Sonderfall: Fluchtbedingte Vermögensaufwendungen

Eine erwähnenswerte Auffälligkeit in der Praxis der CIVS besteht darin, dass diese auch Entschädigung für Geldbeträge leistet, die Verfolgte zum Beispiel zur Bezahlung von Schleuser:innen aufwandten, um ihre Flucht aus Frankreich zu ermöglichen (sog. *frais de passeur*).[1427] Barvermögen stellt ohne Zweifel einen schutzwürdigen Vermögenswert im Sinne des CIVS-Dekrets dar. Die Verfügung über solche Vermögenswerte kann nach dem dargestellten Schema als der Verfolgungspolitik zurechenbarer Verlust angesehen werden, wenn sie allein aus Gründen der Verfolgung erfolgte.[1428]

1424 Siehe hierzu im Überblick *Rodogno*, 1 (2007), 63 (72–77).

1425 Die Sondersituation in der italienischen Besatzungszone wird durch eine Aussage des Historikers Serge Klarsfeld belegt, der 1941 als Kind in Nizza lebte: »[L]es Juifs se réjouissaient d'être sous la domination des Italiens. Parce que la vie continuait comme avant, et en même temps, dans une Europe où c'était le seul endroit, pratiquement, dans l'Europe dominée par le nazisme et le fascisme, où c'était dans de pareilles conditions. Et c'était une oasis, en quelque sorte.«, *Klarsfeld*, Témoignage, in: Fondation pour la Mémoire de la Shoah/Institut national de l'audiovisuel (Hrsg.), Mémoires de la Shoah, https://entretiens.ina.fr/memoires-de-la-shoah/KlarsfeldB/serge-klarsfeld/ (14.3.2023).

1426 Eine gewisse Ausnahme markiert der bereits dargestellte Fall H (Empfehlung vom 11.12.2013), in dem die CIVS die Verfolgungssituation ausgehend von dem Stand der antisemitischen Gesetzgebung bewertete und somit an historischen Rahmendaten ausrichtete. Siehe hierzu unter B.III.7.c)cc)(3)(i).

1427 Siehe etwa *CIVS*, Tätigkeitsbericht für 2021, S. 12. Der Pauschalsatz der Entschädigung beträgt 114 Euro bei einer Ausreise vor dem 16. Juli 1942 (Datum der *Rafle du Vel d'Hiv*) und 596 Euro nach diesem Datum (Stand Juni 2021).

1428 Kritisch *Unfried*, Vergangenes Unrecht: Entschädigung und Restitution in einer globalen Perspektive, S. 476. Der Autor bezeichnet diese Ausrichtung als »verständliche Geste«, verneinte aber einen hinreichenden Anlass für derartige Entschädigungen.

(ix) Zusammenfassung: Bewertungskriterien und Beweisanforderungen bei Veräußerungen im Überblick

Die Bewertung rechtsgeschäftlicher Vermögensverluste fällt in der Praxis der CIVS tendenziell anspruchsteller:innenfreundlich aus. Anders als die Kommissionen anderer Staaten wie Deutschland, Österreich und der teilweise Niederlande[1429] erkennt die CIVS zwar keine generelle Beweislastumkehr zur Frage der Zurechnung des Verlustes zur Verfolgungspolitik zugunsten der Anspruchsteller:innen an. Die Anforderungen an den Zurechnungszusammenhang und dessen Beweis fallen aber milde aus.

Die Geschädigten müssen danach nicht durch individuelle Drohungen zur Veräußerung bestimmt worden sein. Eine Zurechnung ist vielmehr schon zu bejahen, wenn die antisemitische Verfolgung zwischen 1940 und 1944 das vordergründige Motiv der Veräußerung bildete. Dies ist der Fall, wenn neben der Verfolgung keine anderen Gründe (etwa sachliche von der Verfolgung unabhängige Zwänge) für die Veräußerung erkennbar sind. Zur Begründung der Zurechnung kann daher schon der Beweis genügen, dass die Geschädigten im Zeitpunkt der Veräußerung antisemitischer Verfolgung ausgesetzt waren. In diese Richtung deutet etwa der Fall Bénard Le Pontois. Die Beweiserhebung lieferte hier keine Hinweise zu den konkreten Beweggründen der Eigentümerin für den Verkauf, sodass die CIVS (hilfsweise) auf die Person des Käufers als Indiz für eine Zwangslage abstellte. Ebenso gut hätte sie die Zurechnung mangels gegenteiliger Anhaltspunkte schlicht unter Verweis auf die Verfolgung der Geschädigten begründen können. Eine solche Ratio lässt sich ausdrücklich der Empfehlung in der Sache NN entnehmen: Die CIVS erkannte in dieser Empfehlung an, dass der Verkaufsentschluss zwar durch die Verfolgung beeinflusst worden sein könnte, im konkreten Fall aber Hinweise vorlägen, dass dieser ausnahmsweise nicht unter Zwang erfolgt war.[1430]

Die CIVS gelangt auf diese Weise im Kern zu funktional äquivalenten Ergebnissen wie in Rechtsordnungen, in denen eine Vermutung der Verfolgungsbedingtheit bei Veräußerungen anerkannt ist (Deutschland, Österreich und teilweise die Niederlande). Zwar wird ein Zurechnungszusammenhang mit der Verfolgungspolitik in der Praxis der CIVS nicht vermutet. Jedoch kann die Zurechnung, wenn gegenläufige Indizien nicht auszumachen sind, im Zweifel in alleiniger Ansehung der Verfolgung der früheren Eigentümer:innen bejaht werden. Der Umstand der Verfolgung begründet also bei Fehlen gegenteiliger Anzeichen die tatsächliche Vermutung, dass die Verfolgung das vorrangige Motiv für den Verkauf bildete. Ähnliche Grundsätze greifen im Übrigen bei Entziehungen ohne Zutun der früheren Eigentümer:innen. Kann eine konkrete Ursache für den Verlust nicht ermittelt werden, wird vermutet, dass der Verlust in Zusammen-

Dieser Kritik kann indes nicht gefolgt werden. Es stellt vielmehr eine konsequente Umsetzung des Zurechnungsmodells dar, auch solche Vermögensverluste als ausgleichswürdig anzusehen.

1429 Siehe zu Deutschland *Hahne*, Wege zur Gerechtigkeit bei NS-Raubkunst: Die heutige Restitutionspraxis im Lichte des alliierten Rückerstattungsrechts; zur Praxis des Kunstrückgabebeirates in Österreich *Dewey*, Gerecht und fair? Die Empfehlungspraxis des österreichischen Kunstrückgabebeirats im Lichte der Washingtoner Prinzipien, S. 166 ff. In der Praxis der niederländischen *Restitutiecommissie* gilt die Vermutung hingegen nur für nicht im Kunsthandelt tätige Personen, vgl. *Scheller*, Die niederländische Restitutionskommission, im Erscheinen.

1430 CIVS, Empfehlung vom 11.12.2013, Fall NN: »[S]i la vente a eu lieu avant que les lois sur l'aryanisation des biens juifs n'interviennent le 22 juillet 1941, la décision de vente a pu être influencée par le contexte avant cette date et notamment la déclaration de propriété comme ›bien juif‹; qu'en revanche, le prix de vente n'a pas été vil ou lésionnaire et qu'au surplus la vente n'a pas reçu de contestation après-guerre de la part de NN«.

hang mit deren Verfolgung stand. So verhielt es sich im Fall Hugo Simon, der noch im weiteren Verlauf darzustellen ist.[1431]

In der Vergangenheit gelang es der CIVS jedoch stets, Beweise zu ermitteln, die Rückschlüsse auf die Motivlage der Geschädigten erlaubten. Nach dem Amtsermittlungsgrundsatz[1432] hat die CIVS im Interesse der historischen Wahrheitsfindung sämtliche Umstände unabhängig davon auszuforschen, ob diese für oder gegen das Anspruchsbegehren sprechen. Zu ermitteln sind daher auch Beweise, die im Einzelfall gegen eine Zwangslage sprechen können. Die im Rahmen dieser Forschungsarbeit ausgewertete Praxis der CIVS hat ergeben, dass ein Beweisausfall (*non liquet*) bisher ausgeschlossen werden konnte.

Ablehnende Empfehlungen der CIVS erklären sich somit dadurch, dass die Kommission in der Verfolgung der Geschädigten nicht das vordergründige Motiv der Veräußerung erkannte. Im Fall G[1433] verneinte die CIVS einen Zurechnungszusammenhang, da der Grundstücksverkauf zu marktgerechten Konditionen und ohne Beteiligung kommissarischer Verwalter:innen zustande gekommen war. Ein verfolgungsbedingtes Motiv vermochte die CIVS nicht zu erkennen. Gleichwohl wäre es hier möglich gewesen, ausgehend von den allgemeinen Rahmendaten des Verkaufs (Verkauf in der vom Deutschen Reich besetzten Zone Ende 1943) auf eine verfolgungsbedingte Motivlage zu schließen. Im konkreten Fall hatte die Beweisaufnahme zudem ergeben, dass der Geschädigte durch Plünderungen seines Anwesens seinen Handelsbestand vollständig eingebüßt hatte. Spätestens seit Dezember 1941 war G zudem die Ausübung seiner beruflichen Tätigkeit als Kunsthändler untersagt. Eine mögliche Erklärung für den Verkauf hätte also darin gesehen werden können, dass das Anwesen, das zuvor als Lagerort seiner Galeriebestände gedient hatte, nach der vollständigen Plünderung keinen wirtschaftlichen Zweck mehr erfüllte. Diesen (hypothetischen) Überlegungen ging die CIVS gleichwohl nicht näher nach.

Im Fall H[1434] erblickte die CIVS den Grund für die Veräußerung in wirtschaftlichen Schwierigkeiten, die ihren Ursprung in der Zeit vor 1940 hatten und somit verfolgungsunabhängig waren. Ähnlich verhielt es sich im Fall Dorville,[1435] wo ebenfalls äußere Sachzwänge den Auslöser des Verkaufs gebildet hatten. Die Liquidation des Nachlasses diente hier der Beschaffung hinreichender Mittel zur Erfüllung von Nachlassverbindlichkeiten. Im Regelfall löst ein Erbfall (vor allem bei größeren Vermögen) auch erhebliche finanzielle Lasten aus, die für sich genommen nicht in Zusammenhang mit der Verfolgungspolitik stehen. Aber auch in derartigen Fällen verbieten sich pauschale Urteile: Die Notwendigkeit zur Veräußerung kann auch in einem solchen Fall durch verfolgungsbezogene Motive mitbeeinflusst worden sein – so etwa wenn die Liquidation auf eine verfolgungsbedingte Verschlechterung der wirtschaftlichen Situation der Erb:innen reagierte. Im Fall Dorville bewertete die CIVS das Gewicht der verfolgungsunabhängigen Faktoren jedoch als schwerwiegender und verneinte daher im Ergebnis die Zurechnung. Erst aus Gründen der Billigkeit vollzog die Kommission in einem Folgeschritt in Ansehung der Bösgläubigkeit des Staates als Erwerber eine normative Ergebniskorrektur.

1431 Siehe unter B.III.7.c)cc)(4).

1432 Siehe hierzu die allgemeinen Ausführungen unter B.III.4.a)bb).

1433 Siehe unter B.III.7.c)aa)(2)(ii)(c), B.III.7.c)cc)(3)(i) und B.III.7.c)cc)(3)(iv).

1434 Siehe unter B.III.7.c)cc)(3)(i).

1435 Siehe unter B.III.7.c)cc)(3)(ii).

Im Fall PP[1436] sprachen gleich mehrere Hinweise gegen eine verfolgungsbedingte Zwangslage. Neben der Zielsetzung des Verkaufs, der nach den eigenen Erklärungen des Eigentümers der Erfüllung steuer- und mietrechtlicher Verbindlichkeiten diente, stellte die CIVS hier erkennbar auf den Aufenthaltsort des Eigentümers ab. Dieser verweilte im Verkaufszeitpunkt im sicheren Ausland, wo er keiner Verfolgung ausgesetzt war. Die Tatsache, dass die Verkäufe nach Einschätzung eines Experten weitüberwiegend unter dem Verkehrswert erfolgt waren, fiel dagegen nach Ansicht der CIVS nicht weiter ins Gewicht.

Neben ablehnenden Empfehlungen finden sich auch Fälle, in denen die Kommission einen Zurechnungszusammenhang bejahte. Im Fall GG[1437] sprachen aus Sicht der CIVS die äußeren Umstände dafür, dass das Verfolgungsopfer unmittelbar unter dem Eindruck eines im Herbst 1940 in Kraft getretenen Berufsverbots gehandelt habe und diesem letztlich keine Alternative zum Verkauf verblieben war. Im Fall E[1438] diente der Verkauf nach den Feststellungen der CIVS vorrangig der Beschaffung hinreichender finanzieller Mittel zur Flucht aus Frankreich (insbesondere der Bezahlung eines Schleusers). Zudem erfolgte der Verkauf zu nachteiligen Bedingungen für das Verfolgungsopfer. Im Fall Bénard Le Pontois[1439] fehlten konkrete Indizien zu den Verkaufsumständen. Die CIVS stellte hier letztlich darauf ab, dass der Verkauf an eine Führungsgröße des NS-Regimes (Göring) mit gewisser Wahrscheinlichkeit unter Zwang erfolgt sei. Andere Motive (eine wirtschaftliche Notlage oder eine Fluchtabsicht) waren nicht ersichtlich. Der Fall verdeutlicht demnach, dass im Einzelfall schon ein einzelnes Indiz neben der Verfolgung bei der Prüfung der Zurechnung den Ausschlag geben kann. Die Empfehlung belegt dadurch auch eine tendenzielle Absenkung der Beweisanforderungen im Bereich der rechtsgeschäftlichen Vermögensverluste.

Für eine vorrangige Beeinflussung des Verlustes durch verfolgungsbezogene Motive spricht indiziell auch die Ernennung kommissarischer Verwalter:innen. Die Ernennung genügt aber nach der Praxis der CIVS für sich genommen noch nicht, um den Zurechnungszusammenhang zu begründen, wenn sich die Ernennung nicht entscheidend auf das Zustandekommen des Vertrages ausgewirkt hat. Dies belegen die Fälle W und Dorville. Diese Orientierung mag überraschen, da die Ernennung nach dem Gesetz vom 22. Juli 1941 bereits den Vermögensbeschlag (*dessaisissement*) und damit den Verlust der Verfügungsbefugnis der verfolgten Person über die der Verwaltung unterliegenden Vermögensbestandteile bewirkte.[1440] Rechtlich vollzog sich bereits mit der Ernennung ein Eingriff in das Vermögen der Betroffenen, der durch die spätere Veräußerung lediglich vertieft wurde. Die Orientierung der CIVS scheint aber mit der Auslegung des Begriffs der Entziehung (*spoliation*) in der Nachkriegsrechtsprechung vereinbar.[1441] Diese ordnete entsprechende Veräußerungen nach dem formalen Beginn der Verwaltung nur dann als Entziehungen gemäß Art. 1 Abs. 1 der Verordnung vom 21. April 1945 ein, wenn die Ernennung für den Verkauf kausal geworden ist. Hierzu musste sich die Ernennung der Verwalter:innen in dem konkreten Vermögensverlust niedergeschlagen haben, was zu verneinen ist, wenn der Verkauf vorrangig auf einer Initiative der Geschädigten beruhte.

1436 Siehe unter B.III.7.c)cc)(3)(iv).
1437 Siehe unter B.III.7.c)cc)(3)(ii).
1438 Siehe unter B.III.7.c)cc)(3)(iii).
1439 Siehe unter B.III.7.c)cc)(3)(vi).
1440 Art. 3 des Gesetzes sah vor, dass die »nomination de l'administrateur provisoire entraine le dessaisissement des personnes auxquelles les biens appartiennent, ou qui les dirigent.«
1441 Siehe zur Frage der Kausalität unter B.II.2.a)aa)(3) sowie zur Abgrenzung zwischen Art. 1 und 10 eingehend unter B.II.2.c).

Dementsprechend hielt CIVS nähere Feststellungen zur Frage der Kausalität für erforderlich. Im Fall W wurde diese ausgehend von den Indizien des Einzelfalls bejaht, im Fall Dorville hingegen verneint.

Die in der Spruchpraxis an die Zurechnung gestellten Anforderungen lassen sich somit zusammenfassend auf die allgemeine Formel bringen, dass in jedem Einzelfall der Nachweis eines Verfolgungs- bzw. Diskriminierungszusammenhangs zu führen ist. Der eingetretene Verlust muss mit anderen Worten Ausdruck der systematischen Verfolgungspolitik sein. Dies ist zu bejahen, wenn mit dem Verkauf auf hoheitliche Anordnungen in Gesetzen oder Maßnahmen reagiert wurde oder sich das Verfolgungsopfer aus sonstigen Gründen erkennbar einer Gefahr für sein Vermögen, seine Gesundheit oder sein Leben ausgesetzt sah. Wurde die Entscheidung durch unterschiedliche für und wider eine Zwangslage sprechende Faktoren beeinflusst (Motivbündel), so musste die Verfolgung gleichwohl das ausschlaggebende Motiv für die Entscheidung zur Veräußerung bilden. Diese Wertungsfrage entzieht sich einer rein historischen Analyse und impliziert vielmehr eine normative Bewertung der historischen Tatsachen nach den Ergebnissen der Beweisaufnahme.

(4) Unaufklärbare Verlustkonstellationen

Nicht immer ist es der CIVS möglich, sich ausgehend von den amtswegig ermittelten oder vorgelegten Beweisen eine Überzeugung zu sämtlichen beweiserheblichen Tatsachen zu bilden. Vielfach kann es dazu kommen, dass die konkreten Umstände (Ort und Zeitpunkt) des Vermögensverlustes angesichts der lückenhaften Beweislage offenbleiben. Vereinzelt sind etwa Fälle nachweisbar, in denen die Geschädigten vor der Verfolgung im besetzten Frankreich flohen, ihre Vermögenswerte ungeschützt zurückließen und diese in der Folge unter unklaren Umständen verloren gingen. Können die konkreten Verlustumstände im Verfahren nicht aufgeklärt werden (*non liquet*), stellt sich die Frage, welche Partei in diesem Fall das Risiko des Beweisausfalls zu tragen hat. Nach der allgemeinen Beweislastverteilung würde dieses Risiko an sich die Anspruchsteller:innen treffen, mit der Folge, dass der Anspruch abzulehnen wäre.[1442] Um dieses Ergebnis zu vermeiden, vermutet die CIVS in derartigen Fällen bei Fehlen gegenteiliger Indizien, die einen Verkauf vor 1940 belegen, eine der Verfolgungspolitik zurechenbare Entziehung, ohne dies näher zu begründen. So verhielt es sich beispielsweise in dem bereits dargestellten Fall Hugo Simon.

> Nach Simons Flucht aus Paris verblieb seine Sammlung – darunter auch ein Pechstein-Gemälde – in seiner Pariser Wohnung. Ende 1940 sowie Anfang 1941 wurde die Wohnung durch den ERR geplündert. Die Beschlagnahmeliste enthielt indes keinen Hinweis auf das Gemälde.[1443] Nach den Feststellungen der CIVS ist es daher wahrscheinlich, dass sich das Werk auch in der Folge und über den gesamten Zeitraum der Besatzung in der ehemaligen Wohnung Simons befunden hat. 1966 wurde ein dem Pechstein-Gemälde aus der Sammlung Simons entsprechendes Werk durch Zufall in

1442 Zu den in der CIVS-Praxis geltenden Beweisgrundsätzen siehe Näheres im Weiteren unter B.III.9.

1443 Die ERR-Liste von 1942 nennt insgesamt drei Werke von Pechstein. Lediglich der Eintrag »M. Pechstein Badende. Öl auf Lwd. – 101 x 76 cm gerahmt« deutet auf ein vergleichbares Werk hin. Die Maße weichen aber deutlich von dem verfahrensgegenständlichen Werk ab (ca. 30 cm), sodass eine Übereinstimmung ausgeschlossen werden konnte.

den Lagern des *Palais de Tokyo* entdeckt. Wie es dort hingelangt war, konnte in dem Verfahren nicht nachvollzogen werden. Insbesondere konnte nicht geklärt werden, ob die Vermieterin der Wohnung, die *Banque de l'Algérie*, das Werk als Mietpfand nach der Besatzungszeit wegen ausstehender Mietzahlungen verwertet[1444] oder ob dieses von Dritten unterschlagen worden war. Vielmehr klaffte eine Provenienzlücke zwischen der letzten nachweislichen Zurschaustellung des Werkes im Juli 1938 im Rahmen der Ausstellung »Twentieth Century German Art« in London und seiner Entdeckung nach dem Krieg.

Die CIVS sprach sich in ihrer Empfehlung vom 10. Juli 2020 für eine Restitution des Pechstein-Gemäldes an die Erb:innen nach Hugo Simon aus, ohne Feststellungen zu den konkreten Verlustumständen zu treffen.[1445] Nach den Ausführungen der CIVS konnten die konkreten Verlustumstände, insbesondere der genaue Zeitpunkt des Verlustes, dahinstehen, da der Verlust jedenfalls nach 1940 und somit im zeitlichen Anwendungsbereich des CIVS-Dekrets erfolgt sei:

> »Le parcours de l'œuvre entre l'exposition de Londres en 1938 et sa redécouverte au Palais de Tokyo en 1966 demeure inconnu pas plus qu'il ne révèle un quelconque acte de disposition de ce tableau par son propriétaire [...];
> En conséquence, au vu des éléments du dossier [...], il y a lieu de restituer [...] la peinture de Max Pechstein«.[1446]

Im Ergebnis wurde eine der Verfolgungspolitik zurechenbare Entziehung demnach schlicht unterstellt oder technisch formuliert zugunsten des Geschädigten vermutet. Nicht näher ging die Empfehlung hingegen auf den Umstand ein, dass nach den Ergebnissen der Beweiserhebung eine gewisse Restwahrscheinlichkeit dafür bestand, dass das Werk erst nach dem Krieg aus Simons Pariser Wohnung entfernt wurde. In der Stellungnahme der *Mission de recherche et de restitution* wird gleichwohl die Möglichkeit einer Versteigerung durch die frühere Eigentümerin der Wohnung, die *Banque de l'Algérie*, nach dem Krieg offen erwogen. Nach Simons Flucht behielt diese die Wohnungseinrichtung als Pfand für ausstehende Mietzahlungen ein.[1447] Es war nicht auszuschließen, dass sich unter diesen Einrichtungsgegenständen auch das Pechstein-Gemälde befand. Spätestens im Zuge der Liquidation der Bank im Jahr 1964, in dessen Folge das gesamte in deren Besitz befindliche Mobiliar versteigert wurde, könnte das Gemälde auf den privaten Kunstmarkt gelangt sein. Offenbar hielt die Kommission diese Tatsachenfrage aber nicht für entscheidungserheblich. Der zuständige Berichterstatter in dem CIVS-Verfahren betonte, dass selbst für diesen Fall eine Restitution zu empfehlen sei.[1448]

1444 Die Bank stand seit 1946 im Eigentum des französischen Staates und wurde 1963 nach Ende der Kolonialherrschaft in Algerien liquidiert. Dabei wurde auch das Inventar in den Liegenschaften der Bank verwertet.

1445 CIVS, Empfehlung vom 10.7.2020, Nr. 24384 BCM-Rest, abgedruckt in *CIVS*, Tätigkeitsbericht für 2020, S. 78–80.

1446 A.a.O., S. 79.

1447 »En 1964, Etienne Ader procède à la vente aux enchères des biens mobiliers et immobiliers de la banque, et des derniers meubles restés dans l'ancien appartement de Hugo Simon – que la Banque avait conservé à titre de gage pour couvrir les loyers impayés«, *Zivie*, Complément au dossier CIVS n° 24384, relatif au tableau de Max Pechstein, Nus dans un paysage, 30.6.2020, S. 4 (nicht veröffentlicht).

1448 *Augustin*, Note complémentaire du rapport (BCM) établi le 27 mai 2019 sur la requête n° 24384 enregistrée le 13 juin 2017, S. 3 (nicht veröffentlicht): »Cependant même dans cette hypothèse, la Commission devrait retenir que, peu important la cause pour laquelle Hugo Simon a perdu la possession du tableau, celui-ci doit lui être restitué.«

Die konkreten Umstände des Verlustes können gleichwohl nicht gänzlich dahinstehen: Das CIVS-Dekret beschränkt die Zuständigkeit der CIVS ausdrücklich auf Entziehungen infolge antisemitischer Gesetze aus der Besatzungszeit. Entziehung und Vermögensschaden müssen nach der Praxis der CIVS zwingend im Zeitraum der deutschen Besatzung zu verorten sein. Eine Veräußerung oder Unterschlagung durch Dritte nach 1944 würde den Tatbestand des CIVS-Dekrets daher nicht erfüllen. Als Entziehung könnte im vorliegenden Fall ein früherer Anknüpfungspunkt gewählt werden. Der dargestellte Fall zeichnet sich durch die Besonderheit aus, dass Hugo Simon schon 1940 gezwungen war, sein bewegliches Vermögen vor Ort zurückzulassen und aus Frankreich auszureisen. Als Entziehung könnte daher schon die fluchtbedingte Vermögenspreisgabe angesehen werden. Da dieses Vermögensopfer unzweifelhaft durch die von deutschen Stellen drohende Verfolgung Simons motiviert war, könnte ein Verfolgungszusammenhang zweifellos bejaht werden. In diesem Lichte betrachtet würden sich die zeitlich folgende Plünderung und spätere Liquidation der Wohnungseinrichtung Simons als bloße Schadensvertiefungen darstellen. Für diese Deutung der Empfehlung spricht zusätzlich, dass mit der Flucht aus der besetzten Zone eine Rückkehr nach Paris und dadurch der Zugriff auf die Vermögenswerte vor Ort faktisch und (jedenfalls bis zum Ende der NS-Herrschaft in Frankreich) auch rechtlich dauerhaft ausgeschlossen waren.[1449]

Offenbar hat die CIVS ähnlich gelagerte Fälle nicht immer in entsprechender Weise entschieden. Freedman und Weisberg berichten etwa von einem Fall, in dem das Verfolgungsopfer seine Wohnung vor dem deutschen Vormarsch fluchtartig verlassen hatte. Das Wohnungsinventar wurde später unter nicht näher bekannten Umständen entwendet. Eine Entschädigung wurde nach dem Krieg nicht geleistet. Die CIVS lehnte eine Entschädigung ab. Die näheren Entscheidungsgründe sind nicht bekannt.[1450] Was könnte die Diskrepanz bei der Bewertung beider Fälle rechtfertigen? Ein möglicher Erklärungsansatz könnte darin bestehen, dass bei einer Vermögensaufgabe zumindest ein Verhalten der Geschädigten, genauer das Unterlassen, sein Vermögen vor Zugriffen Dritter zu schützen, in dem Verlustgeschehen mitursächlich geworden ist. Dieses Unterlassen dürfte aber als durch die Verfolgung und Flucht erzwungen und daher unter Zurechnungsgesichtspunkten als unbeachtlich zu bewerten sein. Ein relevanter Unterschied könnte somit allenfalls darin gesehen werden, dass Verfahrensgegenstand im Fall Hugo Simon ein Kulturgut war. Aber auch dieser Umstand vermag für sich genommen noch nicht eine derartige Volatilität in der Empfehlungspraxis zu rechtfertigen, zumal das CIVS-Dekret keine gesonderten Voraussetzungen für Restitutionen und Entschädigungen normiert. Die unterschiedliche Handhabung beider Fälle deutet somit eher auf eine noch nicht hinreichend gefestigte Empfehlungspraxis in dieser Frage hin. Es wäre somit eine größere Konsistenz und Stringenz bei der Bewertung vergleichbarer Fälle anzuraten, da diesen auch zukünftig noch eine größere praktische Relevanz zukommen dürfte. Die vorliegende Darstellung skizziert einen möglichen, dogmatisch fundierten Lösungsweg.

1449 Die sog. Verordnung über Maßnahmen gegen Juden vom 27.9.1940 (VOBlF. vom 30.9.1940, S. 92) sah gemäß § 2 ein Einreiseverbot für als jüdisch eingeordnete Personen vor, die aus dem besetzten Gebiet geflohen waren.

1450 Vgl. *Estryn u. a.*, in: Carpi (Hrsg.), The Concept of Equity. An Interdisciplinary Assessment, S. 21, 47 f.; französische Übersetzung erschienen in *Freedman/Weisberg*, Revue administrative 2012, 596.

d) Eintritt eines Vermögensschadens

Die Entziehung muss nach Art. 1 Abs. 1 ferner kausal zur Entstehung eines Schadens (*préjudice*) geführt haben. Nach Art. 1 Abs. 1 muss der Schaden »consécutif à une spoliation intervenue du fait des législations antisémites« (als Folge einer Entziehung infolge antisemitischer Gesetze) eingetreten sein. Der neugeschaffene Art. 1-1 scheint dem Wortlaut nach keinen Vermögensschaden, sondern lediglich die Entziehung eines Kulturguts (»en cas de spoliation d'un bien culturel«) zu fordern. Der abweichende Wortlaut hat indes nicht zu einer divergierenden Spruchpraxis bei Kulturgütern geführt. Die CIVS legt beide Bestimmungen vielmehr in einem übereinstimmenden Sinne aus.[1451]

aa) Erfordernis eines Schadens am Vermögen (*préjudice patrimonial*)

Aus der Bezugnahme auf die Entziehung eines Vermögenswertes folgt, dass Schaden im Sinne des CIVS-Dekrets nur die Beeinträchtigung eines vermögenswerten und rechtlich geschützten Interesses meint.[1452] Ersatzfähig sind demnach nur Einbußen einzelner Vermögensbestandteile. Immaterielle Schäden (wie etwa physisches oder seelisches Leid, das Personen im Zuge ihrer Verfolgung erfahren haben) unterfallen dagegen nicht dem Tatbestand.[1453] Derartige Schäden bleiben in der heutigen Entschädigungspraxis vorbehaltlich besonderer Regelungen ersatzlos.[1454]

bb) Vermögensschaden als direkte Folge der Entziehung

Nach der Spruchpraxis der CIVS muss der Schaden unmittelbare Folge der Entziehung sein. Nicht sämtliche Schäden, die nach herkömmlicher Rechtsdogmatik ersatzfähig wären, unterfallen demnach dem CIVS-Dekret. Der ersatzfähige Schaden besteht somit lediglich in dem Substanzschaden infolge der vollständigen Einbuße des Vermögenswertes im Sinne eines *damnum emergens*.[1455]

Nach allgemeinem Schadensersatzrecht sind hingegen auch mittelbar auf dem schädigenden Ereignis beruhende Folgeschäden ersatzfähig. So bejaht die Rechtsprechung seit jeher

1451 Siehe etwa nur CIVS, Empfehlung vom 12.2.2021, Nr. 5446 BCM, abgedruckt in *CIVS*, Tätigkeitsbericht für 2021, S. 60–63. Die CIVS gewährte hierin eine komplementäre Entschädigung, da »l'indemnisation servie n'a pas réparé l'intégralité du préjudice subi.« (a. a. O., S. 62).

1452 Traditionell wird hiervon der *dommage* (lat. *damnum*) unterschieden, worunter eine Beeinträchtigung eines Rechts oder Interesses unabhängig von der Ersatzfähigkeit verstanden wird, *Guillard*, Fasc. 842: Préjudice réparable, in: Jurisclasseur Administratif, Bearbeitungsstand 1.6.2015, Rn. 9 ff.. Zumeist wird aber zwischen *préjudice* und *dommage* nicht mehr begrifflich getrennt, siehe etwa *Séners/Roussel*, Préjudice réparable, in: Répertoire de la responsabilité de la puissance publique, Bearbeitungsstand Oktober 2021, Rn. 12.

1453 Vgl. *CIVS*, Tätigkeitsbericht für 2001, S. 23 f.

1454 So etwa das Entschädigungsregime für Kinder von Personen, die im Zuge antisemitischer Verfolgung während der Besatzungszeit aus Frankreich deportiert und ermordet wurden (Dekret Nr. 2000-657 vom 13.7.2000, JORF vom 14.7.2000, S. 10838). Weiterhin existiert ein Entschädigungsregime für Kinder von Opfern der Barbarei (*acte de barbarie*) (Dekret Nr. 2004-751 vom 27.7.2004, JORF vom 29.7.2004, Text Nr. 39). Opfer in diesem Sinne sind Personen, die während des Krieges wegen Widerstandshandlungen oder aus anderen Gründen als der Verletzung einer Strafnorm von einer feindlichen Macht aus Frankreich deportiert, im feindlichen Herrschaftsgebiet interniert wurden und in der Folge verstorben sind.

1455 »Amoindrissement pécuniaire qui s'inscrit dans le patrimoine ou dans une masse de biens spécialisée«, *Cornu u. a.*, Vocabulaire juridique, S. 762, Eintrag zu perte, Ziff. 2.

die Ersatzfähigkeit von Verdienst- oder Gewinnausfällen (*perte de revenus, gain manqué*) und teils sogar des Chancenverlustes (*perte d'une chance*), bei denen im Unterschied zu den Erstgenannten eine geringere Wahrscheinlichkeit ihrer Realisierung besteht.[1456] Die CIVS verneint hingegen in ständiger Praxis die Ersatzfähigkeit von Verdienst- und Gewinnausfällen.[1457] Für den Bereich der Kulturgutverluste bedeutet dies, dass sich der ersatzfähige Schaden auf die Einbuße des Vermögenswertes als solchen beschränkt (Substanzeinbuße).[1458] Trotz bis heute anhaltender Kritik[1459] wurde diese Restriktion inzwischen höchstrichterlich bestätigt. In dem Verfahren Callou stellte der *Conseil d'État* 2015 apodiktisch fest, dass »s'agissant d'une entreprise [...] le manque à gagner lié à l'impossibilité de l'exploiter ne saurait être assimilé à une spoliation de biens indemnisable«[1460].

Der Spruchpraxis der CIVS liegt demnach eine Differenzierung zwischen (ersatzfähigen) Primärschäden und (nicht ersatzfähigen) Folgeschäden im Vermögen zugrunde. Diese Restriktion gegenüber dem allgemeinen Schadensersatzrecht ist dabei einmal mehr Beleg für die Autonomie des Regelungsregimes nach dem CIVS-Dekret. Die Kommission begründet diese Restriktion zum einen mit dem Wortlaut des Dekrets: Die Beendigung einer beruflichen Tätigkeit könne nicht mit einer Entziehung gleichgesetzt werden, die eine Vermögenseinbuße unter Zwang voraussetzt.[1461] Dieses Argument vermag aber nicht zu überzeugen, wenn die Aufgabe der beruflichen Tätigkeit sich als unmittelbare Folge der Entziehung (etwa infolge der Veräußerung des Warenbestandes einer Galerie oder eines Antiquariats) darstellt. Zum anderen wird mit dem Gleichheitssatz argumentiert: Für derartige Schäden sei schon nach dem Krieg kein Ersatz geleistet worden. An die Konzeption der historischen Entschädigungsregime sei die CIVS in ihrer Spruchpraxis gebunden, um eine Besserstellung heutiger gegenüber früheren Anspruchsteller:innen zu verhindern.

Die Ausführungen zur historischen Rechtslage bedürfen der Präzisierung: Die Verordnung vom 21. April 1945 gewährte Schadensersatz nicht nur für die Substanzeinbuße, sondern in ihrer Auslegung durch die Rechtsprechung auch für den Nutzungsausfall (Art. 7 Abs. 1).[1462] Richtig ist aber, dass dieser Anspruch sich allein gegen den:die Erwerber:in des entzogenen Vermögenswertes richtete und speziell beim Erwerb von Sachen durch Folgeerwerber:innen den Nachweis der Bösgläubigkeit verlangte (Art. 10 Satz 1). Bei fehlender Kenntnis vom Verbleib der Vermögenswerte oder Nichtauffindbarkeit der Erwerber:innen konnte eine Entschädigung

1456 Siehe zum Ganzen *Bloch u. a.*, Dalloz action Droit de la responsabilité et des contrats 2021/22, S. 610–614. Zu den analogen Grundsätzen im Bereich der Staatshaftung siehe *Grossholz*, Évaluation du préjudice, in: Répertoire de la responsabilité de la puissance publique, Rn. 190–194.

1457 So bereits im ersten Tätigkeitsbericht: *CIVS*, Tätigkeitsbericht für 2001, S. 24: »[I]l existe des limites: ainsi ne sont pas pris en compte le manque à gagner (ex.: perte de bénéfices, loyers non perçus, perte de ressources résultant de l'impossibilité d'exercer une activité professionnelle)«.

1458 Zu den Grundlagen der Schadensbemessung siehe Näheres unter B.III.8.b)bb).

1459 Kritik formulierte der Berichterstatter der Finanzkommission des Senats Laménie in seinem Bericht über die Entschädigungspraxis der CIVS von 2018. Die Praxis wurde in diesem Punkt als besonders restriktiv bewertet: »On peut affirmer que la commission s'est ainsi montrée notablement restrictive dans le domaine des préjudices afférents aux statuts des personnes ou aux menaces pesant sur elles à raison de leur qualité, ce qui apparaît fâcheux au vu de la nature des crimes commis.«, *Laménie*, Rapport d'information fait au nom de la commission des finances du Sénat, S. 105.

1460 CE, 27.3.2015, Nr. 378144, Cons. 3 – Callou.

1461 So etwa in dem Tätigkeitsbericht für das Jahr 2006: »[L]a Commission considère que le préjudice résultant de la cessation d'activité ne résulte pas d'un acte de dépouillement, par violence ou par fraude ou abus de pouvoir, d'un bien matériel appartenant à autrui, que suppose la spoliation.«, *CIVS*, Tätigkeitsbericht für 2006, S. 8.

1462 Siehe Näheres hierzu unter B.II.2.a)bb)(4).

vom Staat nur nach Maßgabe des Kriegsschädenrechts erlangt werden (Art. 7 Abs. 2)[1463], das eine Entschädigung lediglich in Höhe des Wiederherstellungswertes der entzogenen Sache (*indemnité de reconstitution*) oder, sofern eine Wiederherstellung nicht beabsichtigt oder möglich war, nur eine reduzierte Entschädigung (sog. *indemnité d'éviction*) vorsah.[1464] Gleiches galt auch nach dem deutschen Rückerstattungsrecht.[1465] Folgeschäden im Vermögen infolge einer Eigentumsverletzung waren nur nach dem Bundesentschädigungsgesetz ersatzfähig (§§ 3, 4, 56 Abs. 1 Satz 2 BEG[1466]).

Auch das Gleichheitsargument überzeugt bei genauerer Betrachtung nicht: Gerade ein Vergleich zwischen Kriegsgeschädigten und Verfolgten verbietet sich angesichts der historischen Spezifika der (vor allem antisemitischen) Verfolgungspolitik.[1467] Dieses könnte, wenn überhaupt, nur im Verhältnis antisemitisch Verfolgter untereinander greifen. Eine relevante Ungleichbehandlung ließe sich aber auch in diesem Verhältnis nur bedingt bejahen. Diese ließe sich etwa vertreten, wenn Anträge nach dem CIVS-Dekret heute tendenziell günstiger beschieden würden als in Verfahren der Nachkriegszeit. Die Gewährung eines Mehr an Vorteilen durch die CIVS begründet jedoch noch keine relevante Ungleichbehandlung, wenn potenziell sämtliche Geschädigte in den Genuss dieser Vorteile gelangen. Anspruchsteller:innen aus früheren Verfahren oder ihren Erb:innen bleibt es heute unbenommen, Schadensersatz vor der CIVS zu beantragen.[1468] Vielmehr scheint es darum zu gehen, das Vertrauen der Betroffenen in den abschließenden Charakter der Leistungen nach den historischen Ausgleichsregimen zu schützen, deren Leistungen auch heute nicht »nach oben« korrigiert werden sollen. Das Problem ist daher weniger eine Frage der Gleichbehandlung als vielmehr eine Frage des Vertrauensschutzes. Ein schutzwürdiges Vertrauen darauf, dass es in Zukunft keine günstigeren Leistungen geben wird, gibt es jedoch nicht.

Überzeugender wäre es daher schon, die Frage der Ersatzfähigkeit von Folgeschäden im Vermögen allein am Wortlaut sowie Sinn und Zweck des CIVS-Dekrets selbst auszurichten. Einen denkbaren Anknüpfungspunkt bildet der Begriff der Entziehung (*spoliation*), der nur den dauerhaften Entzug eines Vermögenswertes, nicht aber auch die nur vorübergehende Einschränkung seiner Nutzung (*trouble de jouissance*) umfasst.[1469] Der Nutzungsausfallschaden,

1463 Art. 1 Abs. 3 des Gesetzes Nr. 49-573 vom 23.4.1949, der Art. 7 Abs. 2 näher konkretisierte, sah vor, dass Schadensersatz nur in den Grenzen des Kriegsschädenrechts geschuldet ist.

1464 Art. 15 Abs. 1 und 2, Art. 19 des Gesetzes Nr. 46-2389 vom 28.10.1946; übereinstimmend bei staatlicher Garantiehaftung Art. 1 Abs. 3 S. 2 des Gesetzes Nr. 49-573 vom 23.4.1949.

1465 § 16 Abs. 2 Satz 1 BRüG sah vor, dass für Vorteile, die der Gebrauch des entzogenen Vermögensgegenstandes gewährt hätte, kein Ersatz geleistet wird. Jedoch wurde bei Nutzungsausfall ein pauschaler Aufschlag von 25 Prozent (10 Prozent bei Aktien oder sonstigen Unternehmensbeteiligungen) auf den Wiederbeschaffungswert gewährt (§ 16 Abs. 2 Satz 2 Hs. 1).

1466 Als Vermögensschäden im Sinne des BEG definierte das Gesetz nach § 56 Abs. 1 Satz 2 Beeinträchtigungen der Nutzung des Eigentums.

1467 In diesem Sinne schon Laménie in dem bereits erwähnten Bericht an den Senat: »Cette justification n'apparaît guère de nature à susciter l'adhésion dès lors qu'un devoir particulier de réparation a été consacré dans le cadre des spoliations antisémites, les préjudices évoqués […] ne relevant pas de ce type de crime.«, *Laménie*, Rapport d'information fait au nom de la commission des finances du Sénat, S. 105.

1468 Abweichend ließe sich für das Verhältnis von antisemitisch Verfolgten zu anderen Verfolgtengruppen argumentieren. In diesem Verhältnis könnte eine Ungleichbehandlung bejaht werden, da aus anderen Gründen Verfolgte, wie bereits dargestellt wurde, von einer Anspruchsverfolgung vor der CIVS ausgeschlossen sind.

1469 So auch die st. Rspr.: CE, 27.3.2015, Nr. 378144 – Callou II: »[L]es propriétaires ou leurs ayants droit sont indemnisés selon les règles particulières issues du décret du 10 septembre 1999 ; que si, s'agissant d'une entreprise, l'indemnisation doit permettre de réparer sa perte définitive […], le manque à gagner lié à l'impossibilité de l'exploiter ne saurait être assimilé à une spoliation de biens indemnisable«; so auch CE, 1.2.2016, Nr. 387310 – Lévi.

zumindest bei vorübergehendem Verlust der Sachsubstanz, wäre somit schon tatbestandlich nicht erfasst. Zusätzlich ließe sich die Zielsetzung des CIVS-Dekrets anführen, die darin besteht, die frühere Vermögenslage bezogen auf einen konkreten Vermögenswert wiederherzustellen. Es soll demnach ein Ausgleich für Vermögensschäden infolge der Entziehung eines spezifischen Vermögenswertes zu einem bestimmten Zeitpunkt X in der Vergangenheit gewährt werden.[1470] Die Leistungen sollen nicht zur Wiederherstellung hypothetischer Vermögenslagen (inklusive möglicher Zugewinne im Vermögen) führen.[1471] Dieser gesetzgeberische Wille ist in den Beratungen zum CIVS-Dekret hinreichend deutlich zum Ausdruck gekommen.[1472]

Die CIVS hat sich in ihrer Praxis gleichwohl nicht immer konsequent an diese Vorgaben gehalten. So wurde vereinzelt auch für Folgeschäden im Vermögen ein Schadensausgleich gewährt.[1473] Nach ständiger Spruchpraxis sind so etwa Kosten der Rechtsverfolgung ersatzfähig, die nach dem Krieg mit dem Ziel aufgewandt wurden, den entzogenen Vermögenswert zurückzuerhalten.[1474]

e) Kein Ausschluss des Anspruchs

Die Gewährung einer Ausgleichsleistung kann trotz des Vorliegens sämtlicher Anspruchsvoraussetzungen ausgeschlossen sein. In der Praxis der Kommission ist formal lediglich ein Ausschlussgrund anerkannt: Diese prüft von Amts wegen, ob für den erlittenen Schaden bereits ein vermögenswerter Ausgleich erlangt wurde (aa). An sich wäre dieser Aspekt auf Ebene der Prüfung eines Vermögensschadens zu verorten. Wegen der Bedeutung dieser Frage in der Praxis der CIVS erfolgt dessen Darstellung jedoch hier an gesonderter Stelle. Die Empfehlung in der Sache Erb:innen nach Armand Dorville von 2021 hat zudem die Frage aufgeworfen, ob der gute Glaube der Erwerber:innen eines verfolgungsbedingt entzogenen Kulturguts bei der Prüfung von Belang ist (bb). Guter Glaube ist in diesem Zusammenhang zu verstehen als die nicht fahrlässige Unkenntnis davon, dass der Vermögenswert einer verfolgten Person gehörte und diese im Verlustzeitpunkt gegen ihr Vermögen gerichteten Verfolgungsmaßnahmen ausgesetzt war. Der Begriff im hier verstandenen Sinne weicht somit vom guten Glauben im Sinne des Art. 2276 Abs. 1 Code civil ab, der sich auf die Eigentümer:innenstellung des:der Vorgänger:in im Besitz bezieht.[1475]

1470 *CIVS*, Tätigkeitsbericht für 2006, S. 8: »L'évaluation de l'indemnité se fait en fonction du préjudice subi dans le contexte du cadre de vie de l'époque [...]. L'indemnité est calculée sur la base du coût de remplacement éventuel, à l'époque«.

1471 Maßgebend für die Bemessung des Schadens ist nach der Praxis der CIVS der Zeitpunkt der Entziehung. Siehe Näheres hierzu noch unter B.III.8.b)bb)(2).

1472 Schreiben von Robert Gelli (Conseiller technique du Premier ministre) an Pierre Drai vom 1.6.1999, AN 20100239/66, Mission Mattéoli, Suivi des travaux et fonctionnement: »[P]our tenir compte d'une préoccupation exprimée par le ministère de l'Economie et des finances et pour éviter la saisine de la commission de demandes sur des préjudices moraux ou ›des pertes de chances‹, il est précisé que la commission a pour mission d'examiner les demandes tendant à la réparation de préjudices résultant de *spoliations de biens*.« (Hervorhebung im Original).

1473 Siehe etwa den Fall L unter B.III.7.c)aa)(2)(ii)(d).

1474 Siehe Näheres zu diesem Punkt noch unter B.III.8.c)aa)(1).

1475 Vgl. *Ferid/Sonnenberger*, Das Französische Zivilrecht, Band 2, S. 563, Rn. 3 B 21.

aa) Verbot der ungerechtfertigten Bereicherung (*enrichissement sans cause*)

Das Verbot der ungerechtfertigten Bereicherung stellt einen allgemeinen Grundsatz in der Praxis der CIVS dar. Diese Vorgabe folgt unmittelbar aus dem Wortlaut des Art. 1 Abs. 1. Hiernach kann die CIVS nur bei Vorliegen eines Vermögensschadens einen Ausgleich empfehlen. Ein Schaden setzt aber voraus, dass infolge des schädigenden Ereignis bei wirtschaftlicher Betrachtung eine Einbuße im Vermögen auszumachen ist. Ein zwischenzeitlicher Schadensausgleich steht damit der Gewährung einer weiteren Ausgleichsleistung entgegen, wenn er diese Einbuße bereits wertmäßig ausgeglichen hat. Bezogen auf die Praxis der CIVS wurde das Verbot der ungerechtfertigten Bereicherung schon in den Empfehlungen der Mattéoli-Mission in ihrem Abschlussbericht von 2000 formuliert.[1476] Empfehlung Nr. 9 dieses Berichts lautet:

> »Restitutions et indemnisations antérieures. [...] Quand un bien spolié ou pillé a été restitué ou indemnisé selon des principes qui ont été établis par la loi (française ou allemande) ou par des accords internationaux, et après vérification des différents fonds d'archives, aucune nouvelle indemnisation ne doit être envisagée.«[1477]

Diesen Grundsatz hat auch die CIVS schon frühzeitig für ihre Praxis als verbindlich anerkannt.[1478] Hierin äußert sich der auch im französischen Recht anerkannte allgemeine Rechtsgrundsatz, wonach die Geschädigten durch die Ausgleichsleistung nicht bessergestellt werden sollen, als sie stünden, wenn das schädigende Ereignis nicht eingetreten wäre (*principe de la réparation intégrale*).[1479] Die Kommission rechtfertigt dieses Vorgehen zusätzlich mit Billigkeitserwägungen: Gleichheitswidrig und dadurch unbillig wäre die Gewährung einer neuerlichen Ersatzleistung im Verhältnis zu Personen, die in der Nachkriegszeit eine Ersatzleistung erhalten haben, heute aber aus unterschiedlichen Gründen (Tod oder schlichte Unkenntnis vom CIVS-Verfahren) nicht mehr in der Lage seien, deren Art und Höhe in Frage zu stellen. Die Billigkeit gebiete es, beide Fälle strikt gleich zu behandeln und die bereits gewährten Leistungen im Grundsatz als abschließend zu bewerten, insbesondere wenn die Geschädigten ihre Zustimmung zur gewährten Leistung in einem Vergleich erklärt haben (so etwa in der Regel in Verfahren nach dem BRüG). Von diesem Grundsatz wird nur für den Fall abgewichen, dass die Wertbemessung offenkundig fehlerhaft war. Die Beweislast trifft insoweit die Anspruchsteller:innen.

Wurde in der Vergangenheit bereits Schadensersatz gewährt, so kommt die Gewährung einer weiteren Ausgleichsleistung nur in Betracht, wenn die in der Vergangenheit erbrachten Leistungen unvollständig waren, weil die Schadensbemessung fehlerhaft erfolgt war[1480], auf einer unvollständigen Tatsachengrundlage beruhte oder die Regelungen eine pauschale

1476 Die Empfehlungen und Forschungsergebnisse der Mission Mattéoli bilden die Grundlage für die Tätigkeit der CIVS. Dies geht ausdrücklich aus dem Begleitbericht zum Dekret vom 10.9.1999 hervor.

1477 *Mission d'étude sur la spoliation des Juifs de France*, Rapport général, S. 173.

1478 Vgl. erstmalig *CIVS*, Tätigkeitsbericht für 2001, S. 24.CIVS, Rapport d'activité de la Commission présenté à M. le Premier Ministre, Paris 2001, S. 24.

1479 Cass. civ. 2e, 28.10.1954, Bull. civ. II, Nr. 328 (»le propre de la responsabilité civile est de rétablir aussi exactement que possible l'équilibre détruit par le dommage et de replacer la victime, aux dépens du responsable, dans la situation où elle se serait trouvée si l'acte dommageable n'avait pas eu lieu«); Cass. civ. 2e, 9.11.1976, Nr. 75-11.737, Bull civ. II, Nr. 302 (»l'auteur d'un dommage est tenu a la réparation intégrale du préjudice causé, de telle sorte qu'il ne puisse y avoir pour la victime ni perte, ni profit«).

1480 Vgl. *CIVS*, Tätigkeitsbericht für 2001, S. 24.

Deckelung des Entschädigungsbetrages vorsahen (etwa bei Härtefallausgleich nach § 44a BRüG).[1481] In einem solchen Fall ist die Gewährung einer komplementären Entschädigung möglich.

In Verfahren vor der Kommission ist daher von Amts wegen zu prüfen, ob für den geltend gemachten Schaden bereits ein Ausgleich durch Restitution oder Entschädigung (insbesondere nach dem Kriegsschädengesetz von 1946 oder dem deutschen Bundesrückerstattungsgesetz von 1957) erlangt wurde und dieser zu einem vollständigen Schadensausgleich geführt hat.[1482] Um ungerechtfertigte Bereicherungen auch für die Zukunft zu vermeiden, geht die Kommission in Verfahren zu Kulturgütern noch einen Schritt weiter: Antragsteller:innen müssen bei Erhalt einer Entschädigung schriftlich gegenüber der CIVS zusichern, dass sie die erhaltene Entschädigung zurückgewähren werden, sollte der entzogene Vermögenswert zu einem späteren Zeitpunkt restituiert werden.[1483] Umstritten ist, ob diese Selbstverpflichtung gegenüber der CIVS verbindlicher Natur ist oder als bloße Absichtserklärung nicht gerichtlich durchsetzbar wäre. Vonseiten der Antragsteller:innen wird Ersteres bestritten und auch innerhalb der CIVS bestehen diesbezüglich Zweifel. Unabhängig von der grundlegenden Frage der Rechtsnatur der gewährten Leistungen scheidet ein rechtlich bindender Charakter der Erklärung heute noch aus, da diese nur ehrenhalber (»sur l'honneur«) abgegeben wird.[1484] Eine Rückforderung der Entschädigung wäre dessen ungeachtet aber nach Rücknahme der Bewilligungsentscheidung möglich (Art. L.242-2 Nr. 1 CRPA).[1485]

Ein Anspruch auf Schadensausgleich kann unter dem Gesichtspunkt einer ungerechtfertigten Bereicherung ausgeschlossen sein, wenn der entzogene Vermögenswert bereits in der Nachkriegszeit restituiert wurde (1), für den Verlust eine Entschädigung nach dem französischen Kriegsschädengesetz von 1946 (2) oder nach dem deutschen BRüG (3) erlangt wurde oder die Geschädigten einen anderweitigen geldwerten Ausgleich, beispielsweise den Verkaufs- oder Versteigerungserlös, nach dem Krieg erlangt haben (4). In diesen Fällen kann daher nur eine entsprechend reduzierte Entschädigung gewährt werden. Wird vor der CIVS hingegen eine Restitution beantragt, muss die nach dem Krieg erlangte Entschädigung zurückgewährt werden. Die CIVS nimmt in diesen Fällen einen Bereicherungsausgleich vor (5).

1481 »Ces investigations permettent d'éviter une double indemnisation lorsque la réparation d'une spoliation est déjà intervenue. [...] En effet, un même préjudice ne peut faire l'objet de deux indemnisations, sauf élément inconnu à l'époque et de nature à justifier une réévaluation exceptionnelle. Cependant, les indemnités ›BRüG‹, versées au début des années 1970 et réduites au titre de la clause dite des duretés particulières, sont complétées à hauteur du forfait initial prévu par la loi allemande afin de parvenir à une réparation totale.«, *CIVS*, Tätigkeitsbericht für 2002, S. 8.

1482 *CIVS*, Tätigkeitsbericht für 2001, S. 13; *CIVS*, Tätigkeitsbericht für 2002, S. 8 f.

1483 Die Rückforderung der Entschädigung erfolgt unabhängig vom Zeitablauf seit der Gewährung der Entschädigung und ohne Rücksicht auf die wirtschaftliche Situation der Anspruchsteller:innen. Vgl. *CIVS*, Tätigkeitsbericht für 2019, Actes du colloque du 15 novembre 2019, S. 29: »[L]a Commission ne peut ignorer qu'une restitution suivant [...] une décision d'indemnisation, génère un enrichissement sans cause, et doit amener les ayants droit à procéder à ce reversement. Un traitement équitable conduit à adopter cette position dans tous les cas, la position de l'administration ne pouvant varier, par exemple, selon la situation financière des ayants droit.«

1484 Die vorformulierte Erklärung lautet wie folgt: »Je soussigné(e) [Name] prend l'engagement sur l'honneur de reverser à l'État la somme allouée par la recommandation n° [Aktenzeichen] adoptée par la C.I.V.S. le [Datum] en réparation du préjudice subi par [Name der geschädigten Person] du fait de la spoliation des œuvres suivant leur valorisation telle qu'elle a été indiquée dans cette même recommandation: [Liste der Kulturgüter]. Le reversement à l'État se fera dans l'éventualité de la restitution de chaque œuvre listée ci-dessus à concurrence du montant de l'indemnisation allouée pour chacune d'elles.«

1485 Siehe Nähere hierzu schon unter B.III.3.c)dd).

(1) Restitution in der Nachkriegszeit

Eine frühere Restitution des Vermögenswertes schließt die Gewährung einer erneuten Schadensersatzleistung grundsätzlich aus. Auch hier gilt der Amtsermittlungsgrundsatz, wobei die Beweislast die Anspruchsgegner:innen trifft. Bei Kulturgütern lassen sich Hinweise auf eine erfolgte Restitution den Verfahrensakten der *Commission de récupération artistique* (CRA) oder des *Office des biens et intérêts privés* (OBIP) entnehmen, die nach dem Krieg für die Rückführung von Kulturgütern aus dem Ausland und deren Restitution vor Ort an die Berechtigten zuständig waren. Bei einer Restitution durch die CRA mussten Anspruchsteller:innen ein Übergabeprotokoll (*feuille de décharge*) unterschreiben. Ein solches Übergabeprotokoll erbringt demnach den Beweis einer Restitution.[1486]

Vereinzelt ließ die CIVS auch den Hinweis auf eine Restitution in einem Brief genügen.[1487] Für den Restitutionsnachweis ist es dagegen nicht ausreichend, dass der Verlust in der Nachkriegszeit gemeldet wurde, da auf dieser Grundlage lediglich ein Rückführungsverfahren mit offenem Ausgang eingeleitet wurde. Als Nachweis einer Restitution kann auch eine zwischen den Erb:innen der geschädigten Person und einem:einer kommissarischen Verwalter:in geschlossene Vereinbarung dienen, wenn hierin die Rückgabe des entzogenen Vermögenswertes bestätigt wurde. Dies gilt offenbar auch dann, wenn die Vereinbarung von einer minderjährigen Person nach dem Krieg unterzeichnet wurde und daher unwirksam wäre.[1488] Gleiches gilt für Vereinbarungen zwischen dem Entziehungsopfer und späteren Erwerber:innen des Vermögenswertes.[1489]

Auch nach erfolgter Restitution des entzogenen Vermögenswertes kann bei einer Wertminderung ein wirtschaftlicher Restschaden im Vermögen verbleiben, der durch eine Schadensersatzleistung ausgeglichen werden könnte. Für bloße Wertminderungen an dem restituierten Vermögenswert kann vor der CIVS indes kein Ausgleich in Geld erlangt werden, da wie bereits dargestellt nur die vollständige Substanzeinbuße ersatzfähig ist.[1490]

(2) Entschädigung durch französische Stellen (Kriegsschädengesetz)

Neben Restitutionen konnten Geschädigte auch Ausgleichsleistungen in Geld erhalten, wenn der Vermögensgegenstand im Zeitraum der Besatzung zerstört wurde oder seit dem Verlust unauffindbar war. Das Gesetz Nr. 46-2389 vom 28. Oktober 1946[1491] gewährte Wiederaufbauhilfen

1486 Vgl. CIVS, Empfehlung vom 4.10.2021, Fall Moïse Lévi de Benzion, abgedruckt in *CIVS*, Tätigkeitsbericht für 2021, S. 79–82. In dem Verfahren stellte die CIVS fest, dass entsprechende Protokolle für vier Gemälde, für deren Verlust eine Entschädigung beantragt worden war, fehlen würden und daher nicht von einer Restitution in der Nachkriegszeit ausgegangen werden könne.

1487 CIVS, Empfehlung vom 12.2.2021, Nr. 5446 BCM, Georges Mandel, abgedruckt in *CIVS*, a.a.O., S. 60–63. Diese Wertung folgt erst aus einem Abgleich mit dem Bericht des Berichterstatters (*Augustin*, Bericht vom 4.1.2021, S. 7 [nicht veröffentlicht]). Dieser führte einen Brief der Lebensgefährtin Mandels vom 10.1.1946 an, in dem diese sich zur Entdeckung der Bibliothek in Österreich äußerte. Gleichwohl folgerte die CIVS auf dieser Grundlage nicht auf eine Restitution sämtlicher Werke der Bibliothek, sondern gewährte eine Teilentschädigung.

1488 Siehe Fallbeispiel bei *Estryn u. a.*, in: Carpi (Hrsg.), The Concept of Equity. An Interdisciplinary Assessment, S. 21, 44.

1489 CIVS, Empfehlung vom 25.9.2020, Fall I: Die früheren Eigentümer:innen schlossen 1945 einen Vergleich mit dem Erwerber des Familienanwesens über eine Restitution. Die Einigung wurde 1945 dem staatlichen *Service des Restitutions* gegenüber schriftlich bestätigt.

1490 Siehe zu diesem Aspekt bereits unter B.III.7.a)aa)(4).

1491 JORF vom 29.10.1946, S. 9191.

für Schäden, die unmittelbar durch Kriegshandlungen (*faits de guerre*) herbeigeführt wurden. Die CIVS prüft die Zahlung entsprechender Geldleistungen von Amts wegen und rechnet diese gegebenenfalls auf den Schaden an. Grund für dieses Vorgehen ist, dass Kriegsschäden wegen der Weite der Begriffsdefinition im Einzelfall auch verfolgungsbedingte Schäden umfassen konnten. Kriegshandlungen im engeren Sinne waren Wegnahmen, Beutenahmen und Requirierungen gleichgestellt, sofern diese im Zusammenhang mit der Besatzung Frankreichs erfolgt waren.[1492] Eine Plünderung zulasten eines Verfolgungsopfers im Rahmen einer Beschlagnahmeaktion konnte daher einen Anspruch nach dem Kriegsschädengesetz begründen.

Gleichwohl waren die gewährten Leistungen in aller Regel unvollständig. Anträge über Sachverluste unter 2.000 Francs waren nicht zulässig (Art. 36 Abs. 2). Beihilfen für Verluste von Hausrat (*meubles d'usage courant ou familial*) wurden bis zur Verabschiedung eines nationalen Finanzierungsplans vorläufig nur für Schäden bis einschließlich 200.000 Francs gewährt (Art. 4 Abs. 3 Nr. 1). Die Verwendung der Beihilfen war zudem zweckgebunden und musste dem Erwerb oder der Herstellung einer vergleichbaren Sache dienen (Art. 15).[1493] Für Luxusgüter, zu denen auch Kunstwerke und sonstige hochwertige Kulturgüter zählten, wurde keine Entschädigung gewährt (Art. 16). Anspruchsberechtigt waren zudem grundsätzlich nur französische Staatsangehörige (Art. 10).

(3) Entschädigung durch deutsche Stellen (Bundesrückerstattungsgesetz)

Nach dem Krieg konnte eine Entschädigung ferner nach dem Bundesrückerstattungsgesetz (BRüG) vom 19. Juli 1957 erlangt werden, wenn der Vermögenswert durch deutsche Stellen entzogen worden und nach seiner Entziehung in den Geltungsbereich des BRüG (heutiges Bundesgebiet) gelangt war (§ 5 Abs. 1 Satz 1 BRüG). Für diesen Fall wurde vermutet, dass der Vermögenswert nach West-Berlin gelangt war und dessen Rückerstattung sich somit nach der Anordnung BK/O (49) 180 der Alliierten Kommandantur Berlin vom 26. Juli 1949 (REAO) richtete. In der Regel war dieser Verbringungsbeweis schon in der Nachkriegszeit nur unter größten Schwierigkeiten beizubringen. In der Rechtsprechung und Verwaltungspraxis ging man daher zum Teil dazu über, den Gelangensnachweis aufgrund allgemeiner historischer Erfahrungssätze durch Prima-facie-Beweis als erbracht anzusehen. Gleichwohl bestand auch in diesen Fällen nach historischer Erfahrung eine gewisse Restwahrscheinlichkeit für einen Verbleib der Vermögensgegenstände in Frankreich. Eine einheitliche Rechtsprechungslinie vermochte sich vor diesem Hintergrund nicht zu entwickeln.[1494]

Im Interesse der Verfahrensvereinheitlichung und -beschleunigung[1495] wurden nach Verhandlungen mit Organisationen in den Niederlanden, Belgien und Frankreich, darunter dem

1492 Art. 6 des Gesetzes: »Sont également considérés comme dommages causés aux biens par les faits de guerre et couverts par la présente loi: 1° Les dommages résultant de l'occupation ennemie, de l'annexion de fait de certaines parties du territoire par l'ennemi, tels que: 1° […] dépossessions, prises de guerre, réquisitions en propriété impayées ou partiellement payées […].«

1493 Die begünstigte Person war verpflichtet, die erhaltene Leistung tatsächlich für die Herstellung oder den Erwerb einer Ersatzsache aufzuwenden. Kam er dieser Verpflichtung schuldhaft nicht nach, so wurde anstelle der Wiederaufbaubeihilfe eine Entschädigung i.H.v. 30 Prozent der Beihilfe gewährt (Art. 19).

1494 Für eine Übersicht mit Beispielen aus der Rechtsprechung siehe *Wirth*, in: Bundesminister der Finanzen/Schwarz (Hrsg.), Das Bundesrückerstattungsgesetz, S. 143, 228 f.

1495 Die Ausschlussfrist lief gemäß § 27 Abs. 2 BRüG am 1.4.1959 ab. Auch nach Ablauf dieser Frist konnte bei Entziehungen von Hausrat ein Härtefallausgleich nach § 44 BRüG bis zum 23.5.1966 beantragt werden (§ 8 der ersten Durchführungsverordnung zum BRüG vom 14.5.1965, BGBl. I, S. 420).

französischen *Fonds Social Juif Unifié* (FSJU)[1496], im Spätherbst 1959 Sammelverfahren eingerichtet, in denen Geschädigte vom Vollbeweis des Gelangens nach § 5 Abs. 1 Satz 1 BRüG dispensiert wurden und stattdessen lediglich den Beweis einer Entziehung durch eine bestimmte Beschlagnahmeaktion des Deutschen Reichs führen mussten, sofern diese mit hinreichender Wahrscheinlichkeit eine Verbringung in das Deutsche Reich erwarten ließ. Die Höhe des gewährten Schadensersatzes verhielt sich dabei in Abhängigkeit vom Grad der Wahrscheinlichkeit einer Verbringung in das heutige Bundesgebiet. Der Verbringungsquote entsprach somit die Vergleichsquote.[1497]

Schadensersatz wurde daher in der Regel nicht in voller Höhe gewährt, sondern nur pauschal anteilig. Für Entziehungen von Hausrat durch die M-Aktion in Frankreich war eine Verbringungswahrscheinlichkeit von 80 Prozent anerkannt. Die Bundesrepublik bewilligte auf dieser Grundlage vergleichsweise Entschädigungen in Höhe von 80 Prozent des Wiederbeschaffungswertes im Jahre 1956 (§ 16 Abs. 1 Satz 2 und Satz 3 Hs. 1 BRüG).[1498] Die Schadensbemessung erfolgte nach den Pauschalsätzen des französischen Kriegsschädengesetzes von 1946 (Pauschalmethode).[1499] Die Berechnung des Verkehrswertes erfolgte vor der Prüfung durch die deutschen Stellen durch eine beim FSJU eingerichtete Expert:innenkommission. Bei Entziehungen von Kunstgegenständen, Bibliotheken und sonstigen Gegenständen von musealem Wert (etwa Silberwaren, Tapisserien, Antiquitäten) mussten schriftliche Nachweise in Form von Versicherungspolicen oder Inventarlisten mit sachverständigen Bewertungen des Verkehrswertes vorab bei dieser Kommission eingereicht werden, welche auf dieser Grundlage eine Entschädigungssumme für den Vergleichsabschluss mit der Bundesrepublik vorschlug. In diesen Fällen galt anfänglich noch eine Verbringungsquote von 50 Prozent.[1500] Die Quote änderte sich erst 1972 nach einer Grundsatzentscheidung des Obersten Rückerstattungsgerichts für Berlin.[1501] In der Folge wurden Schadensersatzansprüche in voller Höhe anerkannt. Zu diesem Zeitpunkt war die weit überwiegende Zahl der Sammelverfahren aber bereits zu einem Abschluss gelangt.

Leistungen in Sammelverfahren nach dem BRüG werden durch die CIVS von Amts wegen überprüft, die zu diesem Zweck über eine Zweigstelle bei den Landesarchiven von Berlin verfügt, in denen sich die Archive der Berliner Wiedergutmachungsämter heute befinden. Wurde für die Entziehung eines Vermögenswertes in Frankreich eine Entschädigung in einem BRüG-Sammelverfahren erlangt, gewährt die CIVS in bestimmten Fällen eine ergänzende

1496 1951 eingerichteter und bis heute bestehender Dachverband kultureller und sozialer Organisationen der jüdischen Gemeinschaft in Frankreich.

1497 Zum historischen Kontext siehe *Karlsberg*, in: Bundesminister der Finanzen/Schwarz (Hrsg.), Das Bundesrückerstattungsgesetz, S. 531, 531–533.

1498 Bundesminister der Finanzen, Mitteilung betreffend die Durchführung des Bundesrückerstattungsgesetzes, RzW 1960, 353 ff.

1499 Die Höhe des Betrages war abhängig von der Einteilung der Wohnung in eine von vier Kategorien (3B, 3A, 2 und 1) und der Zahl der Zimmer und der in der Wohnung lebenden Personen (Erwachsenen, Kinder und Dienstboten). Vgl. *Karlsberg*, in: Bundesminister der Finanzen/Schwarz (Hrsg.), Das Bundesrückerstattungsgesetz, S. 531, 542 f. Auf diesen Betrag wurde abhängig von der Wohnungskategorie ein Pauschalbetrag für die in der Wohnung befindlichen Luxusgüter (*biens somptuaires*) gewährt, die nach Kriegsschädenrecht nicht ersatzfähig waren (z. B. 10 Prozent in der Wohnungskategorie 3B).

1500 A. a. O., S. 543 f.

1501 ORG Berlin, A/5450, RzW 1972, 248, Nr. 3. Für Kunstwerke wurde ein Prima-facie-Beweis der Verbringung nach § 5 Abs. 1 BRüG anerkannt, wenn das Objekt durch den ERR oder im Rahmen der M-Aktion entzogen worden war. Der Anscheinsbeweis wurde auf die für Hausrat geltende Bestimmung des § 29b BRüG i. V. m. der ersten Durchführungsverordnung zum BRüG vom 14.5.1965 (BGBl. I, S. 420) gestützt, aus denen die rückerstattungsrechtliche Rspr. eine Anscheinsvermutung einer Verbringung ableitete (ORG Berlin, A/3801, ORGE 25, 130; ORG Berlin, A/4933, ORGE 27, 29).

Entschädigung (sog. *complément BRüG*). Derartige Fälle bilden im Bereich der Entziehungen von Kulturgütern den zahlenmäßigen Schwerpunkt der Spruchpraxis der CIVS.[1502] Dabei ist zu unterscheiden zwischen Gegenständen von musealem Wert, bei denen die Entschädigungsquote pauschal auf 50 Prozent des Wiederbeschaffungswertes beschränkt war. Für den offenen Schadensbetrag gewährt die CIVS eine komplementäre Entschädigung. Anders verhält es sich hingegen bei Entziehungen von Hausratsgegenständen, bei denen die Entschädigungsquote 80 Prozent betrug, die als (zumindest annähernd) vollständiger Schadensausgleich betrachtet wird.[1503]

Diese Verfahrenspraxis der CIVS ist von unterschiedlicher Seite in die Kritik geraten. Die Historikerin Wieviorka kritisierte etwa, dass die Vervollständigung der BRüG-Entschädigungen den Empfehlungen der Mattéoli-Mission zuwiderlaufe. Hiernach sollte kein weiterer Schadensersatz gewährt werden, wenn ein entzogener Vermögenswert bereits nach geltendem Recht restituiert oder sein Verlust - wenn auch nur partiell - entschädigt wurde.[1504] Auch eine unvollständige Entschädigung sei vor diesem Hintergrund als abschließende Ausgleichsleistung im Sinne der Empfehlung der Mattéoli-Mission zu bewerten. Durch Vervollständigung dieser Leistungen nach dem BRüG würde der französische Staat letztlich für Forderungen aufkommen, für welche die Bundesrepublik einzustehen habe.[1505] Man mag diese Kritik unter ethischen Gesichtspunkten teilen, gleichwohl ist für die Spruchpraxis der CIVS allein der Wortlaut ihres Gründungsdekrets maßgeblich, das eine Haftung für Entziehungen deutscher wie französischer Stellen gleichermaßen vorsieht. Zudem bestand in Fällen partieller Entschädigungsleistungen in Ansehung der Verbringungsquoten eine gewisse Restwahrscheinlichkeit, dass der Vermögenswert in Wahrheit in Frankreich verblieben ist oder dort weiter abgesetzt wurde, sodass eine Haftung des französischen Staates gerechtfertigt erscheint.

Vonseiten der Anspruchsteller:innen wird dagegen die pauschale Deckelung der Entschädigung auf 80 Prozent des Wiederbeschaffungswertes bei Hausrat als Verletzung des Grundsatzes der Totalreparation kritisiert. Offenbar bewertet die CIVS schon die Leistungen nach dem BRüG als im Wesentlichen vollständigen Schadensausgleich: Den Anspruchsteller:innen komme zugute, dass für die Wertbemessung nach dem BRüG ungeachtet altersbedingter Wertminderungen seit der Entziehung auf den Verkehrswert im Jahre 1956 abgestellt wurde (§ 16 Abs. 1 Satz 3 Hs. 1 BRüG). Obwohl nach der ständigen Spruchpraxis der CIVS für die Schadensbemessung der Zeitpunkt der Entziehung zwischen 1940 und 1944 maßgeblich wäre,[1506] mache sich die CIVS die Feststellungen aus früheren Entschädigungsverfahren zu eigen. Den Anspruchsteller:innen käme zusätzlich zugute, dass die deutschen Stellen bei der Schadensbemessung nach der Pauschalmethode in Sammelverfahren einen Pauschalzuschlag

1502 Seit Gründung der CIVS wurden im Rahmen des sog. *complément BRüG* bis Ende 2021 etwa 90 Mio. Euro Entschädigung für Entziehungen von Kulturgütern und Hausrat gewährt (*CIVS*, Tätigkeitsbericht für 2021, S. 13).

1503 Eine Ausnahme gilt nur bei hochwertigem Schmuck. Die CIVS gewährt hier nach eigenen Angaben ausnahmsweise eine komplementäre Entschädigung. Vgl. *CIVS*, Tätigkeitsbericht für 2006, S. 10: »[L]a Commission a été confrontée au délicat problème des déclarations relatives à des vols de bijoux et objets de valeur […]. Parfois, eu égard à la situation de fortune des victimes et des circonstances dans lesquelles la spoliation des autres biens est intervenue, la Commission accepte de recommander l'octroi d'une indemnité, évaluée sur la base de l'équité.«

1504 »Quand un bien spolié ou pillé a été restitué ou indemnisé selon des principes qui ont été établis par la loi (française ou allemande) ou par des accords internationaux, […] aucune nouvelle indemnisation ne doit être envisagée.«, *Mission d'étude sur la spoliation des Juifs de France*, Rapport général, S. 173.

1505 Vgl. *Wieviorka*, La Revue des droits de l'homme (online) 2 (2012), Rn. 42.

1506 Siehe hierzu noch Näheres im weiteren Verlauf unter B.III.8.b)bb)(2).

für Luxusgüter (*biens somptuaires*)[1507] gewährten.[1508] Die BRüG-Leistungen bei Hausratsentziehungen seien daher im Großen und Ganzen als vollständig zu bewerten.[1509] Diese Praxis der CIVS wurde schließlich durch die Rechtsprechung im Fall C bestätigt.[1510]

> C bewohnte ein möbliertes Wohnhaus in Paris. In dem Gebäude befand sich auch eine wertvolle Kunstsammlung und Bibliothek. Das Gebäude wurde während der deutschen Besatzungszeit durch deutsche Stellen requiriert. In diesem Zeitraum wurden Teile des Wohnungsinventars entwendet. Nach dem Krieg stellte die C einen Antrag im Sammelverfahren nach § 5 Abs. 1 BRüG. Die Expert:innenkommission ermittelte für den Hausrat eine Schadensquote von 75 Prozent und bezifferte den Wiederbeschaffungswert ausgehend von den vorgelegten Beweise auf 105.770 DM. Die Oberfinanzdirektion Berlin erkannte auf dieser Grundlage einen Schadensersatzanspruch in Höhe von 80 Prozent des Wiederbeschaffungswertes im Jahre 1956 vergleichsweise an. Für die Kunstgegenstände und die Bibliothek wurde dagegen eine Vergleichsquote von 50 Prozent anerkannt. Die Quotelung wurde durch Vergleich vom 17. Februar 1965 bestätigt.

In dem Verfahren vor der CIVS konnte der Verbleib der Kunstwerke nicht geklärt werden. Die CIVS gewährte daher eine komplementäre Entschädigung in Höhe von 20 Prozent ausgehend von dem im BRüG-Verfahren ermittelten Wiederbeschaffungswert.[1511] Der Betrag wurde nur bezüglich zweier Gemälde korrigiert.[1512] Die nach BRüG gewährte Entschädigung für den entzogenen Hausrat wurde hingegen mangels offenkundiger Bewertungsfehler als vollständig bewertet.[1513] Der Premierminister bestätigte diese Bewertung in seiner Entscheidung vom 18. Oktober 2018. Die hiergegen gerichtete Klage vor den Verwaltungsgerichten hatte in erster Instanz Erfolg. Der *Tribunal administratif* von Paris bewertete die pauschale Beschränkung der Entschädigung auf 80 Prozent des historischen Wiederbeschaffungswertes für den entzogenen Hausrat als rechtsfehlerhaft. Es sei nicht belegt, dass die Berechnungsmethode

1507 Es handelt sich um Kunstgegenstände sowie um besonders wertvolle gewerbliche Einrichtungen, Briefmarken- und Münzsammlungen, Bibliotheken von besonderem bibliophilen, fachwissenschaftlichen oder religiösen Wert, deren Widerbeschaffungswert 50 Prozent des Wertes der Wohnungseinrichtung übersteigt. Vgl. Bundesminister der Finanzen, Mitteilung zur Durchführung des Bundesrückerstattungsgesetzes, RzW 1960, 353 (354).

1508 *CIVS*, Tätigkeitsbericht für 2006, S. 10: »Il faut noter que les barèmes de la loi BRÜG retiennent, pour chaque catégorie, un pourcentage pour la valeur des ›biens somptuaires‹, de telle sorte qu'en général, il n'y a pas lieu d'accorder une indemnisation complémentaire pour des objets de valeur.«

1509 So argumentierte etwa die Berichterstatterin im Verfahren M (CIVS, Empfehlung vom 13.2.2023). Vgl. *Legueltel*, Bericht vom 13.10.2020, S. 3 (nicht veröffentlicht). In analoger Weise argumentierte der französische Staat in einem späteren Gerichtsverfahren in der Sache C (siehe hierzu in Folgefußnote).

1510 Die Darstellung beruht auf den Feststellungen in TA Paris, 10.7.2020, Nr. 1823213/6-1; CAA Paris, 11.6.2021, Nr. 20PA02632 & 20PA02638; CE, 24.2.2022, Nr. 455448 (*non-admission du pourvoi*).

1511 CIVS, Empfehlung vom 1.10.2018, Fall C, S. 3: »Attendu qu'il est établi qu'une indemnisation est intervenue pour les objets de valeur muséale […], que l'indemnisation n'ayant pas réparé l'intégralité du préjudice subi, l'octroi d'une indemnité complémentaire apparaît justifié«.

1512 A. a. O., 3 f.: »Que s'agissant du tableau de Jean-Antoine Watteau, représentant ›l'enseigne de Gersaint‹ […] et la gravure de Jean-Antoine Watteau sur le même thème […], la Commission estime que ces œuvres ont été sous-évaluées […]; que, compte tenu de l'indemnité déjà servie, il y a lieu d'octroyer une indemnité complémentaire«.

1513 A. a. O., S. 3: »Attendu qu'il est établi, s'agissant des meubles meublants […] qu'une indemnisation est intervenue dans le cadre de la loi BRüG […]; qu'en l'absence de circonstances exceptionnelles ou d'éléments nouveaux de nature à faire reconsidérer le montant desdites indemnités, il n'y a pas lieu d'accueillir la requête de ce chef«.

nach dem BRüG-Sammelverfahren zu wesentlich vorteilhafteren Ergebnissen für die Anspruchsteller:innen führe als jene der CIVS.[1514] Nach dem Grundsatz der Totalreparation müsse die Entschädigung den Vermögensschaden vollständig ausgleichen. Nach Ansicht der *Cour administrative d'appel* genügt den Anforderungen des CIVS-Dekrets dagegen schon ein »geeigneter und billiger Ausgleich« (»réparation appropriée et équitable«).[1515] Als billig sei eine Ausgleichsleistung zu bewerten, wenn diese nicht offenkundig unzureichend war. Der gerichtliche Prüfungsmaßstab beschränkt sich demnach auf eine Evidenzkontrolle, sodass der CIVS bei der Schadensbemessung ein weiter Beurteilungsspielraum zukommt.

Nach der Spruchpraxis der CIVS ist der im BRüG-Sammelverfahren durch die Expert:innenkommission des FSJU ermittelte Wiederbeschaffungswert somit im Grundsatz als sachlich zutreffend anzuerkennen. Dieses Vorgehen rechtfertigt sich heute vor allem durch pragmatische Erwägungen: Mehr als 75 Jahre nach den historischen Ereignissen sind schriftliche Nachweise, die eine konkrete Schadensbemessung ermöglichen würden, auch unter Ausschöpfung einschlägiger Archivbestände nur selten beizubringen. Die Feststellungen der Nachkriegsbehörden stellen daher für die Beweiserhebung durch die CIVS wertvolle Erkenntnisquellen dar. Den Unterlagen der BRüG-Stellen, die sich heute sämtlich in den Landesarchiven von Berlin befinden, kommt somit eine Doppelfunktion im Verfahren vor der CIVS zu: Sie sind als Beweismittel sowohl bei der Prüfung früherer Entschädigungsleistungen als auch bei der Schadensbemessung relevant.

Eine Abweichung von diesen historischen Feststellungen ist nach der Spruchpraxis der CIVS nur bei Nachweis eines offenkundigen Bewertungsfehlers (*erreur manifeste d'appréciation*) der deutschen Stellen möglich. Bei Bejahung eines Bewertungsfehlers nimmt die CIVS eine autonome Schadensbemessung durch Schätzung, in der Regel auf Grundlage einer Preisvergleichsstudie (*étude comparative de prix*)[1516], vor. Nicht jede Unregelmäßigkeit bei der Wertstellung vermag dabei einen relevanten Bewertungsfehler zu begründen. Dieser muss vielmehr von gewisser Schwere und Eindeutigkeit sein. Das Offenkundigkeitserfordernis dient ersichtlich dazu, einer systematischen Infragestellung früherer Entschädigungsleistungen durch Anspruchsteller:innen vorzubeugen. Der Vortrag muss daher entsprechend substantiiert werden und kann sich nicht in bloßen Behauptungen erschöpfen. Die CIVS stützt sich bei der Bewertung auf ein Bündel verschiedener Indizien (*faisceau d'indices*), die in ihrer Gesamtheit Zweifel an der Richtigkeit des ermittelten Wiederbeschaffungswertes begründen.

Zweifel an der Richtigkeit der Wertbemessung bestehen etwa, wenn die beauftragten Gutachter:innen im BRüG-Verfahren zu unterschiedlichen Einschätzungen gelangt sind, die

1514 TA Paris, 10.7.2020, Nr. 1823213/6-1, Rn. 12: »Si le Premier ministre est fondé à soutenir qu'en application des dispositions du décret n° 99-778 du 10 septembre 1999 , il est possible d'évaluer les biens spoliés […] à la date à laquelle l'étendue de la spoliation a pu être connue […], il n'apporte cependant aucun élément de nature à démontrer que l'application de cette méthode d'évaluation conduirait à une somme substantiellement inférieure à la valeur de remplacement de 1956 fixée par les autorités allemandes […]. Par ailleurs, si le Premier ministre fait également valoir que l'indemnisation obtenue par les consorts Michel-Lévy en application de la loi ›BRüG‹ leur aurait été favorable compte-tenu de l'absence de prise en compte […] de la vétusté des biens spoliés, il n'apporte là encore aucun élément sur l'importance de ce taux de vétusté ni n'établit son absence effective de prise en compte par les autorités allemandes«.

1515 CAA Paris, 11.6.2021, Nr. 20PA02632 & 20PA02638, Rn. 9: »[I]l n'appartient pas à la juridiction administrative française de se prononcer sur l'application par les autorités allemandes de la loi allemande mais uniquement d'apprécier si […] l'indemnisation complémentaire versée par l'État sur le fondement du décret du 10 septembre 1999 assure ou non une réparation équitable, à défaut d'être intégrale.«

1516 Seit der Verfahrensreform von 2018 wird dieses Gutachten durch die *Mission de recherche et de restitution* vorgelegt.

deutschen Stellen aber ohne Begründung die für die Anspruchsteller:innen nachteiligere Wertbemessung zugrunde gelegt haben. So löste die CIVS im Fall C einen Widerspruch zwischen zwei Gutachten dahingehend auf, dass sie auf die Feststellungen des für die Anspruchsteller:innen vorteilhafteren Gutachtens abstellte.[1517] Im Fall D bestanden Zweifel an der gewählten Bewertungsmethode wie auch an der Integrität eines der beauftragten Sachverständigen.[1518] Die Schadensbemessung im Vergleich zwischen Geschädigten und Bundesrepublik hatte sich auf die Bewertungen von Sachverständigen gestützt, die das betreffende Werk nicht im Original, sondern nur auf Schwarz-Weiß-Fotografien gesehen hatten. Dagegen war ein Parteigutachten der Geschädigten nicht berücksichtigt worden, dessen Verfasser das Werk als Einziger im Original in Augenschein genommen hatte. Die Gutachten ließen weiterhin zwei Versicherungspolicen aus der Vorkriegszeit unberücksichtigt, die das Gemälde noch deutlich höher taxiert hatten. Einer der Gutachter in dem Verfahren (Adolf Wüster) war schließlich für seine Verstrickung in den Pariser Kunsthandel in der Besatzungszeit bekannt. Gestützt auf dieses Indizienbündel verwarf die CIVS die Wertbemessung durch die deutschen Stellen und nahm eine eigenständige Wertbemessung ausgehend von den Angaben in den Versicherungspolicen vor.

Bei der Frage, ob ein Bewertungsfehler vorliegt, kommt gleichwohl nicht allen Indizien dasselbe Gewicht zu. Selbst Aussagen sachkundiger Stellen vermögen die Feststellungen in BRüG-Verfahren nicht zwingend zu erschüttern. Als nicht hinreichend substantiiert wurde so etwa die Behauptung einer Pariser Galerie aus der Nachkriegszeit bewertet, derzufolge die Werke im BRüG-Verfahren unterbewertet worden seien, wenn die Wertbemessung sich auf konkrete Nachweise (etwa eine Versicherungspolice) stützte.[1519] In einem anderen Fall gelangte die CIVS hingegen zu der Einschätzung, dass die Sammlung des Verfolgungsopfers in Gänze unterbewertet worden sei. In dem Verfahren hatte eine Preisvergleichsstudie der *Mission de recherche et de restitution* ergeben, dass der Wert deutlich unter dem Durchschnittserlös gelegen habe, der bei Auktionen vergleichbarer Werke vor, während und nach der Besatzungszeit erzielt worden war.[1520] Ein Bewertungsfehler bei der Schadensbemessung muss demnach konkret nachgewiesen werden, was angesichts des erheblichen Zeitablaufs und des dynamischen Charakters der Wertentwicklung bei bestimmten Künstler:innen heute mit gewissen Schwierigkeiten verbunden sein dürfte. Dem Verfasser ist jedenfalls kein Verfahren bekannt geworden, in dem es den Anspruchsteller:innen durch eigenen Beweisvortrag gelang, die Indizwirkung der Gutachten aus den BRüG-Verfahren zu entkräften.

(4) Schadensausgleich auf sonstige Weise (Auskehr des Verkaufs- oder Liquidationserlös)

Ein Vermögensschaden kann ferner entfallen, wenn den Geschädigten der Erlös aus einem freihändigen Verkauf oder einer Versteigerung nachträglich zugeflossen ist und der Vermögensschaden auf diese Weise vollständig kompensiert wurde. Für eine vollständige Schadenskompensation muss der erzielte Verkaufspreis objektiv dem historischen Verkehrswert des

1517 CIVS, Empfehlung vom 1.10.2018, Fall C, *Jeune fille aux pigeons*, François Boucher; *Carré de mouton*, Jean Siméon Chardin; *Enseigne de Gersaint*, Jean-Antoine Watteau.

1518 CIVS, Empfehlung vom 5.8.2019, Fall D, *La Sainte Famille, Adoration du Christ enfant*, Jacopo Tintoretto.

1519 CIVS, Empfehlung vom 13.2.2020, Fall O, diverse Kunstwerke.

1520 CIVS, Empfehlung vom 10.7.2020, Fall EE, diverse Kunstwerke.

entzogenen Vermögenswertes entsprechen. Die Frage der Angemessenheit des Kaufpreises wird folglich auf zwei Ebenen der Anspruchsprüfung relevant: zum einen als Indiz im Rahmen der Bewertung des Zurechnungszusammenhangs,[1521] zum anderen bei der Frage, ob die Geschädigten einen angemessenen Ausgleich für den Vermögensverlust erlangt haben oder vielmehr ein kompensationsfähiger Restschaden verbleibt.

Die Bewertung der Marktangemessenheit steht angesichts des erheblichen Zeitablaufs vor den üblichen Beweisproblemen. In der Praxis der CIVS ist zu beobachten, dass diese bei Verkäufen von Kunstwerken auf Preisvergleichsstudien zurückgreift. Zum Teil werden auch die Verkaufsumstände als Indizien in den Blick genommen, wie der Fall T verdeutlicht.

> Die umfangreiche Kunstsammlung des Ehepaars T aus Nizza wurde nach dem Tod der Eheleute durch den staatlich bestellten kommissarischen Verwalter B am 12. und 13. Juli 1943 im *Hôtel du Savoy* in Nizza öffentlich versteigert. Die Auktion leitete der prominente Auktionator Jean-Joseph Terris. Die Verkäufe erzielten einen einstelligen Millionenbetrag in Francs. Der Erlös wurde nach geltenden gesetzlichen Vorgaben auf zwei Sperrkonten bei der *Caisse des dépôts et consignations* (CDC) eingezahlt und nach dem Krieg nur teilweise an die Erb:innen der T ausgekehrt.

Die Verfolgungsbedingtheit des zwangsweisen Verkaufs stand außer Frage, vielmehr stellte sich die Frage, ob die 1943 erzielten Versteigerungserlöse marktkonform waren. Eine Preisvergleichsstudie lieferte keine eindeutigen Belege für einen Unterwertverkauf sämtlicher Werke. Gleichwohl erregte die Art der Bewerbung der Werke im Vorfeld der Auktion den Verdacht, dass die beteiligten Personen (insbesondere der kommissarische Verwalter B und der Auktionator Terris) einen Misserfolg der Auktion billigend in Kauf genommen hatten. Manche Werke wurden in dem Auktionskatalog nicht beschrieben oder enthielten nur vage Provenienzangaben (»flämische Schule« oder »im Stil des ...«). Aus Sicht des Berichterstatters der CIVS weckten diese Umstände ernsthafte Zweifel an der Integrität des Auktionators.[1522] Die Bedeutung und das Renommee der Sammlung T sprächen vielmehr dafür, dass es sich bei einigen der angebotenen Werke um hochwertige Originale handelte. In ihrer Empfehlung vom 1. September 2011 schloss sich die Kommission dieser Einschätzung an und bewertete die Versteigerung als Unterwertverkauf.[1523] Der Verkehrswert wurde daraufhin auf Grundlage einer Preisvergleichsstudie schätzungsweise bemessen. Im Ergebnis sprach sich die Kommission für die Zahlung einer komplementären Entschädigung aus.

Ob ein Auktionserlös nach dem Krieg an die Berechtigten ausgezahlt wurde, kann wegen der teils lückenhaften Beweislage mitunter nicht im Wege einer direkten Beweisführung bestimmt werden. Bei Zwangsversteigerungen im Rahmen einer gesetzlich geregelten »Arisierung« musste der Liquidationserlös auf zwei Sperrkonten unter den Namen der Berechtigten

1521 Siehe hierzu schon B.III.7.c)cc)(3)(iv).

1522 *Marcus*, Bericht vom 7.6.2011, S. 11 (nicht veröffentlicht): »[U]n doute très sérieux existe au sujet de la probité du commissaire priseur et de la sincérité de ses opérations. S'il s'avère certes impossible de déterminer avec précision pour chaque œuvre ce qui s'est produit, il reste que les ayants droit des époux T n'ont pas à être pénalisés du fait d'une situation dont la vraisemblance est hautement probable même si elle ne peut être prouvée dans tous les cas.«

1523 CIVS, Empfehlung vom 1.9.2011, Fall T, S. 5: »[L]a qualité et la valeur de la collection de tableaux, vendue les 12 et 13 juillet 1943 [...], dont la notoriété était incontestable, ont été volontairement dépréciées par le commissaire priseur chargé de la vente et les personnes l'entourant«.

bei der *Caisse des dépôts et consignations* (CDC) hinterlegt werden. Belege für Auszahlungen aus diesen Konten nach dem Krieg lassen sich daher in der Regel den Archiven der CDC entnehmen. Aber auch bei Fehlen entsprechender Belege bejaht die CIVS eine Auszahlung gestützt auf Indizien. So verhielt es sich etwa im Fall W.

> Der Vermögenswert, ein bebautes Grundstück in Paris, wurde im Herbst 1942 unter Vermittlung eines kommissarischen Verwalters veräußert. Der Kaufpreis wurde auf ein Sperrkonto unter dem Namen des Verfolgungsopfers W bei der CDC eingezahlt. Ein weiterer Betrag in Höhe von 10 Prozent wurde als Verwaltungsgebühr (*prélèvement*) auf einem weiteren Sperrkonto bei ebendieser Bank hinterlegt. 1957 wurde diese Gebühr an den Sohn und Alleinerben der W zuzüglich Zinsen ausgezahlt. Aus den vorhandenen Belegen ergab sich aber nicht, ob auch der Restbetrag an die Berechtigten restituiert worden war.

Aus Sicht der CIVS bestanden hinreichende Indizien dafür, dass der Restbetrag nach dem Krieg ausgezahlt worden war: So habe der Sohn und Erbe der W in der Nachkriegszeit, wenn auch erfolglos, vor Gericht die Annullierung des Kaufvertrages und die Restitution des Grundstücks angestrebt. Angesichts der nachweislichen Auszahlung eines Teilbetrages von 10 Prozent erscheine es naheliegend, dass ihn die CDC bei dieser Gelegenheit zugleich auf die Existenz eines weiteren Kontoguthabens hingewiesen hat. Mangels Restschaden wurde der Antrag daher abgelehnt.[1524] Der Fall dürfte jedoch im Vergleich zur übrigen Spruchpraxis als Ausnahmefall zu bewerten sein.

(5) Bereicherungsausgleich

Haben die Geschädigten oder ihre Rechtsnachfolger:innen für den entzogenen Vermögenswert einen Ausgleich erlangt, der den Vermögensschaden ganz oder teilweise kompensiert hat, nimmt die CIVS einen Bereicherungsausgleich vor. Empfiehlt die CIVS eine Entschädigung, so ist diese um den Betrag bereits erhaltener Entschädigungs- oder sonstiger Ausgleichsleistungen in Geld zu kürzen. Im Falle einer Restitution kann diese nur gegen Erstattung des Verkaufserlöses erfolgen. In einem solchen Fall empfiehlt die Kommission eine Restitution unter der Auflage einer vorherigen Rückzahlung des für den Vermögensverlust erlangten Vorteils.[1525] Bei der Berechnung sind die nach dem Krieg für den Verlust des Vermögenswertes erlangten Vorteile in den heutigen Betrag in Euro umzustellen.

1524 CIVS, Empfehlung vom 5.7.2019, Fall W, S. 7: »[C]es éléments constituent un faisceau d'indices laissant présumer que le principal de la somme consignée a été reversé à Monsieur X [Sohn der W] probablement entre 1944 et 1948; que, dès lors, la Commission estime qu'il n'y a pas lieu d'accueillir la requête de ce chef«.

1525 So geschehen in CIVS, Empfehlung vom 17.5.2021, Nr. 24582 BCM, Armand Dorville, abgedruckt in *CIVS*, Tätigkeitsbericht für 2021, S. 64–71. Die CIVS empfahl die Rückgabe von zwölf Werken gegen Erstattung des erlangten Kaufpreises. Anders verhielt es sich hingegen im Fall Bénard le Pontois, da ein tatsächlicher Erhalt des Kaufpreises hier nicht gesichert erschien, CIVS, Empfehlung vom 6.9.2021, Nr. 24606 BCM-Rest, a. a. O., S. 76-78.

bb) Schutz des guten Glaubens?

In den allermeisten europäischen Jurisdiktionen wird dem guten Glauben – verstanden als die fehlende Kenntnis der Erwerber:innen von der Herkunft des Werkes aus einer Entziehung – heute im Anwendungsbereich der Washingtoner Prinzipien von 1998 keine Bedeutung bei der Bewertung eines Ausgleichsanspruchs zugemessen. In den Nachkriegsgesetzen in Deutschland und Österreich griffen mitunter noch Gutglaubensvorschriften bei Verkäufen aus Kunsthandlungen, die in der heutigen Praxis aber ohne Bedeutung sind.[1526] Die Verordnung vom 21. April 1945 enthält zwar in Art. 10 Satz 1 eine Vorschrift zum Schutz des guten Glaubens, die in der heutigen Praxis aber ersichtlich ausgeklammert wird.[1527] Nach der bisherigen Spruchpraxis der CIVS ist der gute Glaube für die Anspruchsbewertung nach dem CIVS-Dekret unbeachtlich. Dies folgt schon daraus, dass für die Anspruchsbewertung Belange wie der Vertrauensschutz oder der Zeitablauf seit den historischen Ereignissen, die sich in einem Gerichtsverfahren tendenziell hinderlich auf eine Anspruchsverfolgung auswirken dürften, in Verfahren vor der CIVS außen vor bleiben sollen.[1528]

Auf dieser klassischen Linie der Spruchpraxis ist etwa der Fall O betreffend die Restitution des Gemäldes *Carrefour à Sannois* aus dem *Musée Utrillo-Valadon* der Stadt Sannois zu verorten.

> Das Werk stammt ursprünglich aus der Sammlung des Kunsthändlers O und wurde am 1. Dezember 1940 durch den ERR in dessen Pariser Wohnung entzogen. Der Verbleib des Werkes nach der Entziehung ist bis heute ungeklärt. Offenbar wurde dieses zu einem späteren Zeitpunkt durch eine Frau Kahn erworben, die dieses 1975 bei Christie's in London versteigern ließ. Erst 2004 tauchte es erneut bei einer Auktion bei Sotheby's in London auf, wo es für umgerechnet etwa 110.000 Euro durch die Stadt erworben wurde.

Die Stadt behauptete in dem Verfahren, das Gemälde in Unkenntnis seiner Herkunft erworben zu haben. Offenbar hatte das Auktionshaus vor dem Verkauf keine Provenienzforschungen angestrengt.[1529] Die CIVS sprach sich in ihrer Empfehlung vom 16. Februar 2018 dessen ungeachtet für eine Restitution des Gemäldes in alleiniger Ansehung der Verlustumstände aus.[1530]

Dagegen wurde der gute Glaube der heutigen Halter:innen im Verfahren Jaffé betreffend das Gemälde *Vallée de la Stour* von John Constable als ein relevanter Belang im Rahmen einer Interessenabwägung anerkannt. Das Werk war während der Besatzungszeit in Frankreich

1526 Vgl. hierzu überblicksartig *Hahne*, KUR 2020, 159; *Dewey*, KUR 2020, 154.

1527 Siehe eingehend hierzu schon unter B.II.2.a)bb)(3)(ii).

1528 In diese Richtung deutet schon der Hinweis im Begleitbericht zum CIVS-Dekret, wonach die CIVS bei der Anspruchsprüfung »pragmatisch« verfahren solle, was bedeutet, dass bei der Prüfung nicht dieselben Anforderungen wie in einem herkömmlichen Verfahren gestellt werden können, da »sauf exception, les actions judiciaires sont aujourd'hui prescrites.«, Rapport au Premier ministre (JORF vom 11.9.1999, S. 13632).

1529 So die Ausführungen des Bürgermeisters der Stadt in einer Sitzung des Stadtrates nach Bekanntgabe der Empfehlung der CIVS: »Certes, la famille a été spoliée, mais la Ville et le Conseil Départemental ont été acheteurs de bonne foi.«, Conseil municipal de la ville de Sannois, Compte rendu, Séance du 31 mai 2018, S. 13.

1530 Die CIVS merkte in einem *obiter dictum* an, dass das Auktionshaus, da dieses offenbar keine Provenienzrecherchen durchgeführt hatte, sorgfaltswidrig gehandelt habe (»observation étant faite que l'on ne peut que s'étonner du manque de vigilance de la société de vente sur l'origine de l'œuvre vendue«, CIVS, Empfehlung vom 16.2.2018, Fall O, S. 3).

entzogen worden und später in die Schweiz gelangt, wo es in Genf von dem Sammlerehepaar Junod erworben und schließlich der Stadt La Chaux-de-Fonds vermacht wurde. Dieses Verfahren unterschied sich dadurch von sonstigen Verfahren vor der CIVS, dass die CIVS als Mediatorin an einer gütlichen Einigung zwischen den Parteien mitwirkte.[1531] Die Gutgläubigkeit der Erwerber:innen in der Schweiz wurde bei diesen Verhandlungen zum Anlass einer vermittelnden Lösung genommen: Die Anspruchsteller:innen verpflichteten sich gegen Restitution des Werkes zur Zahlung einer Entschädigung in Höhe der aufgewendeten Erhaltungskosten und zur Abfindung der früheren Eigentümer:innen, die das Gemälde der Stadt mit der Maßgabe vermacht hatten, dass dieses in der städtischen Sammlung verbleiben solle.[1532] Die Erbringung dieser Gegenleistung sollte durch eine Entschädigung des französischen Staates an die Erb:innen nach Anna Jaffé gemäß Art. 8-2 CIVS-Dekret finanziert werden. In der späteren Empfehlung der CIVS an den Premierminister fand die Gutgläubigkeit der späteren Erwerberin indes keine Erwähnung mehr. Die Entschädigung wurde vielmehr damit begründet, dass sie erforderlich sei, um die Verhandlungen zwischen den Streitparteien zu einem erfolgreichen Abschluss zu führen.[1533] Die durch den Vergleichsschluss entstandenen finanziellen Belastungen der Anspruchsteller:innen wurden somit ausnahmsweise als Folgeschaden der Entziehung des Gemäldes in Frankreich eingestuft.[1534]

Als möglicher Ausschlussgrund wurde die Gutgläubigkeit erstmals im Verfahren Dorville diskutiert.[1535] Die CIVS verneinte in ihrer Empfehlung vom 17. Mai 2021 eine Entziehung infolge antisemitischer Gesetze, befürworte aber im Hinblick auf zwölf Werke, die der französische Staat bei der Auktion erworben hatte, aus Gründen der Billigkeit eine Rückkehr (*retour*) an die Erb:innen. Ausschlaggebend sei bei dieser Bewertung unter moralischen Gesichtspunkten, dass der Staat diese Werke in voller Kenntnis der Verfolgungsumstände der früheren Eigentümer:innen erworben habe. Zugleich lehnte die Kommission eine Rückgabe in acht weiteren Fällen ab, da die Halterinnen dieser Werke (die Städte Nizza, Dijon und Grenoble) diese erst nach dem Krieg in Unkenntnis der Verlustumstände erworben hätten:

> »S'agissant des autres œuvres d'art revendiquées, il n'est pas établi que leurs acquéreurs connaissaient l'application à ces ventes des dispositions de la loi du 22 juillet 1941. Il n'y a donc pas lieu, en équité, d'accueillir la demande sur ce point.«[1536]

1531 Siehe etwa die Hinweise bei dem CIVS-Mitglied Dreifuss-Netter (»La bonne foi des détenteurs peut toutefois être prise en compte à titre informel notamment lorsque la CIVS intervient en tant que conciliateur ou médiateur«, *Dreifuss-Netter*, Rec. Dalloz 2020, 945 (947). Siehe zum Fall allgemein *Bandle u. a.*, Affaire Vallée de la Stour - Héritiers Jaffé et La Chaux-de-Fonds, in: Plateforme ArThemis (online), Bearbeitungsstand März 2018, passim.

1532 *Conseil communal de la Ville de La Chaux-de-Fonds*, Rapport relatif à une demande de cession à l'Indivision Jaffé d'un tableau de John Constable, propriété de la Ville de La Chaux-de-Fonds, S. 17.

1533 CIVS, Empfehlung vom 17.2.2017, Fall Jaffé, S. 3 (»Attendu que ces négociations semblent être en voie d'aboutir et qu'une convention pourrait prochainement être signée par la Ville et l'indivision Jaffé; que pour les mener à bien, l'indivision Jaffé est dans l'obligation d'exposer des frais qu'il serait inéquitable de faire supporter à des ayants droit de victimes de spoliations antisémites«).

1534 Im Grundsatz sind durch die Entziehung bedingte Folgeschäden im Vermögen nicht ersatzfähig, siehe bereits unter B.III.7.a) bb)(4) sowie B.III.7.d)bb).

1535 Siehe hierzu bereits unter B.III.7.c)cc)(3)(ii).

1536 CIVS, Empfehlung vom 17.5.2021, Nr. 24582 BCM, Dorville, abgedruckt in *CIVS*, Tätigkeitsbericht für 2021, S. 68.

Die Kenntnis oder Unkenntnis der Erwerber:innen von den zwielichtigen Verlustumständen wurde so zum Dreh- und Angelpunkt der Anspruchsbewertung nach Billigkeit. Die Lösung erscheint aus gleich mehreren Gründen kritikwürdig. Es will nicht recht einleuchten, warum gerade die positive Kenntnis von den Verlustumständen gerade unter Billigkeitsgesichtspunkten eine verschärfte Haftung begründen soll, wo doch schon der böse Glaube nach positivem Recht in Eigentumsstreitigkeiten einen typischen Abwägungsbelang darstellt (Art. 2276 Abs. 1 Code civil). Weiterhin wird nicht ersichtlich, warum nur die positive Kenntnis von den Veräußerungsumständen Bösgläubigkeit begründen soll und nicht schon wie nach Art. 2276 Abs. 1 Code civil auch einfach fahrlässige Unkenntnis. Für einen Fahrlässigkeitsvorwurf böte das Verhalten der Städte Dijon, Nizza und Grenoble aber durchaus hinreichende Anhaltspunkte. Die Herkunft aus der Sammlung Dorville war den Erwerberinnen bekannt[1537], es wäre ihnen daher möglich gewesen, ausgehend von diesem Vorwissen auch die weiteren Verkaufsumstände, insbesondere den Umstand der Ernennung eines kommissarischen Verwalters, in Erfahrung zu bringen. Konsequent zu Ende gedacht wäre daher eine Rückgabe auch dieser Werke aus Billigkeitsgründen gerechtfertigt gewesen. Die Empfehlung der CIVS ist insoweit in sich inkonsistent.

8. Darstellung möglicher Ausgleichsleistungen (*mesures de réparation*)

Nach Art. 1 Abs. 2 des CIVS-Dekrets ist die Kommission bei Vorliegen der dargestellten Voraussetzungen befugt, geeignete oder angemessene Maßnahmen des Schadensausgleichs (*réparation*), der Restitution oder der Entschädigung vorzuschlagen (Art. 1 Abs. 2):

> »La commission est chargée de rechercher et de proposer les mesures de réparation, de restitution ou d'indemnisation appropriées.«

Speziell für Kulturgüterverluste sieht der 2018 neugeschaffene Art. 1-1 vor, dass die Kommission eine notwendige Maßnahme der Restitution oder der Entschädigung (»mesure nécessaire de restitution ou, à défaut, d'indemnisation«) vorschlagen kann. Das Dekret ermächtigt die CIVS somit dazu, eine nicht abschließende Zahl geeigneter, angemessener bzw. notwendiger Maßnahmen zum Ausgleich des Vermögensschadens zu empfehlen, die nicht ausschließlich in einer Restitution oder einer Entschädigung bestehen müssen (Proportionalitätsprinzip). Die Entwicklung und die Auswahl dieser Maßnahmen stellt das Dekret in das Ermessen der Kommission. Die Rechtsprechung hat aus dem Wortlaut des CIVS-Dekrets gleichwohl einen formalen Vorrang der Restitution vor anderen Ausgleichsleistungen, insbesondere der Entschädigung, abgeleitet.[1538] Dies gilt selbst dann, wenn der entstandene Schaden nicht durch Restitution vollständig ausgeglichen werden kann, etwa weil der Gegenstand beschädigt wurde oder seit der Entziehung erheblich an Wert verloren hat.[1539] Ein solcher Restschaden kann nicht durch

1537 Siehe nur *Musée des Beaux-Arts* de la ville de Dijon, Websitebeitrag zu *Place à Coutances*, Adolphe Hervier.

1538 CE, 3.10.2012, Nr. 355105, Rec. S. 345, Cons. 3 – Kaplan: »[D]ans le cas où cette restitution est impossible, ces biens ayant été détruits ou n'ayant pu être retrouvés, les propriétaires ou leurs ayants droit doivent en être indemnisés selon les règles particulières issues du décret du 10 septembre 1999«; ebenso CE, 27.3.2015, Nr. 378144, Cons. 3 – Callou II.

1539 Diese Position vertrat etwa die Berichterstatterin in dem Verfahren Fraenkel III vor dem TA von Paris. Ziel des CIVS-Dekrets sei es, den entzogenen Vermögenswert in Natur an die geschädigte Person zurückzugewähren. Ist die Restitution möglich oder bereits in der Vergangenheit erfolgt, scheide die Gewährung einer weitergehenden Entschädigung aus, vgl. *Renault*, Conclusions eine Entschädigung ausgeglichen werden. Die Restitution ist somit nicht nur vorrangig, sie hat auch abschließenden Charakter.

Der Reformgesetzgeber hat den subsidiären Charakter der Entschädigung bei Kulturgütern nun ausdrücklich anerkannt (Art. 1-1 CIVS-Dekret[1540]). Bis heute zeichnet sich die Spruchpraxis aber durch einen deutlichen Überhang von Entschädigungszahlungen im Verhältnis zu Restitutionen aus.[1541] Mit der Verfahrensreform von 2018 sollte die Zahl der Restitutionen gesteigert werden, ein signifikanter Wandel in der Spruchpraxis ist seither jedoch nicht zu verzeichnen.[1542] Die CIVS leistet auch heute noch bei Entziehungen von Kulturgütern vorrangig Entschädigungen.

a) Restitution

aa) Begriff der Restitution

Die Restitution stellt nach dem Vorgesagten die vorrangige Ausgleichsleistung dar. Die Restitution beinhaltet die Rückkehr des widerrechtlich entzogenen Vermögenswertes in das Vermögen der geschädigten Person.[1543] Die Naturalrestitution vollzieht sich je nach Fall durch die Wiedereinräumung des Eigentums oder des Besitzes an dem entzogenen Vermögenswert.

Die Umsetzung einer Empfehlung der CIVS obliegt dabei, wie bereits ausgeführt wurde, den hierin adressierten Personen in eigener Verantwortung. Diese müssen somit selbst die rechtlichen Voraussetzungen für eine Restitution an die Geschädigten schaffen. Ob die rechtlichen und faktischen Voraussetzungen für eine Restitution bereits bei Erlass der Empfehlung vorliegen, ist für die Prüfung durch die CIVS daher grundsätzlich unbeachtlich.

bb) Faktische und rechtliche Möglichkeit der Restitution

Die Restitution ist ausgeschlossen, wenn der heutige Verbleib des entzogenen Kulturguts nicht bekannt ist oder dieses nachweislich zerstört wurde. Dies ist etwa der Fall, wenn das Kulturgut während der Besetzung Frankreichs durch deutsche Stellen entzogen wurde, in der Folge in das Deutsche Reich verbracht wurde und seither als verschollen gilt. Gleiches gilt für den Fall, dass das Kulturgut in Frankreich entzogen wurde und durch die deutsche Besatzungsmacht – etwa als Erzeugnis »entarteter Kunst« – noch vor Ort vernichtet wurde. In derartigen Fällen kommt, was auf der Hand liegt, von vornherein nur die Gewährung einer Entschädigung in Betracht, um den Vermögensschaden zu kompensieren.

zu TA Paris, 20.6.2019, Nr. 1718109/6-3, S. 9. Der TA Paris und die Berufungsinstanz schlossen sich dieser Position im Ergebnis an, siehe TA, 20.6.2019, Nr. 1718109/6-3; CAA Paris, 19.1.2021, Nr. 19PA02582, Rn. 7 – Fraenkel III.

1540 In Art. 1-1 CIVS-Dekret ist die Rede von einer »mesure nécessaire de restitution ou, à défaut, d'indemnisation«.

1541 In nur 18 von 187 Verfahren, die zur Gewährung einer Ausgleichsleistung für die Entziehung eines Kulturguts führten, empfahl die CIVS eine Restitution. Vgl. *CIVS*, Chiffres clefs, L'indemnisation depuis le 10 septembre 1999, Februar 2023, S. 4.

1542 Zwischen 2019 und 2023 hat die Kommission in elf Verfahren (Simon, Mandel, Dorville, Bénard Le Pontois, Bargeboer, Javal, Osuský, Lévi de Benzion, Löwenstein, Stern, Torres) die Restitution von insgesamt 78 Kulturgütern empfohlen. Bezogen auf die Gesamtzahl von 18 Verfahren seit 1999, die zur Restitution von 92 Kulturgütern führten, stellt dies eine gewisse quantitative Steigerung dar.

1543 *Cornu u. a.*, Vocabulaire juridique, S. 922: »Fait de remettre au propriétaire une chose dont il avait été privé indûment ou involontairement.«

Nach der Praxis der CIVS besteht ein Restitutionshindernis daneben nicht schon bei bloßer Erschwerung einer Restitution in Natur durch die heutigen Eigentümer:innen, Besitzer:innen oder sonstigen Halter:innen aus rechtlichen wie faktischen Gründen. Die Restitution muss vielmehr absolut unmöglich sein, um stattdessen die Gewährung einer Entschädigung zu rechtfertigen.

(1) Unbeachtlichkeit des aktuellen Belegenheitsortes

Unmöglichkeit verneint die CIVS etwa in Fällen, in denen der aktuelle Belegenheitsort des Vermögenswertes bekannt ist, aber außerhalb Frankreichs liegt. Die CIVS sieht sich in derartigen Fällen befugt, eine Empfehlung an die ausländischen Halter:innen zu richten, sofern die Entziehung der Kulturgüter in Frankreich während der deutschen Besatzung erfolgt ist.[1544] So verhielt es sich etwa im Fall der Restitution des Gemäldes *Vallée de la Stour* von John Constable.

> Das Werk stammte aus der Sammlung der Nizzaer Kunstsammlerin Anna Jaffé (1845–1942). Nach ihrem Tod wurde die gesamte Sammlung gegen den Willen der Erb:innen durch einen staatlich bestellten kommissarischen Verwalter öffentlich versteigert. Die Person des:der Erwerber:in blieb unbekannt. Nach dem Krieg wurde das Werk 1946 bei der Galerie Georges Moos in Genf vom Sammlerehepaar Junod erworben. Madeleine Junod vermachte es schließlich dem Kunstmuseum der Stadt La Chaux-de-Fonds verbunden mit der Auflage, dieses dauerhaft im Museum zu verwahren und nicht zu veräußern. Die Stadt nahm das Vermächtnis 1986 an. Seither befand sich das Werk im städtischen *Musée des beaux-arts*. 2006 verlangten die Erb:innen nach Anna Jaffé die Herausgabe.

Nachdem Verhandlungen über die Restitution des Werkes mit der Stadt 2009 vorläufig gescheitert waren, sprach die CIVS in einer Empfehlung vom 1. September 2011 den Erb:innen nach Anna Jaffé eine Entschädigungssumme für die verschollenen Werke der Sammlung zu, behielt sich aber eine abweichende Lösung hinsichtlich des Constable-Gemäldes vor. Bezüglich dieses Werkes rief die CIVS die Streitparteien zu einer einvernehmlichen Streitlösung durch Restitution des Werkes auf, die schließlich 2018 erzielt wurde. Für diese Lösung spricht, dass, solange der Verbleib eines Kulturguts – sei es auch im Ausland – bekannt ist, ein Streitverhältnis vorrangig zwischen den aktuellen Halter:innen und den Geschädigten bzw. deren Rechtsnachfolger:innen besteht. Durch eine voreilige Entschädigung würde sich die CIVS dem Risiko aussetzen, dass es nachträglich noch zu einer Restitution kommt und die erbrachte Entschädigung dann als ungerechtfertigte Bereicherung zurückzufordern wäre. Der französische Staat trüge dann das Insolvenzrisiko.

1544 So in bislang vier Verfahren: Fall Anna Jaffé (siehe hierzu sogleich); Fall Georges Mandel (CIVS, Empfehlung vom 12.2.2021, Nr. 5446 BCM betreffend drei Bücher in der Sächsischen Landesbibliothek, Staats- und Universitätsbibliothek Dresden und der Staatsbibliothek zu Berlin); Fall Erich Stern (Empfehlung vom 28.10.2022, 19 Bücher in der Zentral- und Landesbibliothek Berlin); Fall Henri Torres (CIVS, Empfehlung vom 8.11.2022, Nr. 24645 BCM-REST betreffend 30 Bücher in der Staatsbibliothek zu Berlin, der SLUB und der Universitätsbibliothek Rostock).

(2) Unbeachtlichkeit gesetzlicher Verfügungsverbote

Keine Restitutionshindernisse stellen nach der Praxis der CIVS weiterhin gesetzliche Veräußerungsverbote für Kulturgüter im öffentlichen Eigentum dar. Kulturgüter im Eigentum des Zentralstaates oder anderer Körperschaften des öffentlichen Rechts sind unveräußerlich (Art. L.451-5 Abs. 1 Code du patrimoine, Art. L.3111-1, L.2112-1 CG3P). Eine Restitution konnte nach früherer Rechtslage nur auf Grundlage eines Parlamentsgesetzes erfolgen. Dieses Vorgehen wurde nach einer Empfehlung der CIVS in den Fällen Georges Bernheim[1545] und Armand Dorville[1546] gewählt.[1547] Das gesetzliche Veräußerungsverbot hinderte in diesen Fällen aber nicht die Empfehlung einer Restitution durch die CIVS. Die Schaffung der rechtlichen Voraussetzungen für eine Restitution wurde somit vorrangig als Aufgabe der durch die Empfehlung adressierten öffentlichen Eigentümer angesehen. Diese Problematik dürfte sich aber künftig mit der Verabschiedung des Restitutionsgesetzes von 2023 nicht mehr stellen.[1548]

(3) Beachtlichkeit einer Annahmeverweigerung

Ein rechtlich beachtliches Restitutionshindernis, das sich auf den Ausspruch der Empfehlung durch die CIVS auswirkt, besteht hingegen, wenn eine anspruchsberechtigte Person – bei Erb:innengemeinschaften beispielsweise schon ein einzelnes Mitglied der Gemeinschaft – schon im Verfahren vor der CIVS die Annahme des Kulturguts verweigert. In einem derartigen Fall würde eine Übertragung des Eigentums oder des Besitzes in Umsetzung der Empfehlung der CIVS an der erforderlichen Zustimmung der Anspruchsberechtigten scheitern. Dies hätte die unbefriedigende Konsequenz, dass ein moralisch bemakeltes Kulturgut in öffentlichem Eigentum oder Besitz verbliebe. Für die Spruchpraxis der CIVS ist bislang erst ein entsprechender Fall nachweisbar.[1549]

> Das streitgegenständliche Werk *Bateaux sur une mer agitée près d'une côte rocheuse* aus den Sonderrestbeständen der äußeren Restitution (MNR 645) wurde im Juni 1944 durch den ERR in der Wohnung des Ehepaars Bargeboer in Nizza mit weiteren Werken entzogen. Es wurde in der Folge nach Schloss Kogl (Österreich) verbracht, wo es nach dem Krieg durch die Alliierten geborgen und hiernach in den CCP München verbracht wurde. Das Werk wurde am 25. September 1947 an Frankreich restituiert. Da die Eigentümer:innen nicht ermittelt werden konnten, wurde es durch die staatliche Auswahlkommission am 29. Mai 1951 für eine Verwahrung durch den Zentralstaat bestimmt. Nach einem Aufenthalt im Louvre wurde das Werk Ende der 1950er-Jahre

1545 CIVS, Empfehlung vom 16.2.2018, Nr. 23924, *Carrefour à Sannois*, Maurice Utrillo, Fall Georges Bernheim.

1546 CIVS, Empfehlung vom 17.5.2021, Nr. 24582, Rückgabe von zwölf Werken aus staatlichen Sammlungen, Fall Armand Dorville.

1547 Anders noch in dem Verfahren betreffend das Gemälde *L'homme à la guitare* von *Georges Braque*. Die CIVS vermittelte hier den Abschluss eines Vergleichs zwischen den Erb:innen nach Alphonse Kann und dem Zentralstaat, der den Verbleib des Werkes in der Sammlung des *Musée national d'art moderne* (MNAM) gegen Zahlung einer Entschädigung vorsah.

1548 Siehe hierzu sowie zur Darstellung der früheren Rechtslage unter B.IV.

1549 CIVS, Empfehlung vom 4. November 2021, MNR 645, Fall Bargeboer, abgedruckt in *CIVS*, Tätigkeitsbericht für 2021, S. 83–86.

mehr als zwei Jahrzehnte im *Mobilier national* zwischengelagert, ehe es 1983 an das Museum in der Burg von Dieppe übergeben wurde, wo es sich bis zur Verfahrenseröffnung im Jahr 2020 befand.

Die Verfolgungsbedingtheit des Verlustes und die Identität der früheren Eigentümer:innen waren schon im Vorfeld des CIVS-Verfahrens geklärt worden.[1550] Die Anrufung der CIVS durch das Kulturministerium erfolgte, um die Rechtsnachfolger:innen des Ehepaars Bargeboer zu ermitteln.[1551] Die schließlich identifizierten Erb:innen zeigten jedoch kein Interesse an einer Restitution des Werkes und lehnten die Annahme ab. Die *Mission de recherche et de restitution* empfahl daraufhin eine vorläufige Verwahrung durch das Pariser *musée d'art et d'histoire du Judaïsme* (MAHJ) in Paris. Die Provenienz des Werkes sollte durch einen Hinweis am Werk sichtbar gemacht werden.[1552] Die CIVS schloss sich diesem Vorschlag in ihrer Empfehlung vom 4. November 2021 an.[1553] Erstmals in der Spruchpraxis der CIVS wurde somit eine ersatzweise Verwahrung durch eine kulturelle Institution anstelle einer Restitution an die Berechtigten befürwortet. Eine – wohl ebenso erwägenswerte – Übergabe des Werkes an eine jüdische Vertreterorganisation, wie den FSJU (*Fonds social juif unifié*) oder den CRIF (*Conseil représentatif des institutions juives de France*), wurde offenbar nicht in Betracht gezogen.

b) Entschädigung

Art. 2 Abs. 1 des CIVS-Dekrets sieht als zweite Form des Schadensausgleichs die *indemnisation* vor. Gemeinhin bedeutet *indemnisation* schlicht Schadensersatz und wird synonym zum Begriff der *réparation* verwendet.[1554] In diesem weiten Sinne kann der Begriff aber hier schon wegen der Gegenüberstellung mit dem Begriff der *restitution* nicht verstanden werden.[1555] Vor diesem Hintergrund ist der Begriff vielmehr als Gewährung einer *indemnité* (Geldsumme) zu verstehen. *Indemnisation* bedeutet demnach die Gewährung eines Schadensausgleichs in Geld. Dies entspricht im Deutschen dem Rechtsbegriff der Entschädigung nach §§ 250, 251 BGB.

1550 Vgl. *Groupe de travail sur les provenances d'œuvres récupérées après la seconde guerre mondiale*, Bericht für 2014, S. 14.

1551 Auf die erbrechtlichen Problemstellungen dieses Falles wurde schon an anderer Stelle eingegangen, siehe unter B.III.7.b)bb)(5).

1552 *Zivie*, Schreiben vom 12.5.2021 an den Generalberichterstatter der CIVS (nicht veröffentlicht); *Marcus*, Note complémentaire sur les requêtes 24603 M + BCM vom 5.7.2021 (nicht veröffentlicht): »Une proposition subséquente de dépôt de l'œuvre en question au musée d'art et d'histoire du Judaïsme ›avec un cartel retraçant son histoire et son parcours singulier‹, émanant de la Mission susnommée, a été transmise par le Président de la présente commission«. Eine Verwahrung MNR-Bestände durch das MAHJ hatte 2006 schon Perrot angeregt, vgl. *Perrot*, De la restitution internationale des biens culturels aux XIXe et XXe siècles, S. 243.

1553 CIVS, Empfehlung vom 4.11.2021, Nr. 24603 BCM-Rest, Abraham und Minna Bargeboer, abgedruckt in *CIVS*, Tätigkeitsbericht für 2021, S. 86. Die Verwahrung durch das Museum wurde unter die Bedingung gestellt, dass eine Restitution an die Erb:innen tatsächlich scheitert (ebd.: »[À] défaut de restitution effective, l'œuvre pourra faire l'objet d'un dépôt au Musée d'art et d'histoire du Judaïsme, conformément à la proposition de la M2RS«).

1554 Das Rechtswörterbuch nach Cornu definiert *indemnisation* als »opération consistant à rendre indemne la victime d'un dommage en réparant celui-ci de la manière la plus adéquate, soit en nature (reconstruction, attribution d'un bien équivalent), soit en argent (indemnité).«, *Cornu u. a.*, Vocabulaire juridique, S. 537, Eintrag zu »indemnisation«.

1555 Anders hingegen in den Empfehlungen der Mattéoli-Mission im Abschlussbericht von 2000, die den Begriff der *indemnisation* nicht immer stringent, sondern abwechselnd in einem weiteren und engeren Sinne verwendete: »Quand un bien dont l'existence en 1940 est établie a fait l'objet d'une spoliation et n'a pas été restitué ou indemnisé, l'indemnisation est de droit quels que soient les délais de prescription en vigueur.«, *Mission d'étude sur la spoliation des Juifs de France*, Rapport général, S. 173.

aa) Unmöglichkeit der Restitution in Natur

Die CIVS hat im Falle einer Entziehung, wie bereits dargestellt, vorrangig eine Restitution zu empfehlen. Die Gewährung einer Entschädigung ist hingegen nur möglich, wenn eine Restitution in Natur rechtlich oder tatsächlich ausgeschlossen ist.[1556] Dies ist, wie bereits dargestellt wurde, nur dann der Fall, wenn der Verbleib des entzogenen Vermögenswertes nach dem Krieg unklar ist oder dieser nachweislich untergegangen ist. Nicht statthaft ist es nach der Praxis der CIVS hingegen, eine Entschädigung als vermittelnde Lösung zu gewähren, etwa um fortbestehenden Beweisunsicherheiten (etwa betreffend das Eigentum der Geschädigten oder den Zurechnungszusammenhang) Rechnung zu tragen, die sich nachteilig auf die moralische Stärke des Anspruchs auswirken.[1557]

Im Unterschied zu vergleichbaren Kommissionen in anderen europäischen Staaten ist die CIVS somit auch bei fehlender Ermittelbarkeit/Identifizierbarkeit des entzogenen Vermögenswertes befugt, die Zahlung einer Entschädigung durch den Zentralstaat zu empfehlen (Art. 8-2 CIVS-Dekret). Die Auszahlung der Entschädigung erfolgt dabei gemäß Art. 8-2 Abs. 2 CIVS-Dekret auf Grundlage einer Entscheidung des:der Premierminister:in durch den *Office national des anciens combattants et victimes de guerre* (ONAC-VG). Die Finanzierung dieser Entschädigung erfolgt aus dem Jahresetat des:der Premierminister:in gemäß dem jährlichen Haushaltsgesetz des Parlaments (sog. *loi de finances*).[1558]

Das CIVS-Dekret fungiert in derartigen Fällen wie ein Entschädigungsmechanismus. Eine derartige Ausrichtung der CIVS-Praxis war vom historischen Gesetzgeber ursprünglich nicht intendiert, wie die erst nachträgliche Einführung des Art. 8-2 CIVS-Dekret im Jahr 2000[1559] verdeutlicht. Gleichwohl entwickelte sich die Empfehlungspraxis der CIVS *de facto* von Beginn an in diesem Sinne: Um einen Schadensausgleich auch in Fällen zu ermöglichen, in denen der Verbleib des entzogenen Vermögenswertes nicht geklärt werden konnte, bedurfte es eines geeigneten Schuldners, der für den dauerhaften Verlust des Vermögenswertes haftbar gemacht werden könnte. Diesen erkannte die CIVS in dem Zentralstaat als Rechtsnachfolger des Vichy-Regimes.

1556 CE, 3.10.2012, Nr. 355105, Rec. S. 345, Cons. 3 – Kaplan (»les décisions prises par le Premier ministre [...] doivent notamment permettre la restitution à leurs propriétaires ou aux ayants droit de ceux-ci des biens dont ils ont été, soit spoliés dans des conditions exorbitantes du droit commun, soit [...] privés par une transaction d'apparence légale [...]; que dans le cas où cette restitution est impossible, [...], les propriétaires ou leurs ayants droit sont indemnisés selon les règles particulières issues du décret du 10 septembre 1999«); nahezu wortgleich CE, 27.3.2015, Nr. 378144, Cons. 3 – Callou II.

1557 So ausdrücklich anders die Praxis des britischen SAP, dessen Terms of Reference ausdrücklich auch die Möglichkeit einer »compensation« oder eines »ex gratia payment« bei abgeschwächter »moral strength« des Anspruchs vorsehen (§ 17 Lit. b und c). Siehe eingehend hierzu *Dorn*, Fair and Just – Der Umgang mit »nazi-looted art« im Vereinigten Königreich, im Erscheinen.

1558 Die Finanzierung erfolgt über das Programm Nr. 158 (Aktion 01). Im Haushaltsgesetz für 2022 belief sich der Ausgangsetat für die Leistungen der CIVS auf 6 Mio. Euro. Gleichwohl können die tatsächlichen Leistungen einschließlich Rücklagen (*parts réservées*) von diesem Ausgangsetat deutlich abweichen. So lag die Höhe der tatsächlichen Entschädigungen 2018 bei 8,7 Mio. Euro, 2019 bei 16,8 Mio. Euro und 2020 bei 4,3 Mio. Euro, obwohl in allen Jahren ursprünglich ca. 6 Mio. Euro veranlagt worden waren. Dem gestiegenen Bedarf wurde in diesen Fällen durch Nachtragshaushalte entsprochen. Vgl. *Laménie*, in: Husson (Hrsg.), Rapport général fait au nom de la commission des finances sur le projet de loi de finances, adopté par l'Assemblée nationale pour 2022, Session extraordinaire 2021/2022, Nr. 792, Band 2, Contributions des rapporteurs spéciaux, S. 86.

1559 Die Bestimmung wurde nachträglich durch Dekret Nr. 2000-932 vom 25.9.2000 (JORF vom 26.9.2000, Text Nr. 1) eingeführt.

bb) Grundsätze der Schadensbemessung

Die Gewährung einer Entschädigung nach Art. 8-2 CIVS-Dekret setzt die vorherige Bemessung des erlittenen Schadens im Vermögen der Anspruchsberechtigten voraus, der durch die Entschädigung kompensiert werden soll. Es stellt sich die Frage, nach welchen Regeln sich die Schadensbemessung in der Praxis der CIVS richtet.

(1) Orientierung am allgemeinen Recht oder autonome Rechtsfindung?

Dem CIVS-Dekret selbst sind zur Frage der Schadensbemessung keine Vorgaben zu entnehmen. Dessen ungeachtet führte der *Conseil d'État* in seiner Kaplan-Entscheidung von 2012 aus, dass sich die Entschädigung, wenn eine Restitution in Natur ausgeschlossen ist, nach den »besonderen Regeln« (»règles particulières«) des CIVS-Dekrets richte.[1560] Die Vorinstanz hatte demgegenüber noch einen eigenständigen normativen Gehalt des CIVS-Dekrets verneint und sich für eine Anwendung der allgemeinen Grundsätze des Staatshaftungsrechts ausgesprochen.[1561] Der *Conseil d'État* sprach sich dagegen apodiktisch gegen eine Anwendung der Grundsätze der Staatshaftung aus.

Was ist vor diesem Hintergrund aber unter den »besonderen Regeln« des CIVS-Dekrets im Sinne der Kaplan-Entscheidung des *Conseil d'État* zu verstehen? Spezialität kann hier ersichtlich nicht als Spezialität im technische Sinne, also als Sperrwirkung gegenüber den allgemeinen Grundsätzen des Schadensersatzrechts, verstanden werden. Weder für die Schaffung eines besonderen Entschädigungsregimes mit abschließender Wirkung gegenüber dem Staatshaftungsrecht noch für die Regelung von Ansprüchen auf Schadensersatz besteht eine Gesetzgebungskompetenz der Exekutive (Art. 34, 37 Abs. 1 der Verfassung von 1958).[1562] Die Leistungen auf Grundlage des Dekrets stellen vielmehr freiwillige Leistungen dar, auf deren Erhalt kein Anspruch besteht und deren Bemessung im Ermessen der Verwaltung steht. Das CIVS-Dekret schränkt insoweit lediglich - im Sinne einer Selbstbindung durch Gesetz - die Fälle ein, in denen der Zentralstaat eine Entschädigungsleistung gewähren kann.[1563] Keine Einschränkung sieht das Dekret hingegen hinsichtlich der Höhe des Schadensersatzes und der Art seiner Bemessung vor. Insoweit ist die Verwaltung und daher auch die Spruchpraxis der CIVS ungebunden.

Die »besonderen Regeln« des CIVS-Dekrets können folglich nur die in der Spruchpraxis der Kommission etablierten autonomen Grundsätze der Schadensbemessung meinen, denen der *Conseil d'État* einen autonomen Charakter auf einer Zwischenebene zwischen Staatshaftungsrecht und den Bestimmungen des CIVS-Dekrets zugesteht.[1564] Es stellt sich daher die

1560 CE, 3.10.2012, Nr. 355105, Rec. S. 345, Cons. 3 – Kaplan (»dans le cas où cette restitution est impossible [...] les propriétaires ou leurs ayants droit doivent [...] être indemnisés selon les règles particulières issues du décret du 10 septembre 1999«); später bestätigt durch CE, 27.3.2015, Nr. 378144, Cons. 3 – Callou II.

1561 CAA Paris, 20.10.2011, Nr. 10PA04106 – Kaplan (»ledit décret ne prévoit pas [...] de régime spécial ni de règles particulières d'indemnisation; que, dès lors, c'est à bon droit que le Premier ministre s'est fondé sur les règles applicables en matière de responsabilité administrative«). Andeutungsweise auch schon CAA Paris, 3.2.2011, Nr. 09PA05098, Cons. 3 – Callou I (»le dispositif institué par les dispositions précitées du décret du 10 septembre 1999 participe à l'indemnisation des préjudices de toute nature causés par les actions de l'Etat qui ont concouru à la déportation«).

1562 Siehe hierzu schon unter B.III.3.c)aa).

1563 Siehe zum Aspekt der Rationalisierung des Entscheidungsfindungsprozesses durch Selbstbindung unter B.III.3.c)cc).

1564 Markus deutet den Begriff der »besonderen Regeln« im Sinne der Kaplan-Entscheidung hingegen noch stärker vor dem Hintergrund der Kompetenznorm des Art. 34 der Verfassung. Das CIVS-Dekret stelle keine Regelung der »obligations civiles

Frage, auf welchen Zeitpunkt die CIVS zur Bemessung des entstandenen Vermögensschadens abstellt und auf welche Methoden der Schadensberechnung diese zurückgreift. Bei Betrachtung der Spruchpraxis wird deutlich, dass die CIVS in Ausfüllung des ihr eingeräumten Ermessensspielraums in beiden Punkten von allgemeinen Rechtsgrundsätzen abweicht.

(2) Maßgeblicher Zeitpunkt der Schadensbemessung

Hinsichtlich des maßgeblichen Zeitpunktes der Schadensbemessung wäre es denkbar, entweder auf den Zeitpunkt der Entziehung des Vermögenswertes als frühestmöglichen Zeitpunkt oder auf den Zeitpunkt der Empfehlung der CIVS als spätestmöglichen Zeitpunkt abzustellen. Die letztgenannte Option hätte insbesondere bei bedeutenden Kunstwerken zur Folge, dass Entschädigungen tendenziell angesichts steigender Preise am Kunstmarkt höher ausfielen. Ein vermittelnder Ansatz könnte ferner in der Wahl des Zeitpunktes der Veröffentlichung des CIVS-Dekrets am 11. September 1999 bestehen. Im Folgenden soll zunächst herausgearbeitet werden, welcher Zeitpunkt nach allgemeinem Staatshaftungsrecht maßgeblich wäre. Daran anschließend soll dargestellt werden, auf welchen Zeitpunkt dagegen die CIVS in ihrer Empfehlungspraxis abstellt und mit welchen Argumenten sie diesen Ansatz begründet. Schließlich soll näher untersucht werden, ob und, wenn ja, mit welcher Begründung die Verwaltungsgerichte diesem Lösungsansatz im Rahmen der gerichtlichen Kontrolle der Entscheidungen nach dem CIVS-Dekret bislang gefolgt sind.

(i) Bestimmung des Zeitpunktes nach Staatshaftungsrecht

Der für die Schadensbemessung maßgebliche Zeitpunkt ist im französischen Staatshaftungsrecht nicht einheitlich geregelt, sondern bedarf im Einzelfall der Konkretisierung durch die Tatsachengerichte.[1565] Maßgebend ist nach der Rechtsprechung Compagnie générale des Eaux der Zeitpunkt, in dem Ursache und Ausmaß des Schadens bekannt waren und daher eine Schadensbeseitigung in Angriff genommen werden konnte.[1566] Dieser Grundsatz gilt gleichwohl nur in Fällen, in denen eine Schadensbehebung durch Reparatur (*remise en état*) oder Ersatzbeschaffung (*remplacement*) möglich war.[1567] Eine Reparatur ist in den hier relevanten Fällen eines dauerhaften Verlustes der Vermögenswerte von vornherein ausgeschlossen. Eine Ersatzbeschaffung würde voraussetzen, dass ein Gegenstand vergleichbarer Art am Markt zu

et commerciales« im Sinne dieser Verfassungsnorm dar, sondern lasse diese vielmehr unberührt und begründe ein davon losgelöstes Entschädigungsregime. Vgl. *Markus*, JCP A 2013, Nr. 2020, Abschnitt 1.B. Dies vermag nicht zu überzeugen, da letztlich auch ein besonderes Entschädigungsregime einen unzulässigen Eingriff in den Zuständigkeitsbereich des Parlaments bedeuten würde.

1565 CE, Section, 26.6.1992, Nr. 114728, Rec. S. 268 – Commune de Béthoncourt c. Consorts Barbier.

1566 Grundlegend CE, Assemblée, 21.3.1947, Nr. 77529, Rec. S. 122, Cons. 1 – Compagnie générale des Eaux: »Considérant que l'évaluation des dégâts subis par l'immeuble […] devait être faite à la date où, leur cause ayant pris fin et leur étendue étant connue, il pouvait être procédé aux travaux destinés à les réparer«. Spätere Entscheidungen konkretisierten diese Vorgabe näher (CE, 29.10.1956, Rec. S. 399 – Dame Veuve Boisdron; 14.10.1964, Rec. S. 468 – Ville de Pointe-à-Pitre; 5.3.1965, Rec. S. 147 – Perrot).

1567 CE, 20.3.1953, Nr. 95.387, Rec. S. 783 – Effinief.

beschaffen ist.[1568] Dies ist bei Kunstwerken und Kulturgütern, sofern es sich nicht um Werke serieller Produktion handelt, regelmäßig nicht der Fall.

In einem solchen Fall ist vielmehr auf den Zeitpunkt abzustellen, in dem die geschädigte Person nach geltendem Recht erstmals Schadensersatz beanspruchen konnte.[1569] Grundsätzlich ist dies der Zeitpunkt der schadensursächlichen Handlung (*fait générateur*).[1570] Für Schäden infolge der Entziehung von Kunstwerken und Kulturgütern konnte nach dem Krieg nach geltendem Recht aber kein oder jedenfalls kein vollständiger Ausgleich erlangt werden. War der Verbleib der Werke nach dem Krieg unklar, konnte nach dem französischen Kriegsschädengesetz vom 28. Oktober 1946 nur eine anteilige Entschädigung erlangt werden (sog. *indemnité d'éviction*, Art. 19). Verluste von Luxusgütern (*biens somptuaires*), zu denen insbesondere wertvolle Kunstwerke zählten, waren von vornherein nicht ersatzfähig (Art. 16). Anspruchsberechtigt waren zudem nur Personen mit französischer Staatsangehörigkeit (Art. 10). Eine davon losgelöste Staatshaftung für Handlungen des Vichy-Regimes wurde in der Rechtsprechung bis 2002 kategorisch abgelehnt.[1571] Für Entziehungen von Kulturgütern durch Stellen des Deutschen Reichs konnten Geschädigte erst nach Inkrafttreten des BRüG eine Entschädigung vor deutschen Stellen beanspruchen. Aber auch nach dem BRüG wurde eine Anspruchsverfolgung für Geschädigte in Frankreich wegen der bestehenden Beweisschwierigkeiten *de facto* erst möglich, als die Bundesrepublik die Verfolgung von Ansprüchen in besonderen Sammelverfahren zuließ.[1572] Aber auch diese Leistungen ermöglichten keinen vollständigen Schadensausgleich. Zudem wird man die Möglichkeit einer Anspruchsverfolgung im Ausland bei der Bewertung des für die Schadensbemessung maßgeblichen Zeitpunktes nach französischem Recht nicht genügen lassen können. In Frankreich selbst konnte eine Entschädigung für den Verlust von Kulturgütern, deren Existenz oder Verbleib nach 1945 unklar geblieben war, somit erst mit der Verabschiedung des CIVS-Dekrets beansprucht werden. Maßgeblich für die Schadensbemessung wäre nach Staatshaftungsrecht daher der 12. September 1999.[1573]

(ii) Autonomer Ansatz in der Spruchpraxis der CIVS

Die CIVS stellt für die Wertbemessung in ständiger Praxis davon abweichend auf den Zeitpunkt der Entziehung des Vermögenswerts ab.[1574] Die hypothetische Wertentwicklung des Vermögenswertes nach seiner Entziehung bleibt somit unberücksichtigt. Lediglich die inflationsbedingte Wertminderung wird durch Anwendung eines Umrechnungskoeffizienten ausgeglichen,

1568 *Grossholz*, Évaluation du préjudice, in: Répertoire de la responsabilité de la puissance publique, Bearbeitungsstand April 2015, Rn. 63 ff.

1569 CE, 27.2.1953, Nr. 16.807, Rec. S. 109 – Dame Hulman et Sieur Pereyre; 24.7.1987, Nr. 44229, Rec. S. 281 – Soc. immobilière de Verneuil-Vernouillet.

1570 CE, 24.7.1987, a. a. O., Cons. 4.

1571 CE, 4.1.1952, Rec. S. 14 – Époux Giraud; CE, 25.7.1952, Rec. S. 401 – Dlle Remise. Das Prinzip einer Staatshaftung für Verschulden (*responsabilité pour faute*) wurde erstmals in der Papon-Entscheidung des *Conseil d'État* anerkannt. Siehe CE, Assemblée, 12.4.2002, Nr. 238689, Rec. S. 139 – Papon.

1572 Siehe hierzu schon unter B.III.7.e)aa)(3).

1573 So auch *Pellissier*, Conclusions, CE 3.10.2012, Nr. 355105, S. 6; *Markus*, JCP A 2013, Nr. 2020, Abschnitt 2.A.

1574 *CIVS*, Tätigkeitsbericht für 2001, S. 24: »L'évaluation de l'indemnité se fait en fonction du préjudice subi dans le contexte du cadre de vie de l'époque qu'il s'agisse de l'évaluation de la spoliation d'un véhicule automobile, d'un mobilier ou de l'installation de l'atelier d'un artisan. L'indemnité est calculée sur la base du coût de remplacement éventuel des objets spoliés. Il ne peut être question d'évaluer le préjudice au jour du versement de l'indemnité.«

der sich an der Kaufkraftänderung orientiert. Als zulässiger Annäherungswert kann nach der Praxis der CIVS auch eine Wertbemessung aus einem früheren Verfahren dienen, die aber gemäß der gesetzlichen Vorgaben auf einen späteren Bemessungszeitpunkt abstellte: so etwa, wenn die geschädigte Person nach dem Krieg eine Entschädigung nach dem BRüG erhalten hat.[1575] Maßgebend ist dann der nach dem BRüG geltende Stichtag, der 1. April 1956 (§ 16 Abs. 1 Satz 3 Hs. 2 BRüG).

Dieser Ansatz der CIVS weicht zulasten der Anspruchsteller:innen von den Grundsätzen des Staatshaftungsrechts ab und ist daher wiederholt auf Kritik gestoßen.[1576] Die CIVS rechtfertigt dieses Vorgehen mit Billigkeits- und Gleichheitserwägungen: Die Billigkeit gebiete es, Personen, die Ansprüche heute geltend machen, nicht gegenüber Personen zu privilegieren, die ihre Ansprüche schon nach dem Krieg verfolgt haben und daher heute in der Regel keine Ansprüche mehr verfolgen:

> »Dans un souci d'équité, par rapport aux personnes déjà indemnisées et ne présentant pas de nouvelle requête, il ne peut être question de remettre en cause les indemnités déjà accordées«[1577]

Diese Vorgabe geht ersichtlich auf eine Empfehlung der Mattéoli-Mission in ihrem Abschlussbericht von 2000 zurück. Hiernach sollte die historische Rechtslage auch für die Praxis der CIVS bindend sein, um eine strikte Gleichbehandlung zwischen früheren und heutigen Anspruchsteller:innen zu gewährleisten.[1578] Dass dieses Gleichheitsargument aber nicht überzeugt, wurde bereits in einem früheren Abschnitt zur Frage des ersatzfähigen Schadens dargestellt.[1579]

Die Position der CIVS lässt sich dagegen mit dogmatischen und praktischen Erwägungen rechtfertigen. Nach dem Wortlaut des CIVS-Dekrets sind nur Schäden infolge von Entziehungen von Vermögenswerten (*spoliations de biens*) ersatzfähig. Aus dieser Vorgabe folgert die Kommission die alleinige Ersatzfähigkeit des Substanzschadens im Vermögen der Geschädigten, wohingegen Folgeschäden im Vermögen als unbeachtlich angesehen werden. Dies gilt etwa für den entgangenen Gewinn (*gain manqué*) oder den Verlust einer Gewinnchance (*perte d'une chance*), für die kein Ausgleich gewährt wird. Entsprechendes muss daher auch für die hypothetische Wertentwicklung des entzogenen Vermögenswertes seit seiner Entziehung gelten, die sich ähnlich wie der entgangene Gewinn oder eine entgangene Gewinnchance als eine

1575 Bei Entziehungen in Frankreich durch deutsche Stellen, die nur bei Verbringung in den räumlichen Geltungsbereich des BRüG, ersatzfähig waren (§ 5 BRüG), wurde vom Schaden üblicherweise ein pauschaler Risikoabschlag in Abzug gebracht, um dem verbleibenden Risiko einer Verbringung außerhalb des Anwendungsbereichs des BRüG Rechnung zu tragen. Siehe hierzu schon unter B.III.7.e)aa)(3).

1576 Kritik formulierte etwa der Senator Laménie in seinem Bericht für die Finanzkommission des Senates. Der Berichterstatter monierte, dass dieser Ansatz zulasten der Anspruchsberechtigten gehe und den öffentlichen Haushalt übermäßig entlaste (»les modalités d'évaluation des indemnités accordées pour les spoliations d'objets d'art et de culture, même si elles sont économes des finances publiques et conformes au droit, peuvent être considérées comme présentant des motifs d'insatisfaction.«, *Laménie*, Rapport d'information fait au nom de la commission des finances du Sénat, S. 154).

1577 *CIVS*, Tätigkeitsbericht für 2001, S. 24.

1578 *Mission d'étude sur la spoliation des Juifs de France*, Rapport général, S. 173.

1579 Siehe bereits die Ausführungen unter B.III.7.d)bb).

Einbuße der Gewinnchance darstellt, dass der Verkehrswert eines bestimmten Gegenstands im Vermögen künftig steigen wird.[1580]

Die CIVS sieht die Zielsetzung des Dekrets schließlich nicht in der Wiederherstellung hypothetischer Vermögenslagen, sondern in dem Ausgleich von Vermögensschäden in ihrem jeweiligen historischen Kontext.[1581] Vielmehr besteht die Zielsetzung des Dekrets darin, historisches Verfolgungsunrecht in seinen nachteiligen Auswirkungen für das Vermögen der Betroffenen und die Lücken der gesetzlichen Ausgleichsregime der Nachkriegszeit auszugleichen.[1582] Die geschädigte Person ist folglich so zu stellen, wie sie stünde, wenn der Schaden bereits nach dem Krieg vollständig ausgeglichen worden wäre.

(iii) Bestätigung des autonomen Ansatzes durch die Rechtsprechung

Dieser Ansatz der CIVS wurde inzwischen durch die Rechtsprechung bestätigt. Mit der Fragestellung befasste sich der *Conseil d'État* erstmals in der Sache Kaplan vom 3. Oktober 2012.[1583] Das Verfahren betraf die Entziehung der Kunstsammlung Georges Lévys (1887–1943) durch die M-Aktion am 15. März 1943. 1962 schloss Lévys Erbe in einem Sammelverfahren nach dem BRüG einen Vergleich mit der Bundesrepublik, der eine partielle Entschädigung vorsah. Der Wiederbeschaffungswert der Sammlung wurde für das Jahr 1962 auf Grundlage einer Inventarliste von 1941 schätzungsweise ermittelt. In ihrer Empfehlung vom 15. April 2005 gewährte die CIVS eine komplementäre Entschädigung, ohne die Berechnungsgrundlage der BRüG-Stellen in Frage zu stellen. Die Anspruchsteller:innen forderten hingegen eine Entschädigung in Höhe des hypothetischen heutigen Wiederbeschaffungswertes.

Die Empfehlung wurde in sämtlichen Gerichtsinstanzen bestätigt. Ganz auf der Linie der Rechtsprechung *Compagnie générale des eaux* von 1947 argumentierte der *Tribunal administratif* von Paris, dass für die Schadensbemessung auf den Zeitpunkt abzustellen sei, in dem eine Schadensbeseitigung möglich war.[1584] In Verfahren vor der CIVS sei daher der Verkehrswert in der Nachkriegszeit maßgeblich. Als Annäherungswert könne aber – wie in Verfahren nach dem BRüG – auch der Wiederbeschaffungswert zu einem späteren Zeitpunkt dienen.[1585]

1580 So ausdrücklich TA Paris, 7.7.2016, Nr. 1002519: »Les indemnités allouées n'ont pas pour objet de réparer le préjudice né de la privation du bien spolié pendant toute la période suivant sa spoliation, mais seulement d'indemniser la perte du bien dont le montant évalué peut être majoré pour tenir compte de la dépréciation de la monnaie.«

1581 In einem internen, nicht veröffentlichten Dokument der Kommission heißt es daher, dass »le principe général étant que la Commission n'a pas vocation à reconstituer un capital.« Das Dokument konnte vom Verfasser bei der CIVS in Paris eingesehen werden. Es handelt sich um eine interne Richtlinie für die vorbereitenden Gutachten der Berichterstatter:innen in Verfahren vor der CIVS. Das Dokument kann hier aufgrund der eingegangenen Verschwiegenheitsverpflichtung nicht in Gänze wiedergegeben werden.

1582 Vgl. *Mission d'étude sur la spoliation des Juifs de France*, Rapport général, S. 5: »la Commission chargée de l'indemnisation des victimes des lois antisémites, dont la tâche consiste à combler les lacunes des restitutions d'après-guerre.« Siehe auch Empfehlung Nr. 10 der Mission betreffend »indemnisations nouvelles« (a. a. O., S. 173).

1583 CE, 3.10.2012, Nr. 355105, Rec. S. 345 – Kaplan.

1584 TA Paris, 25.6.2010, Nr. 0811025, Cons. 3: »Considérant que l'évaluation d'un dommage aux biens doit être faite à la date où, ses causes ayant pris fin et son étendue étant connue, il peut être procédé à sa réparation; [...] que, par suite, en se fondant, pour calculer l'indemnité due par l'État aux consorts Kaplan, sur la valeur déterminée en 1962 [...], le premier ministre a fait une juste application du décret précité«.

1585 Bestätigt durch CE, 3.10.2012, Nr. 355105, a. a. O., Cons. 5 : »Considérant qu'en jugeant que le Premier ministre pouvait à bon droit pour fixer le montant de l'indemnité allouée [...] évaluer les biens spoliés, qui n'ont pu être retrouvés, à la date à laquelle l'étendue de la spoliation a pu être connue [...], la cour administrative d'appel de Paris n'a commis aucune erreur de droit«.

Diese Lösung ist indes, wie bereits dargestellt, mit staatshaftungsrechtlichen Grundsätzen der Schadensbemessung nicht vereinbar, wonach der Zeitpunkt der Verabschiedung des CIVS-Dekrets maßgeblich wäre. Überzeugender erscheinen daher noch die teleologischen Argumente des Gerichts: Das Dekret strebe angesichts der besonderen Beweisschwierigkeiten nur einen annäherungsweisen Schadensausgleich, nicht hingegen eine Totalreparation an.[1586] In ähnlicher Weise argumentierte auch die *Cour administrative d'appel* von Paris in der Sache Fraenkel, begründete die Abweichung vom Grundsatz der Totalreparation aber mit dem »außergewöhnlichen Charakter« der Schäden.[1587]

Fraglich ist, worin konkret der außergewöhnliche Charakter dieser Schäden besteht. Dieser kann ersichtlich nicht schon in der Natur der entzogenen Vermögenswerte gesehen werden, die sich einer konkreten Wertbemessung nicht entziehen. Die besondere Natur der Ansprüche könnte daneben mit der Verortung der Entziehungen im Kontext der Shoah begründet werden. Aber auch dies vermag nicht zu überzeugen, da die Verortung der Schäden in einem besonderen Unrechtskontext als solche noch nicht eine Bemessung nach herkömmlichen Rechtsgrundsätzen ausschließt. Vielmehr noch scheint der außergewöhnliche Charakter der Schäden in der zeitlichen Zäsur zwischen den schadensträchtigen Ereignissen und dem Zeitpunkt zu bestehen, in dem für diese Schäden Ersatz vor der CIVS verlangt wird. Das Spezifikum der Schäden besteht demnach in der Beweismittelverknappung, die ihre Bemessung erheblich erschwert. Zwar soll der bloße Zeitablauf für die Anspruchsbewertung nach dem CIVS-Dekret nicht relevant sein, dieser wirkt sich aber faktisch infolge der durch Zeitablauf begründeten Beweisschwierigkeiten auf die Beweisführung aus. Der Zeitablauf wirkt sich somit nicht anspruchshindernd aus, bedingt aber eine faktische Beschränkung der Ansprüche ihrer Höhe nach. Vor diesem Hintergrund besteht die Zielsetzung des CIVS-Dekrets nicht in der Gewährung eines vollständigen, sondern nur eines billigen Schadensausgleichs (*réparation équitable*).[1588] Diese einschränkende Auslegung erfährt eine ansatzweise Bestätigung im Wortlaut des Dekrets, wonach die Leistungen eine »réparation appropriée« bewirken sollen (Art. 1 Abs. 2).

(3) Methoden der Schadensbemessung

Grundsätzlich sind Schäden nach staatshaftungsrechtlichen Grundsätzen konkret zu bemessen. Das bedeutet, dass der Vermögensschaden in seiner konkreten wirtschaftlichen Dimension

1586 A.a.O., Cons. 3: »[L]e premier ministre a fait une juste application du décret précité [du 10 septembre 1999; Anm d. Verf.] qui n'a pas pour objet d'assurer la réparation intégrale des préjudices visés mais de permettre à l'Etat de rétablir l'équilibre détruit par le dommage d'une manière qui paraisse la plus exacte possible, compte tenu notamment des difficultés qui s'attachent à l'ancienneté des faits, à la diversité des biens spoliés et à la détermination de leur valeur«

1587 CAA Paris, 19.6.2014, Nr. 13PA01700, Cons. 5 – Fraenkel (»eu égard au caractère en tous points exceptionnels des préjudices nés des actes et agissements antisémites de l'État pendant l'Occupation, il est impossible de rétablir, de quelque manière que ce soit, l'équilibre détruit par le dommage et de parvenir à la réparation intégrale des préjudices subis«). So auch CAA Paris, 24.11.2014, Nr. 13PA02044, Cons. 4 – Licht; CAA Paris, 24.11.2014, Nr. 13PA02714, Cons. 5 – Lévi.

1588 Insoweit sei auf die überzeugenden Ausführungen des *rapporteur public* im Verfahren Kaplan verwiesen, der die Notwendigkeit einer Schadensbemessung im Zeitpunkt der Entziehung teleologisch begründet: »[L]e principe d'une évaluation à la date de la spoliation […] correspond à l'équilibre recherché par les concepteurs du dispositif réglementaire mis en place en 1999, dans l'esprit de la mission Mattéoli, entre la reconnaissance d'une responsabilité […] et les modalités de son engagement qui […] ne peuvent se faire qu'à travers un processus non de rétablissement de droits lésés mais de réparation en équité de dommages à tous points de vue exceptionnels.«, *Pellissier*, Conclusions, CE 3.10.2012, Nr. 355105, S. 8 f.

ausgehend von den individuellen Besonderheiten des entzogenen Vermögenswertes zu bestimmen ist (*évaluation in concreto*).[1589] Ein Rückgriff auf pauschale Schadenssätze (z. B. Preislisten für vertretbare Wirtschaftsgüter und Gebrauchsgegenstände) ist daher grundsätzlich ausgeschlossen. Durchschnittswerte können allenfalls eine Ausgangsbasis für die konkrete Wertbemessung darstellen. Dieser Grundsatz gilt auch in der Praxis der Kommission, er unterliegt jedoch in größerem Umfang Ausnahmen, um den bereits erwähnten Besonderheiten und Schwierigkeiten der Beweisführung Rechnung zu tragen. Die Vorgabe einer »pragmatischen« Prüfung erlaubt es der CIVS, auf autonome Methoden der Schadensberechnung zurückgreifen. Der Rückgriff auf Pauschalsätze für bestimmte Vermögenswerte oder die schätzungsweise Bemessung von Vermögensschäden wird auf diese Weise eröffnet. In der Praxis der Kommission laufen diese Formen der abstrakten Schadensbemessung unter dem Stichwort der Berechnung nach Billigkeitsgrundsätzen (*évaluation conforme à l'équité*). Erneut werden demnach Abweichungen von allgemeinen Beweisgrundsätzen mit Billigkeitserwägungen begründet.

(i) Konkrete Schadensbemessung

Eine konkrete Schadensbemessung ist möglich, wenn die vorlegten Nachweise so präzise und aussagekräftig sind, dass sie eine Berechnung des Vermögensschadens in seiner historischen Dimension durch Sachverständige ermöglichen. Bei Kunstwerken und Kulturgütern setzt dies die Kenntnis von den Werkdaten voraus, die sich aus Versicherungspolicen, historischen Inventarlisten oder auch Aussagen sachkundiger Zeitzeug:innen (unter Umständen auch des Verfolgungsopfers selbst) ergeben können. Ein gesteigerter Beweiswert kommt dabei Feststellungen staatlicher Stellen in Entschädigungsverfahren der Nachkriegszeit zu. Dies gilt in der Praxis der CIVS im Besonderen für Wertbemessungen nach dem BRüG. Bei Auslandsentziehungen nach § 5 BRüG wurden Entschädigungsansprüche in aller Regel in Sammelverfahren durch Vergleichsabschlüsse zwischen der Bundesrepublik Deutschland und den Geschädigten geregelt. Die Wiederbeschaffungswerte der entzogenen Vermögensgegenstände wurden seinerzeit auf Grundlage konkreter Nachweise (Versicherungspolicen oder Inventarlisten) durch Kunstsachverständige ermittelt. Die CIVS erkennt den Beweiswert dieser Wertbemessungen an und vermutet ihre sachliche Richtigkeit. Eine Abweichung ist nur möglich, sofern konkrete Anhaltspunkte vorliegen, die diese als offenkundig fehlerhaft erscheinen lassen (*erreur manifeste d'appréciation*). Im Ergebnis entsteht auf diese Weise eine faktische Bindungswirkung der Feststellungen in BRüG-Sammelverfahren. Grund für dieses Vorgehen ist die typische Beweismittelverknappung in Verfahren vor der CIVS. Die in den BRüG-Verfahren erhobenen Beweise liefern dagegen relativ sichere Annäherungswerte.

Wurde nach dem Krieg kein BRüG-Verfahren durchgeführt, liegen aber hinreichende Indizien vor, die eine Schadensbemessung ermöglichen, so erfolgte bis 2019 eine Schätzung des Verkehrswertes durch sachverständige Mitarbeitende der Kommission (*service des biens culturels mobiliers*). Seit der Reform von 2018 wird diese Aufgabe nunmehr durch die *Mission de recherche et de restitution* wahrgenommen. Diese Wertbemessung erfolgt auf Grundlage einer Preisvergleichsstudie (*étude comparative des prix*) nach einer feststehenden Methode.

1589 Vgl. m.w.N. aus Literatur und Rechtsprechung *Lavergne*, Fasc. 845: Responsabilité - Modalités de la réparation, in: Jurisclasseur Administratif, Bearbeitungsstand 11.11.2016, Rn. 56.

In diesen Vergleichsstudien wird die Wertentwicklung bei vergleichbaren Werken eines:einer Künstler:in dargestellt, die in öffentlichen Versteigerungen in den Zeiträumen vor dem Krieg (1936–1940), in der Besatzungszeit (1940–1944) und nach dem Krieg (1944–1955) erzielt wurden. Für die jeweiligen Zeiträume werden die Durchschnittswerte sowie die jeweiligen Maximal- und Minimalwerte ermittelt. Die Kommission bestimmt auf dieser Grundlage nach freiem Ermessen einen annäherungsweisen Schätzwert. Grundsätzlich orientiert dieser sich an dem für die Anspruchsteller:innen günstigsten Wert.

Allgemein lässt sich konstatieren, dass den Aussagen sachkundiger staatlicher Stellen in der Regel eine höhere Beweiskraft bei der Wertbemessung zugeschrieben wird, obgleich sachkundige Vorträge auch von anderer Seite möglich sind. Anspruchsteller:innen kritisieren insoweit, dass Parteigutachten regelmäßig nicht oder nicht hinreichend gewürdigt werden. Diese Behauptung lässt sich anhand der verfügbaren Daten bislang nicht verifizieren. Es lässt sich jedoch beobachten, dass in sämtlichen im Rahmen dieser Forschungsarbeit gesichteten Verfahren die vorbereitenden Berichte der Berichterstatter:innen auf die bereits erwähnten Preisvergleichsstudien zurückgriffen. Der Grundsatz eines fairen Verfahrens würde es gleichwohl gebieten, dass sich die Empfehlungen der CIVS auch substanziell mit dem Vortrag der Anspruchsteller:innen auseinandersetzen. Weichen Parteivortrag und die Einschätzungen staatlicher Stellen voneinander ab, so bedarf es einer inhaltlichen Auseinandersetzung mit den konfligierenden Positionen, die bislang aber in der Regel unterbleibt.

(ii) Pauschale Schadensbemessung

Sofern eine konkrete Bemessung des Schadens – zumeist aus Beweisgründen – ausgeschlossen ist, gewährt die CIVS eine nach Pauschalsätzen berechnete Entschädigung. Auf diese Weise wird dem Zeitablauf seit den historischen Ereignissen und den damit verbundenen Beweisschwierigkeiten Rechnung getragen. Diese Besonderheit in der Spruchpraxis der CIVS verdeutlicht einmal mehr die Singularität dieses Regelungsregimes gegenüber der Verordnung vom 21. April 1945. Ausgleichsleistungen werden nicht nur für den Verlust bestimmter identifizierbarer Vermögenswerte gewährt, sondern auch für solche, deren Besitz nur glaubhaft gemacht wird oder nach allgemeinem historischen Erfahrungswissen üblich war (so etwa bei alltäglichen Gegenständen der Wohnungseinrichtung).[1590]

Die Höhe des Schadensersatzes bemisst sich dabei nach dem typischen Wert eines Vermögenswertes gleicher Art und Güte. Diese Berechnungsmethode ist daher grundsätzlich nicht auf Verluste von Kunstwerken oder anderen Kulturgütern anwendbar. Eine Ausnahme bilden hingegen seriell gefertigte Instrumente (wie etwa Klaviere).[1591] In nachweislich einem Fall

1590 Unfried beschreibt diese für die Phase der Wiedergutmachung charakteristische Neuausrichtung auch als »rough justice« im Unterschied zu einer auf präzise Wiederherstellung gestörter Vermögenslagen ausgerichteten »corrective justice«, die eine genaue Bemessung des Schadens erfordere. Vgl. *Unfried*, Vergangenes Unrecht: Entschädigung und Restitution in einer globalen Perspektive, S. 463: »Das sind Entschädigungsforderungen, die nicht belegt, sondern nur ›glaubhaft gemacht‹ werden müssen.«

1591 Die CIVS gewährt eine Entschädigung in Höhe von 2.482 Euro für Standklaviere und 4.965 Euro für Flügel. Die Angaben beruhen auf einem internen Memorandum der CIVS, das der Orientierung der Berichterstatter:innen bei der Bewertung eines Antrages (insb. bei der Bezifferung des Schadens) vor der CIVS dient und das der Verfasser bei der CIVS in Paris anlässlich eines Forschungsaufenthaltes im September 2022 einsehen durfte.

gewährte die CIVS zudem eine Pauschalentschädigung für den Verlust einer Geige und einer Musikalienbibliothek eines Komponisten.[1592]

Bei Wohnungsplünderungen (etwa durch die M-Aktion) wird, sofern konkrete Nachweise fehlen, eine pauschal bemessene Entschädigung für den Verlust der gesamten Wohnungseinrichtung gewährt, die sich an den Pauschalsätzen in Sammelverfahren nach dem BRüG orientiert. Diese Sätze beruhten bei Entziehungen in Frankreich auf den Pauschalsätzen des französischen Kriegsschädengesetzes von 1946, die nach bestimmten Faktoren angepasst wurden (etwa Pauschalaufschlag für Luxusgüter, Umrechnung der Franc- in DM-Beträge im Jahr 1956).[1593] Die Höhe der Entschädigung richtet sich nach der Einteilung der Wohnung in eine von drei Kategorien ausgehend von der Lage der Wohnung, dem Zustand und Typ des Gebäudes und der wirtschaftlichen Lage der Geschädigten (Kategorien 3A, 2 und 1).[1594] Fehlen Hinweise zur Wertigkeit der Wohnung, geht die CIVS aus Gründen der Billigkeit von der Wohnungskategorie 3A aus. Die konkrete Höhe der Entschädigung richtet sich sodann nach der Zahl der Bewohner:innen der Wohnung (Erwachsene oder Kinder) und der Zahl der Zimmer (einschließlich der Küche bei Wohnungen mit bis zu zwei Zimmern). Beispielhaft wird für eine Wohnung der Kategorie 3A mit zwei Zimmern, in denen zwei Erwachsene und zwei Kinder lebten, bei vollständiger Plünderung der Wohnung eine Entschädigung in Höhe von 19.438 Euro (Stand 2020) gewährt.[1595]

Bei Entziehungen von Handelsunternehmen (*fonds de commerce*) berechnet die CIVS den Unternehmenswert ausgehend vom durchschnittlichen Umsatz des Unternehmens in den Geschäftsjahren 1939, 1940, 1941, auf den ein branchenspezifischer Koeffizient angewandt wird. Der Pauschalwert einer Antiquitätenhandlung wird so etwa mit 93 Prozent des Jahresumsatzes bemessen.[1596] Die Bemessung des Unternehmenswertes setzt demnach den Nachweis voraus, dass das Unternehmen noch 1940 bestanden und Umsätze generiert hat. Indiziell ist insoweit die Eintragung im Handelsregister (*Registre de commerce*) oder der Nachweis steuerpflichtiger Einkünfte. Lediglich im Fall des Kunsthändlers A (1881–1945), der seine Pariser Galerie schon im Jahr 1937 geschlossen hatte, gewährte die CIVS eine Pauschalentschädigung nach Billigkeitssätzen, obwohl der Geschädigte in der Folge nachweislich nicht steuerpflichtig war. Die Anspruchsteller:innen trugen vor, der Geschädigte habe auch nach Aufgabe seiner Galerie noch unter der Hand Werke zur Bestreitung seines Lebensunterhalts verkauft und sich auf diese Weise einen gewissen Kund:innenstamm erhalten können. Obgleich diese Behauptungen durch keine schriftlichen Nachweise (etwa eine Eintragung im Handelsregister) substantiiert wurden, gewährte die CIVS eine pauschale Entschädigung.[1597]

1592 CIVS, Empfehlung vom 5.11.2020, Fall I. Die Berichterstatterin in dem Verfahren bemaß den Wert der Bibliothek pauschal mit 25.000 Euro, den Wert der Geige mit 5.000 Euro (»violon d'un professionnel, soit […] d'un amateur éclairé«, *Legueltel*, Bericht vom 19.5.2020, S. 5, nicht veröffentlicht). Die Herkunft dieser Referenzwerte ist gleichwohl unklar. Bei einer herkömmlichen Violine betrug der Pauschalbetrag im Jahr 2008 noch 200 Euro, vgl. *Bady*, Les spoliations artistiques, Vortrag im Rahmen des Kolloquiums »Le pillage des œuvres d'art: connaître et réparer« im musée d'art et d'histoire du Judaïsme, Paris 14. bis 15.9.2008.

1593 Siehe hierzu schon unter B.III.7.e)aa)(2).

1594 Die niedrigste Wohnungskategorie (3B) wird von der CIVS heute nicht mehr angewandt.

1595 Diese Zahlen stammen aus dem bereits erwähnten internen Memorandum der CIVS.

1596 Ebd.

1597 CIVS, Empfehlung vom 1.7.2019, Fall A, S. 6: »Attendu qu'il ressort des documents versés au dossier, qu'à la veille de la guerre, Monsieur A n'exerçait plus son activité d'antiquaire place X sise Paris (1er), mais qu'il était marchand de tableaux en chambre à son domicile; qu'il disposait d'un stock important d'œuvres d'art reparti entre Londres, New York et Paris; que Monsieur A

c) Unbenannte Ausgleichsleistungen

Die Aufzählung der in Art. 1 Abs. 1 genannten Ausgleichsleistungen ist nicht abschließender Natur. Bereits der Wortlaut (»mesures de réparation, de restitution, d'indemnisation appropriées«) deutet an, dass die CIVS auch andere als die dort genannten Maßnahmen des Schadensausgleiches (Restitution und Entschädigung) vorschlagen kann, solange diese nur zur Erreichung der Ziele des CIVS-Dekrets geeignet erscheinen. Die Kommission beschränkt sich hierbei weder auf den Ausgleich von Vermögensschäden noch auf die Vermittlung einer Lösung in Streitigkeiten zwischen Geschädigten und Stellen und Personen in Bezug auf in Frankreich belegenes Vermögen. Vielmehr hat die CIVS ihren Aktionsradius im Laufe der Zeit, etwa durch Verweis auf die symbolische Bedeutung des Verfahrens oder unter Rückgriff auf Art. 2 Abs. 1 CIVS-Dekret[1598], deutlich ausgeweitet.

In den nachfolgenden Abschnitten werden Maßnahmen, die vorrangig auf einen Ausgleich des entstandenen Vermögensschadens gerichtet sind (aa), von Maßnahmen unterschieden, denen vorrangig eine symbolische oder sonst wie immaterielle Bedeutung zukommt (bb). Zusätzlich sollen auch die internationalen Mediationsbemühungen der CIVS abseits des klassischen Verfahrens nach dem CIVS-Dekret dargestellt werden. Es handelt sich auch hierbei um Maßnahmen, die auf den Ausgleich eines Vermögensschadens gerichtet sind, die aber stärker in einen internationalen Kontext eingebunden sind und sich daher anderer Mittel zur Erreichung einer angemessenen Streitbeilegung bedienen (cc).

aa) Materielle Leistungen

*(1) Ersatz früherer Gerichtskosten (*frais de procédure*)*

Die CIVS leistet seit jeher Ersatz für gerichtliche Kosten, die Geschädigten nach 1944 zur Wiedererlangung des entzogenen Vermögenswertes entstanden sind. Nicht ersatzfähig sind hingegen – zumindest im Grundsatz – die außergerichtlichen Kosten einer einvernehmlichen Einigung.[1599] Die Gewährung von Schadensersatz für Prozesskosten entspricht auch allgemeinen schadensersatzrechtlichen Grundsätzen. Nach der herkömmlichen Dogmatik werden zur Schadensbeseitigung erforderliche Prozesskosten als unmittelbare Folge des Schadensereignisses und somit als ersatzfähige Schäden angesehen.[1600] Ausgehend von der Praxis der CIVS, wonach nur die Substanzeinbuße im Vermögen ersatzfähig ist, stellt diese Ausrichtung aber eine punktuelle Abweichung von der Spruchpraxis dar.[1601]

Die Ersatzleistung beschränkt sich grundsätzlich auf eine Pauschale.[1602] Nach aktuellem Stand beträgt diese 1.831 Euro pro Klage vor einem französischen Gericht (Stand Ende 2021). Diese Pauschale dient der Vereinfachung des Schadensnachweises. Im Einzelfall ist daher

était non imposable pour les années 1937, 1938, 1939 et que cette activité n'était pas inscrite au registre de commerce; que cette activité ayant disparue, l'indemnité allouée couvre la perte de clientèle, le stock étant indemnisé par ailleurs«.

1598 »La commission s'efforce de parvenir à une conciliation entre les personnes intéressées.«

1599 Vgl. *CIVS*, Tätigkeitsbericht für 2001, S. 25; *CIVS*, Tätigkeitsbericht für 2006, S. 9.

1600 Vgl. m. w. N. aus der Rechtsprechung *Séners/Roussel*, Préjudice réparable, in: Répertoire de la responsabilité de la puissance publique, Bearbeitungsstand Oktober 2021, Rn. 165 ff.

1601 Siehe hierzu schon unter B.III.7.d)bb).

1602 Vgl. *CIVS*, Tätigkeitsbericht für 2009, S. 48.

auch die Gewährung eines höheren Betrages durch die Kommission möglich, wenn der:die Anspruchsteller:in konkret nachweist, in welcher konkreten Höhe Prozesskosten entstanden sind (z. B. die Kosten einer anwaltlichen Vertretung).

Was unter Aufwendungen zur Wiedererlangung des Vermögensgegenstandes zu verstehen ist, wird im Einzelfall weit ausgelegt. Klagen vor Zivilgerichten wurden so in der Vergangenheit auch Verfahren vor Strafgerichten gleichgestellt, wenn diese Entziehungshandlungen zum Gegenstand hatten und somit ein objektives Interesse der Geschädigten an der Strafverfolgung bestand.[1603] Ein außergerichtlicher Vergleich kann einer Klage gleichgestellt werden, wenn der Vergleich nachträglich durch ein Gericht bestätigt wurde.[1604] Restriktiver verhält sich die Kommission gegenüber Ersatzbegehren, die sich auf heutige Rechtsverfolgungskosten beziehen. Belegt sind Fälle in der Spruchpraxis, in denen die Anspruchsteller:innen, nachdem diese zuvor einen Vergleich mit den privaten Halter:innen eines Kulturguts über dessen Restitution ausgehandelt hatten, hiernach versuchten, den für die Erfüllung des Vergleichs erforderlichen Geldbetrag über eine Entschädigungsleistung der CIVS zu finanzieren. Im Grundsatz greift hier die erwähnte Einschränkung, dass Prozesskosten nur bei gerichtlicher Anspruchsverfolgung ersatzfähig sind.[1605]

Von dieser Grundregel ist die CIVS erst einmal in dem bereits dargestellten Verfahren zwischen der Stadt La Chaux-de-Fonds und den Erb:innen nach Anna Jaffé abgewichen. Unter Vermittlung der CIVS erzielten die Streitparteien einen Vergleich, der die Restitution des Constable-Gemäldes gegen Zahlung einer Entschädigung in Höhe von 80.000 Euro durch die Erb:innen vorsah. Diese Entschädigung wurde durch eine spätere Entschädigung aus Mitteln des Zentralstaates nach Art. 8-2 CIVS-Dekret gegenfinanziert.[1606] Dieses Vorgehen rechtfertigte die CIVS in einer Empfehlung vom 17. Februar 2017 mit Billigkeitserwägungen:

> »Attendu que ces négociations [entre l'indivision Jaffé et la ville de la Chaux-de-Fonds; Anm. d. Verf.] semblent être en voie d'aboutir et qu'une convention pourrait prochainement être signée par la Ville et l'indivision JAFFE; que pour les mener à bien, l'indivision JAFFE est dans l'obligation d'exposer des frais qu'il serait inéquitable de faire supporter à des ayants droit de victimes de spoliations antisémites agissant pour la restitution d'une œuvre spoliée par les nazis«[1607]

1603 So geschehen etwa in CIVS, Empfehlung vom 4.4.2006, Fall R. In dem Fall wurden zwei Strafverfahren gegen Erwerber entzogener Vermögenswerte durchgeführt. Es konnte nicht nachgewiesen werden, ob die Geschädigten an diesen Verfahren tatsächlich formal durch Adhäsionsantrag beteiligt waren. Der Berichterstatter ließ gleichwohl die Möglichkeit und das objektive Interesse an einer Verfahrensbeteiligung genügen. Dem schloss sich die CIVS im Ergebnis an.

1604 So etwa in CIVS, Empfehlung vom 25.9.2020, Fall I. Das Verfolgungsopfer hatte nach dem Krieg mit dem Erwerber des in der Besatzungszeit veräußerten Grundstücks einen Vergleich über die Restitution geschlossen, der nachträglich durch Gerichtsbeschluss bestätigt wurde.

1605 Einen entsprechenden Fall konnte der Verfasser bei einer Anhörung vor der CIVS im April 2022 beobachten. Die Anspruchsteller:innen verlangten Ausgleich für den Geldbetrag, der ihrerseits zur Erfüllung der Vergleichsbedingungen im Gegenzug für die Restitution zu leisten wäre. Die Kommission wies dieses Vorbringen zurück.

1606 Vgl. zum Ganzen *Conseil communal de la Ville de La Chaux-de-Fonds*, Rapport relatif à une demande de cession à l'Indivision Jaffé d'un tableau de John Constable, propriété de la Ville de La Chaux-de-Fonds, S. 9–11; *Bandle u. a.*, Affaire Vallée de la Stour - Héritiers Jaffé et La Chaux-de-Fonds, in: Plateforme ArThemis (online), Bearbeitungsstand März 2018, II. Processus de résolution.

1607 Die Formulierung »œuvre spoliée par les nazis« ist bei historischer Betrachtung ungenau und kritikwürdig. Die Zwangsveräußerung erfolgte in diesem Fall durch einen kommissarischen Verwalter, der durch französische Stellen bestellt worden war.

Die Lösung ist aufgrund ihrer Originalität zu begrüßen, dogmatisch überzeugender wäre aber eine Einordnung der Vergleichskosten als Rechtsverfolgungskosten gewesen. Eine gerichtliche Klage hätte aller Voraussicht nach keine Erfolgschancen gehabt. Der Weg über eine außergerichtliche Einigung war somit alternativlos. Vor diesem Hintergrund scheint es konsequent, eine Entschädigung ausnahmsweise auch für die durch einen außergerichtlichen Vergleichsschluss entstehenden Belastungen zu gewähren, wenn eine Restitution ohne Gegenleistung der Geschädigten ausgeschlossen erscheint.

Zugleich erscheint es nachvollziehbar, dass die CIVS der Ersatzfähigkeit dieser Kosten enge Grenzen zieht. Es kann nicht gänzlich in das Belieben der Anspruchsteller:innen gestellt werden, welche Lösung im Rahmen der Verhandlungen mit einer Halteinstitution im Ausland erreicht wird. Im Fall Jaffé wurde das Interesse des französischen Staates durch eine frühzeitige Einbindung der CIVS in die Verhandlungen gewahrt, welche auf diese Weise auf die Gestaltung der gütlichen Einigung entscheidenden Einfluss nehmen konnte. Eine bloß nachträgliche Einbindung der CIVS würde dem nicht gerecht werden. Die Zielsetzung des CIVS-Dekrets kann gerade nicht darin gesehen werden, Anspruchsteller:innen in jedem Einzelfall schadlos zu halten. Zudem ist zu bedenken, dass bereits der Ausgleich von Rechtsverfolgungskosten eine empfindliche Abweichung von der Spruchpraxis der CIVS, wonach Ersatz nur für unmittelbare Substanzeinbußen verlangt werden kann, zugunsten der Geschädigten darstellt. Diese Ausnahme muss daher restriktiv ausgelegt werden.

(2) Auszahlung der Entschädigung an Vertreterorganisationen

In einem singulären Einzelfall empfahl die CIVS die Zahlung einer Entschädigung an Organisationen der jüdischen Gemeinschaft in Frankreich.[1608] Im Fall Q bestand die Besonderheit, dass der Geschädigte in seinem Testament, welches er kurz vor seiner Deportation angefertigt hatte, den Wunsch geäußert hatte, die entzogenen Gegenstände seiner Sammlung mögen im Falle der Restitution veräußert und an jüdische Organisationen zur Unterstützung notleidender Jüdinnen und Juden ausgezahlt werden. Unter vollständiger Ausklammerung rechtlicher Wertungen bejahte die CIVS in diesem Fall ausnahmsweise die Anspruchsberechtigung einer nicht näher bestimmten Zahl von Organisationen, deren Auswahl in das Ermessen der Regierung gestellt wurde. Zwar konnten diese Organisationen nicht als Rechtsnachfolgerinnen des Geschädigten im rechtlichen Sinne angesehen werden, sodass die Leistung einen immateriellen Anstrich erhielt. Da die Ausgleichsleistung aber auf einen individuellen Vermögensschaden reagierte, kann sie als eine materielle Entschädigungsleistung angesehen werden.

*(3) Ersatzweise Übergabe an eine Kultureinrichtung (*dépôt mémoire*)*

In Ausnahmefällen kann die Restitution, wie bereits dargestellt wurde, an rechtlichen oder tatsächlichen Hürden scheitern. Dies ist insbesondere denkbar, wenn die rechtmäßigen Eigentümer:innen eines Kunstwerkes oder Kulturguts nicht ermittelt werden können oder aber dessen Annahme als Eigentum ablehnen. In der Praxis der Kommission hat sich für diesen bislang eher selten gebliebenen Fall noch keine abschließende Praxis entwickelt. In zwei Fällen

1608 Siehe hierzu unter B.III.7.b)bb)(3)(ii).

wurde als Übergangszustand eine ersatzweise Verwahrung durch eine Kulturgut haltende Einrichtung angeregt, die einen thematischen Bezug zur Provenienz und den Verlustumständen des Werkes aufweist.

Im Fall des Gemäldes von Nicolas Rousseau wurde die CIVS abseits eines klassischen Verfahrens nach dem CIVS-Dekret konsultiert. Das Werk war im Frühjahr 1944 durch den deutschen Soldaten Alfred Forner auf Anweisung eines Dienstvorgesetzten nach Berlin transportiert worden. Die Herkunft des Werkes war dem Soldaten offenbar verborgen geblieben. Nachdem eine Ablieferung an der angegebenen Adresse wegen der Zerstörung des Gebäudes gescheitert war, verblieb das Werk über mehrere Jahrzehnte in Familienbesitz, ehe es der Sohn Forners im Juli 2019 an die französische Botschaft in Berlin übergab. Die CIVS regte eine Verwahrung durch das *Centre mondial de la Paix, des libertés et des droits de l'Homme* in Verdun an.[1609] Die Übergabe erfolgte im Oktober 2020. Die Restitution an die rechtmäßigen Eigentümer:innen des Werkes steht bis heute aus.

Im Fall Bargeboer betreffend das Werk *Bateaux sur une mer agitée près d'une côte rocheuse* aus den Sonderrestbeständen der äußeren Restitution wurde, da eine Übergabe an die Rechtsnachfolger:innen des Ehepaars Bargeboer nicht möglich erschien, eine ersatzweise Verwahrung durch das *Musée d'Art et d'Histoire du Judaïsme* (MAHJ) in Paris empfohlen.[1610] In dem ersten Fall sollte die Ausstellung eine Wiedererkennung durch die Eigentümer:innen ermöglichen, im letzteren Fall diente die öffentliche Ausstellung der Sichtbarmachung des Verfolgungsschicksals der Eigentümer:innen.

bb) Immaterielle Leistung: Anerkennung der Geschädigtenstellung

Neben der Gewährung einer Restitutions- oder Entschädigungsleistung für den Verlust eines Vermögenswertes empfiehlt die CIVS bei Begründetheit des Anspruchs, wenngleich das CIVS-Dekret dies nicht ausdrücklich vorsieht, auch die Zuerkennung der Eigenschaft als Opfer einer Vermögensentziehung infolge antisemitischer Gesetze der Besatzungszeit. Die standardmäßige Formel in den Empfehlungen lautet wie folgt:

> La Commission [...]
> Est d'avis,
> 1°- Que doit être reconnue à [Name der Anspruchsteller:innen] la qualité de victimes/ d'ayant droit de spoliations du fait des législations antisémites, pendant l'Occupation ;
> 2° - Que [Bestimmung weiterer Ausgleichsleistungen].

Die Anerkennung der Opfer- bzw. Geschädigtenstellung spiegelt eine der immateriellen Zielsetzungen des CIVS-Dekrets wider. Ziel des Dekrets ist nicht nur der Ausgleich verbleibender Vermögensschäden, sondern auch die historische Aufarbeitung der Vergangenheit Frankreichs während der NS-Zeit, die Aufklärung der Angehörigen der Geschädigten und die Anerkennung

1609 Die Übergabe an das Zentrum erfolgte offenbar auf Grundlage eines Verwahrungsvertrages zwischen dem Zentralstaat (CIVS) und dem Zentrum, das in Form eines privatrechtlichen Vereins geführt wird. Vgl. *Centre Mondial de la Paix, des libertés et des droits de l'Homme*, Restitution d'une oeuvre d'art dérobée durant la seconde guerre mondiale, Websitebeitrag vom 12.10.2010; *CIVS*, Une toile de Nicolas Rousseau est remise à l'antenne berlinoise de la CIVS, Websitebeitrag vom 4.9.2019.

1610 Siehe hierzu schon unter B.III.8.a)bb).

der Geschädigten als Opfer staatlicher Verfolgung.[1611] Die Anerkennung der Opferstellung in den Empfehlungen der CIVS ist nicht ausdrücklich im CIVS-Dekret vorgesehen, hat sich aber in der Spruchpraxis von Beginn an etabliert.[1612]

Diese Verknüpfung von materiellen und immateriellen Aspekten in einem Verfahren darf als ein besonderer Beitrag zum Ausgleich historischen Unrechts bewertet werden. Die Verbindung materieller Ausgleichsleistungen mit Bemühungen um kollektive wie individuelle Aufklärung und Anerkennung sind klassische Komponenten eines *restorative justice*-Ansatzes.

Besonders plastisch wird diese Verbindung im Konzept der *dignity restoration* nach Bernadette Atuahene. *Dignity restoration* stellt nach dieser – speziell für den Kontext der Landenteignungen in Südafrika während der Apartheid entwickelten – Theorie eine Reaktion auf Unrechtszusammenhänge dar, in denen staatliche oder private Akteur:innen anderen natürlichen Personen oder Personengruppen, die als minderwertig deklassiert wurden, Eigentum entzogen haben. Neben dem unfreiwilligen Entzug von Eigentum (*taking*) ist diese spezifische Verletzung subjektiver Rechte demnach mit einer Dehumanisierung und/oder Infantilisierung der viktimisierten Gruppen mit dem Ergebnis ihrer Entwürdigung verbunden (sog. *dignity taking*).[1613] Ein vollständiger und angemessener Ausgleich erfordere daher neben der Restitution auch die Wiederherstellung der Würde der Betroffenen.[1614] Neben dem Ausgleich des Vermögensschadens erfordere *dignity restoration* »uniquely fashioned remedies for the dehumanization, infantilization, and community destruction experienced.«[1615] Eine solche Abhilfe könne etwa, wenn sich der Würdeentzug in der Zerstörung ganzer Gemeinschaften (*community destruction*) äußerte, darin bestehen, Ressourcen bereitzustellen, um die Bedingungen für eine Wiederbelebung der zerstörten Gemeinschaften zu schaffen.

Wouter Veraart übertrug diese Theorie auf den Kontext der Shoah: Die massiven Eingriffe in das Eigentum verfolgter Personen, insbesondere Opfer antisemitischer Verfolgung, wurde hier begleitet durch einen Prozess der Ausgrenzung, Dehumanisierung und Vernichtung der viktimisierten Gruppen. Der Ausgleich vollzog sich nach dem Krieg in der Periode der Restitutionen durch die Restitution widerrechtlich entzogener Vermögenswerte verbunden mit der Wiederaufnahme der Verfolgten als vollwertige und gleichrangige Mitglieder der Gemeinschaft. Der immaterielle Aspekt der *dignity restoration* war somit in dieser Phase nicht gänzlich abwesend, dem materiellen Ziel des Schadensausgleich aber untergeordnet. Erst in der zweiten Periode der Wiedergutmachung (*réparation*) ab 1997 wurde die materielle Komponente der Restitution um die Anerkennung des spezifischen Unrechts gegenüber viktimisierten Gruppen erweitert.[1616] Charakteristisch für diese zweite Phase sind in Frankreich neben materiellen

1611 Siehe Näheres zu den immateriellen Verfahrenszielen unter B.III.4.d).

1612 Dies verdeutlichen Empfehlungen aus der Frühphase der Kommission, die im Anhang des ersten Tätigkeitsberichts der Kommission in anonymisierter Form abgedruckt sind. Siehe hierzu *CIVS*, Tätigkeitsbericht für 2001, S. 35 ff.

1613 »A dignity taking occurs when a state directly or indirectly destroys or confiscates property rights from owners or occupiers and the intentional or unintentional outcome is dehumanization or infantilization.«, *Atuahene*, Law & Social Inquiry 2016, 796 (817). Siehe grundlegend schon *Atuahene*, We want what's ours: Learning from South Africa's Land Restitution Program, S. 3–4.

1614 Vgl. *Atuahene*, Law & Social Inquiry 2016, 796 (800 f.).

1615 *Atuahene*, a.a.O., 796 (802).

1616 Vgl. *Veraart*, Law & Social Inquiry 2016, 956 (970): »Dignity restoration in the 1990s and 2000s is no longer effected by pointing to the equal rights of Jews and non-Jews as equal citizens within the national state. In the 1990s, it was no longer the collective of the nation-state, but the particular Jewish community that was seen as the rightful collective heir to claims unaccounted for.«

Leistungen (Restitution und Entschädigung) kollektive Bemühungen um historische Aufarbeitung sowie die Anerkennung des verübten Unrechts gegenüber spezifischen Opfergruppen (in Frankreich vorrangig Überlebenden der Shoah).

Die Verbindung von immateriellen und materiellen Aspekten in Verfahren vor der CIVS bildet gerade gegenüber vergleichbaren Einrichtungen in anderen europäischen Staaten ein Alleinstellungsmerkmal.[1617] Der Ausspruch einer Empfehlung erfüllt demnach nicht nur die ihr ursprünglich zugedachte Funktion einer Streitbeilegung in Bezug auf eine Eigentumsverletzung, sondern bezweckt auch eine *dignity restoration*.[1618] Vielmehr ist der Beitrag der CIVS auch in seiner Bedeutung für die Konstruktion einer neuen jüdischen Identität in Frankreich zu sehen. Die Beteiligung an einem Verfahren vor der CIVS ist für die Anspruchsteller:innen notwendigerweise mit einer Befassung mit der (teils vergessenen) Vergangenheit ihrer Vorfahr:innen verbunden und kann so zu einer Wiederbelebung individueller jüdischer Identitäten, wenn auch im Lichte des erlittenen historischen Unrechts, beitragen.[1619]

Teils wird dieser Ansatz kritisch gesehen. Unfried hebt etwa hervor, dass die Zuerkennung der Opferstellung im Einzelfall auch eine dem heilenden Anliegen hinderliche Wirkung entfalten könne. So könne die Konfrontation mit Verfolgungsgeschichten gar zu einer Retraumatisierung der Betroffenen führen oder, wenn diese Anerkennung mit einer vermögenswerten Leistung einhergeht, auch Zwietracht zwischen den Opfern säen und ein neues Gefühl der Ungerechtigkeit bei den Entschädigten auslösen, wenn die erhaltenen Leistungen als unzureichend empfunden werden.[1620] Das latente Risiko einer Reviktimisierung ist indes jedem Bemühen um historische Gerechtigkeit und *restorative justice* immanent, da dieser stets die Aufarbeitung der historischen Sachverhalte vorausgeht. Die Kritik scheint sich daher weniger gegen das Bemühen um materiellen wie immateriellen Ausgleich als vielmehr gegen die Ausgleichsbemühungen als solche zu richten.

cc) Mediation

Obschon die CIVS, wie bereits dargestellt, im Ursprung als ein Schlichtungsverfahren ausgelegt war, sind in der Praxis nur äußerst selten Fälle nachweisbar, in denen sich das Mittel zur Streitbeilegung unterhalb der Schwelle einer Empfehlung bewegt. Art. 2 Abs. 1 CIVS-Dekret hält die Möglichkeit einer Mediation – also der Vermittlung einer gütlichen Einigung *ohne vor-*

1617 Besonders abgeschwächt ist diese immaterielle Komponente der *restorative justice* in der Praxis des österreichischen Kunstrückgabebeirates (vgl. zur Einbindung der Begünstigten in das Verfahren *Dewey*, Gerecht und fair? Die Empfehlungspraxis des österreichischen Kunstrückgabebeirats im Lichte der Washingtoner Prinzipien, S. 69–71). Zwar erfolgt in den Verfahren eine Ermittlung der historischen Sachverhalte, sodass im Einzelfall eine Aufklärung der Geschädigten möglich erscheint. Dieser Aufarbeitungsprozess wird jedoch nicht durch eine formale Einbindung der Geschädigten in das Verfahren vor dem Beirat erweitert, deren Erinnerungen und Eindrücke somit nicht in vergleichbarer Weise Gehör finden können. Auf diese Weise erschöpft sich die Bewertung durch den Beirat in einer quasi-gutachterlichen Prüfung der gesetzlichen Voraussetzungen des Kunstrückgabegesetzes.

1618 Diesen Aspekt betonte auch das Kommissionsmitglied Frédérique Dreifuss-Netter in ihrer Rede anlässlich des zwanzigjährigen Jubiläums der CIVS: »Mais il faut bien reconnaître […] que les recommandations de la CIVS, même lorsqu'elles se cantonnent strictement à l'application des textes, n'en possèdent pas moins des vertus de réparation d'ordre psychique ou symbolique. […] [C]ette institution […] permet de restituer aux générations futures leur histoire personnelle, leur passé, ce qui est aussi une richesse«, *Dreifuss-Netter*, in: CIVS (Hrsg.), Tätigkeitsbericht für 2019, Actes du colloque du 15 novembre 2019, S. 141, 144.

1619 Zu diesem Aspekt siehe *Unfried*, Vergangenes Unrecht: Entschädigung und Restitution in einer globalen Perspektive, S. 481 und 483.

1620 Vgl. *Unfried*, a. a. O., S. 479–481.

herigen Vorschlag einer konkreten Lösung – als Minus zur Schlichtung gleichwohl offen.[1621] In entsprechender Weise wurde bislang nur in zwei Fällen verfahren.

Zunächst im Verfahren um das Gemälde *L'homme à la guitare* von Georges Braque aus der Sammlung Alphonse Kann: In dem Verfahren wurde die CIVS jedoch selbst nicht als Mediatorin tätig, sondern empfahl die Anrufung einer unabhängigen Person als Mediatorin durch die Streitparteien. Die Mediation führte schließlich am 25. November 2005 zum Abschluss eines Vergleichs zwischen den Erb:innen und dem Zentralstaat.[1622]

Als Mediatorin wurde die CIVS selbst hingegen erst im Fall Fedor Löwenstein tätig. Die drei verfahrensgegenständlichen Werke aus der Sammlung des Künstlers waren zu Beginn der Besatzung von deutschen Stellen entzogen und nach dem Krieg zunächst unter zweifelhaften Umständen in staatlichen Besitz gelangt. Im Verfahren vor der CIVS ging es um die Klärung der Rechtsnachfolge nach Fedor Löwenstein. Eingeleitet hatte das Verfahren ein Seitenverwandter Löwensteins (Herr A), der Sohn eines Cousins des Künstlers, der sich im Untersuchungsverfahren zudem durch Zugänglichmachung persönlicher Unterlagen besonders hervorgetan hatte. Im Zuge der weiteren Nachforschungen konnten jedoch Abkömmlinge der Geschwister Löwensteins ermittelt werden, die nach Erbrecht vorrangig in der Erbfolge zu berücksichtigen waren. Die CIVS stellte daher in ihrer Empfehlung vom 13. Juni 2022[1623] zunächst die alleinige Anspruchsberechtigung dieser Verwandten Löwensteins fest. In einem Folgeschritt empfahl sie jedoch eine Mediation zwischen den Berechtigten und dem Anspruchsteller A, »pour permettre de dégager une solution, tenant compte à la fois des droits légitimes des ayants droit de Fédor Löwenstein et de la reconnaissance due au rôle clé joué par Monsieur A«.[1624] Als Mediator:innen wurden drei Mitglieder aus den Reihen der CIVS vorgeschlagen. Das Ergebnis dieser Mediation steht noch aus.

Das Vorgehen begegnet ausgehend vom Wortlaut des Dekrets keinen Einwänden, es ist aber unter teleologischen Gesichtspunkten kritikwürdig. Im Ergebnis wird so das Verfahrensziel, einen Ausgleich zugunsten der Rechtsnachfolger:innen der Geschädigten im rechtlichen Sinne zu leisten, zugunsten einer gefühlsmäßig richtigen oder ethisch vertretbaren Lösung aufgegeben. Ziel des Dekrets ist es aber nicht, Verfahrensbeteiligte für ihre Bemühungen um historische Aufklärung zu honorieren, sondern historische Aufklärung zu leisten und offene Vermögensschäden auszugleichen.

dd) Internationale Kooperation

Die Restitutionsproblematik weist angesichts der massenhaften Translokation von Kulturgütern während der NS-Herrschaft notwendig eine grenzüberschreitende Komponente auf. Auch die Lösung entsprechender Fälle macht daher eine internationale Perspektive erforderlich. Die CIVS hat dieses Bedürfnis inzwischen erkannt. Wiederholt sind Fälle nachweisbar, in denen die CIVS informell oder durch Ausspruch einer Empfehlung gegenüber Einrichtungen im Ausland tätig wurde. Eine mögliche rechtliche Grundlage für derartige Auslandsmissionen besteht in der Schlichtungsklausel nach Art. 2 Abs. 1 CIVS-Dekret. Gleichwohl wird auch diese

1621 Siehe zur Schlichtungskompetenz der CIVS schon unter B.III.2.b)

1622 Vgl. zum Fall und seinem Ausgang *Hershkovitch/Rykner*, La restitution des œuvres d'art, S. 57 f.

1623 Empfehlung abgedruckt in *CIVS*, Tätigkeitsbericht für 2022, S. 69–73.

1624 A. a. O., S. 72.

durch die allgemeine Zuständigkeit der Kommission gemäß Art. 1 Abs. 1 und 1-1 CIVS-Dekret beschränkt. Für Auslandsmissionen, die sich auf Vermögensverluste außerhalb des Kontextes der Besatzung und der antisemitischen Verfolgungspolitik beziehen (etwa Beutekunst), ist die CIVS demnach nicht zuständig.

In bisher zwei Verfahren richtete die Kommission Empfehlungen an ausländische Kultureinrichtungen. Im Fall Georges Mandel (1885–1944) richtete die Kommission auf Antrag der Erb:innen eine Empfehlung an die ausländische Halteinstitution, die Stiftung Preußischer Kulturbesitz (SPK) in Berlin und die Sächsische Landesbibliothek, Staats- und Universitätsbibliothek (SLUB) in Dresden.[1625] Ebenso verhielt es sich im Fall der Bibliothek des Psychologen und Psychiaters Erich Stern (1889–1959).[1626] Nach einer amtswegigen Verfahrenseinleitung empfahl die CIVS am 28. Oktober 2022 eine Verständigung zwischen Bibliothek und Erb:innen über die Restitution der Werke.[1627]

In einem weiteren Fall ermöglichten Forschungserkenntnisse der CIVS aus einem früheren Entschädigungsverfahren eine Identifikation des früheren Eigentümers. So lieferte die CIVS im Fall des Gemäldes *La Seine vue du Pont-Neuf, au fond le Louvre* von Camille Pissarro den entscheidenden Hinweis auf die Provenienz des Werkes, das in der Münchener Wohnung Cornelius Gurlitts geborgen worden war. Erst auf diese Weise wurde eine Zuordnung zur Sammlung des Pariser Unternehmers Max Heilbronn ermöglicht, dem das Gemälde im Februar 1941 durch das Devisenschutzkommando mithilfe der SS entzogen und daraufhin dem ERR übergeben worden war.[1628]

In mehreren Fällen vermittelte die CIVS eine Rückführung aus Frankreich verbrachter Kunstwerke, ohne dass die Verlustvorgänge ihrem Aufgabenbereich gemäß nach Art. 1 und 1-1 CIVS-Dekret unterfielen.[1629] So verhielt es sich etwa 2020 im bereits dargestellten Fall des Gemäldes von Nicolas Rousseau. 2021 folgte der Fall des Werkes *Loth avec ses deux filles lui servant à boire* von Nicolas Poussin. Das Gemälde stammte aus der Sammlung René Blochs

1625 CIVS, Empfehlung vom 12.2.2021, Nr. 5446 BCM, Georges Mandel, abgedruckt in *CIVS*, Tätigkeitsbericht für 2021, S. 60–63: »La Fondation ayant manifesté son intention sans réserve de restituer ces ouvrages aux ayants droit de Georges MANDEL, la Commission invite en conséquence les requérants et la Fondation à se mettre en relation afin d'arrêter d'un commun accord les modalités de ces restitutions, les requérants se chargeant du partage entre eux de ces ouvrages.«

1626 Stern hatte sich nach seiner zwangsweisen Entfernung aus dem Dienst als Arzt zunächst in der Schweiz und später in Paris niedergelassen und die französische Staatsbürgerschaft angenommen. Nach der deutschen Invasion verließ Stern mit seiner Frau Paris und ließ sich in der Dordogne nieder. Während ihrer Abwesenheit wurde ihre Wohnung geplündert. Die Bibliothek Sterns wurde nach Deutschland verbracht und galt seitdem als verschollen. Nachweislich fünfzehn Werke wurden durch das Reichssicherheitshauptamt (RSHA) an verschiedene Berliner Bibliotheken, darunter die Zentral- und Landesbibliothek Berlin, übergeben, die den Verlust schließlich im März 2020 der CIVS meldete.

1627 CIVS, Empfehlung vom 28.10.2022, Nr. 24605 BCM-Rest, Erich Stern.

1628 Vgl. *Taskforce Schwabinger Kunstfund/Berggreen-Merkel*, Provenienzbericht zu Camille Pissarro »La Seine vue du Pont-Neuf, au fond le Louvre«, Bearbeitungsstand 11.2.2015.

1629 In nachweislich sieben Fällen war die CIVS vermittelnd an der Rückführung von Kulturgütern aus Deutschland beteiligt, die nachweislich nicht verfolgungsbedingt entzogen worden waren: (1) Die bereits erwähnte Restitution eines Rousseau-Gemäldes (CIVS, Tätigkeitsbericht für 2020, S. 29 f.); (2) Restitution von drei Gemälden durch die Erb:innen einer deutschen Privatperson an das Schloss von Versailles (a. a. O., S. 30 f.); (3) Restitution von zwei Gemälden Lionel Flochs durch die Erb:innen nach Max Müller (*Kulturministerium*, Presseerklärung vom 23.9.2022); (4) Restitution von zehn Werken Voltaires durch die Zentral- und Landesbibliothek (ZLB) Berlin an das französische Finanzministerium (*Kulturministerium*, Presseerklärung vom 1.6.2022); (5) Restitution eines Buches durch die ZLB an das französische Verteidigungsministerium (*CIVS*, Tätigkeitsbericht für 2021, S. 34); (6) Restitution zweier Bücher durch die landesunmittelbare Stiftung Deutsches Technikmuseum in Berlin an das Lycée catholique de Pontlevoy (a. a. O., S. 35). Ein weiterer Fall aus dem Jahr 2021 betraf die Restitution eines Buches durch die ZLB Berlin an die Freimaurerloge von Saint-Jean-de-Jérusalem in Nancy (a. a. O., S. 36).

aus Straßburg. 1938 hatte dieser das Werk in Erwartung einer deutschen Invasion an seinen Cousin in Poitiers übergeben und war 1939 über die Bretagne in die Vereinigten Staaten ausgereist. Blochs Cousin verblieb in Frankreich und wurde bei einer antisemitischen Razzia in Poitiers Ende Januar 1944 festgenommen und deportiert. In diesem Zusammenhang wurde auch das Poussin-Gemälde entwendet. Bereits 2000 stellte Blochs Tochter einen Antrag bei der CIVS. 2017 wurde das Gemälde bei einer Ausstellung in den Niederlanden gesichtet und der aktuelle Besitzer, ein italienischer Kunsthändler, konnte schließlich ermittelt werden. In der Folge wurde das Gemälde 2021 bei diesem sichergestellt und an Frankreich restituiert.[1630]

Der Fall Forner sowie weitere Beispielsfälle aus der jüngeren Praxis belegen, dass sich die Missionen der Kommission im Ausland nicht stets auf verfolgungsbedingte Entziehungen beschränken. Ein praktisches Bedürfnis für eine vergleichbare Intervention existiert zweifelsohne. Gleichwohl fehlt es für diese Mediationsbemühungen an einer rechtlichen Grundlage. Üblicherweise fiele die Rückführung kriegsbedingt entzogener Kulturgüter in den Zuständigkeitsbereich des Außenministeriums.

d) Zuteilung der Ausgleichsleistung an Geschädigte oder Rechtsnachfolger:innen

Als Berechtigte im Sinne des CIVS-Dekrets sind die durch die Entziehung Geschädigten (victimes de spoliations) oder deren Rechtsnachfolger:innen (*ayants droit*) anzusehen. An diese hat auch die Ausgleichsleistung zu erfolgen. Größere praktische Schwierigkeiten können entstehen, wenn mehrere Personen anspruchsberechtigt sind oder wenn im Verfahren vor der CIVS, insbesondere bei einer Verfahrenseröffnung von Amts wegen, keine Anspruchsberechtigten ermittelt werden konnten.

aa) Bei Mehrheit anspruchsberechtigter Personen

Bei einer Erb:innengemeinschaft steht der Anspruch der Gemeinschaft als Ganzes zu. Die Miterb:innen werden nach französischem Recht in einer Bruchteilsgemeinschaft (*indivision successorale*) organisiert (Art. 815 ff. Code civil).[1631] Ihnen steht, vorbehaltlich einer abweichenden Regelung bei der späteren Erbauseinandersetzung, ein fester Anteil an jedem Nachlassgegenstand zu. Bei einer Restitution ist somit eine Verständigung zwischen den Mitgliedern in Bezug auf den Verbleib des restituierten Vermögenswertes erforderlich. Denkbar erscheint es, eine Person zur Entgegennahme der Leistung zu bevollmächtigen oder das restituierte Kulturgut zu veräußern und den Erlös an die Mitglieder der Ebengemeinschaft entsprechend ihren Erbteilen auszukehren.[1632] Die CIVS überlässt die Klärung dieser Einzelheiten den Mitgliedern

1630 *Robinet/Morel*, Un tableau attribué à Nicolas Poussin volé en 1944 lors d'une rafle à Poitiers retrouvé chez un antiquaire italien, in: France Info vom 2.4.2021.

1631 Vgl. *Cornu u. a.*, Vocabulaire juridique, S. 543 Eintrag zu indivision, Ziff. 1: »Situation juridique qui existe, jusqu'au partage d'une chose […] ou d'un ensemble de choses […] entre ceux qui ont sur cette chose ou cet ensemble un droit de même nature […], chacun pour une quote-part […], aucun n'ayant de droit privatif cantonné sur une partie déterminée et tous ayant des pouvoirs concurrents sur le tout«.

1632 Auf diese Problematik wird etwa im zweiten Forschungsbericht der MNR-Arbeitsgruppe hingewiesen. Vgl. *Groupe de travail sur les provenances d'œuvres récupérées après la seconde guerre mondiale*, Abschlussbericht für 2017, S. 26.

der Erb:innengemeinschaft und gibt keine starren Erbquoten vor.[1633] Können einzelne Erb:innen hingegen nicht ermittelt werden oder verweigern sie die Annahme, stellt dies ein zumindest vorläufiges Restitutionshindernis dar.[1634]

Anders verhält es sich bei Entschädigungsleistungen. Ist eine Ermittlung sämtlicher anspruchsberechtigter Rechtsnachfolger:innen nicht möglich, bildet die CIVS eine entsprechende Rücklage in Höhe des Erbteils (*réservation de parts*).[1635] Die Rücklagebildung erfolgt nicht nur für den Fall, dass die Identität erbberechtigter Personen zwar nachgewiesen ist, diese aber nicht am Verfahren beteiligt werden konnten, sondern schon dann, wenn das Überleben weiterer erbberechtigter Personen, wie regelmäßig bei Familien mit mehreren Stämmen, zumindest möglich erscheint.[1636] Diese Verfahrensweise hat dazu beigetragen, dass die CIVS mittlerweile beträchtliche Rücklagen in Höhe von etwa 27 Mio. Euro (Stand Ende 2021) gebildet hat.[1637] Die Rechtsprechung hat dieser Praxis nunmehr enge Grenzen gezogen. Eine Rücklage kann nur gebildet werden, wenn das Überleben weiterer erbberechtigter Familienangehöriger als erwiesen gilt.[1638] Im Übrigen hat eine vollständige Auszahlung der Entschädigung an die verfahrensbeteiligten Anspruchsteller:innen zu erfolgen, die ihre Anspruchsberechtigung unter Beweis gestellt haben.

In derselben Weise verfährt die CIVS offenbar, wenn ein Teil der Erb:innengemeinschaft die Auszahlung der Entschädigung an sich ablehnt.[1639] Eine solche Annahmeverweigerung wird demnach nicht als Erbverzicht zugunsten der übrigen Mitglieder der Gemeinschaft ausgelegt.

1633 Die Formulierung der Empfehlung lautet seit der Verfahrensreform von 2018 »En conséquence, [...] il y a lieu de restituer aux ayants droit de X la peinture, la tapisserie, etc.« So etwa in den Verfahren Hugo Simon (Empfehlung vom 10.7.2020, Nr. 24384 BCM-Rest), Bénard Le Pontois (Empfehlung vom 6.9.2021, Nr. 24606 BCM-REST), Lévi de Benzion (Empfehlung vom 4.10.2021, Nr. 24613 BCM-Rest, hier mit dem Zusatz »il y a lieu de restituer, selon le droit successoral français«, *CIVS*, Tätigkeitsbericht für 2021, S. 81), Bargeboer (Empfehlung vom 4.11.2021, Nr. 24603 BCM-Rest), Javal (Empfehlung vom 15.11.2021, Nr. 24620 BCM-Rest) und Osuský (Empfehlung vom 5.10.2021, Nr. 24649 BCM-Rest). In allen Verfahren stellte sich die Frage der konkreten Aufteilung der Eigentumsanteile an dem restituierten Gut, deren abschließende Klärung offenbar den Erb:innen überlassen wurde.

1634 Zu Lösungsansätzen in der Praxis siehe schon unter B.III.8.a)bb) und B.III.8.c)aa)(3). Bisher wurde für diesen Fall eine ersatzweise Verwahrung durch eine kulturelle Einrichtung angeregt.

1635 Vgl. Cour des comptes, Rapport d'observations définitives, CIVS 2000 à 2010, Nr. 62005, S. 7: »La notion de ›parts réservées‹ est apparue dans les recommandations de la CIVS dès 2001. Une même recommandation attribue ainsi les parts au requérant ou aux différentes personnes représentées par lui, et réserve la part des autres bénéficiaires, dans l'attente que ces derniers se manifestent auprès de la commission.«

1636 *CIVS*, Tätigkeitsbericht für 2002, S. 26: »[L]a Commission est amenée à réserver des parts lorsqu'elle est en présence d'indices laissant présumer l'existence d'ayants droit dont le décès ne peut être considéré comme certain.«; *Augustin*, in: CIVS (Hrsg.), Tätigkeitsbericht für 2019, Actes du colloque du 15 novembre 2019, S. 82. Diese Vorgehensweise wird ferner durch die Aussage eines Berichterstatters der CIVS belegt, vgl. *Augustin*, a. a. O., S. 82, 84: »La question des parts réservées se pose lorsque [...] il est établi qu'il existe des ayants droit qui n'ont pas pu être précisément identifiés. Ce peut être par exemple une branche entière des héritiers de la victime directe dont l'existence est certaine mais dont aucun des membres n'a pu être associé à la requête.«

1637 25,13 Mio. Euro für den Bereich der *spoliations matérielles*; 1,87 Mio. Euro für den Bereich der *spoliations bancaires* nach dem Dekret Nr. 2001-243 vom 21.3.2001. Vgl. *CIVS*, Tätigkeitsbericht für 2021, S. 15. Die Höhe der Rücklagen ist nach den Angaben der CIVS infolge der Bemühung der CIVS um Identifizierung sämtlicher Erb:innen eines Anspruchs aber rückläufig.

1638 In einem Fall wurde die Entscheidung des Premierministers, in der dieser eine vollständige Auszahlung der Entschädigung an die am Verfahren beteiligten Erb:innen abgelehnt hatte, durch den *Tribunal administratif* von Paris aufgehoben. Nach Ansicht des Gerichts müsse das Überleben weiterer erbberechtigter Personen als erwiesen gelten, damit eine Rücklage gebildet werden könne. Vgl. TA Paris, 7.7.2016, Nr. 1002519, 1002522, 1103265, 1103269 / 6-3, Lettre du tribunal administratif de Paris, September 2016, S. 9. Der Entscheidung des TA Paris war ein zivilgerichtliches Verfahren zur Klärung der Erb:innenstellung vorausgegangen (CA Paris, 2.3.2016, Nr. 14/23978).

1639 Vgl. *Augustin*, in: CIVS (Hrsg.), Tätigkeitsbericht für 2019, Actes du colloque du 15 novembre 2019, S. 82, 84.

Die Auszahlung einer Rücklagesumme kann mit einem Eilantrag verfolgt werden (Art. 5 Abs. 2 CIVS-Dekret).[1640]

bb) Erb:innenlose Ansprüche bei Verfahrenseinleitung von Amts wegen

Es ist fraglich, wie vorzugehen wäre, sollte im Verfahren (etwa bei einer Verfahrenseinleitung von Amts wegen nach Art. 1-1 CIVS-Dekret) keine anspruchsberechtigte Person ermittelt werden können. Prinzip Nr. 9 der Washingtoner Erklärung von 1998 fordert auch in diesen Fällen die rasche Herbeiführung einer gerechten und fairen Lösung, führt aber nicht näher aus, worin diese bestehen könnte.[1641] Für diesen Fall existiert noch keine Verfahrenspraxis der CIVS. Der Gesetzgeber ist hier aufgefordert, tätig zu werden. Anleihen für eine Reform könnten in anderen Rechtsordnungen gewonnen werden.

(1) Verwertungslösung (Österreich)

Ein mögliches Vorbild stellt die österreichische Praxis nach dem Kunstrückgabegesetz dar. Hier erfolgt die Verfahrenseinleitung ausschließlich durch das Ministerium für Unterricht, Kunst und Kultur oder durch die Vorsitzenden des Beirates von Amts wegen.[1642] Sofern eine Restitution im Wege einer Übereignung an die Erb:innen der früheren Eigentümer:innen wegen deren Nichtidentifizierbarkeit ausgeschlossen ist[1643], sieht § 2 Abs. 1 Ziff. 2 Kunstrückgabegesetz vor, dass die Kunstobjekte an den Nationalfonds der Republik Österreich für Opfer des Nationalsozialismus zwecks Verwertung zu übereignen sind. Der Verwertungserlös ist im Interesse der Opfer und Überlebenden des Nationalsozialismus zu verwenden.[1644] Nach § 2a Abs. 1 Ziff. 2 des Bundesgesetz über den Nationalfonds der Republik Österreich für Opfer des Nationalsozialismus (NationalfondsG)[1645] kann der Nationalfonds den Verwertungserlös neben karitativen Zwecken im Bereich der Erinnerungsarbeit etwa zur Finanzierung von Entschädigungsleistungen einsetzen.

(2) Ersatzweise Übereignung an eine Nachfolgeorganisation (Deutschland)

Ein weiterer Lösungsweg wurde in einem Verfahren in Deutschland betreffend einen Judaica-Bestand im Besitz des Kunstmuseums Moritzburg in Halle an der Saale aufgezeigt. Der Rechtsträger des Museums, die Kulturstiftung Sachsen-Anhalt, hatte einen verfolgungsbedingten Vermögensentzug für die Judaica bejaht. Gleichwohl konnten die früheren Eigentümer:innen nicht ermittelt werden. Ersatzweise wurden die Objekte daher im Mai 2013 an eine Nachfolgeorganisation, die *Conference on Jewish Material Claims Germany, Inc.* (JCC), übereignet. Die

1640 Siehe hierzu bereits unter B.III.4.b)ff).

1641 Diverse Vorschläge macht Stuart E. Eizenstat (Leihgabe an Museen in Israel zu Bildungszwecken, die Kennzeichnung betreffender Kunstwerke durch einen Provenienzhinweis oder die Verwertung zugunsten der Opfer der Shoah). Vgl. *Eizenstat*, 20 Years Washington Principles: Roadmap für the Future, Rede vom 26.11.2018 anlässlich der Fachkonferenz in Berlin »20 Jahre Washingtoner Prinzipien: Wege in die Zukunft«, S. 18.

1642 § 3 Abs. 6 Kunstrückgabegesetz.

1643 § 2 Abs. 1 Nr. 1 Kunstrückgabegesetz sieht eine Übereignung an die früheren Eigentümer:innen vor.

1644 Vgl. m.w.N. *Fitz*, Das Kunstrückgabegesetz: Historische Verantwortung durch Selbstbindung, S. 82.

1645 BGBl. 432/1995, S. 6257.

Werke verblieben aufgrund einer Dauerleihgabe im Museum. Eines der Objekte – eine Besamimbüchse – befindet sich heute gemäß einer Vereinbarung mit der JCC als Leihgabe in der Synagoge in Gröbzig.[1646] Dieses Vorgehen war nach den Vorgaben des deutschen Vermögensgesetzes zwingend (§§ 2 Abs. 1 Satz 3, 2a Abs. 1a Satz 2 VermG).

(3) Bisherige Lösungsansätze der CIVS und Diskussion eines Reformansatzes

Bis heute fehlt es in der Praxis der CIVS bei Nichtidentifizierbarkeit oder Annahmeverweigerung der Berechtigten an einem etablierten Lösungsmodell. In dem bereits dargestellten Fall Bargeboer, in dem die Berechtigten die Annahme des gegenständlichen Gemäldes verweigerten, empfahl die CIVS eine Verwahrung durch das *musée d'art et d'histoire du Judaïsme* (MAHJ) in Paris. Der Rechtsträger des Museums ist ein privatrechtlicher Verein gemäß Gesetz vom 1. Juli 1901[1647], dessen Mitglieder neben Vertreter:innen des Zentralstaates und der Stadt Paris Personen der jüdischen Gemeinschaft umfassen.

Der Einbehalt verfolgungsbedingt entzogener Vermögensgegenstände durch öffentliche oder private Kultureinrichtungen stellt gleichwohl keine zufriedenstellende endgültige Problemlösung dar. Wie schon das Beispiel der Sonderrestbestände der äußeren Restitution belegt,[1648] gewährleistet eine ersatzweise Verwahrung durch öffentliche Stellen nicht zwingend die spätere Rückgabe an die Geschädigten oder deren Rechtsnachfolger:innen, geschweige denn eine dauerhafte Nutzung im Interesse der Verfolgungsopfer. Es ist sogar zu befürchten, dass sich auch hier das Provisorium schnell zu einer Dauerlösung auswachsen könnte. Auf diese Weise würde zudem der durch die Verfolgung hervorgerufene Unrechtszustand in bedenklicher Weise perpetuiert.

Das österreichische und das deutsche Modell stellen daher vorzugswürdige Reformansätze dar. Gleichwohl fehlen in Frankreich bislang vergleichbare Einrichtungen wie in den beiden Staaten, die bei der Erfüllung des Ausgleichsanspruchs eingebunden werden könnten. Als Alternative zur Einrichtung eines auf Dauer angelegten Entschädigungsfonds könnte auch eine einmalige Zuwendung an die *Fondation pour la Mémoire de la Shoah* (FMS) erfolgen. In entsprechender Weise verfuhr die CIVS schon, wenngleich in einem anders gelagerten Fall, im Verfahren Q.[1649] Der Geschädigte hatte die Zuwendung des Erlöses aus dem Verkauf seiner Kunstsammlung an eine gemeinnützige jüdische Organisation erkennbar selbst befürwortet.[1650] Die CIVS empfahl daraufhin eine direkte Auszahlung der Entschädigung an von der Regierung zu bestimmende jüdische Organisationen mit gemeinnütziger Zielsetzung. Dieser Fall betraf jedoch eine Entschädigung für die Entziehung nicht identifizierbarer Kulturgüter nach Art. 8-2

1646 Vgl. *Kunstmuseum Moritzburg*, Medieninformation vom 28.6.2017, Restitution von Silbergegenständen aus ehemals jüdischem Besitz.

1647 Loi du 1er juillet 1901 relative au contrat d'association (JORF vom 2.7.1901, S. 4025).

1648 Siehe hierzu noch ausführlich im Kapitel C.

1649 CIVS, Empfehlung vom 15.3.2005, Fall Q., 148 Kunstobjekte; die Entscheidung des Premierministers war später Gegenstand eines Gerichtsverfahrens: TA Paris, 25.6.2010, Nr. 0811025; CAA Paris, 20.10.2011, Nr. 10PA04106; CE, 3.12.2012, Nr. 355105, Rec. S. 345 – Kaplan.

1650 Siehe Näheres hierzu schon unter B.III.7.b)bb)(3)(ii).

CIVS-Dekret. Anders lägen die Dinge jedoch im Falle einer Restitution identifizierbarer Kulturgüter, für deren Verwertung bislang eine rechtliche Grundlage fehlt.[1651]

Alternativ könnte bei fehlender Feststellbarkeit der Geschädigten oder ihrer Rechtsnachfolger:innen eine Übereignung des entzogenen Kulturguts – also ohne Verwertung – an eine jüdische Organisation in Erwägung gezogen werden, die sodann dessen Verwahrung und Ausstellung in einem Museum mit Bezug zur jüdischen Kulturgeschichte (etwa dem erwähnten MAHJ) oder an einem jüdischen Kultort sicherzustellen hätte. Eine solche Lösung käme vorrangig für Kulturgüter in Betracht, die sich im Eigentum des Zentralstaates oder einer anderen Gebietskörperschaft befinden.[1652] Anders liegen die Dinge nach aktueller Rechtslage hingegen bei Kulturgütern in den Sonderrestbeständen der äußeren Restitution, da an diesen Dritteigentum besteht.[1653] Hier bedürfte es folglich einer gesetzlichen Rechtsgrundlage, die bei fehlender Bestimmbarkeit der Rechtsnachfolger:innen eine Übertragung des Eigentums an eine jüdische Organisation ermöglichen und dabei auch die Frage der Entschädigung für den Fall mitregeln würde, dass die Berechtigten nachträglich ermittelt werden können.

9. Beweisgrundsätze in Verfahren vor der CIVS

Die vor der CIVS geltenden Beweisregeln werden in dem Gründungsdekret selbst nicht näher definiert. Gewisse Rahmenvorgaben sind gleichwohl dem Begleitbericht sowie internationalen Vorgaben zu entnehmen, die sich in der Spruchpraxis der CIVS niedergeschlagen haben.

Die vielzitierte Passage des Begleitberichts zum Gründungsdekret, wonach die Kommission bei der Anspruchsprüfung einen »pragmatischen Ansatz« (»approche pragmatique«) zu verfolgen habe,[1654] deutet bereits an, dass die Beweisregeln des allgemeinen Rechts auf die CIVS nicht uneingeschränkt übertragbar sind. Gerade gegenüber herkömmlichen Verfahren besteht hier die Schwierigkeit einer latenten Beweismittelverknappung infolge des Zeitablaufs von über sieben Jahrzehnten seit den historischen Ereignissen. Nicht immer wird es daher möglich sein, Beweis in vergleichbarem Umfang wie in einem regulären Zivilverfahren zu erheben. Die Kommission trägt diesem Umstand seit Anbeginn ihrer Spruchpraxis durch gelockerte Beweisgrundsätze Rechnung:

> »[L]e pragmatisme de la Commission est motivé par la nature même de la tâche difficile qui lui est confiée: la Commission est mue par la volonté de parvenir à une conciliation généreuse des intérêts spoliés au terme d'une procédure où il est souvent impossible de fournir et d'établir des preuves intangibles sur les circonstances et la nature des biens pillés, spoliés ou volés.«[1655]

1651 Das öffentliche Vermögensrecht regelt nur die Möglichkeit der Aneignung und Verwertung erb:innenloser Nachlassgegenständen (*succession en déshérence*). Diese Vermögenswerte werden nach Besitzeinweisung zugunsten des Zentralstaates dessen Eigentum (Art. 811 Code civil, Art. L.1122-1 CG3P) und können nach den jeweiligen Vorgaben veräußert werden (Art. L.3211-17 CG3P). Bei Kulturgütern besteht die Besonderheit, dass diese kraft Gesetzes Bestandteil der öffentlichen Domäne sind, wodurch eine Veräußerung ausgeschlossen ist (Art. L.2112-1 und L.3111-1 CG3P). Siehe eingehend hierzu im späteren Kapitel B.IV.1.

1652 Siehe hierzu noch unter B.IV.1.

1653 Siehe hierzu noch unter C.II.1.e).

1654 Vgl. Rapport au Premier ministre (JORF vom 11.9.1999, S. 13632).

1655 *CIVS*, Presseerklärung vom 3.7.2000, S. 2, abgedruckt in *CIVS*, Einführungsbericht, Dokument-Nr. 27.

Die besondere historische und moralische Aufladung der Aufgabe der CIVS mache es erforderlich, die Beweisanforderungen nicht überzustrapazieren. Zugleich ist es ein Anliegen des Verfahrens vor der CIVS, ein möglichst treffendes Bild der historischen Wirklichkeit zu zeichnen, was es erforderlich macht, zumindest gewisse verfahrensmäßige und beweisrechtliche Garantien bei der Wahrheitssuche vorzusehen.[1656] Der Faktor Zeit als potenziell beweishindernder Umstand muss dabei gleichwohl angemessen gewürdigt werden.[1657] In ganz ähnlicher Weise fordert Prinzip Nr. 4 der Washingtoner Erklärung von 1998, dass »[i]n establishing that a work of art had been confiscated by the Nazis and not subsequently restituted, consideration should be given to unavoidable gaps or ambiguities in the provenance in light of the passage of time and the circumstances of the Holocaust era.« Neben dem Faktor Zeit sollen bei der Beweisführung zusätzlich die »Umstände des Holocaust« Beachtung finden. Ersichtlich ist gemeint, dass diese Faktoren sich tendenziell zugunsten des Anspruchsbegehrens auswirken und demnach auf eine Lockerung der Beweisanforderungen hinauslaufen sollen. Wie werden diese recht allgemeinen Vorgaben aber in der Spruchpraxis der CIVS fruchtbar gemacht?

a) Beweismaß

Wiederholt ist zu lesen, dass in der Spruchpraxis der CIVS »flexible standards of evidence«[1658] oder »relaxed standards of proof«[1659] gelten. Deutlicher werden insoweit die Ausführungen der CIVS in ihrem dritten Tätigkeitsbericht von 2003. Aus diesem geht hervor, dass ein Ausgleich zu gewähren ist, wenn die Entziehung aufgrund der vorgelegten Nachweise »erwiesen« ist. Ein Ausgleich könne ferner gewährt werden, wenn die Entziehung, ohne sicher zu sein, durch ein Bündel von Indizien (Lebenswandel, Einkommen, Zeug:innenaussagen, Versicherungspolicen etc.) »erhellt« wird.[1660] Den Begriffen der »spoliation avérée« und der »spoliation éclairée« entsprechen sinngemäß die Kategorien des Vollbeweises und der Glaubhaftmachung, die den Grad der Wahrscheinlichkeit des Zutreffens der Tatsachenbehauptung ausgehend von den vorgelegten Beweisen beschreiben. Während der Vollbeweis nach allgemeinen beweisrechtlichen

1656 Vgl. *CIVS*, Tätigkeitsbericht für 2001, S. 33: »Certes, la Commission [...] n'est pas une juridiction, mais il lui a été donné d'adopter le ›style d'une juridiction‹, dans sa démarche pour découvrir [...] la vérité.«

1657 »[E]u égard à l'ancienneté des causes de préjudice, la Commission tient compte de la difficulté de fournir des preuves«, *CIVS*, a. a. O., S. 24.

1658 Erklärung des Präsidenten der CIVS Michel Jeannoutot, abgedruckt in U.S. Supreme Court, Nr. 19-351, Federal Republic of Germany et al. vs. Alan Philipp et al. und Republic of Hungary et al. vs. Rosalie Simon et al., 18-1447, Brief for SNCF SA as amicus Curiae in support of neither party and supporting reversal, Addendum B, S. 20a: »CIVS is well aware that, for many victims and their heirs, it may be extremely difficult to obtain evidence of spoliations during the Occupation. For this reason, CIVS procedures apply somewhat flexible standards of evidence, for material spoliations and for bank-related claims as well.« Die Erklärung wurde ursprünglich im Verfahren Scalin gegen SNCF (U.S. District Court for the Northern District of Illinois Eastern Division, 26.3.2018, Nr. 15-cv-3362) abgegeben.

1659 *Freedman*, in: The International Bureau of the Permanent Court of Arbitration (Hrsg.), Redressing Injustices Though Mass Claims Processes. Innovative Responses to Unique Challenges, S. 139, 144. Nach der Beobachtung des Autors müssen »[a]pplications [...] be in writing and accompanied by all available supporting documents. Although relaxed standards of proof apply, some minimal documentary evidence, produced either by the claimant or the Commission's researchers, attesting to the authenticity (or, at the very least, the likelihood) of the claim is necessary.«

1660 *CIVS*, Tätigkeitsbericht für 2003, S. 22 f.: »La Commission propose toujours une indemnisation quand la réalité de la spoliation est avérée. [...] L'indemnisation peut être également recommandée quand, sans être certaine, la spoliation est éclairée par un faisceau d'indices ou de présomptions (train de vie et revenus de la famille, attestations diverses de l'époque, témoignages, polices d'assurance, etc.).«

Grundsätzen ein hohes Maß an Gewissheit (*quasi-certitude*)[1661] erfordert, genügt für eine Glaubhaftmachung (*vraisemblance*) eine überwiegende Wahrscheinlichkeit.[1662]

Die Ausführungen der CIVS verdeutlichen, dass eine flexible Handhabung der Beweisanforderungen in erster Linie das Beweismaß betrifft. Die zitierte Passage des Tätigkeitsberichts bezieht sich zwar ausdrücklich nur auf den Beweis der Entziehung, dürfte aber für sämtliche Voraussetzungen des Tatbestandes gelten, insbesondere den Beweis des Eigentums und das Fehlen früherer Ausgleichsleistungen. Für den Beweis der Rechtsnachfolge (*qualité d'ayant droit*) gelten nach den Vorgaben des Begleitberichts zum CIVS-Dekret die Vorgaben des Zivilrechts[1663], sodass hier ein Grad hoher Wahrscheinlichkeit erreicht werden muss.[1664]

Das Beweismaß richtet sich somit nach den Umständen des Einzelfalls, namentlich der beantragten Ausgleichsleistung (Restitution oder Entschädigung). Je dichter die Beweislage zugunsten der Entziehung eines bestimmten Vermögenswertes im Eigentum der Geschädigten ausfällt, desto eher ist die CIVS in der Lage, eine präzise Bemessung der Ausgleichsleistung vorzunehmen. So kann bei Glaubhaftmachung des Verlustes eines nicht näher bestimmbaren Gegenstandes nur eine billige Entschädigung gewährt werden, die sich an Pauschalsätzen orientiert.[1665] Werden die Behauptungen hingegen durch Vorlage weiterer Nachweise zur Beschaffenheit und Wertigkeit des Gegenstandes näher substantiiert (bei Kunstwerken etwa durch Angaben zu Werkmaßen, Technik, Material, Motiv, Entstehungsepoche, Erhaltungszustand oder Urheber:innenschaft), kann der Schaden konkret bemessen werden (etwa durch Preisvergleichsstudien).[1666] Noch höher fallen die Beweisanforderungen aus, wenn die Restitution eines bestimmten Kunstwerkes oder Kulturguts begehrt wird, dessen Eigentum im Entziehungszeitpunkt mit an Sicherheit grenzender Wahrscheinlichkeit feststehen muss. Die Anspruchsteller:innen müssen insbesondere den Beweis führen, dass entzogenes und beanspruchtes Kulturgut übereinstimmen (Werkidenität).[1667]

Das Beweismaß richtet sich somit nach der angestrebten Ausgleichsleistung und oszilliert dabei im Einzelfall zwischen annähernder Sicherheit und bloß überwiegender Wahrscheinlichkeit. Hierin besteht konkret die vielseits beschworene »Flexibilität« der Beweisanforderungen vor der CIVS.

1661 Die Rspr. fordert ein Maß an Gewissheit, das keinen verbleibenden Zweifel zulässt (Cass. soc., 31.1.1962, Bull. civ. IV, Nr. 105; Cass. soc., 15.10.1964, Bull. civ. IV, Nr. 678). Ersichtlich gemeint ist ein Maß an Gewissheit, das keinen vernünftigen Zweifel (*doute raisonnable*) zulässt, vgl. in diesem Sinne etwa *Kinsch*, in: Puech/D'Ambra/Després/Strickler (Hrsg.), FS Wiederkehr: De code en code, S. 455, 463; *Lardeux*, Preuve: règles de preuve, in: Répertoire de droit civil, Bearbeitungsstand Oktober 2018, Rn. 117. Diese Anforderungen entsprechen im Wesentlichen dem Regelbeweismaß nach deutschem Zivilprozessrecht (§ 286 Abs. 1 ZPO), wonach ein brauchbares Maß an Gewissheit vorausgesetzt wird, das verbleibenden Zweifeln Schweigen gebietet, ohne diese gänzlich auszuschließen.

1662 Vgl. *Lardeux*, Preuve: règles de preuve, in: Répertoire de droit civil, Bearbeitungsstand Oktober 2018, Rn. 124 ff.

1663 Für den Nachweis der Erb:innenstellung gelten somit die Art. 730 ff. Code civil.

1664 Rapport au Premier ministre, JORF vom 11.9.1999, S. 13632: »Les ayants droit devront néanmoins justifier de leur qualité à agir, conformément au droit commun.«

1665 *CIVS*, Tätigkeitsbericht für 2006, S. 14: »Pour l'acceptation à défaut de preuves incontestables, réunion de présomptions suffisantes (train de vie, milieu culturel et intellectuel…), bonne foi du requérant, ancienneté et constance de la réclamation depuis la dépossession, absence d'autres revendications. Pour le rejet, absence totale de vraisemblance«. Im Fall I (CIVS, Empfehlung vom 5.11.2020) machten die Anspruchsteller:innen das Eigentum an einer wertvollen historischen Violine unter Verweis auf den Berufsstand des Ehegatten der präsumtiv Geschädigten, eines prominenten Komponisten, glaubhaft. Die CIVS gewährte mangels konkreter Nachweise zur Wertigkeit und zum Erhaltungszustand des Instruments eine Entschädigung, die nach Pauschalsätzen bemessen wurde.

1666 Vgl. *CIVS*, Tätigkeitsbericht 2006, S. 14; CIVS, Tätigkeitsbericht für 2009, S. 46.

1667 Siehe hierzu bereits eingehend unter B.III.7.b)aa)(3).

b) Beweismittel und Beweismethoden

Im Verfahren vor der CIVS greifen keine Einschränkungen hinsichtlich der zulässigen Beweismittel oder -methoden. Der Beweis bestimmter Tatsachen kann sowohl durch Direktbeweis als auch durch Methoden der indirekten Beweisführung geführt werden. Gleichwohl kommt nicht sämtlichen Beweismitteln derselbe Beweiswert zu.

Eine gesteigerte Beweiskraft kommt Dokumenten aus Archiven, Fotografien sowie Aussagen von Zeitzeug:innen zu. Gleiches gilt für Einschätzungen Sachverständiger, die vor der Kommission bei Bedarf gehört werden können (Art. 6 Abs. 2 CIVS-Dekret). Einen nur relativen Beweiswert weisen hingegen die Aussagen der Verfolgungsopfer/Geschädigten auf. Die Kommission vermutet nach dem Grundsatz der Glaubwürdigkeit die sachliche Richtigkeit der Behauptungen, sofern diese nach historischem Erfahrungswissen dem gewöhnlichen Geschehensverlauf entsprechen und sich mit allgemeinen historischen Erkenntnissen decken.[1668] Anders verhält es sich, wenn der behauptete Schaden aus dem Rahmen des Üblichen und Gewöhnlichen fällt. In diesem Fall verlangt die CIVS den Vortrag ergänzender Indizien, ausgehend von denen eine überwiegende Wahrscheinlichkeit des Zutreffens der Behauptung besteht.[1669] In derartigen Fällen werden Aussagen Geschädigter daher wie Indizien behandelt, die für sich genommen noch nicht den Grad des Vollbeweises oder auch nur der Glaubhaftmachung erreichen. Als eher atypisch bewertet die CIVS milieuübergreifend den Besitz wertvoller Kunstwerke. Dem liegt die Annahme zugrunde, dass der Besitz wertvoller Kunstgegenstände nach historischem Erfahrungswissen eher die Ausnahme darstellte. Anders verhält es sich allenfalls bei namhaften Sammler:innen und Kunsthändler:innen, bei denen der Besitz wertvoller Kunstgegenstände auf der Hand liegt. Einen Sonderfall bildet insoweit der Fall Z.[1670]

> Z war ein renommierter Schriftsteller und Kunstkritiker, dessen Kunstsammlung unter anderem Werke von Matisse, Soutine, Picasso, Vlaminck und Chagall umfasste. Im Mai 1940 floh Z mit seiner Familie vor dem deutschen Vormarsch aus Paris. Seine Sammlung ließ Z in ein Anwesen in der Normandie verbringen. Dieses wurde in der Besatzungszeit von der Wehrmacht requiriert und zeitweise von deutschen Offizieren bewohnt. In diesem Zeitraum wurde nach Angaben des Z dessen gesamte Kunstsammlung entwendet. Nach dem Krieg stellte Z einen Entschädigungsantrag nach dem BRüG. Dabei wurde der Besitz der Kunstwerke nicht – wie sonst üblich – durch eine Versicherungspolice oder Inventarliste aus der Besatzungszeit unter Beweis gestellt,[1671] sondern allein durch eine Erklärung des Z sowie eine eidesstattliche Erklärung eines Zeugen. Die deutschen Behörden bejahten auf dieser Grundlage einen verfolgungsbedingten

1668 *CIVS*, Tätigkeitsbericht für 2001, S. 24; *CIVS*, Tätigkeitsbericht für 2006, S. 8.

1669 *CIVS*, Tätigkeitsbericht für 2002, S. 25: »Pour autant, les déclarations des personnes dont les souvenirs concernant leur patrimoine se sont estompés, ou ont été brouillés par le regard de l'enfance, ne peuvent toujours être prises en compte lorsqu'il s'agit d'admettre des faits sortant de l'ordinaire ou l'existence de préjudices inhabituels. Dans de tels cas, la présomption de bonne foi se révèle insuffisante et la Commission exigera davantage.«

1670 Die Sachverhaltsangaben beruhen auf Informationen in *Bastier*, Les collections Alphonse Kahn et Waldemar George, Des chemins chaotiques, Vortrag im Rahmen des Kolloquiums »Le pillage des œuvres d'art: connaître et réparer«, 14. bis 15.9.2008 im musée d'art et d'histoire du Judaïsme Paris.

1671 So lautete die interne Vorgabe des Bundesfinanzministeriums für den Abschluss von Vergleichen im Sammelverfahren für Entziehungen in Frankreich. Siehe hierzu RzW 1960, 353.

Verlust der Kunstwerke und bemaßen den Schaden nach dem Wertgutachten eines Sachverständigen. Vergleichsweise wurde Schadensersatz in Höhe von 62,5 Prozent des Wiederbeschaffungswertes (Stand 1956) anerkannt. Im Ergebnis wurde Entschädigung in Höhe eines einstelligen Millionenbetrages in Deutscher Mark gewährt.

Angesichts dieses ungewöhnlichen Vorgehens der deutschen Stellen ergab sich die Frage, ob die Feststellungen im BRüG-Verfahren ungeprüft übernommen werden können, zumal diese vornehmlich auf Erklärungen des Verfolgungsopfers aus der Nachkriegszeit beruhten. Die CIVS gewährte in einer vorläufigen Empfehlung vom 19. September 2006 einen pauschalen Teilbetrag, ordnete aber weitere Untersuchungen zur Größe und Wertigkeit der Sammlung an. Zu diesem Zwecke wurden verschiedene Mitarbeitende staatlicher Museen (*musée du Louvre* und *Musée national d'art moderne*) angehört. Aus deren Stellungnahmen ging hervor, dass Z ein besonders aktiver Akteur in der Pariser Kunstwelt gewesen sei, der persönliche Kontakte zu zahlreichen Künstler:innen unterhalten und bei Gelegenheit kleinformatigere Werke aus ideellem Interesse erworben habe. Auf dieser Grundlage schloss die CIVS in einer Empfehlung vom 18. Januar 2008 auf den Besitz einer Kunstsammlung mit hochwertigen Originalwerken, teils aber auch weniger wertvollen Liebhaberobjekten. Zugleich sei der Wiederbeschaffungswert im Jahr 1956 gegenüber 1940 deutlich höher ausgefallen, da der Marktwert mancher Künstler der Sammlung in dieser Zeit deutliche Zuwächse verzeichnet habe. Der Schadensbetrag wurde daher nach billigem Ermessen angepasst.[1672] Das Vorgehen der CIVS verdeutlicht, dass auch bei Erklärungen prominenter Kunstsammler:innen eine zusätzliche Substantiierung (etwa zur Biografie der Person und deren Sammlungsverhalten) verlangt werden kann.

Auf den Besitz wertvoller Kunstwerke kann dagegen nicht schon aufgrund des Wohlstandes des Verfolgungsopfers geschlossen werden, wenngleich eine gewisse Wahrscheinlichkeit dafür besteht, dass Wohlstand nicht selten mit Kunstbesitz einherging. Diese statistische Wahrscheinlichkeit genügt aber offenbar für sich genommen noch nicht als Eigentumsnachweis. Dies verdeutlicht der Fall W.

W war Eigentümerin eines Anwesens in einem wohlhabenden Vorort von Paris. Unter dem Eindruck der Verfolgung verkaufte W das Gebäude durch notariellen Vertrag von 1942. Nach dem Verkauf wurde das noch in dem Haus befindliche Mobiliar durch ein Umzugsunternehmen abtransportiert. Der Verbleib dieser Vermögenswerte in der Folgezeit blieb ungeklärt. Die Antragsteller:innen trugen vor, dass W in direktem Kontakt zu namhaften künstlerischen Größen der Zeit gestanden habe und zudem einer alten wohlhabenden Familie entstamme, sodass der Besitz wertvoller Kunstwerke naheliegend erscheine.

In ihrer Empfehlung vom 5. Juli 2019 erkannte die CIVS jedoch keine konkreten Anhaltspunkte für das Vorhandensein von Kunstbesitz in dem Stadthaus der W, zumal deren Nachfahr:innen

1672 CIVS, Empfehlung vom 18.1.2008, Fall Z, S. 2: »Attendu qu'à défaut de pouvoir apprécier avec précision et certitude la valeur des œuvres dont s'agit à l'époque de l'Occupation, la Commission ne peut que se référer à l'expertise réalisée en Allemagne […]; qu'elle dispose cependant d'éléments conduisant à modérer les conclusions de cet expert, à savoir qu'en avril 1956 […] certains des artistes contemporains recensés avaient vu leur cote et leur renommée sensiblement accrûes [sic!] depuis la fin de la guerre et que […] une partie de la collection Z comportait des œuvres mineures de petite taille qualifiées «œuvres de famille«.

nach dem Krieg keine Ansprüche erhoben hatten.[1673] Die Wertigkeit und Größe des Wohngebäudes lägen jedoch nahe, dass dieses entsprechend hochwertig und großzügig eingerichtet gewesen sein muss. Dies rechtfertige die Gewährung einer Entschädigung für die gesamte Wohnungseinrichtung nach dem Pauschalsatz für eine Wohnung der zweithöchsten Wertkategorie nach französischem Kriegsschädenrecht. Das Vorgehen der Kommission verdeutlicht, dass eine Ersatzleistung – bei unzureichender Glaubhaftmachung konkreter Vermögensverluste – gleichwohl eine Pauschalentschädigung für die gesamte Wohnungseinrichtung umfassen kann.

c) Beweislast

Für den Fall, dass entscheidungserhebliche Tatsachen nicht zur Überzeugung der CIVS unter Beweis gestellt werden können (*non liquet*), greift eine einheitliche Beweislastregel: Das Risiko des Beweisausfalls tragen die Anspruchsteller:innen hinsichtlich der zur Begründung eines Anspruchs erforderlichen Voraussetzungen, im Übrigen die gegnerische Partei (regelmäßig der Zentralstaat als Ausfallschuldner).[1674] Gerade bei Beweisschwierigkeiten kann diese Verteilung des Beweisrisikos zur vollständigen oder teilweisen Ablehnung des Anspruchs führen. In der Spruchpraxis greift zudem keine punktuelle Umkehr der Beweislast hinsichtlich der Kausalität und Zurechenbarkeit (*imputabilité*), was im Vergleich sowohl zur Verordnung von 1945[1675] als auch zur Praxis anderer vergleichbarer Kommissionen in Europa[1676] ein Alleinstellungsmerkmal der CIVS-Praxis darstellt.

Dieser auf den ersten Blick rigorose Ansatz der CIVS wird indes in mehrfacher Hinsicht abgemildert: Zunächst schon durch die Geltung des Untersuchungsgrundsatzes, wonach die CIVS zu sämtlichen entscheidungserheblichen Aspekten von Amts wegen Beweis zu erheben hat. Zu einer vollständigen Anspruchsablehnung aus Beweisgründen kommt es daher nur relativ selten. In der Regel kann, gestützt auf die Angaben der Anspruchsteller:innen, ein Minimalschaden im Vermögen des Geschädigten ermittelt werden, der nach der Pauschalmethode der Höhe nach bestimmt werden kann. Bei Wohnungsplünderungen erfolgt hierbei eine Orientierung an den Pauschalsätzen des französischen Kriegsschädengesetzes von 1946 und des

1673 CIVS, Empfehlung vom 5.7.2019, Fall W, S. 7: »Que, cependant, aucun élément versé au dossier ne permet de considérer que W détenait, outre du mobilier de grande qualité […] des œuvres d'art; que, dès lors, en l'état du dossier, il n'y a pas lieu d'accueillir la requête de ce chef«.

1674 Vgl. *Laménie*, Rapport d'information fait au nom de la commission des finances du Sénat, S. 116: »Celle-ci [la charge de la preuve; Anm. d. Verf.] incombe en général au demandeur«.

1675 Die Verordnung vom 21. April 1945 sieht in Art. 11 Abs. 1 eine widerlegliche Vermutung vor, dass Verträge und sonstige Rechtsgeschäfte, die mit Zustimmung des:der Eigentümer:in nach dem 16. Juni 1940 bis zur Befreiung Frankreichs vorgenommen wurden, unter Zwang im Sinne des Code civil erfolgt sind. Siehe hierzu schon ausführlich unter B.II.2.b)aa).

1676 So etwa in Deutschland, Österreich und den Niederlanden. Siehe eingehend zu Deutschland in *Hahne*, Wege zur Gerechtigkeit bei NS-Raubkunst: Die heutige Restitutionspraxis im Lichte des alliierten Rückerstattungsrechts, im Erscheinen; zu Österreich hinsichtlich der Privilegierung sog. Kollektivverfolgter *Dewey*, Gerecht und fair? Die Empfehlungspraxis des österreichischen Kunstrückgabebeirats im Lichte der Washingtoner Prinzipien, S. 166 ff.; zu den Niederlanden *Scheller*, Die niederländische Restitutionskommission, im Erscheinen. Eine ähnliche Beweislastverteilung wie die CIVS nimmt hingegen das britische *Spoliation Advisory Panel* (SAP) vor, siehe eingehend *Dorn*, Fair and Just – Der Umgang mit »nazi-looted art« im Vereinigten Königreich, im Erscheinen.

deutschen BRüG von 1957. Zudem bejaht die CIVS einen Beweisausfall ohnehin erst bei Fehlen jeglicher Wahrscheinlichkeit für das Zutreffen einer Tatsache.[1677]

In den vom Verfasser gesichteten Fällen war es der CIVS zudem stets möglich, einen Beweisausfall durch punktuelle Modifikationen der Beweisanforderungen, etwa durch Begründung von Vermutungssätzen, abzuwenden. So verhielt es sich etwa im Fall G: Die CIVS vermutete hier einen Ursachenzusammenhang zwischen dem Vermögensverlust (Plünderung durch deutsche Soldaten) und der antisemitischen Verfolgung des Geschädigten.[1678] Ähnlich verhielt es sich im Fall Hugo Simon, in dem die Beweisunsicherheit die konkreten Verlustumstände des Gemäldes *Nus dans un paysage* von Max Pechstein betraf.[1679] Das Werk war nach den Feststellungen der CIVS nach Simons Flucht aus Paris über den Zeitraum der Besatzung in dessen Pariser Wohnung verblieben und erst nach 1940 (möglicherweise aber auch erst nach 1944) aus der Wohnung entfernt worden. Ohne nähere Begründung bejahte die CIVS aber ihre Zuständigkeit in diesem Fall. Diese Folgerung fußte auf der Hypothese, dass der Vermögensverlust zwischen 1940 und 1944 erfolgt war und er zudem in Zusammenhang mit der antisemitischen Verfolgungspolitik stand. Beide Tatsachen waren ausgehend von der Beweislage jedoch nicht gesichert, ebenso möglich erschien auch ein Verlust nach 1944. Das Ergebnis ließe sich in vergleichbaren Fällen zusätzlich durch einen Anscheinsbeweis (*présomption de fait*) rechtfertigen. Diese Art der Beweisführung setzt den Beweis eines empirisch belegten Erfahrungssatzes voraus, der es ermöglicht, aufgrund eines typischen Geschehensverlaufs von einem bestimmten bewiesenen Sachverhalt auf eine bestimmte Folge oder Ursache zu schließen.[1680] Vorliegend würde somit von dem Verlust bei einer als jüdisch verfolgten Person auf eine vorrangige Verursachung dieses Verlustes durch die Verfolgungspolitik und nicht andere Faktoren (etwa eine Plünderung der Wohnung durch unbekannte Dritte) geschlossen werden. Der Erfahrungssatz bestünde in der empirisch belegten, mit historischen Fakten untermauerten Annahme, dass den Opfern antisemitischer Verfolgung ihr Vermögen in Frankreich zwischen 1940 und 1944 in der weitüberwiegenden Zahl der Fälle aufgrund staatlicher Verfolgung entzogen wurde. Eine entsprechende Herleitung bemühte die CIVS jedoch, was mit Blick auf die Nachvollziehbarkeit der Prüfung misslich erscheint, in den betreffenden Empfehlungen nicht ausdrücklich.

d) Untersuchungsgrundsatz

Ein weiteres Spezifikum gerade im Unterschied zur Praxis anderer Kommissionen (wie in Deutschland und dem Vereinigten Königreich) besteht in der Amtsförmigkeit des Untersuchungsverfahrens. Die CIVS erhebt Beweise aus eigener Initiative, ohne sachlich durch den Antrag beschränkt zu sein. Vielmehr ist es der CIVS unbenommen, über das eigentliche Begehren hinaus Beweise zu erheben. Antragsteller:innen können, müssen aber nicht durch Beibringung eigener Beweismittel zur Sachverhaltsermittlung beitragen. Die Fragebögen (*questionnaires*), die bei Verfahrenseinleitung einzureichen sind, bilden nur die Grundlage der weiteren

1677 Eine Ablehnung kommt nach den Angaben der CIVS nur bei »absence totale de vraisemblance« (Fehlen jeder Wahrscheinlichkeit) in Frage. Vgl. *CIVS*, Tätigkeitsbericht für 2006, S. 14.

1678 Siehe zu diesem Fall die näheren Ausführungen unter B.III.7.c)aa)(2)(ii)(c).

1679 Siehe zur Sachverhaltsdarstellung unter B.III.7.c)aa)(2)(ii)(d) und B.III.7.c)cc)(4).

1680 Von einer statistischen Wahrscheinlichkeit (»probabilité statistique«) als Grundlage des Anscheinsbeweis sprechen etwa *Guével/Boisson*, Art. 1382 Code civil, Fasc. unique: Preuve des obligations, Modes de preuve, Preuve par présomption judiciaire, in: Jurisclasseur Civil code, Bearbeitungsstand 27.6.2023, Rn. 3.

Ermittlungen der CIVS und in Verfahren betreffend Kulturgüter der *Mission de recherche et de restitution.*[1681] Die Anforderungen an die Substantiierung des Eingangsvortrages fallen dabei äußerst gering aus. Es genügt die Behauptung einer Schädigung.[1682]

10. Fazit

Nach der Vorstellung der Regierung sollte es Geschädigten oder deren Rechtsnachfolger:innen durch Schaffung des CIVS-Verfahrens ermöglicht werden, erneut Schadensersatzansprüche wegen verfolgungsbedingter Vermögensentziehungen in einem besonderen Schlichtungs- bzw. Verwaltungsverfahren geltend zu machen. Die Möglichkeit einer Rechtsverfolgung wurde dabei auf Opfer antisemitischer Verfolgung beschränkt. Gerechtfertigt erschien diese Sonderbehandlung zum einen angesichts der zahlenmäßig unvollständig gebliebenen Restitution- und Entschädigungsleistungen der Nachkriegszeit, zum anderen durch die gehobene historische Bedeutung der erlittenen Schäden infolge ihrer Einbindung in eine gezielte, flächendeckende Vernichtungspolitik.[1683] Aus Sicht des *Conseil d'État* ist es gerade dieser systematische und genozidale Charakter der antisemitischen Verfolgungspolitik, der diese von der Verfolgung anderer Personengruppen unterscheidet und daher eine Beschränkung der Ausgleichsleistungen auf Opfer antisemitischer Verfolgung rechtfertige.[1684] Schon diese historische Wertung erscheint aus heutiger Sicht angreifbar. In letzter Konsequenz hätte diese Position zudem die fragwürdige Folge, dass heute nur solche Opfergruppen in den Genuss staatlicher Ausgleichsleistungen gelangen könnten, deren Vernichtung von staatlicher Seite (ähnlich Opfern antisemitischer Verfolgung) angestrebt wurde.

Die materielle Empfehlungspraxis der CIVS sollte sich nach den Vorgaben der Mattéoli-Mission aus Gründen der formellen Gleichheit an den Vorgaben der Nachkriegsgesetze orientieren. Die CIVS erkannte für sich gleichwohl schon frühzeitig die Notwendigkeit, ihre eigene Praxis an autonomen Entscheidungsmaßstäben auszurichten. Leitend bei der Bewertung der Ansprüche sollte nach der Vorstellung des ersten Präsidenten der Kommission, Pierre Drai, der Grundsatz der Billigkeit sein. Offen blieb dabei gleichwohl, worin konkret der praktische Unterschied zwischen einer billigen und einer gesetzmäßigen Fallbewertung besteht. Nach der Vorstellung mancher Mitglieder der CIVS sollte eine Entscheidung nach Billigkeit tendenziell auf eine vorteilhaftere Behandlung der Anspruchsteller:innen im Vergleich zu einfachen Gerichtsverfahren hinauslaufen.[1685] Diese Behauptung wird durch die Fallpraxis der Kommission indes nicht vollständig bestätigt. Es zeigt sich vielmehr, dass sich Billigkeitserwägungen in den Empfehlungen der CIVS sowohl zugunsten als auch zulasten der Anspruchsteller:innen

1681 Vgl. etwa *CIVS*, Tätigkeitsbericht für 2002, S. 23: »Il faut rappeler sur ce point qu'il appartient aux requérants de déterminer leurs chefs de préjudices. Néanmoins, lorsqu'elle [la CIVS] trouve d'autres spoliations pendant ses investigations, la Commission les prend en compte et en informe les requérants.«.

1682 A. a. O., S. 25: »Il est évident que l'on ne peut demander aux requérants d'apporter la preuve de tous les faits remontant à soixante ans. Il leur incombe seulement de fournir des indications, aussi circonstanciées que possible, rendant l'événement vraisemblable«

1683 *Dreifuss-Netter*, Rec. Dalloz 2020, 945 (946): »[L]'ampleur sans précédent des pillages, et leur caractère accessoire à l'extermination systématique d'une population, ont conduit […] les rédacteurs du décret de 1999, à soumettre, dans un souci d'équité, ces actions à des dispositions dérogatoires, en principe plus favorables aux demandeurs qu'aux justiciables ordinaires.«

1684 So erstmals in CE, 6.6.2001, Nr. 214205 – Bidalou I; bestätigt durch CE, 25.9.2020, Nr. 437524 – UDAF/France Liberté Voyage.

1685 Vgl. *Dreifuss-Netter*, Rec. Dalloz 2020, 945 (946).

auswirken können. Tendenziell vorteilhaft wirkt sich der Grundsatz der Billigkeit auf Ebene der Beweiswürdigung aus. Der Grundsatz bedingt hier eine Flexibilisierung der Beweisanforderungen (etwa durch Rückgriff auf Vermutungen und Indizienbeweise). In der vom Verfasser gesichteten Spruchpraxis konnte so kein einziger Fall nachgewiesen werden, in dem ein non liquet zu einer Anspruchsablehnung führte. Vielmehr wurde die Ablehnung eines Anspruchs stets mit gegen das Anspruchsbegehren sprechenden konkreten Indizien begründet. Fallübergreifend wird so das Bemühen der CIVS erkennbar, einen Beweisausfall mit den ihr zur Verfügung stehenden Mitteln abzuwenden. Hierzu greift diese etwa auf Vermutungsregeln zurück, wie die Fälle G und Hugo Simon eindrucksvoll belegen. In beiden Fällen wäre es ebenso möglich gewesen, die Ansprüche wegen fehlender Zuständigkeit der Kommission abzulehnen, da ein Zusammenhang der Verluste zu antisemitischen Verfolgungsmaßnahmen nicht zwingend erschien. Im Verfahren Armand Dorville gelangte die CIVS zudem zu einer – bis dato singulären – Abweichung von den gesetzlichen Vorgaben ihres Gründungsdekrets und empfahl zugunsten der Anspruchsteller:innen eine Rückgabe aus Gründen der Billigkeit.

Manche Aspekte der Spruchpraxis lassen hingegen auch eine tendenzielle Schlechterstellung der Anspruchsteller:innen gegenüber dem allgemeinen Schadensersatzrecht und den Vorgaben der Nachkriegsgesetze erkennen. Die CIVS rechtfertigt diese Restriktionen mit dem Gebot formeller Gleichheit im Verhältnis zwischen früheren und heutigen Anspruchsteller:innen. Dies betrifft zum einen die Ablehnung der Ersatzfähigkeit von Wertminderungen bei Vermögenswerten, die nach dem Krieg restituiert wurden, oder von Folgeschäden im Vermögen der Geschädigten (etwa entgangener Gewinn und der Verlust von Gewinnchancen). Jedenfalls Werteinbußen an den restituierten Vermögenswerten wären aber sowohl nach der Verordnung vom 21. April 1945 als auch nach dem Kriegsschädengesetz vom 28. Oktober 1946 unstreitig ersatzfähig gewesen, sodass diese Restriktion nicht mit Gleichheitserwägungen gerechtfertigt werden kann. Beachtlich ist weiterhin, dass vor allem in Entschädigungsverfahren betreffend Kulturgüter bestimmte historische Praxen (etwa nach dem deutschen BRüG), die noch zu Zeiten der Mattéoli-Mission als anspruchsteller:innenfreundlich bewertet wurden, schlicht fortgeschrieben und nur im begründeten Ausnahmefällen überprüft werden. Dieser tendenziell positiven Bewertung der BRüG-Praxis kann indes, wie verschiedene Einzelfälle aus der Praxis der CIVS belegen, in dieser Pauschalität nicht gefolgt werden. Es sollte daher in jedem Einzelfall eine systematische Überprüfung der BRüG-Leistungen erfolgen (etwa durch Preisvergleichsstudien), um sicherzustellen, dass die Wertbemessung nach dem Krieg die Interessen der Geschädigten in ausreichender Form gewahrt hat.

IV. Das Gesetz Nr. 2023-650 vom 22. Juli 2023 (Restitutionsgesetz)

1. Historischer Hintergrund und Systematik

Das zum 24. Juli 2023 in Kraft getretene Gesetz markiert einen historischen Wendepunkt in der französischen Gesetzgebung zum Ausgleich von Kulturgutverlusten aus der Zeit des Nationalsozialismus.[1686] Es zielt im Kern auf die Beseitigung der rechtlichen Hürden bei der Restitution von Kulturgütern aus öffentlichen sowie bestimmten privaten Kulturgutbeständen. Bis dato verhinderten gesetzliche Verfügungsverbote die Restitution von Kulturgütern im Eigentum öffentlicher Körperschaften (Art. L.3111-1 Code général de la propriété des personnes publiques - CG3P[1687]) sowie bestimmter Privatpersonen (Art. L.451-10 Abs. 1 Code du patrimoine). Nach dem Grundsatz der Unveräußerlichkeit der öffentlichen Domäne (*principe d'inaliénabilité du domaine public*) kann an Vermögenswerten der öffentlichen Domäne, zu denen namentlich Kulturgüter zählen (Art. L.2112-1 CG3P[1688]), kein Privateigentum begründet werden (sog. *res extra commercium*).[1689] Dies gilt insbesondere für die Sammlungen der sog. *musées de France* in öffentlicher Trägerschaft (Art. L.451-1 Abs. 1 Code du patrimoine). Eine gesetzliche Veräußerungsbeschränkung greift auch für die Sammlungen der *musées de France* in privater Trägerschaft in Hinblick auf Kulturgüter, die durch Schenkung, letztwillige Verfügung oder mit öffentlichen Mitteln erworben wurden (Art. L.451-10 Abs. 1 Code du patrimoine).

Angesichts dieser Verfügungsverbote und -beschränkungen war die Restitution historisch belasteter Kulturgüter lange Zeit nur aufgrund eines Einzelfallgesetzes des Parlaments möglich, das ihre Restitution autorisierte.[1690] Diese Rechtslage mag neben anderen historischen Begleitfaktoren[1691] erklären, warum Restitutionen aus öffentlichen Sammlungen in Frankreich bis heute zahlenmäßig eine Seltenheit darstellen. Seit Kriegsende wurden nur 23 Kunstwerke aus den Sammlungen öffentlicher Museen restituiert.[1692] Ob die nun verabschiedete Reform

1686 Für einen Überblick zu diesem Gesetz siehe bereits *von Lintig*, KUR 2023, 112–119. Inzwischen liegen auch erste, bisher nur kursorische Besprechungen des Gesetzes vor. Vgl. *Bucher*, Recueil Dalloz 2023, 959–960; *Maupin*, AJDA 2023, 1314; *Wang*, Dalloz actualité vom 17.5.2023; Pontier AJDA 2023, 1681; Pollaud-Dulian, RTD com. 2023, 647–653.

1687 »Les biens des personnes publiques mentionnées à l'article L. 1, qui relèvent du domaine public, sont inaliénables et imprescriptible.«

1688 Art. L.2112-1 nennt etwa die Sammlungsbestände öffentlicher Museen (Nr. 8) oder alte, seltene oder wertvolle Dokumente in öffentlichen Bibliotheken (Nr. 10). Daneben werden nach Nr. 2 öffentliche Archivalien erfasst.

1689 Vgl. *Boussard/Le Berre*, Droit administratif des biens, S. 155 f.

1690 Siehe zur bisherigen Rechtslage eingehend *von Lintig*, KUR 2022, 2. Erste Präzedenzfälle betrafen zwischen 2002 und 2020 Restitutionen von Kulturgütern und menschlichen Überresten, die im Kontext der Kolonialherrschaft nach Frankreich gelangt waren, an die Nachfolgestaaten der Ursprungsländer: Gesetz Nr. 2002-323 über die Rückgabe der Überreste von Saartjie Baartman an Südafrika vom 6.3.2002 (JORF vom 7.3.2002, S. 4265); Gesetz Nr. 2010-501 über die Restitution mehrerer Maori-Köpfe an Neuseeland vom 18.5.2010 (JORF vom 19.5.2010, S. 9210); Gesetz Nr. 2020-1673 über die Restitution mehrerer Kulturgüter an die Republiken Benin und Senegal vom 24.12.2020, (JORF vom 26.12.2020, Text Nr. 5).

1691 Als Hinderungsfaktor ist neben der späten Befassung mit der Thematik die geringe Institutionalisierung der Provenienzforschung in Frankreich zu nennen. Diese wurde erst kürzlich Bestandteil der Ausbildung des wissenschaftlichen Personals in öffentlichen Museen (sog. *conservateurs du patrimoine*).

1692 Es handelt sich um Restitutionen an die Erb:innen nach Karl Grünwald (Stadt Straßburg, ein Werk), nach Frederico Gentili di Giuseppe (Stadt Lyon, ein Werk), nach René Gimpel (Zentralstaat und Stadt Marseille, drei Werke), nach Georges Bernheim (Stadt Sannois, ein Werk), nach Armand Dorville (Zentralstaat, zwölf Werke), nach Nora Stiasny (Zentralstaat, ein Werk) und nach David Cender (Zentralstaat, ein Werk). In zwei weiteren Verfahren, die zur Restitution von insgesamt drei Werken führten, erfolgte eine Umschreibung der Werke auf die provisorische Inventarliste der Sonderrestbestände (Gaston Lévy und Hugo Simon), siehe eingehend unter B.IV.2.a)dd)(2). In dem ebenfalls in diesem Abschnitt behandelten Fall Löwenstein (drei Gemälde) steht eine Restitution aktuell noch aus.

eine Kehrtwende bewirken wird, dürfte vorrangig von der nachhaltigen und flächendeckenden Verankerung der Provenienzforschung in öffentlichen und privaten Museen abhängen.[1693] Die rechtlichen Rahmenbedingungen für einen Wandel sind jedenfalls gelegt.

Das Reformgesetz bildet das Ergebnis eines langjährigen Reflexionsprozesses über den Umgang mit historisch belastetem Kulturgut in öffentlichen Museen und Bibliotheken.[1694] Dieser Prozess wurde, wenngleich unter leicht anderen Vorzeichen, auch durch die Diskussion über die Rückgabe von Kulturgütern aus dem Kolonialkontext beeinflusst und entscheidend vorangetrieben.[1695] Der öffentliche Diskurs zu NS-Raubkunst hatte sich in den ersten beiden Jahrzehnten nach den Arbeiten der Mattéoli-Mission zunächst noch auf die sog. MNR-Beständen konzentriert.[1696] Nicht näher problematisiert wurden hingegen die Erwerbungen staatlicher Museen während der Besatzungszeit, die in öffentliches Eigentum übergangen waren. Erst in den Jahren 2017/2018 vollzog sich auf dieser Ebene eine Kehrtwende. In einer Rede anlässlich der Restitution eines Kunstwerkes an die Erb:innen eines verfolgten Kunstsammlers aus dem Jahr 2017 wies die Kulturministerin Azoulay erstmals, wenn auch nur am Rande, auf die Notwendigkeit einer Reform des öffentlichen Vermögensrechts hin, um Restitutionen aus den Sammlungen öffentlicher Museen überhaupt erst zu ermöglichen.[1697] Erste konkrete Reformvorschläge erarbeitete kurze Zeit darauf David Zivie in einem für die Kulturministerin angefertigten Bericht aus dem Jahr 2018.[1698]

Eine grundlegende Gesetzesreform ließ in den Folgejahren aber auf sich warten. Der Reformeifer der Regierung beschränkte sich zunächst auf das CIVS-Verfahren, der rechtliche Status der Kulturgüter in öffentlichen Sammlungen blieb hingegen vorerst unberührt.[1699] An diesem Rechtszustand änderte drei Jahre später auch eine Gesetzesvorlage der Regierung vom 3. November 2021 nichts. Der Entwurf zielte auf die Restitution von insgesamt fünfzehn Kunstwerken im Eigentum des Zentralstaates und der Gemeinde Sannois unter Abweichung vom Veräußerungsverbot der Art. L.451-1 Abs. 1 Code du patrimoine und Art. L.3111-1 CG3P.

1693 Aktuell ist eine flächendeckende Verankerung der Provenienzforschung in öffentlichen Museen und Bibliotheken noch nicht erreicht. Über Stellen für Provenienzforschung verfügen bislang nur die großen Kulturgut haltenden Einrichtungen Frankreichs, z.B. das *musée du Louvre*, das *musée d'Orsay*, das *musée de la Musique* und die *Bibliothèque nationale de France*. In den dezentralen Museen fehlen hingegen noch öffentliche Mittel zur Finanzierung von Forschungsstellen. Vgl. *Colboc*, Rapport fait au nom de la Commission des affaires culturelles et de l'éducation sur le projet de loi relatif à la restitution des biens culturels ayant fait l'objet de spoliations dans le context des persécutions antisémites perpétrées entre 1933 et 1945, Seizième législature, Nr. 1435, S. 23–25. Die Kulturministerin kündigte nun öffentliche Subventionen an. Siehe Rede der Kulturministerin Abdul-Malak, Compte rendu der Sitzung der Commission des affaires culturelles et de l'éducation vom 20.6.2023, S. 4.

1694 Wegweisende Bedeutung kam in diesem Kontext verschiedenen Publikationen aus dem Zeitraum 2018/2019 zu. Vgl. *Sarr/Savoy*, Rapport sur la restitution du patrimoine culturel africain: Vers une nouvelle éthique relationnelle; *Polack*, Le marché de l'art sous l'Occupation. Letzere stellt im Wesentlichen eine Zusammenfassung der im Jahr 2017 erschienenen Dissertation dar, vgl. *Polack*, Le paradigme du marché de l'art à Paris sous l'Occupation.

1695 Dies wird bereits dadurch verdeutlicht, dass das Gesetz im Frühjahr 2023 zeitgleich mit zwei weiteren Gesetzen zur Restitution von Objekten aus dem Kolonialkontext – menschlichen Überresten und Kulturgütern – angekündigt wurde. Vgl. *Azimi*, Trois lois-cadres sur les restitutions seront soumises au vote du Parlement en 2023, in: Le Monde vom 16.1.2023.

1696 Siehe zu diesen Sonderbeständen noch eingehend unter C.

1697 Vgl. *Azoulay*, Rede der Kulturministerin vom 13.4.2017: »[I]l se peut qu'il y ait des œuvres au sein de nos collections publiques qui soient, sans être labellisées MNR, issues de spoliation. […] La situation, en droit, est alors complexe car ces biens sont dans les collections publiques. […] Il faudra sans doute nous interroger sur la nécessité d'une disposition législative pour régler de tels cas«.

1698 Vgl. *Zivie*, Rapport à Madame la Ministre de la Culture, S. 48: »Il manque dans le code du patrimoine une disposition législative facilitant la sortie des collections; elle permettrait d'éviter d'avoir recours à des lois de circonstance pour faire sortir une œuvre des collections publiques – ce qui serait un outil bien trop lourd et disproportionné.«

1699 Siehe hierzu bereits unter B.III.4.

Gleichwohl handelte es sich hierbei um ein Einzelfallgesetz, das in ähnlicher Weise bereits zur Restitution von Kulturgütern aus dem Kolonialkontext mobilisiert worden war[1700] und über die erfassten konkreten Einzelfälle hinaus keine Anwendung finden sollte.[1701] Die Regierung verwies zur Begründung auf die technischen Schwierigkeiten bei der Schaffung eines allgemeinen Rahmengesetzes, das die Voraussetzungen einer Restitution in abstrakt-genereller Weise regelt.[1702] Dieser Position widersprachen noch im laufenden Gesetzgebungsverfahren der *Conseil d'État* in seiner Stellungnahme[1703] und die federführende Berichterstatterin des Kulturausschusses der Nationalversammlung.[1704] Beide forderten die Schaffung eines allgemeinen Gesetzes. Noch vor Verabschiedung des Gesetzes am 21. Februar 2022[1705] kündigte schließlich die Kulturministerin in ihrer Ansprache vor der Nationalversammlung am 17. Februar 2022 die Schaffung eines solchen Gesetzes für die folgende Legislaturperiode an.[1706]

Das nun verabschiedete Reformgesetz ist das Ergebnis dieses Reflexionsprozesses. Es ermächtigt öffentliche Körperschaften und Privatpersonen abweichend von den Verfügungsverboten in Art. L.3111-1 CG3P und Art. L.451-10 Abs. 1 Code du patrimoine, in ihrem Eigentum stehende Kulturgüter aus ihren Sammlungen zu entfernen und an die geschädigten Eigentümer:innen zu restituieren. Voraussetzung ist, dass das betreffende Kulturgut im Kontext der antisemitischen staatlichen Verfolgungspolitiken während der NS-Herrschaft entzogen wurde. Die Bedeutung des Gesetzes erschöpft sich dabei nicht in der Normierung bereichsspezifischer Ausnahmetatbestände, vielmehr stellt es für die Eigentümer:innen der erfassten Kulturgüter verbindliche materiell-rechtliche Vorgaben zur Bewertung von Restitutionsbegehren auf. Frankreich ist somit nach Österreich mit dem Kunstrückgabegesetz von 1998 und dem Vereinigten Königreich mit dem Holocaust (Return of Cultural Objects) Act von 2009 die dritte Jurisdiktion in Europa, in der ein formelles Gesetz zur Restitution von NS-Raubkunst existiert. Zugleich ist Frankreich der erste europäische Staat, der eine entsprechende Regelung mit Wirkung für bestimmte private Eigentümer:innen von Kulturgütern geschaffen hat.

In den folgenden beiden Kapiteln sollen die durch das Restitutionsgesetz eingeführten Regelungen dargestellt und vor dem Hintergrund des Gesamtsystems eingeordnet werden. Die Darstellung beginnt mit den Bestimmungen zu Restitutionen von Kulturgütern aus öffentlichen Sammlungen und Bibliotheken (Art. L.115-2 bis L.115-4 Code du patrimoine) und schließt mit Restitutionen aus bestimmten privat getragenen Museen (Art. L.451-10-1 Code du patrimoine).

1700 Siehe zu den Einzelfallgesetzen unter Fn. 1690.

1701 Siehe für eine rechtliche Einordnung und Bewertung des Gesetzes *von Lintig*, KUR 2022, 2.

1702 Vgl. die Hinweise bei *Regierung der Französischen Republik*, Étude d'impact vom 22.10.2021 zum Projet de loi relatif à la restitution ou la remise de certains biens culturels aux ayants droit de leurs propriétaires victimes de persécutions antisémites, Nr. 4632, S. 28.

1703 CE, Avis, 7.10.2021, Nr. 403728, S. 5, Rn. 11: »Le Conseil d'Etat […] recommande que l'élaboration d'une telle loi [cadre] soit étudiée afin d'éviter la multiplication de lois particulières et de permettre d'accélérer les restitutions.«

1704 Vgl. *Colboc*, Rapport fait au nom de la commission des affaires culturelles et de l'éducation sur le projet de loi relatif à la restitution ou la remise de certains biens culturels aux ayants droit de leurs propriétaires victimes de persécutions antisémites, Quinzième Législature, Nr. 4911, S. 32–34.

1705 Loi n° 2022-218 du 21 février 2022 relative à la restitution ou la remise de certains biens culturels aux ayants droit de leurs propriétaires victimes de persécutions antisémites (JORF vom 22.2.2022, Text Nr. 4). Siehe zu diesem Gesetz *von Lintig*, KUR 2022, 2.

1706 Rede der Kulturministerin Bachelot vom 17.1.2022, Compte rendu intégral, Sitzung vom 25.1.2022, JORF vom 26.1.2022, S. 1105.

2. Restitutionen aus öffentlichen Sammlungen und Bibliotheken (Art. L.115-2 Code du patrimoine)

Art. L.115-2 Abs. 1 Code du patrimoine autorisiert den öffentlichen Eigentümer eines Kulturguts im Sinne des Art. L.2112-1 CG3P unter bestimmten Voraussetzungen, dieses aus den Sammlungen mit dem Ziel einer Restitution an die Berechtigten zu »entfernen«.[1707] Dies gilt nach Art. L.115-2 Abs. 2 auch für Kulturgut in einer Sammlung eines öffentlich getragenen *musée de France*, das durch Schenkung, letztwillige Verfügung oder (bei Kulturgut im Eigentum dezentraler Körperschaften) mit Mitteln des Zentralstaates erworben wurde und dadurch zusätzlich dem Aussonderungsverbot aus Art. L.451-7 Code du patrimoine unterliegt.[1708]

a) Kulturgut im Sinne des Art. L.2112-1 CG3P

Der gegenständliche Anwendungsbereich des L.115-2 Code du patrimoine beschränkt sich auf Kulturgüter, die Art. L.2112-1 CG3P unterfallen. Diese Norm regelt die Voraussetzungen der Zuordnung von Mobilien (*meubles*) zur öffentlichen Domäne, an die das Veräußerungsverbot nach Art. L.3111-1 CG3P anknüpft. Zur öffentlichen Domäne zählen hiernach, vorbehaltlich kulturgüterschutzrechtlicher Bestimmungen, bewegliche Vermögenswerte im Eigentum einer Person des öffentlichen Rechts, an denen ein bestimmtes öffentliches Interesse (»intérêt public du point de vue de l'histoire, de l'art, de l'archéologie, de la science ou de la technique«) besteht. Das Zuordnungskriterium entspricht damit der kulturgutschutzrechtlichen Begriffsdefinition des Kulturguts.[1709] Die Vorschrift geht auf ein Gesetz von 2006[1710] zurück, das die Zuordnung zur öffentlichen Domäne von Mobilien erstmals abweichend von Immobilien (*immeubles*) regelte. Bei diesen beruht die Zuordnung auf einer Widmung zur unmittelbaren Nutzung durch die Öffentlichkeit oder zur Erfüllung der Aufgaben eines Gemeindienstes (Art. L.2111-1 CG3P).[1711] Bei Mobilien besteht die Zuordnung nunmehr schon bei Vorliegen der gesetzlichen Voraussetzungen von Gesetzes wegen.[1712]

1707 Die Norm spricht wörtlich von einer »sortie de ses collections d'un bien culturel«. Siehe eingehend zu diesem Rechtsbegriff noch unter B.IV.2.d)aa).

1708 »Les biens incorporés dans les collections publiques par dons et legs ou, pour les collections ne relevant pas de l'Etat, ceux qui ont été acquis avec l'aide de l'Etat ne peuvent être déclassés.«

1709 Nach *Boussard/Le Berre*, Droit administratif des biens, S. 140 f., Rn. 207 orientiert sich die Vorschrift am Begriff des Kulturerbes (»patrimoine«) in Art. L.1 Abs. 1 Code du patrimoine.

1710 Verordnung Nr. 2006-460 vom 21.4.2006 (JORF vom 22.4.2006, Text Nr. 21).

1711 Der Begriff der Widmung (*affectation*) ist als hoheitliche Bestimmung eines Vermögenswertes zu einem bestimmten öffentlichen Zweck zu verstehen. Die Widmung folgt nicht notwendig – wie im deutschen Recht der öffentlichen Sachen – aus einem expliziten Widmungsakt, sondern kann auch konkludent erfolgen (etwa durch Freigabe der Nutzung durch die Öffentlichkeit), vgl. m.w.N. *Foubert*, Fasc. 405-20, Entrée dans le domaine public, in: Jurisclasseur Administratif, Bearbeitungsstand 12.11.2014, Rn. 66 ff. Gleichwohl muss auch in diesem Fall ein Widmungswille der Verwaltung erkennbar sein, vgl. *Boussard/Le Berre*, Droit administratif des biens, S. 114.

1712 Vgl. *Duroy*, RDP 2011, 55 (57 f.): »[C]ontrairement aux immeubles dont l'appartenance au domaine public dépend d'une propriété publique et d'une affectation, les meubles font partie du domaine public en raison de leur appartenance à une personne publique et de leurs qualités intrinsèques (substantielles), en d'autres termes de leur nature.« Siehe auch m.w.N. *Tarlet*, Les biens publics mobiliers, S. 166 f., Rn. 242. Für Immobilien folgt die Zuordnung zur öffentlichen Domäne dagegen aus einer Widmung (Art. L.2111-1 CG3P). Vgl. hierzu *Foubert*, Fasc. 405-20, Entrée dans le domaine public, in: Jurisclasseur Administratif, Bearbeitungsstand 12.11.2014, Rn. 66 ff.; *Boussard/Le Berre*, Droit administratif des biens, S. 114.

Der Verweisung auf Art. L.2112-1 CG3P lassen sich somit drei positive Voraussetzungen für den Anwendungsbereich des Art. L.115-2 Code du patrimoine entnehmen: Es muss sich um ein Kulturgut (aa) handeln, an dem ein öffentliches Interesse (bb) besteht, das nicht nachträglich entfallen ist (cc). Zudem muss das Kulturgut im Eigentum einer Person des öffentlichen Rechts stehen (dd).

aa) Begriff des Kulturguts

Der Begriff des Kulturguts wird weder im Restitutionsgesetz von 2023 noch in Art. L.2112-1 CG3P legaldefiniert. Vielmehr scheint der Gesetzgeber ein vorgefertigtes Verständnis des Kulturgüterbegriffs schlicht zu unterstellen. Da die Umsetzung des Art. L.115-2 Code du patrimoine vordergründig der CIVS obliegen wird (Art. L.115-3), kann vorrangig auf die Auslegung des Begriffs in ihrer bisherigen Spruchpraxis zurückgegriffen werden. Diese stellt, wie bereits in einem früheren Kapitel erläutert, im Ausgangspunkt auf die Definition des Kulturgutbegriffs im Kulturgutschutzrecht ab (Art. L.1 Abs. 1 Code du patrimoine), erstreckt den Begriff aber auch auf Alltagsgegenstände, um der Bedeutung des Verfahrens für das Gedenken der Verfolgungsopfer und die historische Aufarbeitung der Shoah Rechnung zu tragen.[1713] Diese Auslegung erfährt eine gewisse Bestätigung in der Begründung der Regierung zur Gesetzesvorlage, wonach dem Begriff neben Kunstwerken auch Bücher und Musikinstrumente unterfallen sollen.[1714]

In jedem Fall aber hängt die Einordnung als Kulturgut im Sinne des Art. L.115-2 Abs. 1 aber von der Bejahung des öffentlichen Interesses an dem Objekt ab.[1715] Bei Tagebüchern oder anderen Manuskripten müsste das öffentliche Interesse konkret unter Verweis auf ihre öffentliche Bedeutung – etwa für das Gedenken an die Shoah – begründet werden. Dies gilt erst recht für Alltagsobjekte, die faktisch keinen Verkehrswert aufweisen. Auf das praktische Ergebnis dürfte sich diese Auslegungsfrage aber kaum auswirken: Denn fehlt es an der Kulturguteigenschaft oder einem öffentlichen Interesse, unterliegt der Gegenstand schon nicht dem Veräußerungsverbot nach Art. L.3111-1 CG3P und kann ohne Weiteres ausgesondert und übereignet werden, es sei denn, er ist Teil einer musealen Sammlung (Art. L.2112-1 Nr. 8 CG3P).

bb) Öffentliches Interesse

Gemäß Art. L.2112-1 CG3P sind nur solche bewegliche Vermögenswerte im Eigentum einer Person des öffentlichen Rechts der öffentlichen Domäne zuzuordnen, an denen ein bestimmtes öffentliches – insbesondere historisches, künstlerisches, archäologisches, wissenschaftliches oder technisches – Interesse besteht. Ein Interesse in diesem Sinne wird für die im zweiten Halbsatz des Art. L.2112-1 CG3P regelbeispielartig gelisteten Arten von Vermögenswerten gesetzlich vermutet. Hierzu zählen neben Objekten in musealen Sammlungen (Art. L.2112-1 Nr. 8) und alten, seltenen oder wertvollen Dokumenten in Bibliotheken (Art. L.2112-1 Nr. 10)

1713 Siehe hierzu eingehend unter B.III.4.b)aa)(2)(i). Die Einordnung als »bien culturel« ist nicht per se Voraussetzung für eine Verfahrenseinleitung vor der CIVS. Jedoch greift bei Kulturgütern ein besonderes Untersuchungs- und Beschlussverfahren, zudem kann die CIVS von Amts wegen tätig werden und auch durch Personen mit einem berechtigten Interesse, also unabhängig von einer Geschädigtenstellung i.S.d. Art. 1 Abs. 1 CIVS-Dekret, angerufen werden.

1714 *Regierung der Französischen Republik*, Étude d'impact vom 18.04.2023 zum Projet de loi relatif à la restitution des biens culturels ayant fait l'objet de spoliations dans le contexte des persécutions antisémites perpétrées entre 1933 et 1945, Nr. 539, S. 4.

1715 Hierzu sogleich unter B.IV.2.a)bb).

auch öffentliche Archive im Sinne des Art. L.211-4 Code du patrimoine. Erfasst werden ferner Sachen, die selbst als historische Denkmäler (*monuments historiques*) nach Art. L.622-1 oder L. 622-1-1 Code du patrimoine eingetragen sind oder sich in einer nach Art. L.621-1 als historisches Denkmal eingestuften oder nach Art. L.621-25 eingetragenen Immobilie befinden (Art. L.2112-1 Nr. 6). Gemeint ist etwa das Mobiliar eines historischen Gebäudes (z. B. eines Schlosses) im öffentlichen Eigentum. Regelmäßig sind entsprechende Objekte aber ohnehin Bestandteil eines Museums, sodass ein öffentliches Interesse bereits aus Art. L.2112-1 Nr. 8 CG3P folgen würde.

Die Zuordnung zur öffentlichen Domäne folgt bei Kulturgütern in den Sammlungen der sog. *musées de France* – unabhängig von einem öffentlichen Interesse – spezialgesetzlich aus Art. L.451-5 Abs. 1 Code du patrimoine. Bei diesen Einrichtungen handelt es sich um museale Sammlungen im Eigentum einer Person des öffentlichen Rechts oder einer gemeinnützigen Person des Privatrechts, denen die Bezeichnung *musée de France* auf Antrag durch den Zentralstaat verliehen wurde (Art. L.441-1 Code du patrimoine). Die zentralstaatlichen Nationalmuseen (*musées nationaux*) führen diese Bezeichnung von Rechts wegen (Art. L.442-2 Code du patrimoine).

cc) Kein Interessenfortfall

Der Tatbestand des Art. L.115-2 Abs. 1 Code du patrimoine greift im Umkehrschluss nicht ein, wenn ein öffentliches Interesse im Sinne des Art. L.2112-1 CG3P nicht besteht oder nachträglich entfallen ist. In diesem Fall kann das Kulturgut gemäß Art. L.115-1 Abs. 1, R.115-1 Code du patrimoine ausgesondert und restituiert werden.[1716]

Es erscheint gleichwohl zweifelhaft, ob ein Fortfall des öffentlichen Interesses bei Kulturgütern begrifflich überhaupt möglich ist. Der im Auftrag der Kulturministerin Albanel angefertigte Rigaud-Bericht von 2008 erwog dies noch für Kunstwerke, deren Echtheit zweifelhaft ist oder die sich in einem derart schlechten Erhaltungszustand befinden, dass die Kosten einer Restauration außer Verhältnis zu ihrem Wert stehen.[1717] Aus Gründen der Rechtssicherheit kann aber nicht schon eine bloße Veränderung des Kunstgeschmacks genügen. In der Literatur werden daher hohe Anforderungen an den Interessenfortfall gestellt.[1718] Dieser muss demnach auf Umstände gestützt werden, die in dem Objekt selbst angelegt sind und mit dessen Fähigkeit in Verbindung stehen, ein öffentliches Gemeininteresse (z. B. den staatlichen Bildungsauftrag) zu befriedigen. Kulturgüter weisen die Besonderheit auf, dass ihnen ein fortwährendes Interesse der Öffentlichkeit an ihrer Erforschung, Erfahrung und Rezeption immanent ist. Dies gilt nicht nur für hochwertige Kunstschätze, die sich allgemeiner Beliebtheit beim Publikum erfreuen, sondern paradoxerweise gerade bei Werken aus Unrechtskontexten, an deren Erforschung ein fortwährendes Interesse bestehen kann.[1719] In der vergangenen Praxis ist ein Interessenfortfall aber nur äußerst selten anerkannt worden. Die durch Gesetz vom 17. Mai 2010 geschaffene

1716 Eingeführt durch Dekret Nr. 2021-979 vom 23.7.2021 (JORF vom 25.7.2021, Text Nr. 25). So auch davor schon verbreitete Rechtsansicht, vgl. *Duroy*, RDP 2011, 55 (65); *Tarlet*, Les biens publics mobiliers, S. 458 ff., Rn. 671.

1717 Vgl. *Rigaud*, Réflexion sur la possibilité pour les opérateurs publics d'aliéner des œuvres de leurs collections, S. 22 f. Ähnliche Beispiele nennt *Duroy*, RDP 2011, 55 (72 f.).

1718 In diesem Sinne *Chatelain/Taugourdeau*, Œuvres d'art et objets de collection en droit français, S. 9.

1719 So etwa CE, Assemblée, 30.7.2014, Nr. 349789, Rec. S. 247, Cons. 4 – Kodric und Heer: »[I]l résulte de ces dispositions que, à moins que le législateur n'en dispose autrement, les œuvres détenues par une personne morale de droit public, y compris

Commission scientifique nationale des collections (CSNC), die bis zu ihrer Abschaffung im Dezember 2020 vor der Aussonderung eines Kulturguts zu konsultieren war,[1720] gab während ihres zehnjährigen Bestehens gerade einmal neun Empfehlungen ab.[1721] Angesichts dieser Diskrepanz zwischen gesetzlichem Anspruch und Wirklichkeit sprach bereits der Rigaud-Bericht von einer virtuellen Rechtsmaterie (»droit virtuel«).[1722]

Für den seltenen Fall des Fehlens oder des Entfalls des öffentlichen Interesses erfolgt die Aussonderung bei Kulturgütern im Eigentum des Zentralstaates durch Entscheidung des:der Kulturminister:in, gegebenenfalls nach vorheriger Stellungnahme des aufsichtsführenden Ministeriums (Art. L.115-1 Abs. 1, Art. R.115-1 Abs. 2 Code du patrimoine).[1723] Bei Kulturgütern im Eigentum einer dezentralen Gebietskörperschaft erfolgt die Aussonderung durch Entscheidung des öffentlichen Eigentümers nach vorheriger Stellungnahme des Kulturministeriums (Art. L.115-1 Abs. 1, Art. R.115-1 Abs. 3). Bei Kulturgütern im öffentlichen Eigentum, die Teil der Sammlung eines *musée de France* sind, muss vor einer Aussonderung zusätzlich eine stattgebende Empfehlung (*avis conforme*) des *Haut Conseil des musées de France* eingeholt werden (Art. L.451-5 Abs. 2 Code du patrimoine). Eine Missachtung dieser Vorgabe führt zur Rechtswidrigkeit der Entscheidung über die Aussonderung[1724] und zur Nichtigkeit etwaiger Veräußerungen.

Ausnahmslos ausgeschlossen ist die Aussonderung von Kulturgütern aus der Sammlung eines *musée de France*, die durch Schenkung oder Vermächtnis erworben worden sind (Art. L.451-7 Alt. 1 Code du patrimoine), und zusätzlich bei Kulturgütern im Eigentum dezentraler Gebietskörperschaften, wenn diese mit Unterstützung des Zentralstaates erworben

lorsqu'elle les a acquises dans le cadre ou à l'issue d'opérations de guerre […], appartiennent au domaine public et sont, de ce fait, inaliénables«.

1720 Art. L.115-1, L.451-5 Abs. 2 Code du patrimoine a.F. Die Voraussetzung für eine Aussonderung war nach der Praxis dieser Kommission der Verlust des öffentlichen Interesses an dem Kulturgut. Vgl. *CSNC*, Rapport au Parlement prévu par l'article 4 de la loi n° 2010-501 du 18 mai 2020, S. 49 f.

1721 Aussage des ehemaligen Präsidenten der Kommission, abgedruckt in *Sénat*, Comptes rendus de la commission de la culture, de l'éducation et de la communication, Audition de M. Jacques Sallois, ancien président de la Commission scientifique nationale des collections, 15.1.2020. Der einzige Fall einer Restitution in Ansehung der Unrechtsbehaftung betraf fünf Freskenfragmente aus dem Grabmal eines ägyptischen Prinzen, die nach Inkrafttreten des UNESCO-Abkommens von 1970 illegal aus Ägypten ausgeführt worden waren und zu Beginn der 2000er-Jahre vom französischen Staat erworben wurden. Im November 2007 stellte Ägypten ein Restitutionsgesuch. Die Restitutionsverpflichtung Frankreichs folgte somit aus einer völkerrechtlichen Norm (siehe *Kulturministerium*, Presseerklärung vom 9.10.2009, Frédéric Mitterrand, ministre de la Culture et de la Communication, décide la restitution de cinq fragments de fresques issus d'un tombeau égyptien). Die Aussonderung erfolgte sodann durch Arrêté vom 9.11.2009 (JORF vom 10.11.2009, Text Nr. 49).

1722 *Rigaud*, Réflexion sur la possibilité pour les opérateurs publics d'aliéner des œuvres de leurs collections, S. 22. Diese Aussage bezog sich noch auf das Vorgängerorgan der CSNC, die *Commission scientifique nationale* (Art. L.451-5 Code du patrimoine in der durch Art. 11 des Gesetzes Nr. 2002-5 vom 4.1.2002 geänderten Fassung).

1723 So unterstehen etwa das *musée de l'Armée* der Aufsicht des Verteidigungsministeriums und das *musée des arts et métiers* (CNAM) jener des Ministeriums für Hochschulbildung und Wissenschaft.

1724 Diese Problematik stellte sich bezüglich der Restitution des Kopfes eines Angehörigen des Maori-Stammes durch die Stadt Rouen. Der Kopf hatte sich seit 1875 im kommunalen *Muséum d'histoire naturelle, d'ethnographie et de préhistoire* befunden. Der Gemeinderat der Stadt billigte die Restitution an das Museum Te Pa in Wellington (Neuseeland) 2007 durch Beschluss. Der zuständige Präfekt erhob daraufhin Klage gegen den Beschluss, woraufhin das Verwaltungsgericht von Rouen diesen schließlich wegen formeller Mängel aufhob. Die *Commission scientifique nationale des collections des musées de France* war entgegen Art. L.451-5 Code du patrimoine vor der Aussonderung nicht angerufen worden (TA Rouen, 27.12.2007, Nr. 0702737; CAA Douai, 24.7.2008, Nr. 08DA00405, JCP G 2008, Nr. 10041).

wurden (Art. L.451-7 Alt. 2). In diesen Fällen einer absoluten Unveräußerlichkeit (»inaliénabilité absolue«)[1725] greift nun Art. L.115-2 Abs. 1 Code du patrimoine entsprechend (Art. L.115-2 Abs. 2).

dd) Kulturgut im Eigentum einer Person des öffentlichen Rechts

Das Kulturgut muss sich ferner im Eigentum derjenigen Person des öffentlichen Rechts befinden, gegen die sich der Restitutionsanspruch richtet. Dies ist bereits eine Grundvoraussetzung für die Zuordnung des Kulturguts zur öffentlichen Domäne[1726], stellt im Übrigen aber auch eine rechtliche Vorbedingung für die spätere wirksame Verfügung über das Kulturgut dar, da grundsätzlich nur der:die aktuelle Eigentümer:in verfügungsberechtigt ist. Als Personen des öffentlichen Rechts (*personnes publiques*) definiert Art. L.1 CG3P neben dem Zentralstaat (*État*) die dezentralen Gebietskörperschaften (sog. *collectivités territoriales*, etwa Regionen, *Départements* und Kommunen) sowie die mit eigener Rechtspersönlichkeit ausgestatteten Verwaltungsstellen (sog. *établissements publics*).

(1) Öffentliches Eigentum

Eigentum im Sinne des Art. L.2112-2 CG3P meint öffentliches Eigentum (*propriété publique*), das sich aufgrund seiner Ausgestaltung im CG3P von zivilrechtlichem Eigentum nach Art. 544 Code civil unterscheidet. Fehlen in diesem Gesetz jedoch abschließende Sonderregelungen, so ist ein Rückgriff auf die Regeln des allgemeinen Zivilrechts zulässig. Dies gilt etwa für den Erwerb des öffentlichen Eigentums und dessen Beweis, die sich nach den allgemeinen Regeln des Code civil richten.[1727]

Der öffentliche Halter eines Kulturguts, der über Eigenbesitz (*possession*) im Sinne des Art. 2255 Code civil verfügt, kann sich zur Begründung sowie zum Beweis seines Eigentums somit auf die Norm des Art. 2276 Abs. 1 Code civil (»en fait de meubles, la possession vaut titre«) stützen. Die Regelung weist eine Doppelfunktion auf. Im Verhältnis zu Dritten begründet der Eigenbesitz zugunsten des:der gutgläubigen Erwerber:in einen originären Eigentumstitel (sog. *fonction acquisitive*). Zugleich ist der Eigenbesitz Anknüpfungspunkt einer gesetzlichen Vermutung, dass der:die aktuelle Eigenbesitzer:in zugleich Eigentümer:in ist (sog. *fonction probatoire*).[1728]

(2) Fehlen des öffentlichen Eigentums

Diese Erwerbs- und Beweisfunktion des Eigenbesitzes scheidet jedoch aus, wenn bewiesen ist, dass der öffentliche Eigentümer in den Eigenbesitz nicht aufgrund eines Vertrages oder eines anderen Rechtstitels, sondern vielmehr auf sonstige Weise (etwa infolge einer deliktischen

1725 Vgl. in diesem Sinne *Ferrari-Breeur*, Juris art etc. 3 (2013), 43 (44).

1726 Vgl. Art. L.2112-1 CG3P: »font partie du domaine public mobilier de la *personne publique propriétaire* les biens présentant un intérêt public« (Hervorhebung d. Verf.).

1727 So bejahte etwa Cass. civ. 1ère, 4.1.2023, Nr. 21-18.993 die Möglichkeit eines Eigentumserwerbs durch eine öffentliche Körperschaft nach Art. 2276 Abs. 1 Code civil (»En fait de meubles, la possession vaut titre«), der funktional den §§ 932 ff. BGB entspricht.

1728 Zur dualistischen Funktion des Eigenbesitzes im französischen Zivilrecht siehe *Dross*, Art. 2276 et 2277, Prescription et possession, Prescription des choses mobilières, in: Jurisclasseur Civil Code, Bearbeitungsstand 15.11.2018, Rn. 11.

Handlung oder infolge der Kriegswirren) gelangt ist. Auf solche Fälle ist Art. 2276 Abs. 1 Code civil nach herrschender Ansicht in seiner Funktion als Erwerbstatbestand nicht anwendbar.[1729] Auch die hieraus abgeleitete Eigentumsvermutung ist hier widerlegt. In derartigen Konstellationen gelangt Art. L.115-2 Abs. 1 Code du patrimoine somit mangels Beweis des öffentlichen Eigentums nicht zur Anwendung.

Eine Restitution kann in solchen Fällen daher bereits nach Streichung (»radiation«) aus der Inventarliste des jeweiligen Museums oder der jeweiligen Bibliothek gemäß Art. D.451-19 Code du patrimoine erfolgen.[1730] Hierbei ist der Streichungsgrund der unstatthaften Eintragung (»inscription indue«) nach Art. D.451-19 Nr. 2 einschlägig. Der Begriff wurde in der Circulaire Nr. 2006/006 des Kulturministeriums vom 27. Juli 2006[1731] und einer Note-Circulaire vom 4. Mai 2016[1732] dahingehend konkretisiert, dass ihre Annahme stets auf objektiven Gründen – z. B. einer fehlerhaften Eintragung oder Zuordnung zu einem Museum oder einer Änderung der Eigentumslage – beruhen muss (§ 2.32 der Note-Circulaire). Als beispielhafter Anwendungsfall wird die Annullierung des Verwaltungsverfahrens zum Erwerb des Kulturguts durch Gerichtsentscheidung genannt.[1733] Dem dürfte erst recht der Fall des Fehlens des Eigentums entsprechen, sofern der Rechtsmangel durch rechtskräftige Gerichtsentscheidung festgestellt wurde. Nur im Ausnahmefall, etwa bei Evidenz der Tatsachen- und Rechtslage, dürfte eine gerichtliche Feststellung hingegen verzichtbar sein.

Den ersten Anwendungsfall des Art. D.451-19 Nr. 2 im Bereich der verfolgungsbedingten Verluste bildete der Fall Fedor Löwenstein (1901–1946). Im Zeitpunkt des deutschen Einmarsches lagerten die Werke des Künstlers im Hafen von Bordeaux in Erwartung ihrer Ausfuhr in die Vereinigten Staaten. Diese scheiterte jedoch wegen eines von der Besatzungsmacht verhängten Ausfuhrstopps. Am 5. Dezember 1940 führte der ERR eine Beschlagnahmeaktion im Hafen von Bordeaux durch, bei der etwa 25 Werke des Künstlers, darunter auch die drei Ölgemälde, entzogen wurden.[1734] Die Bilder wurden daraufhin nach Paris in das Lager im *Jeu de Paume* verbracht. Dort verblieben sie über den gesamten Zeitraum der Besatzung.[1735] Wegen ihrer Verfemung als Erzeugnisse »entarteter Kunst« waren die Werke ursprünglich für eine Vernichtung vorgesehen,[1736] blieben jedoch vor einer Zerstörung verschont. Nach dem Krieg

1729 Vgl. m. w. N. *Dross*, a. a. O. Rn. 29-35.

1730 Siehe *hierzu Zivie*, Rapport à Madame la Ministre de la Culture, S. 48.

1731 Circulaire n° 2006/006 du 27 juillet 2006 relative aux opérations de récolement des collections des musées de France, https://www.culture.gouv.fr/Media/Medias-creation-rapide/circulaire_recolement2006-006.pdf2 (4.11.2023).

1732 Note-circulaire relative à la méthodologie du récolement des ensembles dits indénombrables et aux opérations de post-récolement des collections des musées de France, Fassung vom 4.5.2016, https://www.culture.gouv.fr/Media/Medias-creation-rapide/note-circulaire-post-recolement.pdf (4.11.2023).

1733 So nach der Circulaire vom 27.7.2006, Abschnitt III.2; Note-circulaire, a. a. O., § 2.32.3.

1734 Vgl. *Prévet/Bajou*, in: Saragoza (Hrsg.), L'art victime de la guerre. Destin des œuvres d'art en Aquitaine pendant la Seconde Guerre mondiale, S. 33, 34.

1735 Ein Hinweis auf elf Werke findet sich in den Notizen der Mitarbeiterin Rose Vallands vom 10.3.1940, abgedruckt in *Polack/Dagen*, Les carnets de Rose Valland, S. 65. Eine Abbildung der Originalquelle findet sich bei *Prévet/Bajou*, in: Saragoza (Hrsg.), L'art victime de la guerre. Destin des œuvres d'art en Aquitaine pendant la Seconde Guerre mondiale, S. 33.

1736 Rose Valland schildert in ihren Notizen die Vernichtung einer unbestimmten Zahl von Werken Löwensteins im Juni 1943, die sich zuvor im sog. *Séquestre* des Louvre – Lagerort für geraubte Kunstwerke im Erdgeschoss der *Cour carrée* – befunden hatten. Die Werke wurden teils zerrissen oder in Stücke geschnitten und einige Tage später verbrannt. Siehe im Einzelnen *Polack/Dagen*, Les carnets de Rose Valland, S. 93.

wurden drei der Werke[1737] in einem Lager des Louvre geborgen, ihre Provenienz blieb aber unbekannt. Im Dezember 1973 wurden diese als Schenkung durch Unbekannt (»don anonyme«) in das Inventarverzeichnis des *Musée national d'art moderne* (MNAM) aufgenommen.[1738] In gleicher Weise verfuhr man auch mit weiteren Werken, deren Provenienz ebenfalls unklar geblieben war.[1739]

Im Zuge interner Provenienzrecherchen konnte im Jahr 2010 – mehr als drei Jahrzehnte später – die Herkunft der drei Gemälde aufgeklärt werden. Die Untersuchungen erlaubten es ferner, Aufschluss über die Biografie des verfolgten Künstlers Löwenstein zu gewinnen, der in Frankreich bis dato noch unbekannt war.[1740] Um die Restitution der Werke abweichend von Art. L.3111-1 CG3P bzw. Art. L.451-5 Abs. 1 Code du patrimoine zu ermöglichen, stützte man sich auf Art. D.451-19 Code du patrimoine. Die drei Gemälde wurden somit nicht ausgesondert, sondern schlicht aus dem Inventarverzeichnis des MNAM gestrichen und in das provisorische Inventarverzeichnis der Sonderrestbestände aufgenommen.[1741] Eine derartige Umschreibung hätte an sich eine rechtskräftige Entscheidung eines Zivilgerichts erfordert, die das Eigentum an den Werken Dritten zuspricht, wovon aber ersichtlich abgesehen wurde. Angesichts der Evidenz des Fehlens eines Erwerbstitels war dies auch nicht angezeigt. Am 22. Juni 2022 empfahl die CIVS ihre Restitution an die Erb:innen des Künstlers.[1742]

Ganz ähnlich verhielt es sich im Fall Hugo Simon (1880–1950). Simon war ein Berliner Bankier und sozialdemokratischer Politiker. Nach seiner Flucht aus Deutschland lebte er ab März 1933 mit seiner Familie in Paris. Es gelang ihm, hierher auch einen kleineren Teil seiner umfangreichen Kunstsammlung auszuführen. Unter diesen Werken befand sich auch das Gemälde *Nus dans un paysage* von Max Pechstein. Im Sommer 1940 floh die Familie nach Spanien und wanderte schließlich nach Brasilien aus. Nach der Flucht blieben in der Pariser Wohnung zahlreiche Kunstwerke zurück, darunter aller Wahrscheinlichkeit nach auch das Pechstein-Gemälde. Unter bislang nicht geklärten Umständen gelangte das Werk schließlich in den *Palais de Tokyo* in Paris, wo es 1966 von einem Museumsmitarbeiter entdeckt wurde. Nach dessen Aussagen enthielt der Werkkörper zu jenem Zeitpunkt keinen Hinweis auf einen staatlichen Erwerb. Das Gemälde wurde daraufhin prompt in die staatlichen Sammlungen aufgenommen und dem *Musée national d'art moderne* (MNAM) zur Verwahrung übergeben.[1743] Als Erwerbsgrund wurde fälschlicherweise ein Erwerb 1963 beim Kölner Kunsthaus Lempertz angegeben. In einer Empfehlung vom 10. Juli 2020 empfahl die CIVS auf Grundlage eines

1737 *Les peupliers*, Öl auf Leinwand, nachträglich R 27 P; *Arbres*, Öl auf Leinwand, nachträglich R 27 P; *Composition*, Öl auf Leinwand, 1939, nachträglich R 28 P.

1738 Sitzung des *Comité consultatif des Musées nationaux* vom 6.12.1973, sinngemäß wiedergegeben in *Prévet/Bajou*, in: Saragoza (Hrsg.), L'art victime de la guerre. Destin des œuvres d'art en Aquitaine pendant la Seconde Guerre mondiale, S. 33, 35. Die Werke erhielten die Inventarnummern A.M. 1973-49 bis 51.

1739 Prévet und Bajou zufolge wurden neben den Werken Löwensteins weitere Werke mit demselben Hinweis in die staatlichen Sammlungen aufgenommen. Bei nicht allen Werken konnte eine Einstufung als Raubkunst ausgeschlossen werden (vgl. *Prévet/Bajou*, ebd.).

1740 Der 1903 geborene Löwenstein stammte ursprünglich aus der Tschechoslowakei und lebte und wirkte seit 1923 in Paris. Er stellte ab 1926 regelmäßig im *Salon d'Automne* aus und schloss sich 1936 der alternativen Künstler:innengruppe *Les surindépendants* an. Nach dem deutschen Einmarsch zog er sich nach Mirmande (Drôme) zurück. Als die Deutschen im November 1942 auch die Südzone besetzten, tauchte Löwenstein unter. Er verstarb 1946 an einer Atemwegserkrankung.

1741 Siehe zu diesen Sonderbeständen noch eingehend unter C.

1742 Abgedruckt in *CIVS*, Tätigkeitsbericht für 2022, S. 69–73.

1743 *Nus dans un paysage*, Max Pechstein, Öl auf Leinwand, 1912, AM 4364 P.

Indizienbündels die Restitution des Werkes an die Erb:innen Hugo Simons.[1744] Diese Überlegung machte schließlich einen Rückgriff auf Art. D.451-19 Code du patrimoine möglich. Im September 2020 wurde das Werk aus dem staatlichen Inventarverzeichnis gestrichen und mit der Nummer »R 29 P« in die Sonderbestände der äußeren Restitution aufgenommen. Am 1. Juli 2021 erfolgte die Restitution.[1745]

Anders lagen die Dinge hingegen im Fall der Gemälde *Jeune Paysage faisant du feu* von Camille Pissarro[1746] und *La corne d'or* von Paul Signac[1747] aus der Sammlung des verfolgten Kunstsammlers Gaston Lévy. Nachdem dieser im Juni 1940 nach Tunis geflohen war, wurde seine Sammlung im Oktober 1940 auf seinem Anwesen *Les Bouffards* in Brinon-sur-Sauldre von deutschen Stellen entzogen und nach Paris transportiert. Beide Gemälde wurden im Mai 1944 nach Schloss Nikolsburg, später nach Schloss Kogl verbracht. Dort wurden sie nach dem Krieg geborgen, in den CCP München eingeliefert und im September 1947 an Frankreich restituiert. Eine Zuordnung zu Gaston Lévy unterblieb in der Folge jedoch, offenbar weil dieser selbst keine Verlustmeldung für die beiden Werke gestellt hatte. Später verlor sich die Spur der beiden Gemälde unter ungeklärten Umständen.[1748] Möglich, aber angesichts der kunsthistorischen Bedeutung eher unwahrscheinlich ist, dass die Gemälde nach 1949 durch die Domänenverwaltung veräußert wurden.[1749] Es verbleibt daher nur die Hypothese eines Diebstahls durch Dritte. Die Gemälde wurden durch Zufall erst vierzig Jahre später, am 23. April 1988, bei einer Zollkontrolle wiederentdeckt. Zu diesem Zeitpunkt befanden sie sich im Besitz der Firma Niconique. Im Zuge ihrer Beschlagnahme verfielen die Werke dem Staat[1750] und wurden schließlich in die Sammlung des *musée d'Orsay* aufgenommen.

Der Eintrag verschweigt indes, auf welcher Rechtsgrundlage die Beschlagnahme erfolgt ist. Nach den Forschungen des Verfassers ging dem Vermögensverfall ein strafrechtliches Gerichtsverfahren bis zur *Cour de cassation* voraus. Serge Z fasste um 1988 den Entschluss, die Werke bei Christie's in London versteigern zu lassen. Zu diesem Zweck wurde das Speditionsunternehmen von Yvan X mit dem Transport von Paris nach Belgien beauftragt, von wo aus eine Ausfuhr in das Vereinigte Königreich erfolgen sollte. Yvan X wurde später wegen Verstoßes gegen zollrechtliche Bestimmungen zu einer Geldstrafe verurteilt.[1751] Nach Art. 412 Abs. 1 und 414 Abs. 1 Code des douanes verhängte das Gericht als Nebenstrafe die Beschlagnahme der beiden Gemälde. Den Rechtsgrund für die Aufnahme der Werke bildete somit eine zollrechtliche Beschlagnahme, die in ihren Rechtswirkungen eine Enteignung (*expropriation*)

1744 CIVS, Empfehlung vom 10.7.2020, Nr. 24384 BCM, abgedruckt in *CIVS*, Tätigkeitsbericht für das Jahr 2020 2021, S. 78–80. Siehe hierzu bereits unter B.III.7.c)cc)(4).

1745 *Kulturministerium*, Presseerklärung vom 1.7.2021, Restitution au ministère de la Culture d'une œuvre et d'un objet spoliés pendant la seconde guerre mondiale.

1746 *Jeune paysanne faisant du feu*, Camille Pissarro, nachträglich MNR 1010.

1747 *La corne d'or* Paul Signac, nachträglich MNR 1009.

1748 *Kulturministerium*, Presseerklärung vom 26.7.2018, Restitution de deux tableaux faisant partie des Musées nationaux Récupération (›MNR‹) aux ayants droit de Gaston Lévy.

1749 Siehe zu diesen historischen Vorgängen Näheres unter C.I.

1750 Vgl. *Kulturministerium*, Eintrag zu MNR 1009 und MNR 1010, in: Datenbank Rose-Valland (MNR-Jeu de Paume): »Celui-ci [Yvan X; Anm. d. Verf.] tente de récupérer les œuvres mais, après épuisement des actions contentieuses, celles-ci sont saisies puis intégrées aux collections nationales françaises en 2000 et attribuées au musée d'Orsay.«

1751 Cass. crim., 14.11.1996, Nr. 95-84.347. Die Verurteilung erfolgte wegen *contrabande de marchandises* (Art. 419 Abs. 1, 215ter Code des douanes) und *exportation sans déclaration* (Art. 414 Code des douanes).

darstellt.[1752] Den enteigneten Eigentümer:innen verbleibt in diesem Fall nur ein Regress gegen den:die Delinquent:in (Art. 376 Abs. 1 Code des douanes) oder die Aufhebung der Beschlagnahme (*mainlevée*, Art. 376 Abs. 1bis Code des douanes), sofern sie gutgläubig waren und in Bezug auf konfiszierte Ware nicht selbst nach zollrechtlichen Vorschriften strafrechtlich verurteilt worden sind. Die Bemühungen von Serge Z, die Restitution der Gemälde gerichtlich zu erwirken, scheiterten. Infolge des Eigentumserwerbs kraft hoheitlichen Rechtsaktes sind die Werke daher Teil der öffentlichen Domäne geworden.[1753] Da sich der Staat demnach auf einen gültigen Rechtstitel berufen konnte, unterscheidet sich dieser Fall deutlich von den Fällen Löwenstein und Simon. Die Eintragung war gerade nicht unstatthaft im Sinne des Art. D.451-19 Nr. 2 Code du patrimoine, sondern entsprach der Rechtslage bei Aufnahme der Werke in die Sammlung des Museums. Mangels Evidenz dieses Rechtsmangels hätte eine Restitution nach damaliger Rechtslage nur auf Grundlage eines Parlamentsgesetzes, heute nach vorheriger Aussonderung gemäß Art. L.115-2 Code du patrimoine erfolgen dürfen.

Die Konsequenzen dieses Verfahrensfehlers für spätere Erwerber:innen sind beachtlich: Gemäß Art. L.451-5 Code du patrimoine ist die Übertragung des Eigentums an die Erb:innen Lévys als nichtig anzusehen. Dritte können zudem an den Kunstwerken nicht nach Art. 2276 Abs. 1 Code civil gutgläubig Eigentum begründen. Der Staat könnte also bei späteren – auch gutgläubigen – Erwerber:innen vindizieren (Art. L.112-22 Code du patrimoine). Inzwischen wurden die Werke bei Sotheby's in London versteigert.[1754] Im Falle einer Vindikationsklage des Staates könnten neben den Erwerber:innen auch die Erb:innen Lévys auf Auskehr des Kaufpreises und Schadensersatz verklagt werden (Art. L.112-23 Code du patrimoine, Art. 1626 Code civil). Ein Verzicht des Staates auf seine Herausgabeansprüche, etwa im Rahmen einer Restitutionsvereinbarung, wäre wegen des zwingenden Charakters der Art. L.3111-1, 2112-1 CG3P unwirksam. Diese rechtsdogmatische Kritik soll nicht darüber hinwegtäuschen, dass die Restitutionen zweifelsohne moralisch begründet und im Ergebnis richtig waren.

Schließlich kann der staatliche Eigentumstitel rückwirkend durch gerichtliche Entscheidung, etwa auf Grundlage des Zivilrechts[1755] oder der Verordnung vom 21. April 1945, entfallen.[1756] Mit dem Verlust des öffentlichen Eigentums an dem betreffenden Vermögenswert erlischt auch dessen Zugehörigkeit zur öffentlichen Domäne nach Art. L.2112-1 CG3P.

1752 Vgl. *Berr*, Douanes, in: Répertoire de droit pénal, Bearbeitungsstand Mai 2009, Rn. 259.

1753 Nach bis 2006 geltender Rechtslage folgte dies aus Art. L.52 Code du domaine de l'État, nunmehr ergäbe sich dies aus Art. L.2112-1 CG3P, Art. L.451-5 Abs. 1 Code du patrimoine.

1754 Das Pissarro-Gemälde erzielte 13,2 Mio. britische Pfund, das Signac-Gemälde 7,6 Mio. britische Pfund. Siehe hierzu *Sotheby's*, Impressionist, Modern & Surrealist Art Evening Sale, 4.2.2020, Lot Nr. 11 und 12.

1755 Siehe etwa CA Colmar, 8.12.2000, Nr. 2 B 199900184 – Grünwald et autres. Die Stadt Straßburg hatte das Gustav Klimt zugeschriebene Gemälde *L'Accomplissement* 1959 von dem Maler Adolphe Graeser erworben. Sie behauptete, dieser habe das Werk bereits 1914 in Wien käuflich erworben. Der Rechtsvorgänger der Kläger:innen, Karl Grünwald, sei daher nicht Eigentümer gewesen. Das Gericht bejahte hingegen das Eigentum der Erb:innen Grünwalds und verurteilte die Stadt zur Herausgabe. Graeser sei nicht Eigentümer des Werkes gewesen. Die Stadt habe, da sie bösgläubig war, auch nicht nach Art. 2279 Abs. 2 Code civil a. F. gutgläubig Eigentum an dem Gemälde – einer abhandengekommenen Sache – begründen können. Die Stadt hätte nach den Verkaufsumständen erkennen können, dass Graeser nicht Eigentümer des Gemäldes war: Dieser sei zum Zeitpunkt des behaupteten Erwerbs im Jahr 1914 ein mittelloser Künstler gewesen, der sich kaum ein Werk Klimts, der schon zum damaligen Zeitpunkt hochpreisig gehandelt wurde, hätte leisten können. Zudem sei der Ankauf im Jahr 1959 weit unter Marktwert erfolgt.

1756 Möglich ist dies heute noch auf Grundlage der Verordnung vom 21.4.1945. So verhielt es sich etwa in dem gerichtlichen Verfahren betreffend die Restitution von drei Derain-Gemälden aus der Sammlung des Kunsthändlers René Gimpel (CA Paris, 30.9.2020, Nr. 19/18087– Gimpel). Siehe hierzu schon eingehend unter B.II.

(3) *Sonderfall der Sonderrestbestände der äußeren Restitution*

Für bestimmte Kulturgüter scheidet eine Zuordnung zur öffentlichen Domäne von vornherein aus, da es an einem öffentlichen Eigentum fehlt. So verhält es sich bei Kulturgütern aus den Sonderrestbeständen der äußeren Restitution, die nach herrschender Auffassung nicht im Eigentum des Zentralstaates stehen.[1757] Die Rechtsposition des Staates erschöpft sich mangels Eigenbesitzwillen in einer sog. *détention précaire* (prekaristische Inhaber:innenschaft).[1758]

b) Verlusttatbestand

aa) Früheres Eigentum der Geschädigten

Nach dem Normwortlaut hat die Restitution oder eine andere Ausgleichslösung an die Eigentümer:innen oder deren Rechtsnachfolger:innen zu erfolgen. Gemeint sind ersichtlich nicht die aktuellen Eigentümer:innen. Gemeint sind nach der Gesetzesbegründung vielmehr die »propriétaires légitimes«[1759] oder »propriétaires spoliés«[1760], also die unrechtmäßig Geschädigten, denen das Kulturgut im maßgeblichen Zeitraum im Kontext der antisemitischen Verfolgungspolitik entzogen wurde. Die Prüfung des Anspruchs nach Art. L.115-2 Abs. 1 Code du patrimoine erfordert somit eine Vorabprüfung der Eigentümer:innenstellung der präsumtiv Geschädigten im Verlustzeitpunkt nach Maßgabe des allgemeinen Zivilrechts. Das frühere Eigentum muss zur Überzeugung des öffentlichen Eigentümers des Kulturguts nachgewiesen werden. Diese Vorabprüfung erfolgt dabei in dem der Sachentscheidung vorgeschalteten Verfahren vor der CIVS (Art. L.115-3 Satz 2). Bezüglich der geltenden Beweisanforderungen kann daher auf die Ausführungen im Kapitel zu dieser Verwaltungskommission verwiesen werden.[1761]

bb) Entziehung im Kontext antisemitischer Verfolgungen im NS-Herrschaftsbereich

Der durch das Restitutionsgesetz von 2023 neueingeführte Art. L.115-2 Abs. 1 Code du patrimoine verlangt, dass das verfahrensgegenständliche Kulturgut unter bestimmten gesetzlich definierten, historischen Bedingungen verloren gegangen ist: Es muss zwischen dem 30. Januar 1933 und dem 8. Mai 1945 Gegenstand einer Entziehung (»spoliation«) im Kontext der antisemitischen Verfolgungen durch das Deutsche Reich (»Allemagne nazie«), durch hoheitliche Stellen in den von diesem besetzten, kontrollierten oder beeinflussten Gebieten oder zwischen dem 10. Juli 1940 und dem 24. August 1944 durch den französischen Staat (»État français«) gewesen sein.[1762] Dem Verlusttatbestand sind somit vier Voraussetzungen in zeitlicher, räumlicher, sachlicher und persönlicher Hinsicht zu entnehmen: (1) Das Kulturgut muss entzogen worden sein,

1757 Siehe Näheres hierzu noch unter C.

1758 Siehe zu diesem Aspekt im Besonderen unter C.II.1.e).

1759 *Regierung der Französischen Republik*, Étude d'impact vom 18.04.2023 zum Projet de loi relatif à la restitution des biens culturels ayant fait l'objet de spoliations dans le contexte des persécutions antisémites perpétrées entre 1933 et 1945, Nr. 539, S. 6.

1760 *Regierung der Französischen Republik*, a.a.O., S. 43.

1761 Zum Eigentumsbegriff und -beweis in der Praxis der CIVS siehe unter B.III.7.b)aa).

1762 »[B]ien culturel [...] ayant fait l'objet d'une spoliation entre le 30 janvier 1933 et le 8 mai 1945, dans le contexte des persécutions antisémites perpétrées par l'Allemagne nazie, par les autorités des territoires que celle-ci a occupés, contrôlés ou influencés et par l'Etat français entre le 10 juillet 1940 et le 24 août 1944.«

(2) der Verlust muss während der NS-Herrschaft in Europa eingetreten sein, (3) die geschädigte Person muss von antisemitischer Verfolgung durch staatliche Stellen betroffen gewesen sein und (4) der Verlust muss im Kontext dieser Verfolgung zu verorten sein.

*(1) Entziehung (*spoliation*)*

Das Kulturgut muss zunächst entzogen worden sein. Der Begriff der Entziehung geht auf die historischen Vorgängerregelungen – die Verordnung von 1945 und das CIVS-Dekret, die bereits in früheren Kapiteln dieser Arbeit dargestellt wurden – zurück und ist in einem entsprechenden Sinne auszulegen. Auf die Diskrepanz zwischen dem Entziehungsbegriff der Verordnung und dem CIVS-Dekret wurde bereits an anderer Stelle eingegangen. Da die Feststellung der Voraussetzungen des Art. L.115-2 Abs. 1 künftig der CIVS obliegen soll (Art. L.115-3 Satz 2), ist für die Auslegung des Begriffs auf die bisherige Spruchpraxis der CIVS zurückzugreifen, die diesen Begriff weit auslegt. Die Entziehung wird hier verstanden als dauerhafter, vollständiger und unfreiwilliger Verlust eines Vermögenswerts aus dem Vermögen einer Person unabhängig von der Art der Herbeiführung des Verlustes (durch Wegnahme oder Weggabe).[1763] Erfasst sind sowohl Beschlagnahmen, Plünderungen oder Zwangsveräußerungen durch staatliche Stellen oder auf deren Geheiß als auch Verluste durch rechtsgeschäftliches Handeln der früheren Eigentümer:innen (etwa durch Verkauf, Tausch oder Schenkung).

(2) Entziehung während der NS-Herrschaft in Europa (1933–1945)

Die Entziehung muss zunächst in einem bestimmten historischen Zeitraum eingetreten sein, der durch zwei historische Zentralereignisse begrenzt wird. Erfasst werden ausschließlich Verluste in der Zeitspanne zwischen der Ernennung Adolf Hitlers zum Kanzler des Deutschen Reichs durch den Reichspräsidenten Paul von Hindenburg am 30. Januar 1933 (sog. Machtergreifung) und das Datum des Inkrafttretens der tags zuvor in Reims unterzeichneten bedingungslosen Kapitulation der deutschen Wehrmacht am 8. Mai 1945, die das Ende des Dritten Reichs und des Zweiten Weltkriegs in Europa besiegelte. Speziell für Verluste, die im Kontext der Verfolgungspolitik des französischen Staates herbeigeführt wurden, gilt der Zeitraum der Besetzung Frankreichs durch das Deutsche Reich, der näher eingegrenzt wird auf die Zeitspanne zwischen der Verabschiedung des Ermächtigungsgesetzes vom 10. Juli 1940 und die Befreiung der Hauptstadt Paris durch die Alliierten und den französischen Widerstand unter Charles der Gaulle am 24. August 1944.

(3) Entziehung im Kontext der antisemitischen Verfolgungen

Die Entziehung muss zudem im Kontext (»dans le contexte«) der antisemitischen Verfolgung eingetreten sein, die durch bestimmte staatliche Stellen im direkten oder indirekten NS-Herrschaftsbereich verübt wurde (»persécutions antisémites perpétrées par l'Allemagne nazie, par les autorités des territoires que celle-ci a occupés, contrôles ou influencés et par l'État français«). Es bedarf also vorrangig des Nachweises einer Verfolgung antisemitischen Charakters (i) durch

1763 Siehe zur Auslegung des Begriffs in der Praxis der CIVS unter B.III.7.a)aa).

hoheitliche Stellen in bestimmten Gebieten (ii), mit der die Entziehung in einem nicht näher definierten Zusammenhang (Kontextbezug der Entziehung) stehen muss (iii).

(i) Begriff der antisemitischen Verfolgungen

Der Begriff der antisemitischen Verfolgungen (»persécutions antisémites«) wurde ersichtlich dem CIVS-Dekret entnommen, wenngleich in diesem noch die Rede von antisemitischen *Gesetzen* (»législations antisémites«) ist.[1764] Der Begriff wird in Praxis der CIVS aber extensiv im Sinne einer Verfolgungspolitik ausgelegt, die nicht nur legislatives Unrecht, sondern auch faktische Maßnahmen (etwa Plünderungsaktionen) des Deutschen Reichs umfasst. In Fällen, in denen der Verlust auf dem Handeln Dritter oder der Geschädigten selbst beruht oder die konkreten Verlustumstände nachträglich nicht mehr aufgeklärt werden können, genügt der CIVS oftmals schon das historische Faktum, dass es eine Politik der systematischen Entrechtung und Diskriminierung zulasten der als »jüdisch« klassifizierten Bevölkerung gab und diese mit überwiegender Wahrscheinlichkeit hauptursächlich für den konkreten Verlust war.

Der hierbei zugrunde gelegte Verfolgtenbegriff wird in der bisherigen Praxis der CIVS ebenfalls extensiv ausgedeutet: Entscheidend ist zudem weniger, ob die Geschädigten der Definition des Begriffs »Jude« im Sinne der Gesetze des Deutschen Reichs oder vergleichbarer Regelungen in anderen Staaten entsprachen. Entscheidend ist vielmehr, ob sich die antisemitische Verfolgungspolitik faktisch in dem Verlustgeschehen konkret niedergeschlagen hat. Zu bejahen ist dies schon dann, wenn die Geschädigten staatlicherseits – wenn auch irrtümlich oder nur zeitweise – als »jüdisch« eingeordnet wurden und/oder die persönlichen oder wirtschaftlichen Folgen der Verfolgungspolitik aufgrund einer Schicksalsgemeinschaft in vergleichbarer Weise wie die gesetzlich definierten Verfolgtengruppen zu spüren bekommen haben.[1765] Die Frage, ob der Geschädigte tatsächlich als »jüdisch« im Sinne der damaligen Verfolgungsgesetze (etwa nach den sog. Judenstatuten der französischen Regierung vom 3. Oktober 1940 und 2. Juni 1941) eingeordnet wurde oder bei hypothetischer Betrachtung als solcher eingestuft worden wäre, bildet daher allenfalls eines von mehreren Indizien, das für sich genommen aber schon ausschlaggebend sein kann. Die Frage, ob eine Person im maßgeblichen Zeitpunkt antisemitischer Verfolgung ausgesetzt war, ist somit stets eine Tatsachenfrage des Einzelfalls.

(ii) Verfolgung durch staatliche Stellen in bestimmten Gebieten

Diese antisemitische Verfolgung muss von bestimmten staatlichen Stellen ausgegangen sein, die Art. L.115-2 Abs. 1 Code du patrimoine ausdrücklich benennt oder generisch umschreibt. Neben Nazideutschland (»Allemagne nazie«) werden auch hoheitliche Stellen in Gebieten benannt, die von diesem besetzt, kontrolliert oder beeinflusst wurden (»autorités des territoires que celle-ci a occupés, contrôlés ou influencés«). Unter diesen staatlichen Entitäten wird der französische Staat (»État français«)[1766] im Zeitraum vom 10. Juli 1940 bis 24. August 1944 explizit

1764 Siehe zur Auslegung des Begriffs in der Praxis der CIVS unter B.III.7.c)aa)(2) sowie zur anhaltenden Kritik an der gesetzlichen Beschränkung auf Verfolgungsmaßnahmen antisemitischen Charakters unter B.III.7.c)aa)(3)(iii)

1765 Siehe hierzu Näheres unter B.III.7.c)aa)(3).

1766 Die Bezeichnung »État français« war die Selbstbezeichnung des staatlichen Regimes unter der Führung Philippe Pétains, dem nach der Niederlage gegen das Deutsche Reich durch Gesetz der Nationalversammlung vom 10.7.1940 die verfassungsgebende hervorgehoben. Neben dem Deutschen Reich als primärem Akteur des historischen Unrechts werden damit weitere staatliche oder quasi-staatliche Akteure als relevante Urheber der Verfolgungspolitik – allen voran die französische Regierung unter Philippe Pétain – anerkannt. Bezeichnend ist dabei die Übereinstimmung der Formulierung mit dem Wortlaut der Londoner Erklärung der alliierten Mächte vom 5. Januar 1943.[1767] Gemeint sind der Gesetzesbegründung zufolge sowohl formal besetzte Staatsgebiete in Europa (z. B. Niederlande, Belgien, Luxemburg, Griechenland) als auch mit dem Deutschen Reich kollaborierende Staaten (Italien) und von diesem eingesetzte Sattelitenstaaten (z. B. Slowakei, Kroatien, Montenegro).[1768] Die NS-Herrschaft wird somit extensiv im Sinne der faktischen Macht- und Einflusssphäre des Deutschen Reichs zwischen 1933 und 1945 verstanden.

Beachtlich ist ferner, dass die Qualität des französischen Staates unter der Regierung Philippe Pétains als eigenständiger staatlicher Akteur unter Abkehr von dem bis in die 1990er-Jahre vorherrschenden Geschichtsnarrativ[1769] besonders hervorgehoben und anerkannt wird. Die Formulierung in der Vorlage der Regierung lautete in Anlehnung an die Verordnung vom 21. April 1945 noch »autorité de fait se disant ›gouvernement de l'État français‹«, wurde sodann im Gegenentwurf des Senats vom 23. Mai 2023 in »l'autorité de fait du régime de Vichy« und im Gegenentwurf der Nationalversammlung vom 29. Juni 2023 schließlich in die heutige Fassung gebracht. Die Formulierung geht auf die Berichterstatterin des Kulturausschusses Colboc zurück.[1770]

Die Rolle Frankreichs unter der NS-Herrschaft stellt sich im Vergleich zu anderen besetzten Staaten in Europa insofern als besonders dar, als hier während der gesamten deutschen Besatzung eine mit legalen Mitteln eingesetzte Regierung bestand, die formal gesehen Hoheitsgewalt über das gesamte französische Staatsgebiet ausübte und neben dem deutschen Besatzer eine eigene Verfolgungspolitik betrieb.[1771] Nebenfolge der Erstreckung der Norm auf sämtliche Handlungen des französischen Staates ist, dass der räumliche Geltungsbereich des Art. L.115-2 Abs. 1 auch auf die französischen Kolonialgebiete ausgedehnt wird, sofern in diesen eine staatliche Verfolgungspolitik stattfand.

Gewalt mit dem Auftrag übertragen wurde, eine neue Verfassung zu verabschieden. Hierzu kam es in der Folge nicht, vielmehr führte Pétain bis Sommer 1944 ein diktatorisches Regime ohne Beteiligung des Parlaments.

1767 Inter-Allied Declaration Against Acts of Dispossession Committed in Territories Under Enemy Occupation or Control, U.S. Dept. of State (Hrsg.), FRUS, Diplomatic Papers, 1943, General, Vol. 1, S. 443 f. Die Erklärung spricht von »territories which have come under the occupation or control, direct or indirect of the Governments with which they [the Allied Governments; Anm. d. Verf.] are at war«.

1768 Vgl. *Regierung der Französischen Republik*, Étude d'impact vom 18.04.2023 zum Projet de loi relatif à la restitution des biens culturels ayant fait l'objet de spoliations dans le contexte des persécutions antisémites perpétrées entre 1933 et 1945, Nr. 539, S. 43.

1769 Dieses Narrativ stellte den französischen Staat als rein faktisches Gebilde und Sattelitenstaat des Deutschen Reichs dar – eine Darstellung, die heute als widerlegt gilt. Die Verantwortung Frankreichs wurde erst ein halbes Jahrhundert nach Kriegsende in der Rede des Staatspräsidenten Chirac vom 16. Juli 1995 am Gedenktag der Razzia des Vel d'Hiv anerkannt. Für einen Überblick zur Entwicklung des öffentlichen Diskurses um die Rolle Frankreichs unter der deutschen Besatzung siehe *Wiegandt/Naumann*, EuGRZ 2010, 156 (157–159).

1770 Amendement Nr. AC43 vom 20.6.2023. Zur Begründung führte diese aus, dass »[c]ette expression permet de s'inscrire dans la lignée du mouvement engagé par le discours du Président Jacques Chirac [...]. Les persécutions antisémites [...] ont bien été commises sous l'autorité de l'État français, et à la faveur des lois décidées par lui [...]. S'il l'a fait sous l'influence de l'Allemagne nazie, l'État français porte également une part de responsabilité propre qu'il convient de rappeler«, a. a. O., S. 1 f.).

1771 Siehe hierzu Näheres in der Einleitung unter A.I.1.

(4) *Kontextbezug der Entziehung*

Gemäß Art. L.115-2 Abs. 1 Code du patrimoine muss die Entziehung des Kulturguts nicht nur in den dargestellten Zeiträumen in bestimmten Gebieten in Europa oder andernorts erfolgt sein, sondern diese muss zusätzlich im Kontext der Verfolgungspolitiken dieser staatlichen Stellen zu verorten sein.

(i) Begriff des Verfolgungskontextes

Der gewählte Begriff des Verfolgungskontextes (*contexte des persécutions antisémites*) ist von erheblicher Unschärfe und findet kein historisches Vorbild in den Vorgängerregelungen aus der Nachkriegszeit oder der Periode nach Unterzeichnung der Washingtoner Prinzipien von 1998. Laut der Berichterstatterin des federführenden Kulturausschusses der Nationalversammlung soll diese Formulierung der CIVS, der nach Art. L.115-3 Code du patrimoine als verfahrende Stelle die Feststellung einer Entziehung obliegt, die Fortführung ihrer ständigen Spruchpraxis seit 1999 ermöglichen.[1772] So einfach ist es gleichwohl nicht: Das CIVS-Dekret fordert in seiner (noch) aktuellen Fassung, dass die Entziehung gerade infolge antisemitischer Gesetze aus der Besatzungszeit (1940–1944) eingetreten ist (»intervenue du fait des législations antisémites«, Art. 1 Abs. 1 und Art. 1-1 CIVS-Dekret). Ob der Begriff des »Kontext« insoweit synonym verstanden werden kann, erscheint schon ausgehend vom allgemeinen Sprachgebrauch fraglich. Gegen eine schlichte Fortführung der bisherigen Praxis der CIVS spricht aber schließlich, dass der zeitlich-räumliche Anwendungsbereich des Art. L.115-2 Abs. 1 deutlich weiter gefasst ist als jener des CIVS-Dekrets in seiner noch aktuellen Fassung.[1773] Beschränkte sich die Zuständigkeit der CIVS bislang auf Verluste innerhalb Frankreichs während der Besatzungszeit, fordert Art. L.115-2 Abs. 1 nun lediglich, dass der Verlust »im Kontext« staatlicher Verfolgungsmaßnahmen zwischen 1933 und 1945 eingetreten sein muss. Der Normtatbestand beschränkt den örtlichen Anwendungsbereich somit nicht (wie bislang) auf Verluste in Frankreich zwischen 1940 und 1944.

Der normative Gehalt des Art. L.115-2 Abs. 1 muss somit aus der Norm selbst, gegebenenfalls unter Zurateziehung der Gesetzesmaterialien erschlossen werden. Es stellt sich somit die Frage, was genau einen »Kontext« in diesem Sinne kennzeichnet: Erfordert dieser zumindest Kausalität im Sinne der Äquivalenztheorie oder genügt vielmehr schon das zeitlich-räumliche Zusammenfallen des Verlustes mit einer staatlichen Verfolgungspolitik im Sinne einfacher Koinzidenz? Ein »Kontext« könnte bei extensiver Auslegung schon bejaht werden, wenn der Verlust – unabhängig von den konkreten Verlustumständen – zulasten einer Person erfolgt ist, die in diesem Zeitpunkt staatlicher Verfolgung ausgesetzt war. Eindeutiger fallen insoweit noch

1772 Andeutungsweise *Colboc*, Rapport fait au nom de la Commission des affaires culturelles et de l'éducation sur le projet de loi relatif à la restitution des biens culturels ayant fait l'objet de spoliations dans le context des persécutions antisémites perpétrées entre 1933 et 1945, Seizième législature, Nr. 1435, S. 35. Hiernach soll die CIVS ihre Praxis zur Auslegung des Entziehungsbegriffs fortführen, gemeint ist aber eher, da der Begriff keine normative Konturierung zulässt, die Qualität des erforderlichen Zusammenhangs zwischen historischem Unrechtskontext und Vermögensverlust.

1773 Nach Art. L.115-4 Satz 2 Code du patrimoine sollen die künftige Zuständigkeit, Besetzung, Organisation und Funktionsweise der CIVS durch ein Reformdekret neugefasst werden, um den durch die Reform entstandenen Veränderungen Rechnung zu tragen. Die Verabschiedung dieses Reformdekrets stand zum Zeitpunkt der Drucklegung noch aus, es ist jedoch nicht zu erwarten, dass dieses grundlegend anders verfasst sein wird als das bisherige Dekret.

das CIVS-Dekret in seiner aktuellen Fassung und die normativen Bewertungsrahmen anderer Staaten aus, die übereinstimmend einen Kausalzusammenhang zwischen Verfolgung und Vermögensverlust fordern[1774]

Zu dieser Auslegungsfrage kann der Gesetzesbegründung zum Restitutionsgesetz zumindest ansatzweise eine Einschränkung entnommen werden: Ersichtlich soll »Kontext« im Sinne eines historischen *Unrechtskontextes* verstanden werden, wenn hierin zu lesen ist, dass

> »le dispositif doit viser les biens spoliés dans le contexte des persécutions antisémites dans la mesure où une telle spoliation s'inscrit dans une politique plus globale de persécution et, plus largement, dans la politique des nazis d'éradication des Juifs d'Europe«[1775].

Erfasst werden sollen somit nur Kulturgutverluste, die sich bei wertender Betrachtung in dem maßgeblichen historischen Kontext der systematischen Verfolgungs- und Vernichtungspolitik des Deutschen Reichs verorten lassen. Die Entziehung (»spoliation«) wird mithin als ein »Glied«[1776] im historischen Prozess der Entrechtung und Vernichtung der jüdischen Bevölkerung Europas verstanden. Daraus ließe sich folgern, dass der Verlust einen gewissen historischen Unrechtswert aufweisen muss, um heute noch Anlass zu einer Restitution oder sonstigen Ausgleichsleistung zu geben. Dieser muss sich bei wertender Betrachtung als »Manifestation« der staatlichen Verfolgungspolitik darstellen.[1777] Zumeist ist dies unproblematisch. Wie schon in der bisherigen Praxis entstehen erst Schwierigkeiten, wenn der Verlust durch die Verfolgungsopfer selbst herbeigeführt wurde (etwa durch eine Veräußerung oder Vermögensaufgabe). Auch für diese Grenzfälle hat die bisherige Praxis jedoch Lösungsmodelle entwickelt, auf die auch bei Auslegung des Begriffes des Verfolgungskontextes nach Art. L.115-2 Abs. 1 zurückgegriffen werden könnte. Die Gesetzesbegründung selbst nennt Notverkäufe aus wirtschaftlichen Gründen oder zur Finanzierung einer Flucht als eine mögliche Fallgruppe.[1778] Eine entsprechende Orientierung lässt sich, wenn auch für inländische Vermögensverluste, bereits in der bisherigen Praxis der CIVS erkennen. Bei der Bewertung, ob ein Verlust in dem historischen Unrechtskontext der antisemitischen Verfolgungspolitik zu verorten ist, könnte daher zusätzlich auf die im Rahmen dieser Monografie angestellten Überlegungen zur Zurechenbarkeit (*imputabilité*)

1774 Für Österreich: § 1 Abs. 1 Nr. 1 KRG i. V. m. § 1 Nichtigkeitsgesetz vom 15.5.1946 (»Rechtsgeschäfte oder sonstige Rechtshandlungen während der deutschen Besetzung Österreichs […], wenn sie im Zuge seiner durch das Deutsche Reich erfolgten politischen oder wirtschaftlichen Durchdringung vorgenommen worden sind«); für die Niederlande: Section 1 Dekret über die Einsetzung der Restitutiecommissie vom 1.12.2021, »Restitution« (»expropriated involuntarily from the original owner due to circumstances related directly to actions of the Nazi regime«); für Deutschland: »NS-verfolgungsbedingter Entzug« gemäß Präambel der Erklärung der Bundesregierung, der Länder und der kommunalen Spitzenverbände zur Auffindung und zur Rückgabe NS-verfolgungsbedingt entzogenen Kulturguts, insbesondere aus jüdischem Besitz (Gemeinsame Erklärung) vom Dezember 1999.

1775 *Regierung der Französischen Republik*, Étude d'impact vom 18.04.2023 zum Projet de loi relatif à la restitution des biens culturels ayant fait l'objet de spoliations dans le contexte des persécutions antisémites perpétrées entre 1933 et 1945, Nr. 539, S. 37 f.

1776 Die Gesetzesbegründung der Regierung spricht von der Entziehung als »un des maillon [du projet génocidaire des nazis]« (*Regierung der Französischen Republik*, a. a. O., S. 38).

1777 So die Formulierung bei *Weller*, in: Kubis/Peifer/Raue/Stieper (Hrsg.), Ius Vivum: Kunst – Internationales – Persönlichkeit. Festschrift für Heimo Schack zum 70. Geburtstag, S. 85, 86.

1778 *Regierung der Französischen Republik*, Étude d'impact vom 18.04.2023 zum Projet de loi relatif à la restitution des biens culturels ayant fait l'objet de spoliations dans le contexte des persécutions antisémites perpétrées entre 1933 et 1945, Nr. 539, S. 43 (»ventes contraintes, forcées, liées aux circonstances et rendues nécessaires pour financer l'exil, la fuite ou la simple survie«).

in der Rechtsprechung zur Verordnung von 1945 sowie in der Praxis der CIVS zurückgegriffen werden.[1779]

Für eine solche einschränkende Auslegung sprechen schließlich auch verfassungsrechtliche Überlegungen: Der *Conseil d'État* führte in seiner Stellungnahme vom 7. Oktober 2020 zur Regierungsvorlage im Verfahren zum Beschluss des späteren Restitutionsgesetzes vom 21. Februar 2022 aus, dass der durch die Restitution bewirkte Eingriff in das öffentliche Eigentum von Verfassungs wegen einer Rechtfertigung bedürfe.[1780] Dies ergebe sich daraus, dass das öffentliche Eigentum nach der ständigen Judikatur des *Conseil constitutionnel* Eigentum im verfassungsrechtlichen Sinne darstellt (Art. 2 und 17 DDHC).[1781] Aus dieser Zuordnung zum Eigentumsgrundrecht ergeben sich für öffentliche Körperschaften unmittelbar aus der Verfassung Schranken bei der Verfügung über ihr Eigentum. Allen voran muss der Eingriff verhältnismäßig sein.[1782] Er muss anders gesagt einem öffentlichen Interesse dienen und darf andere gleichwertige Grundsätze von Verfassungsrang nicht über die Maßen beeinträchtigen (z. B. den Grundsatz der Kontinuität der Gemeindienste[1783]). Speziell bezogen auf die Restitution von historisch belastetem Kulturgut folgerte der *Conseil d'État* in seiner Stellungnahme von 2020 unter Verweis auf diese Rechtsprechungslinie, dass die Restitution im überragenden öffentlichen Interesse stehe, wenn dieses während der NS-Herrschaft nachweislich Gegenstand einer Entziehung im Sinne der Londoner Erklärung vom 5. Januar 1943 oder der Verordnung vom 21. April 1945 war.[1784] Die gesetzlichen Regelungen zum Ausgleich von Vermögensentziehungen aus der Nachkriegszeit entfalten auf diese Weise bei der Prüfung der Verhältnismäßigkeit des Eingriffs eine normative Orientierungswirkung und beschränken so indirekt den gesetzgeberischen Gestaltungsspielraum. Diese verfassungsrechtliche Einschränkung der gesetzlichen Gestaltungsbefugnis ist nicht nur bei der Schaffung eines Einzelfallgesetzes, das Kulturgüter unter punktueller Ausklammerung des Domänenschutzes nach Art. L.3111-1 CG3P aussondert, zu beachten, sondern erst recht – wie im vorliegenden Fall – bei der Schaffung eines allgemeinen Rahmengesetzes[1785], das dieselbe Zielsetzung, jedoch für eine unbestimmte Zahl von Einzelfällen verfolgt. Dasselbe dürfte ferner auch, um die verfassungsrechtlichen Vorgaben auch auf Normanwendungsebene zu wahren, bei der Auslegung des Gesetzes und seiner Anwendung auf den Einzelfall gelten.

1779 Siehe hierzu eingehend unter B.II.7 und B.III.7.c)cc).

1780 CE, Avis, 7.10.2021, Nr. 403728, S. 3 Rn. 7.

1781 Vgl. *Boussard/Le Berre*, Droit administratif des biens, S. 93, Rn. 126. Kritisch *Conac u. a.*, La déclaration des droits de l'homme et du citoyen de 1789 : histoire, analyse et commentaires, Art. 17.

1782 CC, 21.6.1994, Nr. 94-346 DC, Cons. 2 und 3 – Loi complétant le code du domaine de l'État et relative à la constitution de droits réels sur le domaine public; CC, 26.6.2003, Nr. 2003-473 DC, Cons. 29 – Loi habilitant le Gouvernement à simplifier le droit; CC, 3.12.2009, Nr. 2009-594 DC, 2009, Cons. 15 und 16 – Loi relative à l'organisation et à la régulation des transports ferroviaires et portant diverses dispositions relatives aux transports. Gleichwohl ist das Schutzniveau des öffentlichen Eigentums wegen seiner Gemeinwohlbindung gegenüber dem Privateigentum deutlich abgeschwächt. Geschützt wird das öffentliche Eigentum nicht in seiner Ausschluss- und Nutzungsfunktion als Grundlage individueller Freiheitsverwirklichung nach Art. 544 Code civil, sondern das Gemeininteresse an der Nutzung des Vermögenswertes als Substrat des Staates und seiner Einrichtungen, vgl. *Giacuzzo*, Fasc. 406-10: Domaine public, Protection juridique, in: Jurisclasseur Administratif, Bearbeitungsstand 15.5.2017, Rn. 59.

1783 So etwa in CC, 3.12.2009, Nr. 2009-594 DC, 2009, Cons. 15 und 16.

1784 CE, Avis, 7.10.2021, Nr. 403728, S. 3 Rn. 7: »Si celle-ci [la dépossession] est intervenue par l'effet d'une spoliation, au sens de la Déclaration de Londres et de l'ordonnance de 1945, ayant privé de son bien une personne victime de persécutions antisémites, la restitution s'impose au nom d'un intérêt général supérieur.«

1785 Dies explizit bestätigend CE, Avis, 30.3.2023, Nr. 406919, S. 3, Rn. 7 f.

Der Geltungsbereich der Verordnung von 1945 beschränkt sich nun aber auf inländische Verluste während der deutschen Besatzung. In allen übrigen Fällen könnte ein normativer Unwertgehalt des Verlustes – und aufbauend darauf ein öffentliches Interesse – mithin nur über die Londoner Erklärung vom 5. Januar 1943 hergeleitet werden. Diese gilt nicht nur für inländische, sondern für sämtliche Vermögensverluste in vom Deutschen Reich besetzten oder (unmittelbar oder mittelbar) kontrollierten Gebieten, sofern sich hierin die Enteignungsmethoden (»methods of dispossession«) des NS-Regimes niedergeschlagen haben.[1786] Was nun konkret unter »Enteignungsmethoden« zu verstehen ist, überließ die Erklärung den nationalen Gesetzgebern, denen die Konkretisierung der Erklärung obliegen sollte. Für die Einordnung unbeachtlich sollte jedenfalls die äußere Form des Verlustes sein.[1787] Übereinstimmend forderten die späteren nationalen Umsetzungsbestimmungen einen Vermögensverlust unter Drohung oder Zwang.[1788]

Ein Rückgriff auf den normativen Gehalt der Londoner Erklärung erfolgte auch zur Begründung eines öffentlichen Interesses im Rahmen des Einzelfallgesetzes vom 21. Februar 2022. Nicht sämtliche der restituierten Werke waren nämlich innerhalb Frankreichs während der Besatzungszeit entzogen worden. Im Fall Nora Stiasny war der Verlust in Österreich[1789] und im Fall Cender in Polen[1790] eingetreten. Der *Conseil d'État* brachte aber auch in diesen Fällen zur Begründung eines öffentlichen Interesses die Kriterien der Verordnung von 1945 erkennbar rechtsgedanklich zur Anwendung, also unter Ausklammerung der örtlich-zeitlichen Restriktion ihres Geltungsbereichs. Dies belegt ansatzweise der Fall des Klimt-Gemäldes *Rosiers sous les arbres* im *musée d'Orsay*, das aufgrund des besagten Gesetzes vom 21. Februar 2022 restituiert wurde.[1791]

1786 Inter-Allied Declaration Against Acts of Dispossession Committed in Territories Under Enemy Occupation or Control, U.S. Dept. of State (Hrsg.), FRUS, Diplomatic Papers, 1943, General, Vol. 1, S. 443 f.: »Hereby issue a formal warning to all concerned, and in particular to persons in neutral countries, that they intend to do their utmost to defeat the methods of dispossession practised by the Governments with which they are at war […]. Accordingly, the Governments making this Declaration and the French National Committee reserve all their rights to declare invalid any transfers of, or dealings with, property, rights and interests of any description whatsoever which are, or have been, situated in the territories which have come under the occupation or control, direct or indirect of the Governments with which they are at war, or which belong, or have belonged to persons (including juridical persons) resident in such territories«.

1787 »This warning applies whether such transfers of dealings have taken the form of open looting or plunder, or of transactions apparently legal in form, even when they purport to be voluntarily effected.«

1788 Z. B. Art. 2 Abs. 1 US-REG. Siehe zur Rechtslage in der Nachkriegszeit in Deutschland *Hahne*, Wege zur Gerechtigkeit bei NS-Raubkunst: Die heutige Restitutionspraxis im Lichte des alliierten Rückerstattungsrechts, im Erscheinen. Zur Rechtslage nach dem Nichtigkeitsgesetz von 1946 in Österreich überblicksartig *Dewey*, Gerecht und fair? Die Empfehlungspraxis des österreichischen Kunstrückgabebeirats im Lichte der Washingtoner Prinzipien, S. 114 f.

1789 Siehe hierzu sogleich im Folgenden.

1790 Es handelte sich um das Gemälde *Le père* von Marc Chagall aus dem Eigentum des Musikers David Cender. 1940 wurde Cender mit seiner Familie in das Judengetto der Stadt Lodz eingewiesen. Das Werk verschwand in diesem Zeitraum unter nicht näher bekannten Umständen aus der Wohnung Cenders. Im Zuge der Auflösung des Ghettos 1944 auf Befehl Himmlers wurden die Cenders in das Vernichtungslager Auschwitz-Birkenau deportiert. Cender überlebte und wanderte 1958 nach Frankreich aus. Seine Ehegattin und Tochter fanden in Auschwitz den Tod. Vgl. *Colboc*, Rapport fait au nom de la commission des affaires culturelles et de l'éducation sur le projet de loi relatif à la restitution ou la remise de certains biens culturels aux ayants droit de leurs propriétaires victimes de persécutions antisémites, Quinzième Législature, Nr. 4911, S. 48–50.

1791 Vgl. zum Sachverhalt und zu den Entwicklungen in der Provenienzforschung zum Werk *Regierung der Französischen Republik*, Étude d'impact vom 22.10.2021 zum Projet de loi relatif à la restitution ou la remise de certains biens culturels aux ayants droit de leurs propriétaires victimes de persécutions antisémites, Nr. 4632, S. 29–35.

Nach den Feststellungen des Kulturministeriums stammt das Werk aus der Sammlung der in Wien lebenden Eleonore Nora Stiasny (geb. Zuckerkandl, 1898–1942). Nach dem »Anschluss« Österreichs im März 1938 befanden sich die Zuckerkandls und Stiasnys in einer schwierigen wirtschaftlichen Lage: Das Vermögen ihrer Familie wurde teils beschlagnahmt und die Familie war gezwungen, verschiedene Abgaben an das NS-Regime zu entrichten. In diesem Kontext verkaufte Stiasny das Werk (damals noch unter dem Titel »Apfelbaum«) im August 1938 für einen Kaufpreis von 100, 200 oder 395 Reichsmark unter Marktwert an Philipp Häusler. Häusler war selbst NSDAP-Mitglied und verfügte über Kontakte zur lokalen NS-Führung. Stiasny wurde 1942 mit ihrer Mutter deportiert und verstarb im April 1942 im Vernichtungslager Belzec; ihr Ehegatte und ihr Sohn wurden im Vernichtungslager Auschwitz ermordet. In einem früheren Verfahren vor dem österreichischen Kunstrückgabebeirat wurde noch irrtümlich das Gemälde »Der Apfelbaum II« im Wiener Belvedere für das Gemälde aus der Sammlung Stiasny gehalten,[1792] das daraufhin an die Erb:innen restituiert wurde. Spätere Provenienzrecherchen ergaben jedoch, dass sich das Werk in Wahrheit im *Musée d'Orsay* befand. Der französische Staat hatte dieses 1980 bei der Galerie Nathan in Zürich käuflich erworben.

Die Regierung begründete die Restitution des Werkes implizit unter Rückgriff auf die Bewertungskriterien der Verordnung von 1945 wie folgt: Nora Stiasny sei angesichts der wirtschaftlichen Notlage, in welcher sie sich nach März 1938 befunden habe, gezwungen gewesen, das Gemälde zu veräußern. Als Gegenleistung habe sie keinen dem Verkehrswert entsprechenden Kaufpreis erhalten.[1793] Der Unrechtscharakter des Verkaufs wurde somit neben einer wirtschaftlichen Zwangslage aus dem Missverhältnis der im Kaufvertrag mit Häusler vereinbarten Leistungspflichten aus dem Jahr 1938 gefolgert. Entsprechende Kriterien greifen nach Art. 11 Abs. 1 und 2 der Verordnung von 1945 bei Rechtsgeschäften verfolgter Personen während der deutschen Besatzung in Frankreich.

Diese Vorüberlegungen könnten somit auch in der künftigen Spruchpraxis der CIVS fruchtbar gemacht werden, der die Anwendung des Art. L.115-2 Code du patrimoine obliegen wird (Art. L.115-3). Die Vorgaben der Verordnung von 1945 (und somit implizit auch jene der Londoner Erklärung von 1943) entfalten schon nach der bisherigen Praxis der CIVS eine normative Orientierungswirkung bei der Auslegung des Tatbestands des CIVS-Dekrets, namentlich bei der Frage, unter welchen Voraussetzungen ein Verlust den antisemitischen Gesetzen aus der Besatzungszeit zurechenbar ist (*imputabilité aux législations antisémites*).[1794] Nach der Praxis der CIVS genügt für eine Zurechnung nicht schon die bloße Mitursächlichkeit der Verfolgungspolitik im Sinne kumulativer Kausalität. Vielmehr muss die Verfolgungspolitik für sich genommen bei wertender Betrachtung die alleinige oder jedenfalls vorrangige Ursache des

1792 Kunstrückgabebeirat, 10.10.2010, Gustav Klimt »Der Apfelbaum II«, Inv. Nr. 5447.

1793 »Eleonore (Nora) Stiasny a été contrainte de vendre en 1938 son tableau de Klimt […] pour subsister et répondre aux exigences financières des autorités autrichiennes. La toile a été cédée à vil prix au bénéfice final de Philipp Häusler, ancienne connaissance de Nora Stiasny«, *Regierung der Französischen Republik*, Étude d'impact vom 22.10.2021 zum Projet de loi relatif à la restitution ou la remise de certains biens culturels aux ayants droit de leurs propriétaires victimes de persécutions antisémites, Nr. 4632, S. 32.

1794 Siehe zur Auslegung des Begriffs der Entziehung gemäß CIVS-Dekret unter B.III.7.a)aa)(3), zum Zurechnungszusammenhang siehe B.III.7.c)cc).

Verlustes darstellen. In einem entsprechenden Sinne legte auch die Rechtsprechung der Nachkriegszeit die beiden Verlusttatbestände der Verordnung in Art. 1 und 11 aus.[1795] Dieser systemimmanente Zurechnungsgedanke ließe sich ohne weiteres, wie der Fall Stiasny belegt, auch auf Verluste außerhalb Frankreichs übertragen. Gegenüber der Verordnung von 1945 und dem CIVS-Dekret von 1999 müsste nur der Bezugspunkt der Kausalitäts- und Zurechnungsprüfung angepasst werden: Anstelle der innerfranzösischen Verfolgungspolitik tritt jene im gesamten NS-Herrschaftsbereich in Europa. Zugleich ist somit auch ein Rückgriff auf die bisherige Kasuistik der CIVS-Praxis möglich, etwa bei der Handhabung von Zugriffen Dritter auf das Vermögen der Geschädigten oder bei rechtsgeschäftlichen Verlusten.

(ii) Bewertung von Verlusten außerhalb des NS-Herrschaftsbereichs

Daran schließt sich die Folgefrage an, ob ein hinreichender historischer Unrechtszusammenhang auch noch bei Verlusten bejaht werden kann, die zwar außerhalb des NS-Herrschaftsbereichs eingetreten sind, sich aber als »Fernwirkung« der Verfolgung außerhalb der Gebiete des NS-Herrschaftsbereichs darstellen, so etwa bei Notverkäufen von aus dem NS-Herrschaftsgebiet geflüchteten Verfolgten in Frankreich vor 1940 sowie in der Schweiz, Schweden oder sogar außerhalb Europas (insbesondere in den Vereinigten Staaten) nach 1933. Diese Frage stellt sich für den Regelungsverband in Frankreich nach der Neufassung des Art. L.115-2 Abs. 1 Code du patrimoine nunmehr, da sein Tatbestand im Gegensatz zu früheren Regelungen nicht verlangt, dass der Verlust in einem bestimmten Staatsgebiet eingetreten ist.[1796] Maßgebend ist vielmehr, dass dieser unabhängig vom Ort des Verlustes in einem »Kontext« zur Verfolgungspolitik stand, die von staatlichen Stellen im direkten oder indirekten NS-Herrschaftsbereich ausging.

Diese Problemfälle einer Fortwirkung der Verfolgung werden im internationalen Diskurs gemeinhin unter dem Begriff »Fluchtgut«[1797] oder der *flight-related sales*[1798] diskutiert, ohne dass sich bisher eine grobe Leitlinie bei der Bewertung dieser Fälle herausgebildet hat.[1799] Für eine Einbeziehung auch solcher Fälle wird etwa vorgebracht, dass Verkäufe verfolgter Personen auch nach ihrer Emigration in einen vermeintlich sicheren Drittstaat sich als direkte Folge der Verfolgung im Deutschen Reich darstellen.[1800] Hiergegen wird jedoch vorgebracht, dass Verfolgte nach ihrer Ausreise in dem Empfangsstaat keiner Verfolgung mehr ausgesetzt

1795 Zur Auslegung des Kausalitätsbegriffs nach Art. 1 Abs. 1 siehe B.II.2.a)aa)(3), hinsichtlich der Auslegung von Art. 11 siehe B.II.2.b)cc).

1796 Die Formulierung müsste für diesen Fall lauten »spoliation […] intervenue *sur le territoire* de l'Allemagne nazie ou sur les territoires que celle-ci a occupés, contrôlés ou influencés et *sur le territoire* de l'État français«.

1797 Der Begriff wurde ursprünglich als historischer Analysebegriff für Verkäufe von Kunstwerken verfolgungsbedingt geflüchteter Personen im Exil außerhalb des Deutschen Reichs – entweder nach ihrer Ausfuhr in oder über die Schweiz – konzipiert. Siehe eingehend *Francini u. a.*, Fluchtgut - Raubgut: Der Transfer von Kulturgütern in und über die Schweiz 1933 - 1945 und die Frage der Restitution, S. 25; den Begriff auf neutrale und unbesetzte Staaten ausdehnend *Campfens*, AAL 4 (2019), 315 (329); die normative Relevanz des Begriffs ablehnend und seine Funktion als historischer Analysebegriff betonend *Buomberger*, KUR 2020, 2. Für eine grundlegende dogmatische Einordnung des Begriffs siehe *Lehmann*, Die schweizerische Restitutionspraxis im Lichte der Washingtoner Prinzipien, im Erscheinen.

1798 Diese wörtliche Übersetzung aus dem Deutschen geht zurück auf *Weller*, in: CIVS (Hrsg.), Guide to the work of the Restitution Committees: Five ways of resolving claims, S. 9, 13.

1799 Siehe für einen Überblick zur Entscheidungspraxis in Europa *Campfens*, AAL 4 (2019), 315 (329–331); *Weller/Dewey*, KUR 2019, 170; *Weller/Dewey*, Bulletin Kunst und Recht 2/1 (2019), 46; *Weller*, in: CIVS (Hrsg.), Guide to the work of the Restitution Committees: Five ways of resolving claims, S. 9, 13–17.

1800 Vgl. *Ossmann*, in: Mosimann/Schönenberger (Hrsg.), Fluchtgut – Geschichte, Recht und Moral, S. 17, 21 f.

waren.[1801] Ungeachtet dieser Diskussion auf internationaler Ebene, die in der Gesetzesbegründung mit keinem Wort Erwähnung findet, lässt diese nicht klar erkennen, ob nur Verluste innerhalb des räumlichen NS-Einflussbereichs erfasst sein sollen oder auch darüber hinaus.[1802] Eine eindeutige Absage gegenüber Fluchtgutfällen enthält diese jedenfalls nicht. Eine eindeutige Antwort auf diese Problematik dürften wir daher erst in der künftigen Praxis der CIVS erhalten. Vereinzelte Empfehlungen aus der Vergangenheit deuten eher in Richtung eines Ausschlusses solcher Fälle vom Anwendungsbereich der Norm.[1803]

Aus der bisherigen Verwaltungspraxis zu den öffentlichen Sammlungen – nicht der CIVS-Praxis – ist lediglich ein Fall überliefert, der dieser Konstellation entspricht.[1804] Die Entscheidung lässt jedoch wegen des Fehlens einer amtlichen Begründung nur bedingt Schlüsse auf eine übergeordnete und dadurch verallgemeinerungsfähige Ratio zu. Der Sachverhalt – vor allem seine zeitlich-räumliche Verortung – könnte einen möglichen Grenzfall bei der künftigen Handhabung des Art. L.115-2 Code du patrimoine in der Praxis der CIVS markieren.

> Nach der Annexion Österreichs floh Friedrich Unger (1891–1954) mit seiner Familie aus Wien und gelangte im Juli 1938 nach Paris. Da Ihnen vom NS-Regime die österreichische Staatsangehörigkeit entzogen worden war, beantragte Friedrich Unger für sich und seine Familie unmittelbar nach der Ankunft die französische Staatsbürgerschaft. Um dem Einbürgerungsantrag Nachdruck zu verleihen, bot Unger dem Staat drei Werke seiner Privatsammlung als Schenkung an.[1805] Durch Dekret vom 24. Mai 1939 wurde die Schenkungsofferte angenommen, der Einbürgerungsantrag hingegen im September 1939 als unzulässig abgewiesen: Die Mitglieder der Familie hätten bei Antragstellung noch nicht über die erforderliche Aufenthaltsdauer von drei Jahren verfügt. Die Ungers wanderten daraufhin in die Vereinigten Staaten aus und nahmen wenig später die amerikanische Staatsangehörigkeit an. Spätere Bemühungen, die Werke nach dem Krieg zurückzuerlangen, blieben erfolglos. Der Staat berief sich dabei

1801 Vgl. etwa *Campfens*, a.a.O., 315 (331).

1802 *Regierung der Französischen Republik*, Étude d'impact vom 18.04.2023 zum Projet de loi relatif à la restitution des biens culturels ayant fait l'objet de spoliations dans le contexte des persécutions antisémites perpétrées entre 1933 et 1945, Nr. 539, S. 43 (»actes de spoliation pris en compte peuvent avoir eu lieu dans l'ensemble des pays et territoires contrôlés par l'Allemagne nazie ou par des autorités qui lui étaient liées ou étaient placées sous son influence«), unspezifischer hingegen unter S. 4 (»biens culturels […] ayant fait l'objet, en France ou ailleurs, de spoliations«); eindeutiger noch *Colboc*, Rapport fait au nom de la Commission des affaires culturelles et de l'éducation sur le projet de loi relatif à la restitution des biens culturels ayant fait l'objet de spoliations dans le context des persécutions antisémites perpétrées entre 1933 et 1945, Seizième législature, Nr. 1435, S. 35 (»faits ayant eu lieu dans l'ensemble des pays et des territoires contrôlés par l'Allemagne nazie et les territoires qui lui étaient liés«).

1803 Eine Zurechnung zur antisemitischen Verfolgungspolitik wurde etwa im Fall PP verneint, da die veräußerten Kunstwerke in Frankreich belegen waren, der Eigentümer sich aber im sicheren Ausland befand. Siehe B.III.7.c)cc)(3)(iv).

1804 Ein weiteres Beispiel dieses Falltypus ist für die Sonderrestbestände der äußeren Restitution überliefert, für die jedoch eigene materielle Bewertungsmaßstäbe greifen. Siehe zum Fall Bromberg unter C.IV.2.a)aa).

1805 Die Werke sind heute unter folgenden Titeln und Zuschreibungen als Teil der Sammlung des *musée du Louvre* verzeichnet: *La Famille de Darius aux pieds d'Alexandre* von Francesco Trevisani, *Nature morte aux instruments de musique* von Pieter Claesz und *Vanité avec bouquet de fleurs et pipe* von Jan II de Heem.

darauf, dass eine Schenkung unter der Bedingung des Erhalts der französischen Staatsbürgerschaft nicht erfolgt sei. Erst 2009 kam es zu einer Einigung zwischen dem Staat und der Tochter Ungers.[1806]

Im Ausgangspunkt stand die Zugehörigkeit der Werke zur öffentlichen Domäne einer Restitution an die Anspruchstellerin nach damaliger Rechtslage entgegen (Art. L.3111-1 CG3P). Der Rückgriff auf ein parlamentarisches Gesetz zur Aussonderung jener Werke wurde ersichtlich nicht in Betracht gezogen, obschon dieser Lösungsweg spätestens seit dem Gesetz zur Restitution der menschlichen Überreste der Saartjie Baartman an Südafrika von 2002 erprobt war.[1807] Stattdessen gewährte der französische Staat eine Entschädigung ausgehend vom schätzungsweisen Verkehrswert der drei Gemälde. Eine offizielle Begründung der Entscheidung wurde nicht abgegeben, sodass insoweit nur Mutmaßungen angestellt werden können. Entscheidend könnte neben der Flucht der Ungers aus Österreich, in deren zeitlichem Fortgang die Schenkung erfolgte, auch die bewusste Ausnutzung der besonderen verfolgungsbedingten Notlage der Familie zwecks Bereicherung des nationalen Kulturerbes gewesen sein, denn die Schenkung wurde erkennbar in der Hoffnung gewährt, die französische Staatsbürgerschaft zu erhalten und so den Aufenthaltsstatus der Familie abzusichern.[1808] Ob diese besonderen Umstände nun auch eine Verortung des Verlustes im historischen Unrechtskontext der NS-Herrschaft zulassen, wie Art. L.115-2 Abs. 1 Code du patrimoine ihn fordert, erscheint zweifelhaft. Dagegen spräche, dass sich die Ungers im Zeitpunkt ihrer Ausreise in die USA – wie das Antragsschreiben selbst einräumte – in keiner wirtschaftlichen Notlage befanden, sondern auch in Frankreich von den Einkünften mehrerer Fabriken in Jugoslawien und der Tschechoslowakei lebten. Dies erklärt vermutlich auch, warum der Familie ohne weiteres die Ausreise in die USA möglich war und ihre Mitglieder bereits wenig später die US-amerikanische Staatsbürgerschaft erhielten. Andererseits befand sich die Familie bis zu diesem Zeitpunkt in rechtlicher Hinsicht in einer prekären und vulnerablen Situation. Die Familie war vor ihrer Ankunft in Frankreich von dem NS-Regime förmlich zur Ausreise aus Österreich verpflichtet worden[1809], zudem wurden ihnen bei ihrer Ausreise die österreichische Staatsbürgerschaft entzogen. Sie waren also im Zeitpunkt ihres Aufenthalts in Frankreich staatenlos, sodass der Erhalt einer neuen Staatsangehörigkeit für die Familie von herausragender Bedeutung war, um dem Risiko einer Abschiebung in das Deutsche Reich zu entgehen. Ein ungesicherter Aufenthaltsstatus bei (verfolgungsbedingt) staatenlosen Personen könnte somit ein mögliches Indiz darstellen, um bei der Anwendung des Art. L.115-2 Abs. 1 auch bei Verlusten außerhalb des Deutschen Reichs einen relevanten Vermögensabgang zu bejahen.

1806 Siehe zum Ganzen *Herzberg*, La ›spoliation‹ oubliée, in: Le Monde v. 15.9.2009. Der Verfasser dankt Corinne Hershkovitch für die Übersendung der Antragsbegründung in diesem Verfahren.

1807 Loi n° 2002-323 du 6 mars 2002 relative à la restitution par la France de la dépouille mortelle de Saartjie Baartman à l'Afrique du Sud (JORF vom 7.3.1992, Text Nr. 2).

1808 Auf diese Umstände stellte jedenfalls die Anspruchstellerin zur Begründung ihres Anspruchs ab: »il est évident que cette affaire est directement liée aux souffrances imposées aux populations juives par la folie meurtrière des nazis. De plus, la rapidité de la procédure d'acceptation du don par l'Etat au regard de la lenteur avec laquelle a été instruite la demande de naturalisation formulée par Monsieur UNGER dans un contexte dramatique, puis le refus de cette naturalisation […], commandent une restitution immédiate et sans condition.«, E-Mail von Corinne Hershkovitch an den Verfasser vom 20.5.2020.

1809 Friedrich Unger war im April 1938 kurzeitig von der Gestapo verhaftet und inhaftiert worden und nur gegen Übertragung eines Großteils seines Vermögens freigekommen. Zugleich hatte er sich verpflichtet, unverzüglich aus Österreich auszureisen.

Jedoch stellt sich auch in diesem Fall das Problem, dass Verluste außerhalb der Machtsphäre des NS-Regimes nach den Wertungen der Nachkriegsgesetze – selbst bei analoger Anwendung auf Verluste außerhalb Frankreichs – nicht als unrechtsbehaftet anzusehen wären. Wie bereits dargestellt, entfalten diese Regelungen nach dem Standpunkt des *Conseil d'État* in seiner Stellungnahme vom 7. Oktober 2021 prinzipiell auch heute noch eine normative Orientierungswirkung. Dies dürfte auch für den pauschalen Ausschluss von Verkäufen in sicheren Drittstaaten gelten, wenngleich dies aus heutiger Sicht nur noch wenig überzeugend erscheinen mag. Der Gesetzeswortlaut ist insoweit eindeutig. Es stellt sich mithin die grundlegende Frage, ob es angemessen ist, dass diese historischen Normen – denen bestimmte historische Vorannahmen zugrunde liegen, die nicht notwendigerweise mit heutigen Gerechtigkeitsvorstellungen übereinstimmen – wirklich in dieser weitreichenden Form auch heute noch moralische Wertungsfragen vorentscheiden.[1810] Würde deren Potenzial zur Lösung rechtlicher wie moralischer Grundsatzfragen nicht im Ergebnis überdehnt, wenn man bedenkt, dass selbst der historische Gesetzgeber der Verordnung von 1945 lediglich eine transitorische Bedeutung beimaß?[1811] Vor diesem Hintergrund kann den Nachkriegsgesetzen nur eine grobe Orientierungswirkung zukommen, Abweichungen sollten mit entsprechender Begründung möglich bleiben. Ein weiterer Gesichtspunkte sollte beachtet werden: Die Verhältnismäßigkeitskontrolle, im Rahmen derer der *Conseil d'État* die Wertungen der Nachkriegsgesetze zur Geltung brachte, dient der Verhinderung willkürlicher Entscheidungen. Der Staat soll angehalten werden, Vermögensübertragungen aus der öffentlichen Domäne sachlich, das heißt unter Verweis auf ein bestimmtes öffentliches Interesse zu rechtfertigen.[1812] Diesem Begründungserfordernis könnte in Fluchtgutfällen schon dadurch Genüge getan werden, wenn der »Kontext« zur antisemitischen Verfolgungspolitik dezidiert, gegebenenfalls unter Rückgriff auf moralische Wertungen, begründet würde. Der Grundsatz der Verhältnismäßigkeit darf unter Berücksichtigung der gelockerten Anforderungen nach der Rechtsprechung des *Conseil constitutionnel* schon dann als gewahrt angesehen werden, wenn erkennbar eine Interessenabwägung vorgenommen wurde, die nicht grob fehlgeleitet ist.

c) Durchführung eines Verfahrens vor der CIVS (Art. L.115-3)

Art. L.115-2 Abs. 1 Code du patrimoine setzt in formeller Hinsicht voraus, dass vor einer Entscheidung über den Abgang eines Kulturguts die Empfehlung einer zu diesem Zweck eingerichteten Verwaltungskommission des:der Premierminister:in – die CIVS[1813] – eingeholt wurde (Art. L.115-3 Satz 1). Die Beschlüsse dieser Kommission haben, wie bereits in einem früheren

1810 Kritisch gegenüber einer solchen »Transformation aus dem Raum des Historischen in die Gegenwart« *Lahusen*, KUR 2022, 91 (94).

1811 Klagen waren grundsätzlich nur bis zum 1. Dezember 1947 zulässig (Art. 21 Abs. 1). Siehe auch zur Frage des Schutzes gutgläubiger Erwerber:innen bei Klagen gemäß Art. 1 unter B.II.2.a)bb)(3)(ii).

1812 Dies wird in der Stellungnahme des *Conseil d'État* vom Oktober 2021 deutlich, wenn es hier heißt: »Si la restitution est prononcée pour un motif autre que la constatation d'une spoliation au sens des textes susmentionnés, l'intérêt général qu'il peut y avoir à déclasser le bien est mis en balance avec les éventuelles atteintes portées à l'intégrité et à la continuité du domaine public mobilier« (CE, Avis, 7.10.2021, Nr. 403728, S. 3 Rn. 7).

1813 Vgl. *Regierung der Französischen Republik*, Étude d'impact vom 18.04.2023 zum Projet de loi relatif à la restitution des biens culturels ayant fait l'objet de spoliations dans le contexte des persécutions antisémites perpétrées entre 1933 et 1945, Nr. 539, S. 44.

Kapitel dargestellt,[1814] nur empfehlenden Charakter. Der öffentliche Eigentümer ist hieran nicht rechtlich gebunden und kann auch eine abweichende Bewertung der Sachlage vornehmen.[1815] Die Vorschrift hindert ihn lediglich, in der Sache ohne vorherige Anrufung der CIVS zu entscheiden. Ihre Einbindung als Fachgremium soll sicherstellen, dass der Eingriff in das öffentliche Eigentum verfassungsrechtlich gerechtfertigt ist[1816] und der Sachverhalt im Interesse der Verfahrensgerechtigkeit durch eine unabhängige, unparteiische Stelle anstelle des öffentlichen Eigentümers erforscht und begutachtet wurde.[1817]

Ein Verfahren vor der CIVS zur Restitution eines Kulturguts aus einer öffentlichen Sammlung kann bislang durch Geschädigte oder ihre Rechtsnachfolger:innen (Art. 1. Abs. 1 CIVS-Dekret) und seit der Verfahrensreform von 2018 auch durch die Kommission selbst (Art. 1-1 Alt. 1) und öffentliche Halter von Kulturgütern als betroffene Personen (Art. 1-1 Alt. 2), etwa öffentliche Kulturgut haltende Stellen, eingeleitet werden.[1818]

Die Empfehlungen der CIVS sind in Verfahren nach Art. L.115-2 Code du patrimoine – anders als in allgemeinen Sachen – zu veröffentlichen (Art. L.115-3 Satz 3).

d) Rechtsfolge

aa) Entscheidung über den Abgang (»sortie«) des Kulturguts

Der neueingeführte Art. L.115-2 Abs. 1 Code du patrimoine sieht bei Vorliegen der Voraussetzungen vor, dass der öffentliche Eigentümer eine Entscheidung betreffs den Abgang (»sortie«) des Kulturguts mit dem Ziel seiner Restitution an die früheren, durch die Entziehung geschädigten Eigentümer:innen oder deren Rechtsnachfolger:innen trifft.

Diese Entscheidung erfolgt anders im Verfahren zur Aussonderung (Art. L.115-1 Abs. 1, R.115-1 Abs. 2, 3) ohne vorherige Anrufung der zuständigen zentralstaatlichen Aufsichtsbehörden (im Grundsatz des Kulturministeriums) durch einfache Entscheidung des zuständigen Verwaltungsorgans des öffentlichen Eigentümers: bei Kulturgütern im Eigentum des Zentralstaates durch einfaches Dekret des:der Premierminister:in[1819], bei solchen im Eigentum einer dezentralen Gebietskörperschaft durch Beschluss des zuständigen Organs (z. B. des *Conseil municipal* bei einer Kommune[1820] oder des *Conseil départemental* bei einem *Département*[1821]). Auch im Falle einer Ablehnung hat laut Gesetzesbegründung eine förmliche Entscheidung des Eigentümers

1814 Siehe zur Rechtsnatur der Empfehlungen der CIVS im Besonderen unter B.III.3.b) sowie zu dieser Verwaltungskommission im Allgemeinen unter B.III.

1815 Vgl. *Regierung der Französischen Republik*, Étude d'impact vom 18.04.2023 zum Projet de loi relatif à la restitution des biens culturels ayant fait l'objet de spoliations dans le contexte des persécutions antisémites perpétrées entre 1933 et 1945, Nr. 539, S. 42.

1816 Vgl. *Regierung der Französischen Republik*, a. a. O., S. 40; so auch CE, Avis, 30.3.2023, Nr. 406919, S. 3, Rn. 10.

1817 *Regierung der Französischen Republik*, a. a. O., S. 41 (»commission consultative indépendante […] pour offrir une garantie procédurale d'impartialité et d'expertise«).

1818 Siehe zum Verfahren vor der CIVS bereits eingehend unter B.III.4.b)aa).

1819 Vgl. *Colboc*, Rapport fait au nom de la Commission des affaires culturelles et de l'éducation sur le projet de loi relatif à la restitution des biens culturels ayant fait l'objet de spoliations dans le context des persécutions antisémites perpétrées entre 1933 et 1945, Seizième législature, Nr. 1435, S. 49 f. (Hinweis der Kulturministerin Abdul-Malak in der Anhörung vor dem Kulturausschuss vom 20.6.2023).

1820 Art. L.2121-29 Code général des collectivités territoriales.

1821 Art. L.3213-1 Code général des collectivités territoriales.

zu ergehen, die zudem gerichtlich überprüfbar ist.[1822] Rechtsdogmatisch stellt die Entscheidung über den Abgang (»sortie«) somit ein verwaltungsrechtliches Novum dar. Es handelt sich nach der hier vertretenen Ansicht nicht um eine Aussonderung (»déclassement«) im technischen Sinne, da für diese besondere Regeln gelten (siehe Art. L.115-1, R. 115-1, R.115-2), sondern vielmehr um einen Verwaltungsakt *sui generis*.

Von der Entscheidung über den Abgang des Kulturguts ist die Restitution an die Geschädigten oder deren Rechtsnachfolger:innen – also die Übertragung des Eigentums an dem Kulturgut – zu unterscheiden. Bereits Art. L.115-2 Abs. 1 gibt zwar eindeutig zu erkennen, dass der Abgang letztlich die Verschaffung des Eigentums an dem Kulturgut zum Ziel hat (»aux fins de restitution«), jedoch bedarf es hierzu nach den Grundsätzen des Vermögensrechts eines zusätzlichen Rechtsaktes – der Übereignung (»cession«) – zur Übertragung des Rechts. Zu unterscheiden ist dabei nach dem CG3P zwischen Vermögenswerten der privaten und öffentlichen Domäne. Kulturgüter im Sinne des Art. L.115-2 sind begriffsnotwendig Teil der öffentlichen Domäne und daher, wie bereits dargestellt, nach Art. L.3111-1 CG3P unveräußerlich. Von dieser Grundregel dispensiert Art. L.115-2 Abs. 1 ausdrücklich. Die Übertragung des Eigentums kann daher nach Entscheidung über den Abgang auf Grundlage einer vertraglichen Vereinbarung zwischen dem öffentlichen Eigentümer und den Berechtigten erfolgen.

Gemäß Art. L.115-2 Abs. 4 Satz 1 können sich die Streitparteien davon abweichend auch auf eine andere Modalität des Schadensausgleichs einigen. Der öffentliche Eigentümer kann diese Lösung jedoch nicht einseitig bestimmen, vielmehr muss er mit den Berechtigten hierüber Einvernehmen herstellen. Näheres soll ein Umsetzungsdekret der Regierung regeln, das für November 2023 angekündigt war (Art. L.115-4 Satz 2 Var. 5).[1823]

bb) Anspruch auf Abgang des Kulturguts (»sortie«) und Restitution?

Die Bestimmung räumt auf Rechtsfolgenseite kein Ermessen ein, sondern stellt lediglich fest, dass der öffentliche Eigentümer den Abgang des Kulturguts bei Vorliegen der Voraussetzungen des Art. L.115-2 Abs. 1 Code du patrimoine aus seiner Sammlung verfügt (»prononce [...] la sortie de ces collections«).[1824] Ließe sich hieraus ein gerichtlich durchsetzbarer Anspruch auf Restitution zugunsten der Anspruchsteller:innen ableiten? Eine derart weitreichende Regelung würde gerade im europäischen Vergleich ein Novum darstellen, wo Restitutionen nicht selten unter ausdrücklicher Verneinung eines Rechtsanspruchs erfolgen.[1825] Hier sind zwei Fragen zu unterscheiden: zunächst, ob die Norm überhaupt eine Rechtspflicht zulasten des Eigentümers begründet, und ferner, ob diese Pflicht gerade im Sinne eines Forderungsrechts zugunsten einer Privatperson besteht.

Zunächst zur Frage der Rechtspflicht: Die Gesetzesbegründung der Regierung positioniert sich schon in dieser Frage nicht eindeutig. So ist an einer Stelle die Rede von einer

1822 Vgl. *Regierung der Französischen Republik*, Étude d'impact vom 18.04.2023 zum Projet de loi relatif à la restitution des biens culturels ayant fait l'objet de spoliations dans le contexte des persécutions antisémites perpétrées entre 1933 et 1945, Nr. 539, S. 42.

1823 Das Reformdekret war bei Drucklegung dieser Arbeit noch nicht verabschiedet.

1824 Anders insoweit Art. 1 der Proposition de loi relative à la restitution des restes humains appartenant aux collections publiques, Seizième Législature, Nr. 1347 (»il peut être décidé de la sortie du domaine public d'un reste humain«).

1825 Vgl. etwa § 2 Abs. 2 S. 2 KRG: »Durch die Bestimmungen dieses Bundesgesetzes wird keinerlei Anspruch auf Übereignung begründet.«

Pflicht zur Aussonderung bei Vorliegen der Voraussetzungen des Art. L.115-2 Abs. 1. Die Anspruchsteller:innen könnten zudem im Falle einer ablehnenden Entscheidung des öffentlichen Eigentümers gerichtlich prozessieren.[1826] Diesem Standpunkt schloss sich auch der *Conseil d'État* in seiner Stellungnahme zur Gesetzesvorlage der Regierung an.[1827] An anderer Stelle führt die Begründung bezüglich Kulturgütern im Eigentum dezentraler Gebietskörperschaften (Regionen, *Départements*, Kommunen) hingegen aus, dass Letztere nicht gezwungen werden könnten, eine stattgebende Entscheidung zu erlassen.[1828] Diese Zurückhaltung im Hinblick auf Vermögen dezentraler Körperschaften des öffentlichen Rechts erklärt sich wohl daher, dass durch die Begründung einer rechtlichen Pflicht in die Vermögensautonomie dieser Körperschaften eingegriffen würde. Obschon deren Eigentum in der Tat verfassungsrechtlichen Schutz nach Art. 2 und 17 der DDHC genießt, wäre ein solcher Eingriff jedoch nicht *per se* verfassungswidrig. Pauschal unzulässig ist nach der Rechtsprechung nur ein Eingriff durch Rechtsakt der Verwaltung (etwa ein Dekret)[1829], wovon die Möglichkeit eines Zugriffs durch Parlamentsgesetz unberührt bleibt.[1830] Dies dürfte in den Grenzen der Verhältnismäßigkeit auch in Fällen gelten, in denen die Restitution im Ergebnis einer Privatperson zugutekommt.[1831] Die Grenze eines verhältnismäßigen Eingriffs dürfte aber in Fortführung der Stellungnahme des *Conseil d'État* im Gesetzgebungsverfahren zum Restitutionsgesetz von 2022 erst bei Beeinträchtigung der Funktionsfähigkeit des Gemeindienstes des Museums (»continuité des services publics auxquels le domaine public est affecté«[1832]) erreicht sein, wofür nicht schon der Zugriff auf einzelne bedeutende Werke der Sammlung genügt.[1833] Das vorliegende Gesetz beschränkt den Eingriff jedoch auf gesetzlich eng definierte Fälle einer verfolgungsbedingten

1826 *Regierung der Französischen Republik*, Étude d'impact vom 18.04.2023 zum Projet de loi relatif à la restitution des biens culturels ayant fait l'objet de spoliations dans le contexte des persécutions antisémites perpétrées entre 1933 et 1945, Nr. 539, S. 42 (»si le propriétaire public retient une appréciation différente de celle de la commission et estime que la condition légale de l'existence d'une spoliation n'est pas remplie, il peut décider de ne pas restituer le bien. Mais si les conditions légales sont remplies, il est tenu de restituer«). Zurückhaltender, aber gleichwohl eine gerichtliche Überprüfbarkeit der Verwaltungsentscheidung bejahend *Colboc*, Rapport fait au nom de la Commission des affaires culturelles et de l'éducation sur le projet de loi relatif à la restitution des biens culturels ayant fait l'objet de spoliations dans le context des persécutions antisémites perpétrées entre 1933 et 1945, Seizième législature, Nr. 1435, S. 35 (»Une fois cet avis rendu, la personne publique serait libre de le suivre ou d'apprécier différemment les faits, et de prononcer ou non la restitution, sous le contrôle du juge administratif«).

1827 CE, Avis, 30.3.2023, Nr. 406919, S. 3 Rn. 8: »le Conseil d'Etat estime que lorsqu'il est établi que le bien a fait l'objet d'une spoliation, la personne publique est tenue d'en prononcer la sortie de ses collections afin de le restituer à son propriétaire ou à ses ayants-droit.«

1828 Vgl. *Regierung der Französischen Republik*, Étude d'impact vom 18.04.2023 zum Projet de loi relatif à la restitution des biens culturels ayant fait l'objet de spoliations dans le contexte des persécutions antisémites perpétrées entre 1933 et 1945, Nr. 539, S. 45 (»La procédure de sortie du domaine public […] permettra ainsi à l'organe délibérant de la collectivité territoriale de décider, sans y être contraint, la sortie du bien de son domaine public.«).

1829 CE, Avis, 26.5.1992, Nr. 351788, EDCE 1992, 431 (»Le principe d'inaliénabilité du domaine public fait obstacle à ce que ces dépendances domaniales fassent l'objet d'une procédure d'expropriation […] qui conduirait à opérer un transfert de propriété d'une collectivité publique à une autre collectivité publique«).

1830 In diesem Sinne hat der französische Verfassungsrat jedenfalls hinsichtlich der Eigentumsübertragung von einer öffentlichen Körperschaft auf eine andere geurteilt: CC, 3.12.2009, Nr. 2009-594 DC, Cons. 15 – Loi relative à l'organisation et à la régulation des transports ferroviaires et portant diverses dispositions relatives aux transports.

1831 Bislang in keiner Entscheidung ausdrücklich anerkannt, siehe etwa CC, 18.9.1986, Nr. 86-217 DC, Cons. 88 – Loi relative à la liberté de communication; 23.7.1996, Nr. 96-380 DC, Cons. 5 – Loi relative à l'entreprise nationale France Télécom.

1832 CE, Avis, 7.10.2021, Nr. 403728, S. 3 Rn. 7.

1833 Der *Conseil d'État* (ebd.) verneinte dies bei einer Restitution von fünfzehn Werken, unter denen sich auch das einzige Werk Gustav Klimts im Eigentum der Französischen Republik befand, dessen Wert auf einen mehrstelligen Millionenbetrag geschätzt wurde.

Entziehung. Eine Rechtspflicht zur Aussonderung kann somit einheitlich für Kulturgut im Eigentum sowohl des Zentralstaates als auch anderer Gebietskörperschaften bejaht werden.

Von der Frage, ob den öffentlichen Eigentümer eine gesetzliche Pflicht trifft, die Zugehörigkeit des Kulturguts zu einer Sammlung aufzuheben, ist die Frage zu trennen, ob hieraus auch ein klagbarer Rechtsanspruch zugunsten der Geschädigten folgt. Dies wird man ausgehend von dem insoweit eindeutigen Gesetzeswortlaut verneinen müssen. Die Bestimmung des Art. L.115-2 Abs. 1 sieht zwar vor, dass die Aussonderung mit dem Ziel der Restitution an die Geschädigten oder deren Rechtsnachfolger:innen zu erfolgen hat. Daraus ergibt sich jedoch lediglich eine Einschränkung der Verfügungsbefugnis des öffentlichen Eigentümers hinsichtlich des Kulturguts nach dessen Abgang aus der Sammlung: Dieser darf nur an die Berechtigen restituiert und nicht anderweitig veräußert werden.

Die Formulierung birgt jedoch einen entscheidenden Vorteil gegenüber der früheren Rechtslage: Das Entschließungsermessen der entscheidenden Stelle reduziert sich nach dem Wortlaut auf null. Bei Vorliegen der gesetzlichen Voraussetzungen hat diese eine stattgebende Entscheidung zu erlassen. Lehnt der öffentliche Eigentümer den Antrag einer geschädigten Person dennoch ab, steht dieser gegen die ablehnende Verwaltungsentscheidung der Rechtsweg zu den Verwaltungsgerichten offen. Statthafte Klageart ist die Anfechtungsklage (*recours pour excès de pouvoir*).[1834]

cc) Einigung über abweichende Ausgleichsform (Art. L.115-2 Abs. 4)

Als Alternative zur Restitution sollen nach Art. L.115-2 Abs. 4 Satz 1 Code du patrimoine – jedoch nur mit Zustimmung der Berechtigten – auch andere Arten des Schadensausgleichs (»modalités de réparation autres que la restitution«) zulässig sein. Die Gesetzesbegründung nennt beispielhaft die Zahlung einer Entschädigung gegen Verbleib des Kulturguts in der Sammlung[1835] oder einen öffentlichkeitswirksamen Hinweis auf die Herkunft und Verlustgeschichte des Werkes (etwa durch Anbringung eines Provenienzhinweises).[1836] Daneben scheint auch eine Übereignung an die Berechtigten unter zeitgleicher Gebrauchsüberlassung an eine öffentliche Einrichtung als Dauerleihgabe denkbar. Näheres soll in einem künftigen Umsetzungsdekret geregelt werden (Art. L.115-4 Satz 2 Var. 5). Der Regelung liegt die Überlegung zugrunde, dass es bei Werken mit herausragender Bedeutung für die betroffene Sammlung unter Berücksichtigung des öffentlichen Interesse angezeigt sein kann, dass diese in öffentlichem Eigentum oder jedenfalls Besitz verbleiben. Historisches Vorbild der Regelung in Frankreich bildete der durch die Stadt Brive-la-Gaillarde entschiedene Fall A.S. Drey.[1837]

1834 Es gelten dieselben Grundsätze wie bei Klagen gegen ablehnende Entscheidungen/Empfehlungen nach dem CIVS-Dekret, siehe hierzu bereits unter B.III.5.b).

1835 *Regierung der Französischen Republik*, Étude d'impact vom 18.04.2023 zum Projet de loi relatif à la restitution des biens culturels ayant fait l'objet de spoliations dans le contexte des persécutions antisémites perpétrées entre 1933 et 1945, Nr. 539, S. 42 spricht von einer »transaction financière«.

1836 *Colboc*, Rapport fait au nom de la Commission des affaires culturelles et de l'éducation sur le projet de loi relatif à la restitution des biens culturels ayant fait l'objet de spoliations dans le context des persécutions antisémites perpétrées entre 1933 et 1945, Seizième législature, Nr. 1435, S. 45 spricht von einer »mise en valeur pédagogique et mémorielle«.

1837 Darstellung des Falles bei *Colboc*, a. a. O., S. 22.

Gegenstand des Verfahrens war die Tapisserie mit dem Titel *L'odorat* aus der Manufaktur Mortlake, die sich im städtischen Musée Labenche befand. Die Stadt hatte das Werk im Zeitraum 1994/1995 bei der Galerie Deroyan in Paris für 660.000 Francs erworben. Ursprünglich stammt die Tapisserie aus dem Handelsbestand der Münchener Galerie A.S. Drey OHG, die 1935 »arisiert« worden war. Die Bestände der Galerie, die fortan durch Walter Bornheim unter der Firma »Galerie für Alte Kunst« fortgeführt wurde, wurden von diesem am 17. und 18. Juli 1935 bei Paul Gaupe in Berlin versteigert. Die Tapisserie ging unter der Lot Nr. 493 für einen Kaufpreis von 1.400 Reichsmark, der unter dem Schätzwert von 4.000 Reichsmark lag, an einen unbekannten Erwerber. In der Nachkriegszeit gelangte die Tapisserie über den Kunstmarkt nach Frankreich.

Die Erb:innen der Anteilseigner:innen der OHG erhoben im März 2016 Anspruch auf das Werk. Unter Vermittlung der *Mission de recherche et de restitution* konnte schließlich Ende 2020 eine Einigung zwischen den Parteien erzielt werden. Hiernach sollte das Werk im Eigentum der Stadt verbleiben. Im Gegenzug verpflichtete sich die Stadt, den Anspruchsteller:innen eine Entschädigung auf Basis des Kaufpreises von 1995 (umgerechnet 140.000 Euro) zu zahlen. Zudem verpflichtete sie sich zur Platzierung eines dauerhaften Provenienzhinweises am Ausstellungsort sowie in künftigen Publikationen des Museums. Die Tapisserie wird heute in einem Raum zusammen mit fünf Werken gezeigt, die nach dem Krieg an Frankreich restituiert wurden (sog. Sonderrestbestände der äußeren Restitution).[1838]

Bei Gewährung einer Entschädigung kann die öffentliche Körperschaft zudem eine finanzielle Beihilfe des Zentralstaates beantragen, auf deren Erlangung jedoch kein Anspruch besteht (Art. L.115-2 Abs. 4 Satz 2). Die näheren Modalitäten dieser Beihilfe sollen im kommenden Haushaltsgesetz des Parlaments verankert werden.[1839]

dd) Befreiung von Ausfuhrbeschränkungen (Art. L.115-2 Abs. 3)

Wurde ein als verfolgungsbedingt entzogenes Kulturgut nach Art. L.115-2 Code du patrimoine restituiert, so besteht ein Anspruch auf Erteilung einer Ausfuhrgenehmigung nach Art. L.111-2 Code du patrimoine. Diese Regelung schreibt die bisherige Verwaltungspraxis des Kulturministeriums fort.[1840] Abweichend von Art. L.111-4 Abs. 1 Satz 1 kann die Restitution somit nicht unter Verweis darauf abgelehnt werden, dass es sich bei dem Kulturgut um einen Nationalschatz (*trésor national*) im Sinne des Art. L.111-1 handelt. Dessen ungeachtet kann die Ausfuhr aber noch durch Eintragung in das Verzeichnis historischer Denkmäler (*monuments historiques*) vereitelt werden (Art. L.622-18). Diese Eintragung kann im Zweifel auch gegen den Willen der Eigentümer:innen erfolgen, ist in diesem Fall aber entschädigungspflichtig.[1841] Möglich ist im Einzelfall sogar eine vorläufige Einstufung als historisches Denkmal, wenn eine dauerhafte

1838 Zum Rechtstatus dieser Sonderbestände siehe die Ausführungen im Folgekapitel unter C.

1839 Siehe Aussagen der Abgeordneten Soudais und Gosselin im Vermittlungsausschuss des Parlaments, vgl. *Colboc/Gosselin*, Rapport fait au nom de la Commission mixte paritaire chargée de proposer un texte sur les dispositions restant en discussion, Seizième législature, Nr. 855, S. 9 f.

1840 Vgl. *Regierung der Französischen Republik*, Étude d'impact vom 18.04.2023 zum Projet de loi relatif à la restitution des biens culturels ayant fait l'objet de spoliations dans le contexte des persécutions antisémites perpétrées entre 1933 et 1945, Nr. 539, S. 43.

1841 Art. L.622-4 Abs. 2, 3 Code du patrimoine.

Verbringung aus dem Staatsgebiet droht.[1842] Die Regelung des Art. L.115-2 Abs. 4 beseitigt somit nicht alle denkbaren Ausfuhrbeschränkungen.

3. Restitutionen aus privaten Sammlungen (Art. L.451-10-1 Code du patrimoine)

Die Bestimmungen des Restitutionsgesetzes von 2023 gelten nicht nur für Kulturgüter im öffentlichen Eigentum, sondern auch für bestimmte museale Privatsammlungen, für die besondere gesetzliche Verfügungsbeschränkungen gelten. Das betrifft gemäß Art. L.451-10 Satz 1 Code du patrimoine Kulturgüter, die sich in einem *musée de France*[1843] in Trägerschaft einer gemeinnützigen juristischen Person des Privatrechts befinden und die durch oder mithilfe einer gemeinnützigen Zuwendung erworben wurden. In privater Trägerschaft befinden sich heute rund 13 Prozent der insgesamt 1.200 *musées de France*.[1844] Ein solches Museum stellt etwa das *musée d'art et d'histoire du Judaïsme* (MAHJ) in Paris dar, dessen Träger ein privatrechtlicher Verein ist. Der durch das Reformgesetz eingeführte Art. L.451-10-1 ermöglicht nun im Falle einer verfolgungsbedingten Entziehung ausnahmsweise eine Verfügung über solche Kulturgüter mit dem Ziel ihrer Restitution.

a) Anwendungsbereich

Nach Art. L.451-10 Abs. 1 Code du patrimoine dürfen private Rechtsträger eines *musée de France* nur in beschränktem Umfang über Kulturgüter verfügen, die durch Schenkung, letztwillige Verfügung oder mit Mitteln des Zentralstaates oder einer anderen Gebietskörperschaft erworben wurden. Eine Veräußerung ist in beiden Fällen nur zugunsten öffentlicher Körperschaften oder anderer gemeinnütziger Privatpersonen zulässig, die sich zum dauerhaften Verbleib des Kulturguts in einem *musée de France* verpflichtet haben. Veräußerungen, die dieser Maßgabe zuwiderlaufen, sind nichtig (Art. L.451-4 Abs. 1). Die Bestimmung bezweckt im Kern den Schutz des Vertrauens privater Mäzen:innen und öffentlicher Geldgeber:innen darin, dass das Kulturgut auch in Zukunft der Öffentlichkeit zugänglich bleibt.

b) Materielle und formelle Voraussetzungen einer Restitution

Der Tatbestand des Art. L.451-10-1 Code du patrimoine entspricht in materieller Hinsicht der Vorschrift des Art. L.115-2 Abs. 1. Das bereits hierzu Ausgeführte gilt also entsprechend.[1845] Das maßgebliche Kulturgut muss im zivilrechtlichen Eigentum einer Person gestanden haben, welcher der Gegenstand im Kontext der antisemitischen Verfolgungen im Zeitraum zwischen dem 30. Januar 1933 und dem 8. Mai 1945 entzogen wurde. Bei Vorversterben der ursprünglich Berechtigten kann eine Übereignung nur an die Rechtsnachfolger:innen nach Maßgabe des anwendbaren Erbrechts erfolgen. Wie bei Kulturgütern im öffentlichen Eigentum bedarf es in formeller Hinsicht einer Empfehlung der CIVS, die zu diesen Punkten Stellung nimmt, also insbesondere die heutigen Berechtigten feststellt. Diese kann neben den durch die Entziehung

1842 Art. L.622-5 Code du patrimoine.
1843 Zum Begriff siehe schon unter B.IV.2.a)bb).
1844 Vgl. *Kulturministerium*, Appellation »Musée de France«, Eintrag auf Website.
1845 Es wird auf die Ausführungen unter B.IV.2.b) verwiesen.

Geschädigten oder deren Rechtsnachfolger:innen (Art. 1 Abs. 1 CIVS-Dekret) auch durch die private Eigentümerin der Werke als »betroffene Personen« nach Art. 1-1 Alt. 2 angerufen werden.[1846] Eine Bindung an diese Empfehlung besteht aber – wie schon nach Art. L.115-2 Code du patrimoine – nicht.

Verfahrensmäßig ist vor einer Restitution zudem die vorherige Zustimmung des Kulturministeriums erforderlich (Art. L.451-10-1 Abs. 1 S. 2). Auf deren Erteilung besteht nach dem Gesetzeswortlaut kein rechtlicher Anspruch. Diese unbewusste Auslassung wird man als ein planwidriges Redaktionsversehen des Gesetzgebers werten müssen. Hat zuvor bereits die CIVS als mit besonderem Sachverstand ausgestattetes Gremium eine Entziehung im Kontext der antisemitischen Verfolgungspolitik bejaht und somit implizit ein besonderes öffentliches Interesse an der Restitution anerkannt, so wird nicht recht ersichtlich, warum das Kulturministerium zu einer abweichenden Einschätzung der Sach- und Rechtslage gelangen sollte. Das Kulturministerium hat die erforderliche Zustimmung mithin nach der hier vertretenen Ansicht zu erteilen, ohne dass diesem ein Ermessensspielraum zukommt. Weiterhin ist der *Haut Conseil des musées de France* über die Entscheidung zur Restitution zu unterrichten (Art. L.451-10-1 Abs. 1 Satz 3).

c) Rechtsfolge

Auf Rechtsfolgenseite räumt Art. L.451-10-1 Satz 1 Code du patrimoine der privaten Eigentümerin des Kulturguts – auch nach einer Empfehlung der CIVS und Zustimmung des Kulturministeriums – einen Ermessensspielraum ein (»les biens [...] peuvent être restitués à leur propriétaire ou à ses ayants droit«). Rechtstechnisch leuchtet dies ein, da die Regelung eine Verbotsnorm (Art. L.451-10 Abs. 1) außer Kraft setzt, indem sie die Rechtsinhaberinnen abweichend von Art. L.451-10 Abs. 1 zu einer Verfügung gegenüber einem bestimmten Personenkreis ermächtigt. Vielmehr noch ist dies aber unter verfassungsrechtlichen Gesichtspunkten geboten, da die Einräumung eines Anspruchs auf Restitution einen weitaus intensiveren Eingriff in das nach Art. 2 und 17 DDHC geschützte Privateigentum darstellen würde, als die Beschränkung der Verfügungsbefugnis ohnehin schon darstellt. Verweigert die private Eigentümerin des Kulturguts die Herausgabe, können die Berechtigten jedoch gerichtlich auf Grundlage der Verordnung vom 21. April 1945 prozessieren – mit dem entscheidenden Nachteil, dass diese nur auf Verluste innerhalb Frankreichs während der deutschen Besatzung Anwendung findet.

V. Anspruchskonkurrenzen

Nach der Darstellung der drei Regelungen zum Ausgleich von Vermögensverlusten im Zeitraum der NS-Herrschaft, soll in diesem Abschnitt das Konkurrenzverhältnis dieser Normen zueinander geklärt werden, da sie potenziell ähnliche Sachverhalte regeln. Es stellt sich hier die praktisch bedeutsame Frage, ob beispielsweise ein Antrag auf Restitution, sofern bereits eine rechtskräftige Gerichtsentscheidung nach der Verordnung vom 21. April 1945 vorliegt, erneut auf

1846 Die Regelungen dürften ihrem wesentlichen Inhalt nach auch nach der für Ende 2023 angekündigten Reform des CIVS-Dekrets Bestand haben. Siehe zur Einleitung eines Verfahrens vor der CIVS eingehend unter B.III.4.b)aa).

Grundlage des CIVS-Dekrets oder aufgrund des Art. L.115-2 und L.451-10-1 Code du patrimoine gestellt werden könnte.

Für die Geschädigten besteht zunächst ein Wahlrecht zwischen einer Anspruchsverfolgung nach der Verordnung vom 21. April 1945 und einem Antrag nach dem CIVS-Dekret. Die beiden Regelungen stehen zueinander nicht in einem Verhältnis der Spezialität, sondern komplementieren einander. Eine Anspruchsverfolgung nach der Verordnung vom 21. April 1945 wird somit nicht dadurch ausgeschlossen, dass zuvor ein Verfahren vor der CIVS durchgeführt wurde. Vielmehr kann ein Verfahren vor der CIVS vor oder nach einer gerichtlichen Klage oder auch parallel zu einer solchen betrieben werden, um den entstandenen Vermögensschaden auszugleichen.[1847] Das Dekret sieht ebenso keine Legalzession (*subrogation légale*) des Anspruchs auf Restitution zugunsten des Zentralstaates vor, wenn dieser nach Art. 8-2 CIVS-Dekret eine Entschädigung für den Verlust desselben Gegenstandes geleistet hat.[1848] In diesem Fall hat aber ein Ausgleich der erlangten Bereicherung zu erfolgen: Die ungerechtfertigte Bereicherung – in diesem Beispiel die Entschädigung – ist dem Zentralstaat zurückzugewähren.[1849]

Anders verhält es sich hingegen im Verhältnis von Art. L.115-2 und L.451-10-1 Code du patrimoine zu dem CIVS-Dekret in seiner (noch) aktuellen Fassung. Das CIVS-Dekret stellt in diesem Verhältnis die allgemeinere Regelung dar, da es für Vermögensverluste im Allgemeinen und nicht nur, wie die Art. L.115-2 und L.451-10-1, für besondere Kategorien von Kulturgütern gilt. Die Durchführung eines Verfahrens vor der CIVS ist zwar nach den letztgenannten Regelungen einer Restitution vorgeschaltet. Die materiellen Voraussetzungen einer Restitution oder anderen Ausgleichslösung ergeben sich dann aber abschließend aus Art. L.115-2 Abs. 1 und Art. L.451-10-1, die insoweit die allgemeineren Bestimmungen des CIVS-Dekrets verdrängen. Eine bestandskräftige Entscheidung nach dem Restitutionsgesetz von 2023 steht somit einer erneuten Anspruchsverfolgung vor der CIVS nach den Bestimmungen des CIVS-Dekrets entgegen. Möglich bleibt dagegen eine Klage auf Grundlage der Verordnung von 1945, deren Bestimmungen durch die neueingeführten Regelungen im Code du patrimoine unberührt bleiben.

1847 Dies belegt etwa der Fall Armand Dorville. Nachdem der Restitutionsantrag vor der CIVS bezogen auf acht Kunstwerke abgelehnt worden war, erhoben die Anspruchsteller:innen Klage auf Restitution der Werke auf Grundlage der Verordnung vom 21.4.1945. Die teilweise Anspruchsablehnung durch die CIVS wurde vom *Tribunal judiciaire von Paris* nicht als ein Verfahrens- oder Anspruchshindernis angesehen (TJ Paris, 10.1.2023, Nr. 21/56082). Ebenso schon im Verfahren Simon Bauer (Cass. civ. 1ère, 1.7.2020, Nr. 18-25.695).

1848 Siehe hierzu bereits unter B.III.4.c)aa)(1).

1849 Siehe hierzu bereits unter B.III.7.e)aa)(5).

C. Restitution von Kulturgütern aus Sonderrestbeständen

Ein bedeutender Teil der seit Verabschiedung der Washingtoner Prinzipien von 1998 durchgeführten Restitutionen in Frankreich betrifft Objekte aus den Restbeständen der sog. äußeren Restitutionen.[1850] Diesem Sonderrestbestand sind Kunstgegenstände (Kunstwerke, Stilmöbel, Objekte des Kunsthandwerks) und sonstige Kulturgüter (Bücher und andere Schriftwerke) zuzuordnen, die zumeist nach dem Zweiten Weltkrieg im Rahmen der völkerrechtlichen Restitutionen an Frankreich restituiert wurden und sich seither in staatlicher Obhut befinden. Die verwahrten Kunstgegenstände (Gemälde, Skulpturen, Stilmöbel und andere Kunstobjekte) werden im Verwaltungsjargon vereinfachend als »MNR« (*musées nationaux récupération*) bezeichnet.[1851] Von diesen sind Bücher und sonstige Schriftwerke zu unterscheiden, die wie auch die Kunstgegenstände nach 1949 zur Verwahrung an verschiedene öffentliche Bibliotheken in Frankreich übergeben wurden. Ihre Identifikation in den Beständen dieser Bibliotheken ist heute jedoch nicht mehr ohne Weiteres möglich, da sie nach 1950 nicht systematisch auf gesonderten Inventarlisten erfasst wurden.[1852] Forschungen zur Klärung der Provenienzen dieser Werke haben erst in den letzten Jahren begonnen.

Nach ständiger Rechtsprechung des *Conseil d'État* verfügt der Staat über kein Eigentum an den nach 1945 rückgeführten Kunstgegenstände.[1853] Diese unterfallen nicht dem Veräußerungsverbot für Vermögenswerte der öffentlichen Domäne (*domaine public*)[1854] und können daher ohne rechtliche Einschränkungen an die zivilrechtlichen Eigentümer:innen restituiert werden. Auf ihre Restitution besteht zudem ein klagbarer Rechtsanspruch. Nicht abschließend

1850 Nach amtlichen Angaben wurden seit 1950 Kunstgegenstände 170 Werke aus den Sonderrestbeständen restituiert (Stand April 2023), vgl. *Kulturministerium*, Œuvres de la ›récupération artistique‹ restituées depuis 1950 (au 8 avril 2023). Jedoch müssen von dieser Statistik jene Werke ausgenommen werden, die ursprünglich nicht Teil der Sonderrestbestände waren, sondern in diese erst nachträglich aufgenommen wurden (insgesamt drei Werke in den Fällen Gaston Lévy und Hugo Simon). Siehe hierzu bereits unter B.IV.2.a)dd)(2).

1851 Vgl. *Zivie*, Rapport à Madame la Ministre de la Culture, S. 16. In diesem Bestand finden sich neben Gemälden, Skulpturen, alten und seltenen Möbeln auch Objekte des Kunsthandwerks. Zur Kennzeichnung der Kunstgegenstände werden je nach Objektkategorie und Entstehungsepoche die Signaturen MNR, REC, OAR, RP, RFS, AOC und AGRR verwendet. Die Bezeichnung MNR kennzeichnet daher an sich nur Gemälde alter Meister bis in das frühe 19. Jahrhundert. Trotz dieser Ungenauigkeit wollen wir im Folgenden gleichwohl an dieser in der Praxis etablierten Bezeichnung aus didaktischen Gründen festhalten.

1852 Knapp zwei Drittel dieser Bestände befinden sich heute in drei Bibliotheken (*Langues orientales*, *Bibliothèque nationale*, *Bibliothèque de l'Institut d'art et d'archéologie*), vgl. *Zivie*, a. a. O., S. 16.

1853 CE, 27.3.2009, Nr. 283240, Rec. S. 104 – Ranely Vergé Dupré; CE, Assemblée, 30.7.2014, Nr. 349789, Rec. S. 247 – Kodric und Heer.

1854 Art. L.3111-1 CG3P, Art. L.451-5 Abs. 1 Code du patrimoine. Siehe hierzu unter B.IV.2.

geklärt ist hingegen die Eigentumslage bezüglich der gleichfalls nach dem Krieg an Frankreich restituierten Bücher und sonstigen Schriftwerke. Weiterhin bestehen dogmatische Begründungslücken hinsichtlich der Frage, auf welcher genauen rechtlichen Grundlage heute - über sieben Jahrzehnte nach der Rückführung der Kulturgüter - ein Einbehalt der Restbestände in staatlicher Verwahrung ermöglicht wird.

Nachfolgend soll ausgehend von der Entstehungsgeschichte der Restbestände (I.) geklärt werden, welche Personen heute als Eigentümerinnen der in den Sonderrestbeständen verbliebenen Kulturgüter anzusehen sind und auf welcher rechtlichen Grundlage der Zentralstaat diese in Obhut hält (II.). In einem Folgeschritt soll daran anknüpfend dargestellt werden, nach welchen Maßstäben heute Ansprüche auf Restitution aus diesen Beständen zu bewerten sind (III.). Unter Zugrundelegung dieser Vorüberlegungen soll in einem Folgeschritt überprüft werden, ob und inwieweit die heutige Restitutionspraxis der Verwaltung mit diesen Maßgaben vereinbar ist (IV.). Zuletzt sollen die Verwaltungszuständigkeit für die Prüfung von Restitutionsanträgen und der einschlägige Rechtsweg für Klagen bei ablehnenden Entscheidungen dargestellt werden (V. und VI.).

I. Entstehungsgeschichte

Die Kulturgüter in den Sonderrestbeständen wurden nach dem Krieg zumeist aus den *Central Collecting Points* (CCP) der westlichen Besatzungszonen in Deutschland nach Frankreich rückgeführt, nachdem sie zuvor in den Lagerdepots des Deutschen Reichs oder im sonstigen NS-Einflussbereich geborgen worden waren. Unter den Werken befanden sich aber auch Erwerbungen deutscher Museen, Kunsthändler:innen und Privatpersonen, die nach einer Meldung beschlagnahmt und in die CCPs eingeliefert worden waren.[1855]

Nach ihrer Rückführung nach Frankreich wurden die Kulturgüter an die *Commission de récupération artistique* (CRA) übergeben. Diese war im November 1944 beim Bildungsministerium eingerichtet worden, um Meldungen über Kulturgüterverluste französischer Staatsangehöriger und öffentlicher Stellen zu prüfen.[1856] Formal lag die Zuständigkeit für die Bescheidung der Restitutionsgesuche beim *Office des biens et intérêts privés* (OBIP) des Außenministeriums, das bereits nach dem Ersten Weltkrieg eingerichtet worden war,[1857] um Restitutionsansprüche französischer Staatsangehöriger in Umsetzung der Versailler Verträge gegen das Deutsche Reich zu verfolgen.[1858]

Die rückgeführten Kulturgüter konnten auf Antrag unter Vorlage schriftlicher Eigentumsnachweise (etwa Inventarlisten bei Kunstwerken oder Exlibris bei Büchern) herausverlangt werden. Im Zeitraum von 1945 bis zur Abwicklung der CRA Ende 1949 wurden auf diesem

1855 Zur Meldung gegenüber alliierten Behörden waren Privatpersonen in den westlichen Besatzungszonen aufgrund Verordnungen der jeweiligen Landesministerpräsidenten verpflichtet. Vgl. Art. III der Verfügung des Bayerischen Ministerpräsidenten, Bayerischer Staatsanzeiger 1946, Nr. 3, zitiert in *Weber*, Die völkerrechtlichen Restitutionen, S. 82.

1856 Arrêté du 24 novembre 1944 (JORF vom 23.1.1945, S. 315), abgedruckt in *Présidence du Conseil*, Spoliations et restitutions des biens culturels publics et privés (objets d'art ou précieux), S. 8.

1857 Dekrete vom 2.7.1917 und 30.12.1919.

1858 *Le Masne de Chermont/Schulmann*, Le pillage de l'art en France pendant l'Occupation et la situation des 2000 œuvres confiées aux musées nationaux, S. 33.

Wege rund 45.400 von 61.233 rückgeführten Kunstgegenständen restituiert.[1859] Die Unterkommission für Bücher bearbeitete in demselben Zeitraum knapp 1,1 Mio. Bücher, von denen etwa 550.000 Werke an die Eigentümer:innen, sofern diese ermittelt werden konnten, restituiert und im Übrigen anderweitig verteilt wurden.[1860] Somit verblieben nach 1949 rund 15.000 Kunstgegenstände und 550.000 Bücher in staatlichem Besitz. Hiernach erfolgte eine weitere Auswahl durch zwei staatliche Fachkommissionen (rund 2.200 Kunstgegenstände und 13.000 Bücher). Die ausgewählten Kunstgegenstände wurden der Öffentlichkeit auf Schloss Compiègne (1950–1954) und eine Auswahl der Bücher in der *Bibliothèque nationale* (1949) präsentiert.[1861] Alle übrigen Werke wurden zugunsten des Fiskus durch die staatliche Domänenverwaltung (*administration des Domaines*) versteigert.

Auch in der Folgezeit kam es zu völkerrechtlichen Restitutionen. Im Februar 1952 wurden die CCP-Restbestände, soweit diese der äußeren Restitution unterlagen, in die Treuhänderschaft des Bundes überführt.[1862] Beim Auswärtigen Amt wurde zu diesem Zweck die Dienststelle der Treuhandverwaltung für Kulturgut (TVK) mit Sitz in München eingerichtet. Im Überleitungsvertrag vom 23. Oktober 1954 verpflichtete sich die Bundesrepublik Deutschland zur Fortführung der äußeren Restitutionen.[1863] Als zuständige Prüfstelle wurde am 5. Mai 1955 ein Bundesamt für Äußere Restitutionen geschaffen.[1864] Die völkerrechtlichen Restitutionen gelangten erst am 30. Juni 1962 mit der Abwicklung der TVK und der Überführung der Restbestände in Bundeseigentum zu einem Abschluss.[1865] Restitutionen erfolgten hiernach noch auf Einzelfallbasis auf dem diplomatischen Weg. Nach der deutschen Wiedervereinigung restituierte Deutschland noch weitere 28 Kunstwerke an Frankreich, von denen 22 Objekte nachträglich in die Sonderrestbestände aufgenommen wurden.[1866]

Die heutigen Sonderrestbestände bilden daher ein Überbleibsel derjenigen Werke, die nach 1945 an Frankreich rückgeführt wurden und deren Eigentümer:innen bis heute nicht ermittelt werden konnten. Die Restbestände verbindet, dass sie aus privatem Kunstbesitz stammen, in der Regel während der deutschen Besatzung aus Frankreich ins Ausland verbracht und

1859 So die amtlichen, aber nicht näher belegten Zahlen der Mattéoli-Mission, siehe *Mission d'étude sur la spoliation des Juifs de France*, Rapport général, S. 134 f. Kritisch *Linsler*, Yod 2018, 9 f.

1860 Die CRA übergab die Werke auch an bedürftige Personen, deren berufliche Tätigkeit einen Zugriff auf bestimmte Standardwerke erforderte. Die Werke wurden in diesen Fällen nicht übereignet, sondern lediglich unter dem Vorbehalt einer Rückforderung durch die Eigentümer:innen zur vorläufigen Nutzung übergeben (*attribution*). Vgl. *Poulain*, BBF 4 (2015), 176 (180).

1861 Vgl. *Zivie*, Rapport à Madame la Ministre de la Culture, S. 108; *Poulain*, BBF 4 (2015), 176 (180).

1862 Dieses Datum nennt *Löffler*, Kunstschutz im besetzten Deutschland, S. 158. Die Übergabe der Treuhänderschaft erfolgte aus den Händen der Ministerpräsidenten der Länder Bayern und Hessen. Die Entscheidung dieser Übergabe war zuvor Gegenstand eines Notenwechsels zwischen Bundesregierung und amerikanischer Militärverwaltung gewesen und bereits am 1.6.1951 beschlossen worden, vgl. *Heuß*, in: Schoeps/Ludewig (Hrsg.), Eine Debatte ohne Ende? Raubkunst und Restitution im deutschsprachigen Raum, S. 15, 18.

1863 Fünfter Teil des Vertrages vom 26.5.1952 zur Regelung aus Krieg und Besatzung entstandener Fragen, modifiziert durch Abkommen vom 23.10.1954, in nationales Recht umgesetzt durch Gesetz vom 28.3.1954, BGBl. II 1954, S. 57. Die Bestimmung galt ausdrücklich nur für Schmucksachen, Silberwaren, antike Möbel und Kulturgüter (Art. 1 Abs. 4 des Vertrages).

1864 Art. 1 Abs. 1 des Fünften Teils des Vertrages vom 26.5.1952, a. a. O., S. 196. Erwähnenswert ist, dass die Ansprüche auch direkt durch die früheren Eigentümer:innen der Gegenstände gegen die aktuellen Halter:innen der Werke in Deutschland erhoben werden konnten, wenn die betreffenden Gegenstände während der deutschen Besatzung entzogen worden waren. Bedingung war, dass die Anspruchsteller:innen Angehörige oder Einwohner:innen eines Staates waren, welcher der Satzung der Schiedskommission für Güter, Rechte und Interesse in Deutschland beigetreten ist (Fünfter Teil, Art. 3).

1865 *Heuß*, in: Schoeps/Ludewig (Hrsg.), Eine Debatte ohne Ende? Raubkunst und Restitution im deutschsprachigen Raum, S. 15, 27 und 29.

1866 *Groupe de travail sur les provenances d'œuvres récupérées après la seconde guerre mondiale*, Bericht für 2014, S. 8.

nach dem Krieg an Frankreich restituiert wurden. Gänzlich heterogen fallen dagegen die historischen Umstände ihrer Aneignung aus, die von Plünderungen und Beschlagnahmen durch Stellen des Deutschen Reichs über »Arisierungen« auf scheinlegaler Grundlage bis hin zu käuflichen Erwerbungen am Kunstmarkt reichen. Pauschale Aussagen zur Frage der Unrechtmäßigkeit der Verlustvorgänge können daher nicht getroffen werden.

II. Eigentum an den Restbeständen und rechtlicher Status

Bis heute ist die Frage der Eigentümer:innenstellung nur für die unter der Sammelbezeichnung »MNR« geführten Kunstwerke geklärt. Diese befinden sich nach der Rechtsprechung des *Conseil d'État*[1867] nicht im Eigentum des Zentralstaates, sondern werden in Erwartung ihrer Restitution an ihre tatsächlichen Eigentümer:innen in staatlicher »Obhut« oder »Verwahrung« (*garde*) gehalten.[1868] Die Argumentation des *Conseil d'État* weist indes rechtsdogmatische Begründungslücken auf. In der Sache Kodric und Heer lehnte der Rat schlicht eine Aneignung durch Hoheitsakt (etwa im Wege einer Enteignung) ab, unternahm aber zugleich keine vollumfängliche Prüfung der zivilrechtlichen Eigentumslage an den betreffenden Gegenständen. Noch gänzlich ungeklärt ist hingegen der Status der rückgeführten Bücher und sonstigen Schriftwerke, deren Verwahrung durch das Dekret vom 30. September 1949 im Ausgangspunkt analog zu Kunstgegenständen geregelt wurde. Die Halteinstitutionen wichen hier nach 1950 größtenteils von den gesetzlichen Vorgaben (insbesondere der Pflicht zur gesonderten Inventarisierung) ab, sodass eine Identifikation heute erschwert ist.

Im Folgenden soll die zivilrechtliche Eigentumslage für beide Bestände chronologisch (das heißt von ihrem Verlust in Frankreich bis zur ihrer Rückführung nach Frankreich und ihrer Aufnahme in die Sonderbestände) geprüft werden (1.). Im Ausgangspunkt wird dabei von einem Bestand des Eigentums zu einem bestimmten Zeitpunkt während der NS-Herrschaft ausgegangen und ein möglicher Eigentumsverlust zugunsten Dritter im Folgezeitraum ausgehend von der dargestellten Entstehungsgeschichte der Bestände geprüft. In einem Folgeschritt soll sodann geklärt werden, was den Rechtsgrund dieser staatlichen »Obhut« oder »Verwahrung« bildet (2.). Es stellt sich die Frage, ob diese einem bestimmten Rechtsinstitut zugeordnet werden kann oder vielmehr eine richterrechtliche Konstruktion darstellt. Der untechnische Begriff der *garde* ist jedenfalls mehrdeutig und daher klärungsbedürftig.

1867 Zunächst implizit in CE, 27.3.2009, Nr. 283240, Rec. S. 104, Cons. 2 – Ranely Vergé Dupré (»les autorités administratives demeurent tenues de restituer à leurs propriétaires ou à leurs ayants droit les biens dont ils ont été, soit spoliés dans des conditions exorbitantes du droit commun, soit [...] privés par une transaction d'apparence légale«) Explizit erstmals in CE, Assemblée, 30.7.2014, Nr. 349789, Rec. S. 247 – Kodric und Heer.

1868 CE, Assemblée, 30.7.2014, Nr. 349789, a.a.O., Cons. 7: »[I]l résulte de l'ensemble des dispositions concernant les œuvres répertoriées MNR que l'Etat n'a pas entendu s'en attribuer la propriété, ni par suite les incorporer au domaine public; qu'il s'en est seulement institué le gardien à fin de restitution aux propriétaires spoliés par les actes de la puissance occupante, et à leurs ayants droit en mettant en place un service public de la conservation et de la restitution de ces œuvres«.

1. Zivilrechtliche Eigentumslage

a) Wirksamkeit oder Nichtigkeit ursprünglicher Verlustakte

Ausgangspunkt der Prüfung der Eigentumslage sind die Rechtsakte und Handlungen, die den Vermögensverlust bei den früheren Eigentümer:innen bewirkt haben. Es ist konkret zu prüfen, ob diese Verfügungen bei rechtlicher Betrachtung als wirksam oder vielmehr nichtig anzusehen sind. Wie bereits dargestellt, beruhte die Translokation von Kulturgütern nicht stets auf einem hoheitlichen Zugriff durch die deutsche Besatzungsmacht. Daneben sind auch käufliche Erwerbungen durch Privatpersonen und öffentliche Museen über Mittelspersonen nachweisbar. Das Völkerrecht bewertete die Wirksamkeit oder Nichtigkeit beider Verlustformen schon nach der im Zweiten Weltkrieg geltenden Rechtslage unterschiedlich.

Plünderungen und Beschlagnahmen von Privateigentum durch eine kriegsführende Partei in besetzten Gebieten waren bereits nach damaligem Kriegsvölkerrecht unrechtmäßig.[1869] Entziehungen von Kulturgütern aus privatem wie auch öffentlichem Besitz waren ausnahmslos untersagt.[1870] Nach den Grundsätzen des Völkerrechts verloren derartige Besitznahmen in Anwendung der Grundsätze des *postlinium* mit dem Ende der Besatzung ihre Rechtsgültigkeit. Die betreffenden Vermögenswerte konnten demnach von den Berechtigten ohne Weiteres beansprucht werden.[1871]

Hiervon zu unterscheiden sind rechtsgeschäftliche Erwerbungen, die das Völkerrecht unberührt ließ und einer Regelung durch die nationalen Gesetzgeber vorbehielt.[1872] Einen allgemeinen Nichtigkeitsvorbehalt für derartige Vermögensverluste formulierten die Alliierten schon während des Zweiten Weltkrieges in der Londoner Erklärung vom 5. Januar 1943[1873], die jedoch keine abschließenden Regelungen traf, sondern auf eine Umsetzung durch die Signatarstaaten nach der Befreiung Europas angelegt war. Frankreich setzte diese Vorgabe in drei Umsetzungsverordnungen um, die schon in einem früheren Kapitel dieser Arbeit besprochen wurden.[1874] Die klassische Unterscheidung zwischen unfreiwilligen und freiwilligen Vermögenszugriffen findet sich auch in der zweiten Umsetzungsverordnung vom 21. April 1945 wieder. Veräußerungen sind nur dann als nichtig anzusehen, wenn sie unter Zwang (*violence*) im Sinne des Art. 1109 Code civil a. F. eingetreten sind. Nach Art. 11 Abs. 1 der Verordnung gilt zugunsten verfolgter Personen eine widerlegliche Zwangsvermutung.[1875]

1869 Art. 46 Abs. 2 und Art. 47 HLKO.

1870 Art. 56 Abs. 1 und 2 HLKO.

1871 »Auch die beweglichen Sachen, welche von dem Feinde weggenommen worden sind, können bis zum Friedensschluß von dem verletzten Eigentümer zurückgenommen werden, wenn die feindliche Gewalt wieder verdrängt ist. Vorbehalten bleiben die privatrechtlichen Beschränkungen, welche der dinglichen Verfolgung beweglicher Sachen im Wege stehen und die Bestimmungen zu Gunsten des redlichen Verkehrs, welchen den Erwerber schützen.«, *Bluntschli*, Das moderne Völkerrecht der civilisierten Staten als Rechtsbuch dargestellt, S. 401 zur Rechtslage vor Inkrafttreten der HLKO. Umstritten war, ob ein gutgläubiger Erwerb an widerrechtlich entzogenen Objekten möglich ist. Dies ablehnend *Weber*, Die völkerrechtlichen Restitutionen, S. 56 f. In diesem Sinne ferner schon *Lauterpacht*, International Law. A treatise, Disputes, war and neutrality, Band 2, S. 482, § 283.

1872 Vgl. *Lauterpacht*, International Law. A treatise, Disputes, war and neutrality, Band 2, S. 482, § 280.

1873 Die Erklärung wurde durch Rechtsakt des CFLN), dem Vertretungsorgan der ausländischen Résistance, umgesetzt: Ordonnance du 12 novembre 1943 sur la nullité des actes de spoliation accomplis par l'ennemi ou sous son contrôle, JORF vom 18.11.1943, S. 277.

1874 Verordnung vom 14.11.1944, Verordnung Nr. 45-770 vom 21.4.1945, Verordnung Nr. 45-1224 vom 9.6.1945.

1875 Siehe zum Ganzen schon unter B.II.2.b).

Im Umkehrschluss waren auch rechtlich wirksame Erwerbungen während der Besatzungszeit denkbar. Auch die Rückführung der Werke bedeutete nicht zwingend, dass diese Gegenstand einer nichtigen Entziehung oder eines Zwangsgeschäfts gewesen waren, da Restitutionen in den alliierten Verfahren schon in alleiniger Ansehung der Herkunft der Kulturgüter aus einem bestimmten Staatsgebiet gewährt wurden, ohne dass dabei die konkreten Verlustumstände von Bedeutung waren.[1876] Die Frage, ob die Vorkriegseigentümer:innen das Eigentum im Laufe der Besatzungszeit verloren haben oder vielmehr wegen der Nichtigkeit des verlustbegründenden Rechtsgeschäftes oder des verlustbegründenden Rechtsaktes behalten haben, ist somit eine Frage der Umstände des Einzelfalls.

b) Staatlicher Eigentumserwerb durch Beschlagnahme?

Abzulehnen ist jedenfalls ein Eigentumserwerb zugunsten der alliierten Besatzungsmächte infolge der Beschlagnahme in den deutschen Besatzungszonen, der heute vereinzelt vertreten wird.[1877] Die einschlägigen Regelungen – allen voran das in der US-amerikanischen Besatzungszone geltende Militärregierungsgesetz Nr. 52 vom 1. August 1945[1878] – ließen die sachenrechtliche Eigentumslage vielmehr unberührt und begründeten demgegenüber eine öffentlich-rechtliche Belastung des Eigentums. Art. 2 dieses Gesetzes untersagte jede Verfügung über die der Vermögenssperre unterliegenden Vermögenswerte. Die aktuellen Besitzer:innen wurden verpflichtet, diese in Erwartung weiterer Anweisungen vorläufig zu verwahren (Art. 3).[1879] Abschnitt 18-401.1 der Regulierung Title 18 (Monuments, Fine Arts and Archives) vom 12. Februar 1947 konkretisierte diese Vorgabe dahingehend, dass Kulturgüter, bei denen der Nachweis oder der Verdacht einer widerrechtlichen Entziehung bestand, in öffentliche Verwahrung zu nehmen waren (Abschnitt 18-445.1). Die Übergabe an den Empfängerstaat, der erfolgreich einen Anspruch auf ein unter Verwahrung stehendes Werk erhoben hatte, erfolgte sodann stets unter Hinweis auf den vorübergehenden Charakter der Verwahrung und mit der Maßgabe einer Restitution an die tatsächlichen Eigentümer:innen.[1880] So verhielt es sich auch bezogen auf die an Frankreich restituierten Werke. Nur vereinzelt sahen nationale Gesetzgebungen, wie in den

1876 Vgl. *Lorentz*, La France et les restitutions allemandes au lendemain de la Seconde Guerre Mondiale 1943–1954, S. 89 ff.; *von Schmoller u. a.*, Handbuch des Besatzungsrechts, § 52, S. 9 f.: »Die BesMächte unterstellten als Regelfall, daß Gegenstände, die aus von Deutschland besetzt gewesenen Gebieten stammten, dort wiederrechtlich [sic!] entfernt wurden und daher zu restituieren sind.«

1877 Für eine Annullierung sämtlicher Erwerbsakte seit der Entziehung und einen staatlichen Eigentumserwerb infolge der Beschlagnahme und Rückführung der Werke durch die Alliierten in Deutschland sprach etwa der *Commissaire du Gouvernement* in der Sache Ranely Vergé Dupré aus, vgl. *Boucher*, Conclusions zu CE, 27.3.2009, Nr. 283240, S. 6 f. (nicht veröffentlicht). Jedenfalls eine »faktische« Annullierung der Veräußerungen in der Besatzungszeit infolge der Rückführung der Werke nach Frankreich vertritt *Passa*, Rec. Dalloz 1999, 535 (540). Der Autor lehnte zugleich aber, abweichend von Boucher, einen staatlichen Eigentumserwerb an den Werken durch Beschlagnahme ab.

1878 Gesetz der Militärregierung Nr. 52 vom 1. August 1945, abgedruckt in Military Government Germany, Proclamation, Laws, Ordinances and Notices. Directives and Instructions to German Police, 7.11.1944, S. 20.

1879 All custodians, curators, officials, or other persons having possession, custody or control of property enumerated in Articles I and II hereof are required: a. (i) to hold the same, subject to the directions of the Military Government, and pending such direction not to transfer, deliver or otherwise dispose of the same […].

1880 Der Hinweis in den Übergabeprotokollen lautete »The said Government here agrees […] as custodians, pending the determination of the lawful owners«, zitiert nach *Campfens*, in: dies. (Hrsg.), Fair and just solutions? Alternatives to litigation in Nazi-looted art disputes: status quo and new developments, S. 13, 17, Fn. 17. Zu den alliierten Restitutionsverfahren im Allgemeinen siehe *Engstler*, Die territoriale Bindung von Kulturgütern im Rahmen des Völkerrechts, S. 142 f.; *von Schmoller u. a.*, Handbuch des Besatzungsrechts, § 52, S. 15 f.

Niederlanden, einen Übergang des Eigentums an den rückgeführten Werken auf den Empfängerstaat vor.[1881] Die französische Gesetzgebung regelte hingegen keinen entsprechenden Eigentumsübergang, sodass von einem Fortbestand der ursprünglichen Eigentumspositionen an den rückgeführten Kulturgütern auszugehen ist.

c) Liquidation oder staatliche Verwahrung nach 1950

Die nach Frankreich rückgeführten Kulturgüter befanden sich somit je nach Verlustumständen im Zeitpunkt der Verbringung in den Empfängerstaat entweder im Eigentum der Vorkriegseigentümer:innen oder der Erwerber:innen in der Besatzungszeit. Es oblag den Berechtigten, ihre Eigentümer:innenstellung an den Objekten nach der Rückführung durch Vorlage schriftlicher Nachweise bis zum 31. Dezember 1947 unter Beweis zu stellen (Art. 1 Abs. 1 Dekret Nr. 47-2105 vom 29. Oktober 1947[1882]).

Bis zu diesem Datum nicht restituierte Kulturgüter waren öffentlich zu versteigern (Art. 7 des Dekrets vom 29. Oktober 1947). Für Kulturgüter traf das Dekret Nr. 49-1344 vom 30. September 1949[1883] hingegen eine Sonderregelung: Aus den Restbeständen sollten zwei mit Vertreter:innen der Museen und Bibliotheken besetzte Auswahlkommissionen diejenigen Werke auswählen, an denen ein öffentliches Interesse bestand und die daher vorläufig in staatlicher Verwahrung verbleiben sollten (Art. 5 und 6). Die ausgewählten Objekte waren an öffentliche Einrichtungen (Museen, Bibliotheken, Universitäten) zur Verwahrung zu übergeben.[1884] Auf dieser Grundlage wurden rund 2.200 Kunstgegenstände ausgewählt und ab Dezember 1949 an 100 öffentliche Museen und weitere öffentliche Stellen zur Verwahrung übergeben.[1885] In analoger Weise wurde mit den (je nach Zahlen) 16.796[1886] oder 13.000[1887] Büchern und anderen Schriftwerken verfahren, die auf insgesamt 42 öffentliche Bibliotheken verteilt wurden. Den zahlenmäßig größten Anteil erhielten dabei die *Bibliothèque des langues orientales*[1888], die Bibliothek des *Institut d'art et d'archéologie*[1889] und die *Bibliothèque nationale de France* (BNF) zugesprochen.[1890] Die übrigen Kulturgüter (etwa 13.000 Kunstgegenstände sowie 300.000 Bücher) wurden an die staatliche Domänenverwaltung übergeben und zwischen 1950 und 1953 versteigert; die Erlöse flossen dem Fiskus zu. Manche der veräußerten

1881 Siehe hierzu eingehend *Scheller*, Die niederländische Restitutionskommission, im Erscheinen; *van Vliet*, Tijdschrift voor Rechtsgeschiedenis 4 (2019), 651 (663 f.).

1882 Décret n° 47-2105 du 29 octobre 1947 relatif à la restitution des biens spoliés par l'ennemi (JORF vom 31.10.1947, S. 10831).

1883 Décret n° 49-1344 du 30 septembre 1949 relatif à la fin des opérations de la commission de récupération artistique (JORF vom 2.10.1949, S. 9815).

1884 »Les œuvres d'art choisies par la commission seront attribuées par l'office des biens et intérêts à la direction des musées de France, à charge pour elle de procéder dans un délai de trois mois à leur affectation ou à leur mise en dépôt dans les musées nationaux ou les musées de province.«

1885 Vgl. *Zivie*, Rapport à Madame la Ministre de la Culture, S. 16. Der größte Anteil von Gemälden aus diesen Beständen befindet sich heute (Stand 2018) im *musée du Louvre* (296) und im *musée d'Orsay* (70).

1886 So die Berechnung bei *Poulain*, BBF 4 (2015), 176 (190).

1887 So die aktualisierte Berechnung bei *Zivie*, Rapport à Madame la Ministre de la Culture, S. 18.

1888 Heute *Bibliothèque universitaire des langues et civilisations* (BULAC).

1889 Heute *Institut national d'histoire de l'art* (INHA).

1890 Die genannten Institutionen allein erhielten laut Poulain 11.932 Werke, laut Zivie 8.153 Werke. Vgl. *Poulain*, BBF 4 (2015), 176 (183); *Zivie*, Rapport à Madame la Ministre de la Culture, S. 18.

Bücher wurden in diesem Zuge durch öffentliche Museen und Bibliotheken erworben (insgesamt 85.000 Bände).[1891]

Bezüglich der in staatlicher Obhut verbliebenen Werke sah das Dekret von 1949 die Eintragung auf provisorischen Inventarverzeichnissen und deren öffentliche Ausstellung vor,[1892] um ihre Identifikation durch die Berechtigten und damit Restitution zu ermöglichen. Herausgabeverlangen sollten bis zum Ablauf einer gesetzlich noch zu regelnden Herausgabefrist zulässig sein (»jusqu'à l'expiration du délai légal de revendication«, Art. 5 und 6 des Dekrets). Nach Fristablauf sollten die verbleibenden Werke in staatliches Eigentum übergehen.[1893] Die angekündigte Herausgabefrist setzte der Gesetzgeber indes nie um.[1894] Eine abschließende Regelung der Eigentumslage ist dem Dekret somit nicht zu entnehmen.

d) Staatlicher Eigentumserwerb durch Ersitzung?

Möglich erscheint daneben – angesichts des erheblichen Zeitablaufs seit der Rückführung nach Frankreich – ein staatlicher Eigentumserwerb an den rückgeführten Kulturgütern durch Ersitzung (*prescription acquisitive*). Gemäß Art. 2261 Code civil erfordert diese zunächst Besitz (*possession*, Art. 2228 Code civil a. F., Art. 2255 n. F.[1895]). Neben der tatsächlichen Gewalt (*corpus*) über den Gegenstand erfordert der Besitz nach französischem Sachenrecht zudem einen Eigenbesitzwillen im Sinne eines *animus domini*. Der Besitz nach dem Code civil entspricht somit dem Eigenbesitz nach deutscher Terminologie (§ 872 BGB). Der Eigenbesitzwille unterscheidet den Besitz von der sog. prekaristischen Inhaber:innenschaft (*détention précaire*, Art. 2236 Code civil a. F., Art. 2266 n. F.), die keinen Eigentumserwerb durch Ersitzung ermöglicht.[1896] Bei dieser beruht die Sachherrschaft auf einem Rechtstitel (z. B. einem Vertrag), der das einer anderen Person zustehende Eigentum erkennen lässt.[1897]

1891 Vgl. *Sereno*, BBF Contribution (online) 2020, 6 f. Dem Autor zufolge erwarb allein die *Bibliothèque Centrale de Musées nationaux* (BCMN) 522 Bände.

1892 Art. 5 Abs. 2: »Ces œuvres d'art seront exposées dès leur entrée dans ces musées et inscrites sur un inventaire provisoire qui sera mis à la disposition des collectionneurs pillés ou spoliés jusqu'à l'expiration du délai légal de revendication.« Diese Verpflichtung wurde in der Folgezeit nicht stets eingehalten. Nach einer Ausstellung im Schloss von Compiègne (1950–1954) kam es erst im Frühjahr 1997 wieder zur Ausstellung einer kleineren Werkauswahl in staatlichen Museen (Louvre, Orsay, Sèvres, Versailles, MNAM). Die Ausstellung wurde von der Veröffentlichung zweier Kataloge und dem Start einer Datenbank mit sämtlichen Werken in den MNR-Beständen (Datenbank Rose-Valland) begleitet. Eine weitere Ausstellung folgte 2008 im Israel-Museum in Jerusalem sowie im *musée d'art et d'histoire du Judaïsme* (MAHJ) in Paris. Bis heute werden die Werke der MNR-Bestände aber nicht in vollständigem Umfang und dauerhaft öffentlich ausgestellt.

1893 Vgl. *Zivie*, Rapport à Madame la Ministre de la Culture, S. 108.

1894 Drei Gesetzgebungsverfahren zur Umsetzung der Frist scheiterten in der Folge. Vgl. *Bourlet*, in: Cachin/Fohr (Hrsg.), Pillage et restitutions. Le destin des œuvres d'art sorties de France pendant la Seconde Guerre mondiale. Actes du colloque organisé par la Direction des musées de France le 17 novembre 1996, S. 107, 109 f.; *Le Masne de Chermont/Schulmann*, Le pillage de l'art en France pendant l'Occupation et la situation des 2000 œuvres confiées aux musées nationaux, S. 43; *Perrot*, De la restitution internationale des biens culturels aux XIXe et XXe siècles, S. 240.

1895 »Détention ou jouissance d'une chose ou d'un droit que nous tenons ou que nous exerçons par nous-mêmes, ou par un autre qui la tient ou qui l'exerce en notre nom.«

1896 Vgl. *Dross*, Art. 2255 à 2257, Fasc. unique : Prescription acquisitive – Possession, in: Jurisclasseur Civil Code, Bearbeitungsstand 15.11.2018, Rn. 5 ff. Zur Frage, ob ein Erwerb anderer dinglicher oder auch obligatorischer Rechte auf dieser Grundlage möglich ist, vgl. *Dross*, Art. 2276 et 2277, Prescription et possession, Prescription des choses mobilières, in: Jurisclasseur Civil Code, Bearbeitungsstand 15.11.2018, Rn. 84.

1897 Vgl. *Ferid/Sonnenberger*, Das Französische Zivilrecht, Band 2, S. 538, Rn. 3 A 104.

Ersitzung erfordert zudem einen mangelfreien Besitz (*possession utile*, Art. 2261 Code civil n. F., Art. 2229 a. F.). Der Besitz muss friedlich, offenkundig und unzweideutig sein. Im Unterschied zu Immobilien (*immeubles*) ist bei Mobilien (*meubles*) bei Gutgläubigkeit ein direkter Eigentumserwerb vorgesehen (Art. 2276 Abs. 1 Code civil n. F., Art. 2279 Abs. 1 a. F.).[1898] Bei Bösgläubigkeit tritt hingegen ein Eigentumserwerb erst nach Ablauf von dreißig Jahren ein. Bis zur Reform von 2008 wurde dies aus Art. 2262 Code civil gefolgert.[1899] Seither wird mehrheitlich auf die für Immobilien geltende Ersitzungsfrist nach Art. 2272 Abs. 1 Code civil n. F. in analoger Anwendung zurückgegriffen.[1900]

Bezogen auf die Sonderrestbestände der äußeren Restitution kann festgehalten werden, dass ein gutgläubiger Eigentumserwerb bei Rückführung und Übergabe an Frankreich gemäß Art. 2279 Abs. 1 Code civil a. F. angesichts der besonderen Erwerbsumstände von vornherein ausscheidet: Die Stellen waren sich der möglichen Herkunft der Objekte aus unrechtmäßigen und eventuell nichtigen Erwerbungen bewusst.[1901] Die Übergabe erfolgte zudem stets unter der Maßgabe einer Restitution an die wahren Eigentümer:innen. Denkbar erscheint daher nur eine Ersitzung nach Ablauf der dreißigjährigen Ersitzungsfrist (Art. 2272 Abs. 1 Code civil analog). Über diesen Zeitraum muss der Zentralstaat demnach ohne Unterbrechungen Eigenbesitz ausgeübt haben. Diese Frage muss für Kunstwerke und die Bücherbestände angesichts der Unterschiede zwischen beiden Beständen gesondert geprüft werden.

aa) Ersitzung des Eigentums an den rückgeführten Kunstgegenständen (MNR-Bestände)?

Innerhalb der Verwaltung wurde schon früh die Position vertreten, dass ein zivilrechtlicher Eigentumserwerb an MNR-Beständen ausgeschlossen sei.[1902] In den frühen 2000er-Jahren lehnten schließlich auch Zivilgerichte einen Eigentumserwerb durch Ersitzung unter Verweis auf den fehlenden Eigenbesitzwillen ab. Der Staat sei als Verwahrer lediglich Prekarist (*détenteur précaire*) im Sinne des Art. 2236 Code civil.[1903] Diese Einschätzung wurde im Ergebnis durch den

1898 Die *prescription acquisitive* bei beweglichen Sachen nach Art. 2276 Code civil bildet somit das funktionale Äquivalent zum gutgläubigen Erwerb nach den §§ 932 ff. BGB im deutschen Recht. Abweichend von der herrschenden Lesart im deutschen Zivilrecht handelt sich indes um einen gesetzlichen Eigentumserwerb.

1899 Cass. civ. 1ère, 19.3.2009, Nr. 07-12.290, Bull. civ. I, Nr. 60.

1900 Vgl. *Dross*, Art. 2276 et 2277, Prescription et possession, Prescription des choses mobilières, in: Jurisclasseur Civil Code, Bearbeitungsstand 15.11.2018, Rn. 50; *Terré/Simler*, Droit civil. Les biens, S. 348 f.

1901 So auch *Roux*, JCP A 2015, Nr. 2111, Rn. 8.

1902 Das Kulturministerium (*Direction des musées de France* – DMF) und das Außenministerium befassten sich 1975 erstmalig mit dieser Frage und verneinten einen Eigentumserwerb. 1992 positionierte sich in diesem Sinne auch das Justizministerium nach einer erneuten Anfrage des Kulturministeriums und stützte sich dabei nunmehr auf die Regeln der Ersitzung sowie den Grundsatz der Unverjährbarkeit von Ansprüchen aus dem Eigentum. Der Rechnungshof (*Cour des comptes*) widersprach dieser Einschätzung in einem bisher nicht veröffentlichten Bericht vom 7.12.1995: Der Gesetzgeber habe von zivilrechtlichen Vorgaben abweichen wollen, eine Aneignung der Werke durch den Staat sei daher möglich. Diese Position konnte sich letztlich nicht durchsetzen. Der Einschätzung des Justizministeriums schloss sich schließlich auch ein Mitglied des *Conseil d'État* nach einer erneuten Anfrage der DMF an. Siehe zum Ganzen *Bourlet*, in: Cachin/Fohr (Hrsg.), Pillage et restitutions. Le destin des œuvres d'art sorties de France pendant la Seconde Guerre mondiale. Actes du colloque organisé par la Direction des musées de France le 17 novembre 1996, S. 107, 112 f.; *Perrot*, De la restitution internationale des biens culturels aux XIXe et XXe siècles, S. 239 ff.

1903 In diesem Sinne frühzeitig schon CA Paris, 2.6.1999, Nr. 1998/19209 – Gentili di Giuseppe; CA Paris, 13.3.2001, Nr. 2000/11467 – Karaim. Im Ergebnis zustimmend, wenngleich kritisch, *Perrot*, De la restitution internationale des biens culturels aux XIXe et XXe siècles, S. 240 f.

Conseil d'État in den Entscheidungen Ranely Vergé Dupré von 2009[1904] und Kodric und Heer von 2014[1905] bestätigt.

bb) Ersitzung des Eigentums an den rückgeführten Büchern?

Anders stellt sich die Rechtslage für die nach dem Zweiten Weltkrieg rückgeführten Bücher dar, die sich bis heute – in unveränderter Zahl – in der Obhut öffentlicher Bibliotheken befinden. Erst in jüngerer Zeit wurden Anstrengungen unternommen, die Provenienz dieser Bestände zu erforschen. Auslöser bildete eine 2008 erschienene Publikation der Bibliothekarin Martine Poulain.[1906] Für diese Entwicklung war entscheidend, dass die Bibliotheken – im Unterschied zu den Nationalmuseen – ihrer gesetzlichen Pflicht zur Kenntlichmachung und gesonderten Inventarisierung nach Art. 6 des Dekrets vom 30. September 1949 in den vergangenen sieben Jahrzehnten nicht in vollem Umfang nachkamen. Infolgedessen gerieten die Bestände ab den späten 1970er-Jahren in völlige Vergessenheit. Die Identifizierung in den Beständen der verschiedenen Bibliotheken (vornehmlich die *Bibliothèque nationale*, BULAC, Bibliothek des INHA) dauert bis heute an.[1907]

In der Anfangsphase waren die Halteinstitutionen ersichtlich noch um die Einhaltung der gesetzlichen Vorgaben bemüht. Ein Rundschreiben des Direktors der *Bibliothèques de France* forderte die Bibliotheken zu einer gesonderten Erfassung der verwahrten Werke für eine Übergangszeit von drei Jahren auf.[1908] Nach Ablauf dieser Frist, nachdem der Gesetzgeber die angekündigte Herausgabefrist noch immer nicht umgesetzt hatte, bekräftigte die Zentralverwaltung diese Vorgabe in einem Rundschreiben vom 25. Februar 1952.[1909] Die Bibliotheken kamen dieser Anweisung aber in der Folge offenbar nicht mit der gebotenen Sorgfalt nach. So ist für die *Bibliothèque nationale* belegt, dass die Werke teils unter Hinweis auf eine Schenkung (»don«) durch die Auswahlkommission in die regulären Bestandslisten aufgenommen und mit amtlichen Stempeln versehen wurden.[1910] In anderen Bibliotheken wurden Hinweise auf die Herkunft der Werke aus der äußeren Restitution in die Inventarlisten aufgenommen.[1911] In

1904 CE, 27.3.2009, Nr. 283240, Rec. S. 104 – Ranely Vergé Dupré.

1905 CE, Assemblée, 30.7.2014, Nr. 349789, Rec. S. 247, Cons. 7 – Kodric und Heer.

1906 *Poulain*, Livres pillés, lectures surveillées. Les bibliothèques françaises sous l'Occupation. Die überarbeitete Zweitausgabe des Werkes erschien 2013 bei Gallimard in der Sammlung Folio Histoire. Auf der Grundlage ihrer Forschungen erstellte die Autorin zudem eine Liste der geschädigten Einzelpersonen und Institutionen, abrufbar unter https://bibliotheques-spoliees.memorialdelashoah.org/index.php (23.9.2022).

1907 Die Fortschritte in den verschiedenen Bibliotheken wurden in einem 2019 erschienenen Sammelband dokumentiert, vgl. Poulain (Hrsg.), Où sont les bibliothèques françaises spoliées par les nazis. Der Band wurde im Fortgang zu einer internationalen Fachkonferenz beim *Centre Gabriel Naudé* (École Nationale Supérieure des Sciences de l'Information et des Bibliothèques – ENSSIB), die im März 2017 stattgefunden hatte, veröffentlicht.

1908 »Pendant une période de trois ans, aucune marque de propriété ne sera apposée sur les livres, ainsi mis en dépôt. Toute revendication devra être examinée avec le plus grand soin, et faire l'objet d'une demande écrite, qui me sera transmise avec votre avis.«, Circulaire aux bibliothèques concernées, IG-AM/CR, AN F/17/17993, zitiert bei *Poulain*, BBF 4 (2015), 176 (181).

1909 AN F/17/17794, zitiert bei *Pasquignon/Bellon*, in: Poulain (Hrsg.), Où sont les bibliothèques françaises spoliées par les nazis, S. 133, 135.

1910 Vgl. *Poulain*, BBF 4 (2015), 176 (185–188). Neuere Forschungen belegen indes, dass insoweit nicht einheitlich verfahren wurde. In manchen Abteilungen blieb die Erfassung der Werke auf dem Stand von 1950, so etwa in der *Bibliothèque de l'Arsenal*. Siehe Näheres hierzu *Pasquignon/Bellon*, in: Poulain (Hrsg.), Où sont les bibliothèques françaises spoliées par les nazis, S. 133, 140 f.

1911 So etwa im Fall der BULAC und der Bibliothek des INHA. Die durch die BULAC in Verwahrung genommenen Werke wurden in den Inventarlisten als Schenkung (»don«) durch die Auswahlkommission bezeichnet. Die durch die *Bibliothèque* anderen Fällen wiederum wurden die Werke hingegen ohne entsprechenden Hinweis in die Inventarlisten überführt.[1912]

Die dargestellten Vorgänge sind auch für die Bewertung der zivilrechtlichen Eigentumslage beachtlich. Die Eintragung in eine Inventarliste und die Anbringung sichtbarer Markierungen stellen Indizien dar, die auf einen Eigenbesitzwillen hindeuten. Für die Bewertung des Eigenbesitzwillens ist grundsätzlich der Zeitpunkt des Besitzerwerbs maßgeblich. Für die Folgezeit vermutet das Gesetz den Fortbestand einer einmal begründeten prekaristischen Inhaber:innenschaft (Art. 2257 Code civil n. F., Art. 2231 a. F.). Eine nachträgliche Änderung des Besitzwillens ist nur bei zeitgleicher Wandlung des Rechtsgrundes des Besitzes (sog. *interversion de titre*) gemäß Art. 2268 Code civil (Art. 2238 a. F.) möglich.[1913] Eine Veränderung im Willen des *détenteur précaire* ist demnach nur beachtlich, wenn diese sich in den hierin definierten Formen manifestiert:

> »Néanmoins, les personnes énoncées dans les articles 2266 et 2267 peuvent prescrire, si le titre de leur possession se trouve interverti, soit par une cause venant d'un tiers, soit par la contradiction qu'elles ont opposée au droit du propriétaire.«

Die vorliegend nicht einschlägige erste Alternative des Art. 2268 Code civil setzt die Intervention einer dritten Person voraus, die sich als Eigentümerin der Sache geriert und eine Verfügung über die Sache zugunsten des *détenteur précaire* trifft. Nach der zweiten Alternative vollzieht sich die Interversion durch einen Widerspruch des *détenteur précaire* gegen den Eigentumstitel (*contradiction opposée au droit de propriété*). Dieser Widerspruch muss im Interesse der Rechtssicherheit hinreichend sichtbar nach außen treten.[1914] Von hinreichender Publizität ist jedenfalls die Erhebung einer auf Feststellung des Eigentums gerichteten Klage. Nach der Rechtsprechung genügt aber schon eine öffentliche Erklärung des *détenteur précaire*, die Sache fortan als Eigentümer besitzen zu wollen.[1915]

Bezogen auf die nach Frankreich rückgeführten Bücher lautet die Frage demnach, ob der Eigentumstitel der bisherigen Eigentümer:innen durch die Aufnahme der Werke in die regulären Inventarlisten der Bibliotheken hinreichend deutlich bestritten wurde. Diese Frage müsste an sich wegen der sehr unterschiedlichen Vorgehensweisen der Bibliotheken bei der Verwaltung der Restbestände für jeden Einzelfall gesondert geprüft werden, was im Rahmen dieser Arbeit und angesichts des geringen Forschungsstandes jedoch nur punktuell nachvollzogen

d'art et d'archéologie (nunmehr Bibliothek des INHA) verwahrten Werke wurden in die Inventarlisten mit dem Kürzel »récupération« oder »R« eingetragen. Beide Arten der Kennzeichnung ermöglichten eine nachträgliche Zuordnung. Vgl. hierzu *Guichard*, in: Poulain (Hrsg.), Où sont les bibliothèques françaises spoliées par les nazis, S. 149, 152–154; *Sereno*, BBF Contribution (online) 2020, 2 ff.

1912 So etwa bei den Zeitschriften (*périodiques*) in den Beständen der Bibliothek des INHA, bei denen eine schriftliche Erfassung der Bibliothekszugänge gänzlich fehlt. Ein Provenienzhinweis wurde auf den Vorderseiten der Werke selbst vermerkt. Vgl. *Sereno*, BBF Contribution (online) 2020, 3.

1913 Vgl. hierzu *Ferid/Sonnenberger*, Das Französische Zivilrecht, Band 2, S. 541, Rn. 3 A 117.

1914 Cass. civ. 3e, 27.9.2006, Nr. 05-14.561, Bull. civ. III, Nr. 159; Cass. civ. 1ère, 22.3.2012, Nr. 10-28.590, Rec. Dalloz 2012, 876.

1915 Cass. civ. 3e, 17.10.2007, Nr. 06-17.220, Bull. civ. III, Nr. 180, AJDI 2008, 792, m. Anm. *Prigent*; so auch *Grimonprez*, Prescription acquisitive, in: Répertoire de droit civil, Bearbeitungsstand Oktober 2020, Rn. 33. In der zitierten Entscheidung hatte der Fremdbesitzer, der Pächter eines Grundstücks, in einer notariellen Urkunde feststellen lassen, nach Ablauf von dreißig Jahren Eigentum an dem Grundstück durch Ersitzung erworben zu haben. Nach Ansicht der *Cour de cassation* habe erst diese Erklärung eine hinreichende Publizität im Sinne des Art. 2268 Code civil bewirkt.

werden kann. Für die *Bibliothèque nationale* ist belegt, dass ihre Leitung in einem Rundschreiben vom 3. April 1978 angesichts des Ablaufs der dreißigjährigen Ersitzungsfrist nach Art. 2262 Code civil eine abschließende Regelung für die Restbestände ankündigte.[1916] Dasselbe Schreiben verwies aber darauf, dass ein Eigentumserwerb an den verwahrten Werken durch Ersitzung mit Blick auf die *détention précaire* der Bibliothek ausgeschlossen sei. Gleichwohl erging 1979 die Anweisung, die Werke zu stempeln und in die regulären Bestandslisten aufzunehmen. Diese Vorgabe wurde ersichtlich nur durch den *Département des Entrées* umgesetzt.[1917] Allenfalls dieses Verhalten ließe sich daher als Bestreitung des Eigentumstitels im Sinne des Art. 2268 Alt. 2 Code civil n. F. auffassen. Eigenbesitz hätte hiernach spätestens ab 1979 vorgelegen.

Eine Ersitzung wird man aber aus einem anderen Grund ablehnen müssen: Auch für den Lauf der Ersitzungsfrist gilt der Grundsatz *contra non valentem*, wonach der Lauf einer Frist so lange gehemmt wird, wie eine Rechtsverfolgung (etwa infolge höherer Gewalt) ausgeschlossen ist (Art. 2234 Code civil).[1918] Nach der Rechtsprechung ist auch die (nicht fahrlässige) Unkenntnis von der Existenz eines Anspruchs einem Fall höherer Gewalt gleichzusetzen.[1919] Unmöglichkeit in diesem Sinne wird man jedenfalls mit der Eintragung der Bücher in die regulären Inventarlisten ab den späten 1970er-Jahren bejahen müssen, wodurch eine Identifikation der Werke faktisch ausgeschlossen wurde. Ohnehin war die Anspruchsverfolgung schon infolge von Krieg und Verfolgung systematisch erschwert. Ein Beginn des Fristlaufs könnte somit erst ab dem Zeitpunkt angenommen werden, in dem die Öffentlichkeit - namentlich potenzielle Berechtige - die Möglichkeit haben, Kenntnis von der Provenienz der Werke zu erlangen. Diese Voraussetzungen liegen zum jetzigen Zeitpunkt noch nicht vor und werden vielmehr erst wieder vorliegen, wenn eine Erfassung der Werke auf gesonderten Inventarlisten sichergestellt ist.

Es ist somit festzuhalten, dass auch bezüglich der Restbestände an Büchern ein Eigentumserwerb durch den Staat nicht eingetreten ist. Auf diese Bestände sind daher die Grundsätze aus der Entscheidung des *Conseil d'État* in der Sache Kodric und Heer (2014) übertragbar.

e) Zwischenergebnis: Fortbestand des Privateigentums

Für Kunstgegenstände und Bücher in den Sonderrestbeständen stellt sich die Eigentumslage daher identisch dar: Sie befinden sich nicht in staatlichem Eigentum, sondern im Eigentum Dritter. Der Staat fungiert insoweit als prekaristischer Inhaber (*détenteur précaire*) der Kulturgüter. Die Werke können heute daher von den Berechtigten, im Zweifel auf dem Klageweg, beansprucht werden.

1916 Rundschreiben des *Administrateur général*, JM/NM 78-2692 vom 3.4.1978, abgedruckt bei *Pasquignon/Bellon*, in: Poulain (Hrsg.), Où sont les bibliothèques françaises spoliées par les nazis, S. 133, 137.

1917 Vgl. *Pasquignon/Bellon*, a. a. O., S. 133, 138.

1918 Der Code civil regelt die Hemmungsgründe für die Verjährung (*prescription extinctive*) und die Ersitzung (*prescription acquisitive*) einheitlich. Vgl. *Grimonprez*, Prescription acquisitive, in: Répertoire de droit civil, Bearbeitungsstand Oktober 2020, Rn. 102.

1919 Vgl. m. w. N. *Grimonprez*, a. a. O. Rn. 103.

2. Rechtsgrund für Einbehalt der Kulturgüter in staatlicher Verwahrung

Vor diesem Hintergrund stellt sich die Frage, auf welcher rechtlichen Grundlage der Staat die betreffenden Werke heute innehält, genauer aus welchem rechtlichen Grund und in welchen Grenzen der Staat rechtlich zum Einbehalt der Werke berechtigt ist.

Schon der Begriff der prekaristischen Inhaber:innenschaft impliziert einen (vertraglichen oder gesetzlichen) Rechtstitel im Verhältnis zu den Berechtigten, der zur Inhaberschaft auf Zeit berechtigt. Die Deutlichkeit, mit welcher der *Conseil d'État* einen staatlichen Eigentumserwerb in seiner Entscheidung von 2014 verneinte, steht in kargem Kontrast zur Unbestimmtheit der Ausführungen zur Frage des Rechtsgrundes der staatlichen Obhut (»garde«). Nach Einschätzung des Rates übt der Staat in Bezug auf die Sonderrestbestände die Funktion eines Halters, Treuhänders oder Verwahrers zum Zwecke der Restitution (»gardien à fin de restitution«) aus. Zur Erfüllung dieser Aufgabe nehme der Zentralstaat hoheitliche Befugnisse in Erfüllung eines Gemeindienstes (*service public*)[1920] wahr (a).[1921] Offen ließ der Rat ferner die genaue Rechtsnatur des Rechtsverhältnisses der »garde« als Grundlage dieser hoheitlichen Tätigkeit, aus der jedoch wertvolle Rückschlüsse auf Art und Umfang der staatlichen Pflichten und Befugnisse in Bezug auf die verwahrten Kulturgüter abgeleitet werden könnten. Im Folgenden soll daher eine genauere Einordnung dieses Rechtsverhältnisses erfolgen (b).

a) Die Verwahrung als Gemeindienst (*service public*)

Ursprünglich als Kriterium zur Abgrenzung der Zuständigkeiten zwischen Zivil- und Verwaltungsgerichtsbarkeit erdacht,[1922] bildet der Gemeindienst (*service public*) nach der modernen verwaltungsrechtlichen Lehre die Grundlage jeglichen staatlichen Handelns. Der Gemeindienst wird in der Literatur als »toute activité prise en charge par une personne publique, poursuivant un but d'intérêt général et soumise à un régime exorbitant du droit commun«[1923] definiert. Die Einrichtung eines Gemeindienstes obliegt grundsätzlich der Exekutive durch Rechtsakt, vorbehaltlich der Bereiche, die nach Art. 34 der Verfassung von 1958 dem parlamentarischen Gesetzgeber vorbehalten sind.[1924] Im Falle der Sonderrestbestände fehlt es jedoch an einem entsprechenden Errichtungsakt, ihre Entstehung ist vielmehr Folge einer unbeabsichtigten gesetzgeberischen Auslassung. Die Konstruktion des *Conseil d'État* stellt sich vor diesem Hintergrund als eine originäre richterrechtliche Rechtsschöpfung dar, wenngleich der Rat meint, einen entsprechenden Willen zur Schaffung eines Gemeindienstes in der Gesetzgebung der Nachkriegszeit ausmachen zu können.[1925]

1920 Die hier verwendete Übersetzung des Begriffs *service public* als Gemeindienst geht zurück auf *Sonnenberger/Autexier*, Einführung in das französische Recht, S. 71 f.

1921 CE, Assemblée, 30.7.2014, Nr. 349789, Rec. S. 247, Cons. 7 – Kodric und Heer: »[Q]u'il s'en est seulement institué le gardien à fin de restitution aux propriétaires spoliés par les actes de la puissance occupante, et à leurs ayants droit en mettant en place un service public de la conservation et de la restitution de ces œuvres«.

1922 Grundlegend TdC, 8.2.1873, Rec. S. 61 – Blanco.

1923 *Esplugas-Labatut*, Fasc. 149, Notion de service public, in: Jurisclasseur Administratif, Bearbeitungsstand 1.2.2022, Rn. 30.

1924 Vgl. a. a. O., Rn. 111 ff.

1925 CE, 30.7.2014, Nr. 349789, a. a. O., Cons. 7: »[I]l résulte de l'ensemble des dispositions concernant les œuvres répertoriées MNR que l'Etat n'a pas entendu s'en attribuer la propriété, […] qu'il s'en est seulement institué le gardien à fin de restitution […] en mettant en place un service public de la conservation«. Manche Autor:innen stehen dieser richterlichen Rechtsschöpfung nur wenig kritisch gegenüber: Vgl. *Pontier*, AJDA 2014, 2145 (2149).

Die Verwahrung der Werke in den Sonderrestbeständen stellt nach dieser Lesart eine hoheitliche Tätigkeit im Gemeininteresse dar. Der durch die Verwahrung bewirkte nachhaltige Eingriff in das Eigentumsrecht (»atteinte substantielle au droit de propriété«[1926]) müsse, wie der *Conseil d'État* ausführt, verhältnismäßig sein. Dies sei aber zu bejahen, da die staatliche Verwahrung dazu beitrage, die früheren Eigentümer:innen wieder in ihre Rechte einzusetzen[1927], die Berechtigten zudem in der Lage seien, ihre Rechte auf dem Rechtswege zu verfolgen und bei unrechtmäßiger Vorenthaltung des Besitz Schadensersatz geltend zu machen. Von besonderer Bedeutung sei, dass die Verwahrung (auch längerfristig) gemäß den Zielen der EMRK der Beseitigung der Unrechtsfolgen der NS-Herrschaft und der Shoah diene. Obgleich diese Lösung unter praktischen Gesichtspunkten gewiss alternativlos erscheint,[1928] begegnen ihr grundlegende dogmatische Bedenken.

Zunächst bleibt unklar, wer nach dieser Konstruktion die Nutzer:innen (*usagers*) des Gemeindienstes sind, die mit Einschränkungen ihrer Grundrechte zu rechnen haben (die Eigentümer:innen[1929] oder die Allgemeinheit[1930]). Die Eingrenzung der Nutzer:innen des Gemeindienstes ist indes erforderlich, da nur diese in ein öffentlich-rechtliches Verhältnis zum Staat eingebunden sind, das die Anwendung verwaltungsrechtlicher Grundsätze und Eingriffe in Grundrechte erst ermöglicht.[1931] Richtigerweise sind schon alle Personen, die eine Verletzung in ihrem Eigentum geltend machen, in diesem Sinne als betroffen anzusehen.

Überdies vereinfacht der Rat den historischen Sachverhalt über die Maßen. Längst nicht alle Kulturgüter stammen, wie die neuere Forschung belegt, aus dem Besitz von Shoah-Opfern. Im Falle nicht verfolgter Eigentümer:innen könnte ein Einbehalt daher allenfalls mit dem Ziel des Eigentumsschutzes begründet werden. Ferner erscheint angesichts der grundrechtsbeschränkenden Wirkung der Verwahrung eine formal-gesetzliche Grundlage erforderlich (Art. 34 der Verfassung von 1958). Das Dekret vom 30. September 1949, zumal dieses die Einrichtung eines Gemeindienstes schon nicht ausdrücklich vorsieht, wird somit heutigen verfassungsrechtlichen Vorgaben nicht gerecht. Größere Kritik aus dem Schrifttum schien diese Lösung gleichwohl nicht nach sich zu ziehen.[1932]

1926 A.a.O., Cons. 11.

1927 Ebd.: »[L]'objectif de restitution des œuvres d'art, qui passe par le placement provisoire de celles-ci sous la garde de l'Etat, contribue, au regard de ses motifs, à la mise en œuvre de la convention et justifie la conservation des œuvres, même pendant une longue période«.

1928 »[L]a qualification peut-être jugée opportune par la négative puisque, de fait, nulle autre n'apparaissait possible ou satisfaisante«, *Roux*, JCP A 2015, Nr. 2111, Rn. 8.

1929 Vgl. *Cagnon*, Rec. Dalloz 2015, 194 (198). Keine Nutzer:innen seien hingegen die gutgläubigen Erwerber:innen eines unrechtsbehafteten Kulturguts.

1930 So wohl *Biagini-Girard*, JCP G 2014, Nr. 995, Abschnitt 1.B.: »Le juge administratif a consacré ici la mise à disposition du public comme objet de la mission de service public«.

1931 Vgl. *Esplugas-Labatut*, Fasc. 149, Notion de service public, in: Jurisclasseur Administratif, Bearbeitungsstand 1.2.2022, Rn. 170: »Les usagers d'un service public administratif géré par une personne publique sont placés dans une situation légale et réglementaire de droit public.«

1932 Die Lösung fand innerhalb des Schrifttums vor allem Zuspruch: *Biagini-Girard*, JCP G 2014, Nr. 995; *Lavialle*, RFDA 2014, 1092; *Roux*, JCP A 2015, Nr. 2111; mit gewissen Vorbehalten wegen der Vernachlässigung der Interessen gutgläubiger Dritter *Périnet-Marquet*, JCP G 2014, Nr. 1129 Rn. 3.

b) Das Rechtsverhältnis der »garde«

Eine weitere Unklarheit der Entscheidung in der Sache Kodric und Heer betrifft die Frage der Natur des zwischen Zentralstaat und den Nutzer:innen des Gemeindienstes bestehenden Rechtsverhältnisses. Der Begriff der »garde« (Aufbewahrung, Verwahrung, Obhut) weist in der Rechtsprache keinen einheitlichen Bedeutungsgehalt auf.[1933] So kann diese in einem deliktsrechtlichen Sinne die Inhaber:innenschaft der Sachgewalt als Anknüpfungspunkt einer Gefährdungshaftung meinen (Art. 1384 Abs. 1 Code civil a.F., Art. 1242 Abs. 1 n.F.[1934]). Als *gardien* bezeichnet das Gesetz ferner Personen, die durch Vertrag oder hoheitliche Anordnung zur Verwahrung und Erhaltung eines Gegenstandes verpflichtet sind (*dépositaire, emprunteur, séquestre*).[1935] Eine Pflicht zur Aufbewahrung (*garde*) ist ferner charakteristisch für den Vertragsinhalt der Verwahrung (*dépôt*, Art. 1915 Code civil).[1936] Im allgemeinsprachlichen Sinne kann die *garde* zudem auch eine Überwachungstätigkeit beschreiben.[1937]

aa) Rechtliche Einordnung

Die Finalität der Sonderrestbestände – Verwahrung zwecks Restitution – suggeriert eine gewisse Nähe zur Verwahrung im zivilrechtlichen Sinne (*dépôt*, Art. 1915 Code civil), unterscheidet sich von dieser aber wertungsmäßig. So fehlt es bereits an einer Einigung zwischen Eigentümer:innen und Staat als Verwahrer derselben. Vereinzelt wird daher noch eine Einordnung als Notverwahrung (*dépôt nécessaire*) vertreten.[1938] Art. 1949 Code civil definiert diese als einen Sonderfall der Verwahrung, die durch einen Unfall oder ein sonst wie unvorhersehbares Ereignis erzwungen wurde.[1939] Da die Aneignung der Kulturgüter durch deutsche Stellen nicht selten auf unmittelbarem Zwang beruhte, erscheint diese Einordnung naheliegend. Dies gilt aber längst nicht für alle relevanten Verlustkonstellationen (so etwa käufliche Erwerbungen am Markt während der Besatzungszeit). Zudem ist bereits die Rechtsnatur der Notverwahrung nicht unumstritten. Im Schrifttum wird diese teils als Quasivertrag (*quasi-contrat*), häufiger noch als vertragliches Schuldverhältnis qualifiziert, während die Rechtsprechung ebenfalls der kontraktualistischen These zuneigt.[1940]

Die Einordnung als Notverwahrung erscheint daher angreifbar. Hiergegen spricht jedenfalls, dass sich die Interessenlage deutlich von einem Rechtsverhältnis mit vertraglichem

1933 »Pour ne pas être inconnue, la notion de garde se révèle globalement assez absente du droit positif.«, *Roux*, JCP A 2015, Nr. 2111, Rn. 12.

1934 »On est responsable non seulement du dommage que l'on cause par son propre fait, mais encore […] des choses que l'on a sous sa garde.«

1935 Vgl. *Cornu u. a.*, Vocabulaire juridique, S. 490, Eintrag zu gardien, gardienne, Ziff. 3.

1936 »Le dépôt, en général, est un acte par lequel on reçoit la chose d'autrui, à la charge de la garder et de la restituer en nature.«

1937 Vgl. *Doucet/Fleck*, Dictionnaire juridique et économique, S. 441, Eintrag zu garde (3).

1938 In diesem Sinne *Cagnon*, Rec. Dalloz 2015, 194. Aus Sicht des Autors handle es sich um eine öffentlich-rechtliche Notverwahrung (*dépôt nécessaire*): »Le dépôt […] ne peut recouper que la notion de dépôt nécessaire, distinct du dépôt volontaire, en ce sens qu'en l'absence de l'accord des propriétaires légitimes, il a en réalité ›été forcé par quelque accident, tel qu'un incendie, une ruine, un pillage, un naufrage ou un autre événement imprévu‹, dans le champ duquel entrent le pillage et la spoliation.«

1939 »Le dépôt nécessaire est celui qui a été forcé par quelque accident, tel qu'un incendie, une ruine, un pillage, un naufrage ou autre événement imprévu.«

1940 Vgl. m.w.N. *Schultz*, Fasc. 60: Dépôt nécessaire, dépôt nécessaire, dépôt hôtelier, dépôt hospitalier, in: Jurisclasseur Notarial Répertoire, Bearbeitungsstand 1.12.2022, Rn. 21 ff.

Gepräge unterscheidet. Der Staat nimmt in Ausübung seiner Obhutsrolle vielmehr, wie dargestellt, hoheitliche Befugnisse in Anspruch. Bei Ablehnung eines Anspruchs ergeht eine verbindliche Verwaltungsentscheidung, die gerichtlich anfechtbar ist.[1941] Zwischen Staat und Anspruchsteller:innen fehlt es demnach an dem für Verträge charakteristischen Verhältnis der Gleichordnung. Demgemäß ordnet der *Conseil d'État* das Rechtsverhältnis auch als ein öffentlich-rechtliches ein, was ausgehend von der Entstehungsgeschichte der Bestände zutreffend ist: Die Bestände gehen auf Beschlagnahmen der alliierten Besatzungsmächte in Deutschland zurück (teils wurden Kulturgüter auch später auf anderer Grundlage in die MNR-Bestände aufgenommen[1942]). In der amerikanischen Besatzungszone beruhten diese Maßnahmen auf dem Gesetz Nr. 52 vom 1. August 1945, woran die Verwahrung nach dem Dekret vom 30. September 1949 unmittelbar anknüpft.

Das in Rede stehende Rechtsverhältnis lässt sich somit seinem Wesen nach treffender als eine Sequestration kraft besonderer gesetzlicher Anordnung (*séquestre légal*) beschreiben,[1943] das – wie die Entscheidungen des *Conseil d'État* belegen – eigenen besonderen Regeln folgt. Insbesondere unterliegen die Ansprüche auf Restitution keiner Verjährung[1944] und ein gutgläubiger Erwerb durch spätere Erwerber:innen schließt einen Restitutionsanspruch – abweichend von der Grundregel des Art. 2276 Abs. 1 Code civil – nicht aus. Hierdurch unterscheidet sich das Rechtsregime vom allgemeinen Zivilrecht, aber auch von den Vorgaben der Verordnung vom 21. April 1945. Ansprüche aus Nichtigkeit unterliegen der Regelverjährung und ein gutgläubiger Erwerb an beweglichen Sachen ist auch im Anwendungsbereich der Verordnung von 1945 nach Art. 10 Satz 1 ausnahmsweise möglich.[1945] Den Grund dieser Sequestration *sui generis* bildet im Unterschied zur gerichtlichen Sequestration des Code civil nicht die Anhängigkeit eines Rechtsstreits (Art. 1961 Nr. 2 Code civil), sondern die Klärung einer streitigen Rechtsfrage, nämlich die Frage, in wessen Eigentum das sequestrierte Kulturgut steht. Diese Sonderform der Sequestration endet mit der abschließenden Klärung dieser Rechtsfrage.

bb) Plichten des Zentralstaates und Haftung auf Schadensersatz

Die Verwahrung durch den Staat kann somit am Ehesten als eine öffentlich-rechtliche Sequestration *sui generis* beschrieben werden. Vorgaben zum Umgang mit den Beständen ergeben sich rudimentär aus dem Dekret vom 30. September 1949, folgen im Übrigen aber aus dem besonderen Zweck der Verwahrung, die Restitution an die Berechtigten sicherzustellen. Da die Verwahrung durch die Museen und Bibliotheken im Kern eine unentgeltliche Verwahrung kraft gesetzlicher Anordnung darstellt, fänden an sich die Regeln über die vertragliche Verwahrung analoge Anwendung (Art. 1963 Abs. 2, 1958 Code civil analog). Der Sequester hat die sequestrierte Sache im Interesse der Eigentümer:innen zu verwahren (Art. 1915, 1927 Code

1941 Siehe Näheres zum Verfahren und Rechtsweg unter C.V und C.VI.

1942 Etwa nach Streichung aus den Inventarlisten öffentlicher Sammlungen, siehe hierzu schon unter B.IV.2.a)bb).

1943 *Pansier*, Séquestre, in: Répertoire de droit civil, Bearbeitungsstand November 2022, Rn. 16: »Le séquestre est dit légal lorsqu'il n'est institué ni par une convention, ni par une décision judiciaire, mais par un texte législatif ou réglementaire.«

1944 CE, Assemblée, 30.7.2014, a. a. O., Cons. 7: »[D]ans la mesure où une restitution demeure en principe envisageable et s'avère d'ailleurs effectivement possible, aucune prescription particulière ou de droit commun ne peut être opposée à cette demande«.

1945 Ansprüche aus Nichtigkeit unterliegen im Unterschied zu Ansprüchen aus dem Eigentum (Art. 2227 Satz 1 Code civil) der Regelverjährung. Zudem ist nach Art. 10 Satz 1 der Verordnung bei Herausgabeverlangen betreffend bewegliche Sachen ein gutgläubiger Erwerb ab dem 1.12.1947 möglich. Siehe Näheres hierzu unter B.II.2.a)bb)(3)(ii) und B.II.5.

civil analog), muss diese aber nicht gegen einen natürlichen Verfall erhalten (Art. 1933 Code civil analog). Die Restitution hat in Natur an die Eigentümer:innen zu erfolgen. Gleichwohl hat der Staat diese allgemeinen zivilrechtlichen Vorgaben bezogen auf die Sonderrestbestände teilweise durch Verwaltungsvorschriften konkretisiert und abgewandelt. So statuiert eine Anweisung (*instruction*) der Kulturministerin aus dem Jahr 2015 weitreichende Pflichten zur Dokumentation und Erhaltung der Kunstgegenstände[1946], während vergleichbare Vorgaben für Bücher bislang fehlen. Hiernach haften die haltenden öffentlichen Museen neben Zerstörung auch für eine bloße Veränderung der Werke, woraus implizit eine Pflicht zur Erhaltung folgt.

Nach der Rechtsprechung des *Conseil d'État* steht den wahren Eigentümer:innen der Kulturgüter zudem ein Anspruch auf Schadensersatz bei Verletzung der Pflichten aus der gesetzlichen Sequestration zu, insbesondere bei rechtswidriger Vorenthaltung des Besitzes an dem Kulturgut. Der Schadensersatzanspruch entsteht im letzteren Fall ab dem Zeitpunkt, in dem keine vernünftigen Zweifel mehr an der Eigentümer:innenstellung der Anspruchsteller:innen bestanden haben. Bezogen auf Erwerber:innen aus der Besatzungszeit ist dies zu bejahen, wenn diese positiv belegen, dass sie oder ihre Rechtsvorgänger:innen vor der Beschlagnahme des Kulturguts außerhalb Frankreichs wirksam Eigentum an dem begehrten Kulturgut erworben haben.[1947] Da die Sequestration auf einer hoheitlichen Anordnung beruht, handelt es sich um einen Anspruch aus Staatshaftung,[1948] der einer verkürzten vierjährigen Verjährung unterliegt.[1949]

cc) Rahmenbedingungen einer Aneignung durch den Zentralstaat

Vor diesem Hintergrund erscheint eine Überführung der Sonderrestbestände in staatliches Eigentum nur unter bestimmten Einschränkungen möglich und zwar gerade dann, wenn ein Verlust durch Entziehung oder ein Zwangsgeschäft im Zeitraum der Besatzungszeit nicht nachweisbar ist, da in diesem Fall Eigentum Dritter (nämlich der Erwerber:innen) an den Kulturgütern besteht. Die Forderung nach einer staatlichen Aneignung der Restbestände formulierte schon 2000 die Mattéoli-Mission[1950] Seit 2016 regelt nun ein Gesetz die Möglichkeit eines staatlichen Eigentumserwerbs: Art. 68 Satz 2 des Gesetzes vom 7. Juli 2016[1951] sieht die

1946 Instruction relative à la gestion des œuvres issues de la récupération artistique confiées à la garde des musées nationaux relevant du ministère de la Culture et de la Communication et éventuellement déposées en région, abgedruckt in *Zivie*, Rapport à Madame la Ministre de la Culture, S. 130 ff. Abschnitt 8 sieht vor, dass »leur disparition ou leur altération ouvriraient droit à dédommagement« der Eigentümer:innen.

1947 CE, Assemblée, 30.7.2014, a.a.O., Cons. 9: »[D]ans le cas où aucune spoliation n'est intervenue, il est loisible au propriétaire [...] de demander [...] l'indemnisation à laquelle il estime avoir droit pour la durée de la période durant laquelle il a été irrégulièrement privé de son bien, c'est-à-dire depuis le moment où il est établi qu'aucune spoliation n'a eu lieu ou ne pouvait être légalement présumée«.

1948 Für die gerichtliche Sequestration (*séquestre judiciaire*, Art. 1961 Code civil), die gleichfalls auf hoheitlicher Anordnung beruht, ist anerkannt, dass es sich um ein gesetzliches Schuldverhältnis handelt. Die Haftung ist demnach deliktischer Natur. Siehe Cass. civ. 1ère, 14.2.2018, Nr. 16-20.278.

1949 Art. 1 der Loi n° 68-1250 du 31 décembre 1968 relative à la prescription des créances sur l'État, les départements, les communes et les établissements publics, JORF vom 3.1.1968, S. 76.

1950 *Mission d'étude sur la spoliation des Juifs de France*, Rapport général, S. 174, Empfehlung Nr. 13: »La Mission recommande que les œuvres et objets d'art dont on a la preuve qu'ils n'ont pas été spoliés soient intégrés définitivement aux collections nationales.« So auch *Roux*, JCP A 2015, Nr. 2111, Rn. 16.

1951 Loi n° 2016-925 du 7 juillet 2016 relative à la liberté de la création, à l'architecture et au patrimoine (JORF vom 8.7.2016, Text Nr. 1).

Eingliederung (»intégration«) von Kunstwerken in den Sonderrestbeständen in die staatlichen Sammlungen vor, meint im technischen Sinne aber die Übertragung des Eigentumstitels auf den Staat. Die Regelung setzt voraus, dass das Objekt nachweislich nicht entzogen wurde oder dass eine Entziehung jedenfalls nicht nachweisbar ist.[1952] In einem derartigen Fall wäre aber nach der Rechtsprechung des *Conseil d'État* ein Eigentum der Erwerber:innen der Kulturgüter zu bejahen. Eine Eingliederung in diesem Sinne würde also einen Entzug (*privation*) des Eigentumsrechts im Sinne des Art. 17 DDHC darstellen und wäre daher nur zu Zwecken des öffentlichen Wohls und gegen Entschädigung der Berechtigten zulässig.[1953] Diese Anforderungen werden durch Art. 68 Satz 2 des Gesetzes, der vielmehr einen entschädigungslosen Verlust des Privateigentums vorsieht, in seiner aktuellen Fassung nicht gewahrt. Die Regelung begegnet daher verfassungsrechtlichen Bedenken. Es verwundert daher nicht, dass sie bis heute ersichtlich nicht zur Anwendung gelangt ist und ihr auch innerhalb der Verwaltung Vorbehalte begegnet sind.[1954]

III. Rechtliche Bewertungsgrundlage für Restitutionsanträge

Eine spezialgesetzliche Regelung zur Bewertung von Restitutionsanträgen aus den Sonderrestbeständen existiert nicht. Dem Dekret vom 30. September 1949 sind insoweit keine positiven Bewertungskriterien zu entnehmen. Die Art. 5 und 6 des Dekrets sehen lediglich vor, dass die Übergabe zwecks Verwahrung unbeschadet der Gesetze über entzogene Vermögenswerte (»sous réserve de la législation relative aux biens spoliés«) erfolgt. Ferner ist die Rede von »collectionneurs spoliés ou pillés«, denen die Inventarlisten der Werke auf Verlangen vorzulegen sind.

1. Maßgeblichkeit des zivilrechtlichen Eigentums

Die Bewertungsparameter lassen sich aber ohne Weiteres aus dem Zweck der Sequestration ableiten. Diese dient allein der Restitution der Kulturgüter an ihre rechtlichen Eigentümer:innen (sog. *propriétaires légitimes*). Folglich kann der Staat die Herausgabe eines Kulturguts nur so lange verweigern, wie dies zur Klärung der Eigentumsfrage erforderlich ist. Im Umkehrschluss ist eine Restitution zwingend, wenn diese Rechtsfrage abschließend geklärt werden konnte und die heutigen Berechtigten ermittelt werden konnten. Die Restitution hat mithin an die Person zu erfolgen, die nach geltendem Recht als aktuelle Eigentümerin der Werke anzusehen ist. Dies können sowohl die Vorkriegseigentümer:innen als auch spätere Erwerber:innen sein.

1952 »Cette intégration ne peut se faire que pour les œuvres répertoriées ›Musées Nationaux Récupération‹ pour lesquelles une recherche approfondie établit qu'elles n'ont pas fait l'objet d'une spoliation ou pour lesquelles on ne peut établir qu'elles ont fait l'objet d'une spoliation.«

1953 Siehe die einfachgesetzliche Ausgestaltung dieses Grundsatzes in Art. 545 Code civil.

1954 So etwa die Kulturministerin Azoulay unter Verweis auf die im steten Wandel befindliche Auslegung des Begriffs der Entziehung »Mais est-ce notre priorité que de les faire intégrer les collections nationales en droit [...]? Surtout lorsque nous savons que ce qui n'apparaissait pas comme une spoliation il y a près de vingt ans [...] en est aujourd'hui assurément une, considérée comme telle. Il faut donc nous garder d'agir hâtivement en ce sens et je veux dire ma plus grande réserve sur ce point.« (*Azoulay*, Rede der Kulturministerin vom 13.4.2017). Diese Bedenken teilend *Zivie*, Rapport à Madame la Ministre de la Culture, S. 70 f.

Die Verwaltung hat mithin zu prüfen, ob (1) die Anspruchsteller:innen oder ihre Rechtsvorgänger:innen Eigentümer:innen des beanspruchten Kulturguts im Zeitpunkt des Vermögensverlustes waren und ob der Vermögenstransfer einen rechtsgültigen Eigentumserwerb bewirkt hat oder dieser vielmehr nichtig ist oder (2) ob die Anspruchsteller:innen oder ihre Rechtsvorgänger:innen während der NS-Herrschaft und im Besonderen während der deutschen Besatzung Eigentum an dem Kulturgut begründet haben, sodass sie auch heute noch als rechtliche Eigentümer:innen anzusehen sind. Zur Klärung dieser Rechtsfrage sind sämtliche Normen heranzuziehen, welche die Frage des Eigentums an beweglichen Sachen, insbesondere dessen derivativen oder gesetzlichen Erwerb, regeln. Dies sind, vorbehaltlich spezieller Vorschriften, die Normen des Code civil.[1955]

2. Verordnungen vom 21. April und 9. Juni 1945

Sonderregelungen für Vermögensentziehungen in Frankreich während der Besatzungszeit enthalten die Verordnungen vom 21. April 1945 und vom 9. Juni 1945.[1956] Sie regeln die Nichtigkeit bestimmter Rechtsakte oder -geschäfte und sind somit für die Bewertung der Wirksamkeit von Verfügungen, insbesondere Übertragungen des Eigentums, im maßgeblichen Zeitraum zu beachten. Gegen die Anwendung dieser Normen durch die Verwaltung oder auch Verwaltungsgerichte in Verfahren betreffend Sonderrestbestände kann nicht schon vorgebracht werden, dass ihre Anwendung einem speziellen Gerichtsverfahren vor den Zivilgerichten vorbehalten ist (Art. 17 der Verordnung vom 21. April 1945, Art. 2 Abs. 1 der Verordnung vom 9. Juni 1945). Den Zivilgerichten obliegt lediglich der rechtsverbindliche Ausspruch der Nichtigkeit, unbenommen bleibt der Verwaltung hingegen eine inzidente, gutachterliche Prüfung der Eigentumslage entlang dieser materiell-rechtlichen Vorgaben. In diesem Sinne führte schon der *Tribunal administratif* von Paris in einer Entscheidung von 2003 aus, dass

> »si, aux termes des ordonnances susvisées des 21 avril et 9 juin 1945, il appartient au seul président du tribunal civil ou de commerce de constater la nullité des ventes et autres actes de disposition [...] durant la période de l'Occupation allemande et d'ordonner les restitutions qui découlent de cette nullité, cette circonstance ne fait pas obstacle à ce que l'administration, saisie d'une demande de restitution [...], se prononce sur le bien-fondé d'une telle demande.«[1957]

Zudem stellen die Verordnungen gesetzesvertretende Verordnungen im Range eines Parlamentsgesetzes dar, an welche die Verwaltung daher nach dem *principe de légalité* bei der Bescheidung von Anträgen gebunden ist.[1958] Behörden sind wiederkehrend dazu aufgefordert,

1955 Bei Auslandsberührung der Sachverhalte wären notwendig auch kollisionsrechtliche Normen zu prüfen.

1956 Auf die vorangehenden Darstellungen zur Systematik der Verordnung vom 21.4.1945 sei an dieser Stelle verwiesen, siehe unter B.II.

1957 TA Paris, 14.2.2003, Nr. 9917138/7, Cons. 2 – Ranely Vergé Dupré. So auch TA Paris, 26.10.2017, Nr. 1621154/5-2, Cons. 5 – De Galea: »le juge administratif se prononce sur l'existence d'une spoliation des œuvres dont la restitution est demandée […] nécessitant une analyse et une appréciation de la régularité des transactions qui ont jalonné leur parcours patrimonial et, donc, de se prononcer sur la propriété des œuvres«.

1958 Diese Position wird gleichsam für die Spruchpraxis der CIVS hinsichtlich der Auslegung des Begriffes der *spoliation* (Entziehung) vertreten. Siehe hierzu unter B.III.7.a)aa)(3).

Einschätzungen zu Rechtsfragen abzugeben, die nicht zwingend ihrem eigenen Fachbereich unterfallen. Die Klärung einer an sich fachfremden Vorfrage (*question préalable*) kann erforderlich sein, um die im Antragsbegehren nachgelagerte Hauptfrage (vorliegend die Begründetheit des Restitutionsbegehrens) zu beantworten. Dabei kann es vorkommen, dass die Beantwortung dieser Vorfrage an sich in den Zuständigkeitsbereich einer anderen staatlichen Stelle (einer andere Fachbehörde oder auch eines Fachgerichts) fällt. Allgemein gilt der Grundsatz, dass die angerufene Stelle im Rahmen ihrer sachlichen Zuständigkeit bezüglich der Hauptfrage selbst entscheiden und alle in diesem Zusammenhang aufgeworfenen Vorfragen mitklären muss, wenn nicht die Vorlage an eine andere Fachstelle ausdrücklich vorgeschrieben ist. In manchen Staaten wie Österreich[1959] ist dies ausdrücklich geregelt, in anderen Staaten wie Frankreich hingegen nicht. Die Auflösung sich kreuzender Sachkompetenzen erfolgt hier erst nachgelagert bei der Frage, welche Gerichte für die Beantwortung der Rechtsfrage sachlich zuständig sind. Sofern sich also in einem anschließenden verwaltungsgerichtlichen Verfahren eine eigentumsrechtliche Vorfrage stellt, bleibt die Zuständigkeit des angerufenen Gerichts auch für die Klärung dieser Vorfrage grundsätzlich bestehen. Eine Pflicht zur Vorlage (*renvoi préjudiciel*) an die in Eigentumsfragen ausschließlich zuständigen Zivilgerichte[1960] besteht nur, wenn die aufgeworfene Vorfrage »ernstliche Schwierigkeiten« (*difficultés sérieuses*) aufwirft.[1961] Eine ernstliche Schwierigkeit in diesem Sinne kann nicht ohne Weiteres angenommen werden. Sie ist abzulehnen, wenn die Eigentumslage evident ist und keiner vertieften rechtlichen Prüfung bedarf.[1962]

Bei einem Antrag auf Restitution eines Kulturguts aus den Sonderrestbeständen hat die Verwaltung demnach alle aufgeworfenen Rechtsfragen, insbesondere auch die zivilrechtliche Eigentumslage, vorrangig selbst zu prüfen. Eine Befassung der Zivilgerichte mit einer unklaren oder streitig gebliebenen Rechtsfrage ist erst nachgelagert in einem verwaltungsgerichtlichen Verfahren bei fortbestehenden Zweifeln möglich, die bei größeren Schwierigkeiten Anlass zu einer Vorlage an die Zivilgerichte geben können.[1963] Der Inhalt der Restitutionsverordnungen der Nachkriegszeit ist gleichwohl ausgehend von der historischen Rechtsprechung und Literatur zumeist klar zu bestimmen. Schwierigkeiten auf Ebene der Normauslegung können allenfalls in Grenzfällen (z. B. bei staatlichen Vermögenszugriffen auf Grundlage allgemeiner Rechtsnormen oder bei Zwangsgeschäften) auftreten.

1959 Siehe § 38 Allgemeines Verwaltungsverfahrensgesetz.

1960 TdC, 18.12.1995, Nr .02992. Dies gilt auch für Fragen betreffend das staatliche Privateigentum (*domaine privé*). Für Fragen der Zuordnung zur öffentlichen Domäne (*domaine public*) besteht hingegen eine ausschließliche Zuständigkeit der Verwaltungsgerichte, siehe TdC, 22.10.2007, Nr. C3625.

1961 St. Rspr. CE, 16.11.1960, Nr. 44537, Rec. S. 627 – Commune du Bugue. Seit 2015 ist diese Frage ausdrücklich in Art. R.771-2 des Code de justice administrative geregelt.

1962 So verhält es sich etwa, wenn der Vermögenswert eindeutig als Zubehör einer in staatlichem Eigentum stehenden Immobilie anzusehen ist (CE, 27.7.2016, Nr. 389771). Nach Ansicht des *Rapporteur public* in der Sache Nr. 389771 kann bezogen auf Rechtsgeschäfte eine ernstliche Schwierigkeit bei einer »difficulté d'interprétation ou d'appréciation de la validité d'un acte de droit privé« angenommen werden, vgl. *Polge*, Conclusions zu CE, 27.7.2016, Nr. 389771, S. 2. In diesem Sinne auch CE, 13.3.1996, Nr. 143200 – Petit.

1963 CE, Assemblée, 30.7.2014, Nr. 349789, Rec. S. 247, Cons. 8 – Kodric und Heer: »[L]es motifs du refus de procéder à une restitution peuvent être critiqués à l'occasion d'un recours pour excès de pouvoir, les difficultés sérieuses pouvant s'élever à cette occasion en matière de propriété ou de régularité des transactions devant être portées, par la voie d'une question préjudicielle, devant le juge judiciaire«.

Angesichts der ausschließlichen Zuständigkeit der Zivilgerichte für die Anwendung der Verordnungen vom 21. April 1945 und 9. Juni 1945 erschöpft sich die Prüfung der Verwaltungsgerichte in einer Nachprüfung der Verwaltungsentscheidung entlang der durch die Verwaltung für maßgeblich erachteten Rechtsvorschriften. Die Verordnungen von 1945 gelangen somit nur als materielle Maßstäbe bei der Prüfung der Rechtmäßigkeit der Verwaltungsentscheidung zur Anwendung.[1964] In diesem Sinne argumentierte auch der *Conseil d'État* in der Sache Ranely Vergé Dupré:

> »[S]ur le fondement de la déclaration interalliée du 5 janvier 1943, [...], les autorités françaises ont organisé les conditions de la restitution des biens venus [...] aux mains de l'administration française, aux propriétaires [...]; qu'il résulte de ces textes que [...] les autorités administratives demeurent tenues de restituer à leurs propriétaires [...] les biens dont ils ont été, soit spoliés [...], soit [...] privés par une transaction d'apparence légale.«[1965]

Für die Bejahung eines Anspruchs ist somit entscheidend, ob die Rechtsgeschäfte oder Handlungen, die zum Verlust des Kunstwerkes oder Kulturguts geführt haben, nichtige Entziehungen oder Zwangsgeschäfte im Sinne der Verordnungen vom 21. April 1945 oder 9. Juni 1945 darstellen.[1966]

3. Dekret vom 1. Oktober 2018

Die neueingeführte Bestimmung des Art. 1-1 CIVS-Dekret betreffend Verfahren in Kulturgütersachen vor der CIVS wirft die Frage auf, ob hierdurch auch eine Neuregelung der materiellrechtlichen Bewertungsmaßstäbe für Ansprüche auf Restitution aus den Sonderrestbeständen intendiert wurde. Ziel der Reform war es, das Verfahren zur Restitution entzogener oder unter Zwang veräußerter Kulturgüter in öffentlichen Sammlungen und den Sonderrestbeständen gemäß den Empfehlungen des Zivie-Berichts von 2018 zu vereinheitlichen.[1967] Im

1964 In Übereinstimmung mit diesem Gedankens sprechen Verwaltungsgerichte vereinzelt von einer »inspiration« durch die Vorgaben dieser Verordnungen (siehe nur TA Paris, 14.2.2003, Nr. 9917138/7, Cons. 4 – Ranely Vergé Dupré: »[L]e ministre des affaires étrangères, s'inspirant des principes fixés par les ordonnances susvisées des 21 avril et 9 juin 1945, n'a pas commis d'erreur de droit«).

1965 CE, 27.3.2009, Nr. 283240, Rec. S. 105, Cons. 2 – Ranely Vergé Dupré.

1966 Von vornherein abzulehnen ist die Ansicht, wonach für die Bewertung der Ansprüche die Verordnung vom 11.4.1945 (JORF vom 12.4.1945, S. 2010) maßgeblich sei, vgl. etwa CA Paris, 13.3.2001, Nr. 2000/11467 – Karaim; *Bourlet*, in: Cachin/Fohr (Hrsg.), Pillage et restitutions. Le destin des œuvres d'art sorties de France pendant la Seconde Guerre mondiale. Actes du colloque organisé par la Direction des musées de France le 17 novembre 1996, S. 107, 109. Art. 1 dieser Verordnung erfasste insb. »tableaux, bijoux et tous autres objets de même nature appréhendés par l'ennemi dans des conditions exorbitantes du droit commun et récupérés par l'État«. Objekte dieser Kategorie konnten nach Art. 5 Abs. 7 nur bis zum 1.6.1947 herausverlangt werden und verfielen hiernach dem Staat. Die Regelung erfasste indes nur bewegliche Sachen, die nach der Befreiung von der NS-Herrschaft in Frankreich verblieben und nicht außer Landes gelangt waren (siehe Exposé des motifs: »objets mobiliers [...] qui avaient été volés par l'occupant [...] et que celui-ci a abandonnés au moment de la libération«). Selbst bei Bejahung der Anwendbarkeit, wäre das Dekret vom 30.9.1949 jedenfalls als eine zeitlich nachgelagerte Spezialregelung bezogen auf die Sonderrestbestände anzusehen.

1967 »La dispersion des forces, entre deux ministères et la CIVS, avec par ailleurs des chercheurs indépendants, n'offre pas à la question des spoliations la visibilité attendue par les familles et par le public. [...] Pour les familles, [...] cette absence de visibilité et la dispersion des acteurs et des services sont peu compréhensibles et ajoutent de la confusion à un dossier sensible dans

Gesetzeswortlaut hat ein entsprechender Wille zur Vereinheitlichung auch der materiellen Bewertungskriterien indes keinen Niederschlag gefunden. Bei genauem Hinsehen beschränkt sich die Bedeutung des Reformdekrets in einer Verfahrensreform.[1968] Die CIVS war zudem schon vor dieser Reform für die Prüfung von Restitutionsanträgen betreffend die Sonderrestbestände zuständig. Auch in Verfahren vor der CIVS erschöpft sich deren Prüfung in einer Bewertung der materiell-rechtlichen Eigentumslage.

4. Bewertungsgrundlage in sonstigen Fällen

Als ein größeres Problem erweist sich, dass die Verordnung vom 21. April 1945 nur inländische Verluste im Zeitraum der Besatzung erfasst,[1969] obschon in der heutigen Restitutionspraxis mitunter auch Fälle von Entziehungen außerhalb des Besatzungskontextes (etwa im Deutschen Reich) nachweisbar sind. Theoretisch dürfte ein solcher Fall nicht eintreten, da der äußeren Restitution nur Kulturgüter unterlagen, deren Verlust innerhalb Frankreichs eingetreten war und die hiernach außer Landes gelangt waren. Gleichwohl kam es in den alliierten Restitutionsverfahren der Nachkriegsjahre wiederholt zu irrtümlichen Rückführungen nach Frankreich.[1970] In den relevanten Fällen geht es um Vermögensverluste bei verfolgten Personen im Deutschen Reich oder Veräußerungen verfolgter Personen in Frankreich vor Beginn der deutschen Besatzung.

Theoretisch wäre zur Lösung derartiger Fälle ein Rückgriff auf Normen des Zivilrechts, etwa auf das Recht der Willensmängel (Art. 1109 ff. Code civil a. F., Art. 1130 bis 1144 n. F.), denkbar. In der Praxis lassen sich hingegen vereinzelt auch Entscheidungen beobachten, die sich auf übergesetzliche, das heißt von gesetzlichen Wertungen entkoppelte moralische Erwägungen stützen. Dabei beziehen sich die Entscheidungen vereinzelt auf einen allgemeinen Standard universaler Gerechtigkeit, wie er etwa in Prinzip Nr. 8 der Washingtoner Erklärung von 1998 zum Ausdruck gelangt, wonach in Fällen von nachgewiesener »nazi-confiscated art« eine »just and fair solution« zu finden ist. Das allgemeine Gerechtigkeitspostulat wird in derartigen Fällen zum Ausgangspunkt autonomer Einzelfalllösungen, die zwischen rechtlichen und moralischen Wertungsmaßstäben oszillieren. Gleichwohl treten diese moralisch fundierten Entscheidungen in Konflikt mit den an den Kulturgütern fortbestehenden Eigentumsrechten Dritter. Auf die Lösung dieses Spannungsfeldes zwischen Recht und Moral in der Verwaltungspraxis wird in der folgenden Darstellung einzugehen sein.

IV. Darstellung der Verwaltungspraxis

Nachdem in einem ersten Schritt die einschlägigen rechtlichen Parameter zur Bewertung von Ansprüchen bezüglich der Sonderrestbestände hergeleitet wurden, soll in einem Folgeschritt eine Darstellung und Auswertung der Verwaltungspraxis seit 1998 unter Zugrundelegung

lequel […] l'État est souvent mis en cause.«, *Zivie*, Rapport à Madame la Ministre de la Culture, S. 56. Dementsprechend forderte Zivie die Schaffung eines bei der CIVS angesiedelten Expert:innenrates, siehe a. a. O., S. 79-81, Empfehlung A.1.

1968 Zu den Details dieser Reform, siehe Näheres schon unter B.III.4.b).

1969 Siehe zum zeitlich-räumlichen Anwendungsbereich der Verordnung schon unter B.II.3.

1970 Für Fallbeispiele aus der Praxis, siehe hierzu sogleich unter C.IV.2.

dieses Bewertungsrahmens erfolgen. Es soll in diesem Zusammenhang näher untersucht werden, ob und inwieweit sich die Praxis an den dargestellten Vorgaben orientiert oder sich hiervon vielmehr fortentwickelt hat.

Nach dem Vorgesagten hat eine Restitution an die heutigen zivilrechtlichen Eigentümer:-innen der Werke zu erfolgen. Nach der Rechtsprechung kommt es dabei entscheidend darauf an, ob die verlustbegründende Verfügung zu einer wirksamen Übertragung des Eigentums geführt hat oder nicht. Die nachfolgende Darstellung unterscheidet daher zwischen zwei Arten von Vermögensverlusten: zum einen Verlusten von Vermögenswerten innerhalb Frankreichs während der Besatzungszeit, deren Wirksamkeit oder Nichtigkeit nach dem Krieg durch Sonderbestimmungen geregelt wurde (1.); zum anderen Verluste von Vermögenswerten in Frankreich, aber vor dem Beginn der deutschen Besatzung, sowie Vermögensverluste außerhalb Frankreichs, für die entsprechende Sonderregelungen fehlen (2.).

1. Verluste in Frankreich während der Besatzungszeit

Bei der Bewertung von Vermögensverlusten in Frankreich während der deutschen Besatzung ist nach der Rechtsprechung des *Conseil d'État* in der Sache Kodric und Heer entscheidend, ob die Übertragung des Eigentums gemäß den Verordnungen vom 21. April 1945 und 9. Juni 1945 als wirksam und nichtig anzusehen ist. Das Eigentum liegt hiernach entweder bei den Vorkriegseigentümer:innen oder den Erwerber:innen des Kulturguts in der Besatzungszeit.

Maßgebend für die Bewertung der Eigentumslage ist, ob das Kulturgut Gegenstand einer nichtigen Entziehung war (Art. 1 Abs. 1 Verordnung vom 21. April 1945) oder dieses unter Zwang veräußert wurde (Art. 11 der Verordnung, Art. 1112 Code civil). Zugunsten verfolgter Eigentümer:innen wird eine Veräußerung unter Zwang widerleglich vermutet (Art. 11 Abs. 1 der Verordnung).[1971] Bei Widerlegung der Vermutung bejahte die Rechtsprechung der Nachkriegszeit bei Verfolgungsopfern ein Handeln unter Zwang, wenn das Verfolgungsopfer begründeten Anlass zur Sorge für sein Vermögen oder sein Leben haben durfte, was bei Fehlen entgegenstehender Indizien angesichts der Verfolgungssituation zu bejahen war.[1972] Bei nicht verfolgten Eigentümer:innen musste demgegenüber der Nachweis individueller, gegen die Eigentümer:innen gerichteter Gewalthandlungen oder Drohungen nachgewiesen werden. Ein wirksamer Eigentumserwerb zugunsten der Erwerber:innen eines Kulturguts ist im Umkehrschluss zu bejahen, wenn diese das Objekt während der Besatzungszeit unter rechtlich nicht zu beanstandenden Umständen erworben haben.[1973] Keine ausdrücklichen Vorgaben sind der Rechtsprechung des *Conseil d'État* hingegen hinsichtlich der Bewertung von Erwerbungen zu entnehmen, die nicht auf nichtigen Entziehungen oder Zwangsgeschäften beruhten, aber aus anderen Gründen keinen rechtsgültigen Eigentumstransfer bewirkt haben (etwa bei deliktischen Handlungen von Privatpersonen). Dass derartige deliktische Eingriffe in das Eigentum

1971 Zum persönlichen Anwendungsbereich der Vermutung des Art. 11 Abs. 1, siehe unter B.II.2.b)aa)(2).

1972 Siehe hierzu schon unter B.II.2.b)cc).

1973 CE, 27.3.2009, Nr. 283240, Rec. S. 105, Cons. 2 – Ranely Vergé Dupré: »[I]l résulte de ces textes [ordonnances du 12 novembre 1943, 14 novembre 1944, 21 avril 1945 et 9 juin 1945; Anm. d. Verf.] que [...] les autorités administratives demeurent tenues de restituer à leurs propriétaires [...] les biens dont ils ont été, soit spoliés dans des conditions exorbitantes du droit commun, soit, s'il apparaît qu'ils ont subi des pressions ou violences et qu'un préjudice direct leur a été causé, privés par une transaction d'apparence légale«. In diesem Sinne auch CE, 30.7.2014, Nr. 349789, a.a.O., Cons. 9 – Kodric und Heer.

keinen wirksamen Vermögenstransfer bewirkt haben können, folgt aber bereits aus allgemeinen Rechtsgrundsätzen.

Die Verfolgteneigenschaft stellt nach dem Vorgesagten somit keine notwendige Voraussetzung eines Restitutionsanspruchs dar. Bei nicht verfolgten Person fallen die Anforderungen für die Bejahung eines Anspruchs (vor allem bei rechtsgeschäftlichen Verlusten) aber deutlich höher aus, was auch erklären mag, warum Restitutionsanträge nicht verfolgter Personen seit 1998 - mit Ausnahme eines einzigen Falles[1974] - durchgehend abgelehnt wurden. Gleiches gilt für Ansprüche von Personen, die Kulturgüter während der Besatzungszeit erworben haben, oder deren Rechtsnachfolger:innen. Im Folgenden sollen diese drei Konstellationen daher gesondert dargestellt werden.

a) Verluste zulasten nicht verfolgter Personen

Erfolgte der Verlust bei einer Person, die in der Besatzungszeit keiner Verfolgung ausgesetzt war, müssen die Anspruchsteller:innen nachweisen, dass sie oder ihre Rechtsvorgänger:innen Eigentümer:innen des beanspruchten Werkes im Verlustzeitpunkt waren und der Verlust entweder infolge von Ausnahmemaßnahmen (Art. 1 der Verordnung vom 21. April 1945)[1975], durch ein Rechtsgeschäft unter Zwang (Art. 1112 Code civil a. F.) eingetreten ist oder das Eigentum aus sonstigen Gründen (etwa infolge eines Diebstahls) nicht rechtsgültig auf Dritte übertragen wurde.

Im Fokus der Restitutionspraxis stehen heute vor allem Verluste durch Rechtsgeschäfte (insbesondere durch Kaufverträge). Bei nicht verfolgten Personen findet insoweit die Zwangsvermutung aus Art. 11 Abs. 1 der Verordnung vom 21. April 1945 grundsätzlich keine Anwendung[1976], sodass Anspruchsteller:innen in vollem Umfang beweisbelastet sind. Diese müssen gegenüber der Verwaltung und gegebenenfalls in einem gerichtlichen Verfahren unter Beweis stellen, dass die Veräußerung unter Zwang gemäß Art. 1112 Abs. 1 Code civil a. F. erfolgt ist. Der Beweis kann dabei auch durch indirekte Beweisführung auf Grundlage eines Indizienbündels erbracht werden.

Als für die Bewertung einer Zwangslage von vornherein unbeachtlich wird der Umstand gewertet, dass das Kulturgut nach 1945 an Frankreich im Rahmen der äußeren Restitutionen rückgeführt wurde.[1977] Maßgebend sind nach der Rechtsprechung vielmehr die erkennbaren Motive der früheren Eigentümer:innen, die den Verkaufsentschluss begründet haben. Bei nicht verfolgten Personen sprechen die historischen Rahmenbedingungen für Geschäftsabschlüsse tendenziell aber gegen ein Handeln unter Zwang. Wie bereits dargestellt wurde, erlebte

1974 Eine bislang singuläre Ausnahme stellt der Fall Vollard dar. Siehe hierzu sogleich unter C.IV.1.a).

1975 Eine Ausnahmemaßnahme in diesem Sinne würde z. B. eine Beschlagnahme von Kulturgütern unter Verletzung der Haager Landkriegsordnung von 1907 darstellen. Entsprechende Fälle sind in der heutigen Praxis aber nicht nachweisbar. Häufiger noch finden sich Verkäufe durch nicht verfolgte Personen.

1976 So ausdrücklich in TA Paris, 14.2.2003, Nr. 9917138/7, Cons. 4 – Ranely Vergé Dupré: »[L]e ministre des affaires étrangères […] n'a pas commis d'erreur de droit en estimant qu'il appartenait au requérant, pour rentrer en possession des tableaux revendiqués, d'établir que sa famille a fait l'objet de mesures exorbitantes pendant la guerre ou que la vente du bien litigieux a été conclue sous la contrainte«.

1977 A. a. O., Cons. 3: »[C]'est sans erreur de droit que, pour apprécier la légalité de la décision attaquée, la cour administrative d'appel de Paris a analysé les conditions de la transaction opérée en 1942 sans tenir compte des conditions dans lesquelles le bien revendiqué est venu aux mains des autorités françaises en 1952«. So zuvor schon TA Paris, 12.5.2005, Nr. 9820643/7, Cons. 3.

der Kunstmarkt in Paris während der deutschen Besatzung einen beachtlichen wirtschaftlichen Aufschwung.[1978] Dieses freundliche wirtschaftliche Klima, insbesondere die gesteigerte Nachfrage nach Kunst, durfte sich in Vertragsverhandlungen zugunsten nicht verfolgter Personen auswirken. Sie profierten zudem von dem Ausschluss verfolgter Sammler:innen und Kunsthändler:innen vom Kunsthandel (wie Paul Rosenberg oder Georges Wildenstein), die den Pariser Kunstmarkt vor 1940 dominiert hatten.

Allenfalls bei Verkäufen an deutsche Staatsangehörige ließe sich wegen des künstlichen und für französische Erwerber:innen nachteiligen Wechselkurses zwischen Reichsmark und Franc ein wirtschaftliches Ungleichgewicht ausmachen, das in der Rechtsprechung aber bis heute als unbeachtlich angesehen wird.[1979] Diese Wertung geht auf die Vorgaben der Nachkriegsverordnungen zurück. Geschäfte zwischen französischen und deutschen Staatsangehörigen unterliegen der Verordnung vom 9. Juni 1945[1980] als *lex specialis*. Die Verordnung erklärt Rechtsgeschäfte für nichtig, die unter den Bedingungen der Londoner Erklärung von 1943 zwischen französischen Staatsangehörigen und Angehörigen verfeindeter Staaten unabhängig vom Belegenheitsort des Vermögenswertes zustande gekommen sind. Die Rechtsprechung folgerte aus der Bezugnahme auf die Londoner Erklärung, dass die Veräußerung unter Zwang erfolgt sein musste, wobei die Beweislast die klagende Prozesspartei traf.[1981] Der Umstand allein, dass an eine Person deutscher Staatsangehörigkeit veräußert worden war, wurde nicht als taugliches Indiz eines Zwangsgeschäfts angesehen.

In ähnlicher Weise wird auch der Umstand nicht als hinreichendes Indiz für eine Zwangslage gewertet, dass der Verkauf durch eine Person vermittelt wurde oder an eine Person erfolgt ist, die in geschäftlichen Beziehungen zur deutschen Besatzungsmacht oder zur NS-Führung stand.[1982]

Ohne konkreten Beweiswert für die Bewertung einer Zwangslage sind ausgehend von dem Vorgesagten demnach die äußeren Umstände des Geschäftsabschlusses (Ort und Zeitpunkt des Vertragsschlusses sowie die Identität oder Nationalität der anderen Vertragspartei).[1983] Vielmehr müssen die Anspruchsteller:innen nachweisen, dass die ursprünglichen Eigentümer:innen durch unmittelbare Drohungen des anderen Teils oder Dritter zum Vertragsschluss bestimmt wurden, der Verkaufsentschluss also nicht Ausdruck ihrer autonomen Willensentschließung war.[1984] Eine Zwangslage ist daher abzulehnen, wenn der Verkaufsentschluss schon vor dem Krieg entstanden ist, wofür indiziell die Aufnahme von Verhandlungen über den Verkauf des

1978 Vgl. *Bertrand-Dorléac*, L'art de la défaite 1940–1944, S. 145 ff.; *Nicholas*, The rape of Europa, S. 153 ff.; *Feliciano*, Le musée disparu, S. 197.

1979 TA Paris, 12.5.2005, Nr. 9820643/7, Cons. 3: »[L]a seule circonstance que la valeur du mark ait été artificiellement gonflée par les autorités allemandes et que le tableau ait été revendu par l'intermédiaire allemande au musée de Linz pour 3,6 millions de francs ne permet pas d'établir que ce tableau serait entré en la possession de M. Fabiani ou de l'acquéreur allemand [Maria Almas-Dietrich; Anm. d. Verf.] dans des conditions équivalant à une spoliation«. Nach neueren Erkenntnissen wurde das Gemälde durch den Kunsthändler Dequoy erworben, der zu einem Vertragsschluss mit dem Deutschen Reich genötigt worden war, ehe es schließlich gegen seinen Willen aus Frankreich verbracht wurde.

1980 JORF vom 10.6.1945, S. 3379.

1981 Cass civ., 27.7.1949, Nr. 39.809, Bull. civ. I, Nr. 271, S. 751; ebenso schon CA Paris, 3.1.1946, Rec. Dalloz 1946, 81 f. – Dame Thornton, Domaines c. Société Mumm.

1982 CE, 27.3.2009, Nr. 283240, Rec. S. 104, Cons. 5 – Ranely Vergé Dupré; CAA Paris, 31.5.2005, Nr. 03PA01803, Cons. 3; TA Paris, 14.2.2003, Nr. 9917138/7, Cons. 5. In diesem Sinne zuvor schon TA Paris, 12.5.2005, Nr. 9820643/7, Cons. 3.

1983 Grundlegend CE, 27.3.2009, Nr. 283240, Rec. S. 104, Cons. 5 – Ranely Vergé Dupré.

1984 Ansatzweise schon CAA Paris, 31.5.2005, Nr. 03PA01803, Cons. 3 – Ranely Vergé Dupré: »[I]l ne résulte pas ainsi des conditions dans lesquelles la vente des trois tableaux a été effectuée en 1943 […] qu'elles révèleraient l'existence de manœuvres

Kunstwerkes spricht.[1985] Dieser restriktive Ansatz der Rechtsprechung leuchtet ausgehend vom historischen Kontext unmittelbar ein: Bei lebensnaher Betrachtung kann davon ausgegangen werden, dass Verkäufe durch nicht verfolgte Personen im Regelfall unter rechtlich unbedenklichen Bedingungen zustande kamen. Diese Wertung ist bereits der Nachkriegsgesetzgebung zu entnehmen.[1986]

In zahlreichen Fällen wurde eine Restitution ferner unter Verweis auf die Marktangemessenheit des erlangten Kaufpreises abgelehnt, so etwa im Fall Georges Viau.

> Viau war Zahnarzt in Paris und eifriger Sammler der Kunst des 19. Jahrhunderts, der sich im Laufe seines Lebens eine umfangreiche Kunstsammlung mit Werken von Degas, Daumier, Cézanne, Monet, Pissarro oder auch Sisley aufgebaut hatte.[1987] Nach seinem Ableben wurde der gesamte Nachlass Viaus versteigert. Die Kunstsammlung wurde im Hôtel Drouot am 11. Dezember 1942 zum Verkauf angeboten. Der erzielte Gesamterlös von etwa 47 Mio. Francs wurde seinerzeit in der Presse als großer Erfolg gefeiert.[1988] Zahlreiche der 1942 versteigerten Werke wurden von deutschen Händler:innen (darunter Hildebrand Gurlitt) erworben und nach dem Krieg durch die Alliierten in Deutschland beschlagnahmt. Sieben der Gemälde sind heute Teil der Sonderrestbestände.[1989]

Nach der internen Prüfung des Kulturministeriums stellten die Verkäufe keine Zwangsgeschäfte dar. Ersichtlich stellte das Ministerium im Rahmen der proaktiven Recherche darauf ab, dass die Werke zu handelsüblichen Preisen veräußert worden waren. Das Kaufpreiskriterium wurde schließlich auch im Forschungsbericht der Arbeitsgruppe zu den MNR-Beständen von 2014 aufgegriffen. Die Arbeitsgruppe verneinte einen Verkauf unter Zwang in den Fällen Siraudin[1990]

exorbitantes qui auraient contraint le propriétaire à vendre et de nature à entacher d'une ou plusieurs erreurs de droit [...] la décision litigieuse«.

1985 So hinsichtlich Verkaufsverhandlungen, die nachweislich schon 1931 begannen CE, 27.3.2009, Nr. 283240, Rec. S. 104, Cons. 5 – Ranely Vergé Dupré; CAA Paris, 31.5.2005, Nr. 03PA01803, Cons. 3; TA Paris, 14.2.2003, Nr. 9917138/7, Cons. 5: »[L]a circonstance que l'ancien directeur des Musées nationaux et de l'école du Louvre [...] intervenu dans cette vente comme mandataire de M. Rouvier, père du requérant, soit connu pour être impliqué dans le commerce des œuvres d'art avec les autorités allemandes d'occupation ne suffit pas à établir qu'il aurait spolié ce propriétaire«.

1986 Die Vermutung des Art. 11 Abs. 2 der Verordnung vom 21.4.1945 galt grundsätzlich nur für als jüdisch eingeordnete Personen und fand nur ausnahmsweise auf nicht verfolgte Personen Anwendung. Siehe Näheres hierzu unter B.II.2.b)aa)(2)(i).

1987 Der Kunstkritiker Imbourg hob den herausragenden Charakter der Sammlung hervor und monierte, dass »un tel ensemble, qui représente à lui seul plus que beaucoup de galeries publiques ne pourront jamais réunis, soit bientôt irrémédiablement dispersé au feux des enchères«, *Imbourg*, La Collection Georges Viau, in: Les Beaux Arts, Ausgabe vom 20.11.1942, S. 8)

1988 Vgl. *Imbourg*, La Vente de la collection Georges Viau et son total de 46.796.000 francs, in: Beaux-Arts vom 20.12.1942; *Polack*, in: Furtwängler/Lammert (Hrsg.), Kunst und Profit: Museen und der französische Kunstmarkt im Zweiten Weltkrieg, S. 147, 157 f.. Besonders hervorgehoben wurde etwa der Verkauf des Paul Cézanne zugeschriebenen Gemäldes *Montagne Sainte-Victoire* (Lot-Nr. 78), das einen Rekorderlös von 5 Mio. Francs erzielte. Das Werke wurde durch André Schoeller für den deutschen Kunsthändler Hildebrand Gurlitt erworben, der es später an Carl Neumann veräußerte.

1989 *Danseuse*, Edgar Degas, REC 131; *Le Retour*, Jean-François Millet, REC 108 Vorderseite; *Paysans faisant les foins*, Jean-François Millet, REC 108 Rückseite; *Evariste de Valernes*, Edgar Degas, MNR 217; *La Montagne Sainte-Victoire*, Paul Cézanne (attr.), MNR 528; *Un peintre*, nach Honoré Daumier, MNR 538; *Arbres près d'un étang*, Jean-Baptiste Camille Corot (attr.), MNR 170. Vgl. *Kulturministerium*, Einträge zu REC 131, REC 108, MNR 217, MNR 528, MNR 538, MNR 170, in: Datenbank Rose-Valland (MNR-Jeu de Paume).

1990 *Verdure décorée*, Anonymus, vermutlich Brüsseler Manufaktur, Tapisserie, OAR 2. Vgl. *Kulturministerium*, Eintrag zu OAR 2, in: Datenbank Rose-Valland (MNR-Jeu de Paume).

und Bonnatian-Benatov[1991] unter Verweis darauf, dass die Verkäufer:innen einen marktkonformen Kaufpreises erhalten hatten.[1992] Das Marktpreiskriterium fungiert somit auch in Fällen von nicht verfolgten Personen als ein Indiz für oder gegen eine Zwangslage.

Einen Grenzfall bildet der Fall Homberg betreffend sechs Seiten aus dem *Livre des Merveilles du monde et leurs singularités*.[1993]

> Die Seiten stammten aus der Sammlung des Industriellen und Diplomaten Octave Marie Joseph Kérim Homberg (1876–1941). Nach dessen Tod wurden diese bei der Nachlassversteigerung vom 4. März 1942 durch den Kunsthändler Charles Ratton (1897–1986) für 15.000 Francs erworben. Dieser veräußerte die Kunstdrucke Ende 1942 an die Stadt Düsseldorf. Nach dem Krieg meldete die Stadt den Erwerb der Werke, die daraufhin beschlagnahmt und im September 1948 an Frankreich restituiert wurden.[1994]

In ihrem Abschlussbericht von 2017 gelangte die Arbeitsgruppe zu den MNR-Beständen zu keiner abschließenden Bewertung hinsichtlich der Frage, ob ein Verkauf unter Zwang erfolgt war. Diese hielt vielmehr weitergehende Forschungen darüber erforderlich, ob die Familie Homberg in der Besatzungszeit Verfolgungsmaßnahmen ausgesetzt gewesen war.[1995] Auf die Zwangsvermutung gemäß Art. 11 Abs. 1 der Verordnung vom 21. April 1945 wurde nicht zurückgegriffen, offenbar da eine Einordnung der Familienmitglieder als jüdisch nach den Kriterien der Rassegesetze ausgeschlossen werden konnte. Die Hombergs aus Le Havre waren bereits im 18. Jahrhundert zum Katholizismus konvertiert und galten daher nicht als jüdisch im Gesetzessinne.[1996] Schließlich ergaben wohl auch die späteren Nachforschungen keine Hinweise für eine Verfolgung. Der MNR-Datenbank Rose-Valland ist heute nur noch der Hinweis zu entnehmen, dass es sich bei den Werken mit Gewissheit nicht um widerrechtlich entzogenes Kulturgut handelt.[1997] Der Fall belegt, dass sich die Prüfung des Verfolgtenstatus primär entlang der Kriterien der Verfolgungsgesetze aus der Besatzungszeit vollzieht und im Übrigen weitere für eine Verfolgung sprechende Indizien in die Bewertung einzustellen sind.[1998] Wenngleich dies nicht eindeutig aus den Ausführungen der Arbeitsgruppe hervorgeht, könnte bei dieser Prüfung die Frage von Bedeutung sein, ob die früheren Eigentümer:innen, obschon sie nicht als »jüdisch« galten, *de facto* Verfolgungsmaßnahmen ausgesetzt waren, etwa weil die zuständigen staatlichen Stelle die Betroffenen als jüdisch einordneten.[1999]

1991 *Cascades*, Umfeld von Gustave Courbet, MNR 644. Vgl. *Kulturministerium*, Eintrag zu MNR 644, in: Datenbank Rose-Valland (MNR-Jeu de Paume).

1992 Vgl. *Groupe de travail sur les provenances d'œuvres récupérées après la seconde guerre mondiale*, Bericht für 2014, S. 18.

1993 *La reine des Waq-Wâq* (AOR A 4239); *Les habitants de l'île Agan* (AOR A 4240); *Alexandre et le mur de Gog et Magog* (AOR A 4241); *Salomon et les démons* (AOR A 4242); *Le poisson géant, œuvre de Al-Qazwini Zakariya ibn Muhammad* (AOR A 4243); *Homme et femme marins pêchant* (AOR A 4244).

1994 Vgl. *Kulturministerium*, Eintrag zu AOR A 4240 bis 4244, in: Datenbank Rose-Valland (MNR-Jeu de Paume).

1995 *Groupe de travail sur les provenances d'œuvres récupérées après la seconde guerre mondiale*, Abschlussbericht für 2017, S. 20.

1996 Vgl. *Mézin/De Boissieu*, Archives Juives 2 (2001), 95 (102).

1997 Vgl. *Kulturministerium*, Eintrag zu AOR A 4240 bis 4244, a. a. O.

1998 In ähnlicher Weise verfährt heute auch die CIVS, siehe hierzu unter B.III.7.c)aa)(3)(ii). Restriktiver fiel noch der Ansatz der Rechtsprechung zu Art. 11 Abs. 1 der Verordnung vom 21.4.1945 aus, siehe hierzu unter B.II.2.b)aa)(2)(i)(a).

1999 In diesem Sinne argumentierte schon das juristische Schrifttum in der Nachkriegszeit nach der Verordnung vom 21.4.1945, siehe B.II.2.b)aa)(2)(i).

In der Praxis äußerst selten, aber nicht vollkommen ausgeschlossen sind Fälle, in denen der Vermögensverlust gänzlich losgelöst von einem historischen Unrechtskontext (Besatzungsunrecht oder Verfolgungsunrecht) eingetreten ist. Da es für die Bewertung eines Anspruchs allein auf die aktuelle materielle Eigentumslage ankommt, sind auch aus sonstigen Gründen unrechtmäßige (etwa deliktische) Vermögenszugriffe während, vor oder nach der Besatzungszeit bei der Anspruchsbewertung beachtlich. Den ersten nachweisbaren Fall dieser Art stellt der Fall des Kunsthändlers Ambroise Vollard dar.

> Ambroise Vollard (1865–1939) war ein bedeutender Kunsthändler und -mäzen in Paris. Ambroise, der bei einem Verkehrsunfall am 22. Juli 1939 um das Leben gekommen war, hinterließ seinen gesetzlichen Erb:innen eine mehr als 6.000 Werke umfassende Privatsammlung. Mit der Inventarisierung und Schätzung der Sammlung mit Blick auf eine künftige Erbauseinandersetzung wurden die Kunsthändler Martin Fabiani und Etienne Bignou betraut. Offenbar veruntreuten diese zusammen mit einem weiteren Erben mehrere Werke und veräußerten diese ohne Zustimmung der übrigen Erb:innen auf dem Pariser Kunstmarkt, zum Teil an deutsche Museen (etwa das Wallraf-Richartz-Museum in Köln oder das Kaiser-Wilhelm-Museum in Krefeld). Sieben der unrechtmäßig veräußerten Werke wurden nach dem Krieg in Deutschland beschlagnahmt, an Frankreich restituiert und nach 1950 für einen Verbleib in öffentlichen Museen bestimmt.[2000] In der Nachkriegszeit wurden Fabiani und Bignou von den Erb:innen verklagt und vor Strafgerichten angeklagt. Durch zwei Vergleiche vom 22. März und 24. März 1949 verzichteten die Erb:innen auf eine weitere Verfolgung ihrer Ansprüche gegen die beiden Kunsthändler vor Zivil- und Strafgerichten und nahmen im Übrigen eine Verteilung der im Besitz der Erb:innengemeinschaft verbliebenen Werke vor.

Nach dem Krieg erhoben die Erb:innen zunächst keine Ansprüche auf die nach Frankreich restituierten Werke. Erst am 15. April 2016 erreichte das Außenministerium ein Restitutionsgesuch. Durch Entscheidung des Kulturministeriums (*Direction des Musées nationaux*) vom 12. Oktober 2016 wurde der Antrag abgelehnt. Der Zentralstaat argumentierte, die Erb:innen hätten in den Vergleichen von 1949 wirksam auf ihre Ansprüche an den Werken verzichtet. Die hiergegen gerichtete Klage der Anspruchsteller:innen vor dem *Tribunal administratif* von Paris hatte Erfolg, die Entscheidung wurde wegen Unzuständigkeit der entscheidenden Stelle aufgehoben.[2001] Das zuständige Außenministerium erließ daraufhin am 4. Januar 2018 eine neuerliche ablehnende Entscheidung. Nachdem sich die Zivilgerichte in zweiter Instanz in der Sache für unzuständig erklärt hatten,[2002] riefen die Anspruchsteller:innen nun erneut das *Tribunal administratif* von Paris an. Dieses setzte das Verfahren wegen der besonderen Schwierigkeiten der zivilrechtlichen Vorfrage bezüglich des Eigentums der Kläger:innen aus und legte diese dem *Tribunal judiciaire* von Paris vor, das schließlich das Eigentum der Kläger:innen an zumindest

2000 Es handelt sich um folgende sieben Werke: *Nature morte à la mandoline* von Paul Gauguin, MNR 219; *Tête de vieillard* von Paul Cezanne, MNR 650; *Le Jugement de Pâris*, Pierre-Auguste Renoir, REC 57; *Les Grandes Baigneuses* von Pierre-Auguste Renoir, MNR 878; *Marine: Guernesey* von Pierre-Auguste Renoir, MNR 200; *Roses dans un vase*, Anonymus, MNR 580; *Sous-bois* von Paul Cezanne, REC 162.

2001 TA Paris, 26.10.2017, Nr. 1621154/5-2 – De Galea.

2002 CA Paris, 3.7.2018, Nr. 17/22332. Die erste Instanz hatte ihre Zuständigkeit noch gestützt auf die Verordnung vom 21.4.1945 bejaht, siehe TGI Paris, 21.11.2017, Nr. 16/13646.

vier der beanspruchten Werke bejahte.[2003] Hinsichtlich der übrigen drei Werke sei ein Eigentum der Erb:innengemeinschaft im Zeitpunkt ihrer Unterschlagung durch die Kunsthändler hingegen nicht belegt. Die Entscheidung wurde später durch die *Cour de cassation* bestätigt.[2004] Das in der Hauptsache befasste *Tribunal administratif* gab der Klage der Anspruchsteller:innen daraufhin teilweise statt.[2005]

Da der Verlust ersichtlich ohne Zustimmung der Berechtigten erfolgt war, kaprizierte sich die Prüfung auf die Frage, ob Ambroise Vollard oder dessen Erb:innen im Verlustzeitpunkt noch Eigentümer:innen der Werke gewesen waren. Der Fall verdeutlicht, dass das entscheidende Kriterium der Prüfung die Unfreiwilligkeit des Vermögensverlustes darstellt, an welches das allgemeine Zivilrecht als Rechtsfolge die Unwirksamkeit des zugrundeliegenden Vermögenstransfers knüpft.

Wenngleich die materiellen Anforderungen des Anspruchs durch Fokussierung auf das Erfordernis eines unfreiwilligen Vermögensverlustes gelockert sind, gelten auf der anderen Seite höhere Anforderungen auf Ebene der Beweiswürdigung. Die Gerichte forderten in der Vergangenheit stets einen Beweisvortrag zu den konkreten Verlustumständen. Waren die konkreten Verlustumstände nicht oder nur lückenhaft belegt, führte dies regelmäßig zur Anspruchsablehnung.[2006] Es genügt demnach nicht, dass die Anspruchsteller:innen den Bestand des Eigentums zu einem bestimmten Zeitpunkt X nachweisen. Vielmehr ist darzulegen und zu beweisen, dass die Berechtigten den Besitz durch Zugriff von außen unfreiwillig verloren oder diese das Objekt unter Zwang veräußert haben.[2007]

b) Verluste zulasten verfolgter Personen

Von diesen Vorgaben weicht die Praxis bei Vermögensverlusten zulasten verfolgten Personen erkennbar ab. In diesem Bereich greifen in Übereinstimmung mit internationalen Vorgaben, insbesondere Prinzip Nr. 4 der Washingtoner Erklärung von 1998, modifizierte Beweisanforderungen. Ein Vortrag zu den konkreten Verlustumständen wird nicht gefordert. Regelmäßig genügt schon der Beweis eines Besitzverlustes gegen oder ohne den Willen der Berechtigten zu einem unbestimmten Zeitpunkt im Zeitraum zwischen 1940 und 1944. In diese Richtung deutet etwa der Fall der Sammlung Edgard und Marguerite Sterns.

> Die verfahrensgegenständlichen Werke[2008] waren nach dem Krieg mit weiteren Werken der Sammlung bei einem Mitglied der deutschen Kriegsmarine (Ewald Bäulke) in Darmstadt aufgefunden und beschlagnahmt worden. Wie sie genau in den Besitz Bäulkes gelangt waren, konnte nachträglich nicht aufgeklärt werden. Die äußeren Umstände

2003 Es handelt sich um die Werke mit den Inventarnummern MNR 219, MNR 200, REC 57, REC 162.

2004 Cass. civ. 1ère, 23.11.2022, Nr. 22-16.959, 22-17.834.

2005 TA Paris, 10.2.2023, Nr. 1803058/5-3.

2006 So etwa in TGI Paris, 8.10.2008, Nr. 06/52847 – Bausset-Roquefort: »Attendu qu'il résulte des éléments produits par les parties, qui n'épuisent pas les documents susceptibles d'être réunis sur le sort de l'œuvre entre le 1er avril 1940 et le 13 avril 1944, que Monsieur X ne présente pas un faisceau d'indices permettant raisonnablement de conclure à une dépossession forcée de ses auteurs tandis qu'une vente volontaire est possible«.

2007 Der TGI von Paris ging in der Sache Bausset-Roquefort sogar so weit, den von den Kläger:innen zu erbringenden positiven Nachweis zu fordern, dass das Kulturgut nicht durch Veräußerung verloren gegangen war.

2008 *Concert dans un parc*, nach der Art des Jean-Antoine Watteau, MNR 890; *Intérieur d'écurie, huile sur bois*, Cornelis Beelt, MNR 923; *Place avec église, obélisque et passants*, Mathys Schoevaerdts, MNR 925; *Scène dans un parc*, Anonym, REC 146; *Scène* legten jedoch einen Diebstahl beim Ehepaar Stern in Paris nahe. Die Kriegsmarine, der Bäulke nach 1940 zeitweise angehörte, hatte deren Wohnhaus in der 20 Avenue Montaigne in Paris zwischen 1940 und 1944 requiriert. Eine zweifelsfreie Zuordnung gelang nach dem Krieg gleichwohl nur für sechs der dreizehn bei Bäulke beschlagnahmten Werke. Im Übrigen wurde eine Restitution an die Sterns nach dem Krieg abgelehnt.[2009]

Weit über ein halbes Jahrhundert später sprach sich das Außenministerium schließlich für eine Restitution auch der übrigen sieben Werke aus, die am 29. Oktober 2020 erfolgte. Für die Bewertung ersichtlich ohne Belang war die Tatsache, dass ein Angehöriger der Kriegsmarine das Werk entwendet hatte, obwohl Art. 1 Abs. 1 der Verordnung vom 21. April 1945 einen Zusammenhang zu staatlichen Ausnahmemaßnahmen voraussetzt. An einer Zurechnung in diesem Sinne konnten im konkreten Fall Zweifel bestehen, da Bäulke die Werke nicht in Ausübung seines Amtes, sondern vermutlich bei Gelegenheit der Dienstausübung entwendet hatte. Dieser Aspekt schlug sich aber nicht weiter in der Fallbewertung nieder. Möglicherweise genügte der entscheidenden Stelle für die Zurechnung schon die Zugehörigkeit Bäulkes zur Kriegsmarine, wodurch diesem erst ein Zugriff auf die Werke eröffnet wurde. Die genaue Begründung des Falles bleibt somit im Unklaren. In eine ähnliche Richtung weist der Fall Herz.[2010]

Das Gemälde befand sich 1940 im Privathaus von Willy (Urenkel des Künstlers) und Louise Herz in Le Vésinet. Angesichts zunehmender Bedrohungen floh die Familie 1942 in die Südzone und wurde dort 1944 durch Stellen des Deutschen Reichs festgenommen und deportiert. Die Eltern Willy und Louise fanden in den Konzentrationslagern Buchenwald und Ravensbrück den Tod, ihre Kinder Françoise und Bernard überlebten die Shoah. Nach der Flucht der Familie wurde das Haus durch Unbekannte geplündert. Das Gemälde gelangte noch in der Besatzungszeit auf den Pariser Kunstmarkt: Theo Hermsen verkaufte es 1942 über Hildebrand Gurlitt an das Deutsche Reich im Rahmen des sog. Sonderauftrag Linz. Nach dem Krieg wurde das Gemälde im Stollen Alt-Aussee geborgen und 1946 an Frankreich restituiert. Eine Zuordnung zur Familie Herz unterblieb in der Nachkriegszeit offenbar, da die überlebenden Kinder nach ihrer Rückkehr aus der Gefangenschaft im Konzentrationslager Buchenwald keine Ansprüche auf das Gemälde erhoben.[2011]

Das Werk wurde erst in den 2010er-Jahren durch den überlebenden Sohn der Familie, Bertrand Herz (1930-2021), beansprucht. Das Außenministerium gab dem Antrag schließlich 2015 statt.

galante, nach der Art des Jean-Honoré Fragonard, REC 147; *Deux singes au piano*, Alexandre-Gabriel Decamps, REC 149; *Joueurs d'échec*, Ernest Meissonier, REC 150.

2009 *Kulturministerium*, Einträge zu MNR 890, MNR 923, MNR 925, REC 146, REC 147, REC 149, REC 150, in: Datenbank Rose-Valland (MNR-Jeu de Paume).

2010 *Première Communion*, Gottlieb Herz MNR 755.

2011 Vgl. *Kulturministerium*, Eintrag zu MNR 755, in: Datenbank Rose-Valland (MNR-Jeu de Paume). Das Verfolgungsschicksal der Familie Herz wird im Zeitzeugenbericht von Bertrand Herz beschrieben, vgl. *Herz*, Le Pull-over de Buchenwald: ›J'avais 14 ans dans les camps de la mort‹.

Mehrere Ansätze wären zur Begründung der Fälle Stern und Herz denkbar: Zum einen könnte argumentiert werden, dass schon die Besitzlockerung im Zuge der Requirierung im Fall Stern bzw. der Flucht der Familie Herz eine Entziehung durch Verlust der faktischen Verfügungsgewalt bewirkt habe, der durch den Diebstahl lediglich vertieft wurde. Ferner ließe sich vertreten, dass auch eine nicht auszuschließende Plünderung durch private Dritte in einem hinreichend engen Zusammenhang mit der staatlichen Verfolgungspolitik stand. Alleiniger Anlass der Flucht war die Verfolgung der Familie Herz und erst diese ermöglichte bzw. erleichterte den Zugriff auf das Vermögen der Familie durch Dritte. Schließlich ließe sich vertreten, dass die Frage, durch welche Person der Vermögensverlust bewirkt wurde, bei der Anspruchsprüfung letztlich dahinstehen kann, da es allein auf den Fortbestand des Eigentums ankommt. Die besseren Gründen sprechen für den letztgenannten Begründungsansatz, der angesichts der in der Sache Vollard[2012] zum Ausdruck gelangten *ratio decidendi* zwingend erscheint, wenngleich die Geschädigten in dem Verfahren keiner Verfolgung unterlagen. Auf eine Zurechnung zu staatlichen Verfolgungsmaßnahmen, wie sie die Nachkriegsverordnungen und die CIVS fordern, kann es bei Restitutionen aus den Sonderrestbeständen gerade nicht ankommen, wenn für die Anspruchsbegründung bereits der Bestand des Eigentums im Vermögen der Anspruchsteller:innen genügt. Entscheidend ist in diesem Fall, ob der relevante Vermögenstransfer rechtmäßig und dadurch rechtlich wirksam oder vielmehr widerrechtlich und dadurch unwirksam war. Die Verordnung vom 21. April 1945 und das CIVS-Dekret adressieren dagegen einen spezifischen historischen Unrechtskontext (Verfolgungsunrecht und Besatzungsunrecht). Eine Unrechtsbehaftung des Vermögenstransfers kann sich daneben aber auch aus anderen gesetzlichen Wertungen ergeben, namentlich aus dem Grundsatz, dass durch eine deliktische Wegnahme oder einen unfreiwilligen Vermögensverlust kein Eigentum begründet werden kann.[2013]

Ein unfreiwilliger und somit unwirksamer Vermögensverlust wird schon als erwiesen angesehen, wenn die präsumtiv Geschädigten im Zeitraum der Besatzung in das Visier deutscher Stellen (etwa den Einsatzstab Reichsleiter oder die Dienststelle Westen im Rahmen der M-Aktion) geraten waren und ihnen in diesem Zusammenhang Vermögenswerte entzogen wurden. In einem solchen Fall besteht eine gewisse Wahrscheinlichkeit dafür, dass auch ein in seinen konkreten Einzelheiten nicht vollständig aufklärbarer, aber in demselben Zeitraum erfolgter Vermögensverlust unter ähnlichen Umständen eingetreten ist. Das Indizienbündel stützt sich in einem solchen Fall neben der Verfolgung der präsumtiv Geschädigten auf die zeitlich-räumliche Nähe zu Plünderungsaktionen des Deutschen Reichs. So lagen die Dinge etwa im Fall Jules Strauss.

> Jules Strauss (1861–1943), der ursprünglich aus Frankfurt a. M. stammte, verlagerte seine Geschäftstätigkeit als Börsenmakler ab 1880 nach Paris, wo er sich ab 1919 ganz dem Aufbau seiner Kunstsammlung widmete. Nach dem Börsencrash von 1929 war Strauss zwar gezwungen, gewisse Teile seiner Sammlung zu veräußern. Bedeutende Teile der

2012 Cass. civ. 1ère, 23.11.2022, Nr. 22-16.959, 22-17.834; TA Paris, 10.2.2023, Nr. 1803058/5-3.

2013 Davon losgelöst ist die Möglichkeit eines Eigentumserwerbs an beweglichen Sachen nach Ablauf von drei Jahren ab Besitzverlust gemäß Art. 2276 Abs. 2 Code civil, der jedoch im Bereich der Sonderrestbestände keine praktische Bedeutung aufweist. Art. 10 Satz 1 der Verordnung vom 21.4.1945 sah davon abweichend die Möglichkeit eines gutgläubigen Erwerbs erst nach dem 1.12.1947 vor. Siehe hierzu schon unter B.II.2.a)bb)(3)(ii).

Sammlung verblieben aber erwiesenermaßen noch bis in die Zeit der deutschen Besatzung in Strauss' Eigentum. Das Ehepaar Strauss lebte bis 1940 in der Avenue Foch. Nach der Requirierung der Wohnung durch das Deutsche Reich zog das Paar in die 54 Avenue d'Iéna, in der sich später auch der Sitz der Dienststelle Westen befand, die mit der Durchführung der M-Aktion beauftragt war. Teile der Sammlung wurden bei dem Speditionsunternehmen Tailleur Fils in der Rue du Bac eingelagert und später im Rahmen der M-Aktion entzogen. Ob sich das beanspruchte Werk[2014] ebenfalls unter diesen Werken befand, konnte nachträglich nicht aufgeklärt werden.[2015]

Das Außenministerium sah eine Entziehung durch deutsche Stellen ausgehend von den verfügbaren Indizien als erwiesen an. Gegen einen Verkauf schon vor 1940 sprach indiziell, dass die Witwe des 1943 verstorbenen Jules Strauss nach dem Krieg in einem Notizbuch mit einer Auflistung der Werke aus der Sammlung das betreffende Werk als »fehlend« markiert hatte.

Der Fall belegt eine anspruchsteller:innenfreundliche Handhabung der Beweisanforderungen durch die Verwaltung im Lichte der Vorgaben der Washingtoner Erklärung, insbesondere Prinzip Nr. 4, wonach im Falle von Beweislücken und -unsicherheiten der Zeitablauf seit den historischen Ereignissen und die spezifischen historischen Umstände der Shoah gebührend zu würdigen sind. Bei Verlusten von Kulturgütern zulasten als jüdisch verfolgter Personen, deren genaue Umstände im Verfahren nicht näher erhellt werden können, besteht wegen des systematischen Charakters der Plünderungsaktionen (ERR, M-Aktion) eine gewisse Wahrscheinlichkeit dafür, dass diese im Rahmen einer solchen Plünderungsaktion erfolgt sind, sofern keine gegenläufigen Indizien vorliegen. Derartige Plausibilitätserwägungen würden nach allgemeinen Beweisgrundsätzen aber wohl noch kein hinreichend gefestigtes Indizienbündel (*faisceau d'indices graves, précis et concordants*) im Sinne des Art. 1382 Code civil darstellen.

c) Erwerber:innen in der Besatzungszeit

Oftmals vernachlässigt wird die Frage, welche Ansprüche Personen zustehen, die während der Besatzungszeit aus Frankreich ausgeführte Kulturgüter erworben haben, die nach dem Krieg durch die Alliierten beschlagnahmt und an Frankreich restituiert wurden. Der Handel mit Kunst in den besetzten Gebieten Frankreichs war nur ausgewählten ausländischen, darunter namentlich deutschen Kunsthändler:innen möglich, die über eine entsprechende Genehmigung verfügten. Die Ausfuhr bedurfte einer vorherigen Genehmigung.[2016] Vornehmlich einflussreichen Kunsthändler:innen gelang es, Kunstwerke an staatlichen Kontrollen vorbei in das Deutsche Reich auszuführen (etwa durch Passierscheine der Militärverwaltung in Paris).[2017] Auf diese Weise gelangten auf dem französischen Kunstmarkt erworbene Kulturgüter ungehindert

2014 *Un berger*, Giovanni Battista Tiepolo (attr.), REC 121.

2015 Vgl. *Kulturministerium*, Eintrag zu REC 121, in: Datenbank Rose-Valland (MNR-Jeu de Paume).

2016 Loi du 23 juin 1941 relative à l'exportation des œuvres d'art, JORF vom 19.7.1941, S. 3330. Art. 1 Abs. 1 des Gesetzes sah vor, dass [l]es objets présentant un intérêt national d'histoire ou d'art ne pourront être exportés sans une autorisation du secrétaire d'État à l'éduction nationale et à la jeunesse, qui devra se prononcer dans le délai d'un mois à partir de la déclaration fournie à la douane par l'exportateur.

2017 Vgl. *Feliciano*, Le musée disparu, S. 203 ff. Beispielhaft wird das Vorgehen der deutschen Erwerber:innen im Fall Georges Viau veranschaulicht, siehe *Polack*, in: Furtwängler/Lammert (Hrsg.), Kunst und Profit: Museen und der französische Kunstmarkt im Zweiten Weltkrieg, S. 147, 157 f.

in das Deutsche Reich oder andere Teile Europas und wurden nach dem Krieg in Umsetzung der völkerrechtlichen Restitutionen rückgeführt.

Entgegen einer verbreiteten Darstellung in der Presse stellen nicht sämtliche dieser Erwerbungen »Raubkunst« dar.[2018] Die Rückführung dieser Kulturgüter erfolgte nach dem Krieg oftmals in alleiniger Ansehung ihrer Herkunft aus Frankreich ungeachtet der konkreten Verlustumstände. Die Anforderungen, die heute bei der Prüfung eines individuellen Restitutionsbegehrens gelten, sind somit andere als diejenigen, die seinerzeit an einen völkerrechtlichen Restitutionsanspruch gestellt wurden. Hinter dieser Diskrepanz verbirgt sich eine kulturpolitische Wertentscheidung: Die äußere Restitution sollte nach der Vorstellung der französischen Stellen nicht allein der Wiederherstellung verletzter Eigentumsrechte dienen, sondern auch dem Wiederaufbau des nationalen Kulturerbes.[2019] Ein derartiger Ansatz gerät gleichwohl in Konflikt mit dem völkerrechtlichen Restitutionsbegriff.[2020]

Bei der Bewertung der Ansprüche der Erwerber:innen gelten im Kern dieselben rechtlichen Anforderungen wie schon für die (verfolgten oder nicht verfolgten) früheren Eigentümer:innen von Kulturgütern: Diese müssen nachweisen, dass sie Eigentümer:innen des beanspruchten Kulturguts geworden sind. Sie müssen somit unter Beweis stellen, dass sie oder ihre Rechtsvorgänger:innen das beanspruchte Kulturgut während der Besatzungszeit rechtlich wirksam – also ohne Gewalt und frei von Zwang – erworben haben.[2021] Für die Bewertung der materiellen Eigentumslage ist daneben aber die Frage relevant, ob schon vor diesem Erwerb ein Verlust unter unrechtmäßigen Umständen erfolgt war: Wurde das Kulturgut bereits zu einem früheren Zeitpunkt entzogen oder unter Zwang veräußert, schlägt dieser rechtliche Makel auch auf spätere Erwerbungen durch und kann auf diese Weise einen wirksamen Eigentumserwerb ausschließen.[2022] Zur Veranschaulichung soll folgender fiktiver Beispielsfall dienen:

> Der Deutsche A erwarb im Mai 1943 in einer Pariser Kunsthandlung ein Gemälde des Künstlers Camille Pissarro zum marktangemessenen Preis. Das Werk wurde von dem Speditionsunternehmen vereinbarungsgemäß nach Deutschland transportiert. Nach dem Krieg meldete A den Erwerb gegenüber alliierten Stellen, die das Werk daraufhin beschlagnahmten und an Frankeich restituierten. Die Erb:innen des A verlangten

2018 Siehe etwa *Finance*, Au musée des Beaux-Arts de Rouen, neuf tableaux spoliés cherchent toujours leurs propriétaires, in: Le Figaro vom 27.8.2020.

2019 Vgl. *Zivie*, Rapport à Madame la Ministre de la Culture, S. 71: »L'intégration [dans les collections nationales; Anm. d. Verf.] était alors justifiée par le fait que la sortie du territoire d'œuvres d'art, même acquises légalement à prix normal, avait contribué à l'appauvrissement de la nation en raison du système de compensation entre banques centrales établi par les Allemands, très fortement défavorable à la France.« Frankreich stellte in den Verhandlungen im Alliierten Kontrollrat die Forderung nach einer Ausdehnung des Begriffs der Restitution auf sämtliche Erwerbungen durch deutsche Stellen oder Privatpersonen in den besetzten Gebieten. Die französische Position konnte sich nach anfänglichen Widerständen letztlich in der Praxis der alliierten Stellen durchsetzen. Vgl. etwa *Lorentz*, La France et les restitutions allemandes au lendemain de la Seconde Guerre Mondiale 1943–1954, S. 89 ff.; *von Schmoller u. a.*, Handbuch des Besatzungsrechts, § 52, S. 9 f.: »Die BesMächte unterstellten als Regelfall, daß Gegenstände, die aus von Deutschland besetzt gewesenen Gebieten stammten, dort wiederrechtlich [sic!] entfernt wurden und daher zu restituieren sind.«

2020 Siehe nur *Fiedler*, in: Basedow/Meier/Schnyder/Einhorn/Girsberger (Hrsg.), Private Law in the International Arena: From National Conflict Rules Towards Harmonization and Unification - Liber Amicorum Kurt Siehr, S. 197, 200 f.

2021 CE, Assemblée, 30.7.2014, Nr. 349789, Rec. S. 247, Cons. 7 – Kodric und Heer: »[L]es autorités compétentes sont tenues de restituer les œuvres aux propriétaires légitimes, […] soit qu'ils aient été victimes d'une telle spoliation, soit qu'aucune spoliation n'ayant eu lieu, ils en étaient et demeurent les propriétaires légitimes«.

2022 Es wird auf die Ausführungen unter B.II.2.a)bb)und B.II.2.b)dd) zur Verordnung vom 21.4.1945 verwiesen.

nunmehr die Restitution des Werkes und verwiesen darauf, dass der Erwerb zu marktangemessenen Konditionen und ohne Zwang erfolgt war. In dem Verfahren stellt sich jedoch heraus, dass das Werk bereits im Januar 1942 durch deutsche Stellen aus der Wohnung eines Verfolgungsopfers entwendet worden war.

Der Staat muss, wie dieser Beispielsfall belegt, um zu einer abschließenden Bewertung der Eigentumslage zu gelangen, von Amts wegen die gesamte Verlustgeschichte des Kulturguts während der Besatzungszeit nachvollziehen.[2023] Nach der allgemeinen Beweislastverteilung ist der Staat insoweit beweisbelastet. Bei Nichterweislichkeit der konkreten Verlustumstände im Verwaltungs- oder anschließenden Gerichtsverfahren[2024] wäre somit von einem makellosen Erwerb auszugehen. Entscheidende Bedeutung kommt folglich der konkreten Ausgestaltung der Beweisanforderungen bei der Prüfung eines Falles zu. Nach der Entscheidung des *Conseil d'État* in der Sache Kodric und Heer kann der Staat den Anspruch der Erwerber:innen nicht nur ablehnen, wenn eine Entziehung oder eine Veräußerung unter Zwang durch Direktbeweis nachgewiesen ist, sondern auch dann, wenn diese ausgehend von den verfügbaren Indizien (insbesondere Datum des Vertragsschlusses, Identität der beteiligten Vertragsparteien, Motive und Ziele des Vertragsschlusses) zu vermuten ist.[2025] So verhielt es sich in dem der Entscheidung zugrundeliegenden Fall.

Die Anspruchstellerinnen und späteren Klägerinnen waren die Töchter des Österreichers Peyrer-Heimstätt. Dieser hatte die herausverlangten Werke[2026] ursprünglich bei dem österreichischen Kunsthändler Friedrich Welz erworben. Welz hatte die Werke in Paris im Zeitraum zwischen Herbst 1940 und Herbst 1941 bei Rudolf Holzapfel für die geplante Salzburger Landesgalerie erworben. Nachdem die Pläne für das Museum nicht realisiert werden konnten, veräußerte Welz die Werke im Juli 1944 gewinnbringend an Peyrer-Heimstätt. Unter welchen Umständen und wann die Werke während der Besatzung in die Hände Holzapfels gelangt waren, konnte im Verfahren nicht geklärt werden. Nach dem Krieg wurden die Werke bei Peyrer-Heimstätt in Wien beschlagnahmt und Ende 1950 an Frankreich restituiert. Seine Töchter, Frau Kodric und Frau Heer, beanspruchten die Restitution der Werke mit dem Argument, dass eine widerrechtliche Entziehung nicht erwiesen sei, sie mithin als rechtmäßige Eigentümerinnen der Werke anzusehen seien und folglich kein Grund für einen Einbehalt durch den Zentralstaat bestehe.

2023 TA Paris, 6.12.2007, Nr. 0508189, Cons. 5 (»l'État doit procéder à un contrôle préalable de l'origine de la propriété des œuvres réclamées«).

2024 Wie bereits erwähnt betrifft diese Beweisunsicherheit etwa 25 Prozent der Kulturgüter in den MNR-Beständen. Oftmals ist unklar, in wessen Eigentum sich die Kulturgüter vor der Besatzung befanden oder unter welchen Umständen

2025 Grundlegend CE, Assemblée, 30.7.2014, Nr. 349789, Rec. S. 247, Cons. 9 – Kodric und Heer: »la conservation des œuvres répertoriées MNR […] s'impose dans les cas où les spoliations sont établies; qu'elle est également légalement fondée lorsqu'un faisceau d'indices, tirés notamment de la date des transactions […], des parties à la transaction […], et des conditions, motifs et buts de la transaction, destinée aux territoires et aux intérêts de la puissance occupante, permet de présumer l'existence d'une spoliation«. Diese rechtliche Konstruktion geht auf die *Rapporteur public* in dem Verfahren zurück, vgl. *Hedary*, Justice & cassation 2015, 211 (219 f.).

2026 *Études de têtes*, Honoré Daumier (attr.), REC 129; *Paysan derrière une palissade, penché au-dessus d'un puits*, Isaac van Ostade (attr.), REC 141; *Vieille femme en prière*, Francisco de Goya y Lucientes, REC 155.

Die Klage wurde in sämtlichen Instanzen abgewiesen. Die Instanzgerichte begründeten die Ablehnung des Anspruchs damit, dass nach den Indizien des Einzelfalls zu vermuten sei, dass die Kulturgüter vor ihrem Erwerb durch Peyrer-Heimstätt in Frankreich widerrechtlich entzogen oder zumindest unter Zwang veräußert worden seien. Hierfür sprachen aus Sicht des *Tribunal administratif* von Paris schon der Ankauf durch einen österreichischen Kunsthändler mit Kontakten zur NS-Führung und die Einbindung des käuflichen Erwerbs in den Prozess der gezielten und massenhaften Erwerbung von Kulturgütern durch Privatpersonen aus dem Deutschen Reich im besetzten Frankreich. Letztlich sollten die erworbenen Werke in einem staatlich geförderten Museum, der Salzburger Landesgalerie, in Erfüllung der nationalsozialistischen Kulturpolitik ausgestellt werden. Mit dem Ankauf seien daher letztlich kulturpolitische Ziele des NS-Staates befördert worden, sodass es naheliegend erscheine, dass der ursprüngliche Erwerb unrechtmäßig, etwa durch Gewalt oder unter Drohungen, erfolgt sei. Dies belege die nachweisliche Verstrickung deutscher Kunsthändler:innen in den Kulturgüterraub in Frankreich.[2027] Nach Ansicht der Folgeinstanz, der *Cour administrative d'appel* von Paris, kann die daraus resultierende Vermutung eines makelhaften Erwerbs nur durch den positiven Beweis erschüttert werden, dass der ursprüngliche Erwerb rechtmäßig erfolgt war (z. B. wegen der Zahlung eines angemessenen Kaufpreises an die ursprünglichen Eigentümer:innen).[2028] In letzter Instanz bestätigte der *Conseil d'État* diese instanzgerichtliche Beweiswürdigung: Ausgehend von den verfügbaren Indizien hätten die Instanzgerichte rechtsfehlerfrei einen unrechtmäßigen Verlust in Frankreich während der deutschen Besatzung vermuten können.[2029] Die *ratio decidendi* dieser Entscheidung ließe sich vereinfachend auf die Formel bringen, dass eine widerrechtlichen Entziehung oder ein Verkauf unter Zwang zu vermuten ist, wenn der spätere Erwerb als Teil der vom NS-Regime geförderten massenhaften Kulturgüterakkumulation in den besetzten Gebieten zu bewerten ist. Indiziell von Bedeutung sind dabei die Einbindung bestimmter Kunsthändler mit Beziehungen zu deutschen Stellen und die angestrebte Ausstellung in deutschen Museen. Zweifelhaft erscheint dagegen, ob eine entsprechende Vermutung auch in Fällen anzunehmen wäre, in denen der Ankauf durch deutsche Kunsthändler:innen mit Kontakten zur NS-Führung auf eigene Rechnung oder in Kommission für private Sammler:innen erfolgt war.

Gänzlich ohne Belang war bei der Anspruchsprüfung nach Ansicht der Instanzgerichte die Frage, ob Peyrer-Heimstätt in Österreich womöglich gutgläubig Eigentum an den

2027 TA Paris, 6.12.2007, Nr. 0508189, Cons. 6: »[L]es divers intervenants allemands à Paris se sont livrés à des acquisitions massives d'œuvres d'art à Paris par tout moyen, notamment le pillage des biens appartenant aux juifs; […] qu'ainsi les œuvres litigieuses, dont rien ne permet de constater qu'elles ont été acquises initialement dans des conditions régulières par Rudolf Holzapfel, n'[ont] pu être acquises en France et transférées en Allemagne ou en Autriche qu'à la faveur de la guerre et de l'Occupation«.

2028 CAA Paris, 21.3.2011, Nr. 08PA00661, abgedruckt bei *Dewailly*, AJDA 2011, 1856 (1859): »il ne résulte pas de l'instruction que M. Holzapfel aurait versé un juste prix au sens des dispositions précitées, ou que les propriétaires français de ces œuvres n'auraient subi sous l'Occupation aucune pression de nature à vicier l'acquisition«.

2029 CE, Assemblée, 30.7.2014, a.a.O., Cons. 10: »[L]es transactions étaient intervenues à une période qui permettait de présumer que l'achat initial des œuvres avait été contraint, et alors que le dossier qui lui était soumis indiquait que les marchands d'art allemand et autrichien ayant procédé aux transactions étaient connus pour leurs relations privilégiées avec les dirigeants nazis et que les transactions avaient été opérées […] avec les fonds et pour satisfaire les attentes de responsables nazis en Autriche, la cour, alors même que l'existence d'une spoliation n'était pas établie, n'a pas commis d'erreur de droit«.

Werken nach österreichischem Recht erworben hat.[2030] Dieses Ergebnis ließe sich auf die Bösgläubigkeitsvermutung für Erwerber:innen entzogener Vermögenswerte (Art. 4 Abs. 1 der Verordnung vom 21. April 1945) stützen. Speziell bei Erwerbungen von aus Frankreich stammenden Kulturgütern im Ausland ließe sich die Anwendung dieser Vermutung mit deren Einordnung als Eingriffsnorm des französischen Rechtskreises rechtfertigen. Die gutgläubigen Erwerber:innen entzogener Kulturgüter wären hiernach stets auf einen Regress gegen die eigenen Vertragspartner:innen verwiesen.[2031] Gleichwohl gilt die Vermutung von vornherein nur bei Entziehungen im Sinne des Art. 1 der Verordnung von 1945 und nicht bei rechtsgeschäftlichen Verlusten. Zudem wird ihr Geltungsbereich speziell bei beweglichen Sachen durch Art. 10 Satz 1 eingeschränkt. Ein gutgläubiger Erwerb gemäß Art. 2276 Abs. 2 Code civil (Art. 2279 Abs. 2 a. F.) ist nach dem 1. Dezember 1947 möglich.[2032] Die Ausklammerung von Verkehrsschutzgesichtspunkten ließe sich allenfalls mit dem öffentlich-rechtlichen Charakter des Rechtsregimes der Sonderrestbestände begründen. Die Verwahrung dieser Werke durch den Zentralstaat dient nach dieser Lesart der Restitution an die aus moralischer Sicht »legitimen« Eigentümer:innen (namentlich Verfolgungsopfer), die nicht notwendig mit den rechtlichen Eigentümer:innen übereinstimmen müssen. Der damit verbundene Eingriff in die Rechte der rechtlichen Eigentümer:innen nach Art. 17 DDHC könnte durchaus mit dem öffentlichen Interesse gerechtfertigt werden, die Unrechtsfolgen der Shoah zu beseitigen. Gleichwohl entbehrt diese Lösung aktuell noch einer hinreichenden gesetzlichen Grundlage.[2033]

2. Nicht von Sonderregelungen erfasste Vermögensverluste

Die Verordnung vom 21. April 1945 ist in zeitlich-räumlicher Hinsicht auf Entziehungen innerhalb Frankreichs während der deutschen Besatzung (1940–1944) beschränkt. Verluste vor Beginn der NS-Herrschaft in Frankreich oder solche, die zwar nach 1940, aber außerhalb Frankreichs eingetreten sind, werden nicht erfasst. Gleichwohl erfolgten Restitutionen aus den Sonderrestbeständen in der Vergangenheit, wenngleich relativ selten, auch bei Verlusten außerhalb des Geltungsbereichs dieser Spezialgesetzgebung. Auch in diesen Fällen hat eine Restitution nach den Vorgaben der Rechtsprechung grundsätzlich an die rechtlichen Eigentümer:innen der Kulturgüter zu erfolgen. Zur Bewertung der Ansprüche ist daher auf zivilrechtliche Normen abzustellen. Von diesem Grundsatz abweichende Restitutionen aus rein moralischen Erwägungen, wie sie vereinzelt in der Praxis nachweisbar sind, begründen einen rechtfertigungsbedürftigen, insbesondere entschädigungspflichtigen Eingriff in das Privateigentum Dritter.

Die im Folgenden dargestellten Restitutionsentscheidungen betrafen stets Opfer antisemitischer Verfolgung. Prinzipiell kann dabei unterschieden werden zwischen Verlusten, die in Frankreich, aber vor Beginn der Besatzung im Juni 1940 eingetreten sind (aa), und solchen, die zwar innerhalb des NS-Herrschaftsbereichs, aber außerhalb Frankreichs erfolgt sind (bb).

2030 TA Paris, 6.12.2007, Cons. 6: »[L]e ministre des affaires étrangères a pu, sans méconnaître la portée des principes de la déclaration de Londres du 5 janvier 1943 et ses textes d'application, rejeter la demande de restitution des requérantes alors même […] que l'acheteur final serait de bonne foi«. Zustimmend auch *Hedary*, Justice & cassation 2015, 211 (220).

2031 So auch CE, Assemblée, 30.7.2014, a. a. O., Cons. 13. Sähen die Erwerber:innen entzogener Werke von der Anspruchsverfolgung ab, müssten diese selbst für diese Obliegenheitsverletzung einstehen.

2032 Siehe hierzu eingehend unter B.II.2.a)bb)(3).

2033 Siehe zu dieser Frage schon unter C.II.2.b)cc).

a) Verluste in Frankreich außerhalb des NS-Herrschaftsbereichs

Bezogen auf die Sonderrestbestände ist seit 1998 nur der Fall Bromberg nachweisbar, in dem der Vermögensverlust in Frankreich vor Beginn der deutschen Besatzung im Juni 1940 erfolgte.

aa) Fall Bromberg

Die Werke, ein Herrenportrait und ein Triptychon[2034], stammen aus der Sammlung des Ehepaars Hertha und Henry Bromberg aus Hamburg und wurden im Zuge der Flucht der Familie nach Frankreich, kurz vor den Novemberpogromen im Jahre 1938, ausgeführt. Schon kurz nach seiner Ankunft in Paris veräußerte das Ehepaar beide Werke sowie weitere Exponate ihrer Sammlung am 20. Dezember 1938 zu nicht näher bekannten Konditionen an die Inhaber der Galerie F. Kleinberger, Hans Wendland und Allen Loebl. Die Familie reiste daraufhin im Januar 1939 über Le Havre nach New York aus. Die beiden Werke wurden im weiteren Verlauf auf dem Pariser Kunstmarkt abgesetzt. Das Herrenportrait wurde 1941 über die Kunsthändlerin Maria Almas-Dietrich an das Deutsche Reich für den Sonderauftrag Linz veräußert, das Triptychon 1944 durch das Wiener Dorotheum erworben.

Der Staat restituierte die Werke in den Jahren 2016 und 2018 in Ansehung der besonderen Umstände der Verfolgung, Vertreibung und Flucht, die schließlich zum Verkauf der beiden Werke geführt hatten.[2035] Aufschlussreich sind diesbezüglich die Aussagen des früheren Mitarbeiters der damals noch zuständigen Abteilung für Provenienzforschung im Kulturministerium, Thierry Bajou, in einem Beitrag zur Prager Konferenz vom Juni 2019. Bajou betonte hierin, dass dem Antrag – obgleich der Verlust außerhalb des zeitlich-örtlichen Geltungsbereichs der Nachkriegsgesetze lag – in Ansehung der besonderen historischen Umstände des Verkaufs stattgegeben wurde:

> »From a strictly French point of view, we could have considered that it was a German family that went to the USA and sold works of art in Paris in 1938 for private reasons, at a time when France was not at war. Strict compliance with the law would have meant making no restitution. However, we chose to take into account the real situation of the family, whose members had fled Germany a few months before ›Kristallnacht‹ in November 1938 to take refuge in another country, and we therefore considered that there had been constraint.«[2036]

Diese Analyse stellt die persönlichen Lebensumstände der Brombergs im Vorfeld ihrer Flucht aus Hamburg in den Vordergrund der Bewertung – unter gleichzeitiger Ausklammerung rechtlicher Wertungen. Daneben wäre es möglich gewesen, noch stärker auf die Verkaufsumstände

2034 *Portrait d'homme*, Schule des Jos van Cleve, MNR 387, Restitution vom 28.11.2016; *Triptyque de la Crucifixion*, Werkstatt des Joachim Patinir, MNR 386, Restitution vom 12.2.2018.

2035 Dies betonte etwa die Kulturministerin in ihrer Rede anlässlich der Restitution des Werkes MNR 386: »En droit, il s'agit ici, d'une vente dite forcée, imposée par les circonstances à une famille qui fuyait son pays. En route vers l'exil, afin de protéger et financer leur départ, les Bromberg ont vendu leurs biens et leurs œuvres d'art, en Allemagne, et en France. C'est bel et bien une spoliation«, *Azoulay*, Rede der Kulturministerin vom 28.11.2016.

2036 *Bajou*, in: Documentation Centre for Property Transfers of Cultural Assets of WWII Victims, p.b.o. (Hrsg.), Terezín Declaration - Ten Years Later. The documentation, identification and restitution of the cultural assets of WWII victims, S. 68, 70.

vor der Ausreise aus Frankreich abzustellen: Der Verkauf erfolgte in engem zeitlichen Zusammenhang zur Ausreise der Brombergs aus Frankreich im Januar 1939. Es erscheint naheliegend, dass gerade dieser Fluchtzusammenhang für die Motivlage der Familie ausschlaggebend gewesen sein dürfte. Der Verkauf diente erkennbar der Beschaffung der erforderlichen Geldmittel zur Finanzierung dieser Flucht. Aber auch unabhängig von dieser Motivlage bildete der Verkauf vor der Ausreise aus Europa eine faktische Notwendigkeit, da die Werke schon aus logistischen Gründen nicht vollständig über den Atlantik ausgeführt werden konnten. In jedem Fall machte demnach die endgültige Ausreise den Verkauf der Werke notwendig.

bb) Analyse und Kritik

Es stellt sich die Frage, ob diese Falllösung mit rechtlichen Wertungen vereinbar ist. Eine Restitution hat nach dem Vorgesagten an die aktuellen zivilrechtlichen Eigentümer:innen der Kulturgüter zu erfolgen. Dies sind entweder die Geschädigten, in deren Eigentum sich das Werk zu einem bestimmten Zeitpunkt während der NS-Herrschaft nachweislich befunden hat, oder die Erwerber:innen des Werkes, die dieses vor oder während der Besatzungszeit erworben haben, oder deren Rechtsnachfolger:innen.

(1) Rechtliche Anspruchsbegründung

Zunächst könnte erwogen werden, die Zwangsvermutung nach Art. 11 der Verordnung vom 21. April 1945 auf Veräußerungen vor 1940 zu erstrecken. Hiergegen spricht gleichwohl, dass diese Vermutungsregel speziell auf Verluste innerhalb Frankreichs während der Besatzung zugeschnitten und eine Ausdehnung (etwa im Wege einer Analogie) daher ausgeschlossen ist.

Möglich erscheint daher nur eine Lösung über den Nichtigkeitsgrund des Zwangs (*violence*) gemäß Art. 1112 Code civil a. F. (Art. 1140 n. F.). Eine Zwangslage erfordert eine gegenwärtige Bedrohung mit einem beachtlichen Übel. Denkbar wäre es, eine relevante Bedrohung angesichts der Lebensbedingungen von aus dem NS-Herrschaftsbereich geflohenen Personen in Frankreich zu bejahen. Das gesellschaftliche Klima im Frankreich der späten 1930er-Jahre war im Kontext der Weltwirtschaftskrise und des sich abzeichnenden militärischen Konflikts mit Deutschland durch eine Ablehnung gegenüber Geflüchteten, speziell aus dem Deutschen Reich, geprägt.[2037] Geflüchtete Personen ohne Barvermögen befanden sich daher erwartungsgemäß in einer wirtschaftlich äußerst prekären Lage, die geeignet war, sich zu einer wirtschaftlichen Notlage auszuwachsen. Nach allgemeiner Rechtsanschauung stellen allgemeine Notlagen jedoch keinen Zwang im Gesetzessinne dar, da dieser nach herkömmlicher Auslegung eine Bedrohung durch eine andere Person verlangt. Ein Wandel in der Auslegung des zivilrechtlichen Zwangsbegriffs vollzog sich in der Rechtslehre nach 1945 erst mit Blick auf die besonderen Lebensumstände verfolgter Personen in Frankreich, die während der deutschen Besatzung in nahezu allen Lebensbereichen Sondergesetzen unterworfen waren. Es waren diese staatlichen Regelungen und Maßnahmen, die in der Rechtspraxis der Nachkriegszeit

2037 Das gesellschaftliche Klima kann ansatzweise anhand des Ausländerrechts nachvollzogen werden. Seit 1926 konnten Ausländer nur mit einer Arbeitserlaubnis einer beruflichen Tätigkeit nachgehen, seit 1938 unterlag ihr Aufenthalt gesetzlichen Auflagen. Vgl. zum Ganzen *Lochak*, in: Fassin/Morice/Quiminal (Hrsg.), Les lois de l'inhospitalité. Les politiques de l'immigration à l'épreuve des sans-papiers, S. 29.

in erweiternder Auslegung des Art. 1112 Abs. 1 Code civil a. F. als Bedrohung anerkannt wurden.[2038] Aber auch nach dieser Lesart wurde zumindest eine Bedrohung durch ein künftiges Übel gefordert. In dem hier relevanten Fall eines Verkaufs vor 1940 vor Inkrafttreten entsprechender Maßnahmen bestand der Auslöser der Zwangslage vielmehr in einer allgemeinen wirtschaftlichen Anspannungslage im Fortgang zu einer Flucht vor Verfolgung. Die Verfolgung im Herkunftsland wirkte vielmehr in der Notlage im Aufnahmestaat fort (Fortwirkungszusammenhang). Auslöser dieser Zwangslage war demnach eine *vergangene* und nicht, wie es Art. 1112 Abs. 1 Code civil a. F. fordert, eine *gegenwärtige* Bedrohung. Eine Ausdehnung des Zwangsbegriffs auf vergangene Bedrohungen wäre mit dem Gesetzeswortlaut schlicht nicht vereinbar.

(2) *Moralische Anspruchsbegründung*

Nach rechtlichen Vorgaben bestand somit, wie schon Bajou zutreffend erkannte, kein Anspruch der Erb:innen. Die Entscheidung verließ daher erkennbar das Terrain einer Prüfung nach rechtlichen Maßstäben. Die Falllösung könnte daher als nationale Umsetzung der Washingtoner Erklärung von 1998 eingeordnet werden und wäre somit auch nach den Vorgaben dieser Erklärung zu bewerten. Diese internationale Absichtserklärung ist als völkerrechtliches *soft law* zwar nicht bindend, wird aber von einer »starken moralischen Verpflichtung gegenüber den Opfern des Holocaust getrieben«[2039]. Die Erklärung gilt ihrem Wortlaut nach nur für Fälle von *nazi-confiscated art*, also Verluste, die durch hoheitlichen Zugriff eingetreten sind. Es ist jedoch gemeinhin anerkannt, dass dieser Begriff weit auszulegen ist und hierunter auch Veräußerungen durch die Verfolgungsopfer fallen (sog. *forced sales* oder *sales under duress*).[2040] Was genau »Zwang« im Sinne der Washingtoner Erklärung meint, geht aus der Erklärung selbst wie auch den Folgeerklärungen von Vilnius und Theresienstadt nicht hervor. Nach der Präambel sollen »gerechte und faire« Lösungen, wie sie Prinzip Nr. 8 der Erklärung fordert, aber

2038 Siehe hierzu schon unter B.II.2.b)cc). Der Autor Philonenko prägte den Begriff der diffusen Zwangslage (*contrainte diffuse*) bei der Auslegung von Art. 11 der Verordnung vom 21.4.1945 i. V. m. Art. 1112 Code civil a. F. Der Begriff der *violence* müsse im Lichte der Verordnung auch allgemeine Bedrohungslagen als relevante Zwangslagen erfassen, die zwar keine konkrete, gegenwärtige Bedrohung für die Betroffenen beinhalteten, diesen aber das künftig drohende Übel in hinreichend deutlichen Zügen vor Augen führten. Diese Analyse machten sich später auch Vertreter:innen aus der Literatur und der Rechtsprechung zu eigen. Siehe zum Ganzen *Philonenko*, Les actes de Spoliation et le Droit, Band 2, S. 69 ff.; zustimmend *Sarraute/Tager*, Gazette du Palais Doctrine 2 (1946), 51 (61); ansatzweise auch CA Paris, 31.10.1945, zitiert bei *Sarraute/Tager*, Rec. Dalloz Jurisprudence 1946, 67 (71), Esp. 7: »[Q]u'elle [la requérante; Anm. d. Verf.] a subi une véritable contrainte morale qui a rendu sans valeur juridique le consentement qu'elle a pu ainsi donner sous l'empire d'un danger pressant, quoique éventuel, au compromis du 27 sept. 1941 et aux actes qui l'ont suivi«. Für eine Analyse der Nachkriegsrechtsprechung siehe auch *von Lintig*, Tsafon 2 (2022), 21 (28 ff.).

2039 *Raschèr*, AJP 2 (1999), 155 (159). So auch der Vertreter der amerikanischen Delegation Stuart E. Eizenstat: »We have reached a remarkable degree of consensus on a set of substantive principles, which while not legally binding represent a moral commitment among nations which all in the art world will have to take into account.«, *Eizenstat*, in: Bindenagel (Hrsg.), Washington Conference on Holocaust-Era Assets Proceedings, S. 125, 127.

2040 Die Ausweitung auf rechtsgeschäftliche Vermögensverluste wurde bereits in der Abschlusserklärung zur Folgekonferenz von Theresienstadt vom 30.6.2009 bekräftigt. Hierin heißt es, dass »the Participating States urge that every effort be made to rectify the consequences of wrongful property seizures, such as confiscations, forced sales and sales under duress of property, which were part of the persecution of these innocent people and groups, the vast majority of whom died heirless.« In diesem Sinne auch *Campfens*, AAL 4 (2019), 315 (323); *Weller*, in: Kubis/Peifer/Raue/Stieper (Hrsg.), Ius Vivum: Kunst – Internationales – Persönlichkeit. Festschrift für Heimo Schack zum 70. Geburtstag, S. 85, 85 f.

in Einklang mit nationalen Rechtsvorschriften stehen.[2041] Dieser Vorbehalt zugunsten nationaler Rechtsordnungen deutet daraufhin, dass bei der Umsetzung der Erklärung, insbesondere bei der Auslegung unbestimmter Begriffe (wie jenen des *sale under duress*) die Vorgaben der jeweiligen Zivilrechtsordnungen heranzuziehen sind. Gegen die Berücksichtigung auch zivilrechtlicher Normen spricht aber, dass das europäische Zivilrecht im Ausgangspunkt für eine nach rechtsstaatlichen Grundsätzen verfasste »Friedensordnung« erdacht wurde, von welcher der gesellschaftliche Zustand unter der NS-Herrschaft deutlich abwich. Ein Rückgriff auf zivilrechtliche Wertungen erscheint daher, wenn überhaupt, nur mit gewisser Zurückhaltung möglich.[2042] Die französische Nachkriegsrechtsprechung trug diesem Umstand aber schon durch die erwähnte extensive Auslegung des Zwangsbegriffs gemäß Art. 1109 Code civil Rechnung.

Im wissenschaftlichen Diskurs über die Washingtoner Prinzipien ist die Bewertung derartiger Fälle, die gemeinhin unter dem Schlagwort des Fluchtguts[2043] diskutiert werden, daher äußerst umstritten. Im Schrifttum wird zum Teil eine Ausklammerung derartiger Konstellationen aus dem Bereich der relevanten Vermögensverluste befürwortet.[2044] Dafür spricht, dass eine Erfassung von Auslandsverkäufen mit den Rechtstraditionen der Signatarstaaten der Erklärung, namentlich des zivilrechtlichen Begriffs des Zwangs (*violence, duress*) selbst bei weitestgehender Ausdehnung, nur schwerlich vereinbar wäre. Die Erfassung derartiger Verkäufe geflüchteter Personen erscheint so jedenfalls besonders begründungsbedürftig. In diesem Sinne argumentierte auch die deutsche Beratende Kommission in ihrer Empfehlung vom 21. März 2016 im Fall Flechtheim ./. Kunstsammlung NRW betreffend das Gemälde *Violon et encrier* von Juan Gris.[2045] Der aus Düsseldorf stammende und aus antisemitischen Gründen verfolgte Kunsthändler Alfred Flechtheim (1878–1937) war im Mai 1933 über die Schweiz nach London ausgewandert. Es gelang ihm in der Folge, einen Großteil seiner Kunstsammlung ins Ausland zu verlagern, darunter auch das streitgegenständliche Gemälde. Dieses wurde im Februar/März 1934 im Rahmen der Ausstellung »20th Century Classics« der Mayor Gallery in London zu einem unbekannten Preis versteigert. Die Kommission erkannte zwar, dass Flechtheim sich zum Zeitpunkt des Verkaufs in einer wirtschaftlichen Notlage befunden hatte, verneinte aber diesbezüglich einen Zusammenhang zur Verfolgung Flechtheims in Deutschland. Zugleich erkannte sie keine Anhaltspunkte dafür, dass der erhaltene Kaufpreis unangemessen gewesen war oder Flechtheim über diesen nicht frei verfügen konnte. In einer derartigen besonderen Situation müssten daher

> »sehr spezifische Gründe vorliegen, wenn ein solcher Verkauf als ein NS-verfolgungsbedingter Vermögensverlust anerkannt werden sollte. Im Falle Flechtheims und des Gemäldes ›Violon et encrier‹ sind solche Gründe nicht zu erkennen.«[2046]

2041 Siehe Präambel der Erklärung: »[T]he Conference recognizes that among participating nations there are differing legal systems and that countries act within the context of their own laws«.

2042 Kritisch etwa *Raschèr*, AJP 2 (1999), 155 (158): »Es kann nicht angehen, Ansprüche von Opfern des nationalsozialistischen Unrechtsregimes mit dem Verweis auf Gesetzesregeln, die für Handelsgeschäfte im Rahmen eines Rechtsstaates erlassen wurden, einfach von der Hand zu weisen.«

2043 Siehe zu diesem Begriff bereits unter B.IV.2.b)bb)(4)(ii).

2044 So etwa *Campfens*, AAL 4 (2019), 315 (331): »In the view of the present author, bringing such sales in neutral countries within the notion of unjustified ›Nazi-loot‹ over-stretches the definition.«

2045 Beratende Kommission, Empfehlung vom 21.3.2016, Erben nach Alfred Flechtheim ./. Stiftung Kunstsammlung NRW.

2046 A.a.O., S. 8.

Der Antrag der Flechtheim-Erb:innen wurde daher abgelehnt. Dies wirft die Folgefrage auf, worin konkret solche »spezifischen Gründe« bestehen könnten, die eine Restitution ausnahmsweise rechtfertigen. In ihrer Empfehlung gab die Kommission implizit zu erkennen, dass derartige Gründe in einem Unterwertverkauf oder einer Bedrohung der Vermögensinteressen des geflohenen Verfolgungsopfers in Deutschland (etwa bei drohender Beschlagnahme im Reich belegener Vermögenswerte) bestehen könnten.[2047] In der Empfehlung vom 10. Februar 2021 im Fall Grawi betreffend das Gemälde Füchse von Franz Marc, die gleichfalls einen Auslandsverkauf betraf,[2048] stellte die Kommission auf den unmittelbaren Zusammenhang zwischen der Flucht der Eigentümer:innen aus Deutschland und dem Verkauf ab.[2049] Übertragen auf den Fall Bromberg ließe sich als »spezifischer Grund« der besondere Zeitpunkt der Flucht kurz vor der Reichspogromnacht bewerten.

Der Fall Bromberg berührt aber ein weiteres grundlegendes Rechtsproblem: Die allein mit moralischen Gesichtspunkten begründete Entscheidung führte dazu, dass an eine Person restituiert wurde, die nicht als rechtliche Eigentümerin der Werke anzusehen war, da der Verkauf unter rechtlichen Gesichtspunkten nicht zu beanstanden war. Die Restitution erfolgte somit an eine nichtberechtigte Person. Der dadurch bewirkte Eingriff in die Rechte des:der rechtlichen Eigentümer:in könnte auch unter Verweis auf den öffentlich-rechtlichen Sonderstatus der Sonderrestbestände gerechtfertigt werden. Der Rechtsgrund für den Einbehalt der Werke besteht in der Klärung rechtlicher Zweifelsfragen betreffend das Eigentum an den verwahrten Kulturgütern. Der Staat ist somit nur berechtigt, solche Eingriffe in das Eigentum vorzunehmen, die zur Sicherstellung der Restitution an die richtigen Eigentümer:innen erforderlich sind. Hierzu zählt etwa die vorläufige Verweigerung einer Restitution bei verbleibenden Zweifeln.[2050] Im Übrigen begründet eine Restitution einen rechtsfertigungsbedürftigen und zugleich entschädigungspflichtigen Eingriff in das Privateigentum einer anderen Person. Eine solche Entziehung bedürfte einer gesetzlichen Grundlage, welche die Frage der Entschädigung mitregelt (Art. 17 DDHC). Für Restitutionen aus moralischen Gründen unter Bezugnahme auf die Washingtoner Erklärung fehlt es hingegen aktuell noch an einer hinreichenden Rechtsgrundlage.

2047 In diese Richtung deutet auch die Lösung im Fall Max Emden, vgl. Beratende Kommission, Empfehlung vom 23.4.2019, Max James Emden ./. Bundesrepublik Deutschland. Emden befand sich im Verkaufszeitpunkt bereits seit 1929 in der Schweiz und war seit 1934 schweizer Staatsangehöriger. Ein Großteil seines Vermögens, insb. Emdens Wertpapiervermögen und Grundvermögen, befand sich jedoch in Deutschland. Ab 1937 erfolgten Zwangsveräußerungen und Konfiskationen der verbliebenen Vermögenswerte. Künstlich erzeugte Unternehmenskredite und fiktive Steuerschulden resultierten schließlich in der Liquidation der Firma M.J. Emden Söhne. Aufgrund seiner schweizer Staatsangehörigkeit blieb Emden ein Zugriff auf sein Devisenvermögen versagt. Die Kommission bejahte vor diesem Hintergrund eine verfolgungsbedingte wirtschaftliche Notlage Emdens und empfahl die Restitution.

2048 Das Werk wurde in New York durch Vermittlung von Ernst Simon über Karl Nierendorf spätestens im September 1940 an William und Charlotte Dieterle verkauft. Der Eigentümer Kurt Denny Grawi (1877–1944) hielt sich zum Zeitpunkt des Verkaufs in Chile auf.

2049 Beratende Kommission, Empfehlung vom 12.2.2021, Erben nach Kurt und Else Grawi ./. Landeshauptstadt Düsseldorf, S. 8: »[D]ie Veräußerung stand in unmittelbarer Folge zu der erzwungenen Emigration. Verkaufsentscheidung und -ausgestaltung waren direkt ausgelöst durch die nationalsozialistischen Repressionen. Insgesamt bestand daher ein derart enger Zusammenhang zwischen Verfolgung, Flucht und Verkauf, dass erstere in letzterem gewissermaßen fortwirkt.«

2050 So etwa in dem bereits dargestellten Fall CE, Assemblée, 30.7.2014, Nr. 349789, Rec. S. 247 – Kodric und Heer. Siehe hierzu schon unter C.IV.1.c).

b) Verluste außerhalb Frankreichs im NS-Herrschaftsbereich

Weiterhin sind in der Praxis Fälle nachweisbar, in denen der Verlust innerhalb des NS-Herrschaftsbereichs, aber außerhalb Frankreichs erfolgte. In dieser Kategorie sind insgesamt vier Fälle nachweisbar. Da die Verluste allesamt außerhalb Frankreichs erfolgt waren, wären die Werke nach dem Krieg von den Alliierten streng genommen nicht an Frankreich zu restituieren gewesen. Es handelt sich demnach um irrtümliche Restitutionen. Auch in diesen Fällen hätte eine Restitution an die rechtlichen Eigentümer:innen zu erfolgen. Die nachfolgende Darstellung der Verwaltungspraxis belegt aber, dass Fragen des zivilrechtlichen Eigentums bei der Anspruchsprüfung in der Regel ausgeklammert werden.

aa) Fall Fuld

Das Gemälde *Le mur rose* von Henri Matisse (R 5 P)[2051] stammt aus der Sammlung des Frankfurter Unternehmers und Kunstsammlers Harry Salomon Fuld (1879–1932), dessen Erbfolge sein Sohn Harry Fuld jun. (1913–1963) antrat. Dieser wanderte 1937, nachdem 1936 das im Telefon- und Telegraphenbau spezialisierte Familienunternehmen »arisiert« worden war, in das Vereinigte Königreich aus. Fulds Versuch, seine Kunstsammlung auszuführen, scheiterte: Die bei dem Speditionsunternehmen Gustav Knauer eingelagerte Sammlung wurde 1941 beschlagnahmt und im Auktionshaus Hans W. Lange in Berlin zwischen dem 27. und 29. Januar 1943 zwangsversteigert. Lange unterschlug bei diesem Anlass offenbar das Gemälde. Später gelangte es in die Hände des SS-Offiziers Kurt Gerstein, der es bei einem Bekannten in Talheim (bei Heilbronn) versteckte. Dort wurde es nach dem Krieg durch französische Truppen beschlagnahmt. Im weiteren Verlauf wurde das Gemälde 1949 irrtümlich an Frankreich restituiert. Als Hinweis auf eine Herkunft aus Frankreich wurde seinerzeit ein französischer Zollstempel auf dem Werkkörper gedeutet. Im Nachhinein stellte sich jedoch heraus, dass dieser bereits 1914 im Zuge der Ausfuhr des Gemäldes nach Deutschland durch den Kunsthändler Heinrich Thannhauser (1859–1934) angebracht worden war. Die Restitution erfolgte am 27. November 2008. Am 18. April 2023 wurde ein weiteres Werk aus der Sammlung Fuld – die Skulptur *Vierge de Pitié*[2052] – restituiert, das ebenfalls 1943 in Berlin zwangsversteigert, aber durch die Kunsthändlerin Maria Almas-Dietrich erworben worden war.[2053] Nach dem Krieg wurde die Skulptur zusammen mit weiteren Werken aus dem Besitz Gustav Rochlitz' in Meersburg durch die Alliierten beschlagnahmt und in den CCP Baden-Baden verbracht, von wo aus diese 1947 restituiert wurde.

bb) Fall Wiener

Das Gemälde *La halte* von Pieter-Jansz van Asch (MNR 707)[2054] stammt aus der Sammlung des Prager Bankiers Josef Wiener (1878–1942). Nach der Annexion Böhmens wurde das Inventar der Wohnung im März 1939 von deutschen Stellen beschlagnahmt. Am 13. und 14. November 1941

2051 *Kulturministerium*, Eintrag zu R5P, in: Datenbank Rose-Valland (MNR-Jeu de Paume).
2052 *Vierge de Pitié*, Umfeld von Gil de Siloé, RFR 41.
2053 *Kulturministerium*, Pressedossier vom 18.4.2023, Restitution de trois biens spoliés, S. 14.
2054 *Kulturministerium*, Eintrag zu MNR 707, in: Datenbank Rose-Valland (MNR-Jeu de Paume).

wurden etwa 100 Exponate der Kunstsammlung im Kunsthaus Weinmüller in München versteigert. Den Zuschlag für das Gemälde erhielt für 3.000 Reichsmark Martin Bormann für das Deutsche Reich. Wiener wurde am 30. Juli 1942 in das Konzentrationslager Theresienstadt deportiert. Im August 1942 erfolgte sein Transfer in das Vernichtungslager Maly Trotinez (bei Minsk), wo Wiener den Tod fand. Nach dem Krieg gelangte das Werk in den CCP München und wurde infolge einer Verwechslung mit einem Gemälde von De Gael, das vermutlich bei dem Bombenangriff auf Dresden vernichtet worden war, im Juni 1948 an Frankreich restituiert. 2012 konnte das Gemälde mithilfe des Auktionskataloges von 1941 der Sammlung Wiener zugeordnet werden. Die Restitution an die Erb:innen Wieners erfolgte am 19. März 2013.

cc) Fall Oppenheimer

Das Gemälde *Portrait de femme* (MNR 667) stand nachweislich im Eigentum der Van Diemen & Co. GmbH, die der Margraf & Co. GmbH (Margraf-Gruppe) angehörte, deren Anteilseigner:-innen das Ehepaar Rosa (1887–1943) und Jakob (1879–1941) Oppenheimer waren.[2055] Nach den Feststellungen des Kulturministeriums wurde das Gemälde nach der Flucht des Ehepaars aus Deutschland im März 1933 von deutschen Stellen beschlagnahmt und beim Kunsthaus Paul Graupe in Berlin am 25. Januar 1935 versteigert.[2056] Die weitere Verlustgeschichte des Werkes ist ungeklärt. Nach dem Krieg gelangte das Werk nach Salzburg und wurde irrtümlicherweise – vermutlich wegen des letzten bekannten Wohnsitzes des Ehepaars[2057] – an Frankreich restituiert. Die Restitution des Werkes an die Erb:innen nach Rosa und Jakob Oppenheimer erfolgte am 11. März 2014.

dd) Fall Saulmann

Die Gemälde *Scène de bataille: Siège de Carthage par Scipion Émilien* (MNR 246)[2058] und *La Vierge à l'Enfant* (MNR 253)[2059] stammen nach den Feststellungen der entscheidenden Stelle aus der Sammlung des Ehepaars Ernst (1881–1946) und Ida Agathe (1898–1951) Saulmann aus Pfullingen, die diese 1925 bei Paul Cassirer und Hugo Helbing in Berlin erworben hatten. Das Ehepaar floh vor der Verfolgung im Deutschen Reich im Dezember 1935 nach Florenz, wo es ein Anwesen besaß. 1936 waren die Eheleute gezwungen, ihr Anwesen in Pfullingen zu verkaufen, in demselben Jahr wurde die gesamte Kunstsammlung des Ehepaars beschlagnahmt

2055 *Kulturministerium*, Eintrag zu MNR 667, in: Datenbank Rose-Valland (MNR-Jeu de Paume).

2056 Übereinstimmend noch Restitutiecommissie, Empfehlung vom 4.2.2008, RC 1.67; Empfehlung vom 7.6.2011, RC 1.120. In beiden Empfehlungen wurde die Auktion als Zwangsversteigerung infolge antisemitischer Maßnahmen eingeordnet. Diese Bewertung des Verkaufs weicht von den Feststellungen in späteren Verfahren zum Fall Oppenheimer ab. Nach den Feststellungen anderer Stellen erfolgte die Veräußerung zwecks Verwertung nach Eintritt des Sicherungsfalls. Als verlustursächlich wurde daher eine wirtschaftliche Notlage gesehen. Entscheidend war hiernach die Frage, ob diese Notlage in Zusammenhang mit der Verfolgung der Oppenheimers stand oder vielmehr auf wirtschaftlichen Schwierigkeiten aus der Zeit vor 1933 beruhte. Letzteres bejahte etwa das *Spoliation Advisory Panel* (SAP, Bericht vom 16.9.2015 betreffend das Ölgemälde *The Coast at Cagnes* im Besitz des Bristol City Council, HC 440).

2057 Jakob Oppenheimer verstarb nach einer Internierung als Angehöriger eines feindlichen Staates 1941 verarmt in Nizza. Rosa Oppenheimer war zunächst Gefangene im Konzentrationslager Drancy und wurde schließlich in das Vernichtungslager Auschwitz deportiert, wo sie 1943 verstarb.

2058 *Kulturministerium*, Eintrag zu MNR 246, in: Datenbank Rose-Valland (MNR-Jeu de Paume).

2059 *Kulturministerium*, Eintrag zu MNR 253, in: Datenbank Rose-Valland (MNR-Jeu de Paume).

und im Juni 1936 beim Kunsthaus Adolf Weinmüller in München zwangsversteigert. Unter den entzogenen Werken befanden sich jedoch nicht die beiden verfahrensgegenständlichen Gemälde, welche die Saulmanns nachweislich nach Florenz ausgeführt hatten. Unter dem Eindruck der antisemitischen Verfolgungspolitik in Italien sah sich das Ehepaar im Herbst 1938 schließlich zur Ausreise nach Nizza gezwungen, wo sie bis zum Ende des Zweiten Weltkrieges lebten.[2060] Ob die Saulmanns hierher auch die beiden Werke ausführten, konnte im Verfahren nicht geklärt werden.[2061] Die beiden Werke tauchten 1941 bei dem Händler Paul Tulino in Paris auf und wurden dort von Walter Bornheim erworben. Dieser veräußerte das spätere Gemälde MNR 246 an den Industriellen Friedrich Flick, der dieses Hermann Göring schenkte. Das Werk MNR 253 wurde von Oscar Henschel erworben, der es ebenfalls an Göring veräußerte. Nach dem Krieg wurden beide Werke in Berchtesgaden beschlagnahmt und schließlich an Frankreich restituiert.

Durch Entscheidung vom 15. Dezember 2022 entschied die Premierministerin zugunsten einer Restitution der beiden Werke an die Erb:innen der Saulmanns. Nach internen Angaben wurde ein Verkauf durch die Saulmanns in Italien unterstellt.[2062] Erkennbar wurde seitens der entscheidenden Stelle daher vermutet, dass der dortige Verkauf unter verfolgungsbedingtem Zwang erfolgt war. Als entscheidendes Argument für die Restitution wurde angeführt, dass

> »aucun autre éventuel propriétaire entre Ernst Saulmann et ces marchands ne peut prétendre être le légitime propriétaire de ces œuvres, dans la mesure où la dépossession des Saulmann découle des mesures antijuives allemandes.«[2063]

Als für die Bewertung allein maßgeblich wurde somit die Verortung des Verlustes in Italien erachtet, das selbst eine antisemitische Verfolgungspolitik betrieb, sowie dessen Verursachung durch antisemitische Verfolgungsmaßnahmen. Aus den Ausführungen geht hingegen nicht klar hervor, ob dieses Ergebnis auf eine Vermutung der Verfolgungsbedingtheit des Vermögensverlustes gestützt wurde oder die Verfolgung vielmehr nur eines von mehreren bewertungsrelevanten Indizien darstellte. Die Lösung legt jedenfalls nahe, dass in der jüngeren Praxis nunmehr jeglicher Vermögensverlust bei einer verfolgten Person unabhängig von der Art der Verwirklichung – ob durch staatliche Stellen, Dritte oder das Opfer selbst – als ausgleichspflichtig angesehen wird. Jedenfalls spielten erneut keine rechtlichen Erwägungen bei der Anspruchsbewertung eine Rolle.

ee) Analyse und Kritik

In den drei zuerst dargestellten Fällen beruhten die Vermögensverluste auf einem direkten Vermögenszugriff durch Stellen des Deutschen Reichs in Umsetzung der staatlichen Verfolgungs-

2060 Ernst Saulmann wurde nach Kriegsbeginn als Angehöriger eines feindlichen Staates (*sujet ennemi*) und schließlich aufgrund seines Ausländerstatus gleich zweimal (1939 und 1941) durch französische Stellen interniert. Nach dem Krieg ließ sich das Paar in Paris nieder.

2061 Auf eine Ausfuhr der beiden Werke deutet ein Hinweis auf zwei Werke mit den Titeln »Cassone dipinto« (bemalter Kasten) und »Madonna con Bambino« auf der Ausfuhrliste des Ehepaars vom Oktober 1938 hin. Nach Ansicht der entscheidenden Stelle ließ dieser Hinweis aber keinen hinreichend sicheren Schluss auf eine Ausfuhr zu.

2062 Gespräch mit David Zivie, Leiter der *Mission de recherche et de restitution* beim Kulturministerium, vom 21.2.2023.

2063 *Kulturministerium*, Pressedossier vom 18.4.2023, Restitution de trois biens spoliés, S. 11.

politik, wohingegen der Verlust im Fall Saulmann vermutlich in Italien während der Herrschaft des Mussolini-Regimes erfolgte. In allen vier Fällen wurde eine Restitution in Ansehung der Verlustumstände – deren Verortung in einem Verfolgungszusammenhang – bejaht. Ersichtlich ohne Belang war hingegen, ob die Geschädigten auch heute noch als Eigentümer:innen der Werke anzusehen sind. Wenngleich die Restitutionen unter moralisch-ethischen Gesichtspunkten gerechtfertigt erscheinen, sind moralische Erwägungen allein bei der gebotenen rechtlichen Bewertung der Eigentumslage nicht ausschlaggebend.

Ob die Empfänger:innen der Werke in sämtlichen Fällen bei strenger rechtlicher Prüfung als die rechtlichen Eigentümer:innen anzusehen waren, erscheint dagegen zweifelhaft. Die Eigentumslage war bei der Anspruchsprüfung, die allein auf die Verlustumstände während der NS-Herrschaft abstellte, ersichtlich ohne jegliche Relevanz. Für eine vollumfassende Prüfung der Eigentumslage wäre zu prüfen gewesen, ob das Eigentum der ursprünglichen Eigentümer:innen infolge der sukzessiven Veräußerungen verloren gegangen ist. Französisches Zivilrecht ist auf diese Fälle, da die Verluste im Ausland erfolgten, nicht anwendbar. Nach der *lex rei sitae*-Regel wäre vielmehr das Recht des Ortes der jeweiligen Besitzwechsel maßgebend.[2064]

Im Fall Wiener ließe sich die Unwirksamkeit der Beschlagnahme und der Folgeerwerbsakte, da die Beschlagnahme in der Tschechoslowakei, einem unter deutscher Besetzung stehenden Gebiet, eingetreten war, aus einer Verletzung der Normen der Haager Landkriegsordnung von 1907 (Art. 56 Abs. 2 HLKO) ableiten.

Im Fall Fuld wäre dagegen deutsches Zivilrecht einschlägig gewesen. Das Gemälde *Le mur rose* wurde nach der Beschlagnahme in Frankfurt a. M. von Hans Werner Lange widerrechtlich unterschlagen, sodass ein wirksamer Eigentumserwerb durch diesen von vornherein ausgeschlossen war. Anders gestaltete sich die Sach- und Rechtslage bezüglich der Skulptur *Vierge de Pitié*, die nach ihrer Beschlagnahme von Maria Almas-Dietrich käuflich erworben wurde. Die Beschlagnahme erfolgte auf Grundlage der sog. Verfallsverordnung[2065] und konnte somit wegen der rückwirkenden Nichtigkeit dieser Regelung keinen Eigentumsverlust zulasten Harry Fuld jun. bewirken.[2066] In Betracht käme daher nur ein Eigentumserwerb durch Almas-Dietrich nach §§ 932, 935 Abs. 2 BGB, sofern diese bei Besitzerwerb gutgläubig war (§ 932 Abs. 2 BGB),[2067] woran gewisse Zweifel bestehen dürften, da die »Judenauktion« erkennbar das Vermögen einer verfolgten Person betraf.[2068] Nach dem Krieg wurde die Rückabwicklung

2064 Es handelt sich um die in der Literatur bevorzugte Lösung. Bei örtlicher Verlagerung des beweglichen Vermögenswertes sei nicht der aktuelle, sondern der ursprüngliche Belegenheitsort für die Bestimmung des anwendbaren Rechts maßgebend. Siehe m.w.N. *Bonnet*, Fasc. 550: Biens, in: Jurisclasseur Droit international, Bearbeitungsstand 1.11.2019, Rn. 129-133. Die Rechtsprechung stellt hingegen pauschal auf den aktuellen Belegenheitsort ab, st. Rspr. Cass. civ. 1ère, 3.5.1973, Nr. 70-13.383, Rev. crit. DIP 1974, 100 (»[l]a loi française est seule applicable aux droits réels dont sont l'objet des biens mobiliers situés en France«); Cass. civ. 1ère, 3.2.2010, Nr. 08–19.293.

2065 Elfte Durchführungsverordnung zum Reichsbürgergesetz vom 25.11.1941 (RGBl. I, S. 722).

2066 Die Verordnung wurde durch den BGH nach dem Krieg als gesetzliches Unrecht und somit nichtig angesehen (siehe BGH NJW 1953, 542 [544]). Nach dieser Regelung verfiel das Vermögen von »Juden«, die ihren gewöhnlichen Aufenthalt (etwa infolge einer Flucht) dauerhaft in das Ausland verlagert haben und die infolgedessen ihre deutsche Staatsangehörigkeit verloren, dem Deutschen Reich (§ 3 Abs. 1).

2067 Nach der Rechtsprechung des *Conseil d'État* in der Sache Kodric und Heer (2014) ist die Frage der Gutgläubigkeit der Folgeerwerber:innen für die Bewertung des Anspruchs auf Restitution generell unbeachtlich. Zu den rechtlichen Bedenken gegen diesen Ansatz, siehe schon unter C.IV.1.c).

2068 Die Tochter und Alleinerbin Almas-Dietrichs, Mimi tho Rahde, erhob nach dem Krieg Anspruch auf die Skulptur. Der Antrag wurde seinerzeit abgelehnt. Die entscheidende Stelle sah das Eigentum Almas-Dietrichs wegen unvollständiger Nachweise zu derartiger Vermögenstransfers spezialgesetzlich durch das alliierte Rückerstattungsrecht geregelt. Ansprüche nach diesen Gesetzen sind jedoch heute wegen Ablaufs der Klagefristen nicht mehr gerichtlich durchsetzbar.[2069] Ansprüche aus allgemeinem Zivilrecht (insbesondere § 985 BGB), die sich aus der Unrechtmäßigkeit nationalsozialistischer Verfolgungsmaßnahmen ergeben, sind nach der Rechtsprechung des Bundesgerichtshofs nach Ablauf der Klagefristen der Rückerstattungsgesetze grundsätzlich gesperrt.[2070] Anders verhält es sich hingegen, wenn den Berechtigten eine Anspruchsverfolgung nach dem Krieg innerhalb dieser Klagefristen – wegen Unkenntnis von der Existenz oder vom Verbleib des Vermögensgegenstandes – nicht möglich war.[2071] Angesichts der Beschlagnahme und Verbringung der Skulptur nach Frankreich ließe sich ein derartiges Klagehindernis mit guten Gründen vertreten. Diese Vorfragen waren für die Entscheidung aber ersichtlich unbeachtlich.

In dem gleichfalls nach deutschem Zivilrecht zu bewertenden Fall Oppenheimer trat der Verlust nach den Verlautbarungen des Kulturministeriums infolge einer von der Reichsregierung angeordneten öffentlichen Versteigerung (»vente publique décidée par le gouvernement du Reich«[2072]) ein. Nach neueren, im Verfahren vor dem britischen *Spoliation Advisory Panel* (SAP) gewonnenen Erkenntnissen erfolgte der Verkauf hingegen auf Antrag der Bank Jacquier & Securius, die der Margraf-Gruppe zwischen 1929 und 1935 Unternehmenskredite gewährt hatte. Zur Besicherung der Forderungen hatte das Unternehmen der Bank 1938 seine Warenbestände sicherungsübereignet. Der Erlös aus der Versteigerung wurde zur Tilgung der Kreditforderungen der Bank eingesetzt.[2073] Das SAP nahm daher bezogen auf ein anderes Gemälde, das gleichfalls bei dieser Auktion veräußert worden war, einen wirksamen Eigentumserwerb zugunsten der unbekannten Käufer:innen an.[2074] Diese rechtlichen Überlegungen spielten aber erneut bei der Entscheidung keine erkennbare Rolle.

Zur Bewertung der Wirksamkeit der Veräußerung im Fall Saulmann wäre, sofern man einen Verlust in Italien unterstellt, italienisches Zivilrecht anwendbar gewesen. Ob die Veräußerung hiernach als nichtig anzusehen wäre, kann jedoch im Rahmen dieser Forschungsarbeit nicht abschließend geklärt werden. Dieser Aspekt war jedoch ohne Relevanz für die Fallbewertung der entscheidenden Stelle. Rechtliche Erwägungen spielten ersichtlich keine Rolle, da auch ein möglicher Eigentumserwerb durch spätere Erwerber:innen (etwa in Frankreich) bei der Bewertung ausdrücklich für unbeachtlich erklärt wurde.

den konkreten Erwerbsumständen bei der Auktion bei Hans W. Lange nicht als erwiesen an. Vgl. *Kulturministerium*, Eintrag zu RFR 41, in: Datenbank Rose-Valland (MNR-Jeu de Paume).

2069 Davon losgelöst ist die theoretische Frage zu betrachten, ob diese Normen nach Ablauf der Klagefristen heute noch, obgleich gerichtlich nicht mehr durchsetzbar, geltendes Recht darstellen. Diese Streitfrage ist bis heute nicht höchstrichterlich geklärt. Vgl. *Hahne*, Wege zur Gerechtigkeit bei NS-Raubkunst: Die heutige Restitutionspraxis im Lichte des alliierten Rückerstattungsrechts, im Erscheinen.

2070 Vgl. BGH NJW 1953, 542 (544); NJW 1953, 1909 (1910).

2071 BGH NJW 2012, 1796 (1789): »Das vorrangige Ziel der Naturalrestitution steht ferner der Annahme entgegen, ein zivilrechtlicher Herausgabeanspruch werde durch die alliierte Rückerstattungsanordnung auch dann verdrängt, wenn es dem Berechtigten unmöglich war, die Rückgabe des entzogenen Vermögensgegenstands in deren Rahmen zu erreichen, weil dieser […] bis zum Ablauf der Anmeldefrist des § 50 II REAO verschollen und damit nicht ›feststellbar‹ war.«

2072 *Kulturministerium*, Eintrag zu MNR 667, in: Datenbank Rose-Valland (MNR-Jeu de Paume).

2073 SAP, Bericht vom 16.9.2015 betreffend das Ölgemälde *The Coast at Cagnes* im Besitz des Bristol City Council, HC 440, S. 17.

2074 A.a.O., S. 24: »[T]he Panel has concluded on the balance of probability that the 1935 sale conferred a good title upon the unknown purchaser of the Painting.«

c) Fazit

Die Darstellung der Fallpraxis im Bereich der Sonderrestbestände hat gezeigt, dass der gebotene rechtliche Maßstab der Anspruchsprüfung bei Restitutionsbegehren heute nicht konsequent eingehalten wird. Während Ansprüche nicht verfolgter Vorkriegseigentümer:innen oder der Erwerber:innen eines Kulturguts während der Besatzungszeit nach streng rechtlichen Vorgaben geprüft werden, wird dieser Maßgabe nicht bei Ansprüchen verfolgter Personen entsprochen. Restitutionen erfolgen in diesem Bereich zumeist in Ansehung einer früheren Eigentumsposition und der Verursachung des Vermögensverlustes durch gegen die früheren Eigentümer:innen gerichtete Verfolgungsmaßnahmen. Der Anspruch knüpft damit nicht zwingend an eine gegenwärtige, sondern vielmehr an eine frühere Rechtsposition unter Ausklammerung sämtlicher Folgeerwerbsakte an.

Vor allem die Fälle Bromberg und Oppenheimer verdeutlichten das moralische Dilemma, dem sich staatliche Stellen bei der Bewertung von Restitutionsansprüchen heute ausgesetzt sehen. Die Entscheidungen sind erkennbar von dem Wunsch getrieben, nunmehr das »Richtige« zu tun, nachdem Frankreich über mehrere Jahrzehnte für seine Versäumnisse bei der Restitution von NS-Raubkunst zu Recht kritisiert worden ist. Das legitime Anliegen, die infolge von Verfolgungsmaßnahmen Geschädigten und Entrechteten wieder in ihre früheren Rechte einzusetzen, muss jedoch mit rechtlichen Wertungen in Einklang gebracht werden. Auch nach den völkerrechtlichen Vorgaben, etwa der Washingtoner Erklärung von 1998, erscheint es nicht zwingend, die aktuellen Eigentumsverhältnisse bei der Bewertung eines Anspruchs gänzlich auszuklammern. Die Präambel der Erklärung selbst sieht eine Prüfung nur in den Grenzen der nationalen Rechtsordnungen vor.[2075] Die Praxis anderer Signatarstaaten belegt zudem, dass die Klärung der aktuellen Eigentumsposition an den beanspruchten Kulturgütern eine notwendige Bedingung eines Anspruchs darstellt. Dies hat ganz pragmatische Gründe: Nur die heutigen Eigentümer:innen der Werke können über die beanspruchten Werke verfügen, insbesondere auf ihr Eigentum zugunsten der Anspruchsteller:innen verzichten. Die Rechtsmacht der Halter der Werke ist somit die Voraussetzung einer moralischen Lösung. Dementsprechend prüft etwa der britische *Spoliation Advisory Panel* stets in einem vorgelagerten Prüfungsschritt den *legal title* des heutigen Halters (§ 15 Lit. f der Terms of Reference von 2016[2076]). Entsprechend prüft auch der Kunstrückgabebeirat in Österreich, ob sich das verfahrensgegenständliche Werke im Eigentum des Bundes befindet (§ 1 Abs. 1 KRG), um die Übereignung aus dem Bundesvermögen zu ermöglichen. Eine ähnliche Maßgabe müsste auch bei Restitutionen aus den Sonderrestbeständen gelten.

Ein rein moralischer Prüfungsansatz, wie er heute im Bereich der Sonderrestbestände vertreten wird, gerät hingegen notwendigerweise in Konflikt mit dem rechtlichen Status der Sonderrestbestände. Als bloßer Verwahrer (*gardien*) der Kulturgüter hat der Staat mangels abweichender spezialgesetzlicher Vorgaben bei der Anspruchsprüfung nach streng rechtlichen Maßstäben zu verfahren und die zivilrechtlichen Eigentümer:innen zu ermitteln. Restitutionen aus moralischen Gründen, welche die zivilrechtliche Rechtslage ausklammern, stellen unter rechtlichen Gesichtspunkten ein Problem dar. Nach der aktuellen Verfahrensweise macht

2075 »[T]he Conference recognizes that among participating nations there are differing legal systems and that countries act within the context of their own laws.«

2076 »For this purpose the Panel shall [...] evaluate, on the balance of probability, the validity of the institution's title to the object.«

sich nicht nur der Zentralstaat im Falle einer Restitution an Nichtberechtigte gegenüber den wahren Eigentümer:innen der Kulturgüter haftbar, vielmehr werden auch die begünstigten Anspruchsteller:innen dem Risiko einer Inanspruchnahme durch die wahren Eigentümer:innen ausgesetzt.

Ein derartiger rechtlicher Schwebezustand erscheint auf Dauer nicht hinnehmbar. Der Gesetzgeber ist daher angehalten, zeitnah eine formelle Rechtsgrundlage für Restitutionen aus moralischen Gründen zu schaffen, die insbesondere in Übereinstimmung mit Art. 17 DDHC eine Entschädigung der wahren zivilrechtlichen Eigentümer:innen vorsieht. Die rechtliche Konstruktion könnte so in einer punktuellen Enteignung anlässlich einer Restitution aus moralischen Gründen bestehen. Ein derartiger Eingriff wäre verfassungsrechtlich ohne Weiteres, wie die Rechtsprechung des *Conseil d'État* in der Sache Kodric und Heer von 2014 belegt, zu rechtfertigen. Die zivilrechtlichen Eigentümer:innen könnten hiernach, sofern sie ihre Rechtsstellung unter Vorlage geeigneter Dokumente nachweisen, eine Entschädigung in Höhe des aktuelles Verkehrswertes des Vermögenswertes bei den zuständigen Stellen beanspruchen. Ein alternativer Lösungsansatz könnte darin bestehen, die Sonderrestbestände in Gänze in staatliches Eigentum zu überführen. In anderen Staaten mit vergleichbaren Restbeständen (z. B. in den Niederlanden mit der NK-Sammlung) ist dies bereits nach dem Krieg erfolgt.[2077] Auch in diesem Fall wäre ein formelles Gesetz erforderlich, das die Enteignung der Eigentümer:innen gegen Zahlung einer Entschädigung regelt. In jedem Fall würden für den Zentralstaat nach beiden Lösungsansätzen nicht unerhebliche Kosten entstehen, die durch Steuereinnahmen gegenzufinanzieren wären. Die Tragung dieser Kosten durch die Allgemeinheit erscheint indes angemessen, da der heutige Zustand vornehmlich auf vergangene Versäumnisse des Zentralstaates bei der Suche und Identifikation der Berechtigten zurückzuführen ist. Unbillig erscheint es hingegen, das Prozessrisiko wie nach aktueller Verfahrenspraxis den Rechtsnachfolger:innen der Verfolgungsopfer aufzubürden.

Ungeachtet dieser Problemstellungen kann ausgehend von den einschlägigen rechtlichen Grundlagen für die Praxis der Restitution aus den Sonderrestbeständen folgende Prüfungsreihenfolge festgestellt werden:

1. Es erfolgt vorrangig eine Anspruchsprüfung am Maßstab der Nachkriegsverordnungen, die in ihrem Geltungsbereich (weitgehend abschließende) Sonderregelungen enthalten.
2. Sind diese Regelungen aufgrund der zeitlich-örtlichen Verortung des Vermögensverlustes hingegen nicht anwendbar, vollzieht sich die Prüfung nach Maßgabe allgemeiner Rechtsnormen, insbesondere solcher des französischen Zivilrechts.
3. Führt die Prüfung nach rechtlichen Maßstäben nicht zu dem Ergebnis, dass die früheren Eigentümer:innen auch als aktuelle Berechtigte anzusehen sind, kann im Einzelfall gleichwohl eine Restitution aus moralischen Gründen erfolgen (wie etwa im Fall Bromberg).

Auch im letztgenannten Fall einer Restitution aus moralischen Gründen wird jedoch eine gewisse Orientierung an allgemeinen Rechtsgrundsätzen erkennbar. Ein Einbehalt des Kulturguts durch den Zentralstaat ist hiernach ausgeschlossen, wenn der Verlust des Kulturguts bei den früheren Eigentümer:innen durch Gewalt, Drohung oder in sonstiger Weise infolge von Verfolgungsmaßnahmen unter Zwang erfolgt ist. Vor diesem Hintergrund lassen sich einheitliche An-

2077 Die Enteignung deutscher Vermögenswerte erfolgte durch das Dekret E133 im Zuge der Rückführung der Werke in die Niederlande. Vgl. *van Vliet*, Tijdschrift voor Rechtsgeschiedenis 4 (2019), 651 (663).

forderungen für die Bewertung von Ansprüchen nur grob kursorisch umreißen. Mindestvoraussetzung ist stets die Kausalität der NS-Herrschaft. Diese muss überdies den maßgeblichen Grund für den Verlust bilden, der Verlust muss also bei wertender Betrachtung vorrangig auf die Verfolgung der früheren Eigentümer:innen zurückzuführen, mit anderen Worten zurechenbar auf dieser beruhen sein. Speziell bei Verlusten außerhalb des NS-Herrschaftsbereichs (wie im Fall Bromberg) bedarf es besonderer Gründe, wegen derer der Verlust als spezifische Folge der Verfolgung der Betroffenen im NS-Herrschaftsbereich angesehen werden kann. Bei Verlusten im Ausland (so im Fall Saulmann) wird, wenn der Verlust in einem Gebiet eintrat, in dem die Geschädigten staatlichen Verfolgungsmaßnahmen ausgesetzt waren, eine vorrangige Verursachung durch die Verfolgungspolitik vermutet, ohne dass jedoch erkennbar wird, ob dieses Ergebnis die Folge einer Beweislastumkehr (infolge einer Vermutung) oder der Anwendung eines historischen Erfahrungssatzes im Rahmen eines Indizien- oder Anscheinsbeweises (Prima-facie-Beweis) ist.[2078]

Die Verortung des Vermögensverlustes in einem historischen Unrechtszusammenhang (Verfolgungs- oder Besatzungsunecht) ist nach dem dargestellten rechtlichen Prüfungsmaßstab, wie die Fälle Stern und Vollard belegen, nicht zwingende Voraussetzung eines Anspruchs. In beiden Fällen genügte der entscheidenden Stelle erkennbar bereits die Unfreiwilligkeit des Verlustes, ohne dass dieser der NS-Herrschaft zurechenbar war. Im Fall Stern erfolgte die Aneignung so durch einen deliktischen Zugriff bei Gelegenheit der Dienstausübung im besetzten Frankreich. Im Fall Vollard erfolgte der Vermögenszugriff durch Unterschlagung durch eine Privatperson, die mit der Sichtung und Inventarisierung des Nachlasses des Kunsthändlers betraut war. Dieses Ergebnis ist nur konsequent, wenn man allein auf die zivilrechtliche Eigentumslage abhebt. In beiden Fällen fußte der Anspruch auf der Unwirksamkeit des ursprünglichen Vermögensverlustes nach allgemeinen rechtlichen Vorgaben und somit auf dem Fortbestand des Eigentums.

V. Zuständigkeit und Verfahren

Die sachliche Zuständigkeit für die Prüfung von Restitutionsanträgen lag nach der historischen Rechtslage beim Außenministerium. Nach dem Krieg wurden Restitutionsanträge noch durch die *Commission de récupération artistique* (CRA) beim Bildungsministerium bearbeitet, die zum Jahreswechsel 1949/1950 abgewickelt wurde. Gemäß Art. 2 Satz 1 des Dekrets vom 30. September 1949 ging die Zuständigkeit für alle noch anhängigen und künftigen Verfahren hiernach auf den *Office des biens et intérêts privés* (OBIP) beim Außenministerium über.[2079] Der OBIP ging 1955 vollständig als Abteilung (*Service des biens et intérêts privés* – SBIB) im Außenministerium auf. Heute werden deren Aufgaben durch die *Direction des archives et de la*

2078 Der Inhalt dieses Erfahrungssatzes bestünde darin, dass bei einer Veräußerung durch eine verfolgte Person im NS-Herrschaftsbereich regelmäßig davon ausgegangen werden kann, dass diese das vorrangige Motiv der Veräußerung bildete und andere Erwägungen zurücktreten. Die Indizwirkung könnte nur bei Vorliegen eines atypischen Geschehensverlaufes entkräftet werden, so etwa wenn erkennbar andere Erwägungen die Verkaufsentscheidung geleitet haben. In analoger Weise verfährt auch die CIVS in ihrer Praxis, siehe hierzu schon unter B.III.7.c)cc)(3)(ix).

2079 »L'office des biens et intérêts privés prendra en charge à partir du 1er janvier 1950, toutes les opérations laissées en suspens et traiterai conformément aux dispositions qui le régissent toutes autres affaires nouvelles qui auraient été de la compétence de la commission de récupération artistique.«

documentation wahrgenommen.[2080] Die Untersuchung, namentlich die Klärung der Provenienz der Werke, wurde nach 1949 für die MNR-Bestände durch die *Direction des musées de France* (heute *Service des Musées de France*) übernommen (Art. 2 Satz 2 des Dekrets[2081]).

Diese Verteilung der Zuständigkeiten änderte sich erst mit dem Reformdekret Nr. 2018-829 vom 1. Oktober 2018, das bei Entziehungen innerhalb Frankreichs während der Besatzungszeit eine ausdrückliche Zuständigkeit der CIVS zum Ausspruch von Empfehlungen regelte (Art. 1-1 CIVS-Dekret).[2082] Die CIVS war indes schon nach alter Rechtslage zur Prüfung von Restitutionsanträgen betreffend die Sonderrestbestände berechtigt.[2083] Bis 2018 sind fünf entsprechende Verfahren nachweisbar.[2084] Die Sachkompetenz des Außenministeriums nach dem Dekret von 1949 ließ das Reformdekret unberührt.[2085]

Keine Neuregelung der Verwaltungskompetenz enthielt das Reformdekret hinsichtlich Verlusten außerhalb Frankreichs und vor Beginn der Besatzung. Jedenfalls für diesen Bereich müsste es daher bei der Zuständigkeit des Außenministeriums bleiben. Gleichwohl sind auch in diesem Bereich nunmehr Entscheidungen des:der Premierminister:in nachweisbar.[2086] In der Verwaltungspraxis ist somit *de facto* eine Konzentration der Entscheidungsfindung bei dem:der Premierminister:in zu beobachten.

VI. Rechtsweg

Gegen ablehnende Restitutionsentscheidungen ist der Rechtsweg zu den Verwaltungsgerichten eröffnet. Die gerichtliche Anfechtbarkeit dieser Entscheidungen war in der Rechtsprechung bereits lange anerkannt[2087] und wurde schließlich in den Entscheidungen Ranely Vergé Dupré (2009) und Kodric und Heer (2014) bestätigt.[2088] Örtlich und sachlich zuständig ist in erster Instanz stets der *Tribunal administratif* von Paris.

2080 Erstmalig bestätigt durch TA Paris, 6.12.2007, Nr. 0608189 – Ranely Vergé Dupré.

2081 »Pour ces opérations et affaires, la direction des services des bibliothèques de France et la direction des musées de France lui apporteront leur concours technique lorsqu'il estimera ce concours nécessaire.«

2082 Zum Verfahren siehe eingehend unter B.III.4.b).

2083 Vgl. *CIVS*, Tätigkeitsbericht für 2006, S. 14; *Kalfon*, Osteuropa 1–2 (2006), 433 (439).

2084 CIVS, Empfehlung vom 20.4.2001, MNR 809 und MNR 821, Fall F; Empfehlung von 2002, R 16 P, Alphonse Kann; Empfehlung vom 12.2.2014, MNR 801, August Liebmann-Mayer; Empfehlung vom 5.12.2012, MNR 315, MNR 89, MNR 945, MNR 368, MNR 677, MNR 796, Fall E; Empfehlung vom 5.7.2016, OAR 474, OAR 45, Fall J.

2085 A.A. ohne nähere Begründung *CIVS*, Tätigkeitsbericht für 2018, S. 60. In diesem Sinne auch *Institut Art & Droit*, Journal spécial des sociétés 3 (2019), 16.

2086 So erfolgte die Restitution in den Fällen Harry Fuld Jun. (*Vierge de Pitié*, Gil de Siloé, RFR 41) und Ernst und Agathe Saulmann (*Scène de bataille : Siège de Carthage par Scipion Émilien*, Anonym, MNR 246; *La Vierge à l'Enfant*, Anonym, MNR 253) auf Grundlage von Entscheidungen der Premierministerin.

2087 Siehe erstmalig TA Paris, 12.5.2005, Nr. 9820643/7 betreffend das Gemälde *La lumière du monde* von François Boucher (MNR 823). Nachweisbar sind daneben, teils auch nach ablehnenden Verwaltungsentscheidungen, Klagen auf Herausgabe auf Grundlage der Verordnungen vom 21.4.1945 und 9.6.1945. Siehe in chronologischer Reihenfolge: TGI Paris, 10.7.1998, Nr. 1998/54616; CA Paris 2.6.1999, Nr. 1998/19209, Recueil Dalloz 1999, 535 – Gentili di Giuseppe; TGI Paris, 6.1.2000, Nr. 1999/63069; CA Paris 13.3.2001, Nr. 2000/11467 – Karaim; TGI Paris, 14.6.2002, Nr. 01/04315 – Grandidier; TGI Paris, 8.10.2008, Nr. 06/52847 – Bausset-Roquefort; TGI Paris, 14.6.2010, Nr. 08/12005 – Rosenberg.

2088 Einschlägig ist der *recours pour excès de pouvoir* (Anfechtungsklage): CE, 27.3.2009, Nr. 283240, Rec. S. 105 – Ranely Vergé Dupré; *Rouault*, JCP G 2009, Nr. 196. CE, Assemblée, 30.7.2014, Nr. 349789, Rec. S. 247, Cons. 4 –Kodric und Heer, *Tesson*, JCP A 2014, Nr. 676; *Lavialle*, RFDA 2014, 1092; *Pastor*, Juris art etc. 16 (2014), 12; *Biagini-Girard*, JCP G 2014, Nr. 995; *Périnet-Marquet*, JCP G 2014, Nr. 1129; *Roux*, JCP A 2015, Nr. 2111; *Cagnon*, Rec. Dalloz 2015, 194.

Offen ließ der Rat hingegen, ob daneben eine verbleibende Zuständigkeit der Zivilgerichte besteht, wenn die Anspruchsteller:innen direkt den Zivilrechtsweg beschreiten, ohne eine Verwaltungsentscheidung abzuwarten. Für Streitigkeiten betreffend das Eigentum besteht eine ausschließliche Zuständigkeit der Zivilgerichte.[2089] Entsprechendes regeln die Verordnungen vom 21. April 1945 und 9. Juni 1945.[2090] Ob dies nun auch für die Sonderrestbestände der äußeren Restitution angesichts ihres verwaltungsrechtlichen Sonderstatus gilt, ließ der *Conseil d'État* in seinen Leitentscheidungen offen. Nach den Feststellungen in der Sache Kodric und Heer sei eine Zuständigkeit der Verwaltungsgerichte jedenfalls bei Vorliegen einer ablehnenden Verwaltungsentscheidung gegeben (»les motifs du refus de procéder à une restitution peuvent être critiqués à l'occasion d'un recours pour excès de pouvoir«[2091]). Davon unberührt ließ der Rat die Möglichkeit einer Aussetzung des verwaltungsgerichtlichen Verfahrens und einer Vorlage an die Zivilgerichte bei einer zivilrechtlichen Fragestellung von ernsthafter Schwierigkeit.[2092]

Die *Cour d'appel* von Paris deutete die Ausführungen des Rates in einer Entscheidung vom 3. Juli 2018 in der Sache De Galea[2093] dahingehend, dass abweichend von der Zuständigkeit der Zivilgerichte wegen der öffentlich-rechtlichen Natur des Rechtsstreits der Verwaltungsgerichtsweg eröffnet sei.[2094] Bei genauer Betrachtung erkannte der Rat in der Entscheidung Kodric und Heer eine ausschließliche Zuständigkeit der Verwaltungsgerichte nur für den Fall einer ablehnenden Entscheidung der Verwaltung (nicht jedoch auch in allen übrigen Fällen) an. Anders lagen die Dinge hingegen im Verfahren De Galea. Hier hatte der *Tribunal administratif* von Paris zunächst eine ablehnende Entscheidung der *Direction de musées de France* wegen sachlicher Unzuständigkeit aufgehoben und die Kläger:innen zur Klärung ihrer Ansprüche auf den Zivilrechtsweg verwiesen.[2095] Infolge der Aufhebung der Entscheidung fehlte es an einer anfechtbaren Verwaltungsentscheidung, sodass für weitergehende Feststellungen (auch inzidenter Art zu Eigentumsfragen) kein Raum verblieb. In dem zivilgerichtlichen Verfahren verneinte die *Cour d'appel* in zweiter Instanz ihre Zuständigkeit und verwies die Kläger:innen auf den Verwaltungsrechtsweg.

Die Annahme einer ausschließlichen Zuständigkeit der Verwaltungsgerichte überzeugt indes nicht. Nach Art. 17 Abs. 1 der Verordnung vom 21. April 1945 besteht eine ausschließliche Zuständigkeit der Zivilgerichte für Klagen auf dieser Grundlage. Die Zuständigkeit der Verwaltungsgerichte in Verfahren betreffend die Sonderrestbestände beruht hingegen auf einer richterlichen Rechtsschöpfung, die nur in engen Grenzen zulässig ist. Sie darf nicht auf die Begründung einer allgemeinen Zuständigkeit der Verwaltungsgerichte für sämtliche Klagen in Bezug auf die Sonderrestbestände hinauslaufen. Eine solche allumfassende Zuständigkeit

2089 TdC, 18.12.1995, Nr. 02992, 02951 – Préfet de la Meuse.

2090 Art. 17 Abs. 1 der Verordnung vom 21.4.1945 (wahlweise Zuständigkeit der Zivil- oder Handelsgerichte in Handelssachen); Art. 2 Abs. 1 der Verordnung vom 9.6.1945 (Zuständigkeit der Zivilgerichte).

2091 CE, Assemblée, 30.7.2014, Nr. 349789, Rec. S. 247, Cons. 8 – Kodric und Heer.

2092 Ebd.: »[L]es difficultés sérieuses pouvant s'élever à cette occasion en matière de propriété ou de régularité des transactions devant être portées, par la voie d'une question préjudicielle, devant le juge judiciaire«.

2093 CA Paris, 3.7.2018, Nr. 17/22332 – De Galea.

2094 Zustimmend *Noual*, JCP A 2018, Nr. 611.

2095 TA Paris, 26.10.2017, Nr. 1621154/5-2, Cons. 5 – De Galea: »[L]es conclusions de la requête tendant à ce que le juge administratif se prononce sur l'existence d'une spoliation des œuvres […] implique nécessairement […] de se prononcer sur la propriété des œuvres et les difficultés que celle-ci soulève; que, par suite, ces conclusions doivent être rejetées comme portées devant une juridiction incompétente pour en connaître«.

kann auch nicht mit der besonderen Natur des Rechtsstreits gerechtfertigt werden. Eine Verwaltungsrechtsstreitigkeit in diesem Sinne liegt nur vor, wenn Gegenstand der Klage eine Entscheidung der Verwaltung ist, in der diese hoheitliche Befugnisse in Anspruch genommen hat.[2096] Mit Blick auf die Sonderrestbestände ist dies jedoch nur dann der Fall, wenn zuvor eine ablehnende Entscheidung ergangen ist, gegen die prozessiert wird. Eine andere Sichtweise wäre mit der besonderen Kompetenzregelung nach der Verordnung vom 21. April 1945 nicht vereinbar.[2097] Zu begrüßen ist daher eine jüngste Entscheidung des *Tribunal judiciaire* von Paris, in der dieser seine Zuständigkeit für eine Klage auf Restitution eines Gemäldes aus den MNR-Beständen auf Grundlage der Verordnung bejahte.[2098]

2096 Grundlegend CC, 23.1.1987, Nr. 86-224 DC, Cons. 15 – Loi transférant à la juridiction judiciaire le contentieux des décisions du Conseil de la concurrence: »[C]onformément à la conception française de la séparation des pouvoirs, figure au nombre des ›principes fondamentaux reconnus par les lois de la République‹ celui selon lequel, à l'exception des matières réservées par nature à l'autorité judiciaire, relève en dernier ressort de la compétence de la juridiction administrative l'annulation ou la réformation des décisions prises, dans l'exercice des prérogatives de puissance publique, par les autorités exerçant le pouvoir exécutif«.

2097 So schon nach der historischen Rechtsprechung: CE, 13.12.1967, Nr. 59837: »[I]l n'appartient pas au Tribunal administratif ni au Conseil d'État […] de statuer sur l'application […] de l'ordonnance en date du 21 avril 1945 sur la nullité des actes de spoliation accomplis par l'ennemi ou sous son contrôle«.

2098 So bejahte der *Tribunal judiciaire* von Paris in einer Entscheidung von 2023 seine Zuständigkeit für eine Klage auf Restitution eines Werkes aus den Sonderrestbeständen. Die Erb:innen erhoben nach einem erfolglosen Antrag vor der CIVS Klage auf Restitution des Gemäldes *Lionne accroupie* von Eugène Delacroix (REC 148). Siehe TJ Paris, 10.1.2023, Nr. 21/56082 – Kahn et autres.

D. Konklusion

Das Anliegen dieser Arbeit war eine systematisierende Gesamtdarstellung der unterschiedlichen Verfahrenstypen und Regelungen in Frankreich zum Ausgleich von Kulturgüterverlusten während der NS-Herrschaft. In den Blick der Untersuchung wurden vorrangig Regelungen genommen, die das Rechtsverhältnis zwischen Geschädigten und öffentlichen Stellen in Frankreich betreffen. Daneben wurden vereinzelt auch Streitigkeiten zwischen Privaten in die Betrachtung einbezogen, sofern für diese eine Rechtspraxis existiert. Als Ergebnis dieser Untersuchung lassen sich folgende Kernthesen formulieren, die im Verlauf dieser Abschlussbetrachtung näher erläutert werden sollen:

I. Die Rechtsmaterie ist geprägt durch ein Nebeneinander unterschiedlicher Verfahrenstypen aus verschiedenen historischen Epochen, die jeweils eigene materiell-rechtliche Regeln zur Anspruchsbewertung normieren. Charakteristisch für die französische Rechtspraxis ist demnach die Uneinheitlichkeit der materiellen Bewertungsparameter und Verfahrenstypen. Neben der Verordnung Nr. 45-770 vom 21. April 1945, die auf eine klassische Rechtsverfolgung in einem Gerichtsverfahren gerichtet ist, wurde durch Dekret vom 10. September 1999 mit der CIVS ein alternativer Verfahrensmechanismus zur Prüfung von Ansprüchen aufgrund verfolgungsbedingter Vermögensentziehungen geschaffen. Weiterhin existiert mit den Sonderrestbeständen der äußeren Restitution ein besonderer Kulturgutbestand, der sich seit der Nachkriegszeit in Obhut des Zentralstaates befindet (darunter namentlich die MNR-Bestände für Kunstgegenstände). Restitutionen aus diesen Beständen haben stets an die heutigen Eigentümer:innen der Kunstwerke und Kulturgüter zu erfolgen. Davon zu unterscheiden sind Kunstwerke und Kulturgüter in öffentlichen Sammlungen, deren Restitution heute in Gerichtsverfahren oder vor der CIVS, in bestimmten Fällen (Verluste außerhalb Frankreichs oder vor Beginn der deutschen Besatzung) aber nur in Verhandlungen mit den öffentlichen Eigentümern der Werke erlangt werden kann.

II. Trotz dieser disparaten Rechtslage kam es in den letzten beiden Jahrzehnten in Restitutionsverfahren zu einer bis heute fortschreitenden Angleichung der materiell-rechtlichen Bewertungsparameter. Den globalen Referenzrahmen innerhalb des französischen Gesamtsystems bildet dabei die Verordnung Nr. 45-770 vom 21. April 1945, die als die grundlegende Regelung zur Restitution widerrechtlich entzogener Vermögenswerte aus der Nachkriegszeit angesehen werden kann. Die Bestimmungen dieser Verordnung sind in Verfahren vor der CIVS oder in Verhandlungen mit anderen öffentlichen Stellen zwar nicht direkt anwendbar. Die normativen Vorgaben dieser Verordnung binden Verwaltungsstellen aber auch abseits zivilgerichtlicher Verfahren als höherrangiges Recht bei der Rechtsauslegung und -anwendung, so etwa bei der Frage, welche Vermögensverluste als ausgleichswürdig einzustufen sind und daher die Gewährung einer Ausgleichsleistung an die Geschädigten rechtfertigen. Die Vorgaben der Verordnung haben somit eine beachtliche normative Orientierungswirkung.

III. Ein ersatzfähiger Vermögensverlust hat nach sämtlichen Regelungsregimen die Mindestvoraussetzung, dass zwischen dem historischen Unrechtskontext (Verfolgungsunrecht oder Besatzungsunrecht) und dem konkreten Verlust eines Kunstwerkes oder Kulturguts Kausalität besteht. Darüber hinaus muss dieser Zusammenhang hinreichend eng sein: Der Unrechtskontext muss bei wertender Betrachtung unter mehreren denkbaren Bedingungen die maßgebliche und vorrangige Ursache des Vermögensverlustes darstellen. Diese normative Einschränkung des Verursachungszusammenhangs ist Ausdruck eines systemimmanenten Zurechnungsgedankens, wonach unter den durch die staatliche Verfolgungspolitik und die NS-Herrschaft verursachten Vermögensverlusten nur bestimmte Schadensereignisse bei wertender Betrachtung auch als Ausdruck der NS-Herrschaft und somit als ausgleichsbedürftig anzusehen sind. Eine Besonderheit besteht bei Restitutionen aus den Sonderrestbeständen der äußeren Restitution, die an die zivilrechtlichen Eigentümer:innen der Werke zu erfolgen haben. Entscheidend ist hier die Frage, ob die zeitlich aufeinander folgenden Vermögenstransfers wirksam oder nichtig waren. Dabei ist die Verortung des Verlustes in einem historischen Unrechtszusammenhang nicht zwingend.

IV. Während die Regelungen der Nachkriegszeit, insbesondere die Verordnung vom 21. April 1945, vorrangig eine Haftung der aktuellen Halter:innen entzogener oder unter Zwang veräußerter Vermögenswerte vorsahen (Individualhaftung), ist nunmehr nach Art. 8-2 CIVS-Dekret eine Schadensersatzhaftung des Zentralstaates für den Fall vorgesehen, dass die Restitution des Vermögenswertes in Natur ausgeschlossen ist. Der Ausgleich des Schadens erfolgt in diesem Fall aus dem durch Steuermittel finanzierten Haushalt des Zentralstaates. In letzter Konsequenz wird auf diese Weise eine Vergemeinschaftung der wirtschaftlichen Lasten der antisemitischen Entziehungspolitik erreicht (Kollektivhaftung für Individualschäden). Die heutige Praxis in Frankreich kombiniert damit sowohl Ansätze der korrektiven Gerechtigkeit (durch Restitution identifizierbarer Vermögenswerte) als auch solche der distributiven Gerechtigkeit (durch staatliche Entschädigungsleistungen).

V. Ein weiterer maßgeblicher Unterschied zwischen diesen beiden Regelungsregimen betrifft die generelle Beachtlichkeit oder Unbeachtlichkeit von Gesichtspunkten des Verkehrsschutzes und der Rechtssicherheit bei der Anspruchsprüfung. Während nach der Verordnung vom 21. April 1945 Gesichtspunkten des Vertrauensschutzes und der Rechtssicherheit in ihrer Ausprägung durch die Vorschriften über den gutgläubigen Erwerb beweglicher Sachen (Art. 2276 Code civil, Art. 2279 a. F.) und die Möglichkeit eines Verlustes von Verfahrensrechten infolge von Präklusion (*forclusion*) oder Verjährung größere Bedeutung zuwächst, sind diese Belange in Verfahren vor der CIVS gänzlich ohne Belang. Eine ähnliche Ausrichtung zeigt sich bei Restitutionen aus den Sonderrestbeständen. Nach der gebotenen rechtlichen Prüfung wären Gesichtspunkte des Verkehrsschutzes hier an sich beachtlich, diese werden in der Praxis aber großzügig ausgeklammert.

VI. Das französische System kann trotz seiner Uneinheitlichkeit und der dadurch bedingten Intransparenz und Unübersichtlichkeit als mit den Prinzipien der Washingtoner Erklärung vom 3. Dezember 1998 in seinen Grundzügen vereinbar angesehen werden. Regelungsdefizite bestehen einerseits in dem lückenhaften Charakter der bestehenden Verfahrensregelungen, die längst nicht alle Verlusttypen erfassen, und andererseits in dem rigiden Charakter des öffentlichen Vermögensrechts mit seinen gesetzlichen Verfügungsverboten für Kulturgüter in öffentlichen Sammlungen. Das Reformgesetz vom 22. Juli 2023 stellt insoweit einen klaren Fortschritt dar, hat aber längst nicht alle Defizite beseitigt und wirft zudem neue Auslegungsprobleme auf.

I. Das Patchwork der französischen Verfahrens- und Regelungsmodelle

Die Darstellung hat gezeigt, dass die französische Praxis kein einheitliches, in sich geschlossenes Regelungssystem aufweist. Vielmehr zeichnet sie sich durch ein Nebeneinander autonomer Verfahrensmodelle und Regelungen aus unterschiedlichen historischen Epochen aus.

Die aus der Nachkriegszeit überlieferten Regelungen, insbesondere die Verordnung Nr. 45-770 vom 21. April 1945, verpflichtet die Erwerber:innen entzogener oder unter Zwang veräußerter Vermögenswerte im Verhältnis zu den früheren Eigentümer:innen zur Restitution oder bei Beschädigung oder Zerstörung zum Schadensersatz. Der Restitutionsanspruch der früheren Eigentümer:innen knüpft dabei an die Nichtigkeit des verlustbegründenden Rechtsaktes an. Nichtig sind neben hoheitlichen Vermögenszugriffen infolge sog. Ausnahmemaßnahmen (*mesures exorbitantes du droit commun*, Art. 1)[2099] auch Rechtsgeschäfte, die unter Zwang abgeschlossen wurden (Art. 11). Das Vorliegen von Zwang wird bei Geschäftsabschlüssen durch verfolgte Personen widerleglich vermutet (Art. 11 Abs. 1).[2100] Die Ansprüche aus der Verordnung müssen von den Berechtigten klageweise in Verfahren vor den Zivilgerichten geltend gemacht werden.

Die Verordnung erfasst in räumlicher Hinsicht nur inländische Verluste, das heißt Entziehungen, die auf dem französischen Staatsgebiet (inklusive Elsass-Lothringen) oder in Gebieten unter französischer Kontrolle (etwa Algerien, Marokko, Tunesien) eingetreten sind. In zeitlicher Hinsicht werden nur Vermögensverluste in der Periode der deutschen Besatzung erfasst. Von vornherein ausgeklammert werden hierdurch Verluste in anderen Einflussgebieten des Deutschen Reichs und vor Beginn der NS-Herrschaft in Frankreich. Die Verordnung adressiert zudem nicht ausschließlich Verfolgungsunrecht, sondern allgemein Verluste, die sich als unmittelbare (bei hoheitlichen Vermögenszugriffen) oder mittelbare Folge (bei rechtsgeschäftlichen Vermögensverlusten) Folge von Ausnahmemaßnahmen darstellen. Die Regelungen finden neben verfolgungsbedingten Verlusten somit auch auf sonstige widerrechtliche (etwa völkerrechtswidrige) Vermögenszugriffe Anwendung. Dessen ungeachtet erfuhren Verfolgungsopfer, die als primäre Opfer der Unrechtsherrschaft der Besatzungszeit angesehen wurden, in der Rechtsprechung eine vorteilhafte Behandlung.

Von diesem Regelungsansatz unterscheidet sich das Dekret Nr. 99-778 vom 10. September 1999 als normativer Inbegriff der zweiten Phase der Wiedergutmachung nach 1997 grundlegend.

2099 Nach der Definition der Rechtsprechung in der Nachkriegszeit handelt sich um hoheitliche Maßnahmen, die gegen Regeln des geltenden Völkerrechts verstoßen oder unter Verletzung des Gleichheitssatzes bestimmte Personengruppen benachteiligen. Siehe Näheres hierzu unter B.II.2.a)aa)(2).

2100 Die Zwangsvermutung nach Art. 11 Abs. 1 der Verordnung fand grundsätzlich nur auf Personen Anwendung, die aus antisemitischen Gründen verfolgt wurden. Siehe hierzu unter B.II.2.b)aa)(2).

Dessen historische Prämisse bilden die Anerkennung der Shoah als Zentralereignis des Zweiten Weltkrieges und die unzureichenden Ausgleichleistungen gegenüber Shoah-Opfern nach dem Krieg. Den Verfolgungsopfern soll erneut die Möglichkeit eingeräumt werden, einen Ausgleich für Vermögensschäden im Rahmen eines alternativen Verfahrens zur Streitbeilegung (ADR) abseits des gerichtlichen Rechtsweges zu erlangen. Die CIVS hat demnach vorrangig auf eine Schlichtung (*conciliation*) zwischen Geschädigten und den heutigen Halter:innen entzogener Vermögenswerte hinzuwirken. Da deren Existenz oder Verbleib nach dem Krieg heute in der Regel nicht ermittelt werden kann, bildet die Gewährung einer Entschädigungsleistung aus dem Haushalt des Zentralstaates die Regel. Anspruchsberechtigt sind ausschließlich Personen, die durch Entziehungen infolge antisemitischer Gesetze in Frankreich oder in unter französischer Kontrolle stehenden Gebieten während der Besatzungszeit einen Vermögensschaden erlitten haben. Vermögensschäden anderer Verfolgtengruppen bleiben hingegen unberücksichtigt. Gerade im europäischen Vergleich stellt sich diese Rechtslage, die Interessen einer Opfergruppe einseitig privilegiert, als singulär dar. Wie schon nach der Verordnung vom 21. April 1945 werden zudem nur inländische Vermögensverluste während der Besatzungszeit erfasst.

Innerhalb dieser zeitlichen, räumlichen und persönlichen Grenzen sind nach dem CIVS-Dekret Vermögensschäden in einem umfassenden Sinne ersatzfähig. Kunstwerke und Kulturgüter bilden dabei nur einen Teil der Vermögenswerte, für deren Verlust ein Ausgleich beansprucht werden kann. Der Mechanismus mutet so auf den ersten Blick wie ein allgemeiner Entschädigungsmechanismus zum Ausgleich verfolgungsbedingter Vermögensschäden an. Dieser allgemeine Schluss kann ausgehend von der Spruchpraxis der CIVS indes nicht gezogen werden. Ein Ausgleich wird nur für den unmittelbaren, durch die Entziehung des Vermögenswertes entstandenen Schaden – die Substanzeinbuße im Vermögen der Geschädigten – geleistet. Von vornherein nicht ersatzfähig sind bloße Wertminderungen, die im Nachgang zur Entziehung eingetreten sind, oder Folgeschäden im Vermögen der geschädigten Person, wie entgangener Gewinn (*gain manqué*) oder entgangene Gewinnchancen (*perte d'une chance*), die nach herkömmlichem Schadensersatzrecht ersatzfähig wären.

Sofern die Restitution Kunstwerke oder Kulturgüter in staatlicher Obhut oder im öffentlichen Eigentum betrifft, sind weitere Besonderheiten zu beachten. Bezieht sich das Begehren auf Kulturgüter in öffentlichen Sammlungen im Eigentum des Zentralstaates oder anderer Gebietskörperschaften, setzte die Restitution wegen des Grundsatzes der Unveräußerlichkeit der Vermögenswerte der öffentlichen Domäne (*principe d'inaliénabilité des biens du domaine public*) nach bisheriger Rechtslage die vorherige Aussonderung des betreffenden Kulturguts durch ein Parlamentsgesetz voraus, das bestimmten verfassungsrechtlichen Anforderungen zum Schutz des öffentlichen Eigentums genügen musste. Ein im Juli 2023 verabschiedetes Gesetz sieht nun eine Ausnahme von diesem Grundsatz bei verfolgungsbedingt entzogenen Kulturgütern vor.

Einen davon zu unterscheidenden rechtlichen Sonderstatus weisen die Sonderrestbestände der äußeren Restitution (darunter namentlich die MNR-Bestände) auf. Es handelt sich um einen Restbestand derjenigen Kunstwerke und Kulturgüter, die in der Regel während der deutschen Besatzung von deutschen Stellen entzogen oder am Kunstmarkt käuflich erworben wurden, während des Krieges nach Deutschland gelangten und nach 1945 in Umsetzung der völkerrechtlichen Restitutionen nach Frankreich rückgeführt wurden. Der Staat beansprucht an diesen Beständen kein Eigentum. Vielmehr verwahrt er diese auf Grundlage einer spezialgesetzlichen Sequestration nach dem Dekret vom 30. September 1949 in Erwartung ihrer

Restitution an ihre Eigentümer:innen. Das Eigentum an diesen Kunstwerken und Kulturgütern steht nach dieser Konstruktion bis heute entweder den Vorkriegseigentümer:innen oder den späteren Erwerber:innen in der Besatzungszeit zu, an welche die Restitution zu erfolgen hat.

Ansprüche auf Kulturgüter in öffentlichen Sammlungen oder Sonderrestbeständen können vor der CIVS oder auf Grundlage der Verordnung von 1945 vor Zivilgerichten alternativ geltend gemacht werden. Gleichwohl erfassen diese Regelungsregime nur inländische Vermögensverluste, sodass auch hier eine beachtliche Regelungslücke verbleibt, die nunmehr – zumindest für Kulturgüter in öffentlichen Sammlungen – durch das Restitutionsgesetz vom Juli 2023 geschlossen wurde. Dieses ist aber nicht auf die Sonderrestbestände der äußeren Restitution anwendbar.

II. Die Nachkriegsgesetze als normativer Ordnungsrahmen

Anders als zu erwarten wäre, hat der bruchstückartige Charakter des Gesamtsystems keine Zersplitterung der für die Anspruchsbewertung maßgeblichen materiellrechtlichen Normen bewirkt. Der normative Zusammenhalt des Gesamtsystems wird durch die Vorgaben der Nachkriegsgesetzgebung zur Restitution entzogener oder unter Zwang veräußerter Vermögenswerte – insbesondere der Verordnung vom 21. April 1945 – gewährleistet, deren Vorgaben in der heutigen Praxis entweder direkt oder jedenfalls als normative Leitlinien mittelbar Anwendung finden. Die Verordnung bildet noch heute die maßgebliche normative Bewertungsgrundlage für Restitutionen aus den Sonderrestbeständen der äußeren Restitution.[2101] Auch die Praxis der Restitution von Kulturgütern in öffentlichen Sammlungen orientierte sich schon nach alter Rechtslage an den Vorgaben der Verordnung, wie die Stellungnahme des *Conseil d'État* zum Gesetz vom 21. Februar 2022 belegt.[2102] Dies muss ebenfalls bei der Auslegung des nun verabschiedeten Restitutionsgesetzes von 2023 gelten, das die Voraussetzungen für Restitutionen von Kulturgütern im öffentlichen Eigentum nunmehr in generell-abstrakter Weise regelt.

Die Begriffsdefinitionen der Verordnung von 1945 finden ferner bei der Auslegung des CIVS-Dekrets Beachtung: Der Begriff der Entziehung (*spoliation*) in Art. 1 Abs. 1 und Art. 1-1 des Dekrets ist der Verordnung vom 21. April 1945 (Art. 1) direkt entlehnt und wird in der Spruchpraxis heute analog ausgelegt. Unter den Begriff werden indes abweichend vom historischen Begriffsverständnis auch rechtsgeschäftliche Vermögensverluste subsumiert.[2103] Auch im Übrigen orientiert sich die Praxis der Kommission aus Gründen der Gleichbehandlung an den Vorgaben des Nachkriegsrecht (etwa bei der Bemessung des Schadensersatzes nach Pauschalsätzen). Es soll auf diese Weise vermieden werden, dass Geschädigte heute bessergestellt werden als in den Verfahren der Nachkriegszeit. War ein Vermögensverlust demnach schon nach Nachkriegsrecht nicht als ersatzfähig anzusehen, kann für diesen nunmehr auch kein Ersatz vor der CIVS erlangt werden.

2101 Siehe hierzu unter C.III. Eine Ausnahme gilt, wie bereits dargestellt, für Vermögensverluste vor 1940 in Frankreich und Verluste außerhalb Frankreichs im NS-Herrschaftsbereich.

2102 CE, 7.10.2021, Nr. 403728, S. 3, Rn. 7.

2103 Jedoch findet in diesen Fällen nicht die Zwangsvermutung aus Art. 11 Abs. 1 der Verordnung vom 21.4.1945 Anwendung. Siehe zum Ganzen unter B.III.7.a)aa)(3).

Bemerkenswert ist aber, dass die CIVS bei der Fallbewertung, wenn auch in bislang nur wenigen Einzelfällen, zusätzlich moralische Wertungen einbezieht, die nach gesetzlichen Vorgaben an sich unbeachtlich wären. Das Ergebnis der Normanwendung steht somit unter dem Vorbehalt einer nachträglichen Korrektur aus Gründen der Billigkeit (*équité*). Auf diese Weise soll besonderen Härten bei der Auslegung und Anwendung des CIVS-Dekrets vorgebeugt und dem besonderen Gerechtigkeitsanliegen des Verfahrens entsprochen werden. Die möglichen nachteiligen Auswirkungen dieses Billigkeitsansatzes der Empfehlungen der CIVS auf die Stabilität der Gesamtpraxis der CIVS erscheinen jedoch überschaubar. Bezogen auf die Gesamtpraxis konnte nur eine Handvoll Fälle nachgewiesen werden, in denen die Abweichung von gesetzlichen Vorgaben oder eigenen Leitlinien der Spruchpraxis der CIVS als auffällig zu bewerten ist (Fälle G[2104], Hugo Simon[2105], Q[2106] und Armand Dorville[2107]). Vielmehr führt die Anwendung des Grundsatzes der Billigkeit in der Regel vor allem zu einer Lockerung der Beweisanforderungen im Einzelfall.

Bislang fehlt es hingegen an einem feststehenden Bewertungsrahmen für Verluste von Kunstwerken und Kulturgütern, die vor 1940 oder außerhalb Frankreichs eingetreten sind. Restitutionen erfolgen in diesem Bereich in der Regel nach vorausgehenden Verhandlungen zwischen den Anspruchsteller:innen und heutigen Halter:innen ohne Einbindung einer unabhängigen Instanz. Die Restitutionen stehen daher im freien Ermessen der Verwaltung.

III. Kausalität und Zurechnung als Grundelemente des Unrechtstatbestandes

Die Forschungsarbeit konnte ferner Klarheit darüber schaffen, unter welchen Voraussetzungen der Verlust eines Kulturguts während der NS-Herrschaft als ausgleichspflichtig anzusehen ist. Sowohl nach der Verordnung vom 21. April 1945 als auch nach dem CIVS-Dekret bildet die Kausalbeziehung zwischen einem bestimmten historischen Unrechtskontext[2108] und dem konkreten Vermögensverlust die Mindestanforderung des Ausgleichsanspruchs. Kausalität genügt für sich genommen jedoch erkennbar nach beiden Regelungsregimen noch nicht. Bei Mitursächlichkeit weiterer Ursachenbedingungen neben dem historischen Unrechtskontext muss das historische Unrecht bei wertender Betrachtung den ausschlaggebenden Grund für den Vermögensverlust darstellen.

2104 Die Abweichung betraf die Anforderungen an den Beweis der Verursachung der Entziehung durch die antisemitische Verfolgungspolitik. Die CIVS begründete in diesem Fall, ohne dies näher auszuführen, eine faktische Vermutung der Verfolgungsbedingtheit bei hoheitlichen Vermögenszugriffen. Siehe hierzu unter B.III.7.c)aa)(2)(ii)(c).

2105 Die Abweichung betraf die Anforderungen an den Beweis der Entziehung. Es konnte nicht geklärt werden, unter welchen Umständen das Kunstwerk verloren gegangen war. Die CIVS vermutete eine Entziehung infolge antisemitischer Gesetze, ohne dies erneut näher zu begründen. Siehe hierzu unter B.III.7.c)cc)(4).

2106 Die Abweichung betraf die Bestimmung der Anspruchsberechtigten. Als solche wurden abweichend von den Vorgaben des Dekrets nicht die Geschädigten oder deren Rechtsnachfolger:innen angesehen, sondern eine Reihe jüdischer Organisationen, die karitative Zwecken verfolgen. Siehe hierzu unter B.III.7.b)bb)(3)(ii).

2107 Die Abweichung betraf die Frage, welche Arten von Vermögensverlusten als ausgleichsfähig anzusehen sind. Im konkreten Fall wurde eine Rückgabe empfohlen, obwohl der Vermögensverlust nach den Feststellungen der Kommission frei von Zwang erfolgt war. Ausschlagegebend sei laut CIVS der zwielichtige Erwerbskontext. Siehe hierzu unter B.III.7.c)cc)(3)(ii).

2108 Im Bereich des CIVS-Dekrets bildet die antisemitische Verfolgungspolitik den maßgeblichen Unrechtskontext. Nach der Verordnung vom 21. April 1945 war der relevante Unrechtskontext noch weiter gefasst. Er umfasste neben Verfolgungsmaßnahmen auch sonstige Unrechtsmaßnahmen der deutschen Besatzungsmacht (etwa völkerrechtswidrige Plünderungen).

Die CIVS bringt diese Prüfung auf die treffende Formel, dass die Vermögensschäden antisemitischen Verfolgungsmaßnahmen staatlicher Stellen zurechenbar (*imputable*) sein müssen. Eine vergleichbare normative Einschränkung ist dem Wortlaut der Verordnung vom 21. April 1945 nicht unmittelbar zu entnehmen. Bei genauerer Betrachtung der Rechtsprechung der Nachkriegszeit[2109] wird jedoch deutlich, dass auch diese eine normative Einschränkung im Sinne einer Zurechnungsprüfung vornimmt. Dies wird besonders deutlich im Umgang mit rechtsgeschäftlichen Vermögensverlusten. Eine Veräußerung unter Zwang im Sinne des Code civil war nach der Rechtsprechung der Nachkriegszeit zu bejahen, wenn die Verfolgungspolitik bei einem Motivbündel den vorrangigen Beweggrund für die Verfügung bildete. Die Rechtsprechung forderte dabei den Nachweis, dass die Geschädigten durch eine konkrete Verfolgungsmaßnahme (etwa ein gesetzliches Berufsverbot oder ein Gesetz, das die Ernennung kommissarischer Verwalter:innen vorsah) zur Veräußerung des Vermögenswertes angehalten worden waren. Ließe man für die Begründung eines ersatzfähigen Vermögensverlustes hingegen bereits eine kausale Verbindung zwischen Unrechtskontext und Vermögensverlust genügen, würde dem schon durch den Vortrag entsprochen, dass die Veräußerung in Ansehung der staatlichen Verfolgung der Geschädigten erfolgt war. Dies wurde aber gerade bei Motivbündeln – also bei bloßer Mitursächlichkeit – nicht als ausreichend bewertet.

Eine ähnliche Argumentation greift bei Vermögensverlusten auf Grundlage tradierter, insbesondere zivilrechtlicher oder sonstiger Normen aus der Zeit vor 1940. Auch hier ist entscheidend, dass der Vermögensverlust vorrangig durch den maßgeblichen Unrechtskontext (insbesondere die Verfolgungspolitik) beeinflusst wurde. Bei der Bewertung dieses Zusammenhangs stellte die Rechtsprechung auf die erkennbare Motivlage der handelnden Stellen ab. Zu fragen ist, ob diese durch die Entscheidung in Wirklichkeit dem Normzweck widerstrebende Ziele (etwa den Ausschluss verfolgter Personen aus dem Wirtschaftsverkehr oder die wirtschaftliche Expansion des Dritten Reichs) beförderten oder sich die Entscheidungen noch in den Grenzen zulässiger Normauslegung bewegten. Bloße Kausalität im Sinne einer Mitursächlichkeit des Unrechtskontexts für den Vermögensverlust, die vor allem bei verfolgten Personengruppen regelmäßig zu bejahen wäre, genügt somit für sich genommen nicht.

IV. Individualhaftung oder Kollektivhaftung für Individualschäden

Ein weiterer wesentlicher Unterschied zwischen den Regelungsregimen der Nachkriegszeit und dem CIVS-Dekret betrifft die Frage, welche Entität (Stelle oder Person) für den Ausgleich der Vermögensschäden einzustehen hat. Die Regelungen aus der Nachkriegszeit, insbesondere die Verordnung vom 21. April 1945 sehen eine vorrangige Haftung der Erwerber:innen vor. Diese haben Vermögenswerte, die während der Besatzungszeit entzogen oder unter Zwang veräußert worden waren, an die früheren Eigentümer:innen zu restituieren. Bei Beschädigung oder Zerstörung haften diese auf Schadensersatz in Geld. Waren die ersatzpflichtigen Erwerber:innen hingegen nicht zahlungsfähig oder nicht auffindbar, konnten die Berechtigten nach der historischen Rechtslage[2110] vom Staat eine nach dem Kriegsschädengesetz vom

2109 Entsprechende Beispiele aus der jüngeren Rechtsprechung fehlen bislang. Auf die Wertungen in den Entscheidungen der Nachkriegszeit kann jedoch auch heute noch zurückgegriffen werden.

2110 Die Antragsfristen nach dem Kriegsschädengesetz liefen am 5.7.1952 ab.

28. Oktober 1946 bemessene Entschädigung verlangen (Art. 7 Abs. 2 der Verordnung). Die Lasten der Entziehung trug also nur im Ausnahmefall der Staat. Von dieser Entschädigungsleistung waren Kunstwerke und Kulturgüter von vornherein ausgenommen (Art. 16 des Kriegsschädengesetzes).

Das CIVS-Dekret hat sich von dieser Haftungskonzeption weitgehend gelöst. Zwar soll die Kommission auf eine Schlichtung (*conciliation*) zwischen früheren Eigentümer:innen und heutigen Erwerber:innen entzogener Vermögenswerte hinwirken und daher vorrangig eine Restitution herbeiführen. Eine Haftung der Erwerber:innen auf Restitution oder Entschädigung bildet heute aber wegen der Translokation[2111], Zerstörung oder Nichtauffindbarkeit der entzogenen Vermögenswerte nach bald acht Jahrzehnten faktisch die Ausnahme. In derartigen Fällen sieht das CIVS-Dekret eine Ausfallhaftung des Zentralstaates gemäß Art. 8-2 CIVS-Dekret vor, die heute in Umkehrung der historischen Rechtslage den Regelfall darstellt. An dieser Umkehrung lässt sich der Wandel von einem *corrective justice*-Ansatz der Nachkriegszeit hin zu einem *distributive justice*-Ansatz in der zweiten Phase der Wiedergutmachung nach 1997 konkret nachvollziehen, in dem Geschädigte vorrangig aufgrund ihrer Zugehörigkeit zu einer Gruppe eine Entschädigung erlangen, die zudem nach Pauschalsätzen bemessen sein kann.[2112] Die CIVS agiert in diesem Fall weniger als schlichtende Vermittlungsinstanz zwischen den Parteien. Vielmehr nimmt sie eine beratende Funktion ein, indem sie die Entscheidung des:der Premierminister:in über die zu gewährende Entschädigung inhaltlich vorbereitet und absichert.

V. Partielle Beachtlichkeit von Verkehrsschutzgesichtspunkten

Der gute Glaube der Erwerber:innen entzogener Vermögenswerte und der Zeitablauf seit den historischen Ereignissen sollen für die Bewertung der Ansprüche in Verfahren vor der CIVS generell unbeachtlich sein. Dieser Grundsatz kann unmittelbar aus der Gesamtheit der im Rahmen dieser Forschungsarbeit gesichteten Empfehlungen der CIVS gefolgert werden. In lediglich einem einzigen Verfahren erlangte die Frage, ob die heutigen Halter:innen der Kulturgüter Kenntnis oder jedenfalls fahrlässige Unkenntnis von deren Herkunft aus einer verfolgungsbedingten oder sonst wie widerrechtlichen Entziehung hatten, Bedeutung im Rahmen der Anspruchsbewertung. Einen historischen Ausnahmefall in der Spruchpraxis der CIVS markiert der Fall Armand Dorville. Gleichwohl wird man diesen Fall, zumal die Anspruchsablehnung hier auf Ebene einer nachgelagerten Prüfung unter Billigkeitsgesichtspunkten erfolgte, als einen singulären Ausnahmefall bewerten müssen.[2113]

Unbeachtlich sind in Verfahren vor der CIVS ferner Fragen der Verjährung und der Präklusion rechtlicher Ansprüche. Die Unbeachtlichkeit des Zeitablaufs seit den historischen

2111 Siehe zum Konzept der »patrimonial translocation« Näheres bei Savoy/Bodenstein/Lagatz (Hrsg.), Translocations: Histories of Dislocated Cultural Assets, im Erscheinen.

2112 *Veraart*, Law & Social Inquiry 2016, 956 (970): »Corrective justice on the specific merits of each case in the courtroom on the basis of abstract legal principles as happened in the 1940s and 1950s was replaced, in the 1990s and early 2000s, by elements of distributive or rough justice toward specific categories of victims on the basis of group membership as an outcome of political negotiations«. Vgl. zum besonderen Aspekt der Pauschalentschädigungen als Ausdruck einer überschlägigen Gerechtigkeit (»rough justice«) *Unfried*, Vergangenes Unrecht: Entschädigung und Restitution in einer globalen Perspektive, S. 462 f.; *Oost*, IJCP 2018, 139 (143 f.).

2113 Siehe hierzu bereits eingehend unter B.III.7.c)cc)(3)(ii) und B.III.7.e)bb).

Ereignissen für die Prüfung folgt schon aus der Zielsetzung des Dekrets, für ausgewählte Vermögensschäden die Verfolgung von Ausgleichsansprüchen ausnahmsweise erneut in einem alternativen Verfahren der Streitschlichtung im Interesse einer »verspäteten Gerechtigkeit« (*justice retardée*) zuzulassen. Durch eine Berufung auf Rechtsinstitute, die auf die zeitliche Beschränkung der Anspruchsverfolgung gerichtet sind, würde sich der französische Staat in Widerspruch zu dem gegebenen Versprechen setzen.

Anders liegen die Dinge hingegen mit Blick auf die Verordnung vom 21. April 1945. Diese sieht eine gerichtliche Anspruchsverfolgung nur in engen zeitlichen Grenzen vor. Für Restitutionsklagen gilt grundsätzlich eine Präklusionsfrist bis zum 1. Dezember 1947 (Art. 21 Abs. 1), von der das angerufene Gericht jedoch nach Art. 21 Abs. 2 befreien kann. Davon unberührt bleibt weiterhin eine Anspruchsverjährung nach allgemeinem Zivilrecht.[2114] Daneben schützt die Verordnung außerdem, wenn auch in gegenüber dem Zivilrecht eingeschränktem Umfang, den guten Glauben der Erwerber:innen beweglicher Sachen, selbst wenn diese entzogen oder unter Zwang veräußert wurden. Für Zwangsgeschäfte nach Art. 11 folgt dies bereits aus der schlichten Verweisung auf das allgemeine Zivilrecht hinsichtlich der Rechtsfolgen (Art. 12 Abs. 1). Bei Entziehungen (Art. 1) sieht Art. 4 Abs. 1 zwar eine unwiderlegliche Vermutung der Bösgläubigkeit der Erwerber:innen und Folgeerwerber:innen entzogener Vermögenswerte vor (Art. 4 Abs. 1), sodass im Grundsatz ein gutgläubiger Erwerb ausgeschlossen ist. Gleichwohl statuiert Art. 10 Satz 1 hiervon eine relevante Ausnahme bei Entziehungen beweglicher Sachen, indem sie die Vorschrift des Art. 2279 Abs. 2 Code civil a. F. (Art. 2276 Abs. 2 n. F.) über den Eigentumserwerb an gestohlenen oder verlorenen Sachen für anwendbar erklärt. Ein Eigentumserwerb ist bei Gutgläubigkeit nach Ablauf der in Art. 10 Satz 2 geregelten Ausschlussfrist möglich, die wie die allgemeine Präklusionsfrist am 1. Dezember 1947 ablief. Diese Problemstellung wurde in Rechtsprechung und Schrifttum bislang entweder verkannt oder aber – wie im Fall Simon Bauer – zu keiner überzeugenden Lösung geführt.[2115]

Es bleibt schleierhaft, aus welchen Gründen die Zivilgerichte bislang von einer Anwendung des Art. 10 Satz 1 absahen. Womöglich unterblieb in den Verfahren schlicht eine Berufung auf diese Vorschrift seitens der Parteien. Eine weitere Erklärung dürfte in der unklaren Fassung der Vorschrift gesehen werden, die in deutlichem Widerspruch zur Bösgläubigkeitsvermutung in Art. 4 Abs. 1 steht. Letztlich liegt der Verdacht nahe, dass die Zivilgerichte schlicht ein gewisses Unbehagen verspüren, in Verfahren, die den Ausgleich historischen Verfolgungsunrechts zum Gegenstand haben, eine dem Verkehrsschutz dienende Vorschrift anzuwenden. Diese Vorbehalte, wenngleich sie moralisch nachvollziehbar erscheinen mögen, müssen jedoch angesichts des im Gesetzgebungsverfahren zum Ausdruck gelangten gesetzgeberischen Willens zurückstehen. Bezogen auf die materiellen Ausgleichsleistungen bei verfolgungsbedingten Entziehungen besteht zudem die Besonderheit, dass der französische Gesetzgeber speziell für diese Verlustformen die CIVS als besonderes Verfahrensmodell geschaffen hat, die abseits eines gerichtlichen Verfahrens und nach eigenen Prüfungsparamatern, namentlich unter Ausklammerung von Verkehrsschutzgesichtspunkten, Ansprüche auf Restitution und Entschädigung prüft. Dieses Verfahrensmodell ist spezifisch darauf ausgerichtet ist, dem moralischen Gerechtigkeitsanliegen Rechnung zu tragen.

2114 Siehe hierzu unter B.II.5.
2115 Siehe zum Ganzen B.II.2.a)bb)(3)(iii).

VI. Anschlussfähigkeit an die Washingtoner Prinzipien von 1998

Den internationalen Referenzrahmen für Verfahren zur Beseitigung von Schäden infolge NS-herrschaftsbedingter Kulturgutverluste bilden neben der Washingtoner Erklärung von 1998 die Folgeerklärungen von Vilnius von 2000 und Theresienstadt von 2009, die Frankreich beide mitunterzeichnet hat. Diese Erklärungen sind als völkerrechtliches *soft law* zwar nicht bindend, bilden aber einen Konsens der Signatarstaaten ab, der von einer starken moralischen Verpflichtung getragen wird. Die Erklärungen verkörpern insoweit einen internationalen moralischen Mindeststandard, der zur Evaluierung nationaler, materiell- sowie verfahrensrechtlicher Regelungen herangezogen werden kann. Weitere Bewertungsparameter können daneben aus einer rechtsvergleichenden Betrachtung im Lichte der Washingtoner Prinzipien gewonnen werden.

Die in der Washingtoner Erklärung enthaltenen Begriffe sind in höchstem Maße unbestimmt und daher auf eine konkretisierende Umsetzung durch die Signatarstaaten im Rahmen ihrer Rechtsordnungen angelegt. Dies gilt namentlich für die Prinzipien Nr. 4 und 8, die für die Bewertung der nationalen Praxen von besonderer Bedeutung sind. Die nachfolgende Zusammenfassung beschränkt sich, ausgehend von diesen internationalen Vorgaben, auf die Evaluierung der Beweisanforderungen und materiell-rechtlichen Regelungen in Restitutionsverfahren in Frankreich. Für eine Bewertung der Verfahrensmodelle wird auf eine andere, im Erscheinen befindliche Forschungsarbeit verwiesen.[2116]

1. Prinzip Nr. 4

Prinzip Nr. 4 betrifft die Beweisanforderungen bei der Prüfung eines Anspruchs unter den Washingtoner Prinzipien. Dieses sieht vor, dass Staaten bei der Prüfung, ob ein Kulturgut durch die Nationalsozialisten beschlagnahmt oder auf sonstige Weise verloren gegangen ist oder in der Folge zurückerstattet wurde, bei auftretenden Beweislücken oder Unklarheiten den Zeitablauf seit den historischen Ereignissen und die besonderen Umstände des Holocaust zu berücksichtigen haben.[2117] Nicht gefordert wird eine generelle Beweislastumkehr zugunsten der Geschädigten. Vielmehr sollen bei der Beweiswürdigung der Faktor Zeit und die Besonderheiten der Verfolgung der Eigentümer:innen gebührend berücksichtigt werden. Dies gilt insbesondere in Fällen, in denen diese Lücken oder Unklarheiten zur Nichterweislichkeit der beweiserheblichen Tatsachen (*non liquet*) führen würden. In einem herkömmlichen Gerichtsverfahren würde das Gericht in diesem Fall von dem Nichtvorliegen der beweiserheblichen Tatsache zulasten der beweisbelasteten Partei ausgehen und die Klage im Zweifel abweisen müssen. Es stellt indes ein Charakteristikum der Fälle mit Bezug zur Shoah dar, dass Beweise infolge von Zeitablauf und Verfolgung nur schwerlich beizubringen sind. Ein Beweisausfall mit der Folge einer Anspruchsablehnung soll daher gerade vermieden werden. Prinzip Nr. 4 adressiert somit implizit das Beweismaß, also den Grad der Wahrscheinlichkeit des Zutreffens der

2116 Siehe *Stephany*, Gerecht und fair? Bausteine eines Verfahrens im Sinne der Washingtoner Prinzipien, im Erscheinen.

2117 In establishing that a work of art had been confiscated by the Nazis and not subsequently restituted, consideration should be made for unavoidable gaps or ambiguities in the provenance in light of the passage of time and the circumstances of the Holocaust era.

beweiserheblichen Tatsache: Soweit es um Tatsachen geht, deren Beweis im konkreten Fall erschwert ist, wird eine Flexibilität bei der Ausgestaltung des Beweismaßes gefordert.

Nach dem Wortlaut der Erklärung soll der Beweis aber nur hinsichtlich des NS-herrschaftsbedingten Verlustes (*confiscation by the Nazis*) erleichtert werden. Wie in den vorangehenden Kapiteln gezeigt wurde, betrifft eine wesentliche Schwierigkeit der Beweisführung den Eigentumsnachweis. Bei systematischer Betrachtung ist dieser Beweis aber erkennbar mitgemeint. Es sollen Maßnahmen ergriffen werden, um die Identifikation von Kunstwerken zu erleichtern (Prinzip Nr. 3). Nach ihrer Identifikation sollen die »Vorkriegseigentümer oder deren Erben« durch Publikationen auf die ermittelten Fälle aufmerksam gemacht werden (Prinzip Nr. 5). Die Identifizierung von NS-herrschaftsbedingt entzogenen Kulturgütern setzt indes die Klärung der Verlustumstände bei den früheren Eigentümer:innen voraus, folglich auch die Identifikation der Geschädigten und die Klärung der Eigentumsverhältnisse im Vorfeld des Verlustes.

Dieser Forderung nach einer Lockerung der Beweisanforderungen wird die Spruchpraxis der CIVS in besonderem Maße gerecht. Das Beweismaß gestaltet sich hier flexibel und richtet sich danach, ob Restitution oder Entschädigung begehrt wird. Um die Restitution eines Kulturguts zu erlangen, muss der Vollbeweis des Eigentums an dem beanspruchten Objekt im Zeitpunkt der Entziehung geführt werden. Insoweit entsprechen die Anforderungen dem Regelbeweismaß des allgemeinen Beweisrechts. Gelingt dieser Nachweis nicht, kann jedenfalls eine Entschädigung nach Art. 8-2 CIVS-Dekret erlangt werden, wenn der Verlust eines (auch nur der Gattung nach bestimmten) Vermögenswertes glaubhaft gemacht wird. Durch dieses Vorgehen kann eine vollständige Anspruchsablehnung bei fortbestehenden Beweislücken vermieden werden.

Ein weiteres Spezifikum der CIVS-Praxis besteht in der Bedeutung, die den Aussagen und Erinnerungen der Geschädigten bei der Beweiswürdigung zugemessen wird. Diesen kommt nach dem Grundsatz der Glaubwürdigkeit ein eigenständiger Beweiswert zu. Gleichwohl darf die Bedeutung dieses Beweismittels nicht überbewertet werden. Der Beweiswert der Aussagen beschränkt sich auf typische Schadensereignisse, die sich mit allgemeinen historischen Erkenntnissen decken. Sie ermöglichen für sich genommen noch nicht den Vollbeweis des Eigentums an einem bestimmten Kulturgut.

Als ein Defizit der Praxis der CIVS könnte das generelle Fehlen allgemeiner Vermutungsregeln angesehen werden, welche die Beweislast punktuell zugunsten der Geschädigten oder deren Rechtsnachfolger:innen verschieben. Hinsichtlich der positiven Anspruchsvoraussetzungen sind die Anspruchsteller:innen voll beweisbelastet, hinsichtlich der negativen Voraussetzungen hingegen der:die Anspruchsgegner:in (in der Regel der Zentralstaat). Insbesondere wird in der Praxis der CIVS bei rechtsgeschäftlichen Verlusten die Verfolgungsbedingtheit nicht vermutet, sondern muss positiv nachgewiesen werden. Hierdurch unterscheidet sich die CIVS-Praxis nicht nur von den Spruchpraxen vergleichbarer Kommissionen in anderen europäischen Staaten (wie Deutschland, Österreich und den Niederlanden). Auch die Verordnung vom 21. April 1945 sah eine entsprechende Vermutungsregel zugunsten verfolgter Personen vor (Art. 11 Abs. 1). Das Fehlen einer vergleichbaren Beweislastregel in der CIVS-Praxis stellt sich indes nur als ein vermeintliches Defizit dar. Aus funktional-rechtsvergleichender Sicht können Vermutungsregeln im praktischen Ergebnis auch gelockerte Beweisstandards gleichkommen. So wird in der CIVS-Praxis im Wege eines Anscheinsbeweis die Verfolgungsbedingtheit einer Veräußerung als typischer Geschehensverlauf angesehen. Zu einer zusätzlichen Angleichung an die Standards anderer Staaten führt der amtswegige Charakter des CIVS-Verfahrens: Es erfolgt eine vollumfängliche Beweiserhebung zu sämtlichen anspruchsrelevanten Fragen, Indizien werden sowohl zugunsten als auch zulasten des Anspruchsbegehrens gewürdigt.

Anders gestalten sich die Beweisanforderungen nach der Verordnung vom 21. April 1945, die auf eine Anspruchsverfolgung in einem klassischen gerichtlichen Verfahren gerichtet ist, in dem allgemeine Beweisgrundsätze gelten. Erforderlich ist der Vollbeweis aller anspruchsbegründenden Tatsachen. Jedoch zeichnet sich die Beweisführung vor Gerichten in Frankreich wegen der gehobenen Bedeutung des Indizienbeweises als Methode der Beweisführung durch eine gewisse Flexibilität aus. Die freie richterliche Beweiswürdigung ermöglicht es, dem Zeitablauf seit den historischen Ereignissen, wenn auch nur implizit, angemessen Rechnung zu tragen.

2. Prinzip Nr. 8 und 9

Prinzip Nr. 8 betrifft sodann die Ausgestaltung einer Lösung in einem konkreten Streitfall. Können die Geschädigten oder ihre Rechtsnachfolger:innen ermittelt werden, sollen rasche Schritte auf dem Weg zu einer »just and fair solution« (gerechten und fairen Lösung) ergriffen werden, welche die »facts and circumstances surrounding a specific case« (Gegebenheiten und Umständen des spezifischen Falls) berücksichtigt. Die gleiche Vorgabe gilt nach Prinzip Nr. 9 für den Fall, dass keine Erb:innen identifiziert werden können. Was genau die Begriffspaare Gerechtigkeit und Fairness bezogen auf die Lösung von Eigentumskonflikten meinen, lässt sich nicht ohne Weiteres benennen.[2118] Mitunter wird ausgehend von allgemeinen philosophischen Gerechtigkeitstheorien die Entwicklung von Mindeststandards für möglich gehalten.[2119] Manche erkennen in Prinzip Nr. 8 und 9 nur den Aufruf zu einer Abwägung widerstreitender Interessen im konkreten Einzelfall und betonen zugleich den moralischen Charakter dieser Wertungsfrage.[2120]

Gleichwohl können der Erklärung selbst gewisse Koordinaten zur Konkretisierung entnommen werden. Die Präambel der Erklärung erkennt beispielsweise an, dass »among participating nations there are differing legal systems and that countries act within the context of their own laws«. Die Gestaltung einer Lösung hat sich demnach in den Bahnen des geltenden nationalen Rechts der Signatarstaaten zu bewegen. Die jeweiligen Rechtsordnungen bilden somit den Ausgangspunkt und äußeren Rahmen für die Reflexion über eine gerechte und faire Lösung.[2121] Bei der gebotenen Abwägung der widerstreitenden Interessen könnte so auf Regeln und allgemeine Rechtsgrundsätze aus den Rechtsordnungen der Signatarstaaten zurückgegriffen werden, soweit in diesen universale Gerechtigkeitsprinzipien zum Ausdruck gelangen (etwa

2118 Hierzu ausführlich *Wenzel*, »Gerechte und faire Lösungen«: Rechtstheoretische Grundlagen zur Restitution nationalsozialistischer Raubkunst, im Erscheinen.

2119 So finden sich etwa Anleihen beim US-amerikanischen Philosophen John Rawls, vgl. *Weller*, in: Jankowska/Gwóździewicz-Matan/Stec (Hrsg.), Festschrift für Wojciech Kowalski zum 70. Geburtstag, S. 680, 684 ff.

2120 So etwa *Raschèr*, AJP 2 (1999), 155 (158); *Raschèr*, KUR 2009, 75 (77); *Campfens*, AAL 4 (2019), 315 (319). Dieser Ansatz findet sich auch schon bei Eizenstat, dem Mitverfasser der Prinzipien der Washingtoner Erklärung, siehe *Eizenstat*, in: Bindenagel (Hrsg.), Washington Conference on Holocaust-Era Assets Proceedings, S. 415, 418: »After existing art works have been matched with documented losses, comes the delicate process of reconciling competing equities of ownership to produce a just and fair solution«.

2121 Die Prinzipien geben keinen starren Lösungsweg vor, vielmehr obliegt es nach Ansicht Eizenstats den Signatarstaaten, eigene Lösungen in Übereinstimmung mit ihren jeweiligen Rechtsordnungen zu entwickeln: »These principles are not, in themselves, a solution. They are a means by which nations can fashion their own solutions consistent with their own legal systems.«, *Eizenstat*, in: Bindenagel (Hrsg.), Washington Conference on Holocaust-Era Assets Proceedings, S. 415, 416.

der Schutz vor Drohung und Zwang, der Schutz des guten Glaubens[2122] oder das Verbot der ungerechtfertigten Bereicherung).[2123] Es ließe sich die Leitregel aufstellen, je mehr sich ein Fall dem gesetzlichen Typus eines nichtigen oder unwirksamen Vermögenstransfers annähert, desto eher hat eine Restitution in Natur an die früheren Eigentümer:innen zu erfolgen. Je mehr sich der Verlust wertungsmäßig von diesem Typus entfernt, desto eher können anstelle einer Restitution, die am ehesten den Interessen der Geschädigten entspricht, andere Lösungen gerechtfertigt werden. Auf einem Spektrum möglicher Konfliktlösungen ist die Restitution auf dem äußeren Ende der Skala anzusiedeln, andere Lösungen sind aber ebenso möglich. Die Orientierung der Praxis an allgemeinen, vorweg feststehenden Kriterien entspricht auch dem Grundsatz der Gleichbehandlung. Dieser gebietet es, heutige Fälle sowie heutige und frühere Fälle aus der Nachkriegszeit nach einheitlichen Grundsätzen zu bewerten.

Soweit in der heutigen Praxis – vorbehaltlich gewisser Einzelfallkorrekturen bei begründetem Anlass – einheitliche Bewertungsmaßstäbe zur Anwendung gelangen, entspricht die heutige französische Praxis den Anforderungen aus den Prinzipien Nr. 8 und 9 der Erklärung. Mit gewissen Einschränkungen ist dies auch für die Praxis der CIVS zu bejahen, die sich grundsätzlich an den Vorgaben des Nachkriegsrechts und des allgemeinen Rechts orientiert, diese aber im Einzelfall unter Verweis auf Billigkeitserwägungen fortentwickelt oder abwandelt. Einem derartigen Vorgehen ist stets das Risiko willkürlicher Entscheidungen und somit einer Verletzung des Gleichheitssatzes immanent. Um diesem Risiko vorzubeugen, müssen Billigkeitsentscheidungen noch besser und nachhaltiger als bisher begründet werden, indem etwa die widerstreitenden Argumente der Parteien noch deutlicher herausgestellt und gewichtet werden und die Position der Kommission noch deutlicher durch Verweis auf rechtliche oder moralische Gesichtspunkte erläutert wird. Eine Abweichung von gesetzlichen Vorgaben erscheint im Lichte des Gleichheitssatzes nur dann gerechtfertigt, wenn diese dazu dient, in einem atypischen Einzelfall unbillige Härten zu vermeiden. Die Kommission müsste demnach darlegen, dass der konkrete Fall sich deutlich von dem typischen Anwendungsfall der Norm abhebt und somit eine autonome Lösung rechtfertigt, die den Besonderheiten dieses Falles eher gerecht wird.

Kritisch zu bewerten war bis zur Gesetzesreform vom Juli 2023 das für Kulturgüter in öffentlichen Sammlungen geltende gesetzliche Verfügungsverbot, das eine Restitution verfolgungsbedingt entzogener Kulturgüter an die Geschädigten wegen des Erfordernis eines Einzelfallgesetzes erheblich verzögerte. Die Washingtoner Prinzipien fordern hingegen eine rasche Lösung des Rechtsstreits im Sinne von Prinzip Nr. 8 und 9 (»steps should be taken expeditiously to achieve a just and fair solution«). Die frühere Rechtslage geriet mit diesem Beschleunigungsgebot erkennbar in Konflikt, da zwischen der einer Entscheidung und der tatsächlichen Restitution des Werkes, die den Beschluss eines Parlamentsgesetzes erforderte, mehrere Jahre liegen konnten. Eine Aussonderung von Kulturgütern aus öffentlichen Sammlungen kann seit der Reform nun ohne vorheriges Parlamentsgesetz bereits nach einer Empfehlung der CIVS erfolgen. Da diese zeitliche Verzögerung der Ermittlung und rechtlichen Bewertung eines

2122 So jedenfalls bei Ansprüchen gegen private Halter:innen ausdrücklich *Raschèr*, AJP 2 (1999), 155 (158). Bezogen auf Ansprüche gegen öffentliche Stellen wird die Maßgeblichkeit dieses Kriteriums aber heute weitgehend abgelehnt. Siehe *Dewey*, KUR 2020, 154; *Hahne*, KUR 2020, 159.

2123 Campfens etwa benennt diese Umstände als maßgebliche Elemente einer Anspruchsprüfung, führt sodann aber nicht näher aus, auf welche konkreten Grundannahmen diese letztlich zurückzuführen sind, vgl. *Campfens*, AAL 4 (2019), 315 (319).

Sachverhalts dient und daher sogar als sachdienlich anzusehen ist, kann sie als mit dem Beschleunigungsgebot vereinbar angesehen werden. Die nach früherer Rechtslage entstehende Zeitverzögerung wird auf diese Weise vermieden.

VII. Fortbestehende Regelungslücken und Reformbedürfnisse

Das französische System, obgleich es ausgehend von den materiell-rechtlichen Regeln als mit den Vorgaben der Washingtoner Prinzipien konform bewertet werden kann, begegnet angesichts seiner Intransparenz und seines bruchstückartigen Charakters grundlegender Kritik. Der bereits beschriebene Flickenteppich aus Regelungen unterschiedlicher Epochen erschwert eine Anspruchsverfolgung nachhaltig und mag - neben einer fehlenden Institutionalisierung der Provenienzforschung - den deutlichen Rückstand der Restitutionszahlen im internationalen Vergleich seit 1996 erklären (23 Restitutionen aus öffentlichen Sammlungen des Zentralstaates und anderer Gebietskörperschaften[2124] und 167 Restitutionen aus den Sonderrestbeständen der äußeren Restitution seit 1950[2125]).

Zugleich erfassen die bestehenden Regelungen nicht sämtliche Vermögensverluste, die in der Praxis anderer Kommissionen aber durchaus als ausgleichsbedürftig bewertet werden. Dies gilt etwa für Verluste im NS-Herrschaftsbereich, aber außerhalb Frankreichs und Verluste innerhalb Frankreichs vor Beginn der deutschen Besatzung im Juni 1940. Für beide Verlustkonstellationen fehlt es bis heute - mit Ausnahme der durch das Restitutionsgesetz von 2023 erfassten Fälle - an einer gesetzlichen Regelung. Ein Rückgriff auf zivilrechtliche Normen ist in diesen Fällen, wie dargestellt wurde, nur eingeschränkt möglich, bei Fluchtgutfällen scheidet dies hingegen aus. Eine Lösung dieser Fälle nach rein moralischen Maßstäben geriete bei Kulturgütern aus den Sonderrestbeständen in Konflikt mit den Rechten der wahren Eigentümer:innen dieser Werke, wenngleich eine Restitution auch in diesen Fällen nach den Wertungen der Washingtoner Prinzipien geboten erscheint. Der französische Gesetzgeber müsste, um diesen moralischen Appell mit verfassungsrechtlichen Vorgaben zu vereinbaren, eine Sonderregelung schaffen, die eine Enteignung und Entschädigung der Berechtigten ermöglicht und auf diese Weise eine legale Restitution an die Verfolgungsopfer oder deren Rechtsnachfolger:innen sicherstellt.

Ob die neueingeführten Bestimmungen des Restitutionsgesetzes von 2023 (Art. L.115-2 Abs. 1 und L.451-10-1 Abs. 1 Code du patrimoine) auf Fluchtgutfälle anwendbar sind, kann nach dem Wortlaut der Regelungen auch unter Berücksichtigung der Gesetzesmaterialien nicht ein-

2124 Der Verfasser konnte als Restitutionen aus Sammlungen im Eigentum des Zentralstaates oder anderer Gebietskörperschaften die nachfolgenden 10 Fälle in alphabetischer Reihenfolge ausmachen: Georges Bernheim (ein Werk), David Cender (ein Werk), Erb:innen nach Armand Dorville (zwölf Werke), Erb:innen nach Frederico Gentili di Giuseppe (ein Werk), René Gimpel (drei Werke), Karl Grünwald (ein Werk), Gaston Lévy (zwei Werke), Hugo Simon (ein Werk), Nora Stiasny (ein Werk). In den Fällen Grünzweig und Gimpel erfolgte die Restitution erst auf eine gerichtliche Entscheidung hin. Im Fall Löwenstein (drei Werke) empfahl die CIVS am 13.6.2022 eine Restitution, die Umsetzung der Empfehlung steht aber noch aus (abgedruckt in *CIVS*, Tätigkeitsbericht für 2022, S. 69–73).

2125 Nach amtlichen Angaben wurden seit 1950 Kunstgegenstände 170 Werke aus den Sonderrestbeständen restituiert (Stand April 2023), vgl. *Kulturministerium*, Œuvres de la ›récupération artistique‹ restituées depuis 1950 (au 8 avril 2023). Jedoch müssen von dieser Statistik jene Werke ausgenommen werden, die ursprünglich nicht Teil der Sonderrestbestände waren, sondern in diese erst nachträglich aufgenommen wurden (insgesamt drei Werke in den Fällen Gaston Lévy und Hugo Simon).

deutig gesagt werden. Im Rahmen dieser Arbeit wurde unter Berücksichtigung verfassungsrechtlicher Vorgaben ein möglicher Lösungsansatz aufgezeigt.[2126] Hier gilt es die künftige Praxis der CIVS abzuwarten.

2126 Siehe hierzu unter B.IV.2.b)bb)(4)(ii).

E. Abkürzungsverzeichnis

a.A.	Andere(r) Ansicht
a.a.O.	am angegebenen Ort
AAI	Autorités administratives indépendantes
AAL	Art, Antiquity and Law
ABl.	Amtsblatt
ABlKR.	Amtsblatt des Kontrollrats in Deutschland.
Abs.	Absatz
ACP	Assemblée consultative provisoire
ADR	Alternative dispute resolution
a.F.	alter Fassung
AFDI	Annuaire français de droit international
AJDA	Actualité juridique droit administratif
AJDI	Actualité juridique droit immobilier
AJP	Aktuelle Juristische Praxis
Alt.	Alternative
AN	Archives nationales
Anm.	Anmerkung
Art.	Artikel (auch Plural)
BBF	Bulletin des bibliothèques de France
BGB	(deutsches) Bürgerliches Gesetzbuch
BGBl.	Bundesgesetzblatt
BGH	(deutscher) Bundesgerichtshof
BR-REG	Gesetz Nr. 59 der britischen Militärregierung vom 12.5.1949 über die Rückerstattung feststellbarer Vermögensgegenstände an Opfer der nationalsozialistischen Unterdrückungsmaßnahmen, Verordnungsblatt für die britische Zone Nr. 26 vom 28.5.1949, S. 152
BVerfG	(deutsches) Bundesverfassungsgericht
BVerfGE	Entscheidungen des Bundesverfassungsgerichts
bzgl.	Bezüglich
bzw.	Beziehungsweise
CA	(französische) Cour d'appel
CAA	(französische) Cour administrative d'appel

Cass.	(französische) Cour de cassation
Ass. plén.	Assemblée plénière
- civ.	Chambre civile
- civ. 1ère	Première chambre civile
- civ. 2e	Deuxième chambre civile
- com.	Chambre commerciale
- mixte	Chambre mixte
- soc.	Chambre sociale
CC	(französischer) Conseil constitutionnel
CCP	Central Collecting Point
CDC	Caisse des dépôts et consignations
CE	(französischer) Conseil d'État
CE, Ass.	Assemblée du contentieux du Conseil d'État
CG3P	Code général de la propriété des personnes publiques
CGQJ	Commissariat général aux questions juives
CIVS	(französische) Commission pour l'indemnisation des victimes de spoliations intervenues du fait des législations antisémites en vigueur pendant l'Occupation
CFLN	Comité français de Libération nationale
CNF	Comité national français
CSNC	Commission scientifique nationale des collections
CRPA	Code des relations entre le public et l'administration
CRA	Commission de récupération artistique
CRIF	Conseil représentatif des institutions juives de France (ehemals Conseil représentatif des israélites de France)
d.	des/der
DCFR	Draft Common Frame of Reference
DDHC	Déclaration des Droits de l'Homme et du Citoyen von 1789
ders.	derselbe
d.h.	das heißt
dies.	dieselbe
ebd.	ebenda
EDCE	Études et documents du Conseil d'État
EGMR	Europäischer Gerichtshof für Menschenrechte
EMRK	Europäische Konvention zum Schutz der Menschenrechte und Grundfreiheiten vom 4. November 1950
ERR	Einsatzstab Reichsleiter Rosenberg
Esp.	Espèce (Fall)
EU	Europäische Union
EUGRZ (Zeitschrift)	Europäische Grundrechte-Zeitschrift
f.	folgende
Fasc.	Fascicule
ff.	fortfolgende
Fn.	Fußnote
FS	Festschrift

FSJU	Fonds Social Juif Unifié
GG	Grundgesetz
GmbH	(deutsche) Gesellschaft mit beschränkter Haftung
Hrsg.	Herausgeber
Hs.	Halbsatz
i. E.	im Ergebnis
IJCP (Zeitschrift)	International Journal of Cultural Property
Insb.	Insbesondere
i. V. m.	In Verbindung mit
JCP (Zeitschrift)	Jurisclasseur périodique / La Semaine Juridique
JCP A (Zeitschrift)	La Semaine Juridique. Édition administration et collectivités territoriales
JCP G (Zeitschrift)	La Semaine Juridique. Édition générale
Jhd.	Jahrhundert
JOEF	Journal officiel de l'État français
JOFC	Journal officiel de la France combattante
JORF	Journal officiel de la République française
KRG	(österreichisches) Bundesgesetz über die Rückgabe von Kunstgegenständen und sonstigem beweglichem Kulturgut aus den österreichischen Bundesmuseen und Sammlungen und aus dem sonstigen Bundeseigentum (Kunstrückgabegesetz) vom 4.12.1998, BGBl. I Nr. 181/1998
KUR (Zeitschrift)	Kunst und Recht
Lat.	Lateinisch
LG	(deutsches) Landgericht
lit.	litera
LPA (Zeitschrift)	Les petites affiches
m.	mit
M-Aktion	Möbel-Aktion der Dienststelle Westen des Reichsministeriums für die besetzten Ostgebiete
MNR	Musées nationaux récupération
Mission de recherche et de restitution	Mission de recherche et de restitution des biens culturels spoliés entre 1933 et 1945
m. w. N.	mit weiteren Nachweisen
n. F.	neuer Fassung
NILQ	Northern Ireland Legal Quarterly
NJW (Zeitschrift)	Neue Juristische Wochenschau
N°	Numéro
Nr.	Nummer
OBIP	Office des biens et intérêts privés
OLG	(deutsches) Oberlandesgerichts
ORG	(deutsches) Oberstes Rückerstattungsgericht
ORGE	Entscheidungen des Obersten Rückerstattungsgerichts

REAO	Anordnung BK/O (49) 180 der Alliierten Kommandantur vom 26.7.1949 über die Rückerstattung feststellbarer Vermögensgegenstände an Opfer der nationalsozialistischen Unterdrückungsmaßnahmen, VOBl. für Groß-Berlin I vom 3.8.1949, S. 221
Rec.	Recueil Lebon/Recueil des décisions du Conseil d'État
Rec. Dalloz (Zeitschrift)	Recueil Dalloz
Rec. Sirey (Zeitschrift)	Recueil Sirey
RDP (Zeitschrift)	Revue du droit public
Restitutionsgesetz von 2023	Loi n° 2023-650 du 22 juillet 2023 relative à la restitution des biens culturels ayant fait l'objet de spoliations dans le contexte des persécutions antisémites perpétrées entre 1933 et 1945, JORF vom 23.7.2023, Text Nr. 2
Rev. crit. DIP (Zeitschrift)	Revue critique de droit international privé
RFDA (Zeitschrift)	Revue française de droit administratif
RFDC (Zeitschrift)	Revue française de droit constitutionnel
RGBl.	Reichsgesetzblatt
Rn.	Randnummer
Rspr.	Rechtsprechung
RTD Civ. (Zeitschrift)	Revue trimestrielle de droit civil
RTD Com. (Zeitschrift)	Revue trimestrielle de droit commercial
RzW (Zeitschrift)	Rechtsprechung zum Wiedergutmachungsrecht
S.	Seite
SARL	(französische) Société à responsabilité limitée
SAP	(britisches) Spoliation Advisory Panel
Soc.	Société
Sog.	Sogenannte(r)
SGDL	Société des gens de lettres
SNC	(französische) Société en nom collectif
SNCF	Société nationale des chemins de fer
TdC	(französischer) Tribunal des conflits
TGI	(französischer) Tribunal de grande instance (bis Justizreform von 2020)
TJ	(französischer) Tribunal judiciaire (seit Justizreform von 2020)
TJICL (Zeitschrift)	Tulane Journal of International and Comparative Law
u. a.	unter anderem, und andere (bei Autor:innen kollektiver Werke)
U. S.	United States
US-REG	Gesetz Nr. 59 der US-amerikanischen Militärregierung vom 10.11.1947 über die Rückerstattung feststellbarer Vermögensgegenstände, ABl. Ausgabe G, S. 1
Verf.	Verfasser
vgl.	vergleiche

VOBlF.	Verordnungsblatt des Militärbefehlshabers in Frankreich
VOBl. für Groß-Berlin	Verordnungsblatt für Groß-Berlin
vs.	versus
Ziff.	Ziffer
ZPO	Zivilprozessordnung
ZOV (Zeitschrift)	Zeitschrift für offene Vermögensfragen

F. Quellenverzeichnis

I. Archivalische Quellen

1. Archives nationales

Fonds René Cassin 382AP/73
C// 15257, Dossiers 389 und 399
C//15269
20050311/5
20090351/69 (1998, 1999)
20100239/67, 33.3
20100239/66

2. Archive der CIVS (Fallverzeichnis)

Unterlagen in diesen Archiven wurden zu nachfolgenden Fällen konsultiert, die im Folgenden aus datenschutzrechtlichen Gründen zumeist in anonymisierter Form aufgelistet werden.

1	Fall A	Empfehlung vom 1. Juli 2019
2	Fall B	Empfehlung vom 21. November 2006
3	Fall C	Empfehlung vom 1. Oktober 2018
4	Fall D	Empfehlung vom 5. August 2019
5	Fall E	Empfehlung vom 5. Dezember 2012
6	Fall F	Empfehlung vom 20. April 2001
7	Fall G	Empfehlungen vom 15. März 2002, 10. Januar 2003 (Nachprüfung), 12. Dezember 2008 (Nachprüfung), 11. September 2009 (Nachprüfung), 25. März 2010 (Nachprüfung), 12. Oktober 2011 (Nachprüfung)
8	Fall H	Empfehlung vom 11. Dezember 2013
9	Fall I	Empfehlungen vom 25. September 2020, 5. November 2020
10	Fall J	Empfehlung vom 5. Juli 2016
11	Fall K	Empfehlung vom 18. November 2005, 28. Januar 2010 (Nachprüfung)
12	Fall L	Empfehlungen vom 1. März 2002, 8. Juli 2016 (Nachprüfung)
13	Fall M	Empfehlungen vom 22. April 2005, 19. Januar 2007 (Nachprüfung), 13. Februar 2023 (Nachprüfung)
14	Fall Armand Dorville	Empfehlung vom 17. Mai 2021
15	Fall O	Empfehlungen vom 16. Februar 2018, 13. Februar 2020
16	Fall Georges Mandel	Empfehlung vom 12. Februar 2021

17	Fall Q	Empfehlungen vom 10. Dezember 2004, 15. April 2005
18	Fall R	Empfehlung vom 4. April 2006
19	Fall S	Empfehlung vom 5. Mai 2017
20	Fall T	Empfehlungen vom 6. Februar 2009, 1. September 2011, 17. Februar 2017
21	Fall Anna Jaffé	Empfehlung vom 17. Februar 2017
22	Fall V	Empfehlung vom 16. Februar 2001
23	Fall W	Empfehlung vom 5. Juli 2019
24	Fall Bénard Le Pontois	Empfehlung vom 6. September 2021
25	Fall Y	Empfehlung vom 8. Dezember 2016
26	Fall Z	Empfehlung vom 18. Januar 2008
27	Fall Bargeboer	Empfehlung vom 4. November 2021
28	Fall Javal	Empfehlung vom 15. November 2021
29	Fall CC	Empfehlung vom 1. Oktober 2018
30	Fall Hugo Simon	Empfehlung vom 10. Juli 2020
31	Fall EE	Empfehlung vom 10. Juli 2020
32	Fall FF	Empfehlung vom 12. Februar 2018
33	Fall Alphonse Kann	L'homme à la guitare, Georges Braque: Empfehlung einer Mediation (Datum unbekannt), Datum des Vergleichs 25. November 2005 Tête de femme, Pablo Picasso: Datum der Restitution 14. April 2003 50 weitere Kunstwerke: Empfehlung aus dem Zeitraum 2005.
34	Fall August Liebmann-Mayer	Empfehlung vom 12. Februar 2014
35	Fall GG	Empfehlung vom 30. September 2015
36	Fall Moïse Lévi de Benzion	Empfehlung vom 4. Oktober 2021
37	Fall MM	Empfehlung vom 24. Oktober 2008
38	Fall Štefan Osuský	Empfehlung vom 5. Oktober 2021
39	Fall Nissim Samama / Rose Itier	Empfehlung vom 24. Juli 2017
40	Fall NN	Empfehlung vom 11. Dezember 2013
41	Fall OO	Empfehlungen vom 30. Mai 2003, 5. Mai 2006 (Nachprüfung)
42	Fall PP	Empfehlung vom 28. November 2017
43	Fall QQ	Bericht vom 9. August 2018 (laufendes Verfahren)
44	Fall Erich Stern	Empfehlung vom 28. Oktober 2022
45	Fall Fedor Löwenstein	Empfehlung vom 13. Juni 2022
46	Fall Sobol	Empfehlung vom 15. März 2022
47	Fall Podwinetz	Empfehlung vom 7. März 2023

II. Literaturquellen

Albiges, Christophe, Équité, in: Éditions Dalloz (Hrsg.), Répertoire de droit civil, Bearbeitungsstand Oktober 2017, Paris.

Alexy, Robert, Theorie der juristischen Argumentation, 2. Auflage, Frankfurt am Main 1991.

Andrieu, Claire, La spoliation financière, Band 1, Paris 2000.

Andrieu, Claire, Zweierlei Entschädigungspolitik in Frankreich: Restitution und Reparation, in: Goschler, Constantin/Ther, Philipp (Hrsg.), Raub und Restitution: ›Arisierung‹ und Rückerstattung des jüdischen Eigentums in Europa, Frankfurt a. M. 2003, S. 108–133.

Andrieu, Claire, En France, deux cycles de politique publique: Restitution (1944–1980) et réparations (1997–…), in: Goschler, Constantin/Ther, Philipp/Andrieu, Claire (Hrsg.), Spoliations et restitutions des biens juifs en Europe, Paris 2007, S. 186–215.

Andrieu, Claire, Post-War Restitution vs Present-Day Reparation in France: towards the Disappearance of Legal and Political Dilemmas?, in: Veraart, Wouter/Winkel, Laurens (Hrsg.), The post-war restitution of property rights in Europe: Comparative perspectives, Amsterdam/Aalen/New York 2012, S. 11–19.

Anglade, Leila, Art, Law and the Holocaust: The French Situation, AAL 4 (1999), 301–312.

Anton, Michael, Illegaler Kulturgüterverkehr, Band 1, Part 1, Berlin 2010.

Aronowitz-Mercer, Richard, The challenges of resolving potential Fluchtgut questions from an art-market perspective, in: Mosimann, Peter/Schönenberger, Beat (Hrsg.), Fluchtgut – Geschichte, Recht und Moral: Referate zur gleichnamigen Veranstaltung des Museums Oskar Reinhart in Winterthur vom 28. August 2014, Schriftenreihe Kultur und Recht, Bern 2015, S. 129–135.

Attard, Isabelle/Herbillon, Michel/Piron, Michel/Rogement, Marcel, Rapport d'information déposé en application de l'article 145 du Règlement par la Commission des affaires culturelles et de l'éducation sur la gestion des réserves et des dépôts des musées, Quatorzième Législature, Nr. 2474, Paris 2014.

Atuahene, Bernadette, We want what's ours: Learning from South Africa's Land Restitution Program, Oxford 2014.

Atuahene, Bernadette, Dignity Takings and Dignity Restoration: Creating a New Theoretical Framework for Understanding Involuntary Property Loss and the Remedies Required, Law & Social Inquiry 2016, 796–823.

Auby, Jean-Marie/Drago, Roland, Traité des recours en matière administrative, Paris 1992.

Augustin, Jean-Michel, Une réparation probablement incomplète, in: CIVS (Hrsg.), Tätigkeitsbericht für 2019, Actes du colloque du 15 novembre 2019, Paris 2020, S. 82–85.

Austry, Stéphane, La réparation du préjudice subi par les orphelins de déportés juifs: aide ou responsabilité? Conclusions sur Conseil d'État, Assemblée, 6 avril 2001, Pelletier et autres, RFDA 2001, 712–724.

Bajohr, Frank, »Arisierung« in Hamburg: die Verdrängung der jüdischen Unternehmer 1933–1945, 2. Auflage, Hamburg 1998.

Bajohr, Frank, Aryanization and Restitution in Germany, in: Dean, Martin/Goschler, Constantin/Ther, Philipp (Hrsg.), Robbery and Restitution: The Conflict over Jewish Property in Europe, New York 2007, S. 33–52.

Bajou, Thierry, French law and the Washington Declaration, in: Documentation Centre for Property Transfers of Cultural Assets of WWII Victims, p.b.o. (Hrsg.), Terezín Declaration – Ten Years Later. The documentation, identification and restitution of the cultural assets of WWII victims, Prag 2019, S. 68–73.

Bandle, Anne Laure/Vuile, Vanessa/Renold, Marc-André, Affaire Vallée de la Stour – Héritiers Jaffé et La Chaux-de-Fonds, in: Centre du droit de l'art (Hrsg.), Plateforme ArThemis (online), Bearbeitungsstand März 2018, Genf.

Bar, Christian von/Clive, Eric, Principles, Definitions and Model Rules of European Private Law: Draft Common Frame of Reference (DCFR), München 2009.

Beauftragte der Bundesregierung für Kultur und Medien (Hrsg.), Handreichung zur Umsetzung der »Erklärung der Bundesregierung, der Länder und der kommunalen Spitzenverbände zur Auffindung und zur Rückgabe NS-verfolgungsbedingt entzogenen Kulturgutes, insbesondere aus jüdischem Besitz« vom Dezember 1999, 3. überarbeitete Auflage, Berlin 2019.

Beaussonie, Guillaume, Infraction, in: Éditions Dalloz (Hrsg.), Répertoire de droit pénal et de procédure pénale, Bearbeitungsstand Juli 2021, Paris.

Beratende Kommission (Hrsg.), Newsletter of the Network of European Restitution Committees on Nazi-Looted Art, Nr. 13, Mai 2022, Berlin 2022.

Berr, Claude J., Douanes, in: Éditions Dalloz (Hrsg.), Répertoire de droit pénal, Bearbeitungsstand Mai 2009, Paris.

Bertolaso, Sabine, Responsabilité civile, Fasc. 110: Droit à réparation, in: LexisNexis (Hrsg.), Jurisclasseur Notarial Répertoire, Bearbeitungsstand 23.11.2020, Paris.

Bertrand-Dorléac, Laurence, L'art de la défaite 1940–1944, Paris 1993.

Biagini-Girard, Sandrine, Le devoir de mémoire d'un ›passé qui ne passe pas‹ comme service public, JCP G 2014, Nr. 995.

Blocaille-Boutelet, Marguerite, L'aryanisation des biens, Le genre humain 1–2 (1996), 243–265.

Bloch, Cyril/Giudicelli, André/Guettier, Christophe/Julien, Jérôme/Krajeski, Didier/Poumarède, Matthieu, Dalloz action Droit de la responsabilité et des contrats 2021/22, 7. Auflage, Paris 2020.

Bluntschli, Johann, Das moderne Völkerrecht der civilisierten Staten als Rechtsbuch dargestellt, Nördlingen 1868.

Bonnet, Vincent, Fasc. 550: Biens, in: LexisNexis (Hrsg.), Jurisclasseur Droit international, Bearbeitungsstand 1.11.2019, Paris.

Boucher, Julien, Conclusions zu CE, 27.3.2009, Nr. 283240, Paris 2009.

Bouchoux, Corinne, ›Si les tableaux pouvaient parler…‹: Le traitement politique et médiatique des retours d'oeuvres d'art pillées et spoliées par les nazis (France 1945–2008), Rennes 2013.

Bourlet, Monique, Le statut juridique des MNR, in: Cachin, Françoise/Fohr, Robert (Hrsg.), Pillage et restitutions. Le destin des œuvres d'art sorties de France pendant la Seconde Guerre mondiale. Actes du colloque organisé par la Direction des musées de France le 17 novembre 1996, Paris 1997, S. 107–115.

Boussard, Sophie/Le Berre, Christophe, Droit administratif des biens, 2. Auflage, Paris 2019.

Brenner, Claude/Lequette, Suzanne, Acte juridique, in: Éditions Dalloz (Hrsg.), Répertoire de droit civil, Neubearbeitung Februar 2019, Paris.

Brun, Philippe, Responsabilité du fait personnel, in: Éditions Dalloz (Hrsg.), Répertoire de droit civil, Bearbeitungsstand Mai 2015, Paris.

Bruttmann, Tal, Au bureau des Affaires juives: L'administration française et l'application de la législation antisémite (1940–1944), Paris 2006.

Bucher, Charles-Édouard, Biens culturels spoliés entre 1933 et 1945: dépôt du projet de loi-cadre au Sénat, Recueil Dalloz 2023, 959–960.

Buomberger, Thomas, Raubkunst - Kunstraub die Schweiz und der Handel mit gestohlenen Kulturgütern zur Zeit des Zweiten Weltkriegs, 1998.

Buomberger, Thomas, Fluchtgut - ein zufälliger Begriff, KUR 2020, 2–7.

Cagnon, Grégory, Du dépôt en droit administratif. Le régime hybride des biens mobiliers spoliés, Rec. Dalloz 2015, 194–199.

Caisse des dépôts et consignations (Hrsg.), La spoliation antisémite sous l'Occupation: consignations et restitutions: Rapport définitif, Paris 2001.

Campfens, Evelien, Sources of inspiration: Old and new rules for looted art, in: dies. (Hrsg.), Fair and just solutions? Alternatives to litigation in Nazi-looted art disputes: status quo and new developments, Den Haag 2015, S. 13–39.

Campfens, Evelien, Nazi-looted art: A note in Favour of Clear Standards and Neutral procedures, AAL 4 (2019), 315–345.

Cassou, Jean, Le pillage par les Allemands des œuvres d'art et des bibliothèques appartenant à des Juifs en France. Recueil des documents, Paris 1947.

Chatelain, Françoise/Taugourdeau, Pierre, Œuvres d'art et objets de collection en droit français, Paris 2011.

Chauveau, Paul, Restitution des biens spoliés (étude de l'ordonnance du 21 avril 1945 et de la jurisprudence), JCP 1946, Nr. 550.

Chauvel, Patrick, Violence, in: Éditions Dalloz (Hrsg.), Répertoire de droit civil, Bearbeitungsstand Oktober 2022, Paris.

Chechi, Alessandro, ADR for looted art cases: problems and trends, Australian Alternative Dispute Resolution Law Bulletin 2016, 107–109.

CIVS, Tätigkeitsbericht für 2001, Paris 2001.

CIVS, Einführungsbericht, Paris 2001.

CIVS, Tätigkeitsbericht für 2002, Paris 2002.

CIVS, Tätigkeitsbericht für 2003, Paris 2003.

CIVS, Tätigkeitsbericht für 2004, Paris 2004.

CIVS, Tätigkeitsbericht für 2006, Paris 2006.

CIVS, Tätigkeitsbericht für 2007, Paris 2007.

CIVS, Tätigkeitsbericht für 2008, Paris 2008.

CIVS, Tätigkeitsbericht für 2009, Paris 2009.

CIVS, Tätigkeitsbericht für 2013, Paris 2013.

CIVS, Tätigkeitsbericht für 2014, Paris 2014.

CIVS, Tätigkeitsbericht für 2017, Paris 2018.

CIVS, Tätigkeitsbericht für 2018, Paris 2019.

CIVS, Tätigkeitsbericht für 2019, Actes du colloque du 15 novembre 2019, Paris 2020.

CIVS, Tätigkeitsbericht für 2020, Paris 2021.

CIVS, Tätigkeitsbericht für 2021, Paris 2022.

CIVS, Tätigkeitsbericht für 2022, Paris 2023.

Colboc, Fabienne, Rapport fait au nom de la commission des affaires culturelles et de l'éducation sur le projet de loi relatif à la restitution ou la remise de certains biens culturels aux ayants droit de leurs propriétaires victimes de persécutions antisémites, Quinzième Législature, Nr. 4911, Paris 2022.

Colboc, Fabienne, Rapport fait au nom de la Commission des affaires culturelles et de l'éducation sur le projet de loi adopté par le Sénat relatif à la restitution des biens culturels ayant fait l'objet de spoliations dans le contexte des persécutions antisémites perpétrées entre 1933 et 1945, Seizième législature, Nr. 1435, Paris 2023.

Colboc, Fabienne/Gosselin, Béatrice, Rapport fait au nom de la Commission mixte paritaire chargée de proproser un texte sur les dispositions restant en discussion, Seizième législature, Nr. 855, Paris 2023.

Combeau, Pascal, L'activité juridique interne de l'administration: Contribution à l'étude de l'ordre administratif intérieur, Bordeaux IV, Univ., Diss., 2000.

Conac, Gérard/Debène, Marc/Teboul, Gérard, La déclaration des droits de l'homme et du citoyen de 1789 : histoire, analyse et commentaires, Paris 1993.

Conseil communal de la Ville de La Chaux-de-Fonds, Rapport relatif à une demande de cession à l'Indivision Jaffé d'un tableau de John Constable, propriété de la Ville de La Chaux-de-Fonds, exposé au Musée des Beaux-Arts du 6 septembre 2017 au Conseil général, La Chaux-de-Fonds 2017.

Cornu, Marie/Ghozi, Alain/Goré, Marie/Lequette, Yves, Vocabulaire juridique, 12. Auflage, Paris 2018.

Couzinet, Jean-François, Cas de force majeure et cas fortuit: Causes d'exonération de la responsabilité administrative, RDP 1993, 1385–1425.

Crémieu, Jules, Théorie des actions possessoires ou des moyens juridiques de faire valoir la possession en droit romain et en droit français, Paris 1846.

CSNC, Rapport au Parlement prévu par l'article 4 de la loi n° 2010-501 du 18 mai 2020, Paris 2015.

Dahlstrom, Daniel O., Ethik, Recht und Billigkeit, Jahrbuch für Recht und Ethik 1997, 55–72.

Danet, Anaïs, Principes directeurs du procès, in: Éditions Dalloz (Hrsg.), Répertoire de procédure civile, Bearbeitungsstand Dezember 2020, Paris.

Debecker, Robert, La réparation des dommages de guerre en France et en Belgique, Paris, Univ., Diss., 1950.

Deguergue, **Maryse**, Fasc. 830: Causalité et imputabilité, in: Lexis Nexis (Hrsg.), Jurisclasseur Administratif, Bearbeitungsstand 15.5.2013, Paris.

Delaunay, **Benoît**, La responsabilité de l'État du fait de la déportation des personnes victimes de persécutions antisémites: Note sous l'avis contentieux du Conseil d'État du 16 février 2009, Mme Hoffman Glemane, req n° 315499, RFDA 2009, 525–535.

Department of State **(Hrsg.)**, Proceedings and documents of the United Nations Monetary and Financial Conference. Bretton Woods, New Hampshire, July 1-22, 1944, Washington D.C. 1948.

Dewailly, **Stéphane**, Existe-t-il une présomotion irréfragable de spoliation des biens acquis durant la Seconde Guerre mondiale?, AJDA 2011, 1856–1860.

Dewey, **Anne**, Gerecht und fair? »Guter Glaube« im Nachkriegsrecht und Lösung gegenwärtiger Raubkunstfälle – Teil 1. Der Fall Henri und Pauline Grünzweig vor dem österreichischen Kunstrückgabebeirat, KUR 2020, 154–159.

Dewey, Anne, Gerecht und fair? Die Empfehlungspraxis des österreichischen Kunstrückgabebeirats im Lichte der Washingtoner Prinzipien, Berlin 2023.

Djoudi, **Jamel**, Revendication, in: Éditions Dalloz (Hrsg.), Répertoire de droit civil, Bearbeitungsstand Dezember 2021, Paris.

Dorn, **Annika**, Fair and Just – Der Umgang mit »nazi-looted art« im Vereinigten Königreich, Berlin 2024.

Doucet, Michel/*Fleck*, Klaus E.W., Dictionnaire juridique et économique. Tome I. Français-Allemand, 5. Auflage, Paris 1997.

Doucet, Michel/*Fleck*, Klaus E.W., Wörterbuch Recht und Wirtschaft, Band 1, Französisch-Deutsch, 7. Auflage, Paris 2014.

Drago, **Roland**, Responsabilité: principes généraux, in: Éditions Dalloz (Hrsg.), Répertoire de la responsabilité de la puissance publique, Bearbeitungsstand Mai 2004, Paris.

Dreifuss-Netter, **Frédérique**, Synthèse de la journée, in: CIVS (Hrsg.), Tätigkeitsbericht für 2019, Actes du colloque du 15 novembre 2019, Paris 2019, S. 141–144.

Dreifuss-Netter, **Frédérique**, Justice, droit et équité, la réparation des préjudices résultant des spoliations antisémites sous l'Occupation, Rec. Dalloz 2020, 945–950.

Dross, **William**, Qui est spolié? Le propriétaire de l'œuvre d'art dépossédé pendant la guerre ou celui qui, l'ayant acquise de bonne foi, doit la restituer?, RTD Civ. 2019, 908–912.

Dross, **William**, Art. 2276 et 2277, Prescription et possession, Prescription des choses mobilières, in: LexisNexis (Hrsg.), Jurisclasseur Civil Code, Bearbeitungsstand 15.11.2018, Paris.

Dross, **William**, Art. 2255 à 2257, Fasc. unique : Prescription acquisitive – Possession, in: LexisNexis (Hrsg.), Jurisclasseur Civil Code, Bearbeitungsstand 15.11.2018, Paris.

Dubout, **Édouard**, Fasc. 500: Principe d'égalité et droit de la non-discrimination, in: LexisNexis (Hrsg.), Jurisclasseur Libertés, Bearbeitungsstand 30.4.2009, Paris.

Duroy, **Stéphane**, Le déclassement des biens meubles culturels et cultuels, RDP 2011, 55–88.

Eizenstat, **Stuart E.**, Concluding Statement United States, in: Bindenagel, James D. (Hrsg.), Washington Conference on Holocaust-Era Assets Proceedings, Washington D.C. 1999, S. 125–132.

Eizenstat, **Stuart E.**, Explanation of the Washington Conference Principles on Nazi-Confiscated Art, in: Bindenagel, James D. (Hrsg.), Washington Conference on Holocaust-Era Assets Proceedings, Washington D.C. 1999, S. 415–420.

Eizenstat, **Stuart E.**, Imperfect justice: Looted assets, slave labor, and the unfinished business of World War II, 1. Auflage, New York 2003.

Engstler, **Ludwig**, Die territoriale Bindung von Kulturgütern im Rahmen des Völkerrechts, Köln 1964.

Erll, **Astrid**, Kollektives Gedächtnis und Erinnerungskulturen: Eine Einführung, 3. Auflage, Stuttgart 2017.

Esmein, **Paul**, L'ordonnance du 21 avril 1945 sur la nullité des actes de spoliation, Gazette du Palais Doctrine 2 (1945), 1–7.

Esmein, **Paul**, Les modifications au régime des spoliations (Loi du 19 juin 1947), Gazette du Palais Doctrine 2 (1947), 6–8.

Esplugas-Labatut, **Pierre**, Fasc. 149, Notion de service public, in: LexisNexis (Hrsg.), Jurisclasseur Administratif, Bearbeitungsstand 1.2.2022, Paris.

Estryn, **Claire/*Freedman*, Eric/*Weisberg*, Richard**, The Administration of Equity in the French Holocaust-era claims process, in: Carpi, Daniela (Hrsg.), The Concept of Equity. An Interdisciplinary Assessment, Heidelberg 2007, S. 21–51.

Éveillard, **Gweltaz**, Droit administratif, JCP G 2015, Nr. 274.

Falk, **Georg/*Stump*, Ulrich/*Hartleib*, Rudolf/*Schlitz*, Klaus/*Braun*, Jens-Daniel**, Willige Vollstrecker oder standhafte Richter? Die Rechtsprechung des OLG Frankfurt in Zivilsachen 1933 bis 1945, Marburg 2020.

Feldmann, **Riccarda**, Der possessorische Besitzschutz und sein Verhältnis zum petitorischen Recht, Tübingen 2020.

Feliciano, **Hector**, Le musée disparu. Enquête sur le pillage d'œuvres d'art en France par les nazis, überarbeitete Auflage, Paris 2008.

Ferid, **Murad**, Das Französische Zivilrecht, Band 2, Frankfurt a. M./Berlin 1971.

Ferid, **Murad/*Sonnenberger*, Hans Jürgen**, Das Französische Zivilrecht, Band 2, Schuldrecht und Sachenrecht, 2. Auflage, Heidelberg 1986.

Ferid, **Murad/*Sonnenberger*, Hans Jürgen**, Das Französische Zivilrecht, Band 1/1, Allgemeine Lehren des Französischen Zivilrechts: Einführung und Allgemeiner Teil des Zivilrechts, 2. Auflage, Heidelberg 1994.

Ferrari-Breeur, **Christine**, L'(in)aliénabilité: quand le politique prime sur le droit, Juris art etc. 3 (2013), 43–47.

Fiedler, **Wilfried**, Die Alliierte (Londoner) Erklärung vom 5.1.1943: Inhalt, Auslegung und Rechtsnatur in der Diskussion der Nachkriegsjahre, in: Basedow, Jürgen/Meier, Isaak/Schnyder, Anton K./Einhorn, Talia/Girsberger, Daniel (Hrsg.), Private Law in the International Arena: From National Conflict Rules Towards Harmonization and Unification – Liber Amicorum Kurt Siehr, Den Haag 2000, S. 197–218.

Fischer, **Jérôme**, Causalité, imputation, imputabilité: Les liens de la responsabilité civile, in: Beignier, Bernard/Kenfack, Hugues/Mazeaud, Denis/Revet, Thierry (Hrsg.), Libre droit: Mélanges en l'honneur de Philippe Le Tourneau, Paris 2008, S. 383–396.

Fitz, **Paul**, Das Kunstrückgabegesetz: Historische Verantwortung durch Selbstbindung, Wien 2022.

Foubert, **Anne**, Les mesures purement gracieuses, in: Jacquinot, Nathalie (Hrsg.), Le don en droit public, Toulouse 2018, S. 51–63.

Foubert, **Anne**, Fasc. 405-20, Entrée dans le domaine public, in: LexisNexis (Hrsg.), Jurisclasseur Administratif, Bearbeitungsstand 12.11.2014, Paris.

Francini, **Esther Tisa**/*Heuss*, **Anja**/*Kreis*, **Georg**, Fluchtgut – Raubgut: Der Transfer von Kulturgütern in und über die Schweiz 1933–1945 und die Frage der Restitution, Veröffentlichungen der Unabhängigen Expertenkommission Schweiz – Zweiter Weltkrieg, Band 1, Zürich 2001.

Freedman, **Eric**, The French Commission for the Compensation of Victims of Spoliation: A critique, in: The International Bureau of the Permanent Court of Arbitration (Hrsg.), Redressing Injustices Though Mass Claims Processes. Innovative Responses to Unique Challenges, Oxford 2006, S. 139–149.

Freedman, **Eric**, Behind Closed Doors: Spoliation and Restitution in Paris, Law & Literature 1 (2017), 77–98.

Freedman, **Eric**/*Weisberg*, **Richard**, L'équité et la Commission d'indemnisation des victimes de spoliation, Revue administrative 2012, 596–613.

Freitag, **Gabriele**, Angriff auf Athene: NS-Kulturraub im Zweiten Weltkrieg, Osteuropa 1–2 (2006), 23–42.

Frier, **Pierre-Laurent**, Motifs: contrôle, in: Éditions Dalloz (Hrsg.), Répertoire du droit contentieux administratif, Bearbeitungsstand September 2005, Paris.

Furtwängler, **Elisabeth**/*Lammert*, **Mattes**, Einleitung, in: dies. (Hrsg.), Kunst und Profit: Museen und der französische Kunstmarkt im Zweiten Weltkrieg, Berlin 2022, S. 13–22.

Garapon, **Antoine**, Peut-on réparer l'histoire? Colonisation, esclavage, Shoah, Paris 2008.

Genevois, **Bruno**/*Guyomar*, **Mattias**, Principes généraux du droit, principes de philosophie politique, in: Éditions Dalloz (Hrsg.), Répertoire du contentieux administratif, Bearbeitungsstand Oktober 2018, Paris.

Gény, **François**, Méthode d'interprétation et sources en droit privé positif: essai critique, Band 1, Paris 1919.

Geny, **François**, Méthode d'interprétation et sources en droit privé positif, Band 1, Paris 1954.

Georges, **Karl Ernst**/*Baier*, **Thomas**, Der Neue Georges, 16. Auflage, Darmstadt 2013.

Giacuzzo, **Jean-François**, Fasc. 406-10: Domaine public, Protection juridique, in: LexisNexis (Hrsg.), Jurisclasseur Administratif, Bearbeitungsstand 15.5.2017, Paris.

Gigon, **Olof**, Aristoteles: Die Nikomachische Ethik, 2. Auflage, Düsseldorf 2007.

Gonod, **Pascal**, Les mesures gracieuses dans la jurisprudence du Conseil d'État, RDP 1993, 1351–1384.

Goschler, **Constantin**, Schuld und Schulden: Die Politik der Wiedergutmachung für NS-Verfolgte seit 1945, Göttingen 2005.

Gramlich, **Johannes**, NS-Raubkunst und die Herausforderungen der Restitution, in: Brechtken, Magnus (Hrsg.), Aufarbeitung des Nationalsozialismus: Ein Kompendium, Bonn 2021, S. 584–613.

Grimonprez, **Benoît**, Prescription acquisitive, in: Éditions Dalloz (Hrsg.), Répertoire de droit civil, Bearbeitungsstand Oktober 2020, Paris.

Grossholz, **Caroline**, Évaluation du préjudice, in: , Répertoire de la responsabilité de la puissance publique, Paris.

Grossholz, **Caroline**, Évaluation du préjudice, in: Éditions Dalloz (Hrsg.), Répertoire de la responsabilité de la puissance publique, Bearbeitungsstand April 2015, Paris.

Groupe de travail sur les provenances d'œuvres récupérées après la seconde guerre mondiale, Bericht, Paris 2014.

Groupe de travail sur les provenances d'œuvres récupérées après la seconde guerre mondiale, Abschlussbericht, Paris 2017.

Grynberg, **Anne**, Die französische Kommission für die Entschädigung von Opfern von Enteignungen aufgrund der antisemitischen Gesetzgebung während der Besatzungszeit, in: Jungblut, Marie-Paule (Hrsg.), Ausgeraubt! Aktuelle Fragen zum nationalsozialistischen Kulturgutraub in Europa, München 2007, S. 117–123.

Grynberg, **Anne**, La politique française de ›réparation‹ des ›biens juifs‹ spoliés: mémoire et responsabilité, Yod 2018.

Guével, **Didier**/*Boisson*, **Julien**, Art. 1382 Code civil, Fasc. unique: Preuve des obligations, Modes de preuve, Preuve par présomption judiciaire, in: Lexisnexis (Hrsg.), Jurisclasseur Civil code, Bearbeitungsstand 27.6.2023, Paris.

Guichard, **Benjamin**, Les livres spoliés déposés à la bibliothèque des langues orientales. Une source pour l'histoire de la destruction des diasporas d'Europe centrale et orientale en France, in: Poulain, Martine (Hrsg.), Où sont les bibliothèques françaises spoliées par les nazis, Villeurbanne 2019, S. 149–161.

Guillard, **Christine**, Fasc. 842: Préjudice réparable, in: LexisNexis (Hrsg.), Jurisclasseur Administratif, Bearbeitungsstand 1.6.2015, Paris.

Guyomar, **Mattias**/*Collin*, **Pierre**, Chronique générale de jurisprudene administrative française, Actes administratif, AJDA 2001, 444–449.

Hahne, **Charis**, Gerecht und fair? »Guter Glaube« im Nachkriegsrecht und Lösung gegenwärtiger Raubkunstfälle – Teil 2. Der Fall Galerie Heinemann in der deutschen Restitutionspraxis, KUR 2020, 159–164.

Hahne, **Charis**, Wege zur Gerechtigkeit bei NS-Raubkunst: Die heutige Restitutionspraxis im Lichte des alliierten Rückerstattungsrechts, Berlin 2024.

Hedary, **Delphine**, Conclusions Pourvoi n° 349789, Justice & cassation 2015, 211–222.

Henninger, **Thomas**, Europäisches Privatrecht und Methode: Entwurf einer rechtsvergleichend gewonnenen juristischen Methodenlehre, Tübingen 2009.

Herrmann, **Christoph**, Das französische Staatshaftungsrecht zwischen Tradition und Moderne. Eine Untersuchung zum französischen Staatshaftungsrecht unter besonderer Berücksichtigung seiner Entwicklungsfaktoren, Baden-Baden 2010.

***Hershkovitch*, Corinne/*Rykner*, Didier**, La restitution des œuvres d'art: Solutions et impasses, Paris 2011.

***Herz*, Bertrand**, Le Pull-over de Buchenwald: ›J'avais 14 ans dans les camps de la mort‹, 2. Auflage, Paris 2020.

***Heuß*, Anja**, Kunst- und Kulturgutraub: Eine vergleichende Studie zur Besatzungspolitik der Nationalsozialisten in Frankreich und der Sowjetunion, Heidelberg 2000.

***Heuß*, Anja**, Die Restitution von Kulturgütern in Deutschland 1945–1966, in: Schoeps, Julius H./Ludewig, Anna-Dorothea (Hrsg.), Eine Debatte ohne Ende? Raubkunst und Restitution im deutschsprachigen Raum, Berlin 2007, S. 15–34.

***Hilberg*, Paul**, Die Vernichtung der europäischen Juden, Band 1, Frankfurt am Main 1990.

***Hontebeyrie*, Antoine**, Prescription extinctive, in: Éditions Dalloz (Hrsg.), Répertoire de droit immobilier, Bearbeitungsstand Februar 2016, Paris.

Institut Art & Droit, Les victimes de spoliations, entre indemnisation et restitution, Conférence au Palais du Luxembourg, 13 décembre 2018, Journal spécial des sociétés 3 (2019), 16–17.

***Jack-Mayer*, Andrée**, Note sous arrêt, JCP 1947, Nr. 3715.

***Jack-Mayer*, Andrée**, Note sous arrêts, JCP 1948, Nr. 4102.

***Joly*, Laurent**, L'État contre les Juifs. Vichy, les Nazis et la persécution antisémite (1940–1944), Paris 2018.

***Julien*, Jérôme**, La causalité, in: Le Tourneau, Philippe (Hrsg.), Dalloz action Droit de la responsabilité et des contrats, 12, Paris 2021, S. 671–716.

***Kalfon*, Lucien**, Entschädigung in Frankreich, Lucien Kalfon über die Tätigkeit der französischen Entschädigungskommission, Interview mit Osteuropa, Osteuropa 1–2 (2006), 433–440.

***Karlsberg*, Bernhard**, Beschleunigung durch besondere Verfahren, in: Bundesminister der Finanzen/Schwarz, Walter (Hrsg.), Das Bundesrückerstattungsgesetz, München 1981, S. 531–583.

***Karn*, Alexander**, Amending the past: Europe's Holocaust commissions and the right to history, 2015.

***Kaspi*, André**, Les Juifs pendant l'Occupation, 2. Auflage, Paris 1997.

***Kinsch*, Patrick**, Entre certitude et vraisemblance, le critère de la preuve en matière civile, in: Puech, Marc/D'Ambra, Dominique/Després, Isabelle/Strickler, Yves (Hrsg.), FS Wiederkehr: De code en code, Paris 2009, S. 455–470.

***Klarsfeld*, Serge**, Vichy-Auschwitz, Le rôle de Vichy dans la solution finale de la question juive en France – 1942, Paris 1983.

***Klarsfeld*, Serge**, Vichy-Auschwitz, Le rôle de Vichy dans la solution finale de la question juive en France – 1943–1944, Paris 1985.

***Klarsfeld*, Serge**, Recomposer des histoires familiales, in: CIVS (Hrsg.), Rapport public d'activité de la CIVS 2019: Actes du colloque du 15 novembre 2019, Paris 2020, S. 73–78.

***Kropholler*, Jan**, Internationales Privatrecht, 5. Auflage, Tübingen 2004.

***Lafarge*, Roger/*Pascal*, Jacques**, La nullité des actes de spoliation. Étude de l'Ordonnance du 21 Avril 1945, Paris 1945.

***Lahusen*, Benjamin**, Vom hard law zum soft law und wieder zurück? Die Rückerstattung nationalsozialistischer Raubkunst seit 1945, KUR 2022, 91-97.

***Laménie*, Marc**, Rapport d'information fait au nom de la commission des finances sur le bilan de l'action de la Commission pour l'indemnisation des victimes de spoliations, Session ordinaire 2017/2018, Nr. 550, Paris 2018.

***Laménie*, Marc**, Annexe numéro 5: Anciens combattants, mémoire et liens avec la Nation, in: Husson, Jean-François (Hrsg.), Rapport général fait au nom de la commission des finances sur le projet de loi de finances, adopté par l'Assemblée nationale pour 2022, Session extraordinaire 2021/2022, Nr. 792, Band 2, Contributions des rapporteurs spéciaux, Paris 2021,.

***Lardeux*, Gwendoline**, Preuve: règles de preuve, in: Éditions Dalloz (Hrsg.), Répertoire de droit civil, Bearbeitungsstand Oktober 2018, Paris.

***Lauterpacht*, Hersh**, International Law. A treatise, Disputes, war and neutrality, Band 2, 6. überarbeitete Auflage, London 1944.

***Lavergne*, Benjamin**, Fasc. 845: Responsabilité – Modalités de la réparation, in: LexisNexis (Hrsg.), Jurisclasseur Administratif, Bearbeitungsstand 11.11.2016, Paris.

***Lavialle*, Christian**, Une catégorie juridique méconnue: les œuvres d'art inscrites au répertoire des ›Musées nationaux récupération‹, RFDA 2014, 1092–1099.

***Lehmann*, Hannah**, Die schweizerische Restitutionspraxis im Lichte der Washingtoner Prinzipien, Berlin 2024.

***Le Masne de Chermont*, Isabelle/*Sigal-Klagsbald*, Laurence**, À qui appartenaient ces tableaux? La politique francaise de recherche de provenance, de garde et de restitution des œuvres d'art pillées durant la Seconde Guerre mondiale, Catalogue de l'exposition du même titre tenue au Musée d'Israël, Jérusalem, 18 février-3 juin 2008 et au Musée d'art et d'histoire du judaïsme, Paris, 24 juin-28 septembre 2008, Paris 2008.

***Le Masne de Chermont*, Isabelle/*Schulmann*, Didier**, Le pillage de l'art en France pendant l'Occupation et la situation des 2000 œuvres confiées aux musées nationaux. Contribution de la direction des Musées de France et du Centre Georges-Pompidou aux travaux de la Mission d'étude sur la spoliation des Juifs de France, Paris 2000.

***Le Tarnec*, Alain**, Les règles nouvelles de réparation des dommages de guerre, Paris 1947.

***Le Tourneau*, Philippe**, Responsabilité: généralités, in: Éditions Dalloz (Hrsg.), Répertoire de droit civil, Bearbeitungsstand Juni 2022, Paris.

***Ledoux*, Sébastien**, Le devoir de mémoire: Une formule et son histoire, Paris 2016, Paris 2016.

***Lenica*, Frédéric**, La responsabilité de l'État du fait de la déportation de personnes victimes de persécutions antisémites, RFDA 2009, 316–328.

***Les fils et filles des déportés juifs de France* (Hrsg.)**, Les discours du Vél' d'Hiv' 1982–2017, Paris 2018.

Lewis, Charlton Thomas/Short, Lewis, A Latin dictionary, founded on Andrew's edition of Freud's latin dictionary, revised, enlarged and in great parts rewritten, Oxford 1879.

Libchaber, Rémy, Le temps, les biens, la prescription: à propos de la restitution des biens spoliés, RTD Civ. 2000, 206–209.

Libchaber, Rémy, Biens, in: Éditions Dalloz (Hrsg.), Répertoire de droit civil, Bearbeitungsstand Dezember 2019, Paris.

Linsler, Johanna, Lumière sur les ›MNR‹? Les œuvres d'art spoliées, les musées de France et la Mission Mattéoli: les limites de l'historiographie officielle, Yod 2018.

von Lintig, Johannes, Der Fall Simon Bauer vor dem französischen Kassationsgerichtshof. Wie historische Gesetze in Frankreich zur Lösung aktueller Raubkunstfälle beitragen, KUR 2020, 108–117.

von Lintig, Johannes, Le concept légal de spoliation dans la législation de l'après-guerre et dans la pratique de réparation actuelle en France, Tsafon 2 (2022), 21–38.

von Lintig, Johannes, Ein Parlamentsgesetz zur Restitution von NS-Raubkunst aus staatlichen Sammlungen in Frankreich: Die Fallstricke des französischen Kulturgutschutzrechts, KUR 2022, 2–7.

von Lintig, Johannes, Frankreich schafft ein Rahmengesetz zur Restitution von NS-Raubkunst, KUR 2023, 112–119.

Lochak, Danièle, La doctrine sous Vichy ou les mésaventures du positivisme, Les usages sociaux du droit 1989, 252–285.

Lochak, Danièle, Les politiques de l'immigration au prisme de la législation sur les étrangers, in: Fassin, Didier/Morice, Alain/Quiminal, Catherine (Hrsg.), Les lois de l'inhospitalité. Les politiques de l'immigration à l'épreuve des sans-papiers, Paris 1997, S. 29–45.

Löffler, Emily, Kunstschutz im besetzten Deutschland: Restitution und Kulturpolitik in der französischen und amerikanischen Besatzungszone (1944–1953), Wien/Köln 2019.

Lorentz, Claude, La France et les restitutions allemandes au lendemain de la Seconde Guerre Mondiale 1943–1954, Paris 1998.

Ludi, Regula, Reparations for Nazi Victims in Postwar Europe, Cambridge 2012.

Lyon-Caen, Gérard, 21 avril 1945 - Guerre - Propriété - Spoliations de l'ennemi, Lois annotées 1946, 137–145.

Lyon-Caen, Gérard, Note sous arrêt, Rec. Sirey 1 (1947), 189–192.

Lyon-Caen, Gérard, Les spoliations, Paris, Univ., Diss., 1945.

Maffi, Alberto, Opima Spolia, in: Mélanges de droit romain et d'histoire ancienne: Hommage à la mémoire de André Magdelain, Paris 1998, S. 285–304.

Marck, Annemarie/Muller, Elke, National panels advising on Nazi-looted Art in Austria, France, the United Kingdom, the Netherlands and Germany, in: Campfens, Evelien (Hrsg.), Fair and just solutions? Alternatives to litigation in Nazi-looted art disputes: status quo and new developments, Den Haag 2015, S. 41–89.

Marcou, Jean, La qualité de Juif, Le genre humain 1–2 (1996), 153–171.

Markus, Jean-Paul, Indemnisation des biens spoliés sous Vichy : un régime en voie d'achèvement, JCP A 2013, Nr. 2020.

Markus, Jean-Paul, Étendue de l'indemnisation des biens spoliés pendant la Shoah, JCP A 2015, Nr. 2110.

Marsch, Nikolaus, Frankreich, in: Dörr, Oliver (Hrsg.), Staatshaftung in Europa: Nationales und Unionsrecht, Berlin 2014, S. 195–226.

Marsch, Nikolaus, Rechtssetzung, in: Marsch, Nikolaus/Vilain, Yoan/Wendel, Mattias (Hrsg.), Französisches und Deutsches Verfassungsrecht: Ein Rechtsvergleich, Berlin/Heidelberg 2015, S. 215–273.

Maupin, Emmanuelle, Restitution des biens spoliés par l'Allemagne nazie et le régime de Vichy, AJDA 2023, 1314.

Mazeaud, Henri, Note sous arrêt, Rec. Sirey 2 (1946), 13–15.

Melleray, Fabrice, Après les arrêts Pelletier et Papon: brèves réflexions sur une repentance, AJDA 2002, 837–842.

Melleray, Fabrice, Recours pour excès de pouvoir: moyens d'annulation, in: Éditions Dalloz (Hrsg.), Répertoire du contentieux administratif, Bearbeitungsstand Januar 2019, Paris.

Mézin, Anne/De Boissieu, Pierre, L'intégration d'une famille ashkénaze dans la France du XVIIIe siècle: Les Homberg du Havre, Archives Juives 2 (2001), 95–108.

Mignot, Marc, Art. 2228 à 2232, Fasc. unique: Prescription extinctive, Mode de calcul, in: LexisNexis (Hrsg.), Jurisclasseur Civil Code, Bearbeitungsstand 30.8.2021, Paris.

Mission d'étude sur la spoliation des Juifs de France, Rapport au Premier ministre, Paris 1997.

Mission d'étude sur la spoliation des Juifs de France, Rapport d'étape, Paris 1998.

Mission d'étude sur la spoliation des Juifs de France, Rapport général, Paris 2000.

Morin-Desailly, Catherine, Rapport fait au nom de la commission de la culture, de l'éducation et de la communication sur le projet de loi, adopté par l'Assemblée nationale après engagement de la procédure accélérée, relatif à la restitution de biens culturels à la République du Bénin et à la République du Sénégal, Paris 2020.

Muracciole, Luc, Jurisprudence concernant le droit de la guerre, années 1954–1955–1956, AFDI 1957, 723–772.

Nicholas, Lynn H., The rape of Europa. The Fate of Europe's Treasures in the Third Reich and the Second World War, 1. Auflage, New York 1995.

Noual, Pierre, Spoliation et restitution d'œuvres d'art: le retour aux fondamentaux juridiques de l'ordonnance du 21 avril 1945, LPA 227 (2018), 8–14.

Noual, Pierre, Revendication d'œuvres MNR (musées nationaux récupération): nécessaire rappel sur la compétence du juge administratif, JCP A 2018, Nr. 611.

Noual, Pierre, Spoliation et restitution: échec et mat pour les sous-acquéreurs de bonne foi, JCP G 2020, Nr. 1137.

Noual, Pierre, Restitutions: Une histoire culturelle et politique, Paris 2021.

Nübel, Birgit, Mentalitätengeschichte, in: Schneider, Jost (Hrsg.), Methodengeschichte der Germanistik, Berlin/New York, S. 447–484.

Nussbaum, Martha C., Equity and Mercy, in: Simmons, A. John/Cohen, Marshall/Cohen, Joshua/Beitz, Charles R. (Hrsg.), Punishment, Princeton 1995, S. 145–187.

Nuville, Louis, Contribution à la recherche d'un criterium du domaine respectif d'application de l'article 1er et de l'article

11 de l'ordonnance du 21 avril 1945 sur les biens spoliés, Gazette du Palais Doctrine 1 (1946), 52–53.

Odendahl, **Kerstin**, Kulturgüterschutz: Entwicklung, Struktur und Dogmatik eines ebenenübergreifenden Normensystems, Tübingen 2005.

Odent, **Raymond**, Contentieux administratif, Tome 2, Fascicules 4 à 6, Paris 2007.

O'Donnell, **Thérèse**, The Restitution of Holocaust Looted Art and Transitional Justice: The Perfect Storm or the Raft of the Medusa?, EJIL 1 (2011), 49–80.

Oki, **Jean-Louis**, L'imputation, mécanisme fondamentale de la responsabilité des personnes publiques, Bordeaux, Univ., Diss., 2017.

Oost, **Tabitha**, Restitution Policies on Nazi-Looted Art in the Netherlands and the United Kingdom: A Change from a Legal to a Moral Paradigm?, IJCP 2018, 139–178.

Ossmann, **Olaf**, Fluchtgut – Der Versuch eines voreingenommenen Vorwortes, in: Mosimann, Peter/Schönenberger, Beat (Hrsg.), Fluchtgut – Geschichte, Recht und Moral, Bern 2015, S. 17–24.

Pansier, **Jérôme**, Séquestre, in: Éditions Dalloz (Hrsg.), Répertoire de droit civil, Bearbeitungsstand November 2022, Paris.

Parisot, **Véronique**, The Gentili di Giuseppe Case in France, IJCP 2001, 264–275.

Pasquignon, **Anne**/*Bellon*, **Cécile**, Les documents spoliés déposés à la Bibliothèque nationale. Les résultats d'une enquête, in: Poulain, Martine (Hrsg.), Où sont les bibliothèques françaises spoliées par les nazis, Villeurbanne 2019, S. 133–147.

Passa, **Jérôme**, Condamnation du musée du Louvre à restituer des tableaux aux héritiers des propriétaires spoliés durant l'Occupation, Rec. Dalloz 1999, 535–540.

Pastor, **Jean-Marc**, La spoliation se présume, Juris art etc. 16 (2014), 12.

Pastor, **Jean-Marc**, Musées nationaux récupération – Spoliation – Il faut plus de sensibilisation, Juris art etc. 1 (2015), 8.

Pastor, **Jean-Marc**, Des »critères de restituabilité« pour les biens culturels, AJDA 2023, 865.

Paxton, **Robert O.**, Vichy France: Old Guard and New Order, 1940–1944, 1. Auflage, New York 1972.

Pellissier, **Gilles**, Conclusions zu CE 3.10.2012, Nr. 355105, Paris 2012.

Périnet-Marquet, **Hugues**, Droit des biens, JCP G 2014, Nr. 1129.

Perrin, **Alix**, Fasc. 1140: Conditions d'exercice du recours pour excès de pouvoir. Conditions particulières relatives à la nature de l'acte contesté, in: LexisNexis (Hrsg.), Jurisclasseur Administratif, Bearbeitungsstand 28.11.2011, Paris.

Perrot, **Xavier**, De la restitution internationale des biens culturels aux XIXe et XXe siècles: vers une autonomie juridique, Lille, Univ., Diss., 2006.

Petropoulos, **Jonathan**, Art as politics in the Third Reich, Chapel Hill 1998.

Philonenko, **Maximilien**, Les actes de Spoliation et le Droit, Band 1, Paris 1946.

Philonenko, **Maximilien**, Les actes de Spoliation et le Droit, Band 2, Paris 1946.

Piccard, **Robert**/*Thilo*, **Emile**/*Steiner*, **Ernest**, Dictionnaire juridique, Band 1 français-allemand, Zürich 1950.

Picod, **Yves**, Nullité, in: Éditions Dalloz (Hrsg.), Répertoire de droit civil, Bearbeitungsstand Juli 2019, Paris.

Pitteloud, **Lara Virginie**, L'affaire des ›Rembrandt Nicolas‹ (1942–1948), in: Furtwängler, Elisabeth/Lammert, Mattes (Hrsg.), Kunst und Profit: Museen und der französische Kunstmarkt im Zweiten Weltkrieg, Berlin 2022, S. 239–256.

Polack, **Emmanuelle**, Le marché de l'art sous l'Occupation: 1940–1944, Paris 2019.

Polack, **Emmanuelle**, Une exposition au musée du Louvre, »Musées nationaux, Nouvelles acquisitions, 2 septembre 1939–2 septembre 1945«, in: Furtwängler, Elisabeth/Lammert, Mattes (Hrsg.), Kunst und Profit: Museen und der französische Kunstmarkt im Zweiten Weltkrieg, Berlin 2022, S. 147–164.

Polack, **Emmanuelle**, Le paradigme du marché de l'art à Paris sous l'Occupation 1940–1945, Paris II, Univ., Diss., 2017.

Polack, **Emmanuelle**/*Dagen*, **Philippe**, Les carnets de Rose Valland: Le pillage des collections privées d'œuvres d'art en France durant la Seconde Guerre mondiale, 2. Auflage, Lyon 2019.

Polge, **Nicolas**, Conclusions zu CE, 27.7.2016, Nr. 389771, Paris 2016.

Pollaud-Dulian, **Frédéric**, La restitution d'œuvres d'art spoliées pendant l'Occupation et le sous-acquéreur de bonne foi, RTD Com. 2020, 97–102.

Pollaud-Dulian, **Frédéric**, Spoliations par le régime de Vichy: La Cueillette des pois revient, RTD Com. 2020, 639–642.

Pollaud-Dulian, **Frédéric**, Des avancées législatives pour la restitution des biens culturels ayant fait l'objet de spoliations dans le contexte des persécutions antisémites, RTD com. 2023, 647–653.

Pontier, **Jean-Marie**, Spoliation des œuvres d'art : Quelle indemnisation?, AJDA 2011, 343–347.

Pontier, **Jean-Marie**, Spoliation des œuvres d'art: Quelles règles?, AJDA 2014, 2145–2151.

Pontier, **Jean-Marie**, Restitutions, justice et politique, AJDA 2023, 1681.

Poulain, **Martine**, Livres pillés, lectures surveillées. Les bibliothèques françaises sous l'Occupation, Paris 2008.

Poulain, **Martine**, De mémoire de livres. Des livres spoliés durant la Seconde Guerre mondiale déposés dans les bibliothèques: une histoire à connaître et à honorer, BBF 4 (2015), 176–190.

Poulain, **Martine**, Restituer leurs bibliothèques aux spoliés, un impératif toujours actuel, in: dies. (Hrsg.), Où sont les bibliothèques françaises spoliées par les nazis, Villeurbanne 2019, S. 49–57.

Présidence du Conseil, Spoliations et restitutions des biens culturels publics et privés (objets d'art ou précieux), Notes et études documentaires, Nr. 1.109, Paris 1949.

Prévet, **Alain**/*Bajou*, **Thierry**, La récente identification de tableaux spoliés à l'artiste Fédor Löwenstein, in: Saragoza, Florence (Hrsg.), L'art victime de la guerre. Destin des œuvres d'art en Aquitaine pendant la Seconde Guerre mondiale, Bordeaux 2012, S. 33–35.

Proksch, **Stephan**, Mediation: Die Kunst der professionellen Konfliktlösung, Wiesbaden 2018.

Prost, **Antoine**/*Skoutelsky*, **Rémi**/*Etienne*, **Sonia**, Aryanisation économique et restitutions, Paris 2000.

Quemner, **Thomas A.**/*Neumann*, **Hugo**, Dictionnaire juridique. Français - Allemand. Allemand - Français, Paris 1960.

Ranouil, **Marine**, Un an de droit du marché de l'art, Comm. com. électr. 10 (2018), Chron. 10.

Raschèr, **Andrea F. G.**, Richtilinien im Umgang mit Raubkunst: Die Washingtoner Konferenz über Vermögenswerte aus der Zeit des Holocaust (30. November bis 3. Dezember 1998), AJP 2 (1999), 155–160.

Raschèr, **Andrea F. G.**, Washingtoner Raubkunst-Richtlinien - Entstehung, Inhalt und Anwendung, KUR 2009, 75–78.

de *Ravel d'Esclapon*, **Thibault**, La restitution des biens culturels spoliés. À propos de la Cueillette des pois de Pissarro, Rec. Dalloz 2020, 1992–1995.

Regierung der Französischen Republik, Étude d'impact vom 22.10.2021 zum Projet de loi relatif à la restitution ou la remise de certains biens culturels aux ayants droit de leurs propriétaires victimes de persécutions antisémites, Nr. 4632, Paris 2021.

Regierung der Französischen Republik, Étude d'impact vom 18.04.2023 zum Projet de loi relatif à la restitution des biens culturels ayant fait l'objet de spoliations dans le contexte des persécutions antisémites perpétrées entre 1933 et 1945, Nr. 539, Paris 2023.

Rémy, **Dominique**, Les lois de Vichy. Actes dits »lois« de l'autorité de fait se prétendant »gouvernement de l'État français«, Paris 1992.

Renault, **Thérèse**, Conclusions zu TA Paris, 20.6.2019, Nr. 1718109/6-3, Paris 2019.

Rey, **Alain (Hrsg.)**, Dictionnaire historique de la langue française, Band 3, vollständig überarbeitete Auflage, Paris 2012.

Rey, **Alain (Hrsg.)**, Dictionnaire historique de la langue française, Band 1, vollständig überarbeitete Auflage, Paris 2019.

Rigaud, **Jacques**, Réflexion sur la possibilité pour les opérateurs publics d'aliéner des œuvres de leurs collections, Rapport remis à Christine Albanel, Ministre de la Culture et de la Communication, Paris 2008.

Roche, **Pauline**, La responsabilité de l'État du fait de la déportation de personnes victimes de persécutions antisémites: Note sous l'avis contentieux du Conseil d'État du 16 février 2009, Mme Hoffman Glemane, req. n° 315499, RFDA 2009, 536–545.

Rodogno, **David**, La politique des occupants italiens à l'égard des Juifs en France métropolitaine: Humanisme ou pragmatisme?, 1 (2007), 63–77.

Röhling, **Kerstin**, Restitution jüdischer Kulturgüter nach dem Zweiten Weltkrieg: eine völkerrechtliche Studie, Baden-Baden 2004.

Röthemeyer, **Peter**, Mediation: Grundlagen, Recht, Markt, Stuttgart 2015.

Rouault, **Marie-Christine**, Conditions de restitution de toiles récupérées après la deuxième guerre mondiale, JCP G 2009, Nr. 196.

Roussel, **Sophie**, Conclusions zu CE 25.9.2020, Nr. 437524, Paris 2020.

Roux, **Christophe**, La garde de l'État sur les œuvres ›MNR‹. Réflexions sur le droit administratif des biens à partir de l'arrêt d'assemblée du Conseil d'État du 30 juillet 2014, JCP A 2015, Nr. 2111.

Rundle, **Kristen**, The Impossibility of an Exterminatory Legality: Law and the Holocaust, University of Toronto Law Journal 1 (2009), 65–125.

Rüthers, **Bernd**, Die unbegrenzte Auslegung. Zum Wandel der Privatrechtsordnung im Nationalsozialismus, 5. Auflage, Heidelberg 1997.

Ruzié, **David**, L'indemnisation des victimes des spoliations intervenues du fait des législations antisémites en vigueur pendant l'Occupation en France, in: Libertés, justice, tolérance: Mélanges en hommage au doyen Gérard Cohen-Jonathan, Band 2, Brüssel 2004, S. 1351–1370.

Sana-Chaillé de Néré, **Sandrine**, Art. 1178-1185, Fasc. 10, Contrat, Nullité du contrat, Généralités, in: LexisNexis (Hrsg.), Jurisclasseur Civil Code, Bearbeitungsstand 1.8.2018, Paris.

Sana-Chaillé de Néré, **Sandrine**, Art. 1178-1185, Fasc. 40, Contrat, Nullité du contrat, Effets de la nullité, in: LexisNexis (Hrsg.), Jurisclasseur Civil Code, Bearbeitungsstand 28.9.2020, Paris.

Sana-Chaillé de Néré, **Sandrine**, Art. 1304 -1314, Fasc. 50, Contrats et obligations, Nullité ou rescision des conventions, Effets de la nullité, in: LexisNexis (Hrsg.), Jurisclasseur Civil Code, Bearbeitungsstand 1.3.2016, Paris.

Sarr, **Felwine**/*Savoy*, **Bénédicte**, Rapport sur la restitution du patrimoine culturel africain: Vers une nouvelle éthique relationnelle, Paris 2018.

Sarraute, **Raymond**/*Tager*, **Paul**, Les grandes controverses en matière de spoliation, Gazette du Palais Doctrine 2 (1946), 51–67.

Sarraute, **Raymond**/*Tager*, **Paul**, Note sous arrêts, Rec. Dalloz Jurisprudence 1946, 67–88.

Sarraute, **Raymond**/*Tager*, **Paul**, L'ordonnance du 9 juin 1945: Actes de spoliation accomplis par l'ennemi ou sous son contrôle, Gazette du Palais Doctrine 1 (1946), 53–58.

Sarraute, **Raymond**/*Tager*, **Paul**, Les spoliations dans l'état actuel de la jurisprudence, de la législation et du droit conventionnel, JCP 1948, Nr. 735.

Sarraute, **Raymond**/*Tager*, **Paul**, La jurisprudence de la Chambre civile de la Cour de cassation et les questions de spoliation, Gazette du Palais Doctrine 2 (1949), 37–41.

Sarraute, **Raymond**/*Tager*, **Paul**, L'état actuel de la législation et de la jurisprudence en matière de spoliations, JCP 1950, Nr. 881.

Scheller, **Tessa**, Die niederländische Restitutionskommission, Berlin 2024.

Schindler, **Thomas**, Rechtsgeschäftliche Entscheidungsfreiheit und Drohung: Die englische duress-Lehre in rechtsvergleichender Perspektive, Tübingen 2005.

von *Schmoller*, **Gustav**/*Maier*, **Hedwig**/*Tobler*, **Achim**, Handbuch des Besatzungsrechts, Tübingen 1957.

von *Schorlemer*, **Sabine**, Internationaler Kulturgüterschutz: Ansätze zur Prävention im Frieden sowie im bewaffneten Konflikt, Berlin 1992.

Schultz, **Philippe**, Fasc. 60: Dépôt nécessaire, dépôt nécessaire, dépôt hôtelier, dépôt hospitalier, in: LexisNexis (Hrsg.),

Jurisclasseur Notarial Répertoire, Bearbeitungsstand 1.12.2022, Paris.

Schulze, **Hagen**, Mentalitätsgeschichte – Chancen und Grenzen eines Paradigmas der französischen Geschichtswissenschaft, Geschichte in Wissenschaft und Unterricht 36 (1985), 247–270.

Schwarz, **Walter**, Rückerstattung nach den Gesetzen der Alliierten Mächte, München 1974.

Semelin, **Jacques**, La survie des Juifs en France 1940–1944 (Erstausgabe Paris 2013, Les Arènes/Le Seuil), Paris 2018.

Semprun, **Jorge**/*Wiesel*, **Elie**, Se taire est impossible, Paris 1995.

Séners, **François**/*Roussel*, **Florian**, Préjudice réparable, in: Éditions Dalloz (Hrsg.), Répertoire de la responsabilité de la puissance publique, Bearbeitungsstand Oktober 2021, Paris.

Sereno, **Stefano**, Les documents spoliés conservés à la bibliothèque de l'INHA. Les résultats d'une enquête et de nouvelles perspectives de recherche, BBF Contribution (online) 2020.

de Silva, **Isabelle**, Conclusions zu CE, 6.6.2001, Nr. 214205, Paris 2001.

de Silva, **Isabelle**, Réduction du champ de la »mesure purement gracieuse«, Anmerkung zu CE, 17.7.2009, Nr. 303874, AJDA 2009, 2361–2363.

Sirinelli, **Marie**, Quel fondement pour l'indemnisation du préjudice résultant des spoliations antisémites intervenues pendant l'Occupation?, AJDA 2011, 1491–1494.

Sonnenberger, **Hans-Jürgen**/*Autexier*, **Christian**, Einführung in das französische Recht, 3. Auflage, Heidelberg 2000.

Sorin, **Julien**, La notion de ›spoliations‹ intervenues du fait des législations antisémites pendant l'Occupation, AJDA 2015, 406–410.

Stephany, **Antonetta**, Gerecht und fair? Bausteine eines Verfahrens im Sinne der Washingtoner Prinzipien, Berlin 2024.

Strickler, **Yves**, Fasc. 500-40: Principe de la contradiction, in: LexisNexis (Hrsg.), Jurisclasseur Procédure civile, Bearbeitungsstand 26.11.2020, Paris.

Tager, **Paul**, Note sous arrêts, JCP 1949, Nr. 4876.

Tager, **Paul**/*Sarraute*, **Raymond**, La restitution des biens spoliés dans ses rapports avec le droit commun et les ordonnances des 12 novembre 1943 et 9 août 1944, Gazette du Palais Doctrine 2 (1945), 23–41.

Tager, **Paul**/*Sarraute*, **Raymond**, La restitution des biens spoliés dans ses rapports avec le droit commun et les ordonnances des 12 novembre 1943 et 9 août 1944, Gazette du Palais 2 (1945), 23–41.

Tager, **Paul**/*Sarraute*, **Raymond**, La controverse judiciaire en matière de spoliation continue et le législateur intervient… sur des points non discutés, Gazette du Palais Doctrine 2 (1947), 23–33.

Taisne, **Jean-Jacques**, Art. 2233 à 2239, Fasc. unique, Prescription, Suspension de la prescription, in: LexisNexis (Hrsg.), Répertoire de droit civil, Bearbeitungsstand 25.11.2021, Paris.

Tarlet, **Fanny**, Les biens publics mobiliers, Paris 2017.

Terré, **François**, Introduction générale au droit, 7. Auflage, Paris 2006.

Terré, **François**/*Simler*, **Philippe**, Droit civil. Les biens, 8. Auflage, Paris 2010.

Terré, **François**/*Simler*, **Philippe**/*Lequette*, **Yves**, Droit civil. Les obligations, 11. Auflage, Paris 2013.

Tesson, **Fabienne**, Œuvres spoliées et domaine public, JCP A 2014, Nr. 676.

Trevisan Semmi, **Emanuela**, L'oscillation ethnique: Le cas des Caraïtes pendant la Seconde Guerre mondiale, Revue de l'histoire des religions 4 (1989), 377–398.

von Trott zu Solz, **Jost**/*Gielen*, **Imke**, Kunstrestitution auf der Grundlage der Beschlüsse der Washingtoner Konferenz vom 3. Dezember 1998 und der Gemeinsamen Erklärung vom Dezember 1999, ZOV 1999, 256–262.

Ulbricht, **Josephine**, Das Vermögen der »Reichsfeinde«: Staatliche Finanzverwaltung und Gegnerverfolgung im nationalsozialistischen Deutschland, Berlin 2021.

Unfried, **Berthold**, Vergangenes Unrecht: Entschädigung und Restitution in einer globalen Perspektive, Göttingen 2014.

Vedel, **Georges**, Manuel élémentaire de droit constitutionnel, Paris 1949.

Veraart, **Wouter**, Contrasting Legal Concepts of Restitution in France and the Netherlands (1943–1952), in: ders./Winkel, Laurens (Hrsg.), The post-war restitution of property rights in Europe: Comparative perspectives, Amsterdam/Aalen/New York 2012, S. 21–34.

Veraart, **Wouter**, Two Rounds of Postwar Restitution and Dignity Restoration in the Netherlands and France, Law & Social Inquiry 2016, 956–972.

van Vliet, **Lars**, The Dutch postwar restoration of rights regime regarding movable property, Tijdschrift voor Rechtsgeschiedenis 4 (2019), 651–673.

Voirin, **Pierre**, Commentaire de l'ordonnance du 21 avril 1945 sur la nullité des actes de spoliation, Les lois nouvelles 1945 1 (1945), 27–39.

Wang, **Ophélie**, Projet de loi relatif à la restitution des biens culturels ayant fait l'objet de spoliations dans le contexte des persécutions antisémites perpétrées entre 1933 et 1945, Dalloz actualité vom 17.5.2023.

Weber, **Hans**, Die völkerrechtlichen Restitutionen, München, Univ., Diss., 1949.

Weil-Curiel, **André**/*Castro*, **Raymond**, Spoliations et Restitutions. Commentaire théorique et pratique de la législation relative aux spoliations, Paris 1945.

Weller, **Matthias**, Towards 25 Years of Washington Principles on Nazi-Confiscated Art: Time for a »Restatement of Restitution Rules«?, in: Jankowska, Marlena/Gwoździewicz-Matan, Paulina/Stec, Piotr (Hrsg.), Festschrift für Wojciech Kowalski zum 70. Geburtstag, Warschau 2020, S. 680–692.

Weller, **Matthias**, Restitution nationalsozialistischer Raubkunst: Das deutsche Zurechnungsmodell unter der Lupe, in: Kubis, Sebastian/Peifer, Karl-Nikolaus/Raue, Benjamin/Stieper, Malte (Hrsg.), Ius Vivum: Kunst – Internationales – Persönlichkeit. Festschrift für Heimo Schack zum 70. Geburtstag, Tübingen 2022, S. 85–96.

Weller, **Matthias**, In search of »just and fair« solutions: Towards the future of the »Washington Principes on Nazi-confiscated Art«, in: CIVS (Hrsg.), Guide to the work of the Restitution Committees: Five ways of resolving claims, S. 9–17.

Weller, Matthias/*Dewey*, Anne, Warum ein »Restatement of Restitution Rules for Nazi-Confiscated Art«? Das Beispiel »Fluchtgut«, KUR 2019, 170–178.

Weller, Matthias/*Dewey*, Anne, Warum ein »Restatement of Restitution Rules for Nazi-Confiscated Art«? Das Beispiel »Fluchtgut«, Bulletin Kunst und Recht 2/1 (2019), 46–60.

Wenzel, Leva, »Gerechte und faire Lösungen«: Rechtstheoretische Grundlagen zur Restitution nationalsozialistischer Raubkunst, Berlin 2024.

Wiegandt, Jan/*Naumann*, Kolja, Vichy vor dem französischen Staatsrat: Staatshaftungsrecht als Mittel der Vergangenheitsbewältigung, EuGRZ 2010, 156–167.

Wieviorka, Annette, Les biens des internés des camps de Drancy, Pithiviers et Beaune-La-Rolande, Paris 2000.

Wieviorka, Annette, Les biens des internés des camps de Drancy, Pithiviers et Beaune-la-Rolande, Paris 2000.

Wieviorka, Annette, Éléments pour une histoire de la Mission Mattéoli, La Revue des droits de l'homme (online) 2 (2012).

Wirth, Wilfried, Entziehung von Sachvermögen außerhalb des Geltungsbereichs des Bundesrückerstattungsgesetzes, in: Bundesminister der Finanzen/Schwarz, Walter (Hrsg.), Das Bundesrückerstattungsgesetz, München 1981, S. 143–309.

Wittgenstein, Ludwig, Tractatus logico-philosophicus: Logisch-philosophische Abhandlung, 35. Auflage, Frankfurt a. M. 2014.

Woehrling, Jean-Marie, Mesures gracieuses: le maintien regrettable d'un archaïsme. À propos de l'arrêt du Conseil d'État du 15 juin 2007, Denance, Droit administratif 11 (2007), 16–19.

Woodhead, Charlotte, Creative Equity in practice: responding to extra-legal claims for the return of Nazi looted art from UK museums, NILQ 2022, 650–684.

Zivie, David, ›Des traces subsistent dans les registres…‹, Rapport à Madame Françoise Nyssen, Ministre de la Culture, Paris 2018.

Zivie, David, De la spoliation à la restitution des biens culturels: un service public de la mémoire, Patrimoines 2021, 105–110.

III. Internetquellen

Azimi, Roxana, Trois lois-cadres sur les restitutions seront soumises au vote du Parlement en 2023, in: Le Monde vom z01/16/trois-lois-cadres-sur-les-restitutions-seront-soumises-au-vote-du-parlement-en-2023_6158013_3246.html (16.11.2023).

Azoulay, Audrey, Rede der Kulturministerin vom 28.11.2016, https://www.culture.gouv.fr/Presse/Archives-Presse/Archives-Discours-2012-2018/Annee-2016/Discours-d-Audrey-Azoulay-ministre-de-la-Culture-et-de-la-Communication-prononce-a-l-occasion-de-la-restitution-du-tableau-MNR-387-Portrait-d (7.10.2022).

Azoulay, Audrey, Rede der Kulturministerin vom 13.4.2017, https://www.culture.gouv.fr/content/download/250886/pdf_file/20170413_MCC-Discours-Restitution-Tiepolo.pdf?inLanguage=fre-FR (1.5.2023).

Bady, Jean-Pierre, Les spoliations artistiques, Vortrag im Rahmen des Kolloquiums »Le pillage des œuvres d'art: connaître et réparer« im musée d'art et d'histoire du Judaïsme, Paris 14. bis 15.9.2008, https://akadem.org/_articles/484/7484.php (14.6.2023).

de Bastier, Muriel, Les collections Alphonse Kahn et Waldemar George, Des chemins chaotiques, Vortrag im Rahmen des Kolloquiums »Le pillage des œuvres d'art: connaître et réparer«, 14. bis 15.9.2008 im musée d'art et d'histoire du Judaïsme Paris, https://akadem.org/_articles/484/7484.php (19.7.2022).

Centre Mondial de la Paix, des libertés et des droits de l'Homme, Restitution d'une oeuvre d'art dérobée durant la seconde guerre mondiale, Websitebeitrag vom 12.10.2020, https://cmpaix.eu/fr/restitution-dune-oeuvre-dart-derobee-durant-la-seconde-guerre-mondiale/ (11.4.2023).

Christie's, Old Master Pictures, Live Auction 7036, 22.5.2005, Lot-Nr. 55, https://www.christies.com/en/lot/lot-4480328 (22.3.2023).

CIVS, Chiffres clefs, L'indemnisation depuis le 10 septembre 1999, Februar 2023, https://www.civs.gouv.fr/images/pdf/lacivs/chiffres_clefs_F%C3%A9vrier.pdf (12.5.2023).

CIVS, Questions et réponses, La procédure d'indemnisation: Après passage en séance, les requérants reçoivent-ils le détail du dossier ou les attendus qui ont conduit à la décision de la Commission?, Websitebeitrag, http://www.civs.gouv.fr/questionsreponses/ (28.11.2021).

CIVS, Questions et réponses, La procédure d'indemnisation: Comment se déroule l'examen des dossiers par le rapporteur?, Websitebeitrag, http://www.civs.gouv.fr/questionsreponses/ (3.1.2023).

CIVS, Une toile de Nicolas Rousseau est remise à l'antenne berlinoise de la CIVS, Websitebeitrag vom 4.9.2019, Websitebeitrag, http://www.civs.gouv.fr/actualites/une-toile-de-nicolas-rousseau-est-remise-a-l-antenne-berlinoise-de-la-civs/ (28.6.2022).

Conseil municipal de la ville de Sannois, Compte rendu, Séance du 31 mai 2018, https://www.ville-sannois.fr/sites/sannois/files/document/2018-10/cr_conseil_municipal_integral_du_31_mai_2018.pdf (3.4.2023).

Dagen, Philippe/*Feliciano*, Hector, Les musées détiennent 1 955 œuvres d'art volées aux juifs pendant l'Occupation, in: Le Monde vom 28.2.1997, https://www.lemonde.fr/archives/article/1997/01/28/les-musees-detiennent-pres-de-deux-mille-oeuvres-volees-par-les-nazis-pendant-l-occupation_3737216_1819218.html (11.5.2023).

Eizenstat, Stuart E., 20 Years Washington Principles: Roadmap für the Future, Rede vom 26.11.2018 anlässlich der Fachkonferenz in Berlin »20 Jahre Washingtoner Prinzipien: Wege in die Zukunft«, S. 18, Manuskript abrufbar unter https://kulturgutverluste.de/sites/default/files/2023-07/Eizenstat_Stuart_Manuskript_0.pdf (8.1.2024).

Filippetti, Aurélie, Rede der Kulturministerin vom 19.3.2013, https://www.culture.gouv.fr/Presse/Archives-Presse/Archives-Discours-2012-2018/Annee-2013/Ceremonie-de-restitution-aux-ayants-droit-de-M.-Richard-Neumann-et-de-M.-Josef-Wiener-de-sept-tableaux-spolies-par-le-regime-nazi (3.12.2021).

Finance, Matt, Au musée des Beaux-Arts de Rouen, neuf tableaux spoliés cherchent toujours leurs propriétaires, in: Le Figaro vom 27.8.2020, https://www.lefigaro.fr/arts-expositions/au-musee-des-beaux-arts-de-rouen-neuf-tableaux-spolies-cherchent-toujours-leurs-proprietaires-20200827 (11.5.2023).

Gleichstellungbüro der Universität Bonn, Empfehlung zur Umsetzung einer geschlechtergerechten Sprache, undatiert, https://www.gleichstellung.uni-bonn.de/universitaetskultur/medienordner-universitaetskultur/medienordner-geschlechtergerechte-sprache/empfehlungen_sprache_gleichstellungsbuero.pdf (3.3.2023)

Herzberg, Nathaniel, La ›spoliation‹ oubliée, in: Le Monde vom 15.9.2009, https://www.lemonde.fr/culture/article/2009/09/15/la-spoliation-oubliee_1240708_3246.html (10.2.2023).

Hollande, François, Rede des Staatspräsidenten vom 29.10.2016, https://www.vie-publique.fr/discours/201018-declaration-de-m-francois-hollande-president-de-la-republique-en-homm (25.11.2022).

Imbourg, Pierre, La Vente de la collection Georges Viau et son total de 46.796.000 francs, in: Les Beaux Arts vom 20.12.1942, http://bibliotheque.inha.fr/iguana/www.main.cls#RecordId=1.223367 (1.2.2023).

Klarsfeld, Serge, Témoignage, in: Fondation pour la Mémoire de la Shoah/Institut national de l'audiovisuel (Hrsg.), Mémoires de la Shoah, Videoaufzeichnungen von Zeitzeug:-innenberichten, https://entretiens.ina.fr/memoires-de-la-shoah/KlarsfeldB/serge-klarsfeld (14.3.2023).

Kulturministerium, Appellation »Musée de France«, Eintrag auf Website, https://www.culture.gouv.fr/Aides-demarches/Protections-labels-et-appellations/Appellation-Musee-de-France (9.8.2023).

Kulturministerium, Einträge zu AOR A 4240 bis 4244, in: Datenbank Rose-Valland (MNR-Jeu de Paume), https://www.pop.culture.gouv.fr/notice/mnr/AORA4239 mit Verlinkungen auf weitere Einträge (1.5.2023).

Kulturministerium, Eintrag zu La Chapelle-sous-Crécy, André Derain, MNLP 100, in: Datenbank Joconde, https://www.pop.culture.gouv.fr/notice/joconde/000PE028461 (17.8.2022).

Kulturministerium, Eintrag zu MNR 246, in: Datenbank Rose-Valland (MNR-Jeu de Paume), https://www.pop.culture.gouv.fr/notice/mnr/MNR00246 (1.5.2023).

Kulturministerium, Eintrag zu MNR 253, in: Datenbank Rose-Valland (MNR-Jeu de Paume), https://www.pop.culture.gouv.fr/notice/mnr/MNR00253 (1.5.2023).

Kulturministerium, Eintrag zu MNR 644, in: Datenbank Rose-Valland (MNR-Jeu de Paume), https://www.pop.culture.gouv.fr/notice/mnr/MNR00644 (1.5.2023).

Kulturministerium, Eintrag zu MNR 667, in: Datenbank Rose-Valland (MNR-Jeu de Paume), https://www.pop.culture.gouv.fr/notice/mnr/MNR00667 (15.2.2023).

Kulturministerium, Eintrag zu MNR 707, in: Datenbank Rose-Valland (MNR-Jeu de Paume), https://www.pop.culture.gouv.fr/notice/mnr/MNR00707 (1.5.2023).

Kulturministerium, Eintrag zu MNR 755, in: Datenbank Rose-Valland (MNR-Jeu de Paume), https://www.pop.culture.gouv.fr/notice/mnr/MNR00755 (1.5.2023).

Kulturministerium, Einträge zu MNR 890, MNR 923, MNR 925, REC 146, REC 147, REC 149, REC 150, in: Datenbank Rose-Valland (MNR-Jeu de Paume), https://www.pop.culture.gouv.fr/notice/mnr/MNR00890 mit Verlinkungen auf weitere Einträge (12.5.2023).

Kulturministerium, Eintrag zu MNR 1009, in: Datenbank Rose-Valland (MNR-Jeu de Paume), www.pop.culture.gouv.fr/notice/mnr/MNR01009 (1.5.2023).

Kulturministerium, Eintrag zu MNR 1010, in: Datenbank Rose-Valland (MNR-Jeu de Paume), https://www.pop.culture.gouv.fr/notice/mnr/MNR01010 (1.5.2023).

Kulturministerium, Eintrag zu OAR 2, in: Datenbank Rose-Valland (MNR-Jeu de Paume), https://www.pop.culture.gouv.fr/notice/mnr/OAR00002 (1.5.2023).

Kulturministerium, Eintrag zu REC 121, in: Datenbank Rose-Valland (MNR-Jeu de Paume), https://www.pop.culture.gouv.fr/notice/mnr/REC00121 (1.5.2023).

Kulturministerium, Einträge zu REC 131, REC 108, MNR 217, MNR 528, MNR 538, MNR 170, in: Datenbank Rose-Valland (MNR-Jeu de Paume), https://www.pop.culture.gouv.fr/notice/mnr/REC00131; https://www.pop.culture.gouv.fr/notice/mnr/REC0108; https://www.pop.culture.gouv.fr/notice/mnr/MNR00217; https://www.pop.culture.gouv.fr/notice/mnr/MNR00528; https://www.pop.culture.gouv.fr/notice/mnr/MNR00538; https://www.pop.culture.gouv.fr/notice/mnr/MNR00170 (1.5.2023).

Kulturministerium, Eintrag zu RFR 41, in: Datenbank Rose-Valland (MNR-Jeu de Paume), https://www.pop.culture.gouv.fr/notice/mnr/RFR00041 (24.4.2023).

Kulturministerium, Eintrag zu R5P, in: Datenbank Rose-Valland (MNR-Jeu de Paume), https://www.pop.culture.gouv.fr/notice/mnr/MNAM0005 (1.5.2023).

Kulturministerium, Œuvres de la ›récupération artistique' restituées depuis 1950 (au 8 avril 2023), https://www.culture.gouv.fr/Media/Medias-creation-rapide/MNR-et-equivalents-MNR-restitue-s-depuis-1950-au-18-04-2023-.pdf2 (8.1.2024).

Kulturministerium, Présentation du projet de loi 2019 des finances du ministère de la culture, Un budget de choix, https://www.culture.gouv.fr/content/download/196612/file/PLF%202019-V11%20EB.pdf (5.12.2021).

Kulturministerium, Pressedossier vom 18.4.2023, Restitution de trois biens spoliés, https://www.culture.gouv.fr/Media/Medias-creation-rapide/Dossier-de-presse.pdf5 (26.4.2023).

Kulturministerium, Presseerklärung vom 9.10.2009, Frédéric Mitterrand, ministre de la Culture et de la Communication, décide la restitution de cinq fragments de fresques issus d'un tombeau égyptien, https://www.culture.gouv.fr/Nous-connaitre/Decouvrir-le-ministere/Histoire-du-ministere/Ressources-documentaires/Discours-de-ministres/Discours-de-ministres-depuis-1998/Frederic-Mitterrand-2009-2012/Communiques-2009-2012/Frederic-Mitterrand-ministre-de-la-Culture-et-de-la-Communication-decide-la-restitution-de-cinq-fragments-de-fresques-issus-d-un-tombeau-egyptien (8.1.2024).

Kulturministerium, Presseerklärung vom 26.7.2018, Restitution de deux tableaux faisant partie des Musées nationaux Récupération (›MNR‹) aux ayants droit de Gaston Lévy, https://www.culture.gouv.fr/en/Presse/Communiques-de-presse/Restitution-de-deux-tableaux-faisant-partie-des-Musees-nationaux-Recuperation-MNR-aux-ayants-droit-de-Gaston-Levy (13.4.2023).

Kulturministerium, Presseerklärung vom 1.7.2021, Restitution au ministère de la Culture d'une oeuvre et d'un objet spoliés pendant la seconde guerre mondiale, https://www.culture.gouv.fr/Presse/Communiques-de-presse/Restitution-au-ministere-de-la-Culture-d-une-oeuvre-et-d-un-objet-spolies-pendant-la-seconde-guerre-mondiale (12.5.2023).

Kulturministerium, Presseerklärung vom 1.6.2022, https://www.culture.gouv.fr/Presse/Communiques-de-presse/Restitution-a-la-France-de-10-ouvrages-de-Voltaire-voles-pendant-l-Occupation (26.12.2022).

Kulturministerium, Presseerklärung vom 23.9.2022, https://www.culture.gouv.fr/Nous-connaitre/Organisation-du-ministere/Le-secretariat-general/Mission-de-recherche-et-de-restitution-des-biens-culturels-spolies-entre-1933-et-1945/Actualites/Une-famille-allemande-remet-a-la-France-deux-tableaux-voles-en-Bretagne-durant-l-Occupation (8.1.2024).

Kulturministerium, Répertoire des biens spoliés (RBS), Websitebeitrag, https://www.culture.gouv.fr/Nous-connaitre/Organisation-du-ministere/Le-secretariat-general/Mission-de-recherche-et-de-restitution-des-biens-culturels-spolies-entre-1933-et-1945/Recherche-de-provenance-outils-et-methode/Repertoire-des-biens-spolies-RBS (8.1.2024).

Kunstmuseum Moritzburg, Medieninformation vom 28.6.2017, Restitution von Silbergegenständen aus ehemals jüdischem Besitz, https://www.kunstmuseum-moritzburg.de/fileadmin/user_upload/Kunstmuseum_Moritzburg/PDF-Dateien/F_Medien/2017/KunstmuseumMoritzburg_MI_10-2017_RestitutionSilbergegenstaende.pdf (25.10.2022).

Lévy-Willard, **Annette**, Le vol oublié des biens des juifs déportés. Les bijoux et valeurs confisqués à leur arrestation ont été versés au Trésor public après-guerre, in: Libération vom 15.7.1995, https://www.liberation.fr/france-archive/1995/07/15/le-vol-oublie-des-biens-des-juifs-deportes-les-bijoux-et-valeurs-confisques-a-leur-arrestation-ont-e_140086/ (24.11.2022).

Musée des Beaux-Arts de Dijon, Websitebeitrag zu Place à Coutances, Adolphe Hervie, http://mba-collections.dijon.fr/ow4/mba/voir.xsp?id=00101-6760&qid=sdx_q0&n=6&e= (3.4.2023).

Musée du Louvre, Les acquisitions du musée du Louvre entre 1933 et 1945, Premier bilan, Konferenz vom 10.3.2021 in Paris, Veranstaltungsankündigung und Videoaufzeichnung, https://www.louvre.fr/en-ce-moment/evenements-activites/les-acquisitions-du-musee-du-louvre-entre–1933-et–1945#presentation (28.4.2023).

Musée d'Orsay, La recherche de provenance, Websitebeitrag, https://www.musee-orsay.fr/fr/collections/recherche-de-provenance-et-mnr/recherche-de-provenance (28.4.2023).

Philippe, **Édouard**, Rede des Premierministers vom 22.7.2018, https://www.vie-publique.fr/discours/206489-declaration-de-m-edouard-philippe-premier-ministre-sur-la-rafle-du-ve (11.9.2021).

Robinet, **Alice**/*Morel*, **Antoine**, Un tableau attribué à Nicolas Poussin volé en 1944 lors d'une rafle à Poitiers retrouvé chez un antiquaire italien, in: France Info vom 2.4.2021, https://france3-regions.francetvinfo.fr/nouvelle-aquitaine/vienne/poitiers/un-tableau-de-nicolas-poussin-vole-en–1944-lors-d-une-rafle-a-poitiers-retrouve-chez-un-antiquaire-italien-2027407.html (28.6.2022).

Sasportas, **Valérie**, Le destin chaotique d'une toile de Vlaminck, in: Le Figaro vom 12.2.2015, https://www.lefigaro.fr/culture/encheres/2015/02/12/03016-20150212ARTFIG00027-le-destin-chaotique-d-une-toile-de-vlaminck.php (24.1.2022).

Sénat, Comptes rendus de la commission de la culture, de l'éducation et de la communication, Audition de M. Jacques Sallois, ancien président de la Commission scientifique nationale des collections, 15.1.2020, http://www.senat.fr/compte-rendu-commissions/20200113/cult.html (11.2.2022).

SGDL, Presserklärung undatiert, https://sgdl.org/sgdl-accueil/presse/communiques/3922-restitutions-de-f (26.3.2023).

Sotheby's, Impressionist, Modern & Surrealist Art Evening Sale, 4.2.2020, Lot Nr. 11 und 12, https://www.sothebys.com/en/auctions/2019/impressionist-modern-evening-sale-l20002.html?locale=en&p=1 (10.3.2022).

Steinmeier, **Frank-Walter**, Was müssen wir tun, wenn Kultur zerstört wird?, in: Frankfurter Allgemeine Zeitung vom 15.5.2015, https://www.faz.net/aktuell/feuilleton/debatten/frank-walter-steinmeier-ueber-kulturgueter-13592803.html (1.5.2023).

Taskforce Schwabinger Kunstfund/*Berggreen-Merkel*, **Ingeborg**, Provenienzbericht zu Camille Pissarro »La Seine vue du Pont-Neuf, au fond le Louvre«, Bearbeitungsstand 11.2.2015, https://www.taskforce-kunstfund.de/fileadmin/_downloads/Report_Pissarro%20Schlussbericht%20f%C3%BCr%20website.pdf (8.1.2024).

Vie publique, La politique d'accueil des Gens du voyage depuis la loi Besson: Chronologie, Websitebeitrag vom 15.10.2021, https://www.vie-publique.fr/eclairage/281873-chronologie-politique-daccueil-des-gens-du-voyage-depuis-la-loi-besson (28.11.2022).